말운동장애

기질 · 감별진단 · 중재

MOTOR SPEECH DISORDERS: SUBSTRATES, DIFFERENTIAL DIAGNOSIS, AND MANAGEMENT

말운동장애 제3판

기질 · 감별진단 · 중재

Joseph R. Duffy, PhD, BC-ANCDS
메이요 클리닉 신경과 언어병리학 분과(Section of Speech Pathology)
미네소타 로체스터 메이요 클리닉 의과대학 말장애 담당 교수

김향희 · 서미경
김윤정 · 윤지혜
옮김

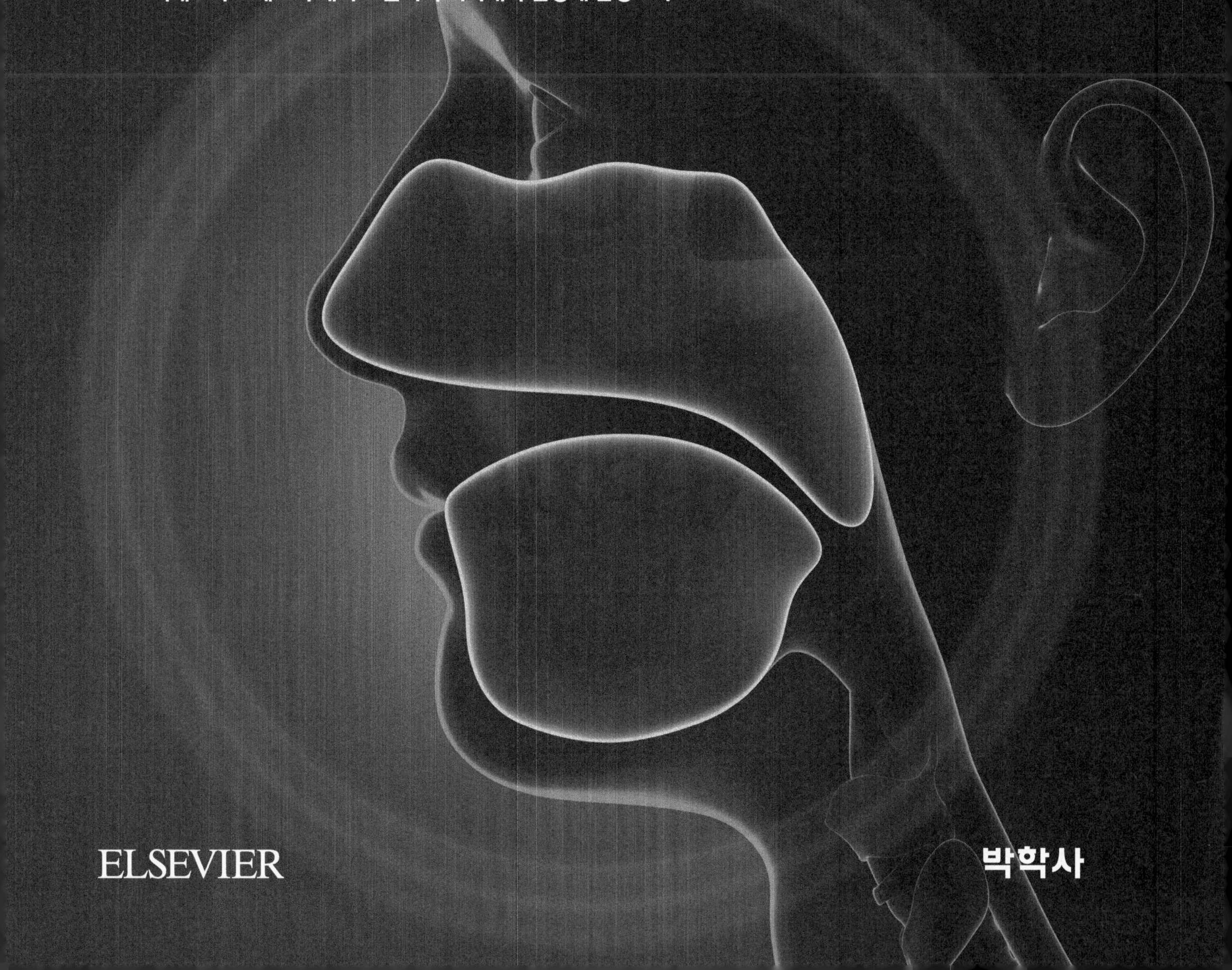

ELSEVIER

박학사

ELSEVIER

Motor Speech Disorders : Substrates, Differential Diagnosis, and Management, 3rd edition

ISBN: 978-0-323-07200-7

This translation of *Motor Speech Disorders*, 3rd edition by Joseph Duffy was undertaken by Pakhaksa and is published by arrangement with Elsevier Inc. and Elsevier Korea L.L.C.

말운동장애, 김향희 외
Korean ISBN : 978-89-98521-41-7

Motor Speech Disorders, 3rd edition, Joseph R. Duffy의 번역서는 Elsevier Inc.와 Elsevier Korea L.L.C.와의 계약을 통해 **박학사**에서 출간되었습니다.

Printed in Korea by **Pakhaksa**

역자 서문

이 책의 초판은 공교롭게도 대표 역자가 우리나라에서 신경계 질환 환자들에 대한 평가와 치료를 본격적으로 시작하게 된 시기에 출판되었다. 그 이후로 이 책은 20년이 넘도록 임상실 또는 연구실의 책장 한가운데를 차지한 채, 우리 역자들의 소리 없는 스승 역할을 톡톡히 해왔음은 두말할 나위가 없다. 메이요 클리닉(Mayo Clinic)의 Aronson 박사님의 계보를 정통적으로 이어온 Duffy 박사님의 임상 및 학문에 대한 열정이 고스란히 녹아든 이 책을 번역하면서, '집대성(集大成)'이란 어휘가 참으로 어울리는 책이라고 느꼈다. 이는 이 책이 담고 있는 다학제적 접근의 측면뿐만 아니라, 깊이 있는 총체적 고찰 덕분일 것이다.

이 책을 번역하는 동안 역자들은 마치 조울증 환자들처럼 갑작스럽게 들떴다가 우울해지는 감정을 수십 번 반복하며 느꼈다. 신경 말장애 분야의 전문가들에게는 오랜 숙원 사업과도 같았던 이 책의 번역에 동참하였다는 사실에 격한 열정이 들다가도, 방대한 내용에 좌절하여 집중이 힘들었던 순간들을 몇 차례나 겪었기 때문이다.

어쨌든 '신바람' 나게 끝이 났다. 지금부터는 이 내용들이 잘 소화될 수 있도록 우리 스스로 뿐만 아니라 많은 이들을 이해시키는 일만 남았다. 임상에서 환자를 평가하고 중재하면서, 또는 연구실에서 연구 결과를 해석하면서 "맞다, 바로 이거야!"라고 툭 무릎을 칠 수 있도록 말이다.

이처럼 방대한 분량의 책을 짧은 기간 동안에 큰 무리 없이 번역하고 출판할 수 있는 데에는 많은 이들의 도움이 있었다. 김민철 차장님의 끊임없는 권유(?)가 없었더라면 시작도 못했을 작업이었고, 꼼꼼히 책임 편집을 맡아 주신 김재석 님, 두 차례의 교정 작업 동안 인내를 갖고 임해 주신 신현경 님, 그리고 누구보다도 이 책을 써주셔서 번역의 영광을 누리게 해주신 존경하는 Duffy 박사님께 감사드리면서 짧게나마 서문을 대신하고자 한다.

2016년 1월

대표 역자 씀

저자 서문

이 책의 첫 판은 '뇌 연구의 10년(decade of the brain)'으로 불리던 지난 20세기(1995년)에 출판되었다. 개정판은 10년 후인 새 천년 초반에 나왔다. 지금은 바야흐로 21세기의 두 번째 10년을 보내고 있다. 그간 말운동장애 분야에서 주요한 패러다임의 전환은 이루어지지 않았지만, 지난 개정 이후로 다시 개정판(3차 개정판)을 내도 충분할 만큼의 새로운 정보 체계를 갖추게 되었다.

이번 개정판에는 말의 신경학적 기저에 대한 이해를 돕기 위한 내용과 신경계가 손상되었을 때 관찰될 수 있는 말장애, 그리고 말운동장애를 평가하고 진단하며 중재하는 방법에 대한 내용들이 추가되었다. 이 개정판의 기본 구성은 초판, 재판과 동일한데, 이는 이 구성이 학습을 촉진하기 때문에 수정될 필요가 없다는 많은 교수자들과 학생들의 피드백에 근거하였다. 저자는 이 책이 말운동장애에 대한 이해의 폭을 넓히고 싶거나 임상 실습과 연구를 위해 포괄적인 자료가 필요한 대학원생들에게 가장 도움이 되고자 하는 바람에서 내용의 일부를 삭제하거나 간략화하자는 제안을 수용하지 않았던 것이다.

이 책은 주로 언어병리학 분야의 대학원생, 임상가, 연구자들을 위한 것이다. 그러나 말장애는 신경학적 질환이나 병소의 지표가 되고, 의학적 진단이나 중재에 관련되기 때문에 신경의학이나 재활의학과 같은 연관 분야의 종사자들에게도 도움이 될 것이다.

이 책은 3부(部), 즉 (1) 말의 신경학적 기질과 장애, (2) 말장애와 진단, (3) 중재로 나뉜다. 한 부가 다른 부에 대한 정보의 근간이 되므로 전체의 관계를 파악하기 위해서는 각각을 아는 것이 중요함을 명심하기 바란다.

제1부에 해당하는 제1장에서 제3장까지는 기질(substrates)에 대하여 다룬다. 제1장은 말운동장애의 정의와 기타 비정상적 말 증상으로부터 말운동장애를 구별하는 방법을 설명한다. 다학제적 의료 실무에서 발생하는 말운동장애의 유병률(prevalence)과 분포를 제시하기 위하여 메이요 클리닉(Mayo Clinic)의 언어병리 임상 현장에서 제공된 최근 자료들이 검토되었다. 또한 말운동장애 연구에 필요한 지각적 · 음향학적 · 생리학적 분석 방법에 대한 개요를 제공한다. 마지막으로, 장애들의 특징을 확인하기 위한 접근법과 마비말장애를 논의하기 위한 수단으로 Darley, Aronson, Brown이 제시한 분류 체계를 소개한다.

제2장은 말의 신경학적 기초와 병리를 다룬다. 말에서 중요한 구조와 기능, 말운동장애를 야기하는 질환, 그리고 동반되는 신체 및 행동 결함에 초점을 맞춘다. 말과 신경계의 최종공통경로, 직접/간접 활동경로, 그리고 제어회로 간의 관계에 대한 논의는 다음 장에서 다루는 말운동장애 범주의 구별을 위한 기초가 된다.

제3장은 감별진단과 관련된 임상 검사의 목적과 방법을 다룬다. 여기에는 병력 확인, 비구어 활동과 구어 활동에서 말 기제 각각의 구성요소 평가, 말의 지각적 분석, 및 명료도 평가가 포함된다.

제2부에 해당하는 제4장에서 제15장까지는 장애와 진단에 초점을 맞춘다. 제4장에서 제11장까지는 주요 마비말장애 유형들과 말실행증을 다룬다. 각 장의 앞부분에서는 연관되는 신경학적 · 신경병리적 기초를 간단히 언급하고, 논의되고 있는 말장애와 관련된 일반적이거나 독특한 질환들을 검토한다. 이어서 말운동장애의 각 유형에 대한 사례를 통해 병인, 병소, 관련된 인지 결함, 명료

도에 대해 논의한다. 마지막으로, 환자의 자각과 주 호소에 대한 논의, 확증적인 구강 기제와 관찰을 통한 질병 소개, 지각적으로 두드러지는 말 특징 등에 대한 자세한 설명과 관련된 음향학적 · 생리학적 관찰점들을 다룬다. 각 장의 마지막에서는 4~10개의 사례를 통해 임상에서 장애에 대해 실제로 받는 느낌, 임상 실무에 적용할 수 있는 지식, 사례를 통한 학습적 가치와 결점에 대하여 다룬다.

제12장에서는 구별 가능한 신경학적 함구증에 대하여 다룬다. 제13장에서는 말운동장애와 관련성이 많거나 없는 일부 신경학적 말장애(후천성 신경말더듬증, 동어반복증, 반향어증, 인지 및 정동 장애, 실어증, 외국어 같은 말투, 실율증)를 소개한다. 이 두 장 모두 실제 사례로 끝맺는다.

의료적 말 병리의 진단에서 가장 어려운 문제 중 하나는 심리적이거나 비기질적인 영향으로 인한 말장애로부터 신경병리로 인한 말장애를 감별하는 것이다. 제14장에서는 후천성 심인적/비기질적 연관 말장애, 병인, 공통적인 말 특징, 진단에서 중요한 관찰점에 대해 다룬다. 사례 연구를 통해서는 이러한 장애를 가진 환자가 임상 실무에서 어떠한 특성을 보이는지를 알려준다.

제15장은 감별진단을 위한 전반적 지침을 제공한다. 여기서는 제4장부터 제14장에서 제시된 감별진단에 중요한 내용을 종합하고 요약하였다. 마비말장애의 하위유형들 간, 말운동장애와 말실행증 간, 말운동장애와 실어증 간, 함구증의 여러 유형 간, 말운동장애와 기타 신경학적 말장애 간, 신경학적 말장애와 심인성 말장애 간의 변별을 강조한다.

제3부에 해당하는 제16장부터 제20장까지는 중재를 다룬다. 제16장은 광범위한 중재 목표, 중재의 결정에 영향을 주는 요인, 의료적 · 보조기적 · 행동적 형태와 상담 형태의 중재에 대해서 개관한다. 모든 말운동장애에 적용되는 운동 학습 원리에 중점을 두고, 행동치료에 대한 몇 가지 세부적인 원칙과 지침을 검토한다.

제17장은 마비말장애의 중재에 초점을 두고 있다. 여기서는 의료적 · 보조기적 · 행동적 중재를 포함한 화자 중심적인 접근법에 대해 설명한다. 특정 마비말장애 유형에 효과적인 치료 접근법이 있는 반면, 다른 치료법은 그렇지 않음을 강조하면서 특정 마비말장애 유형에 대한 중재법을 검토한다. 또한 마비말장애 유형에 관계없이 의사소통을 촉진하기 위하여 마비말장애 화자와 그들의 청자가 사용할 수 있는 의사소통 중심적인 전략에 대해서도 다룬다. 제18장은 말실행증 중재에 초점을 두고 있다. 중재적 측면에서 마비말장애와 말실행증은 서로 공유하는 부분이 있기는 하나, 두 장애의 본질은 근본적으로 다르기 때문에 이들의 중재는 달라야 한다.

제19장은 제13장에서 논의된 기타 신경학적 말장애의 중재를 다룬다. 이 책의 초점에 따라, 장애의 기저에 깔려 있는 정동장애, 인지장애, 언어장애에 대한 내용보다는 관련된 말 특징에 대한 치료를 다룬다.

제20장은 후천적 심인성 말장애나 비기질적 말장애의 치료를 다룬다. 증상이 신경학적 병인에 의한 것인지 심인성 병인 때문인지 불확실한 상황에서 말장애가 신속히 치료된다면 의학적으로 진단을 내리는 데 도움을 줄 수 있으므로 이러한 내용이 포함되었다.

필자는 오디오나 비디오 샘플이 학습에 도움을 준다고 생각하며, 이번 개정판에서는 온라인을 통해 말운동장애의 많은 표본이 포함된 교육 프로그램이 함께 제공되어서 기쁘게 생각한다. 이 책의 모든 독자를 위한 주요 프로그램에는 **지각하고 진단하는 기술의 개발**(Developing Perceptual and Diagnostic Skills)이라는 제목을 붙였다. 이는 네 개의 파트로 이루어졌으며, 각각은 말운동장애를 설명하고 이해하기 위한 청각적 · 시각적 지각 기술을 습득할 수 있도록 구성되었다. 책의 많은 부분에서 프로그램의 사례가 인용되었으며, 본문에서는 굵은 글씨로 강조하거나 사례의 번호를 제시하였다. Part Ⅰ에서는 기초적인 청각 및 시각적 기술과 말운동장애에서 두드러지는 확증적 특징의 설명에 필요한 용어를 포함하였다. Part Ⅱ에서는 말운동장애와 연관된 비구어 구강 기제 징후에 초점을 두었다. 학습자는 두드러지게 비정상적인 말 특징과 확증적 징후를 인식하거나 묘사하는 것이 어려울 수 있다. 따라서 Part Ⅲ에서는 중요한 청각 및 시각적 특징, 병리생리와 병소, 가장 가능성 있는 말운동장애 진단명 등을 학습자에게 확인하는 질문들이 포함되어 있다. Part Ⅳ에서는 학습자가 중요한 진단적 특징을 확인한 후에, 주요 말운동장애 유형을 설명하는 많은 사례를 진단하게 한다. 일부 사례에는 말운동장애에 추가적인 정보를 제공하는 해설과 더불어 관찰 방법이나 진단 또는 치료의 근거를 묻는 질문을 추가하였다.

두 번째 온라인 프로그램의 제목은 **듣고 진단하는 기술의 기초 수준 및 학습 후의 평가**(Baseline and Post Learning Assessment of Listening and Diagnostic Skills)이며, 학습자는 이를 직접 이용할 수 없다. 이것은 학습자의 기초적인 수준(어떠한 공식적 학습이나 임상 교육 이전의)이나 혹은 학습이 이루어진 후에 듣고 진단하는 기술의 수준을 평가하기 위한 프로그램이다. 교수자가 말운동장애의 임상적 평가와 진단에 대한 학습자의 지식과 기술을 평가할 때 도움이 된다. 기초 수준을 측정하는 것은 학습자로 하여금 지각하고 진단하는 기술의 개발(Developing Perceptual and Diagnostic Skills) 프로그램의 Part IV를 성실히 이수하기 위한 동기부여가 된다. 교수자의 학습목표에 맞추어 평가 프로그램이 다양하게 수정될 수 있다. 교수자를 위한 메모(Note to Instructors)에서는 온라인 프로그램에 대한 더 상세한 설명이 나와 있다.

이 책과 온라인 프로그램은 임상 실무의 실제에서 말운동장애의 기초에 대해 알려진 것을 통합하고자 하는 필자의 열망으로부터 시작되었다. 이번 개정판을 집필하면서 많은 것을 배우고 더 나은 임상가가 되었지만, 필자는 여전히 나 자신의 무지가 확실성을 훨씬 능가한다고 확신한다. 필자가 알지 못하는 것들의 일부는 다른 임상가, 과학자, 학자의 머릿속이나 일상적 실무에서 관찰될 수 있고, 일부는 해답이 없거나 물어보지 않은 질문일 것이다. 이 책의 내용과 일상적 관찰점들이 학습자에게는 친절한 학습 도구가 되고, 현장의 임상가와 연구자에게는 유용한 정보의 원천이 되며, 장애를 가진 사람들을 돕는 우리의 능력과 장애를 더 이해하기 위한 관심의 근원이 되기를 바란다.

Joseph R. Duffy

감사의 글

이 책의 세 번째 개정판을 내기까지 도움을 준 많은 분들에게 감사한다. 또한 이 책에 대한 책임은 나에게만 있음을 밝히고자 한다.

엘스비어(Elsevier) 출판사의 스태프들의 전문적 도움, 특히 Jolynn Gower(콘텐츠 매니저), Rich Barber(프로젝트 매니저), Kristin Hebberd(콘텐츠 매니저)에게 감사한다.

비디오 샘플을 편집하고 포매팅하는 데 도움을 준 Mayo Media Support Services의 Elain Flom과 Tim Seelinger에게 무척이나 고맙다. 또한 온라인 교육 프로그램에 수록된 수많은 샘플을 확보한 나의 동료, Jack Thomas와 Arnie Aroson에게 감사하고자 한다. 그리고 책과 온라인 교육 프로그램에 등장하는 사례 연구를 구성하는 이야기와 말 자료를 제공한 모든 이들에게 참으로 감사를 드린다.

온라인 교육 프로그램을 개발하는 데에는 Mayo Clinic Department의 Scholarly Opportunity Award이 상당히 강력한 촉진제 역할을 하였다. 프로그램 개발의 초기 단계에서 Melissa Duff가 많은 제안을 해주었고, 프로그램이 개선되는 동안 Melissa Duff, Heather Clark, Tepanta Fossett, Kevin Kearns, Jack Thomas, Edy Strand가 피드백을 주었을 뿐만 아니라 용기를 북돋아 주기도 하였다. 피드백은 이들을 포함하여, 많은 언어병리학 펠로우, 그리고 기초선 평가를 담당하고 훈련 프로그램을 완수한 신경과 레지던트로부터도 주어졌다.

두 번째 판에 대해 많은 동료, 학생, 임상가들이 해준 코멘트가 이 세 번째 판에서 어떤 것을 수정해야 할지, 혹은 그대로 두어야 할지에 대한 판단에 확실히 도움이 되었다. 수천 명의 환자들에게 많은 것을 배웠으며, 메이요 클리닉의 언어병리학 및 신경의학 동료들, 그 밖의 많은 동료들이 이 책의 완성에 큰 도움이 되었다. 마지막으로, 아내 Penny Duffy가 쏟아 준 전폭적 지원과 위로 덕분에 나는 책 저술이라는 힘든 마라톤을 끝마칠 수 있었다.

Joseph R. Duffy

차례

제6장

제7장

제8장

제9장

제10장

제11장

제12장

제13장

제14장

제15장

제19장

제20장

제1부

기 질

(SUBSTRATES)

CHAPTER

1

말운동장애의 정의, 이해와 분류

개요

말은 독특하고 복잡하고 역동적인 운동 활동에 속하며, 이를 통해 생각과 감정을 전하고, 주위 환경에 반응하며 이를 조절하기도 한다. 말은 인류가 가지고 있는 도구 중에서 가장 강력한 것이며, 이는 우리 삶의 특성(character)과 질(quality)에 상당한 영향을 준다.

대부분의 경우에는, 말이 어려움 없이 수월하게 산출되어, 마치 말 산출에 관여하는 복잡한 작용들이 없는 것처럼 착각되기도 한다. 우리는 정상적 말(normal speech)에 대한 연구를 통해 말 산출 과정이 얼마나 방대한지 알 수 있다. 신경학적 질환 또한 말이 제대로 실현되지 못하도록 다양한 형태로 방해함으로써, 말 산출 과정의 복잡한 기전을 드러내게도 한다. 이 책은 이러한 말장애를 설명할 수 있는 기제(mechanism)에 대해 살펴보고, 장애를 정의하는 징후(signs)와 증상(symptoms)에 대해 배우며, 더 나아가 그 치료법을 알아보기 위해 저술되었다.

I. 말과 신경계

말은 다양한 신경계의 인지, 운동, 근육 및 근골격 움직임의 온전한 통합을 필요로 한다. 이러한 활동들은 다음과 같이 요약될 수 있다.

1. 사고, 느낌, 감정을 통해 말로 의사소통하고자 하는 의도가 생기면, 이러한 의도는 언어 규칙을 따르는 기호(code)로 구성되고 전환되어야 한다. 이렇게 연합된 활동들을 인지-언어 처리(과정)(cognitive-linguistic process)라고 한다.
2. 의도된 구어적 메시지(verbal message)는 신경근육운동으로 집행될 수 있도록 준비되어야 한다. 준비활동에는 감각운동 프로그램(sensorimotor programs)을 선택(selection)하고 배열(sequencing)하며 조정(regulation)하는 것이 포함된다. 이를 통해 말 근육은 적절하고 정확하게 동시 조음될 수 있도

록 적절한 시점(timing), 지속 정도(duration), 강도(intensities)로서 활성화된다. 이러한 통합된 활동들을 **말운동 계획**(motor speech planning), **프로그래밍**(programming), **제어**(control)라고 명명한다.

3. 중추신경계와 말초신경계 활동은 호흡, 발성, 공명 및 조음 근육을 자극하여 말운동 프로그램을 집행하고, 이를 통하여 그 말운동 프로그램의 목표를 충실하게 반영하는 음향 신호를 생성하게 된다. 신경과 신경근육 간의 전달, 이를 뒤따르는 말운동과 관련된 근육 수축과 말(조음) 구조들의 움직임을 **신경근육적 집행**(neuromuscular execution)이라 일컫는다.

말운동 계획, 프로그래밍, 제어와 집행을 **말운동 과정**(motor speech process)이라고 한다.

II. 말의 신경학적 손상

신경계에 손상이 있을 때, 말 산출 또한 어려움이 있을 수 있다. 사실, **말 산출에 변화를 보이는 것은 어떠한 신경학적 질환의 조짐을 시사할 수 있다.** 신경학적 질환이 말에 끼치는 영향은 대체적으로 적합하고(lawful), 예측 가능하며, 임상적으로 확인 가능하다. 이렇게 예측 가능한 말 손상 패턴을 확인하고, 이해하며, 이를 야기하는 신경생리학적 기초를 이해하는 것이 중요한 이유는 적어도 다음의 네 가지로 요약될 수 있다.

1. 말운동 제어를 담당하는 신경계 구조를 이해할 수 있다. 말 손상의 예측 가능한 패턴과 이와 연관된 구체적인 손상 부위 또는 질환에 대한 정보(병소 파악이 가능한 병/손상[localizable pathology])는 말에 관여하는 신경계의 해부적 · 생리학적 측면을 이해하는 데 도움을 준다. 실어증 연구를 통해 언어 사용 기저에 있는 인지-언어 처리의 신경학적 구조에 대하여 배울 수 있듯이, 말운동장애에 대한 연구를 통해서 우리는 말 산출에 관여하는 감각운동계에 대한 정보를 제공받을 수 있다.

2. 신경학적 질환을 감별진단하고 병소 위치를 확인할 수 있다. 말 변화는 신경학적 질환의 첫 증상이자 유일한 증상으로 발현되기도 하여, 이에 대한 인식과 진단이 질환을 진단하는 데 기여할 수 있다. 그러나 임상 현장에서 종사하는 언어병리 전문가들이나 의사들은 이러한 사실에 대해 잘 모르거나 이를 적절하게 활용하고 있지 않은 것이 현실이다. 전문가들은 말 특성에 대한 진단은 의학적 진단을 따라가게 되어 있으며, 말의 진단과 치료는 의학적 진단과 치료와 별개의 것이라고 생각하기도 한다. 그러나 주요 말운동장애 유형에 대한 각 장의 마지막 부분에 수록된 사례 보고를 통해 말운동장애의 감별진단(differential diagnosis)이 의학적 진단에 유용하고 가치가 있다는 것을 이 책에서 분명하게 확인할 수 있을 것이다.

3. 유병률(prevalence). 신경학적 질환은 흔하고 만성적인 경우가 많다. 미국 전체 인구가 보이는 장애의 주된 원인이 되기도 한다.[14,40] 후천적 의사소통장애 중 신경학적 의사소통장애가 상당한 비중을 차지하고, 이들 중 말운동장애가 두드러지게 나타난다(그림 1-1 참조). 말운동장애 유병률의 증가는 충분히 예상 가능한데, 이는 여러 유형의 신경학적 질환의 생존율(survival rates)이 증가하고 인구의 수명이 길어져 이러한 신경학적 질환의 출현 기회가 더 많아졌기 때문이다.[10]

4. 치료(management). 말의 일탈적인 특성을 확인하고, 이것이 말 체계의 여러 단계 중 어느 단계의 손상에 기인하는 것을 확인하며, 이의 신경병리생리(neuropathophysiology)를 이해하는 것이 치료에 대한 중요한 단서가 된다. 예를 들어, 환자의 조음 왜곡이 약증이 아닌 불협응에 기인한다는 것을 안다면, 조음 기제 운동을 통한 힘을 키우는 것보다, 협응 능력을 향상시키는 노력(예: 속도 및 운율 조절)을 하는 것이 적절하다는 결론에 이르게 된다.

III. 기본적 정의

특정 신경학적 말장애를 지칭하기 위해 몇 가지 용어들이 이 책에 두루 사용될 것이다. 이러한 장애를 처음 배우는 이들에게는 이 용어들의 정의 자체가 그 장애에 대하여 생각해 볼 수 있는 기초적 틀을 제공해 줄 것이다. 이러한 주제에 익숙한 이들에게는 의학적 · 언어병리학적 문헌에 모호하게 표현된 용어(개념)들에 대한 구체적인 의미적 경계를 제시해 줄 것이다.

A. 말운동장애

말운동장애(motor speech disorder, MSD)는 신경학적 손상으로 인해 말운동의 계획, 프로그래밍, 제어 및 집행에 영향을 주는 말장애로 정의된다. 말운동장애는 마비말장애(dysarthrias)와 말실행증(apraxia of speech)을 포함한다.

B. 마비말장애

마비말장애(dysarthria)는 신경학적 말장애 유형들을 포괄적으로 표현하는 명칭으로서, 말 산출의 하위 기제인 호흡, 발성, 공명, 조음, 운율 측면에 필요한 힘(strength), 속도(speed), 범위(range), 안정성(steadiness), 근긴장(tone) 또는 움직임의 정확성(accuracy of movements) 측면에서의 이상 소견을 반영한다. 말운동의 제어 또는 집행 장애를 야기하는 신경생리학적 이상 소견은 한 가지 또는 그 이상의 감각운동적 이상 소견에 의한 것이며, 이는 종종 약증(weakness), 경직(spasticity), 불협응(incoordination), 불수의적 움직임(involuntary movements), 또는 근긴장도(muscle tone)가 과도하거나 감소하는 변이에 기인한다.

이러한 말운동장애의 정의는 아래 특징들을 명백하게 표현해 주거나 암시해 주고 있다.

1. 마비말장애는 신경학적 원인에 기인한다.
2. 운동장애이다.
3. 여러 가지 유형으로 나뉠 수 있고, 그 유형을 구분 가능하게 하는 청지각적 특성을 지니며, 이들은 각기 다른 신경생리학적 기전을 가지고 있다. 따라서 마비말장애 유형을 분류할 수 있다면, 이 장애를 야기하는 원인적 결함을 찾을 단서를 얻을 수 있다.

이 정의는 의학사전이나 의학서적에서 제시하는 정의에 비하여 상당히 협소하며 더 구체적이다. 예를 들면, 어떤 경우에는 마비말장애라는 용어를 일반적으로 신경학적 또는 비신경학적 원인에 기인하는 말장애의 의미로 사용한다. 다른 경우에는 신경학적 원인에 기인한 말 또는 언어장애를 일컫기도 하여, 실어증, 말실행증 및 다른 신경학적 의사소통장애와 구분되지 않기도 한다. 이렇게 광범위하고도 모호한 정의는 그 용어의 개념적 · 진단적 가치를 약화시키기 때문에 연구 및 임상 현장에서 사용을 삼가야 한다.

C. 말실행증

이 도입 장(chapter)에서는 말실행증(apraxia of speech)을 다음과 같이 정의할 수 있다. 말실행증은 음성 및 운율 측면에서 정상적인 말을 산출하기 위해 필요한 움직임을 제어하는 감각운동 명령(sensorimotor commands)을 계획하고 프로그래밍 하는 능력의 손상을 반영하는 신경학적 말장애이다. 이는 마비말장애에 동반되는 생리학적 이상 소견 없이도 발생할 수 있으며, 언어장애 없이도 나타난다. 말실행증에 대한 체계적인 논의와 임상적 설명은 제11장에서 제공된다.

마비말장애와 달리, 언어병리 문헌 이외의 다른 문헌에서는 말실행증의 뚜렷한 임상적 특성이 종종 간과되기도 한다. 결과적으로, 말실행증의 뚜렷한 임상적 증상은 실어증 또는 마비말장애의 포괄적인 명칭 안에 빈번히 묻히게 된다. 말실행증은 본질적으로 실어증이나 마비말장애와 다르므로 유감스러운 일이다. 말실행증은 대부분의 마비말장애 유형과 신경학적인 병소가 다르고, 치료 방법 또한 마비말장애나 실어증과 다르다.

IV. 말운동장애와 구별되는 말장애

A. 기타 신경학적 장애

일부 말장애 종류는 말운동장애로 분류되지 않는다. 그렇지만 이 장애들도 신경학적인 기저를 가지고 있고, 그 임상적 특성도 뚜렷하다. 이러한 말장애 유형에는 후천성 신경말더듬증(acquired neurogenic stuttering), 동어반복증(palilalia), 반향어증(echolalia), 함구증(mutism)의 여러 형태들, 외국어 말투 증후군(foreign accent syndrome), 우뇌손상에 동반되는 실율증(aprosodia) 등이 포함된다. 이러한 장애들은 '마비말장애'나 '말실행증'으로 명명되지 않는 신경학적 말장애로서 제13장에서 논의된다.

인지장애, 언어장애, 인지-언어장애

때로는 언어나 다른 인지장애(예: 실어증, 무동성 함구증 [akinetic mutism], 말을 흐리거나 방해하는 다른 인지장애와 정서장애)로 인해 말이 변하는 경우와 말운동장애와 구분하는 것이 어려운 경우가 있다. 더 나아가, 이러한 장애는 빈번하게 말운동장애와 함께 발생하기 때문에 평가와 진단이 복잡해지기도 한다. 제15장에서는 말운동장애의 여러 유형들, 실어증, 다른 신경말장애 및 인지-언어장애에서 보이는 것 중 말의 청지각적 특성에 영향을 주고, 감별진단을 어렵게 하는 특성들의 차이를 제시할 것이다.

감각장애

이 책에서 말의 운동 측면을 강조한다고 해서 말 산출의 감각 과정(sensory process)의 중요성과 혹시 있을지 모르는 감각장애가 말에 주는 영향을 축소하고자 하는 의도는 아니다. 예를 들어, 선천적 난청은 말 산출에 막대한 영향을 준다. 성인기에 후천적으로 발생한 난청도 부분적으로 말 능력 저하를 야기하지만 청력 저하가 말 산출에 주는 영향은 여러 면에서 말운동장애와 구분될 수 있다. 그러나 이 책에서는 이에 대하여 상세하게 다루지는 않을 것이다.

촉각, 운동감각(kinesthetic), 고유수용감각(proprioceptive sensations)도 정상적인 말의 발달과 유지에 중요하다. 어떤 유형의 말운동장애는 이러한 기능 손상에 의해 발생하기도 한다. 따라서 말운동 과정과 장애의 본성(nature)이 운동적인 측면만 있는 것이 아니고, 오히려 감각운동적이라고 이해하는 것이 중요하다. 이 책에서 기본적인 촉각, 운동감각, 고유수용감각 장애에 기인한 말장애를 자세하게 다루지 않으나, 제4장과 제6장에서 '감각 마비말장애(sensory dysarthria)'에 대한 간단한 논의를 제공하고, 제11장에서는 감각장애가 말실행증에 줄 수 있는 영향에 대한 간단한 논의가 이루어질 것이다.

B. 비신경학적 장애

말에서 관찰되는 어떠한 영향들은 인지-언어적 과정 또는 말운동 과정으로 충분히 설명되지 않는 경우가 있다. 어떤 것들은 신체적인 것에 기인하기는 하나, 신경계와는 무관한 경우가 있다. 다른 것들은 신경운동 또는 인지-언어적 특성 없이 그 원인이 '정신(mind)'에 있는 경우도 있다.

근골격계 장애(예: 후두 적출, 구순/구개열, 골절, 구강/비강 크기와 모양의 비정상적 변이)

근육, 연골, 뼈가 온전 상태로 유지되는 것이 정상적인 말 산출에 중요하다. 이러한 구조들에 손상, 질환, 선천적 부재, 고령화나 관리 부족에 의한 손상(예: 치아)이 발생하거나 이들이 수술로 제거되면 말소리에 영향을 주게 된다. 비정상적인 말 산출에 관여하는 구조들의 크기와 모양의 변이나 전신 질환(systemic disease)과 같은 다른 신체적 영향도 말을 변화시키는데, 이는 말에 영향을 주는 국소적 신경질환의 영향을 넘어서거나(exceed), 가리거나(mask), 악화시키는(exacerbate) 형태로 나타난다. 이런 질환들에 대해 독자들은 인식을 하고 있어야 한다. 하지만 이 책에서는 이에 대하여 더 이상 다루지 않기로 한다.

비신경학적 또는 비심인성 음성장애

특정 음성장애는 실제로 방금 설명된 근골격계 결함(musculoskeletal defects)에 포함될 수 있다. 이들은 신경학적 질환을 반영하는 것으로 잘못 해석되는 경우가 있기 때문에 이 책에서 따로 다룬다. 이러한 장애는 예를 들어 두경부 종양과 동반되는 발성장애(dysphonia), 음성 오용(vocal abuse), 또는 호르몬 장애 등이 있다. 이러한 장애의 진단은 병력 수집을 통해 또는 후두 직접 검사(direct laryngeal examination)를 통해 진단되기도 한다. 경험이 많은 임상가들이 청지각적으로 듣고 종종 환자가 보이는 발성장애가 신경학적 요인에 기인하지 않는다는 사실을 알아내는 경우도 있다. 이 책에서 이러한 장애에 대하여 상세하게 설명하지 않지만 제3장에서 다룰 예정이다.

심인성 말장애와 연관 비기질적 말장애

비정상적인 정신질환에 의해 말이 변하는 경우도 있다(예: 조현병[정신분열증], 우울증, 전환장애[conversion disorder]). 잘못된 잠재적 '학습(learning)' 또는 다양한 신체적·신경학적·심리적 영향에 대한 반응으로 나타나는 보상(compensation)에 의해 말이 변화되는 경우도 있다. 이러한 변화는 때로는 정신적으로 건강한 사람들에게 나타나기도 한다. 이러한 질환에서 나타나는 말 특징들은 신경학적 질환에 기인한 말 특징과 구별하기 어려울 수 있다. 왜냐하면 이러한 문제는 정신에 놓여 있으며, 정신과 뇌가 불가분하게 연결되어 있다고 믿고 있다면 이러한 장애가 신경학적이라고 주장할 수 있기 때문이다. 하지만 이러한 경우는 근본적으로 신경운동적인 특성에 해당되지 않기 때문에 이러한 장애를 말운동장애와 구분하는 것이 중요하다.

심인성(psychogenic) 말장애와 연관 비기질적(nonorganic) 음성장애와 말장애는 임상 현장에서 흔하게 관찰할 수 있다. 그리고 이는 빈번하게 신경학적 이상 소견을 동반하기도 한다. 의학적 언어병리 임상에서 이러한 장애에 대해 인식하고 치료하는 것이 중요하며, 이는 제14장과 제20장에서 논의된다.

C. 말 산출의 정상적 변이

말과 나이 관련 변화

정상 노화는 말과 언어에 있어서 생리학적(physiological) · 음향학적(acoustical) · 청지각적(perceptual)으로 감지할 수 있는 변화를 수반한다. 이러한 변화는 최소한 음도, 음색, 안정성, 크기, 말 산출 시 호흡 패턴, 속도, 유창성, 운율적 변화[1]를 포함한다.

신경학적 장애는 노화되어 가는 신경계 위에 얹혀서 발생하기 때문에, 그리고 일부 노화에 따른 말 변화는 마비말장애에서 보이는 변화와 유사하기도 하여, 말 특성이 비정상인 것을 확인하고 마비말장애의 가능성이 있다고 판단하기 위해서는 나이와 일반적인 신체 상태를 고려한 정상 소견의 범주에 대한 인식이 있어야 한다. 불행하게도, 이러한 정상 여부의 판단은 객관적인 측정 방법이 임상 환경에서 쉽게 접근하기 어렵거나, 정상 데이터의 변이의 범주가 커서 대부분 주관적인 임상 경험에 의존하게 된다.

성별

남성의 말과 여성의 말은 청지각적으로 구분이 가능하다. 이러한 남녀 간의 차이는, 최소한 특정 분석 방법에서는, 이상 소견을 발견하는 데 영향을 줄 수 있다. 예를 들어서, 성대 이상 소견이 시사되는 음향학적 증상들이 동일한 신경학적 질환을 가지고 있더라도 남성과 여성 간에는 차이를 보인다.[23] 또한, 마비말장애의 특정 항목에서 보이는 음향학적 이질성(acoustic heterogeneity)의 일부는 성별 차이로 설명되는 경우도 있다.[19] 성별의 차이가 청지각에 의존하는 말운동장애의 임상적 판단에 영향을 주는지의 여부는 분명하지 않다. 그렇지만 이러한 사실을 염두에 두는 것은 중요하다.

스타일의 변화

말은 사람의 성격(personality), 감정 상태(emotional state), 역할(speaking role)에 따라 변한다. 이러한 변화는 자주 그리고 정당하게 이상 소견을 찾고자 하는 노력의 일환으로 임상가나 연구자들에게 간과되는 경우가 있다. 하지만 때로는 정확한 감별진단을 하기 위해서는 이를 명확하게 제시해 주어야 할 필요가 있기도 하다.

V. 말운동장애의 유병률과 분포

일반 대중의 말운동장애 발생률(incidence)과 유병률(prevalence)은 분명하지 않다. 그러나 흔하게 발생하는 신경학적 질환들에서 말운동장애는 빈번하게 관찰된다. 예를 들어, 뇌졸중을 경험하였던 비혼수상태(noncomatose) 환자 60% 정도가 말장애 또는 언어장애로 고생한다.[41] 마비말장애는 병변이 작은 뇌졸중 환자 중 25% 정도에서 발생하며,[1] 파킨슨병이 있는 환자들 중 90% 정도가 병의 진행 과정 중에 마비말장애가 발생한다.[32] 다발성 경화증(multiple sclerosis) 환자들의 50% 정도에서 마비말장애가 관찰되고,[35] 외상성 뇌손상(traumatic brain injury) 환자들에게는 33% 정도가 발생한다.[48] 근위축성 측삭 경화증(amyotrophic lateral sclerosis) 환자의 25%에서 첫 증상으로 발현되고, 병이 진행하면서 빈번하게 말장애가 발생한다. 뇌성마비(cerebral palsy) 환자에게 마비말장애 유병률은 대략 30~90%에 이른다.[48]

신경학적 의사소통장애에서 말운동장애의 비율적 분포를 보기 위해서는 입원환자 및 외래환자 수가 많은 의료 기관에서의 언어병리 임상 실무(speech pathology clinical practice)를 살펴보면 된다. **그림 1-1**은 1993~2008년 메이요 클리닉(Mayo Clinic) 신경과 소속 언어병리학 분과에서 확인된 후천적 신경학적 의사소통장애의 분포를 보여 준다.[2] 이 자료의 57% 정도의 일차적 진단

---

[1] 나이 관련 소근육 운동(fine motor movement)과 발성, 말과 언어 변화에 대한 유용한 자료나 요약은 Baker et al.[2]; Kendall[16]; Krampe[24]; Liss, Weismer, Rosenbek[26]; Mortensen, Meyer, Humphreys[31]; Stathopoulous, Huber, Sussman[36]에서 확인할 수 있음.

[2] 이 자료는 두 개의 급성 병원(acute care hospitals, 급성환자 치료 병원)과 재활의학 단위(rehabilitation unit)에서 평가받은 외래환자와 입원환자들의 언어병리학적 진단 의뢰를 토대로 한 것임. 이 자료는 환자의 주요 신경학적 의사소통장애를 반영하며, 한 개 이상

은 말운동장애(마비말장애와 말실행증)가 차지하고 이것이 실어증을 포함해서 다른 항목들보다 훨씬 더 일반적이다. 하지만 독자는 이 질환들의 이 분포가 다른 임상 환경에서의 환자 분포를 대표하지 않을 수 있다는 것을 명심해야 한다. 예를 들어, **그림 1-1**에서 보이는 분포가 균형을 이루지 않는데, 이는 말-언어장애 진단 또는 임상적인 치료를 위해 권유되는 것을 나타내는 것으로 지속적인 치료의 필요성을 반영하지 않는 자료이기 때문이다. 따라서 이 분포는 말운동장애의 감별진단 또는 치료 권유에 대한 상대적인 중요성 또는 가치를 대변해 주는 것이지, 치료만 놓고 본 것은 아니라는 것이다.

이러한 자료는 입원환자 및 외래환자를 보는 의료기관 또는 의학적 언어병리 임상 현장에서 말운동장애가 후천적 신경학적 의사소통장애 중에서 얼마나 큰 비중을 차지하는지를 잘 보여 준다. 이는 말운동장애 분야에서 계속되는 연구와 임상적 진단 및 치료 전문가의 필요성을 정당화해 준다.

VI. 말운동장애의 연구 방법

말운동장애는 여러 가지 방법으로 연구되며, 이 방법들은 말장애의 유형을 특징짓고 이해하는 데 기여한다. 연구 방법들은 크게 청지각적(perceptual)인 방법과 기기적(instrumental)인 방법으로 크게 나뉠 수 있다. 각 연구 방법은 강점도 있고 단점도 있다. 이러한 방법들은 각기 서로 다른 말 하부 체계의 이상 소견을 민감하게 측정할 수 있고, 각각 이러한 이상 소견을 이해하는 데 중요한 여러 임상적, 이론적 쟁점(issues)과 다양하게 연관을 보인다. Kent 등[20]은 청지각적 · 기기적 연구에서 도출된 결과들이 잘 통합된다면, 이 질환에 대하여 풍부하게 묘사 가능하여 이 분야가 발전할 수 있을 것이라고 주장하였다.

A. 청지각적 방법

청지각적 방법(perceptual method)은 말의 청각적 특성에 주로 의존한다. 임상적으로 감별진단, 중증도 판단, 치료 결정, 시간 경과에 따른 변화 측정을 하는 데에 표준(gold standard)이 된다. 하지만 동시에 이 방법은 임상가들 사이에 신뢰도가 부족할 수 있으며, 객관적으로 측정하기 어렵고, 말에서 지각되는 이상 소견의 기저에 있는 병리생리학(pathophysiological)에 대한 가설을 직접적으로 검증할 수 없다.[3]

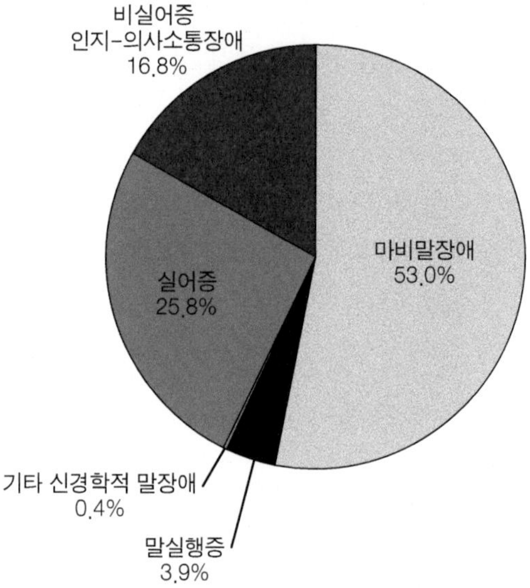

그림 1-1 1993~2008년 로체스터에 있는 메이요 클리닉(Mayo Clinic) 신경과 소속 언어병리학 분과에서 평가 후, 후천적 신경학적 의사소통장애를 주된 의사소통장애로 진단받은 14,235명의 질환 분포를 나타냄. 말 평가는, 신경과, 신경외과, 재활의학과, 이비인후과와 내과에서 의뢰되었음. 이 자료는 말-언어 평가를 통한 진단을 받는 환자들을 대상으로 한 것으로, 실제 치료를 받고 있는 환자의 수를 반영하는 것은 아님. 삼킴장애만 의뢰된 사례는 포함되지 않음. **마비말장애**는 성대마비(이완형)가 동반되는 발성장애(dysphonia)와 신경학적 연축발성장애(spasmodic dysphonia)(운동과잉형)를 포함한 모든 유형을 다 포함하고 있음. **말실행증**에는 후천적 말실행증을 포함하였지만 발달적 말실행증은 포함되지 않음. **기타 신경학적 말장애**에는 후천적 말더듬과 같은 비유창성, 실율증(aprosodia), 비특이성 중추신경계 고립 실성증(nonspecific central nervous system isolated aphonia), 소리 크기 감소 또는 함구증과 감각장애에 기인한 말장애를 포함함. 실어증은 모든 유형의 후천적 실어증을 포함하고 있음. **비실어증 인지-의사소통장애**에는 치매, 비실어증 인지-의사소통장애(예: 폐쇄성 뇌손상[closed head injury]), 무동성 함구증(akinetic mutism), 실서증을 동반하거나 동반하지 않는 실독증(alexia with or without agraphia), 특정 기억장애(specific memory loss), 발작성 말 정지(ictal speech arrest), 그리고 달리 규명되지 않은 신경학적 언어장애를 포함함.

의 의사소통장애가 있을 때, '주요(primary)'라는 의미는 가장 심한 장애를 의미함. 이 표본 자료는 대규모 1차 병원과 3차 병원의 입원 환자, 재활환자, 신경과나 재활의학 전문 분야와 강한 연결고리를 지니는 외래 기관의 급성, 진행성, 만성적인 특성을 지닌 후천적인 신경학적 의사소통장애의 분포를 적절하게 대표해 주고 있음.

[3] 말운동장애를 포함해서 음성과 말장애 평가에 사용되는 청지각적 접근의 한계에 대한 포괄적인 정리는 Kent[17]를 참조하기 바람.

하지만 경험이 풍부한[4] 임상가들의 손(실제로는 귀, 눈, 손을 포함)에 의해 시행되는 말운동장애의 청지각적 분류는 타당하고 필수적인 진단 및 임상적 의사결정을 위한 도구이다. 아무리 정교하다 하더라도 다른 방법으로 대체될 수 없는데, 이는 말장애에 대한 평가가 말소리가 변하였는지 또는 이상 소견을 보였는지에 대한 지각적 판단으로 시작하기 때문이다.

Darley, Aronson, Brown(DAB)[6-8]은 현재 사용되고 있는 마비말장애의 청지각적 평가 방법을 개척하여, 마비말장애 유형의 특성들을 규정하고, 중추신경계와 말초신경계의 서로 다른 부분의 손상과 연관되는 핵심적인 지각적 특성군을 발견하였다.

1969년과 1975년에 시행된 이들의 핵심적인 연구는 이 책에서 DAB라는 약자를 이용하여 두루 언급될 것이다. DAB 접근법(때로는 메이요 접근법으로 명명되기도 함)은 마비말장애의 유형을 나누기 위하여 감별진단을 하는 많은 임상가들에 의해 이용되고, 말운동장애의 음향학적 · 생리학적 기반을 연구하는 연구자들에 의해서도 널리 이용된다. 사실, DAB 연구에서 발생한 업적 중 하나는 이를 통하여 마비말장애의 생리학적 기반에 대한 가설이 만들어졌다는 것이다. 이를 이어 음향학적 · 생리학적 연구들이 그 가설을 확인하였고, 청지각적 특성에 기반을 두어 만들어진 가설을 더 정교하게 개선시킬 수 있었다.

마비말장애의 지각적 특성을 연구하는 데 청각 양상(auditory modality)이 초점(focus)이었으나, 시각적이고 촉각적 관찰 소견의 가치도 무시될 수는 없다. 마비말장애가 청지각적 현상이기는 하지만, 시각적이거나 촉각적인 관찰 소견 없이는 진단이 어려우며, 이러한 관찰점을 확진하기 위한 소중한 근거가 되기도 한다. 예를 들어, 혀 위축(tongue atrophy)이나 속상수축(fasciculations)은 하부운동신경세포(lower motor neuron)의 손상을 시사하며, 이러한 근거는 이상을 보이는 다른 말 특성들과 논리적으로 결부될 때 이완형 마비말장애(flaccid dysarthria) 진단을 지지해 준다. 따라서 휴지 시(at rest), 비구어 운동(nonspeech movement)을 하는 동안 그리고 말운동을 하는 동안 말 기제(speech mechanism)들을 시각적 · 촉각적으로 관찰하는 것은 말운동 평가에 중요하고 때로는 귀중한 요소가 된다.

B. 기기적 방법

기기적 분석(instrumental analyses)은 여러 해 동안 말운동장애를 기술하고 이해하는 데 상당한 기여를 해 왔다. 기기적인 방법을 사용하여 전통적인 평가를 통합하는 체계적인 연구에 대한 필요성이 오래전부터 제기되었다.[11,45] 여러 분야에서 이러한 연구의 노력이 분명하였고, 1982년부터 2년에 한 번 개최되는 말운동장애의 학회와 그 이후에 발표된 간행물[5]에서 두각을 나타내었는데, 이러한 간행물에는 실험실 연구 결과를 임상적으로 적용한 보고도 포함된다. 많은 연구들이 다양한 음향학적 · 생리학적 방법을 사용하였다.

몇 가지 중요한 예를 제외하고, 기기적 방법은 말운동장애의 임상적 평가와 치료에서 널리 사용되지는 않는다. 이에 대한 이유 중 하나는 말 평가 과제, 평가 방법, 널리 통용되는 기준(standard)과 정상 규준(normative data)이 없다는 것과 기기적 측정을 위한 변수(parameters)가 없다는 것이다.[37] 기기에 대한 임상가의 제한된 경험과 기기적으로 측정된 수치들을 임상적 진단과 치료에 적용하기 위한 근거 부족 또한 이유가 될 수 있다.[12]

기기적인 방법은 간략하게 다음의 세 가지로 나뉠 수 있다. 음향학적 · 생리학적 · 시각적 영상(visual imaging)이 그것이다. 아래에 제시되는 논의는 이러한 방법들의 임상적 활용과 말운동장애에 대한 이해 도모 측면에서 어떠한 역할을 하고 있는지에 대하여 중점적으로 설명된다.

음향학적 방법

음향학적 방법(acoustic method)은 자료를 시각적으로 보여 주고, 말의 주파수(frequency), 강도(intensity), 시간적 요소(temporal components)를 수치로 정량화할

Weismer[44]는 말운동장애를 연구하는 다양한 방법에 대한 강점과 한계점에 대해 비판적으로 정리함.

[4] 경험이 풍부하다는 것은 다양하게 정의될 수 있음. 말운동장애의 감별진단과 관련하여 경험 횟수가 반드시 충분한 지표가 되지는 않음. 이 분야에서 숙련된 진단가가 되기 위해서는 듣고 관찰하는 기술이 명쾌하게 훈련되어야 하며, 가능하다면 말 진단이 질환의 병소 위치 확인 또는 의학적 진단에 중요한 환경에서 광범위한 진단 연습이 뒷받침되어야 함.

[5] 이러한 간행물에는 Berry[3]; Yorkston과 Beukelman[47]; Moore, Yorkston, Beukelan[30]; Till, Yorkston, Beukelman[38]; Robin, Yorkston, Beukelman[34]; Cannito, Yorkston, Beukelman[5]이 있다. 이 학술대회(conference)에서 발표된 차후의 간행물들은 1999년부터 최근 2010년까지 *Journal of Medical Speech-Language Pathology*에 수록되었음.

수 있다. 이러한 특성들은 말의 청지각적 판단과 밀접하게 연관이 되어 있는데, 이는 같은 자료와 같은 말 신호(speech signal)를 사용하기 때문이다. 음향학적 신호가 말운동 제어의 부산물이 아니라 중요한 일부라는 사실이 말운동장애를 연구하는 데 음향학적 방법을 사용하는 것에 대한 정당성을 부여해 준다.[43,44]

음향학적 방법이 항상 마비말장애와 정상 말을 구분해 주지는 않지만,[18] 이 방법은 말운동장애의 정량화, 기술, 이해에 상당히 기여해 왔다. 이러한 방법들은 말이 느리거나, 음성에 기식음(breathy)이 섞여 있거나, 떨림(tremor) 또는 방해(disruption)를 보이거나, 발음이 부정확하거나, 말의 교대운동속도가 불규칙하다는 등의 지각적 판단에 정량적(quantitative)[6] 정보를 제공하고 확진적(confirmatory)이며 정제된(refined) 자료를 제공해 왔다. 더 나아가, 질적인 음향학적 분석은 말운동장애의 구성요소를 설명하는 이론적 틀을 만드는 데 중요한 기여를 하였다.[25,29]

음향학적 분석을 위한 최첨단 기기들이 임상에서 활용될 수 있도록 저렴해짐으로써 구입이 가능해졌고, 접근성이 좋아졌으며, 효과적이고 사용자 친화적인 특성을 지니게 되었다.[19,21] 청지각적인 방법으로 시행한 임상적 진단에 정보를 추가하고, 수정하고, 정교하게 해줄 수 있는 음향학적 분석의 능력(capacity)이 확고하게 수립되어야 하나,[7] 최근 **리듬 측정**(rhythm metrics)(모음[vocalic]과 자음[consonantal] 분절의 길이[segments durations]를 음향학적으로 분석한 것에 기초함)을 적용한 분석과 말의 운율을 자동적으로 분석하는 방법(**포락선 변조 스펙트럼**[envelope modulation spectrum)을 활용한 분석을 토대로 마비말장애와 정상적 말 사이, 그리고 다양한 마비말장애 유형 간에 구분할 수 있는 가능성이 보인다.[27,28] 이렇게 진단에 적용하지 않더라도, 음향학적 분석을 통해 말 신호를 시각적으로 보고 정량화할 수 있는 기능은 구체적인 기초자료, 안정성에 대한 지표(index of stability), 시간 경과에 따른 호전 또는 악화 정도 및 치료 중 시각적 피드백을 제공해 주는 역할을 한다.

[6] 음향학적(그리고 생리학적) 분석이 정량적이기 때문에 때로는 이들이 청지각적 분석 방법보다 더 신뢰도가 높다고 추정함. 사실 분석 체계 내와 분석 체계 간의 음향학적 척도는 '좋음'에서 다양한 정도에 이르는 신뢰도를 지님(예: Green et al., 1998).[13] 음향학적 척도가 청지각적 척도보다 그 신뢰도가 더 우월하다고 추정할 수 없음.[33]

[7] 분광기 사진(spectrographic displays)으로 보여 주는 것은 녹음된 병리적인 음성의 특정 특성(예: 기식음, 긴장음[strain])의 청지각적 판단의 신뢰도를 증진시켜 주었음.[15]

생리학적 방법

청지각적이고 음향학적인 분석은, 정의대로라면, 성도(vocal tract)에서 산출되는 소리에 초점을 둔다. 반면, 생리학적 방법(physiologic method)들은 말소리를 만들어 내고 조절하는 활동의 근원인 위쪽(upstream)으로 그 초점이 이동한다. 결과적으로 이는 다른 차원의 설명을 제공한다. 생리학적 방법은 다음 중 하나 또는 그 이상에 초점을 둔다.

- 움직임을 만들어 내는 근육 수축
- 말 구조(speech systems)와 공기의 움직임
- 근골격 말 체계의 서로 다른 단계(level)를 이루는 움직임 간의 관계
- 중추 · 말초신경 활동과 이들의 생체역학적(biomechanical) 활동의 시간적 변수(temporal parameter)와 관계(relationships)
- 중추신경계 구조 내 발생하는 활동 간의 시간적 관계와 계획, 프로그래밍, 말 제어(control of speech)의 네트워크

이러한 방법들은 병리생리학(예: 약증, 강직, 불협응)과 말운동장애의 음향 및 지각적 특성들 간의 관계를 정립하는 데 중요한 역할을 한다. 생리학적 방법은 말운동장애와 결부되는 공기 흐름과 말초 구조들의 움직임을 연구하는 데 흔히 사용되고, 이러한 방법에는 **근전도검사**(electromyography), **운동학적 방법**(kinematic measures)과 **공기역학적 방법**(aerodynamic measures)이 포함된다. 각 방법에서 사용되는 기기들과 기법들은 간단한 것부터 정교한 것까지 다양하게 있다. 또한 이들은 연구 대상이 되는 말 체계의 위치의 측면(예: 호흡, 발성, 조음)에서도 다양한 기능을 보이고 있다.[8]

중추신경계의 생리학적 활동을 측정하는 영상 방법의 증가도 정상 말 산출과 말운동장애에 대한 이해를 증진시키는 데 기여하였다. 이들 중 가장 흔하게 사용되는 기법들에는 기능적 자기공명영상(functional magnetic resonance imaging, fMRI), 양전자방출단층촬영(positron

[8] McNeil[29]은 여러 장(chapter)에 걸쳐 말에 대해 또는 비구어 과제 수행 동안 말 산출 기제에 대해 연구하는 음향학적, 공기역학적, 운동역학적(kinematic), 근전도(electromyographic) 방법의 포괄적인 요약을 제공함.

emission tomography, PET), 단일광자방출단층촬영(single photon emission computed tomography, SPECT), 다채널 뇌파 검사(multichannel electroencephalography, EEG), 경두개자기자극(transcranial magnetic stimulation, TMS)과 자기뇌파검사(magnetoencephalography, MEG)가 있다.

생리학적 분석을 통해 말운동 제어와 이러한 제어 능력이 어떻게 무너지는지에 대한 이해를 높일 수 있었다. 생리학적 분석은 지각에 의존한 특정 말운동장애의 병리생리학적 설명을 정교하게 해주기도 하였고, 때로는 다양한 비정상적 말 움직임이 약증, 강직, 불협응 또는 움직임 저하 중에 어느 것을 반영하는지 명확하게 보여 줌으로써 지각에 의존한 설명에 도전하기도 하였다. 이 방법은 다른 말 구조들 간에 보이는 움직임의 생리학적 제어와의 유사점과 차이점을 확인하는 데 도움이 되었다. 더 나아가, 특정 장애가 언어적 문제인지, 운동 계획 · 프로그래밍의 문제인지, 신경적 제어 또는 신경근육적 집행 장애에 기인하는 것인지에 대한 통찰력을 제공하였는데, 이러한 구분은 임상적으로 지각적인 평가에만 의존해서는 구분하기가 힘들거나 불가능한 것이다. 마지막으로 음향학적 방법과 유사하게, 이러한 방법들은 치료 중에 피드백을 제공해 주기도 한다.

시각적 영상 방법

말을 하는 중에 사람들이 말하는 것을 단순히 바라보는 것만으로 확인하기 어려운 상부호흡소화관(upper aerodigestive tract)을 부분적으로 찍어 육안으로 확인 가능하게 하는 여러 종류의 기기들이 있다. 이러한 기기들은 지각과 생리학적 측정 방법의 특성이 모두 적용되어 둘 사이의 경계에 놓여 있다고 보는데, 이는 비록 시각적 영상들이 질적으로 분석이 가능하지만, 기기에 의해 제공되는 시각적 영상들은 평가를 담당하는 임상가에 의해 정량화되지 않은 지각적 방법으로 해석되기 때문이다. 그래도 이러한 방법이 강조되는 이유는, 방금 논의된 생리학적 방법과 달리, 널리 수용되고 임상적인 목적을 위해 상용되고 있기 때문이다. 가장 임상적으로 흔하게 사용되는 영상 방법은 비디오투시검사(videofluoroscopy), 비강내시경검사(nasoendoscopy), 후두내시경검사(laryngoscopy), 비디오스트로보스코피(videostroboscopy, 화상회선경술)이며, 이들은 모두 녹화, 저장 및 분석이 가능하다. 이들은 흔히 삼킴과 연인두와 말할 때의 후두 기능을 평가하는 데 활용된다. 청지각적 분석 기법과 함께 활용되면, 이러한 기기적인 방법들은 진단과 치료 권고에도 영향을 준다. 청지각적인 분석 방법과 마찬가지로 신뢰도 측면에서 어려움이 있기는 하지만, 이 방법들은 말운동장애의 임상과 연구 목적으로 중요하다.

마비말장애 연구에 사용되는 기기적 방법[9]을 깊이 다루는 것은 이 책의 범위를 벗어난다. 여러 가지의 기기적 방법을 임상적인 감별진단과 치료에 적용하는 데 있어서 신뢰도, 타당도와 적용도 관련 지식에 공백이 있다는 것 자체가 지금 이 시점에서는 많은 기기적 방법이 임상적으로는 지엽적인 역할을 한다는 것을 시사해 준다. 지각에 기초한 임상적 평가가 항상 감별진단의 중심이 될 것이다. 그럼에도 불구하고, 기기적 분석은 말운동장애의 기반을 이해하는 데 도움을 주며, 언젠가는 광범위하게 적용 가능하고, 임상적 진단과 치료 노력에 중요한 역할을 하게 될 것이다. 말운동장애를 기술하고 이해하는 데 크게 기여하였기 때문에 음향학적, 생리학적, 시각 영상 연구 결과 중에 임상적으로 관련 있는 것들은 각 유형의 마비말장애와 말실행증을 다루는 장에서 언급될 것이다.

C. 말운동장애의 청지각적 분석의 임상적 특징

이 책에서는 말운동장애의 청지각적 임상 평가와 치료의 청지각적 · 기능적 결과에 대하여 강조하는 편이다. 이는 Wertz와 Rosenbeck[45]가 언급하였듯이 "귀는 말실행증과 마비말장애를 찾는 데 더 나중에 해당되는 결정권자 역할을 하지만, 이를 음향학적이고 생리학적인 기기와 같이 사용한다면 견고한 이론을 확립할 수 있고, 더 중요하게 임상을 향상시킬 수 있다."라는 의견과 대립하고자 하는 것은 아니다. 음향학적 · 생리학적 접근법은 현재 이해되고 있는 말운동장애 정보와 관련하여 명백하게 중요한 기여를 하고 있다.[22] 이러한 기여가 종종 참조되고 있으며, 이러한 결과와 지각적 관찰점 간의 관계와 가설이 또한 자주 참조되고 있다. 하지만 이 책에서 제시하는 지각적 평가에 대해 강조하는 것은 다음의 사실과 믿음에 기초하고 있다.

1. 말운동장애가 의심되어 평가를 할 때는 지각에 기초한 평가로 시작된다. 기기적 평가는 지각적 평가

[9] McNeil,[29] Kent,[21] Weismer(2007)[42]에서 마비말장애 연구에 사용되는 기기적 방법에 대하여 좀 더 심도 있게 다룸.

결과에 따라 그 필요가 결정되어 후속적으로 따르게 되는 것이다. 지각적 평가 단계에서 기술적 또는 진단적 오류가 발생하게 된다면 뒤에 따르는 그 어떠한 과정도 진단과 치료를 잘못된 길로 가게 한다.

2. 지각에 기초한 감별진단은 신경학적 질환의 병소 위치 확인과 진단과 관련하여 그 유용성이 확립되었다. 다른 방법들이 이러한 유용성에 기여하거나 수정하거나 반대하는 정도는 아직 명확히 밝혀진 바가 없다. 이렇게 표현되는 것은 기기적인 방법이 말운동장애를 기술하고 이해하고 정량화하는 데 기여하는 바를 최소화시키려는 것은 아니나, 다만 청지각적 방법이 임상의 기초가 되어야 한다는 점을 분명하게 보여 주려고 하는 것이다. 또한 이러한 사실은 말운동장애의 음향학적 · 생리학적 특성을 살펴보는 그 어떤 연구에도 두드러진 청지각적 말 특성에 대한 적절한 기술이 요구된다는 것도 입증해 준다. 지각적 기술(description)이 뒷받쳐 주지 않는다면 이러한 연구가 다시 재연되고, 임상적으로 일반화되고, 또는 임상가나 다른 연구가들에 의해 의미있게 해석될 수 있다는 가능성은 상당히 감소하거나 없어지게 된다.

3. 말운동장애 치료에 대한 기능적 결과를 평가하는 표준은 대부분 말에 대한 청지각적인 판단, 명료도(intelligibility), 이해 가능도(comprehensibility)와 효율성(efficiency)에 기초한다.

진단을 위해 청지각적 분석이 중요하다는 것은 일반적으로 말운동장애 또는 말-언어병리학에만 고유한 것은 아니다. 예를 들어, 근전계(electromyographers)는 신경근육적 질환 특유의 비정상적인 근전도적 파형을 확인하고 분류하기 위해 소리를 확인하고 재발 패턴을 알아보는 데 쓰이는 청력 기술(auditory skills)에 많이 의존한다. 시상과 기저핵 구조에 시행하는 뇌심부자극술(deep brain stimulation, DBS)에서 올바르게 전극을 놓았는지는 목표된 구조들에서 발산하는 독특한 청각신경 발사 패턴을 감지하는 것을 통해 확인된다. 여러 정신과적 질환(예: 우울증, 조증, 조현병) 진단도 구어 표현의 변별되는 패턴에 부분적으로 의존하고 또는 이에 의해 강화된다. 해군이 초음파를 이용하는 것도 신호의 근원, 방향과 움직임 속도를 확인하게 해주는 변별적인 청각 특성(distinctive auditory patterns)을 인식하는 것에 의존한다. 숙련된 청자의 귀는 귀중한 도구이다!

VII. 말운동장애의 분류

A. 말운동장애의 특징

말운동장애를 다양하게 바라볼 수 있기 때문에 여러 가지 분류 체계(categorization schemes)가 고안되었다. DAB[6]와 Yorkston 등[48]은 진단과 치료에 중요한 말운동장애를 특징짓는 영역(dimensions)을 규정하였다. 어떠한 특성들은 그 분류 방법에 있어서 신경학적(neurologic)이고 병인적(etiologic) 접근을 사용하였다는 것이 반영되기도 한다. 다른 것들은 말장애 자체의 증상(signs)과 징후(symptoms)와 구체적으로 묶여 있다.

신경학적이고 병인적인 관점과 관련된 변인들(variables)은 다음과 같다

1. 발병 나이(age at onset). 말운동장애는 선천적(또는 발달적)일 수도 있고 후천적일 수도 있다. 이러한 구분은 치료 결정과 예후에 영향을 준다. 후천적으로 습득된 장애의 발병 시기는 대체로 명확하며, 이는 자세한 병력을 조사하고 신경학적 검사를 요구하는 것 이상으로 임상적 진단에 어려움을 주지 않는다. 임상가들은 발병 나이가 선천적인지 후천적인지 확인하여야 하고 대체적으로 그 구분이 어렵지는 않을 것이다.

이 책은 선천적이거나 발달적인 장애보다 후천적으로 발생한 장애에 주로 초점을 둔다. 이는 (1) 주로 선천적이거나 발달적인 질환보다 후천적인 질환에서 더욱 까다로운 말운동장애 진단이 의학적 진단과 병소 위치 확인에 기여하는 점에 대하여 초점을 두고, (2) 후천적 말운동장애의 감별진단과 치료에 대한 더 나은 이해를 반영하기도 한다. 하지만 여기서 논의되는 분류 원칙, 진단, 치료 방법은 아이들이 보이는 선천적이거나 발달적인 말운동장애에 적용되거나 응용될 수 있다.[10] 예를 들어, 전문적인 듣기 훈련을 받는 이(expert listeners)는 불수의 운동형 뇌성마비(athetoid cerebral palsy)와 경직

[10] Van Mourik 등[39]은 아동기 때 얻게 된 마비말장애는 이 책에서 사용되는 것과 다른 분류 체계(아직 명시되지는 않음)가 필요하다고 주장함. 반대로, Cahill, Murdoch, Theodorus[4]는 24명의 외상성 뇌손상(traumatic brain injury, TBI)이 있는 아이들의 마비말장애 유형이 성인 외상성 뇌손상 환자들의 마비말장애 유형와 유사하다고 보고함.

형 뇌성마비(spastic cerebral palsy)[46]의 말 특성을 구분할 수 있으며, 후천적 마비말장애와 발달적 마비말장애의 지각적 특성과 치료 접근법 간에 강한 평행을 이루기도 한다.

2. **진행 과정**(course). 말운동장애는 **선천적**(예: 뇌성마비)일 수도 있고, **만성적**(chronic)이거나 **변하지 않는**(stationary)[11] 특성을 지닐 수 있으며(예: 성인 뇌성마비, 뇌경색 후 안정기에 접어든 환자), **호전을 보이는 상태**(improving)(뇌졸중 또는 폐쇄성 뇌손상[closed head injury] 후 자연 회복)일 수도 있고, **진행형**(progressive) 또는 **퇴행성**(degenerative)(예: 근위축성 측삭 경화증, 파킨슨병)일 수도 있고, **악화-완화**(exacerbating remitting)(예: 다발성 경화증)일 수도 있다. 시간 경과에 따라 말운동장애를 관찰하는 것은 병의 진행을 확립하는 데 도움이 되거나 특정 진행 과정과 맞지 않는 진단을 배제시키는 데 도움이 된다. 많은 경우, 환자에게 말 평가가 의뢰될 즈음이면, 병의 진행 과정이 이미 확립된 경우가 많다. 그렇더라도 병의 진행 문제는 치료 결정에 많은 영향을 준다.

3. **병소 부위**(site of lesion). 말운동장애와 결부되는 손상 부위는 신경근육 접합부(neuromuscular junction), 말초신경(peripheral nerve), 뇌신경(cranial nerve), 뇌간(brainstem), 소뇌(cerebellum), 기저핵(basal ganglia), 추체로(pyramidal), 추체외로(extrapyramidal pathways), 대뇌피질(cerebral cortex)과 같은 다양한 위치를 포함한다. 병소를 알아내는 것이 신경학적 검사의 일차적 목표이며, 말운동장애를 구분함으로써 이러한 역할을 수행하는 데 기여할 수 있다. 이와 반대로, 병소를 아는 것을 통해 특정 말장애를 예측하기도 한다. 말 증상이 이미 확인되었거나거나 추정된 병소와 일치하지 않으면, 추정된 병소 부위에 대해 의심을 해볼 수 있다. 또는 추가적인 병소가 있음이 시사되거나, 때로는 다른 질병을 의심해 볼 수 있게 한다. 예를 들어 파킨슨병이라고 진단받은 환자가 운동저하형-경직형-실조형이 섞인 혼합형 마비말장애 유형을 보인다면, 이 진단에 대하여 의문을 가질 수 있으며, 파킨슨병 하나로 설명되지 않는 다른 신경학적 손상이 있다고 제안할 수 있다.

4. **신경학적 진단**(neurologic diagnosis). 신경학적 질환의 광범위한 분류에는 퇴행성(degenerative), 염증성(inflammatory), 독성-대사성(toxic-metabolic), 신생물성(neoplastic), 외상성(traumatic), 혈관성(vascular) 병인을 포함한다. 이러한 광범위한 분류 아래 세부 진단을 하게 된다. 말운동장애 자체만으로는 특정 병인이나 특정 질환을 진단할 수 없다. 이는 많은 질환들이 복합적이거나 다양한 부위의 신경계에 영향을 주기 때문에, 질환별로 말운동장애를 분류하는 것은 유용하지도 않고, 실현 가능하지도 않다(예: 다발성 경화증의 마비말장애, 뇌졸중의 마비말장애). 동시에 어떤 신경학적 질환에는 매우 흔하게 나타나는 마비말장애 유형이 있는가 하면, 어떤 것에는 거의 발생하지 않는 말장애 유형이 있기도 하다(예: 파킨슨병 환자가 말장애를 보일 때는 그 유형은 운동저하형이며, 중증근무력증에 마비말장애가 발생할 경우에는 항상 이완형을 보이게 됨). 따라서 말운동장애의 특정 유형을 확인하게 되면, 질환을 확진하는 데 도움을 주기도 한다.

5. **병리생리학적 측면**(pathophysiology). 아마도 기저의 병리생리학적 특성(예: 약증, 경직성)들이 각 말운동장애가 보이는 특유의 말장애 패턴을 규정짓는 것 같다. 따라서 특정 말 이상 소견 또는 이들의 패턴은 한 가지 또는 그 이상의 병리생리학적 장애를 시사하고, 그 역으로도 생각해 볼 수 있다.

말장애 자체와 관련된 요인들은 다음과 같다.

1. **포함된 말 영역**(speech components involved). 말운동장애는 그것이 영향받은 말 하부 체계에 따라 분류될 수 있다. 말의 호흡, 발성, 공명, 발음의 손상 여부를 아는 것이 말 진단에 기여하며, 빈번하게 치료에도 영향을 준다.

2. **중증도**(severity). 중증도 자체는 말운동장애 유형 사이를 구분 지어 주는 특성은 아니다. 왜냐하면, 전체적인 중증도 연장선상에서 다양하게 나타날 수 있기 때문이다. 하지만 진단에 대한 의문을 제기할 수는 있다. 예를 들어, 심한 약증이 시사되는 말 특성은 실제의 약증을 확인해 주는 신체적 특성과 결

---

[11] 어떤 저자들은 환자들의 말운동장애의 만성적인 특성을 강조함.[48] 만성적인 환자도 있지만, 어떤 이들이 일시적이거나 증상에 변동이 있는 것이 이상한 것이 아니며, 다른 이들은 완전하게 회복되기도 함(예: 경미한 편측 뇌졸중이나 수술적 외상 후, 감염에서 회복된 후, 또는 약물에 의해 발생한 말운동장애). 따라서 말운동장애를 만성적인 상태라고 기술하지 않는 것이 중요함.

부되며, 신체적인 검진이 환자가 보이는 약증의 말 특성과 일치하지 않으면, 이를 야기하는 다른 원인(예: 심인성 원인, 잘못된 말 습관/전략)을 생각해 볼 수 있을 것이다.

중증도는 치료 결정과 관련 있다. 진단에 대한 정보, 병의 진행 정보 및 중증도에 대한 정보는 치료가 언제 필요한지 결정하는 데 도움을 준다. 치료가 단기간에 이루어질지, 장기간에 걸쳐 이루어질지, 그 치료가 말을 호전시키는 데 초점을 두게 될지, 다른 보상적 의사소통 형태를 적용할지 등을 결정하는 데 도움을 준다.

3. 청지각적 특성(perceptual characteristics). 말의 청지각적 특성은 감별진단과 치료에 중요하다. 그 이유는 청지각적 특성이 임상 연구에 단단한 기반을 두고 있고, 말운동장애의 음향학적 · 생리학적 연구에 도움을 주며, 임상 활동에서 두각을 나타내고 있기 때문이다. 더 나아가 DAB의 청지각적 분류 체계가 이 책에서 말운동장애를 논하는 틀을 제공해 주기 때문이다.

B. 청지각적 방법에 따른 분류

표 1-1에는 이 책에서 사용되는 분류 체계가 요약되어 있다. 분류의 기초는 대체로 DAB가 시행한 마비말장애에 대한 연구[7,8]와 이들의 전통적인 교과서『말운동장애(*Motor Speech Disorders*)』[6]에 기반을 둔다. 이들의 마비말장애 분류는 '임상적 적용은 물론 구어(spoken language)에 관여하는 복잡한 과정을 통제하는 신경계의 작용 방법에 대한 개념의 중심'에 해당된다.[22]

DAB는 마비말장애의 여섯 가지 주요 유형을 연구하였다(이완형, 경직형, 실조형, 운동저하형, 운동과잉형, 혼합형). 혼합형은 각 유형들의 조합 가능한 경우를 모두 포함하며, 각 혼합은 다양한 신경학적 질환과 관련하여

표 1-1

말운동장애의 주요 유형, 병소 위치 및 신경운동적 단위

유형	병소 위치	신경근육적 단위-일반	신경근육적 단위-구체적
마비말장애			
이완형	하부운동신경세포(최종공통경로, 운동 단위)	집행	약증
경직형	양측 상부운동신경세포(직접 활성화 경로와 간접 활성화 경로)	집행	강직성
실조형	소뇌(소뇌 제어회로)	제어*	불협응
운동저하형	기저핵 제어회로(추체외로)	제어*	경직성, 움직임 범위 감소, 척도 문제
운동과잉형	기저핵 제어회로(추체외로)	제어*	불수의적 움직임
편측 상부운동신경세포형	편측 상부운동신경세포	집행/제어	상부운동신경세포 약증, 불협응 또는 강직성
혼합형	하나 이상	집행 그리고/또는 제어	하나 이상
유형 미정(undetermined)	?	?	?
말실행증	좌측(우세)반구	운동 계획/프로그래밍	계획/프로그래밍 오류

*여기에 사용되는 '제어'라는 용어는 조정하는 운동 프로그래밍 활동을 의미하는 것으로, 이는 말 단위를 집행하기 전과 집행하는 중에 발생함. '프로그래밍'이라는 용어가 '제어'라는 용어만큼 적절하다고 볼 수 있으나, 제어회로 유형의 마비말장애에서 일어나는 프로그래밍과 말실행증에 반영되는 계획/프로그래밍 장애와 혼동을 피하기 위해서 여기서는 사용하지 않음.

예측 가능하거나 예측 불가능한 관계를 보이기도 한다. 혼합 유형 마비말장애에 대해서는 제10장에서 다룬다.

DAB가 제시한 유형에 두 가지의 유형을 추가하였다. **편측 상부운동신경세포**(unilateral upper motor neuron)**형 마비말장애**는 DAB[6]에 의해 언급되었으나 상세히 연구되지는 않았다. 하지만 이는 편측 뇌손상이 있는 환자들에 빈번하게 발생되며, 이는 종종 실어증과 말실행증과 동반되기도 한다. 또한 신경과 의사들은 이를 편측 뇌졸중의 징후(sign)(때로는 유일한 징후)로 여긴다. 따라서 이 유형을 마비말장애 유형에 포함시켰으며, 이에 대해서는 제9장에서 다룬다. **유형 미정**(undetermined)을 포함하기도 하였다. 이러한 유형이 있다는 것은 표면적으로 청지각적으로 구분 가능한 모든 유형들이 확인되지 않았다는 사실을 반영해 주며, 더 나아가 앞으로는 이미 확인된 유형의 하위 유형으로 추가 분류될 가능성을 정당화시킬 수 있다. 사실 이미 이완형과 운동과잉형 마비말장애에 하위 분류를 두는 것이 적절하다고 본다. 유형 미정은 말장애가 마비말장애인 것은 맞으나, 나타나는 특성이 미세하거나, 복잡하거나, 비전형적이어서 '유형 미정 마비말장애(dysarthria, type undetermined)'로 진단될 수 있으며, 이는 임상가가 판단하기에 확실하게 가능성이 적은 마비말장애 유형을 배제시켜 주는 정보와 함께 제시해 줄 수 있다. **그림 1-2**에는 메이요 클리닉에서 1993~2008년에 신경과 소속 언어병리학 분과에서 확인된 말운동장애 유형의 분포를 요약해 놓았다.

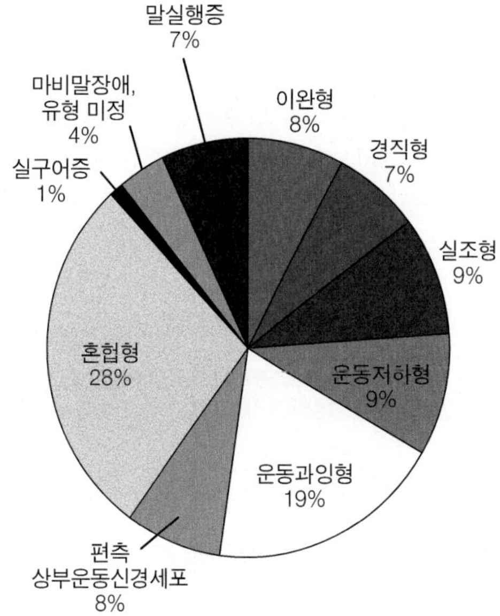

그림 1-2 1993~2008년 로체스터에 있는 메이요 클리닉(Mayo Clinic) 신경과 소속 언어병리학 분과에서 평가 후, 말운동장애(마비말장애와 말실행증) 진단을 받은 의사소통장애 환자 8,101명의 질환 분포를 나타냄. 말 평가 의뢰는 신경과, 신경외과, 재활의학과, 이비인후과와 내과에서 의뢰되었음. 이 자료는 말-언어 평가를 통한 진단을 받는 환자들을 반영하는 것으로, 실제 치료를 받고 있는 환자의 수를 반영하는 것은 아님.

VIII. 요약

1. 신경학적 질환은 병소의 위치와 기저의 병리생리학을 반영해 주는 방식으로 말에 영향을 준다. 이러한 말장애는 지각적으로 분명한 특징을 가지며, 이러한 특징들에 대한 인식은 병소 위치와 신경학적 질환에 대한 진단에 기여할 수 있다. 또한 이는 말과 관련된 신경학적 구조, 정상적인 말 제어 능력과 더불어 임상적 치료 결정에 대해 우리가 가지고 있는 지식에 기여하기도 한다.
2. 말의 신경학적 손상은 말에 관여하는 운동 계획, 프로그래밍, 제어 및 집행의 손상을 반영한다. 이러한 장애는 **말실행증**과 **마비말장애**라고 일컫는다. 이 둘은 서로 뚜렷하게 구분이 되며 또한 의사소통, 근골격계 장애, 병리생리학적 변화 및 연령으로 인한 말의 변화, 스타일과 성격에 영향을 주는 변이와 관련되는 일차적 감각장애 또는 다른 신경학적 손상에 기인한 말장애와도 구분된다. 총체적으로 마비말장애와 말실행증은 말운동장애에 해당된다.
3. 말운동장애는 의학적 임상 현장에서 흔하지 않은 것은 아니며, 신경과적 임상 현장에서는 빈번하게 관찰된다. 이는 의학적 언어병리 임상 현장에서 보는 의사소통장애의 상당 부분을 차지하며, 특히 감별진단이 질환의 유무, 병소 부위를 판단하는 데 중요한 역할을 하는 현장에서는 더욱 그러하다.
4. 말운동장애는 지각적으로 연구되며, 음향학적 · 생리학적 · 시각적 영상 기법을 포함하는 도구적 방법으로 연구되기도 한다. 각 방법은 이 장애를 이해하는 데 도움을 준다. 이들 중 핵심적인 말 특성(salient speech characteristics)에 대한 지각적 분석 방법은 임상적 진단과 치료에 의한 기능 변화를 측정하는 데 가장 먼저, 가장 중요하게 기여한다.
5. Darley, Aronson, Brown이 고안한 말운동장애 청지

각적 분류 방법은 병리생리학적 기전을 반영하고 신경계 위치를 확인해 주기도 한다. 이는 임상적으로 유용하고, 임상적 · 실험실적 연구에 상당한 경험적 가치(heuristic value)를 지니고 있다. 이는 이 책의 나머지 부분에서 말운동장애의 진단과 치료에 대해 논의하는 틀을 제공해 준다.

참고 문헌

1. Arboix A, Marti-Vilata JL: Lacunar infarctions and dysarthria, *Arch Neurol* 47:127, 1990.
2. Baker KK, et al: Control of vocal loudness in young and old adults, *J Speech Lang Hear Res* 44:297, 2001.
3. Berry WR, editor: *Clinical dysarthria*, San Diego, 1983, College-Hill Press.
4. Cahill LM, Murdoch BE, Theodoros DG: Perceptual analysis of speech following traumatic brain injury in childhood, *Brain Inj* 16:415, 2002.
5. Cannito MP, Yorkston KM, Beukelman DR, editors: *Neuromotor speech disorders*, Baltimore, 1998, Paul H Brookes.
6. Darley FL, Aronson AE, Brown JR: *Motor speech disorders*, Philadelphia, 1975, WB Saunders.
7. Darley FL, Aronson AE, Brown JR: Clusters of deviant speech dimensions in the dysarthrias, *J Speech Hear Res* 12:462, 1969.
8. Darley FL, Aronson AE, Brown JR: Differential diagnostic patterns of dysarthria, *J Speech Hear Res* 12:246, 1969.
9. Duffy JR: Apraxia of speech: historical overview and clinical manifestations of the acquired and developmental forms. In Shriberg LD, Campbell TF, editors: *Proceedings of the 2002 Childhood Apraxia of Speech Research Symposium*, Carlsbad, Calif, 2003, the Hendrix Foundation.
10. Duffy JR: Emerging and future issues in motor speech disorders, *Am J Speech Lang Pathol* 3:36, 1994.
11. Duffy JR, Kent RD: Darley's contribution to the understanding, differential diagnosis, and scientific study of the dysarthrias, *Aphasiology* 15:275, 2001.
12. Gerratt BR, et al: Use and perceived value of perceptual and instrumental measures in dysarthria management. In Moore CA, Yorkston KM, Beukelman DR, editors: *Dysarthria and apraxia of speech: perspectives on management*, Baltimore, 1991, Paul H Brookes.
13. Green JR, et al: Reliability of measurements across several acoustic voice analysis systems. In Cannito MP, Yorkston KM, Beukelman DR, editors: *Neuromotor speech disorders: nature, assessment, and management*, Baltimore, 1998, Brookes Publishing.
14. Hewer RL: The economic impact of neurologic illness on the health and wealth of the nation and of individuals, *J Neurol Neurosurg Psychiatry* 63:S19, 1997.
15. Jan W, et al: The effect of visible speech in the perceptual rating of pathological voices, *Arch Otolaryngol Head Neck Surg* 133:178, 2007.
16. Kendall K: Presbyphonia: a review, *Curr Opin Otolaryngol Head Neck Surg* 15:137, 2007.
17. Kent RD: Hearing and believing: some limits to the auditory-perceptual assessment of speech and voice disorders, *Am J Speech Lang Pathol* 5:7, 1996.
18. Kent RD, Vorperian HK, Duffy JR: Reliability of the Multi-Dimensional Voice Program for the analysis of voice samples of subjects with dysarthria, *Am J Speech Lang Pathol* 8:129, 1999.
19. Kent RD, et al: Voice dysfunction in dysarthria: application of the Multi-Dimensional Voice Program, *J Commun Dis* 36:281, 2003.
20. Kent RD, et al: Clinicoanatomic studies in dysarthria: review, critique, and directions for research, *J Speech Lang Hear Res* 44:535, 2001.
21. Kent RD, et al: Acoustic studies of dysarthric speech: methods, progress, and potential, *J Commun Dis* 32:141, 1999.
22. Kent RD, et al: The dysarthrias: speech-voice profiles, related dysfunctions, and neuropathology, *J Med Speech Lang Pathol* 6:165, 1998.
23. Kent RD, et al: Laryngeal dysfunction in neurological disease: amyotrophic lateral sclerosis, Parkinson's disease, and stroke, *J Med Speech Lang Pathol* 2:157, 1994.
24. Krampe RT: Aging, expertise and fine motor movement, *Neurosci Behav Rev* 26:769, 2002.
25. Liss JM, Weismer G: Qualitative acoustic analysis in the study of motor speech disorders [letter], *J Acoust Soc Am* 92:2984, 1992.
26. Liss JM, Weismer G, Rosenbek JC: Selected acoustic characteristics of speech production in very old males, *J Gerontol* 45:35, 1990.
27. Liss JM, LeGendre S, Lotto AJ: Discriminating dysarthria type from envelope modulation spectra, *J Speech Lang Hear Res* 53:1246, 2010.
28. Liss JM, et al: Quantifying speech rhythm abnormalities in the dysarthrias, *J Speech Lang Hear Res* 52:1334, 2009.
29. McNeil MR, editor: *Clinical management of sensorimotor speech disorders*, ed 2, New York, 2009, Thieme.
30. Moore CA, Yorkston KM, Beukelman DR, editors: *Dysarthria and apraxia of speech: perspectives on management*, Baltimore, 1991, Paul H Brookes.
31. Mortensen L, Meyer AS, Humphreys GW: Age-related effects on speech production: a review, *Lang Cog Processes* 21:238, 2006.
32. Müller J, Wenning GK, Verny M, et al: Progression of dysarthria and dysphagia in postmortem-confirmed parkinsonian disorders, *Arch Neurol* 58:259, 2001.
33. Rabinov CR, et al: Comparing reliability of perceptual ratings of roughness and acoustic measures of jitter, *J Speech Hear Res* 38:26, 1995.
34. Robin DR, Yorkston KM, Beukelman DR, editors: *Disorders of motor speech: assessment, treatment, and clinical characterization*, Baltimore, 1996, Paul H Brookes.
35. Sandyk R: Resolution of dysarthria in multiple sclerosis by treatment with weak electromagnetic fields, *Int J Neurosci* 83:81, 1995.
36. Stathopoulos ET, Huber JE, Sussman JE: Changes in acoustic characteristics of the voice across the life span:

measures from individuals 4-93 years of age, *J Speech Lang Hear Res* 54:1011, 2011.
37. Till JA: Diagnostic goals and computer-assisted evaluation of speech and related physiology: Special Interest Division 2—Neurophysiology and neurogenic speech and language disorders, *ASHA* 5:3, 1995.
38. Till JA, Yorkston KM, Beukelman DR, editors: *Motor speech disorders: advances in assessment and treatment*, Baltimore, 1994, Paul H Brookes.
39. Van Mourik M, et al: Acquired childhood dysarthria: review of its clinical presentation, *Pediatr Neurol* 17:299, 1997.
40. Wade DT: Epidemiology of disabling neurologic disease: how and why does disability occur? *J Neurol Neurosurg Psychiatry* 63:S11, 1997.
41. Weinfeld F: The 1981 National Survey of Stroke, *Stroke* 1:1, 1981.
42. Weismer G, editor: *Motor speech disorders: essays for Ray Kent*, San Diego, 2007, Plural Publishing.
43. Weismer G: Neural perspectives on motor speech disorders: current understanding. In Weismer G, editor: *Motor speech disorders: essays for Ray Kent*, San Diego, 2007, Plural Publishing.
44. Weismer G: Philosophy of research in motor speech disorders, *Clin Linguist Phon* 20:315, 2006.
45. Wertz RT, Rosenbek JC: Where the ear fits: a perceptual evaluation of motor speech disorders, *Semin Speech Lang* 13:39, 1992.
46. Workinger MS, Kent RD: Perceptual analysis of the dysarthrias in children with athetoid and spastic cerebral palsy. In Moore CA, Yorkston KM, Beukelman DR, editors: *Dysarthria and apraxia of speech: perspectives on management*, Baltimore, 1991, Paul H Brookes.
47. Yorkston KM, Beukelman DR, editors: *Recent advances in clinical dysarthria*, Boston, 1989, College-Hill Press.
48. Yorkston KM, et al: *Management of motor speech disorders in children and adults*, Austin, Texas, 1999, Pro-Ed.

CHAPTER

2

말운동의 신경학적 기초 및 병리

"교재에 수록된 뇌 그림을 들여다보면, 복잡한 구조를 가진 뇌를
어찌 그렇게도 말도 안 되게끔 조잡하게 상징화하고,
공간적으로만 표현해 놓았는지 놀라움을 금하지 못했다."[84]

C.S. SHERRINGTON

개 요

신경해부와 신경생리에 대한 지식은 말운동장애 유형의 감별진단과 이에 따른 치료의 토대가 된다. 신경학적 질환에 대한 광범위한 유형을 소개하고 그 토대를 살펴보는 것이 이 장의 목적이다.

이 장에서는 말의 신경해부학, 신경생리학, 신경과학에 대한 개관을 깊이 다루지 않는다. 오히려, 여기서 다루는 전반적인 개요는 임상에 기준을 두고 있으며, 뒤에 특정 말운동장애 유형을 다루는 장에서 제공되는 정보를 이해하기 위한 토대를 제공한다. 이 장에서 강조되는 구조와 기능은 (1) 말과 직접적인 관계가 있고, (2) 말운동장애가 발생되는 기전을 이해하는 데 도움이 되며, (3) 말운동장애를 동반하는 경향이 있는 관찰 가능한 결함과 관련이 있는데, 이러한 결함을 확인함으로써 특정 말운동장애 진단에 도움을 준다.

독자가 이 장의 내용에 대해 고심하기 전에, 경고(caveat)의 말과 위로(comfort)를 전하고자 한다. 먼저 경고에 해당되는 내용은, 말의 신경학적 기초에 익숙하지 않거나 그러한 정보를 임상에 이제 막 적용하기 시작하는 독자들을 위한 것이다. 수많은 용어들과 여기에 소개되는 복잡한 개념들에 압도당할지 모른다. 정보(facts)를 파

악하였더라도, 이것들이 어떻게 말운동장애와 연관이 있는지 금방 명확히 드러나지 않을 수 있다. 이에 당황스러워하는 반응을 보일지 모르며, 이는 문제해결 방법에 대한 경험이 적거나 이제 배워 가는 이들에게는 자연스러운 현상이다. 기본적인 현실(basic reality)은 이 자료들을 빨리 이해하는 것이 어렵기 때문에, 이를 처음 접하는 이들에게는 다소 힘겨울 것이라는 것이다.

위로가 될 만한 것은, 시간이 지나면 이내 대부분의 정보들이 이해될 것이며, 말운동장애의 임상과 연구를 하는 데 있어서 기본적이고도 귀중한 정보가 되리라는 점이다. 이 장에서 제공되는 정보들을 이해하기 위한 가장 좋은 방법은 특정 말운동장애 유형에 대한 장을 읽을 때, 해당 정보를 다시 돌이켜 찾아보는 것이다. 더 좋은 방법으로는 말운동장애 환자들을 평가하거나 치료하는 과정에서 이 책에 제시되는 내용들을 다시 확인해 보는 것도 있다. 이 책에서 제공되는 교육적인 내용들을 환자의 의학 정보, 검사 정보, 뇌영상 결과와 더불어 무엇보다도 중요하게는 손상을 보이는 말의 소리와 시각 정보들과 대입시켜 볼 수 있는 기회로 삼는 것이 깊이 있는 이해에 다다르게 되는 가장 좋은 방법이라고 생각한다. 실질적으로 임상 활동을 시작하기 전에는 이 정보들을 임상 활동을 위한 기반으로 통합하기는 힘들 것이다.

I. 육안 신경해부 및 주요 신경계[1]

이 부분에서는 뼈로 이루어진 경계와 신경계의 막(coverings)을 소개한다. 두개골(skull)과 척추(spinal column)가 뼈로 이루어진 경계를 이루고, 뇌막(meninges)과 관련 공간(spaces)들이 막을 구성한다. 그다음 신경계의 주요 해부학적 단계들과 관련된 구조적 지표(landmarks)들이 소개된다. 그 뒤를 이어 신경계의 주요 기능적 종단 체계(major functional longitudinal systems)들이 소개된다. 질환의 임상적 병소를 확인하는 것(clinical localization)은 그것에 영향을 주는 기능적인 체계에 대한 지식과 더불어 신경계 내에서 그것이 어디에 위치해 있는지에 대해 아는 지식을 요구한다는 사실을 명심해야 한다.

[1] 이 장 일부의 구성과 내용은, 특히 운동체계를 논하기 위해 사용되는 개념적 접근은 *Mayo Clinic Medical Neurosciences: Organized by Neurologic Systems and Levels*, ed. 5, by Benarroch 등[9]에서 제시되는 해부, 생리와 병리에 대한 '체계(systems)와 단계(levels)' 접근에 많이 의존함.

A. 뼈의 경계—두개골과 척추

뇌는 두개골(머리뼈)에 의해 보호를 받고, 척수(spinal cord)는 척추(spinal column)에 의해 보호된다. 우리가 일차적으로 초점을 두는 것은 두개골이다. 두개골 안에 말을 보조하는 대부분의 중추신경계(central nervous system, CNS) 구조들이 있기 때문이다. 여기에 호흡을 제외하고 말 관련 근육들에 신경을 전달하는 뇌신경의 핵(nuclei)을 포함하기도 한다.

두개골(**그림 2-1**)은 성인 뇌를 위해 유연성 없는 막을 형성하여 외상으로부터 보호하는 역할을 한다. 그러나 때로는 두개골이 특정 뇌의 내부에서 일어나는 병리적인 상태(예: 뇌출혈, 수두증, 뇌종양)로 인한 압력에 반응하여 뇌가 부어오르는 것을 저지하게 되어 그 보호적 기능이 다소 상쇄되기도 한다. 이러한 병리적 상태는 뇌 안에 형성된 덩어리에 의해 눌리거나(mass effects) 뇌 안의 압력 증가를 야기하여 산발적인 신경학적 손상을 발생시키기도 한다.

위에서 내려다보았을 때(**그림 2-2**), 두개골 밑바닥에 세 개의 얕은 공간(cavities)이 보인다. 이를 **전두와**(anterior fossa), **중두와**(middle fossa), **후두와**(posterior fossa)로 부른다. 와(fossa)는 중추신경계에서 두 개의 주요 단계를 정의하는 데 도움을 주는데, 이들은 **후두와 단계** 및 **천막상 단계**(supratentorial level)(전두와, 중두와)로 명명된다. 후두와 및 중두와에는 대칭을 이루는 **구멍**(foramina)이 있으며, 이를 통해 쌍을 이루는 뇌신경이 말초 구조들(머리와 목에 위치한 말 산출을 위한 근육)에 신경을 전달하기 위해 빠져나간다. 신경학적 질환에 대한 대략적인 병소를 언급할 때, 종종 천막상 또는 후두와 부위라고 언급되기도 한다(**그림 2-3**).

B. 막—뇌막과 사이 공간

중추신경계의 **뇌막**(meninges)은 경막(dura mater), 거미막(arachnoid mater), 연막(pia mater)의 세 겹으로 이루어진다(**그림 2-3 참조**).

경막(dura mater)은 가장 바깥쪽에 있는 막이다. 경막은 두 겹의 연합된 조직으로 이루어지는데, 이는 특정 부위를 구분하여 **두개내정맥굴**(intracranial venous sinuses)

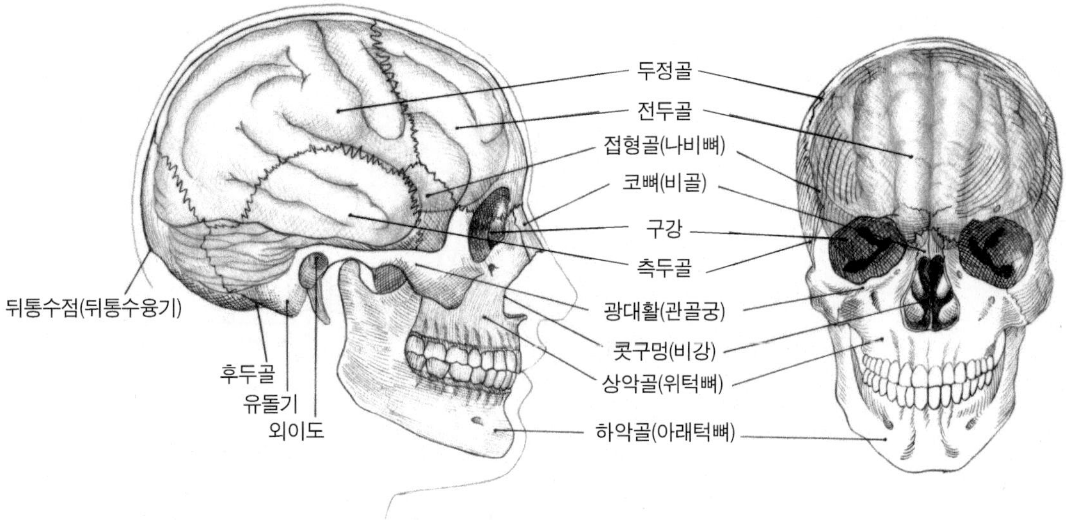

그림 2-1 두개골의 주요 뼈들.

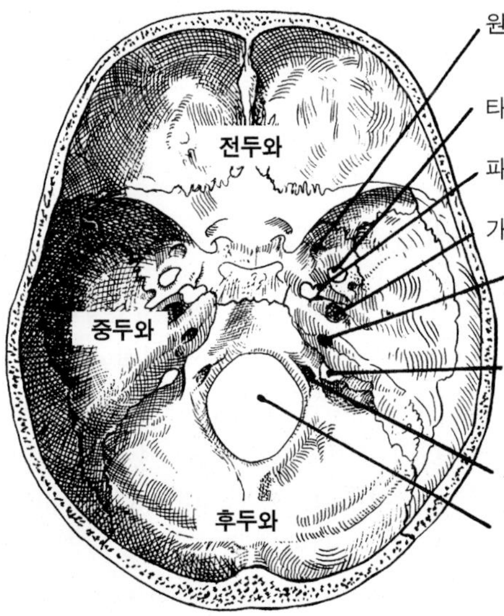

공(구멍)	구조
원형구멍(원형공)	삼차신경의 상악분지(V)
타원구멍(타원공)	삼차신경의 하악분지(V)
파열구멍(파열공)	내경동맥(속목동맥), 교감신경
가시구멍(뇌막동맥구멍)	중간뇌막동맥과 정맥 (중경막동맥과 정맥)
내이도	안면신경(VII)과 청신경(VIII)
경정맥공	설인신경(IX), 미주신경(X)과 부신경(XI)
설하신경관(혀밑신경관)	설하신경(XII)
대공	연수, 척수부신경, 척추와 전척수동맥과 후척수동맥

그림 2-2 위에서 내려다본 두개골 기저부.
일부 혈관 구조들과 말 산출 근육에 신경을 전달하는 뇌신경이 출입을 하는 주요 두개와 및 구멍.

을 형성하여, 뇌로부터 오는 정맥혈은 여기로 빠져나간다. 뇌 안으로 접혀 있는 경막은 두 가지 보호벽(barriers)을 이룬다. 하나는 **대뇌낫**(falx cerebri)으로, 이는 두 반구 사이에 놓여 있다. 다른 하나는 **소뇌천막**(tentorium cerebelli)인데, 소뇌와 대뇌 사이를 구분해 준다.

거미막은 경막 아래 놓여 있고 뇌 표면에 느슨하게 놓여 있다. 연막은 가장 안쪽을 이루고 있는 얇은 막이다. 이는 뇌의 표면에 밀착되어 있다. 거미막과 연막을 합해 **연질뇌척수막**(leptomeninges)이라고 일컫는다.

막을 둘러싸고 있는 공간은 기능적으로 중요하고 특정 질환과 연관이 있다. **경막외강**(epidural space)은 두개골의 안쪽 뼈와 경막 사이에 놓여 있다. **경막하강**(subdural space)은 경막 아래 위치해 있다. 손상이나 감염으로 인한 피나 고름이 경막외강과 경막하강에 쌓일 수 있다. 거

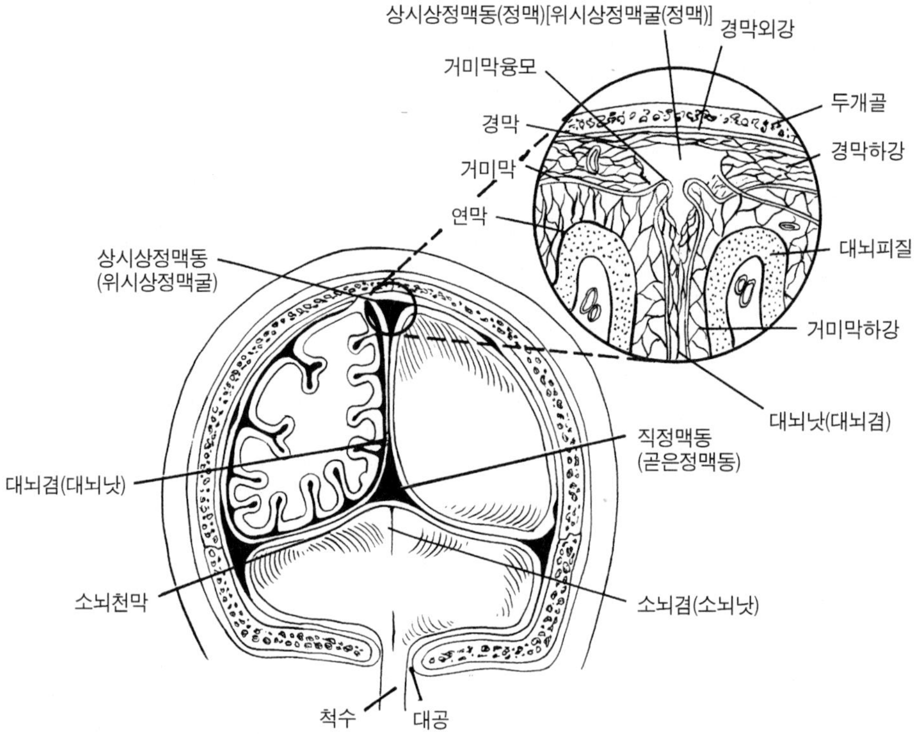

그림 2-3 천막상 단계 및 후두와 단계와 그 주요 경계. 확대된 그림에는 뇌막과 관련된 공간이 관찰됨.

미막 아래 놓여 있는 **거미막하강**(subarachnoid space)은 뇌와 척수를 감싸고 있으며 **뇌척수액**(cerebrospinal fluid)으로 채워져 있다. 이는 **뇌실계**(ventricular system)를 통해 뇌의 내부와 연결된다(그림 2-4).

뇌막 및 뇌막의 공간과 연관되어 마비말장애를 발생시키는 원인질환에는 감염(infection), 정맥혈관 질환(venous vascular disorders), 수두증(hydrocephalus), 출혈(hemorrhage)과 부종(edema)를 동반한 외상(trauma)이 있다.

C. 신경계의 주요 해부 단계

신경계의 주요 해부 단계는 두개골과 척추의 경계와 관련된다. 이는 뇌막, 뇌실, 혈관계에 의해 대략적으로 경계가 표시되며, 이에 대해서는 나중에 상세히 다루도록 한다. 주요 해부학적 단계와 그에 해당하는 골격, 뇌막, 뇌실, 혈관 특성들과 주요 말운동장애 유형과의 관계가 표 2-1에 정리되어 있다.

천막상 단계

천막상 단계(supratentorial level)는 **소뇌천막**(tentorium cerebelli) 위에 놓여 있다(그림 2-3 참조). 이는 거의 수평적으로 형성된 막으로 후두와(posterior fossa)의 위쪽 경계를 이루며, 소뇌의 위 표면을 덮고 있다. 또한 이는 전두와(anterior fossa)와 중두와(middle fossa)를 후두와로부터 구분해 준다. 천막상 단계는 **대뇌반구**(cerebral hemispheres)의 **전두엽**(frontal lobe), **측두엽**(temporal lobe), **두정엽**(parietal lobe), **후두엽**(occipital lobe)의 쌍으로 이루어졌다(그림 2-5). 이 외에 **기저핵**(basal ganglia), **시상**(thalamus), **시상하부**(hypothalamus), **뇌신경 I**(후신경)과 **뇌신경 II**(시신경)가 있다.

후두와 단계

후두와의 주요 구조에는 **뇌간**(brainstem)(뇌교[pons], 연수[medulla], 중뇌[midbrain]), **소뇌**(cerebellum)와 **뇌신경 III에서 XII에 이르는 뇌신경핵**이 포함되어 있다(그림 2-5 참조).

중간뇌수도관(aqueduct of Sylvius) 뒤에 위치한 후두

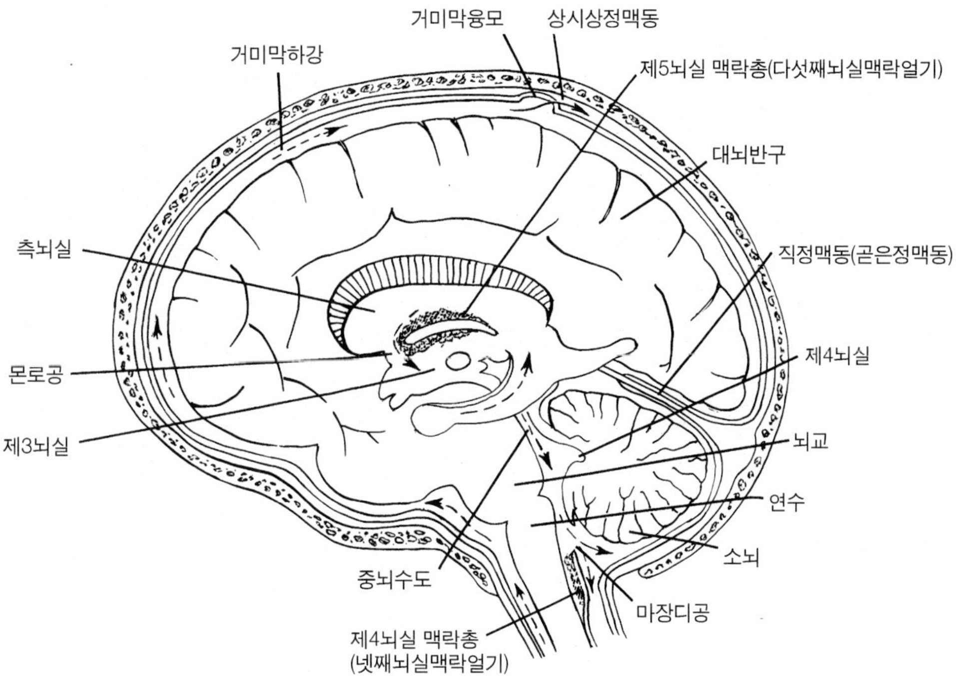

그림 2-4 뇌척수액이 만들어지고 순환하는 거미막하강과 뇌실계.

표 2-1

신경계, 골격, 막, 뇌실계, 혈관계의 주요 해부학적 단계와 주요 말운동장애 사이의 관계

해부 단계	골격	뇌막	뇌실계	혈관계	말운동장애
천막상 (반구, 엽, 기저핵, 시상, 뇌신경 I, II)	두개골(전두와, 후두와)	소뇌천막 위와 소뇌낫의 측면	외측뇌실 제3뇌실 거미막하강	경동맥체계 안동맥 중대뇌동맥 전대뇌동맥 추골-뇌저동맥계 후대뇌동맥	말실행증 마비말장애 경직형 편측 상부운동신경세포형 운동저하형 운동과잉형
후두와 뇌간(뇌교, 연수, 중뇌, 소뇌)	두개골 후두와	소뇌낫의 아래	제4뇌실 거미막하강	추골-뇌저동맥계 추골동맥 뇌저동맥	마비말장애 경직형 편측 상부운동신경세포형 운동과잉형 실조형 이완형
척수	척주	척수막	척수 거미막하강	전척수동맥 후척수동맥	마비말장애 이완형
말초 (뇌신경과 척수신경)	얼굴과 두개골 비두개골과 비척추골	없음	없음	사지 혈관의 주요 가지	마비말장애 이완형

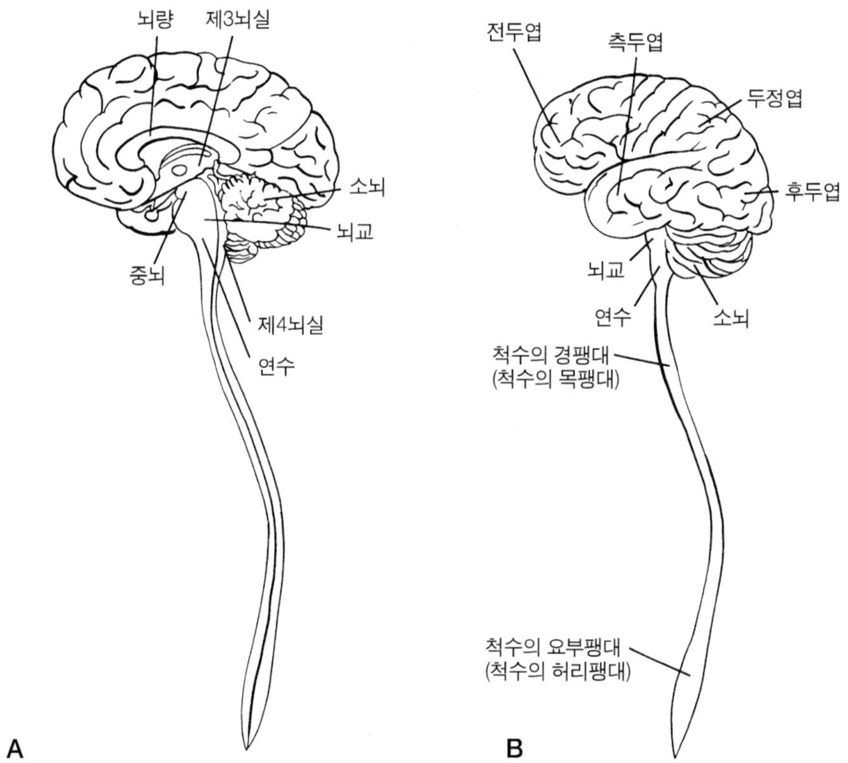

그림 2-5 뇌와 척수의 안쪽(**A**)과 측면(**B**).

와의 영역을 **중뇌덮개**(tectum)라고 한다. 여기에는 통칭해서 **사구체**(corporal quadrigemina)라고 일컫는 **하구**(inferior colliculus)와 **상구**(superior colliculus)가 포함된다. 이들은 중뇌 구조로서, 각각 청각과 시각 체계를 위한 중계(relay station) 역할을 한다. 중간뇌수도관과 제4뇌실(fourth ventricle)의 배쪽(ventral)은 **피개**(tegmentum)라고 불린다. 여기에는 **망상체**(reticular formation)와 더불어 여러 개의 핵과 백질경로(white matter pathways)가 포함된다. 피개의 배쪽에 있는 대뇌와 소뇌 경로들은 중뇌와 뇌교의 기반 영역(base region)을 구성한다.

소뇌는 제4뇌실, 뇌교와 연수의 등쪽(dorsal)에 놓여 있다. 이는 우뇌, 좌뇌와 중앙선을 구성하는 소뇌벌레(vermis)로 이루어져 있다.

12쌍의 뇌신경 중에 10개(I과 II는 제외)는 그 기원이 뇌간에 있고, 거기에서부터 파생되어 나온다. 이 중 몇 개는 뇌 신경계로부터 말 근육에 이르게 되는 신경계의 마지막 연결 부위 또는 **최종공통경로**(final common pathway)를 이룬다. 뇌신경들의 명칭, 해부적 기원, 일반적인 기능은 **표 2-2**에 요약되어 있다. 이 뇌신경들의 근원은 뇌간에 있지만, 말을 담당하는 뇌신경은 말초신경계(peripheral nervous system, PNS)의 일부이다. 이러한 구분은 이완형 말운동장애의 병리생리를 이해하고, 중추신경계 장애에 기인하는 다른 유형의 말운동장애와 구분하는 데 매우 중요하다.

척수 단계

성인의 **척수**(spinal cord)는 연수(medulla) 하단에 위치한 후두와에 뚫린 구멍 형태의 **대공**(foramen magnum)에서 시작된다(**그림 2-2, 그림 2-3 참조**). 척수는 뼈로 이루어진 **척주**(vertebral column)에 의해 둘러싸여 있는데, 이는 7개의 **경추**(cervical), 12개의 **흉추**(thoracic), 5개의 요추(lumbar)로 이루어졌다. 척수의 끝은 첫 번째 요추 단계에서 끝이 난다. 31쌍의 척수신경(spinal nerves)이 등쪽(dorsal, posterior)과 배쪽(ventral, anterior)에 있는 신경뿌리를 통해 척수에 붙어 있다. **등쪽 뿌리**는 감각 기능을 담당하고, **배쪽 뿌리**는 운동 기능을 담당한다.

표 2-2

뇌신경의 위치와 일반 기능

	신경	해부적 기원	기능
I	후신경(olfactory)	대뇌반구	후각
II	시신경(optic)	간뇌	시각
III	동안신경(oculomotor)	중뇌	안구 운동, 동공 수축
IV	활차신경(trochlear)	중뇌	안구 운동
V	삼차신경(trigeminal)*	뇌교	턱 움직임, 안면 · 입 · 턱 감각
VI	외전신경(abducens)	뇌교	안구 운동
VII	안면신경(facial)*	뇌교	안면 움직임, 설골 거상, 등골근 반사, 침 분비, 눈물 분비, 맛
VIII	와우전정신경(cochleovestibular)	뇌교, 연수	청력, 균형
IX	설인신경(glossopharyngeal)*	연수	인두 움직임, 인두와 혀 감각, 맛
X	미주신경(vagus)*	연수	인두 · 구개 · 후두 움직임, 인두 감각, 내장기관 조절
XI	부신경(accessory)*	연수, 척수	어깨와 목 움직임
XII	설하신경(hypoglossal)*	연수	혀 움직임

*말 산출에 관여.

말초 단계

말초 단계(peripheral level) 또는 말초신경계(peripheral nervous system)는 **뇌신경**(cranial nerves)과 **척수신경**(spinal nerves)으로 이루어진다. 이미 언급된 대로 대부분의 뇌신경은 뇌간에 그 기원이 있고, 대공을 통해 두개골을 빠져나가며, 각각 최종 목적지에 해당하는 근육으로 연결된다. 등쪽과 배쪽의 뿌리를 지니고 있는 척수신경은 각 최종 목적지에 해당하는 근육에 이르기 위해 척주에서 나와서 말초 단계에 합류하게 된다. 말 기능을 보조하는 뇌신경과 척수신경의 경로, 신경 분포, 기능에 대해서는 이 장의 뒤에서 다시 논의하도록 한다.

D. 주요 기능적 종단 체계

신경학적 진단은 종종 임상적 증상(symptom)과 징후(sign)를 하나 또는 여러 신경계에 걸친 **주요 종단 체계**(major longitudinal systems)로 연결(linking)시키는 것으로 시작한다.[9] 이러한 체계들은 특정 기능을 지닌 구조들로 구성되어 있다. 이를 종단 체계라고 부르는 이유는 그 체계의 활동이 신경계의 전체 길이(length)에 걸쳐 나타나기 때문이다(예: 천막상 구조에서 말초 단계에 이르기까지).

내적 조절 체계(내장계)

내적 조절 체계(internal regulation system)는 신경계의 모든 주요 해부학적 단계에 나타난다. 천막상 측면에서는 시상하부와 변연계(limbic lobe)의 일부, 망상체(reticular formation)와 후두와(posterior fossa)에 있는 뇌신경 일부, 뇌간과 척수, 말초신경의 신경절(ganglia), 수용체(receptors) 및 작동체(effectors) 등을 포함한다. 여기에는 내장의 샘(visceral glands)과 내장기관(visceral organs)을 조절하여 균형 잡힌 내적 환경(항상성[homeostasis])을 유지하는데, 서로 소통작용을 하는 구심성(afferent)과 원심성(efferent) 요소들이 포함된다.

뇌척수액 체계(뇌실계)

뇌실계(ventricular system)는 뇌 깊숙한 곳에 놓여 있다(그림 2-4 참조). 뇌실은 **뇌척수액**(cerebrospinal fluid,

CSF)을 담고 있는 공간으로서, 각 뇌실에 놓여 있는 **맥락얼기**(choroid plexuses)에서 만들어진다.

각 반구는 **외측뇌실**(lateral ventricle)을 지니고 있는데, 이는 중앙선에 놓여 있는 **제3뇌실**(third ventricle)과 **몬로공**(foramen of Monro)을 통해 연결되어 있다. 제3뇌실은 좁아지면서 **중간뇌수도관**(aqueduct of sylvius)에 이르러, 뇌간(brainstem)과 소뇌 사이에 있는 **제4뇌실**(fourth ventricle)에 이르게 된다. 제4뇌실에 있는 **루시카공**(foramen of Luschka)과 **마장디공**(foramen of Magendie)이 뇌실계를 거미막하 체계로 연결해 준다.

뇌실계와 거미막하강(subarachnoid space)은 뇌척수액(CSF)으로 구성된다. 뇌척수액은 뇌실과 거미막하강 전체를 돌면서, 뇌에 있는 **거미막융모**(arachnoid villi)에 흡수되거나 척수의 거미막하강에 있는 **연질뇌척수막**(leptomeninges)에 흡수된다. 따라서 뇌척수액 체계는 천막상 구조(supratentorial), 후두와(posterior fossa), 척수 단계(spinal levels)를 포함한 몇 가지 신경계의 주요 해부 단계에서 볼 수 있다. 뇌척수액의 주요 기능은 중추신경계에 물리적 충격이 가해질 경우에 완충 역할을 하는 것이며, 신경활동을 위한 안정된 환경을 유지하는 데 도움이 되기도 한다.

혈관계

혈관계(vascular system)(그림 2-6에서 그림 2-8 참조)는 말 그대로 신경계의 생명선(lifeblood)이다. 이는 주요 해부 단계에 존재하며, 신경 구조에 산소 및 다른 영

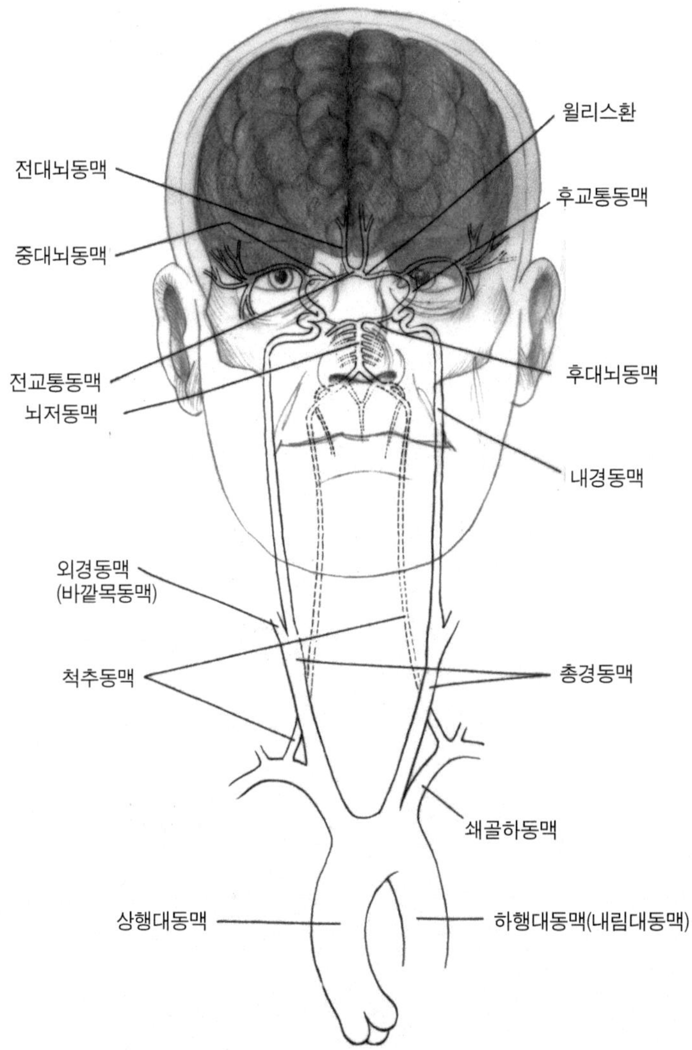

그림 2-6 뇌에 혈액을 공급하는 주요 혈관.

양을 제공해 주고, 대사성 찌꺼기(metabolic waste)를 제거해 준다. 혈관계는 말운동장애를 야기할 만한 이상 소견이 발생할 수 있는 주요 위치(major locus)에 해당되기도 한다.

뇌간과 대뇌에 혈액을 공급해 주는 혈관은 모두 가슴부위의 **대동맥궁**(aortic arch)에서 발생한다. 혈액은 **경동맥계**(carotid system)와 **추골-뇌저동맥계**(vertebrobasilar system)를 경유해서 뇌로 유입된다. 이 두 혈관계는 뇌간에 위치한 **윌리스환**(circle of Willis)을 통하여 서로 소통한다(**그림 2-6**).

경동맥계(carotid system)는 갑상연골 단계에 있는 목부위의 총경동맥(common carotid artery, 온목동맥)으로부터 파생되며 쌍으로 이루어진 **내경동맥**(internal carotid artery, 속목동맥)에서 발생한다(**그림 2-6 참조**). 경동맥(목동맥)은 측두골의 단단한 부위(petrous portion)에 위치한 경동맥관(carotid canal)을 통하여 두개골에 유입된다. 이는 접형골(sphenoid bone) 측면에 위치한 해면정맥동(cavernous sinus)을 통과하여 궁극적으로 윌리스환에 이르게 된다.

각각의 내경동맥은 윌리스환에서 분리되어 **전대뇌동맥**(anterior cerebral artery)과 **중대뇌동맥**(middle cerebral artery)이라는 주요 대뇌동맥의 쌍을 이룬다. 쌍을 이루는 전대뇌동맥은 **전교통동맥**(anterior communicating artery)을 통하여 서로 연결되며, 이는 중앙선을 따라 위로 올라가 대뇌의 중앙면과 더불어 전두엽과 두정엽의 윗부분에 혈류를 공급한다. 중대뇌동맥은 뇌의 측면을 타고 올라가고, 그 가지들은 대뇌의 측면, 표면 대부분과 전두엽과 두정엽의 기저구조에 혈류를 공급해 준다(**그림 2-8 참조**).

좌우 경동맥과, 좌측 또는 우측의 전대뇌동맥, 중대뇌동맥에 혈관 손상이 있을 경우에 말운동장애가 발생한다. 또한 좌측 중대뇌동맥 손상으로 인해 말실행증이 흔하게 발생하기도 한다.

추골-뇌저동맥계는 **추골동맥**(vertebral artery)의 쌍에서 시작한다. 이는 대공을 통하여 뇌간으로 들어가고, 뇌교(pons)의 아래 경계 부위에서 합쳐져 **뇌저동맥**(basilar artery)을 형성한다. 이 혈관의 가지들을 통해 중뇌, 뇌교, 연수, 소뇌, 경추 일부에 혈류 공급을 한다. 대뇌동맥 중 1/3을 차지하고 있는 **후대뇌동맥**(posterior cerebral artery)은 추골-뇌저동맥계의 가지에 해당된다. 이를 통해 후두엽, 시상, 각 반구에 있는 측두엽의 하부(inferior)와 중간 부분(medial)에 혈류가 공급된다(**그림 2-7, 그림**

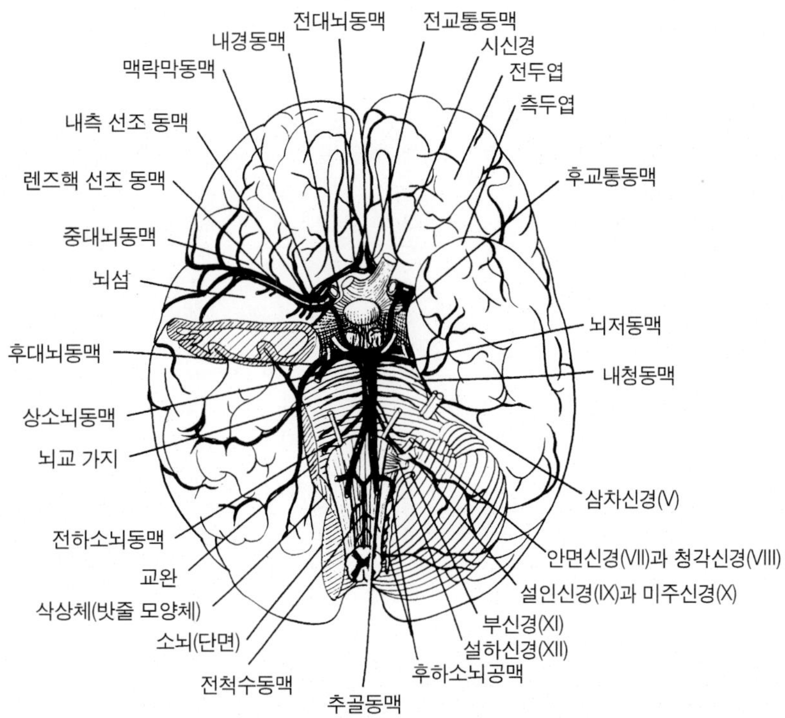

그림 2-7 경동맥, 추골동맥, 뇌저동맥과 이들의 주요 가지. 이 혈관들과 뇌간, 대뇌 구조들 간의 관계를 아래에서 바라본 그림.

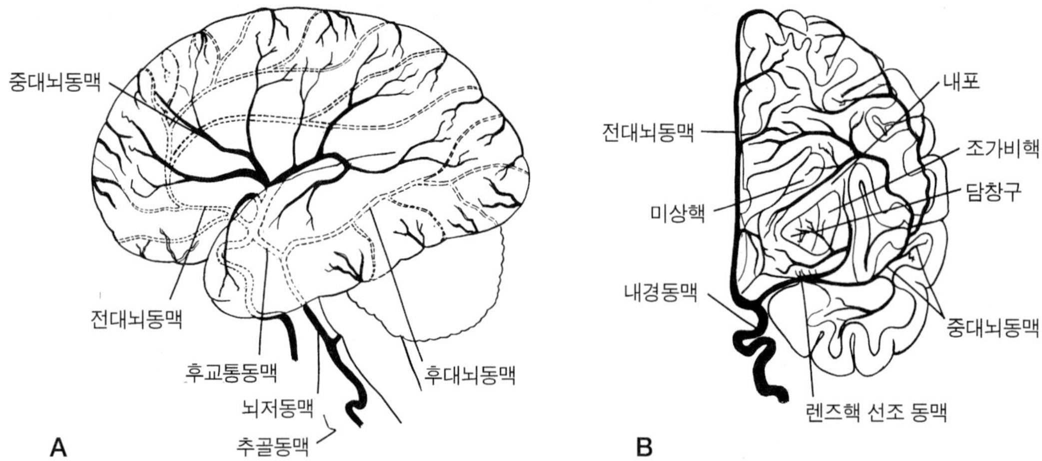

그림 2-8 주요 대뇌동맥과 이들 중 기저핵으로 관통하는 혈관가지를 측면(A)과 전후면(B)으로 바라본 그림.

2-8 참조).

추골-뇌저동맥계의 혈관 손상은 종종 말운동장애를 야기한다. 표 2-3에 뇌의 혈류 공급, 각 혈관을 통해 혈류를 받는 해부학적 영역들과 각 혈관의 손상으로 인해 발생할 수 있는 신경학적 징후들을 요약하였다.

의식체계

의식체계(concsiousness system)의 구조들은 천막상 구조와 후두와 단계에만 있다. 의식체계에는 망상체(reticular formation)와 그 상행투사경로(ascending projection pathway), 시상의 일부, 대뇌피질로 확산되는 경로 및 대

표 2-3

뇌로 공급하는 혈관, 혈류를 공급받는 몇 가지 주요 해부 영역, 혈관 손상으로 인해 발생하는 주요 신경적 · 운동적 말장애. 말운동장애와 구어 의사소통에 영향을 주는 다른 장애는 볼드체[예: **실어증(좌측)**]로 표시됨.

주요 혈관	혈류를 공급받는 해부 영역	징후*
I. 경동맥		
A. 내경동맥의 가지	대뇌반구의 대부분	대측 편마비 대측 편측무감각 반맹 또는 동측실명 **실어증(좌측)** **말실행증(좌측)** **편측 상부운동신경세포형 마비말장애** **경직형 마비말장애(양측일 경우)** **운동저하형 마비말장애** **운동과잉형 마비말장애**
1. 전맥락막동맥	시각로, 대뇌각, 외측 무릎체, 내포 일부분	편측시야결함 또는 상부 사분역 결함 대측 편마비 시상 감각 변화 **편측 상부운동신경세포형 마비말장애** **경직형 마비말장애(양측일 경우)**
2. 안도맥	안와와 주변 조직, 눈의 근육과 망울	편측 실명 시신경 위축

(다음 쪽에 계속)

표 2-3(계속)

주요 혈관	혈류를 공급받는 해부 영역	징후*
3. 전대뇌동맥	피질 가지 대뇌 내측의 전방 3/4 표면, 전두엽, 내측 안와 표면, 전두극, 상부 측면 경계 또는 반구, 뇌량의 앞쪽 4/5	대측 사지 약증 하반신마비(양측일 경우) 피질감각장애, 발과 다리 대측 강제 움켜잡기와 손으로 더듬기 빨기 반사
	깊은 가지들 내포의 앞쪽 가지, 꼬리핵(의 머리 일부분)	실조증 보행실행증과 사지실행증 **실어증?** **무의지증, 무동성 함구증, 인지장애** **말실행증(좌측)?** **편측 상부운동신경세포형 마비말장애?** **경직형 마비말장애 (양측일 경우?)** **운동저하형 마비말장애?** **운동과잉형 마비말장애?**
4. 중대뇌동맥	피질 가지들 두정엽의 피질과 백질과 전두엽 측면과 하부, 측두엽 상부와 뇌섬	대측 편마비 대측 피질감각 저하 동측 반맹 병변 대측 공동주시 마비 **실어증(좌측)** **말실행증(좌측)** **편측 상부운동신경세포형 마비말장애** **경직형 마비말장애(양측일 경우)** 사지실행증
	관통 가지 조가비핵, 꼬리핵의 머리와 몸통 부분, 창백핵의 외측 부분, 뇌섬, 후가지, 방사관	대측 편마비 또는 불완전편마비 대측 편감각 손상 대측 운동장애 **실어증(좌측)** **말실행증(좌측)** **편측 상부운동신경세포형 마비말장애**
II. 추골-뇌저동맥 A. 후대뇌동맥	적핵, 흑색질, 대뇌각, 망상체, 동안핵과 도르래핵, 상소뇌각, 해마, 시상 일부, 아래 안쪽 측두엽, 후두엽	대측 편마비 동안신경 마비 실조증과 진전 기억과 주의력 장애 편측 감각 저하 동측반맹 운동장애 다양한 시각 장애 실서증 없는 실독증 **실어증(좌측)** **편측 상부운동신경세포형 마비말장애** **경직형 마비말장애(양측)** **실조형 마비말장애** **운동과잉형 마비말장애**

(다음 쪽에 계속)

표 2-3(계속)

주요 혈관	혈류를 공급받는 해부 영역	징후*
B. 뇌저동맥	뇌교, 중소뇌각과 상소뇌각, 소뇌반구, 상부 중뇌와 시상하부	사지마비(양측일 경우) 편마비 혼수(양측일 경우) 기면 동안장애 시각결함 안구진탕 동측 소뇌실조증 구역과 구토 뇌신경 포함(III~XII) **경직형 마비말장애 (양측일 경우)** **조음 불능증(양측일 경우)** **감금증후군(양측일 경우)** **실조형 마비말장애** **편측 상부운동신경세포형 마비말장애** **이완형 마비말장애** **구개-후두 간대성 근경련**
C. 추골동맥	연수, 소뇌(후방 아래쪽)	대측 편마비와 감각 저하 안검하수 뇌신경 IX, X, XI, XII의 동측 약증 안구진탕, 현기증 동측 실조증 동측 안면감각 손실 뇌신경 V와 맛 딸국질 구역과 구토 **경직형 마비말장애(양측일 경우)** **실조형 마비말장애** **편측 상부운동신경세포형 마비말장애** **이완형 마비말장애**

*괄호 안에 달리 표현되지 않는 경우, 우측 또는 좌측 혈관 손상에 의한 징후임.

뇌피질의 모든 엽(lobes)의 일부를 포함한다.

의식체계는 각성(wakefulness), 의식(consciousness), 환경 지각(awareness of the environment)을 유지하는 데 중요하며, 더 상위 단계에 해당되는 선택(selective), 지속(sustained) 주의력을 유지하는 데도 중요하다. 의식체계에 손상이 있으면 언어, 의사소통을 포함한 인지 손상의 원인이 될 수 있으며, 말을 포함한 운동 능력을 발휘하는 데도 영향을 줄 수 있다.

감각체계

감각체계(sensory system)는 신경계의 모든 주요 해부 단계에서 볼 수 있다. 말초수용기관(peripheral receptor organs); 뇌신경, 척수신경, 말초신경의 구심성 섬유; 후근절(척수 단계)(dorsal root ganglia[spinal level]); 척수와 뇌간의 상행경로(ascending pathway); 시상 일부; 측두엽, 두정엽, 후두엽에 있는 일차감각피질로 연결되는 시상피질로들(thalamocortical connections)을 포함한다. 청력, 시력과 같은 특수 감각체계들도 말초, 후두와, 천막상 구조 단계에 놓여 있다.

운동체계

운동체계(motor system)도 모든 신경계의 주요 해부 단계에 있으며, 가로무늬근육(striated muscles)을 포함한 모든 운동 활동과 직접적인 연관이 있다. 피질, 특히 전두엽의 원심성 연결로; 기저핵, 소뇌와 관련된 중추신경경로; 뇌신경과 척수신경 내의 하행경로; 가로무늬근육 등을 포함한다. 정상 반사(normal reflex)는 정상적인 근육 긴장도와 자세 유지, 말운동을 포함한 수의적 운동을 계획, 조절 및 집행하는 데에 필수적이다.

신경계 중에 비운동영역에 손상이 있는 경우에도 말에 변화가 있으나, 이는 비운동영역이 운동영역에 가하는 영향을 통해 간접적으로 유발된다. 예를 들어, 혈관계의 손상 자체 하나만으로 말운동장애가 발생되지 않는다. 이때 혈관계 손상이 말 산출을 담당하는 말운동 체계에 영향을 줄 때만 말운동장애가 발생하게 되는 것이다.

II. 신경계의 주요 구조적 요소

신경계는 신경세포(neuron, nerve cells)와 이보다는 수적으로 훨씬 많은 지지세포(supporting cells) 또는 교세포(glial cells)로 구성되어 있다(표 2-4). 이 장에서는 이 세포들의 구조와 기능에 대해 피상적으로만 다루었다. 그러나 말운동 체계의 활동을 이해하는 데 기초 역할을 하기 때문에 신경 기능의 생리를 이해하는 것이 중요하다. 이 내용은 거시적인 안목에서 제공되며, 독자들이 어느 정도는 상대적으로 분자 단계의 배경지식(molecular topic) 있다는 전제하에 기술되었다.

표 2-4

신경계의 주요 구조적 요소

구조	위치	기능
신경세포	CNS와 PNS	모든 신경학적 기능을 움직임
신경	PNS(뇌간 또는 끝 기관에 이르는 척수)	PNS 감각과 운동 기능
로/경로(tracts and pathways)	CNS	신경세포 무리 간의 의사소통
교련(commissural)	대뇌반구 사이	
연합(association)	대뇌반구 내	
투사(projection)	CNS 내의 상부와 하부 센터 사이를 연결 (예: 피질과 시상)	
지지세포(supporting cells)		
희돌기교세포(oligodendria)	CNS 축삭을 둘러쌈(수초)	절연: 속도 전파
슈반세포(Schwann cells)	PNS 축삭 둘러쌈(수초)	절연: 속도 전파
별교세포(astrocytes)	CNS 혈관과 신경세포와 관견	혈관에서 신경세포로 물질 전달
		혈액뇌장벽
뇌실막세포(ependymal cells)	뇌실 내층	실질로부터 뇌실 분리
	맥락얼기	CSF 생산
미세교세포(microglia)	CNS에서 흩어짐	
	포식세포 형성	손상된 세포는 섭취하거나 제거함
결합조직(connective tissue)	뇌척수막 형성	CNS막
	PNS 신경섬유와 신경의 겹질	PNS 신경에서 섬유를 덮거나 엮어 줌

CNS=중추신경계(central nervous system), CSF=뇌척수액(cerebrospinal fluid), PNS=말초신경계(peripheral nervous system)

A. 신경세포와 신경전달물질

신경세포(뉴런)는 신경계에서 가장 중요한 세포 단위이다. 신경세포의 신경화학적 활동이 정보의 수용, 전달, 정보 처리를 제어하기 때문이다. 사람에게 있는 신경세포의 수는 100억 개 정도로서 놀라울 정도로 많다.[66] 신경세포에 영향을 주는 질환들은 신경세포의 기능 부전, 퇴행, 손실을 야기하고, 한편으로는 신경세포의 정상적인 구조 또는 기능을 형성해 나가는 것을 방해하기도 한다.

신경계의 서로 다른 부분에 위치하고 있는 신경세포들은 그 크기와 모양 측면에서 다양하다. 그러나 모두가 **세포체**(cell body), **수상돌기**(dendrites)와 **축삭**(axon)을 갖고 있다(**그림 2-9**). 세포체는 중추 처리 단위(central processing unit)에 해당되며 신경 대사 기능을 담당한다. 수상돌기와 축삭은 세포체로부터 뻗어 나와 주변의 조직에 분포하게 된다. 수상돌기는 수가 많으나 짧고 가지가 많으며 주변 신경세포들로부터 전달받는 정보들을 모으는 역할을 한다. 각 신경세포에는 축삭이 하나만 있는데,

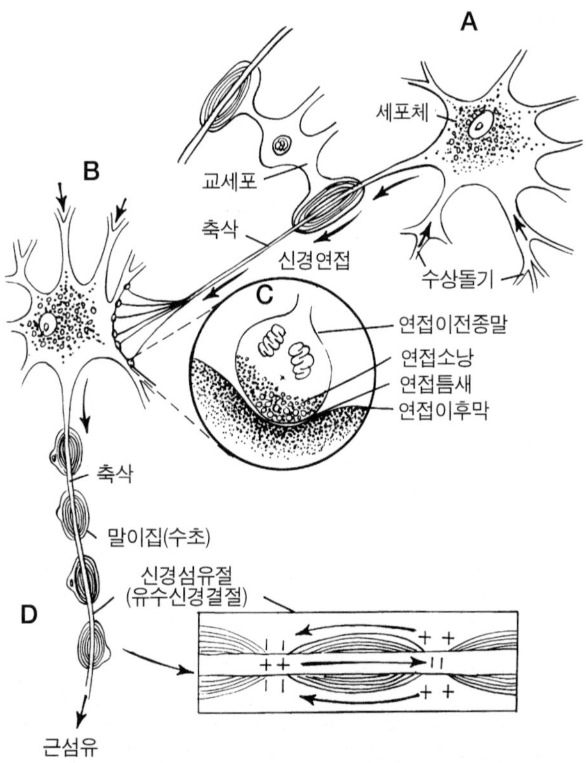

그림 2-9 A=신경세포, B와 C=신경세포들 간에 의사소통하는 해부 구조. 축삭은 다른 신경세포로 정보를 전달하고, 수상돌기는 정보를 받음. D=활동전위는 축삭 안에서 화살표 방향으로 도약전도(saltatory conduction)하며 이동함.

축삭은 세포체에서부터 나와 그 길이가 몇 밀리미터에서 몇 피트에 이르고, 지름은 길이와 마찬가지로 다양하다. 상당히 먼 거리를 이동하는 축삭을 지닌 신경세포는 일반적으로 정보 전달 역할을 한다. 자신의 수상돌기 근처에 축삭이 종착하는 신경세포는 정보처리를 담당하는 신경세포 네트워크에서 이루어지는 복잡한 상호작용에 관여한다.

축삭은 세포체로부터 다른 신경세포나 근육 또는 샘(glands)으로 신호를 내보낸다. 신경세포 간 또는 신경세포와 근육 사이의 의사소통은 **신경연접**(synapse)이라는 부위에서 일어난다(**그림 2-9**, **그림 2-10** 참조). 신경세포들 사이에 연접(neuron-to-neuron synapse)이 이루어질 때는 일반적으로 축삭이 다른 신경세포의 세포체나 수상돌기와 소통을 하게 된다. 대부분의 경우 축삭과 수상돌기(또는 근육섬유)는 **연접틈새**(synaptic cleft)에 의해 분리된다. 축삭의 끝에 축삭의 신호를 받는 세포에 활성, 억제, 조정 능력을 발휘하는 **신경전달물질 수용기**(neurotransmitter receptors)로 전달하고, 이는 화학적 신경전달물질(neurotransmitter)을 지닌 아주 작은 **연접소낭**(synaptic vesicle)을 통해 이루어진다. 신경연접에서 일어나는 활동은 복잡하고, 특정 신경전달물질의 기능과 신경전달 수용기의 종류에 따라 다양하다. 특정 신경전달물질은 수용기의 유형에 따라 다르게 기능하며, 한편으로 서로 다른 신경전달물질이 궁극적으로 같은 연접 효과를 낳기도 한다.[9]

이러한 복잡성에도 불구하고, 한 개의 축삭에서 다른 신경세포로 메시지가 전달되는 것은 결국 간단하다. 이는 그 신호를 받은 신경세포가 신호를 보내는 것을 촉진(facilitate)하거나 억제(inhibit)하는 역할을 한다. 한 개의 신경세포가 전달하는 메시지들 사이에는 다른 차이는 없고 전달 속도 측면에서만 차이를 보인다. 적은 수의 신경세포를 지닌 한 개체는 '가라' 또는 '가지 마라'라는 식의 소통 형식을 통해 제한된 수의 간단하고 정형화된 결과를 산출한다. 그러나 사람의 신경계는 축삭이 반복해서 가지를 쳐서 1,000~10,000개에 이르는 신경연접을 만들어 내며, 그 세포체와 수상돌기는 대략 1,000개의 다른 신경세포로부터 정보를 받게 되어 뇌에 있는 신경연접은 대략 100조 개에 이르게 된다. 그 결과, 신경세포가 정보를 전달할지 말지를 '결정'하는 것 자체가 다양한 정보원(source)으로부터 그것이 받는 메시지의 총계(summation)가 반영되어 발생한다는 것을 알 수 있다.

신경전달물질은 신경계의 모든 해부학적 단계에서 작

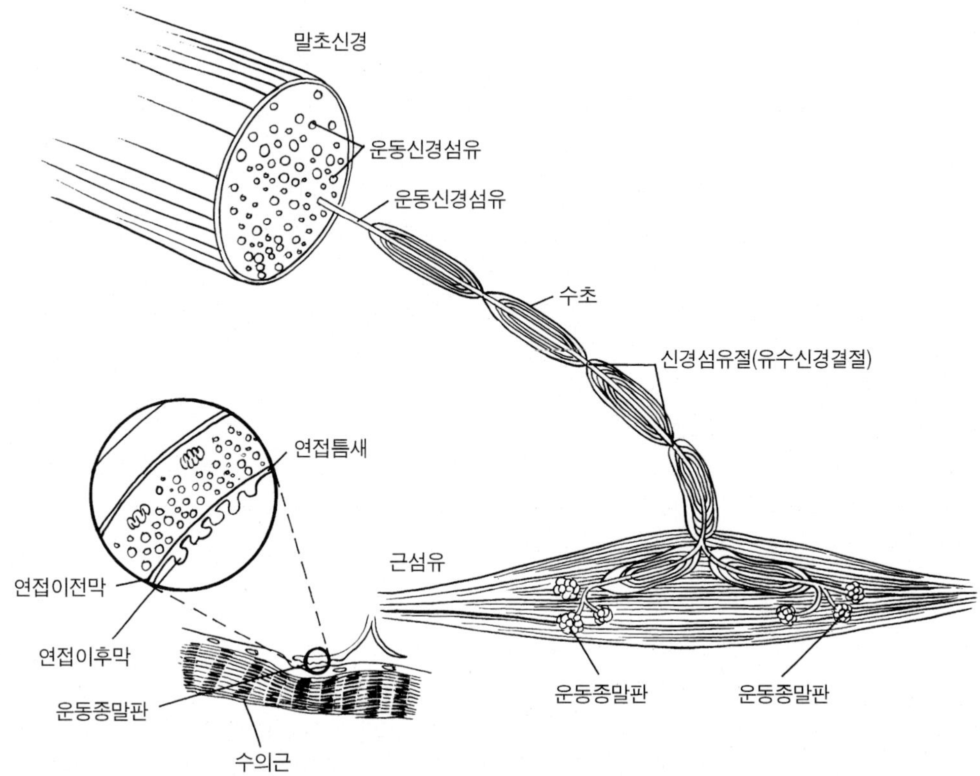

그림 2-10 운동 단위(motor unit). 수초화된 축삭(운동섬유)은 연접소낭에서 아세틸콜린이 분비되어 발생하게 되는 활동전위를 신경근육 접합부(neuromuscular junction)(**확대그림**)에 전달하여 근육섬유 수축을 발생시킴. 말을 위한 근육에 신경전달을 하는 최종공통경로는 이러한 수천 개의 운동 단위를 지니고 있음.

용한다.[2] 중추신경계의 신경전달물질은 다양하게 있으며 각각 다른 역할을 한다. 일부는 빠른 활성화 또는 억제를 담당하며 다른 것들은 신경세포의 흥분성(excitability)을 조절한다. 또 다른 종류는 신경의 발달, 학습, 가소성, 손상에 대한 반응에 영향을 주는 장기적인 결과를 낳기도 한다. 몇 가지 예를 통해 그 다양한 기능과 복잡한 정도를 볼 수 있다.

- **글루타민산**(glutamate)은 모든 중추 신경세포에서 활동하는 주요 흥분성 신경전달물질이다. **감마아미노부티르산**(gamma-aminobutyric acid, GABA)은 성숙한 중추신경계에서 활동하는 주요 억제성 신경전달물질이며, 이는 근긴장도 조절에 주된 역할을 한다. 이는 대뇌피질, 시상, 감각 및 운동 핵에서 활동하며 기저핵과 소뇌에서의 운동 제어 활동에 중요한 역할을 한다. 글루타민산과 감마아미노부티르산은 신경계에 넓게 분포되어 있으며, 신경의 빠른 흥분과 억제에 중요한 역할을 한다.
- **도파민**(dopamine)은 흑질(substantia nigra)과 중뇌(midbrain)의 배쪽 피개영역(ventral tegmental area)에서 비롯된 핵심적인 신경전달물질로서, 뇌의 여러 부위에 투사한다. 중추신경계에 여러 가지 기능으로 작용하는데, 이는 운동, 동기 부여와 보상, 인지와 학습, 주의력(attention), 기분(mood)과 수면(sleep)에 기여한다. 기저핵의 제어활동으로는 서로 다른 여러 가지 도파민 수용기를 통해 말을 포함한 숙련된 운동 활동을 시작하고 조절하는 데 보조역할을 한다.
- **아세틸콜린**(acetylcholine, ACh, the cholinergic system)은 말초신경계가 골격근 기능(skeletal muscle function)을 조절하는 데 관여하는 유일한 신경전달물질이다. 빠르게 반응하며 흥분성(excitatory) 전

[2] 신경전달물질과 신경화학전달(neurochemical transmission)에 대한 탁월하고 적당한 정도의 상세 정보를 제공하는 자료를 접하기 위해서는 Benarroch 등[9]과 Nolte[66] 참조. 본문에 소개되는 내용은 이 자료에 많이 의존하였음.

달물질이다. 신경근육 접합부(neuromuscular junction)에 충분한 양의 전달물질을 발산하게 되면, 근육섬유 수축이 일어나면서 움직임으로 이어진다. ACh은 말운동 제어과 학습과 관련된 영역인 중추신경계에도 있는데, ACh가 이 부위에는 조절적(modulatory) 영향의 역할을 수행한다(즉, 신경학적 흥분성에 영향을 준다).

염두에 두어야 할 중요한 사실은 특정 시기에 작용하는 신경전달물질들의 활동이 때가 되면 반드시 끝나야 한다는 것이다. 다시 말해, 그 작용이 중단되어야 한다는 것이다. 이러한 역할을 수행하는 기제(mechanisms)는 신경전달물질의 유형에 따라 다르다. 여기에는 별교세포(astrocytes) 또는 연접이전종말(presynaptic terminals)의 흡수, 효소 대사(enzyme metabolism), 또는 연접틈새 밖으로의 유포도 포함된다.[9] 이러한 기제들의 손상은 신경학적 질환의 원인이 될 수 있다.

신경화학적 체계(neurochemical systems)에 발생하는 이상 소견은 다양한 신경학적·정신적 장애와 결부된다(예: 뇌전증, 치매, 파킨슨병, 약물 중독과 유독성, 우울증, 조현병). 중추신경계와 말초신경계에 있는 신경화학물질 활동이 말(speech)에 직접적으로 관련되기 때문에 신경화학적 이상 소견은 말운동장애나 다른 신경학적 의사소통장애를 발생시킬 수 있다. 예를 들어, 도파민은 파킨슨병에 동반되는 운동저하형 마비말장애를 일으킬 수 있다. 아세틸콜린은 중증근무력증(myathenia gravis)에서 발생하는 이완형 마비말장애와 관련되고, GABA는 경직형 뇌성마비에서 관찰될 수 있는 경직형 마비말장애와 연관이 있다. 더 나아가, 말운동장애와 결부되는 많은 질환을 치료할 때 신경화학적 체계에 영향을 주는 약물(pharmacologic agents)을 사용하는 것은 필수적이다(예: 중증근무력증 치료를 위해 콜린에스테라아제 억제제 사용, 파킨슨병 치료를 위해 도파민 작용제[dopamine agonist]인 레보도파[levodopa] 사용).

B. 지지세포(교세포)

희소돌기아교세포와 슈반세포

희소돌기아교세포(oligodendroglia)와 슈반세포(Schwann cells)는 중추신경계와 말초신경계의 축삭을 둘러싸고 있는 절연(insulation) 또는 **수초**(myelin)를 형성한다. 말초신경계에 있는 슈반세포는 대부분의 말초신경을 감싸고 있는 수초를 이룬다. 말초신경섬유의 수초와 수초 사이에 있는 작은 틈을 **랑비에 결절**(nodes of Ranvier)이라고 일컫는다. 축삭을 타고 전달되는 전기신호는 결절과 결절 사이로 뛰어넘어 결과적으로 신경전달의 속도를 증가시키게 되며, 이러한 과정을 **도약전도**(saltatory conduction)[3]라고 일컫는다. **희소돌기아교세포**는 중추신경계의 수초를 이룬다.

별교세포

별 모양의 별교세포(astrocytes)는 신경세포 및 모세관(capillaries)과 인접하여 중추신경계에 널리 분포되고 있다. 발달하면서 신경 이주(neuronal migration)를 도와주며, 신경 대사(neuronal metabolism)와 화학적 미세 환경(chemical microenvironment)과 연접전달(synaptic transmission)을 규제하고(regulate), 손상에 반응하는 회복 기제(repair mechanism)에 기여한다. 혈액에 있는 많은 대사 물질이 뇌로 전달되는 것을 막아 주어 독성 물질이나 혈액 구성의 변이 성분들로부터 보호해 주는 **혈액뇌장벽**(blood-brain barrier)의 중요한 일부에 해당된다.

뇌실막세포

뇌실막세포(ependymal cells)는 뇌실계(ventricular system)를 채우고 뇌실을 채우고 있는 척수액(ventricular fluid)과 뇌의 신경물질(neuronal substance)(**실질**[parenchymal]) 사이의 경계를 구성한다. 이는 뇌실을 채우는 척수액과 뇌척수액(cerebrospinal fluid)을 생산하는 맥락얼기(choroid plexuses)를 구성하기도 한다.

미세교세포

미세교세포(microglia)는 수도 적고 크기도 작으나 신경계 전반에 걸쳐 퍼져 있다. 병원체(pathogens)를 섭취하고 손상된 조직을 제거하는 역할을 하는 **포식세포**(macrophages)(청소세포[scavenger cells])로 변형되고 확산되는 과정을 통해, 중추신경계 내에서 일어날 수 있는 파괴적(destructive) 처리 과정에 반응한다.

---

[3] 수초는 신경전달을 빠르게 해줄 뿐만 아니라 축삭을 손상으로부터 보호해 줌. 예를 들어, 탈수초화가 일어나는 다발성 경화증(multiple sclerosis)에서 탈수초화가 먼저 일어나고 그 뒤를 이어 손상이 발생하며, 이에 따라 질환과 결부되는 기능적 장애를 낳게 됨.[77]

결합조직

결합조직(connective tissue)은 뇌막(meninges)을 구성한다. 중추신경계의 실질(parenchyma) 내에는 적은 수의 섬유결합세포(fibrous connective tissue)가 있다. 말초신경계에는 말이집신경섬유(myelinated nerve fibers)에 결합 조직인 얇은 막을 형성하여 신경 안에 섬유들이 서로 묶이는 데 도움을 준다. 또한 신경줄기(nerve trunk)를 덮는 역할도 한다. 이들은 중추신경계 주위의 뇌막(meninges)과 유사하다.

C. 신경, 로, 경로

단일 신경의 활동은 관찰 가능한 인간의 행동에는 많은 영향을 주지 않는다. 여러 개의 신경의 활동을 통해서만 의미 있는 감각, 운동 및 인지 활동이 일어날 수 있다. 예를 들어, 수의적인 운동(voluntary movement)이 일어나기 위해서는 중추신경계 운동체계의 여러 단계 내와 단계 사이에서 발생하는 수많은 신경자극들이 통합되어야 하고, 통합된 자극이 수많은 신경 축삭을 통해 근육섬유 전달이 되어야만 한다. 여기서 우리의 주된 관심사는 운동행동이기 때문에 우리는 특정 운동 목표를 수행하기 위해 무리를 이루고 힘을 합치는 신경의 **병행 활동**(combined activities)에 초점을 둔다.

말초신경계의 주요 구조적 단위는 **신경**(nerve)(그림 2-10 참조)과 결합조직에 의해 하나로 묶여 있는 **축삭 모음**(collection of axons)(신경섬유[nerve fibers])이다. 말초신경(뇌신경과 척수신경)은 중추신경계(세포체가 놓여 있는 부분)와 신경 공급을 하는 감각, 운동, 내장 구조 등의 **말초 끝기관**(end organs) 사이를 이동한다.

신경(nerve)은 수천 개에 이르는 다양한 크기의 신경섬유(nerve fibers)를 가지고 있다. 말의 운동과 감각 기능과 관련된 섬유는 상대적으로 크며, **수초화**(myelinated) 되어 있다. 이를 통해 신경자극을 비교적 바르게 전달한다.

신경이라는 용어는 말초신경계 안에서 같이 이동을 하는 섬유 무리를 지칭한다. **로**(tract) 또는 **경로**(pathways)는 중추신경계 안에서 같이 이동하는 섬유 무리를 지칭한다. 말초신경계 신경과 중추신경로 간의 주요한 차이는, 중추신경로는 다른 신경세포(neuron)에 신경자극을 전달하는 반면, 말초신경계 신경은 근육과 같은 말단 기관에 신경자극을 전달한다는 것이다.

중추신경계에 있는 섬유관은 그들과 연결된 부위에 따라 분류된다. **교련로**(commissural tracts)는 두 개의 반구에서 서로 상응하는 부위들(homologous areas)을 연결해 준다. **연합로**(association tracts)는 한 반구 내에서 피질과 피질을 연결해 준다. **투사로**(projection tracts)는 중추신경계의 상부와 하부 센터를 구성하는 구심성 섬유와 원심성 섬유를 지니고 있다. 투사로의 명칭은 그들이 연결하는 부위들을 반영해 준다. 예를 들어, 시상에서 피질을 연결해 주는 구심성 섬유는 **시상피질 섬유**(thalamocortical fibers)라고 불리고, 피질에서 뇌신경을 연결해 주는 원심성 섬유는 **피질핵 섬유**(corticobulbar fibers)라고 불리며, 피질과 적핵(red nucleus)을 연결해 주는 원심성 섬유는 **피질적핵 섬유**(corticorubral fibers)(**적색**[rubral]은 '빨간'을 의미함)라고 불렀다. 구심성 섬유와 원심성 섬유의 투사섬유(projection fibers)는 운동 활동과 관련된 회로(circuits)의 핵심적 구성요소이다.

D. 구조적 요소들의 병리적 반응

신경계의 세포는 신경학적 질환에 반응한다. 어떤 질환에서는 그 반응이 생리학적(physiologic)이고 다른 질환에서는 구조적 변화가 손상 또는 병리 과정의 영향을 반영해 준다. 어떤 구조적 반응은 비특이적(nonspecific)이고 어떤 구조적 반응은 특정 질환에 반응을 보이기도 한다.

신경세포성 반응

신경세포 손실은 여러 질환의 반응으로 나타난다. 최소 2~5분가량 발생한 **허혈**(ischemia, 뇌졸중 등으로 인한 산소 결핍과 산화적 대사[oxidative metabolism] 중단)로 인해 신경세포가 부어오르면서 오그라들어 결국에는 세포 손실에 이르게 될 수 있다.

축삭이 심하게 손상되었을 때는 세포체가 부어오르고 일부 내부 구성요소가 손실될 수 있는데, 이러한 과정을 **중추염색질융해**(central chromatolysis) 또는 **축삭반응**(axonal reaction)이라고 일컫는다. 이러한 변화는 손상 며칠 후에 발생하고 2~3주쯤에 최고조를 이룬다. 허혈 세포 변화(ischemic cell change)와 달리, 이 과정은 가역적(reversible)이어서 몇 개월 후 정상적으로 보일 정도로 회복되기도 한다.

축삭과 이에 해당하는 수초(myelin sheath)는 이들의 세포체가 죽거나 손상되거나 질환으로 인해 세포체로부터 분리되면 생존할 수 없게 된다. 분리되는 지점으로부터 멀리 있는 쪽의 축삭의 퇴행을 **왈러 변성**(Wallerian degeneration)이라고 일컫는다. 그러나 말초신경계에서는 세포체가 생존해 있으면 신경의 재생(regeneration)이 가능하다. 이러한 재생 과정은 세포체에 아직 연결되어 있는 축삭 일부가 자라는 것(sprouting)을 통해 일어난다. 새로 자라는 신경이 퇴행하고 있는 먼 쪽의 신경줄기(distal nerve trunk)로 길을 찾아 도달하게 된다면, 손상된 기능은 결국에 회복될 것이다. 이렇게 신경이 자라나는 과정은 대략 하루에 3mm 정도의 속도로 일어난다. **중추신경계에서는 기능적으로 유의한 정도의 축삭 재생은 일어나지 않는다.**

신경원섬유 퇴행(neurofibrillary degeneration)은 중추신경계 신경세포의 세포질(cytoplasm)에 신경원섬유의 덩어리(clumps of neurofibrils)가 형성되는 특성을 지니고 있다. 이는 임상적인 치매, 특히 알츠하이머병 등과 관련된 퇴행의 흔한 형태이다. **노인반**(senile plaques)은 병리적인 변화와 관련되는데, 세포체 안에 섬유 단백질(fibrous protein), **아밀로이드**(amyloid)가 침착(deposit)되며 퇴행되는 신경 과정을 통해 그 특성이 나타난다.

봉입체(inclusion bodies)는 신경세포 안에 비정상적이고 분리되는 침착(deposits)에 해당된다. 이것이 확인되는 경우에는 특정 병의 가능성이 시사된다(예: 파킨슨병, 픽병, 특정 바이러스 감염).

신경세포에 비정상적인 대사 물질이 축적되는 것은 **축전지**(storage cells)라고 알려져 있다. 몇 가지 대사성 질환은 이렇게 대사 물질이 축적되는 것을 유발한다. 세포체에 부기가 발생하기 때문에 이를 '풍선'세포('balloon' cells)라고 부르기도 한다.

근육에 신경을 전달하는 하부운동신경세포(lower motor neuron)가 손상되면 근육은 위축된다. 대조적으로 중추신경계 축삭에 손상이 있을 경우에는 일반적으로 연접이후 신경세포(postsynaptic neurons)에 손상을 유발하지 않는다. 그러나 연접이후 신경세포(postsynaptic neurons)의 활동은 **기능해리**(diaschisis)(정상적인 기능을 수행을 위해 연결되어 있는 신경세포가 손상되어 필요한 신경 공급이 제거되었기 때문에 신경세포 기능이 비정상적인 양상을 보임)에 의해 변할 수 있다. 중추신경계 병소에서 멀리 떨어져 있는 부분에 신경 기능 이상 소견은 기능해리로 설명될 수 있다. **양전자방출단층촬영**(positron emission tomography, PET)을 통해 뇌의 한쪽에서 발생하는 신경세포 손상으로 인해 인접한 대사 기능 변화가 야기될 수 있고, 더불어 해부학적으로 손상된 뇌 부위와 중요하게 연결되는 먼 부분(distant)에 대사 기능이 변한다는 사실이 밝혀진 바 있다. 이러한 결과는 중추신경계에서 신경세포 무리(group) 간의 상호관계가 중요하다는 것을 부각시켜 주며, 한 개의 구조나 경로의 활동 또는 병리 소견으로 정상 또는 말운동장애를 포함한 병리적인 행동 양상을 설명하는 데에는 한계가 있다는 것을 보여 준다.

지지세포 반응

수초(myelin)는 비특이적인 손상에 의해 오그라들거나 부러질(break down) 수 있다. 그러나 어떠한 질환은 특별히 수초에만 영향을 주기도 한다. **탈수초화 질환**(demyelinating disease)에서는 외인 물질(exogenous agent)에 의해 수초가 공격을 받아 부러지고 흡수된다. 가장 흔한 탈수초화 질환 중 하나는 **다발성 경화증**(multiple sclerosis, MS)이다. 그러나 탈수초화는 **길랑-바레 증후군**(Guillain-Barré syndrome)과 같은 중추신경계와 말초신경계 질환에도 발생한다.

수초에 손상이 발생하는 다른 질환에는 **백질형성장애증**(leukodystrophy)이 있는데 이는 대사 과정에서 발생하는 타고난 오류(inborn errors)의 반응으로 수초가 비정상적으로 형성되는 병을 일컫는다. 이러한 비정상적인 소견은 수초 손상에 이르게 된다.

별교세포(astrocytes)는 중추신경계의 손상된 신경 조직에 흉터를 만든다. **신경교증**(gliosis), **별교세포증**(astrocytosis, astrogliosis)이라는 용어는 불특정적인 과정(nonspecific process)을 나타낸다. 별교세포는 특정 질환, 특히 대사성 질환(예: 간 기능 상실[hepatic, liver failure])에 조금 더 구체적으로 반응하기도 한다. 특정 바이러스 감염에 반응하여 세포핵에 봉입체를 생성하기도 한다.

III. 임상병리적 상관관계

이 시점에서 병소 위치, 진행 과정, 신경학적 질환의 일반적인 특성을 분류하는 것이 필요할 것이다. 뒤이어 운동체계(motor system)와 말의 신경학(neurology of speech)에 대한 논의는 그다음 장에서 다루게 될 말운동장애 평가를 이해하는 데 도움이 될 것이다.

표 2-5

신경학적 질환의 다양한 원인질환의 위치, 발달, 진행 양상 특성

	원인질환					
	퇴행성	염증성	독성/대사성	신생물성	외상성	혈관성
병소 위치	산발적 국소적	산발적 국소적	산발적	국소적	산발적 다병소적 국소적	국소적 다병소적 산발적
발달	만성	아급성	급성 아급성 만성	만성 아급성	급성	급성
진행 양상	진행성	진행성 악화-재발	진행성 안정적	진행성	호전성 안정적	호전성 안정적 일시적 진행성

A. 신경계 질환의 병소 위치 및 진행 과정의 확인

신경학적 징후와 증상은 일반적으로 병소의 위치를 반영해 주지만, 이에 대한 분명한 원인을 나타내 주는 것은 아니다. 질환은 종종 병력과 임상적 검사(clinical examination)를 통해 확인할 수 있다. 표 2-5에 병소의 위치와 질환의 병력을 설명하는 광범위한 범주에 대하여 기술하였다.

신경학적 질환의 병소 위치(localization)는 다음과 같이 광범위하게 나뉠 수 있다.

1. 국소적(focal): 단일 영역 또는 인접한 구조 영역의 무리(예: 좌측 전두엽)를 포함
2. 다병소적(multifocal): 한 개 이상의 영역을 포함하거나 한 개 이상의 인접한 구조 영역의 무리(다발성 경화증과 연관된 소뇌와 대뇌반구의 플라크[plaques])
3. 산발적(diffuse): 신경계 양측에 대칭적인 부위를 포함(예: 치매로 인한 전반적인 대뇌 위축)

구체적 병리를 결정하는 것은 질환의 진행 과정과 시간적인 측성을 파악하는 것에 달려 있다. 증상 발생(development)의 특성은 다음과 같다.

1. 급성(acute): 분(minutes) 단위 이내
2. 아급성(subacute): 일(days) 단위 이내
3. 만성(chronic): 개월(months) 단위 이내

변화(evolution) 또는 증상 발생 후 질환의 경과 과정은 다음과 같다.

1. 일시적(transient): 증상 발생 후 완전히 회복됨
2. 호전성(improving): 중증도가 감소하였으나 증상이 완전히 호전되지 않음
3. 진행성(progressive): 증상이 지속적으로 진행되거나 새로운 증상이 발생함
4. 악화-재발적(exacerbating-remitting): 증상이 발생한 후 호전되었다가 다시 발생하거나 더 악화됨
5. 안정적이거나 만성적(stationary or chronic): 증상이 변화 없이 상당 기간 동안 지속됨

말운동장애는 신경학적 질환의 발생 및 변화되는 과정의 어느 시점에라도 발생할 수 있다. 말운동장애가 발생하면 이로 인한 병소 부위와 진단에 도움이 되는 정보를 얻을 수 있다.

B. 광범위한 병인 범주

병리적 변화의 유형을 범주화하는 것은 신경학적 질환을 이해하는 데 유용하게 활용될 수 있다. 각 범주는 말운동장애가 양상을 보일 수 있으나, 원인질환에 따라 말운동장애 유형은 달라질 수 있다. 다음의 병인 범주에 해당하

는 구체적인 질환과 그와 동반되는 말운동장애는 말운동장애 각 유형을 다루는 장에서 자세하게 다룰 것이다.

퇴행성 질환

퇴행성 질환(degenerative disease)은 알 수 없는 원인으로 신경 기능이 점진적으로 퇴행하는 특성을 보이는 질환이다. 어떤 경우에는 신경세포가 위축되거나 사라지고, 다른 경우에는 신경세포의 변화(neuronal change)가 더 구체적으로 나타나는 경우도 있다(예: 알츠하이머병에서의 신경섬유매듭[neurofibrillary tangles]).

많은 신경학적 퇴행성 질환은 신경세포를 죽게 하는 공통된 기제를 가진 유전에 의한 생화학적(biochemical) 장애에 해당되다. 이 질환들 사이에서 보이는 임상적인 양상은 질병에 의해 영향을 받는 신경세포의 병소의 위치에 따라 다르며, 영향을 받는 순서와 퇴행이 진행되는 속도에 따라 다르기도 하다.[9]

퇴행성 질환은 종종 **만성적 · 진행적 · 산발적** 특성을 지니나 때로는 국소적 특성을 보이기도 한다. 이러한 증상에 원인이 밝혀진다면, 조금 더 구체적인 질환 분류를 할 수 있게 된다.

염증성 질환

염증성 질환(inflammatory disease)에는 전염 과정이 포함된다. 미생물(micro-organisms), 독성 화학물질(toxic chemicals), 또는 면역 반응(immunologic reactions)에 대한 염증 반응에 의해 특징지어진다. 이 질환의 병리학적 특성은 백혈구가 쏟아져 나오는 것이다. 임상적 증상과 징후 발생은 일반적으로 **아급성** 양상을 보인다.

많은 염증성 질환은 진행성 양상을 보이고 연질뇌척수막(leptomeninges)과 CSF(**뇌막염**[menigitis]처럼) 또는 뇌실질(brain parenchyma)(**뇌염**[encephalitis]처럼) 등에 위치한 산발적 병소를 보인다. 말초신경계에 염증이 발생할 수 있는데, 단일 신경(**단일신경염**[mononeuritis]) 또는 여러 개의 신경(**다발신경염**[polyneuritis])에 발생할 수 있다.

일부 중추신경계에서 발생하는 염증성 질환은 국소적이다. 병소가 국소적일 때 감염이 퍼지는 것을 막아 주는 교세포섬유의 벽(wall of glial fibers)을 만들기 위해 별교세포(astrocytes)가 급증하게 되고, 이로 인해 농양(abscess)이 형성된다. 농양으로 인하여 결국에는 뇌 조직이 손상을 반영하는 빈 공간이 흔적으로 남기도 하는 등, 농양은 인접 구조에 막대한 영향을 끼치기도 한다.

독성-대사성 질환

비타민 결핍, 갑상선 호르몬 결핍, 유전적 · 생화학적 질환, 신장과 간 질환의 합병증, 저산소증(hypoxia), 저혈당(hypoglycemia), 저나트륨혈증(hyponatremia)과 약물 중독이 신경계 기능에 변화를 야기하는 독성-대사성 질환(toxic-metabolic disease)의 예이다. 이들의 영향은 일반적으로 광범위하고, 이는 **급성**, **아급성** 또는 **만성적** 발생과 경과의 특성을 보일 수 있다.

신생물성 질환

신경계에 있는 그 어떤 종류의 세포도 신생물(neoplastic)로 변할 수 있다. 그러나 성인의 신경계에 있는 신경세포는 일반적으로 세포분열 과정을 겪지 않기 때문에 신경세포종양(neuronal neoplasms)(**신경세포종**[neurocytomas])은 드물다. 대조적으로 별교세포는 반응을 제대로 하며, 결과적으로 **별교세포종**(astrocytomas)이 가장 흔한 일차적인 중추신경계 종양에 해당된다. **신경세포종**과 **별교세포종**의 용어를 통해 알 수 있듯이, 종양은 종종 그것이 발생하는 세포 유형에 따라 명명된다. 따라서 연질뇌척수막(leptomeninges)의 세포에서는 **수막종**(meningiomas)이 발생하고, 슈반세포(Schwann cell)에서는 **슈반세포종**(schwannomas)이 발생하게 된다.

신경계의 종양은 중추신경계 밖으로 **전이**(metastasize)되는 경우가 드물지만, 전신 종양(systemic cancer)은 중추신경계로 전이되기도 한다. 종양으로 인해 국소적 징후(focal sign)와 증상들이 발생하는데, 이들의 특성은 그 경과에서 **만성적**이거나 **진행성** 양상을 보이게 한다.

진행성 덩어리로 이루어진 병변(progressive mass lesions) 모두가 종양을 나타내는 것은 아니다. **혈종**(hematoma)과 **부종**(edema)은 종양에 해당하지 않는 덩어리 병소(mass lesions)의 예가 된다.

외상

외상(trauma)은 일반적으로 확인 가능한 촉발 사건(예: 교통사고, 낙상, 총상, 폭풍 상해[blast injury])과 결부된다. 발생 시작은 거의 항상 **급성**이고, 이 발생 시기에 최대 손상의 특성을 보인다.

말초신경계에 발생하는 외상은 국소적이거나 다병소적 특성을 보일 수 있다. 중추신경계 외상은 **뇌진탕**(concussion)에서 보여 주듯이 흔히 초반에는 광범위하다(뇌진탕은 머리 손상 후 즉각적이고 일시적인 의식 손실 또는 다른 뇌기능 저하 손실을 의미함). 시간이 경과하면 호전을 보이기는 하지만 타박상(contusion), 열상(laceration), 혈종(hematoma)으로 인한 해부학적 손상이 심하여 이로 인해 잔존하는 국소적 증상과 징후가 남을 수 있다.

외상으로 인한 증상과 징후가 급성으로 발생한다는 일반적인 규칙에서 예외에 해당하는 것은 **경막하혈종**(subdural hematoma)이다. 이 경우의 출혈은 낮은 압력에 의한 것으로, 뇌에서 경막동(dural sinuses)으로 넘어가는 정맥에서 출혈이 발생하여 그 후에 피가 뇌에서 빠져나가게 되는 것이다. 피가 서서히 고이기 때문에 증상들이 며칠 또는 그 이상 동안 나타나지 않을 수 있다.

외상성 뇌손상(traumatic brain injury, TBI)은 **관통성 뇌손상**(penetrating)과 **폐쇄성 뇌손상**(closed head injury, CHI)으로 구분된다. 관통성 뇌손상(예: 총상, 파편)은 비교적 국소적인 신경학적 손상을 야기하고, 폐쇄성 뇌손상은 종종 더 산발적 손상을 야기한다. 미국에서 100,000회당 12회 정도의 관통성 뇌손상의 발생률(incidence)과 100,000회당 200회 정도의 폐쇄성 뇌손상의 발생률이 추산된다.[63] TBI는 35세 이하 젊은 미국인들의 가장 큰 사망 원인 중 하나이며,[79] 연평균 235,000명이 이로 인해 병원에 입원을 하고, 50,000명이 죽는다.[17] 교통사고, 낙상, 스포츠 부상 또한 미국에서 외상의 주요 원인으로 꼽을 수 있다. 이라크에 주둔하고 있는 미군들의 경우 근접 폭발 물체들에 의한 **폭풍상해**(blast injuries)로 인한 폐쇄성 뇌손상이 전투 관련 외상성 뇌손상의 가장 큰 원인으로 작용하였으나, 두개골 골절, 총상 및 파편(shrapnel)으로 인한 개방형 뇌손상이 발생하기도 하였다.[29,80] 이라크 또는 아프가니스탄에 군대를 배치한 후 미국 군 관련 인사들의 5~12% 정도가 의식 손실, 정신상태 변화, 또는 가벼운 외상성 뇌손상에서 보일 수 있는 다른 증상들을 호소한다.[40,81]

폐쇄성 뇌손상 후에는 인지 결함이 가장 흔하고 지속되는 신경학적 손상의 양상에 해당되나, 운동 능력 저하도 빈번하게 발생한다. 재활 현장에 있는 급성기 폐쇄성 뇌손상 환자들의 60%에 이르는 환자들이 마비말장애 소견을 보인다.[91]

폐쇄성 뇌손상으로 인해 말운동장애를 유발할 수 있는 복잡하고 적응 가능한 기제에 대한 이해를 위해, 잠시 폐쇄성 뇌손상의 발병기전(pathogenesis)에 대하여 언급하는 것이 필요하다. 폐쇄성 뇌손상으로 인해 국소적인 병변, 광범위한 축삭 손상, 기저에 깔린 저산소증(hypoxia) 또는 허혈(ischemia)과 미세혈관 손상(microvascular damage)이 발생할 수 있다.[79] 국소적인 타박상(연질뇌척수막 출혈[leptomenigeal hemorrhage]과 다양한 정도의 부종[edema]을 보이는 얕은 손상)은 충격을 받은 부위에 발생하여 결과적으로 국소적 신경학적 손상을 야기한다. 이를 **타격 손상**(coup injuries)이라고 한다. 손상이 가속화(acceleration)와 결부되는 경우에 뇌의 움직임으로 인해 충격을 받은 반대쪽에도 손상이 발생하는데, 이를 **반충 병소**(contrecoup lesion)라고 일컫는다. 이러한 국소적 손상이 가장 흔하게 발생하는 위치는 외측 전두저 영역(orbitofrontal region)과 전측두엽(anterior temporal lobe)이다. 뇌가 두개골 가장자리에 인접해 있는 (그림 2-1, 그림 2-2 참조) 이 부위는 머리가 빠르게 감속(decelerate)(낙상 또는 갑작스러운 충격으로 인해)할 때 외상을 쉽게 입을 수 있는 부위에 해당된다. 이러한 충격으로 인하여 외상이 있는 부위의 정맥이 파열되고 더불어 폐쇄성 뇌손상으로 인한 출혈이 경막외(extradural), 경막하(subdural), 거미막하(subarachnoid) 또는 뇌내(intracerebral) 영역에 발생할 수 있다.

산발적 축삭 손상(diffuse anxonal injury)은 폐쇄성 뇌손상에서 지속되는 심한 신경학적 결함을 발생시키는 주된 원인이 된다.[79] 그러나 이러한 손상은 가벼운 뇌진탕에 의해서도 발생된다. 외상이 회전하는 힘(rotational force)과 결부되어 있을 때 더 빈번하게 발생하며,[35] 흔히 반란원 중심(centrum semiovale), 뇌량(corpus callosum)과 뇌간에서 축삭이 찢기게 된다. 충격의 영향을 받은 축삭이 결국에는 잘리고 이로 인한 신체적인 증상을 보이게 된다.

저산소증(hypoxia)과 허혈(ischemia)(혈관성 질환 부분 참조)은 외상에 의해 발생할 수 있으며, 또한 더 미세한 혈관의 손상도 이를 야기시킬 수 있다. 이러한 혈관 손상은 혈관을 늘리거나 압박을 가하는 것에 의해 발생되며, 혈관성 조절체계(vascular regulatory system)(예: 이산화탄소 변화로 인한 반응 저하), 일시적인 고혈압, 뇌내 압력 증가, 일시적으로 무너진 혈액뇌장벽(blood-brain barrier)으로 인해 발생할 수 있다. 폐쇄성 뇌손상으로 인해 허혈성 장애가 발생하는 가장 흔한 부위는 해마, 기저핵, 피질과 소뇌이다.[41]

요약하면, 폐쇄성 뇌손상으로 인한 손상은 외상의 직접적인 영향(타격[coup]과 반충[contrecoup] 손상, 광범위한 축삭 손상)과 외상에 대한 반응으로 발생하는 생화학적 영향 등이 간접적으로 발생할 수 있다. 간접적인 영향에는 허혈, 혈관 반응 변화, 뇌의 부기, 2차적인 경색을 유발하는 환경 형성 등이 있다. 폐쇄성 뇌손상의 복잡한 병리생리학이 다양한 범위의 국소적이고 다병소의, 또는 산발적 신경계의 손상을 야기할 수 있다.[4]

혈관성 질환

혈관성 질환(vascular disease)에 의한 신경학적 손상은, 아마도 말운동장애의 가장 흔한 원인질환에 해당될 것이다. 가장 흔한 뇌혈관 질환은 **뇌졸중**이다(**경색** 또는 **뇌혈관 사고**[cerebrovascular accident]라고도 함). 신경세포에 혈류 공급에 방해를 받아 산소와 포도당(glucose)이 결핍되는 질환은 **허혈**(ischemia)이라고 일컫는다.

뇌졸중은 항상 그 **발생이 갑작스러우며** 일반적으로 **국소적**이다. 허혈성 손상으로 인해 몇 초 이내에 신경세포는 제 기능을 못 하게 되며, 몇 분 이내에 병리적 변화(pathologic changes)가 발생한다. 증상의 경과는 일반적으로 **안정화**(stabilization) 또는 **호전되는 양상**(improvement)을 보이게 된다. 증상의 진행이 일어나면 이는 일반적으로 **대뇌부종**(cerebral edema) 또는 인근 조직에 지속되는 경색(infarction)을 의미한다.

대뇌부종은 여러 가지 병리적 과정의 반응으로 발생하지만, 허혈이 혈액뇌장벽, 신경세포와 교세포 막에 영향을 주기 때문에 뇌졸중에서 흔하게 발생한다. 세포외공간(extracellular space), 주로 뇌의 백질에 액체가 고일 수 있고(**혈관성 부종**[vasogenic edema]), 이로 인하여 두개내압(intracranial pressure)이 상당히 증가하게 된다. 부종은 세포 내에 물이 차는 **세포독성**(cytotoxic)을 보일 수 있는데, 이는 회백질에서 주로 발생하나, 두드러지는 종괴 효과(mass effect)는 보이지 않는다. 혈관성 부종과 세포독성 부종 모두 뇌졸중의 결과로 나타날 수 있다.

허혈성 경색은 뇌졸중의 80% 정도를 차지한다. 허혈성 경색의 흔한 원인은 **색전증**(embolism)으로서, 색전(embolus)이 혈관을 타고 지나다가 혈관이 좁아지는 지점에서 막히게 되어, 그 뒤를 따르는 혈류가 막히게 되는 것이다. 색전증에 의한 뇌졸중은 아무런 경고 없이 갑작스럽게 발생한다. 색전은 주로 심장에서 발생하나, 대동맥활(aortic arch), 경동맥(carotid arteries), 추골동맥(vertebral arteries)이 색전 발생의 다른 근원지가 되기도 한다. 피딱지(blood clot), 죽상동맥경화판(atherosclerotic plaque), 박테리아 응괴(clump of bacteria), 종양 조각(piece of tumor), 혈관으로부터 떨어진 내층, 또는 혈관에 떠돌아다니는 다른 고형 물질이 색전 물질에 해당된다.

고정된 지점에 혈관이 좁아지거나 막히는 증상인 **혈전증**(thrombosis)도 허혈을 발생시킬 수 있다. 혈전증은 종종 지질(lipid)(지방 침착물[fatty deposits])과 섬유물질(fibrous materials)이 혈관의 내벽에 쌓이게 되는 **죽상동맥경화판**(atherosclerotic plaque)이 형성되는 것을 반영한다. 혈전은 주로 내경동맥(internal carotid), 추골동맥(vertebral), 뇌저동맥(basilar)에 발생한다. 때로 혈전뇌졸중 발생 전 **일과성 허혈발작**(transient ischemic attacks, TIA)이 발생하여 몇 초에서 몇 분 동안 신경학적 증상을 보이는 경우가 있으며, 이는 뇌혈관 질환(cerebraovascular disease)이나 뇌졸중 임박(impending stoke)의 경고가 될 수 있다. 말운동장애 또는 언어장애는 TIA의 흔한 증상에 해당된다.

혈전 뇌졸중 모두가 죽상동맥경화증(atherosclerosis)과 연관이 있는 것은 아니다. 다른 원인의 예로는 두개골 기저부위에서 경동맥, 추골동맥 또는 내동맥(intracranial artery)에 자발적 또는 외상에 의한 박리가 있을 수 있고 종양이나 **동맥류**(aneurysm)에 의해 동맥에 부과되는 종괴 효과가 있다. 동맥류는 **동맥벽의 약화된 부분**에 **풍선처럼 부풀어 오른 기형 소견**을 일컫는다. 이는 내경동맥, 전대뇌동맥, 중대뇌동맥에서 흔하게 발생한다.

경색은 **출혈성**(hemorrhagic)이 될 수 있다. **뇌출혈**(cerebral hemorrhage)은 뇌내혈관이 터져 신경조직에 피가 고이는 것을 말한다(**실질내**[intraparenchymal] 또는 **뇌내출혈**[intracerebral hemorrhage]). 이는 빈번하게 혈압상승과 만성적인 고혈압과 결부된다. 증상은 갑작스럽게 나타나며, 국소적이나 피가 고이는 것으로 인한 종괴 효과로 인해 증상이 진행될 수도 있다. 시상, 기저핵, 뇌간과 소뇌는 뇌내출혈에 취약한 구조에 해당된다.

가장 흔한 대뇌외출혈(extracerebral hemorrhage)로는 **거미막하출혈**(subarachnoid hemorrhage)이 있는데, 이는 혈관 파열이 뇌바깥 쪽에 일어나 피가 거미막하공간 표면과 그 내에 퍼져나가게 되는 것이다. 발병은 급성

---

[4] 폭풍상해(blast injury)로 인한 외상성 뇌손상(TBI)은 일반적으로 비폭풍상해로 인한 외상성 뇌손상보다 생리학적으로 더 복잡함. 예를 들어, 폭발에 의해 발생한 높은 힘의 압력은 여러 가지 방법으로 뇌를 손상시킬 수 있음(예: 공기 색전증[air emboli]과 생화학적 변화[biochemical changes]를 발생시킬 수 있음). 또한 이는 파편에 의한 관통성 손상을 수반할 수 있고, 폭발/폭풍 후에 넘어져 땅에 머리를 부딪쳤을 때 발생할 수 있는 무딘 머리 외상(blunt head trauma)도 동반할 수 있음.

으로 일어나나, 증상과 병리적 변화는 종종 광범위하다. 동맥류 파열(ruptured aneurysm)이 거미막하출혈의 흔한 원인이 되며, 이는 정맥과 동맥이 비정상적으로 형성되는 **동정맥 기형**(arteriovenous malformation, AVM)에 의해서도 발생한다. 동정맥 기형은 약한 혈관 벽이 확장되면서 커질 수 있고, 이들의 종괴 효과로 인한 신경학적 증상이 생길 수 있다. 약화된 벽이 파열될 때 거미막하출혈이 발생할 수 있다. 마지막으로 **경막하출혈**(subdural hemorrhage)과 **경막외출혈**(extradural hemorrhage)이 발생할 수 있는데, 이는 경막(dural) 혈관이 찢기게 되는 폐쇄성 뇌손상에 의해 발생하게 된다.

IV. 말운동 체계

말운동 체계를 포함하고 있는 운동계는 움직임을 계획하고, 조절하고, 집행하는 복잡한 구조들과 경로들의 네트워크(network)를 형성하고 있다. 신경계의 모든 단계에 있으며 가로무늬근육(striated muscle)과 내장근육(visceral muscle)의 활동을 중재한다.

정상 말 산출과 말운동장애를 이해하기 위해서는 운동계의 조직(organization)과 기본 작용 원리(basic operating principles)에 대한 이해가 기반이 되어야 한다. 이 장의 나머지 부분에서는 이러한 부분의 이해를 위한 토대를 제공한다.

운동계는 여러 가지 방법으로 나뉠 수 있다. 불행하게도 복잡하고, 통합되어 있으며, 완전하게 이해가 되지 않는 체계를 분류하여 나누는 일은 애매하고, 중복되며, 혼란스러움을 불가피하게 야기할 수 있다. 그럼에도 불구하고, 어떤 형태로든 말운동 체계를 나누지 않고는 이 체계에 대하여 이해한다는 것은 불가능하다.

운동계는 순수하게 해부 또는 그 기능에 따라 정리될 수 있다. 기능적 명칭이 그 구성요소들이 단순히 어디에 놓여 있는지에 대한 정보보다 어떤 일을 하는지에 대한 정보를 제공하고 이해를 도와주기 때문에, 기능을 반영하는 용어들을 사용하고자 한다. 이를 토대로 볼 때 운동계는 네 가지의 주요 기능으로 나눌 수 있다.

1. 최종공통경로(final common pathway)
2. 직접 활성화 경로(direct activation pathway)
3. 간접 활성화 경로(indirect activation pathway)
4. 제어회로(control circuits)

이 네 가지 분류는 이에 상응하는 해부 영역들이 있다. 독자들의 머릿속에 기능과 해부를 연관지어 생각하도록 유도코자 하는 노력의 일환으로 이 장에서는 이 둘 모두 사용하도록 한다. 네 가지 주요 분류와 그 기능, 주요 구조 및 이들 중 일부가 공통적으로 관련을 보이는 종착지(common related designations)에 대하여 **표 2-6**에 정리하였다. 다섯 번째 분류는 개념화-프로그래밍 단계인데, 이 또한 말에 필수적인 것으로 말의 계획과 프로그래밍 과정을 포함한다. 이에 대하여는 이 장의 두 번째 주요 제목 아래 설명이 된다. 네 가지 주요 분류와, 계획과 프로그래밍, 감각과 움직임 간의 관계는 **그림 2-11**에 제시되어 있다.

운동계에 대한 논의는 자연스럽게 **원심성 경로**를 강조하지만 감각경로 또는 **구심성 경로**가 간과되어서는 안 된다. 정상적인 움직임과 운동 학습(motor learning)을 위해서는 감각운동 통합(sensorimotor integration)이 필요하며, 감각운동체계에서의 감각 부분의 손상으로 인해 비정상적 운동 행동[5]이 발생할 수 있다.

A. 최종공통경로-기본 구조 및 기능

최종공통경로(final common pathway, FCP)는 종종 **하부운동신경**(lower motor neuron, LMN) **체계**로 일컫기도 한다. '최종공통'이라는 용어는 이 경로가 운동 활동이 중재되는 말초 기제임을 나타내며, 모든 운동계의 구성요소가 이를 통해 행동한다는 것을 시사해 준다. 움직임에 이르게 되는 연속되는 신경전달 과정의 마지막 종착지가 되는 셈이다.

움직임에 있어서 최종공통경로의 역할을 이해하기 위해서는 이것과 근육의 상호작용에 대한 이해가 요구된다. 말 산출에 관련된 최종공통경로는 비교적 쉽게 수의적으로 **조절 가능한 골격근**(skeletal muscle) 또는 **신체근육**(somatic muscle)의 활동을 일으킨다. 골격근은 근육, 힘줄(tendons), 관절(joints)에 힘을 주어 신체 부위를 움직이게 한다.

근육 하나로 복잡한 운동을 실행할 수 없다. 이완(relax)하거나 신장(stretch)시키거나 수축(contract)할 수 있을 뿐이다. 그러나 이것이 인접(contiguous)해 있거나 멀리 떨어져(distant) 있는 더 큰 무리의 근육과 통합되었을

[5] 일부 저자들(예: McNeil[56])은 이 장에서 다루는 말운동장애를 가리켜 '감각운동말장애(sensorimotor speech disorders)'로 일컬음.

표 2-6

말 산출과 관련된 운동체계의 기능과 해부적 분류

주요 분류	기초 기능	주요 구조	관련 명칭
최종공통경로	• 근육 수축과 움직임을 자극함 • 다른 운동 분류도 움직임에 영향을 주기 위해서는 이를 통해 작용해야 함	• 뇌신경 • 척수신경	• 하부운동신경세포 체계
직접 활성화 경로	• 의식적으로 조절되고 숙련된 수의 움직임에 영향을 줌	• 피질연수로 • 피질척수로	• 상부운동신경세포 체계, 직접운동체계, 추체로 체계 또는 경로(tracts)
간접 활성화 경로	• 자세, 근긴장도, 수의운동을 보조하고 동반하는 움직임 등 잠재의식적이고 자동적인 근육 활동을 중재함	• 피질적핵로 • 피질망상체로 • 적핵척수로, 망상척수로, 진정척수로, 관련 뇌신경과 관계 있는 경로	• 상부운동신경세포 체계, 간접운동체계, 추체외로 체계 또는 경로
제어회로	• 감각정보와, 직접 활성화 경로와 간접 활성화 경로가 움직임을 조절하는 활동을 통합하거나 협응시킴		
기저핵	• 자세와 운동 활동의 보조요소를 계획하고 프로그래밍 함	• 기저핵, 흑질, 시상하핵, 대뇌피질	• 추체외로 체계
소뇌	• 부드럽고 규제된 움직임의 집행을 통합하거나 협응시킴	• 소뇌 • 소뇌각, 망상체, 적핵, 뇌교핵, 하올리브, 시상, 대뇌피질	• 소뇌

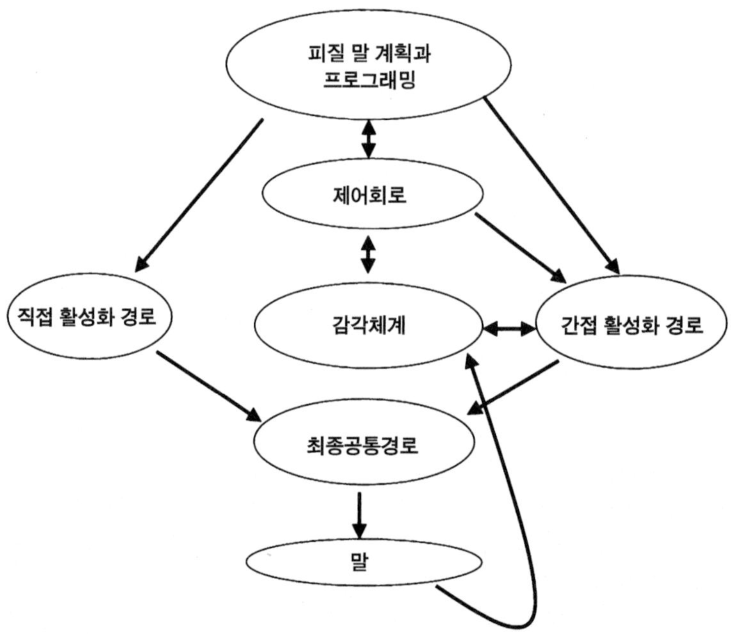

그림 2-11 운동체계, 감각체계, 말운동 프로그래머와 말 산출의 주요 분류 간의 관계.

때는 복잡한 움직임에 기여할 수 있다. 아래 이어지는 세부 항목들에서는 기초적인 신경과 근육의 기능과 이들이 골격근 움직임에 관여하는 상호작용에 대하여 정리하도록 한다.

운동 단위, 알파운동신경세포, 방추외 근육섬유

골격근의 수축성 요소(contractile elements)들은 방추외 **근육섬유**(extrafusal muscle fibers)로 알려져 있다. 이들은 뇌간과 척수의 전각(anterior horn)에 그 기원을 둔 하부운동신경세포 또는 **알파운동신경세포**(alpha motor neurons)의 직접적인 통제하에 있다. 하부운동신경세포는 근육섬유의 무리의 활동을 조절한다. 하부운동신경세포와 그것이 신경을 공급해 주는 근육섬유들을 **운동 단위**(motor unit)라고 일컫는다(그림 2-10 참조). 수십만 개의 운동 단위(motor unit)는 몸의 근육에 신경을 전달한다. 여기서는 단일 신경세포의 활동에 논의의 초점을 맞추지만, 염두에 두어야 할 점은 기능적인 신경근육 활동(functional neuromuscular activity)은 신경에서 함께 작용하는 많은 신경세포들의 병행 효과(combined effects)를 필요로 한다는 것이다.

알파운동신경세포의 축삭은 뇌신경 또는 척수신경의 일부로 뇌간 또는 척수에서 나가게 되며, 특정 근육에 도달하게 된다. 그리고 근육섬유와 접하게 되는 여러 개의 끝가지(terminal branch)로 세분화되어 나뉘게 된다. 가지를 치기 때문에 **신경에 있는 축삭은 몇 개의 근육섬유에 신경자극을 줄 수 있다.** 동시에 각 근육섬유는 몇 개의 서로 다른 알파운동신경세포의 가지로부터 신경자극을 받을 수 있다. 신경 분포가 중복되어 전체 근육이 수축하는데 있어서 강도의 단계적 차이(gradations)가 가능하게 된다. 다시 말하면, 개개 운동 단위가 신경자극을 보내는 속도를 증가시키거나(**시간 가중**[temporal summation]) 더 많은 수의 운동 단위의 활동을 동원시킴으로써(**공간 가중**[spatial summation]) 힘의 강도를 증가시킬 수 있다.

단일 운동신경세포에 의해 신경자극을 받는 방추외 근육섬유의 수가 운동 단위의 크기를 결정짓는다. 축삭 하나당 근육섬유의 수를 비율로 나타낸 것을 **신경지배비**(innervation ratio)라고 한다. 섬세하고(fine) 개별적인(discrete) 움직임을 담당하는 근육은 강하지만 정교하지 않은 움직임을 담당하는 근육보다 더 작은 **신경지배비를** 지니고 있다. 예를 들어, 몸 중심부 쪽의 사지(proximal limb) 근육은 500:1보다 큰 신경지배비를 지니고 있는 반면, 안면이나 후두 근육에는 한 개의 신경세포(neuron)가 10~25개의 근육섬유에만 신경자극을 보낸다.[21,37]

알파운동신경세포는 방추외 근육섬유에 신경자극을 보내는 것과 더불어 축삭의 곁섬유(collateral fibers)를 통해 사이신경세포(interneurons) 또는 **렌쇼세포**(Renshaw cell)에도 신경자극을 보낸다. 렌쇼세포는 알파운동신경세포를 억제해 주는 역할을 하며, 이에 대한 결과로서 음성 피드백 반응(negative feedback response)을 생성하는데, 즉 알파운동신경세포가 신경자극을 보낸 후 곧바로 신경전달을 중단(turn off)하고, 다음 신경신호를 보낼 수 있도록 준비한다.

감마운동신경세포, 방추속 근육섬유, 감마운동계와 신장 반사

운동신경은 알파운동신경세포와 더불어 **감마운동신경세포**(gamma motor neurons)를 포함하고 있다. 알파운동신경세포와 달리 감마운동신경세포는 방추외 근육섬유와 평행을 이루며 놓여 있는 **근육방추**(muscle spindles) 또는 **방추속 근육섬유**(intrafusal muscle fibers)에 신경자극을 전달한다. 감마운동신경세포는 알파운동신경세포보다 지름이 더 작으며 반응이 느리다. 이들의 활동은 소뇌, 기저핵, 중추신경계의 간접 활성화 경로(indirect activation pathways)의 영향을 강하게 받는다. 알파운동신경세포의 활동은 직접 활성화 경로와 강하게 연결되어 있다.

감마운동신경세포와, **감마고리**(gamma loop)라고 알려진 기능적 단위(functional unit)에서의 감마운동신경세포의 역할, 알파운동신경세포와의 관계, 중추신경계의 직접 및 간접 활성화 경로의 활동들은 모두 운동 제어에 중요한 역할을 한다. 정상적인 근육이 너무 팽팽하거나 너무 늘어져 보이지 않도록 하는 근긴장도를 유지하는 데 핵심적인 역할을 한다. 정상적인 근육의 긴장도는 자연적인 조직의 탄력성(natural tissue elasticity)과 근육을 신장시켰을 때 반응하게 되는 경한 정도의 저항에 의해 형성된다. 비정상적 근긴장도는, 특히 긴장도 증가 양상은, 기초적이고 핵심적인 반사로 알려진 **신장 반사**(stretch reflex)와 관련된다.

신장 반사는 근육이 펴질 때마다 다시 원래의 길이로 되돌아오고자 하는 근육의 '욕구'를 반영한다. 정상적인 근긴장도는 근육이 완전하게 이완되는 경우가 없기 때문에 지속되는 현상이다. 어떤 의미에서는 움직임을 준비하는 상태를 항상 유지하는 것이다. 이러한 근긴장도

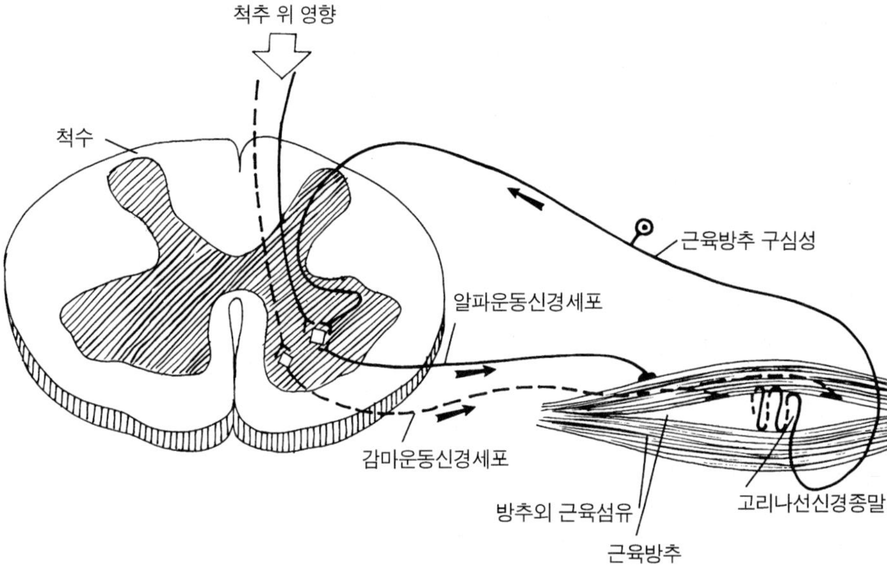

그림 2-12 운동 단위, 감마고리, 신장 반사. 방추외 근육섬유와 근육방추는 자극을 받아 각각 알파운동신경세포와 감마운동신경세포에 의해 수축됨. 이완된 상태에서는 근육방추의 감각 수용체(고리나선신경종말[annulospiral endings])는 조용함. 움직임에 의해 근육이 신장되면, 근육방추도 신장됨. 이 신호는 감각종말(sensory ending)에서 감지되어 척수(또는 뇌간)로 전달되어 알파운동신경세포에 전파되고 방추외 근육섬유가 수축하여 그 영향으로 근육이 신장되는 것에 저항하게 됨. 신장 반사는 정상 근육 긴장의 기초가 됨. 척추 위(뇌간 위) 영향은 이 기제를 이용하여 움직임을 '미리 조정'할 수 있음. 예를 들어, 간접 활성화 경로가 감마운동신경세포를 자극하여 근육방추 수축을 야기하고, 이는 감각종말에서 감지되어 알파운동신경세포로 전달되며, 그다음 방추외 근육섬유가 충분히 수축되도록 자극하여 방추외 근육섬유와 근육방추 간에 균형을 이루도록 함. 균형이 이루어졌을 때, 움직임의 '목표(target)' 달성을 이룬 것으로 볼 수 있음.

의 속성은 빠르고, 지속되지 않으며(unsustained), 숙련 운동 기능(skilled movement) 수행을 도울 수 있는 이상적인 지지 기제(support mechanism)로서의 역할을 가능케 한다. 이러한 지지는 **감마운동신경계**(gamma motor system)를 통해 중재된다.

감마운동신경세포는 감마운동신경계의 원심성 요소(efferent component)에 해당된다. 감마운동신경세포가 신경을 발사하면 근육방추(muscle spindle)가 수축하고, 방추에 있는 감각 수용체(**고리나선신경종말**[annulospiral endings])에 의해 수축이 감지되며 감각신경세포를 통해 척수나 뇌간으로 다시 자극을 보낸다. 척수나 뇌간에서 알파운동신경세포와 연접하여 알파운동신경세포는 다시 방추외 근육섬유로 신경자극을 보내고, 근육방추와 같은 길이가 될 때까지 수축을 하게끔 자극을 준다. 이러한 동등화(equalization)가 일어난 후, 감각수용체는 더 이상 수축(shortening)을 감지하지 않게 되어 감마고리는 활성화되지 않는다. 움직임을 하는 도중에는 실용적인 목적을 위하여 이 과정이 지속된다.

감마고리는 감마운동신경세포, 근육방추, 신장 수용기(stretch receptor)와 감각신경세포, 하부운동신경세포와 방추외 근육섬유(extrafusal muscle fiber)로 구성된다. 이들의 기제를 통해 근육방추의 상대적 길이에 맞추어 근육 길이를 반사적으로 조정(adjust)하게 된다. 이러한 기제는 중추신경계의 간접 활성화 경로를 통해 정적 자세(팔을 앞으로 뻗는 상태로 유지하기, 연장발성을 위해 피열연골[arytenoid cartilages]을 움직이기 등)를 유지하기 위해 필요한 정도의 길이로 근육방추의 길이를 '미리 조정(preset)'할 수 있다. 또한 지속되는 움직임에 필요한 근육 수축의 정도를 준비하는 데 사용되기도 한다. 알파운동신경세포와 감마운동신경세포, 근육방추와 감마고리 간의 관계는 **그림 2-12**에 제시된다.

최종공통경로에 부과되는 영향

앞서 논의를 통해 암시되었듯이, 하부운동신경세포는 말초감각계, 직접 활성화 경로, 간접 활성화 경로를 포함하는 여러 가지 원천으로부터 오는 활동들을 통합하는 역할을 한다. 하부운동신경세포에 의해 통합된 활동들의 결과로 움직임이 발생한다.

감각계가 알파운동신경세포와 맺는 **직접적인** 관계에는 척수와 뇌간 단계에서 연접하는 것을 포함한다. 이러한 연접을 통해 특정 근육과 신체 부위에 국한되는 간단하고, 고정되고(stereotyped), 불수의적(involuntary) 반사(예: 구토 반사)가 가능하다. 말초감각경로가 손상되면, 이를 통해 촉발되는 반응을 약화시키거나 제거하면서 반사가 감소되거나 사라지게 된다. 반사는 최종공통경로 손상으로 인해 소실되거나 감소되기도 한다.

수의적 움직임(voluntary movement)은 방금 설명된 감각-운동 반사보다 더 복잡하다. 진정한 수의적 움직임 또는 상대적으로 자동적인 복잡한 움직임은 중추신경계의 직접 활성화 경로, 간접 활성화 경로, 제어회로의 영향을 받는다. 그렇더라도 이러한 활동 모두 최종공통경로를 통해서만 실현 가능하다.

손상의 영향

운동 단위의 손상은 근육섬유가 정상적으로 활동하는 것을 막는다. 그러나 각 근육섬유는 여러 개의 알파운동신경세포를 통해 신경자극을 받으므로, 단일 알파운동신경세포의 손상으로 인해 근육섬유의 수축이 불가능하게 되지는 않는다. 결과적으로 신경의 손상은 근육에 신경을 전달하는 모든 알파운동신경세포에 손상이 있는 것이 아니라면 **약증**(weakness)이나 **불완전마비**(paresis)에 이르게 된다. 근육에 자극을 제공하는 모든 하부운동신경세포에 손상이 있을 때는 **마비**(paralysis)가 발생한다.

신경자극을 못 받게 되면 근육은 결국 부피(bulk)를 잃게 되고 위축된다. 더 나아가 운동 단위에 질환이 있을 때 비정상적인 자발적 운동 단위 활동(spontaneous motor unit activity)과 신경전달 역치가 낮아질 수도 있다. 이러한 운동 단위의 자발적인 방전(spontaneous motor unit discharge)은 **속상수축**(fasciculations)이라는 짧고 국소적인(localized) 연축(twitches)의 형태로 피부 표면에 관찰될 수 있다. 마지막으로 하부운동신경세포로부터 신경전달이 결여된 근육은 느리고 반복되는 활동 전위(action potential)를 발생시키고 규칙적인 수축 양상을 보이게 된다. 이러한 현상을 **잔떨림**(fibrillation)이라고 한다.

요약하자면, 최종공통경로의 활동은 간단하고도 심오하다. 수의적 움직임에서의 최종공통경로의 기능은 다른 곳에서 만들어지고, 제어된 메시지를 근육에 전달하는 전달자 역할만 하면서도, 이것 없이는 근육이 활성화되지 않으며 움직임이 불가능하기 때문이다. 운동계 중 이 단계에 손상이 있을 때, 이완형 마비말장에서 보이는 말 특성을 보이게 된다.

B. 최종공통경로와 말

말을 위한 최종공통경로는 다음을 포함한다

- 발성, 공명, 조음, 운율과 관련된 근육에 신경을 전달하는 뇌신경의 쌍
- 발할 때 호흡 및 운율과 관련된 말초신경

다음 부분에서는 말 산출에 가장 중요한 뇌신경과 척수신경의 기원(origin), 경로(course), 기능(function)에 대하여 살펴보고자 한다.

삼차신경(뇌신경 V)

삼차신경(trigeminal nerve)의 쌍은 뇌신경 중에서 가장 크다. 이 신경의 감각 기능에는 얼굴, 이마, 코와 입의 점막(mucous membranes), 치아, 뇌경막(cranial dural)의 일부로부터 오는 통증, 온각, 촉각을 포함한다. 이는 또한 치아, 잇몸, 경구개, 악관절(temporomandibular joint)로부터 오는 심부 압력(deep pressure)과 운동감각적(kinesthetic) 정보 및 턱의 신장 수용기(stretch receptors)로부터 오는 감각을 전달한다. 이 신경의 운동 요소는 저작 근육과 악설골근(mylohyoid), 악이복근전복(anterior belly of the digastric), 고막긴장근(tensor tympani), 구개범장근(tensor veli palatini)에 신경을 전달한다.

삼차신경은 큰 감각신경과 더 작은 운동뿌리(motor root)의 형태로 뇌교(pons)의 중간 외측 표면(midlateral surface)에서부터 나온다(그림 2-13 참조). 이 신경은 **안구가지**(opthalmic branch), **상악가지**(maxillary branch), **하악가지**(mandibular branch)로 나뉘며, 이들은 모두 대부분의 삼차신경의 감각신경세포체가 놓여 있는 삼차신경절(trigeminal ganglion)로부터 발생한다. 안구가지는 얼굴 위쪽의 감각을 담당하는데, 여기서는 더 이상 상세히 기술하지는 않는다.

상악가지는 복잡하다. 여러 개의 가지가 상악과 상악굴(maxillary sinus), 입의 점막 · 비강 · 구개 · 비인두강(nasopharynx), 치아, 이도 하부, 안면, 전두와 및 중두와의 뇌척수막으로부터 감각정보를 운반한다. 상악가지의 섬유는 삼차신경절[6](**반달신경절**[semilunar] 또는 갓세

[6] 뇌신경의 주요 감각신경세포의 세포체는 일반적으로 중추신경

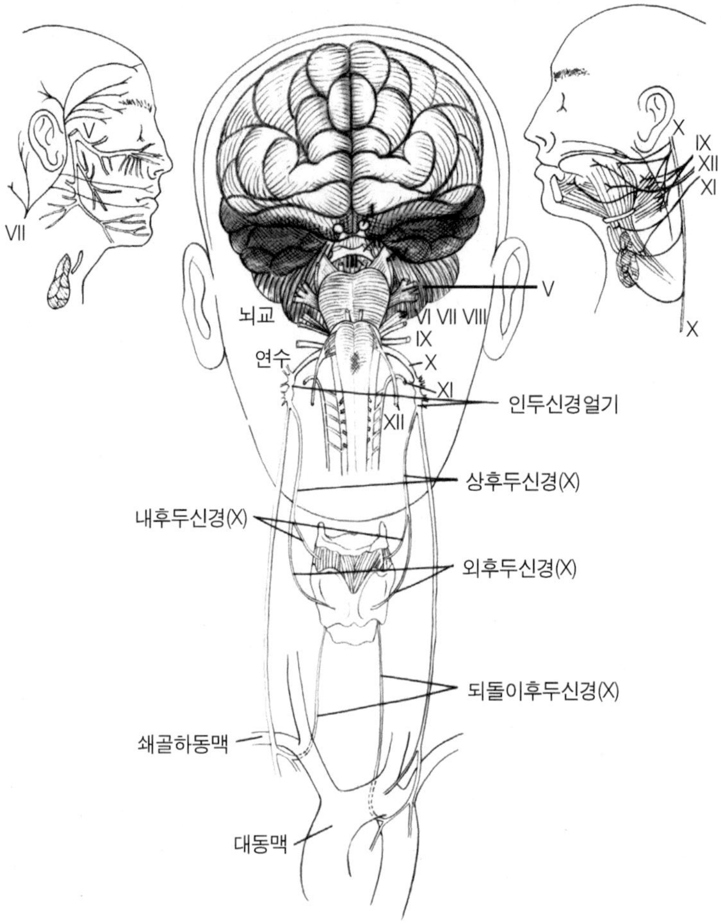

그림 2-13 말을 담당하는 주요 뇌신경.

르신경절[gasserian ganglion]이라고도 함)에서 발생하는데, 이는 중두와 바닥에 있는 추체골(petrous bone)의 오목한 부위(depression)에 놓여 있다. 이 섬유들은 신경질로부터 이동하여 중두와에 있는 **원형공**(foramen rotundum)을 통해 말초로 나가며(**그림 2-2 참조**), 신경질로부터 안쪽으로 이동하여 뇌교의 중간 측면에 이르게 된다. 거기서부터 안면에서 오는 촉각을 전달하며, 뇌교에 있는 주된 감각신경세포의 핵과 연접한다.

모든 감각섬유처럼, 상악가지의 일차 감각신경세포는 중추신경계와 연결된다. 일부는 인접한 망상체와 연접한다. 시상으로 연접하는 **삼차신경시상로**(trigeminothalamic tract)의 교차하거나 교차하지 않는 섬유로 정보가 전달되기도 한다. 시상에 있는 신경세포는 내포를 통해 투사하여 피질에 있으며 감각에 대한 의식적 지각이 이루어지는 동측 중심뒤이랑(ipsilateral postcentral gyrus)의 하부 1/3 지점에 이르게 된다.

상악가지의 통각과 온각 신경은 뇌간에서 아래로 내려와 연수와 경추 부분 척수신경의 상부를 따라 내려오는 다양한 지점에 이른다. 이들의 축삭은 **삼차신경척수로**(spinal tract of the trigeminal nerve)의 핵에 있는 세포체에 연접하고 신경이 이동하는 도중에 뇌신경 IX와 X의 작은 감각 요소가 이 신경의 척수로(spinal tract)와 합쳐진다. 이러한 신경연접이 이루어진 후에 섬유들이 다양한 지점에서 반대쪽으로 넘어가며 삼차신경시상로(trigeminothalamic tract)에서 올라가면서 시상에 이르게 된다. 거기서부터 시상피질신경세포(thalamocortical neurons)가 두정엽으로 감각정보를 전달하게 된다.

삼차신경의 가장 큰 가지인 **하악가지**(mandibular branch)는 감각신경과 운동신경을 모두 지니고 있다. 하악가지의 운동핵(motor nucleus)은 삼차신경의 주요 감

계 감각신경절(sensory ganglia) 바로 바깥쪽에 위치해 있음.

각핵과 가까운 중뇌교(mid pons)에 위치한다. 타원공(foramen ovale)을 통해 두개골을 빠져나가면서(그림 2-2 참조), 구개범장근(tensor veli palatini), 고막긴장근(tensor tympani), 턱을 벌리고 옆으로 움직이는 근육(외측 익돌근[lateral pterygoids])과 턱을 닫는 근육(관자근[temporalis], 교근[masseter], 내익돌근[medial pterygoids])으로 신경을 보내기 위해 반복하여 가지치기를 한다.

하악가지의 감각가지는 입의 점막, 머리와 두피의 측면, 아래턱, 혀의 앞쪽 2/3 지점에서 감각정보를 운반한다. 턱을 움직일 때 관여하는 근육으로부터의 고유감각(proprioceptive)정보를 제4뇌실과 인접해 있는 중뇌의 중간뇌핵(mesencephalic nucleus)으로 운반한다. 턱 근육에 근육방추가 있고 관자근과 교근에 골지힘줄기관(golgi tendon organs)이 있다는 근거가 있으며,[53] 이들은 말을 할 때 턱 움직임의 감각운동 제어에 중요한 역할을 할 것이라고 여긴다.

하악의 감각신경세포(mandibular sensory neurons)의 주요 연결은 씹는 것을 반사적으로 조절하기 위해 이 신경의 저작핵(masticatory nucleus)으로 투사된다. 운동핵은 다른 뇌신경으로부터 감각정보를 받기도 한다. 예를 들어, 청신경으로부터 오는 입력 정보는 고막긴장근(tensor tympani)에 신경을 전달하는 운동신경의 일부에 영향을 주어 소리 크기가 변화하면서 고막(tympanic membrane)의 긴장도가 적절하게 적응할 수 있도록 해줄 수 있다.

저작핵(masticatory nucleus)이나 축삭에 하부운동신경세포 병변이 생기면 불완전마비(paresis)나 마비(paralysis)를 일으키며 마비된 쪽의 저작근이 결국에는 위축(atrophy)된다. 편측 삼차신경 손상은 말에 중대한 영향을 주지 않는다. 그러나 양측 손상은 말에 부정적 영향을 줄 수 있는데, 턱이 열린 상태로 늘어지게 되며, 턱을 다물 수 없고, 제한된 범위로 천천히 움직이게 된다. 이에 따라 정확한 조음 위치와 방법에 따라 얼굴, 입술, 혀를 이용한 조음 움직임을 할 수 없게 된다.

안면신경(뇌신경 VII)

안면신경(facial nerve)의 쌍은 운동신경과 감각신경의 혼합으로 이루어져 있다. 이의 운동신경은 얼굴 표정과 등골근(stapedius muscle)의 근육에 신경을 공급하며, 이의 감각신경은 하악하(submandibular), 설하(sublingual), 눈물샘(lacrimal glands), 혀의 2/3 지점과 비인두(nasopharynx)의 맛감각에 신경 공급을 한다. 안면신경의 운동 요소만이 말에 명확한 역할을 한다(그림 2-13 참조).

안면신경에 신경을 전달하는 운동섬유들은 이 신경의 가장 큰 부분을 차지한다. 뇌교의 하부 1/3 지점에 위치한 안면신경 핵에서 나온다. 신경섬유들의 가운데로 지나 등쪽으로(dorsally) 구부러지며, 뇌교의 측면 표면에 이르기 전에 외전신경핵(abducens nucleus)을 에워싸는 고리를 형성하면서 안면신경으로 드러나게 된다.

뇌교를 빠져나오면서 안면신경의 운동섬유들은 감각신경과 인접하여 이동한다. 뇌신경 VIII의 섬유와 동반하여 안면신경의 운동신경과 감각신경들은 내이도(internal auditory meatus)를 통하여 두개강을 빠져나간다(그림 2-2 참조). 운동신경은 안면신경관(facial canal)을 통해 이동하고 귀 아래 있는 경유돌공(stylomastoid foramen)로 나와 이하선(parotid gland)을 통해 지나간다. 거기서부터 신경의 볼(buccal)과 하악(mandibular)가지가 얼굴 표정을 담당하는 근육에 신경 공급을 한다. 신경의 운동섬유는 등골근(stapedius), 넓은 목근(platysma)과 다른 이하(submental) 근육에 신경자극을 보내기도 한다.

안면신경의 하부운동신경세포 손상이 있으면 안면의 동측(ipsilateral) 전체 근육에 마비를 야기할 수 있다. 이러한 손상은 수의적, 감정적, 반사적 움직임 모두에 영향을 끼친다. 위축이 일어나 안면 비대칭이 발생하고, 입 주위(perioral area)와 턱에 속상수축(fasciculations)이 발생한다.

설인신경(뇌신경 IX)

설인신경(glossopharyngeal nerve)의 쌍은 운동신경과 감각신경으로 혼합되어 있다. 말과 관련이 있는 부분은 경상인두근(stylopharyngeus)과 인두강의 상부수축근(upper constrictor)으로 신경 공급을 해주는 운동신경 부분과 인두, 혀, 유스타키오관으로부터 감각정보를 전달해 주는 부분들이 있다(그림 2-13 참조).

설인신경의 운동섬유들은 연수 측면의 망상체에 위치한 의핵(nucleus ambiguus)의 입쪽 부위(rostral portion)로부터 발생한다. 의핵은 복잡한 세포 무리로 이루어진 것으로, 뇌신경 IX, X과 XI의 부분적인 신경섬유를 포함하기도 한다.

설인신경의 운동 요소는 미주신경(vagus nerve)의 잔뿌리(rootlets) 바로 위의 연수 부분부터 시작한다. 설인

신경은 미주신경(vagus)과 부신경(accessory)과 함께 경정맥공(jugular foramen)을 통과하며(그림 2-2 참조), 삼킴과 말을 할 때 인두강을 올려 주는 경상인두근(stylopharyngeus)에 신경전달을 한다.

신경의 인두강과 혀로부터 감각정보를 운반하는 구심성 섬유는 경정맥공에 있는 추체신경절(inferior[petrosal] ganglion)의 세포체로부터 발생한다. 이는 미주신경 등쪽핵(dorsal motor nucleus)의 복외측(ventrolateral) 위치에 놓여 있고, 연수에 따라 길게 놓여 있는 고립로핵(nucleus of the tractus solitarius)에 종착한다. 고립로핵은 안면신경과 미주신경으로부터 내장 구심성 섬유(visceral afferent fibers)를 받는다.

연수 내에 구토 반사(gag reflex)를 중재하는 인두의 감각과 운동신경세포 사이에 있는 반사 연결(reflex connections)도 있다. 통증, 온도와 아마도 촉각과 압력 감각을 전달하는 중추신경계 신경세포는 연수를 떠나 중앙선을 넘어 대측(contralateral)의 시상으로 올라간다. 여기서부터 시상피질신경세포(thalamocortical neurons)는 중심뒤 감각피질(postcentral sensroy cortex)로 연결되어 감각정보가 의식(conscious awareness)에 도달하게 된다.

일반적으로 미주신경 손상도 같이 발생하기 때문에 설인신경 손상으로 인한 영향은 단독으로 구분 짓기 어렵다. 설인신경에 손상이 있으면 인두강의 감각이 감소되고, 구토 반사가 저하되며, 삼킴 시 인두 거상이 감소되는 양상을 보이게 된다.[12] 과도한 구강 내 침 분비는 이하선 조절 능력이 감소되었다는 것을 시사해 준다. 설인신경의 손상으로 인해 때로는 알 수 없는 원인의 발작적으로 뻗치는 목 통증(paroxysmal radiating throat pain)이 발생하는데, 이는 삼키거나 혀를 내미는 동작에 의해 촉발된다.

미주신경(뇌신경 X)

미주신경(vagus nerve)의 쌍은 운동신경과 감각신경의 혼합으로 이루어져 있고, 복잡하고 길며(그림 2-13 참조), 말에 중요한 역할을 한다. 중요한 운동 기능으로는 연구개, 인두, 후두의 가로무늬근육에 신경 공급을 하는 것이다. 관련된 감각 기능으로는 같은 구조들로부터 오는 감각정보를 전달하는 것이다. 부가되는 기능에는 가슴(thorax)과 복부내장(abdominal viscera)을 향하면서 동시에 이들로부터 전해져 오는 부교감신경의 신경전달(parasympathetic innervation)을 하며, 외이도(exteral auditory meatus)와 후인두(posterior pharynx)에 있는 맛수용체로부터의 감각신경전달을 한다. 여기서는 말 산출과 관련된 신경가지에 대해서만 설명하도록 한다.

연구개, 인두, 후두에 신경 공급을 하는 미주신경의 운동섬유는 연수 측면에 있는 의핵에서 발생한다(이때 뇌신경 IX과 XI의 일부 운동신경과 함께 나옴). 연구개와 인두에 신경전달을 하는 운동신경세포체는 핵의 꼬리부위(caudal region)에 위치하며, 후두에 신경전달을 하는 신경은 입쪽으로(rostrally) 놓여 있다. 연구개, 인두, 후두로부터 오는 감각신경은 세포체가 하부(결절성) 신경절(inferior[nodose] ganglion)에 놓여 있는데, 이는 경정맥공 안 또는 근처에 위치하며, 이 단계에서 설하신경, 부신경, 설인신경과 안면신경과의 교류가 일어난다. 감각신경섬유의 주요 과정(central process)은 고립로핵에 종착한다.

미주신경은 하소뇌각(inferior cerebellar peduncle)과 하올리브(inferior olive) 사이의 연수 측면에서 발생한다. 이는 뇌신경 IX와 XI와 함께 경정맥공을 통해 두개골 밖으로 빠져나간다(그림 2-2 참조). 두개골을 빠져나온 출구 근처에서 3개의 가지를 확인할 수 있다. 먼저 인두가지(pharyngeal branch)는 내경동맥과 외경동맥 사이의 목을 따라 이동하여 중인두수축근(middle pharyngeal constrictor)의 위쪽 경계 지점에서 인두로 들어간다. 여기서 나뉘어 설인신경(glossopharyngeal nerve)과 외 후두신경(external laryngeal nerve)으로부터 나오는 가지와 합하여 인두신경얼기(pharyngeal plexus)를 이룬다. 여기서 인두, 경상인두근(stylopharygeus)(IX)을 제외한 연구개와 구개범장근(tensor veli palatini)(뇌신경 V의 하악가지로부터 신경전달 받음)의 모든 근육에 신경전달을 한다. 이 가지는 혀의 구개설근(palatoglossus)에도 신경을 공급한다. 인두가지는 인두 수축과 더불어 말을 할 때나 삼킬 때 요구되는 연인두 폐쇄를 위해 연구개를 뒤로 당기고 올리는 기능을 주로 담당한다.

미주신경의 상후두신경가지(superior laryngeal nerve branch)는 인두강에 인접한 상태로 하행하면서 먼저 내경동맥의 뒤쪽, 그다음은 중앙 쪽으로 이동한다. 상후두신경가지는 하부 신경절(inferior ganglion)에서 대략 2cm 정도 아래 부위에서 내후두신경과 외후두신경으로 나뉜다. 내후두신경(internal laryngeal nerve)은 순전한 감각신경에 해당된다. 이는 성대까지 이르는 후두 내층의 점막벽, 후두개(epiglottis), 혀 기저부(base of tongue), 피열후두개주름(aryepiglottic folds), 피열연골의 등쪽으로부터 오는 감각정보를 운반한다. 이는 또한 후두의 근육방추와 다른 신장 수용기(stretch receptors)로부터의 정보를 전달한다. **외후두신경**(external laryngeal nerve)은 하인두수축근(inferior pharyngeal constrictor)과 윤상갑상근(cricothyroid muscles)에 신경 공급을 한다. 윤상갑상근으로 신경이 전달되는 것은 발성에 특히 중요한데, 이는 윤상갑상근이 음도 조절을 할 때 성대를 늘여 주는 역할을 수행하기 때문이다.

미주신경의 세 번째 주요 가지는 **되돌이후두신경가지**(recrurrent laryngeal branch)로서, 이는 성대에 이르기 전에 자신의 길을 되돌아오기 때문에 이렇게 명명되었다. 우측 되돌이후두신경은 쇄골하동맥(subclavian artery) 앞쪽의 미주신경으로부터 기지를 쳐서 동맥(artery)의 아래쪽과 뒤쪽으로 고리(loops)를 형성하여 기관(trachea)과 식도 사이의 고랑(groove)을 통해 총경동맥(common carotid artery) 뒤쪽으로 다시 올라간다. 갑상연골과 윤상연골의 하각(inferior horn) 사이를 통해 후두로 들어가게 된다. 좌측 되돌이후두신경은 우측보다 더 긴데, 이는 대동맥활 부분의 미주(vagus)에서 나온다. 심장 근처의 활(arch) 아래로 고리를 이루어 올라가, 기관과 식도 사이의 고랑으로 올라가, 갑상연골과 윤상연골의 하각 사이로 들어가 후두에 이르게 된다. 우측과 좌측의 되돌이후두신경 모두 윤상갑상근을 제외한 후두의 내근 전부에 신경전달을 한다. 성대와 성대 아래의 후두 부위에서 오는 일반 감각은 되돌이후두신경의 감각섬유에 의해 전달된다. 따라서 상후두신경과 되돌이후두신경이 발성과 삼킴에 관여하는 성대의 모든 감각과 운동 활동을 담당하게 된다.

미주신경 손상의 영향은 신경의 어느 가지에 손상이 있는지에 따라 달라진다. 세 개의 가지 모두에 손상을 받게 되면 **연구개, 인두, 후두**에 **약증**이 발생한다. 하부운동신경세포가 편측으로 손상이 있을 때 공명, 음색과 삼킴에 영향을 줄 수 있으나 일반적으로는 발성과 더 두드러지게는 공명에 영향을 준다. 양측 하부운동신경세포에 손상이 있으면 공명과 발성에 대단히 부정적인 영향을 주게 되며, 이차적으로 운율과 조음 정확도에 영향을 주고, 삼킴 기능도 상당히 저하될 수 있다. 각 신경가지의 편측 또는 양측 손상이 있을 때 나타나는 영향에 대해서는 제4장에서 자세히 다루도록 한다.

부신경(뇌신경 XI)

부신경(accessory nerve, **척수 부신경**[spinal accessory nerve]이라고도 함)의 쌍은 뇌(cranial)와 척수(spinal) 부분으로 나뉜다(**그림 2-13 참조**). 뇌 부분은 의핵에서 발생하여 연수의 측면에서 나와 경정맥공을 통과한다(**그림 2-2 참조**). 이 신경에서 나오는 가지는 미주신경의 경정맥 신경절(jugular ganglion)과 합쳐지며, 나머지 섬유들은 미주신경의 인두신경, 상후두신경, 되돌이후두신경가지의 일부가 된다. 부신경의 뇌 부분 신경은 목젖, 구개범장근(levator veli palatini)과 성대내근(intrinsic laryngeal muscles)에 관여하는데, 미주신경의 섬유들과 뒤섞인 상태로 역할을 수행한다.

척추 부분 신경의 세포체는 경추의 첫 5 또는 6의 전각(ventral horn)에 놓여 있다. 이 부분의 축삭은 척수 측면에 있는 척주관(spinal canal) 안에서 올라가고, **대공**(foramen magnum)을 통해 후두와로 들어간다. 그런 다음 **경정맥공**(설인신경, 미주신경, 부신경의 뇌 부분과 함께)을 통해 두개골을 빠져나와 흉쇄유돌근(sternocleidomastoid)과 등세모근(trapezius muscle)에 신경전달을 한다.

대공 부분(올라가는 신경이 두개골로 들어가는 부분) 또는 경정맥공(신경이 두개골을 빠져나가는 부분)에 손상이 있을 때 병소 반대쪽으로 **고개를 돌리는 동작이 약해질 수 있고**(흉쇄유돌근 약증), 병소와 동측의 **어깨를 올리는 동작을 수행하는 능력이 감소될 수 있다.**

설하신경(뇌신경 XII)

설하신경(hypoglossal nerve)의 쌍은 혀 외근의 하나(구개설근[palatoglossus]은 미주신경에 의해 신경 공급을 받음)를 제외한 혀의 모든 외근과 내근에 신경전달을 한다. 설하신경의 핵은 연수에 길게 늘어져 있으며 제4뇌실의 바닥 쪽에 놓여 있다. 신경은 연수의 추체(medullary pyramids)와 하올리브(inferior olive) 사이에서 여러 개의 잔뿌리의 형태로 연수로부터 배쪽(ventral)으로 빠져나온다. 이 잔뿌리 형태의 신경들은 모여서 후두와에 있는 **설하공**(hypoglossal foramen)을 통과한다(**그림2-2 참조**). 두개골을 빠져나간 뒤에 뇌신경 IX, X, XI의 안쪽(medial)으로 놓여 총경동맥과 내경정맥(internal jugular vein)에 인접하여 이동한다. 결국에는 설골의 큰 각(greater cornu of the hyoid bone) 앞쪽으로 고리를 이루어 혀의 내근과 외근에 이르게 된다.

설하신경핵은 고립로핵과 삼차감각핵(sensory trigeminal nucleus)으로부터 맛과 촉각을 받는다. 이러한 감각 과정은 말에 중요하고 이와 더불어 저작, 삼킴과 빨기

(sucking)에도 중요하다.

설하신경의 손상이나 그 축삭의 손상은 병소가 있는 쪽 혀의 위축, 약증과 속상수축을 보일 수 있다. 혀가 편측으로 약증을 보이는 경우에는 혀를 내밀었을 때 손상이 있는 쪽으로 치우치게 된다.

척수신경

상부 경추 척수신경(upper cervical spinal nerves)은 음성, 공명과 조음에 간접적으로 영향을 주는 목과 어깨 근육에 신경전달을 한다. 그러나 실제적인 목적을 위해서, 말 산출에 기여하는 척수신경에 대한 논의는 호흡 활동에 집중시키고자 한다.

호흡을 돕는 하부운동신경세포는 척수의 경추에서 흉추(thoracic divisions)까지 퍼져 있다. 횡격막(가로막)에 신경 공급을 하는 신경은 경추의 3, 4, 5번에서 발생한다. 늑간(intercostal)과 호흡의 복부 근육에 신경 공급을 하는 신경은 흉추 전반에 걸쳐 퍼져 있다. 호흡기관의 부근육(accessory muscle of respiration)—특정 목과 어깨의 이음근육(girdle muscle)(예: 흉쇄유돌근[sternoceidomastoid])—은 경추 상부에서 경추 중부 및 경추 6번에 이르기까지 퍼져 있다.

경추신경 3, 4, 5번은 **목신경얼기**(cervical plexus)에서 결합하여 **횡격막신경**(phrenic nerves)의 쌍을 이룬다. 각 횡격막신경은 들숨에 가장 중요하고, 말하기를 위한 호흡을 제공하는 데 가장 중요한 근육인 **횡격막**의 반쪽에 신경전달을 한다. 다른 들숨근(inhalation muscles)(예: 외늑간근[external intercostal]과 내늑간근[internal intercostal], 흉쇄유돌근[sternoceidomastoid], 목갈비근[scalene], 흉근[pectoralis])은 하부 경추신경(lower cervical nerves), 늑간신경(intercostal nerves), 횡격막신경(phrenic nerve)은 흉신경의 앞쪽과 가운데 가지의 운동신경으로부터 신경전달을 받는다.

조용히 숨을 내쉬는 것은 흉곽과 들숨근육들을 휴식 상태의 자세로 내려오게 하는 수동적인 힘에 의해 이루어진다. 그러나 힘을 주어 숨을 들이마실 때 복근이 작용하며, 이는 늑간신경(intercostal nerves)의 7~12번, 장골하복신경(iliohypogastric)과 장골서혜신경(ilioinguinal nerves) 가지, 아래 6개의 흉신경과 위 2개의 요추신경(lumbar nerves)을 통해 신경전달을 받는다.

호흡 속도와 말을 포함한 여러 가지 활동을 통해 발생하는 대사적 요구(metabolic demands)를 서로 맞추어 주

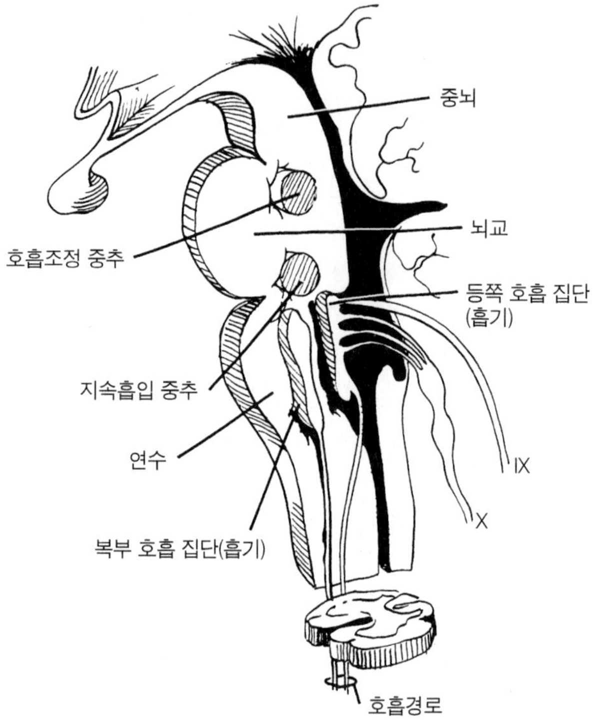

그림 2-14 호흡 중추와 하향 호흡로.

는 것은 중추신경계의 역할이다. 자동적(또는 대사적, 불수의적)이고 리듬에 맞는 호흡(의식적, 말과 같은 행동을 목적으로 하는 호흡의 반대 의미[7])은 연수와 뇌교의 양측으로 광범위하게 위치해 있는 신경세포들로 구성되어 있으며(그림 2-14), 이를 **뇌교연수 호흡 진동자**(pontomedullary respiratory oscillator)[36]라고 부른다. 이 부위에 손상이 있으면 중증 호흡 이상을 보이게 되며 사망에 이를 수도 있다.

등쪽 호흡신경세포(dorsal respiratory neuron)는 연수에 걸쳐 있는 망상체와 고립로핵에 놓여 있다(고립로핵은 미주신경과 설인신경의 감각신경세포의 종착지이기도 함). 이 신경세포들을 자극하면 들숨이 발생하며, 이

[7] 대뇌(higher brain center)는 말할 때 작용하는 뇌간에 의해 조절되는 자동적 호흡(brainstem-controlled automatic breathing)보다 우선함(override).[39] 발화 호흡에 관여하는 신경조절에 대한 이해가 부족하지만, 자발적 흡기, 호기 및 발성을 할 때 소뇌와 감각운동피질, 전운동피질, 보충운동영역, 전대상회(anterior cingulate cortex)와 시상을 포함하는 뇌의 여러 영역에서 활성화된다는 것이 신경영상 연구에서 확인됨.[36,55] 발화의 길이가 그 전에 숨을 얼마나 깊이 들이쉬느냐와 상관을 보이는 것[22]은 말을 위한 호흡 조절이 최소한 발화의 길이를 계획하고 프로그래밍 하는 기능의 일부에 해당된다는 근거가 됨.

는 부드럽고 규칙적인 호흡을 유지하는 데 중요하다.

배쪽 호흡신경세포(ventral respirator neurons)는 연수를 따라 배가쪽(ventrolateral portion)에 위치한다. 이는 날숨 또는 들숨을 자극하나, 주로 날숨 때 힘을 제공하는 역할을 한다.

지속흡입 중추(apneustic center)는 뇌교 아래 부위에 위치해 있다. 이는 숨을 들이마시고자 하는 욕구의 기능이 있는 것으로 보인다. **호흡조정 중추**(pneumotaxic center)는 뇌교의 윗부분에 놓여 있다. 이는 들숨을 억제하면서 흡기량(inspiratory volume)을 조절한다.

중추신경계는 마비말장애가 있는 사람들에게서 보일 수 있는 비정상적인 호흡 패턴을 발생시킬 수 있다. 언어임상가가 가장 흔하게 관찰하는 것은 아마도 **체인-스토크스 호흡**(Cheyne-Stokes respiration)으로 호흡 패턴이 '과호흡(hyperventilation)과 과소호흡(hypoventilation) 사이를 서서히 오가는 양상'을 보이는 것이다.[11] 이는 전형적으로 양측 대뇌반구의 뇌졸중에 의해 발생하나, 천막하 병변에 의해 발생할 수도 있다.[65] 뇌교 하부의 후외방(dorsolateral) 측면의 손상으로 인해 발생하는 **지속성 흡식 호흡**(apneustic breathing)은 흡기 최고조의 상태에서 연장되는 흡기성 호흡 촉박(inspiratory gasp)을 보이며 쉼(pause)을 보이는 것이다. 연수에 손상이 있을 때 발생하는 **실조성 호흡**(ataxic breathing)은 불규칙적인 속도와 리듬의 호흡을 특징으로 하며, 이는 죽기 전에 일어나는(preterminal) 호흡 패턴에 해당될 수 있다.[11]

호흡근육에 신경전달을 하는 하부운동신경세포가 넓게 퍼져 있어 광범위한 손상이 있어야 호흡 특히 말할 때의 호흡에 심각한 문제가 생긴다. 이에 대한 예외는 손상이 3, 4, 5번 경추에 있을 때 양측 횡격막의 마비를 발생시킬 수 있어 호흡에 막대한 영향을 준다. 말할 때 작용하는 호흡근육에 심한 약증을 보이면 음성, 소리 크기, 발화 길이와 운율에 영향을 줄 수 있다.

C. 직접 활성화 경로와 말

직접 활성화 경로(direct activation pathway)는 최종공통경로와 직접적인 연결이 있으며 최종공통경로에 중요한 영향을 준다. 이는 **추체로**(pyramidal tract) 또는 **직접운동계**(direct motor system)라고도 한다. 이는 많은 뇌신경의 활동에 영향을 주는 **피질뇌간로**(corticobulbar tract)와 척수신경의 활동에 영향을 주는 **피질척수로**(corticospinal tract)로 나뉜다. 이들이 같이 **상부운동신경세포**(upper motor neuron, UMN) 체계의 일부를 형성한다.

상부운동신경세포와 하부운동신경세포 체계 간을 구분하는 것은 임상신경학의 기초적인 초석에 해당되며, 각 체계 안에서 손상이 있을 때 말을 포함하는 운동행동을 발생하게 하는 변별적(distinctive) 영향을 이해하는 데 핵심적인 역할을 한다. 이 체계 간의 해부적 · 생리학적 차이는 비교적 간단하다. 이는 **표 2-7**에 정리되어 있다.

상부운동신경세포 체계의 개념은 다소 혼란스러울 수 있다. 이는 직접 활성화 경로와 간접 활성화 경로, 기저핵과 소뇌 제어회로가 상부운동신경세포 체계의 개념에 어느 정도로 포함되느냐에 따른 모호함에 기인한다. 상부운동신경세포는 피질, 소뇌와 기저핵에 의해 직접적 또는 간접적으로 제어를 받는다. "엄밀히 말하면 그러한 경로에 있는 신경세포는 모두 상부운동신경세포라고 해야 한다."[34] 그러나 실제적으로는 **상부운동신경세포**라는 용어는 일반적으로 직접 활성화 경로와 간접 활성화 경로만을 일컫는다. 우리가 달성하고자 하는 목적을 위해서는 상부운동신경세포 체계를 다음의 목적을 실행하는 운동계의 일부라고 생각하는 것이 좋을 것 같다. (1) 전적으로 중추신경계에 포함되어 있고, 하부운동신경세포 체계와 위치적으로나 기능적으로 다르다. (2) 기저핵이나 소뇌를 포함하지 않는다. (3) 직접 활성화 경로와 간접 활성화 경로를 포함한다. 이러한 구분은 간접 활성화 경로와 제어회로(control circuit)를 설명하면서 조금 더 명확해질 것이다.

간접 활성화 경로는 말 산출의 최종공통경로를 이루는 뇌신경과 척수신경에 중요한 영향을 끼친다. 이는 피질과 최종공통경로를 **직접** 연결한다. 직접 활성화 경로가 최종공통경로에 가하는 영향은 주로 촉진성(facilitative)이다. 이 경로가 활성화되면 움직임에 이르게 되고(움직임을 제어하는 것이 아님), 말에 필요한 움직임처럼 아마도 섬세하게 조절되며, 기민하고 개별적인 움직임이 가능하게 된다.

피질 요소

말 산출과 관련된 요소들을 포함하는 직접 활성화 경로는 각 대뇌피질에서 발생하며 대부분 전두엽에서 발생한다.

직접운동계(direct motor system)가 운동집행을 주로 하는 기지(platform)는 **일차운동피질**(primary motor cortex)(또한 **M1**, **중심앞이랑**[precentral gyrus], **운동띠**[motor

표 2-7

신경계의 하부운동신경세포와 상부운동신경세포 분류의 차이

	하부운동신경세포	상부운동신경세포	
		직접 활성화 경로	간접 활성화 경로
기원	• 뇌간과 척수	• 대뇌피질	• 대뇌피질
목적지	• 근육	• 뇌신경핵과 척수신경핵	• 뇌신경핵과 척수신경핵
기능	• 반사와 근긴장도를 위한 근육 활동 생산 • 수의적 활동과 자세를 조정하기 위한 상부운동신경세포 명령을 수행함	• 직접적이고 수의적이고 숙련된 움직임	• 수의적 움직임을 돕는 자세, 긴장도와 움직임 조절
병소 관련 변별적 징후	• 모든 움직임의 약화(수의적이고 자동적인 움직임) • 반사 감소 • 근긴장도 감소 • 위축 • 속상수축	• 약화와 숙련된 움직임/기민함 손실 • 반사 저하증 • 근긴장도 감소	• 강직성 • 간대 • 과다활동적인 신장 반사 • 근긴장도 증가 • 대뇌 제거 자세

strip], **브로드만 영역**[Broadmann's area][4]이라고 함)(그림 2-15). 전두엽과 두정엽을 나누어 주는 **중심고랑**(central sulcus) 또는 **롤랜드 고랑**(Rolandic fissure) 앞에 위치한다. 일차운동피질이 말을 위한 추체로의 피질 핵심 지점(focal point)이지만, 그 기원(origin)이 여기만 해당되는 것은 아니다. 일부 신경섬유는 전두엽 측면에 있는 일차운동영역 바로 앞에 있는 **측면 전운동피질**(lateral premotor cortex)에서 발생하며, 각 반구의 안쪽(medial aspect)에 놓여 있는 **보충운동영역**(supplementary motor area, SMA), **보충운동앞영역**(presupplementary motor area), **전띠고랑운동영역**(anterior cingulate motor area)의 부분에도 그 기원을 두고 있다. 측면 운동피질과 보충운동영역은 일차운동피질로 투사되고, 이들은 움직임의 집행보다 움직임의 준비(계획과 프로그래밍)에 관여한다. 마지막으로 일부 상부운동신경세포 신경섬유는 두정엽의 체감각(somatosensory) 영역에 기원을 둔다.[9]

운동피질구조(organization)의 세 가지 특성이 직접 활성화 경로의 피질 해부학과 생리학적 구조를 더 상세하게 정의해 준다.

1. 가로무늬근육(striated muscles)은 운동피질을 따라 거꾸로 된 방식(fashion)으로 표현된다. 예를 들어, 얼굴, 혀, 후두 근육에 신경을 전달하는 하부운동신경세포로 축삭을 보내는 세포체는 운동피질의 가장 아래 부위의 신경세포에 의해 영향을 받는다. 반면에 손, 팔, 배, 다리와 발에 신경을 전달하는 하부운동신경세포에 축삭을 보내는 세포체는 아랫부분에서 위로 올라가는 순서로 운동피질의 상부와 중간 부분에 놓여 있다.
2. 가로무늬근육에 신경을 보내는 운동신경세포의 수는 수의적 움직임을 위해 얼마나 섬세한 조절이 요구되는지를 나타내 주는 것으로, 근육의 크기에 의해 결정되는 것은 아니다. 따라서 상대적으로 작은 근육으로 이루어진 얼굴, 혀, 턱, 구개와 후두에는 불균형적으로 많은 수의 일차운동피질 신경세포가 할당되어 있다. 이러한 분포는 말을 할 때 요구되는 개별적 제어(discrete control) 또는 빠르고 정확한 움직임을 시행하기 위해서 직접활동체계가 주요한 기능을 담당한다는 사실을 반영해 준다.
3. 운동피질은 표면에서 안쪽을 향하는 수직 방향으로 피질층을 이루는 신경세포의 기둥(column)으로 조직되어 있다. 이러한 신경세포의 기둥은 관절에 작용하는 근육의 무리와 얼굴, 혀, 입술, 구개와 같이 관절에서 작용하지 않더라도 서로 함께 작용하는

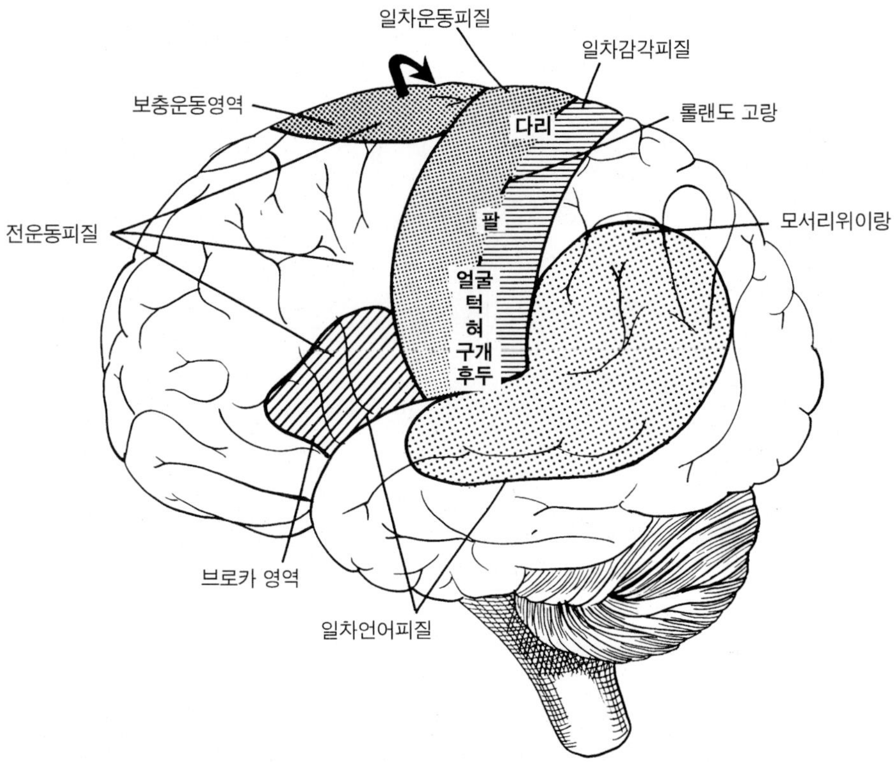

그림 2-15 직접 활성화 경로와 간접 활성화 경로의 주요 피질 요소와 말운동 계획 및 프로그램 영역.

근육 무리의 움직임을 지휘(direct)하는 기능을 담당한다. 이는 근육이 아니라 움직임이 대뇌피질에 배열되어 있음을 시사해 준다. 이러한 결론은 뇌전증 조절을 위한 신경외과술(neurosurgery)을 받을 환자들을 대상으로 피질 자극(cortical stimulation)을 시행한 연구들의 지지를 받는다. 이러한 환자들의 운동피질에 자극을 주면 발성, 혀 내밀기(tongue protrusion), 구개 거상 및 다른 움직임들을 유발될 수 있다.[68] 움직임이 숙련되지는 않았지만, 단일 근육이 아닌 근육 무리의 활동을 필요로 하다는 것을 볼 수 있다. 단, 운동피질을 자극한다고 단어를 말하게 되거나 의미 있는 발화를 말하게 되지는 않아서, 단어나 구는 운동피질의 특정 영역에 저장된 것이 아니라는 것을 알 수 있다(사실, 대뇌의 그 어느 곳에도 특정 부위에 이들의 정보가 저장되어 있는 것이 아님).

중심뒤이랑에 놓여 있는 일차감각피질(감각띠[sensory strip]라고 함)의 조직은 일차운동피질과 유사하다. 이러한 유사점은, 특히 비교적 작은 부분을 차지하고 있는 뇌신경의 말 근육에 많은 피질의 감각신경세포가 배당되었다는 점은 말운동 제어에 감각정보가 중요하다는 것을 증명해 준다. 상측두엽(superior temporal lobe)에 있는 청각적 영역은 전전두영역과 전운동영역과 연결되어 청각적 언어 처리 과정과 말을 통한 언어 표현을 준비하는 영역 사이를 연결해 준다. 감각이 말의 계획과 프로그래밍에서 하는 역할에 대해서는 이 장 후반부에 더 자세히 설명하도록 한다.

경로

말 산출에 관여하는 직접 활성화 경로의 축삭은 **피질뇌간로**(corticobulbar tract)와 **피질척수로**(corticospinal tract)[8]를 통해 이동한다. 뇌간에 있는 뇌신경 V, VII, IX, X, XI의 핵과 직접적으로 연결되는 신경섬유는 피질뇌간로를 통하여 이동한다. 호흡근육에 신경을 공급하는 척수의 전각(anterior horn)에 있는 척수신경과 직접적으로 연결되는 신경섬유는 피질척수로를 통해 이동한다(**그림 2-16**).

[8] 이 경로들은 많은 수의 축삭으로 이루어져 있다는 것을 염두해 둘 필요가 있음. 예를 들어, 각 피질척수로(좌측과 우측)는 100만 개 이상의 신경섬유를 지니고 있음.

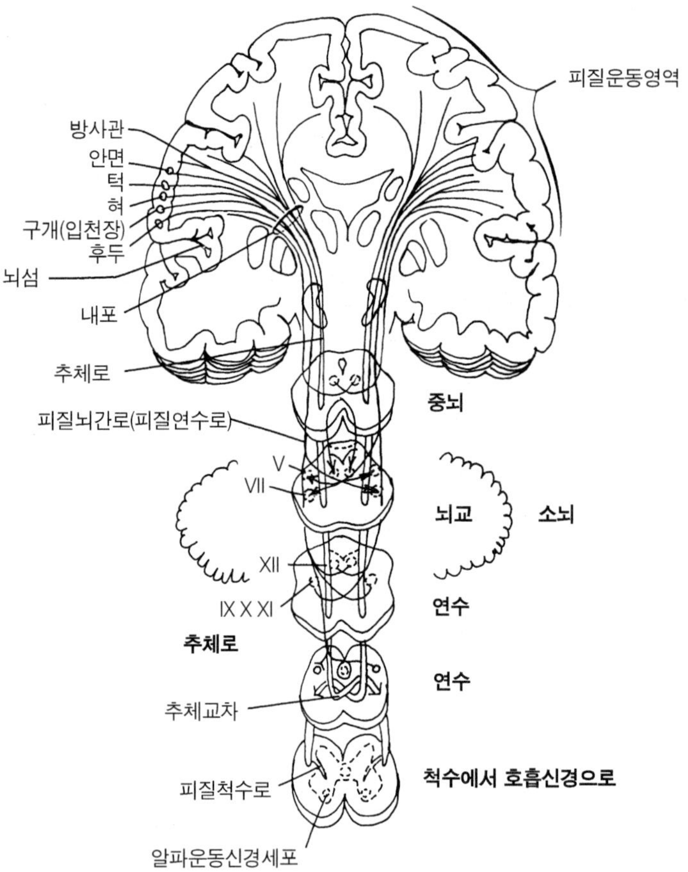

그림 2-16 직접 활성화 경로.

각 대뇌반구에 있는 피질뇌간로와 피질척수로는 방사관(corona radiata)이라 일컫는 부채꼴과 같은 모양의 섬유 다발로 이루어졌다. 이는 피질에서 뇌간 쪽을 향하여 모여든다. 기저핵과 시상 가까이에 방사관은 **내포**(internal capsule)라고 하는 밀집된 띠 모양으로 모인다. 내포는 피질을 향해 올라가고 피질로부터 내려오는 모든 구심성과 원심성 섬유를 지니고 있기 때문에 중요한 부분에 해당된다. 내포에 있는 구심성 섬유는 주로 시상으로부터 시작하여 **시상피질방사**(thalamocortical radiations) 형태로 피질의 거의 모든 영역에 투사된다.

내포의 단면을 보면 세 개의 주요 분류(**그림 2-17**)가 나타나 있다. **전각**(anterior limb)은 꼬리핵(caudate nucleus)과 조가비핵(putamen) 사이에 놓여 있고, 이는 전시상방사(anterior thalamic radiations), 전전두피질뇌교섬유(prefrontal corticopontine fibers)와 안와피질(orbital cortex)로부터 시상하부(hypothalamus)로 투사하는 신경섬유를 포함한다. **후각**(posterior limb)은 시상과 창백핵(globus pallidus) 옆구리에 놓인 피질척수로(corticospinal fibers), 전두뇌교섬유(frontopontine fibers), 상부시상방사(superior thalamic radiations)(일반적인 감각정보를 중심뒤이랑[postcentral gyrus]으로 운반함), 피질덮개(corticotectal), 피질적핵(corticorubral), 피질망상체(corticoreticular) 섬유를 지닌다. **무릎**(genu)은 전각과 후각 사이에 놓인 것으로, 피질뇌간로와 피질망상체 섬유를 포함한다. 시상피질로, 피질뇌간로와 피질척수로가 내포 안의 밀집된 영역에 몰려 있으므로, **방사관에 아주 작은 손상이 있어도 광범위한 운동장애를 보일 수 있다.** 내포의 무릎과 후각에 손상이 있을 때 내포의 다른 영역에 손상이 있을 때보다 말에 더 큰 영향을 받게 된다.

종착지

일반적으로 각 대뇌반구의 상부운동신경세포 경로는 몸 대측(contralateral)의 하부운동신경세포에 신경섬유를 공급한다(예: 좌뇌에서 발생하는 신경섬유는 오른쪽

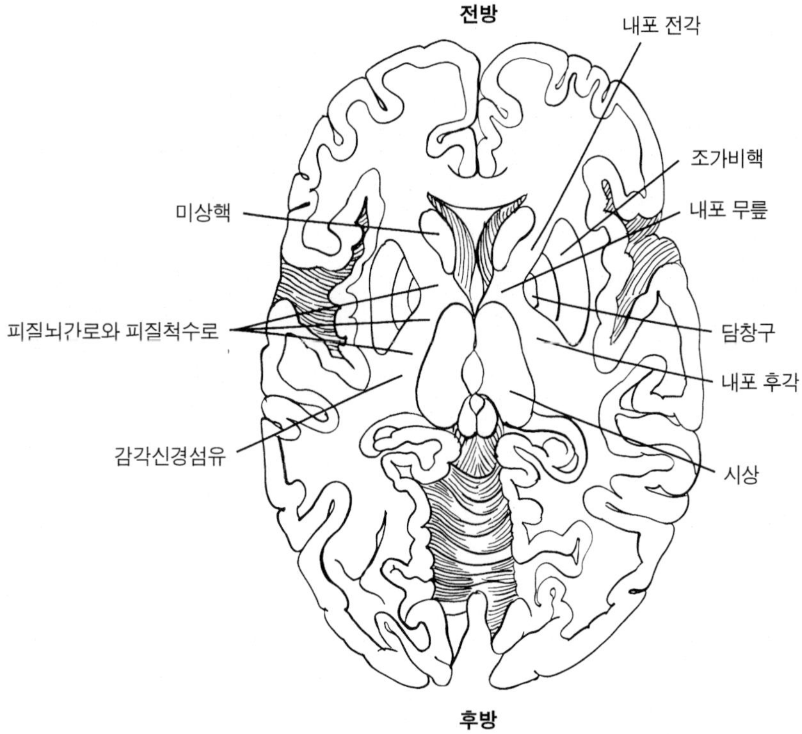

그림 2-17 내포, 시상과 기저핵(횡단면).

의 뇌신경과 척수신경에 신경전달을 한다). 상부운동신경세포에서 아래로 내려가는 신경섬유들은 뇌교와 연수에서 반대쪽으로 교차한다(예: 반대쪽 설인신경에 신경전달을 하는 상부운동신경세포 섬유는 뇌교연수이행부[pontomedullary juction]에서 교차함). 그러나 말에 주요한 몇 가지 뇌신경에 신경전달을 하는 상부운동신경세포는 반드시 대칭인 것은 아니지만 주로 양측으로 연결된다(표 2-8). 예외에 해당되는 것으로는 얼굴 하부(뇌신경 VII)와 혀(뇌신경 XII)로서,[19] 이들은 대측 피질뇌간로(corticobulbar fibers)에서 신경 공급을 받는다.

말에 관해서 뇌신경의 운동핵에 신경전달을 하는 피질뇌간로는 모두 피질에서 시작하여 뇌신경이 운동핵으로 연결되는 것은 아니다. 피질뇌간신경섬유라고 불리는 것들 중 많은 부분은 실제로 피질망상체 섬유(corticoreticular fibers)로 망상체에 연접하여 뇌신경핵에 영향을 가한다.[16] 따라서, 엄밀히 따지면 이들은 직접 활성화 경로보다 간접활동체계의 일부를 이루게 된다. 직접 활성화 경로는 계통발생적으로(phylogenetically) 더 새로운 체계에 해당되는 것으로서, 말과 같이 섬세하게 협응을 이루고 숙련된 움직임을 조절하는 목적을 위해 발생하였을 가능성이 있다.

표 2-8

말 관련 뇌신경의 직접 · 간접 활성화 경로(상부운동신경세포) 신경전달

뇌신경	상부운동신경세포 신경전달
삼차신경(V)	양측*
안면신경(VII)	
얼굴 상부	양측
얼굴 하부	대부분 대측†
설인신경(IX)	양측
미주신경(X, 모든 가지)	양측
부신경(XI)	양측
설하신경(XII)	대측 > 양측‡

*좌측과 우측 뇌신경은 좌측과 우측 대뇌피질 양쪽에서 내려오는 상부운동신경세포에서 자극을 받음. 단, 그 정도가 대칭적인 것은 아님. 예를 들어, 삼차신경으로 보내는 활성화 상부운동신경세포 자극은 대측 반구에서 오는 것이 상대적으로 더 큼.[67]

†좌측과 우측의 뇌신경은 대측 대뇌피질에서 오는 상부운동신경세포 섬유로부터 자극을 주로 받음.

‡상부운동신경세포 공급은 양측이나 대측 대뇌피질에서 오는 자극에 더 큼. 이는 개인마다 그 정도가 다양함.

직접활동체계를 더 복잡하게 하는 점은 피질뇌간로와 피질척수로가 순전히 운동만 담당하는 것이 아니라는 점이다. 여기에는 국소반사원호(local reflex arc)와 오름감각경로(ascending sensory pathways)의 핵에 영향을 주는 사이신경세포(interneurons)에 연접하는 섬유가 포함되어 있다. 뇌간에 있는 감각핵은 여기에 국한되지 않지만 삼차감각신경핵(trigeminal sensory nucleus)과 고립로핵(nucleus tractus solitarius)이 있으며, 이 둘은 말과 다른 구강 운동 활동과 관련된다. 이러한 연접은 말 구조로부터 오는 것을 포함하여 피질운동자극(impulses)이 피질로 전달되는 감각의 자극에 영향을 가할 수 있다는 것을 보여 준다.

기능

직접 활성화 경로는 수의적 운동 활동, 특히 자발적으로 조절되는 숙련되고 개별적인 움직임과 때로는 빠른 수의적 움직임에 중요하다. 이를 통해 발생하는 움직임은 감각에 의해 촉발되지만 움직임이 자발적이고(voluntary) 판에 박은 듯한(stereotyped) 양상이 아니기 때문에 반사에 해당되지 않는다. 움직임은 감각과 움직임 사이를 개입하는 의식 활동에 의해 발생할 수도 있으며 복잡한 계획 활동을 포함하기도 한다. 말은 직접 활성화 경로에 의해 중재되는 움직임의 종류로 명백하게 분류된다.

손상의 영향

하부운동신경세포 손상 때 비하여 약증이 심한 것은 아니지만 병변(lesion)은 약증과 손실 또는 숙달된 움직임 능력의 감소를 야기한다. 상부운동신경세포 손상이 편측으로 발생하였을 때, 약증은 몸의 대측에 나타난다. 최종공통경로와 말초 감각은 직접 활성화 경로의 일부가 아니기 때문에 정상적인 반사는 보존된다.

대부분 양측 상부운동신경세포가 뇌신경 V, IX, X과 XI에 신경 공급을 해주기 때문에 말하기 위한 턱 움직임, 연구개, 후두와 호흡 기능의 상부운동신경세포가 편측으로 손상되었을 때는 그 영향이 일반적으로 심하지 않다. 설하신경은 상부운동신경세포에 의해 양측으로 신경전달을 받는데, 그 정도는 다양하다. 하지만 편측 상부운동신경세포 손상으로도 종종 대측 혀에 약증이 발생한다. 편측 상부운동신경세포 손상 후에 병변 대측의 얼굴 아랫부분의 약증은 두드러질 수 있다.

상부운동신경세포의 편측 병변으로도 약증으로 인한 숙련된 움직임 기능 저하를 보이는 유형의 마비말장애가 빈번하게 발생한다. 이를 **편측상부운동신경형 마비말장애**(unilateral upper motor neuron dysarthria)라고 부른다. 이 유형의 신경병리적 기반과 임상적 특성은 제9장에서 다루도록 한다. 말에 영향을 주는 양측 상부운동신경세포 손상은 말에 경한 정도에서부터 치명적인 정도에 이르는 영향을 줄 수 있고, 이들은 일반적으로 직접 · 간접 활성화 경로 장애의 혼합된 형태로 영향을 받는다. 그 결과 나타나게 되는 말장애는 양측의 약증으로 인해 숙련된 움직임이 손실되며, 간접 활성화 경로의 영향으로 긴장도(강직성[spasticity])에 변화를 보이게 된다. 이러한 유형의 마비말장애를 **경직형 마비말장애**(spastic dysarthria)라고 하며, 이에 대해서는 제5장에서 다루기로 한다.

D. 간접 활성화 경로와 말

간접 활성화 경로(indirect activtion pathway)는 복잡하고 말에 기여하는 기능에 대해서는 이해가 부족한 상태이다. 간접 활성화 경로의 해부적 구조와 활동은 기저핵과 소뇌 제어회로와 완전하게 분리하기가 어렵다. 그러나 간접 활성화 경로는 하부운동신경세포로 신호를 보내는 원천 중의 하나에 해당되지만 제어회로는 이러한 역할을 수행하지 못한다는 차이가 있다. 더 나아가 제어회로와 간접 활성화 경로를 분리하는 것은 임상적으로도 중요한데, 이는 어떠한 유형의 마비말장애는 제어회로의 병리 소견으로 인해 발생하는 한편 다른 마비말장애 유형들은 주요 제어회로의 구조들을 포함하지 않는 간접 활성화 경로 일부분의 병리 소견으로 인해 발생하는 것들이 있기 때문이다.

간접 활성화 경로는 종종 **추체외로**(extrapyramidal tract) 또는 **간접운동체계**(indirect motor system)라고 불린다.[9] 이 경로의 명칭에 들어가는 '간접'은 피질에서 종착지인 최종공통경로에 이르기 전에 주로 뇌간[10]에서 이

[9] Benarroch 등[9]은 간접 활성화 경로를 '뇌간 운동경로'라고 일컫는데, 이는 최종공통경로에 이르기 전에 이루어지는 다발적인 연접의 위치가 대부분 뇌간이기 때문임. 그러나 이러한 뇌간 운동경로는 피질에서부터 투사되는 축삭의 영향을 받음. 따라서 간접 활성화 경로의 종착지는 여기에 유지됨. 이러한 사실은 간접 활성화 경로의 기원이 피질이라는 사실을 반영해 주며, 직접 활성화 경로와 꽤 인접한 평행한 해부적 관계를 이루고 있다는 것도 반영해 줌.

[10] 감정적인 발성과 말의 음성 운동 제어를 위한 중요한 영역은

루어지는 여러 개의 연접으로부터 나오는 것이다. 어떤 면에서 이 경로는 '지방' 도로를 따라가는 것으로, 최종공통경로에 가는 도중에 여러 차례 간이 종착역에 들르는 반면, 직접 활성화 경로는 '고속도로' 또는 비교적 간이 종착역이 없는 길을 따라가는 것이라고 볼 수 있다.

피질의 요소 및 경로

간접 활성화 경로(그림 2-18)는 여러 개의 짧은 경로로 구성되어 있으며, 그 기원지인 대뇌피질과 마지막 종착지인 뇌신경핵과 척수의 전각세포(anterior horn cells) 사이에 있는 구조들을 서로 연결해 준다.

피질망상체로(corticoreticular tract)는 피질에서 망상체로 투사되는데, 이는 주로 운동, 전운동, 감각피질에서 발생하여 나온다. 이는 직접 활성화 경로인 피질척수로와 피질뇌간로가 뒤섞여 있으며, 중뇌, 연수, 뇌교에 걸쳐 있는 망상체로 들어가기 위해 내려오는데, 여기서 신경섬유는 양측으로 분포되나 대측의 신경 분포가 더 지배적이다. 망상체에서 이러한 신경섬유를 받는 영역에는 상행과 하행 방향으로 신경을 투사시키며, 더불어 소뇌와 뇌신경핵을 향해서도 신경들이 투사되기도 한다. 간접체계는 피질에서 하부운동신경세포로 보내는 간접경로의 또 다른 형태의 하나인 피질적핵로(corticorubral tracts)를 통해 피질로부터 적핵(red nucleus)으로 신경을 보내는 것이 있기도 하다.

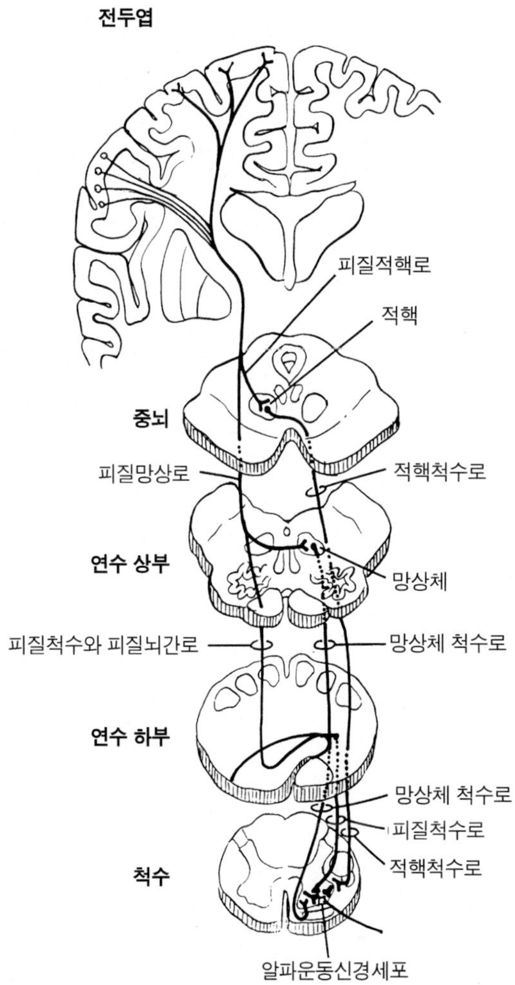

그림 2-18 간접 활성화 경로. 이 체계의 경로는 피질뇌간로와 피질척수로(직접 활성화 경로)와 섞임.

망상체, 전정핵과 적핵의 운동 기능

망상체(reticular formation)는 연수, 뇌교, 중뇌에 있는 큰 핵과 신경섬유경로 사이에 흩어져 있는 세포의 밭(field)이다. 이를 의식의 신경생리학적 자리(neurophysiologic seat)라고 여긴다.[31] 이는 상행 감각정보를 중재하고, 감각운동 통합에 핵심적인 역할을 하며, 하부운동신경세포에 복합적인 영향을 준다. 망상체의 촉진적이거나 억제적인 영향을 통해 근육 긴장도 조절에 중요한 역할을 한다.

망상체의 일부분은 신전운동신경세포(extensor motor neuron)를 흥분시키고 굴곡운동신경세포(flexor motor neuron)를 억제시키며, 이 과정은 근육 긴장도에 기여한다. 망상척수로(reticulospinal tract)의 신경섬유는 감마운동신경세포(gamma motor neurons)에 주로 종착한다(신장 반사와 정상적인 근긴장도를 유지하기 위한 감마운동신경세포와 감마고리의 기능을 상기하라). 망상체의 다른 부분은 신전운동신경세포를 억제하고 굴곡운동신경세포를 흥분시키는 역할을 하기도 한다. 이 역할을 수행하기 위해서는 이러한 억제성 망상체의 신경섬유가 천막상 운동경로(supratentorial motor pathways)에 의해 흥분되어야 한다. 이 경로들의 신경섬유는 피질척수로(직접 활성화 경로)가 종착하는 부위와 같은 척수에 종착한다.

망상체가 뇌신경의 운동 기능에 가하는 구체적인 영향력에 대해서는 정확히 밝혀지지 않았다. 그러나 망상체의 곁섬유(collateral fibers)는 뇌신경핵에 투사를 하며, 연수의 망상체 측면 영역(lateral zone)은 삼킴과 구토에

중뇌에 있는 수관주위회색질(periaqueductal gray matter, PAG)임. 이는 변연계, 다양한 감각 구조, 전두피질 및 기저핵과 상호작용함. PET 연구에 의해 발성할 때 이 부위가 활성화되는 것이 밝혀짐. PAG에 자극을 가할 때, 발성이 산출되고, 이 부위에 손상이 있을 때는 함구증(mutism)이 발생함.[44,83]

관여하는 여러 개의 뇌신경 간의 협응 반사(coordinating reflex)와 관련된다.[9,16] 이 부분의 망상체에 자극을 가하면 피질에서 지시를 하는 수의적 움직임을 촉진하거나 억제할 수 있고, 위상 호흡 활동(phasic respiratory activities)에 영향을 줄 수 있고, 상향 감각정보(ascending sensory information)를 촉진하거나 억제할 수 있으며,[16] 이러한 움직임을 말 산출 관련 움직임으로 만들 수 있다.

진정신경핵(vestibular nuclei)은 뇌교와 연수에 있는 제4뇌실 바닥에 놓여 있다. 이는 내이의 전정기관(vestibular apparatus), 목 근육의 고유수용기(proprioceptors)와 소뇌에서 감각정보를 받아 뇌간, 소뇌와 척수로 신경을 투사시킨다. 전정핵(vestibular nuclei)이 상향과 향향으로 뇌간을 향해 투사시키는 신경은 **내측종속**(medial longitudinal fasiculus)으로 이어진다. 이는 눈과 목의 활동을 조절한다.

전정과 특정 소뇌가 척수에 주는 영향은 **전정척수로**(vestibulospinal tract)를 통해 영향을 받는데, 이는 알파와 감마운동신경세포에 종착한다. 이 전정척수로는 반사활동을 촉진시키고 근육의 긴장도를 조절하는 척수의 기제를 조절한다고 여긴다. 또한 전정기관은 뇌신경의 운동핵으로 신경을 투사하는데, 말과 관련한 특정 기능에 대해서는 정확하게 알려지지 않았다.

적핵(red nucleus)은 중뇌에 있는 타원형의 세포덩어리이다. 이는 **피질적핵로**를 통해 피질로부터 신경이 투사되며, 시상의 복외측 신경핵(ventrolateral nucleus)으로 갔다 궁극적으로는 다시 피질로 향하게 되는 소뇌경로 내에 있는 중계역(relay station) 역할을 한다. 소뇌와 기저핵으로부터 오는 자극은 적핵에서 하행활동을 조절하기도 한다. **적핵척수로**(rubrospinal tract)는 신전 알파와 감마운동신경세포(extensor alpha and gamma motor neurons)를 억제하나, 이의 주요 영향은 사지(limb)의 굴근(flexor muscles)에 가해지게 된다. 말에 관여하는 뇌신경의 운동신경에 적핵이 행사하는 영향은 불명확하나, 말구조의 움직임에 영향을 주는 특정 질환들에 반영이 되기 때문에 그 역할이 추정될 수 있다(예: 구개인두후두간대성 근경련[palatopharyngolaryngeal myoclonus]).

종착지

간접 활성화 경로는 최종공통경로의 감마와 알파운동신경세포의 활동 모두에 영향을 준다. 감마운동신경세포는 알파운동신경세포보다 더 낮은 반응역치를 지닌다. 하지만 그렇기 때문에 간접운동계의 자극에 더 민감하게 반응한다(즉, 손쉽게 반응한다).

기능

간접 활성화 경로는 반사와 자세 유지를 유지하고, 근긴장도와 직접 활성화 경로가 숙련되고 정교한 활동을 수행할 수 있는 틀을 제공하는 것과 관련되는 활동들을 조절하는 데 도움을 준다. 이 기능들은 잠재적(subconcious)으로 이루어지며, 전형적으로 도움 역할을 하는 근육들의 통합적인 활동을 필요로 한다. 이는 속도, 범위, 방향 측면에서 지속적이거나 다양한 방해를 받지 않고 특정 말 움직임을 수행할 수 있도록 해준다.

손상의 영향

간접 활성화 경로에 영향을 주는 질환은 다양하게 나타난다. 일반적으로 손상은 근육 긴장도나 반사에 영향을 주며, 이는 각각 경직성이나 반사 항진(hyperreflexia)의 형태로 나타난다.

간접 활성화 경로의 손상의 영향은 굴근(flexor muscle)과 신근(extensor muscle)에 따라 달리 나타난다. 중뇌와 적핵 위의 피질망상섬유(corticoreticular fibers)에 손상을 가하는 병변은 모든 하향 경로의 억제성이 줄어 다리에 신장긴장(extensor tone) 증가가 발생하고, 팔에는 굴긴장(flexor tone)이 증가한다(즉, 다리는 펴지고 굽히는 움직임에 저항을 하고, 팔은 굽은 상태로 있어 펴고자 하는 움직임에 저항한다). 이러한 상태를 **대뇌 제거 자세**(decerebrate posturing)라고 한다. 연수 아래로 있는 병변은 하향으로 향하는 모든 자극의 손실을 야기하고, 척수에 의해 신경전달을 받는 근육에 전신 근이완(generalized flaccidity)이 발생할 수 있다.

망상체에 손상을 야기하는 뇌간 병변은 종종 사망에 이르게 한다. 이 단계보다 훨씬 위쪽에서 간접 활성화 경로에 손상이 있게 되면 특정 예측 가능한 장애가 발생하는데, 이 중 하나가 대뇌 제거 자세이다. 피질의 조절 능력이 제 기능을 못 하게 되면, 감시를 받지 않는 망상체 체계가 특정 근육의 흥분성을 항진(hyperexcitable)시켜 임상적으로 근긴장이 증가되거나 **경직성**(spasticity)을 보이게 된다. 경직성을 보이게 되는 근육은 어느 단계에 병변이 있느냐에 따라 다르지만, 일반적으로 이 영향은 몸통/머리 근육(axial muscle)과 (몸의 중앙 부분을 향하는) 근위근(proximal muscle)에 강하게 나타난다.

대뇌반구로부터 오는 운동경로에 병변이 생기는 것은 흔하고, 일반적으로 이를 **상부운동신경세포 병변**이라고 일컫는다. 병변은 일반적으로 직접 활성화 경로와 간접 활성화 경로 모두 영향을 끼친다. 결과적으로 임상적인 증상은 간접 활성화 경로의 영향으로 인한 경직성(spasticity)과 근육의 신장 반사(stretch reflex) 증가의 양상을 보이고, 동시에 직접 활성화 경로의 영향으로 숙련된 움직임 능력 손실을 보인다. 약증은 직접 활성화 경로 또는 간접 활성화 경로의 영향으로 발생할 수 있다. 간접 활성화 경로와 직접 활성화 경로 손상의 영향은 표 2-7에 요약되어 있다.

상부운동신경세포 병변의 임상적 특성은 시간이 경과하면서 변할 수 있다. 알파와 감마운동신경세포로 연결되는 상부운동신경세포 경로가 손상되었을 때, 처음에는 근긴장도와 반사가 감소하면서 운동 활동이 상당히 감소한다. 그러나 알파와 감마운동신경세포가 다른 자극(예: 말초감각자극)에 의해 영향을 받을 수 있으므로 결국에는 회복될 수 있으며 때로는 흥분성이 항진(hyperexcitable)되기도 한다. 따라서 수의적 활동이 없거나 감소되었을 수 있으나 중추경로로부터의 억제 영향이 손실되었기 때문에 반사는 과다 활동적인(hyperactive) 특성을 보이게 된다.

경직성이 말에 주는 영향은 일반적으로 움직임을 느려기게 하고, 발성하는 동안 성대가 과도하게 내전(hyperadduction)되게 한다. 이러한 영향은 상부운동신경세포 병변이 편측일 때는 최소화되거나 경한 정도에 해당되나, 양측에 병변이 있을 때는 그 심한 정도가 경한 것에서부터 심한 정도에까지 이르게 된다. 양측 상부운동신경세포 손상은 과잉 반사, 병리적인 반사, 삼킴장애, 감정 표현 억제 장애 등이 동반된다.

간접 활성화 경로의 영향으로 발생하는 마비말장애는 일반적으로 직접 활성화 경로의 영향과 함께 발생하게 된다. 이는 양측에 손상이 있을 때는 **경직형 마비말장애**를 보이고, 편측으로 손상이 있을 때는 **편측 상부운동신경세포형 마비말장애**를 보이게 된다. 이들에 대해서는 각각 제5장과 제9장에서 다루게 된다.

E. 제어회로

제어회로(control circuit)는 운동수행을 위해 관여하는 여러 가지 구조와 경로들의 다양한 활동 조절을 돕는 역할을 하여 이름이 그렇게 불린다. 이는 **조절** 또는 움직임을 프로그래밍 하는 데 중요한 역할을 하며, 이 기능은 상부와 하부운동신경로가 신경근육을 집행시키는 두드러지는 기능을 능가하는 것이다. 직접과 간접 운동신경세포 활성화 경로와 달리, 제어회로는 하부운동신경세포와 직접적인 접촉이 없다.

움직임에 있어서 직접 활성화 경로와 간접 활성화 경로가 다른 역할을 한다는 것을 고려한다면, 움직임을 협응시키고 통합시키며 조절하는 기제가 중추신경계에 있다는 사실이 이해될 것이다. 예를 들어, 직접 활성화 경로를 통해 활성화되는 숙련된 움직임은 자세, 공간적 지남력, 근육 긴장도와 그 움직임이 발생하게 될 물리적 환경에 대한 지식(이러한 특성들은 간접 활성화 경로를 통해 중재되는 움직임의 양상에 해당함)을 바탕으로 계획되고 조절되어야 한다. 동시에, 수의적 움직임의 목적에 대한 정보(직접 활성화 경로를 통해 중재되는 움직임)가 있어야 적절한 자세와 근육 긴장도 등을 확립할 수 있는 것이다. 이러한 통합과 조절은 **소뇌와 기저핵의 제어회로**의 활동을 통해 성취된다. 이는 대뇌피질로 보내는 자극과 대뇌피질로부터 오는 자극을 통해 움직임에 영향을 주며 대뇌피질에서부터는 직접과 간접 활성화 경로를 통해 움직임에 영향을 준다.

F. 소뇌 제어회로와 말

구조와 회로

소뇌, 그리고 이와 연결된 구조들은 소뇌 제어회로를 형성한다. 소뇌는 **타래결절엽**(flocculonodular lobe)과 **소뇌의 몸체**(body of the cerebellum)의 두 부분으로 나뉠 수 있다. 타래결절엽은 평형감각과 머리와 눈의 방향감(orientation)을 조절하는 전정 기제(vestibular mechanism)와 연결되어 있다. 이것의 주된 기능은 눈 움직임을 조절하는 것이다.

소뇌의 몸체는 중앙 부분 또는 **소뇌벌레**(vermis)와 측면에 있는 소뇌반구들을 포함하는데, 이 반구들은 각각 앞쪽엽(anterior lobe)과 뒤쪽엽(posterior lobe)로 나뉜다(그림 2-19). **앞쪽엽**은 척수소뇌 고유감각정보(spinocerebellar proprioceptive information)를 투사하는 영역으로, 이는 자세, 걸음걸이, 몸통의 긴장도(truncal tone) 등을 조절하는 데 중요하다. 측면에 있는 소뇌반구 중 **뒤쪽엽**은 숙련되고 순서가 있는 수의적 근육 활동을 협응시

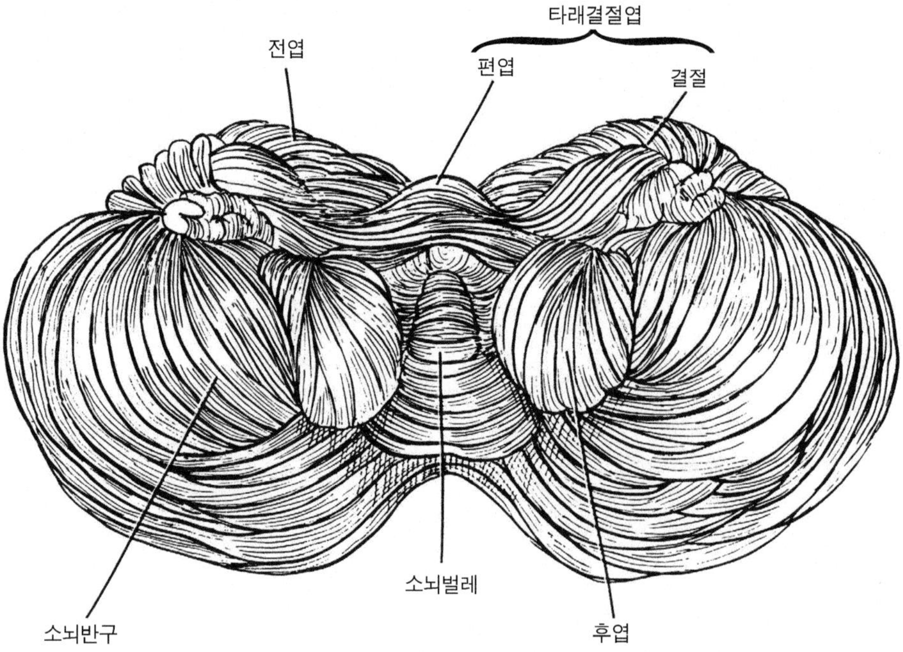

그림 2-19 소뇌의 주요 해부적 하위 분류.

키는 데 특히 중요한 역할을 한다. 각 소뇌의 반구는 대측의 시상과 대뇌에 연결되고, 각각은 동측에 있는 몸의 움직임을 조절한다.

좌측과 우측의 세 개의 구조를 통해 신경섬유는 소뇌로 들어가거나 빠져나가게 되는데, 곧 하소뇌각(inferior cerebellar peduncle), 중소뇌각(middle cerebellar peduncle), 상소뇌각(superior cerebellar peduncle)이다. 하소뇌각은 구심성과 원심성 섬유를 지니고 있다. 흥분성 성향의 구심성 섬유는 연수에 있는 하올리브핵(inferior olivary nucleus)을 포함하는데, 이는 운동집행의 결과를 반영해 주는 감각 피드백과 운동명령과 비교하여 소뇌에 '오류신호'를 보내는 역할을 한다. 시간이 경과되면서 이러한 자극으로 인해 움직임 수행이 향상될 수 있다. 중소뇌각(교완[brachium pontis])은 대측 교핵(pontine nuclei)으로부터 오는 구심성 경로로, 이를 통해 대뇌피질에서 소뇌로 자극을 보내는 통로이다(피질뇌교소뇌로[corticopontocerebellar pathways]). 상소뇌각은 구심성과 원심성 섬유를 모두 포함한다. 심부소뇌핵(deep cerebellar nuclei)(주로 치아핵[dentate nucleus])으로부터 나와 뇌교와 연수, 대측의 중뇌와 시상을 결쳐 결국에는 피질에 이르게 되는 소뇌의 주된 원심성 경로이다(소뇌시상피질 경로[cerebellothalamocortical pathways]).[9] 소뇌로 향하는 그리고 소뇌로부터 나오는 구심성과 원심성 섬유의 비율은 40:1이다.[12] 이를 통해 운동 제어를 하는 데 있어서 감각정보의 중요성, 구체적으로 움직임이기 위해 소뇌가 협응하는 데 감각이 얼마나 중요한지를 나타내 준다.

소뇌피질의 출력신경세포(output neurons)는 **퍼킨지 세포**(Purkinje cells, 조롱박세포, 심장전도근육세포)로 소뇌피질의 세포층을 구성하고 있다. 퍼킨지 세포의 축삭은 심부소뇌핵과 연접한다. 이 구조들로부터 소뇌의 출력정보는 상소뇌각이나 하소뇌각을 통하여 나간다. 이러한 심부소뇌핵에는 **치아핵**(dentate nuclei), **둥근핵**(globose nuclei), **전상핵**(emboliform nuclei)과 **꼭지핵**(fastigial nuclei)을 포함한다(그림 2-20). 치아핵은 말 조절에 특히 중요한데, 움직임을 시작하고 미리 계획된 움직임 과제를 집행하고 자세를 조절하는 데 활성화되기 때문이다.[33] 또한 병변 연구들을 통해 치아핵은 지속되는 마비말장애와 관련된다고 보고된다.[82]

소뇌에서 말 기능을 담당하는 부위의 위치가 완전하게 이해되는 것은 아니지만, 말 조절과 가장 관련이 있어 보이는 부위는 소뇌반구이다. 실조형 마비말장애(ataxic dysarthria)는 소뇌 양측 또는 전체적인 기능 저하와 관련되나 병변이 더 국소적일 때는 소뇌의 측면 반구와 방충부(paravermal) 또는 후내측 영역(posteriomedial areas)을 종종 시사한다.[1,86] 말을 준비하고(speech planning) 처리(speech processing)하는 과제(covert speech tasks)

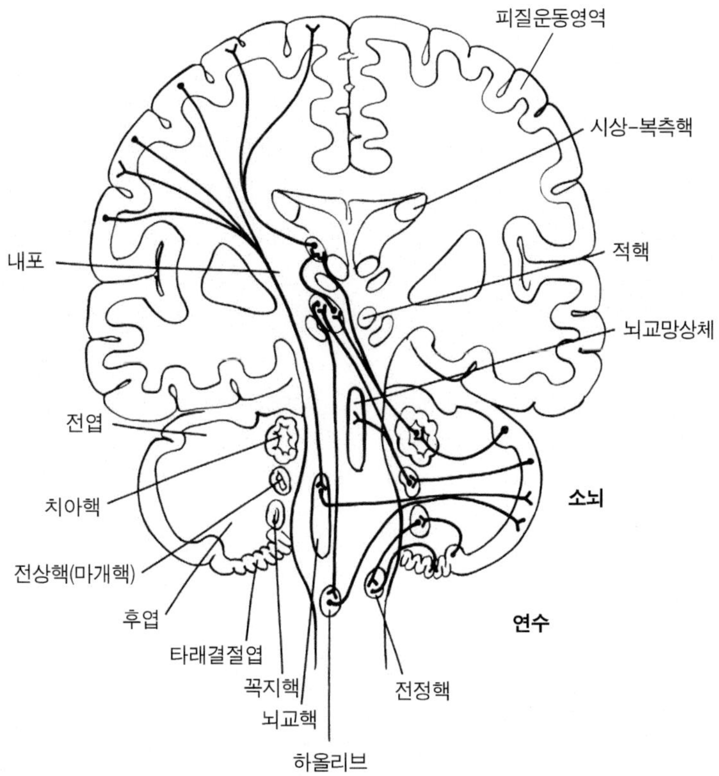

그림 2-20 소뇌 제어회로.

를 실시하는 동안에 기능적 뇌영상(functional neuroimaging)을 촬영하면, 우측 소뇌반구의 활성화를 빈번하게 관찰하게 되는데, 좌측 대뇌와 지배적인 연결을 보이는 부분에서 보인다. 이와 대조적으로, 말을 산출하는 동안에는 양측 소뇌반구 활성화를 나타낸다.[86] 정상적 말 산출을 하는 동안의 기능적 뇌영상 결과에 따르면, 말을 준비하는 데 중요한 회로(보충운동영역[SMA], 전두엽의 후외방쪽[dorsolateral frontal cortex], 뇌섬의 앞쪽[anterior insula], 소뇌[cerebellum])에는 소뇌의 상부가 포함되며, 말 실행에 중요한 회로(운동피질, 조가비핵/창백핵, 시상, 소뇌)에는 소뇌의 하부가 포함된다.[1,75] 말을 위한 소뇌 경로는 대뇌와의 상호 연결; 간접 활성화 경로의 뇌간 요소들과의 상호 연결; 시상, 피질 및 간접운동체계의 다양한 요소들에서의 상호작용을 통해 기저핵 제어회로와의 협동적 활동(cooperative activity); 말 산출 근육, 힘줄, 관절로부터의 청각과 고유수용감각 피드백과의 상호작용을 포함한다.

기능

소뇌 제어회로는 일반적인 움직임에 영향을 주는 방법과 유사하게 말에도 영향을 줄 것이다. 예를 들어, 이는 '움직임의 개별 요소들 간의 시기적절성(timing, 타이밍)을 협응(coordinate)시키며, 근육의 움직임 크기를 측정하고, 작용근(agonist)과 대항근(antagonist) 작용의 순서를 협응'[23]시키는 데 도움을 준다. 이러한 소뇌의 시기적절성(timing) 조절,[11] 측정(scaling), 및 협응 역할은 말에도 적용된다. 소뇌가 움직임을 수행하는 중에 최대치보다는 작지만 지속적 힘(안정성)을 유지하는 기능과, 빠른 사지 움직임[23]을 시작하는 회로의 피질뇌교소뇌 요소(corticopontocerebellar component of the circuit)의 역할[12,52]은 말할 때의 안정 상태(steady-state)와 위상 측면(phasic aspect)에 적용될 수 있다. 광범위한 말 산출 네트워크에서의 기능에 관하여, 잘 습득된 음절과 음절 산출 패턴은 좌뇌의 전운동피질(premotor cortex)에 틀(template) 형식으로 저장되어 있다. 그리고 소뇌는 적

[11] 소뇌는 말자극의 시간적 변수(durational parameter)의 지각적 처리에도 관여하는 것으로 보임.[3]

절한 속도와 박자, 언어적 · 감정적 강세 등의 정보를 지니는, 운율적으로 정상적인 발화를 할 수 있도록 그 저장된 패턴을 프로그래밍 하여 집행하는 데 핵심적인 역할을 한다.[1,85] 말에 구체적으로 어떤 기여를 하는지는 불확실하다 할지라도, 손상 시 특징적 말장애 소견을 보이게 되므로 소뇌회로가 말 조절에 일반적으로 관여를 한다는 것만큼은 확실하다고 할 수 있다.[12]

소뇌가 말에 하는 일반적인 역할을 요약하자면, 피질로부터 발화에 산출될 음절에 대한 정보를 미리 받아, 이를 물리적으로 표현하는데, 시간적 · 운율적 특성을 개선(refine)하고 말초로부터 말 근육, 힘줄, 관절을 통해 청각적 피드백과 기타 피드백이 오면 산출한 것이 적절하였는지를 확인할 준비를 한다. 피질로 보내는 입력을 통해 초기 프로그래밍 개선(refinement)과 더불어 뒤이어 나올 피질의 출력(output)에 영향을 줄 말초 피드백에 기초한 적응 정보를 전달한다. 이러한 프로그래밍의 개선과 수정은 수축하는 근육들과 저항하는 대항근들의 연합을 부드럽게 해주며, 결과적으로 부드럽게 움직이고 시간이 잘 조절되며 길이가 적절한 조화를 이루는 말(coordinated speech)을 산출하게 된다.[13]

손상의 영향

소뇌의 제어 기제에 손상이 있으면 각 엽의 기능과 결부되는 증상들을 보이게 된다. 손상의 영향은 다음과 같이 요약될 수 있다.

- 타래결절엽(flocculonodular) 손상은 **몸통실조증**(truncal ataxia, 좌우로 몸을 흔들거나 넘어지는 증상 없이 서거나 앉을 수 없음), 걸음걸이 장애, **안구진탕**(nystagmus, 반복적이고 갑자기 움직이는 눈의 움직임)과 다른 안구 움직임 이상 소견 증상을 보이게 된다.
- 소뇌벌레의 꼬리 부분에 병변이 있을 때 걸음걸이 실조증(gait ataxia)을 보인다.
- 소뇌반구의 측면(lateral)과 방충부(paravermal)에 병변이 있을 때 **활동진전**(intention tremor)과 **불협응**(incoordination)(수의적 움직임의 시기적절성, 방향, 움직임 정도에서 오류를 보임)을 보인다. 불협응(incoordination)은 **운동조절이상**(dysmetria, 움직임 범위의 측정 손상), **근육협동장애**(dyssynergy) 또는 **움직임 분해**(decomposition of movement, 움직임의 협응이 부드럽지 못하고 분절된 양상으로 산출됨)와 **교대운동장애**(dysdiodokinesia, 교대움직임의 시기적절성과 속도에서의 이상 소견)에 반영된다. 이러한 병변은 사지의 움직임(사지실조증[limb ataxia]에 영향을 주며 마비말장애를 유발할 수 있다.

소뇌 또는 소뇌경로 손상이 말에 미치는 영향은 일반적으로 불협응과 아마도 근긴장저하(hypotonia)에 기인할 수 있다. 이것들은 **실조형 마비말장애**(ataxic dysarthria)로 분류된다. 소뇌충부 또는 양측 소뇌반구 또는 뇌간에 있는 소뇌 출력 경로 손상은 일반적으로 소뇌 회로의 다른 부분에 손상이 있을 때보다 더 심한 말장애를 야기한다. 실조형 마비말장애에 대해서는 제6장에서 다룬다.

G. 기저핵 제어회로와 말

쌍을 이루는 기저핵은 인지, 정서, 운동의 제어 기능을 지니고 있다. 여기서는 운동 기능만 강조하도록 한다.

구조와 회로(structures and circuitry)[14]

기저핵(basal ganglia)의 운동회로는 대뇌피질의 다양한 영역과 상호 연결되고, 추체외로 또는 간접운동체계와 기능적으로 강하게 엮여 있다. 기저핵의 핵심 구조에는 **선조체**(striatum)와 **창백핵**(globus pallidus)(**그림 2-17, 그림 2-21 참조**)이 포함된다. 선조체에는 **미상핵**(caudate nucleus)과 **조가비핵**(putamen)이 포함된다. 조가비핵과 창백핵을 **렌즈핵**(lentiform nucleus)이라고 일컫는다. 중뇌에 있는 **흑질**(substantia nigra, SN)과 **시상하핵**(subtalamic nucleus, STN)도 중요한 기저핵의 구성요소이다.

기저핵 회로와 이에 대한 내적 신경생리(internal neurophysiology)는 매우 복잡하고 완전하게 밝혀지지 않았다. 여기에는 구분 가능한 회백질 구조, 빈번하게 양쪽 방향을 이루는 억제성과 흥분성 연결 경로와 여러 가지 중요한 신경전달물질을 포함한다. 기초적인 이해의 목적

[12] 임상적 관찰과 기능적 뇌영상 연구를 기초로 볼 때, 소뇌는 계획, 추론, 시간적 순서 정하기, 시기적절성 조절(timing, 타이밍), 주의력, 시공간 처리, 학습, 기억 및 언어 처리를 포함하는 여러 종류의 인지기능에 미세하게 기여함(subtle contributions). 이러한 기여는 운동 활동과 독립적으로 나타나는 것으로 보임.[59]

[13] 참고문헌26, 32, 47, 48, 64, 74.

[14] 기저핵 회로와 생리학에 대한 요약은 대부분 Benarroch 등[9]과 Utter와 Basso[88]의 포괄적인 개요에 기초를 둠.

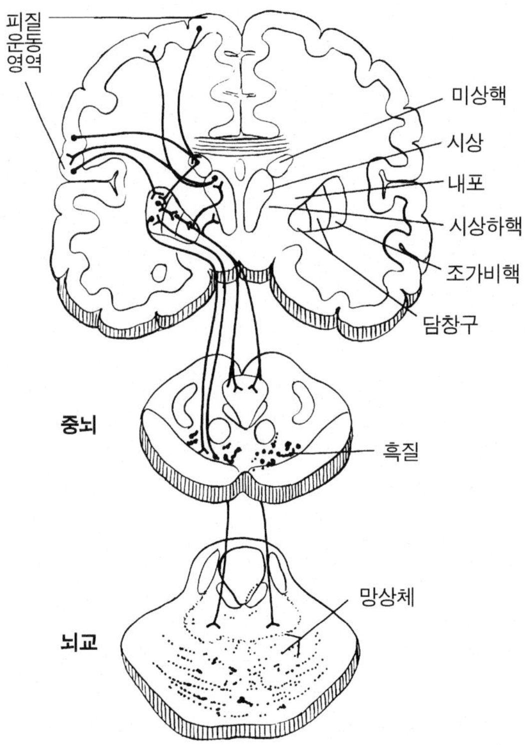

그림 2-21 기저핵 제어회로.

을 위해 다음의 단순화된 해부적 · 생리학적인 관계를 기술하도록 하도록 한다.

- **입력 정보**: 선조체(조가비핵)는 기저핵에서 주요 수용 부분(primary receptive portion)을 이룬다. 시상하핵과 마찬가지로 전전두엽으로부터 주요 흥분성 입력 정보를 받는다. 조가비핵은 흑질로부터 입력 정보를 받기도 한다.
- **회로 내 억제와 흥분**: 기저핵에는 세 가지 본질적인 경로가 있으며 모두 피질에 의해 조절된다. 첫째, 피질에서 조가비핵을 통해 창백핵의 내측 부분(globus pallidus, GPi)에 이르고, 이는 GPi를 억제해 준다. 둘째, 피질에서부터 조가비핵을 거쳐 창백핵의 외측 부분(GPe), 그다음 시상하핵에 이르고, 이는 궁극적으로 GPi의 활동을 증가시킨다. 셋째, 피질에서 시상하핵으로 이르는 것도 궁극적으로 GPi의 활동을 증가시킨다. 이 복잡한 경로들의 핵심적 기능은 조가비핵이 창백핵을 억제하는 것이고 시상하핵이 창백핵을 흥분시키는 것이다.
- **출력 정보**: 기저핵의 주요 출력 경로는 GPi에서 시작된다. 억제성 신경섬유가 중계를 위해 시상으로 가서 다시 보충운동영역(SMA)과 움직임 시작에 중요한 전두엽의 전전두운동영역으로 가게 된다. GPi는 중뇌와 뇌간(예: 시상하핵, 적핵, 망상체)으로 억제성 출력을 보내어 근긴장과 움직임에 영향을 준다.
- **신경전달물질의 균형**(neurotransmitter balance): 기저핵의 운동 기능은 **도파민**(dopamine), **아세틸콜린**(ACh), **글루타민산**(glutamate)과 **감마아미노부티르산**(GABA)을 포함한 몇 가지 신경전달물질에 의해 움직인다. 도파민은 흑질에서 생산되어 **흑질 선조체 경로**(nigrostriatal tract)를 통해 선조체에 전달된다. 이는 기저핵의 모든 부분에서 조정적 신경전달물질(modulatory neurotransmitter)의 역할을 한다(즉, 신경세포를 흥분성과 억제성 입력 정보에 민감하게 반응하도록 영향을 줌). ACh는 선조체 내에 축삭이 종착하는 많은 신경세포를 위한 신경연접 전달물질이다. 이는 도파민을 반대하거나 상쇄시키도록 영향을 가한다. 글루타민산은 창백핵의 입력 정보에 시상하핵이 흥분성 반응을 하도록 해준다. 마지막으로 선조체에서 창백핵으로, 그리고 창백핵에서 흑질으로 향하는 원심성(efferent) 신경섬유는 억제성 GABA를 방출한다. 이러한 억제성, 흥분성, 조정적 전달물질 간의 균형은 운동 제어에 필수적이다. 균형이 깨지면 기저핵 출력(output)에 영향을 주며, 운동 수행 조절을 감소시키며, 여러 가지 기저핵 질환을 동반한 운동장애(마비말장애 포함)에 이르게 한다.

기능

이 복잡한 회로의 기능은 무엇인가? 간단하게 말하면, 이는 의도된 움직임을 하도록 문을 열어 주는 역할을 하고, 완료되었거나 원하지 않는 움직임의 문은 닫아 주는 역할을 하며, 움직임을 '잠그는 것(locking up)'을 방지해 준다. 더 구체적으로 말하자면 다음과 같다.

- 휴지 상태(resting state)에서 수의적 움직임(voluntary movement)과 자동적 움직임(automatic movement)을 시작하는 것은 피질, 중뇌, 뇌간 단계에서 강제적으로(tonically) 억제되어 있다.
- 운동 프로그램을 시작하려면 GPi와 흑질에 억제성 입력 정보를 보내는 선조체 안에 있는 신경세포에 강한 피질의 입력 정보를 보내야 한다. 이 경로를 활성화하면 일시적으로 GPi를 억제하게 되고, 흑질이

시상이나 뇌간에 가하게 되는 억제성에 영향을 준다. 즉, 억제성을 억제하여 특정 움직임을 할 수 있게끔 문을 열어 주는 셈이다.

- (앞서 설명된 대로) 회로 일부에서 의도된 움직임이 촉진될 때, 피질은 시상하핵에 흥분성 입력 정보를 보내어, GPi와 흑질이 의도된 움직임과 관련 없는 시상과 뇌간의 구조에 보내는 억제성 출력 정보를 활성화한다. 즉, 억제를 강화하여 원하지 않는 움직임으로 통하는 문을 닫게 되는 것이다.
- 특정 움직임을 촉진 또는 억제하는 뇌간의 능력 간의 균형은 흑질로부터 얻게 되는 도파민 입력 정보에 의존한다. 도파민 입력 정보는 기저핵 회로에서 발생하는 비정상적 진동 활동(oscillatory activities)을 막아 준다.
- 일반적으로 피질에서 방출하는(discharge) 것에 감쇄 효과(damping effect)가 있다. 즉, 피질에서 움직임을 위한 자극(impulse)을 시작하는데, 그 정도가 움직임 목표를 수행하는 데 요구되는 정도보다 과도하여, 기저핵에서 이를 억제하여 감쇄시키거나, 탈억제(disinhibition)를 통한 조정으로 자극(impulse)을 적절한 정도로 만들어 준다.

방금 설명된 회로의 기초 작용(operations)은 움직임에 추가적인 역할을 수행하게 하고 동시에 조절 가능하게 한다. 말과 관련된 기능은 다음과 같다.

- **자세와 긴장도 조절**(posture and tone regulation): 근육의 긴장도를 조절하고 정상적인 자세와 정적(static) 근육 수축을 유지하여 말을 포함하는 수의적이고 숙련된 움직임이 가능하게 한다. 관련된 기능으로서, 목적 지향적 활동(예: 걸을 때 팔 흔들기), 자동적 활동(예: 저작과 걷기), 환경에 적응하도록 조절되어야 하는 움직임(예: 턱 움직임에 제약이 가해진 상태로 말하기) 등의 움직임 조절에 기여하기도 한다.
- **움직임 측정**(movement scaling): 운동 계획을 집행하는 동안 움직임의 힘, 크기와 지속 기간을 측정한다.[72]
- **세트 바꾸기**(set switching): 지속되는 행동을 방해하여 새로운 자극 또는 변화되는 상황에 반응하여 적절한 비정기적인(nonroutine) 행동을 준비하고 촉진한다.[60,85]
- **운동선택과 운동학습**(movement selection and learning): 연습의 상황에서 선조체는 적절한 자극에 대한 반응으로 촉진될 수 있는 운동의 레퍼토리를 말들어 주는 데 도움을 준다.[52] 이는 운동선택[43]과 운동학습의 역할을 시사해 준다.

손상의 영향

기저핵 제어회로 기능 장애가 움직임에 가하는 영향은 다음 두 가지 일반적인 방법 중 하나의 형태로 나타날 수 있다.

1. 기동성(mobility) 감소 또는 **운동저하증**(hypokinesia, 움직임이 너무 적음)
2. 불수의적 움직임 또는 **운동과잉증**(hyperkinesia, 움직임이 너무 많음)

흥분성과 억제성 경로의 활동 사이에 균형이 바뀌면 이렇게 서로 반대되는 특성을 지니는 이상 소견을 보이게 된다. 예를 들어, 도파민 활동 감소는 시상하핵이 상대적으로 과다활동하게 되고 GPi와 흑질에서 출력정보가 과다하게 되어, 보충운동영역(SMA)에 투사하는 시상 신경세포를 과도하게 억제하게 된다. 이에 운동 프로그램을 시작하는 능력이 효과적으로 감소하게 된다. 이로 인해 파킨슨병의 무동성(akinetic)/강직(rigid)(운동저하) 증상이 발생하게 된다. 대조적으로 시상하핵 활동 감소는 운동과잉형 장애를 야기하게 된다.

운동저하증은 흑질에 질환이 있을 때 자주 발생하며 결과적으로 기저핵에 도파민이 부족하게 한다. 그 결과, 경직형(spastic) 특성과 달리 속도에 의존하지 않고 사지의 움직임 전범위에서 나타나는 근육 긴장도 증가 양상을 보이게 한다. 그 결과로 움직임에 저항하는 양상을 보이며, 이러한 상태를 **강직**(rigidity)이라고 일컫는다. 강직이 있으면 움직임은 느리고 딱딱하며(stiff), 움직임을 시작하거나 멈추는 데 어려움이 있을 수 있다. 이러한 움직임 제약으로 움직임 범위가 감소하며, 이는 **운동저하형 마비말장애**(hypokinetic dyarthria)의 여러 가지 말 특성과 관련한 이상 소견의 기저 원인이 된다. 운동저하-강직 증상은 흑질의 도파민성 신경세포 손실에 기인하나, 이는 도파민 수용을 막는 약물(예: 항정신병약[antipsychotics]과 구토방지제[antiemetics])과 특정 독소(toxins)에 의해 야기될 수도 있다.

기저핵이 자동적(automatic) 사지 움직임을 조절하는 것과 대응하는 말 특성(speech counterpart)을 보이는 경우가 있다. 예를 들어, 특정 기저핵 질환(특히 파킨슨병)에서 얼굴이 '가면(masked)' 양상을 보이거나 표정이 없어지게 된다. 운동저하형 마비말장애 환자들은 언어적으로 감정적인 내용을 전달하면서도, 감정적으로 무표정한 양상을 보인다. 이러한 이상 소견은 감정을 표현하는 물리적 표정에 기저핵 회로가 중요한 역할을 한다는 것을 강조하며, 마비말장애는 말의 분절적-음소적-언어적 요소보다 그 이상의 단계에 영향을 준다는 것을 나타내 준다. 즉, 이는 초분절적-운율적-정서적 요소에도 영향을 주는 것을 볼 수 있다.

운동과잉증은 도파민 신경섬유의 활동이 과다해져 기저핵 회로가 피질의 신경 방출(경쟁하는 운동 프로그램)을 감쇄시키는 역할이 약해지는 것 때문에 발생한다. 이로 인해 장소(locus), 속도(speed), 규칙성(regularity)과 예측 가능성(predictability) 측면에서 상당히 다양하면서 그 발생이 상황에 따라 증진되거나 억제되는 정도가 다른 불수의적 움직임(예: 무도병[chorea], 무정위운동[athetosis], 근긴장이상[dystonia])을 발생시킨다. 근육 긴장도와 움직임이 과도해지고 종종 예측 불가능한 변이를 보이는 특성이 **운동과잉형 마비말장애**와 동반되는 많은 일탈적 말 특성(deviant speech characteristics)에서 나타날 수 있다.

제어회로의 피질 구성요소에 손상이 있을 때보다 기저핵에 손상이 있을 때, 더 심한 양상의 말운동장애가 발생한다. 이는 일반적으로 모든 중추신경계 마비말장애의 경우에 해당되며, 말운동장애를 연구할 때 움직임에 가하는 피질의 영향에만 치중하지 않고, 기저핵이 가하는 영향에도 관심을 기울여야 한다는 점을 강조해 준다.

기저핵 질환으로 발생할 수 있는 다양한 운동 질환과 이에 대한 설명은 제7장과 제8장에서 다룬다. 이 장에서는 각각 운동저하형 마비말장애와 운동과잉형 마비말장애에 대하여 설명한다.

V. 개념화-프로그래밍 단계와 말

신경계의 어디에서 어떻게 생각과 말의 내용이 형성되는가? 어디에서 그리고 어떻게 이러한 내용과 생각이 근육을 수축시켜 의미적이고 이해 가능한 말이 되는 움직임을 만드는 신경자극으로 변환되는가? 직접 활성화 경로를 통해 전달되는 숙련된 말 움직임의 순서와 목표는 무엇이 명시해 주는가? 운동목표에 대해서 간접 활성화 경로는 어떤 내용을 전달받게 되는가? 제어회로는 무엇을 조절하는가? 말 산출에서 감각의 역할은 무엇인가? 어떻게 정상적인 말은 그렇게 빠르게 산출될 수 있는가? 운동체계가 목표가 성취되었다고 판단하는 기준은 무엇인가?

이러한 질문은 **말운동 제어**(speech motor control) 또는 '말 산출을 조절하는 체계와 전략'[45]을 이해하는 것과 관련지어 할 수 있는 몇 가지의 질문에 불과하다. 이러한 질문에 대한 답은 완전하지 않다. 해부적으로 어떤 것들은 직접과 간접 활성화 경로 및 제어회로의 활동에 놓여 있고, 어떤 것들은 Darley, Aronson, Brown(DAB)[21]이 **개념화-프로그래밍 단계**(conceptual-programming level)라고 부르는 기능의 단계에서 작용한다. 이 단계에서 일어나는 활동을 기술하는 부분이 현재의 말 조절 모델[15]에 비해서는 불완전하지만, DAB가 광범위하게 기술하였던 단계들은 말을 계획하고 프로그래밍 하는 데 선행하고 포함되며, 뒤따르는 일반적인 과정에 대해 생각하는 데 유용한 도구가 될 수 있었다.

개념화-프로그래밍 단계의 주요 구성요소는 운동 조직의 가장 높은 단계에 해당된다. 가장 '높은'이라는 용어를 사용하는 것은 이 단계에서의 신경 활동이 의미 있거나 목적이 있는 말 행동을 확립하고, 이를 달성하기 위한 필수적인 계획과 프로그램을 확립해 주기 때문이다. 다만, 이렇게 명명하였다고 해서 항상 가장 심한 정도의 말운동장애를 보이는 경우가 이 단계에 손상이 있어 발생하는 것은 아니다.

개념화-프로그래밍 단계는 내적(internal), 비운동적(nonmotor), 인지-언어적(cognitive-linguistic) 과정의 신경-인지적 영역에 걸쳐 있으며, 표현될 수 있는 생각이나 계획을 확립하고 이와 더불어 움직임을 제어할 수 있는 구체적인 감각운동 계획과 프로그래밍을 확립해 주는 역할을 한다. 이는 Van Der Merwe[89]가 기술한 '말 기호가 변형되는 단계'라고 말한 부분과 대략적으로 유사하다. 이러한 단계(phase)가 어디에서 일어나는지는 완전하게 이해되지 않는다. 그러나 확실한 것은 이러한 과정이 일어난다는 것이다.

DAB[16]는 개념화-프로그래밍 단계에서 일어나는 활동의 특성을 다섯 단계로 나누었다(표 2-9에 요약됨). 종합적으로 보면, 말 감각운동체계에서 실제적으로 일어나는 모든 단계들을 잘 반영해 준다. 이는 다음과 같다(DAB에서 사용한 용어를 일부 변경하였음).

[15] 말 형성과 산출 및 다양한 말운동장애의 관련성에 대한 몇 가지 모델은 Kent[45]; McNeil, Doyle, Wambaugh[57]; Van Der Merwe[89]의 문헌에 제시됨.

표 2-9

말 산출의 개념화-프로그래밍 단계

과정	요소	신경 기판	말에 영향을 끼치는 장애
개념화	• 인지적, 정서적으로 생각, 기분과 감정을 만들어 내고, 목표달성을 위해 이들을 표현하고자 하는 욕구 생성	• 광범위하게 편재됨	• 전반적인 인지장애(예: 치매) • 정신병 • 착란
언어 계획	• 고도로 상호작용하는 의미적, 통사적 처리 과정으로 궁극적으로는 음운 형태를 지니게 됨	• 좌반구 실비안 주위 피질, 피질하 구조(시상과 기저핵)의 역할은 확실하지 않음	• 실어증
운동 계획 또는 프로그래밍	• 음성학적 요소와 음절을 음향학적(다른 양식 포함) 목표와 피드백에 기초하여 특정 속도, 강세 및 운율 패턴으로 산출하게 하는 운동 명령을 형성하고 인출함	1. 우세반구 → 체감각피질, 전운동피질(브로카영역), 보조운동피질, 운동피질, 뇌섬 2. 제어회로 → 3. 변연계 → 4. 우반구 → 5. 시상과 망상체 →	• 말실행증 • 마비말장애(?말실행증) • 정서와 운율 변화 • ?실율증 • 마비말장애
수행	• 운동 집행	• 하부운동신경세포(직접과 간접 활성화 경로, 제어회로와 피드백의 조절을 받음)	• 마비말장애
피드백	• 위의 요소들에게 복합적 양식의 피드백 제공	• 말초와 중추 감각경로	• 마비말장애와 말초 감각에 기초한 말장애

1. 개념화(conceptualization)
2. 언어 계획(language planning)
3. 운동 계획과 프로그래밍(motor planning and programming)
4. 수행(performance)
5. 피드백(feedback)

처음 세 단계는 개념화-프로그래밍 단계의 핵심적이고 유일한 요소를 나타내 주며, 이 이후의 부분에서 주로 논의하게 될 것이다. 수행과 피드백 단계는 말운동 체계(즉, 직접 활성화 경로, 간접 활성화 경로, 제어회로와 최종공통경로)의 다른 요소들을 논의하면서 언급되었다.

A. 개념화

개념화 단계는 무엇인가를 하고자 하는 의도와 욕구를 반영하며, 행동 목적의 발달이 포함된다. 언어 이전의 생각, 사고, 감정과 더불어 이를 행동하고자 하는 욕구는 '의식적인 인식과 의도적 행동의 공간(sphere of conscious awareness and intentional action)'[46]에 속하게 된다. 이는 인지적이며 정서적인 본성을 지닌다. 개념화는 말 움직임을 시작하면서 발화(utter)될 수 있는 언어가 구체화되는 단계 이전에 나타나며, 사실, 이는 내적인 속성으로만 남고 아예 말로는 표현되지 않을 수도 있다.

개념화는 명제적인 말(자발적으로 하는 말)을 선행한다고 추정되지만(희망되지만), 자발화를 하는 과정에 개념화-프로그래밍 단계가 고정되고 반복적인 순서로 일어날 것이라는 생각은 잘못된 것이다. 단계들 간 관계는 서로 별개로 순차적으로 일어나는 활동이라기보다 평행적이고(parallel) 시간적인 측면에서 겹치며(temporally overlapping) 상호 교류하는 특성을 지니고 있다.

위치

개념화의 신경학적 기제는 좁게 규정할 수 없다. 피질의 활동은 결정적이지만, 이 과정은 뇌 전체의 활동이라고 보는 것이 맞다. 이는 생각과 행동을 시작하거나 동기화시키는 '자료(data)'를 얻는 데 작용하는 각성(alertness), 주의(attention), 정동(affect)과 감각운동 과정은 뇌의 여러 다른 부위(예: 뇌간의 상향 활동체계, 시상하부, 변연계, 시상)로부터 오는 입력 정보에 의존하기 때문이다.[21]

손상의 영향

개념화 단계의 손상은 인지 또는 정서 기능의 해부학적으로 광범위한 손상을 반영한다. 이는 흔히 치매 또는 다른 정동(affect)장애, 기억장애, 사고장애를 동반한다. 이는 절단하는 메시지의 내용, 구성, 정동 어조(tone)에 반영되나 말운동의 계획이나 집행에서 그 특징을 보이지는 않는다. 즉, 이러한 환자들의 말은 운동적으로는 정상을 유지한다. 따라서 정상적인 의미 있는 의사소통을 위해서 개념적 단계가 필수적이지만, 정상적인 말운동 산출에는 필수적인 요소는 아닌 것이다.

B. 언어 계획

운동행동을 성취하기 위해서 그를 위한 계획을 세우는 것이 필요하다. 이와 관련된 인지 과정을 **언어 계획**(language planning)이라고 부른다. 말하기, 글쓰기, 수화하기를 위해 언어 단위(linguistic unit)가 언어 계획의 내용을 구성하게 된다. 개념화와 마찬가지로 **언어 계획 단계는 비운동적(nonmotor)이다.**

표현되어야 할 생각과 의도가 발생하며(아마도 이보다 전부터), 구어 메시지를 형성하기 위하여 언어 체계가 활성화되어야 한다. 언어적 계획은 추상적인 규칙에 대한 인지작용을 포함한다. 의미와 통사적 상호작용이 어휘적 단위로 넘어가면, 통사와 형태소적 작용이 표현을 만들고, 발화가 음운적 형태를 갖추게 된다(추상적 음소가 확인되고 순서를 갖게 됨). 언어 계획은 주의력, 인출과 작업기억 과정을 요구하며, 이와 더불어 이미 형성되고 집행된 발화 활동으로부터 벗어날 수 있는 능력이 있어야 한다.

위치

언어 계획은 **우세반구의 실비안 주위 피질**(perisylvian cortex)에 놓여 있으며, 이 중 가장 중요한 것은 측두두정엽(temporoparietal cortex) 피질과 전두엽의 후반부 영역(posterior frontal cortex)이다. 이 피질영역에 비하면 덜 확정적이기는 하지만, 우세반구의 시상, 기저핵과 아마도 소뇌가 관여할 수 있다. 말하는 자극의 원천에 따라(예: 읽을 때의 후두엽) 다른 피질영역도 동원될 수 있다. 대부분의 사람들에게는 **좌반구**가 언어 계획(운동 계획과 프로그래밍도 해당됨)에서의 우세반구가 된다.

손상의 영향

언어 계획의 손상은 **실어증**(aphasia)이라고 하는 우세반구의 병리 소견을 반영한다. 실어증 증상은 단어 인출 지연과 오류, 청각적 보유 능력(auditory retention span) 감소와 언어의 의미, 통사, 형태와 음운적 측면에서의 오류나 비효율성 등이 있다. 이러한 손상은 기호가 전달할 수 있는 모든 영역(말, 구어 이해력, 읽기, 쓰기, 팬터마임, 수화)에서 관찰 가능하다. 이는 손상된 처리 과정이 언어 모든 양식(modality)의 입력과 출력 정보의 중심이 되고 공유되기 때문이다. 이러한 문제는 특히 음운 문제에 관련하여 제15장에서 감별진단에 초점을 맞추어 다루게 된다.

C. 운동 계획과 프로그래밍

구어 메시지의 음운론적 표현이 생성되고 나면(또는 아마도 이 과정과 동시에), 말을 위한 움직임을 이끌어 줄 계획이 조직되고 활성화되어야 한다. 언어 계획 과정에서 음소 선택과 순서 매기기는 말 산출을 위해 필요한 신경학적 활동과 밀접한 관련이 있고 이로부터 분리하기가 어렵지만, "말의 운동 계획은 운동 목표를 규정하기(defining) 위한 식별 가능한 과정이다."[89] 말의 운동 조직을 위한 개념화-프로그래밍 단계의 가장 중요한 부분을 이룬다. 음운적 처리 과정과 말-운동 계획과 프로그래밍 과정을 분리하는 것은, 때로는 임상적으로는 이 둘을 분리하는 것이 매우 힘들지만, 상당한 정도의 이론적 · 해부학적 · 임상적 근거가 뒤받침해 주고 있다. 이에 대한 것은 제11장과 제15장에서 자세하게 다루도록 한다.

간단하게 **운동 계획**과 **운동 프로그래밍**(Brooks[14]; McNeil, Doyle, Wambaugh[57]; Van Der Merwe[89]의 논의에 상당 부분 의존함)에 대하여 논의하도록 한다. 계획과 프로그래밍은 서로 밀접한 관련이 있지만 서로 동일한 것은 아니다. 신경인지적으로나 신경해부적으로 몇 가지 특징들이 이 둘을 구분해 준다. 다음의 특징들은 운동 계획과 관계되는 특성들이다.

1. 운동 계획은 운동계의 가장 상위 단계에 해당되어 "운동 목표를 구체적으로 명시하여 행동 전략(strategy)을 만들어 내는 것을 수반한다."[89] **계획은 목표 지향적**(goal oriented)이고 무엇을 해야 하는지에 대한 일반적인 전략을 반영한다.[14] 어떤 면에서 이는 목적지와 거기에 도달하기 위해 필요한 단계(steps)를 확인하는 것이지만 여행의 구체적인 상세 정보는 제공하지 않는 것과 같다. 계획은 묘사되었듯이 일부 사람들이 일컫는 **사전 프로그래밍**(pre-programming), **중심 프로그램**(central programs), **일반적 운동 프로그램**(generalized motor programs)과 대략적으로 동일하다.
2. 말을 할 때마다 계획이 새로 형성되는 것이 아니다. 말은 학습되기 때문에, 고유수용감각, 촉각과 청각적 피드백을 통해 갈수록 더 효율적인 운동 계획이 감각운동기억에 **기억심상**(memory engram) 형태로 저장되는 것이다. 저장된 계획 정보는 성숙한 화자가 말을 할 때 바로 다음 이어지는 계획 과정에서 기억심상으로 저장된 계획 정보에 접근하고 그 순서가 배열되는 것이다.
3. 해부학적으로, 계획에는 피질 활동이 중요하다. 그러나 이 계획 과정에 다른 구조의 활동이 포함되기도 한다(병소의 위치는 다음 단락에서 다룸).

다음은 운동 프로그래밍에 해당되는 특성들이다.

1. 프로그래밍은 운동체계의 위계 중에서 계획보다는 '더 낮은 단계'에 속해 있다. 이는 프로그래밍이 계획에 의존하여 그 내용을 지시받기 때문이다. 프로그램은 **절차 지향적**(procedure oriented)이고, 계획을 어떻게 수행하는지에 대한 전술로 전환시켜 준다.[14] 계획에 의해 목적지가 확립된 후, 프로그램이 여행의 구체적인 공간적 · 시간적 상세정보를 결정하고 조절하다. 이런 의미에서 목적이 있는 움직임은 학습된 하위틀(subroutine)과 하위 프로그램(subprograms)으로 구성된 몇 개의 프로그램으로 이루어져 있다.
2. 말을 위한 운동 프로그램은 감각 피드백의 기능으로 작업 중에 수정될 수 있는 움직임 명령으로 명시된다. 이는 "구체적인 움직임의 매개변수(parameterization)를 특정한 근육 또는 근육 무리에 공급한다."[57] 여기서 말하는 구체적인 움직임은 근육의 긴장도, 방향, 힘, 움직임 범위, 속도와 같은 정보로서 "시간이 지나면서 변화가 있고 이 변화에 맞추어 계획된 움직임의 요구에 맞추어"[89] 공급된다.
3. 운동 프로그래밍(Van Der Merwe[89]에 따르면)에 중요하게 관여하는 신경학적 영역은 기저핵, 소뇌, 보충운동영역(SMA), 운동피질과 전두변연체계(frontolimbic system)를 포함한다(이들의 위치에 대해서는 아래 부분에서 다룸).

요구조건과 목표

말의 계획과 프로그래밍은 추상적이고 내적 언어-음운적 표상을 운동체계에 의해 움직여 말을 생성 가능케 하는 기호로 변환시킨다. 말은 상당히 복잡한 과정이며, 일상적 운동 활동에 비하여 더 많은 운동신경섬유와 훨씬 빠른 속도를 필요로 한다. DAB[21]에 따르면, 말하기 위해서는 대략 100개의 운동 단위를 지니고 있는 대략 100개의 다른 근육들이 관여한다. 평균적으로 초당 14개의 음소를 산출하는 속도로 말을 할 때, 이는 초당 140,000개의 신경근육적 움직임으로 바뀐다. 그 짧은 시간 안에 그렇게 많은 근육들의 움직임을 의식적으로 계획한다는 것은 불가능하다. 정상 성인은 어렵고 새로운 단어나 단어의 순서를 발음하는 법을 배우거나, 자신들의 자연스러운 말투를 의식적으로 바꾸려고 하는 경우가 아니고서는 일반적으로 말을 할 때 말을 하는 데 관여하는 구체적인 움직임에 대해 거의 의식하지 않는다. 대부분의 경우 무엇을 말할지에 대한 결정을 하게 되면 이를 집행하는 과정에서 시동이 걸린다. 따라서 추정해 보건대, 말을 한번 습득하고 나면, 말의 계획과 프로그래밍은 일반적으로 이미 **프로그래밍된 움직임 순서**의 선택, 순서 매기기, 활성화 및 미세 조정(fine-tuning)을 포함하고 있으며, 이는 개별적 근육섬유, 근육, 또는 근육의 무리가 수축하는 것보다 더 종합적(comprehensive)이라고 본다.

말운동 계획과 프로그래밍 단계에서는 무엇이 성취되어야 할까? 구어는 음향학적 또는 운동 불변성(motor invariance)의 특성보다 지각적 또는 운동 등가성(motor equivalence)의 조건을 만족시켜야 한다. 여기서 **운동 등가성이라 함은 움직임의 목표를 다양한 방법으로 달성할 수 있는 능력을 말하는 것이다.**[54] 다시 말해 말의 정보는 움직임을 통해 전달되는 음향학적인 신호를 청자가 정확하게 인지 가능한 범위 안에서 신경근육적으로 다양한 방법으로 산출될 수 있다. 이러한 유연성은 완벽을 추구하기 위해 운동체계의 짐을 줄여 주며, 효율성과 속도를 증진시켜 주고, 많은 숙련된 비구어 움직임을 할 때 벌어지는 일과 유사하게 된다. 예컨대, 목표를 향해 공을 던지는 것도 거리, 자세, 속도 측면에서 매번 다른 방법으로 성취되며, 따라서 이러한 목표를 달성하기 위해서 집행되는 신경 프로그램은 매 순간 실현되는 다양성에 따라 수정되어야 한다.

말 목표 지향적으로 또는 청자 지향적(listener-oriented)으로 조직된 것은 언어와 운동체계 간의 기본적인 차이를 강조해 준다. 말로 실현되지 않은 문장(언어)은 개별적이고 내용으로부터 자유로우며, 음소, 형태소, 단어와 구의 일련의 순서(sequence)로 분리 가능하다. 이와는 대조적으로, 말은 지속적이고 내용 의존적인 활동으로서 시작점의 다양성에도 불구하고 조음기관들이 확실하게 목표 지점들에 도달하게 된다. 이와 더불어 추상적인 음소의 순서는 개별적인 사건의 순서를 반영해 주지 않는다. 이는 한 번에 한 가지 이상의 소리가 동시에 산출되어 시간적-공간적으로 움직임이 겹치는 현상인 **동시 조음**(coarticulation) 때문이다. 이런 의미에서 말 신호는 한 시점에 여러 가지 정보(한 가지 소리 이상에 대한 정보)를 같이 표현해 주기 때문에 부분적으로는 시간적인 홀로그램(입체 화상, temporal hologram)이라고 볼 수 있다. 이러한 중복(redundancy) 양상은 이해가 가능한 범위에서 산출될 수 있는 말의 속도를 상당히 향상시켜 준다. 이러한 특성은 연속되는 음소 또는 음절을 위한 운동 명령은 동시에 처리되거나 또는 조음기관을 한 위치에서 다음 위치로 움직이는 계획이 미리 확립됨을 의미한다. 신경학적 도구는 소리를 식별하며 들을 수 있고, 식별하여 산출할 수 있도록 조직되었음[69]이 분명하다(이 장의 후반부 거울신경세포체계[mirror neuron system]에 대한 설명 참조).

피질 요소(그림 2-15 참조)

말운동 계획은 우세반구 전두엽의 **전운동영역**과 보충운동영역(SMA)의 중요한 기능에 해당된다. 전운동영역(또는 전운동피질)은 여러 가지 감각 양식으로부터 입력 정보를 받으며, 기저핵과 소뇌와 연결되어 있고, 일차운동피질과 상호 연결되어 있다. 일차운동피질만큼은 아니지만 이는 피질척수로와 피질뇌간로에 기여한다. 이 부위가 일차운동피질에 미치는 영향은 간접적으로 시상을 포함하는 기저핵 회로를 통해서이다.[4]

전운동영역은 운동 계획 단계에서 "서로 경쟁하는 다른 대안들 사이에서 선택을 해야 할 때"[58]라는 상대적으로 추상적인 시점에서 수행하는 역할이 있다. 전운동영역이 감각과 운동 구조로 복합적으로 연결되었다는 사실은 이 영역이 감각정보를 이용하여 운동행동을 체계화하고 안내해 준다는 것을 시사한다. 이는 복잡한 움직임을 계획, 시작, 유지, 억제하고 아마도 학습하는 데도 기여한다.[58] 전운동피질에 손상이 있을 때는 영장류에서는 씹거나 삼킬 때 움직이는 입술, 혀, 턱 움직임의 불협응을 발생시킨다.[87]

브로카영역은 좌측 전운동피질의 일부에 해당되는 것으로, 말을 계획하고 프로그래밍 하는 데 중요하나 이에 대한 근거가 분명한 것은 아니다(Murphy 등[61]과 Wise 등[90] 참조). 이는 브로카영역이 말에 기여하는 역할과 언어에 기여하는 역할을 분명하게 구분하기 어렵다는 데에서 발생한다. 이 영역의 역할은 언어 처리에 관여하는 측두엽과 두정엽의 일부분에 연결되어 도움을 받으며, 일차운동피질과 인접하여 이를 통해서도 지원을 받는다. 위치적으로는 우세반구의 세 번째 전두엽이랑(third frontal convolution)에 있으며, 구강안면과 목 근육의 움직임을 담당하는 일차운동피질 부분의 바로 앞에 위치해 있다.

브로카영역이 말운동 프로그래밍이 시행되는 위치라고 흔히 추정한다. 하지만 이것은 정확하지 않다. 임상적인 근거만 봐도 우세반구의 다른 영역에 손상이 있을 때도 말 계획 또는 프로그래밍의 장애 소견을 볼 수 있다. 그러나 주목할 만한 부분은 이 다른 영역들은 브로카영역과 다른 언어 형성 부위 또는 브로카영역과 운동체계의 다른 부분들 간의 접점의 위치(loci of interface)에 해당된다는 것이다.

보충운동영역(SMA)은 구어에 필요한 다양한 과정에서 활동을 한다. 이는 일반적인 수의적 움직임에 필요한 선택, 준비, 시작 및 집행의 기능을 하는 것이다. 반구의 안쪽 표면에 위치하는 보충운동영역은 일차운동, 전운동, 전전두엽피질로부터 신경섬유 투사를 받고, 기저핵과 더불어 정도는 덜하지만 시상을 걸쳐 소뇌[5]로부터 신경을 전달받는다. 보충운동영역(SMA)은 일차운동, 전운동, 띠이랑, 두정엽피질로 신경섬유를 투사한다. 변연계와 강한 연결이 있어 행동을 시작하고 동기 부여를 하는 역할이 있음을 시사한다. 보충운동영역의 앞쪽 부분(pre-SMA)은 전전두엽피질과 연결되어 있으며, 기존 연구들에 따르면 순서화 학습(sequence learning)과 같은 운동 계획 상위 단계의 초기 단계에 관여한다.[6,38,71] 보충운동영역 고유질(SMA proper)에 몸형태 배열(somatotopic organization)이 있고, 일차운동피질에 직접적으로 신경을 투사하며, 조금 더 나중 단계에서 일어나는 운동기술학습[38]과 운동집행과 관련된다. 일반적으로 보충운동영역(SMA)은 순차적이고 내적으로 내적동기에 의한(감각적 유도[sensory guided]의 반대 의미) 움직임을 준비하고 집행하는 것에 관여한다.[20,30,51] 명제적 발화(propositional speech)를 시작하는 기제의 역할을 하며, 이는 전운동영역이 억제되었던 것을 풀어 주는 것을 통해 이루어진다고 보고된다.[7] 보충운동영역은 리듬, 발성, 조음을 조절하는 역할도 한다.[42,75] 일부 근거에 따르면 전보충운동영역(pre-SMA)은 비운동적(nonmotoric)이며 단어를 선택하고 단어 형태와 음절 순서를 부호화(encoding)하는 말 준비활동(preparatory speech activities)에 관여한다고 보고되는 반면, 보충운동영역 고유질(SMA proper)은 실제의 단어 산출 조절과 강한 연관이 있다고 보고된다.[6] 임상적으로, 보충운동영역(SMA)에 직접적인 자극을 가하면 발성 정지(vocalization arrest), 느린 말 속도, 또는 비유창성과 왜곡이 유발될 수 있다.[68] 좌측 보충운동영역 병변은 함구증 또는 말 산출 감소를 발생시키며, 특히 자발화 상황에서(따라말하기, 단서 후 반응 또는 읽기와 대조적인 의미) 그러한 양상이 더 두드러진다.[51]

우세반구의 두정엽은 여러 가지 기능이 있으며 그중의 하나는 운동체계의 일부에 해당된다.[28] **체감각피질**과 **모서리위이랑**은 운동 계획을 위한 감각운동 정보 통합과 말 움직임을 위한 감각적 길잡이 역할을 한다. 두정엽 덮개(parietal operculum)는 말의 지각과 운동체계 사이 접점에 놓여 있는 것으로 보이며, 이는 청각-구어 정보를 말 운동 표상으로 전환하는 데 도움을 주고,[70] 복잡한 말 자극 산출을 위해 두정엽의 뒷부분이 활성화된다.[13]

마지막으로 좌반구의 **뇌섬**은 전두엽, 측두엽, 두정엽과 근접하게 피질 안쪽 면에 있다(**그림 2-16** 참조). 이는 여러 가지 감정적 · 의도적 행동에 관여하는 뇌와 강하게 연결되어 있으며, 말에도 일부 기여하는 역할이 있다.[10] 그러나 이 영역이 말 산출 준비(계획과 프로그래밍)에 관여하는지 혹은 말 산출의 실제적인 집행에 관여하는지 또는 이 둘 사이에 있는지[2,24,75]에 대한 임상적 · 실험적 근거들은 결정적이지 않다. 일부 연구(모든 연구는 아님)에 따르면, 좌측 뇌섬 앞쪽에 병변이 있을 때 말실행증을 보인다고 보고하여,[25] 뇌섬이 말운동 계획 또는 프로그래밍에 관여한다는 점을 시사한다.

감각의 역할

관습적으로 **말운동**(motor speech)과 **말운동장애**라는 용어를 사용하지만, 일반적으로는 말은 감각운동(sensorimotor) 과정에 해당되며, 이와 관련된 신경적 일탈은 사실상 감각운동적으로 보는 것이 맞다. 불행하게도, 말 프로그래밍과 조절에 기여하는 감각의 역할(듣기 이상의)에 대해서는 이해되는 바가 부족하다.[49] 다음에 열거하는 몇 가지 특성들은 감각정보의 도움을 요구하는 운동 제어의 특성을 짚어 주고, 이러한 도움을 제공해 주는 감각체계에 대한 사실을 나열한 것이다.

1. 근육으로부터 오는 청각적이고 감각적 입력 정보는 뇌간과 척수 단계에서 운동신경세포 공급을 하는 말 근육에 직접적이고 빠른(즉, 잠복기가 짧은 [short latency]) 입력 정보를 제공한다. 이러한 구심성 영향은 피질, 기저핵과 소뇌를 통과하는 시간이 길어지고 복합적인 연접을 해야 하는 경로에도 발생한다.
2. 이해 가능한 말은 구조적인 장애물(roadblocks)(예: 구강 내 물체)과 구조들이 정상적으로 움직이거나 정상적으로 움직이는 데 방해를 받는 것(예: 턱 움직임을 방해하는 교합저지기[bite block])을 통해 지속적으로 위치(position)가 변하는 구조들에 의해 산출될 수 있다. 특정 말소리 산출을 위한 명령은 항상 변하는데, 이는 말 움직임이 음성적(phonetic) 환경과 물리적 환경(동시 조음과 운동 등가성에 대해 논의한 것을 상기하기 바람)에 의존하기 때문이다. 감각적 정보를 통해서만 말 체계가 언어 의도에 맞는 믿을 만한 음향 신호를 만들어 낼 수 있다. 이해할 수 있는 말은 신뢰할 수 있을 정도로 조음 목표가 달성되어야 하기 때문에 말 구조(예: 혀)들이 어디로부터 오는지 또는 그 움직임의 속도가 어느 정도인지에 대한 지식이 필수적으로 있어야 한다. 말초적 기계적 자극 수용기(peripheral mechanoreceptors)로부터 오는 감각정보가 이러한 지식을 제공하는 주된 원천이 될 수 있다.
3. 운동생리학에서 중요한 개념은 대뇌(higher brain center)에서부터 하향하는 경로도 뇌간과 척수 단계에 있는 감각 처리 과정에 영향을 줄 수 있다는

것이다. 이를 통하여 감각통로로 하여금 운동체계에 미리 조율되고 또는 민감하게 하여 감각정보를 최적으로 활용할 수 있게 해준다. 감마운동신경세포 체계에서 근육방추가 외부 자극에 민감하게 기꺼이 반응하고자 하는 특성이 상부운동신경세포(직접 및 간접 활성화 경로)에 의해 영향을 받을 수 있는 것이 이러한 기제의 전형적인 예에 해당한다. 피질 단계에서 일차운동영역의 뇌신경세포는 그들이 운동신경을 전달하게 될 영역들로부터 오는 감각정보에 가장 민감하게 반응한다. 마지막으로, 말 체계가 지각 가능한 신호를 만들어 내는 능력이야말로 말운동 제어의 감각 처리 역할에 대한 가장 강한 근거가 될 수 있다.

4. 주요 감각 중계역(relay station)에 해당되는 시상은 기능적 신경 영상 연구를 통해서 일반적으로 말을 포함한 운동집행을 할 때 활성화된다는 것을 볼 수 있다. 더 나아가, 시상과 기저핵이 수술적으로 손상을 입거나 수술을 통해 시상에 자극기(stimulator)를 놓으면 특정 운동 질환이 호전되는 경우가 있다. 이는 움직임을 발생시키고 조절하는 피질, 기저핵과 소뇌 고리의 중추 구심성 요소(central afferent component)를 방해하는 것으로 달성된다. 이러한 소견은 운동 제어에 있어서의 감각과 운동체계 사이의 강한 상호작용을 반영해 준다.

감각과 운동 활동 사이의 강하고 중요한 상호적이고 기능적 연결은 **거울신경세포체계**(mirror neuron system)에 의해 부분적으로 뒷받침된다. 이 거울신경세포체계는 목표 지향적인 행동(예: 잡기)과 다른 사람이 하는 행동을 관찰할 때 모두 피질 신경세포에 의해 신경자극이 전달된다. 이 체계는 후두엽, 측두엽, 두정엽과 더불어 중심앞이랑의 아랫부분과 하전두이랑의 뒷부분을 포함한다.[76] 기능적으로 거울신경세포는 다른 사람의 행동을 이해하고 모방하는 것을 촉진하는 역할을 한다.[76]

흥미로운 것은 거울신경세포체계가 구어 활동을 할 때 활성화된다는 것이다. 예를 들어, 청자가 손과 발 움직임을 포함하는 내용의 문장을 들을 때, 운동유발전위가 손과 발 근육에 각각 관찰된다.[15,73] 설자음(lingual consonants)이 포함된 말을 듣게 되면, 청자의 혀에서 운동유발전위가 증가하는 양상도 보고되었다.[27] 따라서 행동에 대한 감각정보는, 그것이 시각적 또는 청각적/언어적이든, 관찰자/청자의 운동체계에 영향을 주게 되고, 이는 관찰자/청자에게 행동이 요구되지 않음에도 불구하고 관찰하거나 듣고 있는 그 행동에 포함되는 특정 신체기관에 영향을 끼치게 된다. 말을 하는 동안 보이는 피질 활성화와 관련하여, 여러 연구들은 사람이 구어자극을 들을 때, 좌측 전두엽 운동 말/표현 언어 영역과 좌측 상부 측두피질(구어 이해에 핵심적임)이 거의 동시에 활성화된다는 것을 밝힌 바 있다. 이러한 동시 활성화는 의미있는 말 산출을 하는 동안에도 유사하게 나타난다. 따라서 말 지각과 말 산출은 둘이 짝을 이루어 강하고 빠르게 작용하여, 지각되는 청각적 말 패턴이 말을 산출하는 말 동작에 엮여 있음을 시사한다.[73]

반사, 학습, 움직임의 자동화

우세반구의 운동피질영역과 같은 신경계의 상위 단계는 말 움직임의 모든 목표와 계획을 결정하는 것 같다. 또한 비피질 경로들이 말 집행의 구체적인 사항들과 조절 정보를 프로그래밍 하는 데 관여하는 것으로 보인다. 반사 같은(reflex-like) 처리 과정에 해당하는 하위 단계의 여러 측면은 움직임 자체와 움직임 환경에 대해 말초기관으로부터 오는 구심성 정보에 의존한다. 이러한 하부 단계의 활동은 정형화되고, 빠르며, 의식적인 노력을 요구하지 않는다. 감각운동피질과 제어회로를 통한 움직임에 대한 상위 단계에서 일어나는 운동 규정은 더 느린데, 이는 경로가 더 길고 연접 수가 증가하기 때문이며, 이는 덜 자동적이므로 목표 지향적인 움직임 수행에 초점을 두는 더욱 세련되고 목적이 있는 결과 산출을 가능하게 한다. 말운동 행동은 짧은 반응 시간(latency)을 가지고 있고, 자동적인 감각운동경로와 긴 반응 시간을 보이며 상대적으로 더 수의적으로 중재되는 경로 및 이 두 극단의 중재적 단계에 있는 경로를 반영해 준다.

말운동 프로그래밍과 제어를 위해 운동체계의 상, 중, 하 단계에서 자원을 분배하는 것이 학습, 경험 및 과제 복잡도의 정도에 따라 다양해진다. 말이 운동적으로 복잡하거나 새로울 때, 정확성에 대한 요구가 평균보다 커질 때, 화자의 의도가 매우 정확하고, 단호하거나 인상적이고자 할 때 체계의 상위 단계에 부여되는 책임이 더 커진다고 추정할 수 있다. 반대로 발화가 매우 숙달되거나, 정형화되거나, 신체적 · 사회적 맥락에서 쉽게 이해되고, 중요하지 않게 여겨지거나 주의를 적게 받을 때 상위 단계의 부담이 줄어들 수 있다. 일부 말 행동은 적절한 자극이 주어졌을 때 작동하는 간단한 미리 프로그램화된 운동 명령의 활동만을 요구하기도 한다. 단, 이는 자극과 반응 간의 관계가 학습과 연습에 의해 확립되어 있을 때 해당되는 말이다(예: 사교적 인사, 비속어).

마지막으로 다양한 말 구조 사이에 프로그래밍과 조절 요구가 다를 수 있다. 예를 들어 말하는 중에 입술과 혀의 움직임이 연구개와 호흡 움직임에 비하여 속도, 분리성과 다양성 측면에서 다르고 아마도 더 클 것이다.

제어회로의 영향

운동 활동에 있어서 기저핵과 소뇌 제어회로의 역할은 말 조절에서도 발휘된다. 제어회로의 주된 영향은 말 움직임의 계획과 프로그래밍을 담당하는 피질영역에 입력정보(input)를 가하는 방법으로 이루어진다.

피질 말 영역은 음향학적이고 운동적 목표와 순서를 확립하는 데 중요한 역할을 하고, 말을 시작하기 전에 예비 움직임 계획을 만들어 낸다고 볼 수 있다. 또한 제어회로는 말을 시작하기 전에 정보를 제공받아 적절한 긴장도와 자세를 제공해 주며, 피질에게 어떻게 목표가 달성되어야 하는지에 대한 정보도 전달해 준다. 일단 말이 시작되면 피질 활동과 연달아 말 근육에 전달된 직접과 간접 활성화 경로 신호를 말 진행 중에 수정하는 역할을 할 것이다.

기저핵 제어회로는 빠른 말 움직임(예: 조음)을 위한 자세 지원을 해주는 말의 더 느린 구성요소를 규제(regulations)하는 데 중요한 역할을 한다.[50] 소뇌 제어회로는 빠른 말 움직임을 프로그래밍 하고 협응시키는 데 기여할 것이다. 양전자방출단층촬영(positron emission tomography, PET)을 통한 최근 연구에 따르면, 기저핵은 운동선택 또는 선행 프로그래밍(preprogramming)에 관여하고, 소뇌는 움직임 결과에 대한 감각적 피드백을 모니터링하면서 움직임을 최적화하는 데 기여한다고 보고되어 있다.[43] 이는 말에도 적용될 수 있다.

대뇌변연계의 영향

변연계(lymbic system)는 후각영역, 시상하부, 시상핵과 피질의 변연엽으로 이루어진 신경핵과 경로의 무리(group)이며 이는 천막상 구조에 해당된다. 변연엽은 피질의 안쪽에 놓여 있으며 안와전두 지역(orbital frontal region), 띠이랑과 측두엽의 안쪽 부분을 포함한다.

변연계는 통증 · 후각 · 미각을 지각하고, 내장 활동과 감정적 활동을 관장하고, 목마름 · 배고픔 · 두려움 · 분노 · 즐거움 · 성과 같은 내적 상태에 대한 정보를 중재하는 데 중요한 역할을 한다. 피질에 해당하는 변연 영역은 기억과 학습, 욕구와 동기 조절, 경험의 정서적 요소에 영향을 주는 역할을 한다.[58]

다른 어떤 영역보다도 말에는 감정과 명제적 의미(propositional meaning)가 결합된다. 변연계의 영향은 개념화 단계 전과 개념화 단계 중에 발휘되며, 감정적 내용이 언어 계획 단계에서 일어나는 일, 특히 의미와 화용적 측면에 영향을 주고 수정한다. 그러나 사실 변연계의 영향은 이를 능가한다. 왜냐하면 말은 단어 자질에 표현될 수 있는 정도를 능가하는 감정과 의미를 전달하기 때문이다. 말은 운율 또는 음도, 음량, 길이에 표현되는 초분절적 변이를 통하여 감정을 전달한다. 변연계는 말의 운율-감정적 특성에 기초적인 욕구를 반영해 주며, 특히 감정이 자신도 모르게 표현되거나, 무심결에 또는 자동적으로 전달될 때 더욱 그러하다. 원시 반사의 예로는 웃거나 울기 또는 의식적인 노력으로 제어가 안 되는 비구어 운율적 발성활동 등이 있다. 따라서 운율의 감정적 요소는 언어적 활동보다 변연계와 다른 피질영역, 특히 우뇌의 영역에 의해 영향을 받는다(다음 단락 참고).

인지적 · 감정적 장애는 말에 영향을 줄 수 있고, 이는 개인의 일반적인 인지 또는 정서 상태를 정확하게 반영해 주는 운율을 감소시키거나 과장되게 하는 방법으로 나타난다. 반대로, 많은 말운동장애는 환자의 내적 감정 상태를 음성으로 전달할 수 있는 능력을 저지하거나, 과장하거나 왜곡시키는 형태의 운율장애를 보이기도 한다.

우뇌반구의 영향

좌뇌에서 시작하는 말의 계획과 프로그래밍이 뇌량을 통하여 우뇌로 건너가, 그곳에서 운동 경로가 좌뇌와 협동하여 프로그램을 집행한다. 그러나 우뇌는 말 산출에 관하여 완전하게 수동적인 것은 아니다. 말의 운율 요소들을 지각하고 그 운동 측면을 조직한다는 근거가 있으며, 특히 태도와 감정을 표현한다는 보고가 있다.[58]

우뇌손상이 있는 환자들은 간혹 '납작해진' 또는 다양성이 감소하는 운율 양상을 보이는데, 이를 **실율증**(aprosodia)이라고 일컫는다.[78] 저하된 운율이 각성 저하 반응(hypoarousal), 우울증(depression) 또는 말의 운율 특성을 프로그래밍 하는 어려움으로 인한 것인지에 대한 논쟁이 부분적으로 있긴 하다.[62] 그렇다 하더라도 실율증 유무를 확인하고 다른 마비말장애나 말실행증과 또는 인지와 정서 장애를 반영하는 다른 운율장애와도 구분하는 것이 중요하다. 말 산출에 있어서의 우뇌의 역할과 우뇌 손상과 결부된 말장애에 대해서는 제13장에서 다루기로 한다.

망상체와 시상의 영향

직접 활성화 경로, 간접 활성화 경로, 제어회로와 감각체계의 활동에 망상체가 하는 역할은 이미 논의된 바 있다. 사실 이러한 복합적인 기능이 그 중요성을 오히려 가리게 되는 결과를 낳기도 하였다. 여기서는 강조하고 싶은 것은 망상체의 복합적인 기능과, 연결과 중앙적인 위치가 신경계 활동에서 중요한 통합적인 역할을 수행할 수 있게 하였다는 점이다. 각성 상태를 유지하고, 감각 입력 정보를 조절하며, 주의를 기울이고 유지하는 데 도움을 주며, 운동 활동을 정교하게 해주며, 감정적 · 명제적 내용 측면에서 영향을 주고, 말할 때 신경근육적인 움직임을 적절하게 해주는 역할을 한다.

시상도 마찬가지 이유로 그 역할이 인정받을 수 있다. 제어회로에서의 역할, 감각 처리기로서의 중요성, 피질 언어와 말운동 체계와의 직접적인 관련성, 주의력과 각성에 가하는 통합적인 역할과 변연계 안에서의 역할 등이 있어 시상에 단일 역할을 부여하는 것은 어렵다. 이외에도 시상은 정상적인 말을 산출하기 위한 회로 활동에 중요한 역할을 담당하기도 한다.

손상의 영향

말을 위한 우세반구(dominant hemisphere)가 하는 운동 계획과 프로그래밍의 역할은 그것이 손상되었을 때 가장 극적으로 나타난다. 사실, 그러한 장애 소견이 1800년대 중반에 '상위 단계(higher-level)' 운동과 인지장애에 영향을 주는 질환의 병소 위치를 확인하고자 하는 노력을 통해 행동신경학(behavioral neurology)이라는 학문이 탄생하였다. 실어증과 마비말장애와 구분되는 이 문제는 여러 가지 명칭으로 알려져 있다. 이유는 나중에 설명하겠지만, 우세반구 손상에 의한 말운동 계획과 프로그래밍의 장애는 **말실행증**(apraxia of speech)이라고 불린다. 이에 대한 임상적 특성과 이에 대한 논의는 제11장에서 이루어진다.

D. 수행

최종 활성화 경로가 활성화되고 근육 수축과 움직임이 촉진될 때 수행(performance)이라는 것이 일어난다. 수행은 직접 활성화 경로, 간접 활성화 경로, 제어회로, 최종 활성화 경로, 감각경로 피드백, 계속 진행 중인(ongoing) 개념화-프로그래밍 영향들이 서로 합동하여 활동하는 결과인 것이다. 말운동 체계의 다른 단계의 기능을 다루면서 이미 논의된 바 있다.

E. 피드백

피드백(feedback)은 진행되고 완성된 움직임에 대한 감각정보를 제공한다. 이러한 정보를 토대로 현재 진행되고 있거나 앞으로 일어날 움직임을 수정 가능하게 한다. 이러한 활동은 척수와 뇌간 단계, 소뇌, 시상, 기저핵과 피질 단계에서 일어난다. 이에 대한 기제(mechanism)는 이미 논의되었다.

VI. 요약

이 장에서는 신경해부학과 신경생리학에 대한 광범위한 정리와 신경병리에 대한 기초적인 정보를 살펴보았다. 이를 통해 말운동 활동과 이와 관련한 신경학적 장애에 대한 이해의 초석을 제공할 수 있었다. 주요 요약 점은 다음과 같다.

1. 말운동 체계의 주요한 구성요소 대부분은 두개골 내 그 기원이 있다. 이는 뇌막과 뇌척수액 공간과 혈관 구조로 둘러싸여 있다. 뇌실계와 혈관계에 의해 영양 공급을 받고 보호를 받는다.
2. 신경계의 주요 해부학적 단계에는 천막상, 후두와, 척수와 말초 단계를 포함하는데, 이들은 모두 운동계의 구성요소들을 지니고 있다.
3. 뇌의 기능적 영역에는 내장, 뇌척수액, 혈관, 의식, 감각과 운동 체계들을 포함한다. 뇌척수액 체계와 혈관계는 신경학적 기능을 지원하지만 신경이 아니기 때문에 말에 직접적인 역할을 하지는 않는다. 내장과 의식 체계는 말 활동에 간접적이지만 중요한 역할을 하는데, 이에 손상이 있다고 특정 말운동장

애를 보이는 것은 아니다. 감각체계는 말을 포함한 운동체계의 반사적이고 수의적 활동 내에 직접적으로 통합된다. 운동체계는 말 산출에 직접적으로 관여한다.

4. 신경계는 신경세포와 지원하는 교세포로 구성되어 있다. 지지세포는 신경학적 기능을 촉진시켜 주고 이들 안에 일어나는 병리적인 반응은 신경질환의 원인이 되거나 신경질환에 대한 반응에 해당된다. 신경세포는 신경계의 기능적 단위에 해당된다. 근육, 힘줄, 관절의 움직임은 많은 신경세포의 활동을 요구한다. 말초신경계에서는 이들이 신경으로 묶여 있으며, 중추신경계에서는 경로로 묶여 있다. 신경세포의 죽음, 손상, 퇴행이나 다른 고장 소견은 말운동장애를 포함하는 신경행동적 장애의 직접적인 원인이 된다.

5. 신경학적 질환은 병변이 국소적이거나 다병소적이거나 산발적일 수 있다. 병변의 발생은 급성이거나, 아급성이거나 만성적일 수 있다. 병의 진행은 일시적이거나 호전되거나 진행적이거나 악화되었다 호전되거나 변화 없는 양상을 보일 수 있다. 병인에는 퇴행성, 염증성, 독성-대사성, 신생물성, 외상성 또는 혈관성이 있다. 말운동장애는 그 어떠한 패턴의 병변 위치, 시간적 경과 또는 원인질환과 결부될 수 있다.

6. 운동체계는 신경계의 모든 해부학적 단계에서 발생할 수 있다. 그 주요 분류는 최종공통경로, 직접 활성화 경로, 간접 활성화 경로, 소뇌 제어회로와 기저핵 제어회로를 포함한다. 각 단위는 움직임에 특정 역할을 하는데, 이들의 해부나 기능은 서로 중첩되는 부분이 있고, 정상적인 운동행동을 생성하기 위해서는 서로 함께 작용해야 한다. 이 하위 가지 한 군데 손상이 있게 되면 비교적 구분 가능한 신경학적 장애를 낳고, 이에 대해 확인하게 되면 질환의 위치(localization)를 찾는 데 도움이 될 수 있다.

7. 말운동 체계는 운동체계의 일부에 해당된다. 말은 호흡, 발성, 공명과 조음 근육에 신경을 공급하는 뇌신경과 척수신경에 의해 촉발되는 움직임으로 발현된다. 뇌신경 V, VII, IX, X, XI와 XII와 척수의 경추 단계의 횡격막신경은 최종공통경로의 신경에 해당되며, 이는 말 산출에 가장 중요하다.

8. 직접 활성화 경로는 피질에서 발생하여 피질뇌간로와 피질척수로의 형태로 최종공통경로를 통해 수행되는 숙련된 말 움직임을 조절하기 위해 직접적으로 연결된다.

9. 간접 활성화 경로도 피질에서 발생하나 중추신경계의 여러 지점에서 연접한 후에야 주로 뇌간에 있는 하부운동신경세포 체계의 알파와 감마운동신경세포에 영향을 가한다. 하부운동신경세포의 반사 활동을 조절하며, 숙련된 움직임이 집행될 수 있도록 하는 안정된 자세, 근긴장도, 관련 활동들을 유지하는 환경을 제공해 준다.

10. 소뇌 제어회로는 소뇌와 관련된 경로들로 구성되며, 피질에 영향을 가하는 것을 통해 운동 활동에 영향을 준다. 또한 이는 말초 체계로부터 고유수용감각 정보를 받는다. 피질에서 말을 하기 위해 세운 목표에 대한 지식과 말초 구조에서 실현될 이러한 목표에 접근하는 것을 바탕으로 소뇌 신경회로는 말을 협응시킨다.

11. 기저핵 제어회로는 기저핵과 관련 구조 및 경로로 이루어진 것으로, 피질에 영향을 주면서 움직임에 영향을 가하게 된다. 말운동 프로그램, 특히 숙련된 움직임이 일어날 수 있는 안정적인 골근육적 환경을 유지하는 프로그램의 요소를 만드는 데 도움을 준다. 하부운동신경세포에 가하는 영향은 주로 간접 신경경로를 통해서이다.

12. 개념화-프로그래밍 단계는 말의 목표와 이를 성취하기 위한 계획과 프로그램을 확립한다. 개념화(즉, 말하고자 하는 욕구를 갖게 하는 생각)는 피질의 활동을 요구하나 이러한 기능은 위치는 어디인지 구체적으로 알 수 없다. 따라서 개념화는 뇌의 광범위한 영역에서 수행하는 기능이라고 여기는 것이 가장 좋다.

13. 언어체계는 특히 좌측(우세) 반구 피질의 실비안 주위 영역에 있는 것으로, 말하는 사람이 듣는 사람으로 하여금 지각하기 바라는 발화의 언어적 내용을 조직한다.

14. 말운동 계획과 프로그래밍은 언어 형성과 구어 표현의 신경근육적 집행 단계 사이의 접점에 놓여 있다. 이는 언어 내용을 운동체계에서 사용할 수 있는 신경자극으로 기호화하는 역할을 담당한다. 말의 운동 계획과 프로그래밍의 목표는 화자의 의도와 일치하는 음향학적 신호를 나타내는 움직임 패턴을 만들어 내는 것이다. 운동 계획은 무한한 가능성의 발화, 조음 목표가 달성해야 할 다양한 방향과 거리, 또한

말 움직임이 시간적으로 겹치는 특성으로 인하여 변이성이 없을 수 없다. 말이 성취되는 움직임의 복잡한 정도나 집행 속도로 미루어, 성인 화자의 말 움직임의 여러 측면은 미리 프로그래밍 되어 있을 가능성을 시사한다.

15. 좌뇌(우세반구)는 말 계획과 프로그래밍에 중요하다. 제어회로 또한 말 프로그래밍과 조절에 주요한 역할을 한다.

16. 뇌간과 척수에 있는 감각 처리 과정과 상위 단계의 감각체계는 진행되고 있는 말 움직임의 프로그래밍과 조절에 중요한 역할을 한다.

17. 말을 계획, 프로그래밍, 집행하는 체계의 다양한 구성요소는 학습, 경험, 복잡도, 화자 의도에 따라 달라진다. 따라서 엄격하고 융통성 없이 말 조절의 위치를 하나의 구조에 국한시키는 것에 주의해야 한다.

18. 변연계, 우뇌반구, 망상체와 시상은 말을 통해 전달되는 감정적 · 언어적 의미를 만들어 내는 프로그램에 기여한다.

19. 개념화와 언어적 계획 단계에 손상이 있으면 말의 내용에 손상을 야기할 수 있다. 이러한 손상은 말운동장애와 독립적으로 발생할 수 있다.

20. 우세반구의 말 계획, 프로그래밍 활동, 말운동 체계의 조절 및 신경근육적 집행 손상이 있으면 말실행증과 마비말장애가 발생한다. 이러한 장애의 평가는 다음 장에서 다룬다.

참고 문헌

1. Ackermann H, Mathiak K, Riecker A: The contribution of the cerebellum to speech production and speech perception: clinical and functional imaging data, *The Cerebellum* 6:202, 2007.
2. Ackermann H, Riecker A: The contribution of the insula to motor aspects of speech production: a review and a hypothesis, *Brain Lang* 89:320, 2004.
3. Ackermann H, et al: Cerebellar contributions to the perception of temporal cues within the speech and nonspeech domain, *Brain Lang* 67:228, 1999.
4. Adams RD, Victor M: *Principles of neurology*, New York, 1991, McGraw-Hill.
5. Akkai D, Dum RP, Strick PL: Supplementary motor area and presupplementary motor area: targets of basal ganglia and cerebellar output, *J Neurosci* 27:10659, 2007.
6. Alario FX, et al: The role of the supplementary motor area (SMA) in word production, *Brain Res* 1076:129, 2006.
7. Ball T, et al: The role of higher-order motor areas in voluntary movement as revealed by high-resolution EEG and fMRI, *Neuroimage* 10:682, 1999.
8. Belanger HG, et al: Cognitive sequelae of blast-related versus other mechanisms of brain trauma, *Int J Neuropsychol Soc* 15:1, 2009.
9. Benarroch EE, et al: *Mayo Clinic medical neurosciences: organized by neurologic systems and levels*, ed 5, Florence, KY, 2008, Informa Healthcare.
10. Bennett S, Netsell RW: Possible roles of the insula in speech and language processing: directions for research, *J Med Speech Lang Pathol* 7:253, 1999.
11. Berger JR, et al: Clinical approach to stupor and coma. In Bradley WG, et al, editors: *Neurology in clinical practice: principles of diagnosis and management*, vol1, ed 3, Boston, 2000, Butterworth-Heinemann.
12. Bhatnager SC: *Neuroscience for the study of communicative disorders*, Philadelphia, 2002, Lippincott Williams & Wilkins.
13. Bohland JW, Guenther FH: An fMRI investigation of syllable sequence production, *Neuroimage* 15:821, 2006.
14. Brooks VB: *The neural basis of motor control*, New York, 1986, Oxford University Press.
15. Buccino G, et al: Listening to action-related sentences modulates the activity of the motor system: A combined TMS and behavioral study, *Cog Brain Res* 24:355, 2005.
16. Carpenter MB: *Core text of neuroanatomy*, Baltimore, 1978, Williams & Wilkins.
17. Centers for Disease Control and Prevention: Rates of hospitalization related to traumatic brain injury, *Morbidity and Mortality Weekly Report* 56:167, 2007.
18. Cernak I, Wang Z, Jiang J, et al: Ultrastructural and functional characteristics of blast injury-induced neurotrauma, *J Trauma* 50:695, 2001.
19. Chen CH, Wu T, Chu NS: Bilateral cortical representation of the intrinsic lingual muscles, *Neurology* 52:411, 1999.
20. Cinnington R, Windischberger C, Moser E: Premovement activity of the pre-supplementary motor area and the readiness for action: studies of time-resolved event-related functional MRI, *Hum Mov Sci* 24:644, 2005.
21. Darley FL, Aronson AE, Brown JR: *Motor speech disorders*, Philadelphia, 1975, WB Saunders.
22. Davis PJ, et al: Neural control of vocalization: respiratory and emotional influences, *J Voice* 10:23, 1996.
23. Diener HC, Dichgans J: Pathophysiology of cerebellar ataxia, *Mov Disord* 7:95, 1992.
24. Dogil G, et al: The speaking brain: a tutorial introduction to fMRI experiments in the production of speech, prosody, and syntax, *J Neurolinguist* 15:59, 2002.
25. Dronkers NF: A new brain region for coordinating speech articulation, *Nature* 384:159, 1996.
26. Eccles JC: *The understanding of the brain*, New York, 1977, McGraw-Hill.
27. Fadiga L, et al: Speech listening specifically modulates the excitability of tongue muscles: a TMS study, *Eur J Neurosci* 15:399, 2002.
28. Fogassi L, Luppino G: Motor functions of the parietal lobe, *Curr Opin Neurobiol* 15:626, 2005.
29. Galarneau MR, et al: Traumatic brain injury during Operation Iraqi Freedom: findings from the United States

Navy–Marine Corps Combat Trauma Registry, *J Neurosurg* 108:950, 2008.
30. Gerloff C, et al: Stimulation over the human supplementary motor area interferes with the organization of future elements in complex motor sequences, *Brain* 120:1587, 1997.
31. Giacino JT: Disorders of consciousness: differential diagnosis and neuropathologic features, *Semin Neurol* 17:105, 1997.
32. Gilman S: Cerebellar control of movement, *Ann Neurol* 35:3, 1994.
33. Gilman S, Gloedel JR, Lechtenberg R: *Disorders of the cerebellum*, Philadelphia, 1981, FA Davis.
34. Gilman W, Winans SS: *Manter and Gatz's essentials of clinical neuroanatomy and neurophysiology*, Philadelphia, 1982, FA Davis.
35. Gordon B: Postconcussional syndrome. In Johnson RT, editor: *Current therapy in neurologic disease*, ed 3, Philadelphia, 1990, BC Decker.
36. Guz A: Brain, breathing and breathlessness, *Respir Physiol* 109:197, 1997.
37. Hageman C: Flaccid dysarthria. In McNeil MR, editor: *Clinical management of sensorimotor speech disorders*, ed 2, New York, 2009, Thieme.
38. Hatakenaka M, et al: Frontal regions involved in learning of motor skill: a functional NIRS study, *Neuroimage* 34:109, 2007.
39. Hixon TJ, Hoit JD: *Evaluation and management of speech breathing disorders*, Tucson, Arizona, 2005, Redington Brown.
40. Hoge CW, et al: Mild traumatic brain injury in U.S. soldiers returning from Iraq [comment], *N Engl J Med* 358:525, 2008.
41. Jennett B, Teasdale G: *Management of head injuries*, Philadelphia, 1981, FA Davis.
42. Jonas S: The supplementary motor region and speech emission, *J Commun Dis* 14:349, 1981.
43. Jueptner M, Weiller C: A review of differences between basal ganglia and cerebellar control of movements as revealed by functional imaging studies, *Brain* 121:1437, 1998.
44. Jűrgens U: Neural pathways underlying vocal control, *Neurosci Behav Rev* 26:235, 2002.
45. Kent RD: Research on speech motor control and its disorders: a review and perspectives, *J Commun Dis* 33:391, 2000.
46. Kent RD: The acoustic and physiologic characteristics of neurologically impaired speech movements. In Hardcastle WJ, Marchal A, editors: *Speech production and speech modeling*, The Netherlands, 1990, Kluwer Academic Publishers.
47. Kent RD, Netsell R: A case study of an ataxic dysarthric: cineradiographic and spectrographic, *J Speech Hear Disord* 40:115, 1975.
48. Kent RD, Netsell R, Abbs JH: Acoustic characteristics of dysarthria associated with cerebellar disease, *J Speech Hear Res* 22:627, 1979.
49. Kent RD, et al: What dysarthrias can tell us about the neural control of speech, *J Phonetics* 28:273, 2000.
50. Kornhuber HH: Cerebral cortex, cerebellum, and basal ganglia: an introduction to their motor function. In Evarts EV, editor: *Central processing of sensory input leading to motor output*, Cambridge, Mass, 1975, MIT Press.
51. Krainik A, et al: Role of the supplementary motor area in motor deficit following medial frontal lobe surgery, *Neurology* 57:871, 2001.
52. Laforce R, Doyon J: Distinct contribution of the striatum and cerebellum to motor learning, *Brain Cogn* 45:189, 2001.
53. Larson CR, Pfingst BE: Neuroanatomic bases of hearing and speech. In Lass NJ, et al, editors: *Speech, language, and hearing, vol 1, Normal processes, Philadelphia, 1982, WB Saunders.*
54. Lindblom B: The interdisciplinary challenge of speech motor control. In Grillner S, et al: *Speech motor control*, New York, 1982, Pergamon Press.
55. Loucks TMJ, Poletto CJ, Simonyan K, et al: Human brain activation during phonation and exhalation: common volitional control for two upper airway functions, *Neuroimage* 36:131, 2007.
56. McNeil MR, editor: *Clinical management of sensorimotor speech disorders*, ed 2, New York, 2009, Thieme.
57. McNeil MR, Doyle PJ, Wambaugh J: Apraxia of speech: a treatable disorder of motor planning and programming. In Nadeau SE, Gonzalez Rothi LJ, Crosson B, editors: *Aphasia and language: theory to practice*, New York, 2000, Guilford Press.
58. Mesulam MM: *Principles of behavioral and cognitive neurology*, New York, 2000, Oxford University Press.
59. Middleton FA, Strick PL: Basal ganglia and cerebellar loops: motor and cognitive circuits, *Brain Res Brain Res Rev* 31:236, 2000.
60. Monchi O, et al: Functional role of the basal ganglia in the planning and execution of actions, *Ann Neurol* 59:257, 2006.
61. Murphy K, et al: Cerebral areas associated with motor control of speech in humans, *J Appl Physiol* 83:1438, 1997.
62. Myers PS: Communication disorders associated with right hemisphere brain damage. In Chapey R, editor: *Language intervention strategies in adult aphasia*, Baltimore, 1994, Williams & Wilkins.
63. Narayan RK, et al: Clinical trials in head injury, *J Neurotrauma* 19:503, 2002.
64. Netsell R, Kent RD: Paroxysmal ataxic dysarthria, *J Speech Hear Disord* 41:93, 1976.
65. Nogués MA, Roncoroni AJ, Benarroch E: Breathing control in neurologic diseases, *Clin Auton Res* 12:440, 2002.
66. Nolte J: *The human brain: an introduction to its functional anatomy*, St Louis, 1999, Mosby.
67. Nordstrom MA, et al: Motor cortical control of human masticatory muscles, *Prog Brain Res* 123:203, 1999.
68. Penfield W, Roberts L: *Speech and brain mechanisms*, New York, 1974, Athenium.
69. Perkins WH, Kent RD: *Functional anatomy of speech, language, and hearing*, San Diego, 1986, College-Hill Press.
70. Peschke C, et al: Auditory-motor integration during fast repetition: the neuronal correlates of shadowing, *Neuroimage* 47:392, 2009.
71. Poldrack RA, et al: The neural correlates of motor skill automaticity, *J Neurosci* 25:5356, 2005.

72. Pope P, et al: Force related activations in rhythmic sequence production, *Neuroimage* 27:909, 2005.
73. Pulvermüller F: Brain mechanisms linking language and action, *Nature* 6:576, 2005.
74. Riecker A, et al: Articulatory/phonetic sequencing at the level of the anterior perisylvian cortex: a functional magnetic resonance imaging (fMRI) study, *Brain Lang* 75:259, 2000.
75. Riecker A, et al: fMRI reveals two distinct cerebral networks subserving speech motor control, *Neurology* 64:700, 2005.
76. Rizzolatti G, Craighero L: The mirror-neuron system, *Annu Rev Neurosci* 27:169, 2004.
77. Rodriguez M: A function of myelin is to protect axons from subsequent injury: implications for deficits in multiple sclerosis (editorial), *Brain* 126:751, 2003.
78. Ross ED: The aprosodias, *Arch Neurol* 38:561, 1981.
79. Salazar AM: Closed head injury. In Johnson RT, editor: *Current therapy in neurologic disease*, Philadelphia, 1990, BC Decker.
80. Sayer NA, et al: Characteristics and rehabilitation outcomes among patients with blast and other injuries sustained during the Global War on Terror, *Arch Phys Med Rehabil* 89:163, 2008.
81. Schneiderman AI, et al: Understanding sequelae of injury mechanisms and mild traumatic brain injury incurred during the conflicts in Iraq and Afghanistan: persistent postconcussive symptoms and posttraumatic stress disorder, *Am J Epidemiol* 167:1446, 2008.
82. Schoch B, et al: Functional localization in the human cerebellum based on voxelwise statistical analysis: a study of 90 patients, *Neuroimage* 30:36, 2006.
83. Schulz GM, et al: Functional neuroanatomy of human vocalization: $H_2\,^{15}O$ PET study, *Cerebral Cortex* 15:1835, 2005.
84. Sherrington CS: *The integrative action of the nervous system*, London, 1906, Constable & Co.
85. Spencer KA, Rogers MA: Speech motor programming in hypokinetic and ataxic dysarthria, *Brain Lang* 94:347, 2005.
86. Spencer KA, Slocomb DL: The neural basis of ataxic dysarthria, *The Cerebellum* 6:58, 2007.
87. Square PA, Martin RE: The nature and treatment of neuromotor speech disorders in aphasia. In Chapey R, editor: *Language intervention strategies in adult aphasia*, Baltimore, 1994, Williams & Wilkins.
88. Utter AA, Basso MA: The basal ganglia: an overview of circuits and function, *Neurosci Biobehav Rev* 32:333, 2008.
89. Van Der Merwe A: A theoretical framework for the characterization of pathological speech sensorimotor control.
In McNeil MR, editor: *Clinical management of sensorimotor speech disorders*, ed 2, New York, 2009, Thieme.
90. Wise RJS, et al: Brain regions involved in articulation, *Lancet* 353:1057, 1999.
91. Yorkston KM, et al: The relationship between speech and swallowing disorders in head-injured patients, *J Head Trauma Rehabil* 4:1, 1989.

CHAPTER

3

말운동장애의 평가

"진단 과정은 환자가 보이는 운동장애의 유형을 확인하는 근본적인 단계에서부터 시작하면서 확실해진다."[1]

(W.F ABDO 등)

"지각적 감각운동 평가는 … 근본적으로 평가자의 눈과 귀로 수행되는 말 평가 절차인데 … 청지각적 평가를 통해 말운동장애로 야기된 불능(disability)에 대한 고유한 특징(finger print)(기능적 손실)을 밝힐 수 있다"[40]

(R.D. KENT)

개 요

말 문제가 신경학적 문제에 기인한다는 것을 확인하고 신경계에서 그 병소를 찾는 과정은 신경과 의사가 질환의 병소를 찾고 신경학적 진단을 내리는 과정의 노력과 유사하다. 이 두 과정의 차이를 보면, 말은 여러 가지 신경학적 문제들 중에 한 가지에 해당되고, 말에 대한 진단만으로 특정 신경학적 질환의 진단이 이루어지지 않는다는 것이다. 하지만 이 둘 간의 경계가 모호해지는 경우도 있다. 간혹 말운동장애 환자가 말 산출의 어려움을 호소하고, 이것만이 유일한 신경학적 이상 소견이어서, 말을 평가하고 진단하는 과정을 통해 병소의 위치를 확인하고, 진단 가능한 질환의 가능성을 좁혀 가야 하는 경우가 있다. 따라서 말에 대한 평가가 여러 신경학적 검사들 중에 중요한 요소에 해당된다.

이 장은 말운동장애가 의심되는 사람들에게 시행하는 말운동장애 평가에 대하여 논의한다. 이 장에서는 검사 자체에 대해서만 기술하고, 그 결과를 해석하거나 진단과 치료에 적용하는 방법에 대해 설명하지는 않는다. 평가 결과와 특정 말운동장애 진단 사이의 관계에 대해서는 각 말운동장애 유형을 다루는 부분(제4~14장)과 감별진단을 다루는 장(제15장)에서 정리하고자 한다. 평가 결과와 치료에 대한 관계에 대해서는 제16장에서 다룬다.

I. 말운동 평가의 목적

말운동 평가의 목적은 실무 환경(practice site)과 진료 단계(stage of care)에 따라 다양하다. 때로는 1차적인 목적이 말장애 진단을 통해 시사되는 병소와 신경학적 진단의 가능성을 확립하는 것이다. 어떤 경우에는 치료 권고사항을 형성하는 것을 우선시할 때가 있다. 여기서 강조하고자 하는 것은 진단 목적으로 시행되는 일부 과제들이다. 이때 진단 목적은 기술(description)하기, 진단 가능성 확립하기(establishing diagnostic possibilities), 진단 내리기(establishing a diagnosis), 병소 및 질병 진단의 시사점 확립하기(establishing implications for localization and disease diagnosis), 그리고 중증도 구체화하기(specifying severity) 등을 포함한다.

A. 기술하기

기술(description)이란 말의 특성, 그리고 말과 관련된 구조와 기능의 특징을 묘사하는 일이다. 이는 진단과 치료 결정의 바탕이 되는 자료에 해당된다. 때때로 확진 또는 심지어 진단 가능한 질환의 목록을 작성하는 것도 어려우므로, 증상을 '기술'하는 것만으로 진단 과정이 끝나버리는 경우도 있다. 기술되어야 할 내용은 환자의 병력과 환자가 보이는 문제의 설명, 구강 구조 검사, 말의 청지각적 특성, 표준화된 임상 검사 결과 및 말의 기기적 검사 분석을 통해 얻는 정보들이다. 말의 특성이 기술되면, 임상가는 그 특성들이 정상인지 비정상인지를 판단해야 하는데, 이것이 진단의 첫 단계에 해당된다. 만일 말의 모든 측면이 정상 범주에 해당되면, 정상적인 말로 진단이 된다. 만약 말의 일부 측면이 비정상에 해당되면, 그것이 시사해 주는 의미를 해석해야 한다. 진단 가능성을 좁히고 특정 진단명에 도달해 가는 과정을 감별진단(differential diagnosis)이라고 한다.

B. 진단 가능성 확립하기

말이 비정상적이라면, 진단 가능성(diagnostic possibilities)이 있는 목록을 작성할 수 있다. 여기서 주 초점이 말운동장애이기 때문에, 목록 작성은 다음에 기술된 질문들에 하나씩 답하는 과정에서 생성될 수 있다.

1. 신경학적인 문제인가?
2. 만약 신경학적인 것이 아니라면, 기질적(organic)인 문제인가? 예를 들어, 치아 또는 교합으로 인한 문제인가? 후두의 종괴병변(mass lesion)에 의한 것인가? 아니면 심인적(psychogenic) 문제인가?
3. 문제가 신경학적이든 아니든 간에, 최근에 발생한 문제인가, 아니면 오래전부터 있었던 문제인가? 예를 들어, 이전에 발견되지 않았던 발달성 말더듬증, 조음장애, 언어장애를 반영하는 것일 수도 있는가?
4. 문제가 신경학적인 것이라면, 말운동장애인가, 아니면 다른 신경학적 의사소통장애(neurologic communication disorder, 예: 실어증, 무동성 함구증[akinetic mutism])에 해당되는가? 말운동장애가 있다면, 마비말장애인가, 말실행증인가?
5. 마비발장애가 있다면 어떤 유형에 해당하는가?

C. 진단 내리기

진단 내려질 수 있는 가능성들이 확인되면, 한 가지의 진단을 확정하여 명시하거나 최소한 가장 가능성이 높은 것에서 가장 낮은 순으로 진단 내용을 나열할 수 있을 것이다. 예를 들어, 말이 비정상이고 심인적 문제가 아니며 말운동장애에 해당되나 유형은 미정(undetermined)이라고 결론 내는 것도 진단적 가치가 있다. 이 경우에는 기질적 문제가 있는 것이고, 그 병변의 위치가 신경계의 운동 요소에 있다는 것을 암시하기 때문이다. 더 나아가 만약 말운동장애 유형이 이완형은 아니라고 결론을 내린다면, 병변의 위치가 중추신경계에 있다는 것을 시사해 주는데, 이 자체로 특정 신경학적 질환의 가능성이 제외되거나 가능성이 낮다는 판단의 근거가 될 수 있다. 만약 장애의 특성이 모호하지 않고 하나의 진단에 해당된다면, 그 병변의 시사해 주는 한 가지 구체적인 유형의 말장애로 진단을 내릴 수 있다.

D. 병소 및 질병 진단의 시사점 확립하기

말운동장애가 확인되면, 그것이 시사해 주는 병변의 위치를 명확하게 명시해 주는 것이 필요하다. 특히, 검사 의뢰를 한 사람이 말장애 유형의 분류 방법에 익숙하지 않을 경우에 이러한 내용을 명시해 주는 것이 더욱 필요하다. 예를 들어, 환자의 말장애 진단이 경직형 마비말장애 유형이라면, 이는 주로 양측 상부운동신경세포 손상에 기인한다는 것을 기술해 주는 것이 적절하다. 만일 신경학적 진단이 이미 내려진 상태라면, 그 진단과 말장애 진단이 양립할 수 있는지를 언급해 주는 것도 좋다. 예를 들어, 주된 진단(working diagnosis)이 파킨슨병인데 말장애 유형이 경직-실조의 혼합형 마비말장애라면, 이 혼합형 마비말장애가 파킨슨병과 양립할 수 없다는 것을 명시해 주는 것이 중요하다. 마지막으로, 만약 신경학적 진단이 불확실하고 말장애가 환자가 보이는 유일한 징후(sign)라면, 환자가 보이는 말장애 진단과 '전통적으로' 묶여 왔던 진단과의 연관 가능성을 확인해 주는 것도 필요하다. 예를 들어, 부하검사(stress testing) 시행 시, 휴식을 취한 후에 증상이 호전되는 이완형 말운동장애를 보인다면, 이는 중증근무력증(myasthenia gravis)과 연관될 가능성이 높다.

E. 중증도 구체화하기

말운동장애의 중증도(severity)에 대한 추정치(estimation)는 항상 제시해야 한다. 이것이 중요한 이유로 다음 세 가지를 들 수 있다. (1) 환자의 주 호소(complaints)와 비교할 수 있다. (2) 예후와 치료 결정에 영향을 줄 수 있다. (3) 앞으로 나타날 수 있는 변화에 대한 기초자료로 활용하여 변화 여부를 비교할 수 있다.

중증도를 제시하는 것은 사실상 기술 과정(descriptive process)의 일부에 해당된다. 여기에서 중증도를 강조하는 이유는, 이것이 진단과 관련된 장애의 유무를 결정하는 것보다는 말운동장애로 인한 기능적 제약(functional limitations)과 불능(disability)을 추정하는 것과 더 연관되기 때문이다.[67] 제약과 불능은 진단보다는 중재(management)에 대한 결정과 더 많이 관련된다. 중증도가 확립되면, 예후와 치료에 대한 시사점을 제시하는 것이 적절하다. 이에 관해서는 제16장에서부터 제20장에 걸쳐 다루게 된다.

II. 평가를 위한 지표

말운동 평가에는 세 가지 필수적인 절차적 요소가 있다. (1) 병력(history) 조사, (2) 핵심적 말 특성(salient speech features) 확인, (3) 확증적 징후(confirmatory signs) 확인이다. 이 정보들로써 진단이 이루어지고, 권고 사항이 구성되며, 평가 결과의 내용이 환자, 의뢰한 전문가, 그 이외의 관계자들에게 제공된다.

A. 병력

어떤 익명의 현자는 신경학적 진단의 90%는 환자의 병력(history)에 달려 있다고 말하였다.[53] 신경학 분야에 종사하는 현명한 어느 동료는, 대부분의 임상신경학적 진단은, 그것이 말의 내용이든 표현되는 방식이든지 간에, 말에 근거를 둔다고 지적하였다. 환자가 보고하는 병력이 말 평가와 진단보다 중요하지 않다고 말하기 어려울 것이다.

경험이 풍부한 임상가는 환자와 인사를 하고 안부를 물으며 병력을 듣고서 바로 진단을 내리기도 한다. 뒤이어 진행되는 표준화검사를 통해 본인이 내린 진단을 확인하고 정교화하며 때로는 진단을 수정하게 된다. 병력을 통해 환자가 호소하는 바의 진행 경과를 알 수 있으며, 병에 대한 환자의 견해를 들을 수 있다. 또한 표준화검사는 본인의 말이 조사받고 있다는 생각에 조금 더 긴장하게 되는 데 비하여, 병력 조사를 할 때는 물리적으로 힘들지 않고, 과제에 대한 이해와 협조를 필요로 하지 않아 환자의 편안한 발화를 접할 수 있게 된다.

B. 핵심적 특성

핵심적 특성(salient features)은 진단에 직접적으로 영향력을 가지고 기여하는 특성들을 일컫는다. 여기에는 이상 소견을 보이는 말 특성과 이들을 통해 추정할 수 있는 기질(substrate)을 포함한다.

Darley, Aronson, Brown(DAB)[13]은 말 산출에 영향을 주는 여섯 가지 특성을 논하였다. 이 특징들은 평가 중에 얻는 관찰점(observations)을 통합하는 유용한 틀이 된다. 이 특성들에는 힘(strength), 움직임의 속도(rate of movement), 움직임의 범위(range of movement), 안정성(steadiness), 긴장도(tone), 정확성(accuracy)이 포함된다. 이러한 특성들에서 보일 수 있는 이상 소견은 표 3-1에 요약되어 있다.

표 3-1

말운동장애에서 흔하게 보이는 말의 핵심적인 신경근육적 특성 관련 이상 소견

특성	말운동장애와 관련 이상 소견
힘	감소. 일반적으로 일관적이나 때로는 진행 양상을 보임
속도	감소 또는 변동이 심함(운동저하형 마비말장애에서만 증가 소견 보임)
범위	감소 또는 변동이 심함(운동과잉형 마비말장애에서만 지배적으로 과도함)
안정성	불안정적임, 규칙적이거나 불규칙적임
긴장도	증가, 감소, 또는 변동이 심함
정확성	부정확함. 일관적이거나 비일관적임

힘

근육에는 정상적 기능을 수행하기 위한 힘이 있으며, 더욱 힘을 발휘할 수 있도록 비축되어 있는 힘(reserve strength)을 지니고 있다. 비축된 힘을 통해 시간이 경과하여도 과도한 피로감 없이 근육이 수축하거나 저항에 대응하여 수축할 수 있다.

근육에 약증(weakness)이 있을 때는 간혹 아주 짧은 시간 동안이라도 원하는 정도로 근육을 수축시킬 수 없게 되고, 정상적인 경우보다 빠르게 피로를 느끼게 된다. 때로는 원하는 정도의 근육 수축은 가능하나, 이 수축 정도가 짧은 시간 안에 감소하게 된다.

근육의 약증은 세 개의 주요 말 밸브(speech valve, 후두, 연인두, 조음 밸브)에 영향을 줄 수 있고, 말 산출의 모든 요소(호흡, 발성, 공명, 조음, 운율)에 영향을 가하기도 한다. 약증은 하부운동신경세포 손상에서 가장 확연하고 극적이며, 따라서 이완형 마비말장애에서 두드러진 특성이다. 이러한 약증으로 인해 발생하는 결과는 청지각적 평가와 음향학적 분석을 통해 추론 가능하고, 휴지 시, 말을 산출하는 동안, 구강 기제 검사 수행을 통해, 그리고 생리학적 측정을 통해 육안으로 확인할 수 있다.

속도

말을 산출할 때의 움직임은 빠르며, 특히 호기(expiration)로 내뱉는 공기를 조절하여 대화할 때 초당 14개 또는 그 이상의 음소를 산출할 수 있을 정도로 후두, 연인두, 조음 움직임이 빠르게 시행된다. 빠르고 일시적이며(unsustained) 개별적인(discrete) 움직임을 동적운동(phasic movement)이라고 일컫는다. 이는 단 한 번 또는 반복적인 수축으로 산출될 수 있다. 움직임은 신속하게 시작하며, 목표 지점에 빠르게 도달하고, 빠르게 이완(relax)한다. 동적인(phasic) 말운동은 일차적으로 직접활동 상부운동신경세포 경로(direct activation UMN pathway)의 입력자극(input)을 통해 중재되어 알파운동신경세포(alpha motor neuron)에 이르게 된다(제2장 참조).

비록 운동저하형 마비말장애에서 관찰되기는 하나, 다른 유형의 말운동장애에서 과도한 속도(excessive speed)는 흔하지 않다. 마비말장애가 있는 환자들이 보이는 과도한 말 속도는 항상 움직임의 범위 감소가 동반된다.

느린 움직임은 말운동장애에서 흔하게 나타난다. 움직임을 느리게 시작하고, 산출 과정이 느리며(slow in their course), 때로는 멈추거나 이완하는 것이 느리다. 단일 움직임 또는 반복적 움직임 모두 느린 양상을 보일 수 있다.

속도 감소는 말 밸브(speech valve)상 어디에서든 발생할 수 있으며, 말 산출의 모든 구성요소에 영향을 줄 수 있다. 느린 움직임은 말의 운율 특성에 많은 영향을 주는데, 이는 정상적인 운율을 유지하는 것이 음절 산출의 속도와 음도, 음량의 다양성(variability)에 영향을 주는 신속한 근육 적응(quick muscular adjustments)에 의존하기 때문이다. 느려진 속도는 경직형 마비말장애에서 가장 분명하게 나타나지만, 다른 유형의 마비말장애에서도 보인다. 변화된 속도의 영향은 말에서 관찰되는데, 이는 말 산출 및 구강 기제 검사를 시행하며 육안으로 확인 가능하고 생리학적 · 음향학적 방법으로 측정할 수 있다.

범위

단일 움직임 또는 반복적 움직임을 하는 데 있어서 말 구조들이 움직여야 하는 거리는 매우 정밀하다(precise). 반복된 움직임의 범위(range)에 있어서 어느 정도의 변동(variation)은 정상이며, 변동 정도는 그다지 크지 않다.

자발화를 수행하는 중에 과장된 움직임이 지속되는 것은 신경학적 질환에서 흔하지 않다. 오히려 움직임의 범위가 감소하면서 느리거나 정상적이거나 또는 과도하게

빠른 속도 양상이 동반된다. 예를 들어, 운동저하형 마비말장애는 종종 감소된 움직임의 범위를 보이며, 때로는 과도하게 빠른 속도를 보이기도 한다. 간혹 움직임 범위는 다양하며 예측할 수 없는 경우가 있다. 움직임 범위에 있어서 비정상적 변동성은 실조형이나 운동과잉형 마비말장애에서 흔하게 관찰된다.

움직임 범위 측면에서의 이상 소견은 말의 운율적인 특성에 주요 영향을 주는데, 때로는 제한된 운율 양상을 보이거나, 반대로 과도한 운율 변화를 보이기도 한다. 이러한 이상 소견은 모든 주요 말 밸브에서 일어날 수 있으며, 모든 말 산출 구성요소에서 나타날 수 있다. 이는 청지각적 · 음향학적 분석을 통해 알아낼 수 있고, 구어 또는 비구어 움직임을 수행하면서 조음 구조에서 관찰되기도 하며, 생리학적으로도 측정 가능하다.

안정성

휴지 시(at rest), 몸 근육에 8~12Hz로 측정되는 진동이 있다. 휴지 시 또는 정상적 운동을 할 때 보통 눈에 보이는 방해 움직임이나 진동하는 몸의 움직임은 없다. 그러나 건강한 성인에서도 진동의 강도가 간혹 눈으로 확인 가능할 정도로 증가하는 경우는 있다. 이렇게 육안으로 보이는 **생리학적인 진전**(physiologic tremor)은 과도한 피로나 심리적인 스트레스가 있을 때, 또는 떨고 있을 때(shivering) 관찰 가능하다.

신경학적 질환에서 움직임의 안정성(steadiness)이 무너질 때, 이를 **불수의적 움직임**(involuntary movement) 또는 **운동과잉증**(hyperkinesias)으로 분류한다. **진전**(tremor)은 가장 흔한 불수의적 움직임에 해당된다. 즉, 3~12Hz에 이르는 진동 특성을 지닌, 신체 일부의 반복적이고 규칙적인 진동 양상을 보인다. 이는 휴지 시(**안정 진전**[resting tremor]), 중력에 저항하여 신체 부위의 자세를 유지할 때(**자세 진전**[postural tremor]), 움직임의 끝부분(**종말 진전**[terminal tremor])에서 발생할 수 있다.

경미한 진전은 호흡, 공명, 조음의 말 특성에서 청지각적으로 감지될 수 있을 정도의 영향력이 없을 수 있다. 감지되는 특성이 보인다면 이는 종종 발성에 영향을 주고, 심할 경우에는 운율에도 영향을 줄 수 있다. 이러한 특성은 연장모음 발성을 수행할 때 쉽게 감지된다. 진전이 말에 끼치는 영향은 말을 할 때 듣거나 볼 수 있고, 구강 기제 검사를 할 때 관찰되기도 하며 생리학적 방법이나 음향학적 방법으로 측정 가능하다.

불수의적 운동의 또 다른 주요 범주(category)는 속도, 지속시간, 진폭(amplitude) 측면에서 무작위적이고 예측 불가하며 우발적인 움직임을 포함하는데, 이러한 움직임상의 이상 소견에는 **근긴장이상**(dystonia), **이상운동증**(dyskinesia), **무도병**(chorea), **무정위운동**(athetosis)이 포함된다. 이러한 움직임은 휴지 시, 자세 유지 시(during sustained postures), 움직임 시 나타날 수 있으며, 의도된 움직임을 방해하거나 방향을 바뀌게 할 정도로 심한 경우도 있다. 이러한 움직임은 모든 주요 말 밸브에 영향을 줄 수 있으며, 말 산출의 구성요소에도 영향을 줄 수 있다. 정확성에 영향을 주고 운율을 변화시킬 수도 있다. 운동과잉형 마비말장애 유형의 비정상적인 말 양상의 주된 원인이 된다. 말 산출 또는 구강 기제 검사 중에 예측 불가능한 운동과잉의 영향을 듣거나 볼 수 있고, 생리학적으로 측정되거나 음향학적 측정치를 통해 추정할 수도 있다.

긴장도

신경학적 질환에서는 근육 긴장도(muscle tone)가 과해지거나 감소될 수 있다. 느리게 또는 빠르게, 규칙적으로, 예측 불가능한 방법으로 변동을 보일 수도 있다. 긴장도의 변화는 말 밸브의 위치나 단계 어느 곳에서도 발생할 수 있다. 긴장도의 이상 소견은 그것이 지속적으로 감소되면 이완형 마비말장애의 특성에 해당되고, 지속적으로 증가할 때는 경직형 또는 운동저하형 마비말장애에서 나타나는 특성이며, 긴장도의 변이가 있는 것은 운동과잉형에서 관찰된다. 긴장도 이상 소견의 영향은 청지각적 말 특성을 통해 추측 가능하고, 말을 산출하는 동안 또는 구강 기제 검사를 수행하는 동안 관찰할 수 있으며, 생리학적으로 측정하거나 음향학적 분석을 통해 추론할 수 있다.

정확성

개별적 · 반복적 · 복합적 소리 순서(sequence)는 일반적으로 이해 가능하며, 효율적으로 의도를 전달하기 위한 충분한 정확성(accuracy, precision)을 가지고 실행된다. 이는 긴장도, 힘, 속도, 범위, 안정성과 근육 활동의 적절한 시간 규제(regulation)를 통해 이루어진다. 이러한 견지에서 보면, 정확성은 다른 모든 신경근육 특성들이 잘 규제되고 협응을 이루는 활동의 성과로 나타나게 된다. 만약 힘, 속도, 범위, 안정성, 긴장도가 적절하게 규제되면, 말 움직임은 정확하게 된다. 말은 부정확한데 신경근육적인 수행이 정상이라면 이는 언어적 단계의 계획 또는 개념적 내용에 이상 소견이 있을 가능성이 있으며, 이 경우에는 문제의 원인이 운동체계 이외의 문제에서 발생하는 것이다. 즉, 문제가 신경근육의 실행에 있는 것이 아니라, 말 움직임을 계획하고 프로그래밍 하는 과정상의 문제에 기인하는 것을 설명할 수 있게 된다.

부정확한 움직임은 여러 가지 다른 형태로 나타날 수 있다. 예를 들어, 움직임의 강도와 범위가 과도하다면, 관련 구조들이 목표치보다 과도하게 움직일 수 있다. 반면 힘과 범위가 감소한다면, 목표에 도달하지 못하는 감소된(undershooting) 움직임을 보일 수 있다. 시기 적절성(timing)을 갖추지 못한다면, 움직임의 방향과 부드러운 정도(smoothness)가 저하될 수 있다.

힘, 속도, 범위, 긴장도의 결함으로 인해 보이게 되는 부정확한 움직임은 이로 인해 설명 가능한 정도의 부정확한 조음이나 말 특성에 있어서 다른 이상 소견을 야기할 수 있다. 이 부정확성의 원인이 신경근육 요소들의 시기 적절성(timing) 또는 예측 불가능한 변동에 있다면 오류 양상은 예측 불가하며, 무작위적이거나 일시적일 수 있다.

부정확한 움직임은 모든 주요 말 밸브나 말 산출 단계에서 발생할 수 있으며, 일반적으로 조음이나 운율에서 쉽게 감지된다. 부정확성은 모든 유형의 말운동장애에서 보일 수 있으나 부정확한 시간 조절이나 협응의 문제로 발생하는 것은 일반적으로 실조형 마비말장애나 말실행증과 관련이 있다. 무작위적이나 예측 불가능한 불수의적 변이적인 움직임은 운동저하형 마비말장애를 시사한다.

움직임의 주요한 신경근육의 특성은 서로 소통하고 상호적으로 영향을 준다. 예를 들어, 힘이 감소하는 것은 흔히 긴장도, 움직임 범위, 정확성과 때로는 안정성의 감소와 관련이 있다. 긴장도가 증가하거나 변동을 보이는 것은 일반적으로 속도, 움직임 범위, 안정성과 정확성의 감소 또는 변동과 관련이 있다. 감소된 움직임 범위는 속도, 긴장도 정확성의 변동과 연관된다. **마비말장애가 있는 환자가 이상 신경근육 특성을 한 가지만 보이는 경우는 드물다.**

C. 확증적 징후(환자 사례 51~70)[1]

확증적 징후(confirmatory signs)는 질환의 병소 위치에 대한 추가적인 단서를 말한다. 말운동장애 진단상에서는 말운동장애의 유형을 정해 주게 되는 비정상적 말 특성, 그리고 말 진단에 도움을 주는 신경근육적 특성을 일컫는다. **말운동장애 진단에 꼭 확증적 징후가 있어야 하는 것은 아니다.** 사실, 확증적 징후는 많은 경우에 말장애나 관련된 **부수 현상**(epiphenomena)[2]을 반영하기도 한다. 다시 말해, 말운동장애와 원인적이거나 설명적 관계를 직접적으로 지니지 않을 수도 있다. 따라서 비구어적 특성을 관찰할 때는, 말 관련 근육들을 관찰하는 것이더라도, 핵심(salient) 근거가 아닌 정황(확증) 근거로 다루어야 한다. 그럼에도 불구하고 이러한 근거들은 확실한 진단을 확립하는 데 도움이 될 수 있다.

확증적 징후는 말 또는 비구어 산출을 할 때 근육에서 분명하게 보일 수 있다. 말 체계에서 보이는 확증적 징후의 예는 위축(atrophy), 감소된 근긴장도(reduced tone), 속상수축(fasciculations), 통제되지 않는 웃음이나 울음, 감소된 정상 반사 또는 병리적 반사 등이 있다. 기억해야 할 것은 이러한 징후들로서 말운동장애를 진단하는 것은 아니라는 것이다. 예를 들어, 감지되는 설음(lingual)의 조음 오류 없이 혀에 관찰되는 속상수축만으로는 마비말장애가 있다고 진단 내릴 수는 없다. 이는 뇌신경 VII의 손상을 반영해 주며, 더 자세한 검사가 필요하다는 것을 시사해 주나, 마비말장애를 진단하려면 이로 인한 지각 가능한(perceptual) 말장애가 수반되어야 한다.

비구어 운동체계에서 확인되는 확증적 징후는 걸음걸이(gait), 근육 신장 반사(muscle stretch reflexes), 표층 반사(superficial reflex)나 병리적 반사(pathologic reflex), 과활성 사지 반사(hyperactive limb reflexes), 사지 위축이나 근육 부분수축, 사지 움직임 시작의 어려움 등을 관찰하는 것을 통해 얻을 수 있다. 이와 더불어 비구어 말 근육 움직임의 힘, 속도, 정확성, 근긴장도, 안정성 및 범위도 관찰해야 한다.

[1] 부록으로 제시되는 웹사이트의 사례 번호는 Part I~III에 있는 오디오와 비디오 사례를 지칭하는 것임.

[2] 부수 현상(epiphenomena)은 신경학적 평가 도중에 흔하게 관찰됨. 예를 들어, 과장된 건반사(tendon reflex)는 경직성과 결부되나, 사지 경직성을 보이는 사람들의 기능적 움직임 장애를 설명해 주지는 않음.[16] 말운동장애 연구를 진지하게 생각하는 사람들은 Weismer[61]의 말운동장애에 대한 구강 운동 비구어 과제에 대한 비판적 개관을 자세하게 살펴봐야 함.

D. 관찰점 해석 – 진단

병력, 핵심적 말 특성, 확증적 징후들이 확립되면, 이들을 통합하여 그 의미를 해석하는 노력을 기울이게 된다. 이것이 진단을 구성하게 된다.

그 어떤 평가도 조사된 결과의 의미를 확립하고자 하는 노력 없이는 완성될 수 없다.[3] 평가 결과들을 기술하는 것 이상의 진단을 내릴 수 없다면, 왜 그런지 명확하게 이유를 기술해 주어야 한다. 진단적 해석이 없다면 잠재적으로 중요한 의학적 정보가 결여되었다고 볼 수 있으며, 환자가 철저하게 검사를 받았다 하더라도, 그 결과가 해석되지도 이해되지도 않을 것이다. 이렇게 되면, 말-언어검사를 의뢰한 이에게, 언어임상가는 말, 언어, 의사소통장애를 이해하거나 병소를 확인하는 데 기여하지도, 할 수도 없다는 것을 암묵적으로 전하게 되는 결과인 셈이다.

진단적 진술(diagnostic statement)이 표현되는 방식은 평가 결과 및 평가의 목적(예: 신경학적으로 진단 내리는 것을 불확실하게 여기는 신경과 의사에게 말의 특성[nature]에 대한 견해를 제공하거나 치료 계획의 목적을 두고 말운동장애의 특성과 중증도를 파악하기 위해)에 의해 영향을 받는다. 진단 진술은 다양하게 표현될 수 있다. 어떤 경우에는 결과가 모호해서 진단이 불확실하다고 진술할 수 있고, 다른 경우에는 가장 가능성이 높은 것에서부터 가장 낮은 진단의 목록을 열거할 수도 있다. 때로는 어떠한 질환은 해당되고 어떠한 질환은 해당되지 않는다고 자신 있게 진술할 수 있는가 하면, 모호하지 않은 확실한 진단을 내리게 되는 경우도 있다. 마지막으로, 검사 결과들은 종종 선행하는 가능성의 조합(combination of preceding possibilities)에 이르기도 하는데, 그 예는 다음과 같다. "환자는 분명한 경직형 마비말장애를 보이고, 이에 실조형 요소가 동반되었을 가능성이 있다. 말실행증은 동반되지 않았다." 감별진단의 절차는 제15장에서 자세하게 다룬다.

[3] 진단 보고서를 작성할 때 사용하는 용어는 임상 현장마다 다르나 제목은 대부분 진단(diagnosis), 진단 인상(impression), 결론(conclusion)이라는 용어를 사용함. 요약(summary)이라는 용어는 적절한 제목에 해당되지 않음. 그 이유로는 진단 보고서는 검사 결과를 해석한 것을 반영해야 하는 것이지, 결과를 다시 요약해서 언급하는 것이 아니기 때문임.

III. 말운동 평가

평가 절차는 다음의 네 부분으로 나뉠 수 있다. (1) 병력, (2) 휴지 시 또는 비구어 말운동 수행 시 구강 기제 검사, (3) 말 특성의 청지각적 평가, (4) 명료도(intelligibility), 이해 가능도(comprehensibility), 효율성(efficiency) 평가가 이에 해당된다. 음향학적 · 생리학적 · 시각적 영상 방법을 사용하는 기기적 분석(instrumental analysis)도 임상적 평가 과정의 일부에 해당된다. 그러나 이들은 필수적인 것은 아니므로 필요할 경우에는 사용하고, 말 평가의 다양한 부분에서 이를 사용하였다는 것을 명시하도록 한다.

A. 병력

병력은 발병 시작과 문제의 경과에 대한 정보, 환자가 문제를 인지하는지의 여부, 이로 인해 어느 정도 활동이 제한되거나 변화되었는지 또는 생활의 다방면으로 참여가 줄었는지 등에 대한 정보를 얻을 수 있다. 환자가 병력을 말로 표현하면서 말의 핵심적 특성, 확증적 징후와 말의 중증도 등을 확인할 수 있다. (부록으로 제시되는 웹사이트에 제공되는 사례 16, 34, 90과 Part IV에 있는 여러 사례들은 다양한 말운동장애를 지닌 환자에 의해 전달되는 병력의 다양한 측면을 보여 줌.)

그 어떤 병력도 동일한 것은 없다. 병력을 이끌어 내는 구체적인 질문은 매우 다양할 수 있다. 병력 수집 접근에 영향을 주는 요소에는 환자의 인지적 능력, 성격, 문제 인식 여부, 다른 전문가들에 의해 이미 확인된 정보, 말장애의 중증도 등이 포함된다. 환자들이 인지장애가 있고, 매우 저하된 명료도를 보이거나, 의사소통을 위한 충분한 대체 수단이 없거나, 말 문제에 대하여 자각하고 있지 않다면, 이러한 환자들로부터 얻을 수 있는 병력에는 한계가 있다. 때로는 병력에 해당하는 정보를 환자를 알고 있는 사람으로부터 제공받거나, 보충되거나, 확인되어야 한다. 병력 수집 과정은 보통 환자에 의해 주도되는 것이 아니라 임상가에 의해 통제되어야 하고, 환자가 제공하는 정보나 환자가 그 정보들을 제공하는 태도를 고려하여 임상가가 적절한 질문을 적절한 순서에 맞게 제시해 가며 얻어야 한다.

병력 수집의 구성 방식은 다음의 내용들을 포함한다.

도입 및 목표 설정

간단한 인사를 주고받은 후에 평가는 아주 간단하지만 중요한 질문으로 시작될 수 있다. "여기 왜 오셨습니까?" 이에 대한 대표적인 답으로는 "나에게 무슨 이상이 있는지 알아보려고요.", "나의 말에 무슨 이상이 있는지 알아보려고요.", "선생님이 내 말 문제를 도와줄 수 있는지 알아보려고요.", "담당 의사가 가보라고 해서요.", "내겐 아무 이상이 없어요!", "나를 왜 여기 데리고 왔는지 모르겠어요!" 등을 포함할 수 있다. 환자의 답은 지남력, 문제 인식, 말에 대한 환자의 염려를 확인하는 지표(index)가 되며, 말과 병의 다른 측면들과 비교해서 우선순위가 어디에 있는지, 환자 개인에게 진단과 치료 중에 어느 것이 상대적으로 더 중요한지를 확인할 수 있다. 또한 병력을 제공할 수 있는 능력, 병력 수집 과정의 깊이와 방법, 말운동장애의 중증도에 대한 것들도 확인할 수 있다. 이 도입 부분에서 임상가는 환자에게 평가의 목적과 절차에 대한 정보를 제공해 주며, 전반적인 의학적 평가 및 치료 과정 중 어느 부분에 해당되는지 등을 설명해 줄 수 있다.

기초자료

나이, 교육, 직업, 결혼 및 가족 상태도 기록되어야 한다. 어린 시절 말, 언어 또는 청력의 장애 병력이 있었는지 여부를 확인하는 것이 중요하며, 만일 있었다면 이에 대한 치료가 필요하였는지, 현재의 질환이 발병하기 전에 기존 말, 언어, 청력 문제들이 이미 해소된 상태였는지 등에 대하여 확인하는 것이 필요하다. 이는 현재의 의학적 소견들과 일치하지 않는 이상 소견을 보이는 경우, 이것이 오래전부터 있었거나 또는 발달적 성향의 가능성이 있을 때 중요한 정보가 된다. 신경학적 질환이 의심되는 성인들에게서 가장 흔히 접하게 되는 오래된 말장애는 발달성 조음장애로 인한 오류, 치아 또는 부정교합으로 인한 왜곡 및 발달성 말더듬증이다.

발병 시기와 경과

말장애의 발병 시기(onset)와 그 경과(course)에 대한 정보는 신경학적 진단, 예후 및 치료 결정에 유용하게 사용된다. 이러한 정보는 환자가 문제에 대하여 지각하고 있는 정도에 대한 정보를 드러내 주기도 한다. 이와 관련된 질문에는 다음과 같은 것들이 있을 수 있다.

- 말에 문제가 있습니까? 없다면, 다른 사람으로부터 말이 변하였다는 말을 들은 적이 있으십니까?
- 언제부터 말의 문제가 시작되었습니까? 갑자기 시작되었습니까, 아니면 서서히 시작되었습니까? 누가 가장 먼저 말 변화에 대하여 인식하였습니까? 당신입니까, 다른 사람입니까?
- 말 문제가 시작될 때 다른 문제도 같이 발생하지는 않았습니까? 다른 문제들이 말 문제 시작 전부터 있었습니까? 다른 문제들이 말 문제 시작 이후에 발생하였습니까?
- 말 문제에 변화가 있습니까? 더 좋아진다거나, 나빠진다거나, 변화가 없다거나, 변동을 거듭합니까?
- 말이 정상으로 되돌아온 적이 있습니까? 있다면 언제 그랬고, 얼마 동안 그랬습니까?
- 말에 긍정적 또는 부정적으로 영향을 주는 약물을 복용하고 있습니까? 당신의 말에 예측 가능한 영향을 주는 다른 요소(예: 하루 중 발생 시간, 스트레스, 피로, 환경)가 있습니까?

동반 장애

확증적 징후들을 대변해 줄 수 있는 동반 장애(associated deficits)에 대한 질문은 다음과 같다.

- 씹거나 침 조절에 대한 어려움이 있었습니까? 있었다면 언제입니까?
- 입안에서 음식을 조절하여 움직이는 데 어려움이 있습니까? 있다면 왜 그렇습니까?
- 음식을 먹을 때 볼이나 입천장에 음식이 들러붙습니까? 손가락이나 다른 기구를 이용하여 이를 제거해 내야 합니까?
- 삼키기 위해 음식을 입 안쪽으로 밀어 넣는 데 어려움이 있습니까?
- 음식이나 액체를 삼키는 데 어려움이 있습니까? 삼킴을 시작하는 데 어려움이 있습니까? 입 밖으로 음식이나 액체가 흐르거나 합니까? 삼킬 때, 음식이나 액체가 코 안으로 들어가거나 볼 밖으로 흐르거나 하는 증상이 있습니까? 삼키기 전에 음식이 목으로 넘어가 기침이 나거나 질식(choking)하는 증상이 있습니까? 음식을 먹을 때 구토하거나 질식하는 경우가 있습니까? 음식을 다 삼킨 후에 기침이 나는 경우가 있습니까? 이러한 삼킴 문제 때문에 드시는 음식 종류를 조절해야 합니까? 체중이 감소하였습니까?

- 감정 표현(emotional expressiveness)에 변화가 있습니까? 이전에 비하여 더 쉽게 또는 쉽지 않게 울거나 웃습니까?
- 당신의 턱, 얼굴, 혀 또는 목의 비정상적인 움직임을 인지하고 있습니까? 있다면 언제 그렇습니까?

환자의 장애에 대한 지각

환자가 문제에 대하여 어떻게 지각하고 있는지 아는 것이 중요하다. 이는 확증적 정보를 제공해 줄 수 있다.

- 문제가 시작되었을 때 당신의 말은 어땠습니까? 말할 때 다르다는 느낌을 받으셨습니까?
- 얼굴이나 입이 외관적으로 변하였다거나 느낌이 달라졌다고 생각되십니까?
- 현재 말의 어려움에 대하여 설명해 주십시오. 본인에게는 말소리가 어떻게 들립니까? 빨라지거나 느려졌습니까? 커지거나 작아졌습니까? 덜 정확해졌습니까? 말을 하는 데 힘이 많이 듭니까? 아프기 전의 말 상태가 100%라면 현재는 몇 정도 되는 것 같습니까?

장애의 영향

다음 질문들은 말운동장애의 기능적 영향을 다룬다.

- 사람들이 당신의 말을 이해하는 데 어려움을 보입니까? 만약 그렇다면 언제 그렇습니까? 그런 상황이 일어날 때 상대방이나 당신은 어떻게 합니까?
- 말의 어려움 때문에 당신의 일이나 사회 생활을 바꾸셔야 했습니까? 어떻게? 말 때문에 뭔가를 하는 것이 어렵습니까? 만약에 그렇다면 그것이 무엇입니까? 이 문제에 대하여 기분은 어떻습니까? 본인이 직면한 여러 문제 중에서, 말 문제는 자신에게 얼마나 중요합니까?

중재

말운동장애를 중재하기 위해 환자와 다른 이들(전문가들 포함)이 무엇을 하였는지에 관한 정보는 예후와 치료 권유에 있어서 중요하다.

- 말의 어려움을 보완하기 위해 무엇을 하셨습니까? 말 문제를 위해 도움을 받으셨습니까? 만약에 받으셨다면 언제, 얼마 동안, 무엇을 받으셨습니까? 그것이 도움이 되셨습니까?
- 지금 당신은 말 때문에 도움이 필요하다고 생각하십니까?

의학적 진단과 예후에 대한 인식

환자가 자신의 의학적 진단과 그 예후에 대하여 어떻게 이해하고 있는지에 대하여 아는 것이 중요하다. 이는 말 진단과 치료에 대한 문제를 논의하는 방법과 깊이에 영향을 주기 때문이다. 예를 들어, 환자가 질환에 대해 평가받는 과정 중에 있거나, 이제 막 예후가 좋지 않은 질환을 진단받았다면, 말 문제의 치료에 대하여 논의하는 데 관심이 없거나 심리적으로 준비가 되지 않았을 수도 있다.

- 문제의 원인이 무엇이라고 들었습니까?
- 진단은 앞으로 어떤 일이 일어날 것을 의미합니까?

B. 비구어 활동 시행 중의 말 기제 검사

말 산출을 하지 않는 상태에서 말 기제에 대한 관찰을 통해 많은 정보를 얻을 수 있다. 일반적으로 턱, 얼굴, 혀, 구개의 크기, 힘, 대칭 여부, 범위, 근긴장도, 안정성, 속도 및 구강 움직임의 정확성에 대한 정보를 제공한다. 주로 시각적·촉각적으로 관찰을 하지만 때로는 청각적으로 관찰하기도 한다. 관찰이 이루어지는 환경은 (1) 휴지 시, (2) 유지 자세 중(during sustained postures), (3) 움직임 동안(during movement), (4) 반사(reflexes)를 포함한다. 이러한 관찰 정보는 말에 대해 내린 결론을 지지해 줄 수 있다. 말 진단에 확증적이지 않더라도, 신경학적 검사에 핵심적일 수 있다. (환자 사례 51~70에는 평가 중에 확실하게 드러날 수 있는 다양한 이상 소견에 대한 정보를 제공함. 여기서 제시된 이상 소견은 부록에 제시된 웹사이트에서 제공하는 Part IV에서 제시한 39개의 사례에서도 확연하게 드러남.)

휴지 시 얼굴(환자 사례 57~61, 63)

휴지 시(at rest) 정상적인 얼굴은 전체적으로 대칭적이며 자발적인 움직임이 거의 없다. 아래로 처지지도 않고, 강한 감정과 결부되는 표정(예: 미소나 울기 직전의 표정)으로 고정되어 있지 않다.

휴지 시 얼굴을 관찰하기 위해, 환자에게 힘을 빼고 편안하게(relax) 앞을 보며 입술을 살짝 벌리고 입을 통해 조용히 숨을 쉬라고 지시해야 한다. 어떤 사람들은 눈을 감아야 이러한 이완된 자세를 더 쉽게 유지한다.

그러고 나서 다음 질문에 대한 답을 찾아야 한다.

- 얼굴이 대칭적인가?
- 양쪽 입꼬리가 대칭적인가?
- 한쪽 얼굴 전체가 아래로 처지거나, 입꼬리 한쪽이 처지거나, 코입술주름(nasolabial fold)이 평편해졌나?

일부 비대칭이 보이는 것은 예외에 해당되는 것이 아니라 일반적인 특징에 해당되기도 한다. 예를 들어, 길이에서 조금 차이가 난다거나, 코입술주름이 현저하게 보이는 것은 이상 소견에 해당되지 않는다. 어떤 비대칭성은 휴지 시 보이거나 의도적인 움직임을 할 때 또는 감정적인 반응을 보일 때 나타나기도 한다(**그림 3-1**).

추가적인 질문은 다음과 같다.

- 얼굴이 무표정하고, 가면 같은 얼굴을 보이거나 눈을 깜박이지 않는가? 미소, 놀란 표정 또는 당황하는 표정으로 고정되어 있는가? 윗입술이 뻣뻣해 보이는가?
- 자발적이거나 불수의적인 이상 움직임을 보이는가? 눈을 꽉 감고 조절을 잘 못하는가? 입술 내밀기(pursing)나 양옆으로 당기는(retraction) 과제 시, 빠르거나 느린, 대칭적이거나 비대칭적인 동작이 관찰되는가? 입술로 자발적인 짭짭 소리(smacking)를 내는가? 요구 시, 환자가 이러한 움직임을 억제할 수 있는가? 억제하려는 노력을 중단하면 이러한 움직임이 다시 나타나는가?
- 입술에 진전(tremor)이 있거나 진전 같은 리드미컬한 움직임을 보이는가? 얼굴에, 특히 입이나 턱 주위에 **속상수축**(fasciculations)을 보이는가?

유지 자세 중 얼굴(환자 사례 57, 59~61, 63)

유지 자세(sustained posture)를 시행하는 동안 얼굴을 관찰하면 대칭 여부, 움직임 범위, 힘, 근긴장도, 유지 자세의 지속 능력에 대한 추가적인 정보를 얻을 수 있다. 유용한 얼굴 유지 자세로는 입술 옆으로 당김(retractions), 입술 동그랗게 내밀기(rounding/pursing), 볼 부풀리기, 입 벌리고 있기 등이 있다. 환자에게 각각의 자세를 시범 보인 후 유지하도록 요청해야 한다(**그림 3-1 참조**).

이를 시행하며 다음 질문에 대한 답을 얻는다.

- 입술 당김, 입술 오므리기, 볼 부풀리기가 대칭적인가? 움직임의 범위가 정상적인가 제약이 있는가? 입을 벌릴 때, 윗입술의 선(arch of the upper lip)이 대칭적인가, 아니면 한쪽이 처지는가?
- 입술을 양옆으로 당기고 있을 때, 검사자가 가운데로 모으려는 움직임에 저항하면서 유지할 수 있는가? 또는 환자가 입술을 오므리고 있을 때 검사자가 입술을 옆으로 벌리려는 움직임에 저항하여 자세를 유지할 수 있는가? 볼을 부풀리려고 시도할 때 입술 사이로 바람이 빠져나오는가? 또는 부풀린 볼을 검사자가 손으로 누를 때, 약한 정도의 힘으로도 다물어진 입술 사이로 바람이 새는가?
- 얼굴의 유지 자세 시, **떨림**(tremulousness)이 나타나거나 사라지는가? 유지 자세를 지속하는 능력을 방해하는 부수적인 움직임이 있는가?
- 얼굴의 유지 자세가 몇 초 동안 지속되는가? 또는 지속하라는 지시에도 환자가 지속 노력을 스스로 중단하는가?

움직이는 동안의 얼굴(환자 사례 31, 57, 61, 63)

얼굴은 말을 하는 동안에, 감정적인 반응을 보이거나, 자발적인 비구어 과제(volitional nonspeech tasks)를 수행할 때 관찰해야 한다. 말을 하거나 감정 반응을 보일 때, 얼굴의 움직임 범위와 대칭 여부 그리고 풍부한 표정(expressivenss) 여부를 살펴봐야 한다.

정상적인 얼굴 비대칭과 그것을 제한하는 요인들에 대한 보고가 많이 있다. 문헌에 따르면, 평균적으로 좌측 얼굴이 우측보다 감정을 표현할 때 더 활동적이라고 보고되며, 이는 우뇌가 좌측 얼굴의 아래쪽에 신경전달을 조절하여 감정을 표현하는 표정을 지배하기 때문이다.[5] 그러나 신경학적으로 정상인 사람들을 대상으로 한 자료에 따르면, 우측이든 좌측이든 비대칭이 보일 수 있으며, 그 비대칭의 정도와 차이는 반구특성화(hemispheric specialization)를 주장하는 가설과 일치하지 않는다.[26,57] 비대칭적인 신경연접과 무관하게 얼굴의 형태적인 차이가 신경학적 질환이 없는 사람들 사이와 성별 간에 보이는 차이를 부분적으로 설명할 수 있을 것이다.[27] 성별 간에 얼굴의 비대칭 정도 차이를 보고하는 일부 문헌에 따르면, 이런 차이는 남녀 사이에 양 대뇌반구에서 인지 처리 과정의 차이로 인한 것이라고 설명한다.[56] 다른 문헌에서는 감정 표현을 할 때 성별 간에

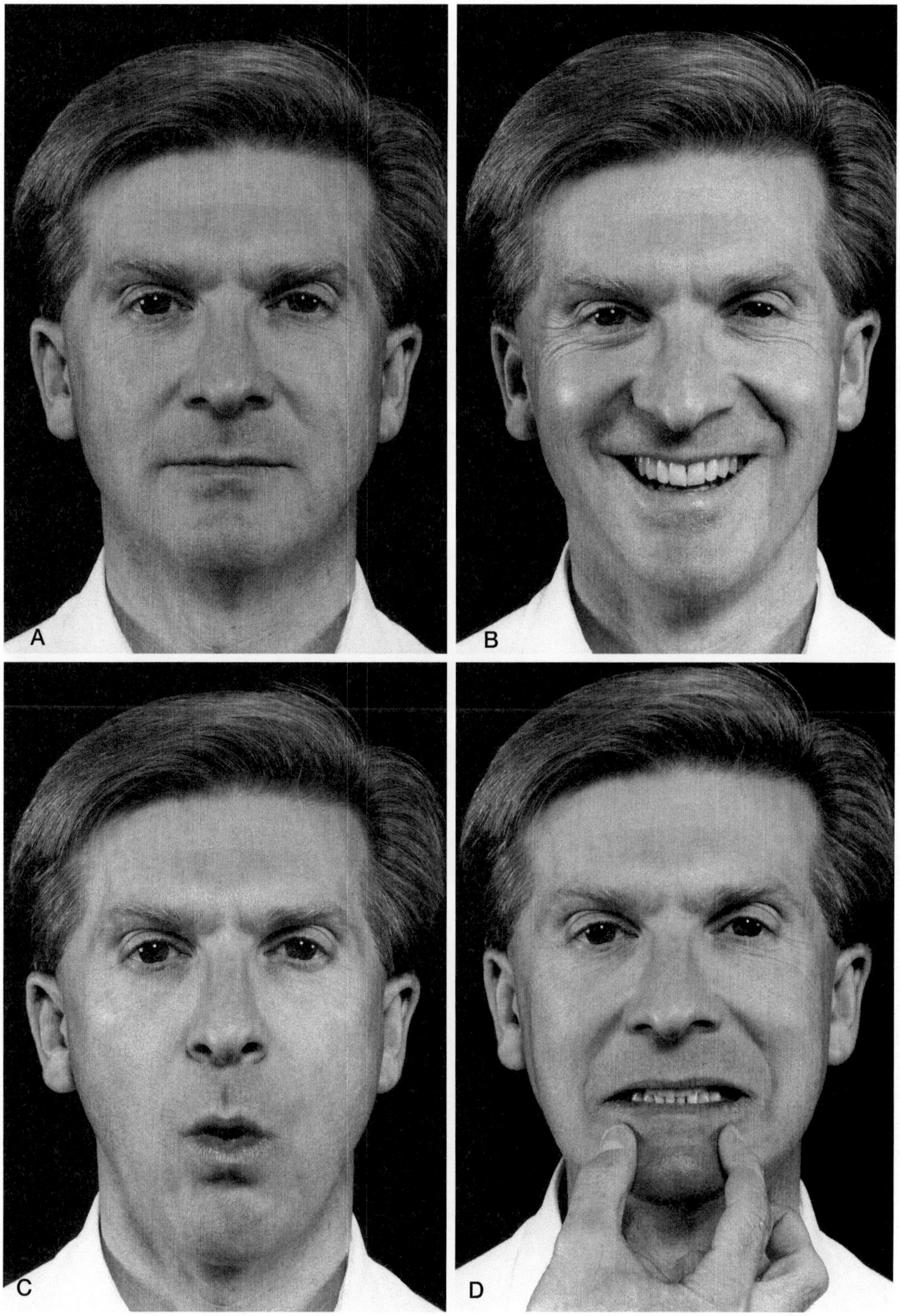

그림 3-1 (A) 휴지 시 정상 얼굴, (B) 자발적으로 미소 짓기, (C) 입술 동그랗게 오므리기, (D) 압력에 대항하여 입술 뒤로 당기기.

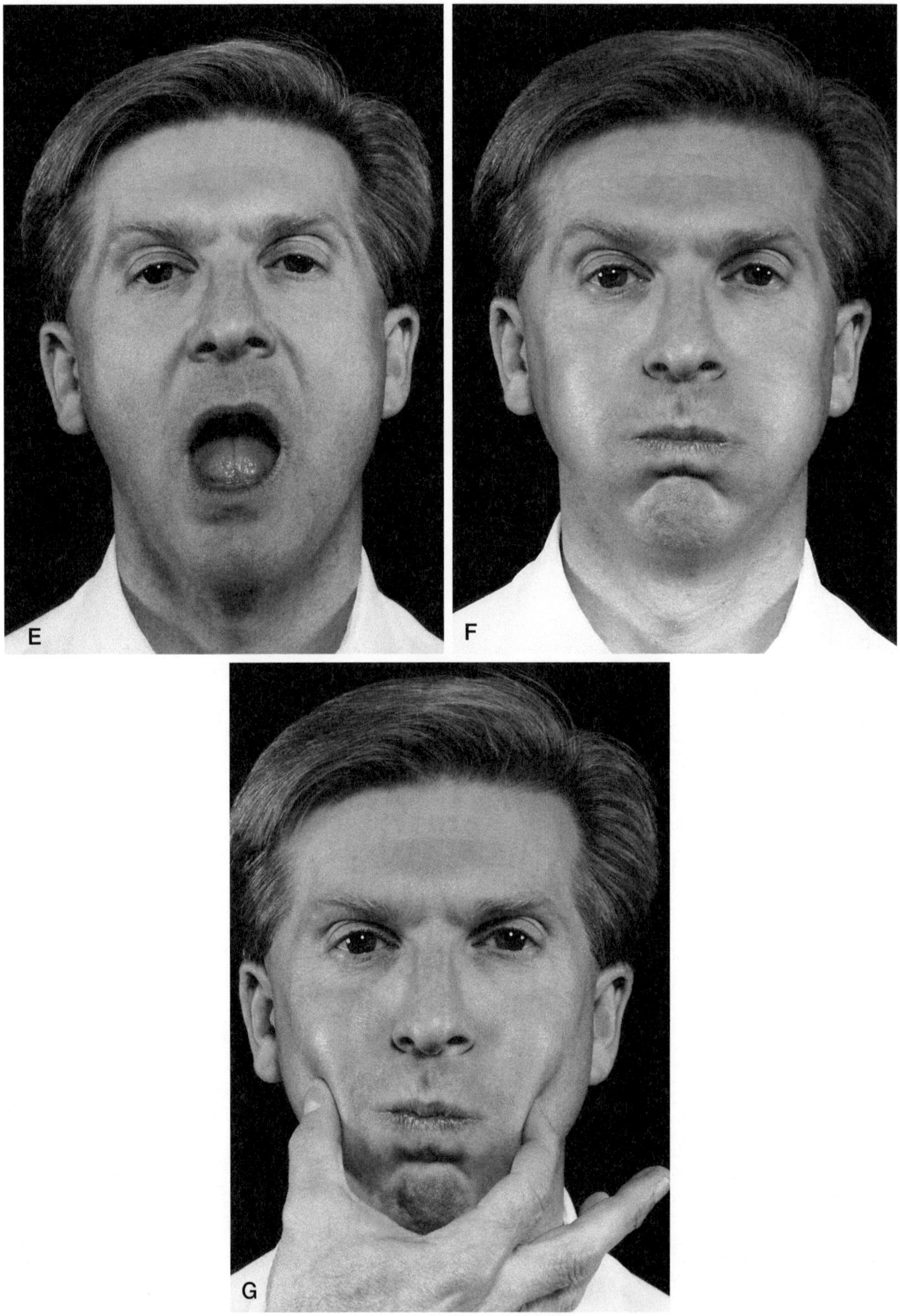

그림 3-1(계속) (E) 입 벌리기, (F) 볼 부풀리기, (G) 압력에 저항하며 볼을 부풀릴 수 있는 능력 확인.

체계적인 비대칭성이 없다고 하며,[6] 일부 보고에 따르면 대부분의 사람에서 단단어 반복 과제를 시행할 때 입의 우측이 좌측보다 더 크게 벌어지는데, 이는 아마도 언어와 말 프로그래밍에 있어서 좌뇌가 우세하다는 것을 반영하는 것일 수도 있다.[29]

이처럼 흥미롭지만 일관적으로 예측 불가능한 임상적 차이에 비추어 볼 때, 기초 임상 평가에서 중요한 것은 경한 정도의 얼굴 비대칭(휴지 시, 말 산출 중, 비구어 감정 표현 중)은 흔하게 있으며, 그 비대칭의 방향성은 예측하기 쉽지 않다는 사실을 기억하는 것이다.

또한 마찬가지로 중요하게 기억해야 할 사실은 수의적 얼굴 움직임(voluntary facial movement)은 자발적 표정을 지을 때의 움직임과 다르다는 것이다. 예를 들어, 중추신경계 손상으로 얼굴 아래쪽에 마비가 있는 환자가 농담에 대한 반응으로 반사적으로는 대칭적으로 웃을 수 있으나, 의식적으로 미소를 지으라고 하면 비대칭을 보일 수 있다. 일부 파킨슨병 환자들은 그 반대의 패턴을 보이기도 한다.[49] 따라서, 얼굴 움직임 정도를 비교하기 위해서는 임의적인 미소나 입술 양쪽 당김보다 자발적인 감정에 의한 미소를 유도하는 것이 중요하다. 말을 하거나, 감정적 반응을 보일 때, 대칭 여부 또는 규칙적이거나 불규칙적인 움직임 유무를 관찰해야 한다.

환자가 웃음이나 울음을 억제하는 데 어려움을 보이는가? 이러한 억제력 저하(disinhibition)는 검사 중 아무 때나 일어날 수 있으나 억제력 저하를 가장 촉진할 수 있는 방법은 환자에게 "웃음이나 울음을 조절하는 데 어려움이 있습니까?"라고 묻는 것이다. 단, 운동 제어능력 상실에 기인하여 우는 것과 본인의 질환에 대응하는 사람들이 보일 수 있는 심리적 고충, 슬픔과 우울감으로 인해 자연스럽게 우는 것은 구분하기가 어렵다는 것을 알아야 한다.

휴지 시 턱

턱은 휴지 시 일반적으로 살짝 다물어져 있거나 살짝 열려 있다. 이는 얼굴이 휴지 시 자세를 취하고 있을 때 관찰할 수 있다.

다음 사항들을 확인하도록 한다.

- 정상보다 턱이 아래로 늘어져 있는가?
- 턱에 자발적이고 불수의적으로 빠르거나 느린 움직임이 있는가? 예를 들어 이를 악물거나, 입이 벌어지거나 한쪽으로 당겨지거나, 또는 턱에 진전 같은 상하 움직임이 있는가? 환자가 이러한 불수의적 움직임을 억제하기 위해 자세 교정 또는 요령(예: 이를 악물거나, 입에 막대기를 물고 있거나, 턱이나 목의 한쪽을 손으로 짚는 것)을 터득하였는가?

유지되는 자세 중 턱(그림 3-2)

얼굴의 유지되는 표정 등을 보고 턱을 관찰할 수 있다. 특히 입을 벌리고 있을 때 더 쉽게 관찰할 수 있다(그림 3-1, E 참조). 이를 수행하며 다음 사항들을 확인할 수 있다.

- 환자가 최대한 크게 입을 벌리고 있는 동안 턱이 한쪽으로 치우치는가? 환자가 입을 크게 벌릴 수 있는가? 아니면 벌리는 정도에 제약이 있는가?
- 환자에게 이를 꽉 물고 있으라고 하면서 검사자가 환자의 입을 벌리려고 할 때, 환자는 저항하며 버틸 수 있는가? 검사자가 가하는 힘(환자 턱의 중앙을 평가자가 잡고 있거나 설압자로 아랫니를 아래로 누름)에 저항하여 턱을 다물 수 있는가? 환자가 이를 악 물을 때, 교근(masseter)과 관자근(temporalis)이 정상적으로 불룩 튀어나오는가?
- 턱을 벌린 상태에서 검사자가 환자의 턱을 강제로 닫으려는 시도의 힘에 저항하여 턱을 벌린 자세를 유지할 수 있는가?

움직임 시 턱(환자 사례 80)

턱을 벌리고 다물고 하는 움직임을 하는 동안의 대칭 여부와 말할 때나 자발적인 움직임을 할 때의 움직임 범위가 관찰되어야 한다. 환자에게는 턱의 교대운동속도(alternating motion rate, AMR) 과제를 방해하는 불수의적인 운동뿐만 아니라 빠르고 규칙적인 움직임같이 입을 빠르게 열고 닫는 움직임이 요구되어야 한다.

휴지 시 혀(환자 사례 27, 55, 56, 59, 63)

휴지 시 혀 상태를 관찰해야 한다(그림 3-1, E 참조). 환자에게 입을 벌리고, 숨을 편하게 쉬며, 혀 끝이 아래 치아의 앞부분에 놓이고 혀를 구강 바닥에 편하게 놓으라고 지시한다. 휴지 시 정상적인 혀의 상태는 다양하다. 낮은 진폭(low amplitude)의 자발적 움직임을 흔히 보일 수 있는데, 이를 염두에 두고 다음 사항들을 확인해야 한다.

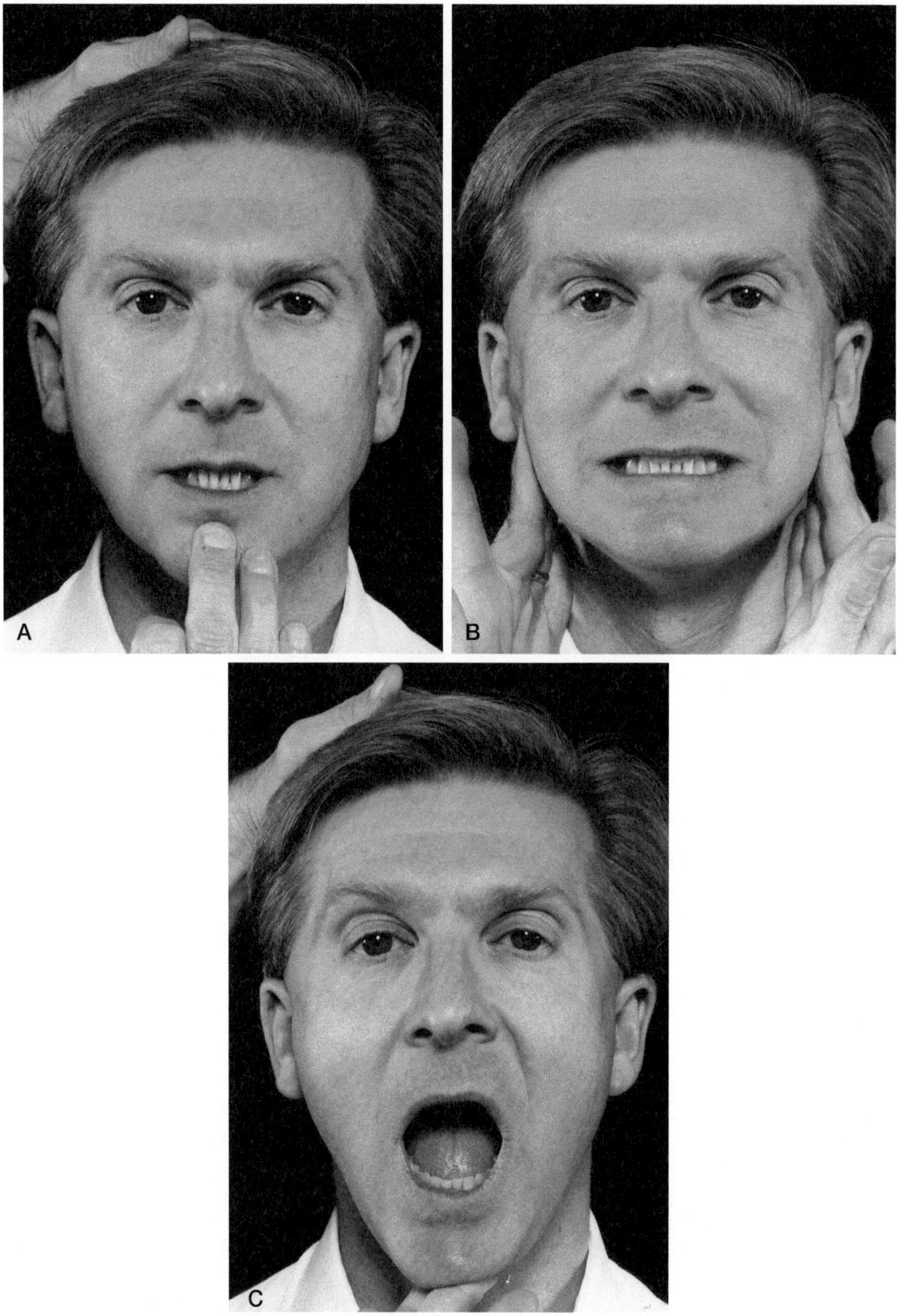

그림 3-2 평가
(A) 턱 벌어지는 것에 대한 저항, (B) 이를 악물 때 교근 뭉침(masseter bulk)과 대칭성 확인, (C) 턱이 다물어지는 것에 대한 저항.

- 혀가 온전하며(full) 대칭적인가? 대칭적이라면, 정상적인 크기를 이루는가? 작다면, 대칭적인가? 또는 위축이 시사되는 홈이나 주름이 있는가? (혀의 측면에 있는 자국은 위축이 아니라 치아 자국임.) 속상수축을 보이는가? 이러한 양상의 혀가 구강 내 휴지 시에 관찰되는가? 혀를 내밀 때 관찰되는가? 정상적인 자발적 움직임이 속상수축으로 오인되기도 한다.
- 혀가 구강 바닥에 조용히 놓여 있는가? 혀의 일부가 내밀기(protrusion), 뒤로 당김(retraction), 옆으로 치우침(lateralization), 비틀림(writhing)의 형태로 빠르거나 느리거나 지속적인 움직임을 보이는가?
- 혀(또는 구강 전체)가 과도하게 젖어 있거나 마른 상태를 보이는가? 침이 고여 있다면, 침 분비가 과도하거나, 신경학적 질환이 있는 환자의 경우에는 침을 충분히 제거하는 데 어려움을 반영할 수 있다. 구강 건조증(xerostomia)은 탈수증, 불충분한 수분 섭취, 자가면역 문제(autoimmune problems) 또는 다양한 약물 또는 방사선 치료의 영향을 반영하는 것일 수 있다.

유지 자세 시 혀(그림 3-3) (환자 사례 27, 55, 56, 59, 63)

환자에게 혀를 내밀게 한 뒤, 그 자세를 유지하라고 요구한다. 한쪽으로 살짝 치우친 것은 이상 소견이 아니다. 정상적인 경우라면 여러 차례 혀 내밀기를 시도하였을 때 혀의 일탈의 방향은 비일관적이다. 한쪽으로 일관된 치우침을 보일 경우, 이는 약증을 반영하는 것일 수도 있다. 다음의 사항들을 확인할 수 있어야 한다.

- 환자가 정상적인 정도로 혀를 내밀 수 있는가? 혀가 일관적으로 한쪽 또는 다른 쪽으로 치우치는가? 치우침 여부는 턱의 중앙선과 혀의 관계를 통해서 판단되어야 한다. 특히 편측 안면 약증이 있을 때, 손상된 쪽의 입꼬리를 올려 주어 정상 소견을 보이는 쪽과 대체적으로 대칭이 되도록 하고 혀를 내밀게 하여 혀 치우침 여부를 확인해 주는 것이 좋다.
- 환자는 검사자가 혀를 뒤쪽으로 밀어 넣으려는 힘에 저항할 수 있는가? (설압자를 혀 끝에 대고 밀 수 있음)
- 환자가 혀를 이용하여 우측과 좌측의 볼을 밀 수 있

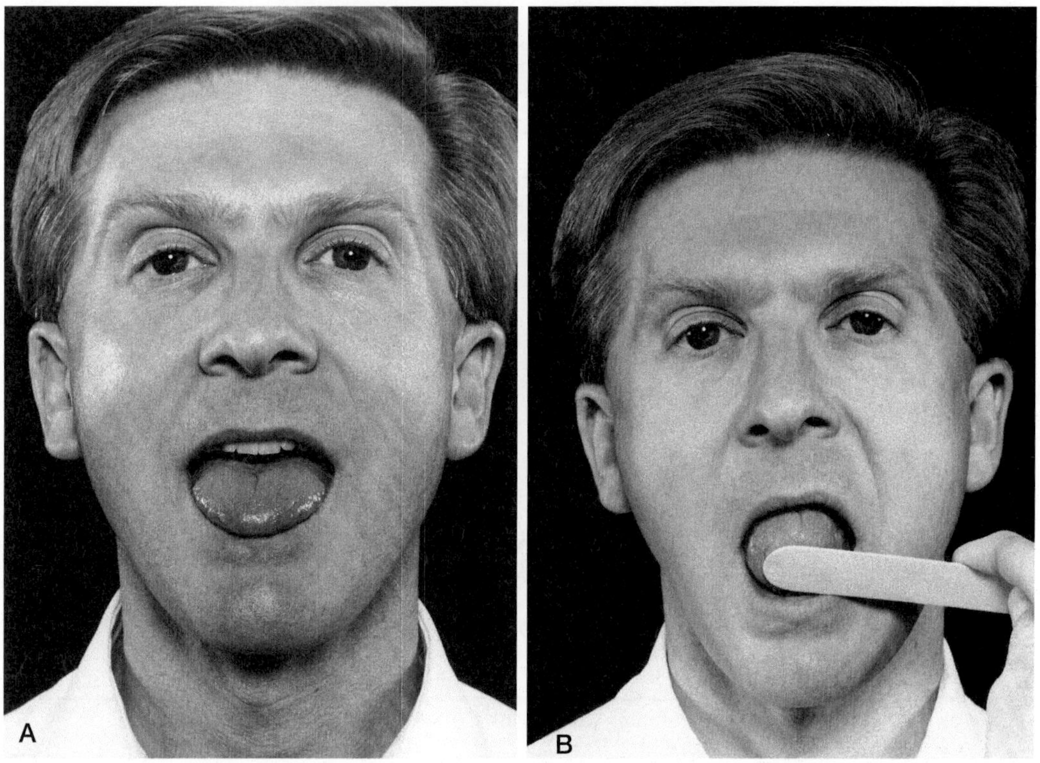

그림 3-3 (A) 혀 내밀기, (B) 설압자로 혀를 미는 힘에 저항하기.

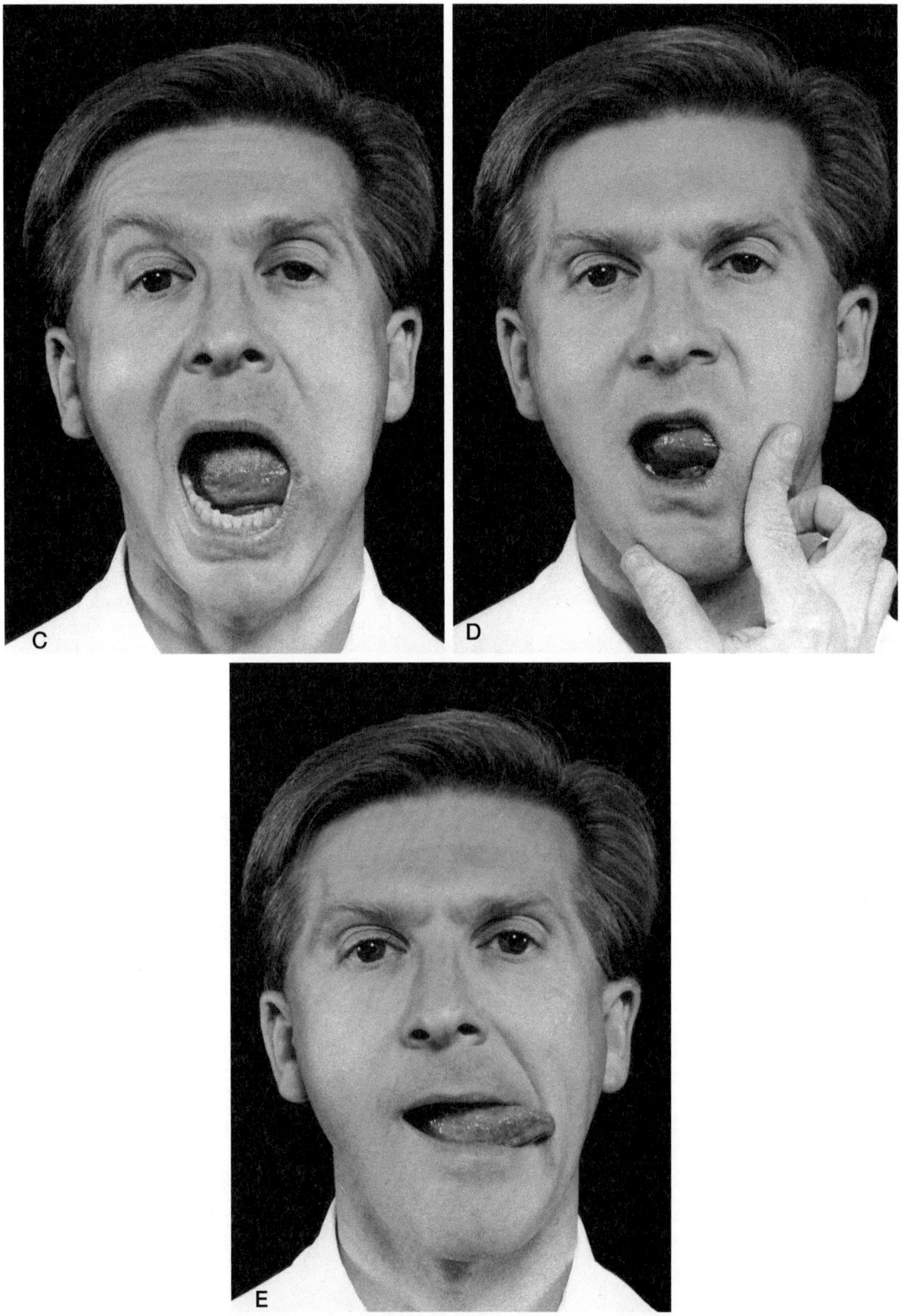

그림 3-3(계속) (**C**) 구강 안에서 혀 좌우로 움직이며 혀로 볼 밀기, (**D**) 구강 안에서 혀로 볼을 밀 때, 볼에 가하는 검사자의 힘에 저항하기, (**E**) 구강 밖으로 혀 좌우로 움직이기.

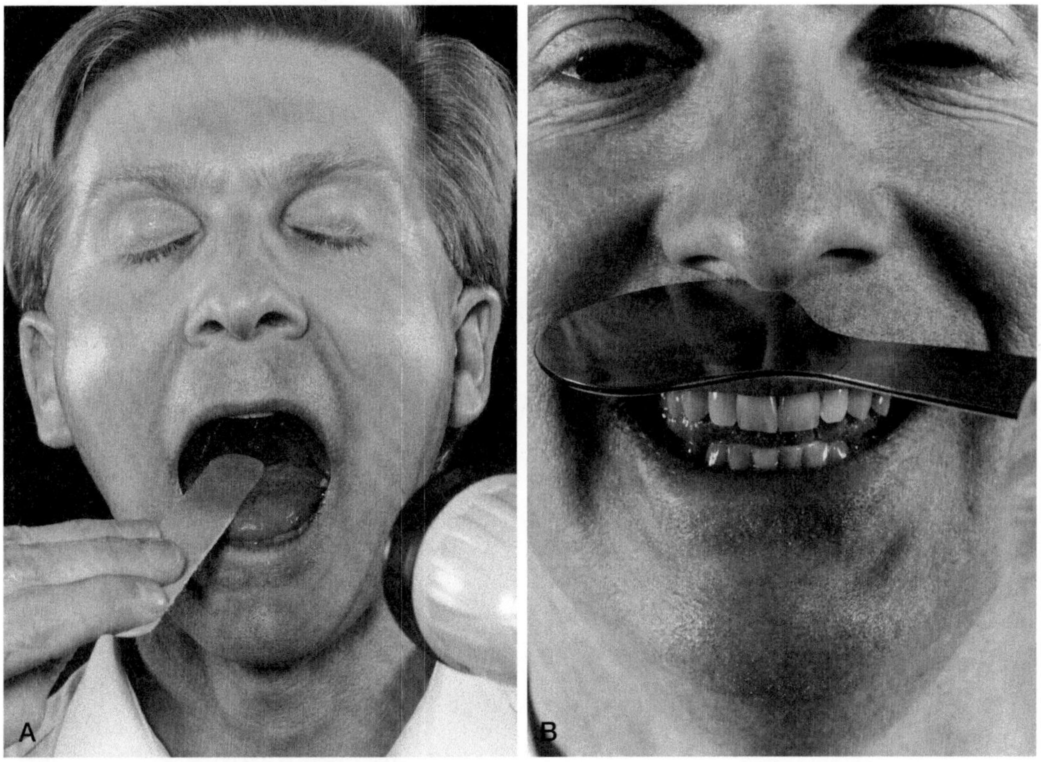

그림 3-4 (**A**) 휴지 시와 발성 시 연구개와 인두를 관찰하고 구토 반사를 확인하는 자세, (**B**) '이' 음을 발성하거나 파열음(pressure consonants)을 산출하면서 비강누출이 있는지 확인.

는가? 만일 그렇다면, 검사자가 손가락으로 볼 안에 혀를 누를 때 그에 저항할 수 있는가? 혀를 밖으로 내민 상태에서 검사자가 설압자를 이용하여 혀를 한 쪽으로 밀려는 힘에 저항할 수 있는가? 환자가 혀로 처음에는 누르는 힘에 저항하다가 서서히 완전하게 힘이 빠지는가?[4]

움직임 시 혀(사례 27, 55, 56)

환자에게 혀를 좌우로 최대한 빠르게 움직이라고 요구한다. 속도, 규칙성, 움직임 범위를 명시해야 한다. 말하는 동안 비정상적인 혀 위치(예: 불수의적 돌출, 한쪽으로 치우침, 뒤로 당김)를 기록해야 한다.

[4] 혀의 힘과 피로도는 아이오와 구강 수행력 측정기(Iowa Oral Performance Instrument, IOPI)를 이용하여 정량적(quantifiable way)으로 측정될 수 있음. IOPI는 공기로 채운 망울(bulb)로 혀 일부를 밀어 압력을 나타내는 수치나 아날로그 신호를 측정하는 것임. 최대 혀의 힘, 버티는 정도와 가하는 노력을 여러 신경학적 질환으로 여러 유형의 말운동장애를 보이는 성인과 아동에게 사용될 수 있음.[4]

휴지 시 연구개(사례 56, 65)

환자에게 입을 최대한 크게 벌리라고 지시한다. 설압자를 이용하여 혀를 살짝 아래로 누른다(**그림 3-4**). 다음 질문이 요구되어야 한다.

- 구개가 아래로 낮게 처져 있는가? 혀 위에 놓여 있는가?
- 구개활(palatal arch)이 대칭적인가? 또는 한쪽이 다른 쪽보다 낮게 처져 있는가? (정상적인 구개활도 종종 경하게 비대칭일 수 있다. 특히 편도선 수술[tonsillectomy] 또는 구개 수술[palatal surgery] 시행 후는 더 그럴 수 있음)
- 구개에 저절로 일어나는 규칙적이거나 불규칙적인 튀는 움직임이 있는가? (예: 진전이나 간대성 근경련[myoclonus])

움직임 시 연구개(사례 56, 65)

환자에게 '아' 연장발성을 시킨다. 이때 중요하게 관찰해야 할 것은 구개 움직임이 있는지, 없는지, 대칭적인지 여부이다. 단, 이 과제를 하는 동안 구강을 간단하게만 살펴보면서 말을 위한 구개 움직임이 충분한지 여부를 추론하는 것은 피해야 한다. 다음의 사항들을 확인해야 한다.

- 구개 움직임이 대칭적인가? 비대칭적이라면, 휴지 시 더 낮게 처져 있던 쪽의 반대측이 움직일 때 더 강하게 올라가는가?
- 모음연장 동안, 압력 자음의 연장 또는 반복, 비음이 아닌 자음을 포함하는 단어나 문장에서 코에 댄 비식경을 통해 비강누출이 확인되는가?(**그림 3-4, B** 참조, **사례 27**) 이러한 과제를 할 때, 코를 막을 때와 막지 않을 때 공명이 변하는가?

연구개 폐쇄 기능이 온전한지의 여부는 **수정된 혀 고정 검사**(modified tongue anchor test)[11,23]라고 불리는 방법으로 간접적으로 확인 가능한데, 이는 볼을 부풀리며 동시에 혀 내밀기를 같이 하도록 하는 방법이다. 이러한 검사는 구개 약증이 있는 환자들이 연구개 폐쇄를 돕기 위해 혀 기저부를 이용하여 구강 내 압력을 가두기도 한다는 점에 착안한 것이다. 볼을 부풀리며 혀를 내밀게 되면, 이러한 혀의 보상적 움직임을 막을 수 있다. 만약, 볼을 부풀릴 수 없고 코로 바람이 빠져나간다면 구개의 힘이 상당히 약하다는 것을 확인할 수 있다. 가끔 검사자가 환자의 코를 막아 준 상태에서 환자가 볼을 부풀리고 혀를 동시에 내밀게 한 후, 막은 코를 놓으면서 코로 바람이 새는지 여부를 확인하는 것이 도움이 되기도 한다. 단, 이 과제는 건강한 이들도 수행하는 데 어려움을 보일 수 있기 때문에, 이 과제가 어떻게 수행되는지 환자에게 보여 주는 것이 중요하다. 혀를 내밀었을 때 코로 바람이 빠지게 되어 볼을 부풀리는 수행에 어려움을 보이는 것이라고 판단이 되면 연인두 약증 소견이 있다고 볼 수 있다. 이 검사는 환자가 혀 또는 얼굴 약증이 심할 경우에는 유효하지 않다.

말을 하는 동안에 연인두 운동을 제대로 관찰하려면 비디오투시검사(videofluoroscopy)나 비강내시경검사(nasoendoscopy)가 필요하다. 비디오투시검사를 통해 측면(lateral), 앞면(frontal), 기저부(basal)를 보면, 비강내시경을 통해 보는 것과 마찬가지로 말할 때의 연구개가 움직일 때 구개, 인두측벽, 괄약근의 움직임에 대한 유용한 정보를 얻을 수 있다.

후두(사례 3, 4, 51~54, 83)

성대내전(vocal fold adduction)의 온전함은 대체로 다음의 두 과제를 통해 추론할 수 있다. 첫째, 환자에게 기침을 하라고 요구한다. 이때 중요하게 관찰해야 할 것은 기침 소리의 크기가 아니라 **기침의 날카로운**(sharpness) 정도이다. 약하고 뭉개는 듯한, 기식음이 섞인 기침은 성대 폐쇄 약증이나 호흡 불충분(insufficient respiratory support) 또는 이 두 가지 모두를 반영하는 것일 수 있다. 둘째, **성문타격**(coup de glotte, glottal coup) 과제를 시행하도록 한다. 이는 날카로운 성대 폐쇄음 또는 큥큥 소리(grunting sound)를 내도록 하는 것으로, 이 소리를 낼 때 최소한의 호기력(respiratory force)과 최소한의 연속기류(sustained airflow)를 요한다. 이때도 마찬가지로 **성문타격의 날카로운 정도**가 주요한 관찰점이다. 기침은 약하나 날카로운 성문타격이 가능할 경우, 호흡 약증이 시사될 수 있다. 약한 성문타격을 보이나 정상적인 기침을 하는 경우나 서로 비슷한 정도의 약한 기침과 성문타격을 보일 때는 성대 약증이나 성대 약증과 호흡 약증 동반을 시사할 수 있다.

성대외전(vocal fold abduction) 약증 여부는 **흡기 천명음**(inhalatory stridor)(소음이나 발성이 깃든 흡기)을 통해 추측할 수 있다. 때로는 조용히 호흡할 때 감지될 수 있으며, 말하기 위해 빠른 흡인을 할 때 또는 숨을 깊게 들이쉴 때 쉽게 관찰할 수 있다.

구조적인 병변(예: 신생물[neoplasms], 결절[nodules], 용종[polyps], 염증[inflammation]) 또는 미주신경의 후두가지(laryngeal branch)의 하부운동신경세포 병변의 가능성이 있을 때는 직접 육안으로 시행하는 검사(direct visual examination)가 필요하다. 중추신경 병변과 관련하여 때로는 상부운동신경세포 손상을 야기하는 뇌졸중 후에도 성대 검사를 통해 성대 약증이 관찰된다.[58] 특정 중추신경계의 운동장애(central nervous system movement disorders)에서는 성대 관찰을 통해 불수의적 성대 움직임을 기록하는 것도 유용하다. 성대의 정교한 영상은 시각적으로 정확한 **뻣뻣한 구강 후두경**(rigid oral laryngoscope)을 통해 얻을 수 있고, 말을 하는 동안 성대 움직임은 **유연한 광섬유 후두경**(flexible fiberoptic laryngoscope)을 통해 관찰할 수 있다. 뻣뻣하거나 유연한 종류의 **비디오스트로보스코피**(videostroboscopy)를 통해 발성 시 성대 점막의 파형을 느린 움직임 영상으로 볼 수 있고, 이에 따라 성대 기능의 미세한 이상 소견을 육안으로 관찰할 수 있다. **전기성문도검사**(electroglottography)와 **음향학적 분석**(acoustic analysis)은 발성 시 성대 활동의 다양한 관련 요인을 정량화하고 분석 가능하게 하나, 말운동장애의 기초적 임상 감별진단에 필수적인 것은 아니다.

호흡

Hixon과 Hoit[31-34]는 말할 때 호흡곤란이 있거나 호흡곤란이 추정되는 환자들에게 횡격막(diaphragm), 복부벽(abdominal wall), 흉곽벽(rib cage wall)을 임상적으로 검사하는 포괄적이며 비기기적인 프로토콜을 제시하였다. 이들은 몇 가지 과제들을 통해 정상적 호흡에서 보일 수 있거나, 약증, 불협응, 운동과잉증과 같은 신경학적 이상 소견에서 보일 수 있는 특성들을 기술하였다. 이 자료들은 호흡 움직임의 역할을 이해하게 해주고, 현저하며 지배적인 호흡장애를 보이는 말운동장애 환자들의 평가에 귀한 지침을 제공해 준다.

다음에 나열된 요소들은 호흡과 관련하여 광범위한 말운동 평가를 시행하면서 볼 수 있는 유용한 관찰점들을 요약해 놓은 것이다. 여기서 제시되는 특성들은 편안한 호흡 상태에서와 몇 가지의 비구어 활동을 수행하면서 관찰한 것을 토대로 한다.

- 자세가 정상적인가? 만일 아니라면, 환자가 구부정한 자세(slouch) 또는 앞 또는 옆으로 기운 자세로 앉아 있는가? 시간이 지나면서 환자가 비정상적 자세로 점점 내려앉게 되고, 정상적인 자세로 돌아오려면 노력이나 도움을 필요로 하는가? 머리가 아래로 처지거나 가슴에 놓여 있는가? 정상적인 자세를 유지하기 위해 의자에 고정되어 있는가(braced)? 비정상적 자세는 횡격막, 복부, 흉벽 움직임을 제약할 수 있으며, 말을 위한 호흡 지원(respiratory support)에 제한을 줄 수 있다.
- 환자가 휴지 시, 신체적 활동을 할 때, 말하는 동안 숨이 차다고 호소하는가? 호흡이 빠르고 얕고, 힘겨운가?(깨어 있을 때 조용한 호흡의 속도는 분당 16~18회의 순환주기[cycle]를 보이며, 각 흡기와 호기의 순환주기는 2~3초 소요됨) 휴지 시, 말을 하며 호흡 시, 최대 흡기(inspiration) 시에 배와 흉곽 움직임이 비대칭적이거나 움직임 범위에 제약이 있는가? 호흡할 때 어깨 움직임이 동반되거나, 목을 길게 늘어뜨리거나(neck extension), 흡기 시 목이 흉골 바로 위로 수축하는 모습을 보이거나, 콧구멍이 벌렁거리는가? 호흡할 때, 빠르고 얕은 호흡과 과도한 어깨 또는 목 움직임을 보이면 이는 호흡 약증을 반영하며, 말할 때 소리 크기와 구의 길이가 짧아질 수 있다.
- 호흡 속도가 규칙적인가? 휴지 시, 말하는 동안 또는 최대 흡기 시에 정상적인 호흡 주기를 바꾸거나 방해하는 갑작스럽거나 느려진 복부 또는 흉곽 움직임을 보이는가? 이러한 불규칙성은 움직임 장애를 시사할 수 있고, 소리의 크기, 운율과 말 산출 시 구절을 나누는 단위(phrasing)를 예측해 줄 수 있다.
- 환자가 **딸국질**(hiccup, singultus)을 보이는가? 지속되는 딸국질은 연수(medulla)의 병변에 기인할 수 있으며, 연수에 발생한 뇌졸중의 초기 증상에 해당될 수 있다.[48] 이는 말할 때 호흡 조절을 방해할 수 있다.

정교한 폐기능 검사는 비정상적 호흡 기능을 정량화할 수 있고 종종 이를 설명해 줄 수 있다. 그러나 다음의 간단한 과제를 통해서도 말하기 위한 호흡 지지력(respiratory support)이 충분한지 확인해 볼 수 있다.

- 이전에도 언급되었듯이, 약증이 의심될 때, 기침과 성문타격 간의 선명함을 대조하면 강도가 감소하거나 구가 짧아지는 것이 성대 문제 때문인지, 아니면 호흡 문제 때문인지 구분하는 데 도움을 준다. 약한 기침과 제한된 복부와 흉곽 움직임은 호흡 약증이나 강직(rigidity)을 반영하는 것일 수도 있다.
- 간단한 물잔 압력계(water glass manometer)를 이용하여 말에 충분한 호기 압력을 산출할 수 있는지 추정할 수 있다(**그림 3-5**).[30] 이를 위해 길이(cm 단위)가 표시되고, 빨대가 클립에 의해 주어진 깊이로 고정된 유리잔(12cm 또는 그 이상 깊이의 컵)에 물을 채운다. 바람을 불어 거품이 산출되는 것을 균등하게 유지하기 위해서는 부는 사람이 빨대가 가리키는 눈금만큼의 호흡 압력을 유지해야 한다. 5cm 깊이까지 꽂혀 컵에 고정되어 빨대에 공기를 지속적으로 불어 거품 산출을 5초 동안 유지할 수 있으면, 대부분의 말 산출 목적을 위한 충분한 호흡량을 갖추고 있다는 것을 의미한다. 이것이 호흡 지지력(respiratory support)을 측정하는 타당한 방법이 되기 위해서는 환자가 연구개 폐쇄(또는 코를 막고 있어야 함)가 이루어져야 하고, 입술이 빨대에 밀착되

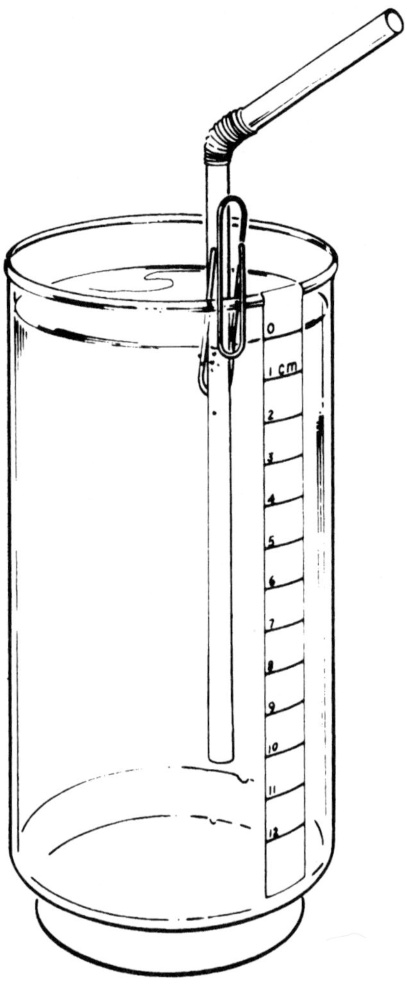

그림 3-5 호흡으로 말하는 데 충분한 정도의 압력을 생성하고 유지하는 능력을 측정하는 물잔 압력계.
출처: Hixon TJ, Hawley JL, Wilson KJ: An around-the-house device for the clinical determination of respiratory driving pressure: a note on making the simple even simpler, *J Speech Hear Disord* 47:413, 1982.

어 있어야 한다.

반사(환자 사례 66, 67)

반사(reflex)는 중추신경계나 말초신경계 질환의 병변 위치에 대한 확증적 단서(confirmatory clues)를 제공해 준다. 말 기제 평가에는 정상 반사(normal reflex)와 병리적 반사(pathologic reflex)를 포함한다. **정상 반사는 정상적인 신경계 기능을 반영해 주는 반사를 일컫는다.** 정상적으로 보여야 하는 반사가 없으면 이는 말초신경의 병리를 시사한다. 병리적(또는 원시) 반사는 유아기(infancy)에 보이나, 아이가 성장해 가면서 사라지게 된다. 그러나 이는 중추신경계 질환이 있을 때 다시 나타날 수 있고, 흔히 전두엽피질이나 피질하 영역에 손상이 있을 때 주로 발생한다. 병리적 반사는 **풀림 현상**(release phenomenon) 또는 뇌의 하부 영역에 가하는 피질 억제 영향의 감소를 반영해 준다.

개인에 따라 정상 반사가 수월하게 유도되는 정도와 반사의 강도는 매우 다양하다. 일정 비율의 성인에서도 원시 반사를 보이는 경우가 있는데, 이를 차지하는 비율도 나이가 들어감에 따라 증가한다.[37] 따라서 구강 운동 반사 검사의 결과는 모호할 수 있다. 그러므로 반사를 병적이라고 해석하는 데 주의가 요구되며, 반사가 미미하거나 분명하지 않게 보일 경우에는 중시할 필요는 없다.

1. **구토 반사**(gag reflex): 구토 반사 또는 인두 반사는 정상 반사에 해당된다. 이는 혀 뒤쪽, 인두후벽, 양측 구개활을 설압자로 쓰다듬는 것을 통해 유도될 수 있다. 자극에 대한 구심성 경로는 설인신경(glossopharyngeal nerve)이고, 그 운동 반응은 설인신경과 미주신경(vagus nerve)을 통해 이루어진다. 이 반사는 구개를 거상시키고, 혀가 뒤로 당겨지며, 인두벽을 괄약적 수축(sphincteric contraction)시키는 특성을 지니고 있다. 반응이 없는 것에서부터 혀를 단순히 건드리는 것만으로 유도되는 격한 구토 반사에 이르기까지 **정상적 구토 반사의 반응 양상은 매우 다양하다.**

   일반적으로 구토 반사는 비대칭적인 반응을 보일 때만 임상적으로 의미가 있다. 편측에만 반응이 없다면 반응 없는 쪽이 이상 소견을 보이는 것일 수도 있다. 반응이 양측에서 대칭적으로 관찰될 때에는 환자에게 주어진 자극을 양측으로 비교하여 볼 때 서로 다르게 느껴지는지를 물을 수 있다. 만약 서로 다르면, 감각 저하가 반사 반응 감소의 원인이 될 수 있다. 감각이 양쪽에서 다르게 느껴지지 않는다면, 반사의 운동 요소에 이상 소견에 기인하는 것일 수도 있다.
2. **하악 반사**(jaw jerk): 하악 반사(또는 상악 반사[maxillary reflex])는 성인에서 과도하게 나타나거나 쉽게 유도될 때 병리 소견을 반영하는 심부근육신장 반사(deep muscle stretch reflex)에 해당된다. 이를 검사하기 위해서 환자는 몸을 이완해야 하며(relaxed), 두 입술은 살짝 벌리고, 턱도 반 정도 열

려 있어야 한다. 설압자를 환자의 턱에 놓고, 반사 망치 또는 설압자를 들고 있지 않는 손의 손가락을 이용하여 가볍게 친다(**그림 3-6**). 삼차신경의 하악 가지는 반사의 구심성과 원심성 요소를 중재한다(mediate). 이 반사는 교근과 측두근의 수축으로 인해 나타나며, 결과적으로 턱이 닫히는 방향으로 빠르게 당겨지는 움직임(jerk)을 보이게 된다.[7]

정상 성인의 10% 정도에서 하악 반사가 나타난다.[43] 하지만 이 반사가 과장되어 나타날 때, 뇌교 중간에 위치하는 삼차신경핵 위쪽으로의 양측 상부운동신경세포 질환을 확증해 준다.

3. 빨기 반사(sucking reflex): 빨기 반사는 원시 반사에 해당된다. 설압자를 이용하여 윗입술을 쓰다듬는 방법으로 검사하는데, 윗입술의 측면에서 시작하여 인중을 향해 중앙으로 이동한다(**그림 3-7**). 이러한 방법으로 양측 모두 검사한다. 일반적으로 성인은 이러한 자극에 아무런 반응이 없다. 양성(병적인) 반응에는 입술을 오므리거나(purse) 또는 입술을 내미는(pout) 반응을 보인다. 이것이 나타난다면, 뇌교에 있는 안면신경핵 위쪽의 상부운동신경세포 질환을 확증해 준다. 이는 전두엽의 전운동영역의 편재된 부위와 상관을 보이며, 치매 환자들에게서 자주 관찰된다.[7,60]

빨기 반사가 더 심해질 경우, 물체가 입 근처에 가기만 해도 입술을 오므리거나, 입이나 볼 모서리에 촉각 자극을 주었을 때 입을 그 자극 방향으로 돌리기도 한다. 이러한 반응이 나타날 때는 이를 포유 반사(rooting reflex)라고 일컫는다.

4. 입술 반사(snout reflex): 원시적인 입술 반사는 빨기 반사와 유사하다. 인중을 가볍게 치거나[24](**그림 3-8**) 입술과 인중의 중앙선 부위를 중지로 누르는 것을 통해 촉진될 수 있다.[37] 반응 양상으로는 입술을 오므리거나(pucker), 아랫입술을 앞으로 내밀려 올리고 양쪽 입꼬리를 아래로 내리는 반응을 보인다. 이러한 반응이 나타날 때 해석에 주의를 기울여야 하는데, 이러한 반응은 20~80대 정상 성인의 17%에서 보이며, 60세 이상이 되면 대략 두 배의 수에서 이러한 반사 증상을 보이기 때문이다.[37]

5. 손바닥 턱 반사(palmomental reflex): 손바닥 턱 반사는 원시 반사에 해당되는 것으로, 손바닥에 뭉

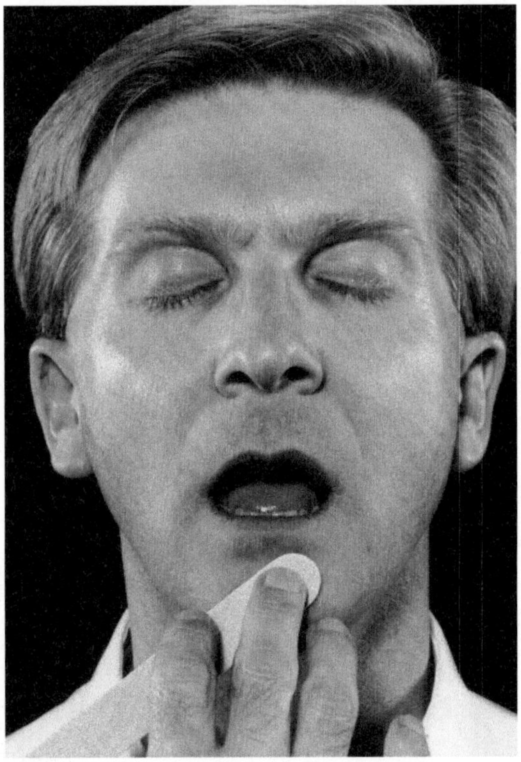

그림 3-6 하악 반사를 유도하는 위치(절차와 반응은 본문에 기술됨).

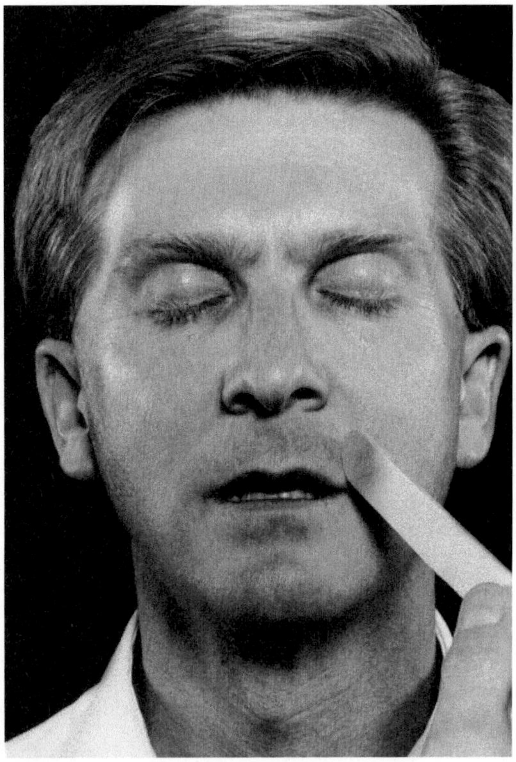

그림 3-7 빨기 반사를 유도하는 위치(절차와 반응은 본문에 기술됨).

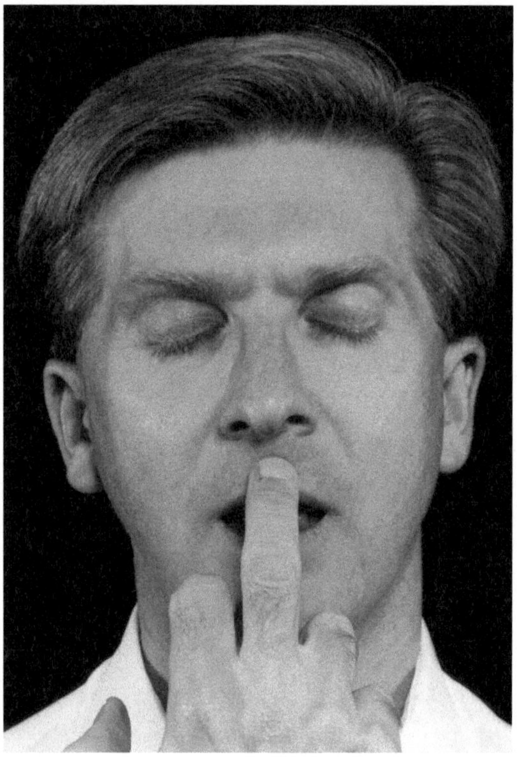

그림 3-8 입술 반사를 유도하는 위치(절차와 반응은 본문에 기술됨)

툭한 물체(예: 설압자)로 힘차게 문지르는 것을 통해 유도된다. 반사의 반응으로는 턱근육(mentalis muscle)의 짧은 반응으로 동측 턱 근육이 살짝 올라가는 양상으로 관찰된다. 반응이 두드러질 경우, 자극하는 쪽의 반대측 중심엽(paracentral cortex) 또는 그것의 투사섬유(projection fibers)에 손상이 있음을 시사한다.[7] 단, 반사 반응이 있을 때 해석은 조심스럽게 해야 한다. 왜냐하면 정상 성인 중 37%가 30~90세의 나이에 이러한 반사를 보이고 있으며, 90세 정도 될 때는 발생률이 60%까지 증가하기 때문이다.[37]

수의적 vs. 자동적 말 산출 근육의 비구어 움직임 (사례 69, 70)

말 근육의 비구어 수의적 움직임(nonspeech volitional movement)과 비교적 자동적이거나 숙달된 반응을 하며 시행하는 비구어 움직임 사이에는 차이가 있다. 감정적인 반응을 보이는 동안 얼굴의 움직임과 수의적으로 수행하는 얼굴 움직임 사이에도 차이가 있으며, 이는 앞에서 언급한 바 있다.

말의 프로그래밍 능력에 부담이 더해지거나 쉽게 촉진될 수 있듯이, 비구어 프로그래밍 능력도 마찬가지 양상을 보일 수 있다. 천막상 구조에 손상이 있을 때(특히 대뇌 우세반구) 또는 말실행증이나 실어증이 의심될 때, 말 관련 근육들을 이용하여 모방하거나, 명령 수행 가능 여부를 통하여 비구어 움직임 수행 능력을 검사해야 한다. 이는 **비구어 구강실행증**(nonverbal oral apraxia) 유무를 확인하기 위한 것이다.

과제들은 간단하며 일부는 구강 기제 검사에서 시행하는 항목들과 동일하다. 구두 명령으로 반응을 유도하나 이해력이 저하된 경우(주로 실어증이 동반된 경우에 그러함) 또는 환자가 이해는 가능하나 과제 수행에 어려움을 보이면, 모방이 사용되기도 한다. 이 과제를 수행하며 주의 깊게 관찰해야 할 것은 목표를 벗어났으나 근접한 오류(off-target approximations), 명백한 실수(frank errors), 또는 자기수정(self-corrections) 시도가 동반되면서 수행이 부정확하다는 것에 대한 환자의 인식이다. 비구어 구강실행증이 있는 환자들에게 "기침 하세요."라고 요구를 하면, "기침, 기침."이라고 말하거나 또는 "허, 허." 소리를 낸 후 반응이 부정확하다는 것을 알아차리고, 자기수정을 시도한다. 모방을 하면 수행이 종종 호전되지만, 잠시 후 다시 검사하면 수행이 다시 부정확해지기도 한다. 요구하였을 때 수행 못 하였던 것도 반사적으로는 수행이 가능할 수도 있다(예: 기침해 보라는 요구에는 수행을 못 하였으나, 반사적으로 기침하는 것은 가능함). 이러한 차이는 비구어 구강실행증을 시사하는 것으로, 우세반구 손상 때 나타난다. 말실행증은 실어증을 자주 동반하나 항상 그렇지는 않다. 비구어 구강실행증을 확인하기 위한 유용한 과제는 **글상자 3-1**에 제시되어 있다.[12]

C. 지각적 말 특성 평가

말운동장애는 여러 가지 방법으로 평가될 수 있다. 임상적인 측면에서 중요한 것은 평가를 통해서 진단이나 치료에 중요한 행동들을 유도하는 것이다. 기억해야 할 것은 **진단 목적을 위해 하는 것과 치료 권고를 수립하기 위해 하는 것은 동일하지 않을 수 있다는 것**이다. 이 부분에서 관심의 초점은 말장애 진단을 위해 청지각적으로 두드러

글상자 3-1

비구어 구강 움직임 조절과 순서화 평가 과제

지시: 환자에게 다음의 과제를 수행하라고 지시함. 지시에 환자가 반응을 보이지 않으면 모방하도록 유도함. 다음 척도를 이용하여 채점함.

- **4** 정확하고 즉각적이며 힘들이지 않은 반응
- **3** 정확하지만 어색하거나 느린 수행
- **2** 움직임을 위한 여러 시행착오 후에 정확함
- **1** 부정확하거나 부분적으로만 정확함

채점 기호: **NR**=무반응(no response), **V**=발성 또는 구두반응 동반 또는 대치(예: 환자가 기침을 하는 반응을 보이는 대신 '기침'이라고 말함), **P**=보속증

항목	명령	모방
1. 기침해 보기	________	________
2. 혀로 '똑딱' 소리 내 보기	________	________
3. 불	________	________
4. 아랫입술 깨물기	________	________
5. 볼 부풀리기	________	________
6. 입맛 다시기	________	________
7. 혀 내밀기	________	________
8. 입술 핥기	________	________

출처: Darley FL: Differential diagnosis of acquired motor speech disorders. In Darley F, Spriestersbach D, editors: *Diagnostic methods in speech pathology*, ed 2, New York, 1978, Harper & Row에서 수정 발췌.

진 말의 이상 소견을 확인하기 위한 방법에 있다.

마비말장애 진단에 기여하는 주요한 청지각적 요소 대부분은 DAB 연구에 바탕을 둔다. 이들의 업적은 영향력이 있기에 이들이 시행한 중대한 연구에 대해 간단하게 요약하도록 한다.[5]

메이요 클리닉의 말운동장애 연구

고전적 교재인 『말운동장애(*Motor Speech Disorders*)』[13]는 임상 연구와 그 연구 노력을 요약한 두 편의 중요한 연구에서 나온 결과물이다.[14,15] 그들의 연구에서 DAB[14,15]는 212명 환자들의 말 자료를 분석하였다. 모두 7개군으로 이루어진 환자군 각각에 최소한 30명의 환자들이 포함되었다. 7개의 환자군은 다음과 같다. (1) 구(연수)마비(bulbar palsy), (2) 가성구마비(pseudobulbar palsy), (3) 소뇌병변(cerebellar lesions), (4) 파킨슨증(parkinsonism), (5) 근긴장이상(dystonia), (6) 무도무정위운동(choreoathetosis), (7) 근위축성 측삭 경화증(amyotrophic lateral sclerosis, ALS). 이 환자군들은 각각 이완형, 경직형, 실조형, 운동저하형, 운동과잉형(근긴장이상과 무도무정위운동)과 혼합형 마비말장애(ALS가 혼합형 마비말장애의 원인이 될 수 있음)의 마비말장애 유형들에 대응된다. 각 환자들은 명백한 신경학적 증상과 징후를 보여 7개 군 중 한 개에만 속하였다. 모든 환자들은 말장애가 있었고, 신경학적 진단을 내리는 데 말 특성이 사용되지 않았다.

문단 읽기 및 일부 경우에는 대화 과제와 문장 따라말하기를 수행하는 음성 녹음 자료가 검토되었다. 이를 통해, 말 이상 소견의 범위를 아우르는 38개의 말과 음성 특성들을 엮었다. 이 특성들은 음도, 음량, 음성과 공명, 호흡, 운율, 조음과 관련이 되는 것들이었다. 두 가지 총체적인 특성인 명료도(intelligibility)와 기괴한 말(bizzareness)도 포함되었다. DAB는 각각의 음성 자료를 38번까지 들어 봤고, 매번 각 말 특성을 7점 등간척도(7 point,

[5] 마비말장애 이해와 과학적 연구에 기여한 DAB에 대한 요약은 Duffy와 Kent[20] 참조.

equal-appearing interval scale)를 이용하여 점수를 매겼다. 이를 통해 용납할 수 있을 정도의 시간적 신뢰도와 평가자 간 신뢰도를 얻었다.

7개의 질환군 각각이 보이는 말 특성은 이를 군 사이에 비교하고 가장 두드러진 특성을 확인할 수 있는 방법으로 분석되었다. 말의 이상 소견을 보이는 '특성군(clusters)'도 확인되었다. 특성군은 특정 말의 이상 소견의 특징이 특정 환자군에서 보이는 경향성을 나타내 준다. 각 군은 독특한 말 특성군을 보였는데, 이는 특정한 신경학적 질환으로 인해 추정할 수 있는 신경근육적 기질(neuromuscular substrates)과 논리적으로 연관된다. 더 나아가, 이러한 분석은 개개의 말 이상 소견에 해당하는 신경근육적 기질을 추론 가능하게 해주었다.

DAB는 그들이 내린 결론이 "마비말장애의 문제를 기술해 주기 위한 더욱 정확한 생리학적 · 신경생리학적 측정"[15]을 위한 가설 역할을 해주기를 바랐고, 이러한 그들의 희망은 현실화되었다. 많은 음향학적 · 생리학적 후속 연구들의 결과는 DAB가 세운 가설에 기초하였고, 후속으로 이루어진 청지각적 분석을 이용한 연구들은 DAB가 확인한 이상 말 특성에 의존하였다. 또한 마비말장애 유형 간에 감별진단을 해야 하는 여러 임상가들은 DAB와 그 후속 연구자들이 찾아내고 명명한 일탈적 말 특성군(clusters of deviant speech characteristics)과 특성을 확인하는 것을 통해 감별진단을 시행하였다.

변별적 말 특성—마비말장애와 말실행증

말운동장애에 해당되는 변별적 말 특성(distinctive speech characteristics)은 각각의 마비말장애 유형을 다루는 장에서 제시된다. 부록 A에는 마비말장애 연구에 DAB가 사용한 특성들의 목록을 제시하고 각 특성들을 정의한다('명료도'와 '기괴한 말'은 제외됨). 또한 마비말장애와 말실행증을 기술하고 감별하는 것과 관련 있는 여러 가지 추가적인 특성들도 포함되어 있다. 독자들은 이러한 용어들이 이후에 제시되는 말운동장애에 대한 논의의 기초를 이루기 때문에, 이러한 용어들에 익숙해질 필요가 있다(말운동장애 특성들의 예는 대부분 부록으로 제시된 웹사이트에 제시되어 있음).

글상자 3-2는 일탈적 말 특성을 확인하고 측정하는 데 도움이 될 수 있는 척도(rating form)의 예이다. 이는 부록 A에 제시된 말 특성을 모두 포함하고 있다. 일부 특성들은 특정 과제에서만 관찰할 수 있는 특성에 해당된다(예: 교대운동속도[AMR], 모음연장).

메이요 클리닉에서는 말 특성을 측정하기 위한 이상 소견에 대하여 0에서 4점에 이르는 척도를 이용한다(0=정상, 1=경도, 2=중도, 3=뚜렷함[marked], 4=심도). DAB 연구에서 사용하였던 7점 척도를 사용하지 않는다는 것은 중요하지 않다. 왜냐하면 감별진단에 있어서 보통 일탈적 말 특성의 유무를 판단하는 것이 각각의 중증도를 파악하는 것보다 더 중요하기 때문이다. 0~4점에 이르는 척도를 사용하는 이유는 이 척도가 흔하게 이용되는 중증도의 표현(정상, 경도, 중도, 뚜렷함, 심도)과 일치하며, 신경과 의사들이 운동과 감각 평가 결과를 측정할 때 0에서 4점에 이르는 5점 척도를 이용하기 때문이다. 필요할 경우에는 4점으로 이루어진 척도가 필요에 따라서는 항목 간 점수를 이용하여 확장될 수도 있다(예: 0, 1=모호하게 특성을 보임, 2, 3=중도에서 뚜렷한 정도의 장애). 어떤 특성들은 플러스와 마이너스로 표시할 수 있다. 예를 들어, 음량이 감소한 것에 대하여서는 마이너스를 붙일 수 있고, 음량이 커진 것에 대하여서는 플러스를 줄 수 있다. 음도가 높을 때는 플러스를 주고 낮을 때는 마이너스를 주며, 속도가 느릴 때는 마이너스를 매기고, 속도가 빠를 때는 플러스로 매길 수 있다. 훈련과 경험을 통해 임상가들은 중증도 척도를 이용하여 중증도 평가를 하는 데 수용할 만한 신뢰도를 얻을 수 있게 된다. 감별진단을 배우는 과정에서 임상가에게 가장 까다로운 점은 말 특성을 듣고 일탈적인 특성의 유무를 판단하는 것이다. 이는 경험을 통해, 그리고 본인이 평가한 것과 다른 경험 있는 임상가가 평가한 것과 비교하여 신뢰도를 확인해 볼 수 있는 기회를 통해 달성할 수 있게 된다.[6]

---

[6] 말운동장애의 지각적 평가는 신뢰성 있게 수행할 수 있다는 가정을 바탕으로 하고 있음. 하지만 실상은 어떤 행동이든 간에 행동에 대해 판단한다는 것이 신뢰도가 높지 않음. 최근 자료에 따르면 마비말장애 화자의 말에 대한 지각적 평가에 대한 청자 일치도는 신뢰도가 갖추어졌다고 하나,[8] 다른 연구에 따르면 임상가들 간의 신뢰도가 저하되며 학생들도 비슷한 정도의 지각적 판단을 한다고 보고됨.[22,38,54,55,68,70] Kent 등[44]은 신뢰도를 연구하는 데 사용되는 방법이 임상 현장에서 사용하는 절차를 반영해 주지 않으며 "신경학이나 언어병리 분야에서 시행하고 있는 평가 전체는 평가의 개별적인 구성요소의 한계를 초월하는 건재함(robustness)이 있다."라고 함. Duffy와 Kent[20]는 지각적 기술에 신뢰도와 마비말장애 진단에 중요하다고 강조하면서도, "마찬가지로 중요하게 봐야 할 것은 신뢰도에 관한 연구나 신뢰도를 훈련하는 노력들이 임상적 전문가들이 진단적 결론에 이르기 위해 실제적으로 사용하는 임상적 과정과 전략을 반영하거나, 근접하거나 최소한 이에 대해 인식하고

글상자 3-2

말운동장애에서 관찰되는 일탈적 말 특성을 평가하는 양식

이름: ______________ 말운동장애 진단명: ______________

신경학적 진단: ______________

나이: ______________ 검사일: ______________

말운동장애 평가척도

각 특성에 0~4점에 이르는 점수를 매김(0=정상; 1=경도, 2=중도, 3=뚜렷함, 4=심도)

음도	음도 수준(pitch level)(+/−)______ 음도 일탈(pitch break)______ 단음도(monopitch)______ 음성 떨림(voice tremor)______ 후두 간대성 근경련(laryngeal myoclonus)______ 이중음도(diplophonia)______	**호흡**	노력성 호흡(forced inspiration-expiration)______ 가청 흡기(audible inspiration)______ 흡기 천명음(inhalatory stridor)______ 호기말 큥큥 소리(grunt at end of expiration)______
음량	단음량(monoloudness)______ 과도한 음량 변이 (excessive loudness variation)______ 음량 쇠퇴(loudness decay)______ 교차음량(alternating loudness)______ 전반적 음량(overall loudness)(+/−)______	**운율**	말 속도(rate)(+/−)______ 짧은 구(short phrases)______ 분절 내 속도 증가(increased rate in segments)______ 전반적 속도 증가(increased rate overall)______ 강세 저하(reduced stress)______ 속도 변이(variable rate)______ 늘어진 간격(prolonged interval)______ 부적절한 쉼(inappropriate silence)______ 짧은 말 뭉침(short rushes of speech)______ 과균등 강세(excess and equal stress)______ 음절 분절 (syllable segmentation)
음질	거친 음성(harsh voice)______ 목쉰(젖은) 음성(hoarse[wet])______ 기식음(연속)(breathy voice[continuous])______ 기식음(일시적)(breathy voice [transient])______ 쥐어짜는 음성(strained-strangled voice)______ 음성 끊김(voice stoppages)______ 빠른 음성 떨림(flutter)______	**조음**	부정확한 자음(imprecise consonants)______ 음소 연장(prolonged phonemes)______ 음소 반복(repeated phonemes)______ 불규칙적 조음 붕괴 (irregular articulatory breakdowns)______ 모음 왜곡(distorted vowels)______ 왜곡된 조음 모색(distorted articulatory groping)______ 속도 증가로 인한 오류 증가 (increased errors with increased rate)______
공명(및 구강내압)	과다공명(hypernasality)______ 과소공명(hyponasality)______ 비강누출(nasal emission)______ 약한 파열음(weak pressure consonants)______	**기타**	느린 교대운동속도(slow AMRs)______ 빠른 교대운동속도(fast AMRs)______ 불규칙적 교대운동속도(irregular AMRs)______ 순서가 불규칙한 일련운동속도 (poorly sequenced SMRs)______ 음성 틱(vocal tics)______ 동어반복증(palilalia)______ 외언증(corprolalia)______

메이요 클리닉 마비말장애 연구[14,15]에서 사용된 특성들을 수정한 것이며, 마비말장애를 분류하는 데 도움이 되는 특성들이 추가됨.

일단 평가 척도가 작성되면, 이를 이용하여 환자의 말 특성을 기술할 수 있다. 경험 있는 임상가들은 정확하게 기록된 일탈적인 말 특성을 읽는 것만으로도 이들 중 중요한 특성군을 알아보며, 정확한 진단을 이끌어 낼 수 있다. 이는 말을 왜 정확하게 기술해야 하는지에 대한 필요성을 보여 준다.

지각적 분석에 사용되는 '스타일'

교향곡의 경우, 음표(notes), 악곡의 마침(cadence), 악기(instruments)와 이들 사이의 시간적 관계를 자세하게 분석하여 해석(parse)됨으로써 그 복잡한 토대를 이해할 수 있다. 한편으로는 곡이 연주되는 것을 들으면서, 곡이 전달하는 감정적 메시지를 과거의 경험과 결부해 가며 그 곡의 독특한 특성을 제대로 인식함으로써, 그 곡의 주제(theme), 감정(mood)과 메시지의 진가를 확인할 수 있다.

말운동장애 유형을 감별하는 것도 이와 유사한 방법으로 접근 가능하다. 경험이 부족한 임상가들은 아직 참조할 만한 말운동장애의 내재된 지각적 표상이 없기 때문에 진단할 때 조금 더 분석적으로 접근해야 한다. 그 결과, 각각 말 특성을 확인하고 목록을 작성하며 이를 말운동장애와 연관된 특성들과 비교해 보아야 한다. 이러한 과정은 변별적 말 특성을 확인하는 훈련이 될 수 있으며, 이상 특성들의 유무를 기록하고 그 중증도를 명시하는 데 필수적이다. 하지만 이러한 분석적 과정에서는 자칫하면 모든 정상적 · 비정상적 개개의 말 특성이 지속적으로 서로 일시적이면서도 변화무쌍한 상호작용을 통하여 변화된다는 점을 간과할 수 있다. 질환에 대한 총제적인 인상(gestalt)은 체크 목록을 작성하는 방법의 접근만으로 얻기가 어렵다.

경험이 풍부한 임상가들은 정보의 통합(synthesis) 또는 복잡한 패턴 인식(complex pattern recognition)을 통하여 진단에 이른다. 이들은 말 특성을 특정 말운동장애가 보일 수 있는 익숙한 음(tune), 익숙한 음의 장르로 파악한다. 이렇게 되면, 각 특성의 유무를 기록하고, 말 진단에 이르게 되는 근거를 요약하기 위해 일탈적 말 특성의 목록을 기록할 수 있다. 단, 이러한 통합적 접근에서는 독특하고도 중요한 특성을 가끔 놓치거나 누락하여, 결국 잘못된 진단에 이를 위험이 있다. 하지만 말의 패턴을 총체적으로 파악하는 것이 말장애 감별진단에서 가장 섬세하고 신뢰할 만하며 효율적인 방법이 될 것이다.

말 평가 과제

적은 수의 잘 선정된 말 과제만 가지고도 말의 이상 소견을 기술하고 해석하기에 충분한 정보를 얻을 수 있다. 이렇게 얻은 정보를 분석하는 데 가장 중요한 도구는 임상가의 귀와 눈이며, 필요한 경우 반복적으로 듣거나 보면서 분석에 필요한 녹음이나 영상 녹화를 할 수 있다.

아래 제시되는 여섯 가지 과제는 호흡-발성(respiratroy-phonatory), 연인두(velopharyngeal), 조음 체계(articulatory systems)를 가능한 한 분리시켜 독립적으로 평가하며 더 나아가 이들이 서로 함께 작용하는 것을 관찰할 수 있도록 고안된 것이다. 서로 다른 과제들이 다양한 장애에 서로 다르게 민감하기 때문에,[41] 이 과제들을 함께 사용하여 평가하는 것이 서로 다른 말운동장애를 변별하고 중요한 말장애 특성을 감지하는 데 도움이 된다.

1. 모음연장(vowel prolongation): 발성은 호흡 기능 없이 평가될 수 없다. 한 구성요소의 장애 소견은 다른 구성요소가 제 기능을 하는 데 영향을 준다. 말 산출에서 호흡-발성 체계를 분리하는 가장 쉬운 방법은 모음연장을 통해서이다. 환자에게 "숨을 깊게 들이쉬고, 최대한 길고 안정적으로, 숨이 찰 때까지 '아' 소리를 내세요."라고 지시한다. 이러한 지시와 함께 몇 초간 임상가가 시범을 보여 준다. 음도와 크기를 명시해 줄 필요는 없다. 왜냐하면, 대부분의 환자들이 자동적으로 그들의 습관적(habitual) 음도와 크기로 소리를 산출하기 때문이다. 대화할 때 산출하는 정도와 비교하여 눈에 띄게 다른 음도와 크기로 소리를 산출한다면, 환자에게 조금 더 자연스럽게 과제를 수행하라고 지시를 해야 한다. 조금 더 높거나 낮은 음도로 또는 조금 더 작은 소리 또는 큰 소리로 소리를 내라고 지시해야 할 필요가 있을 때도 있다. 또한 종종 발성을 지속하라고 지시해 주어야 하는 경우도 있다.

이 과제를 수행하면서 임상가는 **글상자 3-2**에 제시된 음도, 음량, 음질의 범주에 분류되어 있는 특성들에 귀 기울여야 한다(단음도[monopitch], 단음량[monoloudness]은 모음연장 과제를 수행하면

있어야 한다. 이것이 무시된다면 DAB 분류 체계가, 이 체계의 신뢰도를 검토하는 데 적절하지 않은 방법을 사용한 연구들로 인해, 신뢰도가 낮은 방법이라고 오인될 위험이 있다."라고 보고함.

표 3-2

젊은이와 노인(일반적으로 65세 이상)의 남녀 성인을 대상으로 모음 '아'의 최대 발성 시간을 초 단위로 잰 평균치. 이 자료는 Kent, Kent, Rosenbeck[42]의 말 산출의 최대 수행과제에 대한 검토 자료에 수록됨. 괄호 안에 표준편차가 제공됨.

	중앙값 (median)*	최소값 (minimum)†	최대값 (maximum)‡
젊은 남성	28.5(8.4)	22.6(5.5)	34.6(11.4)
젊은 여성	22.7(5.7)	15.2(4.1)	26.5(11.3)
노인 남성	13.8(6.3)	13.0(5.9)	18.1(6.6)
노인 여성	14.4(5.7)	10.0(5.6)	15.4(5.8)

*연구들에 보고된 평균과 표준편차의 중앙값
† 연구들에 보고된 최저 평균값과 최저 표준편차
‡ 연구들에 보고된 최대 평균값과 최대 표준편차
주: 최소값들의 중간값: 젊은 남성=15; 젊은 여성=11.8; 노인 남성=8.5; 노인 여성=6.5.

서 평가되어야 하는 항목이 아님). 최대 발성 시간(maximum phonation time, MPT)도 명시해야 한다. MPT는 정상 화자들 간에도 변이가 크다. 일반적으로 다른 호흡 또는 성대의 이상 소견이 없다면 MPT가 9초 이상이 될 때 정상 소견에 해당된다고 간주된다(표 3-2). 모음연장 과제는 추후에 변화 여부 확인을 위해 비교할 수 있는 기초자료로 사용될 수 있는데, 이는 특히 검사자가 환자가 최대한의 노력을 기울여 산출하였다는 확신이 있을 때 해당된다. 음향학적 분석은 모음연장 과제를 할 때 마비말장애를 기술하는 데 관련 있는 음성의 여러 변수(parameters)를 정량적으로 분석하는 데 사용될 수 있다. 예를 들어, 목소리 떨림(tremor) 유무가 지각적으로 불분명한 경우에 이를 해소해 주며, 떨림의 주파수를 정량화해 줄 수 있다. 비디오스트로보스코피(videostroboscopy)를 통하여 성대를 직접 관찰함으로써 마비, 약증, 진전, 간대성 근경련(myoclonus), 근긴장이상(dystonia) 등으로 인한 성대 움직임의 패턴을 확인하거나 확진하는 데 사용할 수 있다.

환자가 모음을 산출할 때 환자의 턱, 얼굴, 혀와 목을 관찰해야 한다. 이 과제는 고정된 자세를 유지하며 수행해야 하는데, 이때 위 구조들에서 우발적인 움직임(adventitious movements)이 관찰되기도 한다. 빠르거나 느린 우발적인 움직임은 기저에 있는 운동장애를 시사할 수 있다.

지속되는 노력과 최대수행이 요구되는 말에 대한 생리학적 지지력(physiologic support)을 평가하기 위한 과제들의 타당도는 단순한 자발적 움직임(예: 눈을 감고 있기)을 유지하지 못하는 특성인 운동 비지속성(motor impersistence) 때문에 제대로 평가되지 못할 수 있다. 운동 비지속성은 대뇌손상, 특히 우뇌손상 환자들에게서 나타날 수 있다. 이 경우에는, MPT 수행이 두드러지게 저하될 수 있고(예: 3초 미만), 구강 기제 검사를 할 때 요구되는 자세 유지 능력 저하를 보일 수 있으며(예: 입을 벌리고 있거나, 혀를 내밀고 있기), 교대운동속도(alternate motition rate, AMR)와 일련운동속도 (sequential motion rate, SMR)를 유지하는 데 어려움을 보일 수 있다. 운동 비지속성은 운동을 지속하는 데 필요한 지속 주의(sustained attention)를 기울이는 기제의 손상을 반영해 주는 것일 수 있다.[47] 이는 운동 활동을 위한 생리학적 지지력이 감소해서 그런 것은 아니다. 이러한 현상을 보인다면, 이것이 과제 수행에 미칠 수 있는 영향에 대하여 염두에 두어야 한다.

2. 교대운동속도(alternating motion rate, AMR): AMR이나 교호운동속도(diadochokinetic, DDK)를 통해 반복된 턱, 입술, 혀의 전방과 후방 움직임의 속도와 규칙성을 평가할 수 있다. 이를 통해 조음의 정확성, 연구개 폐쇄 능력, 연장 과제 수행에 필요한 호흡과 발성 능력을 간접적으로 살펴볼 수 있다. AMR의 일차적 목적은 빠르고 반복적인 조음 움직임의 속도와 정확성을 평가하기 위한 것이다.

환자에게 "숨을 들이쉬고 '퍼-퍼-퍼-퍼'를 길고 안정적으로 반복해 보세요."라고 지시한다. 이러한 지시를 한 후 임상가는 2~3초 정도 시범을 보여 준다. 환자가 3~5초 정도의 수행을 보이면 일반적으로 충분하다. 임상적 판단을 내리기 위한 충분한 샘플을 얻었으면 환자에게 중단할 것을 지시한다.

'퍼' 반복이 끝나면, '터' 반복을 시키고, '커' 반복을 시킨다. 다른 조음 위치와 방법의 수행 확인을 위해서 다른 '자음+모음'을 조합한 AMR 과제를 시행해 볼 수 있다. 후두 AMR을 확인하기 위해서는 '허'[52] 음절 또는 모음 '이'를 빠르게 반복시킴으로써 확인할 수 있다.

몇 초 이상 AMR을 유지하지 못하는 것은 간혹 호

표 3-3

Kent, Kent, Rosenbeck[42]에 수록된 말 산출을 위한 최대수행 과제 검토 자료에 수록된, 정상 성인의 젊은이와 노인을 대상으로 한 AMR과 SMR 수행. 표준편차는 괄호 안에 표시됨.

운동속도과제	중앙값*	최소값†	최대값‡
/퍼/	6.3(0.7)	5.0(0.4)	7.1(1.2)
/터/	6.2(0.8)	4.8(0.4)	7.1(1.1)
/커/	5.8(0.8)	4.4(0.6)	6.4(1.1)
/퍼터커/	5.0(0.7)	3.6(0.3)	7.5(1.3)

AMR=교대운동속도(alternate motion rate)
SMR=일련운동속도(sequential motion rate)
*연구들에 보고된 평균과 표준편차의 중간값
† 연구들에 보고된 최저 평균값과 최저 표준편차
‡ 연구들에 보고된 최대 평균값과 최대 표준편차
주: 연구들에서 보고된 최저값의 중간값:
/퍼/=4.8; /터/=4.4, /커/=4.4; /퍼터커/=4.3

흡-발성 또는 연구개 단계에서의 어려움을 반영하는 것이기도 하다. 환자들이 반복적인 리듬이나 특이한 억양(cadence)을 사용하거나, 규칙적인 반복을 산출하는 데 어려움을 보이면, 다시 산출해 보라고 지시하거나 느린 속도로 산출하는 연습을 하고 그다음에 최대한 빠른 속도로 산출해 보라고 해야 한다. 어떤 환자들은 빠르게 AMR을 수행하느라 발음의 정확성이 저하되는 경우도 있다. 이때는 정확하게 산출하면서 가능한 한 빠르게 산출하라고 지시해 주어야 한다.

'퍼', '터', '커'로 시행하는 AMR은 초당 5~7회 정도 정확하게 산출될 수 있다. 경우에 따라 '커'가 '퍼'와 '터'보다 약간 느릴 수는 있다(표 3-3). 일부 음향학적 분석 소프트웨어를 이용하여 자동적으로 AMR의 속도와 규칙성을 정량화할 수도 있으나, 초시계를 이용하여 속도를 측정할 수 있다. 경험이 풍부한 임상가들은 수행 속도를 명확하게 측정하지 않고서도 0~4점 척도를 이용하여 말 속도와 규칙성을 평가할 수 있다. 예를 들어, 경도로(mildly) 저하된 AMR의 속도는 −1, 심도로(severely) 느려진 AMR 속도(~1/초)는 −4, 뚜렷하게(markedly) 빠른 속도는 +3 등으로 점수를 매길 수 있다. 유사하게 경도로 불규칙한 AMR은 1, 중도로 불규칙한 AMR은 2 등으로 점수를 매길 수 있다. AMR 평가에 대한 평가자 간 신뢰도(interjudge reliability)도 문제가 될 수 있어,[25] 신뢰도 확립을 위한 연습과 노력이 필요하다.

AMR을 수행하는 동안의 턱과 입술 움직임 범위도 관찰해야 한다. 이는 마비말장애 유형에 따라 감소하거나 변이가 있을 수 있기 때문이다. 턱과 입술 움직임의 리듬도 관찰해야 하는데, 때로는 불협응(incoordination)이 보일 수도 있기 때문이다. 마지막으로, 턱, 입술, 혀 움직임에 방해가 있거나 무관한 움직임(extraneous movement) 여부도 명시되어야 하는데(예: 혀 내밀기[tongue protrusion], 입술 당김 또는 오므리기[lip retraction or pursing], 입술 짭짭 하기[lip smaking]), 이는 기저에 있는 운동장애(movement disorder)를 시사할 수 있기 때문이다.

말 과제의 AMR은 말운동장애가 있는 환자들에게는 느리거나 정상적일 수 있다. 그러나 빠르거나 속도가 빨라지는 것 또한 병리적인 소견에 해당될 수 있다. 불규칙적 AMR은 모든 말운동장애의 유형에 해당되는 것은 아니고 일부 유형에서만 보인다. AMR의 속도와 규칙성에서의 이상 소견을 보이는 것은 몇 가지 마비말장애 유형 진단에 유용하다. AMR은 여러 유형의 마비말장애 환자들에게서 말 속도와 조음 속도와 적당한 상관(moderate correlation)을 보인다.[51]

3. **일련운동속도**(sequential motion rates, SMR): SMR은 한 조음 위치에서 다른 조음 위치로 움직이는 순서를 빠르고 정확하게 수행하는 능력을 평가하는 것이다. AMR에 비하여 SMR은 계획과 프로그래밍 능력이 많이 요구된다. 이러한 이유로 **말실행증이 의심될 때 SMR 과제가 유용하다.**

환자에게 "숨을 들이쉬고 제가 그만하라고 할 때까지 '퍼터커 퍼터커 퍼터커'를 반복해 보세요."라고 지시한다. 이러한 지시를 한 후 2~3초 소요되는 시범을 임상가가 보여 준다. 어떤 사람들은 음절의 순서를 다시 설명해 주어야 하는 경우가 있고, 어떤 사람들은 과제에 대한 감을 잡는 데 도움이 되기 위해 느리게 하거나 같이 연습해 주는 과정이 필요한 경우가 있을 수 있다. 음절의 순서가 학습되지 않을 때는 '바닷가, 바닷가, 바닷가(buttercup, buttercup, buttercup)'를 반복해도 용납 가능하나 의미가 있는 단어를 반복하는 것은 '퍼터커'를 반복하는 것보다는 단순한 과제가 된다는 것을 염두에 두어야 한다.

4. **문맥 발화**(contextual speech): 말의 모든 측면에서

통합된 기능을 평가하기 위한 가장 유용한 과제는 문맥 발화(contextual speech)이다. 여기에는 대화, 서술(narratives)과 더불어 대표적인 음성 샘플(representative phonetic sample)을 포함하고 있는 표준화된 문구를 음독(reading aloud)하는 것이 해당된다. 잘 알려진 '할아버지 문단(Grandfather Passage)'은 평가 목적으로 자주 사용된다(**부록 B** 참조).

문맥 발화는 병력을 수집하는 동안 수집할 수 있다. 그러나 병력의 정보에 주의를 기울여야 하기 때문에 정식으로 말 특성의 이상 소견을 확인하는 것은 나중으로 미루는 것이 좋다. 가족, 직업, 취미에 대한 열린 질문들을 통해 말 특성을 파악하는 데 충분한 말 샘플을 유도할 수 있다. 하지만 성격, 우울증, 불안감(anxiety) 또는 인지적 결함으로 인해 환자의 반응이 제한적인 경우도 있다. 어떤 사람은 그림을 보고 묘사하는 설명 과제를 수행할 때 열린 질문에서 보다 조금 더 순조롭게 반응을 한다.

표준화된 문단을 읽게 하는 것으로 연결 발화(connected speech)의 좋은 샘플을 얻을 수 있으나 신경학적으로 건강한 성인의 음독 능력(reading aloud)은 변이성이 크다. 글을 음독하는 데 능숙하지 않은 사람들은 느리고 머뭇거리며 오류를 보일 수 있고, 대화 때와 다른 운율 특징을 보일 수 있다. 이러한 양상이 두드러질 경우에는 읽기 과제에서 얻는 정보는 판단을 그르치게 할 수 있어 자료로서의 가치가 크지 않다.

5. **부하검사**(stress testing): 말운동장애가 있는 사람들은 종종 대화가 길어지거나 때로는 하루가 경과하면서 갈수록 몸이 피곤해져서 말이 더 나빠진다고(speech deterioration) 호소한다. 이러한 호소는 치료 문제와 연관이 있으나 피로는 흔하기 때문에 말 진단 상황에서는 피로의 영향을 관찰하는 것이 꼭 요구되는 것이 아니다. 그러나 원인을 알 수 없는 하부운동신경세포 약증을 보일 경우나, 환자가 말을 지속하거나 일반적인 신체적 노력을 가할 때 빠르거나 극적으로 말이 변한다고 호소할 때, 부하검사를 시행해야 한다.

   피로도(fatigue)를 평가하기 위해 환자에게 큰 소리로 글을 읽거나 초당 2개 숫자를 말하는 정도의 속도로 가능한 한 정확한 발음으로 수를 세게 한다. 이 과제는 휴식 없이 2분에서 4분 정도까지 지속되어야 한다. 약증과 결부되는 청지각적 특성과 일치하는 음질(voice quality), 공명 또는 조음이 심각하게 저하(deterioration)되는 소견은 중증근무력증을 시사할 수 있다. 특히 몇 분 쉬고 나서 현저하게 좋아질 경우에는 더욱 그러하다. 부하검사 전후로 근육 힘을 측정해 약증에 대한 확진적인 근거를 얻을 수 있다.

6. **말운동 계획/프로그래밍 능력 평가**: 때로는 사람들이 왜곡된 조음 대치, 생략, 반복 또는 첨가를 보이기도 한다. 대화나 글을 읽으며, 머뭇거리기(hesitate), 정확한 조음점을 찾기 위해 시행착오를 거듭하는 모색 현상(trial and error groping)을 보이기도 한다. 이러한 모습을 보일 때, 또는 우세반구의 질환이 의심될 때 말운동 계획 또는 프로그래밍 능력에 대한 추가적인 평가가 이루어져야 한다. 이는 말실행증을 보일 수 있기 때문이다.

   말이 경도에서 중도 정도로 손상되면 환자에게 말 일련운동속도(SMR) 과제를 수행하도록 하고 복잡한 다음절 단어나 문장을 따라 하도록 해야 한다. **글상자 3-3**에 이러한 검사 목적으로 시행할 수 있는 단어 목록이 제시된다.

   환자가 침묵하는(mute) 양상을 보이거나 말을 거의 할 수 없는 경우에는 말을 촉진해 주거나 언어적으로 또는 새로운 운동 계획/프로그래밍 측면에서 요구(demand)가 적은 과제를 시행하도록 해야 한다. 이러한 과제의 예로는 익숙한 노래 부르기, 숫자 세기, 요일 말하기, 반복되는 문장(redundant sentences), '자음+모음+자음' 문장 모방 등이 해당된다. 때로는, 항상 그런 것은 아니지만, 사람들이 독립된 소리를 음절이나 단어보다 더 쉽게 모방하는 경우가 있다. 말실행증이 있는 환자들은 이렇게 단순화된 과제를 조금 더 쉽게 수행할 수 있어, 이를 통해 이 환자들이 보이는 문제의 핵심적인 청지각적 특성을 확연하게 드러나게 할 수 있다. 복잡한 자발적 수행 과제와 간단한 '자동' 발화 과제 간에 환자들이 수행 차이를 보인다면 이는 환자의 발음 장애가 마비말장애가 아닌 말실행증 진단 가능성을 더 시사한다.

출간된 마비말장애 진단 검사

마비말장애의 말명료도(intelligibility)를 평가할 수 있는 몇 개의 측정도구(measures)가 출간되었다. 그러나 이

글상자 3-3

말 계획과 프로그래밍 능력 평가 과제(말실행증)

아래 과제들은 모방, 간단한 지시에 말로 반응하기 또는 대화 또는 이야기 서술이 요구됨
채점: 말실행증 양상을 반영하는 반응 양상을 포착하기 위해 아래 부호를 사용할 수 있음

D: 왜곡(distortions)
DS: 왜곡된 대치(distorted substitutions)
DA: 왜곡된 첨가(distorted additions)
SC: 자기수정 시도(attempts at self-correction)
SR: 느린 속도(slow rate)
DG: 왜곡된 조음 모색(distorted articulatory groping)

SS: 다음절 단어나 구에서 음절 분절(syllable segmentation withing multisyllablic word or phrases)
AOE: 오류 인식(awareness of errors)
IR: 속도 증가에 수반되는 오류 증가 (increased errors with increased rate)
IL: 길이 증가에 수반되는 오류 증가 (increased errors with increased length)

I. 다음 소리들을 따라서 해주세요.

1. /i/_______
2. /a/_______
3. /ai/_______
4. /au/_______
5. /p/_______
6. /t/_______
7. /k/_______
8. /s/_______
9. /f/_______
10. /ʧ/_______

II. 다음 단어들을 따라서 해주세요.

1. mom_______
2. Bob_______
3. peep_______
4. kick_______
5. fife_______
6. sis_______
7. church_______
8. shush_______
9. lull_______
10. roar_______

III. 다음 단어를 따라서 해주세요.

1. cat _______
2. catnip _______
3. catapult _______
4. catastrophe _______
5. thick _______
6. thicken _______
7. thickening _______

IV. 다음 단어들을 세 번 반복해 주세요.

1. animal _______ _______ _______
2. snowman _______ _______ _______
3. artillery _______ _______ _______
4. stethoscope _______ _______ _______
5. rhinoceros _______ _______ _______
6. volcano _______ _______ _______
7. harmonica _______ _______ _______
8. specific _______ _______ _______
9. statistics _______ _______ _______
10. aluminum _______ _______ _______

(다음 쪽에 계속)

들은 마비말장애 유형을 확인하기 위한 목적으로 제작된 것은 아니다. 출판된 진단용 검사로는 최근에 개정된 「프렌차이 마비말장애 평가(Frenchay Dysarthria Assessment, FDA-2)」[21]밖에 없다. 이것은 5점 척도(각 항목마다 척도가 제시되었고, 전체적으로는 '정상'에서 '기능 불가' 또는 '기능 없음'까지에 이르는 범위를 포함)를 사용하여 환자로부터 제공받은 정보나, 비구어 구강 구조와 기능 및 말을 평가한다. 명료도와 말 속도에 대한 추정치(estimates)도 기록한다. 평가 수행에 총 30분 정도 소요된다. 7개의 부분으로 나뉘어 있는데, 이는 면담과 과제로 구성되어 있고, 과제 부분은 반사, 호흡, 후두, 구개, 혀와 입술 검사를 하는 데 초점을 둔다. 명료도는 단어, 문장, 대화에서 평가된다(이에 대해서는 이 장에서 나중에 다루게 된다). 7개 부분에 걸쳐 총 26개의 항목이 평가되고, 이들 중 반 이하가 말 또는 말과 유사한 과제를 평가한다.

이 검사는 청년부터 노인까지 194명의 정상 성인을 대상으로 규준을 만들었다. 매뉴얼에는 일반적으로 납득할 만한(generally acceptable) 정도의 평가자 간(inter-

글상자 3-3(계속)

V. 다음 문장을 따라서 해주세요.

1. We saw several wild animals.________________
2. My physician wrote out a prescription.________________
3. The municipal judge sentenced the criminal.________________

VI. 다음을 가능한 한 빠르고 안정적으로 따라서 해주세요.

1. /퍼퍼퍼퍼퍼퍼 … /________
2. /터터터터터터 … /________
3. /커커커커커커 … /________
4. /퍼터커퍼터커퍼터커 … /________

VII. 1부터 5까지 세어 주세요.

1. ________
2. ________
3. ________
4. ________
5. ________

VIII. 요일을 말씀해 주세요

1. 월요일________
2. 화요일________
3. 수요일________
4. 목요일________
5. 금요일________
6. 토요일________
7. 일요일________

IX. 노래를 불러 주세요. ('생일 축하합니다', '국가' 또는 다른 익숙한 노래)

1. 멜로디가 얼마나 잘 유지되었습니까? ________________
2. 발음은 얼마나 적절하였습니까? ________________

X. 대화나 이야기 서술 수행에 대한 기술 ________________

출처: Wertz RT, LaPointe LL, Rosenbek JC: *Apraxia of speech: the disorder and its treatment*, New York, 1984, Grune & Stratton, Mayo Clinic 말실행증 평가로 시행하는 미발행 자료에서 수정.[62]

judge), 평가자 내(intrajudge) 신뢰도를 제공한다. 상부운동신경세포 손상, 하부운동신경세포 손상, 상부와 하부운동신경세포 손상의 혼합, 추체외로 손상과 소뇌 손상이 있는 환자 집단에게서 평가한 결과의 평균과 표준편차도 제공된다. FDA-2 하위검사 중 많은 부분에서 마비말장애 유형 간의 겹치는 부분이 많다.

손상 부위와 일치하는 신경학적 진단과 더불어 다섯 가지의 마비말장애 유형을 보이는 85명의 환자들이 수행한 결과를 판별 분석하여 90% 이상의 환자를 적절히 분류하였다. 여기서 마비말장애 유형 간 적절한 분류는 83%에서 100%에 이르렀다. 그러나 다섯 가지 마비말장애 유형 중에서 세 집단은 각각 환자가 15명 이하의 수로 구성되어 있고, 마비말장애 유형을 객관적으로 구분하는 기준이나 검사 후 환자를 적절한 유형으로 분류 가능케 하는 판별 함수식(discriminant function formulas)은 명시되어 있지 않다.

FDA-2는 서로 다른 마비말장애 유형을 지니고 있는 환자들 간 변별되는 특성 일부는 정량화될 수 있고, 이러한 변별특성들은 신경학적 병소와 진단과 상관이 있다는 것을 보여 준다. 그러나 이 검사는 많은 비중이 환자의 보고와 비구어 구강 운동 활동 검사에 기반을 둔다는 점과 구체적인 일탈적 말 특성을 충분히 설명해 주지 못한다는 특성을 가지고 있다. 이러한 이유로 이 검사는 비구어 과제 외 일부 제한된 말 과제를 관찰하여 서로 다른 병변 위치를 가진 환자들을 구분해 주는 정도로만 사용하는 것이 적절하며 마비말장애의 자체의 청지각적 특성을 감별해 주는 검사라고 여기지는 않는다.

출간된 말실행증 진단 검사

성인 말실행증 평가를 위해 상업적으로 출간된 평가로 「성인을 위한 말실행증 검사도구-2판(Apraxia Battery for Adults-Second Edition, ABA-2)」이 있다.[10] ABA-2는 '실행증 유무를 확인'하기 위해 고안되었고,[10] 그 중증도를 추정하고, 치료를 계획하는 데 도움을 주며 경과 과정을 기록하는 데 활용하기 위하여 고안되었다. 이는 여섯 가지 하위검사로 이루어졌는데, 이 중 다섯 가지 하위검사는 말 또는 말 관련 반응에 초점을 두며, 여섯 번째 하위검사는 사지(limb)와 비구어 구강실행증 검사를 한다. 말과 관련된 하위검사는 (1) 단음절, 이음절, 삼음절 조합으로 이루어진 교호운동속도(diadochokinetic rates), (2) 길이가 길어지는 단어 자극 모방, (3) 그림으로 제시되는 다음절 단어 과제 수행의 반응 시간(latency)과 발화 시간 측정, (4) 다음절 단어의 연속된 3회 산출 시 조음 적절성, (5) 자발적 발화, 소리 내어 읽기, 숫자 세기 과제를 수행하면서 보일 수 있는 15개의 행동 목록(저자가 말실행증과 연관 있다고 생각하는 것들로 구성)으로 이루어졌다. 염두에 두어야 할 것은 이 목록에서 실행증의 특성이라고 기록된 것 모두가 이 질환에서만 보이는 것이 아니라는 것이다(즉, 일부는 실어증 환자에게서도 보임). 또한 이 책에서 정의하는 바에 따르면 일부 항목은 전혀 말실행증의 특성에 해당되지 않는 것도 있다.

이 검사는 40명의 말실행증 환자와 49명의 정상 성인을 대상으로 표준화되었다. 말실행증 유무 또는 장애 정도를 판단하기 위한 준거점수(cut-off score)을 제시한다. '비정상적 소견'을 확인하기 위한 지시와 치료 계획을 포함하고 있다. 검사 매뉴얼에는 신뢰도와 타당도 자료를 제시하나 이와 관련하여 부족한 부분이 조금 있다. 예를 들어, 검사-재검사 신뢰도, 검사자 내 신뢰도, 검사자 간 신뢰도는 제공되지 않았고, 말실행증과 실어증/마비말장애 환자들의 수행을 비교하는 자료는 적은 수의 실어증과 마비말장애 환자들의 자료를 토대로 하였다.

ABA-2는 말실행증이 의심되는 환자들에게 표준적인 방법(standard fashion)으로 시행될 수 있다. 점수를 이용하여 수행을 기술하고, 시간 경과에 따라 수행을 비교할 수 있으며, 어쩌면 진단과 중증도를 정량화할 수 있을 것이다. 단, 신뢰도와 타당도가 완전하게 수립되지 않았다. 따라서 진단적 타당성과 관련해서는 표준화된 진단과 비교하는 것이 더 좋을 것이다. 다른 체계적으로 고안된 말실행증 표준검사가 없기 때문에 임상적 진단기준에 동의하는 경험이 풍부한 임상가가 검사타당도를 확인하는 데 기본적 기준(gold standard)으로 활용되어야 할 것이다.

D. 명료도, 이해 가능도, 효율성 평가

말운동장애가 의사소통하는 능력에 주는 영향은 명료도(intelligibility), 이해 가능도(comprehensibility), 효율성(efficiency) 평가를 통하여 추정할 수 있다. 다음 소개되는 몇 개 문단에 걸쳐 Yorkston, Strand, Kennedy[66] 및 Yorkston 등[67]의 연구에 의존하여 이 용어들에 대한 개념을 정리해 보도록 한다. 명료도(intelligibility, I), 이해 가능도(comprehensibility, C), 효율성(efficiency, E)에 대하여 아래 문단에 총괄적으로 논의를 하며 이를 'ICE'라고 명명하기로 한다.

명료도는 화자에 의해 전달되는 음향 신호를 청자가 이해하는 정도를 말한다. 명료도 추정치는 말운동장애가 있는 사람의 손상된 말 체계의 청각적 산물을 반영하며, 더 나아가 화자가 명료도를 증진시키기 위한 전략에 대한 정보도 얻을 수 있다.

이해 가능도는 청각적 신호로서의 말과 더불어 그 말을 이해하는 데 기여하는 정보를 모두 활용하는 상태에서 청자가 화자의 말을 이해하는 정도를 나타내 준다. 여기서 말하는 추가적인 정보는 청각적 신호와 독립적이며, 주제에 대한 지식, 의미, 통사 맥락, 일반적인 신체적 환경(general physical setting), 동작과 신호, 글자 단서(orthographic cues) 등을 모두 포함한다. 중증도가 통제되었을 때, 명료도와 이해 가능도는 항상 높은 상관을 보이는 것은 아니다. 일반적으로 이해 가능도가 명료도보다 더 높다.[35]

효율성은 명료하거나 이해 가능한 정보가 전달되는 속도를 일컫는다. 이는 사회적 맥락에서 말과 의사소통의 정상적인 상태(normalcy)를 지각하는 데 기여하기 때문에, 명료도와 이해 가능도에서 보충적으로 측정되어야 할 요소이다. 예를 들어, 말운동장애가 있는 어떤 이들은 말명료도가 매우 높으나, 말 속도가 두드러지게 느리기 때문에 비효율적이다. 중간 정도(moderate)로 명료도가 저하되고 말 속도가 느린 사람이, 비슷한 정도의 명료도에 말 속도가 정상인 사람보다 말운동장애의 중증도가 더 심하게 느껴질 수 있다. 말운동장애가 있는 어떤 이들은 말과 보충적인 전략을 사용하여 정보를 전달하여 이해 가능도는 매우 높지만, 시간이 너무 소요되어서 '사회적인 성공(social success)'에 제약이 있을 수 있다.

명료도와 이해 가능도 간의 구분은 최소한 다음의 두 가지 실용적인 이유에 준하여 중요하다고 본다. 첫째로, 명료도와 이의 효율성에 대한 추정치는 말운동장애로 인해 부과되는 기능적인 제약(다시 말해, 정상적으로 말하는 능력)을 측정하는 데 더 유효하다. 반면, 이해 가능도와 그 효율성에 대한 추정치는 말운동장애로 인해 발생하는 사회적 · 의사소통적 맥락에서의 장애를 측정하는 데 더 유효하다. 따라서 명료도와 이해 가능도(와 각각의 효율성)는 중증도를 기술해 주는 서로 다른 방법이라 할 수 있다.

두 번째 이유는 첫 번째 이유와 연장선상에 있다. 치료가 말운동장애로 인하여 발생하는 손상 또는 기능적 제약을 감소시키는 데 초점을 둔다면(즉, 청각적 징후의 향상을 도모한다면) 명료도와 그에 해당하는 효율성을 측정하는 것이 가장 유용하고 실질적인 변화의 지표가 될 수 있다. 만약 치료의 초점이 장애를 감소시키는 데 있다면(즉, 청각적 징후와 더불어 장애를 감소시키기 위해 여러 변인들을 긍정적으로[positively] 조절하는 것 포함), 이해 가능도와 그에 해당하는 효율성을 측정하는 것이 가장 유효하고 실질적인 변화의 지표가 될 것이다.

말운동장애가 경미할 때는, 명료도와 이해 가능도에 이상이 없을 수 있다. 사실, 어떤 말운동장애는 너무 약해서 효율성(최소한 기능적 측면에서)도 손상되지 않는 경우도 있다. 그럼에도 불구하고 ICE(intelligibility, comprehensibility, efficiency)는 중증도의 지표로 안면 타당도(face validity)와 생태학적 타당도(ecologic validity)가 높기 때문에 항상 명시되어야 한다. 이에 대한 평가는 환자가 의사소통하는 말 자료에 대한 주관적인 추정치에서부터 공식적이고 양적이며 표준화된 평가 방법에 이르기까지 다양하다.

어느 수준으로 ICE가 평가되어야 하는지는 그 평가의 목적에 따라 다르다. 평가의 주된 목적이 치료의 필요성을 진단하거나 결정하기 위한 것이라면, ICE에 대해 일반적으로 등급 평가(general rating)하는 것으로 충분하다. 이러한 등급 평가는 환자, 의미 있는 타인, 임상가의 판단에 의해 평가되는 것을 포함한다. 환자나 보호자에게 ICE가 문제가 되는지 물어볼 수 있다. 얼마나 자주, 어떤 상황에서 문제가 되며, 일반적으로 환자가 전달하는 정보를 이해하기 위해서 어떠한 방법을 사용하는지 물을 수 있다(예: 반복, '예-아니요'로 질문하기, 쓰기 등). 임상가가 평가 과정에서 관찰한 말을 토대로, 평가가 이루어진 상황을 기록하며(예: 조용한 공간, 시각적 접촉[visual contact], 대화의 주제가 서로 공유되는 것인지 여부 등), 명료하거나 이해 가능한 말의 비율을 평가할 수 있다. 명료도와 이해 가능도에 대한 평가가 다른 상황에서도 이루어질 수 있다(일반적으로 덜 이상적인 상황). 마비말장애 환자들을 대상으로 한 이해 가능도에 대한 연구는 있으나, 표준화된 검사는 개발되지 않았다. 명료도 측정이 더 많은 관심을 받았으며, 따라서 여기에서는 이것에 대하여 더 강조한다.

명료도에 대하여 양적으로 측정하는 것은 다음의 상황에서 그 진가를 발휘할 수 있다. 즉, 치료를 받기 전에 기초선으로 사용할 때, 의학적 · 법적 목적을 위해 객관적이고 정량화된 중증도 측정이 이루어져야 할 때, 언어치료를 받지는 않지만 시간이 경과하면서 의료적 · 수술적 치료와 병 진행(disease progression) 등의 결과로 변화가 있는지 기록하기 위해 추적 관찰(follow-up)을 받고 있을 때, 연구를 목적으로 할 때 등이 이에 해당된다.

성인 마비말장애 환자들을 위해 정량화된 명료도 척도는 몇 가지 되지 않는다. 비록 실어증이 두드러진 문제가 아닌 말실행증 환자들의 경우, 마비말장애 평가를 위한 척도를 응용할 수 있지만, 사실상 구체적으로 말실행증을 위해 고안된 것은 없다. 표 3-4에는 출판되지는 않았으나 명료도를 평가하고, 이해 가능도와 관련된 요인들(예: 말 환경, 정보의 복잡도 또는 예측도)을 고려한 신뢰할 만하고 유용한 척도들이 제시된다.

마비말장애 화자의 말명료도 평가[63]

마비말장애 화자의 말명료도 평가(Assessment of Intelligibility in Dysarthric Speakers, AIDS)는 마비말장애 환자들의 명료도, 말 속도, 의사소통 효율성을 평가하는 데 가장 널리 사용되고 있는 표준화된 검사이다. 이 검사를 통해 단어, 문장의 명료도를 정량화하고, 문장 내 초당 명료한 단어의 수를 측정하여 평가함으로써 의사소통 효율성의 추정치를 제공하기도 한다. 단단어 과제는 12개의 음성학적으로 유사한 단어 목록 중에서 무작위로 선정된 50개의 단어를 읽거나 모방하도록 한다. 평가자는 오디오로 녹음된 반응들을 듣고, 보기 중에서 환자가 말한 단어를 고르도록 되어 있는데, 보기에는 12개의 단어 보기가 적혀 있거나 전사된 형식으로 제시된다. 명료도 점수는 정확하게 확인된 단어의 비율로 구한다.

문장 과제에서는 화자가 220개의 단어에 대하여 각 단어당 2개의 문장을 모방하거나 읽게 되는데, 각 문장은 5~15개의 단어로 이루어진다. 환자가 검사를 받게 될 목표 문장은 각 길이에 해당하는 문장 100개씩으로 구성된 마스터 문장 모음(master pool)에서 무작위로 선정된다. 평가자는 단어 하나하나를 전사하고, 명료도 점수는 정확하게 전사된 단어들의 비율을 구하면 된다.

이 평가에 최소한 두 명이 참여해야 한다, 한 명은 평가를 위한 샘플을 선정하고, 다른 사람은 듣고 전사하거나, 녹음 자료를 듣고 보기 중에서 답을 고르는 평가 과정을 수행하게 된다. 같은 환자를 시간이 경과한 후 재평가할 때는 같은 평가자 또는 같은 무리의 평가자가 수행하여야

표 3-4

말운동장애를 위한 명료도 평가 척도

척도	차원	말명료도
10	환경* 내용† 효율성‡	모든 환경에서 정상임 내용에 제한이 없음 느려지지 않고 수정이 필요 없음
9	환경	때로는§ 불리한 상황에서는 저하됨
8	환경 내용 효율성	때로는 이상적인 상황에서 내용에 제한이 없으면 저하됨 하지만 수정을 하면 적절함
7	환경 내용 효율성	때로는 불리한 상황에서 내용에 제한이 있어도 저하됨 그러나 수정을 하며 적절함
6	환경 내용 효율성	때로는 이상적인 상황에서도 내용에 제한이 없으면 수정을 시도하여도 저하됨
5	환경 내용 효율성	보통¶ 불리한 상황에서 내용에 제한을 두지 않고 수정을 하여도 저하됨
4	환경 내용 효율성	일반적으로 이상적인 상황에서 내용에 제한을 두어도 저하됨 그러나 수정을 하면 적절함
3	환경 내용 효율성	일반적으로 불리한 상황에서 내용에 제한을 두어도 수정하려는 노력을 하여도 저하됨
2	환경 내용 효율성	일반적으로 이상적인 상황 하에서 내용에 제한을 두어도 수정하려는 노력을 하여도 저하됨
1	내용의 제한이나 수정하려는 시도와 상관없이 모든 환경에서, 말은 시행 가능한 의사소통 수단이 아님	

*환경은 '이상적'(예: 얼굴을 맞대고 이야기함; 청자에게 시각 또는 청각 결손 없음; 소음이나 시각적 방해로 인한 경쟁자극 없음)이거나 '불리한'(예: 거리를 두고 이야기함; 시각 또는 청각적 장애가 있음; 방해자극이 있음)

†내용은 '제한이 없음'(모든 화용적으로 적절한 내용, 새로운 주제, 길이가 긴 이야기 등 포함) 또는 '제한된'(예: 질문에 대한 짧은 대답이나 대답 내용이 부분적으로 예측 가능한 진술)

‡효율성은 '정상'(속도가 정상적이며, 말 산출 저하로 인한 반복이나 부연설명 등이 거의 필요 없음) 또는 '수정' 필요(반복, 수정해서 다시 말하기, 명료화 요구 질문에 대한 반응하기, 철자를 불러 주는 것과 같은 수정된 산출, 청자가 단어 하나하나 반복하여 확인, 철자 말하기 등)

§명료도가 25% 또는 그 이하의 발화에서 저하됨

¶명료도가 50% 또는 그 이상의 발화에서 저하되나 모든 발화에서 저하되는 것은 아님

주: 일탈적 차원의 모든 조합이 10점 척도로 파악될 수 없고, '때로는(sometimes)'과 '일반적으로(usually)'라는 의미 사이에 모호한 영역이 있음. 임상가의 판단에 가장 근접한 점수를 사용해야 함. 많은 환자들이 척도의 점수 중 하나 이상에 해당될 수 있음. 이때는 단일 점수보다 그 점수 범위를 표시하는 것이 적절함(예: 5~6).

평가자 간 변이(interjudge variability)를 통제할 수 있다.

문장 과제 중 말 속도 평가는 총 단어 수(220개)를 문장 과제를 수행하는 데 걸린 시간으로 나누어서 구하게 된다. 명료한 말의 속도(rate)는 정확하게 전사된 단어의 수를 총 소요 시간으로 나누어 구한다. 마찬가지 유사한 방법으로 명료하지 않은 말의 속도를 계산할 수 있다. 의사소통 효율성 비율(communicative efficiency ratio)를 구하기 위해서는 분당 명료한 말의 속도를 190(거의 100% 말을 산출한 정상 화자들의 평균 명료한 말 속도에 해당됨)으로 나누어서 구한다. 이 척도는 명료도는 유지되나 말 속도가 느린 경도의 말장애 화자를 평가하는 데 유용하게 사용될 수 있다.[64]

AIDS는 말 중증도에 대한 지표를 제공해 주며, 환자의 말이 정상에서 얼마나 벗어났는지 추정할 수 있으며, 시간 경과에 따른 변화를 모니터링하는 데 효과적이다. 자극 간 또는 매일매일 발생하는 변동성이 반영되는 단어 목록 검사의 검사-재검사 변이성(test retest variablity)은 5% 미만이다. 그러나 같은 날에 측정한 것이라 하더라도, 문장 과제의 문장 목록 간의 변이성(variability)은 더 높다(대략 9~11%). 이러한 변이성 때문에 Yorkston과 Beukelman은 이 검사가 치료 효과를 기록하는 데 도움이 되기 위해서는 치료를 시작하기 전에 명료도의 안정적인 기초선을 재는 것이 필요하다고 지적한다.

문장 명료도 검사[65]

문장 명료도 검사(Sentence Intelligibility Test, SIT)는 마비말장애 화자의 말명료도 평가(AIDS)의 문장 부분을 윈도우 버전으로 업데이트한 것이다. 자극 선정, 채점의 자동화와 속도, 데이터 저장 측면에서 먼저 나온 검사들에 비하여 상당히 발전된 양상을 띤다.

SIT는 AIDS 검사와 동일한 검사 원칙을 두고 있다. 명료도, 명료한 말의 속도, 효율성을 재기 위해 같은 기초 계산 방식을 사용하고 있다. SIT 프로그램은 5~15개의 단어로 이루어진 1,100개의 문장 중에서 22개 또는 11개(짧은 버전일 때는)를 선택한다. 화자가 선택된 자극들을 읽거나 모방하는 소리를 녹음하게 되어 있다. AIDS에서는 검사를 시행하는 평가자와 반응을 전사를 하는 평가자가 서로 달라야 한다. 컴퓨터 프로그램이, 관련된 평가자가 전사한 것과 시간 자료를 표시한 것을 토대로 점수를 계산한다. 평가자 간과 검사-재검사 신뢰도의 지수는 검사 지침서에 제시되며, 각각은 허용 범주 내에 속해 있다.

프렌차이 마비말장애 평가

앞서 언급된「프렌차이 마비말장애 평가(Frenchay Dysarthria Assessment, FDA-2)」는 단어, 문장, 대화의 명료도를 평가할 수 있도록 구성되어 있다. 단어 과제에서는 116개의 음성적으로 균형을 이루는 단음절과 다음절 단어의 모음에서 무작위로 선정된 자극들을 사용한다. 평가자에게 노출이 되지 않은 10개의 자극을 환자가 읽으며, 5점 척도를 사용하여 환자의 수행이 평가된다. 이는 바르게 확인된 단어의 수와 이를 확인하는 데 수월한 정도의 차이를 반영해 준다. 116개 항목 목록에 있는 단어들은 음소, 음절, 강세 패턴의 수에 있어서 다양하다. 이러한 다양성은 동등한 단어 목록을 선정하는 데 어려움을 야기하고, 따라서 5점 척도 간의 간격(intervals)이 동일하지 않을 수 있다.[46]

문장 과제는 단어 과제와 마찬가지 방법으로 시행되고 채점된다. 50개의 문장이 제공된다. 검사 지침서에는 모든 문장을 읽게 해야 하는지, 이들 중 무작위로 선정해서 읽게 해야 하는지에 대한 지침을 제시하지 않고 있다. 평가 척도는 '이상 소견 없음'에서 '전혀 명료하지 않음(totally unintelligible)'에 이른다. 대화 과제는 5분가량의 대화를 토대로 '이상 소견 없음'에서 '전혀 명료하지 않음'에 이르는 5점 중증도 척도로 채점하게 된다.

단어 명료도 검사

Kent 등[46]은 마비말장애 환자들을 위한 두 가지 단어 명료도 검사(word intelligibility test)를 고안하였다. 표준화된 검사로 출판되지는 않았지만, 명료도와 효율성의 비율 점수 이상의 임상적으로 유용한 정보를 제공해 주므로 언급할 만한 가치가 있다.

두 검사 모두 단단어 척도이다. 명료한 단어의 퍼센트를 구하는 명료도 점수는 화자가 단어를 읽는 것을 토대로 산출하게 된다. 단어 자극과 반응 선택의 구성 방법이 마비말장애 환자들에게 취약할 수 있는 19개의 음성적 대립(phonetic contrast) 평가가 가능하다(예: 전설-후설 모음 대립, 초성과 종성 자음의 유성-무성 대립, 마찰-파찰 대립). 음성적 대립은 음향학적인 요인(correlates)들이 있어(예: 성대진동 시작시간, 처음과 마지막 유성 대립에서의 선행 모음의 길이) 명료도 감소와 연관이 있는 특성들을 심도 있게 모색할 수 있도록 한다. 음성적 자질

분석(phonetic feature analysis)은 성대와 연인두 기능 저하의 영향으로 조음과 음성적 산출에 미치는 영향을 확인하여 청지각적 평가로 발견된 소견에 대한 광의적 해석을 가능하게 해준다.

선다형 유형(multiple choice version)에서는 환자가 최소음소대립을 이루는 4개 단어(예: beat, boot, bit, meat) 중에 하나를 읽게 된다. 검사에는 70개의 최소대립(minimal contrast) 항목들이 있고, 각 항목 중 대립을 이루는 4개의 단어 중에 어느 단어를 사용해도 상관이 없다(예: 280개의 검사 단어들로 이루어졌다). 따라서 70개의 문장 중에 각각을 이루고 있는 4개의 단어 중 하나를 무작위로 선정하는 것이 가능하며, 같은 평가자가 반복되는 평가를 하는 것을 가능하게 해준다.

쌍을 이루는 단어 유형(paired-word version)은 복잡한 '자음+모음+자음' 음절을 산출하는 데 어려움을 보이는 심도의 마비말장애 환자의 말을 평가하기 위해 고안되었다. 자극들은 최소대립을 이루는 '자음+모음' 또는 '모음+자음' 음절로 이루어져 있다(예: shoe-chew, eat-it). 각각 3개의 단어 쌍으로 이루어진 16개의 대립이 평가 대상이 된다.

명료도를 정량화하고 명료도 저하를 야기하는 음성적 어려움의 위치를 확인하기 위하여 단일 마비말장애 유형 및 여러 가지 신경학적 질환(예: 근위축성 측삭 경화증[amyotrophic lateral sclerosis, ALS], 뇌성마비, 뇌졸중, 파킨슨병, 다발성 경화증[multiple sclerosis], 외상성 뇌손상)과 관련 있는 혼합형 마비말장애 환자들을 대상으로 연구되었다.[3,9,39,43,45,46]

이 검사를 통해 평가되는 음소대립(phonetic contrast)이 측정 가능한 음향학적 상대(counterpart)가 있으므로 이 검사를 통해 측정된 검사 결과에 따라 개별적인 마비말장애 화자 또는 특정 마비말장애 유형에 적절한 음향학적 분석을 선택하는 데 영향을 줄 수 있다.

뮌헨 명료도 프로파일

Ziegler와 Zierdt[69]는 「뮌헨 명료도 프로파일(Munich Intelligibility Profile, MVP)」에 대하여 포괄적으로 완전하게 설명하였다. 이는 독일 마비말장애 환자들의 명료도를 평가하기 위해 세심하게 개발되어 타당하며 신뢰도가 갖추어진, 컴퓨터에 기초한 평가 방법이다. 이 검사는 온라인 서비스를 통해 수행되고 채점 가능하다는 점에서 시간이 많이 소요되어 바쁜 임상가들에게 부담이 될 수 있는 다른 명료도 검사와 차이를 보여 언급할 만하다. MVP는 폐쇄 반응 단어 인식 포맷(closed-response word recognition format)을 사용하고, 음성적으로 균형을 이루는 목표 단어의 목록이 있으며, 이로 인해 음소 간의 명료도 프로파일을 계산할 수 있다. 자극선정을 무작위화할 수 있어 청자의 학습효과를 줄일 수도 있다. 인터넷 접근이 가능하고 마이크가 있는 경우에는 임상가들은 온라인 서비스에 접속하여 단어 자극과 신뢰할 수 있는 평가 결과를 적시(timely manner)에 받을 수 있다. 이 검사의 구성의 원칙과, 강한 심리측정적 속성, 효율적으로 임상가와 연구자들에게 서비스를 제공할 수 있는 능력이 다른 언어에서의 명료도 검사 개발을 위한 귀한 모델이 될 수 있다.

E. 기능적 의사소통, 의사소통 효율성, 사회심리적 영향에 대한 평가 척도

전국 결과 측정 체계(National Outcomes Measurement System, NOMS)의 일환으로 미국언어청각협회(American Speech-Language-Hearing Association, ASHA)는 말운동장애를 포함한 다양한 의사소통장애와 관련되는 능력을 기술하기 위한 여러 가지 「기능적 의사소통 척도(Functional Communication Measures, FCMs)」를 만들었다.[2,50] 다른 FCM과 같이 말운동 척도(Motor Speech scale)는 다양한 상황에서 기능적이고 독립적인 의사소통을 위해 요구되는 단서 방법과 보상적 전략의 강도(intensity, 예: 최대, 최소), 빈도(frequency, 예: 지속되는, 드문)를 고려하는 7점 척도를 사용한다. 예를 들어, 척도의 1단계에 해당되는 것은 그 어느 때도 그 어느 청자에게도 말이 이해되지 않는다는 것을 의미하고, 4단계는 단어와 구가 간단하고 구조화된 대화 상황에서 익숙한 청자에게 이해 가능하고, 간단한 문장이 이해되기 위해서는 중간(moderate) 정도의 단서(moderate cueing)가 필요한 경우를 의미하며, 7단계는 비록 간혹 보상적 기법(compensatory techniques)이 필요하기는 하지만, 말이 다양한 활동에 성공적이고 독립적인 참여를 방해하지 않는다는 것을 의미한다. 따라서 말운동 FCM은 기능적 말의 중증도를 평가하는 데 이용될 수 있으며, 시간이 경과하면서 보이는 변화를 측정하는 대략의 지표가 될 수 있다.

말장애가 있는 화자와 이들의 배우자나 가족(significant others)의 관점에서 의사소통의 효율성을 평가하는 것은 마비말장애의 중증도, 치료 계획, 기능적 결과 산출을 가늠하는 것과 관련 있다.「의사소통 효율성 설문지(Communicative Effectiveness Survey, CES)」[36,67]는 이러한 목적을 수행하기 위한 타당하고 신뢰도가 있으며 유용한 척도로 두각을 나타내고 있다. CES는 가장 강력한 심리측정 형식으로,[17-19] 몇 가지의 상황(예: 집에서 가족과 대화하는 상황, 전화로 낯선 이와 통화하는 상황, 심리적으로 언짢을 때 말하는 상황)에서 의사소통의 효율성을 묻는 여덟 가지 항목으로 이루어진 설문지(questionnaire)이다. 각 항목은 '전혀 효율적이지 않음'에서 '매우 효율적임'에 이르는 범위를 지닌 간단한 4점 척도로 평가하게 되어 있다. 이 척도는 마비말장애 화자와 배우자나 가족 청자에 의해서 평가 가능하다. CES의 심리측정의 개발을 위해 마비말장애가 없는 화자와 다양한 신경학적 원인질환(예: 파킨슨병, ALS, 헌팅턴병, 피질기저 퇴행[corticobasal degeneration])이 있는 마비말장애 화자를 대상으로 하였으며, 이 척도를 이용한 평가는 마비말장애 화자와 비마비말장애 화자 사이를 일관적으로 구분해 준다. 명료도 척도는 CES 점수를 강하게 예측해 주지는 못하는데,[18] 이는 명료도 점수만으로 의사소통 효율성을 판단할 수 없다는 것을 시사해 준다.

몇 가지 척도는 마비말장애의 사회심리학적 영향(psychosocial effects)을 측정해 준다.「마비말장애 영향 프로필(Dysarthria Impact Profile)」[59]은 마비말장애 개인에 의해 말장애의 사회심리적 영향, 장애의 수용(acceptance) 정도, 말장애에 대한 다른 이의 반응에 대한 지각 정도, 마비말장애가 의사소통에 얼마만큼 영향을 주는지에 대한 지각(Perception) 정도를 평가하는 48개 항목 척도로, 이에 대한 예비적 신뢰도와 타당도 자료가 출판되었다. 이 척도를 조금 더 개발한다면, 마비말장애의 사회심리적 영향과 이에 대한 시간 경과에 따른 변화를 측정하는 지표로 이용될 수 있을 것이다.

51개 항목으로 이루어진 자가 평가 척도로「마비말장애와 더불어 살기(Living with Dysarthria)」[28]가 있다. 이는 환자가 직접 자신의 말, 자신의 마비말장애와 동반된 인지/언어적 문제가 의사소통 능력에 가하는 제약점, 다른 여러 가지 요소(예: 피로도, 감정, 다른 청자, 기타 말하기 상황)들이 말에 주는 영향, 말장애에 대해 적응하기 위해 사용하는 그들의 전략 등을 평가하도록 고안되었다. 55명의 마비말장애 화자로부터 얻은 자료를 통해 임상가에 의해 평가된 마비말장애의 중증도가 의사소통 시 환자 스스로가 느끼는 어려움을 반드시 예측해 주는 것이 아니라는 것을 알 수 있었고, 이러한 결과는 CES를 통해 얻는 결과와 일맥상통하는 것이었다.[18] 이 자료에 따르면, 환자 스스로 평가한 문제 중에 두드러진 것들은 의사소통과 업무 참여(work participation), 자신의 성향을 표현하는 것에 가해지는 제한과 관련이 있었으며, 이러한 문제는 말 신호 하나만 평가하는 척도로부터는 직접적으로 얻을 수 없는 정보에 해당된다.

IV. 요약

1. 말운동장애의 진단은 말과 말 기제(speech mechanism)에 대한 충분한 평가를 토대로 해야 한다. 평가에는 기술, 진단의 가능성 확립, 진단 확립, 질환 진단과 병소 위치에 대한 시사점 확립과 중증도를 명시하는 것을 포함한다.
2. 말운동 평가의 필수적인 요소에는 병력, 구강 기제 평가, 핵심적인 말 특성 평가, 중증도 판단, 필요할 경우 음향학적 · 생리학적 평가를 포함한다.
3. 병력을 조사할 때는 환자와 목표 설정하는 것을 요구하고, 말장애가 발생하기 전의 관련된 정보, 말 문제 시작 및 진행에 대한 정보, 말 문제에 대한 환자의 지각 정도와 그에 대한 결과에 대한 정보, 말 문제에 대하여 현재 또는 과거에 받았던 치료에 대한 정보 및 의학적 진단과 예후에 대해 환자가 인지하고 있는 정보에 대해 수집해야 한다.
4. 말 평가는 일탈적 말 특성을 확인하는 것에 크게 의존한다. 말 과제는 모음연장, AMR, SMR, 문맥 발화(contextual speech), 피로도 검사, 말운동 계획과 프로그래밍을 힘들게 하거나 수월하게 하는 말 과제 등을 포함한다. 정확한 진단은 이상적으로 일탈적인 말 특성과 그 특성군(cluster)을 확인하는 분석적 접근 방법에 의존하며, 더 나아가 서로 상호작용하는 모든 말 특성의 통합을 통해 이루어진다.
5. 휴지 시와 비구어 움직임 시 구강 기제를 평가하는 것은 구강안면 구조와 그 움직임의 크기, 힘, 대칭 정도, 범위, 긴장도, 안정성, 속도, 정확성에 대한 확증적 근거를 제공해 준다. 말 구조에 대한 관찰은, 휴지 시와 연속된 자세를 취할 때나 움직임 중에 평가되며, 반사적인 반응을 살펴보기도 한다. 비구어

구강실행증이 의심될 때는 말 근육들을 의지적으로 움직이도록 하고 자동적 비구어 움직임도 시행하여 이 둘을 비교 평가하는 것이 중요하다.

6. 명료도, 이해 가능도, 효율성 평가는 말운동장애가 의사소통 능력에 미치는 영향에 대한 지표가 된다. 이러한 요소들은 임상적 판단 또는 정량적인 척도를 통해 측정될 수 있다. 명료도에 대한 추정치는 말운동장애가 구어적 의사소통에 기능적으로 주는 영향을 반영해 준다. 이해 가능도에 대한 추정치는 말운동장애에 의한 장애 정도를 반영해 주며, 비구어적 방법과 전략을 통한 정보가 말을 이해시키는 데 도움이 된다는 것을 볼 수 있다.

참고 문헌

1. Abdo WF, et al: The clinical approach to movement disorders, *Nat Rev Neurosci* 6:29, 2010.
2. *Adult NOMS training manual*, Rockville, Md, 2003, American Speech-Language-Hearing Association.
3. Ansel BM, Kent RD: Acoustic-phonetic contrasts and intelligibility in the dysarthria associated with mixed cerebral palsy, *J Speech Hear Res* 35:296, 1992.
4. Ballard KJ, et al: Nonspeech assessment of the speech production mechanism. In McNeil MR, editor: *Clinical management of sensorimotor speech disorders*, ed 2, New York, 2009, Thieme.
5. Borod JC, Haywood CS, Koff E: Neuropsychological aspects of facial asymmetry during emotional expression: a review of the normal adult literature, *Neuropsychol Rev* 7:41, 1997.
6. Borod JC, et al: Facial asymmetry during emotional expression: gender, valence, and measurement, *Neuropsychologia* 36:1209, 1998.
7. Brazis P, Masdeu JC, Biller J: *Localization in clinical neurology*, ed 4, Philadelphia, 2001, Lippincott Williams & Wilkins.
8. Bunton K, et al: Listener agreement for auditory-perceptual ratings of dysarthria, *J Speech Lang Hear Res* 50:1481, 2007.
9. Bunton K, et al: The effects of flattening fundamental frequency contours on sentence intelligibility in speakers with dysarthria, *Clin Linguist Phon* 15:181, 2001.
10. Dabul B: *Apraxia battery for adults*, ed 2, Austin, Texas, 2000, Pro-Ed.
11. Dalston R, Warren DW, Dalston ET: The modified tongue-anchor technique as a screening test for velopharyngeal inadequacy: a reassessment, *J Speech Hear Disord* 55:510, 1990.
12. Darley FL: Differential diagnosis of acquired motor speech disorders. In Darley F, Spriestersbach D, editors: *Diagnostic methods in speech pathology*, ed 2, New York, 1978, Harper & Row.
13. Darley FL, Aronson AE, Brown JR: *Motor speech disorders*, Philadelphia, 1975, WB Saunders.
14. Darley FL, Aronson AE, Brown JR: Clusters of deviant speech dimensions in the dysarthrias, *J Speech Hear Res* 12:462, 1969a.
15. Darley FL, Aronson AE, Brown JR: Differential diagnostic patterns of dysarthria, *J Speech Hear Res* 12:246, 1969b.
16. Dietz V, Sinkjaer T: Spastic movement disorder: impaired reflex function and altered muscle mechanics, *Lancet Neurol* 6:725, 2007.
17. Donovan NJ, Velozo CA, Rosenbek JC: The Communicative Effectiveness Survey: investigating its item-level psychometric properties, *J Med Speech Lang Pathol* 15:433, 2007.
18. Donovan NJ, et al: The Communicative Effectiveness Survey: preliminary evidence of construct validity, *Am J Speech-Lang Pathol* 17:335, 2008.
19. Donovan NJ, et al: Developing a measure of communicative effectiveness for individuals with Parkinson's disease, *Mov Disord* 20(S10):92, 2005.
20. Duffy JR, Kent RD: Darley's contribution to the understanding, differential diagnosis, and scientific study of the dysarthrias, *Aphasiology* 15:275, 2001.
21. Enderby P, Palmer R: *Frenchay dysarthria assessment*, ed 2, Austin, Texas, 2008, Pro-Ed.
22. Fonville S, et al: Accuracy and inter-observer variation in the classification of dysarthria from speech recordings, *J Neurol* 255:1545, 2008.
23. Fox DR, Johns DF: Predicting velopharyngeal closure with a modified tongue-anchor technique, *J Speech Hear Disord* 35:248, 1970.
24. Gilroy J, Meyer JS: *Medical neurology*, New York, 1979, Macmillan Publishing.
25. Gradesmann M, Miller N: Reliability of speech diadochokinetic test measurement, *Int J Lang Comm Dis* 43:41, 2008.
26. Hager JC, Ekman P: The asymmetry of facial actions is inconsistent with models of hemispheric specialization, *Psychophysiology* 23:307, 1985.
27. Hardie S, et al: The enigma of facial asymmetry: Is there a gender-specific pattern of facedness? *Brain Cogn* 10:295, 2005.
28. Hartelius L, et al: Living with dysarthria: evaluation of a self-report questionnaire, *Folia Phoniatr Logop* 60:11, 2008.
29. Hausmann M, et al: Sex differences in oral asymmetries during word repetition, *Neuropsychologia* 36:1397, 1998.
30. Hixon TJ, Hawley JL, Wilson KJ: An around-the-house device for the clinical determination of respiratory driving pressure: a note on making the simple even simpler, *J Speech Hear Disord* 47:413, 1982.
31. Hixon TJ, Hoit JD: *Evaluation and management of speech breathing disorders: principles and methods*, Tucson, 2005, Redington Brown.
32. Hixon TJ, Hoit JD: Physical examination of the rib cage wall by the speech-language pathologist, *Am J Speech-Lang Pathol* 9:179, 2000.
33. Hixon TJ, Hoit JD: Physical examination of the abdominal wall by the speech-language pathologist, *Am J Speech-Lang Pathol* 8:335, 1999.

34. Hixon TJ, Hoit JD: Physical examination of the diaphragm by the speech-language pathologist, *Am J Speech-Lang Pathol* 7:37, 1998.
35. Hustad KC: The relationship between listener comprehension and intelligibility scores for speakers with dysarthria, *J Speech Lang Hear Res* 51:562, 2008.
36. Hustad KC, Beukelman DR, Yorkston KM: Functional outcome assessment in dysarthria, *Semin Speech Lang* 19:291, 1998.
37. Jacobs L, Gossman MD: Three primitive reflexes in normal adults, *Neurology* 30:184, 1980.
38. Kearns KP, Simmons NN: Interobserver reliability and perceptual ratings: more than meets the ear, *J Speech Hear Res* 31:131, 1988.
39. Kent JF, et al: Quantitative description of the dysarthria in women with amyotrophic lateral sclerosis, *J Speech Hear Res* 35:723, 1992.
40. Kent RD: Perceptual sensorimotor speech examination for motor speech disorders. In McNeil MR, editor: *Clinical management of sensorimotor speech disorders*, ed 2, New York, 2009, Thieme.
41. Kent RD, Kent JF: Task-based profiles of the dysarthrias, *Folia Phoniatr Logop* 52:48, 2000.
42. Kent RD, Kent JF, Rosenbek JC: Maximum performance tests of speech production, *J Speech Hear Disord* 52:367, 1987.
43. Kent RD, et al: Ataxic dysarthria, *J Speech Lang Hear Res* 43:1275, 2000.
44. Kent RD, et al: The dysarthrias: speech-voice profiles, related dysfunctions, and neuropathology, *J Med Speech-Lang Pathol* 6:165, 1998.
45. Kent RD, et al: Impairment of speech intelligibility in men with amyotrophic lateral sclerosis, *J Speech Hear Disord* 55:721, 1990.
46. Kent RD, et al: Toward phonetic intelligibility testing in dysarthria, *J Speech Hear Disord* 54:482, 1989.
47. Kertesz A, et al: Motor impersistence: a right-hemisphere syndrome, *Neurology* 35:662, 1985.
48. Macken MP, et al: Cranial neuropathies. In Bradley WG, et al, editors: *Neurology in clinical practice: principles of diagnosis and management*, vol 2, ed 3, Boston, 2000, Butterworth-Heinemann.
49. Monrad-Krohn GH: On the dissociation of voluntary and emotional innervation in facial paresis of central origin, *Brain* 47:22, 1924.
50. Mullen R: Evidence for whom? ASHA's National Outcomes Measurement System, *J Commun Disord* 37:413, 2004.
51. Nishio M, Niimi S: Comparison of speaking rate, articulation rate, and alternating motion rate in dysarthric speakers, *Folia Phoniatr Logop* 58:114, 2006.
52. Renout KA, et al: Vocal fold diadokokinetic function of individuals with amyotrophic lateral sclerosis, *Am J Speech Lang Pathol* 4:73, 1995.
53. Rowland LP: Signs and symptoms in neurologic diagnosis. In Rowland LP, editor: *Merritt's textbook of neurology*, ed 8, Philadelphia, 1989, Lea & Febiger.
54. Sheard C, Adams RD, Davis PJ: Reliability and agreement of ratings of ataxic dysarthric speech samples with varying intelligibility, *J Speech Hear Res* 34:285, 1991.
55. Southwood MH, Weismer G: Listener judgments of the bizarreness, acceptability, naturalness, and normalcy of the dysarthria associated with amyotrophic lateral sclerosis, *J Med Speech-Lang Pathol* 1:151, 1993.
56. Smith WM: Hemispheric and facial asymmetry: gender differences, *Laterality* 5:251, 2000.
57. Thompson JK: Right brain, left brain: left face, right face: hemisphericity and the expression of facial emotion, *Cortex* 21:281, 1985.
58. Venketasubramanian N, Seshardi R, Chee N: Vocal cord paresis in acute ischemic stroke, *Cerebrovasc Dis* 9:157, 1999.
59. Walsh M, Peach RK, Miller N: Dysarthria Impact Profile: development of a scale to measure psychosocial effects, *Int J Commun Dis*1–23, 2008.
60. Walton J: *Essentials of neurology*, London, 1982, Pitman.
61. Weismer G: Philosophy of research in motor speech disorders, *Clin Linguist Phon* 20:315, 2006.
62. Wertz RT, LaPointe LL, Rosenbek JC: *Apraxia of speech: the disorder and its treatment*, New York, 1984, Grune & Stratton.
63. Yorkston KM, Beukelman DR: *Assessment of intelligibility of dysarthric speech*, Tigard, Ore, 1981a, CC Publications.
64. Yorkston KM, Beukelman DR: Communication efficiency of dysarthric speakers as measured by sentence intelligibility and speaking rate, *J Speech Hear Disord* 46:296, 1981b.
65. Yorkston KM, Beukelman DR: *Sentence intelligibility test*, Lincoln, Neb, 1996, Tice Technology Services.
66. Yorkston KM, Strand EA, Kennedy MRT: Comprehensibility of dysarthric speech: implications for assessment and treatment planning, *Am J Speech-Lang Pathol* 5:55, 1996.
67. Yorkston KM, et al: *Management of motor speech disorders in children and adults*, Austin, Texas, 1999, Pro-Ed.
68. Zeplin J, Kent RD: Reliability of auditory-perceptual scaling of dysarthria. In Robin DR, Yorkston K, Beukelman DR, editors: *Disorders of motor speech: recent advances in assessment, treatment, and clinical characterization*, Baltimore, 1996, Paul H Brookes.
69. Ziegler W, Zierdt A: Telediagnostic assessment of intelligibility in dysarthria: a pilot investigation of MVP-online, *J Commun Disord* 41:553, 2008.
70. Zyski BJ, Weisiger BE: Identification of dysarthria types based on perceptual analysis, *J Commun Disord* 20:367, 1987.

부 록

A 말운동장애에서 드러나는 일탈적 말 특성

사례 번호(괄호 안에 번호로만 명시함)는 부록으로 제시된 웹사이트의 Part I~III의 오디오와 비디오를 참조. 대부분의 특성들은 부록으로 제시된 웹사이트의 Part IV에 있는 39개의 사례에 나타나지만 여기에는 명시하지 않음.

명칭	특성 기술
메이요 클리닉 마비말장애 연구(DAB)의 청각적 특성*	
이상 음도(abnormal pitch)	음도가 나이나 성별에 비하여 지속적으로 너무 낮거나 너무 높음.
음도 일탈(pitch break)(73)	음도에 갑작스럽고 조절되지 않는 변이(가성 일탈[falsetto breaks])를 보임.
단음도(monopitch)(32~38, 77, 84, 86, 90)	음성이 단음도 또는 단어조(monotone)을 보임. 음성에 정상적인 음도 변이가 부족함.
음성 떨림(voice tremor)(17~19, 62, 73)	음성에 상당히 규칙적인 떨림 또는 진전을 보임. 범위는 일반적으로 4~7Hz임.
단음량(monoloudness)(32~38, 77, 84, 86, 90)	음량 측면에서 단어조(monotone) 양상을 보임. 음량에 있어서 정상적인 변이를 보이지 않음.
과다 음량 변이(excessive loudness variation)(20, 85)	음성이 갑작스럽고 조절되지 않는 음량 변화를 보이며 때로는 소리가 너무 커지거나 너무 작아짐.
음량감쇄(loudness decay)(16)	발화 내에서 점진적으로 음량이 감소함.
교차음량(alternating loudness)(12, 13, 20)	발화 내에서 음량이 교차적으로 변하는 양상 보임.
전반적 음량(loudness level[overall])(16)	음량이 불충분하게 또는 과도하게 큼.
거친 음성(harsh voice)(17)	음성이 거슬리고(harsh), 거칠고(rough), 쉿소리(raspy)가 남.
목쉰 음성(hoarse(wet)voice)(1~4, 15, 72, 77, 87)	젖은 소리를 내는 목쉰 양상.
계속적 기식음성(breathy voice[continuous])(1~4, 14, 15, 16, 51, 74, 78)	음성이 지속적으로 기식음, 약화되고 얇은 소리를 냄.
일시적 기식음성(breathy voice[transient])(18)	음성의 기식음이 일시적이고(transient), 주기적이고(periodic), 간헐적임(intermittent).
쥐어짜는 음성(strained[strained-strangled] voice)(5, 6, 8~10, 17, 21, 72, 76, 79, 84, 86, 88, 91)	음성이 쥐어짜는 양상을 보임(성문을 통해 힘들여 짜는 소리를 냄).
음성 끊김(방해/정지)(voice stoppages [interruptions/arrests])(18, 20, 21, 76)	갑자기 음성이 멈춤, 발성을 위한 공기 흐름이 방해받았음.
과다비성(hypernasality)(24~26, 81, 83, 84, 86)	공명이 과도하게 비성 양상을 보임.
과소비성(hyponasality)	공명이 과소비성(hyponasal)/비성 제거(denasal) 상태임.
비강누출(nasal emission)(24~26, 81)	말을 할 때 코로 바람이 배출됨. 가끔은 들을수 있는 정도임.
노력성 호흡(forced inspiration-expiration)	갑작스러운 흡기나 호기로 인해 말이 방해받음.
가청 흡기(audible inspiration)(7, 54, 75, 84)	들릴 수 있는 정도로 숨소리가 섞인 흡기.
호기말 킁킁 소리(grunt at end of expiration)(11, 74)	말끝 호기에 킁킁 소리가 남.
빠르거나 느린 속도(rate, slow or fast)(32~39, 75, 84, 86, 90)	말 속도가 비정상적으로 느리거나 빠름.
짧은 구(short phrases)(4, 78, 84)	구가 짧음(아마도 정상보다는 흡기가 더 자주 일어나기 때문임). 화자가 공기가 부족한 양상으로 말을 함. 종종 최대 모음연장 발성 감소와 관련 있음.
(분절 내 속도 증가[가속화된 속도])(increased rate in segments[accelerated rate])(35, 106)	연결된 발화의 분절 내에서 말 속도가 점진적으로 증가함.
전반적 속도 증가(빠른 속도)(increased rate overall[rapid rate])(35)	말의 처음부터 끝에 이르면서 점진적으로 빨라짐.
강세 저하(reduced stress)(90)	정상적 강세(stress)나 강조 패턴이 감소된 말 양상임.
속도 변이(variable rate)	발화 내, 발화 간 속도가 달라짐.
늘어진 간격(prolonged intervals)	단어 내(interword) 또는 음절 내(intersyllable) 사이 간격이 늘어짐.
부적절한 쉼(inappropriate silences)	부적절한 침묵으로 대치되는 쉼이 있음.

명칭	특성 기술
짧은 말뭉침(short rushes of speech)(35, 90)	휴식(pause)에 의해 분리되는 짧고 빠른 말뭉침이 있음.
과균등 강세(excess and equal stress)(33, 37)	일반적으로 강세가 없는 음절이나 말의 일부분에 과도한 강세가 있음(예: 다음절 단어에서 강세가 없는 음절).
부정확한 자음/조음(imprecise consonants/articulation)(25, 27, 28, 77, 81, 83, 84)	자음의 정확성이 저하됨. 뚜렷함(sharpness)이나 산뜻함(crispness)이 부족하고 왜곡이 나타남.
음소 연장(prolonged phonemes)(31, 39)	음소가 연장됨.
음소 또는 음절 반복(repeated phonemes or syllables)(35, 90)	음소를 느리거나 빠르게 반복함.
불규칙적 조음 붕괴(irregular articulatory breakdowns)(29, 87)	조음의 정확성이 간헐적으로, 비체계적으로 붕괴됨.
모음 왜곡(distorted vowels)(20, 30, 85)	음성적 정확성(phonetic accuracy) 측면에서 모음이 왜곡됨.
추가적인 연관 청지각적 특성	
이중음도(diplophonia)(1, 2, 4, 72, 78)	두 개의 다른 음도가 동시에 지각됨.
빠른 음성 떨림(vocal flutter)(5, 6, 14, 59, 79, 91)	빠르고 비교적 낮은 강도의 음성 떨림(7~12Hz 로 지각됨).
최대 모음연장 저하(reduced maximum vowel duration)(1~4, 14, 16, 72, 78)	최대 모음연장이 감소됨, 종종 호흡 또는 후두 약화를 반영함.
흡기 천명음(inhalatory stridor)(7, 75, 84)	가청 흡기와 유사하나, 흡기 시 성대가 서로 접근해 있고 진동으로 인해 실제적인 거친 발성의 특성을 보임
구개-인두-후두 간대성 근경련/느린 떨림(palatal-pharyngeal-laryngeal myoclonus/slow tremor)(22, 23, 64, 82)	1~4Hz의 리듬을 타는 진전 같은 '박동(beat)'이 음성에 나타남. 짧은 음성 순간 정지(voice arrest)를 유발할 정도이거나, 일반적으로는 모음연장을 수행할 때 들을 수 있음.
약한(때때로 비성화됨) 압력 자음(weak pressure consonants)(24, 25, 81, 84)	파열음/압력 자음이 음향학적인 변별성이 부족하고, 또는 비강 기류가 과도하여 약하거나 또는 산출하면서 불완전한 조음 접촉 때문에 발생함. 비성의 특성을 보일 수 있음.
느리거나 빠른 교대운동속도(slow AMRs or fast AMRs)(35, 37, 40~43, 48, 49, 88, 90, 94)	말의 AMR이 느리거나 빠름.
불규칙한 교대운동속도(irregular AMRs)(20, 44~47, 71, 80)	말의 AMR이 지속 기간(duration), 음도, 음량 측면에서 불규칙적임.
말달림 교대운동속도(galloping AMRs)(50)	AMR이 되풀이되어 발생하는(recurring), 리듬을 타는 박자(cadence)로 산출됨.
음성 틱(불수의적 소음/소리)(vocal tics[involuntary noises/sounds])(20, 85)	반복되고, 빠르며, 분명하게 불수의적인 소음 또는 소리(예: 음성 가다듬기, 입맛 다시기, 킁킁거리는 소리)가 독립적으로 발생하거나 자발적인 발화 수행하면서 관찰됨.
동어반복증(palilalia)	단어 또는 구의 강박적 반복으로 일반적으로 빨라지는 속도와 감소하는 소리의 특성이 동반됨.
외언증(corprolalia)	불수의적, 강박적, 반복적, 외설적인 언어와 욕을 큰소리로, 작은 소리로 또는 불완전하게 발설함.
왜곡된 대치(distorted substitutions)(30, 31, 77)	소리가 왜곡되고 대치됨(예: 유성/무성 특성이 부정확하고 변별이 잘 안 되며, 비정상적인 공명 특성을 보임).
왜곡된 첨가(distorted additions)(31)	소리가 첨가되면서 왜곡됨.
왜곡된 조음 모색(distorted articulatory groping)(31, 89)	조음을 위한 가청 또는 가시적인 모색을 보여 소리가 왜곡되거나 조음 움직임이 어색하거나 느림.
음절 분절(syllable segmentation)(38, 39, 77)	다음절로 이루어진 발화가 한 단위로 동시 조음(coarticulate)이 되지 못하고 음절이 따로따로 발음되는 것처럼 서로 분리됨.
속도 증가에 따른 오류 증가(increased error with increased rate)(30)	속도가 증가하면서 왜곡된 대치, 첨가 또는 모색이 증가함.
길이와 복잡도 증가에 따른 오류 증가(increased errors with increased length or complexity)(30, 77)	발화의 길이 또는 복잡도가 증가하면서 왜곡된 대치, 첨가 또는 모색이 증가함.
일련교대운동 산출 저하(poorly produced SMRs)	일련교대운동은 대치, 첨가, 반복 또는 모색의 특성을 보이고, 순차적 오류(sequential errors)가 왜곡되어 있으며, 교대운동속도 과제 때보다 속도가 느림.

Darly FL, Aronson AE, Brown JR: *Motor speech disorders*, Philadelphia, 1975, WB Saunders에서 수정(일부의 원 용어와 정의가 약간 수정되기도 함)

*마비말장애를 기술하기 위해 DAB가 사용한 여러 가지 특성들이 말실행증의 특성에 해당되기도 함.

AMR=교대운동속도(alternating motion rate), SMR=일련운동속도(sequential motor rate)

B

Grandfather Passage[13]

You wish to know all about my grandfather. Well, he is nearly 93 years old, yet he still thinks a swiftly as ever. He dresses himself in an old black frock coat, usually with several buttons missing. A long beard clings to his chin, giving those who observe him a pronounced feeling of the utmost respect. Twice each day he plays skillfully and with zest upon a small organ. Except in the winter when the snow or ice prevents, he slowly takes a short walk in the open air each day. We have often urged him to walk more and smoke less, but he always answers, "Banana oil!" Grandfather likes to be modern in his language.

단어 수=115

유창하게 읽는 기술을 지닌 정상 성인이 큰 소리로 읽는 데 대략적으로 걸린 시간은 35~50초이다. 주목할 것은 정상 성인 화자 모두가 유창한 읽기 기술을 지닌 것은 아니라는 사실이다.

제2부

감별 진단

THE DISORDERS AND THEIR DIAGNOSES

CHAPTER

4

이완형 마비말장애

"처음에는 마치 제가 제대로 말하지 않는 것처럼 일부 단어 끝이 약간 어눌했습니다. 지난 4주간은 음식을 입안에서 움직이는 데 어려움이 생겼고, 말 문제가 더 심해졌습니다."

(설하신경관 영역의 두개기저부에 종양으로 인해 이완형 마비말장애가 발생한 37세 남환의 사례. 양측 혀에 약증, 위축, 속상수축을 보임)

개 요

이완형 마비말장애(flaccid dysarthrias)는 지각적으로 구분 가능한 말운동장애로서, 하나 또는 그 이상의 뇌신경과 척수신경 손상 또는 질환으로 인해 발생한다. 이는 운동 단위(motor units)를 이루는 최종공통경로(final common pathway, FCP)의 핵(nuclei), 축삭(axons), 또는 신경근육 접합부(neuromuscular junctions)의 문제를 반영해 준다. 또한 이러한 문제는 말의 호흡, 발성, 공명과 조음 중 어느 하나 또는 이 모든 영역에서 나타날 수 있다. 이완형 마비말장애를 구분해 주는 주요 일탈적 말 특성은 근육 약증과 감소된 근긴장, 속도, 범위와 더불어 말 움직임의 정확도에 주는 영향으로 거슬러 올라갈 수 있다. 이러한 장애를 설명하기 위한 요인으로 약증이 제일 큰 원인이 되기 때문에 이에 이완형 마비말장애라는 명칭이 붙게 된다. 마비말장애가 이완형이라고 확인되는 경우, 뇌신경질환의 진단에 도움이 되고 병소의 위치가 하부운동신경(lower motor neuron, LMN) 경로에 있다고 판단하는 데 도움이 된다.

광범위한 의료 현장에서 이완형 마비말장애는 다른 단일 유형의 마비말장애를 접하게 되는 경우와 비슷한 정도로 접하게 된다. 메이요 클리닉(Mayo Clinic) 언어병리학 분과 임상 현장에서 진단되는 주요 의사소통장애 자료를 토대로 보았을 때, 이완형 마비말장애 유형은 모든 마비말장애의 8.4%와 모든 말운동장애의 7.8%를 차지한다.

다른 마비말장애 유형과 달리 이완형 마비말장애에는

단일 근육(예: 혀) 또는 말 하위 체계(예: 발성, 조음)가 관여하고, 여러 개의 말 하위 체계 또는 근육 다발이 다양한 조합으로 관여하기도 한다. 이렇게 여러 가지 조합이 가능하기 때문에 이완형 마비말장애의 하위 분류(subtypes)를 확인할 수 있고, 각 유형은 뇌신경이 편측 또는 양측 손상됨에 따라, 혹은 특정 뇌신경, 척수신경 또는 뇌신경과 척수신경의 손상이 여러 가지 조합을 이룸에 따라 일탈적 말 특성을 보이게 된다. 그렇기 때문에 이완형 마비말장애(flaccid dysarthrias)라는 용어는 복수형으로 사용된다. 이완형 마비말장애를 이루는 모든 하위 유형들의 병소(lesion)는 뇌간(brain stem) 또는 척수(spinal cord)에서 말 근육에 이르는 전체 범위 중 일부에서 발생한다. 이들은 또한 신경근육적 기초 측면에서 근육 약증과 감소된 근긴장도의 특성을 공유하고, 이러한 문제는 신경근육의 계획, 프로그래밍, 제어의 문제에 의한 것이 아닌 신경근육 집행(neuromuscular execution)의 문제에 기인한다고 볼 수 있다. 이러한 특성들은 청지각적으로 특정 뇌신경 또는 척수신경 손상으로 인해 발생하는 기능 저하 소견을 통해 서로 간에 구분이 가능하다.

이완형 마비말장애의 임상적 특성들에 주의를 기울이는 것이 말초신경계(peripheral nervous system, PNS)의 해부학적 · 생리학적 측면에 대한 이해를 견고하게 하는데 도움이 될 수 있다. 그 어느 유형의 말장애보다도 이완형 마비말장애를 통해서 뇌신경과 척수신경의 경로와 근육으로의 신경전달, 말 산출에 필요한 특정 근육의 역할, 또한 말을 명료하게 유지하게 위하여 약증에 적응하거나 보상하는 놀랄 만하면서도 간혹 자발적으로 이루어지는 방법에 대한 정보를 얻을 수 있다.

I. 이완형 마비의 임상적 특성

이완형 마비(flaccid paralysis)가 최종공통경로 손상을 반영하기 때문에 반사적 · 자동적 · 수의적 움직임 모두에 영향을 주게 된다. 이러한 사실을 통해 다른 운동체계의 손상과 하부운동신경세포 손상을 구분하는 데 도움을 받을 수 있다.

약증(weakness), 근긴장저하(hypotonia), 반사 감소는 이완형 마비의 주요 임상적 특성이다. 위축과 속상수축(fasciculations)이 빈번하게 동반되기도 한다. 때로는 근육 사용 정도에 따라 빠르게 약화되고 휴식 후 빠르게 회복되는 특성은 다른 질환과 구분해 주는 변별적인 특징에 해당되기도 한다. 이러한 특성 유무가 어느 부분의 운동 단위에 손상되어 있느냐에 따라 달라지기도 한다. 이러한 특성들은 뒤이어 설명되는 부분과 표 4-1에 요약되어 있다.

A. 약증

이완형 마비에서의 약증(weakness)은 뇌간과 척수에 있는 뇌신경과 척수신경세포, 근육에 이르게 되는 말초신경 또는 뇌신경, 신경근육의 접합부를 포함하는 운동 단위 중에 어느 부분에 손상이 있어도 나타날 수 있다. 이는 또한 근육질환에 의해 발생할 수도 있다. 손상이 있을

표 4-1

이완형 마비말장애의 특성과 관련 있는 운동 단위 구성요소

특성	손상된 요소			
	세포체	축삭	신경근육 접합부	근육
약증	+	+	+	+
근긴장저하	+	+	+	+
반사 감소	+	+	+	+
위축	+	+	−	+
속상수축	+	+/−	−	−
잔떨림	+	+/−	−	−
빠른 약화와 휴지 시 빠른 회복	−	−	+	−

+: 있음, −: 없음, +/−: 있을 수도 있고 없을 수도 있음.

때 운동 단위가 활성화되지 않아 수축하는 능력이 손실되거나 감소된다. 운동 단위의 질환으로 인해 근육으로 보내는 하부운동신경세포의 입력 정보(input)가 활성화되지 않으면, 그 결과로 마비(paralysis)가 발생한다. 즉, 근육을 수축할 수 있는 능력이 완전하게 소실되게 된다. 일부 입력 정보가 남아 있게 된다면 불완전마비(paresis), 즉, 수축 감소 또는 약증이 발생하게 된다. 하지만 마비라는 용어는 흔히 중증도(severity)에 상관없이 약증을 나타내는 데 사용되기도 한다.

근육에 약증이 미치는 영향은 단일(상동성) 수축(single[phasic] contractions), 반복적 수축(repetitive contractions) 및 지속된(강직) 수축(sustained[tonic] contractions)을 할 때 관찰될 수 있다.

B. 근긴장저하 및 반사 감소

이완형 마비의 경우, 근긴장저하(hypotonia)(근육 긴장도가 감소하는 것으로, 근육이 느슨하거나[floppiness] 수동적 움직임에 대한 저항이 감소함)를 보이고 정상적인 반사 신경이 감소하거나 없어지는 특성을 보인다. 이완형 마비에서는 신장(stretch)에 대한 근육의 수축 능력이 손상되는데, 이는 신장 반사의 운동 요소가 최종공통경로를 통해 작용하기 때문이다(제2장에서 논의되었음). 결과적으로, 근긴장도가 감소한 근육에서 근육 늘어짐(flabbiness)이 관찰 가능하거나 느낄 수 있게 된다.

C. 위축

근육의 구조는 최종공통경로와 근육질환에 의해 변형될 수 있다. 뇌신경 또는 척수신경세포체, 말초신경 또는 근육섬유에 손상이 생기면 결국에는 근육이 위축(atrophy)한다. 위축은 거의 매번 매우 심한 정도의 약증을 동반한다.

D. 속상수축 및 잔떨림

운동신경세포체가 손상되었을 때, 또는 그들의 축삭이 손상되었을 때, 속상수축(fasciculation)과 잔떨림(fibrillations)이 발생할 수 있다. 속상수축은 휴지 상태에 있는 근육에서 육안으로 확인 가능하고 불규칙적이며(arrhythmic), 독립적인 연축(twitching) 양상을 띠는 것으로, 이는 신경 퇴행 또는 신경자극(irritations)에 의한 자발적인 운동 단위 방전(discharge)으로 인해 발생하게 된다. 잔떨림은 개별적인 근육섬유에서 육안으로 보이지 않고, 자발적이며 독립적인 수축 특성을 지니는 느리고 반복적인 활동전위를 반영하는 것이다. 이러한 특성은 근육에 운동신경 공급이 사라지고 나서 1~3주 후에 근전도 검사(electromyography)를 시행하면 확인이 가능하다. 속상수축과 잔떨림은 일반적으로 근육질환에는 나타나지 않는다.

E. 사용에 따른 점진적인 약증

질환으로 인해 신경근육 접합부(neuromuscular junction)가 영향을 받으면 근육을 사용하면서 빠른 약증(weakness)이 발생하고, 휴식을 통해 회복되는 특징을 보이게 된다. 어떤 유형이든 약증을 보이는 사람들에게 피로는 흔한 것이지만 중증근무력증(myasthenia gravis)과 같은 신경근육 접합부 질환에서는 빠르게 약화되고 휴식 후 빠르게 회복되는 증상이 두드러진다.

II. 병인

이완형 마비말장애는 운동 단위를 손상시키는 모든 과정을 통해서 발생할 수 있다. 병인에는 선천성(congenital), 탈수초성(demyelinating), 감염성/염증성(infectious/ inflammatory), 퇴행성(degenerative), 대사성(metabolic), 신생물성(neoplastic), 외상성(traumatic) 및 혈관성(vascular) 질환을 모두 포함한다.

이완형 마비말장애의 원인의 분포는 알려져 있지 않다. 하지만 관여하는 특정 뇌신경 또는 척수신경의 기능에 따라, 신경다발 또는 단일 신경이 관여하는지에 따라, 병이 운동 단위의 어느 부위에서 발생하였는지에 따라 다양하다는 것은 확실하다. 예를 들어, 일반적으로 단일 신경 손상의 가장 흔한 원인은 외상이며, 독성-대사성 질환은 일반적으로 많은 신경을 손상시킨다.

A. 공통된 용어

최종공통경로와 근육의 장애를 기술하기 위해 여러 가지

용어가 사용된다. 다음에 제시되는 용어와 그 정의는 본 장의 나머지 부분에서 제시되는 정보를 이해하는 데 도움을 줄 것이다.

신경병증(neuropathy)—신경에 발생하는 질환을 지칭하는 일반적인 용어이지만, 원인질환이 보통 비염증성임.

신경염(neuritis)—신경의 염증성 질환.

말초신경병증(peripheral neuropathy)—말초신경계에 있는 신경질환. 말초신경병증은 운동, 감각 또는 자율신경계에 영향을 줌. 축삭 변성, 탈수초화 또는 이 둘의 혼합 양상이 발생함.

뇌신경병증(cranial neuropathies)—뇌신경을 포함하는 말초신경병증.

단일신경병증(mononeuropathy)—단일 신경에 발생하는 신경병증.

다발신경병증(polyneuropathy)—말초신경계에 광범위한 양측 그리고 종종 대칭적인 영향을 주는 전반적인 과정.

신경근병증(radiculopathy)—종종 척수사이구멍(intervertebral foramen)에서 근위(proximal) 척수신경뿌리를 포함하는 말초신경계 장애.

신경얼기병증(plexopathy)—사지로 뻗어 나가는 신경을 구성하기 전 척수신경이 섞이는 지점의 말초신경계 손상.

척수병증(myelopathy)—척수에 발생하는 병리적 소견.

척수염(myelitis)—척수에 발생하는 염증을 지칭하는 비특이적 용어(nonspecific term).

근병증(myopathy)—근육질환. 근육병은 감각 장애 또는 중추신경계 질환을 동반하지 않음. 가장 흔한 유형의 근병증은 원위근(distal muscle)보다 근위근(proximal muscle)에 영향을 줌.

근육염(myositis)—염증성 근육질환.

B. 관련 질환 및 상태

이 부분에서는 최종공통경로와 근육질환에 비교적 특유한 몇 가지의 공통 질환에 대하여 요약하고자 한다. 이러한 질환이 있을 때는 다른 유형이 아닌 이완형 마비말장애와 강한 연관이 있다. 여기서 다루는 질환은 이완형 마비말장애를 발생시키는 몇 가지 가능한 원인만을 대표한다는 것을 염두에 두어야 한다. 이들이 강조되는 이유는 메이요 클리닉 언어병리학 분과 임상 현장에서 발생하기 때문이다(글상자 4-1).

퇴행성 질환

운동신경세포병(motor neuron disease)은 운동신경의 퇴행 장애를 일컫는다. 근위축성 측삭 경화증(amyotrophic lateral sclerosis, ALS)은 가장 흔한 운동신경세포병으로, 연수(bulbar), 사지(limb)와 호흡근육에 영향을 준다. 정의에 따르면, ALS는 상부운동신경원과 하부운동신경세포 모두 영향을 받는 질환이나, 초기 증상 발현은 하부운동신경세포에 국한될 수 있다. 따라서 ALS는 뇌신경 손상으로 인해 이완형 마비말장애를 보일 수 있다.

진행성 구(연수)마비(progressive bulbar palsy)는 운동신경 질환으로 뇌신경에서 신경 공급을 받는 하부운동신경세포(LMN)의 영향을 주로 받는다. 구(연수)근육(bulbar muscle)에 신경 공급을 하는 상부운동신경세포(UMN)의 영향을 받을 수도 있으나 하부운동신경세포(LMN)에 국한되기도 한다.

척수근육위축증(spinal muscle atrophies, 때로는 진행성 근육위축증[progressive muscle atrophy])이라고 일컬음)은 점진적으로 사지 근육 소모(wasting)와 약증을 보이는 운동신경세포병으로, 뇌신경 약증이 동반될 수도 있고 동반되지 않는 경우도 있다. 이 질환은 유전되거나 산발적으로 발병되기도 하고 선천적이거나 아동기 또는 성인기에 들어서 발병하기도 한다.[79] 구(연수)징후(bulbar signs)와 호흡 문제는 ALS에서보다 낮은 빈도로 발생하지만, 이완형 마비말장애와 삼킴장애는 쉽게 발생하기도 한다.

케네디병(Kennedy's disease) 또는 연수척수신경세포병증(bulbospinal neuronopathy)은 흔하지 않은 X 연관 열성 질환(X-linked recessive disease)으로, ALS로 오인될 수 있다. 남성에게서 보통 30세 이후에 발병하며, 여성유방증(gynecomastia, 가슴 크기가 커지는 것), 근경련(muscle cramps), 근연축(muscle twitches), 팔다리 이음근 약증(limb-girdle muscle weakness)과 구(연수) 증상(bulbar involvement)의 특성을 보인다. 90% 이상의 환자들에게서 입 주위, 얼굴 아래 부위와 혀에서 속상수축을 보이며, 환자들의 33%에서 마비말장애를 보이고, 50%에서 삼킴장애를 보인다.[46,54]

발병기전(pathogenesis)이 알려지지 않은 일부 신경퇴행성 질환도 이완형 마비말장애를 보일 수 있다. 예를

글상자 4-1

1999~2008년도 사이 메이요 클리닉(Mayo Clinic)에서 이완형 마비말장애를 주요 말장애로 진단받은 사례들 중 유사임의적으로 선정된 171명 사례들의 원인 질환. 원인 질환 제목에 해당하는 사례의 %는 괄호 안에 표시됨. 각 제목 아래 구체적인 원인질환들은 가장 빈도가 높은 것에서 낮은 순으로 나열됨.

퇴행성(40%)
- 근위축성 측삭 경화증, 운동신경세포병, 원인 불명의 질환, 케네디병, 다계통 위축증, 척수근위축증, 유극적혈구신경증

외상성(22%)
수술(19%)
- 신경외과적 수술(7%)
  - 후두와 및 청신경 종양, 경추디스크, 경동맥 내막절제술, 뇌간혈관시술, 삼차신경 감압술
- 이비인후과적 수술(4%)
  - 갑상선절제술, 근치목수술, 이하선 절제술, 삽관 외상
- 심장 또는 흉부 수술(1%)
  - 대동맥류, 폐정맥과 삼첨판막 재건술

비수술(3%)
- 폐쇄성 두부 손상, 두개골 골절, 경부 외상

근육 질환(9%)
- 근긴장 퇴행위축, 근육퇴행위축증, 봉입체 근염, 다발근육염, 염증성 근병증

혈관성(9%)
- 뇌간 뇌졸중, 무산소성 뇌증, 대동맥류

중증근무력증(4%)

감염성(4%)
- 바이러스성, 상세 불명, 회색질척수염(폴리오)

종양(3%)

탈수초성(2%)
- 길랑-바레 증후군, 만성 염증성 탈수초 다발성 신경병증

해부학적 기형(1%)
- 아놀드-키아리 기형, 척수공동증

기타(5%)
- 방사선 치료(구개, 비인두강), 선천적 뇌신경 이상, 약물독성, 류마티스 관절염, 간부전, 원인 불명

들어, 최근에 기술이 된 질환 중에 안면발증 감각운동신경세포병증(facial onset sensory and motor neuronopathy [FOSMN])[86]은 서서히 진행되는 신경 퇴행성 질환으로 삼차신경이 분포하고 있는 부위에 감각 이상(paresthesias)과 무감각(numbness)을 보이고, 더 진행되면서 하부운동신경세포의 약증을 시사하는 마비말장애, 삼킴장애, 속상수축, 위축 등을 보이게 된다.

외상

뇌간 또는 머리, 목, 상부 흉부에 수술을 받을 때, 일시적으로 또는 영구적으로 말 수행 관련 뇌신경에 손상을 입을 수 있다. 이것이 성대마비의 가장 흔한 원인이 되는 것 같다. 수술을 통한 신경 손상은 혈관을 신장시키거나(stretching), 자르거나(cutting), 누르거나(compression), 방해(disruption)하면서 발생될 수 있다.[56] 뇌신경 손상의 위험이 있는 신경의 수술적 절차의 예로는 경동맥 내막절제술(carotid endarterectomy), 전경추수술(anterior cervical spine surgery), 뇌간혈관시술(brainstem vascular procedures), 후두와(posterior fossa)와 두개저(skull base) 및 뇌신경 종양(tumor)의 수술적 절제 또는 관련된 시술이 있다. 심장, 폐, 갑상선, 목, 턱과 입을 겨냥한 심장 관련, 흉부, 이비인후과적 또는 치과적 시술 또한 뇌신경 손상 위험이 있다. 폐쇄성 뇌손상, 두개골 골절, 목 손상도 뇌신경 또는 목신경(cervical nerves)의 외상으로 인한 이완형 마비말장애를 발생시킬 수 있다.

근육 질환

근육퇴행위축증(muscular dystrophies, MD)은 유전적 골격근 질환으로 근육섬유 퇴행이 발생하고 근육섬유가 지방조직과 섬유결합조직으로 대체되는 특성을 지니고 있다. 그 결과, 근육이 정상적으로 수축하는 능력을 상실하게 된다. 근육퇴행위축증은 모든 연령대에 발생할 수 있으며, 중증도도 다양하다. 이 질환의 영향은 일반적으로 산발적이며, 만성적이고, 점진적이다. 상염색체 우성 유전 질환인 안면견갑상완 근육퇴행위축증(fasioscapulohumeral muscular dystrophy) 유형은 초기 성인기에 발

생할 수 있는데, 이는 특히 안면 약증과 이로 인한 잠재적인 말장애의 특성으로 정의된다. **안구인두 근육퇴행위축증**(oculopharyngeal muscular dystrophy)을 포함하는 다른 유형은 삼킴장애, 마비말장애, 확인 가능한 최대 혀 강도 약증(maximum tongue strength) 특성을 보인다.[57,62,92] **뒤셴 근육퇴행위축증**(Duchenne muscular dystrophy)을 포함하는 선천적인 유형은 인지 기능 저하 및 중추신경계 이상을 동반 할 수 있다.[34,53]

근긴장 퇴행위축(myotonic muscular dystrophy)은 상염색체 우성 유전 질환(autosomal dominant inherited disease)으로, 성인에게서 근육퇴행위축증 유형 중 가장 흔하게 발생한다.[6] 이는 근육의 정상적인 수축 과정에 영향을 준다. 근긴장증(myotonia)은 자극을 주었을 때 또는 강제적 수축이 끝난 후에도 지속되는 근육 수축의 특성을 보인다. 예를 들어, 강하게 이를 악물거나 입술을 내민 후 턱과 입술이 이완되는데 시간이 지연되는 경우이다. 근긴장증은 임상적으로 **타진근긴장증**(percussion myotonia)으로 나타나기도 한다. 이는 지속되는 근긴장 수축 후에 강한 타진(percussion)을 보이는 경우이다. 혀에 힘을 가하여 누른 후 접촉을 중단하였는데도 몇 초 동안 눌린 자국이 지속되는 경우를 볼 수 있다. 이 질환에서 턱과 얼굴이 약증으로 인해 무표정한 양상을 보이고, 자발적 그리고 감정적 얼굴 움직임의 감소를 동반하기도 한다. 부정교합(malocclusion)도 흔하게 관찰된다.[43]

근육퇴행위축증은 조음, 발성, 공명, 삼킴과 호흡에 영향을 줄 수 있다.[24,27] 혀의 최대 강도(maximal tongue strength) 감소가 보고되고,[57] 말 특성으로는 목쉰 음성(hoarseness), 감소된 음도 변이(reduced pitch variability), 과다비성(hypernasality), 속도와 소리 크기 감소(reduced rate and loudness)를 보이기도 한다. 근긴장 퇴행위축 환자들은 짧은 시간에 근긴장도 감소를 보이는데, 말을 하여 '준비운동(warming up)'을 하는 것이 뒤를 이어 진행하는 말의 속도나 안정성에 긍정적인 영향을 주는 것으로 보인다.[23]

다발근육염(polymyositis, PM), **피부근육염**(dermatomyositis, DM), **봉입체 근육염**(inclusion body myositis, IBM)을 포함하는 **염증성 근병증**(inflammatory myopathies)은 후천적으로 발생하는 근골격 약증의 가장 큰 원인질환에 해당된다. 다발근육염과 피부근육염에서 보이는 약증은 몇 주 또는 몇 개월에 걸쳐 발생하고 진행되는 반면, 봉입체 근육염은 몇 년에 걸쳐 서서히 진행된다. 인두와 목굽근(neck flexor muscle)이 여러 형태로 영향을 받아 삼킴장애가 발생하며, 병이 진행되면서 호흡장애가 야기될 수도 있다. 봉입체 근육염에서는 안면근육 약증이 흔하게 나타난다.[19] 인두, 안면, 호흡근육이 영향을 받아서 말에도 확연한 장애를 보이나 말장애보다는 삼킴장애가 더 빈번하게 발생한다. **선천적 근병증**(congenital myopathies)도 유사한 삼킴장애와 말장애를 보이기도 한다.

혈관성 질환

뇌간에 뇌졸중이 있을 때, 말과 관련된 뇌신경의 핵에 손상이 발생하고, 이로 인해 이완형 마비말장애가 생길 수 있다. 내경동맥의 절개술로 인해 하부운동신경, 특히 뇌신경 XII에 손상이 발생할 수 있다.[7] 재활의학과에 뇌간 뇌졸중으로 차례로(consecutive) 입원한 환자 53명을 대상으로 살펴본 연구에 따르면, 뇌신경 IX와 X 손상(40%)이 가장 흔하였으며, 9%에서는 여러 개의 뇌신경 손상을 보였다고 한다.[15]

특정 혈관 질환은 이완형 마비말장애와 관련이 있다. 그중 **발렌베르그 외측연수증후군**(Wallenberg's lateral medullary syndrome)이 가장 흔하다. 이는 두개내 추골동맥(intracranial vertebral artery) 또는 후하소뇌동맥(posterior inferior cerebellar artery) 손상에 의해 발생하는 것이며, 이 동맥들은 연수의 측면과 하부 소뇌에 혈류를 공급해 준다. 이로 인한 손상은 동측 안면, 대측 몸통(contralateral trunk)과 사지에 감각 저하를 야기한다. 동측 소뇌 징후(signs); 동측 신경안과적 이상 소견; 동측 의핵(nucleus ambiguus) 손상으로 구개, 인두, 후두 약증과 마비말장애, 삼킴장애가 발생한다.[12] **콜레-시카르 증후군**(Collet-Sicard syndrome)은 편측 뇌신경 IX에서 XII에 이르는 손상을 보인다. 이는 두개기저부(skull base) 아래의 목정맥(jugular vein)과 목동맥(carotid artery)의 혈관 손상과 더불어 두개기저부(skull base)의 골절, 염증성 병변, 종양으로 발생할 수 있다. 전척수동맥(anterior spinal artery) 또는 그 기원인 추골동맥(vertebral artery)이 막혀 설하신경(hypoglossal nerve)이 손상되고(**내측연수증후군**[medial medullary syndrome]) 혀 약증의 원인이 되기도 한다.[12]

종양

두개기저부 종양(skull base tumor)은 뇌신경병증(cranial neuropathies)과 이완형 마비말장애를 야기할 수 있다.

신경섬유종증(neurofibromatosis, NF)은 복잡한, 상염색체 우성 질환(autosomal dominant disorder)으로, 종양 억제(tumor suppression)에 영향을 주는 유전자 변이를 반영한다. 신경섬유종증은 피부(피부 과다 색소 침착[skin hyperpigmentation]과 피부[cutaneous]와 피하조직[subcutaneous] 종양), 뼈, 내분비샘(endocrine glands)과 신경계에서 발생한다. 서로 다른 염색체(chromosomes)에 문제의 유전자(culprit genes)가 위치해 있는 두 가지 형태의 신경섬유종증이 확인되었다. 더 빈번하게 발생하는 유형인 신경섬유종증 1(NF1)은 신경계의 어느 곳에라도 신경섬유종(neurofibromas)과 다른 종양 유형을 만들어 낸다. 그러나 이들은 척수신경과 뇌신경을 포함하는 말초신경에 흔하게 나타난다. 신경섬유종증 2(NF2)는 점진적인 청력 저하, 양측 청신경집종(acoustic neuromas)과 더불어 다른 뇌신경에 종양을 야기하기도 한다.[71] 삼킴장애가 동반된 이완형 마비말장애는 두 가지의 신경섬유종증(NF) 유형 어느 것과도 동반될 수 있다. 병변 위치에 따라 다른 유형의 마비말장애가 동반되기도 한다.

신경근육 접합부 질환

어떤 질환들은 신경근육 접합부(neuromuscular junction)에만 영향을 준다. **중증근무력증**(myasthenia gravis, MG)은 100만 명 중 6~22명의 발생률을 보이는 가장 흔한 유형으로, 상염색체 우성 질환에 해당된다.[27] 이 질환은 수의적 근육을 사용하게 되면 빠르게 약화되고 휴식과 함께 회복되는 특성을 지니고 있다. 대부분의 사람들에게서 이 질환은 운동종말판(motor endplate)에 있는 연접이후막(postsynaptic membrane)에 있는 아세틸콜린 수용체(acetylcholine[ACh] receptors)에 대항하는 자가면역반응(autoimmune response)을 반영한다. 제 기능을 하는 수용체 수가 감소하여 근육 수축을 촉진하는 ACh에 덜 반응하게 된다.[8] 그 결과, 근육을 반복하여 사용하면서 근육 수축이 점진적으로 감소하게 된다. 휴식을 취하면 신경에 ACh 공급을 보충할 시간이 있게 되면서 힘을 다시 회복하게 된다. MG를 보이는 환자 대다수는 흉선(thymus gland)에 이상 소견을 보인다.

MG의 발생률은 30대 여성들과 60~70대 남성들에게 가장 높다.[27] 특히 젊은 층에서는 완화(remission) 상태에 이를 수 있다. 노인층에서 MG이 발생할 때는 이를 뇌졸중으로 오진하는 경우가 있다.[25,45]

MG에서 자주 발생하는 징후(signs)에는 안검하수(ptosis), 안면 약증, 이완형 마비말장애와 삼킴장애가 있다. 드문 경우에는 발성장애(dysphonia)만을 호소하는 경우도 있다.[49] MG 환자들에게서 혀로 볼을 미는 과제를 시켰을 때 힘이 약화되고, 혀로 저항하는 힘이 감소(reduced tongue endurance)되며, 이로 악무는 힘이 감소(reduced bite force)하는 것과 더불어 흡기 천명음(inspiratory stridor)의 증상들이 보고되기도 하였다.[1,73,90,91] 임상적인 신경학적 검사를 넘어서, 단일섬유 근전도 검사(single fiber EMG), 아세틸콜린 수용체 항체 혈액검사(ACh receptor antibody blood tests) 또는 텐실론(Tensilon[edrophonium chloride]) 검사를 통해 진단될 수 있다. 텐실론 주입은 지속적으로 힘을 주면서 발생하게 되는 약증에서 일시적으로 회복되게 해준다. 가끔 텐실론 검사 과제로 말 부하검사(speech stress testing)가 사용되기도 한다. MG 환자들은 부하검사를 수행하면서 빠르게 마비말장애가 진행되는 양상을 보일 수 있는데, 이때 텐실론을 주입하면 말을 지속하더라도 빠르게 마비말장애가 회복되는 것을 볼 수 있다.

램버트-이튼 근무력증후군(Lambert-Eaton myasthenic syndromes)은 신경종말(nerve terminal)에서 ACh을 불충분하게 방출시키는 드물게 발생하는 신경전달(neuromuscular transmission)상의 신생물딸림 질환(paraneoplastic disorder)[1]이다. 이는 근육 사용을 시작할 때나 느린 속도의 자극을 줄 때 약증 정도가 가장 심하고, 자극을 빠르게 반복적으로 주었을 때 힘이 증가하는 특성을 지녔는데, 이는 빠른 속도의 자극이 ACh 방출을 수월하게 하기 때문이다. 이 질환은 폐의 편평상피세포(small cell lung carcinoma)가 있는 남성에게 가장 흔하게 발생되며, 다른 유형의 암종(carcinoma)이나 다른 자가면역질환(autoimmune disease)이 있을 때는 적은 빈도로 발생한다.[27] 마비말장애와 삼킴장애가 종종 동반된다.[13]

보툴리누스 중독(botulism)은 보툴리누스 독소(botulinum toxin)가 연접이전막(presynaptic membranes)이 ACh을 방출하는 데 작용하여 신경근육 전달(neuromuscular transmission)을 방해하는 심각한 질환이다. 오염된 음식이 가장 큰 원인에 해당된다. 발현징후에는 안면, 구강-인두강, 호흡 마비가 있을 수 있다.[61] 보툴리누스 독소를 미량만 사용할 때, 예를 들어, 연축발성장애(spasmodic dysphonia)와 다른 운동과잉형(근긴장이상

[1] 신생물딸림 질환은 암의 원격 영향을 반영함. 이는 제6장에서 더 자세히 다룸.

[dystonic]) 마비말장애를 포함한 여러 가지 운동 질환에 치료로 사용될 수 있다. 이에 대한 치료적인 사용은 제17장에서 다룰 것이다.

감염질환

회색질척수염(polio[poliomyelitis])은 바이러스 질환으로, 현재는 대부분의 나라에서 드물게 나타나는 질환이다. 하부운동신경세포체, 흔히 요추와 경추에 친화력(affinity)이 있다. 연수에 손상이 있는 경우가 사지손상을 보이는 경우보다 많으며, 이때 뇌신경 IX와 X이 가장 영향을 많이 받는다. 연수호흡중추(medullary respiratory centers)도 영향을 받을 수 있다. 생존자 중에는 완전히 마비되지 않은 근육의 기능 회복을 보이기도 한다.[38]

회색질척수염(폴리오) 생존자들은 때로는 **폴리오 후 증후군**(post-polio syndrome)을 보이기도 하는데, 이는 지속되는 징후와 증상이 안정화된 후에도 점진적으로 진행하는 약증, 위축과 피로를 보이게 된다. 이는 우연히 발생할 수도 있겠지만, 아마도 이전에 병의 영향을 받았던 신경들이 일반적인 노화 또는 이전에 약증을 보였던 근육에 쌓이는 스트레스의 영향에 더 취약하여 발생하는 것일 수도 있다고 보며, 이전에 앓았던 폴리오 바이러스가 다시 활성화되어 발생하는 것은 아니라고 한다.[16]

대상포진(herpes zoster)은 뇌신경 V와 VII의 신경절(ganglia)에 영향을 주고 주로 통증을 유발하는 바이러스 감염(viral infection) 질환이다. 안면마비를 발생시킬 때 이를 램지-헌트 증후군(Ramsy-Hunt syndrome)이라고 명명한다.

인간면역결핍 바이러스(Human immunodeficiency virus, HIV)가 있어 **후천성 면역결핍 증후군**(에이즈, acquired immune deficiency syndrome, AIDS)이 생기는 사람은 기회감염(opportunistic infections)으로 인한 신경학적 합병증이 발생할 수 있다. **크립토콕쿠스수막염**(cryptococcal meningitis)은 AIDS에 흔하게 발생하는 기회감염의 하나이다. 이는 또한 다른 형태의 면역 억제(immunosuppression)와 면역 적격인(immune-competent) 사람에게 발생할 수도 있다.[10] 그 결과로 발생하는 수막 염증(meningeal inflammation)은 후두와 구조에 영향을 주어 다발적 뇌신경 마비를 야기하기도 한다. AIDS의 다른 신경학적 합병증으로 뇌신경에 손상을 야기하는 것에는 **중추신경림프종**(CNS lymphoma, AIDS에서 보이는 가장 흔한 종류의 중추신경계 종양)과 신경매독(neurosyphilis)이 있다.[78] 말 관련 뇌신경이 손상될 때는 이완형 마비말장애를 보일 수 있다.

탈수초병

길랑-바레 증후군(Guillain-Barré syndrome, GBS)은 급성 자가면역 질환으로 인플루엔자와 유사한 종류의 병(flu-like illness) 또는 위장관 감염(gastrointestinal infection)이 종종 선행하는 말초운동신경병증(peripheral motor neuropathy)에 해당된다. 이는 때로는 치명적이다(4~15%의 환자들이 사망함). 이의 하위부류에 해당하는 **급성 염증성 탈수초화 다발신경근병증**(acute inflammatory demyelinating polyradiculoneuropathy, AIDP)은 모든 길랑-바레 증후군 사례의 90%를 차지한다. 길랑-바레 증후군에서 안면과 호흡 약증이 흔하고, 환자들의 25% 정도가 기기적 인공호흡을 필요로 한다. 마비말장애와 삼킴장애도 흔하다.[28] 회복은 빠르고(주 단위) 완전할 수 있으나 한편으로는 회복이 지연될 수도 있다(2년). 10~20%의 환자들은 영구적인 약증이나 피로 증상이 남을 수 있다.[17]

만성적 염증성 탈수초화 다발근병증(chronic inflammatory demyelinating polyradiculopathy, CIDP)은 길랑-바레 증후군과 유사하나 발병 시작이 덜 급성적이고(less acute), 만성적으로 진행하거나 몇 개월, 몇 년에 걸쳐 재발하는 경과를 보일 수 있다. 길랑-바레 증후군과 유사하게 CIDP는 면역조절(immune modulatory) 치료에 효과적인 반응을 보인다.[30]

샤르코-마리-투스병(Charcot-Marie-Tooth disease)은 이질적으로 유전되는(heterogenous inherited) 말초신경 질환이다. CMT1으로 알려진 이 질환의 탈수초 변형은 진행되는 말단(distal) 근육 약증과 건반사(tendon reflex) 감소의 임상적인 특징을 보이고, 이러한 증세는 20대 때 주로 시작한다. 뇌신경 손상이 흔하지는 않지만 성대마비 및 다른 뇌신경 손상이 보고되기도 하였다.[2,60]

해부학적 변형

키아리 기형(Chiari malformations)은 선천적인 변형으로, 대공을 통해 뇌간과 소뇌가 경추(cervical spinal cord)로 하향 신장(downward elongation)되는 특성을 보인다.[11] 이러한 증상의 시작은 성인기에 들어서야 발생되기도 한다. 임상적 징후와 증상은 소뇌, 연수, 하부 뇌신경 손상을 반영하며, 하부 뇌신경 손상으로 인해 이완형 마비말장애를 보일 수 있다.

척수구멍증(syringomyelia, [syrinx=tube])은 척수에 액체가 채워지는 공간(cavity)이 생기는 특징을 보인다. 뇌간에 그러한 공간이 생기면 이를 연수공동증(syringobulbia)라고 부른다. 이러한 상태는 선천적일 수 있으나, 종양, 외상, 염증에 의해 발생할 수도 있다.[11] 이로 인하여 상부운동신경과 하부운동신경 문제가 발생할 수 있으며 하부뇌신경(뇌신경 IX에서 XII) 손상을 보일 때 이완형 마비말장애를 보일 수 있다.

다른 원인

사르코이드증(sarcoidosis, 유육종증)은 육아종(granulomatous) 질환으로, 어떠한 기관(organ)에도 발생할 수 있다. 이 질환의 10% 정도가 신경계에 영향을 주고, 많은 경우 단일 또는 다발적인 뇌신경, 특히 뇌신경 VII에 영향을 준다. 뇌간 주위에 수막염 반응(meningitic reaction)이 뇌신경병증의 기저 원인이 되는 것 같다고 보고된다.[41]

목, 구강에 시행하는 방사선 치료와 편도암은 뇌신경병증을 야기하고, 이로 인한 이완형 마비말장애를 유발할 수 있다. 뇌신경 기능에 방사선이 주는 영향은 방사선 치료 후 수년간 지연되어 나타날 수 있다.[44,67,76] 이는 일반적으로 방사상의 조직(radiated tissue)에 공급하는 혈관의 손상 결과로 축삭변성(axonal degeneration)과 섬유증(fiberosis)을 보인다.[50,64] 이는 축삭변성(신경학적 약증)과 방사선 괴사(radiation necrosis)로 인해 발생하는 구조적 영향으로 인한 움직임 저하의 영향과 구분하기 어려울 수도 있다.

뇌신경 단일신경병증(mononeuropathies)은, 특히 안면마비(벨마비[Bell's palsy])와 성대마비는 종종 특발성(idiopathic, 원인을 알 수 없는)이다. 이러한 질환의 회복은 꽤 좋은 편이다.

III. 말 병리

A. 임상에서의 원인질환 분포

글상자 4-1과 그림 4-1에는 메이요 클리닉에서 일차적인 말장애로 이완형 마비말장애를 진단받은 사례 중에 유사임의적으로 선정한 171명의 원인질환이 정리되어 있다. 독자들은 여기에 정리된 원인질환들이 일반 대중이나 여러 언어병리 임상 현장에서 보는 이완형 마비말장애의 원인질환 분포를 대표하지 않을 수도 있다는 것을 염두

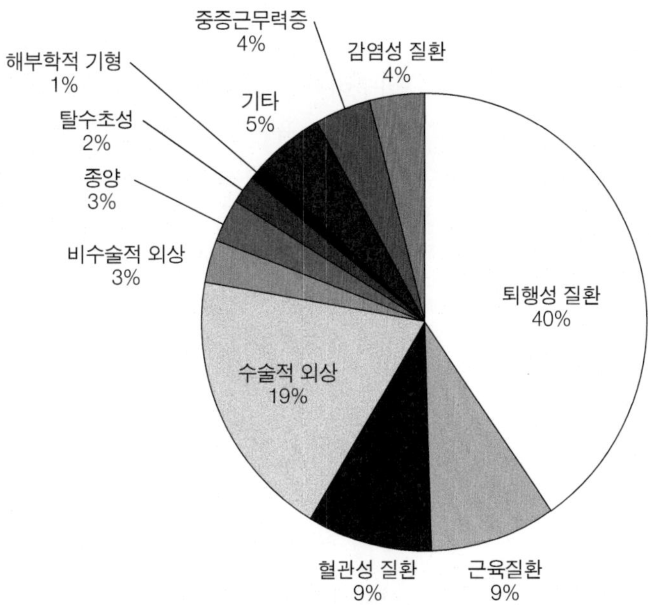

그림 4-1 1999~2008년 메이요 클리닉에서 이완형 마비말장애를 주요 말장애로 진단받은 사례들 중 유사임의적으로 선정한 171명의 원인질환(자세한 내용은 글상자 4-1 참조).

에 두어야 한다. 다만, 이 자료는 다양한 의료 세부전문가(subspecialties)가 의사소통장애의 진단과 치료를 의뢰하는 다학제적(multidisciplinary) 일차 및 삼차 의료기관의 말-언어병리 현장에서 접하게 되는 가장 흔한 원인 질환들과 가깝다고 보는 것이 맞을 것이다.

이 자료에 따르면 이완형 마비말장애는 다양한 의학적 상태로 인해 발생할 수 있다는 것을 볼 수 있다. 퇴행성 질환은 근위축성 측삭 경화증(ALS)과 운동신경질환이 빈번한 원인질환이 된다. 이 자료에서 ALS의 경우 종종 혼합형인 이완-경직형 마비말장애와 결부되나 때로는 일반적으로 질환 초기에는 이완형 마비말장애만 보일 수 있다는 것을 강조한다.

수술적 외상도 빈번하게 작용하는 원인질환 중 하나이다. 경추 추간판(cervical disk), 갑상선, 심장, 폐 상부 수술 중에 미주신경의 후두가지에 수술적 외상이 발생할 수 있는데, 이는 미주신경이 수술 부위와 인접해 있기 때문이다. **경동맥 내막절제술**(목에 있는 경동맥의 폐쇄 또는 궤양성 플라크[ulcerative plaque] 제거)은 12~14%의 사례에서 뇌신경(특히 뇌신경 X과 XII)과 경추신경 손상을 발생시킨다.[4,74] 이러한 손상은 일반적으로 일시적이고, 신경의 분열과 말단퇴행(distal degeneration)보다 수축(retraction) 또는 클램핑(clamping) 때문인 것으로 사료된다.

이비인후과적 수술, 성형외과적 수술, 치과적 수술이나 흉부/심장의 수술보다는 신경 수술적인 외상으로 인해 다발적 뇌신경 손상 발생의 가능성이 더 높다. 목 부위 수술, 종종 갑상선 수술은 고립된 후두신경 손상의 가장 빈번한 원인이 된다.

다른 원인질환은 빈도가 높지 않고 다양한 상태에 의해 대변되며, 가장 흔하게는 근육질환, 뇌졸중, 다른 혈관성 질환, 중증근무력증, 종양, 탈수초 질환, 해부적 이상 소견(anatomic anomalies), 방사선 치료 영향, 약물 중독 등을 포함한다. 이완형 마비말장애의 원인이 알려져 있지 않고, 단일 신경에 국한되어 있을 경우 뇌신경 X이 가장 큰 원인의 가능성이 있다.

이 후향적인 보고는 마비말장애의 중증도에 대해 명확하게 밝히지는 않는다. 그러나 대략적인 말명료도 판단이 이루어진 97%의 환자들 중에 41%가 명료도에서 저하 소견을 보였다. 단, 이 자료에서 이완형 마비말장애 환자들이 보이는 말명료도 장애의 빈도를 정확히 추정하는지는 명확하지 않다. 일반적으로 여러 개의 뇌신경 또는 말초신경이 손상을 입었을 때보다 양측으로 뇌신경 또는 말초신경 손상이 있었을 때 명료도가 더 저하되는 양상이 있었다.

마지막으로, 이완형 마비말장애 환자들에게서 인지장애는 흔하지 않다. 대략적으로 인시기능 상태에 대하여 확인이 된 98%의 자료에서 13%에서만 인지기능 장애가 시사되었다. 인지기능 장애가 있을 때는 말초신경계와 더불어 중추신경계 손상을 동반한다(예: 근육퇴행위축증[muscular dystrophy]).

B. 환자 지각 및 호소

이완형 마비말장애가 있는 환자들은 다른 유형의 마비말장애 환자와는 다른 불편사항을 호소한다. 어떠한 호소를 하는지 살펴보면 병소 위치에 대한 단서를 얻을 수 있는데, 이는 특히 특정 뇌신경에서 신경 공급을 받는 근육일 경우 더욱 그러하다. 말하는 데 보이는 어려움의 일차적인 원인이 약증이라고 의심될 때, 이러한 환자들의 불편사항은 우리가 환자에게 해야 할 질문을 생각해 내는 데 도움을 준다. 이 책에 부록으로 제시된 웹사이트의 Part IV에서 이완형 마비말장애 환자들이 호소하는 불편사항의 예가 몇 가지 제시된다.

다음에 나오는 부분에서는 이완형 마비말장애에 관여하는 뇌신경과 척수신경에 대하여 정리할 것이다. 이러한 신경에 대한 해부학적 경로와 각 신경의 기능(더 자세한 정보는 제2장에 제시되었음)을 간단하게 정리하며, 이러한 손상을 야기하는 질환 몇 가지도 언급할 것이다. 비구어적 소견도 언급할 것이며, 1차적 청지각적 특성, 동반되는 육안 확인 가능한 장애, 약증으로 인해 발생할 수 있는 보상적 행동과, 장애를 명시하기 위해 기기를 사용한 연구 결과를 포함하여 말 평가를 할 때 두드러지게 나타나는 말 특성에 대해서도 언급할 것이다. 이완형 마비말장애와 연관이 있는 신경근육적 장애는 **표 4-2**에 정리되어 있다.

C. 삼차신경 손상

경로 및 기능

삼차신경(뇌신경 V)의 3개의 주요 가지는 중두와의 추체골(petrous bone)에 있는 삼차신경절(trigeminal ganglion)에서 나온다. 삼차신경절에서 나오는 주된 신경은 뇌

표 4-2

이완형 마비말장애에 동반되는 신경근육적 장애

방향	리듬		속도		범위	힘	긴장도
개별적 움직임	반복적 움직임	개별적 움직임	반복적 움직임	개별적 움직임	반복적 움직임	개별적 움직임	근긴장도
정상	규칙적	정상적이거나 느림	정상이거나 느림	저하	저하	약증	저하

출처: Darley FL, Aronson AE, Brown JR: Differential diagnostic patterns of dysarthria, *J Speech Hear Res* 12:246, 1969.

교의 측면으로 들어가서 뇌간의 다양한 신경핵으로 분포된다.

뇌신경 V의 말초적 신경 분포는 감각안가지(sensory ophthalmic branch, 두개골을 빠져나와 상안와열[superior orbital fissure]을 통해 얼굴 윗부분에 신경 공급을 함), 감각상악가지(sensory maxillary branch, 두개골을 빠져나와 원형공[foramen rotundum]을 통해 얼굴 중간 부분에 신경 공급), 운동과 감각 하악가지(두개골을 빠져나와 타원공[foramen ovale]을 통해 턱근육, 고막긴장근[tensor tympani], 구개범장근[tensor veli palatini]에 신경 공급)로 분포된다.

말 관련 삼차신경의 기능은 신경의 상악가지와 하악가지를 통해 중재된다. 감각적으로는 턱, 얼굴, 입술, 혀 움직임과 구강 내 고정된 조음 구조들(예: 치아, 치간, 구개) 간의 관계에 대한 촉각과 고유수용적(proprioceptive) 정보를 포함한다. 운동신경을 통해 말할 때 턱 움직임을 담당한다.

원인질환과 병소 위치

삼차신경 손상은 다른 뇌신경 손상을 동반한다. 이완형 마비말장애가 삼차신경 손상만으로 발생하는 경우는 드물다(표 4-4). 중두와에 영향을 주는 손상은 이 신경이 분포하는 곳에 약증 또는 감각 이상을 발생시킬 수 있다. 원인질환은 흔하게 동맥류 감염(aneurysm infection), 동정맥기형(arteriovenous malformation, AVM), 중두와 또는 소뇌다리뇌각(cerebellopontine angle)의 종양, 두개골 또는 근육에 이르게 되는 신경경로에 발생하는 수술적 외상(예: 후두와, 청신경집종[acoustic neuroma], 악관절[temporomandibular joint]) 또는 비수술적 외상이 있다. 말초신경은 종양 또는 얼굴뼈(안면골)와 머리뼈(두개골)의 골절을 통해 고립적으로 손상을 받을 수도 있다. 신경근육접합부의 질환과 턱근육(근병증[myopathies]) 자체의 질환에 의해 턱의 약증이 발생할 수도 있다.

삼차신경통은 간접적으로 말에 영향을 줄 수 있다. 삼차신경통(통증틱)(trigeminal neuralgia[tic douloureux])은 하나 또는 하나 이상의 신경 감각분지(sensory division)에 갑작스럽고 짧은 기간 동안의 통증이 발생하는 특성을 지닌다. 이는 종종 특발성 양상을 보이나 대부분 삼차감각신경뿌리에 압박이 가해지거나 자극을 반영하기도 한다.[12] 얼굴로부터의 감각 자극 또는 턱 움직임으로 인해 통증이 유발될 수 있으며, 이로 인해 말할 때 통증을 피하려는 노력으로 인해 입술, 얼굴 또는 턱 움직임에 제약이 발생할 수 있다.

비구어 구강 기제

편측 하악가지(mandibular branch) 손상이 있는 환자들은 턱이 약한 쪽으로 치우치며, 입을 살짝 벌렸을 때 약한 쪽으로 쉽게 밀릴 수 있다. 이를 악물게 하고 촉진(palpitation)하였을 때, 약증이 있는 측에 교근(masseter) 또는 관자근(temporalis) 수축이 감소한 것을 확인할 수 있다.

양측에 약증이 있을 때, 휴지 시 턱이 아래로 늘어져 벌어지는 양상을 보일 수 있다. 환자가 턱을 다물 수 없거나, 느리거나 저하된 움직임 범위로 움직이거나, 턱을 다물거나 벌리려는 검사자의 시도에 저항을 보일 수 있다. 또는 교근이나 관자근의 수축이 느껴질 수 있도록 이를 꽉 물 수도 있다. 환자들은 저작이 어렵다거나, 침이 흐른다거나, 입(턱)을 다물거나 움직이는 것이 어렵다고 호소할 수도 있다.

감각가지가 영향을 받았을 때는 환자가 얼굴, 볼, 혀, 치아 또는 구개의 감각이 저하되었다고 호소할 수 있다. 이는 환자에게 눈을 감은 상태로 각 부위에 가벼운 촉각 자극을 주고 언제 자극이 주어졌는지 말해 보라는 검사를 통해 감각 저하 영향을 받은 부위를 확인할 수 있다. 뇌신경 V의 말초가지 한 개 또는 그 이상에서 원인을 알 수 없는 감각 저하가 발생할 때 이를 **삼차감각신경병증**(trigeminal sensory neuropathy)이라고 일컫는다. 바이러스에 의한 원인이 가장 흔하나, 당뇨, 사르코이드증(sarcoidosis), 결합조직병(connective tissue disease)에 기인하는 경우도 보고된다. 안면이 저린 감각(facial numbness)은 다발성 경화증(multiple sclerosis)의 주 증상(presenting symptom)에 해당되기도 한다.[65]

말

뇌신경 V의 손상이 말에 미치는 영향은 읽기(음독), 대화 및 AMR 과제를 수행하면서 두드러지게 관찰된다. AMR을 하면서는 '터'와 '커'에 비해서 '퍼'를 수행하며 발음이 부정확하거나 느려진 양상을 보일 수 있다. 모음연장은 정상 소견을 보인다. 중증근무력증에서는 말을 하는 동안에 진행되는 턱 움직임에 약증이 관찰되기도 한다.

뇌신경 V의 운동가지에 편측으로 손상이 있을 때, 지각적으로 말에 영향을 주지 않는다. 대조적으로 양측 손상이 있을 때는 조음에 엄청난 손상을 야기한다. 양측으로 약증을 보이는 턱을 들어 올리지 못하면 양순음(bilabial), 순치음(labiodental), 설치음(lingual dental), 설치경음(lingual alveolar)을 조음할 수 없거나 정확성이 저하되며, 마찬가지로 여러 가지 모음(vowels), 전이음(glides), 유음(liquids)을 내기 위한 입술과 혀의 움직임의 적응에 어려움이 발생한다. 이에 약증의 직접적인 영향으로 인해 또는 약증에 대한 보상으로 인해 말 속도가 느릴 수 있다. 뇌신경 V의 운동가지 약증이 말에 미치는 영향은 표 4-3에 정리되어 있다.

하악가지(mandibular branch)의 감각 부분에 손상이 있을 때, 특히 양측에 손상이 있을 경우, 안면, 입술, 혀, 구개의 감각을 감소시켜, 양순음, 순치음, 치경음, 설구개음 소리에서 부정확한 조음이 발생하게 된다. 이는 약증 없이도 발생할 수 있는데, 아마도 조음 움직임과 접촉에 대한 감각정보가 감소하는 것에 기인하는 것으로 보인다. 엄밀히 말하면, 감각 저하로 인한 조음 왜곡은 그 원인이 신경운동에 기인하는 것이 아니기 때문에 마비말장애로 분류되면 안 된다. 그러나 신경학적인 원천에 기인하고 운동 활동의 정확성에 영향을 주기 때문에 '감각마비말장애(sensory dysarthria)'로 볼 수 있고, 이러한 용어의 사용은 환자가 보이는 말장애가 구강 내 감각 저하를 반영해 준다는 설명을 같이 해주는 것이 좋다.

턱에 단독적으로 심한 정도의 약증이 있는 사람들은 조음을 수월하게 하기 위해서 때로는 손으로 턱을 잡고 말을 하기도 한다. 하악가지에 감각 저하가 있는 이들은 때로는 말을 할 때 과장된 턱, 입술, 안면 움직임을 보이는데, 이는 감각적인 피드백을 증진시키기 위한 노력의 일환일 수도 있다. 이러한 움직임은 운동과잉형 말운동장애로 오인되거나 이와 구분하는 것이 어려운 경우도 있다. 그러나 삼차신경 감각 저하는 촉각이나 압력감각 검사를 통해 확인 가능한 반면, 운동과잉증(hyperkinesias)의 경우에는 이러한 감각 저하의 근거 확인이 안 되는 것이 일반적이다.

마지막으로, 위에서도 언급되었듯이, 삼차신경통(trigeminal neuralgia)이 있는 환자들은 통증을 피하려는 노력의 일환으로 말할 때 턱 움직임이 제약을 보일 수 있다. 육안으로는 이러한 움직임 제약이 확연하게 보일 수 있으나 청각적으로는 이러한 움직임 제약이 확연하게 드러나지 않을 수 있다. 단, 경한 정도의 왜곡, 소리 감소 또는 변화된 공명 등을 청지각적으로 확인할 수 있는 경우도 있다.

D. 안면신경 손상

경로 및 기능

뇌신경 VII에는 운동과 감각 기능이 있다. 그러나 말과 관련해서는 운동 요소만 영향을 준다. 운동신경섬유들은 뇌교의 하부 1/3 지점에 있는 안면신경핵(facial nucleus)에서 나와 뇌신경 VIII의 섬유와 함께 두개강(cranial cavity)을 빠져나와 내이도(internal auditory meatus)에 이른다. 이들은 안면신경관(facial canal)을 통과해 귀 아래 있는 경유돌공(stylomastoid foramen)으로 빠져나와 이하선(parotid gland)을 통과해서 얼굴 표정을 관장하는 근육에 신경 공급을 한다. 말에 중요한 얼굴 근육은 양순음과 순치음 소리를 내는 데 필요한 구강 내 공기 압력 형성을 가능하게 해주는 입술을 움직이고 볼을 단단하게 하는 근육이다.

원인질환과 병소 위치

뇌신경 VII은 고립된 상태로 손상이 발생되거나 다른 뇌

표 4-3

편측과 양측 뇌신경과 척수호흡신경 손상이 말에 주는 영향. 뇌신경 IX와 XI는 그 손상으로 인해 말에 주는 영향이 무시할 정도이거나 명백하지 않아 포함되지 않음.

뇌신경	호흡-발성		공명		조음		운율	
	편측	양측	편측	양측	편측	양측	편측	양측
V	없음	없음	없음	없음	없음	부정확함 • 양순음 • 순치음 • 설치음 • 설치경음 • 모음 • 전이음 • 유음	없음	느린 속도(보상적 또는 주요 증상)
VII	없음	없음	없음	없음	경도의 양순음과 설치음 왜곡 ?경도의 전설 마찰음과 파찰음 왜곡	양순음과 순치음 왜곡 또는 산출 불가 ?모음 왜곡 ?전설마찰음과 파찰음 왜곡	없음	느린 속도(보상적 또는 주요 증상)
X 인두가지 위쪽	기식음 음량 감소 음도 감소 짧은구 목쉰 음성 이중음도	기식음 실성증 짧은 구 흡기 천명음	경도의 과다비성 비강누출	중도 이상의 과다비성 비강누출	없음(?경도의 약한 파열음)	약한 파열음	짧은 구	짧은 구
X 인두가지 아래쪽	위와 동일함	위와 동일함	없음	없음	없음	없음	짧은 구	짧은 구
X 상후두신경가지에 국한	기식음 목쉰 음성	기식음 목쉰 음성 감소 • 음량 • 음도 • 범위	없음	없음	없음	없음	짧은 구	짧은 구
X 되돌이후두신경가지에 국한	기식음 목쉰 음성 음량 감소 이중음도	기식음 목쉰 음성 음량 감소	없음	없음	없음	없음	짧은 구	짧은 구
XII	없음	없음	없음	?변성	경도로 부정확한 설자음 산출	경도에서 심도의 부정확한 설자음 산출	없음	느린 속도(보상적 또는 주요 증상)
척수호흡신경	없음	감소 • 음량 • 음도 • 변이성 쥐어짜는 음성(보상적)	없음	없음	없음	없음	없음	짧은 구 음도와 강도 변이성 감소

(역자 주) 여기서 ?는 특징이 확실하지 않은 현상을 뜻함.

신경들과 같이 손상을 보일 수 있다. 뇌간과 후두와에 병이 있을 때 뇌신경 VII 손상을 야기할 수 있으나, 신경을 따라 어느 곳이든 손상이 있을 수 있으며, 말 기능에 영향을 줄 수 있다.

뇌신경 VI(외전신경[abducens])과 뇌신경 VII이 뇌교 내에, 특히 제4뇌실 바닥에 인접해 있기 때문에 이 두 개의 뇌신경이 같이 손상되었을 때는, 이 부분에 해당하는 뇌간에 손상이 시사된다. 뇌신경 VII과 뇌신경 VIII이 같이 손상되었을 때, 이들은 빈번하게 청신경집종(acoutic neuromas)에 기인하며, 이 두 개의 뇌신경이 뇌간에서 같이 존재하는 내이도(internal auditory meatus) 부위의 손상이 시사된다.

안면마비에 대해 알려진 감염 원인에는 대상포진(herpes zoster), 단핵구증(mononucleosis), 중이염(otitis media), 수막염(meningitis), 라임병(lyme disease), 매독(syphilis), 사르코이드증(sarcoidosis), 길랑-바레 증후군(Guillain-Barré syndrome)과 염증성 다발신경근병증(inflammatory polyradiculoneuropathy)이 있다. 흔하게 발생하는 신생물성 원인에는 청신경집종(acoustic neuroma), 이하선종(parotid tumor), 소뇌교뇌각수막종(cerebellopontine angle meningimatosis)[12,42,51]이 있다. 혈관 손상과 외상도 뇌신경 VII 손상을 야기할 수 있다.

비교적 흔한 질환인 **벨마비**(Bell's palsy)는 대다수의 급성 안면마비를 야기한다. 가장 빈번한 원인질환은 잠복해 있는 헤르페스바이러스(latent herpes viruses)[33]이나 자가면역 중재 염증성 신경병증(autoimmune mediated inflammatory neuropathy)과 차갑거나 알레르기 요소들에 노출되어 신경에 부기(swelling)가 발생하는 것도 다른 원인질환에 해당된다.[52] 이 질환은 편측 VII 신경 약증이 고립되어 발생하는 특성을 보인다. 이로 인해 상부와 하부 안면근육이 영향을 받으며, 이로 인해 손상된 얼굴 측의 눈을 감는 능력의 저하를 보이게 된다. 일부 환자들은 눈물과 침 분비 감소를 보이고, 맛 감각 저하도 있으며 청각과민증(hyperacusis, 이는 등골근[stapedius]에 신경을 공급하는 부위 일부의 영향을 받은 것 때문일 수 있음)을 보이기도 한다. 소수의 환자에는 일반적으로 삼차신경, 설인신경 또는 설하신경에 영향을 주는 다른 뇌신경병증(cranial neuopathies)을 보이기도 한다.[9] 환자들의 75% 정도는 정상적인 얼굴 기능으로 돌아오나, 지속되는 약증은 조금 있을 수도 있다.[33]

비구어 구강 기제

편측 뇌신경 VII 손상으로 인한 시각적 영향은 두드러질 수 있다(**사례 57**). 휴지 시, 손상이 된 측은 처져 있고 근긴장도가 저하되어 있다(근긴장저하[hypotonia]). 이마에는 주름이 없고, 눈썹이 처질 수 있으며, 눈을 뜬 상태로 있으면서 깜박거림이 없을 수 있다. 손상된 안면 쪽에 침 흘림을 보이기도 한다. 코입술주름(nasolabial fold)은 평평해지고, 비익(nasal ala)은 호흡 시 움직임이 없을 수 있다. 미소를 지을 때, 건강한 측 안면이 더 뒤로 당겨질 수도 있다(**그림 4-2**). 음식을 먹을 때, 약한 쪽의 볼 근육(buccinator) 약증으로 인해 볼과 치아 사이에 음식이 남아 있을 수 있고, 씹을 때나 말을 할 때 약한 측의 볼이나 입술을 깨물 수 있으며, 음식물을 구강 내에 넣은 상태로 유지하는 데 어려움이 있을 수 있다. 더욱 경한 정도의 안면 약증이 있을 때는 입술을 뒤로 당기거나, 입술을 내밀거나 볼을 부풀림 등 움직일 때만 비대칭성을 확인할 수 있는 경우도 있다. 의도적인 움직임, 감정에 의한 움직임, 반사적인 움직임을 할 때 움직임이 감소되거나 사라질 수 있다. 손상이 있는 안면 쪽에 속상수축과 위축이 확연한(**사례 89, 59**) 경우도 있다.

뇌신경 VII이 양측으로 손상이 있는 경우는 편측 손상보다는 드물다. 양측에 손상이 있을 때, 약증은 양측에 모두 관찰되나, 손상이 양측에 있어 대칭을 이루기 때문에 시각적으로는 두드러지지 않을 수 있다(부록으로 제시된 웹사이트의 Part IV에 있는 사례 중 하나가 이에 해당됨). 휴지 시, 입이 이완되어 윗입술과 아랫입술 사이에 정상적인 경우보다 넓은 틈이 있을 수 있으며, 반사적으로 웃을 때 입술이 위로 당겨지지 않아 미소가 수평으로 평평한 양상을 보일 수 있다. 환자는 입술을 뒤로 당기거나 앞으로 내밀거나 볼을 부풀리는 데 어려움을 보일 수 있고, 볼을 부풀렸더라도 입술에 힘이 약해 검사자의 손에 의해 쉽게 벌어질 수도 있다. 입 주변(perioral)과 턱에 속상수축을 보일 수 있으나 일반적으로 환자들은 이를 인식하지 못한다.

환자들은 말할 때 입술이 잘 안 움직인다고 호소할 수 있으며, 먹을 때 음식이나 액체를 입 밖으로 흘릴 수도 있다. 말을 할 때, 다른 일에 집중할 때, 먹을 때나 잠잘 때 침을 흘리는 경우가 보고되기도 한다.

뇌신경 VII이 손상되었을 때, 비정상적인 안면 움직임이 발생할 수 있다. 이것이 주목할 만한 이유는 최종공통경로 질환에서는 이러한 양상을 예기치 않아, 중추신

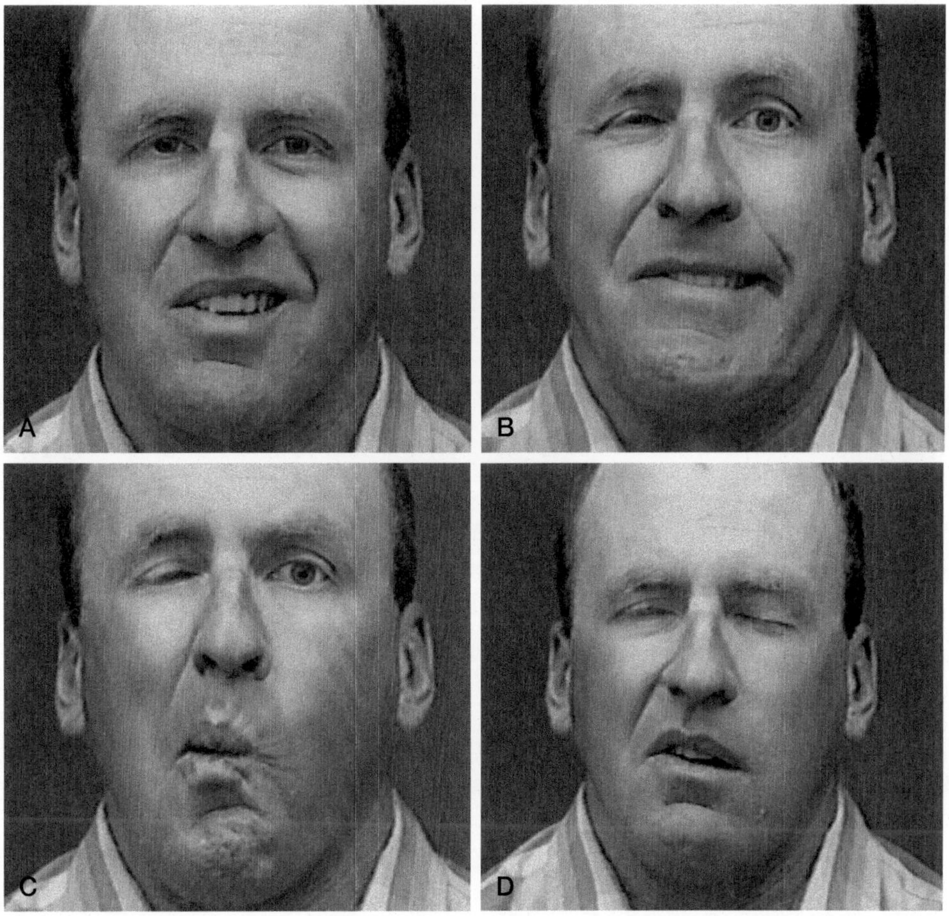

그림 4-2 A: 자발적 미소를 지을 때 우측에 있는 편측 안면 약증이 부분적으로 회복됨. B: 자발적으로 입술 뒤로 당기기. C: 입술 오므려 내밀기. D: 자발적으로 눈을 감을 때 불수의적으로 우측 입술이 뒤로 당겨짐([비정상] 연합운동).

경계 근원의 운동과잉증으로 오인할 수 있기 때문이다. (비정상) 연합운동(synkinesis)(그림 4-2 참조)은 정상적으로 수축하는 근육 인근의 다른 근육이 비정상적으로 수축하는 것을 일컫는다. 예를 들어, 정상적인 반사 또는 의도적 눈 깜박임이 동시에 얼굴 아래 부분 근육의 움직임을 유발할 수 있다. 이러한 현상은 일탈적 가지치기(aberrant branching)를 반영하거나 안면신경의 축삭이 재생되면서 잘못된 방향으로 향하거나, 남아 있는 운동 단위의 비정상적 활동을 반영해 주는 것일 수 있다. 이러한 현상은 벨마비에서 회복된 후에 빈번하게 관찰된다.[12] **반측 안면 경련**(hemifacial spasm)은 안면의 발작적(paroxysmal)이고 빠르고(rapid) 불규칙적인(irregular), 일반적으로 편측 긴장연축(tonic spasm)의 특성을 보인다. 이는 소뇌뇌교각(cerebellopontine angle) 또는 안면신경관(facial canal)에 있는 박동하는 혈관(pulsating blood vessel)에 의해 신경이 자극되어(irritation) 발생할 수 있으나, 이는 또한 종양, 혈관성 이상 소견 또는 다발성 경화증에 기인할 수 있다.[12] **안면근육 잔떨림**(facial myokymia)은 얼굴 부위에 피부의 표면이 '봉지 안에 있는 지렁이'처럼 리드미컬하고 파동이 있는(undulating) 움직임의 특성을 보인다. 이러한 움직임은 속상수축보다 더 장기적인 특성을 지니며, 인접한 운동 단위에서 교차되는 짧은 수축을 반영하기도 한다. 이들은 종종 양성이지만 만약 널리 퍼져 있을 경우, 다발성 경화증(multiple sclerosis), 뇌간종양(brainstem tumors), 연수공동증(syringobulbia), 탈수초 뇌신경병증(demyelinating cranial neuropathies)과 연관이 있을 수 있거나 두경부 방사선 치료 후에 발생할 수 있다.[39,52,67]

말

뇌신경 VII 손상을 가장 잘 드러내 주는 말 과제는 대화과제, 읽기 과제, AMR, 부하검사(stress testing)이다.

볼이 빠르게 떨리는 증상은 대화 시 확연할 수 있으며, 긴장저하(hypotonicity)가 파열음(pressure sound)을 산출할 때 구강 내 공기압력 최대(intraoral air pressure peaks)에 덜 저항하는 양상으로 나타나기 때문에 대화 시 확연하게 보일 수 있다. AMR 중 '퍼'를 산출할 때 입술 약증으로 인하여 정확도가 저하되거나 아마도 약간 느려지는 양상이 있을 수 있어 '터'와 '커'를 산출할 때의 수행과 차이를 보일 수 있다. 일반적으로 약증이 양측으로 보이고, 그 정도가 심한 경우가 아니면 속도보다 정확성이 저하된다. 중증근무력증(myasthenia gravis)이 있을 때, 부하검사를 통해 안면 하부의 약증에 의한 시각적 · 청각적으로 확인 가능한 이상 소견을 볼 수 있을 것이다.

편측 안면신경 마비로 인한 영향은 청각적으로 듣는 것보다는 육안으로 더 쉽게 확인 가능하다. 양순음과 순치음(labiodental)의 왜곡과 빈도는 덜하지만 전설마찰음(anterior lingual fricatives)과 파찰음(affricates)에서 경한 정도의 왜곡이 있을 수 있다. 일반적으로 모음에서는 지각할 만한 변화는 없다.

양측으로 안면 약증이 있을 때는 /p/, /b/, /m/, /w/, /hw/, /f/와 /v/ 소리의 왜곡이 있거나 이 소리들을 완전히 산출하지 못하는 경우가 있을 수 있다. 양순 정지음의 왜곡 오류에는 이를 마찰하여 산출하는(frication or spirantization) 경우가 있다. 입술을 동그랗게 오므리거나 옆으로 평평하게 펴는 기능이 현저하게 저하될 경우, 모음에도 왜곡이 있을 수 있다. 한 호기에 산출하는 음절 수 감소(아무래도 양순 자음 산출을 위한 입술 오므리기 능력의 저하로 인하여 2차적으로 발생함)와 양순 AMR 산출 저하 및 대화 시 음절 산출 속도 감소 등의 특성이 고립적으로 발생한 사례가 외상성 양측 안면마비 환자 한 명을 대상으로 한 연구에 보고된 바 있다.[87,88] 뇌신경 VII이 말에 주는 영향은 표 4-3에 정리되어 있다.

편측 또는 양측 안면 약증이 있는 환자들은 간혹 말과 신체적 외모(physical appearance)를 호전시키려는 노력으로 자발적인 보상을 사용하는 경우가 있다. 편측 약증이 있을 때는 휴지 시 또는 말을 할 때, 손가락을 이용하여 약한 측을 받쳐 올려 주는 경우가 있고, 드물지만 양순음과 치간음을 낼 때 손을 이용하여 아랫입술의 움직임에 도움을 주는 방법을 사용하기도 한다. 어떤 환자들은 입술을 서로 인접할 정도로 다물도록 하기 위한 노력으로 턱을 다무는 움직임을 과장해서 하는 경우도 있다. 양측으로 약증이 심하고 얼굴에만 국한되어 있으며 만성적일 때는 양순음을 대신해 설자음(lingual consonants)으로 산출하는 경우가 있다(예: t/p).[58]

E. 설인신경 손상

경로 및 기능

뇌신경 IX의 말과 관련된 운동신경섬유는 연수 측면의 망상체(reticular formation)에 있는 의핵(nucleus ambiguus)에서 발생해 나온다. 신경의 잔뿌리는 연수에서 나와 후두와에 있는 경정맥공을 통해 나와 결과적으로 삼킴과 말 산출 시 인두강을 올려 주는 경상인두근(stylopharyngeus)에 신경 공급을 위해 인두강에 이르게 된다. 구심성 섬유는 경정맥공에 있는 아래신경절(inferior ganglion)에서 발생하여 연수에 있는 고립로핵에서 끝난다. 이는 인두강과 혀의 후반부의 감각정보를 운반하며, 구토 반사(gag reflex)의 감각 요소에 중요한 역할을 한다.

원인질환과 병소의 위치

뇌신경 IX이 독립적으로 손상되는 경우는 드물다(손상이 있을 때는 최소한 뇌신경 X도 동반하여 손상됨). 뇌간 하부에 있는 다른 뇌신경에 영향을 주는 병리적인 손상에 영향을 받을 수 있다. 골수 내(intramedullary)와 골수 외(extramedullary) 병변 위치가 뇌신경 X, XI의 위치와 연결되어 있다(이후 부분에서 다시 논의됨).

비구어 구강 기제

뇌신경 IX은 임상적으로 구토 반사가 수월하게 유도되는 정도가 좌우로 비대칭을 보이는지 확인하는 방법으로 평가된다. 구토 반사가 감소되면 그 반사에 관여하는 감각 또는 운동 요소의 이상 소견을 시사하며, 동시에 그 주위의 감각 저하가 동반될 경우에는 감각 측면의 요소가 더 가능성 있게 된다. 그러나 뇌신경 XI의 두개강 안쪽을 절단한 후에도 정상적인 구토 반사가 보이는 경우가 있어, 뇌신경 X이 인두강 기능에 같이 관여한다는 주장이 제기된다. 그러나 명백한 것은 삼킴의 인두 단계에서 인두 거상(pharyngeal elevation) 운동이 저하되는 증상이 동반되는 삼킴장애가 있을 때 뇌신경 IX 관여가 시사된다는 것이다.

뇌신경 IX 손상이 있는 어떤 환자들은 목에서 시작하여 목을 따라 하악의 뒤쪽에 이르는 부위에 짧지만 극심한 통증이 반복되는 것을 경험하는 이들도 있다. 이러한 통증은 삼키는 동작을 하거나 혀를 내밀 때 유발될 수 있다. 이러한 질환을 **혀인두신경통**(glossopharyngeal neuralgia)이라고 한다.

말

말에 있어서 뇌신경 IX의 역할을 직접적으로 평가하기는 어렵다. 신경이 인두 거상 운동에 영향을 주므로 손상 시 아마도 공명과 발성 기능에 영향을 줄 수는 있을 것으로 보인다. 뇌신경 IX 손상은 보통 뇌신경 X 손상과 결부되므로, 또한 뇌신경 X이 말 산출에 기여하는 부분이 비교적 확연하고 매우 핵심적이므로 말운동장애 평가에 있어서 뇌신경 IX의 중요도는 임상적인 목적 측면에서는 불확정적(indeterminate)이라고 여긴다.

F. 미주신경 손상

경로 및 기능

말 산출과 관련된 뇌신경 X의 세포체는 의핵에서 발생한다. 관련 있는 감각섬유의 세포체는 경정맥공 안 또는 그 근처에 있는 아래신경절(inferior ganglion)에서 발생한다. 감각섬유들의 중앙처리(central process)는 뇌간에 있는 고립로핵(nucleus tractus solitarius)에서 끝난다.

뇌신경 X은 IX, XI 신경과 함께 경정맥공을 통하여 두개골을 빠져나온다. 거기서부터 인두강으로 유입되는 인두가지(pharyngeal branch), 인두강과 후두로 유입되는 상후두가지(superior laryngeal branch), 위쪽 가슴 쪽으로 내려와 오른편에 있는 쇄골하동맥(subclavian artery)과 왼쪽에 있는 대동맥(aorta)을 감싸고 돌아 다시 목 부위로 올라가 후두로 올라가는 되돌이후두가지(recurrent laryngeal branch)로 나뉜다.

인두가지는 경상인두근(stylopharyngeus, 뇌신경 IX)을 제외한 인두근육과 구개범장근(tensor veli palatini, 뇌신경 V의 하악가지[mandibular branch])을 제외한 연구개근육과 구개설근(palatoglossus)에 신경 공급을 해준다. 이는 말 산출 및 삼킴 시 발생하는 인두 수축과 구개 거상 및 뒤로 당기는 움직임(elevation and retraction)을 담당한다.

상후두신경의 한 부분인 후두신경 속가지(internal laryngeal nerve)는 후두, 후두덮개(epiglottis), 혀의 기저부(base of the tongue), 후두덮개 주름(aryepiglottic folds) 일부의 점막에서 오는 감각과 후두의 신장 수용체에서 오는 감각을 전달한다. 상후두신경의 운동 요소인 후두신경 바깥가지(external laryngeal nerve)는 하인두수축근육(inferior pharyngeal constrictors)과 윤상갑상근에 신경을 공급한다. 윤상갑상근 수축이 음도 조율을 하는 성대길이를 늘여 주는 역할을 하므로, 이 신경이 윤상갑상근으로 신경 공급하는 이러한 특성은 중요하다.

되돌이후두신경은 윤상갑상근을 제외한 모든 후두 내근에 신경 분포를 한다. 이 신경의 감각섬유가 성대와 후두 아래 구조들로부터의 일반 감각정보를 전달한다.

원인질환과 병소 부위

뇌신경 X의 병소 부위를 표현하는 것은 다소 복잡한데, 이는 그 경로가 길고 세 개의 주요 가지가 있어서 그렇다. 약증 정도, 마비된 성대의 위치(positioning), 음성 또는 공명 측면에서 이상 소견을 보이는 정도와 유형은 의핵 신경의 긴 경로 중에 어느 부위에 손상이 있느냐에 따라 달라지며, 그 손상이 편측인지 양측인지 여부에도 영향을 받는다. 뇌신경 X 손상의 증상과 징후를 상세하게 살펴보는 것을 통하여 손상이 (1) 골수 내, 골수 외, 또는 인두가지 윗부분에 있는지, (2) 인두가지 아래이지만 상후두신경가지와 되돌이후두신경가지 윗부분에 있는지, (3) 상후두신경가지 아래에 있는지를 구분할 수 있다.

의핵 신경 손상은 골수 내, 골수 외, 또는 두개 외 부분에 올 수 있다. **골수 내**(intramedullary) 손상은 뇌간에 있는 손상을 의미한다. **골수 외**(extramedullary) 손상은 뇌간의 몸체를 떠났지만 아직은 두개강(cranial cavity) 내에 있는(경정맥공을 빠져나가기 전) 신경 부분의 손상을 의미한다. **두개 외**(extracranial) 손상은 두개골을 빠져나간 신경 부위에 손상이 있는 것을 의미한다. 일반적으로 손상이 뇌간으로부터의 가리가 멀어질수록 이 신경 손상으로 인해 영향을 받는 근육, 구조, 기능의 수가 감소한다. 따라서 두개 내 손상이 골수 외와 두개 외 손상에 비하여 양측 손상과 다발적인 뇌신경 손상의 가능성이 더 높다. 골수 외 손상은 편측일 가능성이 더 높으나 여전히 여러 개의 뇌신경이 영향받을 수 있다(예: 뇌신경 IX, X, XI 모두 후두와 각 측면에 있는 경정맥공을 통해 나옴). 두개 외 손상일 때 독립적으로 뇌신경 X 손상일 가능성과 이에 해당하는 세 가지 중 한 가지에만 손상이 있을 가능성이 더 높다.

뇌신경 X의 손상 위치와 손상되는 근육 기능과의 중요한 관계는 다음과 같다.

1. 인두가지, 상후두가지, 되돌이 후두가지가 분리되는 지점 위의 골수 내, 골수 외, 두개 외 손상은 손상 부위로부터 그 아래의 뇌신경 X에 의해 신경 공급을 받는 모든 근육에 영향을 미친다. 따라서 인두가지에 의해 신경 공급을 받는 인두와 구개근육, 상후두가지에 의해 신경 공급을 받는 윤상갑상근과 되돌이후두신경에 의해 신경 공급을 받는 나머지 후두내근들이 신경 손상이 있는 측에 약증을 보이거나 마비를 보인다(**그림 4-3**).
2. 인두가지 아래이시반 상부후두신경과 되돌이후두신경에 영향을 주지 않는 부위의 신경 손상은 상부인두와 연인두 기능에 영향을 주지 않으나 윤상갑상근과 다른 내근들에는 손상된 측에 약증이나 마비를 야기시킨다.
3. 되돌이후두신경이나 인두가지에는 영향 없이 상부후두신경에 신경 손상이 있을 때는 연인두 기능과 나머지 성대 내근에는 아무런 이상 소견이 없으나 윤상갑상근에만 손상을 보인다.
4. 되돌이후두신경에 손상이 있을 때는 윤상갑상근을 제외한 신경 손상 있는 측의 성대 내근에 약증 또는 마비를 보인다.

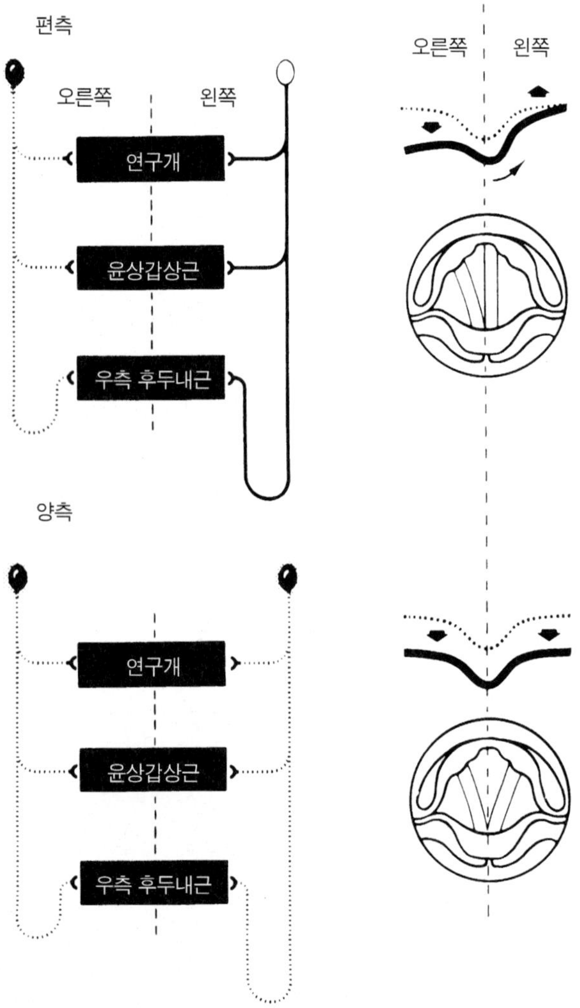

그림 4-3 인두가지, 상후두가지와 되돌이후두가지 위쪽에 편측(우측)과 양측 뇌신경 X(미주신경) 손상이 있을 때의 영향. 편측 손상일 때, 우측 연구개는 아래로 늘어지며 발성할 때는 왼쪽으로 당겨짐. 우측성대는 외전된 상태로 고정되는 반면 좌측 성대는 발성할 때는 중상선 쪽으로 내전됨. 양측 손상일 때는, 양측으로 연구개가 낮게 늘어지며 발성할 때 움직임이 없음. 양측 성대는 발성할 때 외전상태로 유지됨.

출처: Aronson AE: *Clinical voice disorders*, ed 4, New York, 2009, Thieme.

뇌신경 X에 영향을 주는 골수 내 또는 골수 외 손상은 종양, 감염, 뇌졸중, 연수공동증(syringobulbia), 아놀드-키아리 기형(Arnold-Chiari malformation), 길랑-바레 증후군(Guillain-Barré syndrome), 회색질척수염(polio), 운동신경질환(motor neuron disease)과 다른 염증성 또는 탈수초성 질환에 의해 발생할 수 있다.[3] 빈번하게 후두와에 손상이 생기면 뇌신경 IX, X, XI 손상이 같이 동반되기도 한다. 손상이 경정맥공 부위에 일어날 경우에는 이를 경정맥공 증후군(jugular foramen syndrome)이라 일컫는다.

두개 외 뇌신경 X 손상은 중증근무력증, 목과 폐 또는 흉부의 종양, 대동맥이나 내경동맥(internal carotid) 또는 쇄골하동맥(subclavian artery)의 동맥류, 대동맥 또는 내경동맥 절개(internal carotid artery dissection), 기관내삽관(endotracheal intubation), 폐결핵(pulmonary tubercuosis) 또는 종격결핵(mediastinal tuberculosis)과 바이러스(예: 단순헤르페스바이러스[herpes simplex virus], 인플루엔자)[5,12,56]에 의해 발생할 수 있다.

수술은 성대마비의 흔한 원인이 되는데, 이는 종종 갑상선 절제술(thyroidectomy), 경동맥 내막절제술(carotid endarterectomy), 경부융합을 위한 전방 접근법(anterior approach for cervical fusion), 두개저시술(skull base procedures), 흉부와 식도 수술과 뇌전증 조절을 위해 의핵을 자극할 때 발생할 수 있다.[56] 미주신경 퇴행과 발성장애(dysphonia)는 당뇨와 중증 알코올성 신경병증을 앓고 있는 개인에서 보고된 바 있다.[29,56] 편측 성대마비가 고립적(idiopathic)으로 발생할 때, 비록 회복률이 연구에 따라 25~87%에 이르기까지 광범위하지만,[81] 이러한 사례의 상당수가 1년 이내에 상당 정도 회복된다.

비구어 구강 기제

편측 인두가지 손상 시에는 다음의 양상들이 관찰된다.

1. 손상 측의 연구개가 낮게 늘어진다. 이는 발성 시 마비가 없는 쪽으로 당겨지며(**그림 4-3**, **그림 4-4** [**사례 56**] 참조). 연구개가 휴지 시 아래로 늘어지나 움직임 시 대칭적으로 움직일 경우, 약증을 시사하는 것이 아닐 수 있다. 이는 정상적 변이의 범주에 해당하거나 편도절제술(tonsillectomy)로 인한 흉터에 기인할 수 있다. 발성 시 구개의 비대칭 여부가 애매할 때, 임상가는 입천장 구개개거근(levator veli palatini)의 최대 수축 지점인 거근 보조개(levator 'dimple')를 찾도록 해야 한다. 이것이 중앙 쪽으로 있으면 약증을 시사하지 않으나, 한쪽으로 치우칠 경우에는 치우친 반대쪽으로 약증을 시사하기도 한다.
2. 구토 반사가 손상된 쪽에 감소를 보이기도 한다.

양측 손상의 경우에는 다음의 양상들이 관찰된다.

1. 구개가 휴지 시 인두 쪽으로 낮게 늘어져 있으며, 발성 시 미세하게 움직이거나 아예 안 움직일 수 있다.
2. 구토 반사를 유도하기 어렵거나 아예 관찰되지 않을 수 있다(기억할 것은 양측 구토 반사가 없는 것은 정상 소견에 해당될 수도 있는 것이다)
3. 삼킴 시 비강역류(nasal regurgitation)를 보일 수 있다.

상부 또는 되돌이후두신경 손상으로 인해 휴지 시 성대와 후두에 나타날 수 있는 마비 양상은 다음을 포함한다. 편측 손상 시에 손상을 입은 측 성대가 짧아지고, 성한 측의 후두덮개와 후두 앞쪽이 치우치는 것; 손상 있는 측의 성대가 짧아지고 휘는 것; 후두덮개가 늘어져 성대

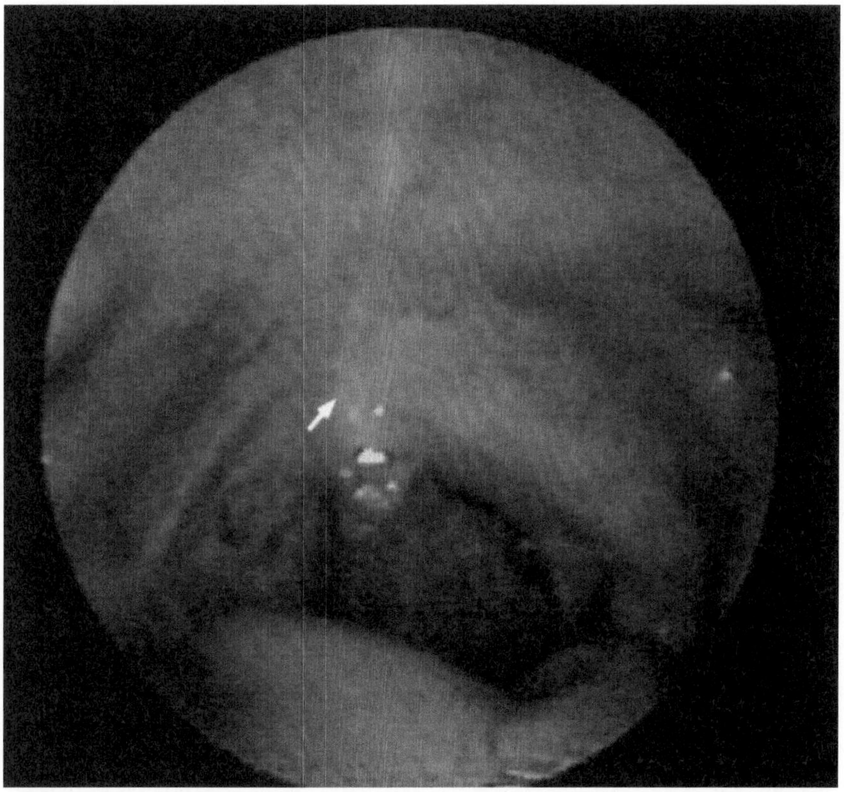

그림 4-4 좌측 구개 약증이 있는 환자가 발성 시 보이는 구개 움직임. 구개는 우측으로 당겨짐. 화살표는 우측으로 치우친 거근융기(보조개)(levator eminence[dimple])를 나타내 줌. 이 환자는 좌측 뇌신경 XII(설하신경) 손상으로 인해 혀 좌측에도 약증이 있어, 우측보다 좌측에 위축으로 인해 혀의 크기가 더 작음.

앞쪽 부분을 모호하게 하는 것; 마비된 성대가 가운데 놓이는 것(paramedian position)과 성대가 열린 채로 마비되어 있는 양상들이다(**사례 51**). 전통적으로는 마비가 있는 성대의 위치로 인두가지 아래의 미주신경 부위에서 손상 위치를 알 수 있다고 생각되었다. 그러나 이제는 일반적으로 후두와 성대마비 위치가 신경의 특정 부위 손상 예측하는 신뢰도가 높지 않다고 보고된다.[80]

편측 성대마비가 있을 때 전체 환자의 반 이상에서 삼킴장애가 동반될 수 있다.[59] 기침과 성문타격(glottal coup)이 약할 수 있고(**사례 3, 4, 52, 83**), 기도 문제(airway compromise)가 발생될 수 있다. 양측 마비가 있을 때는 외전마비(abductor paralysis)가 숨을 들이쉴 때 성문(glottis)이 벌어지는 것을 저지하기 때문에 기도 문제(airway compromise)가 발생하거나 흡기 천명음(inhalatory stridor)(**사례 7, 54, 75**)이 종종 관찰된다. 이로 인해 호흡의 고충(respiratory distress)이 발생하여 기관절개(tracheotomy)를 해야 하는 경우가 있다. 삼킴장애나 다른 약증의 징후들은 성대의 편측마비보다 양측마비를 보일 때 더 심하다.

말(사례 1~4, 7, 24, 25, 51, 54, 72, 75, 78, 91)

표 4-3에는 편측 또는 양측 뇌신경 X 손상이 말에 미치는 영향이 정리되어 있다. 이는 발성, 공명, 조음, 운율을 포함해서 말 산출의 여러 가지 측면에 두루 영향을 미치고, 공명과 발성에 미치는 영향이 가장 두드러진다.[2]

인두가지가 편측으로 손상이 있을 때, 공명에 지각할 수 있을 만한 영향이 아주 적거나 아예 없다. 또는 파열음을 산출할 때 경한 정도의 과다공명(hypernasality)과 비강누출(nasal emission)이 관찰될 수 있다. 약증이 양측에 있을 때, **과다비성**이 두드러지거나 심한 정도로 관찰되며, **가청 비강누출**(audible nasal emission)이 확연하고, 구강 내 압력 형성이 어려워서 부정확한 파열음 산출이 두드러질 수 있다. 비강에서의 감쇄(damping) 효과로 인하여 음성 크기는 경도로 작아질 수 있다. 비강에서 공기 낭비(wasting)가 발생하여 음절 길이도 감소되기도 한다. 콧구멍에서 빠져나오는 공기를 막고자 하는 노력의 일환으로 **얼굴 찡그림**(facial grimacing)을 보일 수 있다. 파열음이 부정확하게 산출될 때는 혀, 안면, 턱의 약증을 의심할 수 있다. 연인두 불능(velopharyngeal incompetence)만이 자음 산출을 부정확하게 하는 원인이 되는 경우는, 말을 할 때 코를 막아 주면 조음을 위한 구강 내 압력을 형성하는 데 도움을 주어 다른 조음기관의 기능을 평가하는 데 도움을 줄 수 있다.

뇌신경 X의 상후두, 되돌이후두신경을 포함하는 인두가지 아랫부위의 편측 손상이 있을 때 **기식음**(breathiness) 또는 **실성증**(aphonia), **목쉰 음성**(hoarsenss), **음량 감소**(reduced loudness), **이중음도**(diplophonia), **음도 감소**(reduced pitch)와 **음도 일탈**(pitch breaks)의 양상을 보일 수 있다. 빠른 음성 떨림(rapid vocal flutter)은 모음연장 발성 시 관찰될 수 있으며, 발성 시 불완전하게 닫히는 성문을 통해 공기 낭비가 일어나 산출하는 구(phrase)가 짧아질 수 있다. 성문을 통한 공기 낭비가 상당할 경우 들숨을 쉬며 말하는 양상을 보상으로 사용하기도 한다. 천명음(stridor) 또는 가청 흡기(audible inhalation)는 숨을 들이쉬는 구의 경계 구간에서 확연하게 나타날 수 있다. 양측 마비가 있을 때는 이러한 증상들이 더욱 과장되어 나타난다. 때로는 편측 성대마비가 있을 때, 유성과 무성자음 간의 구분을 모호한 증상을 통해 후두의 조음기관으로서의 역할을 확인할 수 있다.[32,47]

인두가지와 되돌이후두신경의 손상 없이 상부후두신경에만 손상이 있을 경우, 음성에 미세한 변화를 야기할 수 있다. 손상이 편측일 경우에는 경도의 기식음 또는 목쉰 음성을 보일 수 있으며, 경도로 음도를 조절할 수 있는 능력이 저하되는 소견을 보일 수 있다. 음도를 바꾸는 능력이 저하될 경우, 노래하는 능력의 저하를 야기할 수 있다. 양측 윤상갑상근 마비는 경도에서 중도의 기식음, 쉰 소리를 발생시키며 소리 크기가 감소하고, 두드러진 정도로 음도 조절 능력이 저하되게 된다.

편측으로 되돌이신경 손상이 있으면서 상후두신경과 인두가지에 손상이 없을 때는 **기식-목쉰 음성의 음색**을 보이게 되며, **소리 크기가 감소**하고 때로는 **이중음도**(diplophonia)와 **음도 일탈**(pitch breaks)을 보이게 된다. 양측으로 약증을 보이거나 마비가 있을 때는 **흡기 천명음**(inhalatory stridor)을 보이나, 음성에는 상대적으로 크게 영향이 없는 경우도 있다. 이는 성대가 중앙 쪽으로 닫혀 있어(adducted) 발성이 가능하기 때문이다. 그러나 **기도 문제**(airway compromise)가 있는 것은 심각한 문제가 될

---

[2] 여러 개개인에 있어서의 발성장애는, 특히 목쉰 음성을 보이는 이들은 비신경학적으로 설명된다는 것을 기억해 두는 것이 중요함. 어떤 예는 음성 남용 또는 오용을 반영하고, 나이가 들면서 나타나는 성대 변화를 반영하기도 함. 또한 흡연, 코르티코스테로이드 흡인, 진균감염(fungal infection), 의학적 외상, 후두, 목 손상/암, 위식도 역류 질환, 장기적인 기관 내 삽관을 반영하기도 함.[75]

수 있다.

음향학적 · 생리학적 결과

비디오투시검사(측면, 전면, 하부 영상) 또는 비강내시경검사(nasoendoscopy)를 이용하여 말하는 중의 연구개 폐쇄의 약증을 기록할 수 있다. 후두내시경 평가(laryngoscopic examination) 는 성대 약증이 의심될 때 진단과 치료 목적으로 필수적으로 시행되어야 한다.

약화된 성대의 육안으로 확인 가능한 활동은 단순하게 마비를 관찰하는 것 이상으로 그 특성이 기술되었다. 편측 성대마비가 있는 환자에게 비디오스트로보스코피(videostroboscopy)와 고속후두 영상(high-speed laryngeal photography)을 이용하여 검사를 시행한 결과, 발성 시 견고한 성문폐쇄가 없다고 보고된다. 또한 '가벼운 성문접촉(light touch glottic closure)'을 보이는 것은 불완전한 마비 또는 베르누이 효과(bernoulli effect)의 도움을 받아 중앙으로 성대가 인접하는 데 도움을 받는 것을 반영하고, 불규칙적으로 성대가 진동하고, 발성 시 손상이 있는 측 성대의 진동 폭이 증가하거나 과장되며, 성대가 활동할 때 동요(perturbations)가 비정상적인 빈도와 강도로 보인다고 보고된다.[35,89] 진동 강도의 증가와 과장되는 점막 파동은 긴장 저하(hypotonicity)와 일관되게 나타나며, 이는 하부운동신경세포 손상과 더불어 후두 근전도 검사에서 동원되는 운동 단위가 저하되는 소견과도 일치한다.[77] 이렇게 관찰되는 결과들은 성대마비 약증에 동반되는 지각 가능한 기식음(견고한 성문폐쇄가 없는 것에 기인함), 목쉰 음성과 이중음도 소견과도 일치한다. 최근의 연구에서 리도카인(lidocaine)을 이용하여 편측으로 외측상후두신경(external superior laryngeal nerve)을 억제(blockage)하는 영향을 살펴본 결과, 냄새를 맡고, 높은 음도로 'ee'를 산출하는 것을 빠르게 번갈아 수행하였을 때, 영향받지 않은 측으로 후교련(posterior commissure)이 회전(rotation)하고 영향받은 측으로 전교련(anterior commisure)이 회전하는 것이 관찰되었다. 이는 편측 상후두신경 약증에 대한 진단적 지표가 될 수 있다.[69]

편측 또는 양측 성대 약증이 있는 환자들에게서 공기역학적(aerodynamic) 연구를 시행하였을 때, 말을 할 때 공기 흐름의 속도가 증가되는 양상이 관찰되었는데, 이러한 결과는 뒤이은 불완전한 성대내전과 발성할 때 성문을 통해 과도하게 공기 누출이 일어나는 약증 소견과 일치한다.[14,35,83] 반복적으로 '후두의 과소 밸빙(laryngeal hypovalving)'을 보이는 마비말장애 화자들은 정상 화자들에 비하여 분당 상당히 많은 양의 공기를 들이마셔(inspire) 분당 증가된 숨의 양상을 보인다. 이들은 한 호기당 발화 길이가 정상인에 비하여 확연하게 짧고, 정상적인 휴지 구간에 공기를 더 많이 내뿜으며, 휴지 빈도와 기간(duration)이 감소되는 경향을 보이는데, 이는 아마도 저하되는 성대 밸빙 또는 말하는 시간을 늘이기 위한 보상적 노력에 기인할 가능성이 있는 것으로 보고 있다.[83] 들숨 시 기도 문제(inspiratory airway compromise)가 있는 사람들(편측과 양측 성대마비가 있는 사람들)은 말할 때 평균 흡기 지속시간(inspiratory duration)이 증가하는 양상도 동반되어 있다.[84] 이러한 소견들은 환자가 말할 때 보이는 기식음 특성이나 짧은 구 산출 양상과 일치하는 소견이다. 분당 호흡수 증가, 흡기 용량(inspiratory volume) 증가, 휴지(pause) 빈도와 길이를 줄이는 경향 등은 성대마비를 보완하려는 노력에 기인하는 것이라고 보고한다.

편측 성대마비 또는 약증이 있는 환자들을 대상으로 시행한 음향학적 연구들에는 다음과 같은 특성들이 기록되어 있다. 높은 f_o 강도와 두드러진 f1 이상에서 하모닉스 감소 특성을 보이는 포먼트 구조의 장기 평균 음향 스펙트럼 붕괴, 부분적으로 열린 성문을 통한 난기류(성문소음)를 반영하는 스펙트로그램에서 보이는 무작위 잡음(random noise)과 고주파 영역에서 분광에너지(spectral energy) 증가, 높은 음도 범위에 도달하는 능력 저하를 시사하는 제한된 표준편차와 f_o 범위, 비정상적인 주파수 변동률(jitter)와 강도 변동률(shimmer) 수치[31,55,68,70,85]를 보인다. 어떠한 연구들은 기식성 음성과 기능 저하를 보이는 음성(hypofunctional voice)에서 이러한 특성들과 지각적 판단 사이에 관계를 비교하였다.[31,66] 제한된 f_o 범위와 변이에 대한 결과[55]는, Darley, Aronson, Brown[20]의 단음도(monopitch)가 종종 이완형 마비말장애로 인식된다는 연구 결과와 일치한다.

공기역학적(aerodynamic) · 음향학적 연구, 비디오투시검사와 비강내시경검사들을 통해 연인두 부전(velopharyngeal insufficiency, VPI)과 과다비성, 비강누출, 약한 파열음과의 관계를 반복적으로 보여 주고 있다. 대부분의 연구는 구개열 또는 정의가 내려지지 않거나(undefined) 혼합된 유형의 마비말장애가 있는 환자들을 대상으로 하였지만, 이 연구들의 결과를 토대로 뇌신경 X 손상으로 인해 연인두 약증(velopharyngeal weakness)

이 있는 환자들에게 투박하게(crudely) 일반화할 수 있을 것이다. VPI로 인한 공기 흐름 증가와 더불어 과다비성의 청지각적 소견에 대한 여러 개의 음향학적 상관(correlates)이 있다. 이에는 f1에서 에너지 감소와 높은 주파수, 포먼트의 중앙주파수의 변화 또는 이동, 포먼트 대역폭 증가, 모음강도 감소와 역동적 강도 범위, 감소된 음도 범위와 여분의 공명 등이 있다.[18,40] 포먼트와 전반적 강도의 감소는 비강의 감쇄 특성(dampening characteristics)을 반영해 주는 것일 수 있다. 마지막으로 인두관(pharyngeal tube)과 곁으로 가지 치는 관(비강, side branching tube[nasal cavity])과 연결되는 것은 스펙트럼에서 반공진(antiresonance)을 형성하게 한다(즉, 에너지가 있을 것이라고 생각되는 부분에 스펙트럼 부분에서 강도가 급격하게 저하됨). 이러한 음향학적 특성들이 연인두 부전과 이와 관련된 비정상적인 말 특성과 상관을 보이기 때문에, 연인두 부전과 관련 있는 말장애를 정량화하는 데 사용될 수 있다.

G. 부신경 손상

경로 및 기능

뇌신경 XI의 두개강 부분(cranial portion)은 의핵(nucleus ambiguus)에서 발생하여 연수 옆쪽에서 드러나 경정맥공을 통해 IX, X 신경과 함께 두개골을 빠져나온다. 이는 뇌신경 X의 섬유와 섞여 목젖(uvula), 구개거근(levator veli palatini, 입천장올림근)과 내후두신경(intrinsic laryngeal nerve)에 신경 공급을 한다. 척수 부분은 척수의 첫 5번째에서 6번째 경추 부분에서 발생하여, 올라가면서 후두와로 들어가 대공을 통과하여 IX, X 뇌신경과 XI번 신경의 두개강 부분과 함께 두개골을 빠져나가, 흉쇄유돌근(sternocleidomastoid)과 등세모근(trapezius muscles)에 신경전달을 해준다.

원인질환과 병소 위치

뇌신경 XI의 두개강 부분 손상에 대한 원인질환은 뇌신경 X에서 설명된 것들과 유사하다. 척수 부분은 경추의 손상과 대공 부위의 손상으로 인한 압력(compression)에 의해 발생할 수 있다. 근치목수술(radical neck surgery)도 뇌신경 XI 손상의 다른 원인이 될 수 있다.

비구어 운동 기제

뇌신경 XI의 척수 부분에 손상이 있으면 손상된 측의 어깨를 올리는 능력이 감소되고 손상 부위 반대쪽으로 목을 돌리는 능력이 약화된다. 일반적으로 말에는 영향을 주지 않는다. 양측에 약증이 있을 때는 상당한 정도의 어깨 약증과 머리 늘어짐(head drooping)을 유발하고, 이렇게 되면 자세가 불완전하여 호흡, 발성, 공명이 간접적으로 경한 정도의 영향을 받을 수 있다.

임상적으로 뇌신경 X 손상과 뇌신경 XI의 두개강 부분 손상을 구분하는 것이 어렵기 때문에, 뇌신경 XI의 두개강 부분을 뇌신경 X의 일부라고 여기는 것이 더 적절하다고 말하기도 한다. 따라서 임상적으로 뇌신경 XI을 말 운동 기능과 관련하여 아주 중요한 요소로 여길 필요는 없는 것이다.

H. 설하신경 손상

경로 및 기능

뇌신경 XII은 연수에서 비롯된다. 뇌신경 XII은 여러 개의 잔뿌리 형태로 대공(측면에 있는 설하공[hypoglossal foramen])을 수렴하고 통과하여 지나간다. 총경동맥과 내경정맥에 인접해 있는 뇌신경 IX, X, XI 가운데로 지나가며, 혀의 내근과 외근에 이르기 위해 설골(hyoid bone) 위로 지나간다.

뇌신경 XII은 혀의 모든 내근과 외근에 신경 공급을 하는데, 구개설근(palatoglossus)(뇌신경 X에 의해 공급)만 예외이다. 뇌신경 XII은 조음 움직임과 저작, 삼킴에 핵심적인 역할을 하는 신경이다.

원인질환과 병소 부위

뇌신경 XII 손상은 골수 내, 골수 외, 두개 외 부위에서 발생할 수 있다. 이는 하부의 뇌신경에 영향을 주는 어떤 질환으로도 발생할 수 있다. 뇌신경 XII의 손상은 다른 뇌신경, 특히 IX, X, XI 손상을 야기할 수 있으나, 이는 한편으로 독립적으로도 손상이 발생될 수도 있다. 독립된 뇌신경 XII의 손상을 발생시키는 흔한 원인에는 감염과 두개골 기저부(basilar skull) 또는 목 부위 종양, 외상 및 수술이다. 경동맥 내막절제술의 5% 정도는 일시적으로 뇌신경 XII 손상이 동반될 수 있다.[4] 이 신경은 또한 경동맥과 추골동맥의 동맥류, 경동맥 절개술, 목 부위, 침샘

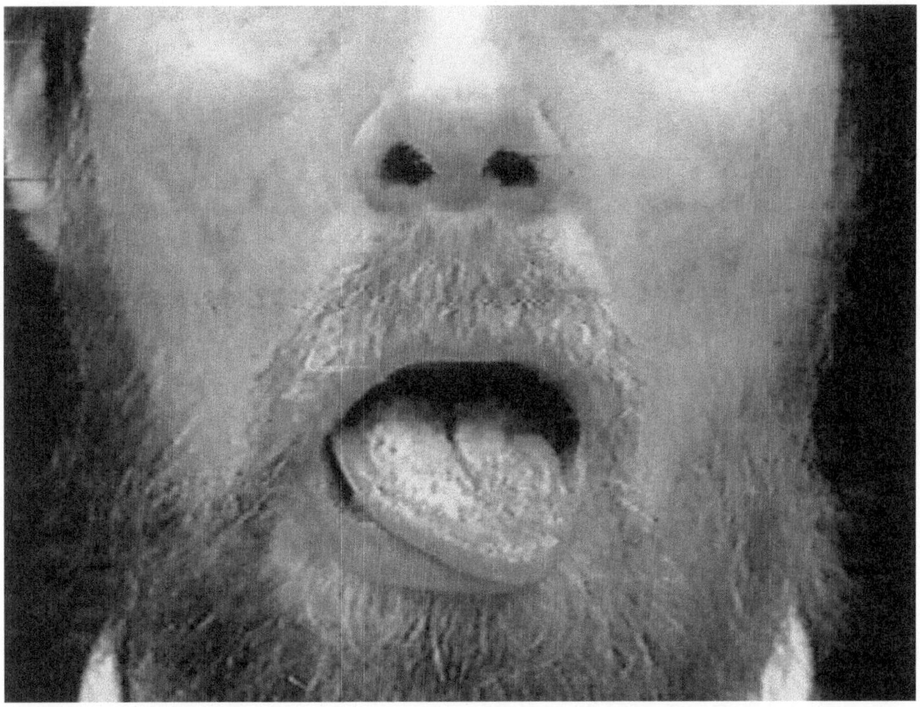

그림 4-5 혀를 내밀었을 때 좌측으로 치우침, 이는 좌측 뇌신경XII(설하신경) 손상을 반영함.

또는 혀 기저부의 종양 및 방사선 치료[12,44,63,82] 등에 의해 야기될 수 있다.

비구어 구강 기제

편측 뇌신경 XII 손상이 있을 때, 약증을 보이는 측의 혀는 위축되거나 크기가 줄어들 수 있다(**그림 4-4**). 또한 속상수축이 확연할 수도 있다(**사례 56**). 혀를 내밀었을 때 약한 측으로 치우치는데, 이는 영향을 받지 않은 이설근(genioglossus)의 활동이 아무런 저지를 받지 않기 때문이다(**그림 4-5**, **사례 55, 56**). 약증을 보이는 방향으로 구강 내에서 혀를 말아 올리는 능력이 저하되고, 혀를 이용하여 볼을 미는 능력도 저하된다. 단, 구강 안에서 자발적으로 혀를 좌우로 움직이기를 시킬 때는 약증을 보이는 측의 혀로 볼을 미는 것이 정상적으로 보이는 경우가 있어 모순되어 보이는 것 같은데, 이는 혀의 약한 측의 종단섬유(longitudinal fiber)를 이용하여 약증을 보이는 측으로 혀를 돌리는 대신에 약증이 없는 측의 혀를 이용하여 혀를 약한 측으로 미는 시도를 하기 때문에 가능한 것으로 보인다.

양측 손상이 있을 때, 양측으로 혀가 위축을 보이고(**사례 27**), 양측 속상수축(**사례 59**)을 보인다. 내밀었을 때 대칭 양상을 보일 수 있으나 움직임 범위에서 제약을 보이거나 전혀 내밀지 못하기도 한다. 혀를 좌우로 움직이거나 올리는 것은 불가하다. 구강 내 침이 고이고, 음식이 볼 안에 남아 있을 수 있다. 환자들은 음식을 구강 내에서 움직이게 할 수 없다고 호소하고, 이러한 문제에 도움이 되기 위해서 식이를 바꾸어야 하는 경우도 있다. 혀의 느낌이 '무겁다', '두껍다' 또는 '크다'고 호소하기도 하고, 먹거나 말을 할 때 잘 안 움직인다고 호소할 수 있다. 침 흘림은 혀에 약증이 발생하여 이로 인해 발생할 수 있다.

말(사례 25, 27, 81, 83)

편측 또는 양측 뇌신경 XII 손상으로 인한 두드러지는 말 특성은 설음소(lingual phoneme)의 **부정확한 조음**(imprecise articulation)이다. **그림 4-3**에는 편측 또는 양측 뇌신경 XII이 말에 미치는 영향이 요약되어 있다.

독립된 편측 뇌신경 XII 손상은 때로는 지각적으로 정상적인 말로 느껴질 정도로 보상하면서 말을 하는 경우가 있다. 이에 편측으로 손상이 있을 때는 조음 왜곡은 경미하고, 명료도에 영향을 주지 않는다.

양측으로 혀에 약증이 있을 때는 혀끝 또는 혀의 뒤쪽을 올려 조음해야 하는 소리에 영향을 준다. 약증이 경할 때는 전설 설자음 왜곡이 연구개음 왜곡보다 더 쉽게 들리는데, 이는 전설 설자음의 출현 빈도가 더 높기 때문이다. /s/, /sh/, /ch/ 소리를 내기 위한 움직임과 이 소리들을 유성음화한 소리 또한 /r/, /l/ 소리들이 혀 약증에 가장 취약하게 영향을 받는 소리들이고, 혀 약증이 발생하였을 때 가장 먼저 변화를 보이게 되는 소리들이다. 약증이 두드러질 경우, 구개음들도 크게 영향을 받는데, 이는 아마도 이 소리들을 산출하기 위해 혀의 부피(tongue mass)가 더 요구되기 때문인 것으로 사료된다.

양측 혀 약증이 있을 때, 공명 변화가 때로 동반되는 경우가 있는데, 이를 과다비성(hypernasality) 또는 과소비성(hyponasality)이라고 일컫는다. 하지만 이렇게 명명되는 것은 부정확할 수도 있다. 공명이 변하는 이유는 불명확하지만, 아마도 약증이 있는 혀가 인두강 쪽으로 흘러내려 상인두강의 모양이 변화됨에 따라서 공명도 변화를 보이는 것일 수도 있다. 또한 저하된 혀 움직임이 말을 할 때 구강 모양의 변이 감소를 야기할 수 있고, 따라서 정상적인 범주의 공명 변이도 감소시킬 수 있어 이로 인하여 비정상적인 공명이 감지될 수 있는 것으로 보인다. 또는 위축으로 인하여 구강과 인두강의 크기가 변화되고 이로 인하여 공명이 변할 수도 있다는 설명도 있다.

말할 때의 혀 움직임을 평가하기 위해 가장 유용하게 사용되는 방법은 연결 발화(connected speech)(중증근무력증이 의심될 때의 부하검사도 포함)와 AMR이다. 연장발화를 수행할 때는 빠르고 다양한 움직임이 많이 요구되어 설음왜곡(lingual distortions)을 확인하는 데에는 가장 유용한 방법일 것이다. 약증이 혀에만 있을 때, AMR 중 '퍼' 산출은 정상이어야 하고, '터'와 '커'는 부정확하거나 느릴 수 있다. AMR 중 양순음과 설음의 상이한 수행은 독립적이거나 조금 더 심한 혀의 약증을 시사할 수 있다. 또는 AMR 중 설음 자극의 수행이 더 좋다면, 독립적이거나 더 심한 입술 약증을 시사할 수 있다. 혀에 약증이 있을 때 '커' 수행의 부정확성과 느린 양상은 '터' 수행 때보다 더 심해지는데, 이는 혀 뒤쪽의 부피가 더 크기 때문에 혀 뒤쪽을 올릴 때 더 많은 힘이 요구되기 때문일 것이다(단, 염두에 두어야 할 점은 정상 화자들에게서도 '터'보다 '커' 수행이 다소 더 느리다는 것임).

양측으로 혀에 약증이 있을 때 다른 근육이 정상이라면 간혹 보상을 잘하는 경우도 있다. 예를 들어, 턱의 움직임을 과장시켜 혀를 이용한 음의 조음을 조금 더 수월하게 한다거나, 또는 상악에 인접한 상태로 유지되어 조음점을 수월하기 찾기 위해 턱 움직임을 제한시켜 하는 이들도 있다. 보상적으로 과장해서 하는 움직임들은 때로는 운동과잉형 장애로 오인되기 쉬우나, 신체기능 검사를 통해 이러한 점은 어느 부분 해소될 수 있다.

음향학적 · 생리학적 결과

연구들에 따르면 이완형 마비말장애 환자들은 혀의 최대 힘 또는 저항 능력 저하 소견을 보인다고 보고된다.[14,26,57] 그리고 환자들에서는 정상적인 설음의 AMR보다는 느린 수행을 보인다고 보고된다.[26,57] 주목해야 할 것은 마비말장애 환자들이 비구어 과제 시 보이는 혀의 힘은 말 속도나 명료도 평가와 관련이 없을 수 있다는 것이다. 따라서 혀의 힘을 측정하는 방법들이 혀의 약증 정도를 정량화하는 데 유용하지만, 말 속도나 명료도를 예측하는 정도는 크지 않을 수도 있다는 것이다. 혀의 힘과 말 속도와 관계가 없다는 결과는 일반적으로 이완형 마비말장애에서 말 속도가 지각적으로도 크게 저하되지 않는다는 것과 일치한다.

I. 척수신경 손상

경로, 기능 및 병소 위치

목에 신경을 전달하는 상부 경추신경(upper cervical spinal nerves)은 간접적으로 음성, 공명, 조음과 관련이 있다. 따라서 이 신경의 손상이 말에 주는 영향은 간접적이고 일반적으로 경하며, 이에 대한 정확한 이해가 부족하기도 하다.

호흡과 직접적으로 관련이 있는 척수신경은 경추에서 흉추에 이르기까지 널리 퍼져 있다. 횡격막에 신경 공급을 하는 신경은 경추의 3번에서 5번 사이에 있다. 이는 합하여 횡격막신경(phrenic nerve)을 구성하고, 각각 흡기 호흡근육 중 가장 중요한 횡격막의 반에 이르는 부위에 신경 분포를 한다. 나머지 흡기 근육들은 하부 경추신경(lower cervical nerves), 늑간신경(intercostal nerves), 횡격막신경(phrenic nerves)에 의해 신경 공급을 받는다. 힘을 주어 숨을 내쉴 때 사용되는 근육은 말할 때 호기를 조절하는 데 중요한데, 이들은 흉신경(thoracic nerves)과 늑간신경(intercostal nerves)의 운동신경에 의해 신경 공급을 받는다.

호흡근육에 신경을 공급하는 경추에 편재된 손상이 있

어야 호흡이 의미 있는 정도로 방해를 받게 된다. 예외로 경추 3번에서 5번 사이 손상이 있을 때 양측으로 횡격막 마비가 올 수 있고, 이때 심하게 호흡 기능이 손상될 수 있다.

병인

3번 경추 이상의 위치에 척수 손상이 발생되었을 때, 호흡근육을 뇌간에 있는 호흡 조절 기제들과 분리시킬 수 있어, 호흡마비(respiratory paralysis)를 야기할 수 있다. 중증근무력증, ALS, 길랑-바레 증후군과 척수 손상이 있으면 근육을 약화시키거나 근육에 신경 공급하는 것을 방해하여 호흡에 영향을 준다.

비구어 구강 및 호흡 기제

제대로 발휘되지 못하는 호흡신경 기능은 빠르고 얕은 호흡을 야기한다. 비익(nasal alae)이 벌렁거리고, 가슴 상부와 어깨-목 근육을 사용하여 흉곽을 올리고 팽창시키는 양상을 보이면 이는 호흡이 제 기능을 못 하고 있다는 것을 시사한다. 흉벽과 복부 팽창은 들숨을 쉴 때 육안으로도 제한적인 것이 확인되고, 환자들이 몇 초 이상 숨을 참지 못할 수도 있다. 이들은 U자형 관(U-tube)과 물잔 압력계(water glass manometer)로 쟀을 때 말을 지지해 줄 정도의 충분한 성문하압(subglottal air pressure)을 생성하거나 유지하지 못할 수도 있다.

말

대부분의 언어병리 임상 현장에서 독립되는 호흡장애로 인한 이완형 마비말장애는 흔하지 않다. 이는 이러한 양상의 낮은 발생률을 반영해 주는 것인지, 아니면 이러한 환자들은 말에 아무런 영향이 없어 호소하지 않는 것인지, 자발적으로 말에 가해지는 어려움을 스스로 보상을 하는 것인지, 아니면 호흡이 기능 저하가 기초적인 생명유지에 미치는 영향이 너무 커서 호흡이 말에 끼치는 문제는 환자 본인 또는 의료진과 보호자에게 그 우선순위가 밀리는 것인지 명확하지 않다. 기존의 문헌에 이러한 말 문제가 존재하고 기록되어 있다.[36,37] 말하는 데 영향을 줄 정도로 호흡 측면에서 약증이 있는 환자들은 이렇게 저하된 기능으로 인해 조용하게 호흡을 하거나, 신체적 활동하는 동안 숨을 쉬는 데 방해를 받는다. 이러한 장애는 일반적으로 말 평가를 시행하기 전에 확인할 수 있다. 표 4-3에서 말에 가하는 호흡 약증의 영향을 요약하였다.

호흡 기능 약증은 내뿜어지는 공기의 양과 힘을 감소시킨다. 폐활량(vital capacity)과 호기 조절 능력이 감소하면 **짧은 구**(short phrases)와 **감소된 강도**(reduced loudness)의 특성을 보이게 된다. **변화된 구 구분**(altered phrasing), **음도 저하**(decreased pitch), **강도 변이**(loudness variability)로 인해 이차적으로 운율장애가 발생할 수 있다. 이러한 문제는 전 세계적으로 보이는 것은 아니지만 흔하지 않은 것도 아니다. 예를 들어, 경추 손상이 있는 10명의 성인을 대상으로 시행한 연구에서 3명은 정상 화자로 인식되었으며, 3명이 강도가 감소하였고, 2명이 기식음을 보였으며, 2명은 짧은 구 양상을 보였고, 한 명이 운율에 영향을 주는 연장된 흡기를 보였다.[37]

호흡 기능 약증이 있는 사람들은 눈에 띄는 노력을 들여 숨을 들이쉰다. 때로는 횡격막의 약증을 보상하기 위하여 어깨를 들거나 목을 쭉 내민다. 잔류 공기(residual air)를 통하여 말하려고 노력하여 소리가 **쥐어짜는 양상**(strained)으로 나올 수 있으며, 아마도 제한된 성문하압으로 성대를 내전시키려는 부차적인 노력의 일환으로 쥐어짜는 소리가 나올 수도 있고, 또는 제한적인 공기자원을 사용하는 데 그 효율성을 극대화하려는 노력의 결과로 이러한 음성 특성이 발생하는 것일 수도 있다. 이러한 특성들은 천식(asthma), 만성폐쇄성 폐질환(chronic obstructive pulmonary disease)이나 다른 비신경학적 호흡장애가 있는 사람들에게서 분명하게 드러난다. 정상적인 말 길이를 산출할 만큼 연장발성이 안 되는 사람들은 **들숨을 이용하여 말하기도 한다.**

이완형 마비말장애에서 뇌신경 약증과 결부된 호흡 약증은 흔하게 있을 수 있으나, 발성과 운율의 이상 소견이 호흡 약증에 기인하는 것인지, 성대 약증에 기인하는지 것인지 구분하는 것은 어렵다. 어느 단계가 더 관련 있는지 알아보는 단서는 다음과 같다.

1. 숨이 차서 급하게 숨을 쉬는 것(grasping for air), 코가 벌렁이는 것, 어깨가 올라가는 것, 말하며 숨을 들이쉴 때 목을 움츠리는 것(retraction) 등의 증상은 성대 약증이 독립적으로 있을 때 거의 나타나지 않는 증상인 반면에, 호흡 약증 소견이 있을 때는 흔하게 보일 수 있다.
2. 독립적인 후두 내전 약증이 있을 때 환자들은 말할 때를 제외하고 다른 때는 숨이 차다고 호소하지 않

는 반면, 호흡 약증이 있는 이들은 다른 때도 숨이 차다고 호소한다.

3. 독립적인 호흡 약증이 있는 환자들은 소리 크기가 감소하고 기식음 또는 쥐어짜는(strained) 음성 양상을 보인다. 그러나 목쉰 음성, 거친 음성, 이중음도는 보이지 않는다. 성대 약증이 있는 이들은 종종 목쉰 음성 또는 거친 음성을 보이며 간혹 이중음도 양상을 보인다.
4. 호흡 약증보다 성대 약증이 더 심한 환자들의 성문타격(glottal coup)은 그들이 하는 기침보다는 약하다(기침을 할 때 호흡의 힘이 강하면 성대의 약증을 넘어설 수 있음). 호흡 약증이 성대 약증보다 심할 때는 반대의 현상이 일어난다(기침보다 성문타격 때 더 약한 호흡의 힘이 요구됨).

생리학적 결과

독립적인 호흡 약증이 있는 환자들을 대상으로 시행된 음향학적 · 생리학적 연구는 적다. 호흡근육에 이완형 마비가 있는 남자의 자세한 호흡 움직임에 대한 운동역학적(kinematic) 분석을 한 연구가 있는데, 이 연구들에 따르면 환자들이 '목 숨쉬기(neck breathing)'와 '설인두 숨쉬기(glossopharyngeal breathing)' 형태로 보상적인 말 호흡활동을 할 수 있는 능력이 있다고 보고된다[36](제17장에서 다룸). 이 자료에 따르면, 공기 흐름을 막는 것(valving)이 효율적으로 일어날 수 있으면, 폐활량 감소가 말 산출상의 어려움을 유발하지 않을 수 있다는 사실을 지지해 준다.

Hoit 등[37]은 경추 손상이 있는 환자들에게서 복부 근육 기능 손상과 일치하는 비정상적인 흉부 움직임을 보고하고 호기 근육 약증을 보상하기 위한 말 호흡 패턴이 있음을 알아냈다. 화자들은 손상이 없는 화자들에 비하여 더 큰 폐와 흉곽 부피를 차지하도록 숨을 들이쉬고, 더 큰 부피를 유지한 상태에서 말을 끝냈다. 이는 아마도 이 부피에서 상부기도(upper airway)와 후두를 움직일 수 있는 탄력성 반동 압력(elastic recoil pressure)이 더 크다는 이점을 이용하기 위해서인 것으로 사료된다. 화자들은 소리를 크게 내라고 할 때 더 큰 부피의 폐용량(lung volume)을 사용한다. 이러한 보상적 전략은 대부분 자발적으로 만들어졌다.

J. 다발적 뇌신경 손상

여러 개의 뇌신경에 손상이 있을 때, 이러한 상태를 흔히 구(연수)마비(bulbar palsy)라고 일컫는다. 턱, 얼굴, 입술, 혀, 구개, 인두와 후두는 어느 뇌신경이 손상되었느냐에 따라, 또한 그 손상이 편측인지 양측인지에 따라 다양한 조합, 다양한 정도로 영향을 받을 수 있다.

여러 개의 뇌신경에 영향을 주는 질환은 두개 내 병리(intracranial pathology)와 연관이 있는 경향이 있다. 이는 다른 영역보다 뇌간에 뇌신경들이 밀집되어 있기 때문에 가장 작은 병변으로도 큰 손상을 야기할 수 있기 때문이다. 그러나 항상 그런 것은 아니다. 왜냐하면 신경근육 접합부의 질환(예: 중증근무력증)으로 인해 여러 개의 뇌신경이 영향을 받는 경우도 있고, 근병증(myopathies) 또한 한 개 이상의 뇌신경이 분포된 근육에 영향을 줄 수 있기 때문이다.

병인

다발적 뇌신경 손상은 단일 뇌신경 손상을 일으키는 원인질환에 의해 발생할 수 있다. ALS, 중증근무력증, 뇌간의 혈관성 장애 또는 뇌종양 같은 특정 질환에서는 단일 뇌신경보다 다발적 뇌신경 손상이 더 흔하게 발생한다.

비구어 구강 기제

다발적 뇌신경 손상을 보이는 환자들의 임상적 평가 결과는 단일 뇌신경 손상이 있는 환자들과 크게 다르지 않다. 그러나 단일 뇌신경 손상보다는 다발적 뇌신경 손상에 의한 기능 저하는 더 파괴적일 수 있다.

말

다발적 뇌신경 손상과 결부된 말 특성은 독립적 뇌신경 손상에 기인한 것과 유사하나, 그 영향은 서로 결합된 상태로 들려, 특성 하나하나를 분리하기가 더 어려울 수 있다. 이 경우 마비말장애는 단일 뇌신경 손상으로 인한 마비말장애보다 더 심한 정도의 손상을 보이지만 항상 그런 것은 아니다. 특히, 명료도의 중증도 측면에서 그러하다. 예를 들어, 양측 안면신경 손상은 뇌신경 V, VII, X이 혼합된 편측 손상보다 명료도에 더 큰 악영향을 끼친다. 일반적으로는 다발성 뇌신경 손상이 있을 때, 단일 뇌신경 손상이 있을 때보다는 명료도 유지를 위한 효과적인

표 4-4

이완형 마비말장애를 주요 말장애로 진단받은 환자 중에서 유사임의적으로 선정된 151명의 사례에서 뇌신경 V, VII, X, XII와 척수호흡신경 손상의 분포를 살펴본 것임. 한 개의 말 관련 뇌신경이 단독으로 손상되는 경우와 다른 뇌신경 손상과 동반하여 뇌신경 손상이 일어난 건수를 수로 표시함. 전체의 43%가 단독 뇌신경의 편측 또는 양측 손상을 보였으며, 57%가 하나 이상의 뇌신경 손상을 보였음. 결과적으로 서로 다른 신경 손상의 총 수는 221에 이름.

신경	단독_편측	단독_양측	복합_편측	복합_양측	전체 퍼센트
V	—	—	2	4	3
VII	—	3	5	22	14
X—인두가지만	—	2	—	2	2
후두가지만	52	7	—	4	29
모든 가지	10	11	5	35	28
XII	3	6	10	33	24
호흡	—	1	—	4	2
전체 퍼센트	29	14	10	47	100

보상적 전략을 사용하는 것이 더 어렵다.

K. 이완형 마비말장애와 연관된 말 관련 뇌신경 분포

이완형 마비말장애가 있는 환자군에서 뇌신경 손상이 어떤 분포를 이루는지에 대해서는 알려져 있지 않다. 그러나 메이요 클리닉 환자들의 자료를 후향적으로 검토해 본 결과는 일부 임상 현장에서 만날 수 있는 환자들의 분포에 대한 단서가 될 수 있을 것이다. 표 4-4에 151명의 이완형 마비말장애 환자들에서 뇌신경 V, VII, X와 XII 신경 손상을 보이는 환자들의 분포에 대한 정보가 요약되어 있다. 이 자료가 일반 인구 또는 대부분의 말/언어병리 임상 현장을 얼마나 대표해 주는지에 대한 해석을 할 때는 주의가 필요하다. 또한 이 자료는 뇌신경 약증이 마비말장애에 기여하는 정도에 대한 말-언어병리학자의 판단을 반영한 것이지 말장애에 관여하였을 수 있는 모든 뇌신경 손상을 반영해 주는 것은 아니다(예: 말에 아무런 영향을 주지 않았다고 판단이 되었다면, 편측 뇌신경 V 번의 약증은 자료에 포함되지 않았음).

이 분포 자료에서 볼 수 있는 일부 특성들은 흥미롭다. 첫째, 뇌신경 V와 호흡 기능이 이완형 말장애에 기여하는 경우는 드물었다. 이는 아마도 이 신경 손상이 흔히 발생하지 않았거나, 말의 이상 특성에는 기여하지 않았을 것이라고 해석될 수 있다. 뇌신경 VII과 XII은 말장애에 빈번하게 개입되었으며, 뇌신경 X도 다른 말 관련 뇌신경보다 이완형 마비말장애에 빈번하게 관여하는 양상을 보였다. 뇌신경 X의 세 가지들 중에, 인두가지만 상부후두신경과 되돌이후두신경의 개입 없이 단독으로 이완형 말장애와 연관을 보이는 경우는 드물었다. 대조적으로 후두가지들은 인두가지의 개입 없이도 빈번하게 말장애에 관여 양상을 보여, 뇌신경 X이 인두가지 아래 단계에서 수술로 인해 또는 특발성(idopathic)으로 성대마비가 높은 빈도로 발생한다는 것을 반영해 준다. 마지막으로, 환자 사례의 40% 이상에서 편측 또는 양측으로 단일 뇌신경 손상(주로 뇌신경 X)을 보였다. 대다수의 환자 사례는 편측 또는 양측으로 하나 이상의 뇌신경 손상을 보였다.

L. 일탈적 말 특성군

DAB[22]는 이완형 마비말장애와 관련하여 세 가지의 일탈적 말 특성군(clusters)을 발견하였다. 이러한 특성군은 이완형 마비말장애를 야기하는 신경근육적 결손과 일탈적 말 특성에 개입하는 말 체계의 구성요소와, 다른 유형의 마비말장애와 구분지어 주는 이완형 마비말장애의 특

표 4-5

이완형 마비말장애에서 보이는 일탈적인 말 특성군

특성군 명칭	말 특성
음성 무능	기식음, 짧은 구, 가청 흡기
호흡 무능	과다비성, 부정확한 자음, 비투출, 짧은 구
발성-운율적 불충분	거친 음성, 단강도, 단음도

출처: Darley FL, Aronson AE, Brown JR: Differential diagnositc patterns of dysarthria, *J speech Hear Res* 12:246, 1969.

성을 이해하는 데 유용하다(표 4-5).

첫 번째 특성군은 발성 부전(phonatory incompetence)으로, 기식음, 가청 흡기와 짧은 구의 특성으로 이루어져 있다. 이러한 특성은 불충분한 성대내전(성대내전이 불충분하여 기식음이 나타나며, 성문 사이로 공기가 낭비되어 짧은 구를 보이게 됨)과 성대외전(성대가 불충분하게 외전되어 흡기 시 가청 흡기 증상이 발생함)을 포함한 후두 단계에서의 부전을 반영해 준다.

두 번째 특성군은 공명 부전(resonatory incompetence)으로, 과다공명, 비강누출, 부정확한 자음과 짧은 구의 특성을 포함한다. 이는 연구개관(velopharyngeal valve) 단계의 약증을 반영하여 과도한 비강공명(과다비성)과 구강 내 압력을 요구하는 자음 산출 시 비강으로 바람이 빠지는 증상(비강누출)을 야기한다. 부정확한 자음은 파열음을 정확하게 산출하는 데 비강누출이 가하는 영향을 이차적으로 반영해 주고, 말을 할 때 연구개를 통한 공기 낭비(air wastage)가 발생하여 짧은 구를 산출하게 된다.

마지막 특성군은 발성-운율 기능 부전(phonatory-prosodic insufficiency)으로, 그 특성은 거친 음성(harsh voice), 단음도(monopitch)와 단음량(monoloudness)이다. 이는 후두근육의 긴장도 저하와 약증을 반영한다. 이러한 추론은 음향학적이고 생리학적 연구와 더불어 약증 또는 마비를 보이는 성대를 직접 관찰하는 자료를 기반으로 두고 있다. 발성과 공명 부전의 특성군은 감별진단하는 데 특히 더 중요하다. 이는 다른 유형의 마비말장애 유형에서 관찰되지 않기 때문이다. 따라서 발성 또는 호흡 불능은 이완형 마비말장애를 시사하며, 후두와 연구개관의 하부운동신경세포 약증을 시사한다(뇌신경 X). 세 번째 특성군인 발성-운율 기능 부전은 다른 유형에서도 관찰되기 때문에 감별진단의 가치가 더 적다. 독자는 이러한 특성군이 뇌신경 X의 이상 소견에 국한된다는 사실에 놀랐을 것이다. 이것은 다른 뇌신경 때문에 발생하는 약증에 기인한 말의 이상 소견이 이완형 마비말장애에서 발생하지 않는다는 것은 아니다. 이뿐만 아니라 진단과 치료에 다른 이상 소견을 확인하는 것이 중요하지 않다고 말하는 것도 아니다. DAB가 시행한 특성군 분석에 다른 뇌신경의 영향이 없다는 것은 다음 몇 가지의 영향을 반영해 주는 것일 수 있다. 첫째, 그들의 샘플에 포함된 뇌신경 손상의 분포(표 4-4에서 요약되었듯이 일반적인 이완형 마비말장애의 분포도 마찬가지임)가 뇌신경 X에 치우쳐 있을 수도 있다. 둘째, 모든 조음 오류를 포괄적인 명칭인 부정확한 자음과 모음 왜곡이라는 명칭으로 묶는 것이 뇌신경 V, VII과 XII 손상이 말에 끼치는 구체적인 영향을 가렸을 수도 있다. 셋째, 부정확한 자음은 다른 마비말장애 유형에도 나타나는데, 이러한 특성은 마비말장애 유형 사이를 변별해 주는 역할을 하지 못한다는 것이다. 마지막으로, DAB 연구의 주된 목적은 마비말장애 유형 간의 차이를 밝히는 것이지 특정 마비말장애 유형(즉, 이완형 마비말장애)에 특정 뇌신경 손상이 말에 끼치는 영향을 감별하는 것이 아니었다.

여기서 중요한 점은 각 뇌신경의 기능과 구체적인 말 특성의 병소 위치(loci)를 연구하는 것이 평가, 기술, 진단과 치료에 중요하다는 것이다. 또한 이완형 마비말장애는 단일 뇌신경 손상으로도 발생할 수 있고, 다른 마비말장애는 단일 근육 무리에 거의 발생하지 않기 때문에, 문제가 되는 근육 무리를 확인하는 것이 감별진단과 치료 결정에 중요하다.

표 4-6에 DAB가 이완형 마비말장애 환자들에게서 발견한 가장 일탈적 말 특성을 요약한다.[21] 또한 각 말 특성 산출과 관계되는 뇌신경 또는 척수신경과 말 기제의 구성요소도 제공된다. 표 4-7에는 이완형 마비말장애에서 각각의 말 관련 뇌신경 손상과 상관을 보이는 음향학적 · 생리학적 특성이 요약되어 있다.

표 4-6

Darley, Aronson, Brown[21]이 제시한, 이완형 마비말장애에서 보일 수 있는 일탈적 말 특성이 가장 심한 증상부터 경한 증상 순으로 나열됨. 일탈적 말 특성과 관련 가능성 있는 근육도 제시됨. (부록으로 제시된 웹사이트 Part I~III에서 제시되는 사례와 Part IV의 이완형 마비말장애 사례에서 몇 가지 특성을 볼 수 있음. 그러나 여기서는 이를 명시하지는 않았음.)

특성	주요 뇌신경	단계
과다비성*(**사례** 24, 25, 81, 83)	X	연구개
부정확한 자음(**사례** 25, 27, 81, 83)	 V VII X XII	조음 • 턱 • 안면 • 연인두 • 혀
기식음(연속적)*(**사례** 1~4, 51, 72, 78)	X	후두
단음도	X	후두
비강누출*(**사례** 24, 25, 81)	X	연인두
가청 흡기*(**사례** 7, 54, 75)	X	후두
거친(또는 목쉰) 음성(**사례** 1~4, 72)	X	후두
짧은 구*(**사례** 4, 78)	X, 척수호흡	후두 또는 호흡
단음량	X, 척수호흡	후두 또는 호흡

*이완형 마비말장애의 경우 변별적이거나 다른 단일 유형의 마비말장애보다 더 심하게 저하됨.

표 4-7

이완형 마비말장애의 직접관찰, 음향학적·생리학적 결과의 요약. 일부 결과는 약증의 주요 영향이 아닌 약증에 대한 보상 노력을 반영할 수 있음.

단계	직접관찰, 음향학적·생리학적 관찰	
호흡	• 폐활량 감소 • 정상적인 폐 용량보다 큰 상태에서 말을 마침* • 정상적인 흡기 용적과 흉곽 용적보다 큼*	• 비정상적인 흉벽 움직임* • 목과 설인두 호흡*
후두 또는 호흡	• 성대 부동 상태 또는 부진 • 불완전한 성문폐쇄 • 비정상적인 성대 주파수와 강도 동요 • 성대 점막 파형의 강도 증가 • 공기 흐름 속도 증가 • 흡기 용적 증가* • 분당 호흡 횟수 증가* • 휴지 빈도와 시간 감소*	• 말하는 시간 또는 호기당 음절 수 감소* • 기본주파수(f_0)의 범위와 변이성 감소 • 높은 f_0 강도와 더불어 첫 번째 포먼트 하모닉스 에너지 감소 • 포먼트 강도와 정의 감소 • 고주파 스펙트럼 에너지(소음) 증가 • 주파수 변동률과 강도 변동률

(다음 쪽에 계속)

표 4-7(계속)

단계	직접관찰, 음향학적 · 생리학적 관찰	
연인두[†]	• 구개 움직임 감소 또는 부재(편측 또는 양측) • 인두벽 움직임 감소 또는 부재(편측 또는 양측) • 비강 기류 증가 • f_0 에너지 감소 • f_0 주파수 증가	• 음도 범위 감소 • 공명 주파수 폭 증가 • 전반적인 강도와 강도 범위 감소 • 추가공명 • 반공진
혀와 안면	• 혀의 힘 지속능력 감소 • 최대 힘과 인내력 감소 • 느린 혀와 입술 교대운동속도*	• 느린 대화 말 속도* • 호기당 음절 수 감소

*보상적이거나 보상적일 가능성 있음
[†]구개열과 연관된 연인두 폐쇄 부전 관련 연구 결과 포함

IV. 사례

아래 소개된 사례들에는 이완형 마비말장애가 있는 환자 9명의 병력, 평가 결과와 진단에 대하여 정리하였다. 이들은 이완형 마비말장애에 있을 수 있는 유사점과 차이점을 잘 드러내 준다. 어떠한 것은 신경학적 질환에서 말장애가 두드러질 수 있으며, 이에 대한 진단이 의학적 진단 또는 신경학적 진단에 중요할 수 있다는 것을 보여 준다.

사례 4-1

44세 여환은 8개월 된 말장애가 있었으며, 이것이 지속되는 스트레스로 인한 것이라고 생각하였다고 한다. 신경학적 검사 결과 정상 소견을 보였고, 신경과 의사는 환자의 호소가 스트레스에 의한 것이었는지 의문스러워 하였다. 이에 말 평가가 의뢰되었다.

말 평가를 하면서 환자는 피곤하거나 스트레스를 받을 때 말이 더 나빠진다고 호소하였으며, 배구 교습을 해줄 때 종종 증상이 변한다고 말하였다. 환자는 "내 입이 어는 것처럼 발음이 어눌해진다. … 콧소리가 나는 것처럼 들린다."라고 묘사하였다. 음식을 씹거나 삼킬 때 변화가 있다고 하였으나 그때 질식하거나 음식을 입 밖으로 흘리지(drooling)는 않는다고 모호하게(vaguely) 설명하였다. 말 문제는 휴식을 취하기 전까지는 지속되었다. 스트레스의 일차적 요인은 세 명의 학생들을 돌보느라 바쁘다는 것과 학교 배구팀을 가르치는 것이라고 말하였다. 환자는 가정과 직장은 안정적이고 행복하나 바쁘다고 하였다.

말은 처음에는 정상적이었다. 지속적으로 글을 읽기 시작하고 6분이 지나서 경한 정도의 마찰음(sibilant) 왜곡, 모호한 목쉰 음성(equivocal hoarseness), 간헐적인 빠른 음성 떨림(voice flutter)이 나타나기 시작하였다. AMR 과제는 정상 소견이었다. 과다비성을 보이지 않았으나 비음이 없는 구강 소리와 구를 산출하면서 비식경을 코 아래 대어 평가하였을 때, 일관성이 없는 비강 기류(nasal airflow)를 보였다. 음독을 시작한 지 4.5분이 더 지난 후에 /s/와 /z/ 소리를 치간음화(interdentalize)하기 시작하였고, 파찰음(affricates)을 왜곡하고 /r/을 경하게 왜곡하기 시작했다. 부하검사(stress testing) 이후 시행한 구강 기제 검사 결과, 애매한 정도의 혀 약증만을 보였다. 환자는 말이 변하자 속상해하고 울기 시작하여, 감정적인 반응인지 약증인지 구분하는 것이 어려웠다. 30초 휴식 후에 말은 정상으로 돌아왔다. 환자에게 다음날 배구 연습 이후 오후 저녁 5시에 오라고 요구하였다. 처음에 말이 정상적이었지만, 빠르게 유의미한 정도로 나빠졌으며, 그 나빠진 특성은 전날 평가하였던 내용과 동일하였다.

이와 더불어 말할 때 음도이탈(pitch break)과 일부 볼에 빠른 떨림(flutter)이 확연하였다.

진단은, "양측 뇌신경 VII, X과 XII 약증의 특성을 지니는 이완형 마비말장애로, 부하검사 시 빠른 감쇄를 보이며 이는 중증근무력증(myasthenia gravis, MG)에서 보이는 말의 붕괴 패턴과 일치한다."라고 내려졌다. 이어진 EMG 검사로 MG가 확인되었고, 메스티논(mestinon)으로 치료 효과를 보았다.

해설: (1) 신경학적 질환의 첫 증상으로 말의 어려움을 보일 수 있다. (2) 말장애 시작 때 심리적인 고충이 있는 것만으로 심인성 원인질환을 의심하기에는 불충분하다. 신경학적 질환이 서서히 발생할 때 환자들은 자신의 신체적인 문제를 스트레스에 의한 것이라고 한다. 그러한 경우에 신경학적 · 심리학적 요소들 모두에 분명한 원인이 드러날 때까지 계속 주의를 기울여야 한다. (3) 말 진단은 운동체계에서 질환의 병소 위치를 알려 주기도 한다. 어떤 경우에는 말 진단이 특정 질환 진단에 강한 근거를 제공해 주기도 한다.* (부록으로 제시되는 웹사이트 사례 25, 81과 Part IV에 있는 사례 중 하나는 중증근무력증에 동반되는 마비말장애를 나타내 줌.)

* 뇌졸중으로 가장한 중증근무력증 환자의 유익한 정보를 주는 사례로, Duffy[25]에 수록.

사례 4-2

37세 남환은 2개월 전부터 말장애를 보였다. 환자는 '혀 조절' 문제를 말하며 두통과 목통증을 호소하였다. 말이 어눌하다고 호소하였으며, 침이 과도하게 고이고, 혀를 움직여 입안에서 음식을 움직이는 데 어려움이 있다고 호소하였다.

구강 기제 검사 시행 결과, 혀가 양측으로 위축되어 있었으나 속상수축은 관찰되지 않았다. 어느 방향으로도 혀를 거의 움직일 수 없는 상태였고, 혀의 힘은 양측으로 −4 정도로 측정되었다. 구강 내 침이 고여 있는 것이 보였다. 발성과 공명은 정상적이었고, AMR의 '퍼'와 '터'는 정상 소견을 보였으나 '커'는 모호하게(equivocal) 느리고, 경도로 부정확하였다. 설음(lingual sounds)은 왜곡 양상을 보였다. 설음에 해당되지 않는 소리(nonlingual sounds)와 속도, 운율은 정상이었다. 말할 때 턱과 얼굴 움직임은 과장되었고, 이는 혀 약증에 대한 보상 특성으로 보였다. 말명료도는 유지되었다.

신경학적 검사는 모두 정상 소견이었으나 목의 굴근(flexor muscle)에 경한 정도의 약증을 보였다. 방사선 사진을 통해 경사대(clivus, 대공 앞쪽의 뼈가 있는 후두와 부분)의 안쪽 부분과 이와 관련된 비인강연조직 종괴(nasopharyngeal soft tissue mass) 소견을 보였다. 자기공명영상(magnetic resonance imaging, MRI)과 컴퓨터단층촬영(computed tomography, CT) 영상으로 양측 후두와 앞쪽 가장자리(rim)에 뇌종양이 확인되었다. 환자는 경사대에 있는 척삭종근치대 부분제거(radical subtotal removal of a chordoma tumor of the clivus)를 위한 뇌신경 수술을 받았다. 수술 후 조음 부정확도는 경한 정도로 더 나빠졌으나 다른 말장애가 추가적으로 발생하지 않았다. 방사선 치료를 받았으며, 환자의 말은 정상에 이르지는 못하였으나 서서히 좋아졌다. 혀 위축과 약증은 지속되었다. 환자의 상태는 좋았으나 2년 후에 두통, 구역감, 구토와 복시(double vision)이 발생하였다. 종양이 재발한 소견을 보였으나 위험부담이 크고 조치로 인한 증상 호전의 가능성이 적어 추가적인 방사선 치료나 수술이 권고되지 않았다. 환자는 지리적으로 먼 곳에 거주하고 있었으며, 후속 조치가 이루어지지 않았다.

해설: (1) 이완형 마비말장애는 편측 또는 양측의 단일 뇌신경 손상에 의해 발생할 수 있다. (2) 말장애가 신경학적 질환의 첫 징후(sign)일 수 있다. (3) 말명료도는 독립된 양측 혀 약증에도 상당히 유지될 수 있다.

사례 4-3

40세 기계수리 기술자는 8개월 전부터 음성장애 소견을 보였다. 그의 음성장애는 전방으로 접근하는 경추 디스크 수술(anterior-approach cervical disk surgery) 후 발생하였다. 시끄러운 직업 환경에서 동료들이 그의 목소리를 들을 수 없었기 때문에 그는 복직할 수 없었다. 간헐적으로 삼킴 후 질식하거나 기침을 하였으며 자주 목을 가다듬어야 하였다.

말과 구강의 기능검사 결과, 두드러진 기식-목쉰 음성, 중도로 저하된 음성 강도와 짧은 구를 제외하고 다른 소견은 모두 정상이었다. /ah/와 /z/ 연장발성을 2초밖에 못 하였으나 /s/는 12초 동안 수행 가능하였다. 그의 기침과 성문타격은 두드러지게 저하되었다. 구개 비대칭 소견은 보이지 않았고, 구개 움직임도 양호하였으며, 구토 반사도 정상적이었다.

말-언어 임상가의 소견은 "수술 외상으로 인한 되돌이후두신경 손상에 의해 이차적으로 발생한 성대마비가 의심됨"이었다. 뒤따르는 후두 검사로 우측 성대마비(방정중 위치[paramedian position])가 확인되었고 이는 수술 외상에 기인한 것이라고 보았다. 우측 성대에 테플론 주입(teflon injection)(현재는 거의 시행하지 않음)을 시행하였고, 그 결과 정상적인 대화가 가능할 정도로 강도가 호전되었고, /ah/를 14초, /s/를 12초, /z/를 10초 동안 연장발성이 가능하였다. 환자는 아직 소리를 칠 수는 없었다. 그러나 그는 그의 목소리 호전에 만족하였고 기계수리 기술자로 복직하였다. 그는 하루가 끝날 무렵에는 목소리 피로를 느끼는 정도였다.

해설: (1) 이완형 마비말장애는 단일 뇌신경 손상에 기인할 수 있다. (2) 수술적 외상으로 인해 이완형 마비말장애가 발생할 수 있다. (3) 지각적으로 확인되는 손상의 정도가 환자가 겪는 일상에서의 기능(여기서는 일할 수 있는 능력)을 항상 예측할 수 있는 것은 아니다. (4) 어떤 말 결손은 의학적 치료로 효과적으로 치료될 수 있다.

사례 4-4

76세, 경도의 지능 저하를 보이는 남환은 10~11개월 된 말과 삼킴장애를 보였다. 삼킴검사 시행 결과 다른 곳은 정상 소견을 보였다. 이비인후과적 검사 소견도 정상이었다. 의사는 환자에게 근위축성 측삭 경화증 소견이 있다고 생각하였다. 그는 말과 신경학적 소견이 의뢰되었다.

병원 방문 다음날 말 검사를 시도하였으나 환자의 미숙한 정서와 불안감을 보이고 지시를 따르는 데 어려움이 있어 검사 시행에 어려움이 있었다. 환자의 보고에 따르면, 어느 날 아침에 일어나자 삼킴 어려움이 발생하였으며, 그로부터 1~2일 후 말장애가 발생하였다고 한다. 음식물보다 액체를 삼키는 데 더 어려움이 있으나 비강 역류를 보이지는 않으며, 증상이 점점 더 심해진다고 하였다.

구강 기제 검사 결과, 좌측 안검하수증을 보이고, 양측 눈을 완전하게 감는 데 어려움을 보였다. 환자의 얼굴은 양측으로 경한 정도의 약증을 보였다. 혀에 속상수축이나 위축은 보이지 않으나 혀는 약측으로 −2, −3 정도로 약화되었다. 구개 움직임은 반복적으로 '아 아 아'를 시행하면서 점진적인 약증 소견을 보였다. 말을 할 때 지속되는 비강누출(nasal air escape) 소견을 보였다. 입술을 내밀었다 위로 당기는 동작을 반복하였을 때 속도와 움직임 범위가 부분적으로 저하되는 양상을 보였다. 기침이나 성문타격(glottal coup)은 약하였다.

말 검사는 환자의 불안증과 지시 따르기 어려움으로 인하여 수행이 어려웠다. 그러나 다음의 특성들은 확연하였다. 즉, 과다비성(3), 약한 파열음(weak pressure consonants)(3, 4), 부정확한 조음(2), 속도 감소(0, 1)이다. 최대 모음연장 발성 과제로 '아' 연장 발성을 시행한 결과, 기식음(0, 1), 흡기 천명음(inhalatory stridor, 그렁거림)이 확연하였다. 처음에는 '아'를 20초 동안 연장 가능하였으나 여러 차례 시도하면서 12초로 시간이 단축되었다. 부하검사 시행을 위해 지속적으로 말하도록 하는 것이 어려웠으나, 시간이 지나면서 과대공명과 약한 파열음 소견이 두드러지기 시작하였다.

말-언어 임상가의 소견은 "양측 뇌신경 X, XII와 VII 손상을 시사하는 이완형 마비말장애"였다. 경직형 마비말장애나 다른 중추신경계를 기초로 하는 마비말장애 소견의 근거는 없었다. 부하검사 동안 약간의 감쇄는 있었으나 신경근육 접합부 질환이 약간 의심되는 정도였다(이 환자가 MG일까?).

추가되는 임상적 신경학적 검사, EMG, Ach 수용체 항체 검사를 통해 중증근무력증이 확진되었다. 메스티논(Mestinon)으로 치료하였을 때 빠른 호전을 보였으나 3개월 이내에 그의 구(연수)증상들은 더 나빠졌으며 기도 문제(respiratory compromise)가 발생하였다. 환자는 1개월 후에 사망하였다.

해설: (1) 신경학적 질환의 첫 징후로 말의 어려움이 있을 수 있다. (2) 때로는 말 구조의 해부학적 검사보다 신중한 지각적 검사가 질환을 이해하는 데 필요한 정보를 주는 경우가 있다. (3) 인지기능 장애가 동반될 경우 말 평가가 어려울 수도 있다. (4) 말 평가를 통한 정확한 병소 위치 확인과 질환 진단이 항상 환자의 장기 유익에 기여하는 것은 아니다. (부록으로 제시되는 웹사이트의 사례 25, 81과 Part IV에 있는 사례 중 하나는 중증근무력증에 동반되는 마비말장애를 나타내 줌.)

사례 4-5

45세 남환은 삼킴장애가 발생한 지 3개월 되었다. 삼킴장애는 한 차례 질식(choking) 사건과 함께 시작하여 이후 고형 음식을 먹을 때 삼킴 어려움 증상이 지속되었다고 한다. 환자 보고에 따르면 말 어려움은 삼킴장애 발생 후 1개월 후에 시작하였는데, 그 특성은 "어둔하며(slurring) 발음하는 데 어려움을 보이는 것"이다. 신경학적 검사 소견은 고개와 혀 약증의 가능성을 제외하고 정상 소견이었다. EMG 검사 결과, 신경근육 접합부 질환 소견은 없었으며, 설인신경 또는 그 핵에 이상 소견을 보이지 않았다. MRI 검사 결과, 뇌간이나 후두와에 이상 소견을 보이지 않았다. 비디오투시검사의 삼킴 검사 소견도 정상이었으며 이비인후과 검사도 정상이었다.

말 평가 중에 귀, 혀, 턱, 잇몸에 둔탁하고 쑤시는 통증을 호소하였으며, 환자는 이를 음식을 완전하게 씹으려고 노력하는 것에 기인한다고 하였다. 경한 정도로 저작하는 데 어려움을 호소하였으며, 입의 좌측에 음식을 놓고 씹는 경향이 있다고 한다. 삼킴을 시작할 수는 있었는데, 음식을 먹으며 구역질(gag)하며, 음식을 구강으로 다시 게워 올렸다 삼킴을 반복해야 하였다. 낮에는 침을 흘리는 증상은 없었으나 아침에 일어났을 때 베개가 종종 젖어 있다고 환자는 말하였다.

검사 중에 환자가 빈번하게 목을 가다듬는 모습을 보였다. 턱의 힘은 정상이었으나 입술을 동그랗게 오므리는 것은 불안정적으로 약하였다. 혀는 양측으로 중간 정도 약증을 보였으며 혀를 내밀거나 좌우로 움직이는 것에 제약이 있었다(2, 3). 불안정하게 혀 우측에 혀 속상수축 양상을 보이기도 하였다. 구개는 우측으로 더 광범위하게 올라가는 양상을 보였다. 압력 자음 산출 시 비강누출을 조금 보였으나, 기침이나 성문타격(glottal coup)은 정상이었다. 말은 부정확한 조음, 특히 설자음에서 저하되는 소견을 보이며(0, 1), 과다공명과 간헐적인 가청 비강누출(audible nasal emission)(1) 소견을 보였다. 음성은 쉰 목소리에 기식적이며(0, 1), 25초 동안 모음연장 발성이 가능하였다. AMR에서 '퍼'와 '터 는 정상 소견이었으나 '커'는 느린 양상을 보였다(1). 부하검사에서 두드러지는 감쇄는 관찰되지 않았다.

말-언어 임상가의 소견은 "최소한 뇌신경 XII와 X의 양측 가능성이 있는 이완형 마비말장애"였다. 중증근무력증에서 보일 수 있는 부하검사 시 감쇄 소견은 없었고, 경직형 마비말장애를 의심할 수 있는 근거도 없었다.

혈액검사와 영상검사와 중증근무력증을 확진할 수 있는 검사 결과는 모두 정상이었다. 환자는 삼킴장애 치료 교육을 받고 퇴원하였다. 3개월 후 다시 방문하였을 때 삼킴장애가 심해졌으며 혀의 통증을 호소하였다. 이비인후과 검사 결과, 따갑고 부어오른 혀의 특징을 보였다. 두경부에 CT 검사를 시행한 결과, 좌측 혀 상부의 뒤쪽부터 후방으로 뻗는 종괴(mass) 소견을 보였다. 수술을 통해 혀에 편평세포암종(squamous cell carcinoma)과 목으로 전이된 소견을 보였다. 좌측과 우측 목 절개와 완전 혀 절제술과 후두 절제술을 받았다.

해설: (1) 말장애가 신경과 질환이나 다른 기질적 질환의 첫 증상이 될 수 있다. (2) 근육질환이나 신경근육 접합부의 질환이 없더라도, 한 개 이상의 뇌신경 손상이 있다고 해서 항상 병소가 두개골 안쪽에 놓여 있게 되는 것이 아니다. (3) 신경학적 징후와 증상이 있다고 항상 일차 신경계 질환이 시사되는 것은 아니다. 뇌신경이 영향을 받았지만 이 사례에서의 신생물(neoplasm)은 신경학적이 아니다(nonneurogenic).

사례 4-6* (부록으로 제시된 웹사이트에 수록된 Part IV의 사례 중 하나임)

젊은 농부가 떨어지는 무거운 농기구에 맞았다. 복합적인 두개저(skull base), 양측 추체 가장자리(bilateral petrous ridge), 양측 경동맥관(bilateral carotid canal) 골절 소견을 보였다. 사고로 인해 양측 이루(otorrhea), V 뇌신경 마비, 양측 VII 뇌신경 마비가 발생하였다. EMG와 신경전도 검사 결과, VII 뇌신경의 거의 완전한 마비 소견을 보였으며, 일부 미세한 떨림의 전위를 보였다. 자연적인 재생을 희망하면서 VII 뇌신경 마비의 수술적 치료가 미루어졌다.

환자는 처음에는 입을 벌리는 것이 어려워 씹는 것과 말하는 데 상당한 어려움을 보였다. 발병 후 1개월이 지난 시점에 말 평가를 받으러 왔을 때, 제약이 있었던 턱 움직임은 해소되었고 더 이상 저작이나 삼킴에 어려움을 보이지 않았다. 그러나 간혹 액체가 흘러내린다고 보고하였다. 그가 말하는 데 보이는 어려움은 안면 약증에 기인하는 것이라고 하였으나, 사람들이 그의 말을 이해하는 데 큰 어려움이 없는 것 같다고 보고하였다. 환자는 구강과 입술이 쉽게 말라서, 입술을 적시기 위하여 자주 혀를 내밀어야 했다.

구강 기제 검사 결과, 양측 안면마비를 제외하고 모두 정상이었다. 입술을 뒤로 당기거나 앞으로 내밀어 둥굴리는 것을 전혀 할 수 없었다. 볼 부풀리기 시도에 공기가 빠져 입술이 떨리고, 턱을 닫고도 입술을 오므릴 수가 없었다. 전설 설측 마찰음과 파찰음을 낼 때 경한 정도로 왜곡을 보였으나 임상가 판단에 이는 안면마비로 인해 부차적으로 나타나는 것으로 보였다. 입술을 둥글려야 하는 음소의 환경에서 /r/ 소리에 경한 정도의 왜곡이 있었다. 양순음 산출을 위해 입술을 조금 인접시킬 수 있었으며, 양순음과 설치음은 생략되기보다 왜곡되었다. 명료도는 평가 상황에서는 충분하였으나, 어떤 음성학적인 환경이나 다양한 환경 상황에서는 경하게 저하될 수 있을 것으로 보였다.

이 환자는 양측 VII 뇌신경 마비의 특성을 지닌 이완형 마비말장애 소견을 보였다. 양측 안면신경 마비로 인해 설명되지 않는 말 특성은 없었다. 특히 턱을 움직여 안면 약증을 적절하게 보상하였다.

비구어 운동 훈련을 통해 하부 안면 움직임 증진을 연습하였고, 하루에 2회씩 하라고 지시하였다. 연습 자료에는 /b/, /p/와 /m/을 포함하는 말자극도 포함하였다. 환자는 언어치료실을 재방문하지 않았으나 2개월 내의 그의 의료 기록에 따르면, 양측 안면신경에 약간의 회복이 있었다고 기록되었다. 2년 이내 완전한 호전을 보였으나 양측 안면 약증은 확연하게 남아 있었다.

해설: (1) 양측 안면 약증이 있을 때, 안면의 움직임을 요구하는 음소에서 부정확한 조음 산출 양상을 보일 수 있다. (2) 단일 뇌신경이 손상되었을 때, 양측이더라도, 마비가 완전하지 않고 다른 뇌신경 기능이 정상적으로 작용한다면 상당한 정도의 보상이 가능하다. (3) 이완형 마비말장애의 말 손상 특징은 어느 뇌신경에 손상이 있느냐에 따라 달라진다. 이 경우에는 환자가 보이는 모든 왜곡 양상은 양측 안면 약증으로 설명 가능하였다. (4) 때로는 이완형 마비말장애가 있는 환자들에게 구강 운동 연습이 힘을 키우는 데 도움이 되기도 한다. 그러나 이 경우에는 이러한 운동이 환자의 힘이나 말이 회복되는 결과를 야기하였다고 결론지을 수는 없다.

* 유사한 사례에 대한 기술은 Li J 등[48]을 참조하라.

사례 4-7

62세 여환은 8~10년 동안 경한 정도의 삼킴장애가 있었으며, 2~3년 동안 말장애가 있었다. 환자는 13세 때 여드름(acne) 때문에 방사선 치료를 받았던 병력이 있었다. 임상적인 신경학적 평가 결과, 안면, 혀와 흉쇄유돌근에 양측으로 약증 소견을 보이는 것을 제외하고 모두 정상 소견이었다.

말 평가 결과, 턱 움직임과 힘은 정상이었다. 얼굴 아랫부분은 근 긴장도가 떨어졌으나 입술을 뒤로 당기거나 동그랗게 오므리는 것은 전체적으로 정상 소견을 보였다. 혀는 속상수축이나 위축이 없고 대칭적이었으나 경중도로 양측 약증 소견을 보였다. 좌우로 혀를 움직이는 동작은 느렸다. 구개 움직임은 대칭적이었고, 기침과 성문타격은 정상적이었다. 병리적 구강 반사 소견도 없었다. 환자의 말 특성은 모호하게 느린 속도와 부정확한 조음을 보였으며, 특히 전설 설측 마찰음(lingual fricatives), 유음과 양순음에서 조음 오류를 더 보였다. 양순음을 산출하면서 양 볼에 미세 떨림을 보였다. 말을 할 때 과장되게 입술을 움직이며 이는 보상적인 움직임으로 판단하였다. 음색은 정상이었고, AMR과 SMR 모두 정상이었다. 말명료도도 정상 소견이었다.

말-언어 임상가는 환자가 "안면과 혀의 약증으로 인한 말 특성을 보이는 경한 정도의 이완형 마비말장애"가 있다고 판단하였다. 임상가는 "환자의 말소리는 뇌신경 V, IX, X 또는 XI 신경이 분포되는 근육의 유의할 정도로 약증을 시사하는 특성이 들리지 않는다. 또한 경직형 마비말장애나 다른 중추신경계 기반의 마비말장애가 시사되는 소견이 들리지 않는다."라고 보고하였다. 환자는 경한 정도의 마비말장애에 적절하게 보상을 하고 있었으며 말 치료가 권고되지 않았다.

포괄적인 신경학적 정밀 검사 후에, 환자의 뇌신경과 말초신경의 손상은 방사선 치료 때문일 가능성이 있다고 결론지었다.

해설: (1) 방사선 치료로 인한 뇌신경 약증으로 이완형 마비말장애가 발생할 수 있다. 이 영향은 방사선 치료가 끝난 후 몇 년이 지연된 후 나타날 수 있다. (2) 말 평가로 특정 신경학적 진단의 가능성을 배제할 수 있다. 이 사례의 경우, 말 평가를 통해 그 어떤 중추신경계 기반의 마비말장애의 근거가 없고, 말장애가 하부운동신경세포에만 기인한다고 기술할 수 있었다. (3) 마비말장애를 위한 말/언어치료가 항상 필요한 것은 아니다. 이 사례의 경우, 환자가 보상을 적절하게 사용하고 있고, 말명료도와 구어 의사소통의 효율성에 어려움이 없었기 때문이다. 그녀가 일차적으로 원하였던 것은 그녀의 경한 정도의 말장애와 삼킴장애의 원인질환을 밝히는 것이었다.

사례 4-8

71세 여환은 다리 약증과 그 이듬해 서서히 발생한 손 약증 및 말 어려움과 더불어 마지막으로 숨이 차고 씹는 것이 어려우며 삼킴장애의 증상으로 신경과에 내원하였다. 초기 신경학적 평가를 통해 상지와 하지 약증과 더불어 속상수축 없이 안면과 혀에 약증 소견이 있었다. 신경과 의사에 따르면, 유일하지는 않지만 중증근무력증(myasthenia gravis)이 가장 가능성 있는 진단이었다. 근전도(EMG)와 신경전도 검사와 말과 삼킴 평가가 의뢰되었다.

말 평가를 통해 저녁때 목소리에 '떨림'이 있고, 뒤이어 말이 '어둔해지고' 음성이 쉬는 상태가 되는 양상을 밝힐 수 있었으며, 이러한 특성은 더 나빠지는 양상을 보였다. 환자의 말은 아침에 더 좋았으며, 피곤할 때 더 나빠지는 양상을 보였다. 음식을 먹을 때 양 볼에 음식의 잔여가 남으며, 손가락을 이용하여 제거해야 하였다. 턱과 양측 혀에 속상수축이 확연하였다. 혀는 양측으로 경도로 약증을 보였고, 음성은 경도로 쉰 음성을 보였다. 음성 떨림(voice flutter)은 대화나 모음연장 발성 시 확연하였다. 설측 마찰음(lingual fricatives)과 파찰음의 왜곡이 두드러졌다. 말 속도는 정상이었다. 몇 분 동안 지속되는 읽기 과제에도 두드러지는 감쇄 소견은 없었다. AMR와 SMR은 속도와 리듬 측면에서 정상 소견이었다. 말명료도는 정상이었다.

언어임상가는 환자가 음성과 조음에서 확연한 장애

를 보이는 이완형 마비말장애를 보이며, 중증근무력증에서 보일 수 있는 연속되는 읽기 과제에서 감쇄 소견이 보이지 않는다고 판단하였다. 환자의 마비말장애는 "안면, 혀, 아마도 후두에 약증을 나타내는 하부 운동신경세포 손상을 시사하며, 중추신경계 유형의 마비말장애 소견은 아니다."라고 보고되었다. 그 당시 말 치료가 권고되지 않았다.

차후 시행된 EMG와 신경전도 검사 결과가 운동신경질환(motor neuron disease)에 부합하여 이러한 진단이 내려졌다. 환자의 정밀 검사의 결과를 전하기 위해 환자를 만났을 때, 신경과 의사에 의해 턱과 혀에 속상수축 양상이 확인되었다. 환자는 ALS 클리닉에 면담과 말장애와 삼킴장애를 포함한 질환의 치료를 위해 의뢰되었다.

해설: (1) 이완형 마비말장애는 신경 퇴행적 · 신경학적 질환의 첫 징후일 수 있다. (2) ALS 에는 경직형-이완형의 혼합된 마비말장애가 가장 전형적인 마비말장애 유형이지만, 마비말장애가 경직형 특성 없이 이완형 마비말장애로 시작될 수 있다. (3) 이완형 마비말장애 간의 '유형'을 구분하는 것이 중요하다. 이 사례의 경우, 중증근무력증을 강하게 시사하는 말 특성이 없었다. 턱과 혀의 속상수축은 중증근무력증에서는 관찰되지 않지만 ALS에서는 흔하게 관찰되는 특성이다. 피로도는 마비말장애 유형에 상관없이 많은 마비말장애 환자들이 공통적으로 호소하는 특성이다.

사례 4-9

66세 여환은 파킨슨병 진단에 대한 2차 소견을 듣기 위해 신경과에 내원하였다. 환자의 초기 증상은 음량의 크기 감소였으며, 결국에는 걸음걸이와 삼킴에 어려움을 보이게 되었다. 그녀의 표정은 활기가 저하되었다. 신경학적 검사를 토대로 보았을 때, 파킨슨병의 근거는 아주 적었다. 환자의 말 특성을 규명하기 위한 말 검사를 포함하여, 파킨슨병 진단의 가능성 및 환자의 증상과 징후의 원인이 될 다른 질환을 규명하기 위해 여러 가지 검사가 시행되었다.

말 평가 중에 환자는 음성이 '약해지고' 발음이 '어둔해지는' 증상이 2년 전부터 시작하였다고 보고하였다. 휴지 시 환자의 턱은 때때로 가끔 아래로 늘어진 채로 열리며, 3개월 전에 흡인성 폐렴 소견이 있었다.

구강 기제 검사 결과, 교근(masseter muscle)에 약증이 확연하였다. 자발적으로 미소를 지을 때 입꼬리가 올라가지 않고 경하게 평평하였으며, 입술이 경하게 약화되었다. 양측 힘을 확인하였을 때 혀에도 약증 소견이 있었다. 기침도 약하였다. 말 특성은 강도가 약하고, 목쉰 소리를 보였으며 파열음 산출 시 가청 비강누출 소견과 함께 과다비성 소견과 더불어 경중도의 부정확한 조음 소견을 보였다. AMR은 속도와 리듬 측면에서 정상이었으나 가청 비강누출이 확연하였다.

언어임상가는 환자가 "턱, 얼굴 아랫부분, 혀와 특히 연인두와 후두관의 약증을 시사하는 경도-중도의 이완형 마비말장애" 소견을 보인다고 결론지었다. 또한 환자가 보이는 말장애 특징이 운동저하형 마비말장애를 시사하지 않는다고 보고하였다. 이 관찰 소견과 관련하여 신경과 의사에게 바로 연락이 취해졌으며, 그 후 환자는 파킨슨 약물(약의 효과를 보지 못하여 있었음)을 줄이라는(taper off) 지시를 받았다. EMG 검사 결과 근육의 근긴장(myotonic) 장애를 시사하는 이상 소견이 발견되었으며, 근긴장 퇴행위축(myotonic dystrophy)이 가장 가능성이 컸다. 완전한 근긴장 퇴행위축 질환을 위한 평가가 시행되었고, 근긴장 퇴행위축 양성(DM1)의 결과를 얻었다. 물리치료와 말 치료 권고를 받았다.

해설: (1) 말장애는 신경학적 질환의 첫 증상일 수 있다. (2) 이완형 마비말장애와 운동저하형 마비말장애는 몇 가지 공통되는 특성을 공유한다. 이 사례의 경우, 환자의 마비말장애에 대한 오진 때문에 파킨슨병이 있다고 오진된 것이다. (3) 환자의 마비말장애 유형이 이완형이라고 확인하는 것이 적절하게 집중이 되는 신경학적 검사로 이어지는 것이 가능하였으며, 이로 인하여 기저 질환 확인이 가능하였다. (4) 근긴장 퇴행위축은 이완형 마비말장애를 보일 수 있다.

V. 요약

1. 이완형 마비말장애는 말 근육에 신경전달을 하는 뇌신경 또는 척수신경의 운동 단위의 손상을 반영한다. 다른 단일 유형의 마비말장애와 비슷한 빈도로 발생한다. 이는 때로는 적은 수의 근육의 약증을 반영하기도 하고, 단일 뇌신경 또는 척수신경의 병변을 시사하는 경우가 있다. 약증과 근긴장저하(hypotonia)가 이완형 마비말장애의 말 특성의 대부분을 설명해 주는 기저 신경근육적 장애 소견에 해당된다.
2. 운동 단위 어느 부위든 병변이 있을 때, 이완형 마비말장애 발생이 가능하다. 이는 여러 가지 원인질환에 의해 이러한 병변이 발생될 수 있다. 수술적 외상과 퇴행성 질환이 흔하게 알려진 원인질환이나, 때로는 원인질환이 불분명한 경우가 있으며, 특히 단일 뇌신경이 포함된 경우에 그러하다. 뇌졸중, 중증근무력증, 뇌종양, 감염, 탈수초화 질환, 해부학적 기형(anatomic malformations), 방사선 치료 또한 다른 종류의 원인질환으로 알려져 있다.
3. 말 특성과 비구어 평가 결과는 뇌신경 V, VII, X, XII와 척수호흡신경의 병변 간에 차이를 보인다. 평가를 통해 특성 질환이 이러한 신경의 한 곳에 영향을 주는지 복합적으로 여러 곳에 영향을 주는지를 확인할 수 있다.
4. 삼차신경(V)의 하악가지는 턱 근육의 약증을 야기할 수 있다. 양측에 손상이 있을 때, 턱 약증은 조음에 상당한 영향을 끼치게 되다. 턱, 얼굴, 입술, 혀 및 조음점의 감각에 영향을 주는 삼차신경의 병변도 말, 특히 조음의 정확성에 영향을 줄 수 있다.
5. 안면신경(VII)에 병변이 있을 때, 안면 약증과 이완형 마비말장애가 발생할 수 있다. 안면에 편측으로 약증을 경고하는 조음 왜곡을 보일 수 있다. 양측으로 병변을 보일 때는 안면의 움직임을 요구하는 모든 자음과 모음에 심한 왜곡을 보이게 된다.
6. 미주신경(X)에 병변이 있을 때, 이완형 마비말장애에서 빈번하게 관찰되는 말 특성들을 볼 수 있다. 인두가지에 손상이 있을 때, 과다비성, 비강누출, 약한 파열음을 포함한 공명부전을 보이게 된다. 상부 후두가지와 되돌이 후두가지에 손상이 있을 때는 지각적 특성이 성대약증과 성대 근긴장저하로 인해 발생하는 음성 측면에서 다양한 이상 소견이 발생한다. 병변이 인두가지 위쪽으로 있으면 공명과 후두 측면에서의 부전을 야기하는 반면에, 인두가지 아래쪽의 병변은 후두 관련 증상만을 보인다.
7. 설하신경(XII) 손상은 혀의 약증을 야기한다. 이로 인한 이완형 마비말장애의 말 특성은 부정확한 설음 조음을 보인다는 것이고, 중증도는 약증의 정도와 손상이 편측인지 양측인지에 따라 달라진다.
8. 척수호흡신경에 영향을 주는 손상은 말할 때 호흡 지원을 감소시킬 수 있다. 이 단계에서의 약증은 강도와 음도 변이성 감소에 이르게 되며, 호기당 산출하는 구의 길이가 감소하게 된다.
9. 발성과 공명 부전은 이완형 마비말장애에서 자주 접하게 되는 변별적 특성이다. 이들은 뇌신경 X의 손상에 묶여 있지만 뇌신경 V, VII와 XII로 인해 발생되는 말 움직임을 주의 깊게 살펴보는 것이 중요하다. 이는 말장애를 완전하게 기술하는 데도 중요하고, 뇌신경 또는 척수신경 단독손상으로 인한 말장애가 이완형 마비말장애에는 가능하지만 다른 마비말장애 유형에는 흔하기 않기 때문이다.
10. 이완형 마비말장애는 신경학적 질환에서 유일하거나, 첫 증상에 해당되거나, 여러 첫 증상 중 하나 또는 가장 두드러진 증상에 해당될 수 있다. 따라서 이에 대해 인식하고 어떤 말 관련 뇌신경이나 척수신경에 기인하는지 확인하는 것이 신경학적 질환의 병소 위치와 진단하는 데 도움이 될 수 있다. 이러한 진단과 기술은 의료적·행동적 치료 결정에 중요하게 작용한다.

참고 문헌

1. Abul MM, et al: Acute inspiratory stridor: a presentation of myasthenia gravis, *J Laryngol Otol* 113:1114, 1999.
2. Aho TR, et al: Charcot-Marie-Tooth disease: extensive cranial nerve involvement on CT and MR imaging, *Am J Neuroradiol* 25:494, 2004.
3. Aronson AE: *Clinical voice disorders*, New York, 1990, Thieme.
4. Ballotta E, et al: Cranial and cervical nerve injuries after carotid endarterectomy: a prospective study, *Surgery* 125:85, 1999.
5. Bando H, et al: Vocal fold paralysis as a sign of chest disease: a 15-year prospective study, *World J Surg* 30:293, 2006.

6. Banwell BL: Muscular dystrophies. In Noseworthy JH, editor: *Neurological therapeutics: principles and practice, ed 2*, vol. 3, New York, 2006, Martin Dunitz.
7. Baumgartner RW, Bogousslavsky J: Clinical manifestations of carotid dissection, *Frontiers Neurology Neurosci* 20:70, 2005.
8. Benarroch EE, et al: *Mayo Clinic neurosciences: a organized by neurologic systems and levels*, ed 5, Florence, Ky, 2008, Informa Healthcare.
9. Benatar M, Edlow J: The spectrum of cranial neuropathy in patients with Bell's palsy, *Arch Int Med* 164:2383, 2004.
10. Bicanic T, Harrison TS: Cryptococcal meningitis, *Br Med Bull* 72:99, 2004.
11. Bodensteiner JB: Developmental problems of the brain, skull, and spine. In Noseworthy JH, editor: *Neurological therapeutics: principles and practice, ed 2*, vol. 3, New York, 2006, Martin Dunitz.
12. Brazis P, Masdeu JC, Biller J: *Localization in clinical neurology*, ed 4, Philadelphia, 2001, Lippincott Williams & Wilkins.
13. Burns TM, et al: Oculobulbar involvement is typical with Lambert-Eaton myasthenic syndrome, *Ann Neurol* 53:270, 2003.
14. Cahill LM, Murdoch BE, Theodoros DG: Variability in speech outcome following severe childhood traumatic brain injury: a report of three cases, *J Med Speech-Lang Pathol* 8:347, 2000.
15. Chua KSG, Kong KH: Function outcome in brain stem stroke patients after rehabilitation, *Arch Phys Med Rehabil* 77:194, 1996.
16. Corboy JR, Tyler KL: Neurovirology. In Bradley WG, et al, editors: *Neurology in clinical practice: principles of diagnosis and management*, vol 1, ed 3, Boston, 2000, Butterworth-Heinemann.
17. Cosi V, Versini M: Guillain-Barré syndrome, *Neurol Sci* 27:S47, 2006.
18. Curtis JF: Acoustics of speech production and nasalization. In Spriestersbach DC, Lerman DS, editors: *Cleft palate and communication*, New York, 1968, Academic Press.
19. Dalakas MC: Polymyositis, dermatomyositis, and inclusion body myositis. In Longo DL, Fauci AS, Kasper DL, et al, editors: *Harrison's principles of internal medicine*, ed 18, New York, 2012, McGraw-Hill.
20. Darley FL, Aronson AE, Brown JR: *Motor speech disorders*, Philadelphia, 1975, WB Saunders.
21. Darley FL, Aronson AE, Brown JR: Clusters of deviant speech dimensions in the dysarthrias, *J Speech Hear Res* 12:462, 1969a.
22. Darley FL, Aronson AE, Brown JR: Differential diagnostic patterns of dysarthria, *J Speech Hear Res* 12:246, 1969b.
23. De Swart BJM, van Engelen BGM, Maassen BAM: Warming up improves speech production in patients with adult onset myotonic dystrophy, *J Commun Disord* 40:185, 2007.
24. De Swart BJM, et al: Myotonia and flaccid dysarthria in patients with adult onset myotonic dystrophy, *J Neurol Neurosurg Psychiatry* 75:1480, 2004.
25. Duffy JR: Stroke with dysarthria: evaluate and treat; garden variety or down the garden path? *Semin Speech Lang* 19:93, 1998.
26. Dworkin JP, Aronson AE: Tongue strength and alternate motion rates in normal and dysarthric subjects, *J Commun Disord* 19:115, 1986.
27. Engel AG: Myasthenia gravis and myasthenic syndromes. In Noseworthy JH, editor: *Neurological therapeutics: principles and practice, ed 2*, vol. 3, New York, 2006, Martin Dunitz.
28. Griffin JW: Diseases of the peripheral nervous system. In Rosenberg RN, editor: *The clinical neurosciences*, New York, 1983, Churchill Livingstone.
29. Guo YP, McLeod JG, Baverstock J: Pathologic changes in the vagus nerve in diabetes and chronic alcoholism, *J Neurol Neurosurg Psychiatry* 50:1449, 1987.
30. Hahn AF: Chronic inflammatory demyelinating polyradiculoneuropathy. In Noseworthy JH, editor: *Neurological therapeutics: principles and practice, ed 2*, vol. 3, New York, 2006, Martin Dunitz.
31. Hammarberg B, Fritzell B, Schiratzki H: Teflon injection in 16 patients with paralytic dysphonia: perceptual and acoustic evaluations, *J Speech Hear Disord* 49:72, 1984.
32. Hartl DM, et al: Phonetic effects of paralytic dysphonia, *Ann Otol Rhinol Laryngol* 114:792, 2005.
33. Holland NJ, Weiner GM: Recent developments in Bell's palsy, *BMJ* 329:553, 2004.
34. Hinton VJ, et al: Selective deficits in verbal working memory associated with a known genetic etiology: the neuropsychological profile of Duchenne muscular dystrophy, *J Int Neuropsychol Soc* 7:45, 2001.
35. Hirano M, Koike Y, von Leden H: Maximum phonation time and air wastage during phonation, *Folia Phoniatr Logop* 20:185, 1968.
36. Hixon TJ, Putnam AHB, Sharp JT: Speech production with flaccid paralysis of the rib cage, diaphragm, and abdomen, *J Speech Hear Disord* 48:315, 1983.
37. Hoit JD, et al: Speech breathing in individuals with cervical spinal cord injury, *J Speech Hear Res* 33:798, 1990.
38. Howard RS: Poliomyelitis and the postpolio syndrome, *Br Med J* 330:1314, 2005.
39. Jacobs L, Kaba S, Pullicino P: The lesion causing continuous facial myokymia in multiple sclerosis, *Arch Neurol* 51:1115, 1994.
40. Johns DF: Surgical and prosthetic management of neurogenic velopharyngeal incompetency in dysarthria. In Johns DF, editor: *Clinical management of neurogenic communication disorders*, New York, 1985, Little, Brown.
41. Joseph FG, Scolding NJ: Sarcoidosis of the nervous system, *Pract Neurol* 7:234, 2007.
42. Keane JR: Tongue atrophy from brainstem metastases, *Arch Neurol* 41:1219, 1984.
43. Kiliaridis S, Katsaros C: The effects of myotonic dystrophy and Duchenne muscular dystrophy on the orofacial muscles and dentofacial morphology, *Acta Odontol Scand* 56:369, 1998.
44. King AD, et al: Hypoglossal nerve palsy in nasopharyngeal carcinoma, *Head Neck* 21:614, 1999.
45. Kleiner-Fisman G, Knott HS: Myasthenia gravis mimicking stroke in elderly patients, *Mayo Clin Proc* 73:1077, 1998.
46. Lee JH, et al: Phenotypic variability in Kennedy's disease: implication of the early diagnostic features, *Acta Neurol Scand* 112:57–63, 2005.

47. Leydon C, Bielamowicz S, Stager V: Perceptual ratings of vocal characteristics and voicing features in untreated patients with unilateral vocal fold paralysis, *J Commun Disord* 38:163, 2005.
48. Li J, et al: Post-traumatic bilateral facial palsy: a case report and literature review, *Brain Injury* 18:315, 2004.
49. Liu W, et al: Dysphonia as a primary manifestation in myasthenia gravis (MG): a retrospective review of 7 cases among 1520 MG patients, *J Neurol Sci* 260:16, 2007.
50. Logemann JA, et al: Speech and swallowing rehabilitation for head and neck cancer patients, *Oncology* 11:651, 1997.
51. Matthias C, et al: Meningiomas of the cerebellopontine angle, *Acta Neurochir Suppl* 65:86, 1996.
52. Mayo Clinic Department of Neurology: *Mayo Clinic examinations in neurology*, ed 7, St Louis, 1998, Mosby.
53. Mercuri E, et al: Cognitive abilities in children with congenital muscular dystrophy: correlation with brain MRI and merosin status, *Neuromuscul Disord* 9:383, 1999.
54. Mitsumoto H: Disorders of upper and lower motor neurons. In Bradley WG, et al, editors: *Neurology in clinical practice: principles of diagnosis and management*, vol 2, ed 3, Boston, 2000, Butterworth-Heinemann.
55. Murry T: Speaking fundamental frequency characteristics associated with voice pathologies, *J Speech Hear Disord* 43:374, 1978.
56. Myssiorek D: Recurrent laryngeal paralysis: anatomy and etiology, *Otolaryngol Clin North Am* 37:25, 2004.
57. Neel AT, et al: Tongue strength and speech intelligibility in oculopharyngeal muscular dystrophy, *J Med Speech Lang Pathol* 14:273, 2006.
58. Nelson MA, Hodge MM: Effects of facial paralysis and audiovisual information on stop place identification, *J Speech Lang Hear Res* 43:158, 2000.
59. Ollivere BD, et al: Swallowing dysfunction in patients with unilateral vocal fold paralysis: aetiology and outcomes, *J Laryngol Otol* 120:38, 2006.
60. Pareyson D, et al: Cranial nerve involvement in CMT disease type 1 due to early growth response to gene mutation, *Neurol* 54:1696, 2000.
61. Penn AS: Other disorders of neuromuscular transmission. In Rowland LP, editor: *Merritt's textbook of neurology*, Philadelphia, 1989, Lea & Febiger.
62. Perie S, et al: Dysphagia in oculopharyngeal muscular dystrophy: a series of 22 French cases, *Neuromuscul Disord* 7:S96, 1997.
63. Pica RA, et al: Traumatic internal carotid artery dissection presenting as delayed hemilingual paresis, *Am J Neuroradiol* 17:86, 1996.
64. Pleasure DE, Schotland DL: Acquired neuropathies. In Rowland LP, editor: *Merritt's textbook of neurology*, Philadelphia, 1989, Lea & Febiger.
65. Regli F: Symptomatic trigeminal neuralgia. In Samii M, Janetta PJ, editors: *The cranial nerves*, New York, 1981, Springer-Verlag.
66. Reich AR, Lerman JW: Teflon laryngoplasty: an acoustical and perceptual study, *J Speech Hear Disord* 43:496, 1978.
67. Rison RA, Beydoun SR: Delayed cervicobulbar neuronopathy and myokymia after head and neck radiotherapy for nasopharyngeal carcinoma: a case report, *J Clin Neuromusc Dis* 12:147, 2011.
68. Rontal E, Rontal M, Rolnick M: The use of spectrograms in the evaluation of voice cord injection, *Laryngoscope* 85:47, 1975.
69. Roy N, et al: An in vivo model of external superior laryngeal nerve paralysis: laryngoscopic findings, *Laryngoscope* 119:1017, 2009.
70. Roy N, et al: Exploring the phonatory effects of external superior laryngeal nerve paralysis: an in vivo model, *Laryngoscope* 119:816, 2009.
71. Rust RS: Neurocutaneous disorders. In Noseworthy JH, editor: *Neurological therapeutics: principles and practice, ed 2*, vol. 3, New York, 2006, Martin Dunitz.
72. Salomonson J, Kawamoto H, Wilson L: Velopharyngeal incompetence as the presenting symptoms in myotonic dystrophy, *Cleft Palate J* 25:296, 1988.
73. Sasakura Y, et al: Myasthenia gravis associated with reduced masticatory function, *Int J Oral Maxillofac Surg* 29:381, 2000.
74. Schauber MD, et al: Cranial/cervical nerve dysfunction after carotid endarterectomy, *J Vasc Surg* 25:481, 1997.
75. Schwartz SR, et al: Clinical practice guideline: hoarseness (dysphonia), *Otolaryngol Head Neck Surg* 141:S1, 2009.
76. Shapiro BE, et al: Delayed radiation-induced bulbar palsy, *Neurology* 46:1604, 1996.
77. Simpson CB, Cheung EJ, Jackson CJ: Vocal fold paresis: clinical and electrophysiologic features in a tertiary laryngology practice, *J Voice* 23:396, 2009.
78. Singer EJ: *Central nervous system (CNS) complications of HIV disease,* special interest division of publication, Rockville, Md, 1991, American Speech-Language-Hearing Association.
79. Sorenson EJ, Windebank AJ: Motor neuron diseases. In Noseworthy JH, editor: *Neurological therapeutics: principles and practice, ed 2*, vol. 3, New York, 2006, Martin Dunitz.
80. Sulica L, Myssiorek D: Vocal cord paralysis (preface), *Otolaryngol Clin North Am* 37:xi, 2004.
81. Sulica L: The natural history of idiopathic unilateral vocal fold paralysis: evidence and problems, *Laryngoscope* 118:1303, 2008.
82. Takimoto T, et al: Radiation-induced cranial nerve palsy: hypoglossal nerve and vocal cord palsies, *J Laryngol Otol* 105:45, 1991.
83. Till JA, Alp LA: Aerodynamic and temporal measures of continuous speech in dysarthric speakers. In Moore CA, Yorkston KM, Beukelman DR, editors: *Dysarthria and apraxia of speech: perspectives on management*, Baltimore, 1991, Brookes Publishing.
84. Till JA, et al: Effects of inspiratory airway impairment on continuous speech. In Robin DA, Yorkston KM, Beukelman DR, editors: *Disorders of motor speech: assessment, treatment, and clinical characterization*, Baltimore, 1996, Brookes Publishing.
85. Uloza V, Saferis V, Uloziene I: Perceptual and acoustic assessment of voice pathology and the efficacy of endolaryngeal phonomicromicrosurgery, *J Voice* 19:138, 2005.
86. Vucic S, et al: Facial onset sensory and motor neuronopathy (FOSMN syndrome): a novel syndrome in neurology, *Brain* 129:3384, 2006.

87. Wang YT, et al: Dysarthria in traumatic brain injury: a breath group and intonational analysis, *Folia Phoniatr Logop* 57:59, 2005.
88. Wang YT, et al: Alternating motion rate as an index of speech motor disorder in traumatic brain injury, *Clin Ling Phon* 17:1, 2003.
89. Watterson T, McFarlane SC, Menicucci AL: Vibratory characteristics of Teflon-injected and noninjected paralyzed vocal folds, *J Speech Hear Disord* 55:61, 1990.
90. Weijnen FG, et al: Tongue force in patients with myasthenia gravis, *Acta Neurol Scand* 102:303, 2000.
91. Wenke RJ, et al: Dynamic assessment of articulation during lingual fatigue in myasthenia gravis, *J Med Speech Lang Pathol* 14:13, 2006.
92. Young EC, Durant-Jones L: Gradual onset of dysphagia: a study of patients with oculopharyngeal muscular dystrophy, *Dysphagia* 12:196, 1997.

CHAPTER

5

경직형 마비말장애

"말이 느렸고, 가끔은 너무 피곤해서 더 말하기 싫어졌어요. 애들은 내 말 문제에 대해 직접 말하지 않는데, 내 생각엔 받아들이지 못하고 있는 것 같아요."

(79세, 여환, 원인 불명의 경도 경직형 마비말장애 화자)

"생각은 고속도로 주행처럼 빠르지만 말소리는 학교 주변 어린이 보호 구역에서처럼 느립니다."

(62세, 남환, 원인 불명의 신경 퇴행성 질환으로 인한 경직형 마비말장애 화자)

개 요

경직형 마비말장애(spastic dysarthria)는 중추신경계의 직접/간접 활성화 경로의 양측 손상으로 인한 말운동장애로, 지각적으로 뚜렷하게 확인할 수 있다. 말 산출 과정, 즉 호흡, 발성, 공명, 조음 중 일부 혹은 전체 단계에서 그 특성이 드러날 수 있는데, 일반적으로 하나 이상의 단계에 문제가 나타난다. 이 말장애는 근육의 약화 및 경직으로 인해 운동의 속도 및 강도(force)가 감소할 때 말소리가 어떻게 변하는지 보여 준다. 경직(spasticity)은 상부운동신경세포(upper motor neuron, UMN)가 손상되었을 때 나타나는 전형적 특징으로, 경직형 마비말장애의 말 특성에 중요한 역할을 담당하므로 이 마비말장애를 경직형이라 부른다. 경직형 마비말장애의 진단은 신경적 진단 및 병소(상부운동신경세포 경로) 확인에 도움이 된다.

경직형 마비말장애는 실제 임상 실무에서 기타 주요 마비말장애 유형만큼 빈번히 관찰된다. 메이요 클리닉 언어병리학 분과 자료에 따르면 경직형은 전체 마비말장애의 7.3%, 전체 말운동장애의 6.8%를 차지한다.

경직형 마비말장애의 임상적 특성은 근육의 과도한 긴장(즉, 과긴장[hypertonicity])과 약증이 동시에 일어날 때 말소리의 변화를 반영한다. 즉, 이들의 말 특성은 근육의 약화가 홀로 말에 미치는 영향(이완형 마비말장애의 경우처럼)뿐만 아니라 운동에 대한 근육의 저항이 함께 일어날 때의 장애를 반영한다. 경직형 마비말장애는 계획(planning), 프로그램(programming)이나 제어(control)가 아닌, 신경근육 집행(neuromuscular execution)의 문제이다.

I. 직접/간접 활성화 경로의 해부 및 기본 기능

직접 활성화 경로는 **추체로**(pyramidal tract) 또는 **직접 운동체계**(direct motor system)로도 불리며 UMN(upper motor neuron) 구성요소 중 하나이다. 직접 활성화 경로는 하부운동신경세포(lower motor neuron, LMN)의 최종공통경로(final common pathway)를 통해 근육 운동을 유도한다. 직접 활성화 경로는 뇌신경에 영향을 미치는 **피질뇌간(연수)로**(corticobulbar tracts)와 척수신경에 영향을 주는 **피질척수로**(corticospinal tracts)를 포함한다.

직접 활성화 경로는 양측으로 분포되어 한쪽은 우뇌 피질에서, 다른 쪽은 좌뇌 피질에서 출발하여 뇌간과 척수에 위치한 뇌/척수신경핵에 비교적 직접적으로 이르게 된다. 이 신경섬유들은 출발점이었던 대뇌피질과 대측에 위치한 근육들을 자극한다. 그러나 이는 하안부와 혀에만 해당하는 이야기이다. 이 둘을 제외하고는 직접(간접) 활성화 경로의 양측으로부터 신호를 받는다. 이를 통해 UMN의 편측 손상이 말, 저작(chewing), 삼킴(swallowing), 기류 보호 등에 미치는 영향을 최소화할 수 있다. 따라서 편측 UMN 손상은 일반적으로 말 산출을 위한 턱, 연인두, 후두, 혀의 운동에 큰 영향을 미치지 않는다.

직접 활성화 경로는 대개 **촉진성**(facilitatory)이다. 즉, 직접 활성화 경로를 통해 전달되는 신호를 통해 특히 **숙련된 기술을 요하는(skilled) 비연속적(discrete) 운동**이 일어난다.

간접 활성화 경로는 **추체외로** 혹은 **간접운동체계**로 불리며, 역시 UMN을 구성한다. 각 대뇌반구 피질로부터 그 경로가 시작되는데, 이 경로가 간접이라 불리는 이유는 대뇌피질과 뇌간, 척수, 무엇보다도 기저핵, 소뇌, 망상체, 전정핵, 적핵 사이에서 신경연접(synapse)이 이루어지기 때문이다. 간접 활성화 경로는 **반사를 조절하고, 정교한 운동을 위해 필요한 자세, 근긴장 및 이와 관련된 활동을 유지**하는 데 매우 중요한 역할을 담당한다. 대개 활동은 **억제성**(inhibitory)이다.

II. 상부운동신경세포 병변과 경직형 마비의 임상적 특성

직접 활성화 경로가 손상되면 비연속적으로 일어나는 정교한 운동이 아예 불가능하거나 성공적 수행이 불가능하다. 급성 손상 직후에는 근긴장의 감소 및 약증이 뚜렷하지만 일반적으로 점차 근긴장이 증가하면서 경직화(spasticity)된다. 약증은 신체 중심보다는 말단 부위에 두드러지는데, 말 산출을 위해서는 말단에 위치한 근육들이 매우 정교하게 움직여야 함을 상기하자. 반사는 초기에는 약해지는 경향이 있으나 시간이 지나면서 뚜렷하게 나타난다.

또한 직접 활성화 경로가 손상되면 **바빈스키 양성 반응**을 보인다. 바빈스킨 반사는 발꿈치 측면으로부터 새끼발가락을 거쳐 엄지발가락 쪽으로 압력을 가할 때 나타나는 병리적 반사를 말한다. 이때 발가락을 움츠리는 정상적 반응과 달리, 엄지발가락은 위쪽으로 움직이면서 나머지 발가락을 펴면 이를 바빈스키 양성 반응이라 한다. 이 반사가 성인에서 발견되면 중추신경계(central nervous system, CNS)의 손상을 의미하며, CNS에 의해 억제되었던 원시 반사가 나타났음을 의미한다(유아의 바빈스키 반사는 정상적이다). 흡철 반사, 입술을 내미는 반사, 손바닥 턱 반사, 하악 반사를 포함한 **병리적 구강 반사**(pathologic oral reflexes) 또한 양측 UMN 질환에서 흔하게 나타난다(이들은 제3장에서 정의한 바 있다).

간접 활성화 경로가 손상되면 주로 운동 제어의 억제 역할에 문제가 생긴다. 그 결과 근긴장의 증가, 경직, 과반사와 같은 과활성화(**양성 징후**[positive sign]) 문제가 생기는데, 이들은 서로 연관되어 일어난다. 예를 들어 경직은 알파운동신경세포에 영향을 미치는 흥분과 제어 기능 간에 균형이 깨지면서 신장 반사(stretch reflex)가 지나치게 활성화된 결과이다. 이는 근긴장의 증가와 더불어 운동에 대한 저항도 증가시키는데, 일반적으로 운동 시작 시, 또는 빠른 운동에 대응할 때(즉 운동 속도에 따라 다르다) 더 뚜렷하다. 사지의 경우에 경직은 다리 펴기(즉, 다리를 굽히는 데 저항)와 팔 굽히기(즉, 팔을 펴는 데 저항)에 편향적으로 나타난다. 물리치료사는 UMN 환자들의 다리 경직이 심해지길 바라는 경우도 있는데 이는 경직으로 인해 오히려 서는 자세에 도움이 되기 때문이다.

UMN 손상으로 인해 과반사를 보이는 환자는 때로 경련(clonus)을 보이기도 한다. 경련은 반복적으로 일어나는 반사적 수축으로 근육이 긴장(신장[stretch]) 중일 때(예를 들어 검사자가 지속적으로 발을 뒤로 꺾을 때) 일어난다. 간헐성 경련은 턱에서 뚜렷이 나타나기도 한다. 이 반사 반응은 리듬적 진전(rhythmic tremor)처럼 보이

표 5-1

상부운동신경세포가 손상될 경우에 관찰되는 직접/간접 활성화 경로상 징후

직접 활성화 경로(추체로) 손상	간접 활성화 경로(추체외로) 손상
정교하고 숙련된 운동 소실	근긴장 증가
근긴장저하	경직
약증(말단 부위>중심 부위)	경련
복벽 반사(abdominal reflex) 부재	이상 굴곡 자세 혹은 이상 신전 자세 과한 신장 반사 바빈스키 반사
반사 저하(hyporeflexia)	과한 구토 반사

기도 한다.[42]

직접 활성화 경로 혹은 간접 활성화 경로 중 하나만 손상이 일어나는 경우는 드물다. 이는 이 두 경로가 매우 근접하거나 혹은 겹치는 대뇌피질영역에서 출발하여 서로 가까운 거리를 유지하면서 LMN으로 연결되기 때문이다. 그 결과 경직 마비 환자는 대개 직접 활성화 경로의 손상으로 인해 정교한 운동이 어렵고 약증을 보이는 동시에 간접 활성화 경로 손상으로 인해 근긴장의 증가 및 경직을 보인다.

UMN의 직접/간접 활성화 경로 손상 징후가 **표 5-1**에 정리되어 있다. 경직 마비 운동에 영향을 미치는 주요 비정상성으로는 경직, 약증, 운동 범위와 속도의 감소를 들 수 있다. 이들은 경직형 마비말장애 환자들에게서 가장 뚜렷하게 관찰된다.

III. 경직 마비와 경직형 마비말장애의 관계

경직형 마비말장애의 신경병리생리학적(neuropathophysiologic) 토대는 복잡하며 이완형보다 알려진 바가 적다. 이는 중추신경계의 운동 경로가 복잡한 데다 경직형 마비말장애가 대개 운동계(motor system)의 두 구성요소, 즉 직접 활성화 경로와 간접 활성화 경로 모두에 일어나는 손상과 관련이 있기 때문이다. 뿐만 아니라 경직이 말 산출체계에 어느 정도 영향을 미치는지 아직 확실히 알려져 있지 않다.[1,2,7]

우리가 알고 있는 경직의 임상적 특성은 대개 주동근과 길항근 작용 간에 사지 관절이 어떻게 움직이는지 살핀 연구 결과들을 기반으로 한다.[1,[1]] 대부분의 말운동은 관절의 운동을 필요로 하지 않으며, 말 산출 구조물에 포함된 근육방추(muscle spindles)의 수도 구조물별로 편차가 크다. 이 근육방추는 신장 반사(stretch reflex) 중재에 중요한 역할을 한다. 예를 들어 턱에는 많은 수의 근육방추가 포함된 반면 혀의 내재근에는 적은 수만, 그리고 안면에는 전혀 포함되지 않는다.[7] 입술 운동에는 관절 운동이 필요하지 않으며, 혀는 관절이 전혀 관여하지 않는 근육압(muscular hydrostat)이다. 따라서 다양한 말 산출 구조물은 UMN 병변에 의해 영향을 동일하게 받지 않는다.[1] 마지막으로 사지 운동과 달리 말 산출을 위해서는 양측 신경지배를 받아 운동이 대칭적으로 일어나야 하는 경우가 많다. 다시 말해 턱, 안면, 혀, 구개, 후두는 좌-우측이 동시에 대칭적으로, 마치 하나인 것처럼 움직여야 한다. 뇌간 운동과 사지 운동 간의 이런 차이가 존재하지만, 게다가 사지 경직 마비가 구(연수)근육에 미치는 영향은 확실하지 않지만, 이상 살펴본 경직 마비의 개관적인 원리와 임상적 관찰점은 실제 임상 현장에서 경직형 마비말장애를 대할 때 도움이 될 것이다.

IV. 병인

직접/간접 활성화 경로의 양측 손상을 일으키는 질환은 모두 경직형 마비말장애를 야기할 수 있으며, 이는 퇴행성, 혈관성, 선천성, 외상성, 감염성, 독성-대사성 질환으로 나누어 살펴볼 수 있다. 이 질환군은 각기 다른 빈도로 CNS 운동계의 손상 및 경직형 마비말장애를 일으킨다. 경직형 마비말장애의 정확한 분포와 원인은 아직 밝혀지지 않았으나, 퇴행성 · 혈관성 · 외상성 장애가 가장 빈번한 원인으로 보인다.

경직형 마비말장애를 일으키는 특정 병인 종류는 없으나 혈관성 장애의 경우, 다른 마비말장애 유형보다 특히 경직형을 일으키는 빈도가 높다. 혈관성 장애 중 일부는 이 장에서 다루겠다. 비교적 경직형 마비말장애를 더 빈번하게 야기하는 다른 질환도 살펴보도록 하겠다. 그러

[1] 상부운동신경세포 증후군과 경직형 병리생리에 대해서는 Diez와 Sinkjaer[21] 연구나 Sheean[58] 연구 참조.

나 이 장에서 다루는 병인은 단지 일부일 뿐이라는 점에 유의하자. 경직형 마비말장애를 일으키기도 하지만 다른 유형을 더 빈번하게 일으키는 병인은 해당 마비말장애 유형을 다루는 장에서 다루도록 한다.

A. 혈관성 질환

내경동맥(internal carotid)과 중뇌 및 후뇌 동맥 뇌졸중, 또는 빈도는 이들보다 낮지만 전뇌 동맥 뇌졸중에 의해 경직형 마비말장애가 일어날 수 있다. 그러나 이 동맥들은 대부분 좌측과 우측 상부운동신경세포(upper motor neuron, UMN) 경로가 서로 떨어져 위치한 대뇌반구의 피질과 피질하 구조물 내에 퍼져 있기 때문에 양측 반구 모두의 병변에 의해서만 양측 UMN 손상이 가능하다. 뇌간의 경우, 좌측 및 우측 UMN 경로가 서로 가깝게 위치하기 때문에 추골-뇌저동맥(vertebrobasilar artery)의 단일 경색으로도 충분히 양측 UMN 손상을 일으킬 수 있으며 따라서 경직형 마비말장애가 가능하다. 대체적으로 뇌간의 단일 뇌졸중으로는 경직형 마비말장애가 일어날 수 있으나, **대뇌반구에서의 단일 뇌졸중으로는 경직형 마비말장애가 일어나지 않는다.**[2] 뇌간 뇌졸중은 전체 뇌졸중의 25%를 차지하는데, 이들 중 49~89%의 환자가 마비말장애를 보인다.[14,64] 뇌간 뇌졸중의 경우, 대개 경직형, 실조형, 이완형 등의 마비말장애를 보이는데, 그중 경직형의 빈도가 가장 높다.

경직형 마비말장애는 기저핵, 시상, 뇌간, 심부 대뇌백질(deep cerebral white matter) 동맥에 국소적으로 깊게 일어나는 **뇌졸중**, 즉 다수의 **열공성 뇌경색**으로 일어나기도 한다.[3] 이때 마비말장애가 열공색 뇌경색의 유일한 징후인 경우가 있다. 열공색 뇌경색에 의한 '순수 마비말장애(pure dysarthria)'의 MRI 결과를 보면 대개 다수의 양측 병변, 특히 내포 혹은 방사관 영역의 양측 열공이 확인된다.[49]

빈스방거병(Binswanger's disease, **피질하 동맥경화증**)이라는 용어는 때로 혈관성 치매 환자들에게 쓰인다. 주요 병변은 피질하 백질에 위치하며 대뇌피질과 기저핵의 손상은 상대적으로 빈도가 낮다. 이 환자들은 과긴장을 빈번하게 보인다.[56] 마비말장애(그리고 삼킴장애)가 나타나지 않는 경우도 있으나,[25] 양측 병변으로 UMN 경로가 손상되면 경직형 마비말장애를 동반한다. 경직형 마비말장애는 보통 알츠하이머병이나 픽병(Pick's disease) 같은 퇴행성 피질 치매에서는 발견되지 않기 때문에 경직형 마비말장애와 치매의 동반은 빈스방거병의 진단에 매우 중요하다.

폐색성 혈관 질환이 모두 동맥경화증이나 색전(emboli) 때문은 아니며, 노인층에서만 일어나는 질환도 아니다. 가령 **모야모야병**은 만성 진행성 폐색 혈관 질환으로 원인을 알 수 없는 비죽상(nonatherosclerotic) 경화증이다. 아동, 청소년 혹은 젊은 성인에게서 가장 빈번하다.[9] 이 병으로 인해 뇌졸중과 두개 내 출혈이 있을 수 있으며 따라서 말-언어장애를 포함한 신경 손상을 일으킬 수 있다.[30] 이 질환은 말단 내경동맥과 그 첫 번째 분기에 양측 협착을 일으키기 때문에[35] 특성상 경직형 마비말장애를 보이게 된다.

유전병 중 하나인 **상염색체 우성 대뇌동맥병증**(cerebral autosomal dominant arteriopathy with subcortical infarcts and leukoencephalopathy, **카다실**[CADASIL])은 19번 염색체의 NOTCH3 유전자 돌연변이로 인해 일어나는데 종종 성인기 초기에 종종 일어난다.[67] 주요 특성으로는 인지적 · 정신의학적 손상, 조짐 편두통(migraine with aura), 가성구마비(pseudobulbar palsy) 등이 포함된다.[20,67] 양측 병변인 경우에 동반되는 마비말장애는 경직형이다.

B. 퇴행성 질환

원발성 측삭 경화증(primary lateral sclerosis, PLS)은 드물게 발생하는 운동신경세포 질환 중 하나로 대개 40~50대에 발병한다(가장 흔한 운동신경세포 질환은 근위축성 측삭 경화증[amyotrophic lateral sclerosis, ALS]).[61] 운동피질의 신경세포가 손실되면서 피질척수로 및 피질뇌간로 징후[4]가 뚜렷하게 나타나지만,[10] ALS와 같은 LMN 손상 근거는 없다. 발병 3~4년 후에도 상부운동신경세포로만 징후가 한정되면 PLS 확진이 가능한데, 이는 상당수의 환자가 발병 이후 LMN 증상들을 보이면서 UMN-우세 ALS로 진단되기 때문이다.[27,63] 가성구 징후의 유무와 상관없이 마비말장애를 동반할 수 있으며, 상당수는 결국 마비말장애를 보인다.[8,54,63,66] 마비말장애와 삼킴장애

[2] 대뇌반구의 단일 뇌졸중은 유사 경직형 마비말장애 특성을 보임(제9장 참조).

[3] 열공성 뇌출혈 증후군은 제9장에서 자세히 논의함.

[4] PLS 환자 일부는 경도의 인지장애를 동반함.[11]

가 PLS의 주된 증상일 때 진행성 가성구마비(progressive pseudobulbar palsy)로 부르기도 한다.[5]

PLS는 사망까지의 평균 투병 기간이 10년 정도로,[63] ALS보다 훨씬 길기 때문에 PLS와 ALS의 구별은 연구뿐만 아니라 임상적으로도 매우 중요하다. PLS의 마비말장애는 순수 경직형으로 추정되기 때문에(저자의 실제 경험도 일치함), 이를 ALS의 경직형-이완형 마비말장애로부터 정확히 구분하면 신경적 감별진단에 도움이 된다.

C. 감염성 질환

백질뇌염(leukoencephalities)은 두뇌 혹은 척수 내 백질 감염에 의한 **탈수초성 질환**(demyelinating disease)이다. **급성 출혈성 백질뇌염**(acute hemorrhagic leukoencephalitis)의 경우, 양측 반구의 백질이 파괴되어 뇌간과 소뇌각(cerebellar peduncle)에도 유사한 변화가 일어난다. 소혈관 및 주변 뇌조직이 괴사하면서 수막에서 감염 반응이 나타나며, 대뇌반구에서 국소 병변이 대규모로 일어나는 경향이 있다.[4] 백질의 양측 다병소 병변은 UMN 경로에 영향을 미쳐 경직형 혹은 혼합형 마비말장애를 일으키기도 한다.

D. 선천적 질환

뇌성마비(cerebral palsy, CP)에 의한 선천성 혹은 신경발달성 말장애[6]는 자주 경직형 마비말장애 형태를 띤다(혹은 광범위하게 가성구마비). 때로 마비말장애와 구강 운동장애가 주요하거나 유일한(즉 CP의 다른 현상이 동반되지 않고) 선천성 또는 빌달성 신경운동장애로 나타나기도 한다.

선천성 상연수(suprabulbar)마비(혹은 불완전마비)란 비정상적인 UMN로 인해 구(연수)근육에 이상을 보이는 장애들을 통틀어 일컫는 것으로, 경직형 마비말장애가 뚜렷하게 동반되며, **워스터-드라우트 증후군**(Worster-Drought syndrome)과 임상적 구분이 어렵다.[16,47] 원인은 뇌졸중, 무산소증, 뇌전증, 수막뇌염, **신경세포 이동 장애**(neuronal migration disorders) 등 다양하며, 이들에 의해 **무발생**(agenesis, 발달 실패)이나 **피질 이형증**(cortical dysplasia)[7] 같은 구조적 비정상이 일어난다. 유전적 원인에 의한 경우도 있다.[60] 이 증후군은 실제 환자 수보다 축소 진단되었으며, 아직 유행병학적으로 충분히 밝혀지지 않은 CP의 한 유형으로 간주할 수 있다.[15] 이 CP 유형이 보이는 가장 뚜렷하거나 유일한 운동장애는 마비말장애 및 구강 운동장애(가령 삼킴장애 같은)이지만, 사지 불완전마비, 발달 지연, 뇌전증도 종종 함께 나타난다.[13,15,47] 워스터-드라우트 증후군과 유사한 특성을 보이며,[15,47] 서로 임상적 구분이 불가능한 기타 용어나 장애로는 **선천성 양측 실비안 주위 피질 증후군**(congenital bilateral perisylvian syndrome)과 **판개 증후군**(opercular syndrome) 또는 **푸아-샤바니-마리 증후군**(Foix-Chavany-Marie syndrome)이 포함된다.[8] 이들은 마비말장애뿐만 아니라 **아동 말실행증**을 동반할 가능성이 있다.

V. 말 병리

A. 임상 실무에서의 병인, 병소 및 중증도의 분포

글상자 5-1과 **그림 5-1**은 메이요 클리닉에서 경직형 마비말장애를 주요 말장애로 진단받은 환자 중 유사임의적으로 138명의 사례를 추출해 병인을 요약한 것이다. 이전 장에서도 언급하였지만 이 자료를 임상 현장 전체로

[5] Windebank[68] 연구는 질환 초기 UMN 퇴행으로 다리 경직 특성을 보이는 운동신경세포 질환을 PLS라 칭함. 이를 마비말장애와 삼킴장애가 주 특성으로 나타나는 또 다른 UMN 퇴행, 즉 진행성 핵상마비와 구분함.

[6] 뇌성마비는 출생 이전, 도중, 이후 다양한 유전적 · 비유전적 원인에 의해 유아기나 초기 아동기에 경도-심도의 CNS 운동장애가 나타나는 만성질환.

[7] 신경세포 이동 장애는 뇌 발달 중 신경세포가 두뇌 회로 내의 근원지로부터 종착지에 이르는 동안 비정상적으로 이동해서 일어남. 그 결과로 두뇌 조직이 존재하지 않거나 비정상적으로 조직됨(가령 피질, 소뇌, 뇌간, 뇌량, 뇌신경). 유전성, 대사성, 후천성 병인에 의해 일어나며,[62] 일반적으로 비정상적인 화학적 유도(chemical guidance) 및 신호에 의해 나타남. 피질 이형증은 신경세포 이동 실패로 인한 대뇌피질의 구조적 분열을 일반적으로 일컫는 용어임. **다소뇌회증**(polymicrogyria)은 신경세포 이동의 실패로 인해 대뇌의 작은 회랑 수가 지나치게 많아 일어나는 장애를 뜻함. 지적 장애, 발작, 말장애를 포함한 운동 문제가 빈번함.

[8] 판개 증후군(opercular syndrome) 혹은 양측판개 증후군(biopercular syndrome)과 푸아-샤바니-마리 증후군은 성인기에 나타날 수도 있음(제12장 참조).

글상자 5-1

주요 말장애로 경직형 마비말장애를 진단받은 138명의 병인은 아래와 같음. 이는 유사임의적으로 추출된 사례들로 1999년부터 2008년 사이 메이요 클리닉을 내원한 환자들임. 괄호 안 숫자는 각 병인의 백분율을 뜻하며, 각 항목 아래 세부 병인은 빈도순(고빈도-저빈도)으로 나열하였음.

퇴행성(60%)
- 근위축성 측삭 경화증 또는 운동신경세포 질환, 원발성 측삭 경화증, ALS 의심 질환, 원인 불명의 퇴행성 중추신경계 질환, 진행성 핵상마비, 피질기저핵 변성, 다계통 위축증, 척수소뇌 변성, 프리드리히 운동실조

혈관성(17%)
- 비출혈성 뇌졸중(단일 혹은 다발), 출혈성 뇌졸중, 무산소성 또는 저산소성 뇌증

원인 불명(10%)
- 경직형 마비말장애만 나타나는 경우, 원인을 알 수 없는 병인으로 인한 여러 신경성 징후

선천성(8%)
- 뇌성마비

외상성(2%)
- 외상성 뇌손상, 신경외과적 외상(종양 절제술 후 외상)

탈수초성(1%)
- 다발성 경화증

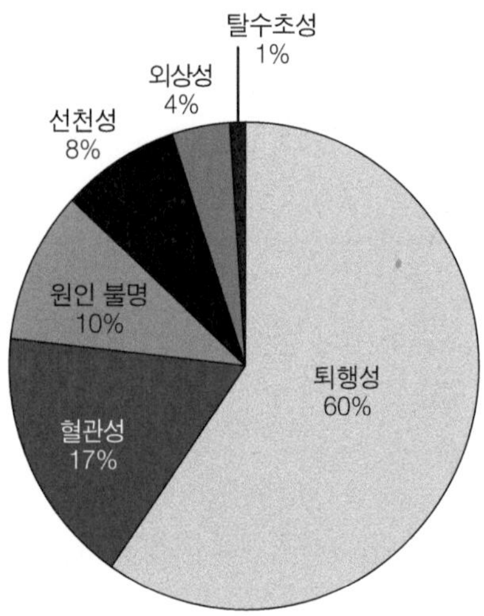

그림 5-1 1998년에서 2008년 사이 메이요 클리닉에서 경직형 마비말장애를 진단받은 138명 사례의 병인 분포도(세부 사항은 글상자 5-1 참고).

일반화할 수는 없음에 유의하자.

메이요 클리닉 자료에 따르면 경직형 마비말장애는 매우 다양한 질환에 의해 일어날 수 있으며 이완형 마비말장애와는 매우 다른 분포 양상을 보인다. 75% 이상이 퇴행성과 혈관성 병인이었다.

대다수 사례가 퇴행성 병인에 해당하였는데(59%), 그 중 ALS 또는 운동신경세포 질환, PLS, 진행성 핵상마비(PSP)가 높은 빈도를 보였다. 그러나 ALS와 PSP는 종종 다른 유형의 마비말장애, 특히 혼합형 마비말장애를 야기한다는 점을 짚고 넘어가도록 하자. 글상자 5-1에 포함된 ALS, PSP와 기타 퇴행성 질환은 제10장에서 더 자세히 다루도록 하겠다. 또한 여러 사례의 경우 신경적 진단을 특정할 수 없었으며, 이 중에서 절반에 가까운 환자들이 경직형 마비말장애를 유일하거나 가장 뚜렷한 신경 징후로 보였다. 이 신경 퇴행성 질환들은, 특히 초기일 경우 그 진단이 어려운 경우가 많다. 때로 부검이 이루어질 때까지 진단을 내릴 수 없는 경우도 있다.

혈관성 원인의 대부분은 비출혈성 뇌졸중이 차지한다. 일반적으로 비출혈성 뇌졸중이 신경혈관 장애의 대부분을 차지하기 때문에 이는 놀라운 사실은 아니다. 특히 이들 중 다수가 다발성 뇌졸중(multiple strokes) 환자였다. 단일 뇌졸중(single stroke) 환자 대부분의 병변은 뇌간이었다. 편측 단일 뇌졸중으로 확인된 환자는 보통 양측 손상 환자들이 보이는 비구어적(nonspeech) 임상 징후들을 보였는데 이는 '무증상(silent)' 혹은 아직 확인되지 않은 출혈이나 '손상되지 않았다'고 추정되는 반구 혹은 뇌간에 병변이 존재함을 의미한다. 뇌졸중 진단을 받은 몇몇 환자는 CT나 MRI에서 병변이 확인되지 않았는데, 이는 **뇌졸중 환자에게 경직형 마비말장애가 뇌졸중의 유일한 근거가 될 수 있음**을 시사한다. 또한 경직형 마비말장애의 말 특성이 때로는 편측 UMN 병변의 경우에도 나타날 수 있다.[9]

[9] 저자의 경험에 따르면 양측 손상의 근거가 없는 편측 뇌졸중인데도 불구하고 경직형 마비말장애가 확실하다면 단일 뇌졸중인 경

CP 또한 빈번한 병인 중 하나였는데, CP는 경직형 마비말장애 원인으로 잘 알려져 있다. 이 환자들 중에는 성인도 몇몇 포함되어 있었다.

또 다른 병인으로 외상성 뇌손상(traumatic brain injury, TBI)을 들 수 있다. Yorkston 등 연구[70]에서는 대부분의 TBI로 인한 마비말장애 환자가 경직형-실조형 혹은 이완형-경직형의 혼합형이라 보고하였으나, 이 자료에 따르면 TBI의 마비말장애로 경직형이 유일하게 나타났다. 두개골 내 외과적 수술 또한 경직형 마비말장애의 외상적 원인이었다.

많은 경우 원인이 불분명하였다. 일부는 복수의 잠정적 진단(뇌졸중 vs. 퇴행성 중추신경계 질환)을 받았으며, 일부는 마비말장애와 삼킴장애만이 확인되어 기술적 진단만 내려졌다(즉 진행성 마비말장애와 삼킴장애).

다발성 경화증(multiple sclerosis, MS)은 단 두 명의 환자에게 진단되었다. 이는 제10장에서 다루도록 한다.

이 자료에 반영되어 있지는 않지만 복수의 원인이나 사고에 의해서도 경직형 마비말장애가 나타날 수 있음을 주지하자. 경직형 마비말장애와 상관없는 질환으로 진단받은 환자라 하더라도 진단 이후 경직형 마비말장애가 나타나는 경우가 있는데, 이는 현재의 질환이 과거에 있었던 병변과 합쳐져 일어나는 결과다. 가령 편측 뇌졸중과 경직형 마비말장애 징후가 점차 뚜렷하게 진행되는 환자들의 경우, 과거에 이미 대측 뇌에 뇌졸중이 있었음이 나중에 확인되는 일도 드물지 않다(말장애가 있을 수도 있고 없을 수도 있음). 이 뇌졸중은 '무증상(silent, 발병 시 발견되지 않음)' 뇌졸중으로, 새로운 뇌졸중 증상 때문에 신경 영상(neuroimaging) 검사를 실시하였을 때 비로소 드러나기도 한다. 55세와 65세 사이 무증상 뇌졸중의 유병률(prevalence)은 11% 정도로 추정된다.[34]

글상자 5-1에 요약된 병변을 보면 대뇌피질, 방사관, 기저핵, 내포, 뇌교, 연수(medulla)를 포함한 UMN 체계의 경로를 따라 병변이 분포되어 있음을 알 수 있다. 혈관성 병인의 경우 국소적 병변이 매우 뚜렷하였다. 외상성 뇌손상(TBI), 퇴행성 질환, 원인 불명의 병인의 경우, 유일한 해부적 비정상성으로는 전신적(generalized) 혹은 산발적(diffuse) 위축(atrophy)이 빈번히 보고되었다. 상당수의 환자는 신경 영상 검사에서 대뇌의 병리 근거가 발견되지 않았다. 일부 환자는 경직형 마비말장애와 삼킴장애를 양측 병변의 유일한 임상 징후로 보였다는 점에 주목하자.

위의 후향적(retrospective) 자료에는 마비말장애의 중증도 정보가 포함되지 않았지만 이 중 138명(93%)의 환자 기록에서 명료도에 대한 언급을 찾아볼 수 있었는데, 62%의 환자에서 명료도의 저하가 보고되었다. 이 수치가 경직형 마비말장애의 말명료도 손상을 얼마나 잘 대표하는지는 알 수 없다. 명료도에 대한 언급이 없는 경우 명료도 문제가 없었을 것으로 추정되는데, 이 자료에는 여타 재활 현장에서보다 경도의 마비말장애가 더 많이 포함된 것으로 보인다.

마지막으로, 경직형 마비말장애는 양측, 다병소(multifocal), 혹은 산발적(diffuse) CNS 질환과 밀접히 관련되어 있으므로 우뇌손상, TBI, 실어증에 동반되는 치매라든가 인지-의사소통장애와 같은 인지장애를 함께 보이는 경우도 드물지 않다. 이 자료의 일부 환자의 경우(88%) 인지 능력이 주관적으로 혹은 정식으로 평가되었는데, 32%에서 어느 정도의 인지 손상이 보고되었다.

B. 환자의 자각 및 주 호소

경직형 마비말장애 환자의 주 호소를 통해 임상가는 말 진단 및 병소 추론의 근거를 얻을 수 있다. 이들 중 일부는 다른 마비말장애 유형에서 관찰되는 경우가 거의 없다. 이들을 사례 16과 부록 웹사이트의 Part IV 경직형 마비말장애 사례들에서 확인할 수 있다.

환자는 종종 말이 느리고 힘겹다고 호소한다. 말할 때 무언가 저항을 이기는 것처럼 느낀다고 하는데, 이런 표현은 경직형, 운동과잉형 일부를 제외한 다른 유형의 마비말장애 환자에서는 발견하기 힘들다. 말하는 동안 피로감을 호소하며, 피로할 때 말 문제가 악화된다고도 한다. 경직형 마비말장애의 경우 이완형처럼 빠른 시간 내에 극적으로 악화되는 경우는 거의 없지만, 중증근무력증 환자를 제외하면 이완형보다 경직형 마비말장애 환자가 피로감을 더욱 자주 호소한다.[10] 본인의 말을 상대방이 더 잘 이해할 수 있도록 더 느리게 말해야 한다고 느

우가 많음. 그 이유는 아직 밝혀지지 않음.

[10] 피로감은 신경성 질환의 주 호소로 빈번하게 나타남. 사지의 경직성 불완전마비의 경우 알파운동신경세포의 손상으로 인한 CNS 문제가 피로감의 원인이라고 여기지만 피로감은 전체 운동계 어느 요소의 손상에 의해서도 일어날 수 있음.[24] 예를 들어 UMN 손상 환자의 근육에 일어나는 생화학적 변화도 과한 피로감을 유발할 수 있음.[45] 이 생화학적 변화는 근육을 사용하지 않아 그 양과 무게가 줄어들었기 때문임.[22]

끼면서도 더 말을 빨리 할 수는 없다고 호소한다. 마지막으로 비음 섞인 말소리에 대해 불평하기도 하는데, 이는 이완형 마비말장애 환자들에게서 더 자주 관찰된다.

삼킴 문제 또한 종종 주 호소에 포함되는데, 이는 구강과 인두 단계의 삼킴 문제이며,[11] 병소가 뇌간일 경우에 삼킴 문제는 지속되는 경향이 있다.[55] 일부 경우, 양치 중에도 구토감을 느낄 만큼 구토 반사가 쉽게 유도된다. 환자들은 또 침 흘림(drooling)에 대해서도 이야기하는데, 이 호소는 다른 어떤 단일 유형에서보다 빈번하다. 마지막으로 많은 환자들이 특히 웃음과 울음의 감정 표현을 제어하는 일이 어렵다고 말한다. 이 가성구감정(실금)은 다른 단일 마비말장애에서는 매우 드물다. 이는 다음 절에서 자세히 다루도록 한다.

C. 임상적 관찰점

경직형 마비말장애는 자주 양측 사지 운동 징후 및 증상과 연결되는데, 이는 양측 중추신경계(central nervous system, CNS)의 손상을 의미한다.[12] 그러나 때로는 양측 혹은 심지어 편측 사지 문제가 없이도 일어나는 경우가 있고, 때로는 삼킴장애와 함께 신경성 질환의 징후로만 나타나는 경우도 있다.

구(연수)근육(bulbar muscles)에 영향을 미치는 양측 경직 마비는 가성구마비로 불려 왔다. 이는 언뜻 보면 연수마비(LMN 손상 및 이완형 마비말장애와 관련)와 유사해 보이기 때문에 명명된 임상적 증상이다. 피질뇌간 섬유의 양측 손상을 반영하는 것으로 다발성 혹은 양측 뇌졸중, CNS 외상, 퇴행성 CNS 질환, 뇌증 혹은 CNS 종양과 자주 관련되어 나타난다. 임상적 특성으로는 경직형 마비말장애, 삼킴장애, 기타 구강 기제 문제 등을 포함하는데 나중에 살펴보도록 하겠다.

비구어 구강 기제

몇몇 구강 기제 검사 결과는 특히 경직형 마비말장애를 밝히는 데 도움이 된다. 삼킴장애가 종종 동반되며 매우 심할 수 있다. 가령 32명의 경직형 마비말장애 환자를 대상으로 이루어진 한 연구에서는 94%가 삼킴장애를 동반하였으며, 이들 중 절반에 가까운 환자들은 구강을 통한 음식물 섭취가 불가능하였다.[48]

저작장애나 삼킴장애를 부인하는 환자도 있지만 임상가가 물어보면 환자들은 대개 느리게, 좀 더 조심스럽게 음식물을 씹는다거나, 혹은 씹기 어려운 음식물의 섭취가 어렵다거나, 아니면 음식물을 삼킬 때 조심해야 한다고 인정하는 경우가 많다. 비강 역류는 드물지만 침 흘림은 자주 일어난다. 또한 환자들은 이 문제가 침이 과하게 분비되는 탓이라고 보고하는 경우가 많은데, 이는 삼킴의 빈도가 줄어들거나 침 분비 조절을 잘 못해서일 가능성이 더 크다. 특히 목을 숙이고 있는 상태(가령 글자 쓰기)에서 비구강 활동을 할 때 침 흘림이 나타날 수 있다. 낮 동안 침 흘림이 있거나 없거나 관계없이 자고 일어났을 때 베개가 젖어 있다거나 입 주변에 침이 마른 흔적을 발견하기도 한다. 반사적으로 침을 삼킬 때 턱, 입술, 안면의 움직임이 종종 느려지며, 때로 삼키는 소리가 들리기도 한다.

편안한 상태의 얼굴을 관찰하면 팔자 주름이 얕거나 평평한 것을 알 수 있다. 또는 안면 표정이 다소 굳은 듯하거나 희미한 미소를 보이거나 입술을 내미는 모양을 유지하기도 한다. 반사적 혹은 감정 표현을 위한 안면의 움직임은 아주 느리게 일어나지만 일단 일어나면 과장되고 넘치게 나타나기도 한다.

흔히 가성구감정(실금)(pseudobulbar affect) 또는 병리적 웃음/울음(pathologic laughing and crying)이라 불리는 정서적 불안정(lability of affect)이 종종 뚜렷하게 나타난다(**사례 68**). 심하지 않을 때에는 환자가 '금방이라도 눈물을 흘릴 듯한' 표정을 짓는다. 더 심할 경우 이유없이 울거나 웃기도 하고, 울음과 웃음 사이에서 왔다 갔다 하기도 하며, 일단 시작하면 웃음이나 울음을 멈추기 어려워하기도 하다. 이런 감정적 반응은 자연스럽게 일어나거나 혹은 이런 문제가 있는지 물어볼 때 일어나기도 하는데, 울음이나 웃음, 이 중 어떤 반응이 더 쉽게 유도되는지는 당시 상황 및 감정적 부담량[13]에 따라 다르다. 때로 환자는 겉으로 드러나는 감정 표현이 실제 내적 감정 상태와 일치하지 않는다고 호소하기도 한다. 이 감

[11] 퇴행성 혹은 서서히 발병하는 신경성 질환에서 말장애와 삼킴 문제는 함께 일어나는 경우가 많음. 저자의 경험에 따르면, 편향적 의견일 수 있지만, 말장애가 선행하는 편임.

[12] 편측 UMN 병변은 대측 신체 운동에 영향을 미치는 징후 및 증상을 야기함. 편측 UMN 마비말장애도 이 증상 중 하나로, 제9장에서 다룸.

[13] (역자 주) 'emotional loading'의 의역으로 감정적으로 이끌어 내는 데 동반하는 부담량을 뜻함. 가령 일상적인 이야기를 꺼낼 때와 최근 일어난 가슴 아픈 사고에 대한 이야기를 시작할 때 감정적 부담량에는 차이가 있음.

표 5-2

경직형 마비말장애의 신경근육 손상

방향	리듬	속도		범위		힘	근긴장
개별적 운동	반복적 운동	개별적 운동	반복적 운동	개별적 운동	반복적 운동	개별적 운동	반복적 운동
정상	규칙적	느림	느림	감소(약화)	감소(편향)	감소	과도

출처: Darley FL, Aronson AE, Brown JR: Clusters of deviant speech dimensions in the dysarthrias, *J Speech Hear Res* 12: 462. 1969에서 수정 발췌.

정적 반응들은 말하는 동안 일어나 명료도나 대화 효율성에 영향을 미치기도 한다. 가성구감정(실금)은 감정적 불안정이나 치매를 뜻할 수 있지만 이들 없이, 혹은 가성구마비의 근거 없이도 나타나는 경우가 있다.[6] 이 조절 불가능한 감정적 반응 때문에 환자는 기분이 상하기도 하는데, Aronson[5]에서는 "작은 일에도 쉽게 울거나 웃는다는 점은 임상적으로 매우 중요하며, 가성구마비 환자들이 겪는 중요한 사회적·심리적 부담으로 인식될 필요가 있다."고 지적하였다.

비구어 구강 운동 기능 검사 결과, 턱의 강도는 대개 정상이다. 빠른 진전처럼 보이는 떨리는 **하악 경련**(jaw clonus)은 하품을 하기 위해 혹은 말을 시작하기 위해 입을 벌릴 때, 혹은 이를 꽉 물고 있다가 턱을 편하게 놓아 줄 때 뚜렷하게 나타나기도 한다. (부록 웹사이트 Part IV의 두 사례에서 뚜렷이 확인할 수 있다.) 안면에서 양측 약증이 나타날 수 있고, 입술을 잡아당기거나 앞으로 내밀 때 운동 범위가 감소되지만 LMN 병변에서만큼 하안부 약증이 두드러지지는 않는다. 혀의 경우, 위축 없이 대칭적 형태를 보이나 운동 범위는 감소될 수 있고 강도 검사 시 뚜렷한 약증을 보인다. 턱 움직이기, 입술 오므렸다 펴기, 혀 좌우로 움직이기 등의 비구어 AMR 결과, 종종 속도 및 운동 범위의 감소가 발견되나 전반적으로 규칙적인 리듬을 보인다.

구개는 보통 대칭적 형태를 보이지만 발성 시 느리거나 최소한의 운동만 보인다. 종종 과한 구토 반사가 발견된다.[14] 호흡 및 후두 관련 운동이 지나치게 느리지 않다면 기침이나 성문타격(glottal coup)은 정상적이다. 그러나 지나치게 느릴 경우, 기침이나 성문타격이 무디게 들릴 수 있다.

병리적 구강 반사는 빈번히 관찰된다. **흡철 반사, 입술을 내미는 반사, 손바닥 턱 반사, 하악 반사**는 종종 발견된다(**사례 66, 67**). 이 반사들이 쉽고 뚜렷하게 유도된다면 UMN 손상을 의미한다.

말

대화, 읽기, AMR, 모음연장은 경직형 마비말장애의 말 특성을 살피는 데 유용하다.[15] 이에 반해 말 강세 검사(speech stress testing)와 SMR은 그리 유용하지 않은 과제들이다.

각 뇌신경 및 이들의 비정상적 기능으로 인한 말장애를 나열하는 것은 경직형 마비말장애의 말소리 이해에 별 도움이 되지 않는다. 그 이유는 **경직형 마비말장애는 개별 근육의 약증보다는 운동 패턴 손상이 문제이기 때문이**다. 이는 CNS 운동 경로가 개별 근육의 운동보다 운동 유형을 제어하기 위한 형태로 구성되어 있음을 뜻하며, 동시에 LMN과 UMN 사이의 중요한 차이점을 보여 준다. 따라서 **경직형 마비말장애는 일반적으로 말 산출체계의 모든 구성요소(비록 요소 간 정도의 차이는 있으나)에 손상이** 있음을 의미한다.

표 5-2는 경직형 마비말장애에 영향을 미칠 것으로 추정되는 신경근육의 손상을 요약한 것이다. 일반적으로 말 산출을 위한 운동의 방향, 리듬 혹은 시간 조절은 정상적이다. 이 말장애의 주요 문제는 **개별적/반복적 운동 시 느린 속도 및 운동 범위와 강도의 감소, 과하거나 편향된 근**

[14] 중심앞(precentral) 피질과 중심뒤(postcentral) 피질 하부의 양측 손상 환자들 중 일부는 구토 반사를 보이지 않기도 함. 이 병변과 관련된 다양한 장애에 대해서는 제12장 판개 증후군 부분에서 다룸.

[15] AMR과 모음연장 과제는 '발달성' 경직형 마비말장애와 정상인 사이의 비교에 유용함. 뇌성마비로 인한 경직형 마비말장애 아동(6~11세)과 정상 통제군 사이의 수행이 현저하게 다르기 때문임.[69] 마비말장애 아동은 정상 아동보다 모음연장 과제 시 최대 연장 길이가 짧고 f_0 범위가 작으며, AMR 수행 속도 시 속도가 느리고, 음절 길이의 편차가 큼.

표 5-3

경직형 마비말장애의 비정상적 말 특성군

특성군	말 특성
과도한 운율	과균등 강세 느린 말 속도
조음-공명 부전	부정확한 자음 모음 왜곡 과다비성
불충분한 운율	단음도 단음량 강세 저하 짧은 구
발성 협착	낮은 음도 거친 음성 쥐어짜는 음성 음도 일탈 짧은 구 느린 말 속도

출처: Darley FL, Aronson AE, Brown JR: Clusters of deviant speech dimensions in the dysarthrias, *J Speech Hear Res* 12: 462, 1969에서 수정 발췌.

긴장 혹은 경직이다. 편향된 근긴장은 후두에서 가장 뚜렷하게 관찰되는데, 발성 중 과도내전(hyperadduction)이 그것이다. 신경근육의 손상과 경직형 마비말장애의 말 특성 간의 관계에 대해서는 다음 절에서 논하기로 한다. 또한 이 마비말장애의 신경근육 손상, 특히 운동 속도 및 범위의 감소는 음향학적 · 생리학적 특성에서 다룬다.

비정상적인 말 특성 및 특성군

Darley, Aronson, Brown(DAB)[18]은 가성구마비 환자들로부터 네 개의 말 특성군을 확인하였다. 이 특성군은 경직형 마비말장애의 기저 신경근육 손상과 그로 인한 말 산출체계의 비정상적 기능, 그리고 다른 마비말장애 유형과의 변별에 유용한 말 특성을 이해하는 데 도움이 된다(표 5-3).

첫 번째 특성군은 **과도한 운율**로, **과균등 강세**, **느린 말 속도**로 나타난다. 이 특성들은 개별적 · 반복적 운동이 느리기 때문으로 추정된다. 운동이 느리면 자연히 말 속도가 감소하며, 또한 강세도 과하고 동일해진다. 정상적인 운율을 위해서는 음도, 음량 및 구간 길이가 적절히 조절되어야 하는데, 이를 위한 근육의 조절 속도가 느리기 때문이다. 전반적으로 말 속도가 느리면 강세가 과도하고 동일하다는 청지각적 인상을 주는데, 이는 긴 음절은 보통 강세를 받는 음절일 가능성이 높기 때문이다.

두 번째 특성군은 **조음-공명 부전**(incompetence)으로, **부정확한 자음**, **모음 왜곡**, **과다비성**으로 나타난다. 이는 조음 및 연인두 운동의 범위와 강도가 감소되어 일어나는 것으로 해석된다. 연인두 특성과 조음 특성의 높은 상관관계는 연인두 기제가 공명뿐만 아니라 조음 기능에도 관여함을 의미한다(가령 연인두의 폐쇄가 제대로 이루어지지 않으면 자음 산출에 필요한 압력이 낮고 조음이 부정확해진다).

세 번째 특성군은 **불충분한 운율**로, **단음도**, **단음량**, **강세 저하**, **짧은 구**를 포함한다. 이 특성들은 대개 음성의 변이가 줄어들기 때문이다. 따라서 강세 음절이 강세를 아예 받지 못하거나 충분히 받지 못하며, 음도 및 음량의 변이가 미미하다. 운동 범위의 감소 또한 이 특성군에 영향을 미칠 가능성이 높다.

네 번째 특성군은 **발성 협착**(phonatory stenosis)으로, **낮은 음도**, **거친 음성**, **쥐어짜는 음성**, **음도 일탈**, **짧은 구**, **느린 말 속도**를 포함한다. 이 특성들은 좁아진 성문으로부터 말소리를 내다 보니 발화구의 길이나 말 속도가 감소하기 때문에 나타난다. 이는 후두가 과하게 긴장하면서 지나치게 내전하거나 혹은 외전에 저항한다는 가정하에 설명된다. 말이 느리고 발화구가 짧은 것 또한 연인두 및 기타 조음 폐쇄가 느리고 불완전하게 일어나는 것과 관련이 있다.

DAB는 일부 경직형 마비말장애 환자로부터 **기식적 음성**을 발견하였는데, 이는 특정 특성군과 연결되지 않았다. 기식적 음성이 어느 정도 성대의 약증을 반영하기는 하지만 보상 반응으로 일어날 수도 있다. 가령 일부 환자의 경우, 후두 협착을 방지하기 위해 성대내전을 일부러 불완전하게 하거나, 날숨을 촉진하기 위해 또는 후두 협착으로부터 한숨 돌리기 위해 일부러 성대를 외전하기도 한다.

표 5-4는 DAB가 확인한 경직형 마비말장애의 비정상적 말 특성들을 요약한 것이다.[17] 중증도를 기준으로 심한 경우부터 순서대로 정리한 것으로, 가장 변별적인 특성대로 정리한 것이 아니다. 예를 들어 부정확한 자음은 경직형 마비말장애에서 가장 비정상적인 말 특성으로 평가되기는 하지만 모든 주요 마비말장애 유형에서 발견되며, 따라서 경직형 마비말장애를 **변별해 내는** 특성은 아

표 5-4

DAB[12]가 확인한 경직형 마비말장애의 가장 비정상적 말 특성. 중증도를 기준으로 가장 심한 경우부터 순서대로 정리됨. 또한 각 특성과 연관된 말 산출체계의 구성요소도 표기함. 이 중 '운율' 요소는 여러 구성요소가 영향을 미칠 때를 뜻함. (아래 표기된 부록 웹사이트의 Part I~III 사례 외에도 표기되지는 않았지만, Part IV 경직형 마비말장애 사례들에서 이 특성들을 확인할 수 있음.)

특성	말 구성요소
부정확한 자음(조음)	조음
단음도(**사례 11, 32, 86**)	후두
강세 저하	운율
거친 음성(**사례 86**)	후두
단음량(**사례 11, 32, 86**)	후두-호흡
낮은 음도*	후두
느린 말 속도*(**사례 32, 36**)	조음-운율
과다비성(**사례 26, 84, 86**)	연인두
쥐어짜는 음질*(**사례 8~10, 74, 86, 88**)	후두
짧은 구	후두-호흡-연인두 또는 조음
모음 왜곡	조음
음도 일탈	후두
기식 음성(지속적)	후두
과균등 강세(**사례 33**)	운율

*다른 마비말장애 유형과 분별되는 특성이거나 다른 유형들에 비해 특히 뚜렷한 특성.

니다.

여러 연구에서 연속 발화 과제 시 느린 말 속도가 일관적으로, 청지각적으로 뚜렷하게 두드러진다고 보고하였으며, 이 느린 말 속도는 다른 마비말장애 유형에서보다 또는 경직형 마비말장애를 일으키지 않는 질환에서보다 더 자주 뚜렷하게 나타난다(예: Kammermeier[36] [DAB[19]에 요약]; Lundy 등[41]). 느린 AMR 속도 또한 여러 연구에서 보고되었는데,[23,31,39,53] 이 선행 연구들은 '발달' 경직성 마비말장애 아동도 포함한다.[69] 경직형 마비말장애의 느린 음절 산출 속도는 말명료도 및 자연스러운 정도(naturalness)와 상관관계를 갖는다.[40]

표 5-5

경직형 마비말장애의 주요 변별적 특성 및 말 관련 검사 결과. (표에 명시하지는 않았으나 부록 웹사이트 Part IV 경직형 마비말장애 사례들에서도 확인할 수 있음.)

지각적 특성	
발성	쥐어짜거나 거친 음질(**사례 8~10, 74, 86, 88**)
조음-운율	단음도와 단음량(**사례 11, 32, 86**) 느린 말 속도(**사례 32, 36**) AMR 과제 시 느리고 규칙적(**사례 40, 41, 43, 88**)
신체적 특성	삼킴장애, 침 흘림 안면 및 혀 약증 병리적 반사(흡철반사, 입술을 내미는 반사, 손바닥 턱 반사, 하악 반사)(**사례 66, 67**) 가성구감정(실금)(**사례 68**)
환자의 주 호소	느린 말 속도 힘들여 말함 말할 때 피로감 저작-삼킴의 어려움 감정 표현 조절 문제(**사례 68**)

AMR=교대운동속도(alternate motion rate)

> 경직형 마비말장애를 다른 말운동장애로부터 구분할 수 있는 특성으로는 무엇이 있을까? 여러 말 특성 중 **쥐어짜는-거친 음질, 단음도와 단음량, 느린 말 속도, 느리고 규칙적인 AMR이 경직형 마비말장애의 존재를 의미하는 가장 변별적 말 특성이다.**

표 5-5는 경직형 마비말장애의 주요 변별적 특성과 구강 기제 검사 결과 및 환자의 주 호소를 요약해 놓은 것이다.

D. 음향학적 · 생리학적 관찰점

이 절에서는 후천성 경직형 마비말장애의 음향학적 · 생리학적 연구에 초점을 맞추되 뇌성마비 아동 및 성인들을 대상으로 한 연구 결과도 포함하도록 하겠다. 이는 표 5-6에 요약되어 있다. 그림 5-2는 '느리고 규칙적인 AMR'이라는 청지각적 인상을 뒷받침하는 음향학적 결과를 보여 준다. 그림 5-3은 '느린 말 속도와 비정상적 운율' 청지

표 5-6

경직형 마비말장애의 음향학적 · 생리학적 연구 결과 요약*

말 구성요소	음향학적 · 생리학적 결과	
호흡 (혹은 호흡 또는 후두)(경직형 뇌성마비 연구 결과를 바탕으로)	감소하는 변수: • 흡기 용적과 호기 용적 • 호흡량(respiratory intake) • 폐활량 • 최대 모음 길이 • 호흡 운동 시 시각운동 추적이 잘 안 됨	
후두	감소하는 변수: • 배음 대 소음 비율(harmonic-to-noise ratio) • 후두 기류 • 기본주파수 변이 말 산출 시 참성대와 거짓성대의 과도내전 음도 조절 시 시각 운동 추적이 잘 안 됨	증가하는 변수: • 강도 변동률과 주파수 변동률 • f_0 표준편차 • 성문하압 • 성문저항 • 비통사적 휴지(nonsyntactic breaks)
연인두	연인두 운동이 느림 연인두 폐쇄 부전	
조음, 말 속도, 운율	감소하는 변수: • 전반적 말 속도(분당 단어 수, 초당 음절 수, 음소 길이) • AMR • 혀, 턱, 구개 운동의 속도 및 범위 • 조음체의 가속 및 감속 • 입술 운동의 최대 속도 • F2 전이(transition)의 속도 및 기울기 • 진폭(amplitude)의 변이 속도 • 혀의 강도 • 혀 최대 수축 유지 능력 • 모음 공간 • 조음 시 조음체 간의 접촉 • 자음군 완성도 • 무성 자음의 날카로운 정도 • /s/ 스펙트럼 기울기(부정확성) • 구강 압력 • 자음 산출 시 음압 레벨 대조성 • 폐쇄음 산출 시 폐쇄 개방 진폭 • 단어 초 강세 표현을 위한 주파수 및 강도 증가 • 단어 말 강세를 위한 조음 노력 모음 포먼트 중앙화 음절 간 구간의 음향 에너지(부정확성) 무성 폐쇄음의 유성화 혀와 조음체 간의 불완전한 접촉 마찰음화	증가하는 변수: • 비발성 구간(nonphonated interval) 길이 • /s/ 산출 시 소음 진폭 혹은 스펙트럼 형태 변이 • /s/ 산출을 위한 폐쇄 전 소음 • 음소 간 전이 구간 • 음절 간 길이 • AMR 수행 시 시간 변수 및 진폭 변이

AMR=교대운동속도(alternate motion rate)

*이 표 내용의 상당수는 한 명 혹은 소수의 환자들을 대상으로 한 연구 결과에 기반을 둔 것으로, 경직형 마비말장애 환자 모두가 이 모든 특성을 보이지는 않음. 또한 이 중 여럿은 경직형 마비말장애에서만 발견되는 것은 아니며 다른 말운동장애나 비신경성 병인에 의한 말장애에서도 보임.

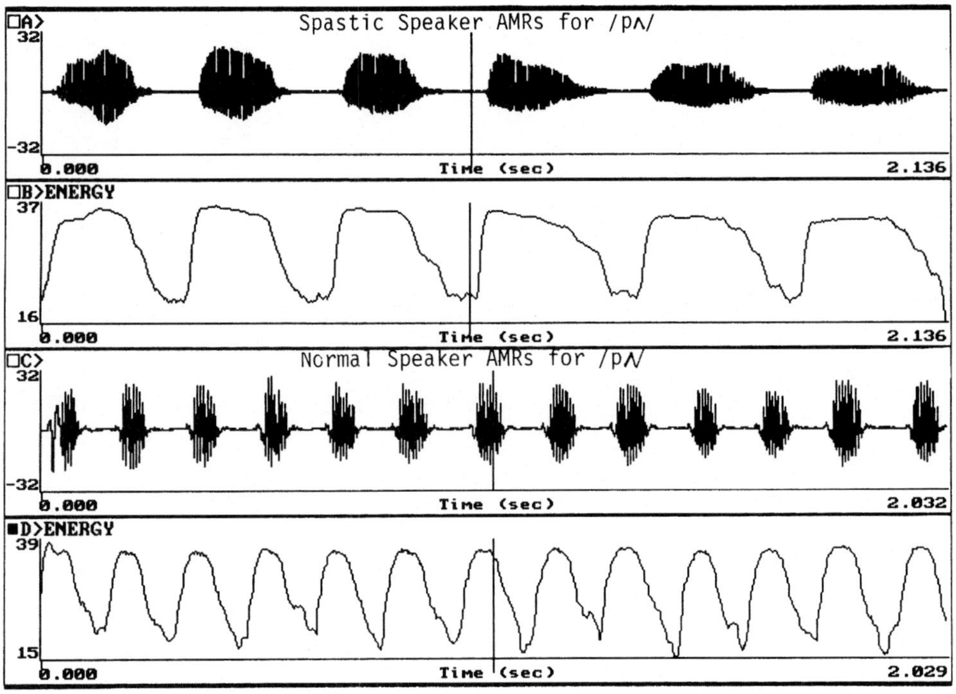

그림 5-2 정상인(아래 두 그림)과 경직형 마비말장애 화자(위 두 그림)의 '퍼' AMR 수행 파형과 에너지 궤적. 정상인의 경우 AMR 속도는 정상이었고(~6.5Hz) 비교적 음절 길이와 강도가 규칙적으로 반복됨. 반면 경직형 마비말장애 화자의 경우, AMR 속도가 느리고(~3Hz) 규칙적임. 이 자료는 경직형 마비말장애 화자의 AMR이 느리고 규칙적이라는 청지각적 인상을 뒷받침함.

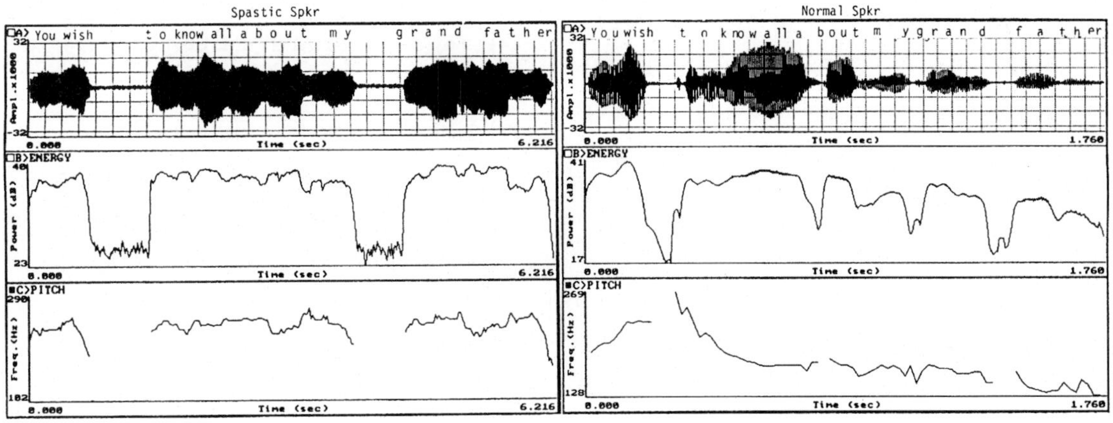

그림 5-3 두 여성 화자의 "You wish to know all about my grandfather." 발화 파형과 기본주파수(f_0) 궤적. 정상인의 경우(우), 이 문장을 2초도 안 되는 동안 읽었으며 음절 길이와 진폭(에너지 궤적)의 변이가 정상적이었음. 또한 문장 발화 동안 f_0의 변이 및 하강(음도 궤적)도 정상이었음. 반면 경직형 마비말장애 화자의 경우(좌), 말 속도는 느렸음(이 발화에 약 6.2초 걸렸음). 'wish'와 'to' 사이, 'my'와 'grandfather' 사이 묵음 휴지가 눈에 띄게 긴데, 이는 이 단어들에 포함된 자음 /t/와 /g/의 조음을 위한 폐쇄와 파열이 천천히 이루어졌음을 의미함. 또한 이 발화의 에너지와 음도 궤적을 보면 음절 간 경계가 뚜렷하지 않음을 알 수 있는데, 이는 유성이 지속되고 강도와 음도의 변이가 제한적이라는 것을 반영함. 이 음향학적 특성은 경직성 마비말장애 환자들에게서 자주 관찰되는 느린 말 속도, 단음도, 단음량 등의 청지각적 특성과 일치함.

각적 인상을 뒷받침하는 음향학적 결과를 보여 준다.

호흡

후천성 경직형 마비말장애의 말 호흡 특성에 대해서는 알려진 바가 거의 없다. 다만 PLS 환자들의 경우, 수의적 호흡 시 근육의 활성화가 감소되거나 중추적 호흡 개시(central respiratory drive)에 문제를 겪는다는 것은 잘 알려져 있다.[28]

후천성 경직형 마비말장애 환자의 경우, 경직형 뇌성마비 환자가 갖는 다음과 같은 호흡 문제를 겪기도 한다. (1) 흡기 용적과 호기 용적의 감소로 인해 숨을 얕게 쉰다. (2) 호기 시 복부 근육의 이완이 이루어지지 않아 호흡량이 줄어드는 역행성 호흡(paradoxical respiration)을 한다. (3) 폐활량이 감소된다.[5,19]

이 호흡 문제가 경직형 마비말장애의 말에 미치는 영향에 대해서는 확실히 알려지지 않았다. 경직형 마비말장애는 대개 성대의 과도내전(hyperadduction)을 동반하기 때문에 호기 용량(expiratory capacity)이 정상이라 하더라도 기류가 후두 저항을 극복해야 하는데, 이로 인해 호흡 문제가 말 산출에 미치는 영향 정도를 정확하게 이해하기는 더욱 어렵다. 때로 말 산출 도중 성문 협착이 심해지면 화자가 의도적으로 상당한 양의 공기를 내보내기도 한다. 그 결과 간헐적으로 기식적 음성이나 기류 누출이 일어나며, 이 때문에 호흡군(breath group)당 발화 길이도 짧아진다. 따라서 비정상적인 호흡은 기저 호흡 자체뿐만 아니라 후두(공명과 조음 역시 가능) 문제의 부차적 결과물로 일어날 수도 있다.

후두 기능

안정 시 후두를 시각적으로 검사해 보면 쉴 때에는 정상적이나, 말하는 동안에는 참성대 및 거짓성대의 양측성 과도내전(hyperadduction)이 뚜렷하게 관찰된다.[5,71]

가성구마비 혹은 다발성 양측 뇌졸중 환자들을 대상으로 한 연구들은 연결 발화(connected speech)와 모음연장 과제 시 후두 기능을 다양한 음향 변수를 통해 살펴보았다. 그 결과, 강도 변동률과 주파수 변동률의 증가,[16] 비통사적 휴지(nonsyntactic breaks)의 증가, 기본주파수(f_0)의 표준편차 증가, 배음 대 소음 비율(harmonic to noise ratio) 감소, 기본주파수 및 강도 변이 감소, 분당 단어 수와 초당 음절 수 감소, 최대 모음연장 길이 감소 등이 보고되었다.[36](DAB[19], Patel과 Campellione[52], Sherrard, Marquardt, Cannito[59] 보고와 일치.)

Murdoch과 동료들은 근전도와 공기역학 변수들을 이용하여 뇌졸중 마비말장애 환자들의 후두 기능을 살펴보았는데,[45] 그 결과 성문하압 증가, 성문 저항 증가, 후두 기류 저하 같은 과기능(hyperfuctional) 특성들이 보고되었다. 그러나 피험자들 중 일부는 반대로 기능 저하(일부 환자들에게서 기식적 음성이 지각)를 보였으며, 이는 후두의 과긴장과 근육의 뻿뻿함(muscle stiffness)을 보상하기 위한 것으로 보였다. 피험자 절반 정도의 경우 지각적 결과와 도구 분석 결과가 서로 일치하지 않았다(가령 후두의 과기능으로 지각된 특성들이 도구 분석 결과 기능 저하를 반영하는 경우나 그 반대). 연구자들은 이 차이가 연구 접근 방법의 차이, 이용 과제의 차이, 혹은 보상 전략의 차이에 의해 일어날 수 있다고 해석하였다.

연구 결과는 대체적으로 단음도, 쥐어짜는-거친 음질, 느린 말 속도와 같은 경직형 마비말장애의 주요 지각적 특성들과 일치한다. 기능 저하를 보고한 공기역학 연구 결과를 고려하면 이 환자들이 후두 약증을 지녔을 가능성도 있다. 그러나 이보다는 환자들의 보상 전략, 후두 경직의 역학(dynamics) 혹은 연구 방법의 차이 때문에 이런 결과가 나왔을 수도 있다. 지각적 분석 결과와 도구 분석 결과 차이는 서로 다른 연구 방법 때문이기도 하지만 한편으로는 지각적으로 놓치기 쉬운 특성들이 도구 분석에 의해 밝혀질 수 있음을 의미하기도 한다.

연인두 기능

경직형 마비말장애 환자의 구개는 모음연장 과제 중 느리게 움직이거나 전혀 움직이지 않을 수 있다. 이런 구개의 부동(immobility), 느린 운동, 불완전한 연인두 폐쇄 등은 비디오투시검사(videofluoroscopy) 및 비강내시경검사(nasoendoscopy)로 뚜렷하게 관찰할 수 있다.

일부 'UMN 마비말장애' 환자의 경우, 가속도계 기록(accelerometric recordings)상 과다비성이 관찰되기도 한다.[65] Ziegler와 von Cramon[71] 연구는 일부 경직형 마비말장애 환자가 무성 폐쇄음을 유성화하는 경향을 발견하였는데, 이런 왜곡은 성대 기능이 정상적이라 할지

[16] 강도 변동률과 주파수 변동률은 음성이 규칙성으로부터 얼마나 벗어나는가(변동)를 측정하는 '단구간(short-term)' 변수들. 강도 변동률은 '후두 파형상 진폭 정점의 주기 대 주기 변이'를 반영하며, 주파수 변동률은 '기본주파수 주기(period)의 주기 대 주기(cycle-to-cycle) 변이'를 반영함.[37]

라도 연인두강과 구강이 완전히 맞닿지 않아 발성 중지를 방해하기 때문에 일어난다고 해석하였다.[17] 특히 이 중 한 환자는 콧구멍을 막아 연인두문으로 내보내는 공기량이 줄어든 상태에서도 무성폐쇄음을 산출해 더욱 이 해석에 힘이 실렸다. 이를 통해 말 산출체계의 여러 단계 간 상호작용에 의해서도 조음 결과물이 달라질 수 있음을 알 수 있다.

조음, 속도, 운율

음향학적 · 생리학적 연구는 경직형 마비말장애의 조음 역학, 말 속도, 운율 문제를 이해하는 데 크게 기여해 왔다. 이 절에서는 그중 일부를 자세히 살펴보면서 그 논리적 배경과 임상에서 발견되는 지각적 결과와 관계에 대해 생각해 보자.

음향 연구 결과들은 느린 운동 속도, 운동 범위 및 정확도의 감소라는 지각적 판단을 뒷받침한다. 느린 운동의 근거로는 전반적으로 느린 말 속도, 단어, 음절, 음소 길이의 증가, 느린 음소 간 전이, 음절 간 휴지의 증가, 강도 변이 속도의 감소, 느린 말 AMR 등을 들 수 있다. 운동의 범위 및 정확도 감소의 근거로는 음절 간 구간 음향 에너지의 존재(부정확한 조음, 마찰음화)와 모음 포먼트의 중앙화를 들 수 있는데, 특히 포먼트의 중앙화는 제한적인 운동 범위를 의미한다.[18] 일부 연구[39,53]는 AMR 속도가 느리다는 지각적 판단과 일치하는 결과를 재확인하였으며, 더 나아가 지각적으로 발견하기 힘든 특성, 즉 시간 조절 및 강도의 비정상적인 편차를 보고하기도 하였다.

모음연장과 말 AMR 검사가 '발달성' 경직형 마비말장애 아동과 정상 아동 구별에 매우 중요한 검사라는 점도 알려졌다. 경직형 마비말장애 아동은 정상 아동에 비해 모음 최대 연장 길이가 짧고 f_0 범위가 작았으며, AMR 과제 시 속도가 느리고 음절 길이의 편차가 컸다.[69]

몇몇 음향 연구는 경직성 마비말장애의 부정확한 조음이 운동 속도 및 범위의 감소 혹은 조음, 연인두, 후두 밸브(valve)의 약증과 관련 있음을 주장하기도 하였다. 이는 무성폐쇄음의 날카로움(sharpness)이 약해지면서 유성화되는 경향이나 자음 간 음압 레벨(sound pressurve level, SPL) 차이의 감소(Alajouanine, Sabouraud, Gremy, 1959로 DAB[19]에 요약; Ziegler와 von Cramon[71]) 등을 포함한다. Ziegler와 von Cramon[71] 연구에서는 음압 레벨의 차이가 줄어들어 폐쇄음 산출 시 파열의 진폭이 감소되고 마찰 소음이 생길 뿐만 아니라 유무성 상태가 잘못되거나 과다비성이 일어난다고 보았다. 또한 조음 속도를 작위적으로 조절해야 환자들이 자음과 모음을 올바르게 산출할 수 있다고 보고하였다. 더불어 후두와 상후두 운동 간의 시간 조절을 반영하는 성대진동 시작시간(voice onset time, VOT)의 경우, 경직형 마비말장애 환자(84% 측정 가능)는 정상 화자(95% 측정 가능)보다 측정 불가능한 경우가 훨씬 많다.[51] 이는 주로 폐쇄 자음의 파열을 확인할 수 없기 때문인데, 즉 조음 폐쇄가 완전히 이루어지지 않거나 부정확하게 이루어졌음을 뜻한다. 특정 음향 변수를 측정할 수 없다는 것은 한편으로는 이 마비말장애가 지닌 비정상성을 간접적으로 드러내는 것이기도 한데, 변수에 따라서는 비정상적 운동을 추론할 수 있다.

또한 단어 초에 위치한 /s/의 스펙트럼과 스펙트로그램을 분석한 연구 결과 세 가지 음향학적 비정상성이 확인되었는데, 이들을 함께 고려할 때 말명료도의 예측이 가능하였다.[12] 이 연구는 소수의 마비말장애를 대상으로 하였으며 경직형 CP도 일부 포함되었다. 이 연구에 사용된 변수는 다음 세 가지였다. (1) 스펙트럼 기울기(spectral tilt), 스펙트럼상 중주파수에 비해 고주파수 진폭의 상대적 두드러짐을 측정하는 변수로 설단(tongue blade)이 입술에 어느 정도 근접하는지 간접적으로 나타내며, 따라서 조음 정확성의 간접적 변수라 할 수 있다. (2) 시간에 따른 변화, /s/ 산출 동안 소음의 진폭 혹은 스펙트럼 형태의 시간적 변화를 측정하는 변수로 구강내압과 설단(턱도 포함 가능)의 위치 및 형태 유지를 간접적으로 측정한다. (3) 전구체(precursor), /s/ 폐쇄 이전에 일어나는 이상 소음 혹은 유성 에너지량을 측정하는 변수로 /s/ 산출 시 호기압(expiratory pressure), 성대 배열(vocal fold configuration), 설단의 위치/형태 간 협응을 간접적으로 측정한다.

몇몇 연구는 말 산출 구조물별로 손상의 정도가 다르다고 보고하였다. 예를 들어 '자음-모음-자음' 연속음을 음향학적으로 분석한 결과, 설단과 후설 쪽의 운동 문제 정도가 달랐다.[71] 턱 운동 범위와 조절 정도가 상대적으로 정상이라는 보고도 있었는데,[31,43] 이는 혀와 입술의 운동 문제를 보상할 능력이 유지됨을 시사한다.[31] 비구어 시각운동 추적 과제(nonspeech visuomotor tracking

[17] 재빨리 후두 상태를 조절해야 한다는 점 때문에 무성 자음의 유성화 오류를 보이기도 한다.

[18] 참고문헌 23, 31, 39, 40, 50, 53, 71.

task) 동안, 피험자들은 아랫입술과 턱을 움직이는 동안 호흡 혹은 후두 활동을 유지하면서 눈으로는 사인 파형(sinusoidal wave)을 따르도록 하였다. 한 명의 경직형 마비말장애 화자는 호흡과 후두 궤적에서는 정상인보나 수행 정도가 낮았으나 턱과 입술 조절 능력은 정상이었다.[43] 이 결과들을 종합적으로 고려해 보면 경직형 마비말장애는 말 산출체계의 여러 단계에서 정교한 운동 조절 문제를 보인다는 점을 알 수 있다.

3명의 경직형 마비말장애를 대상으로 문장 산출 동안 아랫입술의 궤적을 살핀 한 연구에서는 이들이 입술의 개방 및 폐쇄 시 최고 속도가 느렸으며 입술을 최대로 움직였을 때 그 정점 속도(peak velocity) 또한 낮았다.[3] 이 결과는 '뻣뻣함(stiffness)'과 '상부운동신경세포 손상으로 인한 중추 불완전마비(central paresis)'를 반영하는 것으로 해석되었다. 몇몇 다른 연구에서도 다양한 생리학적 연구방법을 통해 경직형 마비말장애의 혀, 턱, 구개 운동 속도가 느리고 운동 범위가 감소한다는 것을 보고해 왔다.[31-33,38]

Thompson, Murdoch, Stokes 연구[65]에서는 고무 설압자 변환 시스템(rubber bulb tongue pressure transducer system)을 이용해 'UMN 유형 마비말장애'를 일으킨 뇌졸중 성인 환자들을 대상으로 혀의 강도, 반복 운동 속도, 최고 수축 유지 능력을 검사하였다. 이들 중 3명은 양측 병변 환자였다. 정상 화자들과 대조적으로 이들은 혀의 강도, 반복 운동 속도, 최대 수축 유지 능력(즉 내구력)의 감소를 보였다. 흥미로운 점은 혀 기능 변수들이 청지각적으로 측정된 조음의 적절함 정도와 유의한 상관관계를 보이지 않았다는 것이다. 연구자들은 이를 아마도 일부 피험자들의 경우 말에 영향을 미칠 만한 임계 수준(critical level) 이상으로 혀의 강도가 약해졌거나 혹은 이 두 변수 간의 관계가 선형적이지 않기 때문일 것으로 해석하였다. Dworkin과 Aronson 연구[23] 또한 경직형 마비말장애 화자들에게서 혀의 강도가 감소되었음을 확인하였으나 다른 마비말장애 유형 환자들보다 더 심한 정도는 아니라 보고하였다.

피험자 수가 적긴 하였으나 전자구개운동기록기(electropalatography, EPG) 연구 결과 경직형 마비말장애 환자가 말할 때 혀-구개의 접촉이 비정상적으로 일어난다는 것이 밝혀졌다. 즉, 완전하게 맞닿지 못하거나, 접촉 영역이 좁거나, 접촉 횟수가 정상보다 더 많다.[26,29] 공간뿐만 아니라 시간적 비정상성도 관찰되었는데, 이는 말 산출 시 혀의 운동이 정확하지 못함을 뜻한다.

느린 말 속도는 경직형 마비말장애의 운율 특성으로 자주 거론되어 왔지만 강세 패턴은 큰 관심을 받지 못하였다. 한 연구에서는 5명의 경직형 마비말장애 화자에게 세 단어로 이루어진 분장을 여러 번, 강세를 다른 단어에 주면서 반복하도록 하고, 구강내압의 정점, 압맥박(pressure pulse) 길이, f_0, 모음 길이, 모음 강도 등을 측정하였다.[46] 그 결과, 마비말장애 환자들은 마지막 단어에 강세를 줄 때 주파수와 강도만을 이용해 강세를 표현하였다. 이들은 대개 보상적인 방법으로 강세를 표현하였다. 가령 구절 내 첫 단어에 강세를 주기 위해 조음 노력을 증가시키는 듯하였지만, 반면 마지막 단어에 강세를 줄 때는 f_0와 강도는 달라졌지만 조음 노력은 증가하지 않았다. 이 연구에 따르면, 경직형 마비말장애 화자들은 주로 자음 관련 신호들을 이용해 첫 단어에 강세를 주는 반면, 모음 관련 신호는 오히려 강세를 받지 않았을 때보다 약화시킨다. 그러나 구절 내 마지막 단어에 강세를 표현할 때는 모음 전략을 이용하면서 조음 노력은 줄인다. 이들은 전반적으로 강세 표현에 모음 길이를 이용하지 않았지만, 최근의 한 음향 및 지각 연구에 따르면, CP에 의한 경직형 혹은 경직형-이완형 마비말장애 성인 화자들은 짧은 문장들을 발화할 때 기본주파수와 강도의 변이보다 길이에 의존하여 강세를 성공적으로 표현한다고 한다.[52]

마지막으로 심도의 경직형 마비말장애 남성 화자 한 명을 대상으로 한 연구에서는 F2 포먼트의 전이가 느리고, 기울기가 얕으며(다시 말해 운동 속도와 범위가 감소), 모음 공간이 감소함(다시 말해 여러 모음 간 음향학적 변별성이 감소)을 보고하였다.[57] 비음치 검사(nasometry)와 공기역학 검사를 통해 구강압력의 감소, 비강 기류의 증가, 비음 증가 등을 확인하기도 하였다. 이 도구 분석 결과는 모두 경직형 마비말장애의 청지각적 특성과 일치한다. 이 연구는 특히 지각적 · 음향학적 · 생리학적 변수들을 종합적으로 이용하여 어떤 말 산출체계가 명료도 저하에 영향을 미치는지 살피고, 나아가 치료법 결정 및 치료 효과 측정에 대한 이해를 넓혔다는 점에서 주목할 만하다.

요약하자면 음향학적 · 생리학적 결과들을 통해 경직형 마비말장애는 모든 말 산출단계에 손상이 있음을 알 수 있다. 이 연구 결과는 대부분 지각적 특성들을 뒷받침하는 방향으로 보고되어 왔다. 모든 말 산출 하위 체계에서 운동 속도 및 범위, 정확도가 감소한다는 근거가 제시되었으며, 때로는 운동 제어에 변이가 일어난다고 보고되기도 하였다. 이 결과는 부정확한 조음이라는 지각적 관찰을 뒷받침하였을 뿐만 아니라 더욱 정교한 방법으로 조음의 부정확성을 관찰하였다. 또한 적어도 일부 화자의 경우 조음의 정확도와 제어 능력이 부족하다는 것도 확인하였다. 생리학적 연구들은 말 속도가 느리다는 청지각적 판단의 운동역학적 근거를 밝혀 왔으며, 또한 경직형 마비말장애에게 경직과 약증이 함께 나타나는 근거도 확인하였다. 경직형 마비말장애와 관련된 신경근육적 문제가 말 산출단계 간에 정도의 차이를 보인다는 근거도 보고되었다. 마지막으로 조음의 정확도, 안정성, 협응을 측정하는 일부 음향 변수와 명료도와의 상관관계도 확인하였다. Chen과 Stevens 연구[12]는, 음향학적 분석의 목적 중 하나는 "마비말장애의 말명료도를 예측하는 일련의 변수들을 조합하고, 말 산출체계의 정상적 제어에서 이들이 얼마나 벗어나 있는지 해석할 수 있는 것"이라고 결론 내렸다. 이 목적을 달성할 수 있다면, 특히 자동적이고 비용 효율적(cost-effective)으로 이루어질 수 있다면, 음향학적 분석은 임상 실무에서 매우 유용하게 쓰일 수 있을 것이다.

VI. 사례

사례 5-1

65세 여환은 6개월간의 '어눌한 말(slurred speech)'과 삼킴장애 때문에 신경과에 내원하였다. 환자는 이전에 다른 의료 기관의 처방에 따라 중증근무력증 치료를 위해 메스티논(Mestinon)을 복용하였으나 호전되지 않았다.

신경 검사 결과, 말 및 삼킴 문제뿐만 아니라 경도의 양측 안면 약증과 과한 심부건 반사(deep tendon reflex) 및 바빈스키 반사가 확인되었다. 사지의 AMR은 좌측에서 다소 약하게 나타났다. 임상 결과는 전반적으로 정상이었으며, 유전적 탈수초성 증후군 선별 검사 또한 정상이었다. 신경전도(nerve conduction) 및 근전도 검사 결과 또한 정상이었으며, 혀의 운동도 근전도 검사에 포함되었다. 두부(head)의 MRI 결과 또한 정상이었다.

말 검사 중 환자는 처음에는 삼킴 문제가 틀니 때문에 생긴 것이라고 하였다. 발병 시 혀가 '둔하게(thick)' 느껴졌으며 말할 때 '콧소리'가 나는 듯하였다고 한다. 심리적으로 스트레스를 받거나 길게 말하면 증상은 악화되었다. 환자는 때로 음식물을 씹다가 볼을 깨물기도 하고 음식물이 볼 주변에 끼는 적도 있었다. 이 때문에 음식물이 기도를 막지 않도록 음식물을 천천히 조금씩 씹어 넘겼다. 또한 환자는 감정 표현 조절이 어렵다고 인정하였다.

환자는 자주 곧 울 것 같은 표정을 보였다. 턱의 강도는 정상이었고, 하안부의 경우 수의적으로 입술을 양 옆으로 당길 때 약증을 보였다(−1). 혀는 위축 없이 대칭적이었으나 측면으로 움직일 때 느린 운동이 관찰되었다(−2, 3). 또한 중등도의 양측 약증을 보였다. 구개는 대칭적이었으며 움직임에 문제가 없었다. 구토 반사, 기침, 성문타격은 정상이었다.

대화 및 읽기 시 말 속도의 감소(2), 단음도와 단음량(2), 쥐어짜는 듯하고 거칠고 신음하는(groaning) 듯한 음질(1, 2), 가끔씩 음도 일탈(0, 1), 과다비성(0, 1), 부정확한 조음(1, 2) 등의 특성이 관찰되었다. '아' 연장은 11초간 유지하였으며 다소 쥐어짜는 음성이 관찰되었다. 말 AMR의 속도는 느렸으나(2, 3), 규칙적이었다. 조용한 공간에서 일어나는 일대일 대화 상황에서는 명료도가 정상적으로 판단되었으나 소음이 동반되는 상황이라면 다소 저하될 것으로 예측되었다.

음향학적 분석 결과 f_0(242Hz)와 주파수 변동률 및 강도 변동률은 대체적으로 정상이었다. '퍼', '터', '커' 음절의 AMR 속도는 각각 2.8, 2.8, 2.5Hz로 나타났다.

임상가는 "경직형 마비말장애 환자로 구(연수)근육에 영향을 미치는 양측 UMN 손상이 의심된다. 이완형이나 실조형을 의심하게 하는 뚜렷한 말 특성은 감지되지 않았다."고 결론 내리고, 말 치료 및 삼킴장애 중재를 권장하였다.

신경과에서는 원인 불명의 진행성 UMN 기능 부전이라 진단 내렸으나 원발성 측삭 경화증(primary lateral sclerosis)의 가능성을 의심하였다. 3개월 혹은 6개월 후 재평가를 권장하였으나 환자는 이후 내원하지 않았다.

해설: (1) 퇴행성 신경질환은 마비말장애와 삼킴장애의 형태로 나타날 수 있다. (2) 경직형 마비말장애의

진단은 CNS 내의 양측 병변을 짚어 내기 때문에 LMN과 같은 질환(가령 중증근무력증)은 진단 시 배제할 수 있다. (3) 경직형 마비말장애와 삼킴장애가 주요 징후로 나타나는 퇴행성 질환의 경우, 초기 신경적 진단이 어렵거나 신경 영상 검사 결과가 정상으로 나오는 경우가 종종 있다.

사례 5-2

41세 오른손잡이 남환으로, 과긴장, 말과 삼킴 문제로 입원하였다. 2년간 과긴장 병력이 있었으나 약물 복용은 거부하였다. 환자는 11개월 전 어느 저녁, 좌측 마비가 진행되었으며 10일 뒤 의식을 잃고 17일 후에 깨어났을 때 말할 수도 음식물을 삼킬 수도 없었다. 좌측 마비는 지속되었으나 우측 반신에서는 운동장애가 발견되지 않았다. 치료를 통해 좌측 약증은 호전되었으나 삼킴 및 말 문제는 그대로였다. 비위관(nasogastric tube)을 이용하였다가 최근 들어서는 반듯이 누운 상태에서 퓌레 농도의 음식물(pureed foods)을 섭취하게 되었다.

신경 검사 결과, 좌측 편마비가 확인되었다. 상측 사지 반사는 양측으로 과하게 나타났으며, 특히 좌측이 우측보다 더 심하였다. 환자는 말을 하지 못하였는데, 이것이 '표현성 실어증'으로 인한 함구인지, 심인성 이유도 동반된 문제인지 확실하지 않았다. 병변은 편측으로 판단되었다.

말 검사 결과, 이 환자는 실구어(anarthric)에 가까웠다. 아주 힘들게 비강누출과 공명을 이용해서만 작은 목소리로 모음을 만들 수 있었는데, 모음도 분명치 않았으며 목소리도 쥐어짜는 음성이었다. 입술을 다물고 '음(/m/)' 소리 연장은 가능하였다. 입술과 턱의 수의적 운동을 관찰하였을 때 그 속도와 범위의 감소가 보였으나 반사적으로 삼킴이나 하품이 일어날 때에는 오히려 운동 범위가 증가하였다. 흡착 반사, 입술을 내미는 반사, 하악 반사 반응을 보였으며, 안정 시 혀는 상대적으로 뒤쪽으로 당겨진 위치에 놓여 있었다. 혀의 운동은 느리고 최소로 이루어졌다. 즉, 혀를 아랫니 앞으로는 내밀 수 없었으며, 위로 혹은 측면으로 움직이는 것이 불가능하였다. 구개는 목젖이 보이지 않을 정도로 인두에 낮게 위치해 있었다. 구토 반사는 유도할 수 없었으며 기침 소리는 매우 날카로웠다.

실어증의 근거는 뚜렷하지 않았다. 이 환자는 두 단계 지시(two-step commands)를 따를 수 있었으며 글씨를 이용해 효율적인 의사소통이 가능하였다.

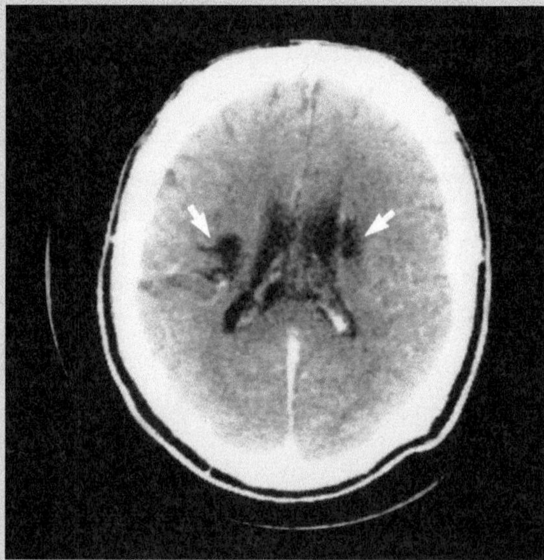

그림 5-4 두부 CT 검사 결과, 양측 반란원 중심에서 경미한 양측 경색(화살표)이 확인되는데, 이 병변이 심도의 경직형 마비말장애를 일으킨 것으로 보인다.

임상가는 이 환자가 "심도의 경직형 마비말장애 환자로 실어증이나 말실행증은 동반되지 않으며 심인성이라는 근거도 관찰되지 않는다. 말 특성으로 보아 양측 병변으로 판단된다."고 결론 내렸다.

뒤이은 CT 검사 결과 양측 반구 모두 반란원 중심(centrum semiovale)에서 오래된 경색이 확인되었으며, 또한 우측 후두정엽피질(posterior parietal cortex)에서도 경색이 확인되었다(그림 5-4).

짧은 기간 동안 말 치료가 진행되었으나 치료를 한다 해도 단기간 내에 말이 명료해지지 못할 것이라는 것은 분명하였다. 설압자를 이용해 구개를 혀의 표면으로부터 들어 올렸을 때 음량의 증가와 과다비성의 감소가 관찰되었다. 보철(palatal lift prosthesis)을 통해 음식물을 좀 더 쉽게 삼키게 하고자 하였으나 보철이 연구개에 가하는 무게 때문에 안정적으로 보철이 자리 잡지 못하였다. 인두피판술(pharyngeal flap surgery) 실시 후 식사를 끝내는 데 2시간 걸리기는 하였으나 휠체어 음식을 곧게 앉은 자세에서도 섭취할 수 있게 되었다. 구강 호흡도 가능해졌다. 글자 쓰기는 효과적이고 휴대 가능한 의사소통 방법이긴 하나 이 환자에게 다소 효율적이지 못하였다. 외국인이었던 이 환자는 다른 보완 의사소통 수단을 시도해 보기 전에 본국으로 돌아갔다.

해설: (1) 심도의 경직형 마비말장애는 사지 운동 중 편측 손상만 보인다 하더라도 양측 UMN 손상에 대해 의문을 갖게 한다. (2) 병변이 크지 않을 경우에 말은 심하게 영향받지 않을 수 있다. 이 환자의 경우, 반란원 중심 병변은 작았으나 위치 상 구(연수)근육에 다다르는 양측 UMN 경로에 손상을 입히기에 충분하였다. (3) 심도의 경직형 마비말장애는 거의 항상 심한 삼킴장애를 동반한다. (4) 말장애를 정확하게 진단하면 실어증이나 심인성일 가능성을 판단하는 데 도움이 된다. 또한 이 정보들은 환자 및 환자 가족과 상담할 때, 특히 이들이 문제의 본질을 이해하고 말 회복에 한계가 존재한다는 사실을 받아들이는 데 도움이 된다.

사례 5-3

71세 여환으로, 3개월간 '목소리가 나오지 않아서' 이비인후과(ENT: the ear, nose, and throat department)에 내원하였다. 병력에 특이 사항은 없었으며, ENT 검사 결과 혀의 운동성 감소만 확인할 수 있었다. '신경성' 발성장애와 'LMN 질환'이 의심되어 말 평가와 신경과 상담이 의뢰되었다.

말 평가 중 환자는 말 문제가 지난 15개월간 악화되었다고 말하였다. 또한 본인의 목소리가 쥐어짜는 듯하며, 말이 느리고 말하기도 힘들다고 호소하였다. 환자는 액체를 마실 때 기도로 새는 경우가 있으며 가끔 비강으로 역류하기도 한다고 호소하였다. 식습관을 바꾸려는 노력은 하지 않았으며 체중의 감소도 없었다. 환자는 감정 조절의 변화나 어려움, 침 흘림, 기억이나 다른 인지 능력 문제는 부인하였다.

턱, 하안부, 혀의 말 AMR은 느렸으나 규칙적이었다. 턱과 하안부 강도는 정상이었다. 혀의 좌측은 가끔 약증을 보였다. 안정 시 약간의 침 흘림이 입의 우측 모서리에서 발견되었으며, 좌측 윗입술 꼬리가 약간 올라간 편이었다. 구개는 대칭적이었다. 모음연장 시 구개는 거의 움직이지 않았으나 구토 반사를 유도하였을 때는 정상적 반응을 보였다. 기침은 정상적이었다.

쥐어짜는 듯하고 거칠고 신음하는 듯한 음질(2), 말속도 저하(1, 2), 과다비성(1, 2), 부정확한 조음(1), 단음도 및 단음량(1, 2)의 말 특성이 연속 발화에서 관찰되었다. 말 산출 시 입술과 턱의 운동이 다소 과해 보였는데, 이는 명료도를 유지하기 위한 보상 노력 때문으로 보였다. 말 AMR은 느렸고(2, 3), '아' 모음연장 시 쥐어짜는 음성(3)이 평가되었으며, 연장도 6초밖에 이루어지지 못하였다.

임상가는 "중도에서 심도의 경직형 마비말장애로 이완형(LMN)의 근거는 찾아볼 수 없었다. 말 특성으로 비추어 보아 구(연수)근육에 영향을 미치는 양측 UMN 기능 부전일 가능성이 높았다."라고 평가하였다. 말 치료와 삼킴장애 중재가 필요하여 주거지에서 가까운 곳에서 치료를 받기로 하였다.

신경 검사 결과, 비교적 빠르고 센 자극에 의해 심건부 반사가 유도되었다. 속상수축은 보이지 않았고, 후속 EMG 결과도 연축이나 속상수축의 가능성은 없는 것으로 나타났다. 특히 뇌간을 주의 깊게 살핀 두부(head) MRI 검사 결과 또한 정상이이었다. 신경과에서는 경직형 마비말장애와 팔에 경미한 증상을 동반한 가성구마비로 결론 내렸다. ALS가 의심되었으나 확진할 수 없었다. 이 환자는 추후 내원하지 않았다.

해설: (1) 말 문제는 신경질환의 주 호소일 수 있다. (2) 경직형 마비말장애는 다른 뚜렷한 신경 손상 없이도 일어날 수 있으며 사지 문제 없이 악화되기도 한다. (3) 경직형 마비말장애는 종종 삼킴장애와 종종 동반한다. (4) 구(연수)근육에 영향을 미치는 마비말장애는 사지 문제가 동반되지 않을 경우에 LMN 질환(종종 근무력증)으로 잘못 해석되기도 한다. 면밀한 말 기능 검사로 양측 UMN 손상의 존재를 확인할 수 있다.

사례 5-4

80세 여환으로 10년간 과긴장 병력이 있으며 급작스러운 말장애로 내원하였다. 약 1년 전 갑자기 마비말장애, 삼킴장애와 함께 오른손 사용이 서툴러졌으며, 이 모든 문제가 10일 이내에 사라졌다.

신경 검사 결과 마비말장애, 삼킴장애, 왼손 약증뿐만 아니라 좌측 과반사가 확인되었다. 우측 내포 혹은 교뇌의 출혈로 진단되었다. 뒤이은 MRI와 CT 검사 결과 전반적 위축과 국소적 비정상이 양측 반구의 백질에서 확인되었는데, 이는 피질하 허혈성 질환(subcortical ischemic disease)과 일치하였다. 신경심리 검사 결과 중등도의 인지 기능 문제가 전반적으로 확인되었다.

말 검사 결과 양측 하안부 약증과 함께 웃을 때나 입술을 오므릴 때, 볼을 부풀릴 때 하안부의 운동 범위가 감소되었음을 확인할 수 있었다. 혀를 내밀거나 양측으로 움직일 때도 역시 운동 범위가 제한적이었다. 구토 반사는 과하였고, 쥐어짜는 음질, 강도 감소, 단음도 및 단음량, 과다비성, 부정확한 조음 등의 비정상적 특성이 연속 발화상 나타났다. 말 AMR은 느렸지만(2), 규칙적이었다. 말명료도는 저하되었으나 말실행증이나 실어증의 근거는 찾을 수 없었다.

임상가는 "말명료도의 저하가 뚜렷한 경직형 마비말장애 환자로, 혀의 약증이 뚜렷하나 이는 양측 UMN에 근거한 것으로 보인다."라고 결론 내리고 말 치료를 권유하였다. 환자는 집에서 가까운 곳에서 치료를 받기로 하였다.

해설: 마비말장애를 야기하는 편측 UMN 병변은 회복이 잘 이루어지기도 하지만 대측 반구에 추가 병변이 발생하면 말명료도의 심각한 저하와 함께 경직형 마비말장애가 나타날 수 있다. (2) 확실한 편측 대뇌 손상 이후 경도-중등도 이상의 경직형 마비말장애가 진단된다면 양측 병변을 의심해 보아야 한다. 이 사례의 경우 과거 병력과 현재의 진단으로 하나 이상의 병변을 확인할 수 있었다.

VII. 요약

1. 경직형 마비말장애는 직접/간접 활성화 경로(UMN)의 양측 손상에 의해 일어난다. 기타 단일 유형 마비말장애와 비슷한 빈도로 관찰되며 비정상적 말 특성은 운동 및 운동 유형의 손상을 반영한다. 보통 말 산출의 모든 단계에 문제가 있다. 경직과 약증이 함께 운동의 속도, 범위, 강도에 미치는 영향이 이 유형의 말 특성을 설명한다.
2. 경직형 마비말장애에 동반되는 임상 징후로는 약증, 정교한 운동 능력 상실, 경직, 과반사, 병리적 반사 등이 포함된다. UMN 병변이 특히 말운동에 영향을 미치는 것은 경직, 약증, 운동 범위와 속도의 감소이다.
3. 퇴행성·혈관성 병인이 대부분 마비말장애 사례를 차지하지만, 외상성, 탈수초성, 신생물성, 원인 불명의 병인도 드물지 않다. 대부분 환자에게서 양측 UMN 기능 부전의 임상 징후나 신경 영상 근거를 발견하지만, 일부의 경우에서 마비말장애가 유일한 신경 징후로 나타나기도 한다. 병변은 피질에서 뇌간에 이르는 경로, 즉 UMN 어디에든 널리 분포할 수 있다.
4. 삼킴장애와 가성구감정(실금)이 자주 관찰되며, 환자들의 주 호소로는 말이 느리고 말하기가 힘들며 피로할 때 말 문제가 악화된다는 점이다.
5. 주요 말 특성군으로는 과도한 운율, 조음-공명 부전, 불충분한 운율, 발성 협착이 포함된다. 여러 말 특성이 뚜렷하지만, 그중에서도 쥐어짜는 듯하며 거친 음질, 음도와 음량 변이의 감소, 느린 말 속도, 느리고 규칙적인 AMR이 가장 변별적이다.
6. 음향학적·생리학적 연구 결과는 임상에서 사용되는 지각적 말 특성을 수량화함으로써 뒷받침한다. 이 결과를 통해 경직형 마비말장애의 지각적 비정상성을 더욱 잘 이해하게 되는데, 이 결과들이 지각적 비정상성을 야기하는 비정상적 운동의 위치 및 역학을 특정하기 때문이다.
7. 경직형 마비말장애는 신경질환의 유일하고 가장 뚜렷한 최초의 증상이 되기도 한다. 경직형 마비말장애를 바르게 확인하고 진단하면 병소 확인 및 신경적 진단에 도움이 되며, 의료/행동 중재-치료의 방향 결정에 영향을 주기도 한다.

참고 문헌

1. Abbs JH, Kennedy JG: Neurophysiological processes of speech movement control. In Lass NJ, et al, editors: *Speech, language, and hearing*, vol. 1, Philadelphia, 1982, WB Saunders.
2. Abbs JH, Hunker CJ, Barlow SM: Differential speech motor subsystem impairments with suprabulbar lesions: neurophysiological framework and supporting data. In Berry WR, editor: *Clinical dysarthria*, San Diego, 1983, College-Hill Press.
3. Ackermann H, et al: Kinematic analysis of articulatory movements in central motor disorders, *Mov Disord* 6:1019, 1997.
4. Adams RD, Victor M: *Principles of neurology*, New York, 1991, McGraw-Hill.
5. Aronson AE: *Clinical voice disorders*, New York, 1990, Thieme.
6. Asfora WT, et al: Is the syndrome of pathological laughing and crying a manifestation of pseudobulbar palsy? *J Neurol Neurosurg Psychiatry* 52:523, 1989.
7. Barlow SM, Abbs JH: Orofacial fine motor control impairments in congenital spasticity: evidence against hypertonus-related performance deficits, *Neurology* 34:145, 1984.
8. Becker A, et al: Primary lateral sclerosis presenting with isolated progressive pseudobulbar syndrome, *J Neurol* 14:e3, 2007.
9. Biller J, Love BB: Ischemic cerebrovascular disease. In Bradley WG, et al, editors: , *Neurology in clinical practice: principles of diagnosis and management*, vol 2, ed 3, Boston, 2000, Butterworth-Heinemann.
10. Butman JA, Floeter MK: Decreased thickness of primary motor cortex in primary lateral sclerosis, *Am J Neuroradiol* 28:87, 2007.
11. Caselli RJ, Smith BE, Osborne D: Primary lateral sclerosis: a neuropsychological study, *Neurology* 45:2005, 1995.
12. Chen H, Stevens KN: An acoustical study of the fricative /s/ in the speech of individuals with dysarthria, *J Speech Lang Hear Res* 44:1300, 2001.
13. Christen H-J, et al: Foix-Chavany-Marie (anterior operculum) syndrome in childhood: a reappraisal of Worster-Drought syndrome, *Devel Med Child Neurol* 42:122, 2000.
14. Chua KS, Kong KH: Functional outcome in brain stem stroke patients after rehabilitation, *Arch Phys Med Rehabil* 77:194, 1996.
15. Clark M, Carr L, Reilly S, Neville BG: Worster-Drought syndrome, a mild tetraplegic perisylvian cerebral palsy: review of 47 cases, *Brain* 123:2160, 2000.
16. Crary MA: *Developmental motor speech disorders*, San Diego, 1993, Singular Publishing Group.
17. Darley FL, Aronson AE, Brown JR: Differential diagnostic patterns of dysarthria, *J Speech Hear Res* 12:246, 1969a.
18. Darley FL, Aronson AE, Brown JR: Clusters of deviant speech dimensions in the dysarthria, *J Speech Hear Res* 12:462, 1969b.
19. Darley FL, Aronson AE, Brown JR: *Motor speech disorders*, Philadelphia, 1975, WB Saunders.
20. Dichgans M, et al: The phenotypic spectrum of CADASIL: clinical findings in 102 cases, *Ann Neurol* 44:731, 1998.
21. Dietz V, Sinkjaer T: Spastic movement disorder: impaired reflex function and altered muscle mechanics, *Lancet Neurol* 6:725, 2007.
22. Duchateau J, Hainaut K: Electrical and mechanical change in immobilized human muscle, *J Appl Psychol* 62:2168, 1987.
23. Dworkin JP, Aronson AE: Tongue strength and alternate motion rates in normal and dysarthria subjects, *J Commun Disord* 19:115, 1986.
24. Enoka RM, Stuart DG: Neurobiology of muscle fatigue, *J Appl Physiol* 72:1631, 1992.
25. Fujisawa K, et al: Binswanger's disease: clinical and computed tomography neuroradiological study of seven cases, *Psychogeriatrics* 5:127, 2005.
26. Goozée JV, Murdoch BE, Theodoros DG: Electropalatographic assessment of tongue-to-palate contacts exhibited in dysarthria following traumatic brain injury: spatial characteristics, *J Med Speech Lang Pathol* 11:115, 2003.
27. Gordon PH, et al: The natural history of primary lateral sclerosis, *Neurology* 66:647, 2006.
28. Gouveia RG, et al: Evidence for central abnormality control in primary lateral sclerosis, *Amyotroph Lateral Scler* 7:57, 2006.
29. Hardcastle WJ, Barry RA, Clark CJ: Articulatory and voicing characteristics of adult dysarthric and verbal dyspraxia speakers: an instrumental study, *Br J Commun Disord* 20:249, 1985.
30. Hartman DE, Vishwanat B, Heun R: Cases of atypical neurovascular disease, stroke, and aphasia, *J Med Speech Lang Pathol* 8:53, 2000.
31. Hirose H: Pathophysiology of motor speech disorders (dysarthria), *Folia Phoniatr Logop* 38:61, 1986.
32. Hirose H, Kiritani S, Sawashima J: Patterns of dysarthric movement in patients with amyotrophic lateral sclerosis and pseudobulbar palsy, *Folia Phoniatr Logop* 34:106, 1982a.
33. Hirose H, Kiritani S, Sawashima J: Velocity of articulatory movements in normal and dysarthric subjects, *Folia Phoniatr Logop* 34:210, 1982b.
34. Howard G, et al: Stroke symptoms in individuals reporting no prior stroke or transient ischemic attack are associated with a decrease in indices of mental and physical functioning, *Stroke* 38:2446, 2007.
35. Ishimori ML, et al: Ischemic stroke in a postpartum patient: understanding the epidemiology, pathogenesis, and outcome of Moyamoya disease, *Semin Arthritis Rheumatism* 35:250, 2006.
36. Kammermeier MA: *A comparison of phonatory phenomena among groups of neurologically impaired speakers (PhD dissertation)*, Minneapolis/St Paul, 1969, University of Minnesota.
37. Kent RD, Read C: *The acoustic analysis of speech*, San Diego, 1992, Singular Publishing Group.
38. Kent R, Netsell R, Bauer LL: Cineradiographic assessment of articulatory mobility in the dysarthrias, *J Speech Hear Disord* 40:467, 1975.

39. Kent RD, et al: Acoustic studies of dysarthric speech: methods, progress, and potential, *J Commun Disord* 32:141, 1999.
40. Linebaugh CW, Wolfe VE: Relationships between articulation rate, intelligibility, and naturalness in spastic and ataxic speakers. In McNeil M, Rosenbek J, Aronson A, editors: *The dysarthrias: physiology acoustics perception management*, Austin, Texas, 1984, Pro-Ed.
41. Lundy DS, et al: Spastic/spasmodic vs. tremulous vocal quality: motor speech profile analysis, *J Voice* 18:146, 2004.
42. Mayo Clinic Department of Neurology: *Mayo Clinic examinations in neurology*, ed 7, St Louis, 1998, Mosby.
43. McClean MD, Beukelman DR, Yorkston KM: Speech-muscle visuomotor tracking in dysarthric and nonimpaired speakers, *J Speech Hear Res* 30:276, 1987.
44. Miller RG, et al: Excessive muscular fatigue in patients with spastic paraparesis, *Neurology* 40:1271, 1990.
45. Murdoch BE, Thompson EC, Stokes PD: Phonatory and laryngeal dysfunction following upper motor neuron vascular lesions, *J Med Speech Lang Pathol* 2:177, 1994.
46. Murry T: The production of stress in three types of dysarthric speech. In Berry W, editor: *Clinical dysarthria*, Boston, 1983, College-Hill Press.
47. Nevo Y, et al: Worster-Drought and congenital perisylvian syndromes: a continuum? *Pediatr Neurol* 24:153, 2001.
48. Nishio M, Niimi S: Relationship between speech and swallowing disorders in patients with neuromuscular disease, *Folia Phoniatr Logoped* 56:291, 2004.
49. Okuda B, et al: Cerebral blood flow in pure dysarthria: role of frontal cortical hypoperfusion, *Stroke* 30:109, 1999.
50. Ozawa Y, et al: Symptomatic differences in decreased alternating motion rates between individuals with spastic and with ataxic dysarthria: an acoustic analysis, *Folia Phoniatr Logop* 53:67, 2001.
51. Ozsancak C, et al: Measurement of voice onset time in dysarthric patients: methodological considerations, *Folia Phoniatr Logop* 53:48, 2001.
52. Patel R, Campellione P: Acoustic and perceptual cues to contrastive stress in dysarthria, *J Speech Lang Hear Res* 52:206, 2009.
53. Portnoy RA, Aronson AE: Diadochokinetic syllable rate and regularity in normal and in spastic ataxic dysarthric subjects, *J Speech Hear Disord* 47:324, 1982.
54. Pringle CE, et al: Primary lateral sclerosis, *Brain* 115:495, 1992.
55. Rosenbek JC, Jones HN: Dysphagia in patients with motor speech disorders. In Weismer G, editor: *Motor speech disorders*, San Diego, 2007, Plural Publishing.
56. Rossor MN: The dementias. In Bradley WG, et al, editors: , *Neurology in clinical practice: principles of diagnosis and management*, vol 1 ed 3, Boston, 2000, Butterworth-Heinemann.
57. Roy N, et al: A description of phonetic, acoustic, and physiological changes associated with improved intelligibility in a speaker with spastic dysarthria, *Am J Speech Lang Pathol* 10:274, 2001.
58. Sheean G: The pathophysiology of spasticity, *Eur J Neurol* 9(Suppl 1):3, 2002.
59. Sherrard KC, Marquardt TP, Cannito MP: Phonatory and temporal aspects of spasmodic dysphonia and pseudobulbar dysarthria: an acoustic analysis, *J Med Speech Lang Pathol* 8:271, 2000.
60. Shriberg LD, et al: Speech, prosody, and voice characteristics of a mother and daughter with a7;13 translocation affecting FOXP2, *J Speech Lang Hearing Res* 49:500, 2006.
61. Singer MA, et al: Primary lateral sclerosis, *Muscle Nerve* 35:291, 2007.
62. Suresh PA, Deepa C: Congenital suprabulbar palsy: a distinct clinical syndrome of heterogeneous aetiology, *Devel Med Child Neurol* 46:617, 2004.
63. Tartaglia MC, et al: Differentiation between primary lateral sclerosis and amyotrophic lateral sclerosis, *Arch Neurol* 64:232, 2007.
64. Teasell R, et al: Clinical characteristics of patients with brainstem strokes admitted to a rehabilitation unit, *Arch Phys Med Rehabil* 83:1013, 2002.
65. Thompson EC, Murdoch BE, Stokes PD: Tongue function in subjects with upper motor neuron type dysarthria following cerebrovascular accident, *J Med Speech Lang Pathol* 3:27, 1995.
66. Tomik B, Zur KA, Szczudlik A: Pure primary lateral sclerosis: case reports, *Clin Neurol Neurosurg* 110:387, 2008.
67. Tonk M, Haan J: A review of genetic causes of ischemic and hemorrhagic stroke, *J Neurol Sci* 257:273, 2007.
68. Windebank AJ: Motor neuron diseases. In Noseworthy JH, editor: *Neurological therapeutics: principles and practice*, vol 2, New York, 2003, Martin Dunitz.
69. Wit J, et al: Maximum performance tests in children with developmental dysarthria, *J Speech Hear Res* 36:452, 1994.
70. Yorkston KM, et al: *Management of motor speech disorders in children and adults*, Austin, Texas, 1999, Pro-Ed.
71. Ziegler W, von Cramon D: Spastic dysarthria after acquired brain injury: an acoustic study, *Br J Commun Disord* 21:173, 1986.

CHAPTER

6

실조형 마비말장애

"뭐랄까, 'ㅍ', 'ㅌ'('ph', 'th')를 비롯해 몇몇 소리의 발음이 어눌했어요.
마치 술에 취한 것처럼 어눌한데… 입술이나 혀를 마음대로 할 수 없는 것 같고,
오히려 이것들이 말을 방해하는 것 같았습니다. 말할 때 조심하지 않아서
그러는 것 같기도 하지만 아주 가끔 그러더니 이제는 자주 그렇습니다!"

(62세, 남환, 퇴행성 소뇌 질환으로 인한 실조형 마비말장애 화자)

개 요

실조형 마비말장애(ataxic dysarthria)는 소뇌 회로의 손상에 의한 말운동장애로, 지각적으로 뚜렷하게 확인할 수 있다. 말 산출과정, 즉 호흡, 발성, 공명, 조음 중 문제가 일부 혹은 전체 단계에서 일어날 수 있으나 특히 조음과 운율적 특성이 뚜렷하다. 이 말장애는 불협응과 근긴장저하의 영향으로 나타날 수 있으며, 말운동의 강도, 범위, 시간 조절, 방향이 느리거나 부정확하다. 소뇌 질환 관련 말장애에는 실조증(ataxia)이 미치는 영향이 크므로 이 말장애를 실조형 마비말장애라 일컫는다. 실조형 마비말장애의 진단은 신경적 진단이나 소뇌 혹은 소뇌 제어회로의 병소 확인에 도움이 된다.

실제 임상 실무에서 실조형 마비말장애는 여타 마비말장애 유형만큼 높은 빈도로 관찰된다. 메이요 클리닉 자료에 따르면 실조형 마비말장애는 전체 마비말장애의 10.1%, 모든 말운동장애의 9.4%를 차지한다.

신경근육의 집행에 문제가 발생한 이완형 · 경직형 마비말장애와 달리 실조형 마비말장애의 주요 문제는 운동 제어에 있다. 이들의 임상적 특성들은 소뇌 및 주변 연결 구조물들의 운동 조절 기능 문제를 반영한다. 실조형 마비말장애는 시간 조절 및 협응 기능의 문제에 기인하는데, 이들의 말을 들어 보면 근육의 약화나 저항, 혹은 운동 감소가 문제가 아니라 시간 조절 등의 협응에 문제가 생겼다는 것을 알 수 있다.

I. 소뇌 제어회로의 해부 및 기본 기능

소뇌 제어회로는 소뇌와 주변 연결 구조물들로 이루어진다. 이에 대해서는 제2장에서 자세히 다루었으므로 이

절에서는 특히 말과 관련된 해부 구조물, 경로, 기능에 대해 간략히 요약하기로 한다.

소뇌벌레(vermis)는 소뇌 전두엽과 후두엽의 중간 부분을 형성하는데, 양 옆으로는 소뇌의 좌반구와 우반구가 놓여 있어 각각 대측 시상핵과 대뇌반구로 연결된다. 각 소뇌반구는 동측 운동 제어에 관여한다. 다시 말해 좌측 대뇌와 우측 소뇌반구는 함께 신체 우측의 운동을 조절하며, 우측 대뇌와 좌측 소뇌반구는 신체 좌측의 운동을 조절한다. 소뇌반구는 특히 정교한 운동을 위해 근육 활동 간의 수의적 협응이 필요할 때 특히 중요하다.

제어 기능을 담당하는 **퍼킨지 세포**(Purkinje cells)는 소뇌피질의 유일한 산출 신경세포(output neuron)다. 소뇌핵 심층부에서 신경연접 활동을 하며 그 신호는 소뇌로부터 상측 및 하측 소뇌각(cerebellar peduncles)을 통해 빠져나간다.

소뇌는 운동의 여러 단계에 걸쳐 영향을 미치기도 하고 운동이 어떻게 이루어지고 있는지 정보를 받기도 한다. 말 산출과 관련해서 소뇌가 다른 신체 영역과 맺고 있는 관계를 살펴보면 다음과 같다. (1) 대뇌피질과 상호 연결(reciprocal connection)되고, (2) 말 산출에 관여하는 근육, 힘줄, 관절로부터 청각 및 고유수용성 피드백(feedback)을 받으며, (3) 간접 활성화 경로의 구성요소인 뇌간과 상호 연결을 맺고 있다. 마지막으로 (4) 시상, 대뇌피질, 간접 운동 체계(indirect motor system)의 구성요소들을 서로 연결하는 고리(loop)를 통해 기저핵 제어회로와 상호작용한다.

기능 측면에서 보면 소뇌는 정교한 운동을 위해 운동 구성요소들 사이의 시간을 조절하고 근육 활동의 범위를 측정하며, 연속적으로 일어나는 근수축을 조절한다.[71] 또한 일어날 운동에 대해 대뇌피질로부터 미리 정보를 얻고, 학습, 경험 및 예비적 감각정보(preliminary sensory information)를 바탕으로 실제 피질 운동 결과물을 조절하고 다듬는다. 이러한 집행 이전의 프로그래밍뿐만 아니라 근육, 힘줄, 관절로부터의 피드백, 특히 말 산출의 경우 청각 피드백을 바탕으로 운동 결과물을 모니터링한다. 소뇌는 피드백 정보와 피질로부터 전달되는 정보를 바탕으로 연속적으로 일어나는 운동 결과물에 영향을 미친다. 이를 통해 운동의 시작과 협응이 부드러워진다.

II. 소뇌 내의 말 영역

소뇌 어느 영역이 말 산출을 담당하는지, 실조형 마비말장애를 야기하는 정확한 병소가 어디인지는 아직 확실하지 않다. 그러나 정상적인 말 산출과정에서 소뇌의 역할이나 실조형 마비말장애의 병소에 관해 어느 정도는 밝혀졌는데, 소뇌의 여러 영역이 말 산출의 계획, 제어, 집행 등 다양한 측면에 관여하고 있는 것으로 보인다.[66] 기능 영상 연구(functional image studies)들은 다음과 같은 결과를 보고해 왔다.

- 소뇌 전-상부(anterior-superior) 영역은 말 산출을 준비하는 동안 양측 모두 활성화되는데, 이 활성화는 시상을 통해 보조운동영역, 운동피질, 섬엽(insula) 등과의 연결을 통해, 또한 신체 말단으로부터 전달되어 오는 감각 피드백을 받으면서 일어난다.[8,115] 소뇌의 하부(inferior)는 말 산출을 집행하는 동안 더욱 활성화되는 것으로 관찰되었다.[8,98]
- 실조형 마비말장애는 양측 대뇌반구, 곁소뇌벌레(paravermal), 혹은 소뇌벌레의 병변과 치상핵(dentate nucleus)의 문제 때문에 일어나는 것으로 보인다.[11,26,109,115,118] Ackermann 등[11]은 실조형 마비말장애가 특히 소뇌반구 상측 중앙 부근 영역의 병변과 관련이 높다고 결론 내렸는데, 이는 뇌졸중 병소가 주로 상측 소뇌 동맥일 때 실조형 마비말장애가 일어난다는 임상적 관찰과 일치한다.[118] 심도의 실조형 마비말장애는 소뇌 양측 손상일 경우에 더욱 빈번하며,[11] 편측 손상이나 소뇌 심층핵(deep cerebellar nuclei)이 손상되지 않은 경우에 말 문제는 빠르게 호전된다.[109]

대뇌반구에서처럼 소뇌에도 말 기능이 편재화(lateralized)되어 있을까? 답은 '그렇다'로 보인다. 기능 영상 검사 결과들을 보면 우측 소뇌반구는 좌측 대뇌반구와 연결고리를 형성하고 있는데, 이 고리의 기능 중 하나가 조음 전(prearticulatory) 단계에서 이루어지는 음절의 시간적 배열(예: 음절의 길이 조절, 선행 동시 조음 효과[anticipatory coarticulation effects] 시행)이다.[8] 임상 경험도 이를 뒷받침하는 것으로 보인다. 다시 말해 실조형 마비말장애의 병변이 편측이라면 우측인 경우가 많다.[11,45,112,118] 이는 우측 소뇌반구가 좌측 대뇌반구로부터 입력된 피드포워드(준비 단계 혹은 조음 전 단계) 정

보를 효율적으로 혹은 정상적으로 처리하지 못하였기 때문으로 보인다.[114,115]

마지막으로 실조형 말장애의 병소를 소뇌로 한정할 필요는 없다는 점에 주의하자. 실조형 마비말장애는 소뇌뿐만 아니라 상소뇌각(superior cerebellar peduncle)이나 전두교소뇌로(frontopontocerebellar pathways) 병변의 결과로 일어나기도 한다.[65,119] 이에 대해서는 제9장에서 자세히 다루도록 한다.

소뇌 상부와 하부는 말 산출과정 중 담당하는 역할이 뚜렷하게 구분된다. 소뇌의 우반구는 또한 특별한 역할을 담당한다. 여기에 마비말장애를 일으키는 소뇌 병소가 좌우 반구 간 비대칭적이라는 점까지 고려하면 소뇌의 국재성(localization) 혹은 편재화(lateralization)에 따라 실조형 마비말장애 내에도 다른 '유형'이 존재할 가능성이 있다(이 장 후반에서 다시 다루도록 한다). Kent 등[65]은 소뇌 병변의 지엽적 영향뿐만 아니라 멀리 떨어진 영역에 미치는 영향도 설명할 수 있어야 소뇌의 국재화를 완전히 이해하는 것이라 지적하였다. 가령 소뇌 질환 증상 중 하나는 소뇌가 대뇌반구의 운동영역에 미치는 촉진적(facillitatory) 영향이 감퇴하는 것이다.[74]

요약하자면 실조형 마비말장애는, 특히 심도의 경우에 대부분 양측성 혹은 산발적(diffuse) 소뇌 질환에 의해 일어난다. 국소 병변인 경우에는 편측 반구 병변이거나 후내부(posteromedial) 또는 곁소뇌벌레 영역의 병변을 의미한다. 병변이 편측인 경우 대부분 우측인데, 이는 말 산출을 준비하는 특수한 역할이 우측 소뇌반구의 상부에 할당되어 있음을 의미하는 것으로 보인다.

III. 소뇌 병변 및 실조증의 임상적 특성

소뇌 질환의 가장 흔한 징후는 서 있는 자세 및 보행의 어려움이다. 서 있거나 걸을 때 보폭이 넓고, 상체가 불안정해서 넘어지기도 한다. 보폭은 불규칙적이며 다리를 높이 올렸다가 확 떨어뜨리는 경우도 있다. 눈을 뜨나 감으나 다리를 붙이고 서 있는 자세에 별 차이가 없기도 하다(롬버그 검사).

비틀걸음(titubation)은 걸을 때 일어나는 몸 혹은 머리의 리듬적 진전(rhythmic tremor)으로, 소뇌 질환에 의해 빈번히 일어난다. 보통 상체 혹은 머리를 앞뒤, 좌우, 혹은 돌아가는 형태로 흔들며, 초당 여러 번 일어난다.

안구진탕(nystagmus)은 소뇌 질환에 관련된 가장 비정상적 안구 운동으로, 안정을 취하고 있을 때, 혹은 양옆이나 위쪽을 응시할 때 안구가 재빨리 거칠게 흔들리며 일어나는 왕복운동을 말한다. 안구운동조절이상(ocular dysmetria)이 나타날 수도 있다. 이는 목표물에 초점을 맞추거나 교정하려 할 때 일어나는 작고 빠른 안구 운동을 말한다.

소뇌 질환은 또한 근긴장저하(hypotonia)[1]를 동반할 수 있는데, 이는 과도한 흔들림(pendulousness)과 관련된 것으로 보인다. 과도한 흔들림이란 가령 사지가 자유롭게 진자 운동을 하다가 멈추기까지 평균보다 더 많은 수의 흔들림, 즉 진동을 보이는 것을 말한다. 중지 능력 손상 및 과한 반동(impaired check and excessive rebound)이라 알려진 현상도 이와 관련된 것으로 소뇌 질환에서 발견된다. 예를 들어 눈을 감은 상태로 팔을 뻗으라고 한 후 가볍게 손목을 누르면 팔을 크게 아래로 움직이는데, 이때 팔이 다시 제자리로 돌아올 때 원위치를 지나치는 것도 이에 해당한다. 팔을 지나치게 많이 움직이는 것은 중지 능력의 손상을, 원위치를 지나치는 것은 과한 반동을 뜻한다.

운동조절이상(dysmetria)은 소뇌 질환의 빈번한 징후로, 신체 일부를 움직일 때 운동 궤적(경로)가 비정상적이거나 운동 범위가 제대로 조절되지 못하는 것을 뜻한다. 빈번히 목표물을 지나치거나 혹은 다다르지 못하고, 비정상적인 운동 속도로 인해 운동이 거칠어 보인다. 환자들에게 반복적으로 둘째손가락 끝을 코에 댔다가 팔을 뻗어 검사자의 손가락과 맞닿게 하면 이 현상을 뚜렷하게 관찰할 수 있다.

교호운동장애(dysdiadochokinesis)는 운동 동작이 뚝뚝 끊기는(연합운동장애, dyssynergia) 현상으로, 운동 구성 동작 간의 시간 조절 및 속도 오류로 인해 협응이 잘 이루어지지 않는 것을 말한다. 교대반복운동(alternating motion rate, AMR)을 통해 확인할 수 있다. 손바닥과 손등으로 번갈아 가며 빨리 무릎을 치게 하는 무릎 치기 검사(knee-pat) 등은 AMR 과제의 다른 형태로 교호운동장애를 확인하기 위해 자주 쓰인다. 이때 비정상적인 운동 속도, 리듬(rhythm), 진폭, 정확성 등을 확인할 수 있다.

실조증(ataxia)은 운동조절이상, 교호운동장애, 운동 동작

[1] 소뇌 질환과 관련된 근긴장저하의 경우 신장 반사(stretch reflex) 손상으로 인한 근긴장의 감소는 보이지 않아 자칫 오해를 일으킬만함. 소뇌 질환 근긴장저하 환자의 근긴장은 정상이며, 이는 생체역학(조직[tissue], 관절, 근육의 탄성)이 정상임을 뜻함. 단순히 지나치게 이완되어 보임(relaxed).[110]

의 분리 등의 결과물이다.[2] 실조증으로 인해 운동이 뚝뚝 끊기고, 거칠며, 부정확하거나, 협응이 잘 이루어지지 않거나 속도가 느리다. 실조증은 일반적으로 소뇌반구의 질환을 뜻한다.[3]

소뇌 질환은 가끔 **의도 진전**(intention tremor)이나 **운동성 진전**(kinetic tremor)을 동반하는데, 이는 운동 중 혹은 자세를 유지하는 동안 뚜렷하게 나타나며, 대개 목표물에 가까워질수록(**종말 진전**[terminal tremor]) 가장 뚜렷하게 나타난다. 소뇌 편측 반구 장애에서 발견된다.

소뇌 질환의 징후가 그 자체로는 소뇌의 기능 장애를 반영하지 않을 수도 있다. 주로 얼굴 하부에 경도의 약증이 발견되면, 이는 국소적 소뇌 병변, 특히 정중선(midline) 주변의 국소 병변 때문에 빈번하게 일어난다.[44] 이는 뇌신경 VII이 눌려서 일어났을 가능성이 높다. 뇌신경 V, VI, VII에 이상이 생길 수도 있다.

마지막으로 **인지장애** 또한 가능하다. 소뇌뿐만 아니라 다른 영역 손상도 동반한 환자 중 이 소뇌 아닌 영역의 손상으로는 인지장애를 설명할 수 없는 경우가 있다. 또한 소뇌가 인지 처리 및 감정 조절 기능을 담당한다는 견해가 점차 증가하고 있으며,[87] 특히 소뇌벌레 영역 손상은 감정 문제를, 소뇌반구의 후부(posterior) 손상은 인지장애와 관계 있다고 보고되었다.[107,108] 소뇌 질환 환자가 감정(affective), 집행 기능(executive function), 시공간(visual-spatial), 언어 등의 장애를 보이면 **소뇌 인지 감정 증후군**(cerebellar cognitive affective syndrome)이라 부른다.[106] 저자의 경험에 따르면 소뇌 손상 환자(손상이 소뇌에만 일어났을 때) 중 일부에서 관찰되는 발화의 비정상적 구조 및 화용은 실어증의 증상보다는 비실어적(nonaphasic) 인지-의사소통 문제와 유사하다.

IV. 병인

소뇌 혹은 소뇌 제어회로 손상은 실조형 마비말장애를 야기할 수 있다. 손상 원인으로는 퇴행성, 탈수초성, 혈관성, 신생물성, 감염성, 구조적, 외상성, 면역-약물 유발, 독성-대사성 질환이 포함된다. 이 원인들의 정확한 통계는 알려지지 않았지만, 퇴행성, 혈관성, 탈수초성 질환이 가장 빈번한 것으로 보고된다(**그림 6-1**과 **글상자 6-1**).

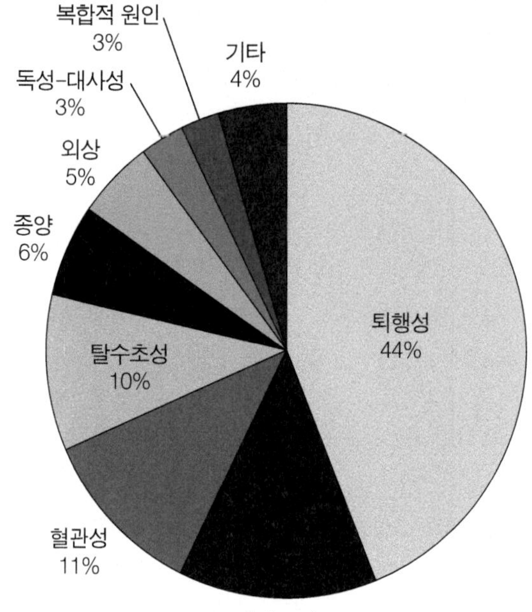

그림 6-1 1998~2008년에 메이요 클리닉에서 실조형 마비말장애를 진단받은 157명 환자의 병인 분포(세부 사항은 글상자 8-1 참고).

실조형 마비말장애 자체만으로 신경질환을 특정해서 진단할 수는 없다. 그러나 몇몇 질환은 다른 유형보다 특히 실조형과 빈번하게 연관된다. 게다가 소뇌에 특히 영향을 미치는 질환은 실조형과만 연관된다. 다음 절에서는 다른 유형보다 특히 실조형 마비말장애와 빈번하게 연결되는 신경질환들을 살펴보기로 한다. 실조형도 가능하지만 다른 유형과 더 자주 관련되는 질환의 경우(특히 혼합형 마비말장애), 해당 마비말장애 유형 장에서 다루기로 하겠다.

A. 퇴행성 질환

소뇌에 영향을 미치는 퇴행성 질환은 드물지 않으나 그 기제는 정확히 밝혀지지 않았다. 대부분의 경우 원인 불명의 특발성 질환으로, 점차 유전적 요인에 무게가 실리고 있다.[80]

---

[2] 근력 생성에 문제가 생기면 실조증을 보이거나 운동이 느려짐. 근력 생성에 오랜 시간이 걸리거나 과제 수행에 요구되는 근력 유지가 어렵기도 함. 이로 인해 운동 속도와 정확성이 떨어짐.[82]

[3] 실조증 및 소뇌 증후군의 진단과 중증도 평가에 마비말장애는 매우 중요함. 국제 공동 실조증 평정 척도(International Cooperative Ataxia Rating Scale)[117]에도 마비말장애가 주요 증상 분류 중 하나로 포함되어 있음.

글상자 6-1

주요 말장애로 실조형 마비말장애를 진단받은 157명의 병인. 1999~2008년 메이요 클리닉을 내원한 사례들 중 유사임의적으로 추출한 자료임. 괄호 안 숫자는 각 병인의 백분율을 뜻하며, 각 항목별 세부 병인은 빈도순(고빈도-저빈도)으로 나열하였음.

퇴행성(44%)
- 달리 명시되지 않은 소뇌변성, 원인 불명의 병인, 척수소뇌 실조증, 다계통 위축증, 올리브뇌교소뇌 위축증, 달리 명시되지 않은 유전, PSP, PSP 또는 CBD로 의심되는 경우, 프리드리히 운동실조증

원인 불명(13%)
- 달리 명시되지 않은 소뇌 질환, 확인되지 않은 소뇌 병변

혈관성(11%)
- 뇌졸중(소뇌 또는 뇌간), AVM, 무산소성 뇌혈증

탈수초성(10%)
- 다발성 경화증, 만성 염증성 탈수초 다발 신경뿌리염증

종양(6%)
- 소뇌 혹은 뇌간종양, 신생물딸림 소뇌변성

외상(5%)
- 수술 후(종양, AVM, 뇌심부자극술)

독성/대사성/내분비성(3%)
- 갑상선 기능 저하증, 리튬 독성 효과

가능한 복합적 원인들(3%)
- 진행성 실조증+외상성 뇌손상, 알츠하이머병+조울증+리튬 독성 효과, 다발성 경화증+소뇌 종양, 알코올 중독+간이식 수술 후

기타(4%)
- 간헐적 실조증, 뇌성마비, 달리 명시되지 않은 자가면역 질환, 전반성 발달장애

AVM=동정맥 기형(arteriovenous malformation), CBD=피질기저핵 변성(corticobasal degeneration), CNS=중추신경계(central nervous system), PSP=진행성 핵상마비(progressive supranuclear palsy)

유전성 실조증(hereditary ataxia)은 가장 빈도가 높고, 특성도 잘 알려져 있다. 이는 상염색체 우성 또는 열성으로 유전 가능하다. 성염색체와 관련된다(x-linked)는 보고도 있으나 매우 드물며 알려진 바가 거의 없다. 유전성 실조증은 치명적일 수도, 아닐 수도 있으며, 아동기나 성인기에 시작된다. 보통 수십 년에 걸쳐 진행하는데, 문제가 소뇌에만 제한적으로 일어나는 경우도 있다. 이 유전성 실조증이 척수로에 영향을 미치면 **척수소뇌**(spinocerebellar) 실조증, 하올리브와 뇌교핵(pontine nuclei)에 영향을 미치면 **올리브뇌교소뇌**(olivopontocerebellar) 실조증이라 불린다.

다양한 **유전성 척수소뇌성 운동실조증**(spinocerebellar ataxias, SCAs)는 같은 표현형(phenotype)들을 공유하지만, 분자유전학 기술을 통해 확실한 분류 체계가 확립되어 왔다. 여러 열성 유전 실조증은 아동기에 초기 증상이 시작된다. **프리드리히 운동실조증**이 가장 빈번한 예로 50,000명 중 1명의 유병률(prevalence)을 보인다. 대개 20세 이전에 시작되나 더 늦어지기도 하며,[106] 증상이 악화되다 20년 정도 경과하면 사망에 이른다. 주요 특성으로는 사지 및 보행 실조증(gait ataxia), 마비말장애, 다리 근육의 신장 반사 소실, 감각 상실, 피질척수로 손상 징후 등을 포함한다.[37] 일부 사례에서는 마비말장애가 주요 증상이었다.[46] 근긴장이상(dystonia), 무도병, 기타 운동장애뿐만 아니라 하부운동신경세포(LMN)의 약증 또한 일어날 수 있다. 프리드리히 운동실조의 마비말장애를 살펴본 연구들은 이들의 말 특성이 실조형과 일치한다고 보고하였다.[40,43,58,91] 일부는 실조형과 경직형의 혼합형으로 보기도 하였다.[39,58,91] 이 질환은 소뇌 이외의 다른 운동 체계에도 영향을 미칠 수 있기 때문에 실조형 이외의 다른 유형이 가능하다는 것은 놀라운 일이 아니다.

실조 모세혈관 확장증(ataxia telangiectasia)[4]은 마비말장애가 빈번히 동반되는 진행성 상염색체 열성 장애이다. 몸통 혹은 사지 실조증, 무도무정위운동(choreoathetosis), 근긴장이상, 감각 상실, 말단 근육 위축 등 다른 신경 징후도 보인다. 마비말장애의 특성이 잘 알려지지 않았으나 논리적으로 실조형이나 혼합형(실조형, 운동과잉형, 또는 이완형)이 가능하다. **비타민 E 결핍을 동반한 상염색체 열성 실조증** 환자에게서도 마비말장애가 관찰

[4] 모세혈관 확장증에서는 모세혈관과 매우 작은 동맥(minute arteries)이 확장됨.

된 적도 있다. 아동기 혹은 사춘기에 일어나는 장애로 치료 가능하며, 프리드리히 운동실조와 증상이 흡사하다.[37]

우성 유전 소뇌 실조증의 발병률(incidence)은 100,000명당 1~4명 정도로 추정된다.[80] 발병 연령은 10세 미만에서 65세 이후까지 폭넓다. 이들의 유전자형을 기술하기 위해서는 SCA-1, SCA-2처럼 SCA형을 사용한다. 지금까지 보고된 30여 개 중[37,80] 여러 SCA형이 마비말장애와 관련되는데, 특히 이 중 몇몇(예: SCA-1, -3, -5, -6, -17)에서는 마비말장애가 주요 임상적 특성으로 알려져 있다. 실조형이 가장 우세하겠으나 일부 SCA형에서는 말산출체계의 여러 단계가 손상될 수 있으므로 하나 이상의 유형 또한 가능하다. 최근 몇몇 SCA형 마비말장애의 지각적 특성이 보고되기도 하였다.[111]

드물게 발견되는 **원발성 간헐적 실조증**(primary episodic ataxia)은 **채널병증**(channelopathies)이라 알려져 있는 상염색체 우성 질환이다.[5] 간헐적이고 짧은 증상기(몇 초, 몇 분 혹은 몇 시간) 동안 실조증을 보이며 종종 마비말장애(실조형으로 추정)를 동반한다. 간혹 기타 신경 손상의 징후(예: 근육 잔떨림[myokymia], 복시[diplopia], 안구진탕[nystagmus], 현기증[vertigo])를 보이기도 한다. 이 증상은 운동에 의해, 또는 놀랄 때 유도되기도 한다. 약물(예: 아세타졸아마이드[acetazolamide], 페니토인[phenytoin])로 중재 가능하므로 바른 진단이 중요하다.[37,47]

올리브뇌교소뇌 위축증(olivopontocerebellar atrophy, OPCA)은 유전적 혹은 산발적 퇴행 질환으로, 매우 다양한 특성을 보인다. 광범위한 **다계통 위축증**(multiple system atrophy, MSA)에 포함되는 질환 중 가장 빈도 높은 질환은 비유전적 퇴행성 실조증이다.[80,97,6] OPCA는 뇌교, 궁상, 올리브핵, 중소뇌각(middle cerebellar peduncles), 소뇌의 퇴행에 의해 일어난다. 임상적 특성은 매우 다양하지만 소뇌 손상 특성이 가장 빈번하게 나타난다. 이외에도 기저핵, 대뇌피질, 척수, 심지어 말초신경에서도 퇴행적 변화가 일어날 수 있는데, 이로 인해 파킨슨증, 운동장애, 치매, 추체로 및 안과 징후(ophthalmologic signs), 구마비 및 가성구마비 등 손상 영역에 따른 임상적 특성을 확인할 수 있다.[50]

B. 탈수초성 질환

다발성 경화증(multiple sclerosis, MS)도 소뇌 병변과 실조형 마비말장애를 일으킬 수 있다. MS 병변이 소뇌에만 국한적으로 일어나는 경우는 드물기 때문에 MS에 대해서는 제10장에서 논의하기로 한다. 그러나 **발작성 실조형 마비말장애**(paroxysmal ataxic dysarthria, PAD)는 MS 및 기타 탈수초성 질환[18,36,73,81] 혹은 간헐적 실조증(episodic ataxia)을 암시하기 때문에 이 절에서 논의할 만하다. 발작성 마비말장애는 중뇌 뇌졸중[83]과 혈관성 연수 압박(vascular medullary compression)[52] 환자들에게서도 발견된 바 있다. PAD의 경우 평상시에는 정상적인 발화가 가능하나 짧은 간격 동안 간헐적으로 실조증이 나타난다. 하루에 몇 번부터 수백 번까지 일어날 수 있으며, 각 5~30초 정도 지속된다. 과호흡(overbreathing)으로 인해 간헐적 실조증이 유발되기도 하는데, 카르바마제핀(carbamazepine)으로 치료된다.[18,92]

밀러 피셔 증후군(Miller Fisher syndrome)은 길랑-바레 증후군(Guillain-Barré syndrome, GBS)의 희귀 유형으로, 급성 자가면역 신경증으로 인해 안근마비(ophthalmoplegia), 실반사(areflexia), 실조증 등의 특성을 보인다.[29] GBS로 인한 마비말장애는 보통 이완형이지만(제4장 참조), 밀러 피셔 증후군에서는 실조형이 관찰되는 경우도 있다.

C. 혈관성 질환

혈관 병변은 소뇌의 기능에도 영향을 미친다. 주로 동맥류(aneurysm), 동정맥 기형(arteriovenous malformation, AVM), 소뇌 출혈, 또는 뇌졸중에 의해 일어난다. 실조형 마비말장애를 일으키는 소뇌 및 상소뇌각 병변은 추골-뇌저동맥계(vertebrobasilar system)의 측면에 일어난 경우가 많다. 이 추골-뇌저동맥계는 연수 높이에서는 후-하부 소뇌동맥(posterior-inferior cerebellar artery, PICA)을, 교 높이에서는 전-하부 소뇌동맥(anterior-inferior cerebellar artery, AICA)을, 중뇌 높이에서는 상부 소뇌동맥을 포함한다.[21,35,45] 실조형 마비말장애는 PICA나 AICA의 병변보다 위쪽의 병변에 의해 더 자주 일어난다.[16]

폰 히펠-린다우병(Von Hippel-Lindau disease)은 유전

---

[5] 채널병증은 유전적 결함이나 자가면역 질환에 의한 이온 통로(ion channel) 문제로 일어남. 칼륨과 칼슘의 전압 개폐 통로(votage-gated potassium and calcium channels)는 신경계 전체에 퍼져 있으나 특히 소뇌에 집중되어 있는데, 원발성 간헐적 실조증의 경우, 채널병증이 이 전압 개폐 통로에 영향을 미침.[57]

[6] 다계통 위축증은 제10장에서 자세히 다룸.

성 상염색체 우성 질환으로, 내장에 낭종과 종양이 생기며, 소뇌와 망막에 혈관모세포종(hemangioblastomas)이 나타난다.[7] 소뇌 종양은 대개 외과적으로 제거될 수 있지만 재발되기도 한다. 종양은 연수와 척수에도 생길 수 있는데, 가끔 대뇌반구에 생기기도 한다. 진단은 보통 20세 이후 내린다.[102]

E. 신생물성 질환

소뇌 내 종양이나 소뇌 밖에 위치하더라도 소뇌 기능에 영향을 미칠 만한 종양은 실조형 마비말장애를 포함한 소뇌 손상 징후를 일으킨다. 소뇌교각 종양(cerebellopontine angle tumors)은 뇌척수막(수막종) 또는 뇌신경 지지세포(supporting cells)로부터 종양이 자라는 경우가 많은데, 이때 종양이 중소뇌교각(middle cerebellar peduncle), 치상핵, 소뇌 후엽에 압력을 가해 소뇌 손상의 초기 징후를 보인다. 또한 V, VI, VII, VIII, X를 포함한 여러 뇌신경 손상 증상 및 기타 뇌간 기능 부전 징후들을 보이기도 한다.[21] 이런 경우 실조형 · 이완형 · 경직형 마비말장애가 보고된다.

후두와(posterior fossa) 종양 중에서 수모세포종(medulloblastoma)과 성상세포종(astrocytoma) 같은 경우에는 아동과 젊은 성인에서 빈번하다. 실조형 마비말장애로 추정되는 말장애[27,28]가 종양 제거술을 받은 아동의 최고 29%까지 일어난다고 보고되었다. 만성으로 발전하기도 하지만 대체적으로 경도의 마비말장애를 보인다.[89] 종양이 정중선(midline) 주변에 위치한 경우에 마비말장애의 위험이 높다.[27] 이 정중선 종양은 소뇌 구조물 일부를 대체하기도 하며 때로는 소뇌반구로 번지기도 한다.[15] 외과적 처치나 후속 방사선 치료 또한 소뇌 기능에 손상을 입힐 수 있다.

전이성 뇌종양(metastatic brain tumors)의 16%는 소뇌에서 발생한다.[55] 주 종양의 위치와 정도를 추적할 수 없을 때 소뇌 질환의 징후 및 증상은 종양 진단의 첫 번째 근거가 될 수 있다.

비가족성 소뇌변성(nonfamilial cerebellar degeneration) 징후가 관찰되면 중추신경계(cental nervous system, CNS) 외부의 종양이 의심된다. **신생물딸림 장애**(paraneoplastic disorders)가 보이면 더욱 신경계 외부 종양을 의심할 만한데, 이 장애는 희귀 자가면역성 질환으로 암 환자들에 나타난다. **신생물딸림 소뇌변성**(paraneoplastic cerebellar degeneration)은 가장 일반적인 CNS 신생물딸림 증후군이다. 종양은 보통 난소 또는 폐에 생기지만, 신경장애는 실제 종양의 전이로 설명되지 않는다. 주 종양이 확실히 밝혀지기 이전, 몇 주 혹은 몇 년 전에, 이 변성이 종종 먼저 나타난다. 증상이 아급성으로(subacutely) 시작하는 경향이 있다. 퍼킨지 세포는 대부분 손상되나 퍼킨지 세포 항체는 빈번하게 남아 있다. 마비말장애가 빈번히 동반되는데, 때로는 신생물딸림 소뇌질환의 첫 번째 임상 징후로 나타나기도 한다.[17,95] 보통 실조형 혹은 실조형-경직형의 혼합형 마비말장애 특성을 갖는다.[95]

F. 외상

외상성 뇌손상(traumatic brain injury, TBI)은 사지 실조증과 마비말장애를 빈번히 일으킨다.[42,123] TBI로 인한 무산소증(anoxia)도 종종 소뇌 손상의 원인이 된다. 또한 빙빙 돌리는 손상(rotational injury)에 약한 상소뇌각(superior cerebellar peduncles)이 손상되면 마비말장애를 포함한 소뇌 징후가 나타나는 것으로 보고되었다.[25]

'펀치-드렁크' 뇌증(punch-drunk encephalopathy) 혹은 **권투선수 치매**(demential pugilistica)는 대뇌 손상이 지속적으로 반복되는 권투 선수들에게 일어난다. 소뇌도 이로 인해 병리적 문제를 겪는데,[12] 따라서 실조증과 실조형 마비말장애를 보일 수 있다.

G. 독성-대사성 질환

급성 및 만성 알코올 남용은 소뇌 징후 및 증상을 일으킬 수 있다. 특히 서 있는 자세와 보행의 이상이 빈번히 관찰된다. 알코올 남용과 연관된 소뇌변성은 잘 알려져 있다.[14] 급성 알코올 중독의 경우에는 실조성 말 문제가 종종 동반되나, 만성의 경우에 마비말장애가 영구히 지속되는 경우는 드물다.[45]

몇몇 약물은 신경독성 반응을 일으킬 만큼 복용하면 소뇌 징후 및 증상을 일으킨다. 이런 약물로는 페니토인(다일랜틴)(phenytoin[Dilantin]), 카르바마제핀(테그

---

[7] 혈관종이란 새 혈관들이 모여 천천히 자라는 양성 종양을 말함. 혈관모세포종은 말 그대로 모세혈관의 혈관종으로, 혈관 또는 혈관모세포(혈구와 혈관은 혈관모세포로부터 발생함)가 자라면서 뇌의 모세혈관을 구성함.

레톨)(carbamazepine[Tegretol]), 발프로산(데파코트)(valproic acid[Depakote]), 프리미돈(마이솔린)(primidone[Mysoline])과 같은 항경련제 등이 포함된다. 조울증 치료에 쓰이는 리튬(lithium) 또한 되돌릴 수 없는 신경독성 효과를 낳기도 한다. 신경독성 효과로는 자세 혹은 기도 진전(postural or intention tremor), 운동과잉증(hyperkinesia), 실조증, 마비말장애가 포함된다.[59,70] 저자의 경험으로는 마비말장애가 나타날 경우 주로 실조형이나 때로는 경직형이나 운동과잉형도 보였다. 항불안제 발륨(valium) 또한 실조형 마비말장애와 관계 있다고 알려졌다.[88] 급성 백혈병 치료를 위해 쓰이는 사이토신 아라비노시드(cytosine arabinoside, ara-C)의 약물반응으로 소뇌 독성 효과가 일어나기도 하며, 마비말장애가 그 초기 징후라는 보고가 있다.[34,69] 마지막으로 소뇌 기능부전 징후로 인해 심각한 영양실조와 비타민 결핍이 일어나기도 한다(예: 티아민[thiamine], 비타민 E).[122]

H. 기타 원인

갑상선 기능 저하증(hypothyroidism)이란 갑상선에서 티록신(thyroxin)이 충분히 분비되지 못해 일어나는 내분비장애다. 심할 때(**점액부종**[myxedema])는 실조형 마비말장애를 일으킨다. 음성이 쉰 목소리로 걸걸하며(gravelly), 매우 낮은 음도의 발성장애를 동반하는데, 이는 점액종 물질이 더해져 성대가 두꺼워지기 때문이다.[13]

정상뇌압수두증(normal pressure hydrocephalus, NPH)은 뇌척수액(cerebrospinal fluid, CSF) 압력이 정상적으로 유지됨에도 불구하고 뇌실(ventricle)이 확장되는 질환을 말한다. NPH는 외상, 거미막하 출혈, 뇌수막염 등과 관계 있지만 병인은 불확실한 경우가 많다. 이 질환은 진행성 보행 장애, 정신 기능(mental function) 손상, 실금(incontinence), 이 세 가지 증상으로 확인할 수 있다.[101] 마비말장애가 일어날 수 있으며, 특히 실조형의 특성을 보일 수 있다.

바이러스, 박테리아, 그리고 기타 감염 과정을 통해 소뇌 기능 부전을 동반한 중추신경계 질환이 일어날 수 있으며, 이는 아동과 성인 모두에게 해당한다(예: 크로이츠펠트-야콥병, 라임병, 중추신경계 결핵).[122] 마비말장애를 포함한 소뇌 손상의 징후 및 증상은 드물게 열사병과 같은 증상으로 나타나기도 한다.[79]

마지막으로 고유수용성 정보의 입력이 부족할 경우에 감각성 실조증(sensory ataxia)을 일으키기도 하는데, 이는 특정 감각 신경병증(sensory neuropathies)에서 일어난다. 마비말장애는 말초 축삭(peripheral axon)이 심하게 손실되어 감각신경에 영향을 미칠 때 확인된다.[38,85] 저자도 감각 신경병증 환자를 관찰한 적이 몇 번 있는데, 실조형 마비말장애의 말 특성을 확인할 수 있었다.

V. 말 병리

A. 임상 실무에서의 병인, 병소 및 중증도의 분포

글상자 6-1과 **그림 6-1**은 메이요 클리닉을 찾은 157명 환자의 병인을 요약한 것으로, 이들의 주요 말장애는 실조형 마비말장애로 진단되었다. 메이요 클리닉의 자료를 전체로 일반화할 수 없음을 다시 한 번 밝힌다.

실조형 마비말장애는 매우 다양한 질환에 의해 일어난다. 퇴행성, 혈관성, 탈수초성, 신생물성, 외상성, 원인 불명의 병인이 90%에 가까운 사례를 차지하였다. 이 중 퇴행성, 혈관성, 탈수초성 질환이 60% 이상을 차지하였다.

가장 빈번한 원인(44%)은 퇴행성으로, 원인 불명의 퇴행성 소뇌 질환이 큰 비중을 차지하였다. 나머지 퇴행성 병인으로는 MSA, SCA, OPCA, 진행성 핵상마비, 프리드리히 운동실조증을 포함하였다. 이들은 소뇌뿐만 아니라 다른 신경계에도 문제를 일으킬 수 있기 때문에 마비말장애의 다른 유형과 연관되거나 실조형에 추가적으로 다른 유형이 포함될 가능성이 있다. 이 장에서 다루지 않는 경우는 제10장에서 다루도록 한다.

다발성 경화증(multiple sclerosis, MS)은 탈수초성 병인의 대부분을 차지한다. MS는 종종 실조형 마비말장애를 동반하며 다른 유형 없이 순수 마비말장애 유형으로 나타나기도 한다(MS의 가장 빈번한 단일 마비말장애 유형으로 보인다). 그러나 MS의 병소가 신경계에 널리 퍼졌을 때에는 혼합형인 경우가 많다. MS는 제10장에서 자세히 다루도록 한다.

비출혈성 뇌졸중은 혈관성 원인의 대부분을 차지한다. 환자들 대부분은 소뇌 병변으로, 이외 환자들은 하나 이상의 병변이 뇌간 혹은 중뇌에서 발견되었다. 후자의 경우 소뇌 경로가 손상되어 마비말장애가 생겼을 가능성이 높다.[8] 예를 들어 상소뇌각 병변은 소뇌반구 병변과

[8] 피질소뇌로 병변에 의한 실조형 마비말장애는 제9장에서 논함.

같은 비정상성을 일으킬 수 있다.[119]

종양은 전체 사례의 6%를 차지하였으며, 대부분 소뇌, 소뇌교각, 또는 뇌간에 위치하였다. 몇몇 사례는 신생물 딸림 소뇌변성(paraneoplastic cerebellar degeneration)의 경우였다. 종양은 아니지만 신체 다른 부위에 생긴 종양에 대한 반응 증상으로 나타난다.

외상은 전체 사례의 5%로 모든 경우 외과처치 후 발병하였다. 대부분 소뇌 또는 뇌간종양 제거술이나 동정맥 기형(arteriovenous malformation) 처치로 인해 일어났다. 위 자료에서 확인할 수는 없지만 외상성 뇌손상(traumatic brain injury, TBI)에 의해 순수 실조형 마비말장애가 나타날 수 있다는 점을 짚고 넘어가자. 보통 TBI에 의한 마비말장애의 경우에는 혼합형이 많지만 실조형만 나타날 수도 있다.

독성 · 대사성 · 내분비성 원인들은 제4장의 이완형, 제5장의 경직형 마비말장애에서는 고빈도 원인이 아니었으므로 이 장에서 살펴볼 만하다. 이 환자들은 갑상선 기능 저하증(hypothyroidism) 또는 리튬 독성 효과를 보였다. 위 자료에는 잘 드러나지 않지만 항경련 약물을 복용하는 발작장애 환자가 실조형 마비말장애를 보이면 그 원인으로 약물 효과를 반드시 고려해야 한다.

확실한 병인을 찾을 수 없는 경우도 많았는데(13%), 대부분의 경우 소뇌 손상이 아니면 임상 결과가 설명되지 않았다. 몇몇 환자는 소뇌 병변의 근거가 애매하게 영상 검사상 확인되었다. 이 원인 불명 환자들의 증상은 감지하기 힘들 만큼 미미하고, 짧게 나타났다 사라지는 경우도 있었다. 이들 중 일부는 퇴행성 소뇌 질환일 가능성이 높으며, 질환의 진행과 함께 명확한 진단이 가능해질 것으로 예측된다.

마지막으로 몇몇 환자는 위에 나열된 병인들로 분류하기 어려웠다. 선천성 장애(뇌성마비, 전반적 발달장애), 원인 불명의 자가면역 질환, 간헐적 실조증(episodic ataxia) 등이 그 예이다. 하나 이상의 진단명이 내려진 경우도 있었는데, 어느 진단으로든 마비말장애가 이해되었다(예: 종양과 알코올 중독).

신경 영상 검사 결과, 비정상성이 확인된 환자들 중에는 병변이나 위축증이 소뇌에 제한되거나 소뇌를 포함한 영역에 일어난 경우가 많았다. 나머지 환자들은 뇌간이나 후두와(posterior fossa)에 병변이 좀 더 퍼져 있었다. 환자 중 소수는 전신적(generalized), 산발적(diffuse), 다병소적(multifocal) 비정상성이 확인되었다.

위의 자료에 제시된 실조형 마비말장애 원인들 중 일부는 신경 영상 검사로 손상 영역을 확인할 수 없었다(가령 퇴행성, 독성, 원인 불명). 따라서 임상 결과를 통해 역으로 손상 영역이 추정된 경우가 많다. 대다수의 실조형 마비말장애 환자는 비구어적 소뇌 징후도 보였다. 임상 신경 검사와 신경 영상 검사 결과에 따르면 대부분 실조형 마비말장애 환자의 병소는 소뇌, 또는 뇌간에서 소뇌로 이어지는 경로에 위치하는 것으로 결론 내릴 수 있다. 병소가 아닌 말 평가 결과를 토대로 수집된 자료이기 때문에 이 결론은 더욱 신뢰할 만하다. 또한 이를 통해 실조형 마비말장애의 진단이 병소 확인에 얼마나 중요한지 다시 한 번 확인할 수 있다.

이 후향적(retrospective) 자료에는 마비말장애의 중증도 정보가 명확히 포함되어 있지 않다. 그러나 명료도에 대해 언급된 경우(표본의 94%)를 보면 환자의 49%에서 명료도 저하가 보였다. 이 수치가 전체 실조형 마비말장애의 명료도 손상을 대표한다고 보기는 어렵다. 명료도에 대한 언급이 없는 환자의 대부분은 명료도가 정상이었을 가능성이 높다. 메이요 클리닉 자료에는 실제 기타 재활 현장보다 경도의 환자들이 더 많이 포함된 것으로 보인다.

마지막으로 인지 능력 평가가 이루어진 경우(표본의 94%), 환자의 22%에서 인지장애가 발견되었다. 인지 손상의 원인은 불확실한 경우가 많다. 대부분 소뇌 이외의 다른 뇌영역의 문제 때문일 가능성이 높다. 이 경우가 아니라면 소뇌 손상 자체가 직접 혹은 간접적으로 인지 기능에 영향을 미쳤을 수도 있다.

B. 환자의 자각 및 주 호소

실조형 마비말장애 환자가 본인 말소리를 설명하는 것을 들으면 진단과 병소 확인에 도움이 되는 경우도 있다. 다른 유형들과 마찬가지로 종종 본인의 말이 어눌하다(slurred)라 표현하는데, 다른 유형과 달리 더욱 본인이 느끼기에("내가 술 취한 사람처럼 들려요."), 혹은 다른 사람이 알려 주기를("사람들이 술 마셨냐고 물어요.") 취한 듯 들린다고 한다. 적은 양의 알코올 섭취만으로 말소리가 눈에 띄게 안 좋아지는 경우를 이야기하기도 한다. 말하면서 숨을 조절하는 일이 어렵다거나, 말하거나 먹는 동안 볼살이나 혀를 깨무는 경우가 있다고 보고하기도 한다. 경도 마비말장애의 경우, 문제 없이 말하다가 갑자기 말을 더듬게 된다고 한다. 피곤하면 말 문제가 더 심해지지만 이완형이나 경직형만큼 심하지는 않다. 말할 때 물리적으로 힘이 들어간다는 경우는 거의 없으며, 말 속도를 낮추면 명료도가 좋아진다고 한다. 이들의 주 호소 및 말 특성은 부록 웹사이트의 Part IV 실조형 마비발장애 사례에서 확인할 수 있다.

침 흘림은 드물다. 삼킴 문제에 대해 호소하는 경우는 이완형이나 경직형 마비말장애에 비해 별로 없으며, 있다 하더라도 보통 삼킴 과정 중 구강 단계의 문제이다.[100] 심한 경우는 매우 드물지만 삼킴 문제가 있다면 이 환자는 말명료도에도 문제가 있을 것으로 예측된다.[93]

C. 임상적 관찰점

실조형 마비말장애는 대개 소뇌 질환의 다른 징후들과 함께 나타나지만, 질환 초기에 홀로 소뇌의 기능 부전 징후로 나타나는 경우가 있다.[9] 특히 이런 경우에는 기타 구강 운동 검사에서 문제가 발견되지 않을 것이므로 실조형 마비말장애의 정확한 진단이 신경 병소 확인에 중요하다.

비구어 구강 기제

구강 기제 검사를 통해 턱, 얼굴, 혀, 구개의 크기, 힘, 대칭성 등을 안정 시, 감정 표현 시, 자세 유지 시 확인할 수 있다. 구토 반사는 보통 정상이며, 병리적 구강 반사 반응은 보통 발견되지 않는다. 침 흘림은 드물며 반사적 삼킴(reflexive swallow)도 정상이다.

턱, 입술, 혀의 비구어 AMR은 불규칙적이다. 특히 혀를 좌우로 짧게 움직이거나 입술을 오므렸다 뒤로 당겼다 하는 운동에서 더욱 뚜렷하게 불규칙성을 확인할 수 있다. 이들의 비구어 AMR 수행이 비정상적이라 판단되면, 정상인의 수행도 관찰한 후에 결과를 조심스럽게 해석하자. 그 이유는 정상인들도 종종 비구어 AMR 수행 시 어느 정도의 불규칙성을 보이기 때문이다. 운동조절이상(dysmetria)의 유무를 확인하기 위해서라면 비구어 AMR 보다는 연결 발화나 말 AMR 과제 시 턱과 혀의 운동을 관찰하는 것(운동의 방향과 부드러운 정도)이 더 타당하며, 또한 더 유용한 정보를 얻을 수 있다. 실조형 마비말장애 환자는 말 산출 동안 불규칙적인 운동이 빈번하게 관찰되는데(**사례 80**), 정상인의 경우에는 그렇지 않다. 비구어 AMR보다 말 과제가 말장애 진단에 직접적 정보를 제공함을 알 수 있다.

말

대화, 읽기, 말 AMR은 실조형 마비말장애의 뚜렷하고 변별적인 특성들을 관찰하기에 유용한 과제들이다. 다음절 단어를 포함한 문장(예: "My physician wrote out a prescription."; "The municipal judge sentenced the criminal.")을 반복하게 함으로써 불규칙적으로 일어나는 조음 및 운율 문제를 확인할 수 있다. 말 AMR을 통해 특히 많은 정보를 얻어 낼 수 있는데(**그림 6-2**), 늘 그렇지는 않지만 **불규칙적인 말 AMR은 실조형 마비말장애의 변별적 특성이다.**

경직형처럼 실조형 마비말장애의 말 특성은 각 뇌신경 및 이들의 비정상적 기능 및 연관된 말 특성들을 나열한다 해도 쉽게 설명되지 않는다. 실조형 마비말장애는 개별 근육의 손상이 아니라 협응 및 운동 유형 제어의 손상에 의한 것이기 때문이다. **특히 조음 및 운율장애가 두드러진다.**

표 6-1은 Darley, Aronson, Brown(DAB)[30-32]이 제안한 실조형 마비말장애의 신경 운동 손상을 요약한 것으로, 일반적으로 부정확하고 느린 운동, 긴장 저하(과도한 이완[relaxation])가 이에 해당한다. 따라서 개별적/반복적 운동 시 시간 조절, 강도, 범위, 방향에 오류를 보이며, 운동이 느리고 종종 불규칙적이다. 이 특성들 간의 상호관계나 실조형 마비말장애와 특히 관련된 특성들은 다음 절에서 다루도록 한다. 전반적인 협응 문제에 의한 신경근육 손상에 대해서는 음향학적 · 생리학적 결과 부분에서 논의한다.

비정상적인 말 특성 및 특성군

DAB[31]는 30명의 소뇌 환자들로부터 세 가지 비정상적 말 특성군을 발견하였다. 이 특성군들은 실조형 마비말장애의 신경근육 손상과 이 손상이 영향을 미치는 말 산출체계의 구성요소들, 실조형의 변별적 말 특성들을 이해하는 데 매우 유용하다. 이 특성군은 **표 6-2**에 정리되어 있다.

첫 번째 특성군은 **부정확한 조음**(articulatory inaccuracy)으로, **부정확한 자음, 불규칙적 조음장애, 모음의 왜곡**으로 나타난다. 이들은 조음 운동 방향의 부정확성과 반

[9] Brown, Darley, Aronson[22]에서는 30명의 소뇌 질환 환자 중 7명이 실조형 마비말장애를 초기 증상으로 보임.

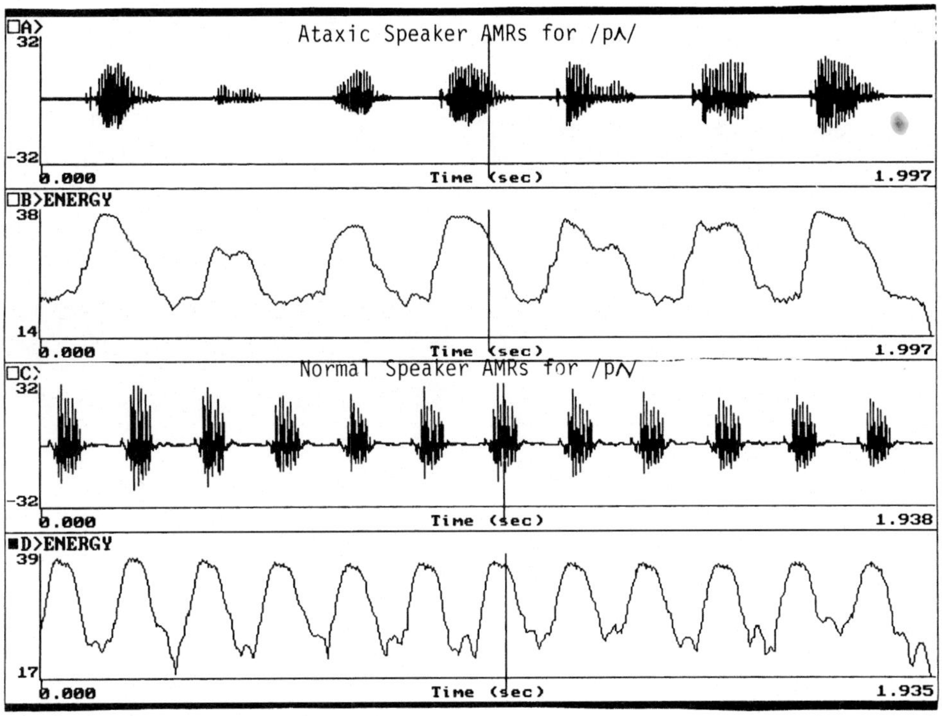

그림 6-2 정상 화자(아래 두 그림 상자)와 실조형 마비말장애 화자의 말 AMR 파형 및 에너지 궤적. 정상 화자의 속도는 정상적이며(~6.5Hz), 구간 길이 및 진폭도 음절 간 규칙적임. 반면 실조형 화자는 느리고(~3.5Hz) 진폭, 음절 길이 및 음절 간 길이가 불규칙적임. 이 음향학적 분석 결과는 실조형 환자의 말 AMR이 불규칙하다는 청지각적 인상을 뒷받침함.

표 6-1

실조형 마비말장애의 신경근육 손상

방향	리듬	속도		범위		힘	긴장
개별적 운동	반복적 운동	개별적 운동	반복적 운동	개별적 운동	반복적 운동	개별적 운동	근긴장
부정확	불규칙적	느림	느림	정상-과도	정상-과도	정상-과도	감소

출처: Darley FL, Aronson AE, Brown JR: Differential diagnostic patterns of dysarthria, *J Speech Hear Res* 12: 246, 1969에서 수정 발췌.

복적 운동 시 리듬 장애(dysrhythmia)로 인한 것이다. 이때 운동이라 함은 대개 턱, 얼굴, 혀의 운동을 의미하나 연인두 혹은 후두 밸브의 운동도 포함될 수 있다.

두 번째 특성군은 **과도한 운율**로, **과균등 강세**, **음소 연장**, **구간 연장**, **느린 말 속도**가 이에 포함된다. 이 특성군은 개별적/반복적 운동이 느리기 때문이며 전반적으로 실조증에서 뚜렷하게 나타난다. DAB 연구[30]에서는 이 느리고 반복적 운동의 영향으로 "동간격 패턴(even metering of patterns)을 보이며, 비강세 단어와 음절을 두드러지게 강조"한다고 지적하였다. 이 특성군은 소뇌 질환 관련 말 특징을 기술할 때 자주 쓰이는 **스캐닝**(scanning)이라는 표현과도 상통한다. 스캐닝의 정의는 학자에 따라 조금씩 다르긴 하지만,[105,120] "음절의 길이가 서로 동일해지는" 경향을 의미한다고 보면 된다. 짧은 모음 요소(vocalic element)가 길어지고,[8] 단어를 하나하나 힘주어 말하며, 강세/비강세 구분 없이 모든 음절 및 단어에 강세를 동등하게 줌으로써 스캐닝 발화 인상을 준다(**그림 6-3**).

세 번째 특성군은 **불충분한 음성-운율**로, **거친 음성**,[10]

[10] DAB은 거친 음성을 포함하였으나 저자의 경험에 따르면 단일 실조형 마비말장애에서 거친 음성은 빈번히 발견되지 않으며, 아주 경미한 정도임. 실조형 마비말장애에서 거친 음성이 뚜렷하면

표 6-2

실조형 마비말장애의 비정상적 말 특성군

특성군	말 특성
부정확한 조음	부정확한 자음 불규칙적인 조음장애 모음 왜곡
과도한 운율	과균등 강세 음소 연장 구간 연장 느린 말 속도
불충분한 발성-운율	거친 음성 단음도 단음량

출처: Darley FL, Aronson AE, Brown JR: Differential diagnostic patterns of dysarthria, *J Speech Hear Res* 12: 246, 1969에서 수정 발췌.

단음도, 단음량이 이 특성군에 포함된다. DAB는 이 특성군을 근긴장저하(아마도 후두근의 근긴장저하, 그러나 호흡근도 가능)의 결과로 보았다.

표 6-3은 Darley, Aronson, Brown 연구[31]에서 나열한 실조형 마비말장애의 가장 비정상적 말 특성을 정리한 것이다. 중증도를 기준으로 심한(뚜렷한) 경우부터 순서대로 정리하였으나, 다른 마비말장애 유형과 구분 짓는 가장 변별적 말 특성이라고는 할 수 없다.[11]

위의 말 특성 및 특성군은 임상 진단에 영향을 미치므로 아래 몇 가지 사항을 주지함으로써 임상적으로 적용할 때 신중을 기하도록 하자. 이는 DAB[31,32] 연구 자료와 저자의 임상 경험을 바탕으로 정리하였다.

1. 과도한 운율 특성군, 특히 과균등 강세와 음소 및 구간 연장은 실조형 마비말장애의 매우 뚜렷한 특성이긴 하지만 모든 환자에서 발견되지는 않는다. 가령 DAB가 보고한 30명의 소뇌 질환 환자 중 20~24명만이 이 특성군을 보인 것으로 판단되었다. 몇몇 환자는 심도의 실조형 마비말장애임에도 불구하고 이 특성군을 뚜렷하게 보이지 않는 것을 보면 이는 단순히 중증도만의 문제는 아니다. 이런 경우 부정확한 조음이 더 뚜렷한 특성군으로, 불규칙한 조음장애 때문에 말소리가 '취한' 듯하고 불규칙적이라는 인상을 준다.
2. 불규칙적 AMR이 실조형에게서 변별적이고 일관적으로 나타나는 특성이기는 하지만 모든 실조형 마비말장애 환자가 불규칙한 AMR을 보이지는 않는다. 저자의 의견으로는 운율이 과도한 환자의 경우에는 불규칙한 AMR이 그리 빈번하지 않다(AMR이 매우 느릴 수 있다). 불규칙적인 조음장애가 심한 환자의 경우 불규칙적 AMR이 더 뚜렷하다. 물론 많은 실조형 환자가 과도한 운율과 부정확한 조음, 모

표 6-3

Darley, Aronson, Brown 연구[31]에서 나열한 실조형 마비말장애의 가장 비정상적 말 특성. 중증도를 기준으로 심한 경우부터 순서대로 정리하였으며, 관련 말 산출체계도 우측에 밝혔음. 여러 구성요소들이 복합적으로 운율 문제를 야기할 때는 '운율'이라 표기함. (아래 명시된 부록 웹사이트 Part I~III 사례들 외에 Part IV의 여러 실조형 마비말장애 사례에서도 이 말 특성들을 확인할 수 있음.)

말 특성	말 구성요소
부정확한 자음	**조음**
과균등 강세*(**사례 37**)	운율
불규칙적인 조음장애*(**사례 29, 96**)	조음
모음 왜곡*	조음-운율
거친 음성	발성
음소 연장*	조음-운율
구간 연장	운율
단음도(**사례 37**)	발성-운율
단음량(**사례 37**)	발성-운율
느린 말 속도(**사례 37**)	운율
기타	
과도한 강도 변이*	호흡-발성-운율
음성 진전	발성

*다른 마비말장애 유형과 분별되는 특성이거나 다른 유형들에 비해 상대적으로 뚜렷한 특성.

경직형의 동반 가능성을 의심해야 함.

[11] Kent 등[67]의 연구에서는 실조형 마비말장애의 뚜렷한 특성이 영어 외 언어나 방언에서도 나타난다고 보고함. 저자의 경험으로도 해당 언어를 모른다 하더라도 말, 모음연장, 대화 과제 중 속도 및 운율의 지각적 특성을 통해 실조형 마비말장애(다른 유형들도)를 확인하는 것은 어렵지 않았음.

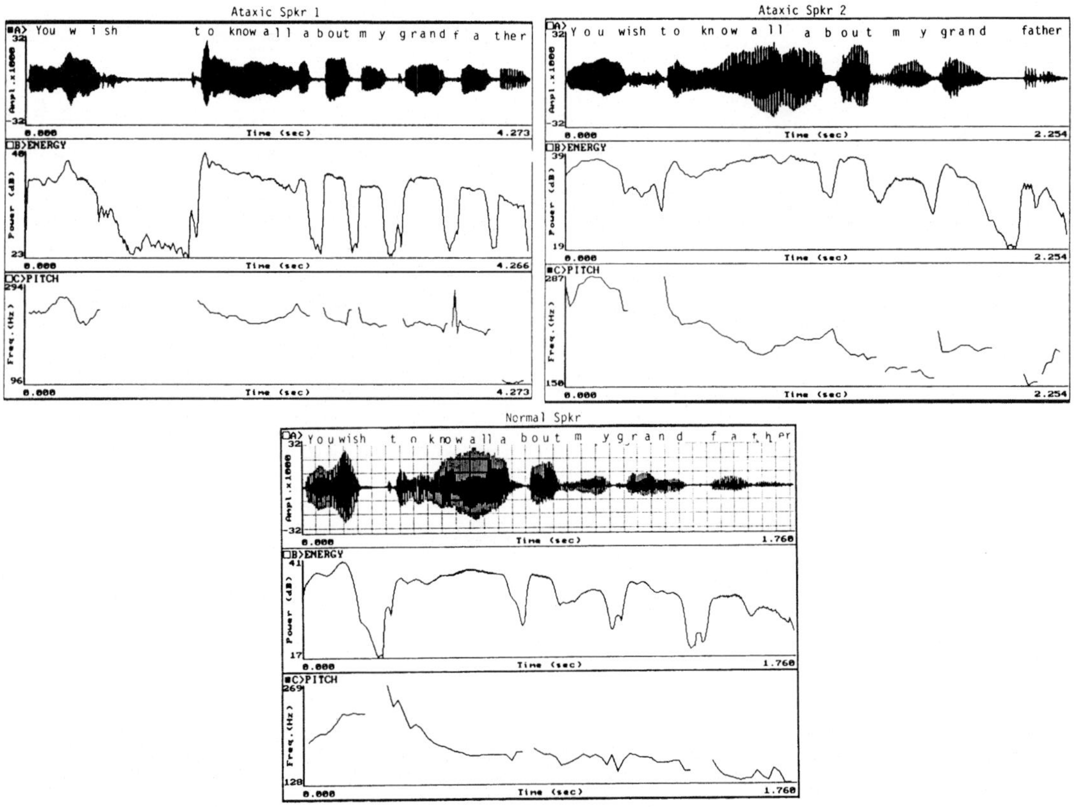

그림 6-3 한 명의 정상인(아래)과 두 명의 실조형 마비말장애(위) 여성 화자의 "You wish to know all about my grandfather." 발화 파형과 에너지 및 기본주파수(f_0) 궤적. 정상인의 경우 이 문장을 2초도 안 되는 동안 읽었으며 음절 길이와 진폭(에너지 궤적)의 변이, f_0의 전반적 하강이 정상적이었음. 반면 실조형 마비말장애 화자 1의 말 속도는 느렸음(총 발화에 ~4.3초 걸림). 또한 '…about my grandfather' 음절들의 진폭과 길이가 상대적으로 동일하다는 것을 에너지 궤적에서 확인할 수 있으며 f_0 변이가 상대적으로 거의 없음을 음도 궤적에서 확인할 수 있음. 이 관찰은 실조증 마비말장애의 뚜렷한 지각적 말 특성, 느린 말 속도, 과균등 강세, 단음량, 단음도와 일치함. 실조형 마비말장애 화자 2의 경우 말 속도가 눈에 띄게 느리지는 않으며, 에너지와 음도 궤적이 대체적으로 정상인과 유사함. 그러나 단어 'grandfather'를 보면 특히 음절 'father'가 빠르게 발화되었고, 또한 강세 음절 'fa'가 비강세 음절 'ther'보다 짧다는 것을 알 수 있음(에너지 궤적). 이런 변화는 조음뿐만 아니라 비정상적인 강세와 음절 길이로 대표되는 운율 특성의 지각에도 영향을 미침.

두의 특성을 갖는다.

3. 불규칙적 조음장애는 **말겹침**(telescoping)과 연관되기도 한다. 말겹침이란 하나 혹은 연속된 음절이 갑자기 함께 겹치면서 산출되는 것으로, 순간적으로 말이 빨라지는 듯한 인상을 준다. 음절의 말겹침은 부록 웹사이트의 Part IV 실조형 마비말장애 사례에서 확인할 수 있다.

4. 일부 실조형 마비말장애 환자는 급작스러운 음량의 증가를 보이거나 음도 및 음량 조절에 실패하기도 한다. 이는 실조형 마비말장애의 가장 뚜렷한 특성 및 특성군에 포함되지는 않았으나, 일단 나타나면 매우 심하게 나타난다. DAB는 환자의 3분의 1 정도로부터 과도한 음량 변이를 확인하고 이 특성이 '폭발적 발화(explosive speech)'라는 실조형 마비말장애의 청각적 인상에 기여한다고 해석하였다. 급작스러운 음량 증가는 전반적으로 그리 빈번한 마비말장애의 특성은 아니지만 주로 소뇌 장애에서 보고된다.[48]

5. 말 특성 및 특성군에 포함되지 않았지만[31,32] 일부 실조형 화자에게서 약 3Hz(느림, 자세 진전)의 **음성 진전**이 관찰된다.

6. 과다비성은 드물지만 **과소비성**을 짧은 시간 동안 보이는 경우가 있다. 드물긴 하나 비음 산출 시 연인두와 조음 기능 사이에 시간적 조절이 잘 이루어지지 못하였기 때문으로 보인다. 다른 어떤 마비말장애 유형보다 실조형에서 빈번하게 발견된다.

7. 일부 환자는 과도한 운율을 우세하게 보이는 반면 다른 환자는 부정확한 조음을 가장 뚜렷하게 보인다. 이 두 특성군이 서로 독립적으로 나타날 수 있다면, 또한 급작스러운 음량의 증가를 더 우세하게 보이는 환자들이 존재한다면, 실조형 내에 하위 유형이 존재할 가능성이 있다. 이것이 사실이라면 하위 유형은 소뇌 제어회로 내 병소의 차이, 소뇌 장애 성질의 차이, 혹은 손상된 말 산출체계의 차이로 구분할 수 있을 것이다(하위 유형 가능성을 뒷받침하는 연구 결과는 다음 절에서 살펴보겠다).

실조형 마비말장애를 다른 말운동장애로부터 구분할 수 있는 특성으로는 무엇이 있을까? 여러 말 특성 중에서 **불규칙적인 조음장애, 말겹침, 불규칙적인 말 AMR, 과균등 강세, 과도한 강도 변이, 모음의 왜곡**이 환자들 중에서 공통적으로 관찰되는 가장 변별적인 특성이다.

표 6-4에는 실조형 마비말장애의 주요 말 특성과 구강 기제 검사 결과, 그리고 환자의 주 호소가 요약되어 있다.

표 6-4

실조형 마비말장애의 주요 말 및 말 관련 변별 특성들(아래 표에 일일이 명시되지 않았으나 생리학적 연구 결과와 환자의 주 호소를 포함한 대다수 특성은 부록 웹사이트의 Part IV 실조형 마비말장애 사례에서 확인할 수 있음)

지각적	
발성-호흡	과도한 음량 변이
조음-운율	불규칙적인 조음장애(**사례 29**) 불규칙적(**사례 44-47**) 모음 왜곡 과균등 강세(**사례 37**) 음소 연장
신체적	턱, 안면 혀 AMR의 운동조절이상
환자의 주 호소	'술 취한 듯한' 말 말하는 동안 혹은 먹는 동안 혀나 볼을 깨묾 알코올 섭취 시 말 악화 말하면서 호흡 조절 협응이 잘 안 됨

AMR=교대운동속도(alternate motion rate)

D. 음향학적 · 생리학적 관찰점

호흡 및 후두 기능

생리학적 연구 결과에 따르면 일부 실조형 마비말장애 환자는 비구어 호흡 기능(폐활량 측정기)의 감소를 보인다.[1,90] 운동 제어와 관련해서는 발성 과제 시 호흡 및 발성 간의 불협응이 보고된 바 있는데, 이는 호흡 운동이나 기본주파수(f_0)를 조절하면서 동시에 사인 곡선 목표물을 시각적으로 따라가는 능력을 살핀 연구 결과를 바탕으로 한다.[84] 정상인 피험자나 다른 유형의 마비말장애 환자와 비교하였을 때 실조형 화자의 호흡-발성 운동 조절의 편차가 비정상적으로 컸으며 사인 곡선 목표물의 운동과의 상관관계도 매우 약하였다. 이를 통해 실조형 마비말장애의 운동 제어 능력은 과제가 요구하는 수준에 훨씬 미치지 못함을 알 수 있다.

우리에게 중요한 것은 말 산출 연구 결과들이다. 비록 방대한 자료로부터 도출된 결과는 아니지만 실조형 마비말장애는 (1) 날숨(exhalation)과 발성 시작의 시간 조절 협응이 잘 이루어지지 않아 공기가 새며, (2) 흉곽 및 복부가 비정상적으로 운동하거나 급작스러운 운동의 변화를 보이며, (3) 모음연장과 음절 반복 과제 시 불규칙적인 흉벽 운동이 관찰되고, (4) 정상보다 낮은 폐용적 수준(lung volume level)에서 발화를 시작하는 경향을 보이는 것으로 보고되었다.[1,91] 이 특성들은 말 호흡 운동의 협응 문제나 말 호흡과 발성 사이의 협응 문제에 의한 것으로 보이며, 이것이 실조형 마비말장애의 운율에 영향을 미치는 것으로 보인다.

DAB[30]는 말 산출 중 후두 조절 능력을 연구한 초기 음향학 문헌들을 요약하였다.[49,56,72,105] 이 연구들은 실조형 화자들에게서 음도 및 음강 변이의 감소와 비정상적 발성이 발견된다고 보고하고, 이 때문에 음질이 비정상적이라는 인상을 받게 된다고 보았다.[30] DAB는 이 비정상적 음성이 호흡 기능의 문제 때문이라 해석하였다.

뒤이은 음향 연구들에서는 모음연장 시 모음이 불안정하고, 연결 발화 시 음도와 음량이 불안정하다는 실조형 환자들의 지각적 특성을 뒷받침하는 결과들을 보고했다. 소뇌 질환 환자(즉, 실조형 마비말장애였을 것으로 추정)들을 대상으로 하였던 연구에서는 장구간(long-term) 혹은 단구간(short-term) 발성의 안정성(steadiness)을 측정하였다. 전체 피험자 중 비정상적 결과를 보인 환자의 비율은 연구마다 차이가 있으나[40,41,64,68,104] 대체로 장구간

발성 시 기본주파수 및 강도의 변이 증가,[20,40,66,[12]] 주파수 변동률과 강도 변동률의 증가,[5,66] 음도의 증가,[5] 거친 음성,[68] 비정상적 성대진동 시작시간(voice onset time, VOT) 등이 확인되었다.[[13]] 후두 운동 손상과 후두 또는 호흡 반사의 감각(예: 자가 수용성) 제어 손상으로 인해 후두 내재근의 긴장이 제대로 제어되지 않고, 그 결과 음성이 불안정하다고 보고한 연구도 있다.[4,5] 또한 비정상적인 VOT 수치로 확인할 수 있는 유/무성 오류는 후두 제어의 문제 혹은 후두-상후두(supralaryngeal) 간 시간 조절 오류를 뜻한다고 보았다.[68]

음성 진전은 실조형 마비말장애에서는 드물긴 하나 몇몇 연구에서는 최대 피험자의 반 정도에서 3Hz의 음성 진전이 지각되었으며 또한 음향학적 분석 결과로도 확인되었다.[4,5,20] 이 진전 속도는 소뇌의 자세 진전 속도와 같다. 흥미로운 점은 실조형 화자는 AMR, 문장 반복, 대화 과제에서 초당 약 3음절의 말 속도를 보인다는 것이다(소뇌 진전 속도와 같음).[66] 진전 속도가 '음절 속도를 끌어당기거나' 혹은 수의 운동의 시간적 기판/형틀(temporal substrate/template)로 기능한다는 점을 시사하는데, 대화 발화 시 음절들 길이와 강세가 모두 동일해지는 경향도 이로써 설명 가능하다.

종합적으로 고려해 보면 실조형 마비말장애 환자들은 (적어도 일부 환자의 경우) 협응, 시간 조절, 제어, 진전의 문제로 **불안정한 발성** 혹은 **불안정한 발성-호흡** 특성을 보인다.

조음, 속도, 운율

수많은 음향학적 · 생리학적 연구들은 실조형 마비말장애의 임상적 지각 특성, 즉 느린 말 속도, 불규칙적 조음장애, 비정상적 운율 등을 양적 자료로 뒷받침하면서 이들의 생리학적 근거를 설명하는 방향으로 발전되어 왔다.

음향 연구는 단어/문장 산출 및 AMR 과제에서 이들의 **느린 말 속도**를 보고하였다.[[14]] 말 산출을 위한 운동이 느리다는 것 또한 아랫입술과 혀의 조음 운동을 관찰한 영상 방사선 촬영(cineradiographic) 연구에서 확인되었다.[7,10,24,61]

말 속도가 느리다는 것은 음절, 문장 길이, 포먼트 전이, 음절 및 단어 내에 위치한 자음군과 모음핵, 휴지 등이 길다는 것을 포함하는데, 가끔 VOT가 길어지는 경우도 있다.[[15]] 일부 실조형 마비말장애는 말 속도의 변화나 증가를 어려워하며,[23,41,68] 따라서 느린 말 속도가 단순히 보상 기제로 쓰이는 것은 아니라 할 수 있다.

느린 말 속도는 말명료도 또는 중증도의 안정적인 예측변수로 기능하지는 못하는 것으로 보인다. 한 연구에서는 최대 AMR 속도가 중증도와 명료도의 예측 변수라 보고하였으나,[126] 다른 연구에서는 대화 시 말 중증도와의 상관관계를 발견할 수 없었다.[66] 또 다른 연구도 말 속도와 말명료도 혹은 자연스러운 정도(naturalness) 간에 유의한 관계를 발견할 수 없었다.[75] 이는 속도는 느려도 말은 명료하다는 임상적 관찰과 일치한다. 이는 **특정 말장애에 민감한 말 특성이나 과제가 반드시 명료도나 기타 중증도의 예측 변수일 필요는 없다는** 것을 의미하기도 한다.

말이 느린 원인은 무엇일까? 선행 연구들은 근긴장저하를 그 원인으로 지적해 왔다.[26,41,53,61] 다시 말해 근긴장 감소로 인해 근력의 생성 및 수축이 느리고, 따라서 운동이 느려지며 말소리가 길어진다는 것이다.[61] 두 번째 가능한 원인은 소뇌 손상이다. 소뇌 손상으로 인해 발화 이전에 대뇌피질 운동 명령을(피드포워드) 다듬는 소뇌 기능에 문제가 생기면, 운동을 제어하기 위해서는 상대적으로 대뇌피질의 운동 제어 및 감각 기제에 더 의존해야 한다. 대뇌피질을 통하면 더 오랜 시간이 걸리기 때문에 이를 허락하기 위해 분절음의 길이가 길어진다는 것이다.[10,26,63] 또한 다음 음절을 처리하기 전 이미 행해진 말 산출 운동에 대한 감각 피드백(sensory feedback)을 기다리느라 말 속도가 느려질 수도 있는데, 피드포워드 기제의 기능까지 피드백이 담당하면서 피드백은 발화 제어에 더욱 중요한 역할을 담당하게 된다.[114,115]

이렇게 느려진 피드백에 실조형 마비말장애가 의존한다는 것은 몇몇 연구에서 증명되었다. 실조형 마비말장애 환자들을 대상으로 말 속도와 측두엽 청각 영역(auditory area)의 혈류량 간의 상관관계가 발견되었는데, 즉

---

[12] Kent 등[68]에서는 장구간 f_0와 진폭의 변이가 실조형 마비말장애, 나아가 전체 말운동장애의 발성 부전에 특히 민감한 지표라 제안함.

[13] 이 결과들은 남성과 여성 모두에서 보고되었으나 성별차를 보이는 경우도 있음(가령 비정상적인 주파수 변동률은 여성 실조형 화자에서만 보고됨[66]).

[14] Kent와 Netsell 연구[61]는 음향 및 생리학적 연구 결과가 지각적 분석을 바탕으로 성립된 가설들을 어떻게 수정하고 발전시키는지 잘 보여 줌. 참고문헌 2, 6, 19, 33, 40, 41, 51, 60, 61, 63, 68, 94, 96, 103, 104, 116, 125, 126.

[15] 참고문헌 9, 23, 26, 53, 60, 63, 68, 75, 98.

말이 느릴수록 이 영역의 혈류량이 증가하였다. 이는 말 산출 시 이 화자들이 청각 피드백에 더 의존하기 때문에 말 속도가 느려진다는 사실을 뒷받침한다.[112] 이는 또한 일부 실조형 마비말장애 화자가 왜 구간 길이 및 음소의 연장, 비정상적 강세 패턴 특성을 보이는지 설명하지만, 한편 대뇌피질의 제어 기제에 대해서는 아직 많은 부분이 의문으로 남아 있다. 즉, 소뇌가 손상되었을 때 이 대뇌피질 제어가 자동으로 집행되는지, 소뇌 손상의 성격에 따라 다른지, 화자가 의도적으로 보상하려고 집행하는 것인지 등은 아직 확실하지 않다. 어떤 경우이든 간에 말 속도는 느려지는 결과를 낳는다.

느린 말 속도(기타 변별적 · 지각적 특성 관련 결과들도 마찬가지)뿐만 아니라, 음향학적 · 생리학적 연구는 **말 AMR 과제 시의 비정상적 리듬**도 확인하였다.[16] AMR 과제는 시간 조절 장애를 살필 때 유용하므로 특히 실조형 마비말장애의 청지각적 · 음향학적 평가에 매우 유용하다(**그림 6-2** 참조). AMR 과제 수행 시 편차가 크다는 것은 VOT, 모음 길이, 음절 간 길이, 최소/최대 강도 측정 결과로 알려졌다.[66,68] 최근 연구에 따르면 21명의 실조형 마비말장애 화자 중 3분의 1 이상이 비정상적인 편차를 보여 이 자료 분석에 AMR 자동 분석 프로그램을 이용할 수 없었다.[121] 또한 말 AMR 수행 시 일부 환자에게서 불규칙적인 흉벽 운동이 보고되었다.[90][17] 다른 결과들과 종합적으로 고려할 때 실조형 마비말장애는 **시간 조절 문제**를 보이며, 따라서 **시간 조절 장애**(temporal dysregulation)가 실조형 마비말장애의 주요 구성요소 중 하나라 하겠다. 이 시간 조절 장애는 단순한 음절 반복 과제라 하더라도 음절 연속을 길게 할 때 더 뚜렷하게 나타난다.[68] 이는 소뇌의 역할이 길고 복잡한 말의 연속 산출 시 정확한 시간 조절임을 의미한다.

실조형 마비말장애가 보이는 시간 조절 문제는 VOT에서도 뚜렷한데, VOT는 후두 제어 혹은 후두-조음 간 협응을 살피는 데 민감한 변수이다.[3,26,63,68] 연구 결과에 따르면 정상 VOT보다 짧거나 길고 여러 번 반복될 때 편차가 크다고 하는데, 이는 전반적인 속도 저하 문제와는 다른 문제이다. 실조형 화자에서 가장 빈번하게 보이는 명료도 오류들이 특히 유무성성 대조와 관련된다는 연구 결과는 VOT 제어 문제가 청지각적 오류 판단에 상대적으로 큰 영향을 미친다는 것을 증명한다.[68]

몇몇 음향 및 공기역학 연구에서는 실조형 마비말장애의 강세와 운율 문제가 단어와 문장 수준에서 일어난다고 보았다(**그림 6-3**). 또한 시간 조절, 협응, 제어 문제는 환자 모두에서 발견된다고 보고하였다. 이 연구들은 f_0와 강도의 비정상적 동요(fluctuation), 단어 간 휴지 증가, 휴지 길이 증가, 불규칙한 분절음 길이, 조음 노력(구강 내 압력 최대 수치에 반영)의 증가 등을 보고하였다.[18] 단어의 총 음절 수가 늘어나면 어기(base word)의 길이는 짧아지는 것이 일반적인데, 실조형 마비말장애 환자는 이런 경향을 보이지 않았다.[63] 가령 'please, pleasing, pleasingly'에서 단어 'please'의 길이를 비교하였더니 그 길이의 감소 정도가 작고, 일정하지도 않았으며, 오히려 길어지기는 경우도 있었다. 분절음 길이의 증가(느린 말 속도)가 실조형 마비말장애의 특성이긴 하지만 길이가 일정한 비율로 길어지는 것이 아니기 때문에 이로 인해 강세와 시간 조절 패턴도 영향을 받는 것으로 해석된다. 이완 모음과 비강세 모음이 일정치 않은 비율로 길어지는 경우가 많았는데, 이는 일부 화자의 과균등 강세 혹은 **스캐닝식 발화**라는 청지각적 인상을 설명한다. 반면 어기의 음절 길이가 적당한 경우에 실조형 화자는 음절 길이가 증가할수록 이를 줄이지 않았는데, 왜냐하면 이들에게는 복잡한 운동 명령을 연속적으로 수행하는 데 필요한 유연성이 부족하기 때문이다. 유연성의 결여로 인해 운동실조형 마비말장애는 한 음절씩 산출하는 전략을 세우고, 따라서 비정상적 강세 패턴을 보이게 된다.

Liss 등 최근 연구[76,77]는 **리듬 측정**(rhythm metrics: 모음 및 자음 길이의 음향 지표로서 발화 내 강세 음절과 비강세 음절에 실린 말리듬 유형을 수량화) 혹은 포락선 변조 스펙트럼(envelope modulation spectrum, 강도 포락선에 나타난 시간적 규칙성을 수량화) 자료를 판별 함수 분석법(discriminant function analysis)으로 분석하고, 이 리듬 측정에 의해 실조형 마비말장애가 정상인이나 다른 유형의 마비말장애로부터 안정적으로 구별된다고 보고하였다. 이 결과는 실조형 마비말장애의 청지각적인 특성을 뒷받침한다. 더불어 실조형 마비말장애를 변별하는 데 가장 유용한 것은 **말소리의 각 개별적 특성보다는** 비

---

[16] 참고문헌 6, 19, 40, 41, 54, 63, 66, 68, 96, 103, 116, 125, 126.

[17] 말 산출체계의 불규칙성이 말 과제에서만 발견되는 것은 아님. 가령 실조형 마비말장애 일부는 윗입술, 아랫입술, 혀, 턱을 동일한 강도 및 안정적 자세 조절을 해야 하는 비구어 과제에서도 불규칙적 강도와 위치를 보임.[86] 또한 비구어 시각운동 추적 과제 시 아랫입술과 턱의 운동을 함께 하도록 요구하였을 때 수행 결과가 정상인보다 낮았음.[84]

[18] 참고문헌 23, 25, 41, 61, 91, 99, 103, 124.

정상적인 말의 전반적인 패턴이라는 숙련된 임상가들의 의견과도 상통한다.

음향 연구에서 보고한 강세와 운율 문제는 청지각적으로도 뚜렷하다. 예를 들어 실조형 마비말장애의 발화를 전사할 때 이 발화들에 익숙하다 하더라도 강음절과 약음절의 구분은 매우 어렵다. 또한 어휘 경계를 구분하는 것도 비정상적인 리듬 때문에 쉽지 않다.[78]

두 특성군, 즉 과도한 운율과 불충분한 발성-운율이 함께 발견된다는 것에 대해 의아해할 수도 있다. 임상적 관찰 및 객관적 자료에 따르면 이 두 특성군이 한 환자에게서 동시에 일어날 수 있는가는 아직 확실치 않다. 그러나 둘 다 실조형 마비말장애에서 발견되는 것은 사실이다.[19] 스캐닝식 발화(과도한 운율)는 여러 음향 연구에서 보고되었는데,[51,62,113] 특히 음절 길이의 변이가 줄어들어 음절핵(syllabic nuclei) 간의 거리가 매우 규칙적이고, 전반적으로 f_0 곡선이 평평하다는 점도 알려졌다. 이는 음절들 간에 운율 특성이 서로 균등해진다(prosodic equalization across syllables)는 표현과 상통한다.[62] 따라서 실조형 화자가 보이는 스캐닝식 발화를 보면 분절음 길이와 f_0의 변이가 정상인보다는 감소한다. 그러나 이는 변이가 크다는 실조형 마비말장애의 특징과 배치된다. 이 상반된 특징에 대해 Hartelius 등[51]은 다음과 같이 설명하였다. 이 연구들에서 실조형 화자는 문장 발화 시 정상인보다 음절 길이는 길고 인접한 음절들 사이 길이의 변이는 적어(**동시성**[isochrony] 혹은 음절 균등화) 실조형 마비말장애의 **불가변성**(inflexibility)을 시사하였다. 그러나 같은 문장을 여러 번 반복하였을 때는 음절 길이뿐만 아니라 강세와 강세 사이의 간격(즉 문장 내에서 강세 모음 사이의 간격) 편차도 증가해 **불안정성**(instability)을 시사하였다. 이와 같이 불가변성과 불안정성이 함께 존재하기 때문에 지나친 운율과 불충분한 발성-운율, 이 두 청지각적 특성 또한 가능하다고 저자들은 설명하였다.

실조형 마비말장애의 진단에 과도한 운율이 불충분한 발성-운율 혹은 부정확한 조음보다도 더 뚜렷하거나 중요한 특성군일까? 일부 연구는 불규칙적인 조음장애를 스캐닝식 발화(과도한 운율)보다도 더 핵심적인 말 문제로 강조했으나,[11] 임상적으로도 항상 그렇다고 할 수는 없다. 과도한 운율과 부정확한 조음(특히 불규칙적인 조음장애)이 모순적이게도 함께 일어난다는 사실은 환자들 간의 개인차를 반영하기도 한다. 다시 말해 실조형 마비말장애의 하위 유형이 존재한다면 위에 언급한 불가변성과 불안정성 중 어떤 특성이 더 우세하게 나타나는가 그 정도에 따라 나눌 수 있을 것이다. 일부 환자는 불충분한 운율과 조음 장애가 우세한 반면, 다른 환자는 과도한 강세 문제를 더 우세하게 보일 것이다. 또한 비슷한 정도로 보이는 환자도 가능하다. 이러한 가설은 Ackermann, Mathiak, Riecker[8] 연구에서 보인 바 있다. 이 연구는 소뇌 말장애가 두 단계에 걸쳐 일어날 수 있다고 가정하였는데, 첫 단계는 음절 연속의 시간적 구성이 불안정한 단계(예: 불규칙적인 조음장애)로, 여기서 더 심해지면 음절이 길고 서로 길이가 비슷해지는(과도한 운율) 두 번째 단계로 넘어간다고 주장하였다.

자세한 하위 유형은 언급되지 않았지만 하위 유형의 존재 가능성을 암시하는 음향학적 근거가 보고되기도 하였다. 하위 유형은 말 AMR의 시간 구성과 강도의 변이에 따라 나뉘기도 하고, 비정상성을 보이는 말 산출체계 구성요소에 의해 나뉘기도 하였으나[19] 소뇌 장애의 성격에 따라 나누어지지는 않았다.[66] Boutsen, Bakker, Duffy[19] 연구에서는 27명의 실조형 화자로부터 세 집단을 확인하였다. 한 집단은 '퍼', '터', '커' 세 음절의 AMR 사이에 길이 편차가 유사하였으나, 다른 두 집단은 길이 편차가 음절 특정적, 즉 음절의 영향을 받았다. 이 차이는 중증도나 병인과는 상관이 없었기 때문에 저자들은 손상된 말 산출체계가 다를 가능성을 제기하였다. 그들은 "실조형 마비말장애는 환자들 간의 말 특성 차이가 오로지 중증도에 의해서만 일어나는 일원화된(unitary) 말장애가 아닐 가능성도 있다."고 결론 내렸다. 이와 관련해서 시간 조절 및 위치 선정 오류는 이 말장애의 공통적인 특성인 반면 다른 특성들은 환자 간 차이가 크며, 이 차이는 서로 다른 근육 체계의 손상을 의미하는 것이라는 주장도 있었다.[67]

지금까지 살펴본 음향학적 · 생리학적 연구 결과가 표 6-5에 요약되어 있다.

[19] 참고문헌 2, 23, 40, 41, 63, 68.

표 6-5

실조형 마비말장애의 음향학적 · 생리학적 연구 결과 요약. 많은 연구가 한 명 혹은 소수의 피험자를 대상으로 이루어졌으므로 모든 실조형 마비말장애 환자들이 이 특성들을 보일 것으로 예측해서는 안 됨. 이들은 실조형에서만 보이는 특징들은 아니며 일부는 다른 말운동장애나 비신경성 질환에서도 발견됨.

말 구성요소	음향학적 · 생리학적 결과
호흡 혹은 후두	비정상적인 흉곽과 복부의 운동 불규칙적인 흉벽 운동 낮은 폐활량에서 발화 개시 폐활량 감소(불협응의 부차적 현상일 가능성) 호흡 운동 혹은 f_0 조절과 동시에 시각운동 추적 과제 수행 시 수행력 떨어짐 모음연장과 AMR 수행 시 f_0와 진폭 정점의 장구간 변이 증가 강도 변동률 및 주파수 변동률 증가 음성 진전(~3Hz)
조음, 말 속도, 운율	속도 감소: • 음절 및 문장 길이 증가 • 포먼트 전이 길이 증가 • VOT 증가(때로 감소) • 자음군 및 모음핵 길이 증가 • 느린 AMR • 이완 모음 혹은 비강세 모음의 길이가 일정치 않게 증가 • 과도한 단어 간 휴지 • 목적성 운동 개시의 어려움 • 입술, 혀, 턱의 느린 운동 • 말 속도 증가의 어려움 변이 감소 혹은 제한되는 변수: • 모음 산출 시 혀의 전후 운동 • 음절 길이 • 음절핵 간 거리 • 연결 발화 내 f_0 궤적 변이/불안정이 심해지는 변수: • 분절음 길이 • 속도 • 강도(최대 및 최소 에너지 값) • AMR 속도 및 강도 • f_0 • VOT • 특히 AMR 수행 시 조음 운동의 범위 및 속도 • 단어의 음절 수가 증가할수록 어기(첫 음절*)의 길이가 일정하지 않은 비율로 감소 • 연인두 폐쇄가 규칙적으로 이루어지지 않음 기타: • 음절 반복 시 조음 근육의 근전도 패턴 이상 • 비구어 과제 시 아랫입술과 턱 운동이 요구되면 시각운동 추적 능력 저하 • 비구어 과제 시 입술, 혀, 턱의 강도 및 위치 조절이 더 불안정해짐 • 가끔 자음 산출을 위한 조음 접촉 실패

AMR=교대운동속도(alternate motion rate), EMG=근전도(electromyogram),
f_0=기본주파수(fundamental frequency), VOT=성대진동 시작시간(voice onset time)
* (역자 주) 영어의 경우 주로 첫 음절이 어기이기 때문임(예: hope-hopeful-hopefully).

VI. 사례

사례 6-1

41세 여환으로, 신경 검사보다 말 평가가 먼저 이루어졌다. 환자 본인이 1년 정도 전부터 말의 변화를 인지하고 있었고, 주변 사람들이 약물 섭취나 음주 여부에 대해 자주 묻는다고 말하였다. 스트레스를 받거나 피로하면 말 문제가 심해졌으나 음식물을 씹고 넘기는 데에는 문제가 없다고 스스로 평가하였다. 또한 환자의 49세 오빠 역시 보행, 균형, 말에 문제가 있다고 언급하였다.

구강 기제 검사 결과, 크기, 강도, 대칭성은 정상이었다. 구강 반사도 정상이었다.

대화 중 불규칙적인 조음장애(1, 2), 느린 말 속도(1, 2), 비정상적 운율(1), 과균등 강세(0, 1), 음도 감소(0, 1), 비특정적이고 다소 쉰 목소리(0, 1)를 확인할 수 있었으며, 말 AMR은 느리고 불규칙적이었다(1, 2). '아' 모음연장은 불안정하였으며(1), 말명료도는 정상이었다.

임상가는 "상대적으로 경미한 실조형 마비말장애"라고 결론 내렸다. 환자와 임상가 모두 말 치료는 불필요하다고 판단하였다. 말 문제가 악화되면 재평가 및 치료를 받을 것을 추천하였다.

신경 검사 결과 소뇌 징후가 관찰되었는데, 특히 걸음과 균형 문제가 두드러졌다. CT 및 MRI 검사를 통해 뚜렷한 소뇌 위축, 특히 소뇌반구와 소뇌벌레 위축이 발견되었다(**그림 6-4**). 가족력을 보면 오빠와 아버지 또한 같은 질환을 가졌을 것으로 예상되었다. 이 환자는 상염색체 우성 소뇌 퇴행성 질환을 가진 것으로 의심되었다. 유전 상담(genetic counseling)이 실시되었고, 환자의 세 자녀도 50% 정도의 유전 위험이 있는 것으로 판단되었다.

해설: (1) 실조형 마비말장애는 유전병을 포함한 퇴행성 소뇌 질환의 흔한 말장애로, 때로 신경 징후로 나타난다. 따라서 실조형 마비말장애의 정확한 진단은 병소 확인에 도움이 된다. (2) 마비말장애와 특정 유형의 감별진단은 중증도가 경미하고 말명료도 저하가 없을 때에도 가능하다.

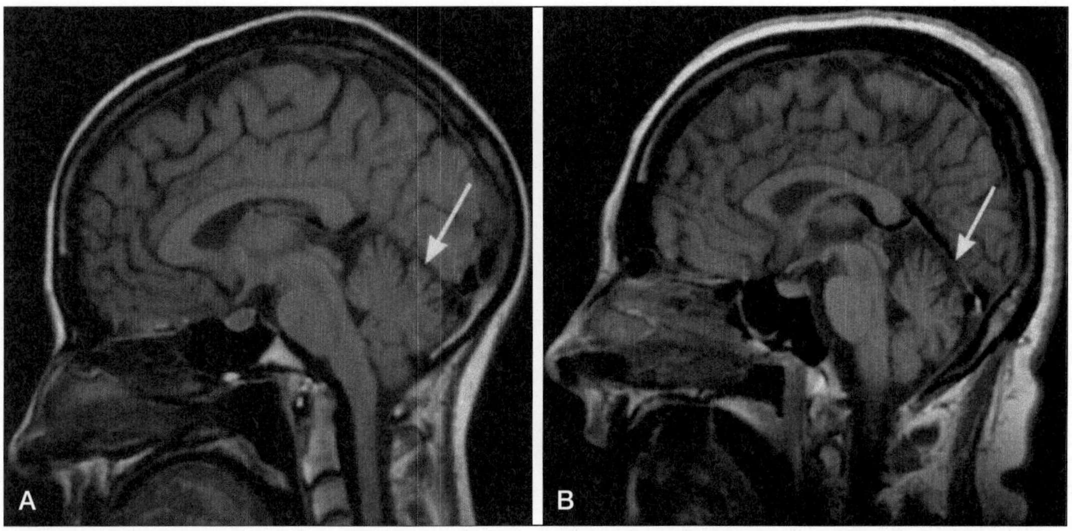

그림 6-4 정중시상면(midsagittal) MRI 사진: (**A**) 정상 성인의 뇌구조, (**B**) 퇴행성 소뇌 질환 및 경도의 실조형 마비말장애를 지닌 54세 여성의 경-중도의 소뇌 위축.

사례 6-2

27세 여환으로, 걸음걸이의 불균형, 손 운동의 불협응, '술 취한 듯한 말'이 악화하여 내원하였다. 생리 주기 부근이나 신경이 날카롭거나 피로할 때 더 심해졌다. 임신 기간 동안에도 다소 악화되었다. 신경 검사 결과 실조증 걸음, 상부 사지 실조증, 안구진탕(nystagmus)이 확인되었다.

말 평가 중 환자는 '술 취한 듯한 말' 증상이 약 10년 정도 된 것 같긴 하나 최근에 악화되지는 않았다고 보고하였다. 대화를 통해 불규칙적인 조음장애(0, 1)를 확인할 수 있었다. 자주는 아니지만 말 속도가 약간 느려지기도 하였고 다음절 단어 발화 시 과균등 강세가 관찰되었다. '아' 모음연장은 불안정하였다(1). 말 AMR은 느렸으나(1) 불규칙성은 뚜렷하게 보이지 않았다.

임상가는 이 환자를 "확인하기 어려울 정도의 경도 실조형 마비말장애"로 결론 내렸으며, 명료도의 저하도 관찰되지 않았다. 따라서 치료도 권유하지 않았다.

근전도 검사를 통해 일차 감각신경세포의 심각한 장애와 척수소뇌 변성(spinocerebellar degeneration)을 암시하는 결과를 확인하였다.

6년 후 이 환자가 다시 내원하였을 때 걸음 문제는 다소 악화되었으나 말을 비롯한 다른 문제의 악화는 발견되지 않았다.

해설: (1) 실조형 마비말장애는 소뇌 퇴행성 질환의 징후로 나타날 수 있다. 특성들이 감지하기 힘들 만큼 뚜렷하지 않을 수 있지만 이를 정확하게 알아채면 소뇌의 기능 부전 확인에 도움이 된다. (2) 말 문제를 일으키는 몇몇 퇴행성 CNS 질환은 매우 느리게 진행되어 명료도의 저하가 수년간 일어나지 않을 수 있다.

사례 6-3

56세 여환으로, 8개월 전에 말 문제가 생긴 이후 점차 악화되었다. 바느질을 할 때나 달릴 때 전반적으로 더 심하였다. 신경 검사 결과, 말을 제외하고는 정상적이었으나 우울증과 인지 기능의 감퇴가 의심되었다. 이어 실시된 심리측정 평가 결과 또한 정상이었다. CT와 MRI 결과도 정상이었다. 전반적인 의료 정밀 검사(complete general medical workup) 결과 역시 정상적이었다. 정신과 자문 결과, 신경 혹은 말장애 때문으로 추정되는 우울증이 확인되었다.

말 검사 결과, 연결 발화 시 불규칙적인 조음장애(2), 불규칙적인 말 AMR(2), 불안정한 모음연장(1, 2) 등의 특성이 드러났다. 명료도는 경도에서 중도의 저하를 보였다.

임상가는 "마비말장애, 실조형(소뇌), 중도"라 결론 내렸다.

신경과에서는 이 환자를 병인 불명의 소뇌 마비말장애로 진단 내리고 시간이 흐르면 기저 질환이 좀 더 뚜렷해질 것으로 예측하였다. 18개월 후 재평가가 이루어졌을 때 마비말장애는 악화되었으며 보행실조증이 뚜렷해졌다. MRI 결과는 정상적이었으며 정밀 의료 검사 중에도 다른 비정상적인 결과는 발견되지 않았다. "원인 불명의 소뇌 증후군"으로 진단 내렸다.

환자의 문제는 이후 18개월 동안 계속 진행되었으나 새로 나타난 증상은 경도의 삼킴장애라고 환자는 다소 모호하게 알려 왔다. 이후 추가 평가는 이루어지지 않았다.

해설: (1) 실조형 마비말장애는 퇴행성 신경질환에서 첫 번째, 가장 뚜렷한 증상이 되기도 한다. (2) 마비말장애는 질환의 다른 징후보다 먼저 나타나기도 하며, 소뇌 퇴행 혹은 병변의 근거가 신경 영상 검사상으로 확인되지 않을 때도 있다.

사례 6-4

63세 여환으로, 심혈관 문제의 평가와 치료를 위해 입원하였다. 심근 경색으로 6개월 전 관상동맥우회술을 받은 바 있다. 내원 3주 전 급작스럽게 말과 보행에 문제가 생겼으나 언어, 저작, 삼킴 문제는 없었다.

구강 기제 검사 결과는 정상이었다. 말할 때 불규칙적인 조음장애가 관찰되었고(1, 2), 말 AMR 수행이 불규칙적이었으며(1), 모음연장이 불안정하였다(2). 명료도는 정상이었다.

임상가는 이 환자가 "경도의 실조형 마비말장애"라 결론 내렸다. 말명료도가 정상이고, 환자 스스로 보상 전략을 잘 이용하였기 때문에 크게 우려하지 않았다. 치료도 권유하지 않았다.

뒤이은 CT 검사 결과, 우측 소뇌반구에서 뇌졸중으로 인한 2cm 정도의 저음영(low attenuation) 영역이 확인되었다.

해설: (1) 실조형 마비말장애는 소뇌 뇌졸중에 의해 일어날 수 있으며, 가장 뚜렷한 징후 중 하나로 나타나기도 한다. (2) 실조형 마비말장애는 편측 병변이 소뇌반구에 영향을 미쳐 일어나기도 한다. (3) 마비말장애가 있다고 해서 무조건 치료를 권유하는 것은 아니다. 장애가 얼마나 심한가, 환자는 본인의 문제에 대해 어떻게 생각하는가, 또는 보상 노력 유무 등을 고려하여 치료 권유 여부를 결정한다.

사례 6-5

53세 여환으로, 2~3년간 간헐적으로 시선이 '갑작스럽게 이동'하는 증상을 보였다. 9개월간 복시(double vision), 보행 불균형, 다소 어눌한 말 등의 문제가 있었는데 점차 악화되었다.

신경 검사 결과 안구진탕(nystagmus), 몸통 쪽 사지 약증(경도), 보행 실조증(심도), 사지 실조증(중도)이 확인되었다. MRI 검사 결과 양쪽 반구 모두의 백질에서 비정상적인 영역이 여럿 관찰되었는데, 탈수초성 질환을 의미하였다. 다발성 경화증이 의심되었으나 뇌척수액의 백혈구 수치가 높았다. 혈청 퍼킨지 세포 항체 검사(serum purkinje cell antibody test)가 의뢰되었다.

환자는 본인의 말이 '약간 어눌하다'고 생각하였다. 지난 5개월 동안 악화되었으며 특히 피곤하면 문제가 더 심해졌다. 음식물을 먹는 동안 가끔 혀를 깨물었으며 웃거나 울 때 침을 흘리는 경우도 있었다.

말 평가 결과 크기, 강도, 대칭성에서 정상이었다. 턱과 혀가 좌우로 움직일 때 운동조절이상을 보였으나 의도적으로 기침을 하거나 성문을 부딪칠 때 협응이 잘 이루어지지 않는 것으로 보였다. 대화를 통해 불규칙적인 조음장애, 운율장애, 과균등 강세, 부적절한 강도 변이의 말 특성을 확인할 수 있었다. 말 속도는 느렸으며, 말 AMR은 불규칙적이고 느렸다. 모음연장은 불안정하였으며 기식적 음성을 보였다.

임상가는 "확실히 중도의 실조형 마비말장애로 소뇌 기능 부전에 의한 것이다. 말하는 동안 환자가 감정적으로 힘들어하지 않으면 말명료도는 좋았다. 실제로 환자의 스캐닝식 발화는 말명료도에 오히려 도움이 된다."라고 결론 내렸다. 말 치료는 권유하지 않았다.

추후 이루어진 혈청 퍼킨지 세포 항체 검사 결과는 양성이었으며, 악성 신생물딸림 소뇌변성(paraneoplastic cerebellar degeneration)의 가능성이 높아졌다. 환자는 악성 여부 검사 때까지 클리닉에서 머물 수 없어 이는 자택에서 실시하기로 하였다. 초기 정밀 검사 결과는 음성이었으나 5개월 후 난소 종양이 발견되었다.

해설: (1) 실조형 마비말장애는 소뇌 질환에서 드물지 않게 확인되며, 소뇌 신생물성 증후군의 경우 빈번하게 일어난다. 이 경우 마비말장애와 기타 신경 징후는 악성 종양이 확인되기 이전에 먼저 뚜렷하게 나타나기도 한다. (2) 실조형 마비말장애(다른 마비말장애도 마찬가지)가 있다 해서 치료가 반드시 진행되어야 하는 것은 아니다. 이 환자의 경우 명료도가 정상이고 치료를 받는다 해도 향상될 여지가 많지 않았다. 그러나 마비말장애가 악화되면 치료를 받으라고 권유하였다.

사례 6-6

48세 여환으로, 1년간 말과 균형의 어려움을 겪고 인지 감퇴가 계속되어 내원하였다. 환자는 의식을 잃은 적이 3번 있었으며, 증상 시작 6개월 후 하시모토 갑상선염(Hashimoto's thyroiditis)을 진단받았다. 이후 갑상선 전절제술(total thyroidectomy)을 받았으며, 수술 후에는 신스로이드(Synthroid)를 복용하였다.

신경 검사 결과, 균형과 말의 어려움, 정신상태(mental status) 문제, 그리고 본인 증상에 대한 무관심 등이 확인되었다. 이 문제들이 기질적(organic)인지 아닌지는 알 수 없었다.

말 평가 중 환자는 지난 2년간 말을 점점 '알아들을 수 없는' 문제가 한동안 지속되어 왔다고 말하였다. 가끔 단어 인출(word retrieval)의 어려움과 철자 대기(spelling) 및 회상(recall)에 문제가 있다고 보고하였다. 구강 기제 검사 결과는 정상이었다. 말하는 동안 중도의 목쉰-거친 음질, 음도 일탈, 음도 및 음절 길이의 변이 증가 등이 확인되었다. 불규칙적인 조음장애도 뚜렷하였다. 말 속도는 다소 느렸으며 모음연장은 불안정하였다. 말 AMR은 중도의 불규칙성을 보였다. 실어증의 근거는 확인되지 않았으나 가끔 과제 수행 중 자극을 까먹어 다시 설명해야 하였다. 임상가는 이 환자의 말 문제가 기질적이며 실조형 마비말장애와 경도의 발성장애를 함께 갖고 있다고 확신하였다. 마비말장애와 발성장애가 갑상선 기능 저하증과 함께 나타날 수 있다는 점도 지적하였다. 의료 정밀 검사가 끝날 때까지 말 치료는 권유하지 않기로 하였다.

EEG 검사와 MRI 검사 결과는 정상이었다. 갑상선 기능 평가 결과, 기능 저하증이 확진되었고, 갑상선 호르몬 대체 약물의 복용량을 늘렸다. 약물 효과가 금방 나타나지 않을 것이라고 환자에게 알렸지만 환자는 며칠 후 바로 모든 증상이 호전되었다고 느꼈다.

해설: (1) 실조형 마비말장애는 갑상선 기능 저하증과 연관될 수 있고, 이 경우 홀로 처음 나타나는 징후, 혹은 초기 징후들 중 하나로 나타날 수 있다. (2) 마비말장애의 유무를 확인하고 유형을 확인함으로써 말장애가 특정 신경질환과 어떤 관련을 맺는지 이해할 수 있다. 기타 말운동장애와 달리 실조형 마비말장애와 발성장애는 갑성선 기능 저하증으로 인해 일어날 수 있다.

사례 6-7

45세 여환으로, 1년간 진전과 보행 이상을 겪어 다른 병원에서 파킨슨병 진단을 받았으나 다른 진단 가능성이 없는지 확인하기 위해 내원하였다. 환자는 항파킨슨증 약물을 복용해 왔으나 별 효과가 없었다. 신경 검사 결과, 말 문제와 더불어 심인성으로 추정되는 쇠진 약증(giveaway weakness)*이 확인되었다. 반사 반응 또한 과하였다. 환자는 우울하고 불안해하였으며, 증상들은 대부분 기질적이지 않은 문제들로 판단되었다. 뒤이어 실시된 심리 평가 결과 우울증과 불안장애(anxiety disorder)가 진단되어 치료 약물이 검토되었다. 말 문제에 대한 환자 본인의 의견을 구하기 위해 말 평가가 의뢰되었다.

말 평가 중 환자는 5개월간 말이 어눌하였다고 말하였다. 환자는 음식물을 씹는 데에는 문제가 없으나 삼킬 때에는 가끔 기침, 질식(목메임), 구토감(gagging)을 겪었다. 양치 중 구토감을 느끼는 경우도 있었다.

구강 기제 검사 결과 입술을 오므릴 때 경도의 약증이 뚜렷하였으며, 혀의 약증도 의심되었다. 혀의 양측 속상수축(fasciculation)이 다소 보였다. 말 특성으로는 불규칙적인 조음장애, 가끔 음도 일탈, 다소 불규칙한 말 AMR 등이 포함되었다. 임상가는 이 환자를 경도의 실조형 마비말장애로 결론 내렸다. 혀의 약증 및 속상수축도 확인되었다.

말 평가 결과를 바탕으로 하부운동신경세포 손상의 여부를 확인하기 위해 근전도 검사가 의뢰되었다. 안타깝게도 근전도 결과는 비정상으로 나왔으며, 근위축성 측삭 경화증(amyotrophic lateral sclerosis, ALS) 진단이 내려졌다. 환자와 가족 상담이 진행되었고, ALS 전문 협력팀을 통한 지속적인 중재도 의뢰되었다.

해설: (1) 말 평가 결과는 때로 말 평가가 이루어지지 않았다면 고려되지 않았을 법한 신경적 진단 가능성을 제기하기도 한다. (2) 구강 기제 평가 결과 중요한 진단 근거들이 발견되기도 한다. 이 환자의 경우, 혀의 속상수축과 약증이 뚜렷하였기 때문에 하부운동신경세포 질환 가능성이 제기되었다. (3) 신경운동 질환 환자들도 불안과 우울 증상을 보일 수 있는데, 이로 인해 진단이 어려워지기도 한다. (4) 하부운동신경세포의 약증으로 인해 조음장애가 불규칙적으로 나타나는 경우가 있다. 실제로는 이완형인데도 불구하고 불규칙성 때문에 실조형 마비말장애라고 잘못 판단할 수 있다. 이런 경우 환자의 조음장애는 하부운동신경세포 약증에 의한 것이다. 특히 혀의 약증이 있을 때 불규칙적 조음장애를 보일 수 있다.

*(역자 주) 쇠진 약증이란 짧은 시간 내에 나타나는 약증을 말함. 가령 사지의 운동 저항 검사 시 1~2초 동안은 정상적 저항을 보이다 저항 유지가 불가능해지고 약증이 나타남.

VII. 요약

1. 실조형 마비말장애는 소뇌 제어회로 손상에 의한 장애로 편측 반구, 결소뇌벌레, 소뇌벌레 영역 손상에 의해 가장 빈번하게 일어난다. 다른 주요 단일 마비말장애 유형과 유사한 빈도로 발생한다. 말 산출의 모든 단계에서 장애를 보일 수 있으나, 특히 조음 및 운율장애가 가장 뚜렷하게 지각된다. 불협응과 근긴장저하 때문에 운동이 느리고, 말운동의 강도, 범위, 시간 조절, 방향이 정확하지 않다.
2. 가장 큰 비율을 차지하는 병인은 퇴행성 질환으로, 탈수초성, 혈관성, 원인 불명의 병인도 빈번하다. 양성일 경우 신경 영상 검사를 통해 소뇌 병변 또는 뇌간 혹은 후두와(posterior fossa)의 비정상성을 확인할 수 있다.
3. 실조형 마비말장애 환자는 스스로 말이 어눌하다고 불평하며, 대화 상대방으로부터 취한 듯하다는 말을 자주 듣는다. 삼킴장애나 침 흘림 문제를 불평하는 경우는 드물다.
4. 주요 말 특성군으로는 부정확한 조음, 운율 과다, 불충분한 발성-운율이 포함된다. 다양한 말 특성이 있지만 불규칙적인 조음장애, 불규칙적인 AMR, 과균등 강세, 모음 왜곡, 과도한 강도 변이가 특히 이 유형 마비말장애 여부를 판단할 수 있는 변별적인 단서들이다.
5. 전반적으로 음향학적 · 생리학적 연구 결과는 실조형 마비말장애의 지각적 특성을 뒷받침하는 방향으로 양적 근거들을 제공해 왔다. 이 결과들을 통해 지각적인 말 특성의 기저에 깔린 비정상적인 운동에 대해 더 상세하고 완전하게 이해할 수 있다. 선행 연구 결과는 느린 운동과 시간 조절 문제가 가장 두드러진 손상이라는 결론을 뒷받침한다.
6. 실조형 마비말장애는 신경성 질환의 유일한, 첫 번째, 혹은 가장 뚜렷한 증상으로 나타나기도 한다. 이 마비말장애를 정확히 확인하고 소뇌 기능 부전과의 관계를 이해하면 병소 확인 및 신경성 질환의 진단에 도움을 줄 수 있으며, 나아가 의료 기반, 행동 기반 중재에 영향을 미치기도 한다.

참고 문헌

1. Abbs JH, Hunker CJ, Barlow SM: Differential speech motor subsystem impairments with suprabulbar lesions: neurophysiological framework and supporting data. In Berry WR, editor: *Clinical dysarthria*, San Diego, 1983, College-Hill Press.
2. Ackermann H, Hertrich I: Speech rate and rhythm in cerebellar dysarthria: an acoustic analysis of syllable timing, *Folia Phoniatr Logop* 46:70, 1994.
3. Ackermann H, Hertrich I: Voice onset time in ataxic dysarthria, *Brain Lang* 56:321, 1997.
4. Ackermann H, Ziegler W: Cerebellar voice tremor: an acoustic analysis, *J Neurol Neurosurg Psychiatry* 54:74, 1991.
5. Ackermann H, Ziegler W: Acoustic analysis of vocal instability in cerebellar dysfunctions, *Ann Otol Rhinol Laryngol* 103:98, 1994.
6. Ackermann H, Hertrich I, Hehr T: Oral diadokokinesis in neurological dysarthrias, *Folia Phoniatr Logop* 47:15, 1995.
7. Ackermann H, Hertrich I, Scharf G: Kinematic analysis of lower lip movements in ataxic dysarthria, *J Speech Hear Res* 38:1252, 1995.
8. Ackermann H, Mathiak K, Riecker A: The contribution of the cerebellum to speech production and speech perception: clinical and functional imaging data, *Cerebellum* 6:202, 2007.

9. Ackermann H, et al: Phonemic vowel length contrasts in cerebellar disorders, *Brain Lang* 67:95, 1999.
10. Ackermann H, et al: Kinematic analysis of articulatory movements in central motor disorders, *Mov Disord* 12:1019, 1997.
11. Ackermann H, et al: Speech deficits in ischaemic cerebellar lesions, *J Neurol* 239:223, 1992.
12. Adams RD, Victor M: *Principles of neurology*, New York, 1991, McGraw-Hill.
13. Aronson AE: *Clinical voice disorders*, New York, 1990, Thieme.
14. Baker KG, et al: Neuronal loss in functional zones of the cerebellum of chronic alcoholics with and without Wernicke's encephalopathy, *Neuroscience* 91:429, 1999.
15. Barkovich AJ: *Pediatric neuroimaging*, ed 2, New York, 1995, Raven Press.
16. Barth A, Bogousslavsky J, Regli F: The clinical and topographic spectrum of cerebellar infarcts: a clinical-magnetic resonance imaging correlation study, *Ann Neurol* 33:451, 1993.
17. Bataller L, Dalmau JO: Paraneoplastic disorders of the central nervous system: update on diagnostic criteria and treatment, *Semin Neurol* 24:461, 2004.
18. Blanco Y, et al: Midbrain lesions and paroxysmal dysarthria in multiple sclerosis, *Multiple Sclerosis* 14:694, 2008.
19. Boutsen FR, Bakker K, Duffy JR: Subgroups in ataxic dysarthria, *J Med Speech-Lang Pathol* 5:27, 1997.
20. Boutsen FR, et al: Long-term phonatory instability in ataxic dysarthria, *Folia Phoniatr*, 2010. doi: 10.1159/000319971.
21. Brown JR: Localizing cerebellar syndromes, *JAMA* 141:518, 1949.
22. Brown JR, Darley FL, Aronson AE: Deviant dimensions of motor speech in cerebellar ataxia, *Trans Am Neurol Assoc* 93:193, 1968.
23. Casper MA, et al: Speech prosody in cerebellar ataxia, *Int J Lang Comm Dis* 42:407, 2007.
24. Chen YT, Murdoch B, Goozée JV: Lingual kinematics during sentence production in adults with dysarthria at 6 and 12 months post stroke, *Asia Pacific J Speech Lang Hear* 11:15, 2008.
25. Chester CS, Reznick BR: Ataxia after severe head injury, *Ann Neurol* 22:77, 1987.
26. Chiu MJ, Chen RC, Tseng CY: Clinical correlates of quantitative acoustic analysis in dysarthria, *Eur Neurol* 36:310, 1996.
27. Cornwell PL, Murdoch BE, Ward EC: Differential motor speech outcomes in children treated for mid-line cerebellar tumour, *Brain Injury* 19:119, 2005.
28. Cornwell PL, Murdoch BE, Ward EC: Articulatory imprecision in dysarthria following childhood cerebellar tumor: a perceptual and acoustic investigation of three male participants, *J Med Speech Lang Pathol* 12:139, 2004.
29. Cosi V, Versino M: Guillain-Barré syndrome, *Neurol Sci* 27:S47, 2006.
30. Darley FL, Aronson AE, Brown JR: *Motor speech disorders*, Philadelphia, 1975, WB Saunders.
31. Darley FL, Aronson AE, Brown JR: Clusters of deviant speech dimensions in the dysarthrias, *J Speech Hear Res* 12:462, 1969a.
32. Darley FL, Aronson AE, Brown JR: Differential diagnostic patterns of dysarthria, *J Speech Hear Res* 12:246, 1969b.
33. Dworkin JP, Aronson AE: Tongue strength and alternate motion rates in normal and dysarthric subjects, *J Commun Disord* 19:115, 1986.
34. Dworkin LA, et al: Cerebellar toxicity following high-dose cytosine arabinoside, *J Clin Oncol* 3:613, 1985.
35. Erdemoglu AK, Duman T: Superior cerebellar artery territory stroke, *Acta Neurol Scand* 98:283, 1998.
36. Espir MLE, Walker ME: Carbamazepine in multiple sclerosis, *Lancet* 1:280, 1969.
37. Evidente VG, et al: Hereditary ataxias, *Mayo Clin Proc* 75:475, 2000.
38. Fadic R, et al: Sensory ataxic neuropathy as the presenting feature of a novel mitochondrial disease, *Neurology* 49:239, 1997.
39. Folker J, et al: Dysarthria in Friedreich's disease: a perceptual analysis, *Folia Phoniatr Logop* 62:97, 2010.
40. Gentil M: Acoustic characteristics of speech in Friedreich disease, *Folia Phoniatr Logop* 42:125, 1990a.
41. Gentil M: Dysarthria in Friedreich's disease, *Brain Lang* 38:438, 1990b.
42. Gilchrist E, Wilkinson M: Some factors determining prognosis in young people with severe head injuries, *Arch Neurol* 36:355, 1979.
43. Gilman S, Kluin D: Perceptual analysis of speech disorders in Friedreich disease and olivopontocerebellar atrophy. In Bloedel JR, et al, editors: *Cerebellar functions*, Berlin, 1984, Springer-Verlag.
44. Gilman S, Bloedel JR, Lechtenberg R: *Disorders of the cerebellum*, Philadelphia, 1981, FA Davis.
45. Gironell A, Arboix A, Marti-Vilalta JL: Isolated dysarthria caused by a right paravermal infarction, *J Neurol Neurosurg Psychiatry* 61:205, 1996.
46. Globas C, et al: Early symptoms of spinocerebellar ataxia type 1, 2, 3, and 6, *Mov Disord* 23:2232, 2008.
47. Goudreau JL: Hereditary spinocerebellar degeneration. In Noseworthy JH, editor: *Neurological therapeutics: principles and practice*, vol 2, New York, 2003, Martin Dunitz.
48. Grewel F: Classification of dysarthrias, *Acta Psychiatr Scand* 32:325, 1957.
49. Haggard MP: Speech waveform measurements in multiple sclerosis, *Folia Phoniatr Logop* 21:307, 1969.
50. Harding AE: Commentary: olivopontocerebellar atrophy is not a useful concept. In Marsden CN, Fahn S, editors: *Movement disorders 2*, New York, 1987, Butterworth.
51. Hartelius L, et al: Temporal speech characteristics of individuals with multiple sclerosis and ataxic dysarthria: "scanning speech" revisited, *Folia Phoniatr Logop* 52:228, 2000.
52. Haubrich C, et al: Episodic dysarthria related to vascular medullary compression, *J Neurol* 257:296, 2010.
53. Hertrich I, Ackermann H: Temporal and spectral aspects of coarticulation in ataxic dysarthria: an acoustic analysis, *J Speech Lang Hear Res* 42:367, 1999.

54. Hirose H, et al: Analysis of abnormal articulatory dynamics in two dysarthric patients, *J Speech Hear Disord* 4:96, 1978.
55. Jaeckle KA, Cohen ME, Duffner PK: Primary and secondary tumors of the central nervous system: clinical presentation and therapy of nervous system tumors. In Bradley WG, et al, editors: *Neurology in clinical practice: principles of diagnosis and management*, vol 2, ed 3, Boston, 2000, Butterworth-Heinemann.
56. Janvrin F, Worster-Drought C: Diagnosis of disseminated sclerosis by graphic registration and film tracks, *Lancet* 2:1348, 1932.
57. Jen JC, et al: Primary episodic ataxias: diagnosis, pathogenesis, and treatment, *Brain* 130:2484, 2007.
58. Joanette Y, Dudley JG: Dysarthric symptomatology of Friedreich's ataxia, *Brain Lang* 10:39, 1980.
59. Judd LL: The therapeutic use of psychotropic medications. In Wilson JD, et al, editors: *Harrison's principles of internal medicine*, New York, 1991, McGraw-Hill.
60. Kent R: Isovowel lines for the evaluation of vowel formant structure in speech disorders, *J Speech Hear Disord* 44:513, 1979.
61. Kent R, Netsell R: A case study of an ataxic dysarthric: cineradiographic and spectrographic, *J Speech Hear Disord* 40:115, 1975.
62. Kent RD, Rosenbek JC: Prosodic disturbance and neurologic lesion, *Brain Lang* 15:259, 1982.
63. Kent RD, Netsell R, Abbs JH: Acoustic characteristics of dysarthria associated with cerebellar disease, *J Speech Hear Disord* 22:627, 1979.
64. Kent RD, et al: Voice dysfunction in dysarthria: application of the Multi-Dimensional Voice Program, *J Commun Disord* 36:281, 2003.
65. Kent RD, et al: Clinicoanatomic studies in dysarthria: review, critique, and directions for research, *J Speech Lang Hear Res* 44:535, 2001.
66. Kent RD, et al: Ataxic dysarthria, *J Speech Lang Hear Res* 43:1275, 2000.
67. Kent RD, et al: The dysarthrias: speech-voice profiles, related dysfunctions, and neuropathology, *J Med Speech Lang Pathol* 6:165, 1998.
68. Kent RD, et al: A speaking task analysis of the dysarthria in cerebellar disease, *Folia Phoniatr Logop* 49:63, 1997.
69. Klein ES, Willbrand ML, Alvord LS: Cerebellar ataxia secondary to high-dose cytosine arabinoside (ARA-C) toxicity in treatment of acute leukemia: a case study, *J Med Speech Lang Pathol* 7:243, 1999.
70. Kores B, Lader MH: Irreversible lithium toxicity: an overview, *Clin Neuropharmacol* 20:283, 1997.
71. Laforce R, Doyon J: Distinct contribution of the striatum and cerebellum to motor learning, *Brain Cogn* 45:189, 2001.
72. Lehiste I: *Some acoustic characteristics of dysarthric speech*, Bibliotheca phonetica, fasc 2, Basel, Switzerland, 1965, Karger.
73. Li Y, Zeng C, Luo T: Paroxysmal dysarthria and ataxia in multiple sclerosis and corresponding magnetic imaging findings, *J Neurol* 258:273, 2010.
74. Liepert J, et al: Reduced intracortical facilitation in patients with cerebellar degeneration, *Acta Neurol Scand* 98:318, 1998.
75. Linebaugh CW, Wolfe VE: Relationships between articulation rate, intelligibility, and naturalness in spastic and ataxic speakers. In McNeil MR, Rosenbek JC, Aronson AE, editors: *The dysarthrias: physiology, acoustics, perception, management*, San Diego, 1984, College-Hill Press.
76. Liss JM, LeGendre S, Lotto AJ: Discriminating dysarthria type from envelope modulation spectra, *J Speech Lang Hear Res* 53:1246, 2010.
77. Liss JM, et al: Quantifying speech rhythm abnormalities in the dysarthrias, *J Speech Lang Hear Res* 52:1334, 2009.
78. Liss JM, et al: The effects of familiarization on intelligibility and lexical segmentation in hypokinetic and ataxic dysarthria, *J Acoust Soc Am* 112:3022, 2002.
79. Manto M: Isolated cerebellar dysarthria associated with heat stroke, *Clin Neurol Neurosurg* 98:55, 1996.
80. Manto M, Marmolino D: Cerebellar ataxias, *Curr Opin Neurol* 22:419, 2009.
81. Marcel C, et al: Symptomatic paroxysmal dysarthria-ataxia in demyelinating diseases, *J Neurol* 257:1369, 2010.
82. Marsden J, Harris C: Cerebellar ataxia: pathophysiology and rehabilitation, *Clin Rehabil* 25:195, 2011.
83. Matsui M, et al: Paroxysmal dysarthria and ataxia after midbrain infarction, *Neurology* 63:345, 2004.
84. McClean MD, Beukelman DR, Yorkston KM: Speech-muscle visuomotor tracking in dysarthric and non-impaired speakers, *J Speech Hear Res* 30:276, 1987.
85. McHugh JC, et al: Sensory ataxic neuropathy dysarthria and ophthalmoparesis (SANDO) in a sibling pair with a homozygous p.A467T POLG mutation, *Muscle Nerve* 41:265, 2010.
86. McNeil MR, et al: Oral structure nonspeech motor control in normal, dysarthric, aphasic, and apraxic speakers: isometric force and static position, *J Speech Hear Res* 33:255, 1990.
87. Middleton FA, Strick PL: Basal ganglia and cerebellar loops: motor and cognitive circuits, *Brain Res Rev* 31:236, 2000.
88. Miller RM, Groher ME: *Medical speech pathology*, Rockville, Md, 1990, Aspen Publishers.
89. Morgan AT, et al: Role of cerebellum in fine speech control in childhood: persistent dysarthria after surgical treatment for posterior fossa tumor, *Brain Lang* 117:69, 2011.
90. Murdoch BE, et al: Respiratory kinematics in speakers with cerebellar disease, *J Speech Hear Res* 34:768, 1991.
91. Murry T: The production of stress in three types of dysarthric speech. In Berry W, editor: *Clinical dysarthria*, Boston, 1983, College-Hill Press.
92. Netsell R, Kent R: Paroxysmal ataxic dysarthria, *J Speech Hear Disord* 41:93, 1976.
93. Nishio M, Niimi S: Relationship between speech and swallowing disorders in patients with neuromuscular disease, *Folia Phoniatr Logop* 56:291, 2004.
94. Ozawa Y, et al: Symptomatic differences in decreased alternating motion rates between individuals with spastic

and with ataxic dysarthria: an acoustic analysis, *Folia Phoniatr Logop* 53:67, 2001.
95. Paslawski TM, Duffy JR, Vernino SA: Speech and language findings associated with paraneoplastic cerebellar degeneration, *Am J Speech Lang Pathol* 14:200, 2005.
96. Portnoy RA, Aronson AE: Diadochokinetic syllable rate and regularity in normal and in spastic ataxic dysarthria subjects, *J Speech Hear Disord* 47:324, 1982.
97. Quinn N: Multiple system atrophy: the nature of the beast, *J Neurol Neurosurg Psychiatry Special Supplement* 78, 1989.
98. Richter S, et al: Incidence of dysarthria in children with cerebellar tumors: a prospective study, *Brain Lang* 92:153, 2005.
99. Rosen KM, Kent RD, Duffy JR: Logonormal distribution of pause length in ataxic dysarthria, *Clin Linguist Phon* 17:469, 2003.
100. Rosenbek JC, Jones HN: Dysphagia in patients with motor speech disorders. In Weismer G, editor: *Motor speech disorders*, San Diego, 2007, Plural Publishing.
101. Rossor MN: Dementia as part of other degenerative diseases. In Bradley WG, et al, editors: *Neurology in clinical practice: principles of diagnosis and management*, vol 2, ed 3, Boston, 2000, Butterworth-Heinemann.
102. Rust RS: Neurocutaneous disorders. In Noseworthy JH, editor: *Neurological therapeutics: principles and practice*, vol 2, New York, 2003, Martin Dunitz.
103. Schalling E, Hartelius L: Acoustic analysis of speech tasks performed by three individuals with spinocerebellar ataxia, *Folia Phoniatr Logop* 56:367, 2004.
104. Schalling E, Hammarberg E, Hartelius L: Perceptual and acoustic analysis of speech in individuals with spinocerebellar ataxia (SCA), *Logop Phoniatr Vocol* 32:31, 2007.
105. Scripture EW: Records of speech in disseminated sclerosis, *Brain* 39:455, 1916.
106. Schmahmann JD: Disorders of the cerebellum: ataxia, thought, and the cerebellar cognitive affective syndrome, *J Neuropsychiatry Clin Neurosci* 16:367, 2004.
107. Schmahmann JD, Caplan D: Cognition, emotion and the cerebellum, *Brain* 129:288, 2006.
108. Schmahmann JD, MacMore J, Vangel M: Cerebellar stroke without motor deficit: clinical evidence for motor and non-motor domains within the human cerebellum, *Neuroscience* 162:852, 2009.
109. Schoch B, et al: Functional localization in the human cerebellum based on voxelwise statistical analysis: a study of 90 patients, *NeuroImage* 30:36, 2006.
110. Sheean G: The pathophysiology of spasticity, *Eur J Neurol* (suppl 1):3, 2002.
111. Sidtis JJ, et al: Speech characteristics associated with three genotypes of ataxia, *J Commun Disord* 44:478, 2011.
112. Sidtis JJ, et al: Mapping cerebral blood flow during speech production in hereditary ataxia, *NeuroImage* 31:246, 2006.
113. Simmons N: Acoustic analysis of ataxic dysarthria: an approach to monitoring treatment. In Berry W, editor: *Clinical dysarthria*, Boston, 1983, College-Hill Press.
114. Spencer KA, Rogers MA: Speech motor programming in hypokinetic and ataxic dysarthria, *Brain Lang* 94:347, 2005.
115. Spencer KA, Slocomb DL: The neural basis of ataxic dysarthria, *Cerebellum* 6:58, 2007.
116. Tatsumi IF, et al: Acoustic properties of ataxic and parkinsonian speech in syllable repetition tasks, *Annu Bull Res Inst Logop Phoniatr* 13:99, 1979.
117. Trouillas P, et al: International cooperative ataxia rating scale for pharmacological assessment of the cerebellar syndrome, *J Neurol Sci* 145:858, 1997.
118. Urban PP, et al: Cerebellar speech representation: lesion topography in dysarthria as derived from cerebellar ischemia and functional magnetic resonance imaging, *Arch Neurol* 60:965, 2003.
119. von Cramon D: Bilateral cerebellar dysfunctions in a unilateral mesodiencephalic lesion, *J Neurol Neurosurg Psychiatry* 44:361, 1981.
120. Walshe F: *Diseases of the nervous system*, ed 11, New York, 1973, Longman.
121. Wang YT, et al: Analysis of diadochokinesis in ataxic dysarthria using the Motor Speech Profile, *Folia Phoniatr Logop* 61:1, 2009.
122. Wood NW, Harding AE: Cerebellar and spinocerebellar disorders. In Bradley WG, et al, editors: *Neurology in clinical practice: principles of diagnosis and management*, vol 2, ed 3, Boston, 2000, Butterworth-Heinemann.
123. Yorkston KM, Beukelman DR: Ataxic dysarthria: treatment sequences based on intelligibility and prosodic considerations, *J Speech Hear Disord* 46:398, 1981.
124. Yorkston KM, et al: Assessment of stress patterning. In McNeil M, Rosenbek J, Aronson A, editors: *The dysarthrias: physiology, acoustics, perception, management*, Austin, Texas, 1984, Pro-Ed.
125. Ziegler W: Task-related factors in oral motor control, *Brain Lang* 80:556, 2002.
126. Ziegler W, Wessel K: Speech timing in ataxic disorders, *Neurology* 47:208, 1996.

CHAPTER

7

운동저하형 마비말장애

"목소리가 단조롭고 밋밋해졌다고 느꼈어요. 소리도 작아졌고, 어떤 단어들은 또박또박 발음할 수 없었습니다. 계속 말하려 하면 소리가 제대로 나오지 않았고 속삭이듯 말할 수밖에 없었어요."[146]

A. W. S. THOMPSON

개요

운동저하형 마비말장애(hypokinetic dysarthria)는 기저핵 제어회로의 손상에 의한 말운동장애 중 하나로, 지각적으로 뚜렷하게 확인할 수 있다. 말 산출단계, 즉 호흡, 발성, 공명, 조음의 일부 혹은 전체에서 특성을 보일 수 있으나, 특히 **음성, 조음, 운율**에서 뚜렷하다. 이 말장애는 강직(rigidity), 운동 강도 및 범위의 감소, 개별적 · 반복적 운동 간의 속도 차이가 말에 미치는 영향을 반영하는데(후에 상세 기술), 무엇보다도 운동 범위 감소의 영향이 크므로 **운동저하형**이라 불린다. 해부적으로 기저핵과 밀접한 관련을 맺고 있어 운동저하형 마비말장애의 정확한 진단은 신경학적 진단 및 병소 확인에 중요하다. 이 마비말장애를 야기하는 가장 대표적인 질환으로는 **파킨슨병**(Parkinson's disease, PD)을 들 수 있다.

운동저하형 마비말장애는 다른 주요 마비말장애 유형만큼 임상 실무에서 빈번히 관찰된다. 메이요 클리닉 언어병리학 분과의 자료에 따르면, 운동저하형 마비말장애는 전체 마비말장애의 10.0%, 전체 말운동장애의 9.3%를 차지한다.

운동저하형 마비말장애의 임상적 특성들은 말 산출을 위해 빠르게 일어나는 분리적(discrete) · 단계적(phasic) 운동에 필요한 신경근육 제어에 이상이 생겼기 때문에 나타난다. **운동저하형 마비말장애는 특히 운동 프로그램의 준비(preparation), 유지(maintenance), 전환(switch)과 같은 말운동 제어 과정에 영향을 미친다.**[140,141] 이 마비말장애 유형을 이해하면 기저핵 제어회로가 말운동 제어 과정에서 어떤 역할을 담당하는지, 특히 수의적(voluntary) 운동을 위해 어떤 신경근육적 도움을 주는지 알 수 있다. 운동저하형 마비말장애 화자의 말을 들어 보면 기저 운동(underlying movement) 자체는 소실되지 않았으나, 다만 그 범위 혹은 진폭이 감소하였거나 유연성과 속도가 제한적이라는 인상을 받는다.

I. 기저핵 제어회로의 해부 및 기본 기능

기저핵 제어회로는 기저핵과 연결 구조물들로 구성된다. 기저핵 제어회로의 구성요소는 제2장에서 자세하게 다루었으므로 이 절에서는 특히 말 산출과 관련된 해부학적 구조물, 연결 통로, 기능에 대해서 간단히 요약하기로 한다.

대뇌반구 깊이 위치한 기저핵은, **꼬리핵**(caudate nucleus)과 **조가비핵**(putamen)으로 구성된 **줄무늬핵**(striatum), 조가비핵과 **담창구**(globus pallidus)로 구성된 **렌즈핵**(lentiform nucleus)을 포함한다. 중뇌(midbrain)에 위치한 **흑질**(substantia nigra)과 **시상밑부핵**(subthalamic nuclei)은 해부적으로나 기능적으로 기저핵과 밀접하게 연결되어 있으며, 기저핵의 활성은 간접 활성화 경로(indirect activation pathway) 혹은 추체외계(extrapyramidal system)의 작용에 의해 이루어진다.

기저핵 제어회로의 구조물들은 다음과 같이 복잡하게 서로 연결되어 있다. (1) 피질, 시상, 흑질로부터 줄무늬핵으로 신호 입력(특히 전두엽의 전운동피질[premotor cortex]로부터 중요한 피질 신호 입력), (2) 줄무늬핵에서 흑질과 담창구로 신호 전달, (3) 담창구로부터 시상, 시상밑부핵, 적핵(red nucleus), 망상체(reticular formation)로 신호 입력. 이 연결을 살펴보면 신호가 출발점으로 되돌아오는 정보의 순환 고리(loop)가 여럿 포함되어 있다. 가령, 기저핵에서 시상으로 보낸 신호는 피질을 돌아 기저핵으로, 담창구에서 시상밑부핵으로 보낸 신호는 담창구로 되돌아온다. 담창구는 시상핵에서 외부로 보내는 신호 대부분의 출발지 역할을 한다.

기저핵 회로의 기능은 다음과 같다. 즉, 근긴장(muscle tone) 조절, 숙련된(skilled) 운동 중 자세 제어(예: 글자 쓰는 동안 어깨를 안정적으로 고정), 목표 활동을 보조하는 운동 조절(예: 걷는 동안 팔의 앞뒤 운동), 운동 강도와 진폭 및 길이 측정, 상황에 따른 운동 조절(예: 턱 고정한 채 말하기), 운동의 학습 · 준비 · 개시 보조이다. 이 회로가 손상되면 운동이 감소하거나 불수의적 운동의 억제에 실패한다. 운동저하형 마비말장애의 말 문제는 대부분 특히 운동의 감소와 관련된다.

기저핵 회로는 주로 대뇌피질의 운동영역과의 연결을 통해 말 산출에 영향을 미치는데,[1] 이 영향은 주로 피질의 억제(inhibitory) 작용과 관련된다. 즉, 기저핵 회로는 피질로부터의 신호를 경감하거나 조절함으로써 목표 운동을 달성하는 데 신호가 과하게 전달되지 않도록 하는 것이다. 억제 효과가 지나치게 일어날 때 바로 운동저하형 마비말장애가 일어난다.

신경전달물질 간의 불균형은 기저핵 제어회로의 기능 부전으로 인한 운동장애를 빈번히 일으킨다. **도파민**(dopamine)으로 파킨슨병 및 운동저하형 마비말장애의 문제를 모두 설명할 수는 없지만, 이 장애들을 이해하는 데 매우 중요한 것은 사실이다. 흑질의 신경세포들이 파괴되면 줄무늬핵으로 도파민의 공급이 줄고, 따라서 기저핵 회로 내에서 도파민이 제 기능을 하지 못하게 된다. 이에 따른 기능상 문제는 다음 절에서 다루기로 한다.

II. 운동저하형 마비말장애와 관련된 기저핵 회로 장애의 임상적 특성

파킨슨증(parkinsonism)을 통해 운동저하증(hypokinesia)을 야기하는 다양한 질환 특성들에 대해 논할 수 있다. PD와 파킨슨증은 운동저하형 마비말장애를 일으키는 가장 대표적 원인으로, 이와 관련된 병리생리학은 다음 절에서 살펴보기로 한다. 이 절에서는 파킨슨증의 비구강 운동(non-oromotor) 특성에 대해서 일단 다룬다.

표 7-1은 PD와 파킨슨증의 비구어(nonspeech) 운동 특성을 요약한 것으로, PD의 가장 전형적 징후로는 **안정 진전**(resting tremor), **강직**(rigidity), **운동완만(서동)**(bradykinesia), **자세 반사**(postural reflex)**의 소실** 등이 포함된다.[71]

파킨슨증에서 보이는 **진전**(tremor)은 **정지 시 혹은 안정 진전**(static or resting tremor)으로 약 3~8Hz 속도를 보인다.[7] 해당 부위가 긴장하지 않은 상태에서 가장 뚜렷하며, 수의적 운동 중 줄어드는 경향이 있다. 사지에서 자주 관찰되나, 턱, 입술, 혀에 나타나기도 한다. **손가락을 비비는 동작**은 엄지-검지에서 보인다. 편측 진전도 가능하다.[71]

느린 운동, 뻣뻣하거나 조이는 듯한 느낌은 **강직**(rigidity)의 특성으로, 수동적으로 근육이 신장(stretch)될

---

[1] 감각-운동 통합(sensorimotor integration)은 기저핵 제어회로 기능 중 하나로, 선행 연구에 따르면 이는 발성(vocalization) 제어를 위한 청각 피드백 조절 등에 관여함.[83] 이는 운동저하형 마비말장애 환자가 왜 스스로의 음량을 정확히 판단하지 못하는지(즉, 실제 음량보다 더 크다고 판단하는 현상) 설명함.

표 7-1

파킨슨증의 일반적인 비구어 임상 징후

주요 특성	예
안정 진전	• 머리, 사지, 손가락을 비비는 동작 • 턱, 입술, 혀
강직	• 수동적 신장에 전 방향으로 폭넓게 저항 • 운동 부족
운동완만 혹은 운동저하	• 운동의 시작과 전반적 속도가 느림
운동장애	• '동작 동결' • 가속보행 • 감소하는 변수: • 걷는 동안 팔의 앞뒤 흔들림 • 말하는 동안 사지의 제스처 • 눈 깜박거림 • 눈을 위-아래, 혹은 좌-우로 움직일 때 동반되는 머리 운동 • 삼킴의 빈도 • 소자증 • 가면 얼굴
비정상적 자세	• 구부정한 자세(구부정한 머리와 몸통) • 몸이 기울거나 넘어질 때 대처하기 어려움 • 침대에서 몸을 뒤집기 어려움 • 앉은 자세에서 일어나기 어려움

때 뚜렷하며, 전반적으로 운동 부족(paucity)에 기여하는 것으로 보인다. 경직과 강직의 차이에 유의하자. 경직(spasticity)은 근육을 잡아 펼 때 대개 시작점에서 최대 저항을 보이고 방향도 편향적인 반면, 강직은 전 방향으로 폭넓은 저항을 보인다. 팔다리 등을 수동적으로 잡아당길 때 부드럽지 않게 단계적으로 펴지는 **톱니바퀴 강직**(cogwheel rigidity)도 흔히 나타난다.

자세 특징으로는 머리, 몸통, 팔이 불수의적으로 구부러지는 현상을 들 수 있다. 자세 반사(postural reflex)가 손상되었기 때문에 침대에서 몸을 돌린다거나, 앉은 상태에서 일어서는 동작, 몸이 기울거나 넘어지려 할 때 빠르게 대처하는 일이 어려울 수 있다.

기저핵 장애에서 뚜렷한 **운동완만(서동)**(bradykinesia)은 운동의 계획, 시작, 집행에서의 문제를 반영한다.[71] 운동완만(서동)은 근육의 속도를 느리게 하는데, 따라서 운동의 시작이 지연되거나 잘못 일어나며, 일단 시작된 후에도 느리다. 운동 시작 후에는 멈춤이 어려우며, 운동이 반복될 경우 그 진폭(amplitude)과 속도가 점차 줄어든다. 간헐적으로 '**동작 동결**(freezing)'이나 부동(immobility)(운동불능[akinesia])을 보인다. 운동완만(서동)이나 운동불능은 도파민 약물의 효과가 잘못 일어났거나 다 되었을 때(종종 **오프**[off] 상태라 불림) 더 뚜렷하다.[37]

운동저하증(hypokinesia)과 **운동불능**(akinesia, 운동의 전무)이라는 용어는 운동완만(서동)과 자주 혼용되지만 이 두 용어는 느린 속도뿐만 아니라 다음과 같은 다른 현상들도 의미한다. 즉, 손상 신체 부위가 덜 움직인다든가 운동의 범위가 제한적이고, 이 신체 부위를 덜 사용하거나, 자동적/습관적 운동이 줄어든다. 일반적으로 **파킨슨증 환자의 강도(strength)는 현저히 약화되지 않으므로** 이 현상들을 약증 때문만이라 볼 수 없다.[2]

운동저하증 때문에 근육 활동이 줄어드는 현상은 얼굴이 무표정하고 눈을 깜박이지 않는 것(**가면 얼굴**[3])에서도 관찰된다(**그림 7-1**). 이와 유사한 증상으로, 걸을 때 팔의 앞뒤 흔들림이 줄어들고, 말하는 동안 자연스럽게 동시에 일어나는 팔다리 운동도 감소한다. 소자증(micrographia)이 관찰되기도 한다. 또한 느리게 시작하였다 짧고 잰 걸음으로 발을 끌며 걷기도 하는데 이를 **가속 보행**(festination, 반복 운동 시 속도는 빨라지면서 진폭은 줄어드는 경향)이라 부른다.

파킨슨증 및 운동저하증 문제 중 일부는 감각 혹은 지각 처리 손상과 연관되기도 한다. 가령 파킨슨병(Parkinson's disease, PD) 환자는 운동 감각정보를 토대로 이동거리를 측정하는 데 어려움을 겪거나, 청각 · 촉각 · 시각 자극의 시간적 변별 처리(temporal discrimination) 능력이 저하되기도 한다.[78] PD 환자의 운동 감각 인식 능력이 저하된다는 사실은 운동 결과물이 비정상적으로 감소되는 것과 더불어 고려할 때, 감각운동 장치(sensorimotor apparatus)가 정상인에 비해 '작게 세팅(set smaller)'되어

[2] 그러나 항파킨슨증 의약물을 중단할 경우 주동근(agonist) 활성화의 감소 혹은 길항근(antagonist) 활성화의 증가로 인해 약증이 일어날 수도 있음. 또한 파킨슨병 환자 중 일부는 근수축을 빨리할 수 없어 약증을 보이기도 함.[26] 이는 운동저하형 마비말장애 환자를 위한 행동 치료 프로그램에서 보듯 힘 증강에 초점을 맞춘 훈련 프로그램을 통해 파킨슨병 증상이 호전될 수 있음을 의미함(제17장 참조).

[3] 선행 연구에 따르면 감정 표현의 정점에 도달하기까지 오래 걸리며 표현의 정도도 약함.[13,14,131,134]

그림 7-1 파킨슨병과 운동저하형 마비말장애의 무표정한 얼굴.

있다는 것을 시사한다.[35] 또한 위치 감각(position sense)의 감퇴(decay)가 빨라 기저핵의 운동 준비를 방해하기도 한다.[140] 운동저하형 마비말장애를 위한 말 치료 프로그램을 계획할 때에는 감각-지각의 문제가 고려되어야 한다(제17장 참고).

PD는 또한 수많은 비감각운동(nonsensorimotor) 특성을 보이기도 한다. 가령 PD 환자들에게서 드물지 않게 기립성 저혈압(orthostatic hypotension), 발한, 괄약근 기능 부전, 발기 부전 등과 같은 자율신경계 기능 부전(autonomic failure)이 발견된다. 대다수가 질환의 진행과 더불어 인지 기능의 감퇴를 겪으며, 우울장애, 무관심, 불안, 수면장애도 빈번히 경험한다.[71]

III. 병인

퇴행성 질환, 혈관성 질환, 외상, 감염성 질환, 염증, 신생물성 질환, 중금속 중독 등 기저핵 제어회로의 기능에 문제를 일으키는 다양한 원인에 의해 운동저하형 마비말장애가 야기된다. 정확한 통계적 분포는 알려지지 않았지만 가장 빈번한 원인은 퇴행성 질환이다.

PD는 운동저하형 마비말장애의 가장 빈번한 원인으로, 여타 문제가 없는 한 PD 환자의 마비말장애 유형은 운동저하형이다. 따라서 운동저하형 마비말장애를 'PD 마비말장애(the dysarthria of PD)' 또는 '파킨슨 마비말장애(parkinsonian dysarthria)'라 부르기도 하나 운동저하형 마비말장애로 부르는 것이 바람직하다. 그 이유는 PD 말고 다른 질환도 운동저하형 마비말장애를 일으킬 수 있고, 또 PD 환자가 운동저하형 특성 이외의 말 특성을 보일 수도 있기 때문이다. 예를 들어 항파킨슨(antiparkinson) 치료제 영향으로 PD 환자가 운동과잉형 마비말장애의 불수의적 운동을 보이기도 하며, 진단 초기 파킨슨병이었던 환자가 결국 기저핵 문제 이상의 질환(예: 진행성 핵상마비[progressive supranuclear palsy])으로 진단받는 경우도 있다.

이 장에서는 다른 유형보다도 특히 운동저하형 마비말장애와 연관된 신경성 질환에 대해 다루도록 하겠다. 다른 마비말장애 유형과 더 자주 관련되는 질환들은 각 해당 마비말장애에서 논한다.

A. 퇴행성 질환

파킨슨병(PD)은 50세 이상 인구의 1~2%에서 일어나 천천히 진행되는 특발성(idiopathic) 신경질환이다. 대개 중년 이후에 발병하며 진단 이후 약 15년 정도 생존한다.[70] 산발적(sporadic)으로 발병할 수도 있으나 가까운 가족 구성원[4] 중 2~3명 정도 발병하면 본인의 발병 가능성이 33%에 이른다. 제초제나 살충제 같은 미확인 환경 독소(unidentified environmental toxins) 또한 발병 원인이 되기도 한다.[103] 보통 PD의 첫 징후를 보인 이후 여러 해 동안 마비말장애가 관찰되지 않으나 90%의 환자가 질환 진행 과정 동안 나타난다. 40%의 환자는 삼킴장애를 보이는데, 대부분 마비말장애가 먼저 나타난다.[113]

PD가 운동 기능에만 영향을 미치는 것은 아니다. PD의 치매 유병률은 약 40%로, 나이가 많을수록 그 발병 위험이 증가하며,[6] 우울증 또한 40~60%의 환자에게서 보인다.[37]

[4] (역자 주) 'first-degree relatives'의 의역으로 정확히는 특정 인물의 유전자를 50% 공유하는 가족 구성원을 뜻함. 부모, 자식, 형제, 자매가 포함됨.

파킨슨병 환자에게서 나타나는 병리학적 변화는 줄무늬핵의 도파민 감소 또는 흑질과 청반(locus ceruleus) 내의 신경세포 손실에서 빈번히 기인한다. 줄무늬핵의 도파민 감소는 대부분 파킨슨병의 임상 징후와 관련되어 있다.[6] 증상 중 다수가 비치유 **도파민 약제**(noncurative dopaminergic drug)에 반응하는데, 그 대표적인 약제로는 **카비도파/레보도파(시네메트)**(carbidopa/levodopa[Sinemet])이다. 시네메트는 줄무늬핵의 도파민 수준을 증가시키는데, 카비도파 성분은 혈류 내 레보도파 파괴를 방지하며 부작용을 최소화하는 역할을 한다. 직접적으로 작용하는 도파민 길항제(예를 들어, **브로모크립틴[팔로델]**bromocriptine[Palodel], **페르골리드[퍼맥스]**pergolide[Permax], **프라미펙솔[미라펙스]**pramipexole[Mirapex], **로피니롤[리큅]**ropinirole[Requip])이 시네메트 대신 사용될 수도 있다. 경도의 PD 환자에게는 **아만타딘(시메트렐)**(amantadine[Symmetrel], **셀레길린(엘데프릴)**(selegiline[Eldepryl], **트리헥신(아르테인)**(trihexyphenidyl[Artane], **벤즈트로핀(코젠틴)**(benztropine[Cogentine]) 등이 투여되기도 하나 시네메트나 도파민 길항제보다는 효능성이 약하다.[7] **항콜린제**(anticholinergic drugs) 또한 안정 진전에 사용되기도 한다.

PD 치료 약물은 종종 근긴장이상(dystonia)이나 이상운동증(dyskinesia) 같은 부작용과 **on-off 효과**(on-off effects)를 동반한다. on-off 효과는 약물 투여 주기에 따른 변화를 의미하는데, PD 증상이 심할 때는 긴장 이상이나 이상운동증까지 보일 수 있다. 따라서 운동저하형 마비말장애의 다양한 음성-말 특성도 약물 주기에 따라 나타나거나 악화될 수 있다.[33] 마비말장애 특성이 질환 자체뿐만 아니라 치료 약물에 의해서도 영향받을 수 있음에 유의해야 한다. PD에 의한 운동저하형 마비말장애를 임상 혹은 연구의 목적으로 살필 때 약물 효과도 함께 고려해야 하며, 특히 종적 연구의 경우 피험자의 약물 투여 시기를 통제할 필요가 있다.

레보도파 약물이 말에 미치는 영향에 대해서는 견해 차이가 크다. 적어도 일부 환자는, 특히 음량 저하가 현저한 경우, 약물 투여 후 폐활량이 증가하고, 전반적인 음량이나 말 속도, 명료도가 향상한다.[32,34,60] 그러나 음량 저하나 느린 말 속도 외에 다른 문제도 갖는 환자에게 레보도파 약물의 효과는 긍정적인 경우도, 아닌 경우도 있다. 이는 환자 개인의 특정적 말 특성에 의존하는 것으로 보인다.[142] 도파민 약물이 말장애에 미치는 영향의 연구 결과가 일관적이지 않다는 것은, 말 중증도와 전반적인 운동 기능 손상 간에 상관관계가 명확하지 않다는 점과 더불어 생각해 볼 때, 적어도 일부 파킨슨병 환자의 말 문제가 도파민 기제만의 문제가 아님을 시사한다.[60,91,132]

파킨슨병(PD)이라는 용어는 불명의 원인으로 발병한, 레보도파 치료에 효과를 보이는 파킨슨증을 의미한다. 이와는 대조적으로 **파킨슨증**(parkinsonism)이란, 파킨슨병과는 다른 병인 및 병리생리 관련 질환(예: 혈관성 질환, 알츠하이머병, 약물 질환)이나 파킨슨병 치료 약물에 반응을 보이지 않는 증상을 통칭한다.

파킨슨증의 징후 및 증상 이외의 문제도 동시에 보이는 퇴행성 신경질환(degenerative neurologic diseases)은 **파킨슨 플러스 증후군**(Parkinson's-plus syndromes) 혹은 **비정형 파킨슨 장애**(atypical parkinsonian disorders)라 부르는데, **다계통 위축증**(multiple system atrophy, MSA), **진행성 핵상마비**(progressive supranuclear palsy, PSP), **피질기저핵 변성**(corticobasal degeneration, CBD)이 이에 포함된다. 이들은 순수 운동저하형 마비말장애만 갖는 경우도 있지만 혼합형 마비말장애를 보일 가능성이 더 크다. 파킨슨 플러스 증후군에 대해서는 제10장 혼합형 마비말장애에서 다루도록 하겠다.

파킨슨증과 운동저하형 마비말장애는 인지장애 관련 퇴행성 질환에서 관찰되기도 한다. 가령 알츠하이머병 환자의 3분의 1 이상에서 파킨슨 징후가 보이며,[104] 질환 초기 경도의 파킨슨증과 심도의 인지 증상(예: 치매, 환시[visual hallucinations])을 보이는 산발적 **루이체병**(diffuse Lewy body disease)은 알츠하이머병과 파킨슨병 증상을 동시에 보인다. PD의 전형적 병리 특성인 루이체(Lewy Body)는 파킨슨병의 경우 흑질에서 발견되는데, 이와 달리 산발적 루이체병의 경우에는 흑질뿐만 아니라 대뇌피질에서도 발견된다.[23] **픽병**(Pick's disease)은 전두엽과 측두엽의 퇴화로 인한 치매의 일종으로, 운동 및 감각 능력은 대개 손상되지 않으나 질병 후반에 파킨슨 징후를 보인다.[114]

B. 혈관성 질환

뇌졸중은 보통 파킨슨증이나 운동저하형 마비말장애를 일으키지는 않지만 산발적 전두엽 백질 병변이나 기저핵 혈관 병변[5]은 파킨슨증을 일으킬 수 있다. 보행 장애, 불

[5] 운동저하형 마비말장애는 중뇌와 양측성 시상 뇌졸중에서도 관찰됨.[3,85]

안정한 자세, 치매, 피질척수 징후, 가성구감정(실금), 병리적 반사(입술을 내미는 반사, 손바닥 턱 반사) 등은 파킨슨병에서보다 더 빈번하다.[119,152] 이 경우를 종종 혈관성 파킨슨증(vascular parkinsonism)이라 부르는데, 레보도파 약물에 반응을 보이지 않는다.[152]

일산화탄소 중독 등에 일어나는 **뇌저산소증**(cerebral hypoxia) 또한 파킨슨 증후군을 야기할 수 있다.

C. 독성-대사성 질환

도파민 길항제(dopamine antagonist)로 알려진 **항정신병(신경이완성)** 약물과 구토 방지 약물[6]은 도파민 수용체[7]에 차단 효과를 일으키기 때문에 이 약물 치료를 받은 환자의 약 10~20%에서 파킨슨증이 발생한다.[109] 파킨슨증은 또한 도파민 저장을 방해하는 약물(**도파민 제거제**[dopamine depletors])로도 일어날 수도 있다. 레서핀(reserpine)이나 **테트라베나진**(tetrabenazine)과 같이 지연성 운동장애나 투렛 증후군 치료 약물이 이에 속한다.[8] 항우울제 중의 하나인 **부프로피온(웰부트린)**(bupropion[Wellbutrin])은 드물게 운동완만(서동), 유사 파킨슨증, 마비말장애를 유발하기도 한다.[109,133] 이 연구들로부터 마비말장애에 관한 상세 기술은 찾아볼 수 없지만 운동저하형이었을 것으로 추정된다. 도파민 길항제 사용에 의한 파킨슨증은 대개 치료 시작 후 두 달 내에 나타나며, 약물 사용을 중단하면 몇 주 혹은 몇 개월 내에 사라진다.[109]

중금속(예: 망간)이나 이황화탄소(carbon disulfide), 청산가리, 메탄올과 같은 화학 물질에 만성적으로 노출될 경우, 이 물질들이 기저핵에 미치는 영향으로 파킨슨증이 발병하기도 한다. 알코올 중독자가 알코올 섭취를 중단하였을 때에도 파킨슨증이 한시적으로 나타날 수 있다.[109]

간부전(liver failure), **부갑상선 기능 저하증**(hypoparathyroidism), **중심성 뇌교수초용해**(central pontine myelinolysis)(제10장에서 다룸) 등을 포함한 후천성 대사장애 또한 기저핵에 손상을 입혀 파킨슨증을 유발할 수 있다.[109]

간, 뇌 등에 구리가 침착되는 **윌슨병**(Wilson's disease)에서도 운동저하형 마비말장애를 포함한 파킨슨증 징후가 발견된다. 윌슨병은 기저핵 바깥에 위치한 조직에도 영향을 미칠 수 있기 때문에 혼합형 마비말장애를 빈번하게 보인다(제10장 참조).

D. 외상

운동완만(서동), 경직, 떨림증은 외상성 뇌손상(traumatic brain injury, TBI)으로도 일어난다. 권투선수가 겪는 반복적인 두부 외상(**권투선수 치매**[dementia pugilistica])으로도 기저핵이 손상되며, 시간이 경과하면서 치매와 실조증(ataxia)뿐만 아니라 파킨슨병과 유사한 운동장애(운동저하형 마비말장애 포함)를 유발할 수 있다.

뇌정위적 병변 제거술(streortactically guided lesioning)이나 시상/담창구 뇌심부자극술과 같은 신경과 수술을 통해 파킨슨병과 관련된 사지 진전(tremor)과 이상운동증(dyskinesia)이 완화될 수 있다. 그러나 이런 수술이, 특히 양측으로 이루어질 경우, 오히려 일시적이거나 지속적인 말장애를 일으키거나 수술 이전의 마비말장애를 악화시킬 위험도 있다.

E. 감염성 질환

제1차 세계대전 도중과 이후 바이러스성 뇌염이 유행한 다음 파킨슨증이 다수 발견되었으며, 이는 **뇌염 후 파킨슨증**(postencephalitic parkinsonism)이라 알려졌다. 오늘날 다른 바이러스들(유행성 감기, 콕사키 바이러스[Coxsackie virus], 일본 B형 뇌염, 웨스트 나일 바이러스)도 파킨슨증을 일으키는 요인으로 알려졌다. **후천성 면역결핍 증후군**(acquired immunodeficiency syndrome, AIDS)을 일으키는 인간 면역결핍 바이러스(human immunodeficiency virus, HIV)는 운동장애를 일으킬 수 있는데, 5~10% 정도의 환자가 파킨슨증을 보인다.[69] 드문 감염성 원인으로는 **크로이츠펠트-야콥병**(Creutzfeldt-Jakob disease), **매독**, **결핵**, **휘플씨병**(Whipple's disease), **폐렴미코플라스마**(mycoplasma pneumonia infection) 감

---

[6] 메스꺼움을 완화시키거나 구토를 방지하는 약물.

[7] 이러한 약물로는 페노티아진(phenothiazines)(예: 클로프로마진[chlorpromazine]), 부티로페논(butyrophenones)(예: 할로페리돌[haloperidol]), 싸이오케탄센(thioxanthenes)(예: 티옥센[thiox-enel]), 다이벤즈아제핀(dibenzazepines)(예: 록사핀[loxapinel]), 대체 벤즈아마이드(substituted benzamides)(예: 메토클로프라미드[metoclopramidel]) 등이 있음.[109]

[8] 파킨슨증을 유발하거나 악화시키는 약물 목록은 Molho와 Factor[109] 연구 참조.

염 등이 있다.[109]

F. 기타 질환

정상뇌압수두증(normal pressure hydrocephalus, NPH)(제6장에서 설명)과 폐색성 수두증(obstructive hydrocephalus)도 파킨슨증 및 운동저하형 마비말장애를 동반할 수 있는데, 운동실조형 특성(운동실조형 마비말장애 포함), 치매, 실금(incontinence) 등의 증상도 빈번하다.

파킨슨증은 다양한 유전병의 주요 혹은 부차적 문제로 나타나기도 한다. 윌슨병(Wilson's disease), 헌팅턴병(Huntington's disease), 가족성 기저핵 석회화(familial basal ganglia calcification), 유전성 척수소뇌성 운동실조(spinocerebellar ataxias)와, 일부 희귀 유전성 대사장애가 이에 속한다.[109] 이 중 일부는 제6장, 8장, 10장에서 다룬다.

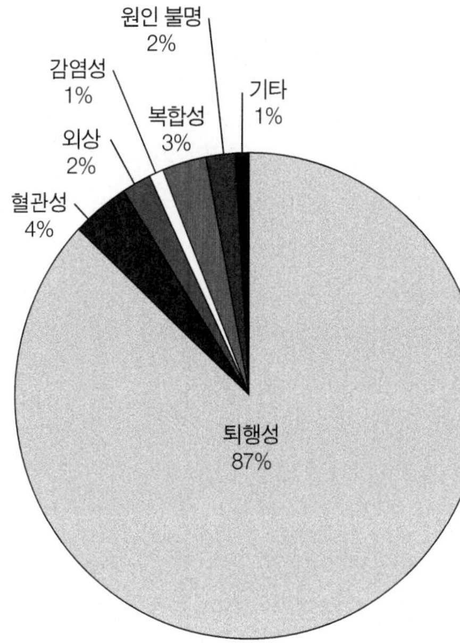

그림 7-2 1998~2008년 메이요 클리닉에서 운동저하형 마비말장애를 진단받은 161명 환자의 병인 분포도(세부 사항은 글상자 7-1 참고).

IV. 말 병리

A. 임상 실무에서의 병인, 병소 및 중증도의 분포

글상자 7-1과 그림 7-2는 메이요 클리닉의 통계 결과로, 운동저하형 마비말장애 환자 161명의 병인을 요약한 것이다. 이전에 언급한 것과 같이 이는 메이요 클리닉의 결과일 뿐, 모든 임상 현장 통계로 일반화할 수는 없다.

자료에서 보다시피 퇴행성 질환이 가장 높은 병인 비율을 차지한다. 전체 사례의 87%로, 이 중 75% 정도가 파킨슨병이나 파킨슨증이다. 다계통 위축증이 다음이

글상자 7-1

주요 말장애로 운동저하형 마비말장애를 진단받은 161명의 병인. 이는 임의적으로 추출된 사례들이며, 1999~2008년 사례들임. 괄호 안 숫자는 각 병인의 백분율을 뜻하며, 항목 아래 세부적인 병인을 높은 빈도에서 낮은 빈도순으로 나열하였음.

퇴행성(87%)
- 파킨슨병, 파킨슨증, 다계통 위축증, 진행성 핵상마비, 루이체병, 피질기저핵 변성, 전측두엽 치매, 파킨슨증+근위축성 측삭 경화증

혈관성(4%)
- 비출혈성 뇌졸중, 혈관성 파킨슨증, 저산소증

복합성(3%)
- 파킨슨병+뇌졸중, 피질기저핵 변성+정상뇌압수두증, 퇴행성 중추신경계 질환+우뇌출혈, 림프종+뇌졸중, 신경섬유종증+발작

외상(2%)
- 파킨슨병을 위한 뇌심부자극술, 종양 절제술 후 외상

원인 불명(2%)
- 원인 불명의 기저핵 장애, 원인 불명의 중추신경계 질환

감염성(1%)
- 뇌염

기타(1%)
- 전신근강직증후군

며, 진행성 핵상마비, 루이체병, 피질기저핵 변성이 그 나머지를 차지한다.

비출혈성 뇌졸중은 전체 혈관성 병인의 4%밖에 되지 않아 뇌졸중이 운동저하형 마비말장애와 별 관련이 없다는 임상적 관찰과도 일치한다. 심장정지(cardiac arrest)로 인한 무산소증(anoxia)이 한 차례 보고되었다. 이외에도 출혈성 뇌졸중, 모세혈관 질환(small vessel vascular disease) 등도 혈관성 원인에 포함된다. 약 3% 정도는 비출혈성 뇌졸중 이외에 다른 신경학적 질환(예: 파킨슨병과 뇌졸중)도 동반하고 있었다.

2%를 차지하는 외상성 병인은 신경외과적 처치(뇌심부 자극술, 종양 절제술)와 관련 있었다. 표본 자료에는 포함되지 않았지만 외상성 두뇌 손상 또한 운동저하형 마비말장애를 야기할 수 있다. 2%의 원인 불명은 특정 병인이 밝혀지지 않은 기저핵 장애나 다병소(multifocal) 혹은 산발적(diffuse) 중추신경계 질환이다. 기타로 뇌염 혹은 전신근강직증후군이 포함되었다.

이 분포 자료를 통해 파킨슨병과 파킨슨증이 운동저하형 마비말장애의 전형적 병인이지만, 혈관성 · 외상성 · 감염성 질환 또한 가능한 병인임을 확인할 수 있다. 위 자료에는 포함되지 않았으나 독성-대사성 원인도 가능하다(예: 일산화탄소 중독, 페노티아진[phenotiazine] 복용).

예측대로 대부분의 환자가 기저핵 제어회로 기능과 관련된 비구어적 문제를 보였으나 반드시 손상이 기저핵 제어회로에 국한된 것은 아니었다. 그러나 대체로 신경영상 검사 결과(가령 CT, MRI), 이 회로 외에 별 문제가 없거나 경미한 뇌 위축 정도만 보였다. 일반적으로 특발성 PD나 이와 관련된 퇴행성 질환은 기저핵 손상을 공통적으로 보인다는 점을 확인할 수 있다. 대다수 혈관성 · 외상성 사례 또한 기저핵이나 그 주변 조직의 손상이 확인되었다.

위에서 살펴본 후향적 검토 자료로는 마비말장애의 중증도를 알 수 없지만, 명료도 평가가 이루어진 일부 환자들을 보면(표본 자료의 86%), 79%의 환자에게서 명료도 저하가 판단되었다. 이 수치가 얼마나 전체 운동저하형 마비말장애의 말명료도 정도를 대표할 수 있는지는 불분명하다. 명료도 평가가 이루어지지 않은 환자들의 대부분은 아마도 명료도가 정상적이었을 가능성이 높지만, 메이요 클리닉의 자료에는 경도의 명료도 저하 환자들이 대부분의 다른 재활 기관에서보다 더 많이 포함되었을 수도 있다. 결론적으로 운동저하형 마비말장애 환자는 명료도 저하를 빈번히 보인다고 할 수 있는데, 이는 한 최근 연구의 결과와 일치한다. 이 연구는 전체 125명 파킨슨병 환자 중 반 이상의 말을 이해하기 어려웠으며, 40%에 가까운 환자가 말장애를 심각한 문제로 꼽는다고 보고하였다. 이때 말명료도는 환자의 나이나 유병 기간(disease duration)과 무관하였다.[108]

마지막으로, 이 표본 자료의 환자들은 빈번하게 인지능력의 손상을 보였다. 보고서에 명확히 언급되었거나 정식으로 검사를 받은 환자(표본 자료의 96%) 중 43%는 어느 정도의 인지 손상을 보인 것으로 판단되었다.[9]

B. 환자의 자각 및 주 호소

환자가 들려주는 증상 설명을 통해 임상가는 진단 및 병소 추론의 근거를 얻을 수 있다. 종종 환자는 대화 상대방으로부터 본인의 목소리가 작아지거나 약해졌다는 평을 듣는다고 하나 스스로는 이런 변화를 부정하거나 가벼운 문제라 여긴다. 말이 너무 빠르다거나 단어가 뚜렷하지 않다는 불평도 종종 관찰된다. 일부 환자는 "말을 시작하기가 어렵다"고 하고, 또 다른 이들은 소리, 음절, 단어의 반복이나 말 개시의 어려움을 설명하기 위해 말더듬(stutter)이라는 용어를 사용하기도 한다. 이런 경우 환자가 이런 유창성 문제(dysfluency)를 불안(anxiety)이나 다가올 문제에 대한 부담감이나, 혹은 특정 단어 및 소리에 대한 공포감과 연결 지어 설명하는 경우는 드물다.

피로감(fatigue)이 말 산출에 부정적 영향을 준다는 주호소도 빈번하다. 약물에 반응을 보이는 파킨슨 증후군 환자들은 가끔 약물 주기에 따라—다음 약물 투여 전까지 말소리가 계속 악화—말 증상도 달라진다고 보고한다. 침흘림이나 삼킴장애 또한 빈번하게 호소한다. 환자 일부는 윗입술이 뻣뻣하다고 하는데, 이는 움직일 때 유연성이 저하된 것을 환자가 이렇게 표현하는 것으로 해석된다.

이러한 자각 증상들의 일부는 사례 16과 부록 웹사이트의 Part IV 운동저하형 마비말장애 사례들에서 확인할 수 있다.

C. 임상적 관찰점

운동저하형 마비말장애는 기저핵 질환의 다른 일반적 징

[9] Bayles 등[10]은 75명의 치매 증세가 없는 파킨슨병 환자로부터 언어의 어려움(language difficulty)은 발견하지 못하였음. 경도 치매를 보인 파킨슨병 환자는 언어 수행력에 문제를 보임.

후들과 매우 높은 빈도로 함께 나타나기 때문에 파킨슨증으로 신경적 진단을 내리는 데에 있어 확진 근거로 쓰인다. 환자 스스로 이 말장애 증상에 대해 언급하고, 운동저하형 마비말장애가 파킨슨증의 유일한 징후일 경우, 이 말장애를 확인하는 일은 병소 확인과 신경적 진단에 매우 중요한 역할을 한다.

비구어 구강 기제

구강 기제 검사를 통해 말장애 진단에 필요한 중요한 정보를 많이 얻을 수 있다. 가령 환자가 눈을 깜박이는 빈도가 줄어드는 것을 확인할 수 있다. 안정 시(at rest) 얼굴에 웃음기가 없고 무표정해서(그림 7-1 참조) 사람들과 교류할 때 표정 변화가 없는 것처럼 보일 수 있다(**사례 16**). 사람들은 보통 말할 때 눈과 얼굴, 손, 팔, 몸통(trunk)을 움직이면서 당시의 감정이나 간접적 의미를 표현하는데, 이 움직임이 약화되기도 한다. 편안히 호흡하는 동안 흉부-복부의 운동이 감소되고, 숨을 크게 들이마실 때에도 편위(excursion)가 정상인보다 제한적이다.

눈을 깜박이는 정도가 줄어드는 것과 마찬가지로 음식물을 삼키는 빈도도 줄어드는 현상을 보일 수 있는데, 이는 자동적 운동의 감소를 의미한다. 이로 인해 과도하게 침이 고이다 흐를 수 있다. 정상인의 경우, 시선을 양옆이나 위, 혹은 아래로 돌릴 때 머리도 함께 움직이게 마련인데, 환자들에게서는 이러한 운동도 감소된다. 입술을 내미는 반사(snout reflex), 손바닥 턱 반사(palmomental reflex)는 소수 파킨슨증 환자에서 관찰되는데 이들은 혈관성 파킨슨증에서 PD보다 더 높은 빈도로 관찰된다.[119]

턱과 입술의 진전(tremor) 혹은 빠른 떨림(rapid tremulousness)은 안정 시, 입을 벌리거나 입술을 내민 상태를 유지하는 동안 나타날 수 있다. 이와 유사하게 혀는 입안에서 움직이지 않는 상태로 있을 때, 혹은 앞으로 내민 상태에서 심하게 떨린다. 입술(특히 윗입술)은 편안한 상태에서나 움직일 때(말 산출을 위한 운동을 포함) 뻣뻣해 보이거나 움직이지 못할 수 있다. 턱, 얼굴, 혀의 운동이 말 산출 동안 얼마나 제한적인가를 고려해 볼 때 이들의 강도는 종종 놀라울 정도로 정상적이다. 비구어 교대운동속도 과제(nonspeech AMR) 시 턱, 입술, 혀는 느리게 움직이기 시작하나 끝날 때는 매우 빠르며, 운동 범위는 제한적이다. 운동이 반복적으로 일어나는 비구어 교대 운동 과제와는 달리, 단일 운동(single movement)(예: 입술 내밀기) 중에는 운동 범위가 정상이거나 말 산출 혹은 감정 표현 중 일어나는 운동보다도 그 범위가 오히려 크게 증가하기도 한다.

삼킴장애(dysphagia)는 전체 파킨슨병의 40~80%에게서, 대개 마비말장애보다 늦게 나타난다. 다른 파킨슨증 관련 퇴행성 질환들보다 PD의 경우 발병부터 삼킴장애를 보이기까지 일반적으로 더 오랜 시간이 걸린다(중앙값: 130개월). 이 기간, 즉 발병부터 삼킴장애까지의 기간은 생존기간과 상관관계를 보이는 것으로 보고되었다.[112] 삼킴장애의 중증도와 말명료도 사이의 상관관계는 이완형, 경직형, 혼합형의 다른 마비말장애보다 운동저하형 마비말장애 환자에게서 낮은 것으로 보고되었다.[118]

평상시와 구강 기제 검사 중 받는 인상 중 하나는 약증이 없는데도 불구하고 표정의 변화가 없다는 것이다. 안정 시, 사람들과 교류할 때, 말할 때, 얼굴의 감정 표현은 매우 제한적이고 무표정하지만, 실제 감정 상태를 반영하는 것은 아니다. 말 또한 앞서 언급한 이러한 비구어 특성들을 반영한다. 이 비구어 특성들 중 일부는 사례 16과 부록 웹사이트의 Part IV 운동저하형 마비말장애 사례에서 확인할 수 있다.

말

대화, 읽기, 교대운동속도, 모음연장은 운동저하형 마비말장애의 뚜렷하고 변별적 말 특성을 알아내는 데 유용한 과제들이다. 특히 대화나 읽기 과제는 이들의 뚜렷한 비정상적 운율을 파악하는 데 필수적이다. 교대운동속도는 운동 범위의 감소와 비정상적 운동 속도를 관찰하는 데 특히 유용하다. 항상은 아니지만 교대운동속도는 빠르고, 가속화되며, 때로는 '불분명한(blurred)'한데, 이들은 운동저하형 마비말장애의 변별적인 청지각적 특성이다(그림 7-3). 한편 모음연장 과제는 음성 특성, 특히 음량이나 음질과 관련된 음성 특성들을 살펴보기에 유용하다.

운동저하형 마비말장애는 비정상적 운동 범위 및 속도와 관련하여 호흡, 발성, 공명, 조음, 운율 전반에 영향을 미칠 수 있다. 이러한 변별적 특성은 대부분 발성과 조음에 큰 영향을 미치는데, 다시 이 영향은 운율에 뚜렷하게 반영된다.

표 7-2는 Darley, Aronson, Brown(DAB)[29,30] 연구에서 운동저하형 마비말장애에 영향을 미친다고 추정한 신경근육의 손상을 요약한 것이다. 말 산출을 위한 운동과 시간 조절은 전반적으로 정확하다. 신경근육의 개별적 운

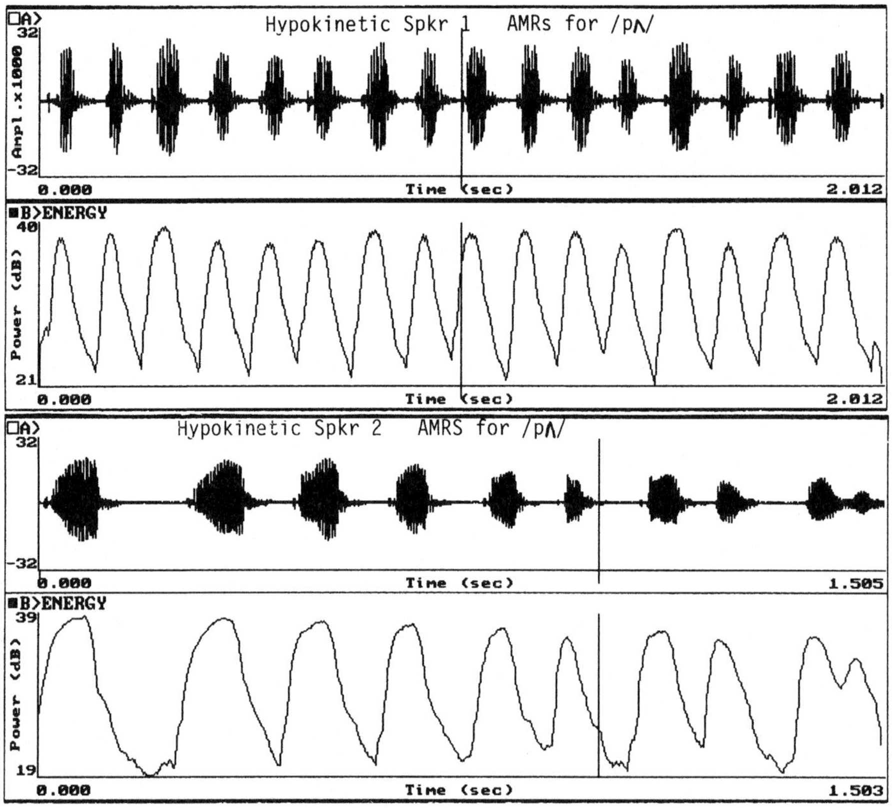

그림 7-3 운동저하형 마비말장애 화자 2명의 '퍼' AMR 수행 파형과 에너지 궤적. 화자 1의 경우 2초 동안 AMR 수행은 규칙적이나 빨랐다(약 8Hz). 화자 2의 경우, 1.5초 동안 AMR 수행이 속도 면에서는 정상적이나(처음 1초 동안 약 6Hz) 뒤로 갈수록 전반적인 속도가 빨라지면서 진폭과 각 음절의 길이가 감소하였으며, 이는 속도가 빨라진다는 청지각적 인상을 준다.

표 7-2

운동저하형 마비말장애의 신경근육 손상

방향	리듬	속도		범위		힘	긴장
개별적 운동	반복적 운동	개별적 운동	반복적 운동	개별적 운동	반복적 운동	개별적 운동	근긴장
정상	안정	느림	빠름	감소	매우 감소	감소	과도(안정)

출처: Darley FL, Aronson AE, Brown JR: Clusters of deviant speech dimensions in the dysarthrias, *J Speech Hear Res* 12: 462. 1969b에서 수정 발췌.

동은 느리나, 반복적 운동은 특히 운동의 범위가 제한적일 때 빠르게 나타날 수 있다. 개별적/반복적 운동의 범위나 강도는 정상인에 비해 좁고 약하다. 종종 과한 근긴장을 보이며(즉, 경직), 전 방향으로의 운동에 근저항을 보이는데, 따라서 운동의 범위가 감소된다. 운동 범위의 감소는 운동저하형 마비말장애의 말에 가장 중요한 영향을 미치는 신경근육 손상이라 할 수 있다. 이러한 신경근육 손상과 운동저하형 마비말장애의 말 특성 간의 관계에 대해서는 다음 절에서 논하기로 한다. 운동저하형 마비말장애의 신경병리생리와 관련된 자료는 음향학적 · 생리학적 연구 결과에서 다룬다.

비정상적인 말 특성과 특성군

Logemann 등[95]의 연구는 200명의 파킨슨병 환자의 비정상적 말 특성 빈도를 조사함으로써 운동저하형 마비말장애 환자의 말소리 프로필을 제시하였다. 우선 약 90% 환자가 마비말장애를 보여 파킨슨병에서의 높은 유병률을 증명하였다. 89%의 환자가 음성 문제를 보였는데, 쉰 음성(hoarseness), 거친 음성(roughness), 떨림(tremulousness), 기식 음성(breathiness) 등을 보였다. 45% 환자에게서는 조음 문제가 관찰되었다. 20%는 비정상적 말 속도를 보였는데 음절 반복, 음절 길이 감소, 음절 길이 증가, 과도한 휴지(excessive pauses) 등이 나타났다. 10%의 환자는 과다비성이었다. 흥미로운 것은 피험자의 45%는 음성 문제만 보인 반면 조음 문제를 가진 환자는 모두 음성 문제도 동반하였는데, 이는 다른 연구에서도 같은 결과를 보고한 바 있다.[157] 이러한 결과는 파킨슨병 내에서도 하위 그룹이 존재하거나, 파킨슨병 환자에게서 보이는 마비말장애가 후두 문제를 먼저 보이다가 조음 및 다른 특성으로 진행되는 경향이 있음을 시사한다.

DAB[30]은 파킨슨증 환자들로부터 단 하나의 말 특성군을 발견했는데 이를 불충분한 운율(prosodic insufficiency)이라 칭했다. 이 특성군을 구성하는 특성들이 종합적으로 미치는 영향을 고려하여 불충분한 운율이라 불렀는데, 이 특성들은 단음도, 단음량, 강세 저하, 짧은 구, 속도 변이, 짧은 말뭉침, 부정확한 자음을 포함한다(표 7-3). 여러 특성을 고려해 볼 때 운동저하형 마비말장애는 전체적으로 단조롭고, 약화되며, 때로 가속화되는 패턴을 보인다. DAB 연구는 이 특성군의 신경근육적 이유로 운동범위의 감소와 빠른 반복적 운동 때문으로 보았는데, 특히 후자는 파킨슨증에서만 나타나는 고유한 현상이다.

표 7-3

운동저하형 마비말장애의 비정상적 말 특성군

특성군	말 특성
불충분한 운율	단음도 단음량 강세 저하 짧은 구 속도 변이* 짧은 말뭉침* 부정확한 자음*

출처: Darley FL, Aronson AE, Brown JR: Clusters of deviant speech dimensions in the dysarthrias, *J Speech Hear Res* 12: 462, 1969b에서 수정 발췌.

*이 말 특성들은 운동저하형 마비말장애의 말 특성군, 불충분한 운율의 구성요소로 간주되지만, 불충분한 운율이라는 말 특성군을 보이는 다른 마비말장애 유형에서는 이 말 특성군의 구성요소로 간주되지 않음.

표 7-4는 운동저하형 마비말장애가 보이는 말 특성[29] 및 관련 말 산출체계의 구성요소들을 정리한 것이다. 말 특성의 중증도 순서대로 나열한 것으로 반드시 다른 마비말장애 유형과 변별되는 특성은 아니다.

다음은 운동저하형 마비말장애의 이해를 돕기 위해 추가된 몇 가지 관찰 요소이다.

1. Logemann과 Fisher[94] 연구에서는 운동저하형 마비말장애 특징 중 하나인 부정확한 자음을 좀 더 상세히 기술하였으며, 이 정보는 임상적으로 유용하게 쓰인다. 그중 하나는 파열음, 마찰음, 파찰음에서 종종 일어나는 조음 방식(manner)의 오류이다. 파열음, 특히 구개파열음의 왜곡이 많은데, 이들은 마찰음으로 지각되는 경향이 있다. 이는 구강 폐쇄가 불완전하게 이루어져 폐쇄 구간 동안 기류가 지속적으로 흘러 나타나는 현상으로 파찰음의 파열 구간에서도 발견된다. 마찰음의 경우, 조음 협착이 느슨하게 일어나면서 청지각적으로 덜 날카롭게 들

표 7-4

Darley, Aronson, Brown[29] 연구가 제안한 운동저하형 마비말장애의 가장 비정상적 말 특성을 아래와 같이 중증도에 따라 정리하였음. 심한 경우부터 나열하였으며, 관련 말 산출체계도 우측란에 표기하였음. 구성요소 '운율'은 복수의 요소들이 복합적으로 운율 문제를 야기할 때 표기하였음. (아래 명시된 Part I~III에 제공된 부록 웹사이트의 사례들 외에 Part IV의 여러 운동저하형 마비말장애 사례에서도 이 말 특성들을 확인할 수 있음.)

특성	말 구성요소
단음도*(**사례 35, 90**)	음성-운율
강세 저하*(**사례 90**)	운율
단음량*(**사례 35, 90**)	음성-호흡-운율
부정확한 자음(**사례 94**)	조음
부적절한 휴지*	운율
짧은 말뭉침*(**사례 35**)	조음-운율
거친 음성	음성
기식 음성(지속적) (**사례 15, 16**)	음성
낮은 음도	음성
말 속도 변이*	조음-운율
기타	
분절음 속도 증가*(**사례 35**)	운율
전반적 속도 증가*(**사례 35**)	운율
음소 반복*(**사례 35, 90**)	조음

*다른 마비말장애 유형과 변별되는 특성이거나 다른 유형들에 비해 특히 심한 손상을 보이는 특성.

린다. 이런 특성들은 마찰음화(spirantization)라는 음향학적 특징과 연결되며, 가속화 및 운동 범위의 감소로 인한 조음적 못 미침[언더슈팅](articulatory undershooting)의 결과로 해석할 수 있다.

2. 몇몇 운동저하형 마비말장애의 특성은 불충분한 운율이라는 특성군으로 설명되기 어렵다(표 7-3과 표 7-4의 말 특성을 비교해 볼 것). 가령 부적절한 휴지는 불충분한 운율 특성의 기저에 깔린 신경근육 손상으로는 설명할 수 없는데, 이는 운동 시작의 어려움 때문인 것으로 보인다. 운동의 시작이 어려운 이유는 운동 프로그램(motor program)의 급격한 기능 저하나 운동 프로그램들 간 전이(shift)의 어려움 때문으로 보인다.[140,141]

3. 거친 음성, 기식 음성, 음량 감소는 운동저하형 마비말장애와 파킨슨증의 첫 징후로 나타날 수 있는데, 꽉 조이는 듯하거나, 실성(aphonic) 증상, 혹은 속삭이는 듯한 음질을 보인다. 늘 심하지 않더라도 꽉 조이면서 속삭이는 듯한 실성증(aphonia)은 기식적이고 거친 음질을 보이다 갑자기 나타날 수 있으며, 구절이나 모음연장 과제 마지막 무렵에 몇 초에 걸쳐 보이기도 한다. 이런 현상은 다른 마비말장애 유형에서 거의 나타나지 않는다. 전반적으로 발성장애는 운동저하형 마비말장애에게서 발견되는, 가장 뚜렷하면서 말 산출에 악영향을 미치는 장애이다.

4. 비정상적 말 속도는 운동저하형 마비말장애의 매우 뚜렷하고도 변별적인 특성이다. AMR 과제에서 쉽게 발견되는데 이때 AMR 속도는 빠르거나 가속된다. 조음 운동 범위가 좁아지기도 하였기 때문에 음절들을 한꺼번에 말하는 것처럼 '불분명하게(blurred)' 들릴 것이다. 대화 시 짧은 말뭉침(short rushes of speech)이 뚜렷하며, 이때 여러 단어를 함께 말하는 것처럼 빨리 말한다. 또한 휴지를 길게 가진 다음 후속 발화구가 산출된다. 일부 환자는 분절음 속도가 증가하는 현상을 보이는데, 이는 가속보행과 같은 맥락의 특성이라 할 수 있다. 마지막으로 말 속도가 전반적으로 빠르다. 항상 나타나는 특성은 아니나 다른 마비말장애 유형들과 비교해 볼 때 청각적으로 말 속도가 빠르다는 인상을 주는 특성은 운동저하형 마비말장애의 고유 특성이다.[10]

5. 소리, 음절, 단어 반복이나 소리 연장, 부적절한 묵음(silence)과 과도한 휴지 등을 포함한 유창성 문제는 여러 연구에서 관찰되었다.[11,29,95] 몇몇 연구에서는 레보도파 약물에 의해 악화되거나[95] 호전된다고[148] 보고하였으며, 다른 연구에서는 유창성 문제가 도파민 수준의 증가나 감소와 연관 있다고 보고하였다.[51] 또 다른 연구는 레보도파 상태와 상관없이 파킨슨병이 진행될수록 유창성 문제는 더욱 빈번하게 나타난다는 결과를 발표하였다.[11] 유창성 문제는 음소의 반복 또는 연장 형태로 종종 나타나는데 때로는 말더듬으로 보일 만큼 심하기도 한다.[84] 유창성 장애는 발화 시작 무렵 혹은 휴지 다음 보이는 경향이 있다. 대개 빠르고 때로는 불명확하게 소리를 반복하는데, 이때 말 산출을 위한 운동 범위는 제한적이다. 모음, 때로 자음이 '반복'될 때 그 모음이나 자음이 떨리면서 연장되는 것처럼 들리기도 한다. 이러한 특성은 파킨슨증 환자가 걸음 시작 시의 어려움('동작 동결')에 유추하여 생각할 수 있다. 짧고 잰 걸음으로 다리를 끄는 듯한 보행은 보통 보행 시작 시 나타난다. 이러한 유창성 장애는 파킨슨병 환자가 운동 프로그램의 억제나 운동 프로그램 간의 이동에 어려움을 겪기 때문이다.[48] 유창성 장애 혹은 말더듬과 같은 행동은 여러 신경질환에서 나타날 수 있지만(제13장 참조) 음소 반복 및 연장은 운동저하형 마비말장애의 변별적 특성이라 할 수 있다. (부록 웹사이트 Part IV 운동저하형 마비말장애의 사례 35, 90 등 참고.)

6. 또 다른 비정상적인 말 반복 현상으로 동어반복증(palilalia)을 들 수 있는데, 동어반복증은 '점차 말 속도는 빨라지고 음량은 약해지는데 화자가 강박적으로 발화를 반복'하는 말장애다.[86] 보통 단어나 구절 반복을 보이며, 소리 반복(sound repetition)은 일반적으로 동어반복증에 포함되지 않는다. 동어반복증은 운동저하형 마비말장애 없이도 발생할 수 있지만 보통 양측 피질하 병리, 특히 기저핵 손상과 연결되어 나타난다. 또한 양측 전두엽 병리와 관련되기도 하는데, 이는 제13장에서 자세히 다루기로 한다.

7. 참 음성 진전(true voice tremor)은 운동저하형 마비말장애에서 흔히 나타나지는 않는다. 음성이 불안정하고 진전처럼 떨리는데, 일부 환자의 경우 두부와 상측 사지 진전 때문이다. 모음연장 시 청지각적 및 음향학적으로 빠른 진전(일반적으로 10Hz

[10] 그러나 빠른 말 속도는 마비말장애와 상관없는 신경학적 · 정신의학적 질환에서도 나타날 수 있음.

이상), 음성떨림증(flutter)이라고 알려진 낮은 진폭의 떨림(tremulousness)을 보인다.[12,15](부록 웹사이트 Part IV 운동저하형 마비말장애의 사례 14 등 참고). Logemann 등[95]에 따르면 이 음성의 빠른 떨림은 200명 파킨슨병 환자 중 14%에게서 발견되었다.

8. 공명은 대개 정상적이나, 10~25% 환자에게서 경도의 과다비성이 발견되었다.[29,30,95] 따라서 비강 기류로 인해 자음 압력 산출이 다소 '약해지는' 현상이나 경도의 과다비성은 이 마비말장애의 특성으로 '인정할 만'하다. 다시 말해 공명을 제외한 전반적인 말 특성이 운동저하형 마비말장애와 일치하는데 비정상적인 공명 특성을 보인다 하여 다른 마비말장애 유형(특히 이완형이나 경직형)을 의심할 필요는 없다는 것이다.

다른 말운동장애로부터 운동저하형 마비말장애를 구별할 수 있는 말 특성으로는 무엇이 있을까? 여러 특성들 중에서 운동저하형 마비말장애 환자들에게서 가장 공통적으로 발견되는 변별적 단서로는 다음 특성을 들 수 있다. **음량 감소, 단음도, 단음량, 강세의 저하, 속도 변이, 짧은 구, 전반적으로 빠른 말 속도나 분절음 내 속도 증가, 빠른 AMR, 음소 반복, 부적절한 휴지.**

운동저하형 마비말장애 환자의 주요 변별적 말 특성과 구강 기제 검사 결과, 및 환자 본인의 주 호소가 표 7-5에 요약되어 있다.

D. 음향학적 · 생리학적 관찰점

운동저하형 마비말장애는 다른 유형과 변별되는 특성을 빈번하게 보이지만 같은 운동저하형 마비말장애 환자라도 청지각적으로 매우 다른 특성을 보일 수 있는데, 이런 환자 간 편차는 음향학적 · 생리학적 연구 결과에서도 마찬가지로 발견된다. 몇몇 비정상적인 음향학적 · 생리학적 특성은 일부 환자에게서만 나타나기도 하고, 그중 몇몇 특성은 또 다른 마비말장애 유형에서 뚜렷하게 발견되기도 한다. 실제로 '비정상적'이라 간주되는 몇몇 특성은 나이와 성별을 고려한 정상규준에 맞추면 정상적인 경우도 있다. 이런 경우가 특히 운동저하형 마비말장애에서 더욱 자주 일어나는 이유는 운동저하형 마비말장애의 청지각적/음향학적 특성들(예를 들어 음량의 감소, 거친 음성, 기식 음성)은 일반 노인에게서도 흔하게 발견되

표 7-5

운동저하형 마비말장애의 주요 변별적 말 특성 및 말 관련 특성(명시하지는 않았으나 여러 특성 및 환자의 주 호소는 부록 웹사이트 Part IV 사례에서 확인할 수 있음)

지각적 특성	
음성-호흡	• 음량 저하, 발화 길이 감소(**사례 16**)
조음	• 음소 반복, 동어반복증, 빠르거나 '불명확'하거나 '급속히 진행되는' AMR(**사례 35, 48~50, 90**)
운율	• 강세 저하, 단음도, 단음량, 부적절한 휴지(**사례 35, 90**) • 짧은 구, 속도 변이, 음소 내 속도 증가, 전반적인 속도 증가(**사례 35**)
생리학적 특성	• 무표정한 얼굴 • 턱, 입술, 혀의 떨림 • AMR 과제 수행 시 운동 범위 감소 • 두부 진전
환자의 주 호소	• 음량 저하, 빠른 말 속도, '웅얼거리는 듯한 말', '말더듬', 발화 개시의 어려움(종종 본인 스스로의 판단과 대화 상대방의 판단이 불일치하다고 호소) • 입술이 뻣뻣함

AMR=교대운동속도(alternate motion rate)

기 때문이다. 실제로 몇몇 연구는 노화와 질환의 영향을 함께 고려할 때 PD 환자의 말, 걸음, 자세 문제 등을 제대로 설명할 수 있다고 제안하였다.[91] 이런 점을 염두하면서 음향학적 · 생리학적 연구들이 운동저하형 마비말장애 이해에 기여해 온 바를 살펴보기로 하겠다.

호흡

비정상적 호흡은 파킨슨증 환자에게서 자주 관찰되며 사망에 이르게 하는 원인이 되는 경우가 많다.[36] 다른 말 산출체계에 비해 호흡은 상대적으로 연구가 이루어지지 않았지만, 운동저하형 마비말장애의 뚜렷한 특성, 특히 음량, 운율과 관련된 특성들은 호흡 기능상의 문제를 통해 논리적으로 설명할 수 있다. 비구어(nonspeech) 생리학적 변수들을 이용한 연구들은 비정상적인 호흡의 패턴, 호흡 속도(respiratory rate)의 증가뿐만 아니라 폐활량, 흉벽 운동의 진폭, 호흡근의 강도, 내구력(endurance)의 감소를 보고하였다.[34,66,136,149] 이 문제들의 대부분은 호

흡 과정 동안 호흡 과정에 관련된 근육들이 상호 맺어야 할 주동근-길항근 관계에 이상(가령 강직[rigidity])이 생겼기 때문이다.

밀 산출과 관련된 호흡 기능을 파악하기 위해서는 말 과제와 최대 수행 과제로부터의 자료를 살펴볼 필요가 있다. 선행 연구에서는 파킨슨증(따라서 운동저하형 마비말장애를 동반하였을 것으로 추정되는) 환자들로부터 다음과 같은 결과를 보고해 왔다. 즉, 최대 모음 기간 감소, 모음연장 시 기류량 감소, 호흡군(breath group) 내 음절 수 감소, 짧은 구, 음절당 평균보다 높은 비율의 폐활량 사용, 즉석 발화 시 흡기 구간(inspiratory duration) 증가, 읽기 과제 동안 호흡군 수의 증가이다.[20,34,65,66,112] 이 결과들은 후두 문제 때문일 수도 있으나 적어도 일부 환자가 다음과 같은 현상을 보였기 때문에 후두가 아닌 말 호흡(speech breathing)의 문제라 보는 것이 타당하다. 즉, 호흡군을 시작할 때 비정상적으로 작은 흉곽 용적(rib cage volume)과 비정상적으로 큰 복부 용적(abdominal volume)을 보였고, 정상인보다 호흡군당 적은 수의 단어들을 산출하였으며, 호흡군당 걸리는 시간도 짧았다.[136] 일부 환자는 모음연장이나 음절 반복 과제 수행 동안 흉벽 부위, 흉곽 및 복부의 비정상적인 운동이 관찰되었는데, 이는 호흡 관련 근육들의 강직에서 기인한다.[115]

또한 환자 중 일부는 노력성 들숨(forceful inhalation) 이후 숨을 내쉬기 시작할 때까지 오래 걸리거나, 숨을 내쉬기 시작하였지만 발성은 지연되거나, 말하면서 자동적으로 호흡 리듬을 조절하는 일을 어려워하거나, 호흡 시 사인 곡선 목표물을 시각적으로 추적하는 데 어려움을 보여[41,105] 호흡 제어의 문제도 논의되어 왔다. 최근 한 연구는 파킨슨병 환자들의 발화구 길이 조절을 위한 호흡 패턴이 일정치 않다고 보고하였다(가령 이 환자들은 긴 발화 산출에 필요한 높은 폐활량을 꾸준히 유지하지 못하였다). 이 결과는 운동저하형 마비말장애 환자들의 언어 계획(language planning)과 호흡 체계의 연계도 정상적이지 못함을 시사한다.[65] 따라서 인지-언어 변인 또한 운동저하형 마비말장애의 말 호흡 문제를 다룰 때 고려해야 하는 점 중 하나라 하겠다.

호흡 편위 운동(respiratory excursion)의 감소, 폐활량 감소, 이상 호흡 운동, 빠른 호흡 주기, 말 산출 시 수동적 호흡 조절의 어려움 등, 이들이 겪는 호흡 기능상의 문제는 강직, 운동저하, 운동 개시의 어려움과 같은 전반적인 문제들과 상통하는 것으로 보인다. 결국 이들은 말 산출의 생리학적 바탕에 영향을 미치고, 따라서 운동저하형 마비말장애의 발성-운율 문제, 특히 음량의 저하, 짧은 구절, 짧은 구, 부적절한 휴지 등의 특성을 보이게 된다.

발성

운동저하형 마비말장애의 후두 기능 연구는 그간 활발히 이루어져 왔다. 일반적으로 음향학적 · 생리학적 연구는 청지각적 연구에서 제시하였던 가설들을 증명하고, 비정상적 음성과 말 특성들을 추가적으로 고찰하는 방향으로 진행되어 왔다.

1. **기본주파수(f_0)와 음강.** 비정상적 음도는 보통 운동저하형 마비말장애의 뚜렷한 지각적 특성은 아니지만, 많은 음향 연구들에서 f_0의 증가를 보고하였다.[11] f_0값은 연령을 맞춘 정상 화자들과 비교해 볼 때 항상 통계학적으로 유의한 수준으로 높지는 않다.[77] 또한 여성보다 남성에게서 높은 f_0가 더 빈번하게 보고되었다.[132] 때로는 여환에게서는 f_0가 낮게 보고되기도 한다.[62] 중증도가 심해지면서 f_0가 증가하는 경향이 발견되기도 하였다.[107] 이러한 연구 결과들은 음도가 정상인보다 낮다는 DAB[29]의 청지각적 관찰과는 대조적인데, 그 이유는 명확하지 않다. 개인 간 f_0, 음도의 차이가 크기 때문일 수도 있고 성별 차가 영향을 미칠 수도 있으며,[102] 다른 운율 요소들 때문에 실제로는 그렇지 않은데도 불구하고 음도가 낮다는 청지각적 인상을 받을 수도 있다(가령, 단음도, 단음량, 강도의 저하와 같은 특성 때문에 음도가 낮다는 청지각적 인상을 받을 수 있다). 전반적으로 운동저하형 마비말장애 화자의 음도와 f_0가 지나치게 비정상이지 않다는 사실은 음도와 f_0가 이 말장애를 진단하는 데 신뢰할 만한 특성이 아니라는 점을 시사한다. 저자의 임상 경험에 따르면 다른 마비말장애 유형보다 운동저하형 마비말장애는 음도가 더 종종 높은 것으로 보인다.

음강에 대해서는 연구 결과들이 대체로 일치한다. 전반적으로 음강이 작고, 다양한 말 과제, 모음연장 과제, AMR 과제를 수행하는 동안 음강이 점차 작아진다는 것이다.[12] 한 가지 흥미로운 점은 파킨슨병 환자들의 음량이 저하되어 있기는 하지만 청

[11] 참고문헌 20~22, 63, 69, 77, 98, 99, 130.

[12] 참고문헌 39, 45, 62, 63, 65, 69, 77, 126, 129.

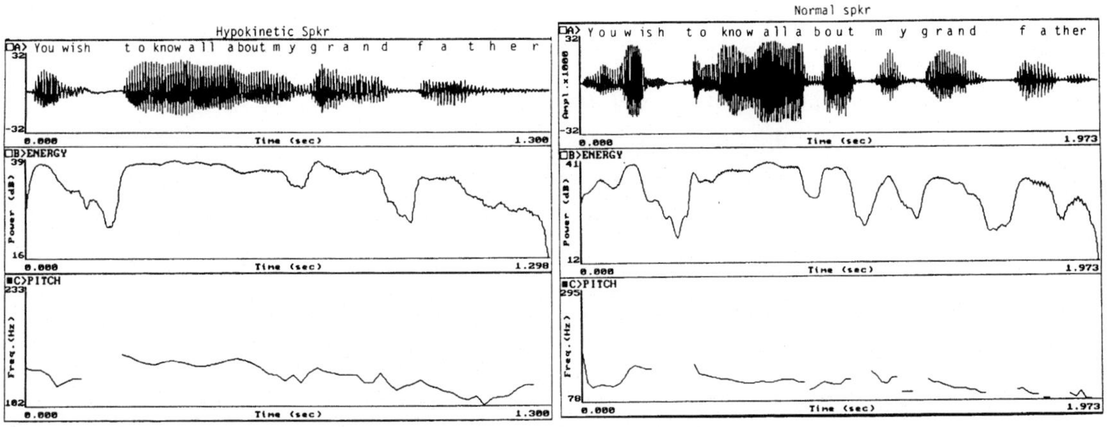

그림 7-4 두 남성 화자(정상인과 운동저하형 마비말장애 화자)의 문장 "You wish to know all about my grandfather." 발화 파형과 에너지 및 음도(f_0) 궤적. 정상인은 이 문장을 읽는 데 약 2초 걸렸으며, 운동저하형 마비말장애 화자는 1.3초 걸림(정상인의 66%에 해당하며, 말 속도가 빠르다는 청지각적 인상과 일치). 에너지 궤적을 보면 운동저하형 마비말장애 화자의 음절 경계가 훨씬 더 모호하다는 것을 알 수 있는데(대조성 감소), 이는 빠른 말 속도, 유성 지속(continuous voicing), 마찰음화, 단음량 등의 영향일 수 있음. 음도 변화는 두 화자가 비슷한 유형을 보이나 정상인의 경우 파열음의 폐쇄 구간이나 무성 자음에서 짧은 발성 휴지가 관찰됨. 운동저하형 마비말장애 화자의 경우에 발성 휴지기, 즉 무성구간이 'to' 후에 보이지 않는다는 점은 이 화자의 유성 지속과 마찰음화를 반영함.

자와 멀어지면 음량을 증가시킨다는 것이다. 이는 정상적 음량 조절을 뒷받침할 만한 생리학적 용적은 갖고 있으나 음량을 위한 '운동 세트(motor set)'가 점점 작아진다는 것을 시사하는 것으로, 사지의 운동 범위가 점차 줄어드는 증상과 같은 맥락에서 이해할 수 있다.[62] 또한 파킨슨병 환자들은 거리가 멀어질 때 말소리의 크기를 실제보다 크게 지각/판단하는데, 본인 스스로의 음량을 세팅할 때에도 이런 청지각적 손상의 영향으로 소리를 작게 내는 것일 수도 있다.[62] 마지막으로 음량의 전반적 저하 및 점강은 주의가 분산될 때, 예를 들어 말하면서 시각-수동 추적 과제(visual-manual tracking task)를 수행할 때 더욱 뚜렷하게 나타난다.[61]

2. f_0와 음강 변이, 음성 스펙트럼. f_0와 음강의 변이를 관찰하면 이 말장애의 음성 특성에 대해 많은 정보를 얻을 수 있다. 기본주파수와 강도는 모음연장, 연속발화, 읽기, 단어 및 문장 반복, 감정 표현 과제, 음도 변화 과제 등에서 다양하게 연구되었는데, 일부 특성은 과제 특정적으로 나타나기도 한다. 대체로 음향 연구 결과들은 마비말장애의 대표적인 청지각적 특성, 단음도와 단음량을 뒷받침해 왔다(그림 7-4).

장구간(long-term) 측정 변수(가령 음절이나 문장을 아우르는)들 중 다수는 일관성 있게 f_0 및 강도 변이 및 범위의 감소를 보였는데,[13] 이 결과는 운동저하형 마비말장애에서 공통적으로 나타나는 대조성 감소(reduced contrastivity) 특징을 뒷받침한다.[127] PD 환자의 단어/문장 발화를 더 단조롭게 인위적으로 조절하였을 때 말명료도가 낮아진다는 연구 결과는 임상적으로도 의미 있는 발견이다.[16,17] 이는 운동저하형 마비말장애의 청지각적 특성 중 하나인 단음도를 재확인해 줄 뿐만 아니라 f_0 변이가 단어 및 문장 명료도 평가에 영향을 미친다는 것을 뜻한다.[14]

문장 과제나 최대 범위 과제(maximum task)에서 f_0 및 음강의 변이가 감소되는 것과 대조적으로, 모음연장 과제에서 장구간 변이(long-term variability)를 살펴보면 오히려 f_0와 음강의 변이가 증가되어 나타난다. 예를 들어 모음연장 과제 수행 시 PD 화자의 f_0 표준편차는 비정상적으로 크게 나타나는

[13] '평평한 음강 곡선의 정점(flattened intensity peaks)' 때문에 AMR 속도를 측정할 수 없는 것처럼 강도의 저하는 몇몇 음향 변수 측정에 영향을 미칠 수 있음.[21] 참고문헌 17, 18, 20, 22, 50, 55, 63, 98, 99, 106, 107, 125, 127, 132 참조.

[14] Laures와 Weismer[88] 연구에서도 정상 화자 2명의 f_0가 음성 합성 프로그램에 의해 단조롭게 조절되었을 때 문장 말명료도가 낮아졌다는 결과를 보고함.

경향이 있으며, 이는 청지각적인 발성장애와 유의한 상관관계를 보인다.[38,157,158] 몇몇 연구에서는 운동저하형 마비말장애 화자의 f_0의 변이와 진폭의 최고점(peak amplitude) 변화가 발성 연장 과제에서 크게 나타난다고 보고하였다.[76,77] 장구간 진폭 변동(amplitude perturbation)이 비정상적으로 크게 나타나는 것은 신경자극의 파동(fluctuation)이 후두의 외전근, 내전근, 성문 상부 구조로 정상인보다 느리게 전달되기 때문으로 보인다.[87]

장구간 평균 스펙트럼(long-term average spectrum, LTAS) 분석은 음향 스펙트럼의 에너지 형태를 분석하는 것으로, 이 분석을 통해 운동저하형 마비말장애가 특히 연결 발화에서 보이는 청지각적 특성의 음향학적 근거를 효율적으로 찾을 수 있다. 모음연장, 읽기, 독백 등의 과제를 실시하였을 때 PD와 연령을 맞춘 정상 화자 두 집단 간에 음압 레벨이나 f_0 변이 수치에는 차이는 없는 반면 LTAS 분석 변수에서는 뚜렷한 차이를 보였다.[39]

3. 음성 진전. 음성 진전은 대개 운동저하형 마비말장애의 뚜렷한 지각적 특성은 아니며, 혹 진전이 있더라도 정상인에 비해 눈에 띄게 심한 것도 아니다.[122] 그러나 내시경이나 비디오스트로보스코피(videostroboscopy)를 실시해 보면 일부 연구 파킨슨병 환자의 후두 및 피열연골의 진전이 확인된다.[46,54,121,130]

음성 진전은 일부 파킨슨병 환자에서 4~7Hz의 속도로 나타나지만[72] 지각적으로 또는 음향학적으로 꾸준하게 나타나지는 않으므로 운동저하형 마비말장애의 진단에 필수적이지는 않다. 한 연구는 진전이 파킨슨병 초기에는 나타나지 않고 말기에만 나타난다고 보고하였다.[63] 몇몇 연구에서는 진전의 강도와 주파수 모두의 동요(fluctuation)가 확인되었으나 다른 연구들에서는 강도보다는 주파수에서 동요가 뚜렷하다고 보고하였다.[101,122,124,142] 여성 파킨슨 마비말장애 환자 한 명의 고주파 진전 혹은 음성떨림증(flutter)을 음향학적으로 분석(5~6Hz와 9~11Hz, 두 진전 구성요소)한 연구는 오히려 주파수보다 강도에서 더 뚜렷한 떨림증을 확인하였다.[12] 음성떨림증은 이완형과 운동저하형에서만 발견되므로 마비말장애의 감별진단에 매우 중요하다.

4. 최대 발성 시간(maximum phonation time, MPT). 모음 최대 발성 시간은 정상인과 다르지 않을 수 있다. 검사 자체 특성, 즉 개인 내 및 개인 간의 큰 표준편차와 검사 방법상의 차이 때문이다.[4] 그러나 한 종적 연구(3~36개월에 걸쳐) 결과에 따르면 파킨슨병 환자는 최대 길이와 평균 길이가 유의미하게 줄어든다.[82] 따라서 신뢰롭게 측정되었다면 최대 발성 시간은 장애의 존재 유무에는 유용하지 않더라도 시간 경과에 따른 변화를 추적하기에는 유용하게 쓰일 수 있다.

5. 주파수 변동률, 강도 변동률, 기타 음질 지표. 파킨슨병 환자는 주파수 변동률, 강도 변동률, 기타 성대진동 안정성에 관련된 지표들에서 비정상적으로 높은 수치를 보이는데, 이는 후두 외전 혹은 내전을 위한 단구간 신경근육 제어의 문제를 반영한다.[4,47,63,87,98] 비정상적인 강도 변동률은 기식 음성과 상관관계가 높은 것으로 알려졌으며, 이는 난기류의 증가와 일정치 않은 강도를 야기하는 궁형 성대(vocal fold bowing)를 의미할 수도 있다.[98]

운동저하형 마비말장애 환자가 항상 비정상적인 주파수 변동률, 강도 변동률을 보이는 것은 아니다. 가령 Kent 등[80]에서는 여성의 경우 파킨슨병 환자와 정상인 간 강도 변동률이 다르게 나타났지만 남성의 경우에는 차이가 없었다. 따라서 강도 변동률, 주파수 변동률과 같은 음향 측정치가 음성장애를 확인하거나 마비말장애 감별진단에 매우 민감한 변수라고 할 수는 없다. 이와 유사하게 모음 발성의 신호 대 소음 비율(signal-to-noise ratio)도 일부 비정상적이라 보고되기도 하지만[47] 늘 그런 것은 아니다. 예를 들어 Kent 등[80]에 따르면 남성 파킨슨병 환자와 정상 남성 화자들 간에 신호 대 소음 비율은 다르지 않았다.

6. 운동 제어. 다수의 음향 연구가 후두 제어 능력의 저하를 보고하였다. 일부 환자는 발성이 느리게 개시되는데, 이는 청지각적 인상, 부적절한 휴지와 관계된다.[98] 또한 음절 내에서 모음으로부터 후속 자음으로의 전이(transition)가 무성(voiceless)으로 실현될 때가 있다. 이는 조음과 유성화(voicing) 사이의 불협응(incoordination) 때문이다.[90] 다른 연구에서도 무성 자음[75,98]이 포함된 발화가 지속적으로 유성화되는 현상(**그림 7-4 참조**)을 보고하였다. 이는 무성 음소 산출을 위해 성대진동을 빨리 멈추는 일이 어렵기 때문인 것으로 보인다. 마지막으로 파킨슨병 환자는 사인 곡선 목표물을 시각적으로 추적하

면서 음도를 조절하는 데 어려움을 겪는다.[105]

7. **후두의 구조, 운동, 기류.** 후두의 구조와 기능에 대해서는 그간 많은 연구가 이루어졌다. 32명의 PD 환자들을 영상후두검사(videolaryngoscopy)로 살펴본 한 연구[54]는 이 중 오직 두 명의 환자만이 '비정상적 발성 형태'를 보이지 않고, 음성이 정상이며, 환자의 호소도 없었다고 보고하였다. 반면, 94%의 환자는 발성 중 성문 틈은 벌어지지만 성대돌기쌍(vocal processes)이 가까워지는 **궁형 성대**(vocal fold vowing)를 보였다. 넓은 성문 틈은 기식 음성, 음강 저하의 청지각적 인상과 연관된다. 피험자 일부는 편안한 호흡 중 피열연골의 떨림을 뚜렷이 보였지만 음성 떨림은 두부 떨림에 의한 이차적 영향이었다. 성대의 길이, 궁형 정도, 거짓성대 운동도 다수의 환자에서 보였다. 일부 환자는 발성 중 거짓성대의 근접(approximation)도 관찰되었다. 성문 상부의 수축을 보인 환자의 음성이 더 나았다. 이는 성문 상부의 수축이 성대내전을 돕고 기식 정도를 줄였기 때문으로 보인다. 궁형 성대가 관찰되긴 하였으나 하부운동신경세포 마비의 경우와 달리 긴장저하(hypotonicity)의 근거 없이 성대가 단단해 보였다. 내전근 수축의 증가, 비대칭 수축, 궁형 성대 등은 LMN 병변에서 관찰되지 않으므로 이런 비정상적 발성 형태는 후두근의 강직 때문이라 결론 내릴 수 있다.

이상 결과들, 특히 궁형 성대나 벌어진 성문 틈, 불완전한 성대내전 등은 후속 연구들에서 재차 확인되었다.[46,130,135] 발성 중 성문의 개구간(open phase)이 매우 길다는 사실(청지각적으로 기식 음성, 강도 저하와 상통)과 성문 개폐 단계의 비대칭성(청지각적으로 목쉰 음성과 상통)은 비디오스트로보스코피 결과에서도 확인되었다.[121]

근전도 검사(electromyographiy, EMG) 연구들은 PD 환자의 제한된 성대 운동과 궁형 성대에 대해 다양한 결과와 또 그에 따른 다양한 해석을 내렸다. 종합해 보면 일부 후두근의 과활동(overactivity),[46] 주동근-길항근 활동의 불균형,[56] 일부 후두근의 활동 부족[8] 등으로 지각적 음성 특성을 설명할 수 있다. 이러한 생리학적 문제들이 노화에 따른 근위축으로 일어날 수도 있음에 유의하자.[9]

공기역학 연구에 따르면 일부 운동저하형 마비말장애 환자는 비정상적으로 높은 성문하압 및 후두 저항을 보인다.[52,73] 이는 성문 혹은 성문 상부의 근긴장이 증가하였음을 의미하는데, 따라서 성문 틈이 좁아지거나 기류에 따라 성대 모양이 변할 때 저항이 증가한다. 그 결과, 힘을 주어 호흡해야 하는 경우도 있으며, 이로 인해 실제 목소리가 크지 않더라도 크게 내기 위해 노력하고 있다는 인상을 스스로 갖게 된다.[73]

요약하자면, 음향학적·생리학적 연구들은 운동저하형 마비말장애의 발성 특성으로 후두의 효율성, 유연성, 제어 능력의 저하를 보고해 왔으며, 이는 음질과 운율의 청지각적 특성과 일치한다. 여러 말 특성들은 후두근의 신경근육적 문제들, 즉 강직, 운동 범위의 감소, 그리고 느린 운동으로 설명된다.

공명

운동저하형 마비말장애의 연인두 기능에 관한 음향학적·생리학적 연구는 많지 않은데, 아마도 공명 문제가 지각적으로 뚜렷하지 않기 때문일 것이다. 그러나 비강 내 기류가 증가하거나,[64,145] 연속 음절에서 비음화가 나타나기도 하며,[75,125] 연인두 운동의 정도나 속도가 말하는 동안 감소하기도 한다고 보고된 바 있다.[58, 59,117] (엑스선 마이크로빔[x-ray microbeam]으로 관찰하였을 때) 연인두 운동이 줄어들거나 불규칙적으로 빠르게 일어날 수 있으며. 상승한 위치에서 연인두가 멈춘다거나 하는 현상이 보이기도 하는데, 이는 기능적 길항근 쌍 사이에 상호 억제 작용이 일어나지 않고 있음을 뜻하기도 한다(예를 들어 연인두 하강은 연인두 올림근에 의해 억제된다).[56]

비강 내 기류가 청지각적 비음도와 크게 관련이 없다는 점을 고려하면 공명 문제는 음성장애에 상대적으로 가려진다는 의견도 있었다.[64] 가능한 일이긴 하나 일부 운동저하형 마비말장애 환자들에게서 과다비성이 매우 뚜렷하게 나타나기도 한다는 점 또한 주지해야 한다. 한 연구에서는 23명의 환자 중 31%가 청지각적으로 경도 혹은 중도의 과다비성을 보였다.[119] 71%의 환자가 정상인보다 표준편차 1 이상이 높은 비강 가속측정기(nasal accelerometry) 점수를 보였다는 점은 청지각적 방법보다 도구적 방법이 연인두 문제 추적에 민감함을 시사한다.

요약하자면 일부 운동저하형 마비말장애 환자에게서 연인두 기능 장애가 보인다는 음향학적·생리학적 연구 결과가 있으나, 연인두 운동의 느린 속도, 경직, 범위 감소로 인한 현상일 가능성이 매우 높다. 과다비성, 파열음이나 파찰음과 같이 구강 내 압력이 요구되는 자음 산출 시 압력이 약한 것은 이로 인한 결과물이다.

조음

운동저하형 마비말장애의 조음 역학을 살핀 음향학적 · 생리학적 연구들은 부정확한 조음, 비정상적 속도, 조음 운동 범위의 감소 등 지각적 인상을 뒷받침하는 결과들을 보고하였다. 마찰음화, 운동 범위의 감소, 운동 속도의 비정상성, 길항근의 활성도 증가, 약증 혹은 피로, 진전 혹은 불안정성 등이 그 결과이다. 이 연구 결과들은 대체로 조음 근육의 강직과 운동 범위의 감소를 뒷받침한다.[79]

1. **정확성.** 운동저하형 마비말장애의 부정확한 조음은 '조음적 못 미침[언더슈팅]' 혹은 조음 실패, 아니면 조음적 접촉을 충분히 유지하지 못하는 데에서 생긴다. 여러 연구에서 파열음과 파찰음 산출 시 마찰음화를 보고하였는데,[15] 이는 음향학적으로 폐쇄 구간 동안 마찰소음이 약하게 관찰되는 현상으로 조음적 못 미침의 근거로 간주된다. 마찰음이나 파찰음의 폐쇄 구간 동안 조음 폐쇄가 완전하지 못하였기 때문이며(**그림 7-4** 참조), 비주기적(aperiodic)이고 마찰음 같은 소음처럼 들린다.[124] 그 결과 음향 신호의 대조성이 줄고 음향 신호에 담긴 정보를 제대로 전달하지도 못하게 된다. 조음적 못 미침[언더슈팅]의 당연한 결과로, 부정확한 조음이라는 청지각적 인상을 설명한다.[16]
2. **운동 범위.** 여러 연구에서(조음적 못 미침[언더슈팅]의 원인이 되는) 운동 범위의 감소, 강직, 비정상적인 조음 운동 속도 등이 확인되었다. 운동역학적 연구에서는 입술 근육이 뻣뻣하거나 강직되고, 입술과 턱 운동의 진폭 및 속도가 제한적이라는 결과가 보고되었다. 또한 근전도 검사를 통해 입술근의 활동 전위(action potential) 구간과 진폭이 감소함을 확인하였다.[17] 운동저하형 마비말장애 환자의 경우, 말하는 동안 턱의 내림근(가령 전이복근[anterior digastric])과 올림근(가령 턱근[mentalis]) 간에 상호작용이 잘 이루어지지 않는다는 결과도 보고되었다.[56,110] 내림근과 올림근이 동시에 활성화되면서 운동이 느려지거나 그 범위가 좁아질 수 있으며, 이런 비정상적인 근수축은 길항근의 기능이 어려워지거나 혹은 길항근 역할을 하는 근육의 억제가 제대로 이루어지지 않아 일어난다. 이는 운동저하 및 강직의 생리학적 밑바탕이라 할 수 있다.[56,89]

   음향학적 연구 결과도 조음체들의 운동 범위와 속도가 줄어든다는 결론을 뒷받침한다. 예를 들어 파킨슨병 환자들의 경우, 음향 주파수의 전이(가령, F2 범위),[43,127] F2 기울기,[81] 음향 모음 공간(모음[/a/, /i/, /æ/, /u/]의 F1과 F2 값에 의해 결정되는 음향 공간)이 정상인보다 작다. 이는 모음 산출을 위한 '작업 공간'이 좁음(즉, 운동 범위의 감소)을 의미한다.[151] 모음 공간의 수축(모음 중앙화) 정도의 지표로 최근 고안된 **포먼트 중앙화율**(formant centralization ratio)은 파킨슨 마비말장애와 정상인 사이에서 다르게 나타났으며 언어 치료 후의 호전에도 민감하게 반영하는 것으로 나타났다.[128]
3. **속도.** 많은 연구들이 운동저하형 마비말장애의 빠른 말 속도에 집중하였다. 결과가 일관적이지 않지만 말 속도가 느리다는 청지각적 판단이 화자의 기저 운동역학과 반드시 일치하는 것은 아니라는 점을 입증하였다는 점에서 고무적이다.

   선행 연구는 이들의 말 속도가 매우 느리거나 혹은 매우 빠르거나 큰 편차를 보인다고 보고하였다.[21,22,65,107] 몇몇 연구는 여러 말 산출 과제에서 정상적인 속도를 보고하기도 하였다. 이때 비정상적인 말 속도는 과제의 영향을 받는 것으로 보인다.[18] 예를 들어 최근의 한 연구는 파킨슨병 환자들이 읽기 과제에서는 정상인과 비교하였을 때 말 속도의 차이가 없었으나 즉석 발화(extemporaneous speech)에서는 빠른 말 속도를 보였다고 보고하였다.[65]

   몇몇 연구는 AMR과 음절 반복 과제에서 느린 말 속도를 확인하였다.[40,100] 읽기 과제에서도 남성 파킨슨병 환자들은 느린 말 속도를 보였는데, 이때 휴지는 길지 않았다.[132] 음향학적 분석 결과 F1과 F2의 전이율(기울기)이 감소하였는데, 이는 조음 속도가 느려졌음을 시사하며,[81,100] 운동학적 연구는 일부 파킨슨병 환자의 경우 후설면(dorsum)의 운동

[15] 참고문헌 2, 21, 75, 127, 150, 156.

[16] 마찰음화가 일어날 정도로 조음 폐쇄가 완전하게 이루어지지 않으면 파열음의 폐쇄 개방이 뚜렷하지 않아 성대진동 시작시간(voice onset time, VOT)의 측정이 어려움.[120]

[17] 참고문헌 19, 31, 42, 43, 52, 57~59, 67, 68, 117.

[18] 참고문헌 2, 22, 25, 100, 144, 150, 151, 155, 156.

이 느리다고 보고하였다.[154]

AMR과 연결 발화 과제에서 말 속도가 빠르거나 가속화된다는 음향학적 · 운동학적 연구 결과들은 이들의 청지각적 인상과 일치한다. 적어도 일부 환자에게서는 조음체들의 운동 진폭의 감소도 발견되었다.[19] AMR 속도는 초당 13회까지 빠르게 나타나며, 이때 운동 범위는 감소한다. 이렇게 매우 빠른 AMR은 자의적으로 제어할 수 없는 말 산출 상태를 시사한다.[117] 한 연구에서는 45%의 파킨슨병 환자에게서 '퍼' 반복 시 입술의 운동 거리(lip displacement)가 짧고, 반복 속도도 빠르며, 운동 범위가 좁은 현상이 발견되었는데 이는 가속보행과 연관 지어 생각할 수 있다.[111] 비정상적으로 빠른 데다 더욱 빨라지는 말 속도는 중추신경계의 억제 기능에 장애가 생긴 때문—가령 고유 진동 기제(intrinsic oscillation mechanism)가 비정상적으로 가동되거나—으로 볼 수 있다.[56]

마지막으로 파킨슨병 환자 중 적어도 일부는 말 속도의 변화를 어려워한다.[98,100] 가령 이들은 문장이나 구절을 평소보다 빨리 말하는 것을 어려워한다. 또한 빨리 말할 때의 속도와 평상시 말 속도 간의 차이가 정상인보다 작다.[100] 이는 말의 전반적인 시간적 구성이 정상적이라도 속도 조절에는 문제가 있음을 뜻한다.[100]

상기 연구들의 결과를 통해 같은 운동저하형 환자라도 말 속도에 크게 차이가 난다는 것을 알 수 있으며 단순히 중증도 영향만은 아닌 것으로 보인다. 운동저하형 내에 여러 유형이 있다는 가능성도 제기되었지만 이를 뒷받침하기 위해서는 추후 연구가 필요하다. 운동저하형 마비말장애는 말이 빠르거나 가속화되는 유일한 마비말장애 유형임을 주지하자. 다만 부정확한 조음이나 유성 지속으로 인해 음향학적 대조성이 줄고, 그리하여 실제로 빠르지 않더라도 빠르다는 청지각적 인상을 받을 수 있다.[75,150] 심지어 실제 말 속도가 동등한 경우에도 정상 통제군의 말 속도보다 파킨슨병 환자의 말 속도를 더 빠르게 느낀다는 연구 결과가 이를 뒷받침한다.[147] 이는 임상가가 운동저하형 마비말장애 환자의 말 속도를 평가할 때 청지각적으로 더 세심하게 판단할 필요가 있음을 보여 준다.

[19] 참고문헌 2, 5, 53, 57~59, 65, 117, 153.

4. **강도(strength)와 내구력(endurance).** 강직과 함께 약증(말초신경계 아닌 중추신경계)은 운동 범위의 감소를 일으킨다. 약증/강도의 저하(때로 내구력의 저하)가 혀뿐만 아니라[49,123,137-139] 위/아래 입술, (아마도) 연구개[117] 등에서도 발견된다.

   말 문제가 약증과 피로(fatigue)와 반드시 선형(linear) 관계를 갖는 것은 아니다. 가령 Solomon, Robin, Luschei의 연구[137]에 따르면 혀의 강도 및 내구력, 조음의 정확성과 전반적인 말 문제 사이에는 유의미한 관계가 없다. 혀의 약증 및 피로가 심하지 않으면 지각할 수 있을 정도(혹은 측정할 수 있을 정도)의 말장애에 영향을 주지 않는 것으로 해석할 수 있다. 저자들은 말 산출을 위해서는 근육 최대 강도의 10~25% 정도만 사용되기 때문에 기능적 손상을 겨우 야기할 만한 정도의 약증은 말에 중요한 영향을 미치지 않는다고 결론 내렸다. 혀 강도의 손상이 매우 심각한 정도에 이르러야 영향을 미치게 된다.

5. **진전, 안정성, 제어.** 진전의 근거는 턱과 입술에서, 안정 시, 자세 유지 시, 능동/수동적 운동 시 발견된다.[67] 연구자들은 파킨슨병 환자들의 반응 시간이 긴 이유(가령 운동 개시의 지연)를 다음에서 찾았다. 근수축이 우연히 진전의 진동 개시와 맞물릴 때까지 환자들이 근수축을 시작하지 못하거나, 진전 속도가 음절 산출의 최대 속도를 제한하기 때문이라는 것이다. 근력이 요구되는 비구어 과제 수행 시 입술과 턱에서 진전이 나타난다는 연구도 있다. 파킨슨병 환자는 혀의 상승에 필요한 강도를 안정적으로 유지하는 데에는 어려움을 보였지만 그 외에 강도를 안정적으로 유지하는 데 문제가 없었다.[1] 환자들은 말 산출과정 단계에서 일어나는 진전에 대처해야 한다.

적어도 일부 운동저하형 마비말장애 환자는 구어 · 비구어 과제 시 구강안면 제어 및 안정성 문제를 보인다. 이는 사인 곡선 신호의 시각 운동 추적 연구[105]나 모음연장 시 턱의 안정성(F1의 안정성 저하) 연구[157]에서 보고된 바 있다. 관련 연구들의 결과를 요약한 Adams의 연구[4]에서는 PD 환자가 구강 운동의 정적 수축 강도 과제(isometric oromotor force task)에서 더욱 불안정해지며, 이러한 결과는 구강안면 구조(혀, 입술, 턱)에 따라 다를 수 있다고 보고하였다. 그 이유는 각 구조의 진전 정도에 차이가 있기 때문이다.

최근 한 연구는 PD로 인한 경도의 운동저하형 마비말장애 환자의 구륜근(orbicularis oris muscles, 입둘레근)의 EEG 기록과 근전도 신호 사이의 결속/연관성(coherence/coupling)을 구어 · 비구어 과제 수행 동안 살펴보았다. 그 결과 감각운동영역과 관련된 운동 조절의 유연성(flexibility)이 감소한 것으로 나타났다. 이 연구 결과는 입술이 왜 시공간상의 목표점에 제대로 도달하지 못하는지 설명한다. 또한 보충운동영역(supplementary motor area, SMA)에서 피질-근육 신호의 결속(corticomuscular coherence)이 감소하는 것으로 보고되었는데, 이는 줄어든 혹은 비정상적 신호가 기저핵으로부터 SMA으로 전달되면서 SMA이 구강 운동을 효율적으로 제어하지 못하기 때문으로 해석할 수 있다.[24]

강세, 휴지, 기타 길이 및 운율 특성

말 속도가 비정상적이고 주파수 및 강도가 단조롭다는 연구 결과는 불충분한 운율이라는 청지각적 인상을 음향학적으로 설명한다. 강세, 휴지, 음절 간 길이 차이와 같은 부가적 요소들까지 고려하면 운동저하형 마비말장애의 운율 특성이 비교적 명확히 이해된다.

파킨슨증 환자와 정상군을 비교하면 읽기 과제 동안 나타나는 휴지의 수나 휴지의 평균적 길이가 항상 다른 것은 아니지만,[22] 여러 연구에서 이러한 차이를 보고한 바 있다. 정상 화자에 비하여 휴지가 더 빈번하거나, 길이가 길거나, 말 표본 자료 전체에서 차지하는 비율이 높게 나타나기도 한다.[53,55,69 97,107] 이와 달리 오히려 휴지 구간이 감소한다는 연구 결과도 있다.[132] 머뭇거림이나 휴지는 발화 개시 무렵 더 빈번하게 나타나며, 묵음 구간 사이에 위치한 발화구 내의 단어 수는 증가한다.[69] 이는 짧은 말뭉침이라는 청각적 인상과 관련된 것으로 보인다. 독립 명사와 복합 명사 등을 구분하는 단어 경계 구간 차이가 짧아지기도 한다(가령 "They were sailboats." 문장과 "They will sail boats." 문장에서 sail과 boat 음절 간 구간). 이는 강세 저하라는 청각적 인상과 연결된다.[98]

음도와 강도의 변화가 전반적으로 밋밋하기 때문에 운동저하형 마비말장애 환자는 의미를 강조하기 위해 강세를 표현할 때(가령 "누가 토드를 때렸니?"라는 질문에 "밥이 토드를 때렸다."라고 응답할 때)나[116] 통사 경계를 음도를 통해 표현할 때(가령 진술문 발화 마지막에서 음도를 떨어뜨려야 할 때)도 문제가 있다.[102] 마지막으로 이야기를 이어 나갈 때 정상인보다 간투사(interjection)나 양태적 표현(modalization)('you know'와 같이 구어적 행위와 관련된 표현들)을 덜 사용한다고 한다.[69] 다른 연구 결과들과 함께 종합적으로 생각해 볼 때 운동저하형 마비말장애는 삽입어(filler) 대신에 묵음 휴지를 보이며, '부가적인 말(asides)'을 사용하지 않는 현상은 특정 목적을 위해 몸을 움직일 때 여타 자동적 운동들은 감소되어 나타나는 PD의 일반적 증상(예를 들어 얼굴이 무표정하다거나 걷는 동안 팔의 앞뒤 운동이 줄어드는)과 상통한다고 볼 수 있다.

판별분석(discriminant function analysis) 방법을 이용한 최근 연구에 따르면 **리듬 측정**(rhythm metrics) 혹은 **포락선 변조 스펙트럼**(envelope modulation spectrum, 발화의 리듬 특성을 수량화하기 위한 음향 방법)로 운동저하형 마비말장애를 정상인과 다른 몇몇 마비말장애 유형으로부터 꽤 정확하게 구분할 수 있는 것으로 나타났다.[92,93] 이 결과에 따르면 운동저하형 마비말장애는 상대적으로 정상적인 음향 리듬 특성을 갖는데, 말운동 프로그램은 손상되지 않았으나 프로그램의 규모(scale)가 작아졌다. 또한 이 연구들은 운동저하형 마비말장애의 말이 빠르거나 서두른다는 청지각적 특성을 뒷받침한다.

Kent와 Rosenbek[75]은 운동저하형 마비말장애의 '특징적인' 음향 결과를 요약하였다. 발화구 내 음절 간 경계가 밋밋하거나 불분명하게 나타나는 현상을 '뭉침(fused)'이라 부르며, 이 특성으로 (1) 음절 내, 음절 간 제한적이고 점차적인 f_0와 강도 변이, (2) 유성 지속, (3) 음절 길이 변이의 감소, (4) 음절 감소, (5) 자음 조음 문제로 인한 불분명한 음절 간 경계, (6) 연속된 음절들로 비음성 전이(퍼짐)를 들었다. 전반적으로 이 특성들은 정상 화자들처럼 음도, 음강, 조음, 길이 변화를 충분히 사용할 수 없기 때문이다.

감각 및 지각 장애

운동저하형 마비말장애는 감각 및 지각 장애를 보이기도 하는데 이는 말에 영향을 미친다. 가장 눈에 띄는 현상으로는 본인 스스로의 음량이 줄어든 것을 인식하지 못하거나 본인 말에 대한 평가가 다른 사람들의 판단에 의존한다는 것이다. 실험 연구 결과들에 따르면 파킨슨병 환자들은 운율에 의해 전달되는 감정, 특히 부정적 감정들을 분류하는 데 어려움을 겪는다.[28] PD 환자의 지연청각피드백(delayed auditory feedback, DAF) 반응을 연구한 논문에 따르면, PD 환자는 말소리를 내는 동시에 스스로를 평가하는 데 필요한 자원(resource)이 정상인보다 제한적이다.[27] 또 다른 연구에서는 파킨슨병 환자에게 정상보다 느린 속도로 단어가 제시되었을 때, 단어를 듣고 확인하는 능력이 정상인들보다 낮다고 보고되었다. 이는 파킨슨병 환자의 말 속도 변화가 지각적 결함에 기인할 수 있음을 보여 준다.[44] 이 결과가 운동저하형 마비말장애의 중재에 시사하는 점에 대해서는 제17장에서 자세히 다루도록 한다.

음향학적 · 생리학적 연구 결과가 표 7-6에 요약되어 있다.

표 7-6

운동저하형 마비말장애의 음향학적 · 생리학적 연구 결과 요약*

말 구성요소	음향학적 · 생리학적 관찰점	
호흡(또는 후두)	• 감소하는 변수들: • 폐활량 • 흉벽 운동의 진폭 • 모음연장 시 기류량 • 호흡당 음절 수 • 최대 모음 길이 • 발화 길이 • 발화를 길게 할 때 필요한 높은 폐활량을 위한 호흡이 감소되거나 불규칙	• 증가하는 변수들: • 호흡 속도 • 흡기 구간 • 날숨 개시까지 걸리는 시간 • 날숨 개시 이후 발성 시작까지 걸리는 시간 • 읽기 과제 시 호흡군 • 음절당 폐활량 백분율 • 불규칙한 호흡 패턴 • 비정상적인 흉곽과 복부 운동 • 말 산출 동안 자동적 호흡 패턴 조절의 어려움 • 시각운동 추적 시 호흡 조절 능력 감소
후두	• 이완되지 않았으나 궁형 • 상피연골의 떨림 • 발성 시 후두의 구조 및 운동이 특히 반신성 파킨슨증의 경우 비대칭 • 발성 시 거짓성대 운동 • 감소하는 변수들: • 음강(전반적인 저하 및 음절들 간 점진적 하강) • f_0(여성) • 반음 측정 시 음도 범위(남성) • 음도 및 강도 변이 • 발성 시작 속도 • 음절들 간 강도의 최고치 • 질환의 진행에 따른 최대 연장발성 시간	• 증가하는 변수들: • f_0(특히 남성의 경우) 및 f_0의 긴 발화 시 변이 • 성문 저항 및 성문하압 • TA와 CT 운동(동시 수축) • 후두화 • 강도 변동률과 주파수 변동률 • 음성 진전 및 떨림 • 무성 자음이 있어도 지속적으로 유성화 • 모음에서 자음으로 무성 전이 • 시각운동 추적 시 음도 조절의 어려움
연인두	• 비정상적인 장구간 평균 스펙트럼 형태 • 비음이 아닌 소리 산출에서 비강 내 기류 증가	• 말 산출 시 연구개 운동의 속도 및 정도 감소 • 음절 간 비정상적으로 나타나는 비음성 확산
조음, 말 속도, 운율	• 감소하는 변수들: • 입술 운동의 진폭 및 속도 • 입술 근활동전위의 진폭 및 지속 기간 • 모음연장 과제 시 턱의 안정성 • AMR 과제 시 구강 내 압력 • 혀의 내구력 및 강도 • 스펙트로그램상의 음향 대조 및 세부 정보	• 말 속도 • 말 속도를 요구대로 증가시키는 능력 • F1과 F2의 전이 속도 • 단일/복합 명사 사이 음절 경계를 길이 차이로 표시 • 강세를 표시하기 위한 f_0, 음강, 조음 노력 증가 • 음절 길이의 변화 • 모음 공간(포먼트의 중앙화)

(다음 쪽에 계속)

표 7-6(계속)

말 구성요소	음향학적 또는 생리학적 관찰점	

조음, 말 속도, 운율	• 증가 혹은 가속화 변수들:
	  • 연결 발화 및 AMR
	  • 속도 변이
	  • 연결 발화 시 휴지의 빈도 및 지속 길이
	• 입술과 연구개의 조음적 못 미침
	• 입술의 강직 및 뻣뻣함
	• 턱의 내림근과 올림근 간 시간적 불협응
	• 턱과 입술 운동 시 시각운동 추적 능력의 저하
		• 안정 시, 안정 자세 시, 능동/수동적 운동 시 비정상적인 턱과 입술의 진전
		• 파열음과 파찰음의 마찰음화
		• 지속적 유성
		• 음절 간 경계 불분명
		• 음절 사이 비음화 확산
		• 음절 내/간 f_0와 강도의 변이가 작거나 점진적 감소

AMR=교대운동속도(alternate motion rate), CT=컴퓨터단층촬영(computed tomography),** f_0=기본주파수(fundamental frequency), TA=갑상피열근(thyroarytenoid)

*이 표에 요약된 내용의 상당수는 한 명 혹은 소수의 환자들을 대상으로 한 연구들에 기반한 것으로, 운동저하형 마비말장애 환자 모두 이 모든 특성을 보이지는 않음. 또한 이 중 다수는 운동저하형만의 특성이 아니며 다른 말운동장애나 비신경성 말장애에서도 나타남. 몇몇 호흡 및 후두 특성은 운율 특성에 중복 표기되었음.

**(역자 주) 이 표에 사용된 CT는 cricothyroid(윤상갑상근)의 약자로, 원서 오류임.

V. 사례

사례 7-1

69세 남환으로, 4년 전부터 의자에 앉을 때와 일어날 때 어려움을 겪었고, 2~3년 전부터 말하는 데도 어려움을 겪어 내원하였다. 보행 속도는 느렸고, 글씨 쓰기에도 문제가 있었다.

신경 검사 결과, 운동완만(서동)과 상체 및 사지의 강직이 관찰되었다. 보행이 힘들었을 뿐만 아니라 느렸으며 다리를 끌었다. 말할 때 '주저함'도 뚜렷하였다.

말 평가 도중 환자는 어린 시절 3세부터 9세까지 경도의 말더듬 장애가 있었으나 언어치료는 받지 않았다고 말하였다. 흥분하면 말을 더듬는 증상은 지속되었으나, 가족들이 알아차릴 만큼은 아니었다고 한다. 환자의 형제 또한 아동기에 말더듬을 겪었으며 성인이 된 후에도 가끔 유창성 장애 증상을 보였다고 한다.

구어 기능 검사 결과, 혀의 진전과 측면 운동 시 떨리는 증상을 제외하고는 정상이었다. 대화, 읽기, 반복 과제 시 유창성 장애가 뚜렷하였으며, 특히 첫소리, 음절, 가끔은 단어나 구절도 빠르게 반복하는 모습을 보였다. 말더듬 현상을 보일 때 음소와 음절을 30~40회씩 반복하였다. 유창성 장애가 나타날 때 힘들어하지는 않았지만 좌절하는 듯하였다. 중등도의 부정확한 조음이 보였고, 전반적으로 음도와 강도의 변이가 적었다. AMR 수행은 빠르거나 가속화되었으며, '아' 모음연장 과제에서 목쉰 음성이 확인되었다.

임상가는 "(1) 운동저하형 마비말장애, (2) 중추신경계 질환과 연관된 중증 말더듬 증상으로, 이러한 유창성 문제는 운동저하형 마비말장애를 나타내는 것이다. 또한 이러한 현상은 유창성 장애와 관련된 운동저하형 마비말장애의 한 변형된 형태로서 환자의 아동기시절 말더듬 현상이 다시 나타나는 것으로 볼 수는 없다."라고 결론 내렸다.

클리닉에 머무는 동안 말 치료는 유창성 장애에 초점을 맞추어 이루어졌다. 손 두드리기(hand tapping)와 속도조절판(pacing board)의 사용은 별로 성공적이지 못하였는데, 그 이유는 말처럼 사지 운동도 가속화되거나 빨랐기 때문이다. 그러나 지연청각피드백(DAF) 치료법을 사용하였을 때에는 말 속도도 현저히 느렸고 유창성 문제도 줄었다. 그 결과 대화 중 의사소통의 효율성과 명료도 또한 매우 향상되었다. 퇴원 시 환자에게 DAF 보조 도구를 사용할 것과 지속적 치료를 권유하였다.

신경과에서는 이 환자를 특발성 파킨슨병으로 결론 내렸다.

해설: (1) 운동저하형 마비말장애는 파킨슨병의 뚜렷한 징후로 나타날 수 있다. (2) 유창성 문제는 운동저하형 마비말장애에서 흔히 나타나며, 동어반복증도 보인다. 환자에게 유창성 문제는 최악의 문제로 느껴질 수 있다. (3) 이 사례의 경우에 아동기 말더듬 경력이 얼마나 현재의 말장애에 영향을 미쳤는지 알 수 없으나 상당수의 운동저하형 마비말장애 환자는 아동기 말더듬 경력 없이도 심각한 유창성 장애를 갖는다. (4) 운동저하형 마비말장애의 유창성 문제는 말 치료로 호전되기도 하며, 이에 대한 접근법은 제17장에서 다루기로 한다.

사례 7-2

68세 남환으로, 지난 5년간 의자에 앉고 일어나는 일, 침대에서 몸을 돌리는 일이 어려웠으며, 걷는 동안 뻣뻣함을 느꼈다. 음성 문제와 글씨 쓰기 문제도 있었다. 원인으로 의심할 만한 뇌염이나 독성 물질 노출, 약물 복용 가능성은 없었으며 신경 퇴행성 장애 가족력도 없었다.

신경 검사 결과, 팔운동의 감소와 목과 사지의 강직이 발견되었다. 왼손에서 경도의 안정 진전이, 팔운동에서 운동완만(서동)이 발견되었다. 얼굴은 무표정하였고 자세 반사는 경도 손상을 보였다. MRI 검사 결과는 정상이었다. 말 특성에서 단서를 찾고자 말 평가가 의뢰되었다.

말 평가 동안 환자는 지난 1년간 '말이 나올지' 자신이 없었다고 말하였다. 말소리는 점점 작아졌고, 느린 듯 하였으며, 저녁이나 말을 많이 하고 난 다음에 증상이 더 심해졌으며, 무슨 말을 할 지 알고 있지만 '시작'이 어려웠다고 환자는 보고하였다.

환자는 턱, 입술, 혀는 움직이지 않는 상태에서 가벼운 떨림을 보였다. 기식적이고 목쉰 음질, 강도 저하, 말의 가속화 등이 확인되었고 첫 음소가 빠르게 반복되거나 길게 늘어지는 현상을 간혹 보였다. 비강누출이 어느 정도 관찰되었으나 과다비성은 아니었다. AMR은 정상적이었고, 모음 '아' 연장 시 기식적이고 목쉰 음성이 판단되었다. 강세 검사 결과는 정상이었다.

임상가는 "경도의 운동저하형 마비말장애"라 진단하였다.

신경과에서는 파킨슨증이라 결론 내렸다. 이 환자가 시네메트에 반응을 보이지 않았기 때문에 "초기 PD와 흡사하지만 시네메트에 반응을 보이지 않는" 줄무늬체흑질변성(striatonigral degeneration)으로 보았다.

해설: (1) 파킨슨증은 빈번하게 말의 변화를 동반하며, 말장애는 초기 징후 중 하나이다. (2) 음질과 음량의 변화는 운동저하형 마비말장애의 초기 호소 사항 중 하나이다. (3) 운동저하형 마비말장애는 파킨슨증의 확진 근거가 될 수 있다.

사례 7-3

72세 여환으로, 지난 4년간 걸을 때 '흔들림(wobbling)'이 심하고 뒤로 넘어지는 경향이 생겼다. 초기 신경 검사 결과 약증이 뚜렷하여 다발근육염(polymyositis), 중증근무력증, 근병증(myopathy)이 의심되었다. 환자가 '어눌한(slurred)' 말과 '머뭇거림(hesitation)'을 호소하여 말 평가가 의뢰되었다.

말 평가 도중 환자는 "말이 내 입에서 어떻게 나올지 나도 예측할 수 없어요. 어떨 때는 아예 나오지 않아요".라고 말하였다. 대화 중 환자는 긴 묵음 구간을 보였고, 단어와 음절을 자주 반복하였다(가령, "I took dic-ta-ta-ta-ta-tion from him."). 말은 다소 빨라졌고, 조음도 부정확하였는데, 특히 말을 빨리 할 때 자음들이 정확하지 않았다. 공명은 정상이었으나 거친 음질을 보였다. 4분간 말하는 동안 말이 악화되지는 않았다.

임상가는 "말 특성으로 보면 운동저하형 마비말장애일 가능성이 가장 높다. 때로 파킨슨증 환자의 동어반복증과 매우 유사한 증상을 보이는데, 이는 이완형 마비말장애에서는 보이지 않는 말 특성이므로 중증 무근력증의 가능성은 배제되었다."라고 결론 내렸다.

말 평가 결과로 인해 신경 검사가 추가로 진행되었다. CT 검사는 정상이었다. 신경학자들과의 협진을 통해 PNS 질환과 근병증의 가능성은 제외되었으며 자세 불안정, 약한 경직, 빠른 반사(brisk reflex)를 발견하였다. 확진할 수는 없었지만 전형적 PD 증상을 제외한 다른 파킨슨증 증상을 여럿 보였다. 진행성 핵상마비 또한 고려되었으나 진단 근거들이 모호하였다.

해설: (1) 운동저하형 마비말장애는 파킨슨증에서 빈번하게 나타난다. (2) 운동저하형 마비말장애 진단은 신경적 진단에 유용하다. 이 경우, CNS 퇴행성 질환, 특히 파킨슨증을 의심하게 하였다. 말 평가를 통해 PNS가 아닌 중추신경계 장애로 범위를 좁혔다. (3) 유창성 장애와 동어반복증은 운동저하형 마비말장애와 관련 있다.

사례 7-4

28세 여환으로, 난관 결찰술(tubal ligation) 도중 일어난 심장정지로 인해 대뇌 무산소증을 앓았다. 재활 시설에서 14개월을 보냈다. 신경 검사 결과, 목과 좌측 팔의 강직, 팔의 긴장 이상, 산발적 과잉 반사, 사지 약증이 발견되었다. 환자는 좁은 보폭으로 느리게 걸었다. 삼킴장애를 보였으며 단단한 음식물을 먹을 때 기도가 자주 막혔다.

말 평가 결과, 음량 저하, 부정확한 조음, 빨라지는 말 속도, 음도/음량/음절 길이 변이의 저하, 조음 운동 범위의 감소 등의 특징이 확인되었으며, AMR은 '빠르고 부정확'하였다. 임상가는 "심도의 운동저하형 마비말장애"라고 결론 내렸다. 실어증 소견은 없었으나 신경심리 검사 결과, 주의, 집중, 학습, 단기 기억의 문제가 보였다. 말 치료를 진행하였으며, 말을 크고 천천히 하도록 단서를 주면 말명료도가 향상되었다.

해설: (1) 운동저하형 마비말장애는 파킨슨병 이외의 질환에서도 나타날 수 있으며 무산소성 뇌증(anoxic encephalopathy)에서도 발견될 수 있다. 이때 마비말장애는 특발성 PD와 관련된 운동저하형 마비말장애와 유사할 수 있다. (2) 운동저하형 마비말장애 환자는 인지 문제를 동반할 수 있다.

사례 7-5

76세 남환으로, 지난 3~4년간 걸을 때 다리를 끌며, 구부정한 자세를 보였다. 또한 얼굴이 무표정하고, 진전 및 음성의 변화를 겪었다고 호소하였다. 신경 검사를 통해 이 증상들이 확인되었다. 환자는 또한 가끔 혼동(confusion)이나 기억력 감퇴 문제를 보인다고 인정하였다. 신경심리 검사 결과, 환자는 경도 치매에 상응하는 기질적 인지 감퇴(organic cognitive decline)를 보였다.

이 환자는 말 검사 동안 자신의 '목쉰 음성'에 대해 불평하면서 또한 목소리가 가끔 '속삭이듯' 변한다고도 하였다. 음성 특성으로는 강도의 저하, 지속적 기식음성, 단음도, 단음량을 보였다. 말 속도는 대화 도중 다소 빨랐으며 AMR 속도는 정상이었다.

임상가는 "경도의 운동저하형 마비말장애로, 특히 두드러진 특성으로는 음도와 음량 변이의 감소, 강도 저하, 그리고 기식적 음성"이라 결론 내렸다. 환자가 자주 목소리를 가다듬고 뚜렷한 발성장애를 보였기 때문에 후두 검사를 의뢰하였는데, 검사 결과 궁형 성대가 관찰되었다.

신경과에서는 환자가 전형적인 특발성 PD와 일치하지 않는, 일종의 퇴행성 중추신경계 질환을 앓고 있다고 결론 내리며 시네메트를 처방하였다. 2년 후, 시네메트로 호전을 보였으나 신경 검사 결과에는 변화가 없었다. 그렇다고 악화되었다는 근거도 찾지 못하였다. 말장애의 호전이나 악화도 보이지 않았으나 혀를 내밀었을 때 혀의 떨림이 새로 뚜렷하게 나타났다.

해설: (1) 운동저하형 마비말장애는 종종 발성장애와 불충분한 운율 문제를 보이는데, 이는 기타 말 문제가 호전된 후에도 계속 유일하게 지속되기도 한다. (2) 운동저하형 마비말장애의 발성장애는 종종 궁형 성대와 관련되어 나타난다. (3) 운동저하형 마비말장애는 인지기능의 손상을 동반하기도 한다.

사례 7-6

51세 남환으로, 신경 손상을 상담하기 위해 내원하였다. 환자는 3년 전 10일 동안 말과 보행 문제를 겪어 심근경색을 의심한 적이 있다.

신경 검사 결과, 무표정한 얼굴과 전반적인 운동의 소실, 운동완만(서동)이 확인되었고, 또한 전반적 강직이 오른쪽보다 왼쪽에 뚜렷하게 나타났다.

말 평가 중 환자는 "길게 말할 수 없고, 말을 자꾸 반복하게 돼요. 말소리 크기도 정상적이지 않고 금방 숨이 찹니다."라고 호소하였다. 세 차례에 걸쳐 말 치료를 받은 적이 있었으나 그 효과는 일시적이었다고 말하였다.

말 평가 검사 결과, 무표정한 얼굴, 턱, 입술, 혀의 운동 범위 감소, 좌측 혀의 경도 약증이 확인되었다. 연결 발화 시 부정확한 조음, 발화 구 내 속도 증가, 단음도와 단음량, 기식적, 거칠고 쥐어짜는 듯한 음질 특성이 뚜렷하였다. 대화 중 음소 및 음절은 여러 차례, 단어 및 구절 반복은 빈번하게 반복되었다. 이때 말 속도는 빨라졌으며 동어반복증과 일치하는 형태를 보였다. 상대방이 자신의 말을 잘 이해하지 못한다는 것을 알아채면 자발적으로 반복해서 말하기도 하였으나 반복이 자발적이지 않을 때도 있었다. AMR 과제 수행은 매우 부정확하였다. 말명료도는 매우 낮았으나 박자를 맞춰 손을 두드리면서 말 속도를 늦추면 명료도의 향상이 관찰되었다.

임상가는 "운동저하형 마비말장애와 동어반복증"으로 결론 내렸다.

이 환자에게 말 치료를 다시 시작할 것을 권유하였다. 말 속도를 일정하게 늦추면서 다음 발화 산출을 위한 호흡 준비를 미리 하면 호전될 것으로 기대되었다. 대안적 보완체계(backup augmentative system)의 개발도 권유하였다. 환자는 말 치료를 통해 말장애가 완치될 거라 기대하는 듯하였다. 오랜 상담을 통해 말 치료의 목표는 정상적인 말의 회복이 아니라 말명료도의 극대화라는 점을 주지시켰다. 환자는 실망하였으나 결국 받아들이고 주거지 근처 기관에서 말 치료를 이어가기로 하였다.

추가로 시행된 MRI 검사를 통해 조가비핵과 외포(external capsule)에서 열공성 뇌경색(lacunar infarct)이 확인되었다. 신경과에서는 추체외 질환으로 결론 내렸는데 이는 이전에 발생한 뇌졸중과 더불어 원인 미상의 저혈압으로 인한 산발적 대뇌 허혈(뇌경색) 때문으로 보았다. 신경 영상으로는 편측 손상만 보여 비대칭 결과를 보고하였지만 임상적으로는 기저핵 양측 손상으로 판단되었다.

해설: (1) 운동저하형 마비말장애와 동어반복증은 대뇌 국소 빈혈과 뇌졸중에 의해 나타날 수 있으며, (2) 또한 기저핵 질환으로 인한 가장 최악의 증상일 수 있다. (3) 신경 영상 검사상 편측 손상만 보였지만 마비말장애와 관련 검사 결과 양측 손상일 가능성이 높다. (4) 마비말장애 환자는 말 치료에 대해 이상적 기대치를 갖는 경우가 있다. 치료를 권유할 때 환자에게 정확한 치료 목적을 이해시키는 것은 매우 중요하다. 자신의 장애를 수용하고 치료의 객관적 효과를 이해하도록 상담을 의뢰하는 것도 좋은 방법이다.

VI. 요약

1. 운동저하형 마비말장애는 기저핵 제어회로 손상에 의해 일어나며, 다른 마비말장애 유형과 비슷한 빈도로 나타난다. 운동저하형 마비말장애의 특성은 음성, 조음, 운율에서 뚜렷하게 나타나는데 강직, 운동의 강도 및 범위의 감소, 개별적 · 단발적으로는 느리나 반복적으로 움직일 때 속도가 빨라지는 문제들로 인해 이 마비말장애 유형의 말 특성이 나타난다.
2. 파킨슨증은 운동저하형 마비말장애를 일으키는 가장 대표적인 질환으로, 파킨슨병의 빈도가 가장 높다. 파킨슨병은 기저핵의 줄무늬핵 내에 도파민이 부족해 나타나는 퇴행성 질환이며, 몇몇 증상은 도파민과 다른 신경전달물질 간의 균형을 복구해 주는 약물로 중재되기도 한다. 다른 신경 퇴행성 질환도 파킨슨증 증상 및 운동저하형 마비말장애를 일으킬 수 있다.
3. 운동저하형 마비말장애는 뇌졸중이나 기타 혈관성 장애 같은 신경성 질환, 외상, 감염, 신경이완제나 불법 마약 복용, 특정 대사성 질환, 장기간 중금속 노출에 의해서도 일어날 수 있다.
4. 환자는 종종 목소리가 약하거나 작다거나, 말 속도가 지나치게 빠르다고 호소하는데, 환자의 보호자(대화 상대자)들도 같은 내용을 빈번히 호소한다. 또한 환자들은 유창성 문제나 말 개시의 어려움에 대해서도 호소한다. 피로해지거나 항파킨슨 약물 복용 시기에 가까워지면 말 문제가 악화된다. 침 흘림과 삼킴장애도 주 호소 내용에 포함된다. 얼굴이 무표정하며, 말할 때 조음체들의 운동이 전반적으로 감소함을 발견할 수 있다.
5. 운동저하형 마비말장애의 여러 특성들을 종합해 보면 말이 단조롭고 약하며 하나로 뭉친 듯하다는 인상을 받는다. 때로는 가속화된다는 인상도 받는다. 이 청지각적 인상을 **대조성 감소** 혹은 **불충분한 운율**이라 하며, 이로 인해 단음도, 단음량, 강세 저하, 짧은 구, 속도 변이, 짧은 말뭉침, 부정확한 조음 등의 말 특성을 보인다. 더불어 부적절한 휴지, 기식성 발성장애, 강도 저하, 말 속도 증가 등의 특성을 보일 수도 있다. 유창성 장애나 동어반복증도 나타날 수 있다.
6. 일반적으로 음향학적 · 생리학적 연구 결과는 강직, 운동 범위/속도의 감소, 가속화 현상이 말 산출에 어떠한 영향을 미치는지 자료를 제시함으로써 이전에 보고된 청지각적 특성들을 뒷받침해 왔다. 연구 자료에 따르면, 실제로는 그렇지 않으나, 청자의 기대치 때문에 혹은 음향학적 대조성이 줄어들어 마치 말이 빨라지는 것처럼 지각될 수도 있다.
7. 운동저하형 마비말장애는 신경질환의 유일한, 최초의 가장 뚜렷한 현상으로 나타날 수 있다. 따라서 운동저하형 마비말장애의 바른 진단은 병소 확인 및 신경적 진단에 도움이 되며, 질환 및 말장애의 의학적 · 행동기반적 중재에 기여할 수 있다.

참고 문헌

1. Abbs JH, Hunker CJ, Barlow SM: Differential speech motor subsystem impairments with suprabulbar lesions: neurophysiologic framework and supporting data. In Berry WR, editor: *Clinical dysarthria*, San Diego, 1984, College-Hill Press.
2. Ackermann H, Hertrich I, Hehr T: Oral diadokokinesis in neurological dysarthrias, *Folia Phoniatr Logop* 47:15, 1995.
3. Ackermann H, Ziegler W, Petersen D: Dysarthria in bilateral thalamic infarction, *J Neurol* 240:357, 1993.
4. Adams SG: Hypokinetic dysarthria in Parkinson's disease. In McNeil MR, editor: *Clinical management of sensorimotor speech disorders*, New York, 1997, Thieme.
5. Adams SG: Accelerating speech in a case of hypokinetic dysarthria: descriptions and treatment. In Till JA, Yorkston KM, Beukelman DR, editors: *Motor speech disorders: advances in assessment and treatment*, Baltimore, 1994, Brookes Publishing.
6. Ahlskog JE: Beating a dead horse: dopamine and Parkinson disease, *Neurology* 69:1701, 2007.
7. Ahlskog JE: Approach to the patient with a movement disorder: basic principles of neurologic diagnosis. In Adler CH, Ahlskog JE, editors: *Parkinson's disease and movement disorders: diagnosis and treatment guidelines for the practicing physician*, Totowa, NJ, 2000, Humana Press.
8. Arana GW, Hyman SE: *Handbook of psychiatric drug therapy*, ed 2, Boston, 1991, Little, Brown & Company.
9. Baker KK, et al: Thyroarytenoid muscle activity associated with hypophonia in Parkinson disease and aging, *Neurology* 51:1592, 1998.
10. Bayles KA, et al: The effect of Parkinson's disease on language, *J Med Speech Lang Pathol* 5:157, 1997.
11. Benke TH, et al: Repetitive speech phenomena in Parkinson's disease, *J Neurol Neurosurg Psychiatry* 69:319, 2000.
12. Boutsen FR, Duffy JR, Aronson AE: Flutter or tremor in hypokinetic dysarthria: a case study. In Cannito MP, Yorkston KM, Beukelman DR, editors: *Neuromotor speech*

disorder, nature, assessment, and management, Baltimore, 1998, Brookes Publishing.
13. Bowers D, et al: Faces of emotion in Parkinson's disease: micro-expressivity and bradykinesia during voluntary facial expressions, *J Int Neuropsychol Soc* 12:765, 2006.
14. Buck R, Duffy RJ: Nonverbal communication of affect in brain-damaged patients, *Cortex* 16:351, 1980.
15. Buder EH, Strand EA: Quantitative and graphic acoustic analysis of phonatory modulations: the modulogram, *J Speech Lang Hear Res* 46:475, 2003.
16. Bunton K: Fundamental frequency as a perceptual cue for vowel identification in speakers with Parkinson's disease, *Folia Phoniatr Logop* 58:323, 2006.
17. Bunton K, et al: The effects of flattening fundamental frequency contours on sentence intelligibility in speakers with dysarthria, *Clin Ling Phonet* 15:181, 2001.
18. Caekebeke JFV, et al: The interpretation of dysprosody in patients with Parkinson's disease, *J Neurol Neurosurg Psychiatry* 54:145, 1991.
19. Caligiuri MP: The influence of speaking rate on articulatory hypokinesia in parkinsonian dysarthria, *Brain Lang* 36:493, 1989.
20. Canter GJ: Speech characteristics of patients with Parkinson's disease. II. Physiological support for speech, *J Speech Hear Disord* 30:44, 1965a.
21. Canter GJ: Speech characteristics of patients with Parkinson's disease. III. Articulation, diadochokinesis, and overall speech adequacy, *J Speech Hear Disord* 30:217, 1965b.
22. Canter GJ: Speech characteristics of patients with Parkinson's disease. I. Intensity, pitch, and duration, *J Speech Hear Disord* 28:221, 1963.
23. Caselli RJ: Parkinsonism in primary degenerative dementia. In Adler CH, Ahlskog JE, editors: *Parkinson's disease and movement disorders: diagnosis and treatment guidelines for the practicing physician*, Totowa, NJ, 2000, Humana Press.
24. Caviness JN, et al: Analysis of high-frequency electroencephalographic-electromyographic coherence elicited by speech and oral nonspeech tasks in Parkinson's disease, *J Speech Lang Hear Res* 49:424, 2006.
25. Connor NP, Ludlow CL, Schulz GM: Stop consonant production in isolated and repeated syllables in Parkinson's disease, *Neuropsychologia* 27:829, 1989.
26. Corcos DM, et al: Strength in Parkinson's disease: relationship to rate of force generation and clinical status, *Ann Neurol* 39:79, 1996.
27. Dagenais PA, Southwood MH, Mallonee KO: Assessing processing skills in speakers with Parkinson's disease using delayed auditory feedback, *J Med Speech Lang Pathol* 7:297, 1999.
28. Dara C, Monetta L, Pell MD: Vocal emotion processing in Parkinson's disease: reduced sensitivity to negative emotions, *Brain Res* 1188:100, 2008.
29. Darley FL, Aronson AE, Brown JR: Differential diagnostic patterns of dysarthria, *J Speech Hear Res* 12:246, 1969a.
30. Darley FL, Aronson AE: Brown JR: Clusters of deviant speech dimensions in the dysarthrias, *J Speech Hear Res* 12:462, 1969b.
31. Darling M, Huber JE: Changes to articulatory kinematics in response to loudness cues in individuals with Parkinson's disease, *J Speech Lang Hear Res* 54:1247, 2011.
32. De Letter M, Santens P, Van Borsel J: The effects of levodopa on word intelligibility in Parkinson's disease, *J Commun Disord* 38:187, 2005.
33. De Letter M, et al: Sequential changes in motor speech across a levodopa cycle in advanced Parkinson's disease, *Int J Speech Lang Pathol* 12:405, 2010.
34. De Letter M, et al: The effect of levodopa on respiration and word intelligibility in people with advanced Parkinson's disease, *Clin Neurol Neurosurg* 109:495, 2007.
35. Demirci M, Grill S, McShane L, Hallett M: A mismatch between kinesthetic and visual perception in Parkinson's disease, *Ann Neurol* 41:781, 1997.
36. De Pandis MF, et al: Modification of respiratory function parameters in patients with severe Parkinson's disease, *Neurolog Sci* 23:S69, 2002.
37. Dewey RB: Clinical features of Parkinson's disease. In Adler CH, Ahlskog JE, editors: *Parkinson's disease and movement disorders: diagnosis and treatment guidelines for the practicing physician*, Totowa, NJ, 2000, Humana Press.
38. Doyle PC, et al: Fundamental frequency and acoustic variability associated with production of sustained vowels by speakers with hypokinetic dysarthria, *J Med Speech Lang Pathol* 3:41, 1995.
39. Dromey C: Spectral measures and perceptual ratings of hypokinetic dysarthria, *J Med Speech Lang Pathol* 11:85, 2003.
40. Dworkin JP, Aronson AE: Tongue strength and alternate motion rates in normal and dysarthric subjects, *J Commun Disord* 19:115, 1986.
41. Ewanowski SJ: *Selected motor-speech behavior of patients with parkinsonism, doctoral dissertation*, Madison, Wisconsin, 1964, University of Wisconsin.
42. Forrest K, Weismer G: Dynamic aspects of lower lip movement in parkinsonian and neurologically normal geriatric speakers' production of stress, *J Speech Hear Res* 38:260, 1995.
43. Forrest K, Weismer G, Turner GS: Kinematic, acoustic, and perceptual analyses of connected speech produced by parkinsonian and normal geriatric adults, *J Acoust Soc Am* 85:2608, 1989.
44. Forrest K, et al: Effects of speaking rate on word recognition in Parkinson's disease and normal aging, *J Med Speech Lang Pathol* 6:1, 1998.
45. Fox CM, Ramig LO: Vocal sound pressure level and self-perception of speech and voice in men and women with idiopathic Parkinson disease, *Am J Speech Lang Pathol* 6:85, 1997.
46. Gallena S, et al: Effects of levodopa on laryngeal muscle activity for voice onset and offset in Parkinson disease, *J Speech Lang Hear Res* 44:1284, 2001.
47. Gamboa J, et al: Acoustic voice analysis in patients with Parkinson's disease treated with dopaminergic drugs, *J Voice* 11:314, 1997.
48. Gauggel S, Rieger M, Feghoff TA: Inhibition of ongoing responses in patients with Parkinson's disease, *J Neurol Neurosurg Psychiatry* 75:539, 2004.

49. Gentil M: Effect of bilateral stimulation of the subthalamic nucleus on parkinsonian dysarthria, *Brain Lang* 85:190, 2003.
50. Goberman A, Coelho C, Robb M: Phonatory characteristics of Parkinsonian speech before and after morning medication: the ON and OFF states, *J Commun Disord* 35:217, 2002.
51. Goberman AM, Blomgren M: Parkinsonian speech dysfluencies: effects of l-dopa-related fluctuations, *J Fluency Dis* 28:55, 2003.
52. Gracco LC, et al: Aerodynamic evaluation of parkinsonian dysarthria: laryngeal and supralaryngeal manifestations. In Till JA, Yorkston KM, Beukelman DR, editors: *Motor speech disorders: advances in assessment and treatment*, Baltimore, 1994, Paul H Brookes.
53. Hammen VL, Yorkston KM, Beukelman DR: Pausal and speech duration characteristics as a function of speaking rate in normal and dysarthric individuals. In Yorkston KM,
Beukelman DR, editors: *Recent advances in clinical dysarthria*, Austin, Texas, 1989, Pro-Ed.
54. Hanson DG, Gerratt BR, Ward PH: Cinegraphic observations of laryngeal function in Parkinson's disease, *Laryngoscope* 94:348, 1984.
55. Harel BT, et al: Acoustic characteristics of Parkinsonian speech: a potential biomarker of early disease progression and treatment, *J Neuroling* 17:439, 2004.
56. Hirose H: Pathophysiology of motor speech disorders (dysarthria), *Folia Phoniatr Logop* 38:61, 1986.
57. Hirose H, Kiritani S, Sawashima M: Patterns of dysarthric movement in patients with amyotrophic lateral sclerosis and pseudobulbar palsy, *Folia Phoniatr Logop* 34:106, 1982a.
58. Hirose H, Kiritani S, Sawashima M: Velocity of articulatory movements in normal and dysarthric subjects, *Folia Phoniatr Logop* 34:210, 1982b.
59. Hirose H, et al: Patterns of dysarthric movement in patients with parkinsonism, *Folia Phoniatr Logop* 33:204, 1981.
60. Ho AK, Bradshaw JL, Iansek R: For better or worse: the effect of levodopa on speech in Parkinson's disease, *Mov Disord* 23:574, 2007.
61. Ho A, Iansek R, Bradshaw JL: The effect of a concurrent task on parkinsonian speech, *J Clin Exp Neuropsychol* 24:36, 2002.
62. Ho AK, Iansek R, Bradshaw JL: Regulation of parkinsonian speech volume: the effect of interlocutor distance, *J Neurol Neurosurg Psychiatry* 67:199, 1999.
63. Holmes RJ, et al: Voice characteristics in the progression of Parkinson's disease, *Int J Lang Commun Disord* 35:407, 2000.
64. Hoodin RB, Gilbert HR: Parkinsonian dysarthria: an aerodynamic and perceptual description of velopharyngeal closure for speech, *Folia Phoniatr Logop* 41:249, 1989.
65. Huber JE, Darling M: Effect of Parkinson's disease on the production of structured and unstructured speaking tasks: respiratory and linguistic considerations, *J Speech Lang Hear Res* 54:33, 2011.
66. Huber JE, et al: Respiratory function and variability in individuals with Parkinson disease: pre- and post-Lee Silverman Voice Treatment, *J Med Speech Lang Pathol* 11:185, 2003.
67. Hunker CJ, Abbs JH: Physiological analyses of parkinsonian tremors in the orofacial system. In McNeil MR, Rosenbek JC, Aronson AE, editors: *The dysarthrias*, Austin, Texas, 1984, Pro-Ed.
68. Hunker C, Abbs J, Barlow S: The relationship between parkinsonian rigidity and hypokinesia in the orofacial system: a quantitative analysis, *Neurology* 32:749, 1982.
69. Illes J, et al: Language production in Parkinson's disease: acoustic and linguistic considerations, *Brain Lang* 33:146, 1988.
70. Jang H, et al: Viral parkinsonism, *Biochem Biophys Acta* 1792:714, 2009.
71. Jankovic J: Parkinson's disease: clinical features and diagnosis, *J Neurol Neurosurg Psychiatry* 79:368, 2008.
72. Jiang J, Lin E, Hanson DG: Acoustic and airflow spectral analysis of voice tremor, *J Speech Lang Hear Res* 43:191, 2000.
73. Jiang J, et al: Aerodynamic measurements of patients with Parkinson's disease, *J Voice* 13:583, 1999.
74. Kent RD, Kent JF: Task-based profiles of the dysarthrias, *Folia Phoniatr Logop* 52:48, 2000.
75. Kent RD, Rosenbek JC: Prosodic disturbance and neurologic lesion, *Brain Lang* 15:259, 1982.
76. Kent RD, Vorperian HK, Duffy JR: Reliability of the Multi-Dimensional Voice Program for the analysis of voice samples of subjects with dysarthria, *Am J Speech Lang Pathol* 8:129, 1999.
77. Kent RD, et al: Voice dysfunction in dysarthria: application of the Multi-Dimensional Voice Program, *J Commun Disord* 36:281, 2003.
78. Kent RD, et al: What dysarthrias can tell us about the neural control of speech, *J Phonet* 28:273, 2000.
79. Kent RD, et al: The dysarthrias: speech-voice profiles, related dysfunctions, and neuropathology, *J Med Speech Lang Pathol* 6:165, 1998.
80. Kent RD, et al: Laryngeal dysfunction in neurological disease: amyotrophic lateral sclerosis, Parkinson's disease, and stroke, *J Med Speech Lang Pathol* 2:157, 1994.
81. Kim Y, et al: Statistical models of F2 slope in relation to severity of dysarthria, *Folia Phoniatr Logop* 61:329, 2009.
82. King JB, et al: Parkinson's disease: longitudinal changes in acoustic parameters of phonation, *J Med Speech Lang Pathol* 2:29, 1994.
83. Kiran S, Larson CR: Effect of duration of pitch-shifted feedback on vocal responses in patients with Parkinson's disease, *J Speech Lang Hear Res* 44:975, 2001.
84. Koller WC: Dysfluency (stuttering) in extrapyramidal disease, *Arch Neurol* 40:175, 1983.
85. Kwon M, et al: Hypokinetic dysarthria and palilalia in midbrain infarction, *J Neurol Neurosurg Psychiatry* 79:1411, 2008.
86. LaPointe LL, Horner J: Palilalia: a descriptive study of pathological reiterative utterances, *J Speech Hear Res* 46:34, 1981.
87. Larson KK, Ramig LO, Scherer RC: Acoustic and glottographic voice analysis during drug-related fluctuations in Parkinson disease, *J Med Speech Lang Pathol* 2:227, 1994.

88. Laures JS, Weismer G: The effects of a flattened fundamental frequency on intelligibility at the sentence level, *J Speech Lang Hear Res* 42:1148, 1999.
89. Leanderson R, Meyerson BA, Persson A: Lip muscle function in parkinsonian dysarthria, *Acta Otolaryngol* 74:271, 1972.
90. Lehiste I: *Some acoustic characteristics of dysarthric speech, bibl phonetica, fasc 2*, Basel, Switzerland, 1965, S Karger.
91. Levy G, et al: Contribution of aging to the severity of different motor signs in Parkinson's disease, *Arch Neurol* 62:467, 2005.
92. Liss JM, LeGendre S, Lotto AJ: Discriminating dysarthria type from envelope modulation spectra, *J Speech Lang Hear Res* 53:1246, 2010.
93. Liss JM, et al: Quantifying speech rhythm abnormalities in the dysarthrias, *J Speech Lang Hear Res* 52:1334, 2009.
94. Logemann JA, Fisher HB: Vocal tract control in Parkinson's disease: phonetic feature analysis of misarticulations, *J Speech Hear Disord* 46:348, 1981.
95. Logemann JA, et al: Frequency and occurrence of vocal tract dysfunctions in the speech of a large sample of Parkinson patients, *J Speech Hear Disord* 43:47, 1978.
96. Louis ED, et al: Speech dysfluency exacerbated by levodopa in Parkinson's disease, *Mov Disord* 16:562, 2001.
97. Lowit A, et al: An investigation into the influence of age, pathology, and cognition on speech production, *J Med Speech Lang Pathol* 14:253, 2006.
98. Ludlow C, Bassich C: Relationship between perceptual ratings and acoustic measures of hypokinetic speech. In McNeil J, Aronson A, editors: *The dysarthrias: physiologic, acoustics, perception, management*, Austin, Texas, 1984, Pro-Ed.
99. Ludlow CL, Bassich CJ: The results of acoustic and perceptual assessment of two types of dysarthria. In Berry W, editor: *Clinical dysarthria*, Boston, 1983, College-Hill Press.
100. Ludlow CL, Connor NP, Bassich CJ: Speech timing in Parkinson's and Huntington's disease, *Brain Lang* 32:195, 1987.
101. Ludlow CL, et al: Phonatory characteristics of vocal fold tremor, *J Phonet* 14:509, 1986.
102. MacPherson MK, Huber JE, Snow DP: The intonation-syntax interface in the speech of individuals with Parkinson's disease, *J Speech Lang Hear Res* 54:19, 2011.
103. Maraganore DM: Epidemiology and genetics of Parkinson's disease. In Adler CH, Ahlskog JE, editors: *Parkinson's disease and movement disorders: diagnosis and treatment guidelines for the practicing physician*, Totowa, NJ, 2000, Humana Press.
104. Mayeux R, Stern Y, Stanton S: Heterogeneity in dementia of the Alzheimer type: evidence of subgroups, *Neurology* 35:453, 1985.
105. McClean MD, Beukelman DR, Yorkston KM: Speech-muscle visuomotor tracking in dysarthric and nonimpaired speakers, *J Speech Hear Res* 30:276, 1987.
106. Mennen I, et al: An autosegmental-metrical investigation in people with Parkinson's disease, *Asia Pacific J Speech Lang Hear* 11:205, 2008.
107. Metter EJ, Hanson WF: Clinical and acoustical variability in hypokinetic dysarthria, *J Commun Disord* 19:347, 1986.
108. Miller N, et al: Prevalence and pattern of perceived intelligibility changes in Parkinson's disease, *J Neurol Neurosurg Psychiatry* 78:1188, 2007.
109. Mohlo ES, Factor SA: Secondary causes of parkinsonism. In Adler CH, Ahlskog JE, editors: *Parkinson's disease and movement disorders: diagnosis and treatment guidelines for the practicing physician*, Totowa, NJ, 2000, Humana Press.
110. Moore CA, Scudder RR: Coordination of jaw muscle activity in parkinsonian movement: description and response to traditional treatment. In Yorkston KM, Beukelman DR, editors: *Recent advances in clinical dysarthria*, Austin, Texas, 1989, Pro-Ed.
111. Moreau C, et al: Oral festination in Parkinson's disease: biomechanical analysis and correlation with festination and freezing of gait, *Mov Disord* 22:1503, 2007.
112. Mueller PB: Parkinson's disease: motor-speech behavior in a selected group of patients, *Folia Phoniatr Logop* 23:333, 1971.
113. Müller J, et al: Progression of dysarthria and dysphagia in postmortem-confirmed parkinsonian disorders, *Arch Neurol* 58:259, 2001.
114. Murdoch BE: *Acquired speech and language disorders*, New York, 1990, Chapman & Hall.
115. Murdoch BE, et al: Respiratory function in Parkinson's subjects exhibiting a perceptible speech deficit: a kinematic and spirometric analysis, *J Speech Hear Disord* 54:610, 1989.
116. Murry T: The production of stress in three types of dysarthric speech. In Berry W, editor: *Clinical dysarthria*, Boston, 1983, College-Hill Press.
117. Netsell R, Daniel B, Celesia GG: Acceleration and weakness in parkinsonian dysarthria, *J Speech Hear Disord* 40:170, 1975.
118. Nishio M, Niimi S: Relationship between speech and swallowing disorders in patients with neuromuscular disease, *Folia Phoniatr Logop* 56:291, 2004.
119. Okuda B, et al: Primitive reflexes distinguish vascular parkinsonism from Parkinson's disease, *Clin Neurol Neurosurg* 110:562, 2008.
120. Ozsancak C, et al: Measurement of voice onset time in dysarthric patients: methodological considerations, *Folia Phoniatr Logop* 53:48, 2001.
121. Perez KS, et al: The Parkinson larynx: tremor and videostroboscopic findings, *J Voice* 10:354, 1996.
122. Phillipbar SA, Robin DA, Luschei ES: Limb, jaw, and vocal tremor in Parkinson's patients. In Yorkston KM, Beukelman DR, editors: *Recent advances in clinical dysarthria*, Boston, 1989, College-Hill Press.
123. Pinto S: Bilateral subthalamic stimulation effects on oral force control in Parkinson's disease, *J Neurol* 250:179, 2003.
124. Ramig LO, et al: Acoustic analysis of voices of patients with neurologic disease, *Ann Otol Rhinol Laryngol* 97:164, 1988.
125. Robin DA, Jordan LS, Rodnitzky RL: *Prosodic impairment in Parkinson's disease*, Tucson, 1986, Paper presented at the Clinical Dysarthria Conference.
126. Rosen KM, Kent RD, Duffy JR: Task-based profile of vocal intensity decline in Parkinson's disease, *Folia Phoniatr Logop* 57:28, 2005.

127. Rosen KM, et al: Parametric quantitative acoustic analysis of conversation produced by speakers with dysarthria and healthy speakers, *J Speech Lang Hear Res* 49:395, 2006.
128. Sapir S, et al: Formant centralization ratio: a proposal for a new acoustic measure of dysarthric speech, *J Speech Lang Hear Pathol* 53:114, 2010.
129. Schulz GM, Greer M, Freidman W: Changes in vocal intensity in Parkinson's disease following pallidotomy, *J Voice* 14:589, 2000.
130. Schulz GM, et al: Voice and speech characteristics of persons with Parkinson's disease pre- and post-pallidotomy surgery: preliminary findings, *J Speech Lang Hear Res* 42:1176, 1999.
131. Simons G, et al: Emotional and nonemotional facial expressions in people with Parkinson's disease, *J Int Neuropsychol Soc* 10:521, 2004.
132. Skodda S, Rinsche H, Schlegel U: Progression of dysprosody in Parkinson's disease over time: a longitudinal study, *Mov Disord* 24:716, 2009.
133. Smith E, Faber R: Effects of psychotropic medications on speech and language, *Special Interest div, ASHA, Neurophysiol Speech Lang Disord* 2:4, 1992.
134. Smith MC, Smith MK, Ellring H: Spontaneous and posed facial expression in Parkinson's disease, *J Int Neuropsych Soc* 2:383, 1996.
135. Smith ME, et al: Intensive voice treatment in Parkinson disease: laryngostroboscopic findings, *J Voice* 9:453, 1995.
136. Solomon NP, Hixon TJ: Speech breathing in Parkinson's disease, *J Speech Hear Res* 36:294, 1993.
137. Solomon NP, Robin DA, Luschei ES: Strength, endurance, and stability of the tongue and hand in Parkinson disease, *J Speech Lang Hear Res* 43:256, 2000.
138. Solomon NP, et al: Tongue strength and endurance in mild to moderate Parkinson's disease, *J Med Speech Lang Pathol* 3:15, 1995.
139. Solomon NP, et al: Tongue function testing in Parkinson's disease: indications of fatigue. In Till JA, Yorkston KM, Beukelman DR, editors: *Motor speech disorders: advances in assessment and treatment*, Baltimore, 1994, Brookes Publishing.
140. Spencer KA: Aberrant response preparation in Parkinson's disease, *J Med Speech Lang Pathol* 15:83, 2007.
141. Spencer KA, Rogers MA: Speech motor programming in hypokinetic and ataxic dysarthria, *Brain Lang* 94:347, 2005.
142. Spencer KA, Morgan KW, Blond E: Dopaminergic medication effects on the speech of individuals with Parkinson's disease, *J Med Speech Lang Pathol* 17:125, 2009.
143. Stewart C, et al: Speech dysfunction in early Parkinson's disease, *Mov Disord* 10:562, 1995.
144. Tatsumi IF, et al: Acoustic properties of ataxic and parkinsonian speech in syllable repetition tasks, *Annu Bull Res Instit Logop Phoniatr* 13:99, 1979.
145. Theodoros DG, Murdoch BE, Thompson EC: Hypernasality in Parkinson's disease: a perceptual and physiological analysis, *J Med Speech Lang Pathol* 3:73, 1995.
146. Thompson AWS: On being a parkinsonian. In Kapur N, editor: *Injured brains of medical minds: views from within*, New York, 1997, Oxford University Press.
147. Torp JN, Hammen VL: Perception of Parkinson speech rate, *J Med Speech Lang Pathol* 8:323, 2000.
148. Walker HC, et al: Relief of acquired stuttering associated with Parkinson's disease by unilateral left subthalamic brain stimulation, *J Speech Lang Hear Res* 52:1652, 2009.
149. Weiner P, et al: Respiratory muscle performance and the perception of dyspnea in Parkinson's disease, *Can J Neurol Sci* 29:68, 2002.
150. Weismer G: Articulatory characteristics of parkinsonian dysarthria: segmental and phrase-level timing, spirantization, and glottal-supraglottal coordination. In McNeil MR, Rosenbek JC, Aronson AE, editors: *The dysarthrias*, Austin, Texas, 1984, Pro-Ed.
151. Weismer G, et al: Acoustic and intelligibility characteristics of sentence production in neurogenic speech disorders, *Folia Phoniatr Logop* 53:1, 2001.
152. Winikates J, Jankovic J: Clinical correlates of vascular parkinsonism, *Arch Neurol* 56:98, 1999.
153. Wong MN, Murdoch BE, Whelan BM: Kinematic analysis of lingual function in dysarthric speakers with Parkinson's disease: an electromagnetic articulography study, *Int J Speech Lang Pathol* 12:414, 2010.
154. Yunusova Y, et al: Articulatory movements during vowels in speakers with dysarthria and healthy controls, *J Speech Lang Hear Res* 51:596, 2008.
155. Ziegler W: Task-related factors in oral motor control: speech and oral diadokokinesis in dysarthria and apraxia of speech, *Brain Lang* 80:556, 2002.
156. Ziegler W, et al: Accelerated speech in dysarthria after acquired brain injury: acoustic correlates, *Br J Disord Commun* 23:215, 1988.
157. Zwirner P, Barnes GJ: Vocal tract steadiness: a measure of phonatory and upper airway motor control during phonation in dysarthria, *J Speech Hear Res* 35:761, 1992.
158. Zwirner P, Murry T, Woodson GE: Phonatory function of neurologically impaired patients, *J Comm Disord* 24:287, 1991.

CHAPTER

8

운동과잉형 마비말장애

"말의 흐름이 자주 부드럽지 못하고 멈췄다 다시 시작하곤 했다.
말을 계속할수록 환자는 말 문제를 미리 경계하는 것처럼 보였는데,
성문 폐쇄, 호흡 중지, 조음 방해가 일어나는 것 같으면 이를 보상하려 했다"

(무도병과 관련한 말장애 기술 중 일부—Darley, Aronson, Brown[dab][30])

개 요

운동과잉형 마비말장애(hyperkinetic dysarthria)는 기저핵 제어회로의 손상에 의해 생기는 말운동장애 중 하나로, 지각적으로 확인할 수 있다. 말 산출단계, 즉 호흡, 발성, 공명, 조음의 일부 혹은 전체에서 그 특성이 나타날 수 있으나, 특히 운율과 말 속도에서 뚜렷하다. 다른 중추신경계 손상과 관련한 마비말장애와 달리, 말 산출체계의 한 단계, 때로 몇몇 근육의 비정상적 운동으로 인해 운동과잉형 마비말장애가 일어날 수 있다. 이들의 말 특성은 비정상적이고 예측 불가능한 불수의적 운동이 규칙적 혹은 비규칙적으로, 빠르게 혹은 느리게 일어나 말 산출에 미치는 영향을 반영한다. 운동과잉형 마비말장애의 하위 유형 중 일부(예: 근긴장이상)는 말운동 조절에 필요한 감각-운동 통합의 문제를 반영하는 것으로 보인다. 운동과잉형 마비말장애를 통해 기저핵 제어회로가 전체 말 제어 체계에서 어떤 역할을 담당하는지, 또 수의적 운동을 위한 신경근육적 환경 조성에 어떤 역

할을 하는지 추론할 수 있다.

운동과잉형 마비말장애는 다양한 종류의 불수의적 운동에 의해 일어날 수 있기 때문에 **운동과잉형 마비말장애들**, 이렇게 복수의 형태로 쓰는 것도 타당하다. 단수로 쓸 때 **운동과잉형 마비말장애**는 불수의적 운동이 말에 영향을 미침으로써 발생하는 말운동장애의 한 유형을 지칭한다. 운동과잉형 마비말장애의 하위 유형은 불수의적 운동 종류에 따라 다르다. 모든 분류 체계(classification scheme)가 그렇듯 하위 유형 간에 중복되는 특징도 있으며, 따라서 임상적 구분이 어려울 때도 있다. 그러나 이 하위 유형들의 구분은 여러 가지 이유로 유용한데, 이 장에서는 여러 유형 간의 공통점과 차이점에 대해 살펴보기로 하겠다.

운동과잉형 마비말장애는 다른 주요 마비말장애 유형만큼 임상 실무에서 빈번히 관찰된다. 메이요 클리닉 언어병리학 분과의 진단 자료에 따르면 운동과잉형이 전체 마비말장애의 20.2%, 전체 말운동장애의 18.9%를 차지한다. 그러나 신경성 연축발성장애(neurogenic spasmodic dysphonia)와 기질적 음성 진전(organic voice tremor)이 운동과잉형 사례의 70% 가까이를 차지한다. 이 둘을 제외하면 다른 마비말장애 유형과 비슷한 빈도(7%)로 임상 실무에서 관찰된다.

운동과잉형 마비말장애는 지각적으로 다른 마비말장애 유형과 변별 가능하며, 비정상적 구강안면, 두부, 호흡 운동을 시각적으로 검사하면 진단이 수월해지기도 한다. 불수의적 운동과 이로 인한 말장애로 인해 종종 심인성 병인을 의심하게 되는 경우가 종종 있기 때문에 운동과잉형 마비말장애를 확인하는 것은 정확한 신경적 진단에 매우 중요하다. 운동과잉형 마비말장애 진단은 기저핵 회로 혹은 소뇌 제어회로에 문제가 생겼음을 의미한다. 이 마비말장애에 연관된 다양한 병소는 중추신경계 질환에 동반되는 비정상적 운동이 얼마나 다양할 수 있는지를 보여 준다.

운동과잉형 마비말장애의 임상적 특성은 때로 불수의적 운동이 수의적 운동에 미치는 악영향을 보여 주기도 한다. 운동과잉형 마비말장애 화자의 말을 들어 보면 말 산출이 정상적으로 집행되었다가 규칙적 혹은 예측 불가능한 불수의적 운동으로 인해 말이 왜곡되고 느려지거나 방해받는다는 인상을 받는다.

I. 기저핵 제어회로의 해부 및 기본 기능

운동과잉형 마비말장애와 연관된 기저핵 제어회로 및 다른 중추신경계 구성요소는 제2장에서 다룬 바 있으며 제7장에서 다시 살펴보았으므로 여기서는 운동과잉형 마비말장애를 야기하는 해부적·병리생리학적 기제에 초점을 맞춰 간략하게 요약하기로 한다.

기본적으로 기저핵 제어회로는 기저핵, 시상, 대뇌피질을 포함한다. 기저핵은 다른 구조물들과 복잡하게 연결되어 있는데, 기저핵으로부터 출발한 신호는 시상의 복외측핵(ventrolateral nucleus)을 통해 대뇌피질로 향한다. 복외측핵은 대뇌피질에 주로 홍분 효과(excitatory effect)를 갖는다. 기저핵으로부터 모인 신호는 시상에 억제 효과를 갖기 때문에 피질 신경세포의 활성(cortical neuronal firing)을 억제하는 경향이 있다. 운동과잉증(hyperkinesia)은 대부분 이 경로들이 피질의 운동 신호 방출을 적절히 제어하지 못하기 때문으로 보인다. 운동 신호의 방출 제어는 여러 경로로 실패할 수 있다. 가령 시상하부핵은 보통 담창구핵으로부터 억제 산출 신호(inhibitory output)를 보내 시상에 억제 효과를 준다. 시상하부핵이 손상되면 기저핵으로부터 억제 산출 신호량이 감소하게 되고, 따라서 시상, 연이어 피질 활성이 증가하게 된다. 따라서 억제되지 못한 비정상적 운동 명령들이 운동피질을 통해 피질척수로 혹은 피질뇌간로로 '방출(released)'되게 된다. 기타 운동장애도 비슷한 방식으로 설명할 수 있다. 예를 들어, 주로 담창구를 조절하는 줄무늬핵의 신경세포가 손실되면 비정상적인 불수의 운동이 나타난다.

운동과잉증은 또한 홍분성과 억제성 신경전달물질 사이의 균형이 깨져 일어날 수 있다. 예를 들어 회로 내 도파민 활성도가 상대적으로 증가하거나 콜린 활성도(cholinergic activity)가 상대적으로 감소하면 운동과잉증을 낳을 수 있다. 마지막으로 운동장애에서 기저핵 회로의 역할은 담창구나 시상의 복외측핵에 생긴 신경외과적 병변을 통해 혹은 이 부위에 자극 장치(stimulator)를 삽입하였을 때 나타나는 변화를 통해 확인할 수 있다. 이 병변들은 비정상적 운동을 생성하는 신호의 고리(loop)를 변경함으로써 진전, 경직, 불수의적 사지 운동을 없앤다.

소뇌 제어회로 중 일부 영역의 손상은 운동과잉증과 유사한 운동장애를 일으키기도 한다. 예를 들어 소뇌 치상핵(dentate nucleus)의 병변 혹은 하올리브나 적핵 같은 뇌간 구조의 병변은 이 회로가 시상피질 경로로 신호를 전달하는 패턴에 영향을 미친다. 피질로 입력된 신호는 최종적으로 피질척수로와 피질뇌간(연수)로를 통해 비정상적인 운동피질 신호물질을 전달하게 되고, 따라서 비정상적이고 불수의적인 운동 유형을 보이게 된다.

II. 운동과잉형 마비말장애와 관련된 기저핵 회로 장애의 임상적 특성

인간에게 어느 정도의 불수의적 운동은 정상적이다. 큰 소리에 놀라는 반응이나, 두려울 때 손을 떨거나, 추울 때 몸을 떨거나, 잠드는 동안 신체 일부가 움찔하는 등의 운동은 모두 특정 조건 혹은 외부 자극으로 인해 정상적으로 일어나는 불수의적 반응이다. 여기서 말하는 **비정상적인 불수의 운동**이란 안정적 운동이 기대되는 조건하에 나타나는 것을 일컫는 것으로, 안정 시, 자세 유지 시, 혹은 수의적 운동 중 일어날 수 있다. 대개 수면 중에는 일어나지 않다가 긴장하거나 감정이 고조될 때 심해진다. 특정 운동만 일어나기도 하고 때로는 특정 자세만 방해되기도 한다. **운동과잉증**(hyperkinesia)이라는 용어는 이러한 비정상적이고 과한 불수의적 운동을 의미한다. '과잉(hyper)'은 수의적 운동의 지나치게 빠른 속도를 의미하는 것이 아니다. 이는 '여분의' 혹은 불수의적인 운동을 말하는 것으로, 운동 속도는 느리거나 빠를 수 있다. 반면 운동과잉증 환자들의 수의적 운동은 대개 느리다.

운동과잉형 마비말장애를 일으키는 대부분의 운동장애는 그 병소 및 기저 병리생리가 아직 명확하게 파악되지 않았다. 따라서 이들 사이의 분류 체계는 단지 기술적으로 이루어진 것이며, 종종 불수의적 운동의 속도에 따라 분류된다. 그러나 불수의적 운동은 빠를 수도 있고 느릴 수도 있으며, 또한 빠르고 느린 운동이 함께 나타나는 경우도 많기 때문에 적절한 분류라 할 수 없다. 일부 운동과잉증은 빠르고 불안정한 특정 패턴의 운동을 보이는 반면, 다른 일부에서는 운동이 느리고, 몇 초 동안(혹은 그 이상) 유지되기도 하고, 나타났다 사라지기도 하며, 자세에 왜곡을 일으키기도 한다. 또한 이 특성들이 복합적으로 나타나기도 한다.

운동과잉형 마비말장애를 이해하는 데 필요한 다양한 운동장애에 대해 알아보자. 기본 특성은 **표 8-1**에 요약되어 있으며, 비구어 운동과 관련된 몇 가지 특징에 대해서도 함께 살펴보도록 하겠다.

A. 이상운동증

이상운동증(dyskinesia)은 병인에 관계없이 비정상적인 불수의 운동을 통틀어 일컫는 용어이다. **구강안면 이상운동증**은 신체 기타 부위의 운동과잉증 없이도 일어날 수 있는 불수의적 구강안면 운동이다. 구강안면 이상운동증을 유발하는 대부분의 유전성 · 후천성 질환은 기저핵 이상과 관련 있다.

구강안면 이상운동증은 항정신성 약물을 장기 복용하였을 때 부작용으로 빈번하게 일어나는데, 이를 **지연성 이상운동증**(tardive dyskinesia, TD)이라 부른다. TD의 가장 흔한 현상은 입술 짭짭거림(lip smacking), 입술 내밀기, 볼에 바람 넣기, 입술 양옆으로 늘리기(retraction), 혀 내밀기, 턱을 아래로, 위로, 옆으로 움직이기 등의 불수의적 움직임을 반복적이고도 정형화된 패턴으로 보이는 것이다. TD는 호흡에 영향을 미침으로써 말소리도 달라진다.[20,39,117] 이상운동증에 의한 운동과잉형 마비말장애라면 TD일 가능성이 높다. TD는 조기 진단으로 약물 중단이나 복용량 조절을 통해 영구적 TD를 예방할 수 있다.

정좌 불능(akathisia)은 내적인 운동 불안감으로, 이 불안감을 덜기 위해 오히려 겉으로 불안정한 운동을 뚜렷하게 드러내 보이기도 한다(가령 무거운 물건을 들어 올린다거나 서성거리는 등). 파킨슨 증후군과 파킨슨병에서 일어날 수 있으며, 때로 도파민 길항제(예: 신경이완제 혹은 구토 방지 약물) 반응으로 나타나기도 한다. TD 환자의 25%에서 일어난다고 보고된다.[18,86]

B. 간대성 근경련

간대성 근경련(myoclonus)은 신체 일부에서 단일 혹은 반복적 떨림이 불수의적으로 매우 빨리 일어나는 것을 일컫는다. 이때 떨림은 리듬적 혹은 비리듬적일 수 있는데, 환자의 의지로 억제가 불가능하다. 간대성 근경련은 단일 근육에 제한적으로 일어날 수도 있고 또한 여러 곳에서 국소적으로 일어날 수 있다. 자발적으로 일어날 수도 있고, 시각 · 촉각 · 청각적 자극 혹은 수의적 운동에 의해 유도될 수도 있다. 운동에 의해 간대성 근경련이 일어날 때, 이를 **행동 시 간대성 근경련**(action myoclonus, AM)

표 8-1

비정상적 운동의 분류 및 속도, 규칙성 및 이와 관련된 해부 기판(anatomic substrate). '기타'를 제외한 모든 운동은 운동과잉형 마비말장애와 관련 있음.

명칭	속도	규칙성	해부 기판
이상운동증	빠르거나 느림	불규칙적 혹은 리듬적	기저핵 제어회로
간대성 근경련	빠르거나 느림	불규칙적 혹은 리듬적	대뇌피질에서 척수까지로
구개인후두	느림	규칙적	뇌간(길랑-몰라레트 삼각)
행동	빠름	불규칙적	여러 영역 가능
틱	빠름	불규칙적이나 유형이 보임	기저핵 제어회로
무도병	빠름	불규칙적	기저핵 제어회로
발리즘	빠름	불규칙적	시상하부핵
무정위운동	느림	불규칙적	기저핵 제어회로
근긴장이상	느림	불규칙적 혹은 유지	기저핵 제어회로
연축발성장애	느림	불규칙적 혹은 유지	
연축 사경	느림	불규칙적 혹은 유지	
안검경련증	느림	불규칙적	중뇌, 소뇌, 안면신경핵
경련	느리거나 빠름	불규칙적	기저핵 제어회로
반측 안면 경련증	빠름	불규칙적	안면신경핵, 소뇌교각, 안면신경관
본태성 진전	느리거나 빠름	리듬적	제어회로
기질적 음성 진전	느림	리듬적	소뇌 제어회로
연축발성장애	느림	리듬적	제어회로
기타*			
속상수축	빠름	불규칙적	LMN
연합운동	빠르거나 느림	불규칙적	LMN
안면근육 잔떨림	중간 정도	리듬적	LMN

LMN=하부운동신경세포(lower motor neuron)

*이 비정상적 운동들은 말 산출 근육에서 시각적으로 뚜렷하게 관찰되기도 하나 자체로는 수의적 운동을 방해하지 않기 때문에 운동과잉증으로 간주하지 않음. 이들은 이완형 마비말장애에서도 발견되기도 하며, 중추신경계가 아닌 하부운동신경세포 징후임.

이라 한다(아래 말 병리 절에서 다루도록 한다).

간대성 근경련은 여러 신경질환과 관련 있다. 가령 뇌전증의 한 부분으로, 즉 **근간대성 뇌전증**(myoclonic epilepsy)으로 일어나기도 하고, 때로는 치매병(dementing illness)(가령 크로이츠펠트-야콥병, 루이체 치매)이나 **진행성 근간대성 실조증**(간대성 근경련, 실조증, 때로 뇌전증과 치매를 동시에 보인다)이라 알려진 질환, 그리고 **안구 간대성 근경련 증후군**(opsoclonus-myoclonus syndrome: 특발성이나 신생물딸림 질환[paraneoplastic disease], 시상 혹은 뇌교 뇌졸중, 다발성 경화증, 약물 중독, 사르코이드증[sarcoidosis] 등과 연관되어 일어날 수 있다)이나 **행동 시 근간대성-신부전증 증후군**(action myoclonus-renal failure syndrome)처럼 흔치 않은 증후군에서 일어나기도 한다. 또한 무산소증, 대사성 뇌질환, 외상성 뇌손상, 특정 독성 질환(가령 메틸 브로마이드에 대한 노출, 알코올 금단, 신부전으로 인한 투석 후), 그리고 특정 감염 질환에 의해 일어나기도 한다.[15]

딸꾹질(hiccups, singultus)은 횡격막에 잠시 경련이 일어나면서 성대내전이 바로 뒤따르는 복잡한 간대성 근경련의 한 형태이다. 이는 보통 위, 식도, 횡격막, 종격(mediastinum)의 말초신경핵이 자극되어 일어나며, 요독증(uremia)과 같은 몇몇 독성-대사성 질환과 연관되어 일어날 수도 있다. 딸꾹질은 연수 손상의 징후, 특히 호흡 제어 기능을 담당하는 고립로(tractus solitaries) 영역 손상의 징후로 간주되기도 한다.[57]

구개 혹은 구개인후두 간대성 근경련(palatopharyngolaryngeal myoclonus, PM)(근래에는 구개 진전으로 자주 불림)은 길랑-몰라레트 삼각(Guillain-Mollaret triangle)이라 불리는 뇌간 영역의 손상으로 인해 일어나는 특이한 형태의 간대성 근경련이다. 특정적인 말 특성을 보이는데 이는 말 병리 절에서 다루기로 한다.

C. 틱

틱(tics)은 빠르고 정형화된, 협응에 의한 운동으로 패턴을 관찰할 수 있는데, 부분적으로 수의적 제어가 가능하다. 저항이 불가능한 경향이 있으나 일시적으로 억누르는 것이 자주 가능하다. 단순 틱(simple tics)은 이상운동증이나 간대성 근경련과 구분하기 어려우나 복합 틱(complex tics)은 협응적으로 일어나고, 때로는 점프, 소음, 강박적 외설증(coprolalia), 입술 짭짭거림(lip-smacking), 만짐(touching)을 포함한다. 전형적인 틱 질환으로 투렛 증후군(Tourette's syndrome, TS)을 들 수 있는데, 아래 말 병리 부분에서 다루도록 하겠다.

D. 무도병

무도병(chorea)의 특성은 신체 일부가 불수의적으로 빠르게, 비정형적이고 무작위적으로 목적 없이 움직인다는 것이다. 안정 시, 자세 유지 시, 수의적 운동 중 나타날 수 있다. 무도형 운동(choreiform movements)에서는 신체의 미세하거나 거친 움직임을 확인할 수 있다. 때로는 환자가 무도병을 숨기거나 당황스러움을 피하기 위해 의도적인 것처럼 보이게 하기도 한다. 무도병은 퇴행성(가령 헌팅턴 무도병)이거나 염증이나 감염(가령 시드넘 무도병[Sydenham's chorea], 뇌염)에 의해 일어날 수 있다. 또한 약물에 대한 반응으로, 임신 중(임신무도병[chorea gravidarum])에, 대사 비정상성과 연관되어, 종양에 의해, 시상하부핵, 줄무늬핵, 시상에 생긴 혈관성 병변으로 인해 일어나기도 한다. 또한 알 수 없는 원인으로 나타날 수도 있다. 드물게 양성(benign)이거나 가족성(familial)인 경우도 있다.[22]

E. 발리즘

발리즘(ballismus)은 사지 근육의 거칠고 급작스러운 수축을 동반하며, 이로 인해 몸이 거칠게 마구 흔들린다. 편측으로 일어날 경우에는 편발리즘(hemiballimus)이라 부른다. 시상하부핵의 병변으로 인한 경우가 많으며, 가장 빈번한 원인은 뇌졸중이다.[22]

F. 무정위운동

무정위운동(athetosis)의 특징은 다음 운동으로 흐르는 듯한, 몸을 느리게 비트는 목적 없는 운동이다. 종종 뇌성마비의 주요 유형 중 하나로 간주되나 후천적으로 발생하기도 한다. 무정위운동의 운동은, 특히 후천적일 경우 무도병과 근긴장이상이 복합적으로 나타나는 것으로 간주되며, 이때 무도무정위운동(choreathetosis)이라 부른다.

G. 근긴장이상

근긴장이상(dystonia)의 특징은 주동근과 길항근이 동시에 과하게 수축함으로써 불수의적으로 비정상적인 자세가 나타나는 것이다. 이는 체성감각(somatosensory)의 처리 및 통합 문제로 인해 억제 기능이 제대로 이루어지지 않았기 때문이다(국소 근긴장이상의 경우, 해당 부위를 담당하는 피질감각운동 영역이 비대해진다).[65] 원인은 기저핵, 소뇌, 도파민 체계 문제로 보인다.[110,114]

원인이 항상 유전적인 것은 아니지만 근긴장이상과 연관성을 보이는 상염색체 우성, 상염색체 열성, X-연관 유전자들(X-linked genes)이 확인되었다(DYT genes).[110] 근긴장이상은 그 자체로 주요 장애가 되기도 하고(즉 기타 신경 징후 또는 질환과 연관 없음), 다른 다양한 신경질환에 부차적으로 일어날 수 있다. 이러한 신경질환으로는 유전 퇴행성(heredodegenerative)·대사성 장애(예: 윌슨병, 다양한 파킨슨 증후군, 헌팅턴병, 척수소뇌변성, 라이소솜 축적 질환[lysosomal storage disorders], 미토콘드리아 장애[mitochondrial disorders], 기질성 아미노산뇨증[organic aminoacidurias], 유극적혈구신경증[neuroacanthocytosis]), 약물 또는 화학적 원인(예: 레보도파, 도파민 작용제, 항정신병 약물, 일산화탄소, 망간)에 의한 질환, 종종 조가비핵과 시상에 일어나는 구조적 병변(예: 뇌졸중, 외상, 종양, 감염, 다발성 경화증) 질환 등이 포함된다.[110] 뇌신경이나 척수신경, 혹은 신경뿌리의 손상도 근긴장이상을 일으킬 수 있다.[60]

일부 근긴장이상은 행동에 의해 유발되거나 과제 특정

적으로 일어나는데, 이는 흥미롭기도 하고, 임상 진단에 중요한 의미를 갖는다. 다시 말해 특정 행동에 의해서만 유도되거나 나타날 수 있다는 것이다(예: 말, 글자 쓰기, 악기 연주). 유전적 요소나 표현형 변이(phenotypic variability), 해당 과제를 수행하는 데 걸리는 시간 등이 과제 특정적 근긴장이상에 영향을 미치는 것으로 보인다.[114]

근긴장이상 운동은 느리고 지속적이지만 이상 운동에 빠른 운동이 얽혀서 나타나기도 한다. 비정상적인 자세는 신체 일부의 뒤틀림을 포함하기도 한다. 근긴장이상은 단일 신체 부위(**국소적**)만 포함하기도 하고 인접한 영역(**부분적**[segmental])을 포함하기도 한다. 구강안면근에만 일어날 때를 **구강안면 근긴장이상**이라 부르는데, 이는 매우 국소적이거나 단일 구조체(턱, 안면, 혀, 인두, 후두)에 제한적으로 나타난다. 서경(writers' cramp)을 포함한 다양한 직업적 경련 증후군(occupational cramp syndromes)은 근긴장이상의 한 형태로 보인다.

사경증(cervical dystonia, 연축 사경[spasmodic torticollis])은 부분적 근긴장이상 중 하나로, 그 특성으로는 목 근육, 특히 흉쇄유돌근(sternocleidomastoid)과 승모근(trapezius)의 긴장성 혹은 간대성 경련(tonic or clonic spasms)을 꼽을 수 있다. 이로 인해 머리의 좌우 운동 시 뒤틀림(deviation)이 일어나며, 이보다 빈도는 덜하지만 전후 운동 시(**전방사경**[antecollis], **후방사경**[retrocollis]) 비틀림이 나타나기도 한다. 사경(torticollis)은 대개 기저핵 장애로 간주되며, 특발성 병인이 대부분이다. 비정상적 경추(cervical spine)와 조가비핵, 꼬리핵, 시상, 담창구, 혹은 이들 경로의 국부성 병변에 의해 일어난다.[16,102]

안검경련증(blepharospasm)은 가장 흔한 뇌 근긴장이상(cranial dystonia)으로,[110] 그 특성으로는 힘들게, 경련성으로, 상대적으로 오랫동안 눈을 감는 것을 들 수 있다. 홀로 일어나기도 하며 기타 근긴장이상 운동, 특히 구강안면 근긴장이상과 동반할 수도 있다. 안검경련증의 생화학적 · 신경해부적 기판(substrates)에 대해서는 잘 알려지지 않았으나 양측 눈꺼풀이 감기고 깜박거리는 것은 중뇌와 소뇌 자극에 의해 일어날 수 있다. 보통 추체외로 기능 부전의 징후로 이해된다. PD나 중뇌의 구조적 병변으로 일어날 수도 있다.[16,110]

근긴장이상은 전신성(generalized)으로 나타날 수 있다. 기타 신경 손상과 관련이 없으면 **원발성 전신성 근긴장이상**(primary generalized dystonia)이라 부른다. 보통 아동기에 시작하며 상염색체 우성 유전에 의한 경우가 빈번하다.[110]

H. 경련

경련(spasm)은 다양한 근육의 비정상적 수축을 통틀어 일컫는 용어이다. 긴장성 경련(tonic spasm)은 길게 혹은 지속적으로 일어나는 반면, 간대성 경련(clonic spasm)은 빠르게 시작하고 짧은 시간 동안 반복적으로 일어난다.

경련은 대개 공포, 긴장, 전환(conversion)장애에 의해 유발될 때에도 불수의적으로 일어난다. 경련은 대개 운동을 일으키지만 때로는 오히려 운동을 제한하기도 한다(가령 운동으로 인한 요통을 피하려 할 때). 경련이란 용어는 때로 근긴장이상 환자들이 보이는 비정상적 자세를 기술할 때에도 사용한다.

반측 안면 경련(hemifacial spasm)의 특성은 빠르고 불규칙적인 간대성 뒤틀림이 얼굴 반쪽에 갑자기 심하게 나타나는 것이다. 병변이 소뇌교각(cerebellopontine angle) 혹은 안면신경관(facial canal)의 안면신경에 영향을 미치기 때문이며, 맥동혈관(pulsating blood vessel)에서 기인하는 것으로 추정된다(제4장 참조). 이 흥미로운 현상은 모든 운동장애가 중추신경계 제어회로나 추체외계의 주요 손상에 의해 일어나는 것은 아니라는 점을 보여 준다.

I. 진전

진전(tremor)은 가장 흔한 불수의적 운동이다.[97] 신체 부위의 리듬적(주기적) 운동을 포함하며, 안정 시, 자세 유지 시, 행동 시 혹은 행동 종료 무렵에 나타날 수 있다. **안정 진전**은 그 신체 부위가 안정 중일 때 일어나며, **자세 진전**은 중력에 반해 특정 자세를 유지 중일 때, **행동 진전**은 운동 중일 때, **종말 진전**은 그 신체 부위가 목표물에 가까워질 때 일어난다. 임상적으로 관찰 가능한 진전 중 몇 가지는 **생리학적**(physiologic)으로 일어난다. 다시 말해 근육에 존재하는 정상적인 진전이 단지 과장되어 일어난다는 것으로, 극도의 피로나 감정 상태에 다다르면 눈에 보일 만큼 진전의 진폭이 커진다. 이 생리학적 진전은 40대까지는 10~12Hz의 속도를 보이나 그 이후에는 나이가 들면서 속도가 느려진다.[72] 진전은 또한 갑상선 중독증(thyrotoxicosis)과 요독증(uremia) 같은 내인성 독성 중독 상태(endogenous toxic states)나 약물, 독성 물질에 의해, 혹은 약물이나 알코올 성분이 떨어지면서 일어날 수도 있다.

본태성(가족성) 진전은 자세 유지 중과 행동 중 일어나며, 보통 팔, 머리, 음성에 영향을 미친다. 알코올 섭취로 줄어드는 경향이 있다. 본태성 진전의 원인은 소뇌의 기능 부전과 관계 있다고 보고되었다.[73]

소뇌 진전(cerebellar tremor)은 제6장에서 다룬 바 있다. 자세 유지 중과 행동 중, 혹은 행동 종료 시 일어난다. 주로 치아적핵시상로(dentatorubrothalamic pathway) 손상으로 일어나며 상소뇌각(superior cerebellar peduncle) 병변은 심각한 진전을 일으키기도 한다.[7] **날개를 파닥거리는 것 같은 진전**(wing-beating tremor, 윌슨병에서 빈번하게 관찰됨)은 심각한 말초성 자세 진전으로, 소뇌 진전의 특수한 유형으로 간주된다.[1] '날개를 파닥거리는 행동'은 팔을 바깥으로 쭉 펴거나 양옆으로 들어 올린 자세를 유지할 때 일어난다.[16]

피질과 피질하 운동 중심지(즉 기저핵과 소뇌 제어 회로)에 중심 진동기(central oscillator)가 하나 아닌 여러 개가 있을 것이라고 추정할 수 있다. 이를 통해 병리적 진전의 다양한 형태(가령 파킨슨병 진전과 본태성 진전)를 설명할 수 있다. 따라서 다수의 독립적 진동기들이 '진전망(tremor networks)'을 구성하고, 서로 복잡한 방식으로 상호작용하면서 다른 진전 유형을 만드는 것일지 모른다.[97]

III. 병인

운동과잉형 마비말장애는 운동과잉증과 관련, 기저핵 회로에 손상을 일으키는 어떤 원인에 의해서든 나타날 수 있다. 원인으로는 독성-대사성, 퇴행성, 감염성, 혈관성, 외상성, 신생물성, 염증 질환 등이 알려져 있다. 이 병인들은 각각 다른 빈도로 운동과잉형 마비말장애를 일으키지만 정확한 통계적 분포는 알려지지 않았다. 그러나 특발성, 독성-대사성, 퇴행성 원인이 가장 빈번한 원인으로 보인다(**그림 8-1, 글상자 8-1**).

다른 유형보다 빈번하게 운동과잉형 마비말장애를 일으키는 신경질환 중 일부를 이 장에서 다루도록 한다. 마비말장애 또한 운동과잉증의 원인으로 인해 생긴다는 가정하에 운동과잉증의 병인들을 중심으로 내용을 정리하였다. 운동과잉증 마비말장애도 가능하나 다른 유형의 마비말장애를 더 빈번하게 야기하는 질환의 경우(예: PD)에는 해당 마비말장애 장에서 다루도록 한다.

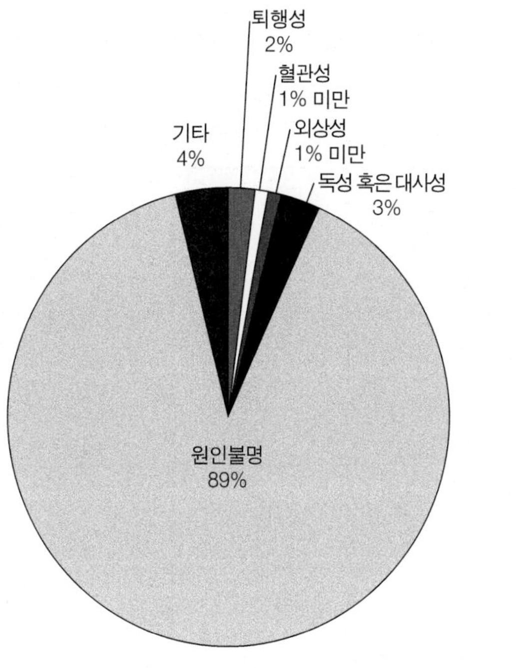

그림 8-1 1998~2008년 메이요 클리닉에서 주요 말장애로 운동과잉형 마비말장애를 진단받은 환자들의 병인 분포도(세부 사항은 글상자 8-1 참고). 유사임의적으로 299명을 선별하여 분석하였음.

A. 독성-대사성 질환

기저핵 신경전달물질 간의 균형에 영향을 미치는 신경대사성 장애와 약물은 만성, 진행성, 급성 혹은 지연성 불수의적 운동을 유발하기도 한다. 이때 말장애는 징후 및 증상으로 빈번하게 동반된다.[47] 도파민 수용체를 차단(길항)하는 **신경이완제**(신경세포에 영향을 미침)나 **항정신성 약물**은 가장 빈번한 약리적 원인이다. 약물로 인한 운동장애는 꽤 빈번하게 일어난다. 가령 약물 치료를 장기적으로 받은 조현병 환자의 지연성 이상운동증 유병률은 24%이다.[107] 항정신성 약물을 복용한 노인층은 젊은 층보다 지연성 이상운동증의 위험이 더 높다.[63]

지연성 이상운동증(tardive dyskinesia, TD)은 페노티아진(phenothiazine){예: 클로프로마진(토라진)(chlorpromazine[Thorazine]), 티오리다진(멜라릴)(thioridazine[Mellaril])}과 부티로페논(butyrophenones){예: 할로페리돌(할돌)(haloperidol[Haldol])}을 포함한 도파민 차단 약물과 관계 있다.[1] 소화장애(gastrointestinal dis-

[1] 새로운 '비전형적' 항정신병 약물(클로자핀, 리스페리돈, 올란자핀)은 통상적으로 쓰이는 신경이완제보다 TD를 유발할 위험이 노년층에게서도 적음.[36,79,119]

글상자 8-1

주요 말장애로 운동과잉형 마비말장애를 진단받은 299명의 병인. 이는 유사임의적으로 추출된 사례들로 1999~2008년의 환자 자료들임. 괄호 안 숫자는 각 병인의 백분율을 뜻하며, 항목 아래 세부적인 병인을 높은 빈도에서 낮은 빈도순으로 나열하였음.

원인 불명(87%)
- 연축발성장애 혹은 본태성 음성 진전(44%), 본태성 음성 진전(23%), 전신 혹은 부분 근긴장이상(9%), 입턱 근긴장이상(5%), 혀긴장이상, 메이지 증후군, 간대성 근경련(전신, 부분, 혹은 국소), 근긴장이상과 진전, 호흡-후두 근긴장이상

독성-대사성(2%)
- 지연성 운동장애, 리튬 독성, 중심성 뇌교수초용해

퇴행성(2%)
- 외상성(<1%)
- 부분 근긴장이상, 사고 후

혈관성(<1%)
- 뇌간 뇌졸중

기타(4%)
- 투렛 증후군, 근간대성 뇌전증, 국소성 발작장애, 가족성 진전-근긴장이상 증후군, 발작 관련 전신 다발성 간대성 근경련, 국소 간대성 근경련, 신생물딸림 뇌증, 신경적 진단이 없는 경우

orders)에 쓰이는 도파민 차단제{예: 메토클로프라미드(레글란)(metoclopramide[Reglan]), 프로클로페라진(콤파진)(prochlorperazine[Compazine])}도 TD를 야기할 수 있다.[111] 치료의 첫 걸음은 약물 중단이겠지만 근긴장이상은 중단 이후에도 몇 주간 악화되는 경우가 있다. 때로는 약물을 멈출 때까지 증상을 보이지 않기도 한다. 차도가 생기는 데 몇 년씩 걸리기도 한다.[85] 급성 근긴장이상 반응은 또한 도파민 수용체 차단 물질에 의해서 일어나기도 한다.[111] 근긴장이상을 일으킬 수 있는 기타 약물로는 레보도파(levodopa), 암페타민(amphetamines), 코카인(cocaine), 삼환계 항우울제(tricyclic antidepressants), 페니토인(phenytoin) 등이 있다.[107]

무도병과 근긴장이상은 항파킨슨 약물에 의해 일어날 수 있고, 약물 복용 주기에 상관없이 나타날 수도 있으며 혹은 약물 주기상 정점에서 뚜렷해지기도 한다.[6,34] 이 이상운동증들은 사지와 구강안면근육에 자주 영향을 미치는데 때로는 호흡에 영향을 미치기도 한다.[100] L-Dopa에 의한 이상운동증은 특정 줄무늬 신경세포의 도파민 자극이 지나쳐 일어난다. 이어서 중심전 운동영역으로 과한 긍정적 피드백(positive feedback)과 시상의 탈억제(thalamic disinhibition) 작용이 일어나고 결국에는 과도하고 불수의적인(운동과잉증) 운동을 일으킨다.[29]

글루타르산뇨(glutaric aciduria) 제1형, GM1 강글리오시드증(gangliosidosis) 제3형, 레쉬-니한병(Lesch-Nyhan disease)은 근긴장이상 혹은 무도병과 관련된 신경 대사 질환들로, 구강안면에 증상을 보이며 운동과잉형 마비말장애 특성을 나타낸다.[47]

무도형 안면 운동을 포함한 무도병은 경구피임약의 사용, 알코올 중단, 특정 대사 질환 등으로 인해 일어날 수 있다. 이런 대사 질환으로는 갑상선 기능 항진증, 무산소성 혹은 저산소성 뇌증, 고나트륨혈증, 저혈당증, 유극적혈구 증가성 무도병, 부갑상선 기능 저하증이 포함된다.[22,61]

행동 혹은 자세 진전은 발프로산(valproic acid), 리튬, 테오필린 파생물과 관련되어 일어날 수 있으며, 알코올이나 기타 약물 중단 상태에서 일어날 수 있다. 진전과 근긴장이상은 윌슨병에서 관찰되기도 한다.[87]

다양한 약물(가령 정신질환 약물, 항전염성 물질, 마약체, 항경련제, 마취제, 심장 약물, 항히스타민제)과 같이 다양한 독성물질도 간대성 근경련을 일으킨다(예: 수은, 납, 스트리크닌).[23]

B. 퇴행성 질환

헌팅턴병은 유전성 상염색체 우성 퇴행성 CNS 장애이다. 완벽하게 침투하기 때문에 이 유전자를 지닌 인구 중 절반은 영향을 받는다. 보통 30대나 40대에 알게 모르게 시작되었다가 10년에서 20년 이내에 사망에 이르도록 진행된다.[22] 꼬리핵과 조가비핵에 심각한 신경세포의 소실이 발견되며, 또한 산발적 대뇌피질 신경세포의 소실도

확인된다. 기능적으로는 양전자방출단층촬영(positron emission tomography, PET) 결과 줄무늬핵과 전두엽 섬유 영역에서 이상 활동이 확인되었다.[11,116] 이 질환의 가장 큰 임상적 특징은 무도병으로, 전신성 무도병을 보인다. 그러나 때로는 안면과 손에서만 나타나기 시작하기도 한다. 치매, 우울증, 성격 변화, 주의력 결핍 또한 특징이라 할 수 있다. 마비말장애와 삼킴장애도 빈번하게 발견된다.

운동과잉형의 말 특성은 척수소뇌성 운동실조 제20형(spinocerebellar ataxia type 20)에서 발견되어 왔다. 마비말장애가 첫 증상으로 나타날 수 있으며 연축발성장애에서 보이는 구개 진전 및 음성 특성을 보이는 것으로 알려졌다.[109]

원발성 전신성 근긴장이상(primary generalized dystonia)은 보통 상염색체 우성 유전으로 인해 일어나며, 임상 특성은 환자 간의 차이가 크다. 보행 이상과 목, 몸통, 사지의 자세 기형(postural deformities)을 빈번하게 보인다. 대개 아동기에 국소적 근긴장이상으로 시작하다가 몇 개월 혹은 몇 년 내에 다른 신체 부위로 퍼져 나간다.[101,111]

또한 인지 능력에 주로 영향을 미치는 퇴행성 질환에서도 불수의적인 운동이 일어날 수 있다. 예를 들어 노인들의 구강안면 이상운동증은 치매와 관련이 있는 것으로 보인다.[28] 이상운동증, 특히 구강안면 이상운동증은 알츠하이머병 환자의 17% 가량에서 보고되어 왔다.[90]

C. 감염성 질환

시드넘 무도병은 연쇄상 구균 감염과 관련되며, 류마티스성 열(rheumatic fever)을 가진 아동의 약 33%에서 발생한다. 틱, 근긴장이상, 행동 및 감정 장애가 무도병과 함께 일어날 수 있다. 두뇌, 특히 기저핵에 대한 면역 반응에 부차적으로 일어나는 질환이라 보고되었는데, 특히 꼬리핵과 조가비핵에서 구조 이상 및 관류 이상(perfusion abnormalities)이 발견되었다. 대개 증상이 사라지나 1년 혹은 그 이상 지속될 수도 있으며, 1~2년 내에 다시 재발할 수도 있다.[52]

기타 무도병의 감염 요인으로는 디프테리아(diphtheria), 풍진(rubella), 루푸스(systemic lupus erythematosus), 후천성 면역 결핍증후군(acquired immunodeficiency syndrome, AIDS) 등이 포함된다.[96]

D. 혈관성 질환

뇌졸중이 편측 무도병과 편측 발리즘의 병인이긴 하나 혈관 병변 자체는 운동과잉증의 빈번한 원인은 아니다. 그럼에도 불구하고 기저핵 제어회로, 때로 소뇌 제어회로에 일어나는 뇌졸중이나 기타 혈관 장애로 인해 운동장애와 운동과잉형 마비말장애가 일어날 수 있다. 가령 조가비핵 뇌졸중[48]으로 인해 근긴장이상이 나타날 수 있고, 시상의 측면 후부(lateral-posterior) 뇌졸중으로 무도병, 근긴장이상, 무정위운동, 혹은 행동 진전(action tremor)이 나타날 수 있다.[70] 또한 뇌간 뇌졸중과 저산소성 뇌증(hypoxic encephalopathy)에서 안검경련증, 메이지 증후군(Meige syndrome), 구개 간대성 근경련이 보고된 바 있다.[33,62]

E. 신생물

기저핵과 시상의 신생물은 무도병과 근긴장이상을 일으킨다고 보고되어 왔다.[102]

F. 기타 질환

운동장애, 특히 근긴장이상은 종종 원인을 알 수 없거나 기타 신경적 비정상(neurologic abnormalities)에 의해 일어난다고 여겨져 왔다. 원발성 근긴장이상의 유전적 원인이 확인되거나 의심된 경우도 있다. 원발성 근긴장이상은 전신성이거나 국소성이 가능하며[111] 메이지 증후군은 원발성 국소성 두개 근긴장이상(primary focal cranial dystonia) 중 하나로, 안검경련증과 입턱(oromandibular) 근긴장이상의 특징을 갖는다. 다양한 연축발성장애도 원발성 국소성 근긴장이상으로 간주된다.

유극적혈구신경증(neuroacanthocytosis)이란 유극적혈구(표면에 가시와 같은 돌기를 불규칙적으로 가지고 있음)와 관련된 유전성 신경 장애를 일컫는 넓은 의미의 용어이다. 이 중 유극적혈구 증가성 무도병(chorea-acanthocytosis)은 성인 초기에 무도병과 근긴장이상이, 때로는 파킨슨증이 발병한다는 것으로, 마비말장애, 삼킴장애, 인지장애 또한 흔히 일어난다.[99]

빈번하지는 않으나 일부 운동과잉 장애(hyperkinetic movement disorders)는 발작적으로 일어난다. 즉, 잠시

(몇 분에서 몇 시간) 뚜렷하게 일어났다 재발한다.[2] 그 예로 **발작성 운동성 무도병**(paroxysmal kinesigenic choreoathetosis)을 들 수 있는데, 이는 갑자기 운동할 때 촉발된다. **발작성 운동 유발 근긴장이상**(paroxysmal exercise-induced dystonia)은 운동을 오래 하면 촉발되며, **발작성(비운동성) 근긴장이상 운동성 무도병**(paroxysmal[nonkinesigenic] dystonic choreoathetosis)은 알코올, 커피, 차, 피로, 스트레스, 긴장 등 다양한 요소로 촉발될 수 있다. 이러한 장애들은 '**채널병증**(channelopathies)' 혹은 신경전달에 관여하는 이온 채널의 기능 부전으로 간주된다. 산발적 사례가 빈번하지만 상염색체 우성 유전이 일반적이다. 발작성 이상운동증은 기타 질환의 증후로 나타나기도 한다(예: 다발성 경화증, 진행성 핵상마비, 내분비장애, 당뇨병, 혈관 병변, 외상성 뇌손상). 이들 중 적어도 일부 질환은 발작 시 말소리가 영향을 받는다.[12]

운동 틱과 음성 틱(vocal tics)이 일어나는 투렛 증후군(Tourette's syndrome)은 유전 요소가 매우 큰 장애로, 반드시 성인기 이전에 뚜렷한 징후를 보인다. 음성 및 말 특성은 다음 '말 병리' 절에서 살펴보기로 한다.

안면 이상운동증은 조현병 환자들에게서 발견되기도 하며 때로는 항정신성 약물 복용을 시작하기 전에 나타난다.[61]

치아가 없거나 틀니가 잘 들어맞지 않는 노인들에게서 발견되는 비정상적인 치열궁(dental arch)은 구강 이상운동증을 일으키기도 한다. 일반적으로 치아 고유 감각이 방해되어 구강 이상운동증이 발생한다고 설명된다.[14,61]

임신무도병은 임신 중 일어나는 양성 희귀병으로, 만성적 류마티스 심장병 환자들에서 가장 빈번하게 일어난다.[42]

IV. 말 병리

A. 임상 실무에서의 병인, 병소 및 중증도 분포

글상자 8-1과 **그림 8-1**은 메이요 클리닉의 통계 결과로, 주요 말장애로 운동과잉형 마비말장애를 진단받은 299명 환자들의 병인을 요약한 것이다. 이 자료에는 다양한 운동장애가 포함되어 있으나 근긴장이상과 진전이 압도적으로 많다. 음성 문제로만 마비말장애가 제한된 경우가 환자의 78%였다(63%는 내전형 연축발성장애[adductor spasmodic dysphonia]였으며 12%는 본태성 음성 진전, 3%는 외전형 SD). 이들 중 상당수가 ENT(ear, nose, and throat) 의뢰로 말 치료실로 보내졌고, 또 SD 치료를 위해 보톡스를 주입하러 내원하였기 때문에 이런 통계 결과가 나왔을 가능성이 있다. 나머지 22%는 말 산출체계 내 다양한 구조(가령 후두와 턱) 혹은 후두를 제외한 다른 단일 구조(가령 혀 혹은 턱)에서 운동과잉형 마비말장애가 확인되었다. 앞서 언급한 것과 같이 이는 메이요 클리닉의 결과일 뿐 전체 임상 실무 통계로 일반화할 수는 없다.

이 자료를 보면 운동과잉형 마비말장애가 다양한 질환에서 기인할 수 있으며, 병인의 분포가 다른 마비말장애 유형과는 매우 다르다는 것을 알 수 있다. 92% 사례의 경우 병인이 확인되지 않았다. 병인이 확인되었을 경우에 독성 혹은 대사성 원인, 퇴행성 질환, 외상, 뇌졸중, 그리고 여러 기타 질환(예: 투렛 증후군, 뇌전증)이 포함되었다. 그러나 미확인 병인이 압도적으로 높다는 것은 불수의적 운동장애의 신경해부적 근거를 규정하기가 매우 힘들다는 것을 의미한다. 또한 이들의 병인이 신경화학적인 경우가 많거나, 추적이 어렵고, 뚜렷한 병변보다는 세포의 비정상 문제로 분산되어 있을 가능성을 의미한다. 표본 자료 중에는 최종 신경적 진단이 '운동장애', '추체외 증후군', '후천성 기저핵 장애'와 같이 매우 일반적으로만 내려진 경우가 많았다.

발성장애가 표본 자료에서 우세하게 관찰된 반면, 말장애는 매우 이질적(heterogenous)이다. 말장애를 일으키는 비정상적 운동으로 근긴장이상과 진전이 두드러지며, 이상운동증, 무도병, 무정위운동, 간대성 근경련, 행동 시 간대성 근경련, 틱 등 또한 확인되었다.

자료를 보면 여러 운동장애가 구강안면 근육들에 특히 영향을 미치는 것을 알 수 있다. 또한 다양한 전신성 운동장애가 구강안면 영역에서 먼저 나타난다는 것과, 따라서 구강안면의 비정상적 운동과 마비말장애를 신경질환의 징후로 알아채는 일이 매우 중요함을 알 수 있다. 장애가 발성의 근긴장이상 혹은 진전에 제한적이었던 78% 사례뿐만 아니라 나머지 사례 중 33% 정도가 머리와 목(craniocervical) 부분에 제한적인 운동장애를 보였다.

이 자료에서는 어떤 말 산출 구조물들이 빈번하게 비정상적인 운동의 영향을 받는가? 그리고 단일 구조물만 영향을 받는 경우는 얼마나 빈번한가? **표 8-2**에는 턱,

[2] 간헐적 실조증(episodic ataxia)는 제6장에서 다루었음.

표 8-2

86명 운동과잉형 마비말장애 환자 중 턱, 안면, 혀, 구개, 후두, 호흡근육 문제를 보이는 환자들의 백분율(기질적 음성 진전과 연축발성장애 제외)

신체 부위	다른 신체 부위와 함께 일어날 경우 백분율(%)	단독으로 일어날 경우 백분율(%)
턱	52	3
안면	67	1
혀	56	3
구개	13	0
후두	44	1
호흡	7	1

안면, 혀, 구개, 후두, 호흡근육에 문제를 확실히 보인 86명의 사례와, 그중 단일 구조물에만 영향을 미친 백분율이 요약되어 있다. 이때 음성장애만 가진 환자들의 경우는 통계에서 제외되었다. 결과를 보면 턱, 안면, 혀의 운동과잉증이 복합적으로 나타나는 경우가 가장 빈번한 조합이었다. 단일 말 산출 구조물이 영향을 받는 경우도 뚜렷하게 확인된다. 일부 사례의 경우, 단일 구조물에서 불수의적인 운동이 일어난다면, 이 불수의적인 운동은 말할 때에만 일어났다. 예를 들어 턱 근긴장이상을 동반한 두 명의 환자는, 말 산출 시에만 비정상적인 턱의 운동이 관찰되었다. 따라서 이 자료를 통해 비록 마비말장애에 관련된 불수의적 운동이 보통 하나 이상의 말 산출 구조물에서 나타나지만, 때로는 단일 구조물에만 일어날 수 있으며, 때로는 말할 때에만 일어난다는 것을 알 수 있다.

말 산출 동안 운동장애가 뚜렷한 환자들은 초기 진단 시 심인성으로 진단되는 경우가 많다. 때문에 아주 오랫동안 정신 평가 및 치료를 반복적으로 받으면서도 심리치료, 행동 중재 혹은 정신과 약물의 효과를 보지 못하기도 한다. 특히 말장애가 유일한 신체적 문제일 때, 말장애와 신경질환 관계에 대한 이해의 부족으로 인해 발생하는 안타까운 사례라 하겠다.

위 자료에 포함된 환자들 병변의 정확한 해부적 위치는, 확인되지 않은 병인이 많다는 점으로 미루어 예측되듯이, 분산적이었다. 신경 영상 검사가 시행된 환자들의 대다수는 구조적 이상이 확인 불가능하였으며, 확인 가능할 때에도 비국소적(nonfocal)이거나 운동장애와 상관없는 영역의 손상을 보였다. 피질 병변인 경우도 있었으나 이들 사이의 공통 영역은 없었다. 일부는 기저핵 이상의 근거가 보였으며, 몇몇은 소뇌 혹은 시상에서 비정상성이 확인되었다. 기저핵, 소뇌, 시상 내에서 뚜렷하게 병변이 확인된 사례에서도 운동장애를 설명할 만한 병변을 찾을 수 없는 경우(예: 한 환자의 운동장애는 지연성 이상운동증[tardive dyskinesia] 때문일 가능성이 매우 높았다)도 있었다. 따라서 CT와 MRI를 통해 병변이 확인된다 하더라도 확인된 병변과 운동장애 간의 연결고리가 항상 명확한 것은 아니다.

이 후향적 검토 자료에는 이 환자들의 마비말장애 중증도에 대한 정보가 명확히 포함되지 않았다. 그러나 임상적으로 명료도 평가가 이루어진 경우(표본 자료의 75%)에는, 27%의 환자가 명료도 저하를 보였다. 이 숫자가 전체 운동과잉형 마비말장애 환자의 명료도 저하를 얼마나 대표하는지는 알 수 없다. 명료도에 대한 언급이 없는 환자들은 명료도가 정상적이었을 가능성이 높다. 그러나 이 자료에는 실제 임상 현장에서보다 경도의 환자들이 더 많이 포함된 것으로 보인다. 또한 명료도는 장애 정도의 여러 측정 지수 중 하나일 뿐 장애의 정도를 정확하게 대표하지 않을 수도 있다. 예를 들어 운동과잉형 마비말장애 환자들은 명료도의 저하 없이 말의 효율성(속도)을 크게 감소시키기도 한다. 그러나 이때 운동과잉형 마비말장애는 기이한(bizarre) 불수의적 운동으로 인해 환자에게 사회적·감정적 문제를 안길 수 있다. 운동과잉형 마비말장애의 경우 상대적으로 명료도의 저하가 그리 빈번하지 않다는 것은 다행이다. 그러나 이 장애가 구어 및 비구어 의사활동에 미치는 영향이 크지 않다거나 감정적·사회적 문제를 별로 야기하지 않는다고 결론 내린다면, 운동과잉형 마비말장애가 환자들에 실제로 미치는 영향을 과소평가하는 것이다.

마지막으로 운동장애와 운동과잉형 마비말장애는 인지 기능에 손상을 일으키는 질환(예: 헌팅턴병)에서 나타나기도 한다. 위 표본 자료에서 인지 능력이 언급되거나 정식으로 평가된 경우(표본 자료의 98%), 10%에서 어느 정도의 인지 손상이 확인되었다.

B. 환자의 자각 및 주 호소

환자의 주 호소는 운동장애에 따라, 그리고 비정상적 운동을 보이는 근육에 따라 다르게 나타난다. 턱, 안면, 혀, 후두에 비리듬적 운동과잉증(예: 무도병, 근긴장이상)을 보이는 환자들은 자신의 말이 어눌하고, 느리고, 자꾸 멈추며, "말을 내보내는 게 어렵다"고 설명한다. 다소 놀라운 사실은, 말 산출체계의 여러 단계에 문제가 있는데도 불구하고, 심지어 시각적으로 뚜렷이 확인이 되는데도, 스스로 비정상적 운동의 존재를 알아채지 못하는 경우가 있다는 것이다. 그러나 이런 경우에도 턱, 안면, 혀의 자세를 안정적으로 유지하도록 검사자가 요구할 때 해내지 못하고 있음을 스스로 인지하기도 한다. 특히 말할 때, 음식물을 씹거나 삼킬 때에만 장애가 나타나면 구강안면 운동과잉증 자체에 대해서는 호소하지 않는 경우가 빈번하다(다시 말해 말 산출의 어려움에 대해 호소하기는 하나 기저의 비정상적 운동에 대해서는 호소하지 않음). 무도병과 근긴장이상 환자들은 빈번하게 씹거나 삼킴 문제에 대해 호소한다.

단일 혹은 몇몇 신체 구조물에 운동과잉증이 제한적으로 나타나는 환자들은 비정상적 운동이 쉴 때와 말할 때 모두 나타난다고 호소한다. 운동과잉증이 심하지 않거나, 말하는 동안 일시적으로 억제할 수 있다면 비정상적인 운동은 주로 쉬는 동안 일어난다고 한다. 이들의 호소에는 주로 해당 말 산출 구조물에서 조이는 듯한 느낌이 들거나 이 구조물을 움직일 수 없다는 점, 비정상적인 운동을 통제하거나 제어할 수 없다는 점, 혹은 이 구조물들이 단순히 "제대로 작동하지 않는다"는 느낌 등이 포함된다. 환자 중 일부는 비리듬적으로 일어나는 비정상적인 운동을 일단 노력으로 억누를 수 있으나 노력을 멈추면 다시 재발한다고 보고한다.

후두 진전 혹은 근긴장이상이 뚜렷한 환자들은 종종 목소리가 떨리고 꽉 조이는(tight) 듯하며, 막힌다고 호소한다. 말하는 동안 후두의 과도내전으로 인해 기류에 대한 저항이 증가하기 때문에, 호흡이 짧다거나 물리적으로 힘에 부친다고 호소하면서 이를 호흡의 어려움으로 연관시키기도 한다. 그러나 후두에만 문제가 한정된 경우, 환자는 다른 비구어 물리적 활동으로 말할 때만큼 피로해진다 해도 이와 같은 문제를 호소하지는 않는다. 말할 때에만 호흡 운동과잉증이 나타나는 환자들은 말의 비정상성을 확실히 인지하면서도 문제의 위치(locus)를 정확히 알아채지 못하는 경우도 있다.

일부 환자는 특정 촉각 혹은 고유수용성(proprioceptive) **감각적 요령**(sensory tricks)을 이용해 구강안면 근긴장이상성 자세나 운동을 경감시킬 수 있음을 배우기도 한다. 예를 들어 사경(torticollis) 환자는 손을 턱이나 머리 뒤에 대어 머리를 좀 더 정상적으로 자세 잡기도 하고, 불수의적으로 입을 벌리게 되는 환자는 손을 가볍게 턱에 대면 이를 막을 수 있다는 것을 학습한다. 그러나 장애의 중증도가 심해지거나 오래될수록 이 효과는 줄어든다. '감각적 요령'은 기술적인 용어로 이 효과가 어떻게 나타나는지 실제적인 기제는 알려진 바 없다.[41] 그럼에도 불구하고 비정상적인 운동을 보이는 다른 마비말장애 유형이나 심인성 말장애 환자들이 이 감각적 요령을 사용하는 경우는 드물기 때문에, 검사 도중 이 기법을 사용하는 것을 관찰하게 되거나 환자들이 직접 감각적 요령의 성공적 사례를 보고하면 이 마비말장애의 감별진단에 도움이 된다.

이제 운동과잉형 마비말장애를 일으키는 여러 운동장애 각각의 주요 구강 기제 및 말 특성에 대해 알아보자. 음향학적 · 생리학적 결과는 선택적으로 요약되어 있음을 밝힌다. 운동과잉형 마비말장애의 사례 중 주 호소 및 기술 특성들은 부록 웹사이트 Part IV에서 일부 확인할 수 있다.

C. 무도병

비구어 구강 기제(사례 63)

턱, 안면, 혀, 구개는 크기, 강도, 대칭성에 있어 보통 정상적이다. 병리적 구강 반사는 대개 보이지 않으며 침 흘림이 가끔 관찰된다. 삼킴장애는 특히 헌팅턴 무도병의 후반기(later stages)에 흔히 나타난다. 가장 뚜렷한 특성은 운동의 불안정성과 빈번하고도 쉽게 관찰되는 무도형 운동이다. 안정 시 혹은 구강안면 자세를 안정적으로 유지하려고 시도하는 동안, **빠르고 예측 불가능하고 불수의적인 운동**이 일어날 수 있다. 얼굴 표정을 조금 과장하는 정도부터 절대 안정시킬 수 없어 보일 정도로 확실하고 뚜렷한 수준까지 그 정도는 다양하다(**그림 8-2**). 이 운동을 운동과잉증으로 알아채기 어려울 때가 있다. 그 이유는 (1) 운동이 뚜렷하지 않거나 가끔 일어날 경우 정상인에게서도 일어날 수 있는 불안정성과 구별하기 어렵기 때문에, (2) 운동의 비지속성(impersistence) 혹은 인지 손상으로 과제를 지속적으로 수행할 수 없는 것으로 의심되기 때문이다.

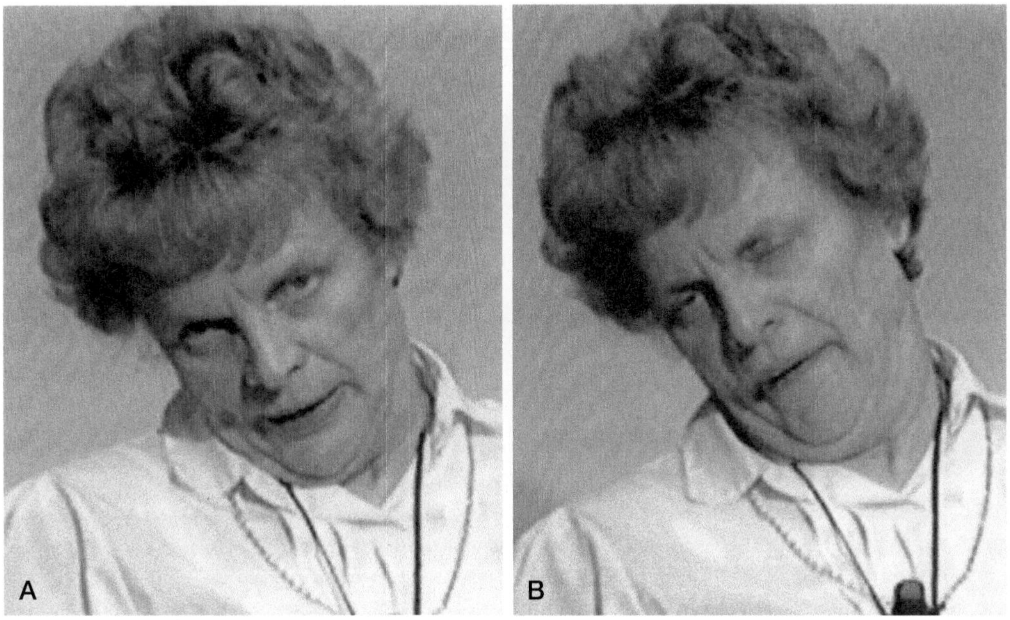

그림 8-2 전신성(generalized) 무도병 여환의 빠르고 불규칙적인 두부, 턱, 안면, 입술, 안구 운동. 그림 A에서 B는 1초도 되지 않는 짧은 시간 동안 일어난 운동을 보여 줌.

말(사례 20, 63, 85, 부록 웹사이트 Part IV 운동과잉형 마비말장애 사례 일부)

대화, 읽기, 말 교대운동속도는 예측하기 어려운 조음 문제와 비정상적인 말 속도 및 운율을 이끌어 내는 데 유용하다. 모음연장 과제는 모음을 안정적으로 연장하는 동안 무도형 운동에 의해 일어나는 동요(fluctuation)를 관찰할 수 있기 때문에 반드시 필요한 과제이다. 개모음 '아' 연장 과제는 특히 턱, 안면, 혀, 구개의 우발적인 운동을 보고 들을 수 있기 때문에 특히 유용하다.

말 산출 시 환자를 조심스럽게 시각적으로 관찰하는 것은 매우 중요하다. 말장애의 원인인 비정상적인 운동의 확진 근거를 찾을 수 있으며, 또한 이 운동장애에 관련된 구조물 중 적어도 일부를 직접 확인할 수 있기 때문이다.

표 8-3에는 DAB[30-32] 연구가 제시한 무도병 마비말장애의 기저 신경근육 손상이 요약되어 있다. 거의 모두 비정상적임을 알 수 있다. 불수의적 운동은 운동 방향과 리듬에 영향을 미치며, 보통 말 속도를 늦춘다. 개별적 및 반복적 운동의 강도 및 범위는 감소되거나 정상적이거나 증가되거나 매우 다양한데, 이는 행동 당시 무도병 운동의 존재 여부나 의도한 말운동의 방향에 따라 달라진다. 근긴장은 과하며 편향적인 경향이 있다. 이 운동 특성들이 말 특성과 어떻게 관련되는가 하는 점은 음향학적 · 생리학적 연구 결과를 통해 살펴보기로 한다.

비정상적인 말 특성과 특성군

DAB[32] 연구에서는 무도병 환자가 보이는 비정상적 말 특성군을 여럿 확인하였으나 그 각각을 살피는 것은 이 장애의 주요 특성을 살피는 데 있어 불필요하다. 이 절에서는 주로 변별적 특성군과 가장 비정상적이거나 고유한 말 특성, 그리고 이들이 비정상적 운동과 어떤 관련을 맺는지 살펴보도록 하겠다. 이 특성들은 (1) 이 말장애의 기저에 깔린 신경근육 손상을 이해하고, (2) 가장 뚜렷하게 문제가 발생한 말 산출체계의 구성요소를 파악하며, (3) 다른 마비말장애 유형으로부터 무도병 운동과잉형 마비말장애를 구별하는 데 유용한 특성은 무엇인지 파악하는 데 도움이 된다. 무도병의 가장 비정상적인 말 특성이 표 8-4에 요약되어 있다.

호흡. 무도형 운동으로 인해 급작스러운 노력 호흡이 불수의적으로 나타날 수 있다. 항상 나타나거나 심하지는 않더라도 DAB 연구에 따르면 다른 마비말장애 유형에서 이 특성은 관찰되지 않았다.[30]

발성. 환자들은 거친 음질, 과도한 음량 변이, 쥐어짜는 음질을 보일 수 있다. 이 특성들은 DAB 피험자들에게서

표 8-3

근긴장이상과 무도병을 동반한 운동과잉형 마비말장애의 신경근육 손상

장애	리듬		속도		범위		힘	긴장
	개별적 운동	반복적 운동	개별적 운동	반복적 운동	개별적 운동	반복적 운동	개별적 운동	근긴장
근긴장이상	느린 개별적 운동으로 인해 부정확	불규칙적	느림	느림	감소-정상	감소-정상	정상	과다(편향)
무도병	빠른 > 느린 개별적 운동으로 인해 부정확	불규칙적	느림	느림	감소-과다	감소-과다	감소-과다	종종 과다 (편향)

출처: Darley FL, Aronson AE, Brown JR: Clusters of deviant speech dimensions in the dysarthrias. *J Speech Hear Res* 12: 462, 1969에서 수정 발췌.

발성 협착(phonatory stenosis) 특성군을 이루었는데, 이는 짧고 무작위적으로 성대가 과도내전을 함으로써 일어나는 결과로 보인다. 과도한 음량 변이는 또한 무도적 호흡 운동의 결과로 일어날 수 있다. 발성 협착은 일부 환자에게서 **유성 순간 중지**(voice stoppages)를 일으킨다. 음향학적 분석 결과 헌팅턴병 환자들은 비정상적인 기본주파수(fundamental frequency, f_0)의 변이(급작스러운 변화가 빈번하게 일어남), 비정상적으로 편차가 큰 성대진동 시작시간(voice onset time, VOT), 유성 순간 중지(voice arrests), 최대 모음연장 길이의 감소 등의 특성을 보이는 것으로 나타났다.[55,98,123] 이 결과들은 말 산출 동안 후두 운동이 안정적이지 못함을 반영한다.[3]

드물긴 하나 환자 일부는 일시적으로 **기식 음성**(transient breathiness)을 보이기도 하는데, 이는 짧게 일어나는 성대의 불수의적 외전, 날숨(expiration)과 발성 사이 비효율적인 시간 조절 때문에 일어나거나, 발성 협착으로 인해 물리적으로 지친 상태를 보상하기 위해 나타난다.

공명. 과다비성은 일부 환자들에게서 매우 뚜렷하지만 대부분의 경우 두드러지지 않는다. 과다비성은 DAB 피험자들의 경우 부정확한 자음과 짧은 구와 상관관계를 보였으며, 함께 **불완전한 공명**(resonance incompetence) 특성군을 이루었다. 이는 일부 환자의 경우 연인두문(velopharyngeal port)을 통해 공기가 낭비되면서 자음이 부정확하고 발화구가 짧다는 인상을 청자에게 준다고 설명되었다.

조음. 부정확한 조음은 무도병 운동과잉형 마비말장애의 가장 뚜렷한 특성이지만 변별적이지는 않다. 또한 이 특성은 **모음 왜곡**, **과다비성**과 함께 일어나는 것으로 보인다. DAB 연구에서 이 세 특성은 함께 **불완전한 조음-공명**(articulatory-resonatory incompetence) 특성군을 이루었다. **불규칙적인 조음장애** 또한 빈번하였다. 이는 턱, 안면, 혀, 구개의 무도형 운동이 다양하게 조합되기 때문이다. 음향학적 분석 결과, 헌팅턴병 환자들은 단모음을 일정치 않은 비율로 연장하였으며,[4] 말 AMR이나 문장 길이에 큰 편차를 보였다. 또한 모음의 안정 구간(steady-state) 중 비정상적인 제1포먼트 변이(비정상적인 턱 운동 의미)와 제2포먼트 변이(비정상적인 혀의 위치 및 모양 의미)를 보였다.[2,55,123] 이들은 운율에도 악영향을 미친다.

운율. 운율 붕괴(prosodic disturbances)는 무도병의 영향뿐만 아니라 불규칙적인 운동에 대한 환자의 반응도 반영한다. DAB 연구에 따르면 가장 뚜렷한 말 특성군은 **과도한 운율**로, **구간 길이 증가**, **부적절한 휴지**, **음소 연장**, **과도하고 동등한 강세**의 네 가지 특성으로 구성되어 있다. 또 다른 특성군은 **불충분한 운율**로, **단음도**, **단음량**, **강세 저하**, **짧은 구** 특성들이 포함된다. 말 속도의 변이 또한 많은 사례에서 관찰되었는데, 불수의적인 운동이 또

[3] 헌팅턴병 유전자 보유자의 주파수 변동률, 음강 변동률, 소음-배음 비율 수치는 임상 징후 발현 전에도 정상인보다 높을 수 있음.[66]

[4] 음절 반복 속도, 호흡군당 음절 수, 최대 모음연장 길이의 감소는 헌팅턴병의 기타 징후 발현 전에 감지됨.[26,66]

표 8-4

DAB 연구가 발견한 무도병 운동과잉형 마비말장애에서 가장 비정상적인 말 특성을 요약한 것임.[31] 중증도를 기준으로 심한 경우부터 순서대로 정리한 것으로 각 특성과 관련 말 산출체계의 구성요소도 함께 정리되어 있음. 말 산출체계의 여러 구성요소가 함께 영향을 미칠 때 '운율'이라 표기하였음. '기타' 아래의 항목들은 가장 뚜렷하게 나타나지는 않지만 무도병 운동과잉형 마비말장애에서만 관찰될 수 있는 특성을 가리킴. (아래 표기된 부록 웹사이트의 Part I~III의 사례들뿐만 아니라 Part IV의 무도병 운동과잉형 마비말장애 사례들에서도 이 특성들을 확인할 수 있음. Part IV의 번호는 표기되지 않았음.)

특성	말 구성요소
• 부정확한 자음	조음
• 구간 연장*	운율
• 말 속도 변이*	후두
• 단음도	운율
• 거친 음질	후두
• 부절적한 휴지*(**사례 63**)	후두-호흡
• 모음 왜곡(**사례 20, 85**)	후두
• 과도한 음량 변이(**사례 20, 63, 85**)	조음-운율
• 음소 연장*	운율
• 단음량	발성-운율
• 짧은 구	운율
• 불규칙적인 조음장애	조음
• 과도하고 동등한 강세	운율
• 과다비성	공명
• 강세 저하	운율
• 쥐어짜는 음질	발성
• 기타	
• 급작스러운 노력성 들숨 혹은 날숨*	호흡-운율
• 유성 순간 중지*(**사례 20, 63, 85**)	발성-운율
• 일시적인 기식 음성*(**사례 63**)	발성

*다른 마비말장애 유형과 분별되는 특성이거나 상대적으로 뚜렷한 손상을 보이는 특성.

나타나기 전에 빨리 발화구를 마치려는 노력 때문인 것으로 보인다. 서로 모순되는 두 특성군, 즉 과도한 운율과 불충분한 운율이 동시에 일어나는 것은 그만큼 순간적 변화가 크다는 것뿐만 아니라 변화무쌍한 운동이 말에 미치는 영향을 예측하기 어렵다는 사실을 증명하기도 한다. 또한 말장애를 보상하려는 혹은 주의하려는 화자의 반응이 복합적으로 나타난 결과이기도 하다.

최근에 한 연구는 리듬 측정(rhythm metrics) 혹은 포락선 변조 스펙트럼(envelope modulation spectra: 발화의 리듬 특성을 수량화하기 위한 음향 방법)에 의해 얻은 결과를 판별 분석(discriminant function analysis)하였을 때 헌팅턴병 운동과잉형 마비말장애를 정상인이나 다른 몇몇 마비말장애 유형으로부터 안정적으로 구분할 수 있다고 보고하였다.[77,78] 이 자료에 따르면 이 말장애의 리듬 특성에 가장 민감한 음향 변수로는 자음 구간 길이의 표준편차와 연속적 자음과 유성 구간 길이의 변이를 측정하는 변수들이 포함된다.[78] 이 결과는 운동과잉형 마비말장애의 지각적 특성과 대체적으로 일치한다.

> 무도병 마비말장애를 다른 말운동장애와 구분할 수 있는 특성으로는 무엇이 있을까? 가장 확실한 것은 **일시적이고 예측 불가능한 비정상적인** 말이라 할 수 있으며, 이 중 **쥐어짜는 듯하고 거친 음성, 일시적인 기식음성, 과다비성, 조음 왜곡 및 불규칙적인 조음장애, 음량 변이, 급작스러운 노력성 들숨과 날숨**이 뚜렷하다. 이 특성들은 종종 화자가 스스로 말장애를 피하려고 하거나 보상하려는 노력이 더해져 **말 구간 및 음소의 연장, 말 속도의 변이, 부적절한 휴지, 유성 순간 중지, 과도하거나 불충분한 강세 패턴** 등의 특성을 보이기도 한다. 표 8-5는 무도병에 의한 운동과잉형 마비말장애의 변별적인 주요 말 특성을 요약한 것이다.

D. 행동 시 간대성 근경련

행동 시 간대성 근경련(action myoclonus, AM)이 말에 미치는 영향에 대해 알려진 바는 거의 없으나 마비말장애를 유발할 수 있다.[13] AM의 특징은 PM과는 매우 다른데, PM보다 말 기능에 훨씬 큰 영향을 미칠 수 있다.

말 산출 근육의 AM 환자들에서 마비말장애는 매우 빈번히 발견된다. 연구에 따르면 적어도 59명 환자 중 40% 사례에서 마비말장애가 확인되었는데,[40] 그러나 마비말장애가 AM 때문인지 아니면 기타 동반된 신경운동장애에 의한 것인지는 명확하지 않다.

행동 시 간대성 근경련(action myoclonus, AM)은 의도적인 근육 활동에 의해서 유발될 수 있다는 점에서, 그리고 다른 유형보다 덜 전신적(less generalized)이라는 점에서 다른 간대성 근경련 질환과 구별된다. Lance와 Adams[75] 연구에서는 네 명의 사례를 통해, "비리듬적으로 정교하거나 거칠게, 하나의 근육 혹은 근육 다발이, 일정하지 않은 방향으로 떨림(jerk)이 임상적으로 가장 중요한 현상이었다. 이 떨림은 정확성이 요구되는 행동을 의식적으로 시도할 때 주로 일어났다. 감정이 고조되면 악

표 8-5

무도병 운동과잉형 마비말장애의 주요한 말 및 말과 관련된 특성 연구결과(명시되지는 않았으나 이 특성들 및 환자의 주 호소들을 부록 웹사이트 Part I~III 무도병 운동과잉형 마비말장애 사례에서 확인할 수 있음).

지각적 특성	
발성-호흡	• 급작스러운 노력성 들숨-날숨, 유성 순간 중지, 일시적 기식음성, 쥐어짜는 듯하고 거친 음질, 과도한 음량 변이(**사례 20, 63, 85**)
공명	• 과다비성(간헐적)
조음	• 왜곡 및 불규칙적 조음장애, 느리고 불규칙적인 AMR(**사례 63, 85**)
운율	• 음소 및 구간 연장, 일정하지 않은 속도, 부적절한 휴지, 과하고 비효율적이며 일정하지 않은 강세 패턴(**사례 63, 85**)
신체적 특성	• 빠르고 무작위적이고 불수의적인 머리 혹은 목, 턱, 안면, 혀, 구개, 인두, 후두, 흉-복부 운동이 안정 시, 자세 유지 시, 운동 시 확인됨, 삼킴장애(**사례 63**)
환자의 주 호소	• 말하는 데 노력이 필요, 불수의적인 구강안면 운동, 저작-삼킴의 어려움

AMR=교대운동속도(alternate motion rate)

화되었고, 신경안정제로 안정되었으며, 경도의 소뇌 실조증에 얹혀 일어났다."고 보고하였다. 이 떨림은 보통 기간으로는 200ms 미만으로, 단발적 혹은 연속적으로 일어났다. 환자 모두 말이 느리고, '조금 어눌'하였다.

AM은 시상 복외측에 위치한 시상피질세포의 동시적(synchronous) 혹은 반복적(repetitive) 활성화가 억제되지 않아 생기는 것으로 이해된다. 이곳이 소뇌에서 대뇌피질로 신호가 전달되는 과정 중 주요 정거장인데 이 비정상적인 신호들이 다시 대뇌피질에서 피질척수로와 피질뇌간로로 전달되고, 여기에서 AM이 발생하는 것이다. 비정상적인 시상피질의 활성도는 뇌교 망상체(pontine reticular formation)로부터의 적절치 못한 제어나 치아적핵시상로를 통해 동시적 신호가 잘못 전해지기 때문으로 설명할 수 있다.[75]

행동 시 간대성 근경련(action myoclonus, AM)의 병인 중 가장 흔한 병인은 무산소성 뇌증(가령 심폐 정지에 의한)으로 이는 담창구, 해마, 소뇌 심부, 특히 두정엽과 후두엽의 대뇌피질 심층에 위치한 세포와 신경섬유에 심각한 손상을 입힌다.[75] 다른 여러 병인들도 보고되었는데 근간대성 뇌전증, 독성-대사성 장애(예: 리튬 노출, 신부전, 이식 수술 환자의 경우 면역억제제), 감염 과정(예: 뇌염), 신생물딸림 소뇌변성, 뇌졸중, 다발성 경화증 등이 포함되었다.[24,118]

비구어 구강 기제 및 말

정의에 따르면 행동 시 간대성 근경련(action myoclonus, AM)은 안정 시에는 나타나지 않아야 한다. AM 이외의 다른 장애가 있는 것이 아니라면 정적(static) 비구어 구강 기제 검사 결과는 모두 정상이어야 한다.

Aronson, O'Neill, Kelly[10]는 AM 마비말장애의 특성을 보고한 유일한 연구이다. AM 마비말장애는 특히 입술의 조음과 발성에 지각적인 영향을 미치는 것으로 보인다. 이들이 살펴본 네 명의 환자는 안정 시 구강안면 근육이 안정적이었으나 말 산출 동안에는 빠르고, 거칠거나 정교하게 떨림을 보였다. 특징으로는 입술의 간대성 경련과 동시에 맞춰 일어나는 **'발성의 반복적 동요**(repetitive fluctuation)'와 **내전근 유성 순간 중지**(adductor voice arrest)가 확인되었다. 모든 사례에서 느린 말 속도는 뚜렷했다. 간대성 운동은 말 속도를 증가하면 악화되었다. 느린 말 속도는 보상으로 일어날 수도 있지만 또한 간대성 떨림 이후 짧은 시간 동안 근육을 수축할 수 없음을 뜻하기도 한다. 이 관찰내용들을 통해 AM 장애가 의심되는 환자가 있다면 말을 천천히, 보통 속도로, 빠른 속도로 하도록 검사해 봐야 함을 알 수 있다. 말 속도가 빨라졌을 때 음질이나 조음의 정확성도 현저히 악화되거나 간대성 안면 운동이 나타난다면 이를 통해 이 환자는 AM 마비말장애로 진단 내릴 수 있다. 왜냐하면 다른 마비말장애 유형은 일반적으로 속도 증가로 인해 발현되지 않기 때문이다. 말 속도를 늦추면 명료도가 좋아질 수 있으나 비정상적인 운동 기저가 변하는 것은 아니다. 말 AMR은 이런 관찰에 특히 유용하다. 표 8-6에는 AM 마비말장애의 주요 말 및 말 관련 특성이 요약되어 있다.

E. 틱-투렛 증후군

틱은 독립적으로 나타날 수 있는 불특정(nonspecific) 장애이지만 틱 장애의 원형(prototype)은 투렛 증후군(To-

표 8-6

행동 시 간대성 근경련 운동과잉형 마비말장애의 주요 말 특성 및 말 관련 특성 연구 결과

지각적 특성	
발성-호흡	• 종종 내전근 유성 순간 중지
조음-운율	• 느린 말 속도, 말 속도가 빨라지면 조음이 부정확해짐, 말 속도가 빨라지면 AMR이 매우 불규칙해짐
신체적 특성	• 다른 신경근육 장애가 나타나지 않는 한 안정 시 정상적 • 말 속도가 빨라지면 구강안면 근육, 특히 입술이 빠르고 거칠게 혹은 정교하게 동요하는 현상이 심해짐
환자의 주 호소	• 자신의 말이 정확하지 않다는 사실을 알고 있으며, 보통 혹은 빠른 속도로 말하기가 불가능하거나 말하기 꺼린다는 것을 스스로 인지함

AMR=교대운동속도(alternate motion rate)

urette's syndrome, TS)이다. TS는 18세 이전(평균 발병 연령은 6~7세)에 일어나는 신경발달 장애로, 1년 이상 지속된 여러 운동 및 하나 혹은 그 이상의 음성 틱(vocal tic)을 보인다. 틱의 성질은 시간에 따라 변화할 수 있다. 병인은 복잡하지만 유전적 영향이 강하다. 기저핵과 연합피질 간의 연결에 병리생리학적 문제가 있는 것으로 보이며, 기능 영상 연구 결과들에 따르면 운동이나 행동에 관여하는 피질-줄무늬핵-시상 도파민 회로의 기저핵 부분에서 비정상성이 관찰된다고 한다.[21]

투렛 증후군은 대부분 남성에게 일어나며(~3:1 비율), 강박증이나 주의력 결핍 과잉행동 장애를 종종 동반한다.[21]

짧고 불수의적인 운동이나 말소리를 뜻하는 틱은 짧은 기간 동안 단독으로 나타날 수 있다(예: 눈 깜박거림, 얼굴 찡그림). 때로는 목적이 있는 것처럼 보이기도 한다(예: 만지기[touching], 제자리 뛰기, 기이한 몸동작). 일부 환자는 만짐, 간지러움, 온도 변화와 같은 체성 감각(somatic sensations)을 줄이기 위해 근육을 조이거나 펴거나 또는 움직이려 한다.[74] 틱은 기이한 형태로 자주 나타나 정신질환의 징후로 오인하기도 한다. 투렛 증후군이 보이는 음성 틱은 단독으로 나타나거나 수의적 구어 발화 중 일어나기도 한다. 특정 소리나 단어가 이 말장애를 대표한다는 점에서 매우 특이한데, 다른 마비말장애에서는 이런 경우를 찾을 수 없다. 단순 음성 틱(simple vocal tic)에서는 소음과 말소리가 반복되며, 일시적 억제가 가능하다. 헛기침(throat clearing), 그르렁거림(grunting)이 가장 흔하며, 소리 지르기(yelling-screaming), 킁킁거리기(sniffing), 짖기(barking), 콧소리(snorting), 기침(coughing), 침 뱉기(spitting), 꽥꽥거리기(squeaking), 흥얼거리기(humming)도 가능하다.[27] 대개 이 소리들을 재빨리 내는데, 후두나 목에서 느껴지는 체성감각에 대한 반응인 경우도 있다.[74] 복합 음성 틱(complex vocal tic)에는 반향어증(echolalia), 동어반복증(palilalia), 강박적 외설증(coprolalia)이 포함되기도 한다(제7장 참조).

강박적 외설증(copolalia, copro=배설물; lalia=입술), 또는 불수의적이고 강박적이고 의례적인(ritualistic) 욕설은 투렛 증후군의 가장 놀라운 특성 중 하나이다(투렛 증후군 모두에서 보이는 것은 아님). 'fuck', 'shit', 'piss' 등과 같은 단어는 가장 흔히 사용되는 욕설로 알려져 있다.[27] 이 욕설들을 부드럽게 혹은 미완성 상태로 내뱉는 경우가 빈번하며, 강박적 외설증을 감추기 위해 헛기침이나 다른 소리들을 동반하기도 한다. 욕설은 홀로 쓰이거나 수의적 발화 중에 쓰일 수 있다. 때로는 받아들여질 만한 정도인 경우도 있고, 심지어 익살스럽게 보이기도 하나 사회적 · 심리적으로 난감한 상황을 초래할 수도 있다.

투렛 증후군과 관련된 주요 말 특성 및 말 관련 특성들이 표 8-7에 요약되어 있다.

F. 근긴장이상[5]

비구어 구강 기제

무도병처럼 근긴장이상도 구강 기제 검사 결과에서, 크기, 강도, 대칭성은 정상이며, 병리적 반사도 대개 보이지 않는 경우가 많다. 침 흘림과 구강 및 인두 삼킴장애는 드물지 않다.[64,93] 예를 들어 경부 근긴장이상(cervical dystonia) 환자 중 삼킴장애는 22~100% 나타나는 것으로 보고되었다.[91] 환자들은 음식이 목구멍에 들러붙거나 음식 삼키는 일이 불수의적인 턱이나 혀의 운동 때문에 어렵다고 빈번히 호소한다.

비구어 구강 기제 검사 결과의 가장 뚜렷한 특징들은

[5] 이 절에서는 근긴장이상이 말 산출에 미치는 전반적 효과에 대해 다룸. 연축발성장애는—임상 현장에서 자주 접하고, 또 독립적 문제로 빈번하게 일어나므로—다음 절에서 따로 논함.

표 8-7

투렛 증후군 운동과잉형 마비말장애의 주요 말 특성 및 말 관련 특성 연구 결과

지각적 특성	
발성-호흡	• 기침, 그르렁거림, 헛기침, 소리 지름, 신음소리 등
공명	• 느린 말 속도, 말 속도가 빨라지면 조음이 부정확해짐, 말 속도가 빨라지면 AMR이 매우 불규칙해짐
조음-운율	• 흥얼거림, 휘파람, 입술 짭짭거림, 반향어증, 동어반복증, 강박적 외설증
신체적 특성	• 하나 이상의 운동 틱(예: 눈 깜박거림, 머리 경련, 얼굴 찡긋거림, 점프, 만지기, 음란행위)
환자의 주 호소	• 음성 틱이나 운동 틱을 스스로 인지하고 있으나, 강박적으로 일어나며 지속적 억제는 불가능 • 행동장애나 정신질환이 동반 가능함(예: 강박, 공포증, 주의력 결핍 과잉행동 장애, 학습장애)

안정 시 또는 안면의 자세를 안정적으로 유지하려 할 때 가장 뚜렷하게 나타난다. 근긴장이상의 운동은 무도병에서보다 느리고, 점차 심해졌다 누그러지는(waxing and waning) 형태를 보인다. 안검경련증(blepharospasm)과 안면 찡그림(facial grimacing)이 나타날 수 있다. 간헐적으로 경련이 비교적 길게 일어나 입을 열고 닫거나, 입술을 내밀었다 옆으로 당기거나, 혀를 내밀었다 돌리기도 한다(그림 8-3). 목 근육에 근긴장이상이 일어나 후두를 상승시킬 수도 있다. 사경 환자의 경우에는 목 비틂의 흔적이 발견되기도 한다. 운동이 미세하게 일어나거나, 인지장애나 다른 운동장애가 동반될 때에는 근긴장이상의 확인이 매우 어렵다.

환자들은 때로 근긴장이상을 제어하기 위해 감각적 요령(sensory tricks)을 사용하기도 한다. 이 요령을 자발적으로 사용하는 것이 아니라면 스스로 이 요령들에 대해 인식하고 있는지 물어보는 것이 중요하다. 이 요령으로는 가볍게 턱, 볼, 목 뒷면을 가볍게 누른다거나 만지는 방법이 있다. 일부 환자는 담배파이프나 이쑤시개를 입에 물어 턱, 입술, 혀의 근긴장이상을 제어하기도 한다. 일부 사례에서는 비구어 구강 기제 검사 결과가 모두 정상이지만 말에 의해서만 근긴장이상 운동이 야기되는 경우가 있다. 이런 현상은 턱, 혀, 인두, 후두, 혹은 호흡근

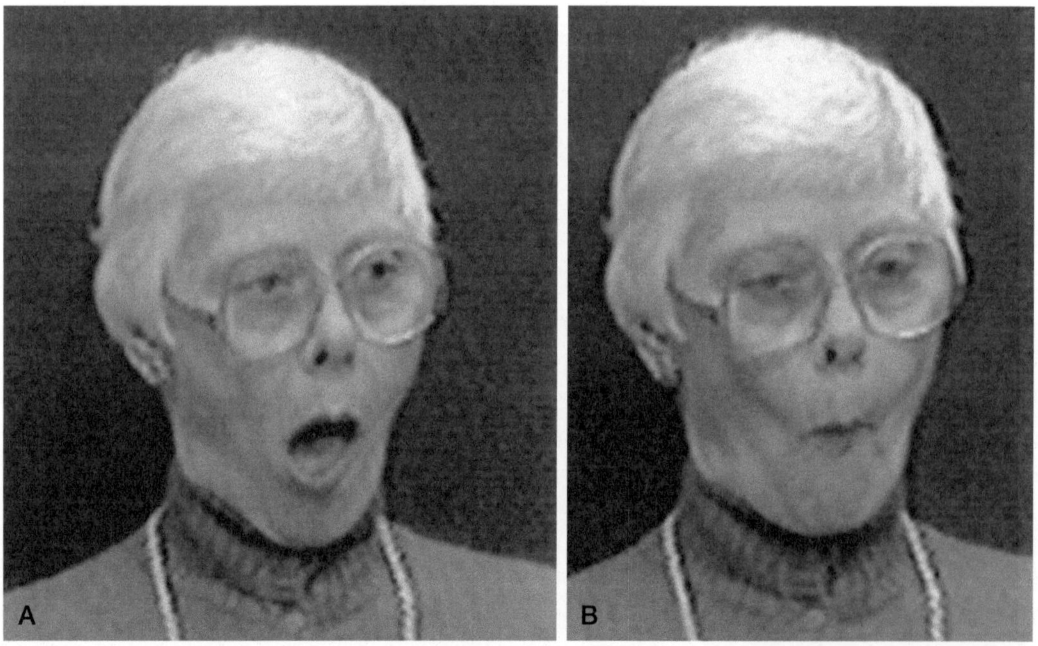

그림 8-3 입턱-혀 근긴장이상 여환이 안정된 자세로 앉으려고 시도 중임. (**A**) 비교적 느리게 불수의적으로 턱을 내림과 동시에 혀를 한쪽으로 치우치게 내밀고 있음, (**B**) 불수의적인 입술 오므림을 보이고 있음.

육들에서만 국소적 근긴장이상을 보이는 환자들에게서 가장 자주 발견된다.

말(사례 21과 부록 웹사이트의 Part IV 운동과잉형 마비말장애의 일부 사례 참고)

대화나 읽기, 말 AMR, 모음연장은 근긴장이상 마비말장애 평가에 매우 유용한 과제들이다. 환자들이 말하는 동안 시각적으로 주의 깊게 관찰하는 것 또한 매우 중요하다.

표 8-3에는 근긴장이상 마비말장애의 기저 문제로 DAB[31,32]가 추정한 신경근육 장애가 요약되어 있다. 운동은 거의 모두 비정상적이다. 근긴장이상 운동은 운동의 방향과 리듬의 변화를 보이기도 하는데, 속도는 전반적으로 느리다. 개별적 · 반복적 운동의 범위는 정상적일 수 있지만 과도하고 편향적인 근긴장에 의해 줄어들 수도 있다. 관련 음향학적 · 생리학적 연구 결과들을 통해 신경근육 장애와 말 특성들의 관계에 대해 살펴보기로 하자.

일부 환자는 말 산출에만 영향을 미치는 매우 국소적 근긴장이상을 갖는다는 점에 유의하자. 예를 들어 혀를 앞으로 내미는 근긴장이상만 보이거나,[106] 턱 하강 근긴장이상만 보이거나, 입술 근긴장이상만 보이는 현상이 가능하다. 또한 국소적 근긴장이상은 말할 때 해당 조음체의 운동이 포함된 경우에만 일어나기도 한다. 그 결과 말소리의 비정상성도 매우 국소적으로 나타나는데, 다음 절에 기술된 전반적 특성보다 훨씬 더 국소적이다.

비정상적인 말 특성 및 특성군

DAB[32]는 여러 개의 근긴장이상 말 특성군을 발견하였다. 이들은 근긴장이상의 가장 비정상적이거나 변별적인 말 특성과, 이들이 비정상적 운동과 어떤 관계를 맺는지 각 말 산출체계별로 초점을 두었다.[6] 근긴장이상 마비말장애가 보이는 가장 비정상적인 말 특성은 표 8-8에 요약되어 있다.

호흡. DAB 연구에 포함된 근긴장이상 환자들은 호흡 근긴장이상을 명확하게 나타내는 말 특성을 보이지 않았다. 그러나 환자 중 일부는 **과도한 음량 변이**와 **음량 교대**(alternating loudness)를 다소 보였는데, 이는 비정상적인 호흡 운동 자체 때문이거나 아니면 발성 협착을 극복하기 위한 비정상적인 호흡 운동 때문으로 보인다.

[6] Golper 등[51]은 DAB가 10명의 국소적 두개 근긴장이상(focal cranial dystonia, 메이지 증후군) 환자들을 대상으로 발견한 말장애와 유사한 말패턴을 보고함.

표 8-8

DAB 연구[31]가 확인한 근긴장이상 운동과잉형 마비말장애의 가장 비정상적 말 특성을 중증도를 기준으로 심한 경우부터 약한 경우로 정리함. 관련 말 구성요소도 우측란에 표기하였음. 여러 구성요소들이 복합적으로 그 말 특성에 관련될 때 '운율'로 표기하였음. '기타'에 해당하는 말 특성은 근긴장이상 운동과잉형 마비말장애에서 뚜렷하게 나타나지는 않더라도 다른 마비말장애 유형에서 발견하기 힘든 특성을 말함. (아래 명시된 Part I~III에 제공된 부록 웹사이트의 사례들 외에 Part IV의 근긴장이상 운동과잉형 마비말장애 경우에서도 이 말 특성들을 확인할 수 있음.)

특성	말 구성요소
• 부정확한 자음	조음
• 모음 왜곡*	조음-운율
• 거친 음질*	발성
• 불규칙적인 조음장애*	조음
• 쥐어짜는 음질*(**사례 21**)	발성
• 단음도	음성-운율
• 단음량	음성-운율
• 부적절한 휴지*	운율
• 짧은 구	운율
• 구간 연장	운율
• 음소 연장	운율
• 과도한 음량 변이	호흡-발성-운율
• 강세 저하	운율
• 유성 순간 중지*(**사례 21**)	발성-운율
• 느린 말 속도(**사례 21**)	조음-운율
• 기타	
• 가청 흡기*	발성-운율
• 음성 진전*	발성
• 음량 교대(alternating loudness)*(**사례 21**)	호흡-발성-운율

*다른 마비말장애 유형과 분별되는 특성이거나 다른 유형들에 비해 특히 뚜렷한 특성.

발성. 거친 음성, 쥐어짜는 음질, 과도한 음량 변이, 유성 순간 중지 등과 같은 발성 문제가 나타날 수 있다. 짧은 구와 더불어 이 특성들은 **발성 협착 특성군**을 구성하는데, 이 특성군은 무도병에서도 발견된다. 이 말 특성들은 발성 중 성대의 근긴장이상성 과도내전(dystonic hyperadduction)과 관계된다.

일부 환자는 **가청 흡기**(audible inspiration)를 보이는데, 이는 숨을 들이마실 때 불수의적으로 성대가 내전하

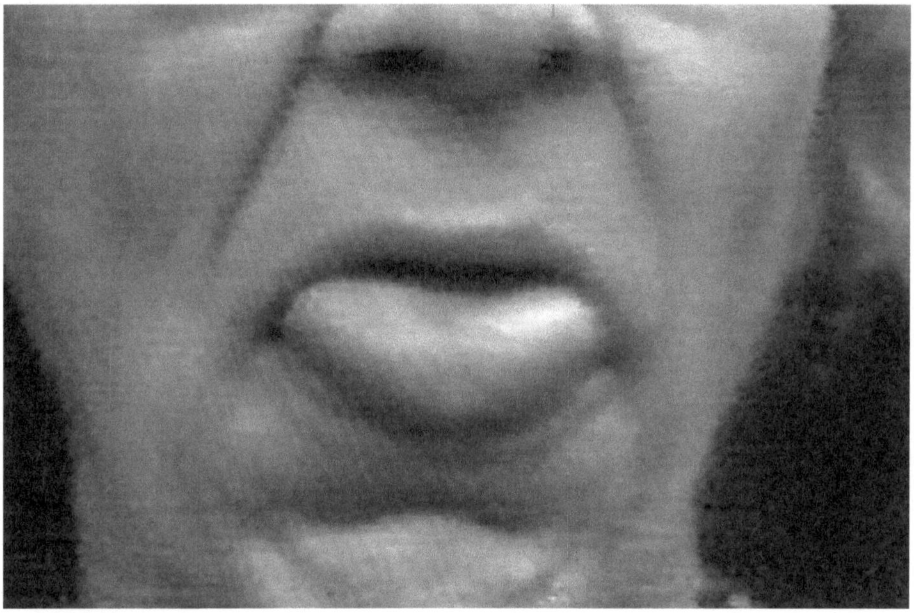

그림 8-4 혀에 이상운동증이 뚜렷한 여성이 '퍼' 음절 교대운동속도를 정상적인 속도로 보이고 있음. 불수의적으로 혀를 내미는 운동 때문에 양순 폐쇄가 이루어지지 않고 있음.

면서 생기는 부차적 문제로 보인다. 이완형 마비말장애의 성대외전근 약증(abductor vocal fold weakness)을 제외하면 이 특성은 다른 마비말장애 유형에서는 매우 드물게 관찰된다.

음성 진전은 발생 빈도나 중증도를 고려할 때 그리 뚜렷한 특성은 아니지만 관찰되기도 한다. 사실 음성 진전은 DAB가 제안한 어떤 마비말장애군보다 근긴장이상 환자들에게서 가장 뚜렷하게 나타났다.

공명. 말 산출 동안 근긴장이상으로 연인두 기능에 문제가 생길 수 있으나 과다비성은 잘 발견되지 않는다. 혹 발견된다 하더라도 대개 가벼운 정도이다.[31]

조음. 부정확한 자음, 모음 왜곡, 불규칙적인 조음장애는 근긴장이상이 조음체에 영향을 미칠 때 뚜렷하게 나타난다. 이 특성들은 DAB가 제시한 부정확한 조음 특성군을 이룬다. 논리적으로 살펴보면 이 특성들은 우발적으로 턱, 안면, 입술, 혀에 일어나는 불수의적 운동의 영향을 반영한다(그림 8-4와 그림 8-5). 이 불수의적 운동 때문에 안정적이지 못한 성도(vocal tract)는 음향학적으로 지연성 이상운동증(tardive dyskinesia) 환자들의 모음 안정 구간(steady-state)을 분석하면 확인할 수 있다. 제2포먼트가 지나치게 동요(fluctuation)하는 것을 확인할 수 있다(그림 8-6).[50]

운율. 운율 붕괴가 뚜렷하며 무도병의 운율 붕괴와 유사하다. 단음도, 단음량, 짧은 구, 강세 저하가 나타날 수 있다. DAB의 화자들을 보면 이 특성들은 불충분한 운율 특성군을 형성하였다. 또한 구간 연장, 음소 연장, 느린 말 속도도 빈번하게 청지각적으로 두드러지는데, 이들은 과도한 운율 특성군을 이룬다. 부적절한 휴지와 과도하고 동등한 강세 또한 확인할 수 있는데, 이로 인해 강세 패턴이 과장되었다는 청지각적 인상을 준다. 이 모든 특성은 느린 운동 혹은 정상적인 말운동의 흐름에 일어난 방해(interruption) 때문인 것으로 보인다.

무도병에서처럼 과도한 운율 특성군과 불충분한 운율 특성군이 함께 일어날 수 있는데, 이는 근긴장이상의 다양성을 반영한다. 운동 기저에는 운동 속도와 범위의 감소되어 있으나, 동시에 화자가 본인의 주요 문제를 보상하려 하거나 이 문제들에 조심스럽게 반응하는 노력을 하기 때문에 이 상충되는 두 특성군이 함께 일어나는 것으로 보인다.

근긴장이상 마비말장애를 확인하고 또 다른 말운동장애로부터 구분하려면 어떤 특성들이 도움이 될까? 가장 뚜렷한 것은 이 비정상적인 말 특성의 변이가 매우 심하다는 것이다. 이 중 가장 우세한 말 특성은 **부정확한 조음과 불규칙적인 조음장애, 부적절한 음량과 말 속도의 변이, 쥐어짜는 듯한 거친 음성, 일시**

그림 8-5 턱 하강 근긴장이상 남환이 단어 'grand'의 /æ/를 산출하고 있음. 지나치게 턱은 내려가고, 혀는 뒤로 움츠러들었음을 확인할 수 있음. 이는 말 산출 동안만, 특히 개모음 혹은 연구개 자음 산출 시에만 일어남(자세한 기술을 보려면 사례 8-2 참고).

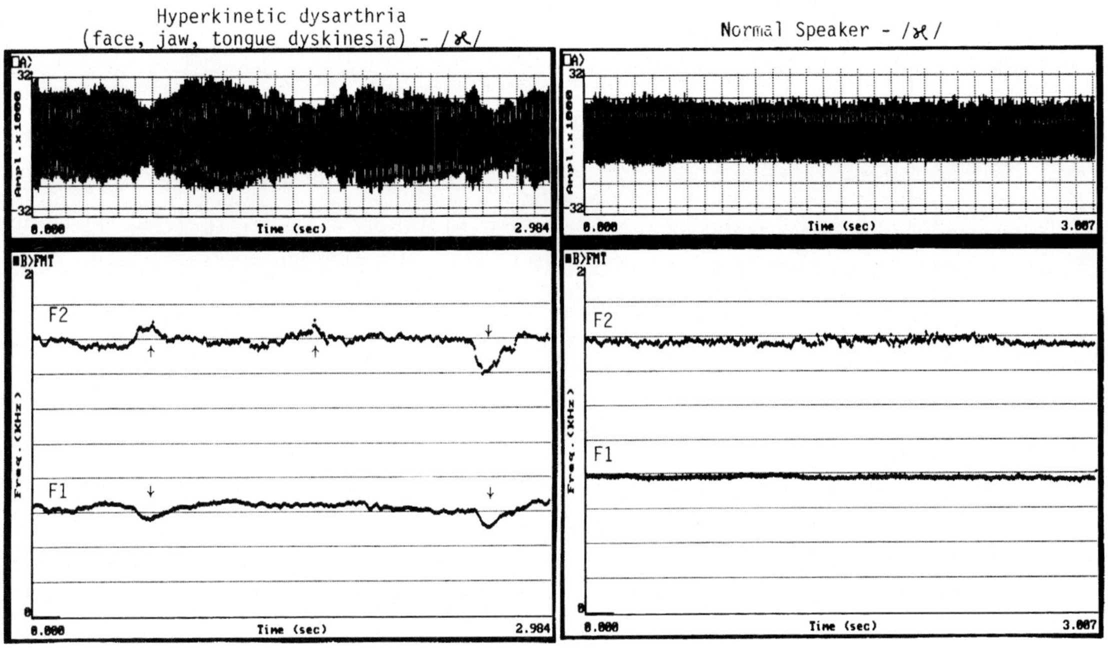

그림 8-6 안면, 턱, 혀 근긴장이상 환자(좌)와 정상인(우)의 3초간 모음 /æ/ 산출 파형과 F1, F2 궤적. 정상인은 안정적으로 성도의 모양을 유지하고 있음을 모든 궤적을 통해 알 수 있음. 반면 운동과잉형 마비말장애 환자의 비정상적인 운동을 파형과 궤적에서 확인할 수 있음. 공명 주파수 궤적을 보면 특히 비교적 길게(230~280ms) F1과 F2의 동요가 일어나고 있음(화살표). 이 동요는 F1과 F2 사이에 동시에 일어나기도 하지만 항상 그런 것은 아님. 또한 진폭과 방향의 변이도 확인할 수 있음. 이 동요들은 청자에게 지각되는 혀, 입술, 턱의 비정상적 운동을 설명함.

표 8-9

근긴장이상 마비말장애의 주요 말 특성 및 말 관련 임상 검사 결과들

지각적 특성	
발성-호흡	• 쥐어짜는 듯하고 거친 음질, 유성 순간 중지, 가청 흡기, 과도한 음량 변이, 음량 교대, 음성 진전(**사례 21, 76**)
공명	• 과다비성
조음	• 모음 왜곡, 불규칙적 조음장애, 느리고 불규칙적인 AMR
운율	• 부적절한 휴지, 과도한 음량 변이, 과도하고 비효율적이며 편차가 큰 강세 패턴(**사례 21, 76**)
신체적 특성	• 비교적 느리고, 심해졌다 약해지는 머리-목, 턱, 안면, 혀, 구개, 인두, 후두, 흉-복부 운동이 안정 시, 자세 유지 시, 운동 중 나타남. 그러나 때로는 말 산출 동안만 관찰됨, '감각적 요령'으로 좋아지기도 함. 삼킴장애.
환자의 주 호소	• 말할 때 상당한 노력을 필요로 함, 불수의적인 구강안면의 운동. • 말소리를 일시적으로 향상시키는 '요령'이 있음. • 저작 및 삼킴의 어려움(예: 음식물이 목에 '달라붙는다').

AMR=교대운동속도(alternate motion rate)

적 **기식 음성**, **가청 흡기**이다. 이 특성들은, 종종 화자가 근긴장이상 운동을 피하거나 보상하려는 노력과 함께 **느린 말 속도**, **구간 및 음소 연장**, **부적절한 휴지** 특성에 기여하며, 또한 **과도하고 불충분한 강세 패턴** 운율 특성을 만들어 낸다. 이 마비말장애 유형의 가장 주요하면서 변별적인 말 및 말 관련 연구 결과들이 표 8-9에 요약되어 있다.

G. 연축발성장애

연축발성장애(spasmodic dysphonia, SD)란 말 산출 시 후두근육들이 근긴장이상을 보이면서 발생하는 음성장애군을 가리킨다. 이 장애는 흥미로운 역사적 배경을 갖는다. 오랫동안 SD('경직[spastic]' 발성장애라 불린 적도 있다)는 심리적 외상, 스트레스 혹은 긴장으로 인한 정신병리적 문제라고 여겨졌다. 그러나 지난 수십 년에 걸친 논란을 통해 현재는 신경성, 대부분 말 산출에 유도되는 국소성 근긴장이상이라고 정의되고 있다. 오늘날 일부 비신경성 음성장애는 SD와 구분하는 일이 매우 어려울 수 있다.[7] 비신경성 원인으로 쥐어짜거나 혹은 실성/기식성(aphonic/breathy) 음성을 보이는 경우 심인성 SD보다 '심인성 실성증/발성장애(aphonia/dysphonia)" 혹은 '근긴장 발성장애'로 불린다(제14장에서 논의). 또한 같은 SD이기는 하나 '경직성(spastic)'에서 '연축(spasmodic)'으로 용어가 변경되기도 하였다. '경직형'이라는 단어가 이 장애가 갖는 내전근의 쥐어짜는 특성을 나타내기는 하지만 SD의 문제가 생리학적 경직이 아니라는 점에서 더욱 타당하게 명명되었다고 할 수 있다. '연축' 이라는 단어는 특성 기술 면에서도 적절하고 또한 연축(근긴장이상)이 연축발성장애 원인의 대부분이라는 것을 내포한다.

연축발성장애는 **내전형**, **외전형**, 혹은 **혼합형**으로 나타날 수 있다. 가장 빈번하게 나타나는 SD 형태(약 90% 사례)는 내전형 SD[38,80]로 후두 내전근의 과도내전에 의해 나타난다. 이로 인해 **쥐어짜는 듯하고 눌린**(squeezed) 음성 특성을 보인다. 외전형 SD(Abductor SD)는 후두 외전근의 과도내전에 의한 것으로 **간헐적으로 기식성** 혹은 **실성**(aphonic) 음성 특성을 보인다. 때로 이 음성 특성을 거의 항상 보이는 경우도 있다. 일부 환자는 이 둘의 특성이 혼합적으로 나타나 간헐적으로 쥐어짜는 듯한 기식적인 음질을 보이기도 한다. SD 음성 특성, 즉 쥐어짜는 듯하거나 기식적인 음질이 간헐적으로, 특히 음성 진전에 상응할 만한 속도에 맞춰 떨린다면, 이 진전은 본태성 진전이라기보다 **근긴장이상 진전**(dystonic tremor)으로 불리기도 한다. 이 용어는 또한 근긴장이상뿐만 아니라 신체 기타 부위에서 진전처럼 보이는 떨림이 관찰될 때 사용한다.

연축발성장애는 평균적으로 45~50세에 발병하나,

[7] 이에 관한 지침이나 참고문헌은 제15장 참고.

10대에서 70대 사이 언제든 발병이 가능하다. 여성 발병률이 남성보다 높다.[38] 갑자기 발병하기도 하나 일반적으로는 서서히 일어나며, 1년 혹은 그 이상 천천히 진행되는 경우가 많다. 차도를 보이는 경우는 드물다. 뚜렷한 신경성 원인이 있는데도 불구하고 독감을 앓을 때처럼 아플 때, 급성 혹은 만성 스트레스를 받을 때 발병하는 경우가 드물지 않다.

연축발성장애의 중증도는 일정치 않다. 감정적 스트레스, 긴장, 우울감, 격렬한 신체 활동 후 빈번히 악화된다. 심인성 병인을 의심하게 하지만, 대부분 확실한 신경운동장애 환자들에게서 나타난다. 기타 마비말장애 유형 환자들도 피로하거나 스트레스를 받으면 말장애가 악화된다고 보고한다는 점을 상기하자. 그러나 대다수의 기타 마비말장애 유형과 다르게 노래할 때, 웃을 때, 혹은 놀라거나 반사적 감정이 실린 발화 상황에서 SD는 정상적인 음성을 보이기도 한다. 신경성 SD의 기저에 깔린 운동장애는 행동에 의해 유발되며, 이때 장애를 끌어내는 행동은 수의적인 말 산출이기 때문이다.

연축발성장애의 신경적 기제는 완전히 밝혀지지 않았지만, 전반적으로 근긴장이상과 유사한 것으로 보인다. 근긴장이상 혹은 근긴장이상성 진전이 후두에만 국소적으로 일어날 수 있다는 점은 다음 두 가지 관찰에 의해 뒷받침된다. (1) 근긴장이상과 진전의 국소적 이상(예: 안검경련증, 입턱의 근긴장이상이나 진전, 사경), (2) 시상의 몸형태 배열(somatotopic organization)(몸형태 배열로 인해 비교적 국소적 손상을 일으킬 만한 좁은 영역의 손상이 회로 내에서 가능하다). 몸형태 배열은 국소적 근긴장이상 환자가 두부와 구강안면 중 어느 신체 구조물에서 이상을 보일지 결정하는 데 중요한 역할을 하는 것으로 보인다.[61] 따라서 SD는 진전이나 근긴장이상이 독립적 · 국소적으로 나타난 한 예일지도 모른다. 또는 진전이나 근긴장이상이 넓게 퍼져 함께 일어나는 것일 수도 있다. 최근 20명의 SD 환자를 대상으로 한 연구에서는 확산 텐서 영상(diffusion tensor imaging)과 사후 조직병리(postmortem histopathology) 기법을 이용해 SD의 내포 우측 무릎의 이상과, 피질뇌간로, 피질척수로, 조가비핵, 담창구, 시상복부핵, 소뇌의 양측 이상을 확인하였다.[108] 또 다른 기능 영상 연구는 SD 환자들이 발성하는 동안 일차 감각운동, 전운동, 감각연합 피질의 활성화가 감소한다고 보고하였다.[53] 이 결과들은 운동과잉형 마비말장애가 기저핵 제어회로와 소뇌 제어회로(수의적 음성/말 산출을 제어하는 피질 구성요소와 상부운동신경세포 경로 포함)의 문제로 일어난다는 말 산출 장애 모형과 일치한다.

비구어 구강 기제

구강 기제 검사 결과는 정상적인 경우가 많다. 연축발성장애가 기타 구강안면의 진전이나 근긴장이상, 메이지증후군 혹은 연축 사경(spasmodic torticollis, ST) 등과 함께 일어난다면 이 문제들도 뚜렷하게 관찰될 것이다. SD는 행동에 의해 유발되는 장애(action-induced)이기 때문에, 이 장애의 근거는 수의적인 말 산출 동안에만 발견할 수 있다.

말(내전형 연축발성장애)(사례 21과 76, 부록 웹사이트의 Part IV 중 사례)

내전형 연축발성장애(adductor spasmodic dysphonia)의 주요 청지각적 특성은 간헐적으로 혹은 거의 항상 쥐어짜는, 떨리는(jerky), 그르렁거리는(grunting), 눌린(squeezed), 신음하는(groaning), 힘들여 말하는(effortful) 음질이 관찰된다는 것이다. 경도일 경우 음성은 심해 봤자 쥐어짜는 음성이 미약하게 나타나는 정도이다. 갑작스러운 후두 경련(laryngospasm)의 결과로 소리 없이 조음 운동(silent articulatory movement)이나 소리 반복이 일어날 수 있다. 단어 일부 혹은 전체를 반복하거나 수정하는 일이 가끔 뚜렷이 관찰된다.

내전형 연축발성장애의 기저 문제가 진전이라면 후두 경련 시 스타카토(staccato) 식이나 뚜렷한 리듬 특성(rhythmic character)을 확인할 수 있다. 이는 특히 모음 연장 시 뚜렷하다. 유성 순간 중지(voice arrests)가 뚜렷하게 관찰되면 환자의 음도를 높이도록 한다. 그러면 유성 순간 중지가 줄어들고, 진전을 확인할 수 있다. 모음 연장 시 두부, 턱, 입술, 혀, 구개, 인두, 흉부 진전이 서로 연관되어 일어나는 경우도 있다.

근긴장이상의 기저 문제가 후두 경련이라면 연축 음성(spasmodic voice)이 지속적으로 나타나거나, 유성 순간 중지가 예측하지 못한 순간에 일어날 수도 있다. 후두 경련의 이차적 문제로, 혹은 일부의 경우 후두 상위 근육 문제까지 영향을 입어 말 속도가 느려지기도 한다. 환자 일부는 간헐적으로 혹은 항상 과다비성을 뚜렷하게 보인다. 말하는 동안 거칠고 비리듬적인(jerky and dysrhythmic) 운동이 흉부 및 복부에서 확실히 발견되기도 하는데, 이때 이 거칠고 비리듬적인 운동은 쥐어짜는 음성 및 유성 순간 중지와 동시적으로 일어난다. 이는 후두 폐쇄가 제대로 제어되지 못해 발생하는 부차적인 문제로 보인다.

내전형 연축발성장애가 심한 경우, 목 움츠림(neck contraction)과 연결되어 얼굴을 찡그리거나, 견대(shoulder girdle)와 팔을 움직이기도 한다. 전반적으로 매우 힘들여 말하는 것처럼 보인다. 환자들은 이 노력에 대해 자주 호소하며 또한 음성 자체가 마음에 안 든다고도 한다.

내전형 연축발성장애의 경우, 말 산출 동안 성문하압이 비정상적으로 증가하고, 비정상적인 발성 기류(phonatory airflow)의 변이를 보이며, 후두 저항이 증가한다.[3,46,56] 근전도 연구를 통해 말 개시의 지연과 후두근의 지나친 활성도가 확인되었다.[81] 후두 영상 검사 결과, 말 산출 동안 참성대에서 내전근의 경련이 비교적 지속적으로 일어났다. 전체 후두가 상향 이동하는 경우도 있는데, 이는 외재근(extrinsic muscle)에 연축 활동(spasmodic activity)이 일어나고 있음을 의미한다. 갑상피열근과 구개올림근(levator palatine muscle)의 활동 시작점은 그래프상 6~7Hz 범위에 나타나는 높은 진폭으로 확인할 수 있는데, 이는 말소리 파형에서 관찰되는 동요와 같은 속도로 동시적 동요를 보였다.[44,115] 광섬유 후두 영상(fiberoptic videonasolaryngoscopy) 결과에 따르면, 후두 운동장애(내전형, 외전형, 혼합형, 음성 진전) 환자 83명 중 84%가 말 산출 도중 비정상적인 연구개의 위치를 보였다. 청지각적으로는 공명 문제를 보이지 않았는데, 이는 환자들이 보상적 행위로 구개 위치를 비정상적으로 만들거나 추가적인 손상이 있을 가능성을 의미한다.[84] 일부 연축발성장애 환자들은 말 산출 동안 비정상적인 입술 운동 패턴을 보였으며, 이도 같은 이유 때문인 것으로 보인다.[112]

음향 연구는 다음과 같은 결과를 보고해 왔다. 발성 휴지(phonation break), 비주기성(aperiodicity), 비정상적인 포먼트 구조, f_0 표준편차의 증가, 비정상적인 주파수 변이 및 음강 변동, 스펙트럼상 불규칙적으로 보이는 넓은 간격의 수직선(f_0의 감소와 비주기적 발성 의미), 주파수 변동률 및 음강 변동률 증가, 조음 방해, 음절 내 소리 분리, 모음의 발성 시작 지연, 휴지 증가, 느린 말 속도와 f_0/음강이 낮아지는 경향.[8] 이 다양한 음향 변수들은 또한 보톡스 치료 후 변화의 지표로 사용되어 왔다. 음향학적 · 생리학적 특성은 전반적으로 SD의 지각적 특성과 일치하며, 나아가 좀 더 자세하게 SD의 특성을 기술한다.

말(외전형 연축발성장애)

외전형 연축발성장애(abductor spasmodic dysphonia)의 발화 시 중간 중간 짧고 부적절한 기식적 혹은 실성적(aphonic) 부분이 발견되는데, 이는 발화 혹은 음절 초에 위치한 무성 자음으로 가장 쉽게 유도된다. 이때 기류는 증가하며, 말 속도는 느려질 수 있다.[89] 내전형 SD에서와 마찬가지로 유창성 장애와 과다비성이 때로 뚜렷하다.

음향학적 분석으로 다음과 같은 결과가 보고되었다: 첫 자음의 기식(aspiration) 구간 증가, 고주파수대 포먼트들의 음향 에너지 저하, 포먼트 구조 이상, 음강 변동, 무성자음의 성대진동 시작시간(voice onset time, VOT 증가, f_0 평균값 상승, 스펙트로그램의 수직선상에 소음 개입, 문장 조음 시간 증가.[19,120] 후두를 직접 관찰하면 발성 중 성대외전이 발견되기도 하는데, 이로 인해 성문부전(glottal chink)이 넓게 나타날 수 있다. 이는 기식성 유출(breathy release)과 동시에 일어난다. 진전이 관찰되면 내전근의 운동은 리듬적(rhythmic)이다. 근전도 연구는 외전형 연축발성장애 환자의 갑상피열근과 후부 윤상피열근(posterior cricoarytenoid muscle)에서 활성도의 증가를 확인하였다.[115]

연축발성장애 환자의 말 관련 특성이 **표 8-10**에 요약되어 있다.

H. 연축 사경(경부 근긴장이상)

연축 사경(spasmodic torticollis, ST)은 목의 경부 근육에 영향을 미치며, 뇌신경의 지배를 받는 말 산출 관련 근육에는 영향을 미치지 않는다. 직접적으로 말 산출 근육에 영향을 미치는 근긴장이상이 동반되지 않는 한 ST의 말 문제는 목의 자세 변형으로 인해 생긴 부차적 문제이거나, 목의 비정상적인 자세 때문에 성문 및 성문 상-하부의 성도 모양이 변하였기 때문이라 할 수 있다(**그림 8-7**). ST 환자들에게 관찰되는 목의 심한 변형을

---

[8] SD 환자의 발성이 불안정한데도 불구하고 발성 휴지, 주파수의 전이, 비주기적 부분(aperiodic segments)의 빈도는 과제를 여러 번 반복하는 사이에, 그리고 시간이 지나도 변하지 않는 것으로 보임.[25] 그러나 이런 비정상적인 음향 특성이 상대적으로 얼마나 두드러지게 나타나는가는 말 산출 과제의 영향을 받음(예: 읽기 대 모음연장).[104] 참고문헌 4, 25, 54, 82, 83, 104, 105, 120, 124.

표 8-10

연축발성장애 마비말장애의 주요 변별적인 말 특성 및 말 관련 검사 결과들. (아래 표기된 사례 이외에도 부록 웹사이트 Part I~III의 사례들에서 확인할 수 있음.)

지각적 특성	
발성-호흡	• 내전형: 지속적 혹은 간헐적인, 쥐어짜는, 떨리는, 눌린, 힘든 음질. 심할 때는 유성 순간 중지 동반. 진전이 기저에 깔린 문제라면 음성 진전도 뚜렷하게 나타나는데, 특히 높은 음도로 모음을 연장할 때 뚜렷함(**사례 21, 76**). • 외전형: 짧고, 기식적 혹은 실성 발성장애 구간이 보이는데, 특히 발화 시작이나 무성 자음 환경에서 가장 뚜렷함
공명	• 내전형: 보통 정상적이나 종종 과다비성 • 외전형: 보통 정상적이나 종종 과다비성
조음-운율	• 내전형: 부적절한 휴지. 특히 유성 순간 중지가 뚜렷할 때 소리 없이 조음 운동, 소리 반복 • 후두 경련의 부차적 문제로 문맥 발화 및 AMR이 느림(**사례 21, 76**) • 외전형: 외전근 경련 동안 성문을 통한 기류 낭비로 인해 짧음
신체적 특성	• 기타 신체 부위에 진전이나 근긴장이상이 없다면 비후두근은 보통 정상적임. • 참성대와 피열근에서 리듬적 혹은 비리듬적 경련이 관찰되며, 거짓성대와 인두괄약근에서도 가끔 관찰. 일반적으로 말 산출 동안에만 일어남. • 거칠고 비리듬적인 흉부 및 복부 움직임, 보통 내전근 후두경련의 부차적 문제 • 안면 찡그림과 목 또는 어깨 운동, 내전근 후두 경련의 부차적 문제
환자의 주 호소	• 내전형: 조이는, 쥐어짜는 음성(**사례 21, 76**) • 외전형: 간헐적, 약하고 기식성, 실성 음성 • 내전형과 외전형: 말하는 데 물리적 노력과 피로가 증가 • 직업적 · 사회적 · 감정적으로 심각한 영향을 미칠 수 있음. 진전으로 인한 문제일 경우, 알코올 섭취로 음성이 호전되기도 함.

고려하면 말 문제가 더 심각하게 나타나지 않는다는 것이 놀랍다.

연축 사경 환자를 가장 주의 깊게 살핀 연구는 LaPointe, Case, Duane[76]이다. 이 연구는 ST 환자 70명의 읽기 속도가 느리고, 말 AMR 및 SMR도 느리다고 보고하였다. /s/, /z/와 모음연장 최대 길이는 짧았고, 발성 반응 시간(phonation reaction time)도 짧았다. 또한 습관적 음도(habitual pitch), 최대 음도, 음도 범위의 감소도 발견되었다. 명료도 저하를 보였지만 전반적으로 말에 "일부 미세하게 차이가 있으나 기능적이고 명료하였다"는 인상을 주었다. 주파수 변동률과 음강 변동률은 높지만 모음연장 시 배음 대 소음 비율(harmonic-to-noise ratio)은 낮다는 보고도 있다.[122] 전반적으로 이 연구들에 따르면 ST 환자 일부는 발화의 시작이 느리고, 발화 최대 길이가 짧으며, 음도 및 음도 변이가 감소한다. 또한 말 속도도 느리다. 이때 문제는 대개 경도이며, 명료도는 대체적으로 영향을 받지 않는다.

이 말 특성 및 말장애의 생리학적 기제를 이해하고, 비정상적인 머리 또는 목의 자세에 환자들이 어떻게 적응하는지 파악하려면 추가 연구가 필요하다. 표 8-11에는 ST 환자의 주요 말 특성 및 말 관련 특성이 요약되어 있다.

I. 무정위운동

무정위운동(athetosis)(또는 무정위/이상운동)은 뇌성마비의 주요 유형이긴 하나 후천성 운동장애를 기술하기 위해 무정위운동이라는 용어를 사용하는 경우는 드물다. 아마도 많은 신경학자들이 무정위운동을 근긴장이상과 동의어로 간주하기 때문으로 보인다. 그 결과 무정위운동에 의한 마비말장애는 뇌성마비 아동 및 성인 연구만을 대상으로 해서 알려져 왔다. 연구 결과에 따르면 무정위운동의 말 특성은 근긴장이상 마비말장애(아마도 무도병 마비말장애도 포함)의 말 특성으로 설명할 수 있을 것으로 보인다. 중복되는 내용 때문에, 또한 이 책의 초점은 후천성 말운동장애이므로 무정위 뇌성마비의 말장

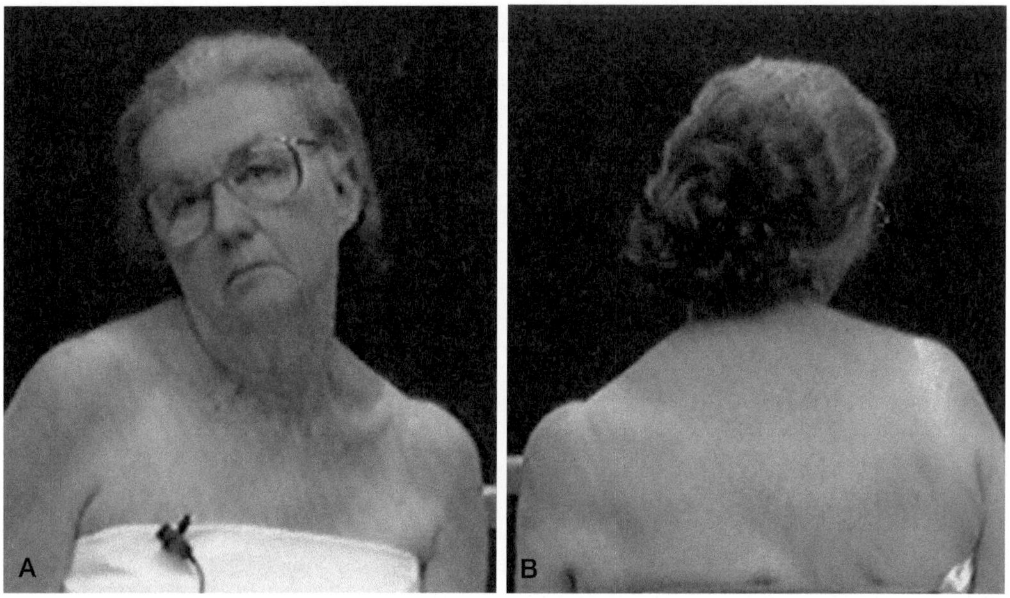

그림 8-7 연축 사경 환자가 정상적인 편한 자세로 앉으려는 정면(A)과 후면(B) 사진. 목과 머리가 불수의적으로 돌아간 자세가 유지되고 있음.

표 8-11

연축 사경 운동과잉형 마비말장애의 주요 말 특성 및 말 관련 검사 결과들

지각적 특성	
발성-호흡	• 음도 및 음도 변이의 감소 • 발성장애
조음-운율	• 말 속도 감소, 말 개시 지연, 느린 AMR
신체적 특성	• 비교적 머리가 좌우, 앞뒤로 뒤틀린 상태로 유지 • 감각적 요령을 이용해서 비정상적 자세를 줄임
환자의 주 호소	• 말소리는 종종 정상으로 보고 • 목 운동과 고통에 대해 호소 • 빈번한 삼킴장애 • 감각적 요령이 경련을 일시적으로 줄일 수 있다는 것을 알고 있음

AMR=교대운동속도(alternate motion rate)

애에 대한 문헌은 다루지 않는다.[9]

[9] 무정위 뇌성마비 환자들의 말에 관심이 있다면 Hustad, Gorton, Lee[59]; Kent와 Netsell[67]; Nielson과 O'Dwyer[92]; Platt, Andrews, Howie[94]; Platt 등[95]의 연구들을 읽어 볼 것을 권함.

J. 구개인후두 간대성 근경련(사례 22, 23, 65)

구개인후두 간대성 근경련(palatopharyngolaryngeal myolonus, PM)(구개 진전[palatal tremor])은 연구개, 인두벽, 후두 근육이 비교적 갑자기 리듬적 혹은 반리듬적(semirhythmic) 운동을 보이는 희귀 질환으로, 편측 혹은 양측 모두 가능하다.[10] 병소는 길랑-몰라레트 삼각(Guillain-Mollaret triangle)이라 알려진 뇌간과 소뇌 영역으로, 치상핵, 적핵, 하올리브(inferior olive) 사이의 연결고리를 관통한다(치상적올리브 경로[dentatorubroolivary tract]). PM은 때로 중추 속도조절기(central pacemaker)에 의존하는 운동장애의 원형으로 간주되기도 하는데, 이때 속도조절기 역할은 하올리브가 담당하는 것으로 보인다. PM 환자는 영상 검사 혹은 부검 결과를 통해 하올리브핵의 퇴행성 비대(hypertrophic degeneration)가 빈번하게 확인된다.[35] 그림 8-8의 MRI 사진은 PM의 하올리브핵의 퇴행성 비대를 보여 준다.

PM은 보통 뇌간 혹은 소뇌동맥 문제에 의해 일어난다.

[10] PM은 리듬적이고 번개처럼(lightning-like) 일어나지는 않기 때문에 신경학자 중에는 이 장애를 '구개 진전(palatal tremor)'이라 불러야 한다는 의견도 있음. PM은 '구개 진전' 또는 구개인후두 진전과의 경계를 명확하게 구분하기 어려움. 그러나 본태성 진전과 이들을 구분하는 것은 중요함.

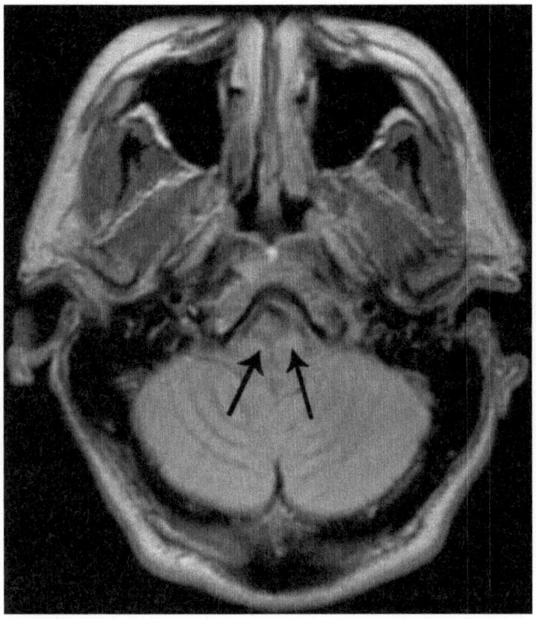

그림 8-8 45세 구개인후두 간대성 근경련(실조형 마비말장애 동반) 남성 환자의 연수(medulla)와 소뇌 높이의 MRI 횡단면 사진. 하올리브핵의 양측 비대(bilateral hypertrophy)를 보여 줌(화살표). 사례 8-7 참조.

이 부위에 신생물, 뇌증, 다발성 경화증, 기타[11] 퇴행성 질환도 PM을 일으킬 수 있다.[16] 급성 PM의 경우, 증상이 일어나기 이전 수개월 혹은 수년간 잠복하고 있었을 가능성이 있다.[88]

PM은 특발성으로도 일어날 수 있다. 일련의 연구에 따르면 287명의 PM 환자 중 27%의 병인은 불명이었으며,[35] 이들은 본태성 진전(본태성 혹은 기질성 음성 진전 포함) 같은 원인 불명의 양성 질환처럼 '본태성 리듬적 구개 간대성 근경련' 환자로 불렸다. 특발성 PM은 증상성 PM([symptomatic PM] 다시 말해 병인이 잘 알려진 PM)보다 '귀에서 나는 딸깍 소리(earclicks)'(후에 설명)가 더 빈번하게 일어나며, 더 느린 속도의(분당 120 이하) 경련을 보인다. 일반적으로 40세 이전에 발병하며 종종 턱이나 입 주변에서 간대성 근경련이 발견된다. 일부 환자들의 경우에 심인성 병인도 관찰된다.[121]

[11] 진행성 실조증과 구개 진전(progressive ataxia and palatal tremor, PAPT)이라고 알려진 산발성 또는 가족성 증후군도 병인 중 하나임. 진행성 소뇌변성이 가장 두드러진 특성이며, 1~2Hz의 구개 진전과 마비말장애 특성도 빈번하게 관찰됨.[103]

비구어 구강 기제

구개인후두 간대성 근경련(PM)은 안정 시, 자세 유지 시, 운동 중, 수면 중 나타난다. 안구, 횡격막, 혀, 입술, 턱에 증상이 나타나는 경우도 있다. 이들의 가장 빈번한 현상은 **갑자기 연구개가 분당 60~240에 이르는 리듬적 속도의 경련을 보이며 상승하는 것이다.** 인두 수축 또한 뚜렷이 발견되며, 구개긴장근(tensor veli palatine) 때문에 유스타키오관을 열었다 닫았다 한다. 이로 인해 다른 사람들에게 들릴 만큼 딸깍 소리가 나기도 한다. 특발성(idiopathic) PM 환자들은 귀에서 나는 딸깍 소리를 자주 호소하지만 증상성(symptomatic) PM 환자들이 호소하는 경우는 드물다.[35]

후두의 근간대성 운동은 때로 목 표면에서도 관찰 가능하다. 환자들은 후두에서 딸깍거리는 느낌이나 후두 경련 느낌을 호소하기도 한다. 목 표면에 일어나는 근간대성 운동을 경동맥파(carotid pulse)로부터 구분하는 것은 중요하다. 경동맥파는 대개 더 느리며 후두 연골의 가시적인 이동이 보이지 않는다. 입술과 콧구멍에서도 근간대성 운동이 발견되기도 한다. 혀에서도 뚜렷하게 관찰될 수 있으나 이는 후두 간대성 근경련의 부차적인 떨림일 수도 있다.

말

구개인후두 간대성 근경련(PM)이 턱, 입술, 혀, 구개, 인두, 후두에 영향을 주기는 하나 말에 미치는 영향은 대화 도중 전혀 눈치 채지 못할 수 있다. 경련이 빠르고 비교적 낮은 진폭으로 일어나기 때문이다. 연결 발화 도중 PM이 뚜렷할 때는 느린 음성 진전(slow voice tremor)으로 들리며, 간헐적으로 과다비성이 관찰되기도 한다.[30] PM의 청지각적 특성은 보통 모음연장 시 **리듬적 순간 중지**(rhythmic arrest)나 **유사 진전 변이**(tremorlike variation)를 들 수 있는데, 이때 진전의 속도는 구개 간대성 근경련 속도와 일치한다. 근간대성 변이가 본태성 음성 진전과 다른 점은 속도가 느리고, 비교적 매 주기가 급작스럽게 시작된다는 점이다(음성 진전의 속도는 더 느리고, 사인 곡선 형태를 보이며 점차 심해졌다 약해지는 등 전반적으로 부드러운 형태를 보인다). 드물게 안정 시 딸깍 소음이 들리는 경우가 있는데, 이는 유스타키오관의 개방 때문이다. 구절 경계에서 들숨이 끝나기 전에 간대성 성대내전(myoclonic vocal fold adduction)이 일어나면 말 산출 중에 짧은 묵음 구간이 가끔 발견된다. 횡격

표 8-12

구개인후두 간대성 근경련에 의한 운동과잉형 마비말장애의 주요 말 특성 및 말 관련 검사 결과들

지각적 특성	
발성-호흡	• 종종 뚜렷한 비정상성이 발견되지 않음 • 심할 경우 문맥 발화 중 순간적으로 유성 순간 중지 • 모음연장 시 유성 순간 중지 혹은 근간대성 운동이 60~240Hz로 일어남(**사례 22, 23, 65, 82**)
공명	• 보통 정상적이나 가끔 간헐적 과다비성
조음-운율	• 보통 정상이나 간대성 근경련이 들숨/날숨 시작, 발성 혹은 조음을 방해할 때 짧은 묵음 구간이 관찰되기도 함
신체적 특성	• 구개, 인두, 후두에서, 때로는 입술, 콧구멍, 혀, 호흡근육에서 근간대성 운동이 발견됨(**사례 65**) • 후두 혹은 인두에서 간대성 근경련이 보이며 때로는 목 피부 아래층에서 관찰되기도 함(**사례 65**) • 귀에서 나는 딸깍 소리
환자의 주 호소	• 환자는 종종 근간대성 운동에 대해 인식하지 못하며 말의 어려움에 대해서도 호소하는 경우는 드묾

막이 관여되면, 기류에 영향을 미쳐 순간적으로 발성을 방해한다.

PM의 마비말장애는 다른 증상 없이 단독으로 나타나는 경우가 드물다. 특발성을 제외하고는 PM은 대개 후두와(posterior fossa) 손상의 다른 징후들과 동반된다. PM은 경직형 · 실조형 · 이완형 마비말장애 특성 등을 포함하는 말장애를 빈번하게 보인다. PM 환자의 말 및 말-관련 연구 결과들이 표 8-12에 요약되어 있다.

K. 본태성(기질적) 음성 진전 (사례 17~19, 62, 73)

본태성(특발성) 또는 기질적 음성 진전은 종종 신경장애나 마비말장애가 아닌 음성장애로 단순히 간주된다. 그러나 약 20%의 환자들이 다른 신체 부위의 기질적 진전을 동반하며,[61] 따라서 진전 운동과잉형 마비말장애로 확실히 분류할 수 있다.[12]

본태성 진전은 가장 흔한 운동장애로, 17~96%에 이르는 환자가 진전 가족력을 갖는다.[58] 발병 나이에 제한은 없으나 종종 50세 이전이며, 발병률은 나이와 함께 증가한다. 평균적으로 손의 진전이 가장 빈번하나, 환자의 14%는 음성 진전을 보인다.[58] 대개 양성이지만 증상이 서서히 심해지기도 한다(진전 진폭 증가). 국소적 근긴장이상, 근긴장이상 변형(dystonia musculorum deformans), ST와 같은 기타 운동장애의 전조로 나타나거나 이들과 관련되어 일어나기도 한다.[43,72]

본태성 진전은 중추신경계의 한 부분이 아니라 서로 연결된 구조망이 비정상적으로 진동하면서 나타나는 것이다.[97] 본태성 진전이 보이는 고유한 리듬의 생리학적 특성을 고려해 보면 적핵, 소뇌, 하올리브핵, 복외측 시상핵이 이 구조망에 포함되는 것으로 보인다. 또한 본태성 진전 환자들을 대상으로 한 PET 연구 결과나, 진전을 일으키거나 중지시키는 것으로 알려진 외과적 혹은 혈관 병변 위치는 이를 뒷받침한다.[58,[13]]

본태성 음성 진전의 발병은 대개 점진적으로 일어난다. 증상이 가벼운 경우 스스로 알아채지 못하기도 한다. 증상을 알아채는 경우, 피곤하거나 스트레스를 받으면 악화되지만 알코올로 향상된다고 느끼는 경우도 많다. 음성 진전은 홀로 나타날 수 있지만 두부 혹은 사지 진전과 높은 빈도로 동반한다.

[12] 본태성 진전은 혀에도(때로 혀에만) 영향을 미칠 수 있지만, 본태성 혀의 진전은 본태성 음성 진전보다 드묾. 혀 진전 환자는 대개 본인의 문제를 의식하지 못하며, 4~8Hz의 속도를 보이는데, 대개 안정 시에는 뚜렷하지 않다가 혀를 내밀 때 나타나며 종종 알코올에 반응을 보임.[13] 본태성 진전이 말에 미치는 영향에 대해서는 아직 확실하게 알려지지 않음.

[13] 소뇌 질환에서도 가끔 음성 진전이 확인됨. 이 경우 소뇌 자세 진전(cerebellar postural tremor)과 유사한 약 3Hz의 속도를 보임.[1] 이는 본태성 음성 진전보다 낮은 속도로 대개 실조형 마비말장애에서 일어남. 소뇌 질환에서 보이는 음성 진전 속도는 구개-후두 간대성 근경련의 속도와 유사하지만 안정 시 근간대성 운동의 근거 없이 일어나기도 함.

비구어 구강 기제

일부 기질적 음성 진전 환자는 안정 시 또는 혀를 내밀 때 혀의 진전을 뚜렷하게 보인다. 발성 시 진전이 나타날 때는 순수한 혀의 진전이거나 후두의 상하 진동에 의해 부차적으로 일어나는 것일 수도 있다. 모음 '아'를 연장 발성하는 동안 음성 진전이 관찰될 때, 구개와 인두 진전이 동시적으로 일어나는 경우도 빈번하다. 후두 내시경 검사를 하면 후두의 상하 운동과 성대의 내전 및 외전 진동을 관찰할 수 있는데, 이 진동이 청지각적 음성 진전과 동시적으로 일어난다는 것을 알 수 있다. 후두의 상하 진동 또한 모음연장 동안 목 표면에서 확인할 수 있다. 윤상관상근(cricothyroid muscle)과 호흡근(복직근[rectus abdominis])의 진전이 음성 진전과 동시적으로 일어난 환자의 근전도 결과를 살핀 연구도 있다.[113] 호흡 진전 또한 음성 진전의 원인이 되기도 하는데, 그리 빈번하게 일어나지는 않는 것으로 보인다.

말

Aronson[6]은 본태성 진전이 음성에 미치는 영향을 다음 세 가지로 기술하였다. (1) 내전근과 외전근 손상 정도가 비교적 비슷할 때 '전형적' 기질적 진전, (2) 내전근 손상이 더 클 때 내전형 연축발성장애, (3) 외전근 손상이 더 클 때 외전형 연축발성장애. 이 절에서는 전형적 음성 진전만 설명하기로 한다(연축발성장애 부분 참고).

경도의 음성 진전은 말 산출 중 뚜렷하지 않을 수 있는데, 따라서 일부 환자는 알아채지 못하는 것으로 보인다. 이 진전의 리듬적(rhythmic) 떨림은 모음연장 중 가장 쉽게 확인된다. 이 음성 진전이 호흡 과정에 의해 일어날 가능성을 배제하기 위해 /s/와 /z/ 연장을 검사해 볼 수 있다. /s/는 안정적인데 /z/ 또는 모음연장 시 진전을 보인다면 호흡 과정이 음성 진전에 영향을 미칠 가능성은 낮다.

4~7Hz의 진전이 빈번히 보이는데, 그중에서도 5~6Hz가 가장 빈번하며, 연령이 증가할수록 진전은 느려지는 경향이 있다.[8,17] 진전은 모음연장 중 **사인곡선형**(sinusoidal), **떨림**(quavering), **리듬적으로 점점 심해졌다 누그러지는**(rhythmic waxing and waning) 특성을 갖는다. 이는 음도, 음강 혹은 이 둘 모두가 리듬적으로 변하기 때문으로 보인다(**그림 8-9**). 진전이 심할 경우, 갑작스럽게 짧고 날카로운 유성 순간 중지가 일어나 음성 진전의 리듬성이 흐트러질 수 있다. 이는 환자가 문제를 피하거나 보상하려는 노력 때문으로 보인다. 이런 경우, 환자로 하여금 음도를 높여 모음을 연장하게 하면 유성 순간 중지를 없애고, 진전을 더 수월하게 확인할 수 있다. 본태성 음성 진전의 음향학적 특성으로는 주파수 변동률 증가, 배음 대 소음 비율(harmonic-to-noise ratio) 감소, 발성 고유 주파수(natural frequency)의 범위 감소, 모음연장 중 f_0 불안정, 느린 말 속도, 느리고 불규칙적인 AMR 등이 포함된다.[49,83] 높은 음도로 발성하게 되면 진전의 진폭과 속도가 증가하는 경향이 있다. 낮은 음도로의 발성은 진전 진폭을 감소시키고, 음량을 늘리면 진전 진폭을 증가시키는 경향이 있다.[37]

중도 이상의 음성 진전 환자는 발성 방해(phonatory interruption)로 인해 **말 속도가 느려지기도** 한다. 말 속도는 또한 턱, 입술, 혀의 진전으로 인해 느려질 수도 있다. 음성과 구강하악 진전이 동시에 뚜렷하게 일어나면 말에 미치는 영향이 더욱 두드러지며, 이때 단순한 사인곡선 파형보다 훨씬 더 복잡한 양상으로 진전이 나타날 수 있다. 이런 사례를 보고한 Kent 등[69]의 연구에서는 환자들의 명료도가 매우 심하게 저하되었다. 음향학적 분석 결과 발성장애 구간(dysphonic interval), 배음 배가(harmonic doubling), 소음 등을 포함한 다양한 발성 유형이 발견되었다. 단일어(single word) 반복 속도 및 AMR 속도는 느리고 불규칙적이었으며, 턱의 진전으로 인해 조음이 안정적이지 못하였다. 조음 운동이 때로 3~5Hz 진전 주기에 맞춰 일어나는 것으로 보이기도 하는데, 환자가 진전에 대응하는 방법 중 하나가 "수의적 운동을 진전 속도에 맞춤으로써 진전을 내재적 속도조절기로 사용하는 것"임을 시사한다.[68]

마지막으로 본태성 음성 진전과 연축발성장애(spasmodic dysphonia, SD)는 연속선상에 있는 것으로 보인다. 이 연속선은 중증도에 의해 나뉘기도 하고, 내전근 및 외전근의 후두 활동에 관여하는 근육 간 균형에 의해 나뉘기도 한다. 본태성 음성 진전의 SD는 (1) 내전근 진전이 더 우세하여 내전근이 성문을 압박하는 경우(본태성 음성 진전의 내전형 SD), (2) 외전근에 의한 진전이 더 우세하여 외전근이 성문을 넓히는 경우(본태성 음성 진전의 외전형 SD), (3) 내전근과 외전근 사이에 진전 진폭의 균형이 비교적 잡혔으나 외전근과 내전근의 중지나 음성 방해를 일으키기에 충분히 진전 진폭이 클 경우(본태성 음성 진전의 내전 및 외전 SD 혼합형)로 구분된다. 지각적인 근거 외에도 SD와 본태성 음성 진전 사이의 관계는 SD 환자의 비후두 진전에서도 확인할 수 있다. 가

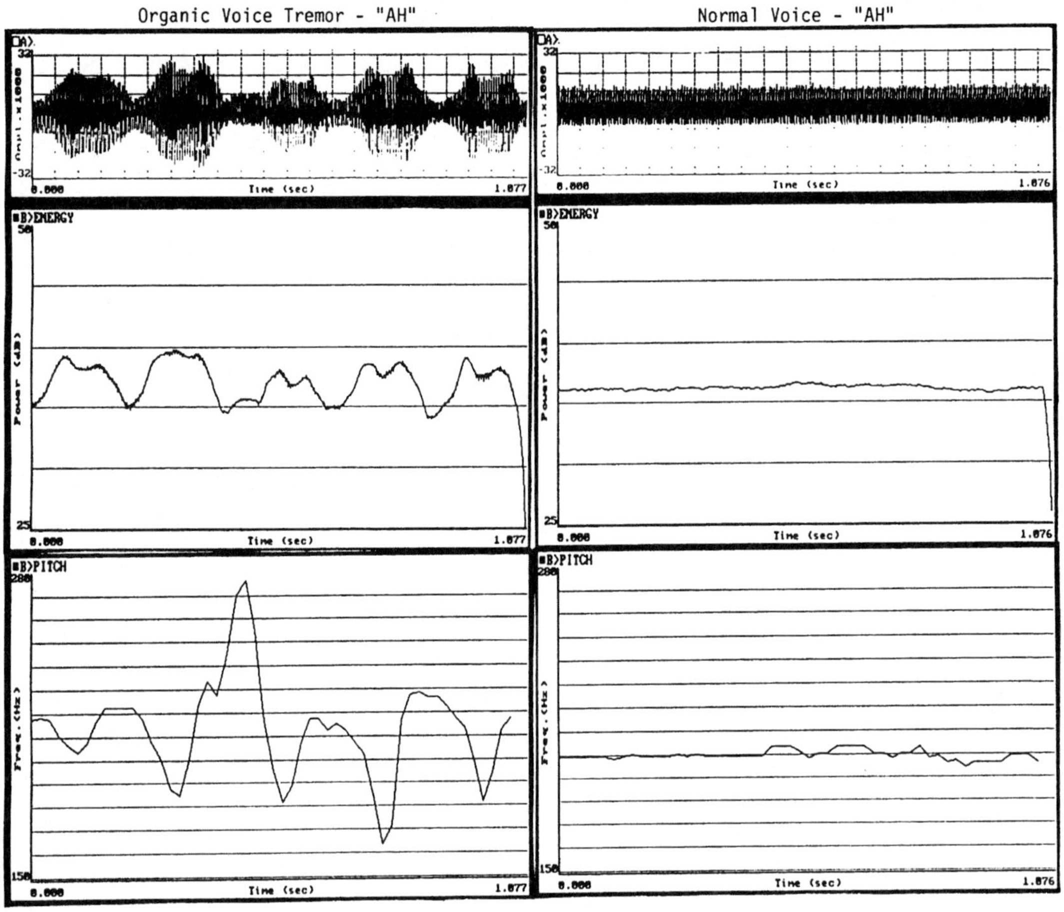

그림 8-9 약 5Hz의 기질적 음성 진전 여환(좌, 이 환자의 임상적 정보에 대해서는 사례 8-5 참조)과 정상 여성 화자(우)의 '아' 모음 연장 수행 중 약 1초간 파형과 에너지 및 음도 궤적. 매우 규칙적인 진전을 확인할 수 있으며, 우측 정상 화자의 결과와 대조적임.

령 SD 환자의 약 33% 정도에서 후두 이외의 신체 부위에서 본태성 진전의 근거를 찾을 수 있었다.[61] 또한 본태성 음성 진전 환자와, SD와 음성 진전을 동반하는 환자의 진전 속도는 유사하다.[9]

본태성 음성 진전과 관련된 말 특성 및 말 관련 검사 결과들 중 주요한 특성들이 표 8-13에 요약되어 있다.

표 8-13

본태성 음성 진전 운동과잉형 마비말장애의 말 특성 및 말 관련 검사 결과들 중 주요하고 변별적인 특성

지각적 특성	
발성-호흡	• 리듬적인 떨림이 점점 심해졌다 약해지는 유형으로, 모음연장 중 가장 뚜렷하게 나타나며, 4~7Hz 속도로 일어남 (**사례** 17-19, 62, 73)
운율	• 정상적인 음도-음량 변이가 진전으로 인해 제한되거나 변화를 겪을 수 있음
신체적 특성	• 리듬적인 후두의 수직 상하 운동이 관찰되며 성대의 내전근 및 외전근 진동이 음성 진전과 동시적으로 일어남 • 턱, 입술, 혀, 구개 혹은 인두의 진전이 특히 발성 중 관찰되기도 함. 후두 진전의 부차적인 영향으로 혀와 턱 진전이 보일 수 있음
환자의 주 호소	• 목소리가 떨리고 부드럽지 못함 • 피로하거나 긴장하면 악화됨 • 알코올을 섭취하면 나아짐 • 종종 진전 가족력이 있음

V. 사례

사례 8-1

73세 남환으로, 지난 5개월간 말할 때 '머뭇거림'이 악화되다 정체되어 내원하였다. 신경 검사 결과, 구강안면 운동의 이상을 제외하고는 정상이었다. CT와 EEG 검사 결과도 정상이었다. 통상적으로 이루어지는 임상 실험 결과와 중금속 중독 선별 검사 결과 모두 정상이었다. 이 환자는 신경 이완 약물을 복용한 적이 없었다.

말 평가 중 환자의 주 호소는 불수의적인 입의 운동, 말의 멈춤, 그리고 어눌함이었다. 검사 결과, 안정 시, 그리고 입술을 오므릴 때 입술 진전이 확인되었으며, 안정 시 혀의 반리듬적(semirhythmic) 운동도 확인되었다. 모음연장 동안에는 음성 진전이 보였다. 문맥 발화 동안 비교적 빠른 속도의 씹기, 입술 짭짭거리기, 입술을 오므리는 이상 운동을 보였으나 환자가 설압자를 물거나 입꼬리에 조금의 압력을 주면 눈에 띄게 좋아졌다.

임상가는 "구강안면 이상운동증에 의한 운동과잉형 마비말장애로 진전 증상을 동반"이라 결론 내렸다.

환자에게 파이프를 입에 꽉 물고 말하도록 권하였으며, 환자는 연습도 하였다. 신경과에서는 인데랄(Inderal) 약물을 복용해 볼 것을 추천하였다. 몇 주 후 환자는 인데랄 복용 후 훨씬 증상이 나아지긴 하였어도 얼굴 찡그림은 사라지지 않았다고 전하였다. 그는 또한 "파이프를 무는 것이 확실히 효과적이면서 남 앞에서 사용하기에도 괜찮다"고 덧붙였다.

해설: (1) 구강안면 이상운동증 또는 입의 국소적 근긴장이상은 종종 뚜렷한 병인을 설명할 수 없는 상태로 발병한다. 여타 신경 증상 없이 나타나기도 하고 신경 영상 검사가 정상일 때에도 나타난다. (2) 구강안면 이상운동증은 말 문제를 야기할 수 있다. (3) 이를 악문다거나 볼에 조금의 압력을 주는 등의 감각적 요령을 통해(일시적으로) 비정상적인 운동을 경감시키거나 말을 증진시킬 수 있다.

사례 8-2

53세 남환으로, 18개월간의 말 문제 및 우측 사지 운동 장애로 내원하였다. 증상이 천천히 나타나 악화된 경우로, 직업상 선박 용접 및 마무리 작업 도중 망간에 중독된 것이 아닌가 의심되었다.

신경 검사 결과, 보행 시 우측 발의 비틀림 근긴장이상(torsion dystonia)과 우측 팔의 톱니바퀴 경직이 확인되었다. 말하는 동안 입 벌림(jaw-opening) 근긴장이상도 뚜렷하였다. 말 평가가 의뢰되었다.

환자는 말하는 동안 일어나는 턱의 비정상적인 운동에 대해서는 인지하고 있었으나 음식물을 먹을 때를 비롯해 다른 때에는 의식하지 못하였다. 긴장할 때 혹은 흥분하거나 술을 마실 때 말소리가 악화되는 경향이 있다고 보고하였다. 또한 아침에, 이완 훈련 후, 말하면서 쓰거나 그림을 그릴 때 말소리가 더 나았는데, 환자는 특히 뭔가를 쓰거나 그리는 동안 말소리에 신경을 쓰지 않게 된다고 생각하였다.

구강 기제 검사 결과는 정상이었다. 말하는 동안 간헐적으로 턱이 하강하면서 혀가 후퇴하는 운동을 보였다. 이런 비정상적인 운동이 자주 관찰되지는 않았지만 주의 깊게 살펴본 결과, 특히 개모음과 연구개 자음(즉 턱의 하강이나 혀의 뒷부분이 상승되어야 하는 소리)과 특히 관련이 있는 것으로 확인되었다. 말은 속삭이듯 말할 때, 그리고 말하면서 이를 악물 때 향상되었다. 뭔가를 쓰면서 말하면 말소리가 꽤 좋아졌다. 턱의 하강은 말을 더 이상 잇지 못할 정도로 심해서 근긴장이상이 지나간 다음에야 말을 잇기도 했다.

MRI와 SPECT(single photon emission computed tomography) 검사 결과, 또한 추가적으로 실시된 검사 결과 모두 정상이었다. 근전도 검사 결과, 안면신경 전도와 교근억제 반사(masseter-inhibiting reflex) 역시 정상이었다. 안정 시, 음식물을 씹는 동안, 마시는 동안 외측 익돌근(lateral pterygoid muscles)과 이복근(digastric muscles)이 비정상적으로 수축되지는 않았으나 긴장성 경련이 말하는 500~3, 000ms 동안 보였다.

환자는 원인 불명의 진행성 기저핵 장애를 가진 것으로 결론 내렸다. 선박 용접, 도색, 중금속 노출을 피할 것을 권유하였다. 시네메트를 처방하였는데 환자의 사지 증상은 향상되었지만 말에는 별 차이가 없었다. 이 환자가 노출되어 왔던 페인트 및 여러 금속 물질의 추가 검사가 이루어졌으나 중금속 중독이 병인이라는 확실한 근거를 찾을 수는 없었다.

해설: (1) 말에 영향을 미치는 근긴장이상은 적은 수의 근육에만 특정적으로 영향을 미칠 수 있으며, 실제로 말 산출 시에만 근긴장이상이 나타날 수도 있다. 말에 의해서만 유발되는 국소적인 근긴장이상은 비교적 음소 특정적으로 나타나기도 하는데, 이 환자의 경우 개모음과 혀 뒷부분의 상승이 요구되는 소리에 의해 유발되었다. (2) 말로 유발되는 국소적 근긴장이상은 때로 자세를 변경하거나 주의를 분산시키면 증상이 나아지며, 일반적으로 안정적으로 휴식을 취할 때 말 문제가 덜 나타난다. 긴장할 때 근긴장이상이나 말 문제가 심해진다 해서 원인이 긴장이라 할 수는 없다. (3) 기타 어떤 마비말장애 유형보다도 운동과잉형 마비말장애의 원인은 확실히 밝혀지지 않았다.

사례 8-3

49세 여환으로, 1년간 말을 포함한 운동 문제로 내원하였다. 이 환자의 문제는 급작스럽게 심한 두통과 '취한 듯한' 말로 시작되었다. 며칠 후 환자는 우측 안면 근육의 씰룩거림과 손의 씰룩거림 및 떨림을 느꼈다. 바로 이어진 정밀검사 결과, 대뇌피질의 근간대성 뇌전증 진단이 내려졌다.

말 평가 도중에 환자는 말의 어눌함을 호소하였다. 말하는 동안 간헐적으로 얼굴과 목이 '조이는' 듯하다고 말하였다. 구강 기제 검사 결과, 안정 시에는 정상이나 혀를 내밀거나 측면으로 움직일 때 혀에 근간대성 운동이 보였다. 구개 혹은 인두 간대성 근경련은 보이지 않았다. 턱과 입주변의 간대성 근경련은 발성 없이 입을 열고 있을 때보다 지속적으로 발성할 때 더욱 뚜렷하게 보였다. 압력이 요구되는 소리를 낼 때 비강 누출이 뚜렷하였다. 근긴장이상처럼 보이는 입 주변 운동이 말 산출 동안 확인되었다. 이 환자의 말 특성으로는 느린 말 속도와 부정확한 조음을 들 수 있었는데, 특히 양순 폐쇄를 어려워하였으며, 이는 근긴장이상성 입술 수축 때문이었다. 쥐어짜는 듯하고 거친 음질과 함께 단음도, 단음량 특성을 보였다. 과도하고 동등한 강세 운율 특성을 보였으며 '아' 모음연장은 불안정하였다. 1초당 1음절씩 반복할 때의 말 AMR은 규칙적이었으나 속도를 늘리려 할 때 눈에 띄게 불규칙적으로 변하였다. 명료도 저하 또한 관찰되었다.

임상가는 이 환자를 "행동 시 간대성 근경련(AM) 운동과잉형 마비말장애 환자. 입 주변에 근긴장성 운동이 보이는데, 이 때문에 양순 폐쇄가 어려운 것으로 보인다. 확실히 말 속도를 높일 때 말이 악화되었고, 환자는 이 때문에 의식적으로 말 속도를 낮췄다."라고 결론 내렸다. 환자의 '스캐닝' 운율 특성과 쥐어짜는 음질은 운동과잉형 마비말장애를 보상하려는 노력에 의해 나타날 수도 있지만 실조형과 경직형 요소의 동반 가능성도 의심되었다.

신경 검사 결과, 사지 실조증, 과잉 반사, 몸통, 사지, 안면의 행동 시 간대성 근경련이 확인되었다.

정밀 검사 결과, 대뇌피질의 근간대성 뇌전증 확진이 내려졌다. 병인은 확실치 않았으나 진단되지 않은 바이러스성 질환일 가능성이 높았다.

해설: (1) 일부 운동장애는 말 특정적이다. (2) AM은 마비말장애를 일으킬 수 있으며, 이 마비말장애의 경우 말 속도를 높이면 눈에 띄게 나빠지는 특성을 보인다. 간대성 근경련이 근긴장이상 운동과 연관되어 나타나는 경우도 있다.

사례 8-4

35세 여환으로, 2년간 지적 퇴화, 글씨 쓰기 문제, 집중력 감소 등이 점차 악화되어 내원하였다. 이 환자는 말에 대해 "아무도 내 말을 이해하지 못해요."라고 호소하였다. 45세에 사망한 환자의 아버지를 포함해 헌팅턴병 가족력이 있었다. 신경 검사 결과, 균형의 어려움과 불수의적 운동, 전신적 운동의 비지속성(generalized motor impersistence), 경도의 톱니바퀴 경직 등이 확인되었다. 신경심리 검사 결과, 상당한 인지 능력 문제도 확인되었다.

MRI 결과를 통해 우측 조가비핵 이상을 발견하였다. 이는 헌팅턴병에서 발견되곤 하는 철분 퇴적물(iron deposition)을 의미하는 것으로 보였다. 경도의 전신성 위축 또한 있었다.

말 평가 중 빠르고 불안정한, 무도병 같은 운동이 하안부, 턱, 혀에서 안정 시 확인되었다. 불수의적으로 혀에서 딱딱 소리(tongue click)를 내기도 하였다. 운동의 비지속성 때문에 불수의적 운동만큼이나 혀를 내민 상태, 입을 열고 있는 상태, 입술을 뒤로 잡아당긴 상태를 유지하는 데 어려움을 겪었다. 말 특성으로는 말 속도 증가, 부정확한 조음과 불규칙적 조음장애, 운율장애, 말 속도 변화 등이 관찰되었다. 무도형 운동은 말 산출을 지연시키거나 구 경계에서 말의 지속을 지연시켰다. 모음연장 동안 낮은 진폭의 진전이 확인되었다. 말 AMR은 불규칙적이었다. 음도와 음량 변이는 낮았으나 이들은 가끔 부적절한 방식으로 변하였다.

임상가는 "안면 하부, 턱, 혀의 이상운동증 혹은 무도형 운동이 동반된 운동과잉형 마비말장애, 다음 구강안면의 불수의적 운동이 일어나기 전에 말을 빨리 하겠다는 노력에 의해서도 이런 특성이 나타날 수 있긴 하나, 말 속도가 증가하고 단음도, 단음량을 보여 운동저하형 요소의 동반 가능성을 의심하게 한다."고 결론 내렸다. 환자는 말 치료에 한 회기 참여하였을 때 말 속도를 낮출 수 있었으며, 조음의 정확도도 향상되었다. 그러나 지속적으로 옆에서 느리게 말하도록 단서(cue)를 주지 않으면 불가능하였다. 환자의 말을 이해할 수 없을 때 어떤 전략을 사용해야 하는지 가족 상담을 진행하였는데, 주로 환자가 말 속도를 늦출 수 있도록 단서를 줄 것을 강조하였다.

해설: (1) 운동과잉형 마비말장애와 구강안면 무도형 운동은 헌팅턴병의 징후들이다. (2) 인지장애와 성격 변화는 헌팅턴병 마비말장애에서 빈번하게 일어난다. (3) 말장애를 동반한 무도병 환자들은 때로 말 속도를 높이는데, 이는 불수의적 운동이 일어나기 전에 말을 끝내려 하기 때문이다. 이 때문에 운동저하형 요소가 존재한다는 인상을 받을 수 있다. 운동저하형 마비말장애와 보상 노력은 구분하기 어려울 수 있다.

사례 8-5

70세 여환으로, 1년간 저작이나 삼킴 문제 없이 음성 문제로 내원하였다. ENT(ear, nose and throat) 검사 결과는 정상이었다. 말 평가가 의뢰되었다.

말 평가 중 환자는 자신의 문제가 느리게 시작되었으며, 이를 '떨림'이라고 묘사하였다. 스트레스를 받거나 피곤하면 더 심해진다고 하였다. 환자는 자신의 음성 문제에 대해 의식하고 있었으며 그래서 때로 말하기를 주저하였다. 환자의 아버지가 '파킨슨증' 환자였으며 71세 오빠는 '수전증'이 있었다.

구강 기제 검사 결과, 크기, 강도, 대칭성은 정상적이었다. 안정 시 입술에서 낮은 진폭의 미묘한 진전이 있었으며 모음연장 시 턱, 혀, 구개, 연인두 진전이 뚜렷하였다. 조음과 공명은 정상이었다. 대화 중 음성 진전과 함께 음성 방해가 뚜렷하게 나타났다. 진전은 특히 모음연장 시 뚜렷하였으며 무성 마찰음 연장 시 호흡 진전은 보이지 않았다.

임상가는 이 환자가 "기질적 음성 진전으로 5~8Hz 범위의 진전 속도를 갖는다. 기타 말 언어 문제는 관찰되지 않았다. 초기 파킨슨병에 의한 운동저하형 마비말장애를 의심할 만한 다른 말 특성은 발견되지 않았다."라고 결론 내렸다. 환자와 함께 결과에 대해 상의하였을 때 환자는 진단 결과에 안심하면서도 자신의 음성 문제가 파킨슨병과 관련 있을 것이라고 걱정하였다. 그리하여 신경 검사가 의뢰되었는데, 음성 진전을 제외하고는 정상이었다. 음성 진전을 경감시키고자 프로프라놀롤(Propranolol)을 처방하였으나 효과는 없었다.

해설: (1) 음성 진전은 마비말장애의 유일한 증상으로 나타날 수 있다. (2) 후두 진전은 후두 검사 시 뚜렷하지 않을(혹은 놓칠) 수 있으며, 지각적 평가만을 토대로 음성 진전 진단이 바르게 내려지는 경우가 빈번하다. (3) 기질적 음성 진전은 기타 신경 징후 없이 일어날 수 있다. (4) 음성 진전은 이것이 의사소통에 미치는 영향뿐만 아니라 더 심각한 신경질환 가능성을 의미하기 때문에 중요하다. 이 경우 양성 결과를 통해 환자를 안심시킬 수 있었다. 임상가의 의견은 신경 평가 결과를 통해 확인되었다. (5) 정확한 진단이 가장 효과적인 마비말장애 중재법인 경우가 있다. 이 환자는 진단을 받고 안도하였으며, 말의 어려움 때문에 가끔 사회생활에서 겪는 문제는 그리 크게 걱정하지 않는다고 하였다.

사례 8-6

73세 여환으로, 어느 날 일어났을 때 갑작스럽게 생긴 음성 문제가 10년간 지속되어 내원하였다. 이 문제는 한동안 악화됐으나 몇 년간 정체되었다. 말 치료를 받은 적은 있으나 효과는 없었다고 한다. 신경 검사 결과, 두부 진전, 팔의 자세 진전, '경직형 말'이 확인되었다. 이러한 비정상적 운동의 원인은 정밀 신경 검사에서 밝혀지지 않았다.

말 평가 중 환자는 이 음성 문제가 심리적으로 스트레스를 상당히 받던 시절(입양한 아들이 약물 문제로 속을 썩였고 친부모를 찾는 중이었다고 함)에 시작되었다고 말하였다. 환자는 긴장하거나 여러 사람 속에서 이야기할 때 음성 문제가 악화되고 와인을 마시면 나아진다고 말하였다.

환자는 꾸준한 음성 진전을 보였는데, 이로 인해 말이 느렸다. 모음 '아' 연장 시 다소 불규칙적이고 쥐어짜는 음성 방해가 지속적으로 관찰되었다. 고음도에서는 음성 방해가 보이지 않았지만 음성 진전은 뚜렷하였다. 무성 파열음 연장 시 진전 동요(tremor fluctuation)는 뚜렷하게 관찰되지 않았다.

임상가는 "본태성 음성 진전의 내전형 연축발성장애(SD), 중도-심도"로 결론 내렸다.

보톡스 주입(제17장)이 권장되어 실시하였다. 몇 주간 약하고 기식적 음성의 발성장애와 더불어 경도의 삼킴 문제를 겪은 뒤 음성은 눈에 띄게 좋아졌다. 환자는 말할 때 힘들이는 정도가 많이 줄었다고 하며 스스로의 음성에 만족하였다. 음성 진전의 근거는 여전히 확인되었으나 음질은 실제로 매우 좋아졌으며, 음성 방해(voice interruption)도 발견되지 않았다.

해설: (1) 내전형 SD는 본태성 음성 진전과 연관되어 진행될 수 있다. 음성 진전은 다른 신체 부위의 진전과 동반되기도 한다. (2) 검사 결과 기질적 원인으로 밝혀진다 하더라도 SD의 발병은 종종 심리적 스트레스와 연관되어 일어난다. 심리적 스트레스와 SD의 관계는 아직 밝혀지지 않았으나 스트레스가 심할 때 증상이 나타난다 하여 신경성 병인의 가능성을 배제해서는 안 된다. (3) 내전형 SD를 정확히 진단하면 매우 효과적인 의과적 치료로 유도할 수 있다.

사례 8-7

67세 남환으로, 점차 심해지는 어지럼증, 시각 장애, 어눌한 말, 경도의 삼킴 문제로 내원하였다. 이 환자는 8년 전 경도의 뇌졸중으로 인해 왼쪽 경동맥 내막절제술(left carotid endarterectomy)을 받은 전력이 있었으나 말 문제 및 시각장애는 2년 전까지 없었다. 신경 검사 결과, 말을 제외하고는 정상이었다. 신경세포의 손상이 의심되었으며, 근전도 검사, MRI, ENT, 말 평가가 의뢰되었다.

말 평가 도중 환자는 뇌졸중 이후 가벼운 말 문제가 있었으나 점차 나아졌다가 최근 몇 년간 악화되었다고 보고하였다. 환자의 말 문제는 음성 문제와 가끔 발음 문제를 포함하였다. 식사를 하는 동안 삼키는 데 어려움은 없었지만 침을 조절하는 데는 어려움을 보였다.

구강 기제 검사 결과, 안정 시와 발성 중 혀에서 빠른 간대성 근경련 같은 운동과 구개에서 2-4Hz의 근간대성 운동이 관찰되는 것을 제외하고는 정상이었다. 목쉰-거친 음질, 간헐적 유성 순간 중지, 마찰음과 파찰음의 조음이 불규칙적으로 부정확하다는 등의 특성을 보였다. 말 AMR과 SMR의 속도 및 규칙성은 정상이었다. 모음연장의 변이가 크게 보였으나 이는 구개 간대성 근경련의 속도와 일치하였다.

임상가는 "환자는 구개-후두(아마도 허도 포함) 간대성 근경련(PM) 환자로, 이는 길랑-몰라레트 삼각(뇌간 혹은 소뇌)의 기능 부전을 의미한다. 이 간대성 근경련으로 인해 음성의 변이가 크고 조음이 부정확하게, 일정치 않게 나타난다."라는 소견을 밝혔다.

근전도와 ENT 평가 결과는 정상이었다. MRI 결과, 오래된 열공성 뇌졸중이 시상과 우측 꼬리핵에서 확인되었으나 뇌간이나 소뇌의 병변은 보이지 않았다. 환자의 말 문제는 영상으로 추적할 수 없는 뇌간 뇌졸중에서 기인한 것으로 보이지만 퇴행성 신경장애의 가능성도 배제될 수 없었다. 간대성 근경련을 호전시키기 위해 클로나제팜(clonazepam)이 처방되었다.

환자는 1년 후 증상이 악화되어 재평가를 위해 내원하였다. 환자는 클로나제팜의 부작용을 견딜 수 없어 복용을 중단하였다. 검사 결과, 구개 간대성 근경련과 경도의 불안정한 보행이 확인되었다. MRI 검사 결과, 올리브핵의 퇴행성 비대(hypertrophic olivary degeneration)가 확인되었다(**그림 8-8**). 말의 재평가는 이루어지지 않았다. 이 환자는 신경 퇴행성 장애를 가졌으나 당시로서는 더 명확하게 결론 내릴 수 없는 것으로 판단되었다.

해설: (1) 구개-후두 간대성 근경련은 그 병소가 명확한 장애이다. 이 환자 사례에서도 경련을 통해 MRI 결과를 예측할 수 있었다. (2) 드물긴 하나 PM은 퇴행성 신경질환의 결과로 나타날 수 있다. (3) 말 및 구강 기제 검사에서 나타나는 비정상적 결과는 신경질환의 초기 징후 중 하나로 나타날 수 있다.

VI. 요약

1. 운동과잉형 마비말장애는 대개 기저핵 제어회로의 기능 문제와 연관되지만 또한 소뇌 제어회로 혹은 추체외계의 문제와 연결될 수도 있다. 임상 실무에서 기타 마비말장애 유형보다는 덜 빈번하게 관찰되지만, 본태성 음성 진전과 신경성 연축발성장애까지 운동과잉형 마비말장애 유형에 포함하면 다른 어떤 단일 마비말장애 유형보다도 빈번하게 관찰된다. 이 마비말장애의 특징은 호흡, 발성, 공명, 조음

에서 뚜렷하게 나타나며, 운율 또한 현저히 비정상적이다. 운동과잉형 마비말장애의 말 특성은 비정상적인 불수의적인 운동이 예측 불가능한 형태로 규칙적 혹은 불규칙적으로, 빠르거나 혹은 느리게 일어나 말에 미치는 영향을 반영한다.

2. 운동과잉형 마비말장애는 비정상적인 운동의 유형도 다양하고, 이 비정상적인 운동의 영향을 받는 말 산출 근육도 다양해 매우 이질적인 성격을 띤다. 이 유형의 마비말장애 기저에 깔린 운동장애는 종종 속도나 규칙성에 따라 분류되기도 한다. 이 마비말장애와 관련되는 가장 빈번한 질환은 무도병, 근긴장이상, 무정위운동, 연축 사경, 간대성 근경련, 틱, 진전이다.
3. 운동과잉형 마비말장애는 특히 운동장애가 말 산출 관련 근육 혹은 경부 근육에 제한적으로 나타날 때 종종 원인을 알 수 없다. 독성이나 탈수초성 질환이 비교적 잘 알려진 병인으로, 항정신성 혹은 신경 이완 약물이 가장 빈도 높은 독성 병인을 대표한다. 구강안면 이상운동증과 마비말장애는 약물 중독과 지연성 이상운동증(tardive dyskinesia)의 첫 번째 혹은 유일한 증상으로 빈번하다. 운동과잉형 마비말장애는 퇴행성 신경질환과 빈번하게 연관된다. 감염, 신생물, 외상, 뇌졸중도 가능한 병인이긴 하나 드물다.
4. 턱, 안면, 혀는 함께 영향을 받는 경우가 빈번하지만 단일 말 산출 구조물, 즉 이 중 하나만 문제를 보일 때도 있다. 본태성 음성 진전과 연축발성장애 환자는 매우 빈번하게 비정상적인 말을 보이는데, 이는 지각적으로 판단하였을 때 발성 기능에만 제한적으로 나타난다. 때로 비정상적인 불수의적 운동은 행동에 의해 유발되며 말 산출 시에만 일어나기도 한다. 이 경우, 마비말장애가 때로 심인성으로 오진되기도 한다.
5. 환자의 주 호소나 특정 말 문제는 불수의적 운동의 유형에 따라, 그리고 손상된 말 구성요소에 따라 매우 다양하다. 무도병, 근긴장이상, 무정위운동, 연축 사경, 구개인후두 간대성 근경련, 행동 시 간대성 근경련, 틱, 본태성 음성 진전, 연축발성장애에 의한 마비말장애는 일반적으로 서로 변별이 가능하다. 이를 바탕으로 운동과잉형 마비말장애는 복수의 장애, 즉 여러 장애를 포함하고 있다고 보는 것이 타당하며, 기저에 깔린 불수의적인 운동 성격에 따라 하위 유형을 나눌 수 있다.
6. 전반적으로 음향학적 · 생리학적 연구 결과는 운동과잉형 마비말장애의 청지각적 특성들을 뒷받침하는 결과들을 보고하며, 이 말장애의 음향학적 · 생리학적 특징들을 더욱 상세하게 기술한다. 또한 이 말장애의 관련 변수들을 문서화하고 수량화하는 방법을 마련한다.
7. 운동과잉형 마비말장애는 신경성 질환의 유일한, 첫 번째, 혹은 가장 처음으로 나타나는 가장 뚜렷한 현상인 경우가 있다. 이 마비말장애를 바르게 확인하면 병소 확인 및 신경적 진단에 도움을 줄 뿐만 아니라 의료 기반 및 행동 기반 중재에도 도움이 된다.

참고 문헌

1. Ackerman H, Ziegler W: Cerebellar voice tremor: an acoustic analysis, *J Neurol Neurosurg Psychiatry* 54:74, 1991.
2. Ackermann H, Hertrich I, Hehr T: Oral diadokokinesis in neurological dysarthrias, *Folia Phoniatr Logop* 47:15, 1995.
3. Adams SG, et al: Effects of botulinum toxin type A injections on aerodynamic measures of spasmodic dysphonia, *Laryngoscope* 106:296, 1996.
4. Adams SG, et al: Comparison of botulinum toxin injection procedures in adductor spasmodic dysphonia, *J Otolaryngol* 24:345, 1995.
5. Ahlskog JE: Approach to the patient with a movement disorder: basic principles of neurologic diagnosis. In Adler CH, Ahlskog JE, editors: *Parkinson's disease and movement disorders: diagnosis and treatment guidelines for the practicing physician*, Totowa, NJ, 2000, Humana Press.
6. Aronson AE: *Clinical voice disorders*, New York, 1990, Thieme.
7. Ahlskog AE: Initial symptomatic treatment of Parkinson's disease. In Adler CH, Ahlskog JE, editors: *Parkinson's disease and movement disorders: diagnosis and treatment guidelines for the practicing physician*, Totowa, NJ, 2000, Humana Press.
8. Aronson AE, Hartman DE: Adductor spastic dysphonia as a sign of essential (voice) tremor, *J Speech Hear Disord* 46:52, 1981.
9. Aronson AE, Lagerlund TC: Neuroimaging studies do not prove the existence of brain abnormalities in spastic (spasmodic) dysphonia, *J Speech Hear Res* 34:801, 1991.
10. Aronson AE, O'Neill BP, Kelly JJ: The dysarthria of action myoclonus: a new clinical entity. Paper presented at the Clinical Dysarthria Conference, Tucson, Arizona, February, 1984.
11. Bartenstein P, et al: Central motor processing in Huntington's disease: a PET study, *Brain* 120:1553, 1997.
12. Bhatia KP: The paroxysmal dyskinesias, *J Neurol* 246:149, 1999.

13. Biary N, Koller WC: Essential tongue tremor, *Mov Disord* 2:25, 1987.
14. Blanchet P, et al: Oral dyskinesias: a clinical overview, *Int J Prosthodont* 18:10, 2005.
15. Borg M: Symptomatic myoclonus, *Neurophysiol Clin* 36:309, 2006.
16. Brazis P, Masdeu JC, Biller J: *Localization in clinical neurology*, ed 4, Philadelphia, 2001, Lippincott Williams & Wilkins.
17. Brown JR, Simonson J: Organic voice tremor: a tremor of phonation, *Neurology* 13:520, 1963.
18. Burke RE: Tardive dyskinesia: current clinical issues, *Neurology* 34:1348, 1984.
19. Cannito MP, McSwain LS, Dworkin JP: Abductor spasmodic dysphonia: acoustic influence of voicing on connected speech. In Robin DA, Yorkston KM, Beukelman DR, editors: *Disorders of motor speech: assessment, treatment, and clinical characterization*, Baltimore, 1996, Brookes Publishing Company.
20. Casey DE, Robins P: Tardive dyskinesia as a life-threatening illness, *Am J Psychiatry* 135:486, 1978.
21. Cavanna AE, et al: The behavioral spectrum of Gilles de la Tourette syndrome, *J Neuropsychiatry Clin Neurosci* 21:13, 2009.
22. Caviness JN: Huntington's disease and other choreas. In Adler CH, Ahlskog JE, editors: *Parkinson's disease and movement disorders: diagnosis and treatment guidelines for the practicing physician*, Totowa, NJ, 2000, Humana Press.
23. Caviness JN: Myoclonus. In Adler CH, Ahlskog JE, editors: *Parkinson's disease and movement disorders: diagnosis and treatment guidelines for the practicing physician*, Totowa, NJ, 2000, Humana Press.
24. Caviness JN, Evidente VG: Cortical myoclonus during lithium exposure, *Arch Neurol* 60:401, 2003.
25. Cimino-Knight AM, Sapienza CM: Consistency of voice produced by patients with adductor spasmodic dysphonia: a preliminary investigation, *J Speech Lang Hear Res* 44:793, 2001.
26. Coleman R, Anderson D, Lovrien E: Oral motor dysfunction in individuals at risk for Huntington's disease, *Am J Med Genet* 37:36, 1990.
27. Comings DE: *Tourette syndrome and human behavior*, Duarte, Calif, 1990, Hope Press.
28. D'Alessandro R, et al: The prevalence of lingual-facial-buccal dyskinesias in the elderly, *Neurology* 36:1350, 1986.
29. Damier P: Drug-induced dyskinesias, *Curr Opin Neurol* 22:394, 2009.
30. Darley FL, Aronson AE, Brown JR: *Motor speech disorders*, Philadelphia, 1975, WB Saunders.
31. Darley FL, Aronson AE, Brown JR: Differential diagnostic patterns of dysarthria, *J Speech Hear Res* 12:246, 1969a.
32. Darley FL, Aronson AE, Brown JR: Clusters of deviant speech dimensions in the dysarthrias, *J Speech Hear Res* 12:462, 1969b.
33. Day TJ, Lefroy RB, Mastaglia FL: Meige's syndrome and palatal myoclonus associated with brain stem stroke: a common mechanism? *J Neurol Neurosurg Psychiatry* 49:1324, 1986.
34. Del Sorbo F, Albanese A: Levodopa-induced dyskinesias and their management, *J Neurol* 255(Suppl 4):32, 2008.
35. Deuschl G, et al: Symptomatic and essential rhythmic palatal myoclonus, *Brain* 113:1645, 1990.
36. Dolder CR, Jeste DC: Incidence of tardive dyskinesia with typical versus atypical antipsychotics in very high risk patients, *Biol Psychiatry* 53:1142, 2003.
37. Dromey C, Warrick P, Irish J: The influence of pitch and loudness changes on the acoustics of vocal tremor, *J Speech Lang Hear Res* 45:879, 2002.
38. Duffy JR, Yorkston KM: Medical interventions for spasmodic dysphonia and some related conditions: a systematic review, *J Med Speech Lang Pathol* 11:ix, 2003.
39. Faheem DA, et al: Respirator dyskinesia and dysarthria from prolonged neuroleptic use: tardive dyskinesia? *Am J Psychiatry* 139:517, 1982.
40. Fahn S, Davis JM, Rolland LP: Cerebral hypoxia and its consequences. In Fahn S, David JM, Rolland LP, editors: *Advances in neurology*, New York, 1979, Raven Press.
41. Fahn S, Marsden C, Calne DB: Classification and investigation of dystonia. In Marsden CD, Fahn S, editors: *Movement disorders 2*, London, 1987, Butterworth-Heinemann.
42. Fam NP, Chisholm RJ: Chorea in a pregnant woman with rheumatic mitral stenosis, *Can J Cardiol* 19:719, 2003.
43. Findley LJ, Koller WC: Essential tremor: a review, *Neurology* 37:1194, 1987.
44. Finitzo T, Freeman F: Spasmodic dysphonia, whether and where: results of seven years of research, *J Speech Hear Res* 32:541, 1989.
45. Reference deleted in page proofs.
46. Finnegan EM, et al: Increased stability of airflow following botulinum toxin injection, *Laryngoscope* 109:1300, 1999.
47. Flamand-Rouvière C, et al: Speech disturbances in patients with dystonia or chorea due to neurometabolic disorders, *Mov Disord* 25:1605, 2010.
48. Fross RD, et al: Lesions of the putamen: their relevance to dystonia, *Neurology* 37:1125, 1987.
49. Gamboa J, et al: Acoustic voice analysis in patients with essential tremor, *J Voice* 12:444, 1998.
50. Gerratt BR: Formant frequency fluctuation as an index of motor steadiness in the vocal tract, *J Speech Hear Res* 26:297, 1983.
51. Golper LA, et al: Focal cranial dystonia, *J Speech Hear Disord* 48:128, 1983.
52. Gordon N: Sydenham's chorea and its complications affecting the nervous system, *Brain Devel* 31:11, 2009.
53. Haslinger B, et al: "Silent event-related" fMRI reveals reduced sensorimotor activation in laryngeal dystonia, *Neurology* 65:1562, 2005.
54. Hertegrad S, Granqvist S, Lindestad P: Botulinum toxin injections for essential voice tremor, *Ann Otol Rhinol Laryngol* 109:204, 2000.
55. Hertrich I, Ackermann H: Acoustic analysis of speech timing in Huntington's disease, *Brain Lang* 47:182, 1994.
56. Higgins MB, Chait DH, Schulte L: Phonatory air flow characteristics of adductor spasmodic dysphonia and muscle tension dysphonia, *J Speech Lang Hear Res* 42:101, 1999.

57. Howard RS, et al: Respiratory involvement in multiple sclerosis, *Brain* 115:479, 1992.
58. Hubble JP: Essential tremor: diagnosis and treatment. In Adler CH, Ahlskog JE, editors: *Parkinson's disease and movement disorders: diagnosis and treatment guidelines for the practicing physician*, Totowa, NJ, 2000, Humana Press.
59. Hustad KC, Gorton K, Lee J: Classification of speech and language profiles in 4-year-old children with cerebral palsy: a prospective preliminary study, *J Speech Lang Hear Res* 53:1496, 2010.
60. Jankovic J: Peripherally induced movement disorders, *Neuro Clinics* 27:821, 2009.
61. Jankovic J: Cranial-cervical dyskinesias. In Appel SH, editor: *Current neurology*, vol 6, Chicago, 1986, Year Book Publishers.
62. Jankovic J, Patel SC: Blepharospasm associated with brainstem lesions, *Neurology* 33:1237, 1983.
63. Jeste DV: Tardive dyskinesia in older patients, *J Clin Psychiatry* 61(Suppl 4):27, 2000.
64. Jones HN: Meige syndrome. In Jones HN, Rosenbek JC, editors: *Dysphagia in rare conditions*, San Diego, Calif, 2010, Plural Publishing.
65. Kaňovský P: Dystonia: a disorder of motor programming or motor execution? *Mov Disord* 17:1143, 2002.
66. Kaploun LR, et al: Acoustic analysis of voice and speech characteristics in presymptomatic gene carriers of Huntington's disease: biomarkers for preclinical sign onset? *J Med Speech Lang Pathol* 19:49, 2011.
67. Kent R, Netsell R: Articulatory abnormalities in athetoid cerebral palsy, *J Speech Hear Disord* 43:353, 1978.
68. Kent RD, et al: What dysarthrias can tell us about the neural control of speech, *J Phonet* 28:273, 2000.
69. Kent RD, et al: Severe essential vocal and oromandibular tremor: a case report, *Phonoscope* 1:237, 1998.
70. Kim JS: Delayed onset mixed involuntary movements after thalamic stroke: clinical, radiological and pathophysiological findings, *Brain* 124:299, 2001.
71. Klasner ER: Huntington's disease. In Jones HN, Rosenbek JC, editors: *Dysphagia in rare conditions*, San Diego, Calif, 2010, Plural Publishing.
72. Koller WC: Diagnosis and treatment of tremors, *Neurol Clin* 2:499, 1984.
73. Kronenbuerger M, et al: Balance and motor speech impairment in essential tremor, *Cerebellum* 8:389, 2009.
74. Kurlan R: Tourette's syndrome and tic disorders. In Noseworthy JH, editor: *Neurological therapeutics: principles and practice*, vol 2, New York, 2003, Martin Dunitz.
75. Lance JW, Adams RD: The syndrome of intention or action myoclonus as a sequel to anoxic encephalopathy, *Brain* 87:111, 1963.
76. LaPointe LL, Case JL, Duane DD: Perceptual-acoustic speech and voice characteristics of subjects with spasmodic torticollis. In Till JA, Yorkston KM, Beukelman DR, editors: *Motor speech disorders: advances in assessment and treatment*, Baltimore, 1994, Paul H Brookes.
77. Liss JM, LeGendre S, Lotto AJ: Discriminating dysarthria type from envelope modulation spectra, *J Speech Lang Hear Res* 53:1246, 2010.
78. Liss JM, et al: Quantifying speech rhythm abnormalities in the dysarthrias, *J Speech Lang Hear Res* 52:1334, 2009.
79. Llorca PM, et al: Tardive dyskinesias and antipsychotics: a review, *Eur Psychiatry: J Assoc Eur Psychiatrists* 17:129, 2002.
80. Ludlow CL: Spasmodic dysphonia: a laryngeal control disorder specific to speech, *J Neurosci* 31:793, 2011.
81. Ludlow CL: Treatment of speech and voice problems with botulinum toxin, *JAMA* 264:2671, 1990.
82. Ludlow CL, Connor NP: Dynamic aspects of phonatory control in spasmodic dysphonia, *J Speech Hear Res* 30:197, 1987.
83. Lundy DS, et al: Spastic/spasmodic vs. tremulous voice quality: motor speech profile analysis, *J Voice* 18:146, 2004.
84. Lundy DS, et al: Abnormal soft palate posturing in patients with laryngeal movement disorders, *J Voice* 10:348, 1996.
85. Marsden CD: Is tardive dyskinesia a unique disorder? In Casey DE, et al, editors: *Dyskinesias: research and treatment*, New York, 1985, Springer-Verlag.
86. Marsden CD, Fahn S: Problems in the dyskinesias. In Marsden CE, Fahn S, editors: *Movement disorders*, vol 2, London, 1987, Butterworth-Heinemann.
87. Matsumoto JY: Tremor disorders: overview. In Adler CH, Ahlskog JE, editors: *Parkinson's disease and movement disorders: diagnosis and treatment guidelines for the practicing physician*, Totowa, NJ, 2000, Humana Press.
88. Matsuo F, Ajax ET: Palatal myoclonus and denervation supersensitivity in the central nervous system, *Ann Neurol* 5:72, 1978.
89. Merson RM, Ginsberg AP: Spasmodic dysphonia: abductor type—a clinical report of acoustic, aerodynamic and perceptual characteristics, *Laryngoscope* 89:129, 1979.
90. Mölsä PR, Marttila RJ, Rinne UK: Extrapyramidal signs in Alzheimer's disease, *Neurology* 34:1114, 1984.
91. Murdoch BE: Generalized dystonia. In Jones HN, Rosenbek JC, editors: *Dysphagia in rare conditions*, San Diego, Calif, 2010, Plural Publishing.
92. Nielson P, O'Dwyer N: Reproducibility and variability of speech muscle activity in athetoid dysarthria of cerebral palsy, *J Speech Hear Res* 27:502, 1984.
93. Papapetropoulos S, Papapetropoulos N, Guevara Salcedo A: Oromandibular dystonia (OMD). In Jones HN, Rosenbek JC, editors: *Dysphagia in rare conditions*, San Diego, Calif, 2010, Plural Publishing.
94. Platt LJ, Andrews G, Howie P: Dysarthria of adult cerebral palsy. II. Analysis of articulation errors, *J Speech Hear Res* 23:41, 1980.
95. Platt LJ, et al: Dysarthria of adult cerebral palsy. I. Intelligibility and articulatory impairment, *J Speech Hear Res* 23:28, 1980.
96. Quinn N, Schrag A: Huntington's disease and other choreas, *J Neurol* 245:709, 1998.
97. Raethjen J, Deuschl G: Tremor, *Curr Opin Neurol* 22:400, 2009.
98. Ramig LO: Acoustic analysis of phonation in patients with Huntington's disease, *Ann Otol Rhinol Laryngol* 95:288, 1986.

99. Rampoldi L, Danek A, Monaco AP: Clinical features and molecular bases of neuroacanthocytosis, *J Mol Med* 80:475, 2002.
100. Rice JE, Antic R, Thompson PD: Disordered respiration as a levodopa-induced dyskinesia in Parkinson's disease, *Mov Disord* 17:524, 2002.
101. Rosenberg RN, Pettegrew JW: Genetic neurologic disease. In Rosenberg RN, editor: *Comprehensive neurology*, New York, 1991, Raven Press.
102. Rothwell JC, Obeso JA: The anatomical and physiological basis of torsion dystonia. In Marsden CF, Fahn S, editors: *Movement disorders*, vol 2, London, 1987, Butterworth-Heinemann.
103. Samuel M, et al: Progressive ataxia and palatal tremor (PAPT): clinical and MRI assessment with review of palatal tremors, *Brain* 127:1252, 2004.
104. Sapienza CM, Walton S, Murry T: Acoustic variations in adductor spasmodic dysphonia as a function of speech task, *J Speech Lang Hear Res* 42:127, 1999.
105. Sapienza CM, et al: Acoustic variations in reading produced by speakers with spasmodic dysphonia pre-Botox injection and within early stages of post-Botox injection, *J Speech Lang Hear Res* 45:830, 2002.
106. Schneider SA, et al: Severe tongue protrusion dystonia: clinical syndromes and possible treatment, *Neurology* 67:940, 2006.
107. Sethi KD: Tardive dyskinesias. In Adler CH, Ahlskog JE, editors: *Parkinson's disease and movement disorders: diagnosis and treatment guidelines for the practicing physician*, Totowa, NJ, 2000, Humana Press.
108. Simonyan K, et al: Focal white matter changes in spasmodic dysphonia: a combined diffusion tensor imaging and neuropathological study, *Brain* 131:447, 2008.
109. Storey E, et al: Spinocerebellar ataxia type 20, *Cerebellum* 4:55, 2005.
110. Tarsy D: Dystonia, *N Engl J Med* 355:818, 2006.
111. Tarsy D: Dystonia. In Adler CH, Ahlskog JE, editors: *Parkinson's disease and movement disorders: diagnosis and treatment guidelines for the practicing physician*, Totowa, NJ, 2000, Humana Press.
112. Tingley S, Dromey C: Phonatory-articulatory relationships: Do speakers with spasmodic dysphonia show aberrant lip kinematic profiles? *J Med Speech-Lang Pathol* 8:249, 2000.
113. Tomoda H, et al: Voice tremor: dysregulation of voluntary expiratory muscles, *Neurology* 37:117, 1987.
114. Vidailhet M, Grabli D, Roze E: Pathophysiology of dystonia, *Curr Opin Neurol* 22:406, 2009.
115. Watson BC, et al: Laryngeal electromyographic activity in adductor and abductor spasmodic dysphonia, *J Speech Hear Res* 34:473, 1991.
116. Weeks RA, et al: Corticol control of movement in Huntington's disease: a PET activation study, *Brain* 120:1569, 1997.
117. Weiner WJ, et al: Respiratory dyskinesias: extrapyramidal dysfunction and dyspnea, *Ann Intern Med* 88:327, 1978.
118. Wijdicks EF, Weisner RH, Krom RA: Neurotoxicity in transplant recipients with cyclosporine immunosuppression, *Neurology* 45:1962, 1995.
119. Wirshing WC: Movement disorders associated with neuroleptic treatment, *J Clin Psychiatry* 62(Suppl 21):15, 2001.
120. Wolfe VI, Bacon M: Spectrographic comparison of two types of spastic dysphonia, *J Speech Hear Disord* 41:325, 1976.
121. Zadikoff C, Lang C, Klein C: The "essentials" of essential palatal tremor: a reappraisal of the nosology, *Brain* 129:832, 2006.
122. Zraik RI, et al: Acoustic correlates of voice quality in individuals with spasmodic torticollis, *J Med Speech Lang Pathol* 1:261, 1993.
123. Zwirner P, Barnes GJ: Vocal tract steadiness: a measure of phonatory and upper airway motor control during phonation in dysarthria, *J Speech Hear Res* 35:761, 1992.
124. Zwirner P, Murry T, Woodson GE: Perceptual-acoustic relationships in spasmodic dysphonia, *J Voice* 7:165, 1993.

CHAPTER

9

편측 상부운동신경세포형 마비말장애

"이 친구에게 말을 걸 때까지는 문제가 생겼는지조차도 몰랐어요. 친구에게 '내 몸에 무슨 일이 생겼고, 말을 제대로 할 수가 없어.'라고 말했습니다."

(82세 여환, 우측 내포 열공성 뇌졸중 발병 당시 설명 중)

개 요

편측 상부운동신경세포(unilateral upper motor neuron, UUMN)형 마비말장애는 말 산출 근육을 담당하는 뇌신경과 척수신경에 신호를 전달하는 상부운동신경세포(unilateral motor neuron, UMN) 경로 손상으로 일어난다. 말 산출단계, 즉 호흡, 발성, 공명, 조음의 일부 혹은 전체에서 그 특성이 드러날 수 있는데, 조음, 발성, 운율에서 특히 뚜렷하게 나타난다. 이 말장애는 근육의 약화, 때로 경직과 불협응의 문제가 말소리에 반영된 것으로, UUMN형 마비말장애의 확인은 신경질환을 진단하고 중추신경계 운동경로 병소를 특정하는 데 도움이 된다.

다른 마비말장애 유형과 달리 UUMN형 마비말장애는 병리생리학적 근거가 아닌 해부적 근거에 의해 명명되었다. 최근에서야 UUMN형 마비말장애의 임상적 말 특성과 해부 및 생리학적 기제에 대해 밝혀지기 시작하였기 때문이다. UUMN형 마비말장애의 임상적 특성과 해부 및 생리학적 기제는 환자 간의 편차가 크다. 따라서 임상적 특성을 충분히 이해하고 이들을 정확히 명명할 수 있을 때까지 특정 생리학적 표식(label)은 붙이지 않는 것이 바람직해 보인다. 따라서 현재로서는 UUMN형 마비말장애라 부르기로 한다. 이 장에서는 UUMN형 마비말장애의 편차가 큰 이유와 실제 임상 실무에서 접할 수 있는 상황에 대해 다루기로 하겠다.

왜 그간 UUMN형 유형은 큰 관심을 받지 못하였을까? 한 가지 이유는 UUMN형 마비말장애는 일반적으로 중증도가 가벼운, 일시적인 문제로 간주되기 때문이다. 늘 그런 것은 아니지만 정도가 약하거나 일시적인 장애의 연구는 쉽지 않다. 또한 UUMN형 마비말장애는 좌뇌 병변일 경우에는 실어증이나 말실행증을, 우뇌 병변일 경우에는 인지 혹은 기타 말장애를 종종 동반하기 때문이다. 이들이 의사소통에 미치는 영향이 상대적으로 더 크기 때문에 UUMN형 마비말장애는 드러나지 않거나 살피기 어렵다. 다시 말해 UUMN형 마비말장애는 일반적으로 중증도가 가볍고, 뇌졸중 이후 예후가 좋을 뿐더러 동반 장애들로 인해 존재 자체가 잘 드러나지 않거나 또는 심각하게 보이지 않아 연구가 많이 이루어지지 않았다.

그러나 UUMN형 마비말장애는 때로 그 환자의 유일한 혹은 가장 뚜렷한 의사소통장애이며, 뇌졸중을 포함한 다양한 신경질환의 유일하고 가장 뚜렷한 증상으로 나타나기도 한다.[1] UUMN형 마비말장애를 바르게 짚어 내는 일은 특히 이 마비말장애가 유일한 신경 손상의 징후일 때 더욱 중요한데, 왜냐하면 특히 뇌졸중 발병 초기의 작은 병변은 신경 영상 검사에서 드러나지 않을 수 있기 때문이다. UUMN형 마비말장애의 특성을 이해하는 것 또한 매우 중요하다. 왜냐하면 말실행증(좌뇌 병변)이나 실율증(aprosodia, 우뇌 병변)과 같은 편측 중추신경계 질환 관련 말장애와 UUMN형 마비말장애는 함께 나타날 수 있으며, 또한 이들로부터의 변별이 어렵기 때문이다.

UUMN형 마비말장애는 다른 주요 마비말장애 유형만큼 임상 실무에서 빈번하게 관찰된다. 메이요 클리닉 언어병리학 분과 자료에 따르면 UUMN형이 전체 마비말장애의 8.5%, 전체 말운동장애의 7.9%를 차지한다. 실어증, 실행증, 비실어적 인지-의사소통장애 등에 부차적으로 이 마비말장애를 진단하는 경우가 많다는 점을 감안하면 실제 임상에서의 빈도는 더 높을 것이다.

UUMN형 마비말장애의 임상 특성은 안면과 혀, 때로 다른 말 산출 구조물에 편측 상부운동신경세포체계의 약증이 미치는 영향을 반영한다. 그러나 일부 경우에는 말 산출이 경직, 불협웅, 혹은 이 둘의 영향을 받는 것으로 들릴 때가 있는데, 이때는 경직형이나 실조형 마비말장애와 구별하기가 어려워진다. 이런 경우에는 추가적인 임상 자료를 이용해 모호함을 해결할 수 있다.

I. 상부운동신경세포체계의 해부 및 기본 기능

상부운동신경세포(upper motor neuron, UMN) 체계는 **직접 활성화 경로**(추체로)와 **간접 활성화 경로**(추체외로)를 포함한다. 이 경로들에 대해서 이미 제2장에서 다루었고, 제5장에서 양측 UMN 손상이 말에 미치는 영향(경직형 마비말장애)을 다루면서 다시 살펴보았다. 이 장에서는 UUMN형 마비말장애와 관련된 신경 손상을 이해하는 데 필요한 경우에 한해서만 다시 논의하도록 한다.

1. UMN 체계는 양측으로 구성되어 있어, 한쪽은 우뇌, 다른 한쪽은 좌뇌로부터 시작한다.
2. UMN **직접 활성화 경로**는 피질뇌간(연수)로와 피질척수로가 각각 뇌신경과 척수신경으로 연결되는 것처럼 대부분 출발점과 반대측으로 연결된다. 이 경로는 **대뇌피질**에서 출발하여 **방사관**(corona radiate)에서부터 하강한다. 방사관은 기저핵과 시상 근처에 위치한 **내포**로 모여 합쳐졌다가(피질뇌간섬유는 주로 내포의 **무릎**[genu] 혹은 중앙에 모인다) 다시 뇌간으로 하강하는데, 피질뇌간섬유는 바로 이 뇌간에서 활성화하려는 뇌신경에 이르기 직전 반대측과 교차한다. 반면 피질척수섬유는 연수(medulla)의 피라미드(pyramid)에서 교차한다. 직접 활성화 경로를 따라 전해지는 신호(impulse)는 **숙련이 필요한 운동**(skilled movement)**을 정교하게 조절하는 데 매우 중요한 역할을 담당**하는 것으로 보인다.
3. UMN의 **간접 활성화 경로**도 역시 반대편으로 하향하는데, 직접 활성화 경로와 마찬가지로 뇌간 영역에서 양측 경로가 교차한다. 뇌신경 및 척수신경에 이르는 동안 경로의 하향에 방해되는 구조물 주변에서는 신경연접 연결(synaptic connections)을 이용하는데, 이 신경연접 연결은 주로 **망상체**나 기타 **뇌간핵**(brainstem nuclei)에서 발견된다. 간접 활성화 경로는 숙련이 필요한 운동과 관련해 **반사, 자세 및 긴장을 조절하는 데 중요한 역할**을 하는 것으로 보인다.
4. 말 산출에 관여하는 구(연수)근육이 대측 신경지배를 받는다는 사실은 하안부에만 해당하며, 혀의 경우에는 좀 더 자세한 논의가 필요하다. 삼차신경, 안면 상부로 향하는 안면신경섬유, 설인신경, 미주신경, 부신경, 설하신경은, 적어도 일부의 경우, 반대측과 동측 모두의 UMN 신경지배를 받는다. 말 산출에 관여하는 대부분의 뇌신경으로 신호가 양측에서 입력되기 때문에 UMN 손상이 편측일 경우 호흡, 섭식, 말 산출 등의 기능이 어느 정도 보존되지만 늘 그런 것은 아니다. UUMN형 마비말장애 환자

[1] 단일 뇌졸중(single stroke) 마비말장애 환자를 대상으로 한 연구들에 따르면, 전체의 3% 정도는 마비말장애만, 10% 정도는 마비말장애와 함께 안면 중앙 및 혀의 불완전마비를 보였음. 마비말장애-서툰 손 증후군(clumsy hand syndrome) 조합이 12%, 순수 운동 불완전편마비(pure motor hemiparesis) 혹은 실조성 불완전편마비(ataxic hemiparesis)를 동반한 마비말장애가 28% 차지함. 일차 운동피질 하부, 반란원 중심, 내포, 대뇌각(cerebral peduncle), 뇌교 저부(the base of the pons), 혹은 연수교뇌 접합부 복면(ventral pontomedullary junction)에 병소가 확인됨.[68] 이 병소들은 모두 추체로를 따라 위치함.

글상자 9-1

UUMN 병변의 주요 임상 특성. 이들 모두 병소 대측 신체 부위에 나타남.

직접 활성화 경로(추체로)	간접 활성화 경로(추체외로)
• 편마비 혹은 불완전편마비	• 근긴장 증가
• 정교하고 숙련된 운동의 상실/손상	• 경직
• 복부 반사를 보이지 않음	• 간헐성 경련
• 반사 저하	• 과한 신장 반사
• 안정 시와 수의 운동 시 하안부의 편측 약증	• 바빈스키 징후
• 혀의 편측 약증	• 제뇌 혹은 제피질 자세
	• 감정 표현 중 중추 안면 약증

UUMN＝편측 상부운동신경세포(unilateral upper motor neuron)

들이 턱, 구개, 성대, 그리고 특히 중요한 혀에서 대측 약증이 관찰된다는 보고가 있는데, 이들 중 일부는 심지어 동측 약증도 보였다. 이와 같은 사실은 UUMN형 마비말장애 화자의 말 특성을 설명하는데 도움이 된다. 자세한 사항은 아래 말 병리 부분에서 살펴보도록 한다.

II. 편측 상부운동신경세포 병변과 관련된 임상적 특성

직접 및 간접 활성화 경로에 영향을 미치는 편측 상부운동신경세포(unilateral upper motor neuron, UUMN)의 병소가 글상자 9-1에 요약되어 있다.[2] 간단히 말해 이들 위치의 병변은 자주 대측 편마비(hemiplegia) 혹은 불완전편마비(hemiparesis)를 일으킨다. 바빈스키 반사는 보통 병변 대측에 나타난다.

약증과 경직은 대개 대측 사지에 나타난다. 사지의 약증, 반사저하, 근긴장저하는 급성 병변(acute lesion) 직후 나타나는 데 반해, 경직, 과한 신장 반사(hyperactive stretch reflex), 근긴장 증가 등은 시간이 경과하면서 나타난다. 사지 운동 장애는 뇌졸중 이후 근육 이완(경직과 반대)이 오래갈수록 악화되는 경향이 있다. 이완이 오래될수록 렌즈핵에 구조적 문제가 생길 뿐만 아니라 렌즈핵, 시상, 대측 소뇌의 대뇌혈류가 감소한다고 보고되어 왔다.[53] 이 기저핵과 소뇌 제어회로의 구조적 · 생리학적 문제가 UUMN형 마비말장애의 말 특성이나 중증도, 예후에 어떤 영향을 미치는지는 아직 명확히 밝혀지지 않았다.

피질뇌간의 손상으로 대측 하안부에 약하게 혹은 심하게 약증이 올 수 있다. 보통 이를 중추 혹은 핵상 안면 약증(central or supranuclear facial weakness)이라 부름으로써 안면 상하부에 문제를 일으키는 말초 뇌신경 VII 병변과 구분한다. 대측 혀에서 약증이 관찰되면 이는 종종 중추 혀 약증(central lingual weakness)이라 부른다.

직접 및 간접 활성화 경로 모두에서 병변이 일어났을 때는 사지에서 문제를 발견할 수 있다. 그러나 병소에 따라 팔 혹은 다리 근육, 구(연수)근육은 상대적으로 문제가 덜할 수 있다. 가령 병소에 따라 어떤 경우에는 구(연수)근육만, 혹은 구(연수)근육과 손에만 영향을 미치기도 한다.

III. 병인

상부운동신경세포(upper motor neuron, UMN)의 편측 손상은 UUMN 마비말장애를 일으킬 수 있다. 퇴행성 · 감염성 · 독성-대사성 질환들은 보통 산발적(diffuse) 문제를 야기하기 때문에 UUMN형 마비말장애와 같은 편측 징후를 보일 가능성은 낮다. 중추신경계의 편측에만 위치한 종양이 UMN 구조물과 경로들에 편측 영향을 미치면 UUMN형 마비말장애가 일어난다. 외상, 특히 외과적 외상으로 인해 UUMN형 마비말장애를 포함한 국소적 손상을 일으키기도 한다. 폐쇄성 뇌손상은 주로 다병소성

[2] 이 특성들에 대해서는 제5장에서 자세히 다루었다.

(multifocal), 양측성, 산발성으로 일어나기 때문에 다른 유형의 마비말장애와 관계 된다.

편측 뇌졸중은 UUMN형 손상의 가장 빈번한 원인이다. 불완전편마비를 동반한 뇌졸중 환자의 29%에서 마비말장애가 확인되었다.[43] 뇌졸중은 대부분 천막상 손상에 의해 일어나므로,[40] 이 절에서는 UMN에 비교적 고립적 손상을 일으키는 혈관성 질환 중 일부만 살피도록 한다.

좌측 경동맥(left carotid) 혹은 중대뇌동맥(middle cerebral artery)의 폐색은 실어증이나 말실행증을 동반한 UMN 장애를 일으키는 가장 빈번한 뇌졸중의 원인이다. 반면 우경동맥 혹은 중대뇌동맥 폐색은 우뇌의 병리적 특징이라 할 수 있는 편측무시증과 인지장애를 동반한 UMN 장애를 일으키는 가장 빈번한 뇌졸중의 원인이다. 대뇌 후부, 뇌저동맥, 그리고 빈도는 덜하지만 전대뇌동맥(anterior cerebral artery)에 일어나는 편측 뇌졸중도 UUMN형 장애를 일으킬 수 있다.

대동맥으로 이어지는 작은 혈관들의 폐색으로 인해 뇌간, 피질 혹은 피질하 영역에 작은 경색이 발생하기도 한다. 이들을 종종 **열공**(lacunes) 혹은 **열공성 뇌경색**(lacunar infarcts)이라 부르는데, 그 이유는 치유(healing)되는 동안 작은 공간(열공)을 남기기 때문이다.[3] 이들은 전대뇌동맥과 중대뇌동맥의 렌즈핵 선조체 가지(lenticulostriate branch), 후대뇌동맥의 시상관통 가지(thalamoperforant branch), 뇌저동맥의 방정중 가지(paramedian branch) 등에 빈번히 일어난다. 열공성 뇌졸중의 가장 빈번한 병소는 기저핵, 시상, 반란원 중심, 내포, 뇌간이다.[23] 이 병소들을 통해 UUMN형 마비말장애(병변이 양측이라면 경직형 마비말장애)와 열공과의 관련성을 이해할 수 있다. 즉, 앞서 나열한 대부분의 병소는 UMN 경로를 따라 위치한다.[4] 또한 병변 위치상 열공이 실어증, 편측무시증, 시야 결손(visual field deficits), 기억장애, 의식 변화(alterations in consciousness) 등을 동반하는 경우는 드물다. 주로 운동 혹은 감각운동상 징후를 보인다. 뇌졸중과 마비말장애의 관련성을 살핀 연구들을 보면 마비말장애의 45~53%에 이르는 경우, 그 원인이 열공성 뇌경색이었다.[40,68] 특히 UUMN형 마비말장애가 뇌졸중의 거의 유일한 징후로 나타날 경우에는 열공성 뇌경색이 가장 빈번한 원인이다.[68] 열공이 뇌교에 위치할 경우 기타 신경 징후들도 나타날 가능성이 높다.[40]

마비말장애, 특히 UUMN형 마비말장애는 '열공 증후군(lacunar syndromes)'을 정의하는 아주 중요한 몇몇 특성 중 하나이다.[22,[5]] 그중 일부를 나열하자면 다음과 같다.

1. **순수 운동 불완전편마비**(pure motor hemiparesis). 편측 안면, 팔, 다리에 영향을 미치는 운동 뇌졸중(motor stroke)을 뜻하는 것으로, 병변은 방사관, 내포, 대뇌각, 혹은 뇌교에 위치한다. 혈관의 출발점(vascular origin)은 대개 중대뇌동맥(middle cerebral artery)이나 추골-뇌저동맥계의 가지이다.
2. **마비말장애-서툰 손 증후군**. 안면 약증, 마비말장애, 삼킴장애가 뚜렷하나 손에서도 약증과 서툰 운동이 관찰된다. 병변은 주로 뇌교, 내포의 무릎 혹은 다리 후부(the genu or posterior limb of the internal capsule), 혹은 인접한 방사관, 꼬리핵, 대뇌각에 위치한다.[27,39,42,71] 이 증후군은 열공성 뇌경색의 6%를 차지한다고 보고된 바 있다.[12]
3. **순수 마비말장애**. 다른 징후(안면과 혀의 약증을 제외한) 없이 급작스럽게 시작된 마비말장애를 뜻한다. 이 증후군은 마비말장애-서툰 손 증후군의 한 이형으로 간주할 수도 있는데,[38] 뇌졸중 환자의 약 1%에서 나타난다.[4] 내포의 무릎이나 인접한 방사관이 가장 빈번한 병소로 보이지만, 기저핵,[[6]] 뇌교,[[7]] 섬엽, 피질-피질하 운동영역도 보고된 바 있다.[[8]] 회복 예후는 좋은 편으로 25% 이상의 환자가 아무런 증상 없이 퇴원한다.[3]

IV. 말 병리

안타깝게도 신경학 문헌들이 밝혀 온 마비말장애의 병

[3] 일부 임상 현장에서 열공은 뇌졸중의 약 25%를 차지함.[12] 크기는 0.2~15mm^3 정도로 CT 촬영에 잡히지 않는 경우도 있음.[46]

[4] 마비말장애는 열공성 뇌경색 환자의 25%에게서,[2] 내포 뇌졸중 환자의 약 30%에서 확인되었음.[24]

[5] 마비말장애는 또한 비열공성 뇌경색을 정의하는 특성이 될 수 있다. 예를 들어, 급성 방정중 뇌교 뇌경색(acute paramedian pontine infacts) 환자에게서 마비말장애가 가장 공통적인 임상 징후였으며, 55%의 환자에서 확인되었다.[33]

[6] 안면 약증은 편측 피각 열공성 뇌졸중에게서 빈번히(50%) 나타남.[26]

[7] 마비말장애를 일으킨 편측 뇌졸중으로 뇌교(pons)가 손상되면 내측 상부 뇌교도 손상되었을 가능성이 높음.[57]

[8] 참고문헌 9, 29, 32, 38, 39, 42, 52, 69.

글상자 9-2

1999~2008년에 메이요 클리닉에서 주요 말장애로 UUMN형 마비말장애를 진단받은 86명의 병인. 유사임의적으로 추출된 사례들로, 괄호 안 숫자는 각 병인의 백분율을 뜻하며, 항목 아래 세부적인 병인들이 높은 빈도에서 낮은 빈도순으로 나열됨.

혈관성(92%)
- 비출혈성 뇌졸중, 출혈성 뇌졸중

외상(3%)
- 신경외과적 외상(종양 절제술 후 외상), 시상절제술

탈수초성(3%)
- 다발성 경화증

기타(1%)
- 원인 불명의 중추신경계 손상(편측)

UUMN=편측 상부운동신경세포(unilateral upper motor neuron)

소들로는 이들의 말 특성을 명확하게 설명할 수 없는 경우가 많다. 마비말장애라는 것을 제외하고는 '어눌함(slurred)', '알아듣기 힘듦(unintelligible)' 혹은 '불명확함(thick)'과 같이 모호하고 한정적으로만 이들의 말 특성을 기술하였기 때문이다.

다음 절에서는 편측 상부운동신경세포형 마비말장애의 병인, 병소, 중증도 및 기타 임상 결과들을 다루는데, 이 자료들은 주로 다음 세 개의 연구를 바탕으로 정리되었다. (1) 56명의 UUMN형 마비말장애 환자를 대상으로 한 Duffy와 Folger[21]의 대단위 후향적 연구,[9] (2) 편측 뇌졸중 이후 급성기(acute phase)에 있는 62명의 환자를 살핀 Urban 등[67]의 연구, 마지막으로 (3) **글상자 9-2**에 요약된 메이요 클리닉의 자료. 이 자료들에 덧붙여 몇몇 전향적(prospective) 연구 자료 또한 추가하도록 하겠다.

A. 임상 실무에서의 병인, 병소 및 중증도의 분포

병인

글상자 9-2와 **그림 9-1**은 메이요 클리닉을 찾은 86명 환자의 병인을 요약한 것으로, 이들의 주요 말장애는 병인과 상관없이 UUMN형 마비말장애로 진단되었다(이 자료는 Duffy와 Folger[21]의 후향적 연구에 포함되지 않았다). 이전에 여러 번 언급한 것과 같이 메이요 클리닉의 자료를 전체 임상 현장으로 일반화할 수는 없다.

자료에 따르면 UUMN형 마비말장애의 압도적인 병인은 뇌졸중(92%)으로, 편측 병변을 일으키는 기타 질환들이 나머지를 차지한다(예: 종양, 신경외과술, 다발성 경화증). 일반적으로 신경성 혈관 장애 전체의 높은 비율을 차지하는 비출혈성 뇌졸중이 UUMN형 마비말장애의 혈관성 원인 중 대부분에 해당하였다. 뇌졸중이 압도적으로 빈번한 병인이라는 점은 선행 연구들의 결과와 일치한다.[10]

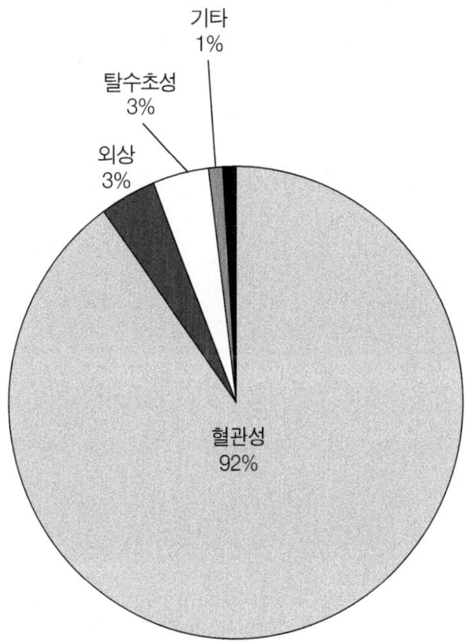

그림 9-1 메이요 클리닉에서 편측 상부운동신경세포 마비말장애를 주요 말장애로 진단받은 86명 환자의 병인 분포도(세부사항은 본문과 글상자 9-2 참고).

[9] Duffy와 Folger 연구는 말 진단 결과나 임상 혹은 신경 영상 검사 결과 편측 UUMN으로 병소가 확인된 환자만을 피험자로 선별하였음. 파킨슨증이나 소뇌 병변 환자들, 말실행증 환자들은 제외함. 실어증이 의심되어 말 표본을 채취하였던 환자들 역시 제외되었음(18%의 환자가 실어증을 보였으나 대개 경도).

[10] 연구 중 일부는 뇌졸중만을 연구 대상으로 하였는데, 이는 현실에서 접하는 병변 분포보다 좀 더 국소적 병변의 영향을 직접적으로 살피고자 하였기 때문임. 작은 뇌졸중(small stroke)은 UUMN형 마비말장애를 연구하는 데 이상적인데, 그 이유는 외상성 뇌손

글상자 9-3

주요 말장애로 UUMN형 마비말장애를 진단받은 56명의 환자의 주요 구강 기제, 임상 신경 검사 결과.[21] 이들은 임상적으로 혹은 신경 영상 검사를 통해 확인되거나 때로는 추정된 결과들임. 괄호 안 숫자는 사례의 백분율을 의미함.

구강 기제 결과
- 편측 하안부 약증(82%)
- 편측 혀 약증(52%)
- 편측 구개 약증(5%)

임상 신경 검사 결과
- 편마비/불완전편마비(79%)
- 감각장애(20%)
- 마비말장애와 서툰 손 증후군(13%)
- 마비말장애와 연수 약증(하안부 혹은 혀)(5%)

병소*
- 내포(34%)
- 내포 혹은 뇌교(4%)
- 피막 주위(11%)
- 뇌엽, 피질, 피질하(대부분 전두엽 포함)(27%)
- 뇌엽, 피질(항상 전두엽 포함)(7%)
- 뇌엽, 피질하(늘 전두엽 포함)(7%)
- 뇌간(2%)
- 시상과 중뇌(2%)

UUMN=편측 상부운동신경세포(unilateral upper motor neuron)
*뇌엽–대뇌반구의 뇌엽 전체 혹은 일부에 영향을 미치는 영역을 일컬음. 피질이나 피질하로 나뉠 수 있음.
내포주위–내포 및 주변 구조물 영역으로 대뇌피질과 연결되는 방사관을 포함함.

병소

글상자 9-2를 보면 전체 사례의 70%의 경우 천막상(피질 혹은 피질하) 병변이었음을 알 수 있다. 소뇌 외 영역 병변 환자들을 대상으로 한 Urban 등[67]의 연구에서는 72%, Duffy와 Folger[21]의 연구에서는 90% 이상(글상자 9-3)이 천막상 병변에 해당하였다. 세 개의 자료를 각각 살펴보면 내포, 피막 주위 혹은 선조체낭(striatocapsular) 영역, 대뇌반구엽(cerebral hemisphere lobe)에 영향을 미치는 영역이 가장 빈도 높은 병소였음을 알 수 있다. 하지만 2~24%에 이르는 환자들에서 뇌간, 특히 뇌교 병소가 확인되기도 하였다. 병변이 대뇌피질에 위치할 경우, 대부분 전두엽이 포함되었다. 시상 혹은 중뇌 병변을 보인 환자도 몇몇 있었다. 이 자료는 우리가 알고 있는 UMN 체계의 해부 및 혈관 분포, 그리고 마비말장애와 관련된 열공성 뇌졸중의 병소를 보고한 선행 연구들의 결과와 일치한다. UMN 경로를 따라 일어나는 병소로 UUMN형 마비말장애의 말 특성을 설명할 수 있다.[67]

병소가 편측인 경우, 좌측이 더 빈번하였다(가령 Duffy와 Folger 연구의 경우 61%, Urban 등 연구의 경우 89%). 다른 연구들 또한 UMN 경로에 일어난 단일 국소 뇌졸중이 마비말장애를 일으켰을 때 병소는 좌측이라 보고하였다.[58,65] 예외도 있다.[25] 글상자 9-2에서도 62% 환자가 우측 병변을 보였다고 한다. 그러나 UMN 경로가 좌뇌의 말운동 제어 기제에 포함된다는 주장(예: Urban 등[67])을 뒷받침하는 근거는 충분하다. 좌측 병소가 더 빈번한 이유는 말 평가 의뢰의 편향성 때문이거나(즉, 실어증으로 말 평가가 의뢰된 환자의 수가 많음) 좌측 뇌졸중에 대한 관심이 상대적으로 많기 때문이라고 설명하기도 한다. 임상적으로 중요한 것은 뇌졸중으로 인한 UUMN형 마비말장애의 경우 병소가 좌측 UMN 경로인 경우가 많다는 점이며, 또한 좌측과 우측 어떤 쪽에 의해서도 UUMN형 마비말장애가 일어날 수 있다는 점도 주지하자.

상, 종양 혹은 감염성 질환 등과 같이 병소의 위치를 한정하기 어려운 질환들보다 쉽고 명확하게 해부적 경계를 구분 지을 수 있기 때문임.

중증도

Duffy와 Folger의 연구는 피험자들의 마비말장애 중증도를 정확히 밝히지 않았으나 경도 환자가 다수 포함되었던 것으로 보인다. 말 특성들을 아울러 봤을 때 중증도 측정치의 중앙값이 대부분 평균적으로 경도 혹은 경도-중도였다. Urban 등[67] 연구의 피험자들 또한 평균적으로 경도-중도였는데, 좌측 병소의 경우 평균적으로 중증도가 더 심하였다. 글상자 9-2에 요약된 환자들의 중증도를 보면 뇌졸중 이후 급성기 환자들의 대부분은 경도였으나 그래도 그중 58%는 명료도가 저하되어 있었다. 이 모든 자료는 전반적으로 다른 연구들의 중증도 결과와 일치하는데,[28,34,60,61,63] 중도 혹은 심도의 명료도 저하도

관찰된다.[62]

편측 상부운동신경세포(unilateral upper motor neuron, UUMN)형 마비말장애는 일시적인(transient) 문제로 보고되어 왔다.[7,18,19,[11]] 임상 경험에 따르면 일시적인 사례가 빈번하지만(Urban 등[67]의 연구에서는 40% 환자가 평균 10개월 내에 정상적인 말소리를 회복하였으며 그중 일부는 이보다도 빨리 회복하였다고 한다), 마비말장애가 지속되는 경우도 있다. Duffy와 Folger 연구의 환자의 약 45% 정도가 발병 1개월 후, 몇몇 연구[60-63]의 모든 환자가 발병 3개월 후 재평가되었을 때 단기간이나마 마비말장애의 지속이 확인되었다. Uban 등 연구의 환자 대부분도 경도의 마비말장애를 지속적으로 보였다. 한 연구는 좌측 내포 뇌졸중 환자가 완전히 정상적인 말소리를 회복한 마비말장애의 사례를 연구하였는데, 기능적 자기공명영상 결과를 통해 이 환자의 말운동 조절 기능이 우측 반구와 좌측 소뇌로 옮겨졌기 때문이라 주장하였다.[55]

이상을 통해 뇌졸중으로 인한 UUMN형 마비말장애는 종종 경도의 중증도를 보이며 회복이 잘된다는 것을 알 수 있다. 그러나 때로는 심도의 마비말장애나 만성 마비말장애, 아니면 심도의 만성 마비말장애를 보이기도 한다. 왜 이들이 심도의 혹은 지속적인 UUMN형 마비말장애를 뚜렷하게 보이는지에 대해서는 아직 명확하게 밝혀지지 않았지만, 이 경우 영상 검사를 실시해 보면 미미한 편측 뇌졸중뿐만 아니라 반대편에 이전부터 '무증상(silent)' 뇌졸중이 발견되는 경우가 드물지 않다. 이런 경우 마비말장애가 오래 지속되고 삼킴장애도 빈번하게 나타나는 경향이 있다.[58] **따라서 편측 뇌졸중에 의해 심도의 마비말장애가 지속된다면 두뇌 대측 병변(들)에 대해 의심해 보아야 한다.** 즉, 무증상 뇌졸중(아마도 말 관련 영역에 일어난)의 영향은 뇌의 다른 영역에서 새 병변이 일어났을 때 비로소 수면 위로 떠오를 수 있으며, 이 새 병변이 홀로 일으킬 수 있는 손상보다 영향이 더 크다.

편측 상부운동신경세포형 마비말장애는 얼마나 자주 실어증, 말실행증, 실율증, 비실어 인지장애 등과 동반하는가? Duffy와 Folger는 실어증, 말실행증, 비실어적 인지장애를 보일 경우 마비말장애 평가를 실시하지는 않았다. 그러나 좌측 병변 환자로서 UUMN형 마비말장애를 주 의사소통장애로 진단받은 환자 중 24%가 실어증의 근거를 보였다고 보고하였다. **글상자 9-2**에 요약된 86명 환자들 중 5%가 덜 심한(less severe) 실어증, 2%가 경미한 말실행증, 19%가 경미한 비실어적(nonaphasic) 인지장애를 보였다. **따라서 UUMN형 마비말장애가 주요 의사소통장애일 때 실어증, 말실행증, 비실어적 의사소통장애가 동반될 가능성은 높지 않은 것으로 보인다.** 마비말장애보다 실어증이나 비실어적 인지장애가 뚜렷할 때 UUMN형 마비말장애가 얼마나 자주 나타나는지는 알려지지 않았다. 하지만 실어증 환자의 경우, 특히 편측 사지 운동 장애가 있다면 UUMN형 마비말장애를 동반할 가능성이 높다. 말실행증 환자가 UUMN형 마비말장애를 동반하는 경우에는 제11장에서 살펴보도록 한다.

B. 환자의 지각 및 주 호소

환자들은 대부분 자신의 말 문제에 대해 알고 있다. 그러나 뇌졸중 환자들은 급성기 병원(acute hospital setting)에서 정식으로 말 평가를 받을 때 그때까지 남아 있는 말 문제를 걱정하기보다 그간 향상된 정도에 안도하는 경향이 있다. 마비말장애가 심할 경우, 명료도의 저하나 의사소통 문제에 대한 걱정을 표현하기도 한다. 환자들은 종종 말소리가 **어눌하고**(slurred) **불분명하거나**(thick) **느리다고** 호소한다. 다른 마비말장애 유형과 마찬가지로 환자들은 **피로하거나 심리적으로 스트레스를 받으면 말 문제가 더 악화된다고** 하는 경향이 있다.[12]

환자들은 종종 편측 침 흘림이나 안면 혹은 입꼬리가 **무거운 느낌**에 대해 호소하는데, 가끔 말할 때 혀가 무겁고 둔하다고도 한다. 특히 발병 초기 **저작과 삼킴이 어렵다는** 호소도 드물지 않다.[30] 경직형보다는 덜하지만 UUMN형 마비말장애 중 일부는 가성구감정(실금)으로 인한 울음이나 웃음의 감정적 표현 문제를 호소하기도 한다.[5] 실어증이나 말실행증을 동반한 환자들의 경우에

[11] 피막(capsular) 뇌졸중 후 편측 사지 운동 장애는 일반적으로 회복률이 높음. 편측 뇌졸중이라도 다수의 운동영역과 하강 경로(descending pathways), 혹은 시상 회로망에 병변이 위치할 경우 사지 운동 능력의 회복 정도는 약함.[8,24]

[12] 해부학자 Brodal[10]과 언어병리학자 Aronson[5]은 직접 우측반구 뇌졸중을 겪은 후 세밀한 자기 관찰을 통해 이미 알려진 환자들의 주 호소를 뒷받침하였음. Brodal은 신경자극의 강도가 약해진 느낌과 정교한 운동의 어려움에 대해 이야기하면서 더 이상 이들이 자동적으로 일어나는 것이 아니라 의도적으로 힘을 많이 써야 한다고 함. 발병 6개월 후, 자신의 말소리가 피로할 때 악화된다고 생각함. Aronson은 '감정 조절 장애(emotional incontinence)'를 언급하며 정상적으로 울 때, 웃을 때와 유사성 및 차이점에 대해 보고함. 또한 흉부와 복부에 압력이 동반되는 경직적 음성에 대해서도 기술하였는데, 이는 스트레스를 받거나 피로하면 더 악화된다고 함.

는 언어 혹은 말 프로그래밍(programming)의 문제를 더 크게 느끼기 때문에 마비말장애에 대해서는 호소하지 않는 경우가 자주 있다.

C. 임상적 관찰점

편측 상부운동신경세포형 마비말장애의 병변은 주로 신체 대측에 여러 신체적 징후 및 증상을 일으킨다(**글상자 9-1** 참고). 예를 들어 Duffy와 Folger 연구의 환자들 중 79%가 편마비 혹은 불완전편마비를, 20%가 감각 손상을 겪는다고 보고하였다(**글상자 9-3** 참고). 언어장애 및 기타 인지장애도 동반되는데, 구어 의사 장애(spoken communication)에 마비말장애보다도 더 큰 영향을 미칠 수 있다고 한다. 좌측 피질하 병변에 의한 실어증은 마비말장애를 종종 나타난다.[16,50]

그러나 UUMN형 마비말장애는 이외 기타 장애는 자주 동반하지 않는다. 예를 들어 Duffy와 Folger 연구 환자들 중 13%는 마비말장애와 서툰 손 증후군 문제만, 5%는 마비말장애와 안면 및 혀 약증만이 유일한 신경 문제였다. Urban 등[67]에서는 마비말장애-서툰 손 증후군이 14%의 환자에게서, 마비말장애와 안면 약증이 11%, 마비말장애와 혀의 약증만이 동반된 경우가 3%를 차지하였다.

비구어 구강 기제

글상자 9-3은 Duffy와 Folger 연구에 참여한 환자들의 주요 구강 기제 검사 결과를 요약한 것이다. 편측 중추 안면 약증(unilateral central facial weakness)이 82% 환자에게서 관찰되었으며, 이는 다른 연구들과도 비슷한 비율이다.[34,38,43,73] Urban 등[67]은 80% 환자들에게서 안면 약증을 확인하였다. 이 약증은 안정 시와 운동 중 뚜렷하게 나타난다. 직접 및 간접 활성화 경로 모두 손상되었을 때 약증은 수의적(voluntary) · 감정적(emotional) 안면 운동 중 뚜렷하다. 간접 경로가 상대적으로 손상을 받지 않았다면 표정 지을 때 안면(예: 미소 지을 때)은 비교적 대칭적인데, 이는 수의적 운동 제어 능력은 손상되었더라도 간접 경로는 여전히 감정 표현을 주도할 수 있음을 의미한다. 이의 역(converse)도 성립한다. 수의적인 안면 표정과 감정적인 안면 표정 간의 이런 차이는 UUMN형 마비말장애에서 빈번하게 발견된다. 일반적으로 **뇌졸중 환자가 편측 중추 안면 약증을 보인다면 이 환자는 마비말장애도 보일 것이라고 예상할 수 있다.**

편측 중추 안면 약증 없이 일어나는 편측 중추 혀의 약증은 매우 드물다. 혀의 편측 약증은 급성 뇌졸중 환자 마비말장애 유무의 신뢰로운 예측 변수로서, 특히 삼킴장애는 더욱 신뢰롭게 예측한다.[13] Duffy와 Folger 연구에 참가한 환자의 52%(Urban 등[67]의 24%)가 편측 혀의 약증을 보였다. 혀의 편측 약증은 환자로 하여금 혀를 내밀게 함으로써 쉽게 확인할 수 있다. 즉, 혀의 편측 약증이 있다면 혀를 내밀었을 때 혀가 약한 쪽으로 치우치게 된다. 또한 혀를 측면으로 움직이게 하거나 설측 강도 검사(lateral strength testing)를 통해서도 쉽게 확인할 수 있다. 혀를 내밀었을 때 한쪽으로 치우침이 뚜렷하게 나타나지 않더라도 한쪽으로 옮기거나 미는 일에 어려움을 겪는 현상이 종종 쉽게 확인된다. 한 MRI 연구는 뇌졸중 발병 직후 약한 쪽의 혀가 부어오른다고 보고하였는데,[64] 이 현상이 임상적으로 관찰 가능한가에 대해서는 언급하지 않았으나 혀의 편측 부종(hemilingual swelling)은 대개 임상적으로 뚜렷하지 않다.

안면보다 혀의 약증이 덜 빈번하게 나타나는 이유는 12번 뇌신경이 반대측과 양측 사이에서 UMN 신경자극을 어느 정도로 수용하는가에 대한 개인차 때문으로 보인다. 이는 또한 UUMN형 마비말장애 환자 간 말 특성 차이를 설명하기도 한다.[14]

턱은 보통 임상 검사 결과 정상적이다. 예를 들어 턱의 약증은 Duffy와 Folger나 Urban 등 연구에서 보고되지 않았다. 그러나 대측 턱의 약증은 가끔 임상적으로 뚜렷한데[9,73] 이를 악무는 능력이 다소 약해지거나 입을 벌릴 때 약한 쪽으로 치우치는 정도이다. 이는 전기생리학적 연구에서도 확인되었다.[15,28]

UUMN 병변 시 연인두 기능은 대개 정상적이지만 여러 연구에서 구개 약증(보통 안정 시 혹은 운동 중 비대칭을 보임)이 소수 환자에서 확인되었다.[21,34,60] 양측

[13] 가령 Umapathi 등[66]에서는 뇌간 하부가 병변에 포함하지 않은(즉 약증이 중심부에서 확인) 급성 뇌졸중 환자 300명 중 29% 환자에게서 혀의 치우침이 확인되었음. 이 환자들은 동측 중추 안면 약증도 보임. 혀의 치우침을 보인 환자의 43%에서 삼킴장애가, 90%에서 마비말장애가 확인됨.

[14] 미주신경이 양측 UMN으로부터 신호를 입력받는다는 사실은 (개인차가 있기는 하나), 운동유발 전위(motor-evoked potential) 및 자기 자극(magnetic stimulation) 방법을 통한 연구들에 의해 밝혀져 왔음.[13,49] 또한 급성 편측 뇌졸중 환자들의 혀가 한쪽으로 치우치는 현상은 뇌의 대측 뇌졸중 병력이 있는 경우 더 빈번하였는데,[65] 이는 혀의 약증이 뚜렷하려면 양측 모두의 손상이 필요함을 시사함.

UMN 신호를 전달받기 때문에 편측 손상이 있다 해도 미주신경은 상대적으로 보호된다고 추정되지만 임상 실무에서는 이러한 추정보다 빈번히 구개 약증이 발견된다.

성대 약증 또한 드물거나 없는 것으로 가정되어 왔으나 마찬가지로 미주신경으로의 UMN 공급이 양측으로 이루어지므로 후두 기능은 정상일 것이라는 이 가정에 의문을 제기되기도 한다. 예를 들어 생애 처음으로 허혈성 뇌졸중을 겪은 환자들을 발병 48시간 내에 살펴본 결과, 내포, 방사관, 혹은 방정중 뇌교의 열공성 뇌졸중 환자 35명 중 11%가, 피질 혹은 넓은 피질하 뇌졸중 환자 12명 중 16%가 대측 성대 부전 마비를 보였다. 이는 굴절 가능 내시경 검사(flexible endoscoptic examination) 결과 확인되었다. 발성장애를 동반한 환자는 모두 성대 약증을 보였으며, 일부는 구개 약증도 보였다. 대부분의 경우 약증은 1개월 내에 사라졌다. 저자는 "의핵(nucleus ambiguous)이 늘 양측으로 신경을 자극한다는 오랜 믿음은 그른 것일 수 있다."라고 결론 내렸다.[72] 따라서 **UUMN형 환자의 소수, 그러나 무의미하지 않은 수의 환자가 반대측 성대의 약증을 보일 수 있다.** 이는 UUMN형 마비말장애의 비정상적 음성 특성 중 적어도 일부를 설명한다(다음 절에서 기술).

증상 흡인 혹은 무증상 흡인(audible or silent aspiration)[15]을 포함한 삼킴장애도 UUMN 병변에 의해 일어날 수 있다.[9,30,31,67] 마비말장애와 유사하게 삼킴장애도 종종 경도에 머물며 회복률도 좋다. 발성장애는 UUMN형 환자들의 삼킴장애를 예측하는 요소 중 하나로, 한 연구에서는 UUMN 병변에 의한 흡인 환자 중 91%가 발성장애를 보였으며 비흡인(nonaspirating) 환자에서는 발성장애가 자주 보이지 않는다고 보고하였다.[30]

구강 기제 검사 중 운동의 지속성 결여(motor impersistence)는 특히 우측 반구 병변에서 뚜렷하게 나타난다. 운동의 지속성 결여는 제3장에서 다룬 바 있다.

말

Duffy와 Folger에서 확인한 대로 편측 상부운동신경세포(unilateral upper motor neuron, UUMN)형 마비말장애의 말 특성이 **글상자 9-4**에 요약되어 있다. 말 특성과 그 빈도는 전반적으로 Urban 등[67]의 연구 결과(다소 용어의 차이는 있지만)와 일치한다. 이 두 연구와 다른 연구에서 UUMN형 환자에게서 확실하게 발견된다고 제시한 말 특성들도 덧붙였다. 또한 Duffy와 Folger 연구에 보고되지 않았더라도 다른 연구에서 언급한 말 특성도 일부 추가하였다.

총 98% 환자들에게서 보인, 가장 공통적 특성은 **부정확한 자음**이었다. 다음으로는 **불규칙적인 조음장애**가 문맥적 발화(contextual speech)에서 보였으며, 약 33% 정도가 **불규칙적인 교대운동속도**(alternating motion rates, AMR)를 보였다. 부정확한 AMR 또한 환자의 33%에서 뚜렷하였다. 이 특성의 정도가 표기된 경우 대개 경도였으나 일부는 심도의 부정확한 자음을 보이기도 하였다. 부정확한 자음은 하안부 및 혀의 편측 약증 때문에 빈번히 일어난다.

UUMN형 마비말장애 환자가 왜 불규칙적인 조음장애 및 AMR을 보이는지 그 이유는 명확하지 않다.[16] 이는 약증에 의해 자연스럽게 일어나는 서툶(clumsiness)을 반영하는 것일 수 있고,[41] 혹은 안면 중앙에 위치한 구조물(턱, 혀) 간의 근강도에 평형이 깨져서일 수도 있다. 또는 편측 약증의 경우 안면 구조물들(좌측과 우측 안면)이 동시적으로 움직이지 못해서일 수도 있다. 마지막으로 백질 경로에서 UMN 섬유들과 교차하는 소뇌피질섬유의 손상으로 인한 유사 실조 불협응(ataxic-like incoordination)을 반영하는 것일 수 있다.[17] 이런 원인과 상관없이 **일부 UUMN 병변으로 인한 마비말장애 환자들에게서 실조형 마비말장애의 특성이 지각될 수도 있음을 짚고 넘어가자.**

두 번째로 가장 뚜렷한 말 특성은 느린 AMR로, 전반적으로 다소 느리다. 문맥 발화에서는 그렇게 심하게 느리진 않아 18% 환자에게서만 느린 말 속도가 확인되었다.

[15] (역자 주) 음식물이 성문을 지나 기도로 잘못 하향하면서 환자의 반응(가령 기침)이 외관적으로 보이면 증상 흡인, 환자가 인식하지 못하고, 따라서 반응도 없이 일어나는 흡인을 무증상 흡인이라 번역함.

[16] 이런 면에서 "전반적으로 취한 사람의 말소리와 유사한 부분이 있다"고 한 Roger의 기술[56]이 흥미로움.

[17] 가령 시상과 피질 사이에 위치한 내포와 백질은 소뇌피질로와 고유수용성로(proprioceptive pathway)를 포함하는데, 이 경로들이 손상되었을 때 실조증과 같은 운동 이상을 일으키게 됨. 이런 점을 고려하여 포 혹은 방사관(capsular or corona radiata) 병변에 의한 사지 실조증은 소뇌피질 혹은 시상피질 섬유로에 문제가 생겼기 때문이라는 해석이 있음.[6,47] Brodal[10]은 "직접 피질뇌간로를 제외한 다른 경로들의 손상 때문일 가능성이 매우 높다. … 대뇌-소뇌(cerebrocerebellar) 경로들은 중요한 구조물들로, 운동을 유연하게 조절하는 데 관여하는 것으로 보인다."라고 정리함.

글상자 9-4

주요 말장애로 UUMN형 마비말장애를 진단받은 56명의 사례 중 두 사례 이상에서 확인된 말 특성(Duffy와 Folger[21] 연구에서 수정). 각 특성을 보인 사례의 백분율이 괄호 안에 표기되어 있음. 기타 연구에서 제안한 확실한 특성들 또한 포함되었으며 문헌도 밝혀 두었음. 기타 연구들에서는 확인되었으나 Duffy와 Folger 연구에서 언급되지 않은 특성(대부분 한 명 혹은 매우 소수에게만 확인)은 '기타 특성' 아래 표기함.

조음(98%)
- 부정확한 자음(95%)[7,28,34,61-63,67]
- 불규칙적인 조음장애(14%)[67]
- 부정확한 자음과 불규칙적인 조음장애(11%)
- 기타 특성: 모음 왜곡, 소리/음절 반복

말 AMR(91%)
- 느림(72%)[28,37,56]
- 부정확(33%)
- 불규칙(33)[28,37]
- 이 중 둘 이상(50%)

발성(57%)
- 거친 음성(39%)[7,50,56,63,67]
- 음량 저하(5%)[50,63]
- 쥐어짜는 거친 음성(5%)[50,63]
- 젖은, 목쉰 음성(4%)[50,63]
- 기식 음성(4%)[50]
- '불안정한' 음성(4%)[67]
- 이 중 둘 이상(13%)
- **기타 특성:** 고음도, 저음도, 성대 프라, 음도 일탈, '눌린' 음질, 음성 진전, 음량 증가, 음량 변이, 음량 점강, 모음 최대 연장 길이 감소

속도 및 운율(23%)
- 느린 속도(18%)[7,28,63,67]
- 분절음 내 속도 증가(4%)
- 단음도(4%)[63]
- 단음량(4%)
- 기타 특성: 말 속도 변이, 짧은 말뭉침, 강세 저하, 과도한 음량 변이, 소리/음절 연장, 휴지 증가

공명(14%)
- 과다비성, 비강누출, 혹은 둘 다(14%)[7,34,60]
- 기타 특성: 과소비성

AMR=교대운동속도(alternate motion rate), UUMN=편측 상부운동신경세포(unilateral upper motor neuron)

AMR이 느린 이유에 대해서는 아직 밝혀지지 않았으나 약증, 정확성과 규칙성을 유지하려는 보상 노력, 그리고 경직으로 설명 가능하다. 이들 임상적 관찰 결과를 통해 UUMN 병변으로 인한 마비말장애 환자들에게서 경직형 마비말장애의 특성이 지각될 수도 있음을 알 수 있다.

57%의 환자는 발성 문제를 보였으며, 39%가 경도-중도의 발성장애를 동반하였는데, 이들은 거친 음성 또는 이보다 낮은 빈도로 쥐어짜는(strained) 음성을 보였다. 9%의 환자는 아마도 발성 혹은 호흡 및 발성의 기능부전을 반영하는 음량 저하를 보였다. 또한 다른 연구에서 확인한 몇몇 말 특성(글상자 9-4 참고)은 이들의 발성 기능 부전을 시사한다.[18] 이 음성 문제는 다음 몇몇 이유 때문으로 보이는데, 이 이유들도 서로 완전히 독립적이지는 않다. (1) 편측 성대 약증, (2) 경직,[19] (3) 노화 관련 발성장애(환자들 중 노인층이 가장 빈번하므로), (4) UUMN과 관계없는 기타 요인들(예: 질환이나 무활동[inactivity] 효과). 그중 첫 번째 가능성과 관련해, 일부 UUMN형 환자들에게서 성대 약증이 보고되어 왔다(앞 절 참조). 이와 유사한 기제로 경직도 설명할 수 있다. UUMN형 마비말장애 중 일부에서 발견되는 발성장애는 신경성 원인에 의한 것으로, 이들의 말 특성 중 여럿이 후두의 과소기능(hypofunction) 혹은 과기능(hyperfunction)과 관련이 있다는 가정은 타당해 보인다. 따라서 UUMN형 마비말장애 환자들이 보이는 발성장애의 일부 혹은 대다수는 약증, 경직, 혹은 이 둘 모두의 영향 때문으로 보인다.

[18] Metter[44]는 UUMN형 마비말장애의 임상적 특성으로 기식음성, 발성장애, 때로 음량 저하를 포함함. 실어증 연구들도 음량저하, 기식음성, 목쉰 음성이 편측 피질하 병변에 의해 일어난다고 보고된 바 있음.[1,16,17,44,45] 이들 연구에 포함된 환자들은 대개 기저핵, 시상, 내포 혹은 방사관 병변 환자들이었음.

[19] 대측 뇌반구에 하나 혹은 이상의 병변이 있었을 가능성도 배제할 수 없음. 편측 뇌졸중의 경우 병변 대측 반구의 혈류가 감소한다는 연구 결과도 있음.[20] 이 '반구 간 해리(transhemispheric diaschisis)'로 인해 UUMN 병변 환자 일부가 특히 발병 직후 쥐어짜는 음질이나 거친 음질을 갖는 것으로 보임.

표 9-1

UUMN형 마비말장애의 주요 말 특성 및 말 관련 임상 검사 결과들(명시하지는 않았지만 아래 표기된 사례들 외에 부록 웹사이트 Part IV의 UUMN형 마비말장애 사례들에서 몇몇 특성이 뚜렷하게 확인됨)

지각적 특성	
조음 및 운율	• 부정확한 조음 • 불규칙적인 조음장애 • 느린 말 속도 • 느린 AMR • 부정확한 AMR • 불규칙적인 AMR
발성	• 거친 음성, 목쉰 음성 • 음량저하
공명	• 과다비성(가끔)
신체적 특성	• 편측 하안부 약증(**사례 60, 61, 93**) • 편측 혀의 약증
환자의 주 호소	• 어눌한 말소리/발음의 어려움 • 하안부의 처짐 • '둔하거나' 무거운 혀 • 침 흘림 • 삼킴장애(상대적으로 경도) • 실어 증세가 더 우세할 때 마비말장애에 호소하지 않기도 함.

AMR=교대운동속도(alternate motion rate)
UUMN=편측 상부운동신경세포(unilateral upper motor neuron)

경도의 과다비성 또는 비강누출이 환자의 11%에서 발견되었으며, 몇몇 다른 연구에서도 보고되었다. 앞서 논의한 것과 마찬가지로 미주신경으로의 양측 UMN 공급을 고려하면 이는 다소 놀라운 결과라 하겠다. 이전 단락에서 다룬 발성장애가 UUMN형 환자에게서 관찰되는 것과 유사한 이유로 과다비성 또는 비강누출 특성도 일어나는 것으로 보인다.

말 속도와 비정상적 운율은 23%의 환자에게 나타났으며, 가장 빈번한 특성으로는 경도의 느린 말 속도였다. 기타 비정상적 운율은 흔치 않았으나 발견되었을 때는 말 속도, 음량, 음도, 길이와 관련된 특성을 포함하였다. 불규칙적인 조음장애가 있는 환자 중 일부는 확실히 운율도 비정상적이었다.

표 9-1에는 UUMN형 마비말장애 환자들의 주요 임상적 말 특성과 공통적으로 발견되는 구강 기제 검사 결과, 그리고 환자들의 주 호소가 요약되어 있다.

D. 음향학적 · 생리학적 관찰점

편측 상부운동신경세포형 마비말장애 환자를 대상으로 한 음향학적 · 생리학적 연구는 그리 많지 않으나 그 결과들은 각 말소리 산출체계의 손상을 이해하는 데 도움이 되어 왔다. 이 결과들이 표 9-2에 요약되어 있다.

호흡

통상적으로 호흡근육은 양측 UMN의 통제를 받기 때문에 편측 손상은 호흡에 그리 영향을 미치지 않을 것이라고 간주한다. 그러나 이완형 편마비 환자들을 편측 반구 뇌졸중이 일어난 지 12시간 내에 근전도 기록을 살펴보니 대측 흉골 주위 늑간근(contralateral parasternal intercostal muscles)의 신경 호흡 개시(neural respiratory drive)가 감소되어 있었다.[54] 단발성 편측 뇌졸중으로 인한 마비말장애 환자를 대상으로 한 폐활량 및 운동역학 연구 결과에 따르면, 두 명의 환자가 전반적인 호흡장애를 보였으며, 이 중 한 명은 말 호흡 기능에도 문제가 있었다고 한다.[63] 이 제한적인 연구 결과를 통해 UUMN형 환자가 비구어 호흡 기능 및 말 호흡 기능의 문제가 동반하기도 함을 알 수 있다. 임상적 관찰에 따르면 호흡 약증은 말 산출에 심각한 영향을 미치지는 않으나, 편측 호흡 약증은 짧은 구, 음량 저하, 음량 점강, 최대 모음 길이 감소 등의 말 특성에 영향을 미치기도 한다.

후두 기능

앞서 편측 뇌졸중 이후 성대 약증을 보인 환자들의 내시경 연구 결과를 다룬 바 있다. 몇몇 음향학적 연구 결과와 기타 도구적 연구 결과도 이들의 후두 기능이 정상적이지 않다고 보고하였다. 지각적 연구 결과와 마찬가지로 이 결과 또한 모든 UUMN형 환자들에게 해당하는 것은 아니며, 같은 환자 내, 그리고 환자들 간에 큰 차이를 보였다.[35]

음향학적 분석 방법을 통해 기본주파수(f_0) 변화의 증가 및 감소뿐만 아니라 강도(예: 강도 변동률과 주파수[예: 주파수 변동률])의 비정상성이 보고되었다.[11,35,36] 이러한 비정상성은 UUMN형 마비말장애의 후두 체계가 손상되었음을 의미한다. 비정상성 중 적어도 일부는 양쪽 성대의 기능 차이 때문이다. 가령 목쉰 음성은 양측 후두근의 긴장저하가 비대칭적으로 일어났기 때문이며, 이로 인해 성대 간 긴장이나 진동 질량(vibrating mass)에 차이가 생기

표 9-2

UUMN형 마비말장애의 음향학적 · 생리학적 관찰점 요약*

말 구성요소	음향학적 · 생리학적 관찰점
호흡	• 호흡 개시/약증
후두	• 편측 성대 약증 • 감소하는 변수들: • 성문 기류 • 후두 기류 저항 • 내전/외전 속도 • f_0 변이 • 증가하는 변수들: • 성문 기류 • 후두 기류 저항 • f_0 변이 • 주파수 변동률 • 강도 변동률
연인두	• 비강 기류 증가
조음/속도/운율	• 감소하는 변수들: • 말 속도 • AMR 속도 • 대측 턱 운동 강도 • 입술/혀 운동의 강도, 내구력, 속도 • 증가하는 변수들: • 음절 및 음절 간 길이 및 변이 • 파형 진폭의 포락선 최대값 및 최소값 변이 • 무성 자음의 폐쇄 구간 도중 음향 에너지(마찰음화) • 불규칙적인 AMRs

AMR=교대운동속도(alternate motion rate), UUMN=편측 상부운동신경세포(unilateral upper motor neuron)

*이들 결과 중 상당수는 단 한 명 혹은 몇 명의 환자들을 대상으로 한 연구에서 얻은 결과로, UUMN형 마비말장애 환자 모두가 이 모든 특성을 보이는 것은 아님. 또한 이 특성들이 UUMN형 마비말장애에서만 나타나는 고유 특성이 아니라는 점 또한 유의해야 함. 이들 중 여럿은 다른 말운동장애나 비신경성 질환에서 나타날 수도 있음.

게 되고, 따라서 불규칙적으로 성대가 진동하게 된다.

공기역학 연구와 전기성문도 검사(electroglottography) 연구에 따르면, 편측 뇌졸중과 마비말장애 환자 중 소수에서 말 산출 동안 후두의 비정상적 기능이 확인되었다.[63] 비정상적인 후두 운동과 기류 역학 특징은 때로 약증을 보이거나 때로 과긴장이 의심될 만큼 환자 간 큰 차이를 보인다. 가령 일부 환자에서는 후두 기류 저항과 성문하압의 상승, 후두 기류의 저하, 내전/외전 속도의 감소가 확인되었는데(지각적으로 거친 음성, 쥐어짜는 음성과 관련), 이는 후두 과기능을 의미한다. 다른 환자는 거의 정반대 결과를 보여 후두의 과소기능(지각적으로 목쉰 음성, 기식 음성과 관련)이 있는 것으로 보였다.[50] 과기능과 과소기능이 이렇게 상반되게 나타나는 것은 병소 차이 때문일 수도 있으나 보상적 행동 때문일 수도 있다. 예를 들어 과소기능이 확인된 일부 환자의 경우, 이 과소기능이 오히려 성대의 근접(approximation)을 방해하는 강성 증가/과긴장(increased stiffness/hypertonus) 때문으로 밝혀지기도 하였다. 이런 설명이 맞는지는 아직 확실하지 않지만 약증과 경직으로 인한 상반된 음성 특성이 왜 같은 UUMN형 마비말장애에서 발견되는 지 설명해 준다.

연인두 기능

Thompson과 Murdoch[60] 연구에서는 비강 가속측정기(nasal accelerometry)와 청지각적 평가를 이용하여 편측 뇌졸중 마비말장애를 지닌 7명의 환자(여러 명 중 선택)의 연인두 기능을 말 산출 동안 살펴보았다. 7명 중 2명은 과다비성으로 판단되었으며, 2명은 비정상적으로 높은 비강 가속도 지수를 보였다. 그러나 1명의 환자에게서만 청지각적으로나 비강 가속도 지수상 연인두의 부적절함/약증이 확인되었다. 이 결과는 UUMN형 환자가 청지각적으로 과다비성 특성을 보이는 경우는 많지 않다는 보고와 일치한다. 또한 말소리 산출 시 연인두 기능을 측정하는 청지각적 변수와 도구적 변수 결과가 서로 일치하지 않을 수 있음도 주지하자.

조음, 말 속도, 운율

조음과 말 속도를 측정하는 음향학적 · 생리학적 연구들의 결과에 따르면 적어도 일부 환자는 병변 대측 조음체에 약증을 보인다. 다른 환자들은 경직 혹은 실조증의 가능성을 제기하는 특징도 보였다.

UUMN 병변에 의한 마비말장애 환자들의 강도(strength), 힘(force), 속도, 내구력을 근전도를 비롯한 변수들을 통해 살펴본 연구 결과에 따르면, 이들은 근전도 신호의 진폭과 병변 대측의 턱 운동 강도가 낮고, 또한 운동 중 입술과 혀의 힘, 내구력, 속도가 정상인보다 줄어들었다고 한다.[14,28,61,63] Thomson, Murdoch, Stokes[61,62]에서는 혀의 약증이 경직(spasticity)을 뜻하는 것이라 보았지만 혀의 과긴장 근거는 찾지 못하였다. 이들은 UMN 약증 때문에 혀의 운동 속도가 느린 것이라고 지적하였는데, 그 이유는 강도가 저하되면 근육섬유의 최대 수축 속도를 감소시키고, 잇따라 운동의 속도도 느려지기 때문이다. 이 결과는 또한 피로가 혀 문제를 악화시킬 수 있음을 시사한다. 이는 말을 오래 하거나 피곤할 때 말 문제가 더 악화된다는 환자들의 빈번한 호소 사항과도 일치한다. 입술과 혀의 강도, 내구력 및 속도 결과는 청지각적 명료도, 조음의 정확도, 음소의 길이와 상관관계를 보이지 않았다. 이를 근거로 연구자들은 이 변수들보다는 좀 더 정교한 강도 제어 변수가 명료도와 같은 청지각적 변수들과 더 높은 상관관계를 보일 것이라 예측하였다. 그럼에도 불구하고, 이들의 강도 및 내구력이 저하되었다는 결과는 많은 환자들이 공통적으로 보이는 하안부 약증과 일부 환자들에게서 발견되는 턱의 편측 약증이라는 임상 관찰 결과를 뒷받침한다.

음향 연구들에 따르면 이들의 AMR 속도가 전반적으로 실조형 마비말장애만큼 느리지는 않지만,[35] 읽기 속도나 AMR 속도가 느리며, 가끔 AMR 수행이 불규칙적이기도 하다.[28,35,37] 말 AMR을 면밀히 살핀 한 연구에 따르면, 음절 및 음절 간 길이가 정상인보다 길고 편차가 컸으며, 음절 길이가 길수록 편차가 증가하였다. 또한 파형 진폭 포락선의 최대값 및 최소값이 정상인보다 컸다. 또한 무성 파열음의 폐쇄 구간 중 음향 에너지가 관찰되었는데, 이는 불완전한 조음 폐쇄 혹은 마찰음화(spirantization)를 반영하는 것으로, 부정확한 조음이라는 지각적 말 특성과 연결된다.[37]

UUMN형 마비말장애를 다른 말운동장애와 구분할 수 있는 특성으로는 무엇이 있을까? 청지각적 특성만 고려하면 **매우 변별적인** 특성은 없는 것으로 보인다. 즉, UUMN형 마비말장애 환자들이 가장 공통적으로 보이는 말 특성은 다른 마비말장애 유형에 비해 그리 고유한 특성이 아니며, 이들 중 일부는 다른 유형의 변별적 특성이기도 하다. 그러나 **중증도와 기타 임상 검사 결과들을 고려하여 말 특성들을 생각해 보면 변별적 특성군을 가려낼 수 있다.** UUMN형 마비말장애는 기타 마비말장애 유형으로부터 다음과 같은 사항들을 고려함으로써 구분할 수 있다. 편측 중추 안면 및 혀 약증, 압도적인 병인은 뇌졸중, 거의 항상 나타나지만 경도 혹은 중도 정도로만 나타나는 **부정확한 조음, 일부 경도 불규칙한 조음장애, 느린 말 속도, 느리고 때로는 불규칙적인 AMR, 거칠고 쥐어짜는 듯한 음질, 목쉰 음성-기식성 발성장애, 음량 감소.** 청지각적 특성을 보면 일관적이지 않다는 인상을 받지만, 대부분 이 특성들은 경도 혹은 중도의 UMN 약증, 때로 경직이나 불협응(실조증), 때로 이들의 다양한 조합을 시사한다. 실제로 UUMN 병변의 마비말장애 연구들은 일반적으로 유형을 밝힐 때 UUMN형이라고 기술하긴 하지만 때로 이완형, 경직형, 실조형 또는 혼합형이라고 명명하거나 적어도 이들과의 유사성에 대해 언급하곤 한다.[28,34,37,63,67]

V. 편측 상부운동신경세포형 마비말장애의 변별성: 결론 및 임상적 제안

UUMN형 마비말장애의 확진을 위해서는 청지각적 특성들뿐만 아니라 구강 기제 검사, 기타 신경손상, 병력, 신경 영상 검사와 같은 추가적 검사 결과가 필요하다. 이는 UUMN형 마비말장애뿐만 아니라 어느 마비말장애의 경우에도 마찬가지이지만 특히 UUMN형 진단의 경우 말 이외의 다른 확진 징후(confirmatory signs)와 임상적 근거에 의존하는 정도가 더욱 크다.

UUMN형 마비말장애 진단이 말 특성만으로는 어렵다는 점은 진단 자체를 중요시하는 이들에게 그리 고무적인 이야기는 아니다. 그러나 이 환자들의 공통된 손상 영역이 담당하는 기능을 생각해 보면 왜 말 특성만으로 진단이 어려울 수 있는 지 이유를 이해하게 된다.

1. 많은 UUMN 병변 마비말장애 환자들은 약증과 관련된 말 특성을 보이는데, 이는 직접 활성화 경로 손상으로 인해 안면과 혀, 때로 후두, 그리고 빈도는 낮지만 연인두, 턱, 호흡 관련 구조물에 약증을 일으키기 때문이다.
2. UUMN 병변 환자들 중 일부(아마도 약증만 보이는 환자들보다는 적은 수)는 다음과 같은 몇 가지 이유로 경직(spasticity)과 관련된 말 특성을 보이기도 한다. (1) 간접 활성화 경로의 손상 및 이 경로가 근긴장, 반사, 자세 조절에서 담당하는 역할, (2) 편측 UMN 병변이 말 산출 관련 뇌신경에 양측으로 미치는 효과의 개인차,[20] 혹은 UMN이 말 산출 관련 뇌신경에 이르는 동안 교차하는 혹은 교차

[20] 운동피질 하부, 방사관, 내포의 무릎 혹은 다리 후부 뇌졸중 마비말장애 환자들을 대상으로 한 경두개 자기자극(transcranial magnetic stimulation) 연구 결과에 따르면 18명 중 17명의 경우 운동피질 자극이 혀에 미치는 반응이 전무하거나 양측 지연으로 나타남.[70]

하지 않는 정도, (3) 대측반구에 뇌졸중이나 모르고 있던 병변이 발생한 후, 반대측 반구로의 혈류량 변화 효과. 이 세 가지 이유 모두 타당하다면, 다음과 같은 설명이 가능하다. 경직과 관련된 말 특성은 (1) UUMN 병변이 독립적으로 대측 근육의 미치는 영향 때문이거나, (2) UUMN 병변이 독립적으로 대측과 동측 근육에 미치는 영향 때문이거나, (3) UUMN 병변과 뇌의 '손상되지 않은' 쪽에 영향을 줄 만한 비정상성(예: 병변으로 인해, 혈류량/신진대사 변화)의 영향 때문이다.

3. UUMN 병변 환자 일부(약증만 홀로 보이는 환자들보다는 적은 수)는 실조증과 관련된 말 특성을 보이기도 한다. 이는 (1) 구심성(afferent) 소뇌피질로와 고유수용성로(즉 내포 안) 또는 원심성(efferent) 전두교소뇌로 손상으로 인해[21] 말운동에 불협응이 일어나기 때문으로, 따라서 사지 실조증을 야기할 수 있다. 혹은 (2) 중앙 구조물(턱, 혀)의 약증이나 근육 강도의 불균형으로 인해 서툴게 움직이거나, (우측, 좌측 안면 같은) 구조물이 편측 약증으로 인해 동시적으로 움직이지 못하기 때문이다.

지금까지 우리는 UUMN형 마비말장애의 말 특성이 약증, 경직, 불협응, 혹은 이들의 조합 때문이라는 것을 배웠다. 임상가는 이 유형의 마비말장애 진단에 대해 어떻게 진단서에서 논의할 수 있을까? 말 특성, 확진 징후(confirmatory signs), 임상적 상황이 모두 UUMN형 마비말장애를 가리킨다면 다음과 같은 표현을 이용해 진단 진술(diagnostic statement)을 작성할 수 있다.

1. 말 특성이 약증으로 설명될 때: **'(좌측 혹은 우측) UMN 약증과 일치하는 말 특성을 보이는 UUMN형 마비말장애'** 혹은 좀 더 간략하게 **'UUMN형 마비말장애, 약증 이형(variant)'**이라 적음으로써 전반적인 병소와 추정되는 병리생리에 대한 정보를 포함할 수 있다.
2. 말 특성이 경직으로 설명될 때: **'말 특성이 과긴장을 가리키는 UUMN형 마비말장애'** 혹은 좀 더 간략하게 **'UUMN형 마비말장애, 경직 이형'**이라 적음으로써 전반적인 병소(경직형 마비말장애와 연결되는 양측 병변일 필요가 없음을 의미)와 추정되는 병리생리에 대한 정보를 포함할 수 있다.
3. 말 특성이 실조로 설명될 때: **'말 특성이 불협응을 가리키는 UUMN형 마비말장애'**라거나 혹은 좀 더 간략하게 **'UUMN형 마비말장애, 실조 이형'**이라 적음으로써 전반적인 병소(실조형 마비말장애와 연결되는 소뇌 병변일 필요가 없음을 의미)와 추정되는 병리생리에 대한 정보를 포함할 수 있다.
4. 말 특성이 둘 혹은 그 이상의 이형을 포함할 때: 해당 이형들을 함께 적도록 한다(예: '말 특성이 약증과 불협응 모두와 일치하는 UUMN형 마비말장애' 또는 'UUMN형 마비말장애, 혼합[구체적 이형을 밝힌다] 이형').

UUMN형 마비말장애를 진단할 때는 임상가의 확신 정도가 상대적으로 낮다. 마비말장애의 중증도가 심하고 말 특성이 경직, 실조증, 혹은 이 둘의 조합을 반영할 때에는 확진 근거와 기타 임상 근거가 순수 UUMN 병변을 의미한다 하더라도 이 마비말장애의 진단을 확신하기 어렵다. 이럴 때에는 "이 환자의 마비말장애는 UUMN 병변으로 설명할 수 있으나 편측 병소로서는 드물게 경직형 말 특성이 관찰되므로 양측 손상의 가능성이 제기된다." 또는 "UUMN 병변으로도 실조성 말 특성을 보일 수 있지만, 이 환자의 말 특성은 소뇌 병변에서 더 빈번하게 관찰된다."와 같은 문장으로 진단의 모호성을 표현한다.

[21] 실조증은 전두교소뇌로 이상으로 인한 전두엽 손상으로 설명함. 마비말장애에 대해 제대로 설명할 수 없는 사례의 병변은 이 영역이었음.[59] 열공성 뇌경색, 실조성 편마비, 운동조절이상을 보인 100명의 환자 중 안면 약증은 뇌교 병변 환자의 60%에서, 방사관 병변 환자의 50%에서, 시상 병변 환자의 40%에서 확인되었음. 마비말장애도 내포, 뇌교, 시상, 방사관, 렌즈핵 병변 환자에서 발견됨.[48] 안타깝게도 이들의 마비말장애 특성은 기술되지 않았으나 사지 실조증과 운동조절이상이 동반되었다는 것을 고려하면 실조증으로 추정됨.

VI. 사례

사례 9-1

55세 남성 오른손잡이 환자로, 4일간 우측 약증 및 마비말장애 병력으로 입원하였다. 신경 검사 결과, 마비말장애, 우측 부전 마비, 우측 안면 및 상측 사지에 경도의 감각 상실 등이 확인되었다. CT 검사 결과 좌측 내포의 후측 사지에서 경색이 발견되었다.

2주 후 실시된 말 평가 검사 결과 우측 중추 안면 약증이 발견되었다. 말소리는 부정확한 조음, 거친 음질, 느린 AMR 등의 특성을 보였고, 명료도는 중도의 저하를 보였다. 실어증이나 다른 인지장애는 없었다.

임상가는 이 환자를 UUMN형 마비말장애 환자로 결론 내렸다. 퇴원 후 한 회기 동안 관찰하였으나 추후 관찰은 이루어지지 않았다.

해설: (1) UUMN형 마비말장애는 보통 조음, 때로는 음질에 영향을 미치는데, UMN 약증에 의한 것으로 설명된다. (2) 중도의 말명료도 저하와 연결될 수 있다. (3) 내포는 UUMN형 마비말장애의 빈번한 병소이다. 우세반구 내포에만 병변이 일어나는 경우, 실어증이나 다른 인지장애를 일으키는 경우는 매우 드물다.

사례 9-2

70세 남성 오른손잡이 환자로, 갑자기 말을 할 수 없고 우측 안면 및 팔에 약증이 있어 입원하였다. CT 검사 결과 좌측 전두엽의 음영 감소가 확인되었으며, 이는 최근의 뇌졸중과 일치하는 결과였다.

발병 3일 후 실시된 말-언어 평가 결과, 경도-중도의 실어증이 확인되었다. 구어 의사소통은 기능적이었다. 우측 안면 및 혀에서 약증이 뚜렷이 관찰되었다. 말실행증은 없었다. 환자의 말 특성으로는 부정확한 조음, 음량의 감소, 목쉰 음성 등이 포함되었고, 명료도는 정상이었다. 말-언어 치료를 시작한 지 1주일 내에 마비말장애 증상은 사라졌으며, 가끔 단어 찾기에 어려움을 보이는 것을 제외하고는 실어증도 사라졌다.

해설: (1) 우세반구 병변에 의한 UUMN형 마비말장애는 종종 실어증을 동반한다. 이 환자의 경우 발병 시기 마비말장애와 실어증의 중증도가 비슷하였다. (2) UUMN형 마비말장애는 빠르게 완전히 사라지는 경우가 빈번하다(이 경우 발병 후 1주일). (3) UUMN형 마비말장애가 피질 병변에 의해 일어날 경우, 가장 빈번한 병소는 전두엽이다.

사례 9-3

73세 남성 오른손잡이 환자로, 하루 동안 말 문제와 오른손 사용에 어려움을 겪어 내원하였다. 신경 검사 결과, 마비말장애와 경도의 오른팔 약증 및 서툰 운동이 확인되었다. '마비말장애-서툰 손 증후군'과 일치하는 듯하였다. 뒤이은 CT 검사 결과, 열공성 뇌경색이 좌측 기저핵 측면과 반란원 중심에서 확인되었다.

말 평가가 이튿날 이루어졌는데, 경도의 우측 중추 안면 약증과 혀를 내밀었을 때 혀가 다소 우측으로 치우치는 것이 확인되었다. 말 특성으로는 기식적-목쉰 음질, 음량 감소, 불규칙적인 조음장애, 단음도 및 단음량, 모호한 말 속도의 증가를 포함하였다. 말 AMR의 속도는 정상적이었으나 부정확하고 불규칙하였다. 중도의 명료도 저하를 보였으며, 실어증이나 말실행증의 근거는 보이지 않았다.

임상가는 '중-심도의 UUMN형 마비말장애'로 진단 내리고 말 치료를 추천하였다. 며칠 후 퇴원할 때 말 문제의 향상을 확인할 수 있었다.

해설: (1) UUMN형 마비말장애는 편측 신경질환의 유일한, 혹은 몇 안 되는 징후 중 하나로 나타나기도 한다. (2) UUMN형 마비말장애는 종종 피질하 병변에 의해 일어나기도 한다.

사례 9-4

57세 남성 외래환자로, 3년 전에 겪은 뇌졸중으로 인해 남아 있는 증상들을 평가하기 위해 내원하였다. 신경 검사 결과, 마비말장애와 좌측 불완전마비가 확인되었다. 신경과에서는 이 환자가 "순수한 운동 불완전마비로, 내포 경색과 흡사"하다고 결론 내렸다.

말 평가 결과 경도의 하안부와 혀의 약증이 확인되었다. 경도의 부정확한 조음과 AMR도 판단되었다. 말 속도를 늦췄을 때 조음의 정확도가 뚜렷하게 향상되었다. 발성 및 공명은 정상이었다.

임상가는 '경도의 UUMN형 마비말장애'로 결론 내렸다. 말소리를 느리게 함으로써 얻어지는 효과에 대해 환자에게 설명하였을 때 환자는 긍정적으로 이해하였으나 말 치료는 필요하지 않다고 판단하였고 임상가도 이에 동의하였다.

해설: (1) UUMN형 마비말장애는 뇌 우측 혹은 좌측, 어느 쪽 병변에 의해서도 일어난다. (2) UUMN형 마비말장애는 때로 자연 회복 기간(spontaneous recovery period) 이후까지 지속되기도 한다. (3) 지속적인 UUMN형 마비말장애는 대개 경도의 중증도를 보이며, 임상가와 환자 모두 치료는 불필요하다고 결론 내리는 경우가 많다.

사례 9-5

81세 남성 오른손잡이 환자로, 이틀간 '알아들을 수 없는(garbled) 말'과 좌측 안면 약증으로 인해 내원하였다. 신경 검사 결과, 좌측 안면 및 팔의 약증이 확인되었다. 1주일 뒤 CT 검사를 통해 우측 전두엽 후부에서 최근에 일어난 뇌졸중과 일치하는 병변이 확인되었다. 정밀 신경 검사 결과 이후에 오른쪽 경동맥 내막절제술을 2주 뒤 실시하였으나 이로 인한 신경적 퇴행은 일어나지 않았다.

수술 12일 후 말 평가가 이루어졌는데, 좌측 중추 안면 약증이 확인되었으며 또한 혀를 내밀었을 때 좌측으로 치우침이 관찰되었다. 환자는 꼭 들어맞지 않는 틀니를 끼고 있었다. 말 특성으로는 목쉰-거친 음질, 부정확한 조음, 때로 빨라지는 말 속도, 느리고 부정확한 AMR이 포함되었다. 말명료도는 최악의 경우에 경도의 저하를 보였다. 환자는 말소리가 꽤 괜찮다고 생각하였으며 말 치료를 원하지 않았다. 그의 아내와 딸은 말소리가 발병 이전과 거의 같다고 판단하였으며, 아주 가끔 환자의 말소리를 알아듣는 데 다소 어려움을 겪는다고 하였다. 임상가는 말 치료가 도움이 될 것이라 판단하였지만 환자는 동의하지 않았다.

해설: (1) UUMN형 마비말장애는 조음뿐만 아니라 음질에도 영향을 미칠 수 있다. (2) 마비말장애가 명료도에 미치는 영향은 꼭 들어맞지 않는 틀니와 같이 비신경성 요소에 의해 악화될 수 있다. 틀니 문제는 구강 운동 기능에 문제가 생기는 뇌졸중 이후 더 뚜렷해지는 경우가 많으며, 조음에 추가적인 장애물이 될 수 있다. (3) 환자에게 말 치료를 권할 때는 치료를 통해 얻을 수 있는 효과에 대한 임상가의 판단뿐만 아니라 환자가 느끼는 필요성과 희망사항도 반드시 고려해야 한다.

사례 9-6

66세 남성 오른손잡이 환자로, 오랫동안 과긴장 문제를 겪다 갑자기 우측 반신마비 및 안면 약증, 말 문제 등으로 내원하였다. 3주 후 실시된 CT 검사 결과 좌측 반란원 중심에서 음영 감소 영역이 확인되었는데, 이는 인접한 렌즈핵까지 퍼졌으며, 뇌졸중과 일치하는 결과를 보였다.

발병 3주 후 실시된 언어 검사 결과는 정상이었다. 환자는 우측 하안부 약증을 보였다. 혀를 내밀었을 때 치우치지 않고 중앙에 혀가 놓였으나 양측으로 움직일 때는 속도가 다소 느렸다. 음질은 거칠고 기식적이었다. 조음은 부정확하였다. 환자는 때로 단어의 첫 음소를 반복하거나 다소 주저하는 듯하였지만 시행착오(trial and error)적인 조음 문제나 소리 대치는 보이지 않았다.

임상가는 '이완성 UUMN형 마비말장애'로 결론 내렸다. 말실행증 동반 가능성도 고려되었으나 근거가 모호하였다. 환자는 자기 모니터링(self-monitoring)과 말 속도 저하에 초점을 맞춘 말 치료를 네 회기 동안 받았다. 말 문제는 호전되었으나 물리 치료에 더 시간을 할애하기 위해 환자는 말 치료 중단을 요청하였다.

해설: (1) UUMN형 마비말장애는 종종 피질하 병변에 의해 일어나기도 한다. (2) 좌뇌 병변의 경우 실어증 혹은 실행증 동반 여부가 빈번하게 의심된다. 이 경우 실어증의 근거는 발견되지 않았으나 몇몇 말 특성은 말실행증의 가능성을 시사하기도 한다. 말실행증의 동반 가능성은 없는 것으로 판단되었으나 이 사례를 통해 마비말장애와 말실행증을 구분하는 것이 쉽지 않음을 알 수 있다. (3) UUMN형 마비말장애는 일반적으로 향상된다. 마비말장애가 지속되더라도 말이 명료해지고 또한 충분히 효율적으로 호전되면 환자가 먼저 치료를 중단하자고 하는 경우가 많다.

VII. 요약

1. UUMN형 마비말장애는 UMN 경로의 편측 손상에 의해 일어난다. 다른 주요 단일 마비말장애 유형만큼 빈번하게 발생하는 이 마비말장애는 조음, 발성, 운율에서 그 특성이 가장 뚜렷하다. 이 마비말장애 유형의 특성은 보통 약증이 말소리 산출에 미치는 영향을 반영하지만 때로 경직과 불협응의 영향도 반영된다.
2. UUMN형 마비말장애 유형 이름은 병소를 토대로 해부적으로 붙여졌다. 임상적 특성과 기저에 깔린 병리생리학적 토대의 범위가 매우 넓기 때문에 적어도 현재로서는 단일 병리생리학적 명칭을 붙이는 일이 불가능하다. 이들의 말 특성은 주로 약증, 때로는 경직 혹은 불협응이 말 산출 운동에 미치는 영향을 반영한다.
3. UUMN형 마비말장애를 유발하는 가장 빈번한 병인은 뇌졸중이다. 대뇌피질로부터 뇌간에 이르는 UMN 경로를 따라 일어나는 편측 병변에 의해 UUMN형 마비말장애가 일어난다. 병변이 대뇌피질에 일어났을 때 병소는 대개 전두엽 후부, 내포, 혹은 관련 백질 경로이다.
4. 하안부 약증과 불완전마비는 종종 UUMN형 마비말장애와 동반된다. 혀의 대측 약증 또한 흔히 나타난다. 침 흘림 및 삼킴장애 또한 일어날 수 있다.
5. UUMN형 마비말장애의 중증도는 보통 경도에서 중도이며 회복 또한 꽤 좋은 편이다. 그러나 가끔 자연회복 기간(spontaneous recovery period) 이후로도 알아챌 수 있을 만큼 마비말장애가 지속되는 경우가 있다.
6. 가장 공통적인 말 특성은 부정확한 조음이며, 이보다는 덜 빈번하지만 불규칙적인 조음장애, 느린 말 속도, 느리고 때로는 불규칙적인 AMR, 거칠고 쥐어짜는 음성, 목쉰-기식 음성의 발성장애, 음량 감소 등을 들 수 있다. 과다비성도 드물게 보인다.
7. 생리학적 연구들에 따르면 호흡 및 성대 약증 혹은 과기능(hyperfunction), 때로 이 둘 모두가 UUMN형 마비말장애에서 나타날 수 있으며, 이들의 분포에 대해서는 연구마다 다르게 보고하였다. 이 결과들은 음향학적 · 공기역학적 비정상성, 연인두 기능 부전, 턱, 입술, 혀 운동의 강도, 내구력, 속도 감소 등과 함께 관련되어 보고되어 왔다.
8. UUMN형 마비말장애는 신경질환의 유일한 혹은 첫 번째로 나타나는 가장 뚜렷한 징후일 수 있다. 이 마비말장애 유형을 바르게 진단하고 UUMN 기능 부전과의 관련성을 이해하면 병소의 확인 및 신경적 진단에 도움이 된다. 특히 UUMN형 마비말장애의 경우 약증과 경직 혹은 불협응이 미치는 영향의 정도가 환자 간 개인차가 크기 때문에 확진 근거 및 임상적 진단 상황에 더욱 의존하여 진단해야 한다. UUMN형 마비말장애 이해의 폭이 넓어지면 이 마비말장애로 인해 상대적으로 가려지거나 혼동되기 쉬운 기타 편측 신경성 질환 관련 의사소통장애(예: 말실행증, 실율증)의 연구에도 도움이 될 것이다.

참고 문헌

1. Alexander M, LoVerme S: Aphasia after left intracerebral hemorrhage, *Neurology* 30:1193, 1980.
2. Arboix JL, Marti-Vilata JL, Garcia JH: Clinical study of 227 patients with lacunar infarcts, *Stroke* 21:842, 1990.
3. Arboix A, et al: Clinical study of 39 patients with atypical lacunar syndrome, *J Neurol Neurosurg Psychiatr* 77:381, 2006.
4. Arboix A, et al: Isolated dysarthria, *Stroke* 22:531, 1991.
5. Aronson AE: Dysarthria, crying, and laughing in pseudobulbar palsy from right middle cerebral artery CVA: overview and personal account, *J Med Speech-Lang Pathol* 6:111, 1998.
6. Attig E: Parieto-cerebellar loop impairment in ataxic hemiparesis: proposed pathophysiology based on an analysis of cerebral blood flow, *Can J Neurol Sci* 21:15, 1994.
7. Benke T, Kertesz A: Hemispheric mechanisms of motor speech, *Aphasiology* 3:627, 1989.
8. Binkofsky F, et al: Thalamic metabolism and corticospinal tract integrity determine motor recovery in stroke, *Ann Neurol* 39:460, 1996.
9. Bogousslavsky J, Regli F: Capsular genu syndrome, *Neurology* 40:1499, 1990.
10. Brodal A: Self-observations and neuro-anatomical considerations after a stroke, *Brain* 96:675, 1973.
11. Bunton K, et al: The effects of flattening fundamental frequency contours on sentence intelligibility in speakers with dysarthria, *Clin Linguist Phon* 15:181, 2001.
12. Chamorro A, et al: Clinical-computed tomographic correlations of lacunar infarction in the Stroke Data Bank, *Stroke* 22:175, 1991.
13. Chen CH, Wu T, Chu NS: Bilateral cortical representation of the intrinsic lingual muscles, *Neurology* 52:411, 1999.
14. Chen YT, Murdoch B, Goozée JV: Lingual kinematics during sentence production in adults with dysarthria at 6 and 12 months post stroke, *Asia Pacific J Speech Lang Hear* 11:15, 2008.
15. Cruccu G, Fornarelli M, Manfredi M: Impairment of masticatory function in hemiplegia, *Neurology* 38:301, 1988.
16. Damasio AR, et al: Aphasia with nonhemorrhagic lesions in the basal ganglia and internal capsule, *Arch Neurol* 39:15, 1982.
17. Damasio H, Eslinger P, Adams HP: Aphasia following basal ganglia lesions: new evidence, *Semin Neurol* 4:151, 1984.
18. Darley FL, Aronson AE, Brown JR: *Motor speech disorders*, Philadelphia, 1975, WB Saunders.
19. DeJong RN: Case taking and the neurologic examination. In Baker AB, Joynt RJ, editors: *Clinical neurology*, vol 1, Philadelphia, 1986, Harper & Row.
20. Dobkin JA, et al: Evidence for transhemispheric diaschisis in unilateral stroke, *Arch Neurol* 46:1333, 1989.
21. Duffy JR, Folger WN: Dysarthria associated with unilateral central nervous system lesions: a retrospective study, *J Med Speech-Lang Pathol* 4:57, 1996.
22. Fisher CM: Lacunar strokes and infarcts: a review, *Neurology* 32:871, 1982.
23. Flemming KD, et al: Evaluation and management of transient ischemic attack and minor cerebral infarction, *Mayo Clin Proc* 79:1071, 2004.
24. Fries W, et al: Motor recovery following capsular stroke, *Brain* 116:369, 1993.
25. Fromm D, et al: Various consequences of subcortical stroke: prospective study of 16 consecutive cases, *Arch Neurol* 42:943, 1985.
26. Giroud M, et al: Unilateral lenticular infarcts: radiological and clinical syndromes, aetiology, and prognosis, *J Neurol Neurosurg Psychiatry* 63:611, 1997.
27. Glass JD, Levy AI, Rothstein JD: The dysarthria-clumsy hand syndrome: a distinct clinical entity related to pontine infarction, *Ann Neurol* 27:487, 1990.
28. Hartman DE, Abbs JH: Dysarthria associated with focal unilateral upper motor neuron lesion, *Eur J Disord Commun* 27:187, 1992.
29. Hiraga A, Tanaka S, Kamitsukasa I: Pure dysarthria due to an insular infarction, *J Clin Neurosci* 17:812, 2010.
30. Horner J, Massey W: Silent aspiration following stroke, *Neurology* 38:317, 1988.
31. Horner J, et al: Aspiration following stroke: clinical correlates and outcome, *Neurology* 38:1359, 1988.
32. Ichikawa K, Kageyama Y: Clinical anatomic study of pure dysarthria, *Stroke* 22:809, 1991.
33. Kataoka S, et al: Paramedian pontine infarction: neurological/topographical correlation, *Stroke* 28:809, 1997.
34. Kennedy M, Murdoch BE: Speech and language disorders subsequent to subcortical capsular lesions, *Aphasiology* 3:221, 1989.
35. Kent RD, Kent JF: Task-based profiles of the dysarthrias, *Folia Phoniatr Logop* 52:48, 2000.
36. Kent RD, et al: Voice dysfunction in dysarthria: application of the Multidimensional Voice Program, *J Commun Disord* 36:281, 2003.
37. Kent RD, et al: Quantification of motor speech abilities in stroke: time-energy analyses of syllable and word repetition, *J Med Speech Lang Pathol* 7:83, 1999.
38. Kim JS: Pure dysarthria, isolated facial paresis, or dysarthria-facial paresis syndrome, *Stroke* 25:1994, 1994.
39. Kim JS, et al: Syndromes of pontine base infarction: a clinico-radiological correlation study, *Stroke* 26:950, 1995.
40. Kumral E, et al: Dysarthria due to supratentorial and infratentorial ischemic stroke: a diffusion-weighted imaging study, *Cerebrovasc Dis* 23:331, 2007.
41. Landau WM: Ataxic hemiparesis: special deluxe stroke or standard brand? *Neurology* 38:1799, 1988.
42. Luijckx GJ, et al: Isolated hemiataxia after supratentorial brain infarction, *J Neurol Neurosurg Psychiatry* 57:742, 1994.
43. Melo TP, et al: Pure motor stroke: a reappraisal, *Neurology* 42:789, 1992.
44. Metter EJ: *Speech disorders: Clinical evaluation and diagnosis*, Jamaica, N.Y., 1985, Spectrum Publications.
45. Metter EJ, et al: Left hemisphere intracerebral hemorrhages studied by (F-18)-fluorodeoxyglucose PET, *Neurology* 36:1155, 1986.
46. Mohr JP: Lacunes, *Stroke* 13:3, 1982.

47. Mori E, et al: Ataxic hemiparesis from small capsular hemorrhage: computed tomograph and somatosensory evoked potentials, *Arch Neurol* 41:1050, 1984.
48. Moulin T, et al: Vascular ataxic hemiparesis: a re-evaluation, *J Neurol Neurosurg Psychiatry* 58:422, 1995.
49. Muelbacher W, Artner C, Mamoli B: Motor evoked potentials in unilateral lingual paralysis after monohemispheric ischaemia, *J Neurol Neurosurg Psychiatry* 65:755, 1998.
50. Murdoch BE, Thompson EC, Stokes PD: Phonatory and laryngeal dysfunction following upper motor neuron vascular lesions, *J Med Speech Lang Pathol* 2:177, 1994.
51. Naeser MA, et al: Aphasia with predominantly subcortical lesion sites: description of three capsular/putaminal aphasia syndromes, *Arch Neurol* 39:2, 1982.
52. Ozaki I, et al: Capsular genu syndrome, *Neurology* 41:1853, 1991.
53. Pantano P, et al: Prolonged muscular flaccidity after stroke: morphological and functional brain alterations, *Brain* 118:1329, 1995.
54. Przedborski S, et al: The effect of acute hemiplegia on intercostal muscle activity, *Neurology* 38:1882, 1988.
55. Riecker A, et al: Reorganization of speech production at the motor cortex and cerebellum following capsular infarction: a follow-up functional magnetic resonance imaging study, *Neurocase* 8:417, 2002.
56. Ropper AH: Severe dysarthria with right hemisphere stroke, *Neurology* 37:1061, 1987.
57. Schmahmann JD, Ko R, MacMore J: The human basis pontis: motor syndromes and topographic organization, *Brain* 127:1269, 2004.
58. Takahashi S, et al: Dysarthria due to small cerebral infarction: the localization of lesion and clinical characteristics, *Rinsho Shinkeigaku* 35:352, 1995.
59. Terry JB, Rosenberg RN: Frontal lobe ataxia, *Surg Neurol* 44:583, 1995.
60. Thompson EC, Murdoch BE: Disorders of nasality in subjects with upper motor neuron type dysarthria following cerebrovascular accident, *J Commun Dis* 28:261, 1995.
61. Thompson EC, Murdoch BE, Stokes PD: Lip function in subjects with upper motor neuron type dysarthria following cerebrovascular accidents, *Euro J Disord Commun* 30:451, 1995a.
62. Thompson EC, Murdoch BE, Stokes PD: Tongue function in subjects with upper motor neuron type dysarthria following cerebrovascular accident, *J Med Speech Lang Pathol* 3:27, 1995b.
63. Thompson EC, Murdoch BE, Theodoros DG: Variability in upper motor neuron type dysarthria: an examination of five cases with dysarthria following cerebrovascular accident, *Euro J Disord Commun* 32:397, 1997.
64. Titelbaum DS, Sodha NB, Moonis M: Transient hemiglossal denervation during acute internal capsule infarct in the setting of dysarthria-clumsy hand syndrome, *Am J Neuroradiol* 31:1266, 2010.
65. Tohgi H, et al: The side and somatotopical location of single small infarcts in the corona radiata and pontine base in relation to contralateral limb paresis and dysarthria, *Euro Neurol* 36:338, 1996.
66. Umapathi T, et al: Tongue deviation in acute ischaemic stroke: a study of supranuclear twelfth cranial nerve palsy in 300 stroke patients, *Cerebrovasc Dis* 10:462, 2000.
67. Urban PP, et al: Left-hemisphere dominance for articulation: a prospective study on acute ischaemic dysarthria at different localizations, *Brain* 129:767, 2006.
68. Urban PP, et al: Dysarthria in acute ischemic stroke: lesion topography, clinicoradiologic correlation, and etiology, *Neurology* 56:1021, 2001.
69. Urban PP, et al: Isolated dysarthria due to extracerebellar lacunar stroke: a central monoparesis of the tongue, *J Neurol Neurosurg Psychiatry* 66:495, 1999.
70. Urban PP, et al: Impaired cortico-bulbar tract function in dysarthria due to hemispheric stroke: functional testing using transcranial magnetic stimulation, *Brain* 120:1077, 1997.
71. Urban PP, et al: Dysarthria-clumsy hand syndrome due to infarction of the cerebral peduncle, *J Neurol Neurosurg Psychiatry* 60:231, 1996.
72. Venketasubramanian N, Seshardi R, Chee N: Vocal cord paresis in acute ischemic stroke, *Cerebrovasc Dis* 9:157, 1999.
73. Willoughby EW, Anderson NE: Lower cranial nerve motor function in unilateral vascular lesions of the cerebral hemisphere, *BMJ* 289:791, 1984.

CHAPTER

10 혼합형 마비말장애

"처음에는 정상이었다. 현재는 점점 나빠지고 있다. 단어를 정확히 발음할 수가 없다. 심지어 말할 수 없는 단어들도 있고, 목소리도 완전히 변했다."

(원인 불명의 신경 퇴행성 질환으로 인한 64세의 경직-운동저하 혼합형 마비말장애 남환)

개 요

- I. **병인**
  - A. 퇴행성 질환
  - B. 혈관성 질환
  - C. 탈수초성 질환
  - D. 독성-대사성 질환
  - E. 외상
  - F. 종양
  - G. 감염성 및 자가면역 질환
- II. **말 병리**
  - A. 임상 실무에서의 병인, 유형 및 중증도의 분포
  - B. 운동신경질환—근위축성 측삭 경화증
  - C. 다계통 위축증
  - D. 진행성 핵상마비
  - E. 피질기저핵 변성
  - F. 다발성 경화증
  - G. 프리드리히 운동실조
  - H. 윌슨병
  - I. 외상성 뇌손상
- III. **사례**
- IV. **요약**

신경계를 기능이나 해부 측면에서 구분하는 것은 질환을 확인하고 분류하기 위한 기초가 된다. 그러나 신경학적 질환을 한 가지 측면으로만 제한하는 것이 원칙은 아니다. 그 결과로, 신경학적 질환은 종종 '혼합형' 혹은 둘 이상의 신경계에 걸쳐서 관찰된다.

국소적이지 않고 분류하기도 어려운 신경학적 질환의 빈번한 발생은 말운동장애(motor speech disorders, MSDs)를 이해하는 데 영향을 준다. 제4장에서 제9장까지는 운동체계 중 어느 한 부분에서의 손상으로 인한 마비말장애에 대하여 논의하였다. 비록 많은 환자가 단일 마비말장애 유형을 보이기는 하나, 마비말장애를 야기하는 손상이 운동체계의 어느 한 요소에 국한되는 것은 아니다. 결과적으로, 마비말장애 유형은 두 가지 또는 그 이상의 유형이 결합되는 혼합형으로 나타난다.

혼합형 마비말장애는 흔하다. 이는 다양한 의료 상황에서 관찰되는 일차적인 말장애로서 다른 어떤 단일 마비말장애 유형보다 상당히 높은 비율로 나타난다. 메이요 클리닉의 언어병리학 분과에서 제시한 주요 의사소통장애 진단명에 대한 자료에 근거하면, 혼합형 마비말장애는 전체 마비말장애의 29.9%를 차지하였으며, 모든 말운동장애의 27.9%에 해당되었다.

다양한 마비말장애가 혼합되어 있다는 점이 마비말장애의 유형을 분류하는 가치를 감소시키는가? 그렇지 않다. 오히려, 마비말장애 유형이 신경병리에 기반을 두고 있으므로 혼합된 형태를 인식하는 것은 진단 및 병소 확인에 도움을 준다. 예를 들어, 운동저하-실조형이 혼합된 마비말장애를 보이는 파킨슨병(Parkinson's disease, PD) 환자는 파킨슨병이 아니거나 파킨슨병 이외의 병이 있을 수 있다. 왜냐하면 파킨슨병은 실조형 마비말장애와 관련이 없기 때문이다. 따라서 혼합형 마비말장애에

서 관찰되는 각각의 요소들을 인식하는 것은 특정 신경학적 진단을 배제하거나 더 가능성 있는 진단을 내릴 수 있게 한다.

혼합형 마비말장애는 이질적이다. 실제로는 두 가지 혹은 그 이상의 단일 마비말장애 유형이 결합될 수 있고, 결합된 유형의 요소들 중에 하나가 더 두드러질 수 있다. 혼합형 마비말장애의 이질성으로 인하여 다양한 요소들을 분류하는 것이 어렵지만, 지각적으로 구별이 가능하다. 또한 단일 유형의 마비말장애와 마찬가지로 신경학적 질환의 초기 징후 중 하나이거나 첫 징후일 수 있다.

이 장에서는 신경과나 언어병리학 분야에서 빈번하게 관찰되는 질환에 주안점을 두고 혼합형 마비말장애의 일반적인 병인에 대하여 살펴볼 것이다. 가장 빈번한 결합 유형과 특정 신경질환과의 관련성을 확인할 것이다. 마지막으로, 두드러지는 임상적 특징에 대한 충분한 연구 결과를 바탕으로, 혼합형 마비말장애를 동반하는 특정 신경질환에 대해서도 논의할 것이다. 이러한 논의는 혼합형 마비말장애가 운동체계상에서 하나 이상의 문제를 보이는 질환으로부터 기인하였음을 확인하는 데 도움을 준다.

I. 병인

혼합형 마비말장애는 신경학적 질환의 넓은 범주 안에서 다양한 조건에 의해 야기된다. 다른 마비말장애 유형보다 혼합형 마비말장애는 신경학적 사건들의 결합(예: 여러 차례의 뇌졸중)이나 두 가지 또는 그 이상의 신경학적 질환(예: 파킨슨병이 동반된 뇌졸중)의 결과로 나타난다. 또한 일반적으로 신경계의 한 영역 이상에 영향을 미치는 퇴행성 질환들에서도 흔하다.

이후 단락에서는 단일 유형의 마비말장애보다 혼합형 마비말장애를 더 빈번히 유발시키는 질환을 자세히 다룰 것이다. 말 병리 부분에서는 이러한 질환들과 관련이 있는 특정한 말 특징들을 기술하도록 한다.

A. 퇴행성 질환

많은 퇴행성 질환들은 하나 이상의 운동체계에 영향을 주므로 혼합형 마비말장애와 관련이 있다. 일부 질환은 일차적으로 운동 기능에 영향을 준다. 또 다른 질환은 광범위하게 영향을 주어서, 자율신경, 감각적 · 인지적 손상을 초래한다.

운동신경질환—근위축성 측삭 경화증

운동신경질환(motor neuron disease, MND)은 상부운동신경(upper motor neurons, UMNs)이나 하부운동신경(lower motor neurons, LMNs) 또는 두 신경 모두에서의 손상을 보인다.

척수 근육 위축(spinal muscle atrophies)은 하부운동신경에만 영향을 주는 운동신경질환이다. 뇌신경의 약증이 있거나 없을 수 있고, 사지 근육의 점진적 소멸이나 약증을 보인다. 이 질환은 유전(inherited) 혹은 산발적(sporadically)으로 나타난다. 선천적일 수도 있고, 아동기나 성인기에 발현되기도 한다. 주로 이완형 마비말장애를 유발하므로 본 장에서는 더 이상 다루지 않는다.

진행성 구마비(progressive bulbar palsy, PBP)는 뇌신경근육의 하부운동신경 약증으로 인한 증후군이다. 마비말장애와 삼킴장애가 두드러진다. 구(연수)근육에서 상부운동신경 징후가 있을 수도 있고 없을 수도 있다. 하부운동신경에만 이상이 있을 때, 진행성 구마비는 혼합형이 아닌 이완형으로 나타난다. 어떤 의미에서는, 진행성 구마비가 사지에 영향을 받지 않은 근위축성 측삭 경화증(amyotrophic lateral sclerosis, ALS)이라 생각된다.

원발성 측삭 경화증(primary lateral sclerosis, PLS) 또는 구(연수)근육에 이상을 보이는 **진행성 가성구마비**(progressive pseudobulbar palsy, PSP)는 상부운동신경에만 영향을 받은 운동신경질환이다. 이 장애는 피질척수로 혹은 피질뇌간(연수)로 징후 내지는 두 경로 모두의 손상으로 인한 특징을 보이나 하부운동신경의 손상은 없다. 근위축성 측삭 경화증과 구별하기 어렵고, 경직형(spastic) 마비말장애와 관련이 있다(제5장 참조).

근위축성 측삭 경화증(amyotrophic lateral sclerosis, ALS)은 **가장 흔한 운동신경질환**이다. 이 질환은 임상적으로는 사지 근육이나 구(연수)근육 또는 두 영역 모두에서 상부운동신경과 하부운동신경 징후가 관찰되고, 신경병리학적으로는 중심앞피질(precentral cortex)과 중심뒤피질(postcentral cortex)의 운동신경과 피질척수로, 뇌신경의 운동핵, 그리고 척수의 앞쪽뿔 내의 운동신경의 손상에 의한 특징을 보인다. 구(연수)근육에 영향을 주는 상부운동신경과 하부운동신경질환의 혼합으로 인하여 경직형과 이완형이 혼합된 마비말장애를 보인다.

근위축성 측삭 경화증의 발병률(incidence)은 100,000명 중에 1~5명 정도이다. 여성보다 남성에게서 더 잘 발생한다. 주로 산발적으로 나타나지만 전체의 약 5% 정도는 가족력과 관련이 있다.[148] 전체의 약 80%는 40~70세 사이에 증상이 발현되고, 60~70세 사이에 발병하는 비율(occurrence)이 가장 높다.[89,120] 이 질환의 생존 기간은 보통 2~5년 정도이지만, 25%는 12년 이상 생존하기도 한다.[24] 최근 몇 년간, 여러 전문분야에서의 협력으로 평균 생존 기간이 증가하고 있다. 사망은 주로 호흡실패와 관련이 있다.[169]

질환의 첫 징후(sign)와 증상(symptom)은 주로 사지에 나타나지만, 약 25%의 환자는 구(연수)근육에서 첫 증상을 보이고, 주로 마비말장애를 보이며 간혹 삼킴장애를 보인다.[165,166,[1]] 마비말장애와 삼킴장애, 그리고 호흡기 문제는 노인에서 더 빈번한 초기 증상이다.[5] 첫 증상으로 구(연수) 증상을 보이는 환자는 더 빠른 속도로 나빠지는데, 이는 삼킴장애와 호흡 문제가 생존에 주요한 위험이 되기 때문이다.

근위축성 측삭 경화증의 진단은 임상적 소견(profile)과 전기생리학적 확인에 따른다. 근전도의 신경절제 확인(섬유성 연축), 신경재지배(다양한 운동 단위의 다단계 활동전위[action potentials])가 하부운동신경질환의 유무를 알려 준다. 일반적인 임상 특징은 경직과 함께 과도한 심부건 반사뿐만 아니라 피로(fatigue), 경련(cramping), 속상수축(근육 부분 수축, fasciculations), 약증(weakness), 그리고 근위축(muscle atrophy)이다. 초기에는 약증이 국소적이다. 진단을 위해서는 세 척수영역에서 상부 및 하부운동신경 징후 혹은 두 척수영역과 구(연수)근육에서의 상부 및 하부운동신경 징후가 명확히 관찰되어야 한다.[139] 안구의 움직임과 자율신경 및 인지 기능은 주로 유지되는데, 일부 환자들은 인지 손상 또는 파킨슨 징후를 보이기도 한다.[148] 인지 손상은 구(연수) 증상으로 시작하는 환자에서 더 빈번히 나타나며,[39] 마비말장애와 상당한 상관을 보인다.[149]

[1] 구(연수)근육에서 관찰되는 초기 증상은, 근위축성 측삭 경화증인 것처럼 보이는 다병소성 운동신경병증(neuropathy), 운동신경병증, 척수근위축, 그리고 갑상선 기능 항진증(hyperthyroidism)과 같은 상태에서는 드물게 나타나기 때문에 감별진단에 도움이 됨.[164]

프리드리히 운동실조

프리드리히 운동실조(Friedreich's ataxia)는 유전적인 퇴행성 질환으로, 대부분 척수소뇌(spinocerebellar)와 연관이 있지만, 경직(spasticity), 하부운동신경의 약증, 추체외로의 운동 질환과도 관련이 있다. 제6장에서 이미 논의되었듯이, 주로 **실조형**(ataxic)과 **경직형**(spastic)이 결합된 혼합형 마비말장애와도 관련이 있다.

진행성 핵상마비

진행성 핵상마비(progressive supranuclear palsy)는 원인 불명의 다양한 체계의 신경 퇴행 질환이며, 파킨슨병으로 오인될 수 있다. 이 질환의 발병률(incidence)은 100,000명 중 1.4명이다. 여성보다는 남성에게서 더 많이 나타나고, 주로 55~70세 사이에 발병한다. 발병 후 사망 전까지의 평균 생존율은 6~7년 정도이다. 이 질환은 유전적인 것보다는 주로 산발성으로 나타난다.[160]

신경병리학적 특징들은 창백핵(globus pallidus), 흑질(substantia nigra), 시상(thalamus), 시상밑부핵(subthalamic nucleus), 중뇌(midbrain), 뇌간핵(brainstem nuclei), 그리고 소뇌(cerebellum)와 같은 운동체계의 통로와 구조를 포함한 뇌의 다양한 영역에서의 신경세포 손실을 보인다. 전두엽을 제외한 대뇌피질과 뇌신경은 보존되는 편이다.[160]

임상적으로 진행성 핵상마비는 핵상안구 운동마비(supranuclear ophthalmoparesis, 수직으로의 시선 움직임의 마비, 특히 아래를 보는 것), 자세 불안정, 그리고 파킨슨증을 보인다. 진전(tremor)은 두드러지지 않으며 항파킨슨 약물(antiparkinsonism drugs)에 대한 반응성도 대체로 좋지 않다. 파킨슨병과는 다르게 **마비말장애와 삼킴장애(가성구마비[pseudobulbar palsy])가 초기에 두드러지는 특징**이다. 전두엽 기능 장애와 관련된 성격 및 인지 변화가 나타날 수도 있다(예: 무관심, 과민함, 계획을 세우고 일련화하는 것에서의 어려움).[102,160]

진행성 핵상마비의 임상 징후와 병리는 다중체계의 퇴행을 나타내며,[[2]] 다양한 마비말장애유형을 보일 수 있다. 혼합형 마비말장애가 흔하며, 다양한 조합 중에서는

[2] 대동맥 박리나 동맥류 수술 후에 진행성 핵상마비와 유사한 증후군(syndrome)이 보고됨.[119] 마비말장애는 운동저하형, 실조형, 그리고 경직형이며, 장애의 잠복기나 진행기에 빈번히 나타남. 비록 결함이 유의하게 지속되지만 스스로 제어될 수도 있음. 원인은 잘 알려지지 않았음.

운동저하형(hypokinetic), 경직형(spastic), 그리고 실조형(ataxic) 유형의 결합이 주로 나타난다.

다계통 위축증

다계통 위축증(multiple system atrophy, MSA)은 파킨슨증(parkinsonism), 운동실조(ataxia), 경직(spasticity), 자율신경 기능 부전(autonomic dysfunction)이 다양하게 결합된 특징을 보이는 산발적 신경 퇴행성 질환이다. 진행성 핵상마비와 유사하게, 이 질환은 가끔씩 파킨슨병으로 오진된다. 레보도파(levodopa)에 대한 반응을 차선적으로 살펴보아야 한다. 발병률(incidence)은 100,000명당 3명 정도이다. 발병은 주로 50세 이후이며, 증상 발병 후 평균 생존율은 9년 정도이다.[23,45]

다계통 위축증은 그동안 다음의 세 가지로 나뉘어 불려졌다. **선조체흑질변성**(striatonigral degeneration), **올리브뇌교소뇌 위축증**(olivopontocerebellar atrophy, OPCA), 그리고 **샤이-드래거 증후군**(Shy-Drager syndrome). 현재는 다계통 위축증(MSA)의 두 가지 하위 유형이 확인되었으며, **파킨슨 특징이 두드러지면** 다계통 위축증-파킨슨형(MSA-P), **소뇌적 특징이 두드러지면** 다계통 위축증-소뇌형(MSA-C)이라 명명한다. 과거 문헌에서는 두 가지 용어 체계를 모두 사용하였기 때문에, 여기서도 샤이-드래거 증후군, 올리브뇌교소뇌 위축증, 선조체흑질변성이라는 용어를 사용한 연구를 인용할 때는 이를 그대로 사용하겠다.

일반적으로, 다계통 위축증-파킨슨형(그리고 선조체흑질변성[striatonigral degeneration])에서는 기저핵(basal ganglia)과 흑질(substantia nigra) 내의 신경교증(gliosis)과 신경세포 손상이 두드러진다. 결과적으로 파킨슨 특징이 임상적으로 가장 중요하다. 운동저하형 마비말장애가 가장 예상 가능한 유형이며, 경직형 또는 실조형 마비말장애와 각각 결합되거나 두 가지 모두와 결합될 수 있다. 유사하게, 다계통 위축증-소뇌형과 올리브뇌교소뇌 위축증은 소뇌손상이 두드러지는 특징으로 나타난다. 실조형이 가장 빈번하게 예상되는 유형이고, 경직형 또는 운동저하형 마비말장애와 각각 결합되거나 두 가지 모두와 결합될 수 있다. 샤이-드래거 증후군에서는 주로 기립성 저혈압,[3] 요실금, 무기력, 그리고 호흡 저하와 같은 자율신경계(autonomic nervous system)의 문제(**자율신경 기능이상**[dysautonomia])가 두드러진다. 흑질, 줄무늬핵(striatum), 소뇌(cerebellum), 그리고 피질척수로(corticospinal tracts) 역시 영향을 받기 때문에 마비말장애(가끔씩은 후두 천명음[laryngeal stridor, 후두 그렁거림])와 관련되어 나타나는 파킨슨증(parkinsonism), 운동실조(ataxia), 그리고 경직(spasticity)의 다양한 결합이 두드러진다.

다계통 위축증의 하위 유형에 따라 관련 신경병리학적 병소는 조금씩 다를 수 있지만, 병소의 범위는 기저핵의 신경교증, 흑질, 소뇌, 하올리브(inferior olives), 중소뇌각(middle cerebellar peduncles), 다리뇌핵(pontine nuclei), 피질척수로(corticospinal tracts), 중간바깥쪽뿔세포와 앞쪽뿔세포(intermediolateral/anterior horn cells)의 신경 손상과 신경교증을 포함한다.[45,106] 뇌 위축과 특히 전두엽에서의 대사저하(hypometabolism)를 보인다. 이는 상부운동신경 통로뿐만 아니라 기저핵 및 소뇌 제어회로와도 관련이 있다. 결과적으로, **운동저하형**, **운동과잉형**, **실조형** 또는 **경직형** 마비말장애가 나타난다.

[3] 기립성 저혈압은 일어설 때 혈압이 저하되는 것을 말함.

피질기저핵 변성

피질기저핵 변성(corticobasal degeneration)은 원인을 알 수 없는, 흔하지 않은 신경 퇴행성 질환으로 피질과 추체외로에서 불균형적인 징후를 보인다. 종국에는 양측 피질(특히 전두엽, 두정엽에서 두드러짐)과 양측 기저핵이 손상되지만, 초기에는 좌우의 불균형적 증상 및 징후가 나타난다. 발병 시기는 주로 50~70대 사이이며, 사망까지 5~15년 정도 진행된다.[14,20,45]

피질기저핵 변성의 전형적인 임상 특징은 불균형적인 사지의 강직(rigidity)과 실행증(apraxia)이다. 불균형적인 근긴장이상의 사지 자세(dystonic limb posturing), 간대성 근경련(myoclonus), 진전(tremor), 그리고 피질 감각 소멸(cortical sensory loss) 또한 흔하게 나타난다. 다른 특징적 징후들은 **외계인 사지 현상**(alien limb phenomena)과 **경상운동**(mirror movements)이다.[4] 전두엽 장애로 인한 원시 반사(frontal release reflex), 실조, 자세 불안정(postural instability), 비실어적 인지장애

[4] 외계인 사지 현상은 물건을 잡거나 팔을 올리는 것과 같은 불수의적인 사지 움직임으로, 사지가 마치 의지를 가지고 있는 것처럼 느끼는 것임. 경상 운동은 부적절한 사지의 불수의적인 움직임으로, 반대편의 사지가 마치 수의적인 활동을 수행하는 것처럼 조잡하게 따라 하는 양상임. 이 두 가지 증상은 두정엽 손상과 관련이 있음.[20]

(nonaphasic cognitive deficits), 실어증(aphasia), 말실행증(apraxia of speech), 그리고 마비말장애를 보인다.[19] **마비말장애는 종종 경직형과 운동저하형이 혼합된 형태이며, 운동저하형과 실조형의 혼합도 나타난다.**

B. 혈관성 질환

운동체계의 다양한 부분에 영향을 미치는 다발성 뇌졸중이 혼합형 마비말장애와 관련이 있는 것은 당연하다. 어떠한 마비말장애 유형들 간의 결합도 가능하다. 뇌졸중으로 인한 61명의 마비말장애 환자의 음향학적 연구[170]에서는 혼합형 마비말장애가 23%였고, 경직형과 실조형이 가장 흔하였다.

뇌간 내의 추체로와 추체외로, 소뇌 제어회로, 뇌신경핵들 간의 인접으로 인해 단일 뇌간 뇌졸중으로도 혼합형 마비말장애가 발생한다. **경직형, 실조형, 이완형** 마비말장애의 다양한 혼합이 흔하다. **운동과잉형** 마비말장애(예: 구개-후두 간대성 근경련[myoclonus])도 나타난다.

C. 탈수초성 질환

다발성 경화증

다발성 경화증(multiple sclerosis)은 가장 흔한 선천적인 탈수초화 중추신경계(central nervous system, CNS) 질환이고, 젊은 성인과 중년에서 가장 심각한 중추신경계 질환으로 미국 인구의 0.1~0.2%를 차지한다. 남성보다 여성에서 더 많이 발생하고 20~40대에 발병한다. 운동 징후는 발병시기가 50세 이후일 때 두드러진다.[82] 다발성 경화증의 원인은 알려지지 않았으나, 환경적 · 유전적 상호작용에 의해 유발되는 자가면역 질환(autoimmune disease)으로 추측되기도 한다.[127]

백질, 뇌실 주변 영역, 척수, 뇌간, 그리고 시신경에 주로 영향을 미치며, 신경계의 다양한 영역에 영향을 미친다. 다발성 경화증의 반(plaque)은 병소 내의 탈수초화(축삭의 보호를 위한 미엘린수초의 파괴)와 희돌기교세포(oligodendrocytes, 수초를 만드는 세포)의 소실에 의해 발생한다.[127] 미엘린수초의 파괴를 동반하는 급성 병소일 수도 있고, 만성적이고 비활동적으로 탈수초화된 교세포의 상처로 인한 병소일 수도 있다. 급성인 경우, 손상된 신경섬유 영역에 부종(edema)이 발생한다. 부종이 사라지면 손상 후의 결함으로부터 회복된다.

진단이 어렵고, 때로는 전환장애와 같은 정신장애로 오진되는 경우가 많다.[127] 진단 시에[110] 시공간적으로 확인되는 병소가 중요하지만, 임상적 관찰 또한 중요하다. 예를 들어, 만약 두 개 이상의 손상에 대한 근거와 두 개 이상의 병소에 대한 객관적 근거가 있다면 다발성 경화증으로 진단한다. 객관적인 검사에서, 백질 병소에 대한 민감도 때문에 자기공명영상(magnetic resonance imaging, MRI) 검사가 주로 이루어지지만, 뇌척수액 검사와 시각적 유발전위(visual evoke potential)도 진단에 도움이 된다.

다발성 경화증의 진행 과정은 예측이 어렵다. 어떤 환자는 양성(benign) 과정으로 오직 하나 혹은 경미한 손상이 있지만, 완전한 혹은 거의 완전한 회복을 보인다. 일부는 재발-경감(relapsing-remitting) 과정으로 거의 회복된 후에 다시 악화되는 유형이 몇 해 동안 반복되기도 한다. 다른 이들은 경감-진행(remitting-progressive) 과정으로 결함이 점진적으로 축적된다. 마지막으로 진행(progressing) 과정을 보이는 환자는 자신도 모르는 사이에 발병하고 회복 없이 질환이 느리게 진행한다.[127]

다발성 경화증은 중추신경계 질환의 다양한 징후나 증상을 보일 수 있다. 보행 문제가 흔하고, 시각 및 기타 감각적 어려움을 보인다. 소뇌 기능 부전을 종종 보이지만 지속적으로 관찰되지는 않는다. 뇌신경적 비정상 소견은 삼차신경통과 벨마비, 안면 섬유성 간대성 근경련으로 나타난다. 정신의학적 문제가 흔하며, 탈수초화 과정으로 인해 정동(affect) 문제를 보인다.[132] 인지장애는 진행 과정에 있는 다발성 경화증 환자의 25%에서 나타난다.[146] 실어증과 말실행증은 드물게 관찰된다.[98]

삼킴장애는 보행이 가능한 환자에게서는 흔하지 않으나 발생할 수 있다.[109] 마비말장애는 발병 초기에는 흔치 않으나 다발성 경화증 환자의 25~50%에서 발생한다.[182] **마비말장애가 있다면, 어떠한 단일 유형도 보일 수 있고, 단일 유형들이 결합될 수 있다. 경직형-실조형의 혼합이 가장 빈번하나 이것이 다발성 경화증의 대표적인 마비말장애 유형은 아니다.**

D. 독성-대사성 질환

독성-대사성(toxic-metabolic) 질환이 신경학적 기능을 변화시킬 때, 그 영향은 확산되는 경향이 있다. 운동체계에 영향을 미치면, 보통 하나 이상의 부분에 영향을 준다. 말 측면이 영향을 받았을 때는 종종 혼합형 마비말장애를 보인다. 이후의 내용은 혼합형 마비말장애와 연관된 독성-대사성 질환에 대한 설명이다.

윌슨병

윌슨병(Wilson's disease)은 희귀한 상염색체 열성유전 대사장애로서, 식이성 구리의 부적절한 처리와 관련 있다. 이 질환은 **간렌즈변성**(hepatolenticular degeneration)으로도 알려져 있는데, 간과 기저핵 내의 렌즈핵의 퇴행과 관련이 있기 때문이다. 부적절한 대사는 늦은 청소년기나 성인 초기의 신경운동적 징후를 동반하면서 눈의 각막, 뇌, 간 안의 구리 수치가 증가된다. 진단이 늦으면 사망할 수 있다.

윌슨병은 간과 신경학적 · 정신적 손상을 동반하지만[55] 대부분은 신경학적 징후가 가장 처음 나타난다.[152] 특징적 징후는 눈의 각막 주변의 금빛의 갈색 테두리(녹갈색의 **각막환**[Kayser-Fleischer ring])인데, 이는 구리가 침착되었음을 의미한다. 팔이 펴질 때 날갯짓과 같이 파닥거리는(wing-beating) 진전, 몸통 경직, 느린 움직임, 불협응, 근긴장이상(dystonia), 마비말장애, 침 흘림, 가면을 쓴 것 같은 얼굴이나 활짝 웃거나 공허한 미소 등의 신경학적 징후를 보인다.[2,55] 일반적으로 기저핵이 가장 심하게 손상된다. 영구적인 손상을 보이기 전에 진단되면, 저하된 구리 식이법, 구리 흡수를 줄이기 위한 아연과 같은 물질, 그리고 구리의 소변 배설을 촉진하기 위한 페니실라민(penicillamine)과 같은 물질로 구리 균형을 조절할 수 있고, 많은 신경학적 징후가 사라질 수 있다. 유감스럽게도, 마비말장애는 이러한 치료에 저항하는 신경학적 징후 중의 하나이다.[131]

마비말장애는 윌슨병의 주요 특징이며, 질환의 첫 징후이다.[128] **운동저하형**, **경직형**, **실조형** 마비말장애 유형이 가장 흔하다.

간뇌변성

간뇌변성(hepatocerebral degeneration)은 간뇌혼수상태에서 깨어나거나 만성 간질환 환자에서 나타난다. 임상적 징후로는 사지 진전, 무도병, 무도무정위운동(choreoathetosis), 불안정한 보행, 실조증, 마비말장애를 보이며; 피질척수 징후와 인지 결함도 나타난다. 병리적으로, 대뇌피질, 렌즈핵, 시상, 뇌간핵에서 이상을 보인다. 병소는 윌슨병과 유사하다.[2]

간뇌변성과 관련된 마비말장애에 대한 연구는 없다. **운동저하형**, **운동과잉형**, **경직형**, 혹은 **실조형**을 보일 수 있을 것이다.

저산소성 뇌증

저산소성 뇌증(hypoxic encephalopathy)은 폐와 호흡 혹은 심장과 순환의 실패로 뇌에 산소가 부족하여 생기는 신경학적 상태이다. 이러한 실패는 심근경색, 심장마비, 일산화탄소 중독, 질식(예: 익사, 교사), 호흡근육이 마비되는 질환(예: 길랑-바레 증후군), 혹은 광범위한 중추신경계의 손상(예: 뇌외상)과 관련이 있다.

일반적으로 의식을 잃었을 때, 산소 박탈이 몇 분 동안 지속되면서 영구적인 신경학적 손상이 일어난다. 의식과 반응이 돌아오는 경우에는 기억장애, 성격 변화, 저하된 통찰력, 시공간적인 문제, 경직, 실조, 근긴장이상, 파킨슨 증상, 진전, 간대성 근경련, 그리고 가성구마비(pseudobulbar palsy) 등을 보일 수 있다. 일산화탄소 중독 이후 나타나는 **지연된 무산소 후 뇌증**(delayed postanoxic encephalopathy)에서는 정신 상태 변화와 파킨슨증이 관찰된다.[31]

저산소성 뇌증과 관련된 마비말장애에 대한 연구는 없다. 피질, 추체외로, 소뇌 구조가 연관되어 있으므로 적어도 **운동저하형**, **운동과잉형**, **실조형** 마비말장애가 단일 혹은 혼합되어 나타날 것이다.

중심성 뇌교수초용해

중심성 뇌교수초용해(central pontine myelinolysis)는 뇌교의 기저에 있는 수초의 파괴로 야기되는 심각한 대사질환이다. 시상, 시상하부, 편도체, 선조체, 내포, 외측슬상체, 대뇌의 백질, 대뇌피질의 심층 부분, 백질과 근접한 백질 영역 등에 영향을 미친다.

또한 알코올 중독 및 영양실조에서 보여지는 여러 상태와도 관련이 있다. 만성적인 간질환, 신장질환, 장기이식 후에도 나타난다. 뇌교 기저부나 영향을 받은 영역은 저나트륨혈증(hyponatremia)과 같이 심한 전해질 손상의 과잉 수정 혹은 빠른 수정으로 인해 급격히 신진대사가 저하되는 것에 특히 영향을 받기 쉽다.[2,108] 사지마비, 경직, 가성구마비, 마비말장애와 같은 신경학적 징후가 흔하다. 중심성 뇌교수초용해의 마비말장애에 대한 연구는 없다. 임상적으로는 적어도 **경직형**, **실조형**, **운동과잉형**이 나타날 수 있다.

E. 외상

폐쇄성 뇌손상과 뇌외상으로 인한 광범위한 병소는 사실상 다양한 마비말장애의 혼합형을 야기한다. 후두와(posterior fossa) 구조가 포함된 신경외과적 수술로 인한 외상도 다양한 혼합형 마비말장애를 유발한다.

F. 종양

특히 뇌간종양은 신경계의 여러 부분을 침입하거나 누르기 때문에 혼합형 마비말장애를 야기한다. 경직형, 실조형, 이완형 마비말장애의 다양한 혼합을 보인다.

G. 감염성 및 자가면역 질환

뇌수막염, 뇌염, 후천성 면역결핍 증후군(acquired immunodeficiency syndrome, AIDS)과 같은 감염이나 자가면역 질환의 광범위하고 다양한 영향은 다양한 형태의 혼합형 마비말장애와 관련이 있다. 두 가지 예로는 진행성 다병소성 백질뇌증(progressive multifocal leukoencephalopathy, PML)[5]과 전신 홍반 루푸스(systemic lupus erythematosus, SLE)가 있다.

진행성 다병소성 백질뇌증은 희귀한 바이러스성 탈수초화 중추신경계 질환이다. 자가면역 질환(예: 후천성 면역결핍 증후군, 림프종[lymphoma], 만성 림프성 백혈병[chronic lymphocytic leukemia]) 환자나 자가면역 억제 치료를 받은 환자에게서 나타난다. 진행성 다병소성 백질뇌증에서 백질 병소는 후두와(posterior fossa)와 피질하 영역에서 두드러진다. 임상적으로 성격 변화, 운동 결함, 실조, 시각 혹은 다른 감각의 결함, 말 · 언어 · 인지적 문제를 보인다.[9,97]

진행성 다병소성 백질뇌증의 마비말장애는 자세히 연구되지 않았다. 한 연구[97]에서 심각한 마비말장애가 보고되었다. 유형은 확인되지 않았으나 임상적 특성을 통해 경직형과 실조형 마비말장애가 나타날 수 있다고 예측하였다. 결장암 치료를 위해 항암 화학 치료(5-플루오로우라실[5-fluorouracil]과 레바미솔[levamisole])를 받는 진행성 다병소성 백질뇌증 환자의 초기 신경학적 징후로 마비말장애가 나타날 수 있고,[81] 다양하게 분산된 피질 및 뇌간 병소로 인해 혼합형 마비말장애가 나타난다. 항암 화학 요법이 중단되거나 수정될 때 환자의 증상이 개선되기 때문에 항암 화학 요법의 독성이 원인으로 의심된다.[6] 마비말장애가 개선되는 것은 항암 화학 요법 치료의 신경 독성에 대한 실마리가 된다.

전신 홍반 루푸스(systemic lupus erythematosus, SLE)는 신경계의 여러 다양한 영역이나 기관에 영향을 줄 수 있는 자가 면역 질환이다. 손상의 기제는 다양하고 복잡하나 보통 혈관성이다. 일시적이거나 영구적으로 영향을 준다. 전신 홍반 루푸스[186]는 다양한 말 · 언어 · 인지적 의사소통장애와 혼합형 마비말장애를 야기한다. 말 특성과 마비말장애의 유형에 대해서는 자세히 연구되지 않았다.

II. 말 병리

혼합형 마비말장애를 구성하는 각 요인을 구별하는 것은 어렵다. 혼합형 마비말장애의 모든 요인 혹은 특정 요인을 확신하지 못하는 상황은 단일 마비말장애에서보다 훨씬 더 빈번히 발생한다. 예를 들면, 요인들 중 확실한 한 가지 요인을 찾는 것은 어렵지 않지만 두 번째(혹은 세 번째 혹은 네 번째) 요인이 존재하는지에 대해 확신하지 못하는 것은 흔한 일이다. 임상에서 "경직형-실조형 마비말장애가 확실하면서, 이완형 요소를 동반한 환자", 혹은 "실조형 마비말장애나 경직형-실조형 마비말장애 중에 하나"와 같이 결론을 내리는 것은 흔하다. 이러한 불확실성은 "실제로" 애매한 신경학적 징후를 보이는 경우, 지각적 확인이 어려운 경우, 혹은 다양한 운동체계에 영향을 주는 질환의 특징 때문이다. 애매하고 질적인 결론이 정확성과 확실성을 추구하는 임상가의 바람을 뒤흔들 수 있지만, 불확실한 것이 현실이라면 어쩔 수 없다. 신경학적 검사로 증상이나 징후를 완전히 해석하지 못한다는 것을 이해한다면 동요할 수도 있는 것이다.

표 10-1은 혼합형 마비말장애를 야기하는 신경학적 질환에 대한 마비말장애 유형을 정리하였다. 이는 신경학적 진단이 상대적으로 애매하거나, 확인된 혼합형 마

[5] 백질뇌증(leukoencephalopathy)은 제5장에 간략히 소개됨.

[6] 말실행증이 동반된 운동저하형, 경직형, 그리고 실조형이 혼합된 마비말장애는 진행성 다병소성 백질뇌증 소견이 없는 환자 혹은 간 이식 후 면역억제제 FK-506을 투약한 다른 병소를 가진 환자에서 관찰됨.[21]

표 10-1

혼합형마비말장애를 보이는 신경학적 질환에서 관찰되는 마비말장애의 유형들. 마비말장애는 이러한 질환을 동반한 모든 환자들에게서 반드시 나타나는 것은 아니며, 제시된 질환들이 전부는 아님.

질환	마비말장애					
	이완형	경직형	실조형	운동저하형	운동과잉형	편측상부운동신경세포형
퇴행성						
근위축성 측삭 경화증*	++	++	?	−	−	−
다계통 위축증	+/?	+/++	++	+/?	−	−
진행성 핵상마비	−	++	+	++	−	?
피질기저핵 변성*	−	+/++	+	+/++	?	−
프리드리히 운동실조	?/+	+	++	−	−	+/++
혈관성†	+	+/++	+/++	+	+	
탈수초화						
다발성 경화증	+	+/++	+/++	+	+	+
독성-대사성						
윌슨병	−	+/++	+/++	++	?/+	−
간뇌변성†	−	+	+	+	+	−
저산소성 뇌증†	−	?	+/++	+/++	+/++	−
중심성 뇌교 수초용해†	−	+/++	+/++	?	+/++	−
종양*†	+	+	+	+/?	+/?	+
감염*†	+	+	+	+	+	+
외상*	+	+/++	+/++	+	+	+

++: 마비말장애가 나타날 때 종종 관찰되거나 특정 질환에서 꽤 전형적으로 나타남. +: 때때로 나타나지만 특정 질환에서 '전형적'으로 나타나지는 않음. ?: 드물거나 불확실한 상태. −: 관찰되지 않음.
*말실행증이 관찰될 수 있음.
†마비말장애는 특정 장애에서 명백히 연구되지는 않았음.

비말장애가 특정한 신경학적 진단명과 상충될 때 마비말장애의 유형에 대한 범위를 한정하는 것에 도움을 준다. 제15장은 감별진단에 대해 기술하였으며, 혼합형 마비말장애를 이루는 각 요소를 확인하기 위해 단일 마비말장애의 유형의 각 특성을 요약하였다(특히, 표 15-3과 표 15-4를 참조).

이 단락 이후에서는, 혼합형 마비말장애의 흔한 병인과 임상 실무에서 흔히 만날 수 있는 혼합형 마비말장애에 대해 논의하였다. 특정 질환과 연관된 마비말장애의 말 특성들도 자세히 요약하였다.

A. 임상 실무에서의 병인, 유형 및 중증도의 분포

병인

글상자 10-1과 그림 10-1은 초기의 말 병리적 진단명이 혼합형 마비말장애였던 268명 환자의 병인을 요약한 것이다. 제4장에서 이미 언급된, 일반적인 집단이나 모든 말 병리 실무 상황에서 결과를 일반화할 때의 주의사항이 여기서도 적용된다.

이 자료는 방대하고 다양한 신경학적 상태에서 기인한 혼합형 마비말장애를 요약한 것이다. 그러나 77%의 사례는 퇴행성 질환이고, 85%는 퇴행성 및 혈관성 질환이었다.

지금까지, 신경 퇴행성으로 진단된 것 중 가장 빈번

글상자 10-1

1999~2008년에 메이요 클리닉에서 초기 말 병리적 진단이 혼합형 마비말장애였던 환자 중에서 유사임의적으로 추출된 268명의 병인들. 괄호 안은 각 병인의 범주에 포함되는 사례의 비율.

퇴행성(78%)
- 근위축성 측삭 경화증(운동신경질환과 진행성 구(연수)마비의 진단 포함)(49%)
- 파킨슨병 또는 파킨슨증(10%)
- 다계통 위축증(6%)
- 진행성 핵상마비(5%)
- 원인 불명의 중추신경계 퇴행성 질환(2%)
- 피질기저핵 변성(2%)
- 소뇌의 퇴행적 질환(2%)
- 기타(파킨슨증을 가진 불균형적 피질의 퇴행, 크로이츠펠트-야콥병, 치매, 파킨슨증으로 인한 전측두 치매, 헌팅턴병, 구개 경련으로 인한 진행성 실조)(2%)

혈관성(7%)
- 다발성 뇌졸중(5%)
- 단일 뇌졸중(1%)
- 기타(폰 히펠-린다우 증후군, 혈관종, 피질하 경색과 백질병증을 동반하는 상염색체 우성 뇌혈관병)(1%)

탈수초성(3%)
- 다발성 경화증(3%); 중추신경계의 탈수초성 질환

외상(1% 미만)
- 폐쇄성 뇌손상

독성-대사성(1% 미만)
- 윌슨병

신생(물)성(1% 미만)
- 신생물딸림 소뇌변성

복합 인자(1%)
- 진전, 근긴장이상 또는 파킨슨병을 위한 뇌심부자극술, 급성 림프성 백혈병+신장부전증+다발성신경근병증

기타(9%)
- 세분화되지 않은 구마비 또는 가성구마비, 세분화되지 않은 실조-경직성 질병, 대동맥박리/진행성 핵상마비, 세분화되지 않은 근긴장이상+마비말장애, 마비말장애, 뇌성마비, 세분화되지 않은 뇌교 장애, 세분화되지 않은 상부운동신경 장애, 확인되지 않은 신경학적 진단

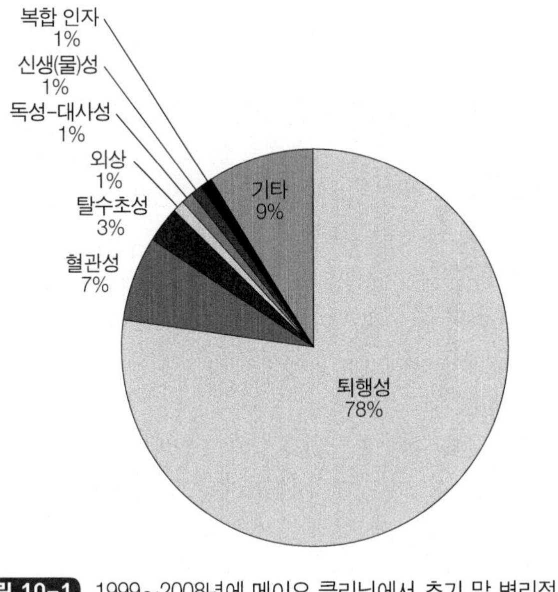

그림 10-1 1999~2008년에 메이요 클리닉에서 초기 말 병리적 진단이 혼합형 마비말장애였던 환자 중에서 유사임의적으로 추출된 268명의 병인들의 분포(자세한 사항은 글상자 10-1을 참조)

한 질환은 근위축성 측삭 경화증과 운동신경질환이었다(268개 사례 중 적어도 49%).[7] 나머지 퇴행성 사례들은 이 장의 앞쪽에서 논의된 다양한 신경 퇴행성 질환에 걸쳐 분포되어 있다.

혈관성 사례의 대부분은 다발성 뇌졸중이었다(사례의 7%). 뇌졸중의 병소는 대뇌피질, 뇌간, 소뇌를 포함하여 중추신경계 내에 널리 분포되어 있다. 혼합형 마비말장애를 야기하는 단일 뇌졸중은 보통 뇌간에 병소가 있다.

탈수초성 질환은 사례의 3%였다. 대부분은 다발성 경화증이었다.

뇌외상 병인은 폐쇄성 뇌손상(closed head injury, CHI)이었다(1% 미만). 확인된 병소는 후두와(posterior fossa)와 피질하 영역에 넓게 분포되었다.

윌슨병은 독성-대사성 병인 중 한 사례였다. 단일 신생물딸림(paraneoplastic) 사례는 소뇌변성과 관련이 있

[7] 이 그림이 3차 의료 상황에서의 자료를 대략적으로 나타낸 것이기는 하지만, 이는 분명히 재활이나 초기 간호 상황에서 관찰되는 비율이 과대 산정된 것임.

표 10-2

1999~2008년에 메이요 클리닉에서 초기 말 병리적 진단이 혼합형 마비말장애였던 환자 중에서 유사임의적으로 추출된 268명의 사례에서 관찰되는 각 마비말장애 유형의 분포. 백분율은 전체 사례와 근위축성 측삭 경화증/운동신경질환으로 진단되지 않은 사례의 부분들을 보여 줌.

유형	전체 사례	근위축성 측삭 경화증이 아닌 사례
이완형	57%	18%
경직형	82%	77%
실조형	22%	42%
운동저하형	27%	52%
운동과잉형	13%	25%
편측 상부운동신경세포형	1% 미만	1%

었다. 임상적으로 후두와(posterior fossa)의 종양은 혼합형 마비말장애를 야기한다.

소수의 사례는 여러 질환이나 상태가 결합된 것이었다. 대부분은 파킨슨병, 근긴장이상(dystonia), 혹은 진전이 있으면서 뇌심부자극술(deep brain stimulation, DBS)을 받은 환자들이었으며, 아마도 수술 전에 혼합형 마비말장애를 보였을 것으로 예상된다.

나머지 사례(9%)는 확정된 진단명이 없는 경우로서(예: 구마비 혹은 가성구마비, 마비말장애, 상부운동신경 증후군), 대부분은 삼킴장애가 동반되거나 동반되지 않은 마비말장애만을 보였다.

혼합형 마비말장애의 유형

글상자 10-1에는 혼합형 마비말장애 유형이 제시되어 있지 않다. 두 가지 마비말장애를 보이는 경우는 사례의 87%였다. 12%는 세 가지의 마비말장애, 1%는 네 가지 유형을 보였다. 혼합형 마비말장애의 하위 유형을 구분하는 것이 어려운 것처럼 하나의 요인이 의문스럽거나 애매한 경우는 5%였다. 두 가지 마비말장애가 관찰되는 것은 신경학적 병소의 '실제'를 반영하는 것일 수도 있고 한 환자에서 두 가지 이상의 마비말장애를 청지각적으로 확인하는 것이 어렵기 때문일 수도 있다. 이러한 설명은 상호 간에 배타적이지 않다.

표 10-2는 268명의 사례에서 관찰된 각 마비말장애의 비율을 요약하였다. 근위축성 측삭 경화증이 빈번하므로, 전체 사례와 근위축성 측삭 경화증이 아닌 사례의 비율도 제시되었다. 경직형 마비말장애가 가장 빈번한 유형이었고 전체의 82%에 해당하였으며 근위축성 측삭 경화증이 아닌 사례의 77%였다. 실조형 마비말장애가 그 다음으로 빈번하였다. 이완형 마비말장애는 전체 사례에서는 다수에 해당되었지만 근위축성 측삭 경화증이 아닌 사례에서는 18%였다. 운동저하형 마비말장애는 근위축성 측삭 경화증이 아닌 사례에서는 52%였지만, 전체에서는 다소 적었다. 운동과잉형 마비말장애 또한 양쪽 사례에서 소수는 아니었지만 적었다. 편측 상부운동신경세포형(unilateral upper motor neuron, UUMN) 마비말장애는 단 하나의 사례에서만 관찰되었으므로, 이는 단일 편측 뇌졸중과 강한 연관이 있음을 논리적으로 반영한다.

표 10-3은 268명의 사례의 혼합형 마비말장애에서 가장 흔한 유형을 요약하였다. 가장 흔한 신경학적 진단명도 제시되었다. 이완-경직 혼합형 마비말장애가 가장 흔해서 전체 사례의 52%였는데, 대부분 근위축성 측삭 경화증이었다. 이는 이완-경직 혼합형 마비말장애의 점진적 발병과 진행은 근위축성 측삭 경화증을 의심하게 하는 강력한 지표가 되어야 한다는 의미를 내포한다. 근위축성 측삭 경화증과 이완-경직 혼합형 마비말장애의 관련성은 특정 신경학적 질환과 특정 혼합형 마비말장애의 가장 대표적인 연관관계이다.

실조-경직 혼합형 마비말장애는 10%였다. 신경학적 진단명은 꽤 다양하였는데, 단일 원인으로는 뇌졸중이 가장 많았다. 그러나 원인의 범주로는 신경 퇴행성 질환이 가장 빈번하였다. 물론, 7%의 환자는 근위축성 측삭 경화증이었다. 이는 특히 마비말장애 정도가 경미할 때 실조형과 같은 말 특성이 근위축성 측삭 경화증 환자에서 관찰될 수 있다는 임상적 소견을 지지한다. 근위축성 측삭 경화증의 말 특성을 소개하면서 더 자세히 논의하겠다.

운동저하-운동과잉형 마비말장애는 8%였다. 신경학적 진단명은 다양하였으나 62%의 환자가 파킨슨병이었다. 이러한 결과는 질환의 본래 특징(운동저하형)과 이상운동증(dyskinesias)을 야기하는 약물의 복용 효과가 혼합되었기 때문이다.

실조-경직-운동저하 혼합형 마비말장애는 4%였다. 대부분은 다양한 신경 퇴행성 질환 중 하나와 관련이 있었다. 이는 실조-운동저하형(3%)과 실조-운동과잉형 마비말장애 사례에서도 일반적이었다.

이 외의 혼합형 마비말장애는 21%였다. 사실, 18개의 사례 모두 각기 다른 단일 마비말장애 유형들로 결합되어 있었다. 언급된 혼합유형들과는 달랐지만 빈번히 발생하지는 않았다.

표 10-3

1999~2008년에 메이요 클리닉에서 초기 말 병리적 진단이 혼합형 마비말장애였던 환자 중에서 유사임의적으로 추출된 268명의 사례에서 관찰된 가장 빈번한 혼합형마비말장애와 신경학적 질환.

유형(전체 사례 내의 비율)	신경학적 진단명(범주 내에서의 비율)
이완–경직형(52%)	• 근위축성 측삭 경화증(99%) • 복합적 조건(1%)
실조–경직형(10%)	• 뇌졸중(22%) • 진행성 핵상마비(15%) • 척수소뇌 위축(7%) • 근위축성 측삭 경화증(7%) • 기타 진단명(뇌성마비, 다계통 위축증, 다발성 경화증, 외상성 뇌손상, 종양, 미확인)은 비교적으로 균등하게 분배됨(49%)
운동저하–운동과잉형(8%)	• 파킨슨병(62%)* • 기타 진단명(일반적인 근긴장이상, 헌팅턴병, 다계통 위축증, 파킨슨증, 윌슨병, 미확인 중추신경계 질환)은 비교적으로 균등하게 분배됨(38%)
실조–경직–운동저하형(4%)	• 다계통 위축증(36%) • 진행성 핵상마비(18%) • 피질기저핵 변성(18%) • 기타 진단명(탈수초성 질환, 비전형적 파킨슨증, 외상성 뇌손상)은 비교적으로 균등하게 분배됨(28%)
실조–운동저하형(3%)	• 다계통 위축증(25%) • 기타 진단명(비전형적 파킨슨증, 피질기저핵 변성, 다발성 경화증, 진행성 핵상마비, 소뇌변성)은 비교적으로 균등하게 분배됨(75%)
실조–운동과잉형(2%)	• 다발성 경화증 중에 균등하게 분배됨, 다계통 위축증, 혈관모세포종, 미확인 중추신경계 질환
기타 혼합 유형(21%)(예: 이완–운동저하형, 경직–운동과잉형, 경직–운동저하–운동과잉형, 실조–경직–이완–운동저하형)	• 광범위하게 다양한 진단명(예: 다계통 위축증, 뇌졸중, 미확인 신경학적 질환)이 비교적으로 균등하게 분배됨

*파킨슨병 환자에서 약 복용에 따른 효과(이상운동증[dyskinesia])와 가장 관련이 있었음.

중증도 및 기타 특징

후향적 확인으로는 마비말장애 중증도를 정확히 파악할 수 없다. 그러나 글상자 10-1에서 요약된 사례 94%에서는 명료도에 대한 내용이 언급되었다. 이 중, 77%는 명료도의 저하를 보였다. 이 그림에서 명료도의 빈도가 정확히 측정되었는지는 불확실하다. 명료도가 확인되지 않은 많은 수의 환자가 정상 명료도를 보였을 가능성이 있다. 그러나 이 자료에는 실제 임상 상황보다 장애가 경한 환자가 더 많이 포함되었을 것이다.

혼합형 마비말장애는 일반적으로 신경계의 한 부분 이상에서 손상을 보이므로, 일부 환자가 인지장애를 가질 것이라고 예상할 수 있다. 글상자 10-1에서 요약된 사례(91%)에서는 환자들의 인지 능력이 비공식 혹은 공식적으로 확인되었으며, 20%는 인지 능력의 손상을 보였고, 근위축성 측삭 경화증/운동신경질환이 아닌 병인을 가진 사람 중에서는 36%가 인지 손상을 보였다.

마지막으로 글상자 10-1에서 요약된 환자 중, 상당히 많은 소수집단에서 마비말장애는 초기 증상 혹은 초기 증상 중 하나였다. 때때로 환자의 첫 신경학적 · 언어병리학적 진단 시에 관찰되는 유일한 증상이 되기도 한다. 연수에서 근위축성 측삭 경화증이 발병된 환자의 사례에서 종종 관찰된다.

일부의 혼합형 마비말장애가 부록 웹사이트에 제공되

어 있으나, 여기서 언급된 모든 신경학적 질환이 포함되어 있지는 않다.

B. 운동신경질환—근위축성 측삭 경화증

80% 이상의 환자는 병 진행의 특정 시점에서 마비말장애가 진행한다.[163] 마비말장애와 삼킴장애는 근위축성 측삭 경화증(atrophic lateral sclerosis)의 초기 증상이고, 병이 진행함에 따라 가장 두드러지는 문제로 남는다.[184] 호스피스 간호를 받는 근위축성 측삭 경화증 환자의 과반수 이상이 저하된 명료도를 보이고, 오직 25% 정도만이 사망 전까지 명료하다고 추정되었다.[143] 진단 후 평균적으로 3년 이내에 보완대체의사소통 기구를 필요로 하였고, 평균 2년 정도 사용하였다.[145] 일단 말이 영향을 받으면, 쇠퇴는 불가피하지만 기구를 꾸준히 필요로 하지 않는다.[37] 근위축성 측삭 경화증의 마비말장애가 병의 모든 시점에서 혼합형으로 지각되지 않는다. 이완형일 수도 있고 경직형일 수도 있다. 혼합형이 되면 둘 중 한 유형이 두드러진다.

구강 기제의 결함은 전형적으로 양측에서 관찰되며, 일반적으로는 다른 병인을 가진 이완형이나 경직형 마비말장애 환자들과 유사하다. 경직성이 관찰되며, 병리적 구강 반사(**사례 66, 67**), 과도한 구역 반사, 느린 구강안면 움직임, 그리고 가성구감정(실금)(pseudobulbar affect)(**사례 68**)을 보인다. 만약 하부운동신경이 영향을 받으면 구역 반사가 줄어들며, 기침이 약하고(**사례 53**), 안면의 긴장성이 저하된다. 혀의 근육 부분 수축과 위축(**사례 59, 91**)이 초기 징후로 두드러지며, 근육 부분 수축은 턱과 구강 주위 영역(**사례 58, 59**)에서도 관찰된다. 삼킴장애는 상부운동신경이나 하부운동신경의 문제로 발생한다. 이는 근위축성 측삭 경화증의 초기 증상으로 마비말장애보다 적게 나타난다.[163] 이완-경직형 마비말장애를 가진 근위축성 측삭 경화증 환자는 **청각적으로 들리는 반사적 마른 삼킴**을 흔히 보인다. 일부 환자들은 특히 누웠을 때의 짧은 호흡을 하며, 폐 기능에서는 저하된 폐활량과 과도한 하품을 보였다.[179]

비구어 구강 기제의 결함도 말과 관련이 있다. 혀와 입술 움직임의 속도 및 강도, 비구어 활동(예: 혀 위축, 삼킴장애, 연구개 거상, 폐활량) 시의 호흡 및 구강 운동 구조 및 기능은 명료도를 포함한 말 기능과 관련이 있다.[29,180]

Darley, Aronson, Brown(DAB)[32,33]은 근위축성 측삭 경화증을 가진 환자 30명을 대상으로 이완형 마비말장애만 보이는 집단과 경직형 마비말장애만을 보이는 집단에서 관찰되는 결함들의 결합을 관찰하였다. 표 10-4에서는 근위축성 측삭 경화증 환자의 주요한 말 특성(dimension)과 정상에서 벗어난 말 특성의 특성군(cluster)을 요약하였다. 여기에는 경직형이나 이완형 마비말장애와 명백히 연관된 특징들과 각 유형에 기여하는 특징들이 나와 있다. 정상에서 벗어난 특성을 여섯 가지 특성군으로 정리한 것과 경직형과 이완형 마비말장애에서 관찰되는 특성군과의 비교를 통해 근위축성 측삭 경화증에서 두드러지는 마비말장애 유형에 대한 결론을 내렸다.

단일 이완형 혹은 경직형 마비말장애에서 확인되지 않은 세 가지 특징인 **연장된 쉼, 음소 연장**, 그리고 **부적절한 쉼**이 혼합형에서는 관찰되었다. 이렇게 주로 운율적인 특징들은 이완형과 경직형 영향들의 결합을 반영한다. 이러한 결합으로 인해 DAB가 연구한 다른 어떤 집단보다 근위축성 측삭 경화증 집단에서 모음 왜곡, 느린 말속도, 짧은 구, 그리고 부정확한 자음 등이 훨씬 더 심각하였다.

비정상적 발성은 자주 나타나지만 화자에 따라 매우 다양하다. 자주 눈에 띄는 발성 특징에는 거친 소리(harshness), 기식성, 쥐어짜는 음질(**사례 5, 6, 33, 36, 79, 84**), 가청 흡기나 천명음(stridor)(**사례 84**), 그리고 비정상적으로 높거나 낮은 음도가 있다.[29] 명료도가 높은 화자가 높은 비율의 유무성 대립 오류(voicing contrast errors)를 보이는 것은 질환 초기부터 후두계의 이상이 있을 수 있음을 시사한다.[138] 근위축성 측삭 경화증 화자들의 특정 발성(그리고 다른) 관련 음향학적 속성들이 한 가지 형태로 나타나지 않지만,[151] 경직과 약증을 보이는 다양한 정도를 반영한다. 성별(gender) 또한 음성적 대립 오류(phonetic contrast errors)와 연관이 있다.[73,137] 예를 들어, 후두 기능과 관련된 오류는 여성보다는 남성에게서 좀 더 흔하다.[69]

이완형이나 경직형 마비말장애에서 진전(tremor)은 나타나지 않을 것 같지만, **빠른 진전**(rapid tremor)이나 '떨림(flutter)'(**사례 5, 6, 59, 79**)은 일부 환자들에게 나타난다. 떨림은 모음연장 중에 가장 듣기 쉽고 지각적으로 7~10Hz에서 관찰된다. 떨림(flutter)을 보이는 근위축성 측삭 경화증 환자들의 모음연장 검사와 스펙트럼 분석에서, 주파수와 강도 변화는 0~25Hz 범위였으며, 대부분의 환자들은 6~12Hz 범위에서 강도나 주파수의 최고점을 보였다.[4] 근위축성 측삭 경화증과 관련된 음성 떨림의

표 10-4

근위축성 측삭 경화증 환자의 이완-경직 혼합형 마비말장애와 관련 있는 가장 벗어난 말 특성과 특성군을 가장 심한 것에서부터 경미한 것 순으로 제시하였으며, 각 특성에 기여하는 이완형이나 경직형 구성 요소의 정도를 표기함. (아래에서 제시된 사례는 부록 웹사이트의 Part I~III에서는 확인 가능하며, 이완-경직 혼합형 마비말장애와 근위축성 측삭 경화증에서 관찰될 수 있는 다른 특징들은 Part IV에 제시하였으나 여기에서는 제시하지 않음.)

특성/특성군	구성요소
특성	
부정확한 자음(**사례** 28, 33, 34, 36, 84)	하나 혹은 둘 다
과다비성(**사례** 28, 33, 36, 84)	이완형 > 경직형
거친 소리(harshness)(**사례** 36)	경직형 > 이완형
느린 속도(**사례** 28, 33, 34, 36, 42, 84)	경직형
단음도(**사례** 28, 33, 34, 36, 84)	하나 혹은 둘 다
짧은 구(**사례** 28, 33, 84)	하나 혹은 둘 다
모음 왜곡(**사례** 36, 84)	경직형
낮은 음도	경직형
단음량(**사례** 28, 33, 34, 36, 84)	경직형 > 이완형
과균등 강세	경직형
연장된 휴지*(**사례** 84)	결합됨
강세 저하	경직형
음소 연장*	결합됨
쥐어짜는 음질(**사례** 28, 33, 34, 36, 79, 84)	경직형
기식성	이완형 > 경직형
가청 흡기/천명음(**사례** 5, 6, 28, 84)	이완형
부적절한 침묵*	결합됨
비강누출	이완형
특성군	
과도한 운율	경직형
불충분한 운율	경직형
조음-호흡 부적합	경직형
음성 협착	경직형
음성 부전	이완형
호흡 부전	이완형

*이완형 혹은 경직형 마비말장애 중 하나에서는 두드러지는 특성이 아님. 두 마비말장애 유형의 결합으로 나타남.

생리학적 원인은 분명하지 않지만, '중추적' 떨림보다는 하부운동신경 손상이 반영된 것이다.[8]

이완-경직 혼합형 마비말장애에서 들리는 거친 음성은 종종 '젖은(wet)' 또는 '갸릉거리는(gurgly)'의 특징을 보인다. 이는 말을 하는 동안 감소된 삼킴 빈도나 분비물의 불충분한 소거로 성대나 조롱박굴(pyriform sinus)에 침이 남아 있기 때문이다.

마비말장애가 경할 때, 문맥 발화에서 관찰되는 불규칙적인 조음 붕괴는 실조형 혹은 실조형처럼 보이는 마비말장애를 연상시키기도 한다. 이유는 불분명하지만 제9장에서 논의한 편측 상부운동신경세포형 마비말장애에서 지각되는 실조형과 같은 특징들과 유사하다.

많은 연구들은 근위축성 측삭 경화증에서 명료도를 저하시키는 비정상적 조음에 주목하였다.[74,77,78,84] 가장 두드러지는 이상 소견은 연인두 기능(비강-구강 구별), 조음 방식 차이(파열음 대 파찰음)를 나타내는 혀의 기능, 음절 모양, 유무성 대립, 모음 산출 시 혀의 높이의 규칙성, 그리고 음절 종성 산출과 관련이 있다. 명료도에 영향을 미치는 특징들은 같은 화자 내에서는 시간이 흘러도 일관되는 경향이 있지만, 화자 간에는 다른 특징을 보인다.[84] 또한, 모든 말 기능들이 균등하게 영향받지 않으며, 혀의 어떤 측면은 덜 영향을 받는다. 예를 들어, 전설모음 대 후설모음, 장모음 대 단모음, 그리고 조음 차이의 일반적 위치를 산출할 때는 비교적 명료도 문제에 덜 영향을 받는다.[9] 교대운동속도(alternating motion rate, AMR) 과제에서 조음 정확성과 리듬 일관성을 지각적으로 평가한 정도와 문장 명료도와의 연관이 큰 것은 주목할 만 하다.[142]

생리학적 · 음향학적 연구들은 지각적 가설들을 확인하거나 수정하고, 장애의 이해에 도움을 준다. 주요 내용들은 표 10-5에 요약되어 있다.

운동학적 연구에서 비강 기류의 증가, 연인두 폐쇄가 필요한 연구개 올림을 유지하는 데 어려움, 느린 단일의 반복적인 조음 운동, 조음 운동의 속도 저하, 턱과 입술과 혀의 수의적 움직임의 최대 강도 감소와 움직임의 범위 제한이 관찰되었다.[10] 느린 속도의 운동학적 근거는, 비정상적으로 느린 분절과 문장 길이를 기록한 음향학적 연구에서 확인되었다.[156,160,166,168,175] 생리학적 소견은 혀

[8] 떨림이 관찰되는 다른 마비말장애는 운동저하형뿐임. 근위축성 측삭 경화증의 혼합형 마비말장애와 파킨슨병의 운동저하형 마비말장애에서 지각되는 떨림이 음향학적 특성과 병리생리를 공유하는 지는 확실치 않음.

[9] 매일의 일상에서 근위축성 측삭 경화증 환자의 말을 이해하기 위한 청자의 노력은 말명료도 저하에 기여하는 조음 부정확, 느린 속도, 단음도, 모음 왜곡, 그리고 단어 경계를 구별하는 것에서의 어려움을 확인하는 것임.[83]

[10] 참고문헌 35, 36, 38, 41, 64, 91, 187.

표 10-5

근위축성 측삭 경화증 연구에서 음향학적 · 생리학적 연구 결과*

말 구성요소	음향학적 · 생리학적 관찰
호흡	• 폐활량 감소 • 흉벽 근육 약증
후두	• 비정상적인 기본주파수(너무 높거나 낮음) • 비정상적인 주파수 변동률(jitter), 강도 변동률(shimmer), 배음 대 소음 비율 • 진전의 강도 증가 • 최대 발성 주파수 범위 감소 • 최대 모음연장 감소
연인두	• 연구개 올림을 유지하는 데 어려움 • 비강 기류 증가
조음, 속도, 운율	• 느린 단일의 반복적인 조음 운동 • 느린 말 속도와 느린 교대운동속도 • 분절과 문장 길이의 증가 • 음절 내 모음 길이의 증가 • 조음 운동의 속도와 범위 감소 • 강세를 받는 음절 대 강세를 받지 않는 음절에서 모음 길이 사이의 차이 감소 • 혀, 입, 턱 운동의 최대 강도 감소 • 과도한 턱 움직임(아마도 보상 작용) • 폐쇄 구간(stop-gap) 길이의 증가 • 유성-무성 성대진동 시작시간 차이의 모호함(조음-후두) • 설측마찰음 간의 스펙트럼 차이 감소 • 단어 내에서 감소되고 단조로운 제2포먼트 기울기 • 모음 공간 감소 • 음절 내 모음 시작에서 과장된 포먼트 궤적(trajectories) • 지각된 음성 떨림과 관련 있는 모음연장 동안 주파수 또는 강도의 변동 • 호흡당 단어와 의미적 단위의 감소

*위의 결과는 소수의 대상자를 대상으로 한 것이며, 모든 근위축성 측삭 경화증 환자(혹은 경직-이완 혼합형 마비말장애 환자)가 위의 모든 특성을 보인 것은 아님. 상기의 많은 특성들은 근위축성 측삭 경화증이나 경직형이 혼합된 마비말장애 환자들에서만 보이는 특성이 아님. 이 중 일부는 말 운동장애 혹은 다른 신경학적 · 비신경학적 상태의 환자에서도 관찰 가능함.

의 기능이 입술이나 턱의 기능보다 더 심각하게 영향을 받고,[76] 턱이 혀 움직임 범위 감소에 보상적으로 반응하는 것을 보여 준다.[187] 생리학적 연구에서 확인된 비정상적 움직임은, 근위축성 측삭 경화증 화자들에게서 흔히 지각되는 느린 속도, 부정확한 조음, 모음 왜곡, 과다비성, 그리고 비강누출과도 일치한다.

환자들은 똑바로 누운 자세일 때 호흡이 짧아지고 똑바로 선 자세에서 폐활량이 감소될 수도 있다. 호흡 기능 연구에서는 흉곽 근육, 특히 호기 근육의 약증을 보고하였다. 적은 폐 부피는 발화 길이와 음성 크기를 감소시키고, 호흡 감퇴는 음성 크기와 강세 대비의 감소, 짧은 구, 그리고 기침을 하는 힘을 감소시킨다.[134] 이는 모든 근위축성 측삭 경화증 환자들에게서 나타난다; 불행하게도, 뇌간 문제는 심각한 호흡 상태 및 마비말장애와 삼킴장애의 악화와 관련이 있다.[181]

근위축성 측삭 경화증의 약증과 말장애의 관계는 간단하지 않고, 직접적이라고도 할 수 없지만, 최소한 부분적으로는 다른 부위에서의 약증에 대한 근육의 보상 작용이라고 할 수 있다. 예를 들어, 운동학적 연구에서, 말과 관련하여 혀와 입술의 움직임이 있을 때는 보상을 위해 턱이 과도하게 움직이고,[64] 턱이 고정되면 말장애가 악화되었다. 이는, 턱의 힘이 상대적으로 유지되기 때문에, 다른 조음기(articulators)의 약증을 보완하기 위해 턱을 움직인다는 것이다.[38] 이렇듯 근력과 말장애 간의 복잡한 관계는 근위축성 측삭 경화증 환자의 말에서 결함이 관찰되기 전에 이미 근육의 힘이 유의하게 감소되었을 가능성을 시사한다. 왜냐하면 말을 하는 상황에서는 최대로 근육을 수축하는 힘의 약 10%만이 요구되므로 환자의 힘만 있어도 말을 하는 데는 어려움이 없기 때문이다.[91]

공통적으로 비정상성이 나타나지는 않더라도, 음향학적 연구를 통해 다음과 같은 다양한 비정상적 특성이 보고되었다. (너무 높거나 낮은) 비정상적 기본주파수(f_0), 비정상적 주파수 변동률(jitter), 강도 변동률(shimmer), 배음 대 소음 비율, 최대 발성 주파수 범위의 감소, 길어진 폐쇄 구간(stop-gap),[11] 음절 내 모음 길이의 증가, 최대 모음 길이의 감소, 성대 길항 반복 운동의 비정상적 속도와 주기(즉, /hA/의 빠른 반복), 느린 교대운동속도와 느린 말 속도, 길어진 분절과 발화 길이, 짧은 구 길이, 설측마찰음 간의 스펙트럼 차이 감소, 호흡당 단어 및 구문적 단위의 감소.[12] 어두 초성 유성 파열음과 무성 파열음 사이의 성대진동 시작시간(voice onset time, VOT) 차이의 모호함이 확인되었지만[144] 그렇지 않은 경우도 있었고,[30] 모든 연구에서 주파수 변동률(jitter), 강도 변동률(shimmer), 배음 대 소음 비율이 비정상적이지는 않았다.[74,77] 이러한 결과의 변이성은, 약증과 경직 중에서 어느 것이 더 두드러지는지에 따라서 달라질 수 있으며, 말 하위영역에서의 다양한 중증도를 반영한다. 성별에 따라 달라지기도 한다.[74] 일반적으로 이런 음향학적 결과들은 느린 혀와 후두 움직임, 움직임의 불안정성, 그리고 말하는 동안 움직임의 약증을 나타낸다.

일부 환자가 보인 주파수와 강도 부분에서 떨림이 있는 모음연장을 음향학적으로 고속 푸리에 변환(fast Fourier transformation, FFT)시켜서 확인하였다. 그 결과, 통제군보다 근위축성 측삭 경화증군에서 좀 더 두드러진 다양한 주파수와 강도의 변화를 보였다. 0~25Hz가 두드러지는 주파수 범위였으며, 6~12Hz 범위 내에서 가장 높은 지점(peak)이 나타났다. 음성 떨림이 있는 근위축성 측삭 경화증 환자의 섬유내시경(fiberscope) 검사에서 진성대 근육과 성문위근육의 떨림이 관찰된 결과와 함께,[4] 상기의 결과는 일부 근위축성 측삭 경화증 환자가 떨림을 보인다는 결과는 지지하였지만, 그 원인은 알 수 없었다. 떨림은 단일 경직형 마비말장애 환자에서 흔치 않고, 근위축성 측삭 경화증에서 유일하게 관찰되기 때문에 중추신경계 문제가 아니라고 생각된다. 이는 운동 단위의 간헐적 부재에 기인하는 운동 단위 손실의 징후이며, 이것이 후두 내부 근육에 영향을 미칠 때, 진전이나 떨림이 관찰될 수 있다.[4]

명료도 검사 단어의 제2포먼트(F2) 경사도에 관한 연구는 임상적으로 신뢰롭고 적절한 결과를 보여 주었다. 근위축성 측삭 경화증 환자에서, 제2포먼트 기울기는 혀의 운동이 일어나는 속도 및 운동 단위가 구성될 수 있는 속도를 반영하기 때문에 혀의 기능과 숙련된 말의 민감한 지표이다. 종단적으로 확인한 환자에서 제2포먼트는 말명료도와 함께 감소하며, 명료도 문제가 있는 남자와 여자의 집단을 종단적으로 확인하였을 때 제2포먼트의 경사도는 명료도가 저하됨에 따라 감소하였다.[73,77,79,122,175] (**그림 10-2**). Weismer 등[176]은 통제군보다 마비말장애 근위축성 측삭 경화증 화자들에게서 대상자 간에 더 큰 변이성을 발견하였다. 근위축성 측삭 경화증 화자들은 포먼트 전이(transition)에서 낮은 경사도, 음절 핵의 시작에서 과도한 포먼트 궤적(trajectories), 그리고 명료도가 70% 이하일 때 좀 더 일탈적인 궤적(trajectories) 특성을 보였다. 그러므로 포먼트 전이(transition)의 측정값, 특히 제2포먼트는 병의 진행과 명료도를 예상하는 데 유용한 지표가 된다. 그러나 제2포먼트 기울기-명료도의 관계는 전체 명료도의 범위와 선형적 상관관계가 없다.[79,122] 그러므로 명료도 점수의 전체 범위를 예상하기 위해서는 제2포먼트 이외의 다른 측정값이 필요하다. 연속적 방법이 필수적이지는 않을지라도,[184] 더 간단한 말 속도나 교대운동속도와 같은 측정값들은 근위축성 측삭 경화증 환자의 말명료도 감소를 예견할 수 있다.

모음 공간[13]은 장애와의 음향학적 연관성을 나타내는 유용한 지표 중 하나이다. 정상 화자와 비교하였을 때, 근위축성 측삭 경화증 화자들의 모음 공간은 습관적인 말 속도, 느린 말 속도, 빠른 말 속도에서 감소되고, 말명료도와 상당한 연관이 있다.[166,175]

느린 말 속도는 근위축성 측삭 경화증의 일차적 문제

[11] 폐쇄 구간(stop-gap)은 앞에 있는 모음의 음향학적 에너지가 휴지기 상태를 보이는 순간부터 그다음에 오는 어두파열음의 조음파열로부터 발생한 음향학적 에너지가 시작되는 시점까지의 시간임.

[12] 참고문헌 30, 73, 74, 77, 105, 135, 136, 138, 160, 161, 167, 168, 188.

[13] 모음 공간은 기준 모음(point vowel) [i], [u], [a], [æ][75]의 제1포먼트와 제2포먼트를 좌표로 하여 구성된 사각형의 면적임. 저하된 모음 공간은 조음 운동에서 변별성이 저하됨과 모음들 내에서 음향학적, 지각적 변별성이 저하됨을 의미함.

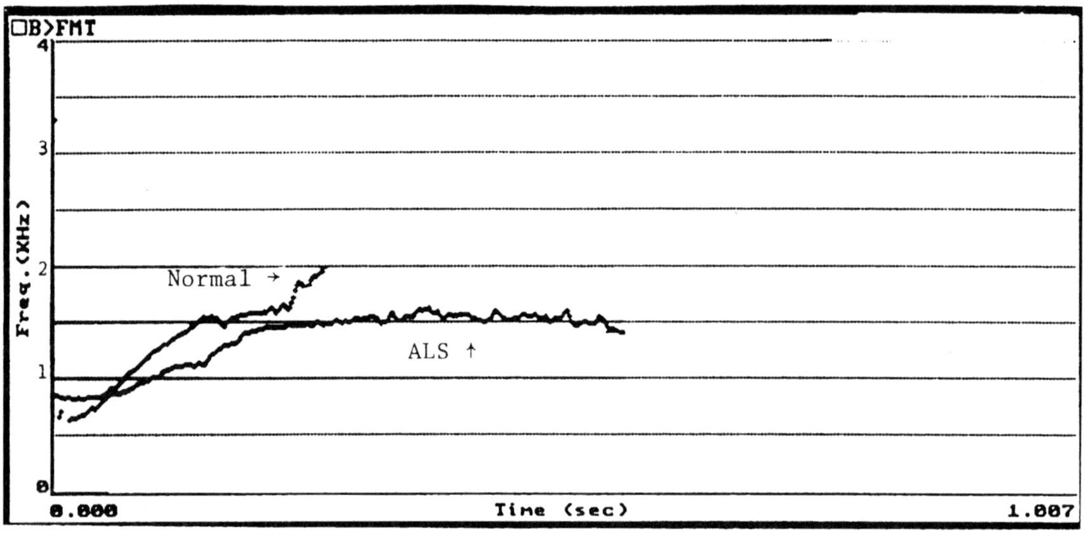

그림 10-2 정상 남성 화자와 경직-이완형 마비말장애가 혼합된 근위축성 측삭 경화증 환자의 단어 'wax' 산출에서 모음 /ae/의 제2포먼트를 관찰한 결과(Kent 등[79]에 의해 설명된 방법에 따라 분석). 마비말장애 환자의 제2포먼트는 정상 화자의 절반 수준의 기울기를 보이고, 주파수 범위가 좁고, 완료하기까지 대략 두 배의 시간이 걸림. 길고 평평한 제2포먼트 궤적(trajectories)은 경직-이완 혼합형 마비말장애의 특징인 느린 말 속도 및 느리고 제한적인 조음 움직임 범위와 음향학적인 관련이 있음.

인가, 아니면 명료도를 유지하기 위한 보상적 반응인가? 두 가지 설명 모두 사실일지라도, 근위축성 측삭 경화증 화자들이 말 속도를 빠르게 증가시키도록 요구받았을 때 속도를 증가시킬 수는 있지만, 그 속도는 정상 화자의 속도보다는 느리다는 것이 음향학적으로 그리고 지각적으로 확인되었다. 중요한 점은 습관적 말 속도와 빠른 속도에서 모음 공간이 압축되고, 명료도와 중증도를 지각적 측정값은 두 속도 사이에서 변화하지 않는다. 그러므로 근위축성 측삭 경화증의 습관적으로 느린 말 속도는 보상의 산물이 아니다.[175]

마지막으로, 리듬 측정(rhythm metrics)과 포락선 변조 스펙트럼(envelope modulation spectra)(말의 리듬 특성을 수량화하는 음향학적 방법)에 의해 생성된 자료를 사용하는 판별적 기능 분석은 정상적인 말이나 여러 유형의 마비말장애와 경직-이완형 마비말장애를 매우 정확히 구분한다.[100,101] 리듬 측정에 의해 확인되는 가장 중요한 변별 변수는 모음연장과 강세를 받는 음절과 그렇지 않은 음절 내의 모음들 사이에서 관찰되는 차이의 상대적 부족을 반영한 것들이다(아마도 지각적으로 과도하게 동등한 강세). 이 음향학적 자료들은 경직-이완 혼합형 마비말장애의 지각적 특성을 지지한다. 게다가, 다른 여러 마비말장애 유형을 다룬 이전 장들에서 언급하였듯이, 마비말장애 유형을 구별하는 데 가장 유용한 것은 개개의 비정상적 특성보다는 말의 전반적인 비정상적 양상이라는 추론 또한 지지한다.

요약하면, 근위축성 측삭 경화증과 연관된 마비말장애는 이완형, 경직형, 또는 이완-경직 혼합형이다. 장애의 정도가 경도(mild)보다 심할 때, 혼합형 마비말장애의 전반적인 양상은, 힘들고 느리게 산출되는 짧은 구, 단어와 구 사이의 간격 증가, 조음 정확성의 감소, 과다비성, 쥐어짜고 신음소리 같은 음질, 그리고 단음도와 단음량이다. 근위축성 측삭 경화증 화자들은 말 산출의 모든 단계에서 영향을 받지만, 각 단계에서 장애의 정도는 획일적이지 않다. (이 장의 사례는 부록 웹사이트의 Part I~III에 있고, 이 특징들은 경직-이완 혼합형 마비말장애와 웹사이트 Part IV에 있는 근위축성 측삭 경화증 사례들에서도 찾아볼 수 있음.)

C. 다계통 위축증

다계통 위축증(multiple system atrophy)과 그 하위 유형인 다계통 위축증-파킨슨형(MSA-P), 다계통 위축증-소뇌형(MSA-C)과 관련된 마비말장애의 유병률(prevalence), 중증도, 그리고 두드러지는 특징에 대한 밑그림은 그동안 충분히 기술되었다. 이는 현재 다계통 위축증

명칭으로 아우를 수 있는 선조체흑질변성(striatonigral degeneration), 올리브뇌교소뇌 위축증, 그리고 샤이-드래거 증후군과 관련된 마비말장애를 설명하기 위한 보충일 수 있다.

다계통 위축증에서 마비말장애는 흔하다.[14] 경우에 따라서는 유사임의적으로 추출된 환자의 100%에서 나타난다.[85] 병에 걸린 사람의 약 절반 정도는 초기 2년 내로, 파킨슨병보다도 마비말장애가 더 일찍 발생한다.[80] 평균적으로, 파킨슨병[45,85,121,177]보다 다계통 위축증에서 마비말장애가 더 심각하지만, 진행성 핵상마비보다는 덜하다.[60] 단일 마비말장애일 때보다 혼합형일 때 명료도가 더 크게 저하되므로, 말명료도는 경미한 정도에서부터 심한 정도까지 저하될 수 있다.[80]

마비말장애 유형은 종종 다계통 위축증의 다른 운동 징후와 관련되며, 종종 혼합된다. **운동저하형**, **실조형**, 그리고 **경직형 마비말장애가 흔하며**, 운동저하형과 실조형이 가장 흔하다.[80,85] 운동저하형 이외의 다른 마비말장애 유형을 인식하는 것은 파킨슨병과 다계통 위축증을 구별하는 데 도움을 준다.

선조체흑질변성이 다계통 위축증의 유형으로 포함되기 전에는 선조체흑질변성(다계통 위축증-파킨슨형)과 관련된 마비말장애에 대한 설명이 없었다. 운동저하형 마비말장애가 가장 흔하게 예상되나, 운동과잉형과 경직형 마비말장애도 공통 병소의 병리로 발생할 수 있다.

올리브뇌교소뇌 위축증과 관련된 마비말장애는 오직 소수의 환자들에게서만 보고되었다.[50,62] 가청 흡기(audible inspiration)와 음성 떨림(vocal flutter)이 때때로 관찰되는 것은 이완형 요소들을 가진 실조-경직형 혼합형 마비말장애를 연상시킨다.[15] 올리브뇌교소뇌 위축증(다계통 위축증-소뇌형)은 파킨슨 증상들과 관련되기 때문에, 운동저하형 요소를 보일 수 있다. 그러므로 **실조형**, **경직형**, **운동저하형**과 덜 빈번하기는 하지만 **이완형 마비말장애**는 단일 혹은 결합된 유형으로서 흔히 예상된다. 덜 일관적이기는 하나 말과 의사소통에 영향을 미칠 수 있는 추가적인 장애는 구개 간대성 근경련(palatal myoclonus)이 있다.[40]

샤이-드래거 증후군과 관련된 마비말장애는 80명의 연구에서 잘 설명되어 있다.[99] 44%는 마비말장애를 보였고, 그중 43%는 실조형, 31%는 운동저하형, 그리고 26%는 다양한 조합의 혼합형 마비말장애를 보였다. 혼합형 마비말장애에는 **운동저하-실조형**, **실조-경직형**, 그리고 **경직-실조-운동저하형** 마비말장애 유형이 포함되었다. 이러한 마비말장애의 조합은 질환과 관련된 직/간접 운동체계와 기저핵 및 소뇌 제어회로의 문제가 반영된 것이다.

샤이-드래거 증후군(다계통 위축증)을 가진 사람의 33% 정도는 과도한 코골이 및 수면 무호흡과 관련된 문제인 **후두 천명음**(laryngeal stridor)[22]을 보인다. 경직형, 실조형, 운동저하형 마비말장애의 다양한 결합 내에서 관찰되는 천명음(stridor)은 다계통 위축증 이외의 퇴행성 질환에서는 드물기 때문에 진단적으로 가치 있는 특성이다. 흡기 천명음(inhalatory stridor)은 발화 시작 전에 빠르게 숨을 들이마실 때 관찰된다. 더 심각한 경우에는 가만히 있을 때에도 명백하게 관찰된다. 상부 호흡로에 심각한 방해가 있을 때는 지속적인 기도내압 양압 호흡(continuous positive airway pressure breathing)과 기관절개(tracheotomy)가 추천된다. 흡기 천명음의 원인은 의핵(nucleus ambiguus)의 손상으로, 전형적으로 외전근(후두 윤상피열근) 약증이 반영된 것이다.[6] 그러므로 이완형 마비말장애의 징후로서 빈번히 관찰된다.[16] 그러나 최근에는 적어도 다계통 위축증에서는 후두 근긴장이상이 천명음을 야기한다고 제안되었다.[8,66,[17]]

(부록 웹사이트의 Part IV의 사례 중 한 환자는 다계통 위축증이라고 생각됨. 마비말장애 유형은 모두 운동저하형이었음.)

D. 진행성 핵상마비

진행성 핵상마비(progressive supranuclear palsy)의 두드러진 징후인 마비말장애는 초기(종종 2년 이내)에 발생한다.[18] 마비말장애는 파킨슨병보다 진행성 핵상마비에서 질병의 초기 징후로 더 빈번하며 파킨슨병에서보다 더 전반적으로 나타난다.[70] 몇몇 연구에서는 유사임의적으로 추출된 진행성 핵상마비 환자의 70~100%에서 마

[14] 다양한 체계의 손상에도 불구하고, 다계통 위축증에서 말실행증과 실어증은 드묾.[45]

[15] Hartman과 O'Neill[62]은 발달성 말더듬이 재발한 것인지는 확인할 수 없는 말더듬과 같은 비유창함이 동반된 이완-경직 혼합형 마비말장애 남환의 사례를 보고함.

[16] 다계통 위축증 환자에서 되돌이후두신경의 후두가지에서의 수초 손상이 보고됨.[63]

[17] 다계통 위축증 환자에서 근긴장이상은 목과 사지 근육에서 관찰됨.[18]

[18] 참고문헌 94, 103, 118, 121, 133, 147.

비말장애가 나타났다. 파킨슨 증상, 가성구 특징, 때로는 실조 특징들을 발생시키는 질환의 양상과 관련하여, 진행성 핵상마비에서 몇몇 마비말장애 유형을 예측하는 것은 타당하다.

구강 기제 검사는 운동저하형, 경직형과 실조형 마비말장애의 확증적 징후를 제시한다. 비록 파킨슨 증상의 구강안면 증상이 가장 빈번하지만, 가성구마비(예: 가성구 감정[실금][pseudobulbar affect])도 꽤 흔하다. 몇몇 환자는 파킨슨병의 전형적인 표정이 없는 얼굴보다는 오히려 고정된, 걱정스러운, 또는 놀란 안면 표정을 보인다. 파킨슨병에서 종종 관찰되는 머리가 숙여진 자세(flexed neck posture)와 대조적으로, 진행성 핵상마비 환자들은 목을 뻗치는(neck extension) 양상을 보일 수 있다.[94] 삼킴장애는 흔하다.[19] 삼킴장애를 호소하는 것에서부터 발증하기까지의 잠복기간은 전체 생존기간과 관련이 있다.[121]

일부 집단 연구에서 진행성 핵상마비의 마비말장애가 보고되었다.[60,86,87,118,147] 운동저하형, 경직형, 실조형(일반적으로 빈번한 순서대로)이 확인되었고, 때로는 단일 유형이기도 하였지만 종종 다양한 결합 유형을 보이기도 하였다. 일부 환자는 세 유형 모두를 보였다. 마비말장애 중증도는 파킨슨병보다 진행성 핵상마비에서 더 심각하였고, 다계통 위축증같이 운동체계의 한 요소 이상에 영향을 받는 신경 퇴행성 질환에서 더 심각하였다.[60,140] 운동저하 양상의 중증도는 흑질의 신경 손실 정도와 관련이 있다.[86] 전반적으로 경직형, 운동저하형과 실조형의 결합은 신경병리적으로 변화가 있는 부분과 관련이 있고, 이를 인식하는 것은 임상적 진단에서 중요하다.[87]

진행성 핵상마비가 종종 파킨슨병으로 오진되기 때문에,[69] 파킨슨병으로부터 진행성 핵상마비를 감별할 수 있는 말 검사에 관심을 가질 필요가 있다. 후향적 자료를 통해 파킨슨병보다 진행성 핵상마비에서 더 자주 관찰되는 특징들이 단음도, 쉰 목소리, 비강누출, 과균등 강세, 과다비성, 부정확한 조음, 느린 말 속도임을 확인하였다. 진행성 핵상마비보다 파킨슨병에서 더 자주 관찰되는 특징들은 빠른 음성 떨림, 감소된 크기, 감소된 강세, 진전, 기식음, 빠른 말 속도였다.[104] 파킨슨병의 운동저하형 마비말장애에서 예외적인 특징이 관찰되고, 진행성 핵상마비의 빈번한 말장애 특징인 경직형 특징들이 수반되는 것이 감별의 기준이 된다. 이러한 차이점으로 인해, 파킨슨병으로 진단을 받은 환자에서 운동저하형 이외의 다른 마비말장애가 관찰되면 제대로 진단한 것인지 의심할 필요가 있으며, 경직형 또는 실조형 요소가 나타날 때, 진행성 핵상마비가 하나의 진단적 대안이 될 수 있다.

마비말장애로 설명할 수 있는 범위를 넘어서는 말 문제가 관찰되기도 한다. 동어반복증이 빈번히 보고되며,[20] '말더듬'적 비유창성과 반향어를 보이기도 한다.[87,92,94,118,153] 하지만 동어반복증과 특정 비유창성은 운동저하형 마비말장애와 연관이 있음을 기억해야 한다(제7장 참조). 신음(groaning)이나 허밍 같은 불수의적인 발성을 보이는 경우[158]와 언어와 인지 문제를 보이는 경우는 흔히 전두엽 병리와 연관이 있다.[45,133] 마지막으로, 말실행증은 진행성 핵상마비에서 나타날 수 있다. 사실, 말실행증이 신경 퇴행성 질환의 단 하나 혹은 두드러지는 징후일 때, 임상(병리) 진단명이 진행성 핵상마비인 경우가 흔하다[72](제11장 참조). (부록 웹사이트 Part IV에서 한 환자 사례는 말실행증이 동반된 경직-운동저하 혼합형 마비말장애를 보이는 PSP로 진단을 받음.)

요약하면, 종종 혼합형 마비말장애가 진행성 핵상마비의 초기에 나타나는 경향임을 지각적으로 확인하였다. 운동저하형, 경직형, 실조형이 가장 흔하며, 다양하게 결합된다. 파킨슨병과 진행성 핵상마비 사이에서 진단이 고민이 되는 환자가 있을 때, 혼합형 마비말장애를 확인하는 것은 신경학적 감별진단에 도움이 된다. 신경학적 질환의 초기에, 운동저하형 마비말장애의 존재나, 특히 운동저하형, 경직형 또는 실조형 요소가 혼합된 마비말장애의 존재는 특히 파킨슨병과 같은 퇴행성 신경질환보다 진행성 핵상마비와 더 연관이 있다. (부록 웹사이트에 포함된 **사례 16**은 진행성 핵상마비와 관련 있음.)

E. 피질기저핵 변성

의사소통 문제는 피질기저핵 변성에서 흔하며, 마비말장애는 장애의 임상 특성을 보고한 연구의 42%에서 발생하는 가장 흔한 의사소통 문제들 중 하나이다.[96] 마비말장애와 다른 의사소통장애는 피질기저핵 변성(corticobasal degeneration)의 초기 징후 혹은 두드러진 징후가 될 수 있다. 마비말장애의 유병률(prevalence)은 질환이

---

[19] 비록 명백히 흡인이 빈번히 관찰되지 않더라도[103] 진행성 핵상마비에서의 삼킴장애 빈도(frequency)는 73~96%임.[87,103]

[20] 다계통 위축증으로부터 진행성 핵상마비의 감별을 가능케 하는 동어반복증은 진행성 핵상마비의 초기에 발현되는 임상적 특징임.[153]

진행하면서 증가되지만,[10,46,96,178] 꽤 오랫동안 경한 상태에 머물 수 있다.[130] 마비말장애의 중증도는 질환의 전반적 중증도와 연관되나,[129] 유병기간과는 상관이 없다.[46]

마비말장애 유형은 다양하며, 혼합형도 드물지 않다. **운동저하형과 경직형이 가장 흔하고**, 실조형 마비말장애도 보고되나, 운동저하형이나 경직형 혹은 둘 모두와 결합되는 경우가 더 흔하다.[46,96,129] **말실행증**은 유일한 운동구어 장애일 수도 있고, 마비말장애와 결합하여 나타날 수도 있다. 비구어 구강 말실행증도 자주 관찰되었고, 반향어와 동어반복증도 보고되었다.[46,96]

실어증은 피질기저핵 변성에서 빈번하고, 몇몇 연구에서는 과반수 이상이었으며, 실어증 유형은 비유창성 또는 명칭실어증이 빈번하였다. 이것이 신경 퇴행성 질환의 첫 징후일 때는 주로 **원발성 진행성 실어증**(primary progressive aphasia)으로 불린다.[48,96,116]

피질기저핵 변성 환자들은 '예-아니요'를 반대로 보이는 경우가 있는데, 사회적 담화 상황에서 질문에 응답할 때 의미적으로는 '아니요'이지만 '예'라고 말하고 제스처를 하거나 혹은 그 반대인 경우들을 호소한다. 이러한 행동은 평가 상황에서 확인된다.[47] 실어증이 없을 때도 발생할 수 있지만, 좌뇌손상이 두드러지는 환자에게서 더 빈번하다. 이는 정신적 유연성, 억제조절과 운동 프로그래밍과 관련된 전두엽 기능과 상관이 있다. 실어증이 없는 상태에서 '예-아니요'를 반대로 하는 보이는 소견은 신경학적 퇴행성 질환 중 피질기저핵 변성이나 진행성 핵상마비에서 빈번히 관찰되므로 감별진단을 위해 유용하다.[47]

요약하면, 단일 또는 혼합형 마비말장애 유형은 피질기저핵 변성에서 흔하며, 운동저하형, 경직형, 실조형이 가장 빈번하다. 좌뇌와 관련한 비대칭 소견을 보이고, 의사소통 문제는 마비말장애를 넘어 실어증과 말실행증의 동반이 빈번하다. 의사소통기능은 전두엽 기능 부전에 의해 영향받는다(예: '예-아니요'를 반대로 하기, 정신적 유연성의 감소, 손상된 운동 프로그래밍). 이런 손상들은 다른 퇴행성 신경질환에서보다 피질기저핵 변성에서 더 복잡한 의사소통 문제를 초래한다.

F. 다발성 경화증

마비말장애는 다발성 경화증(multiple sclerosis) 환자의 40~50%에서 발생하는 가장 흔한 의사소통장애이다. 마비말장애의 중증도는 일반적으로 신경학적 질환의 중증도 및 신경계에서 손상된 정도와 관련이 있다.[13,39,88,117] 평균적으로, 의사소통 문제는 경미하지만, 일부에서는 중도에서 심도의 손상을 보이며, 보완적이거나 대체적인 의사소통 수단을 필요로 한다.[13,34,183] 다발성 경화증의 다양한 소견처럼 마비말장애 유형도 다양하다. **실조형과 경직형이 혼합되는 마비말장애가 가장 흔하다.**

말에 영향을 미치는 비구어적 소견은 감소된 폐활량과 호흡의 부적절한 환기이다.[34,65] 호흡 합병증은 질환의 말기에 빈번하며, 병이 재발할 때 발생한다. 일반 호흡근육이나 횡격막 호흡근육의 약증, 자율적이거나 수의적인 호흡 조절의 장애, 연수의 문제는 흡인과 감염을 초래한다. 일부 환자들은 폐쇄성 수면 무호흡증(obstructive sleep apnea)을 보이거나 기계적인 호흡보조를 필요로 한다.[65] 벨마비(Bell's palsy)와 유사한 안면마비는 다발성 경화증 환자의 약 10%에서 발생한다. 안면근육 잔떨림(facial myokymia)과 삼차신경통(trigeminal neuralgia)이 나타난다.[146] 비록 말 체계 근육에서 진전(tremor)이 없더라도, 진전은 몸에 어디에서든 빈번하게 발생할 수 있고(특히 상부 사지에서), 그 중증도는 마비말장애 중증도와 상관이 있다.[3] 전반적으로 혀 기능은 입술 기능보다 더 심각하게 영향받는다. 비정상적인 혀의 힘, 내구력, 반복운동의 속도는 마비말장애가 없는 다발성 경화증 환자들에서도 보고되었다.[57,125]

표 10-6은 다발성 경화증 환자 168명의 연구에서 관찰된 일탈적 말 특성들과 몇몇 관련된 비정상적 특징들을 요약하였다.[34] 음량과 음도 조절의 장애, 갑작스런 조음 붕괴는 실조형 마비말장애를 연상시키지만 일부는 경직형 마비말장애를 보였다. 과다비성과 저하된 음도변이는 다발성 경화증의 경직형 마비말장애를 의미한다.[43]

일부 실조형 마비말장애 환자가 보이는 **스캐닝식 발화**(scanning speech)[21]는 다발성 경화증의 마비말장애에서 나타나는 병리적 특징이 아니다. 예를 들어, Darley, Aronson, Goldstein[34]의 연구에 따르면, 소수의 환자들만이 스캐닝식 발화에서 가장 두드러지는 특징인 비강세 음절에서의 강세 증가를 보였다. 다발성 경화증의 말 특성으로서 스캐닝식 발화에 대한 설명을 수정해야 한다.

다발성 경화증 마비말장애에 대한 음향학적 · 생리학적 연구는 비정상적 발성과 조음에 대하여 보고하였다.

[21] 제6장의 스캐닝식 발화(scanning speech)에 대한 논의 참조. Hartelius 등[61]의 다발성 경화증 환자의 자료에서 이에 대한 설명이 제시되어 있음.

표 10-6

다발성 경화증 환자 168명의 비정상적인 말과 관련된 기능들. 웹사이트에는 다발성 경화증 사례가 없지만, 아래에 제시된 비정상적인 말 특징은 사례에 제시됨.

증상	사례의 비율(%)
말	
음량 조절의 문제	77
거친 소리	72
조음 결함	46
강세 문제	39
음도조절 문제	37
과다비성	24
부적절한 음도	24
기식성	22
갑작스런 조음 붕괴	9
관련 기능	
감소된 폐활량	35
비강누출(구강압력계에서)	2
호흡의 불충분한 환기	2

출처: Darley FL, Aronson AE, Goldstein NP: Dysarthria in multiple sclerosis, *J Speech Hear Res* 15:229, 1972.

예를 들어, 짧거나 긴 발성 불안정과 기본주파수(f_0)(예: 증가된 주파수 변동률[jitter]과 평균 f_0의 표준편차, 감소된 f_0)는, 발성장애가 있는 다발성 경화증 환자를 통제군으로부터 감별하며,[58,88] 교대운동속도와 일련운동속도(sequential motion rates, SMR)의 시간적 측정은 정상 화자와 파킨슨병 환자로부터 다발성 경화증 환자를 감별한다.[162] 전자구개운동기록기(electropalatography)는 다발성 경화증 환자가 말할 때 보이는 비정상적인 혀 움직임(조음적으로 '빗나감')을 시간적으로 탐지할 수 있다.[124]

실조형과 경직형 그리고 실조-경직형의 혼합형 마비말장애는 아마도 다발성 경화증의 가장 흔한 마비말장애 유형이다. 아마 여기서 논의된 퇴행성 질환의 다른 유형들보다 다발성 경화증의 마비말장애는 예측이 어렵다. 다발성 경화증 환자가 보일 수 있는 유형의 결합이나 특정 마비말장애 유형을 진단할 때는 신중해야 한다.

G. 프리드리히 운동실조

프리드리히 운동실조(Friedrich's ataxia)의 말에 관한 연구를 통하여, 질환의 명칭에도 불구하고 관찰되는 마비말장애가 항상 실조형이 아니며, 혼합될 수 있음을 확인하였다. 이것은 소뇌 구조보다 더 많은 영역에 영향을 미치는 병의 특징으로 볼 때 당연한 결과이다. 프리드리히 운동실조를 가진 마비말장애 환자의 말명료도는 경도부터 심도의 범위까지 다양하게 저하된다.[15]

청지각적 연구를 통해 두드러진 일탈적 말 특성은 비정상적인 호흡 동시성, 거친 소리, 바람 새는 소리, 쥐어짜는 소리, 가청 흡기, 단음도(monopitch), 음도 일탈, 변동적 음도, 부적절한 음도, 단음량(monoloudness), 과도한 음량 변이, 과다비성, 부정확한 자음, 종성 파열음의 감소된 변별성, 유무성 대립, 왜곡된 모음, 불규칙적인 조음 붕괴, 연장된 음소, 비정상적인 속도, 과균등 강세, 부적절한 휴지, 연장된 간격과 느린 교대운동속도 등이다.[44,50,71] 음향학적 분석에서는 모음연장에서 비정상적인 f_0와 강도 변이, 교대운동속도의 비정상적인 변이, 느린 말 속도, 단어와 모음의 연장이 길어짐, 그리고 느린 교대운동속도가 관찰되었다.[1,16,49,93] 이를 종합해 보면, 단일 마비말장애 유형보다 더 많은 유형이 나타날 수 있음을 제시해 준다. 예를 들어, Joanette과 Dudley[71]는 22명의 프리드리히 운동실조 환자들에게 실조를 연상시키는 조음의 두드러지는 특징뿐만 아니라 경직형 요소로 볼 수 있는 협착 발성(phonatory stenosis)을 확인하였다(저자가 비정상적인 발성이 경직성을 반영한다고 명확히 결론 내리지는 않았다). 바람 새는 소리와 가청 흡기의 존재는 이완형 요소의 동반 가능성을 암시한다. 임상적 관찰과 함께 이러한 결과는 실조형 마비말장애가 프리드리히 운동실조의 (유일한) 마비말장애가 아님을 시사한다.

요약하면, 프리드리히 운동실조 환자에서 신경계의 퇴행의 알려진 위치와 결합된 몇몇 지각적 · 음향학적 연구 결과들은 실조형 마비말장애가 프리드리히 운동실조에서 가장 빈번하게 접하는 마비말장애가 될 수 있지만, 다른 마비말장애(특히 경직형 마비말장애) 또한 나타날 수 있음을 보여 준다. 따라서 혼합형 마비말장애가 나타날 수 있으며, 실조-경직형이 가장 흔하다.

H. 윌슨병

최근 보고에 따르면 마비말장애는 윌슨병(Wilson's disease) 환자들의 91%에서 발병하는 가장 빈번한 임상 징후이다. 마비말장애는 보행 장애(75%), 근긴장이상

표 10-7

윌슨병과 관련된 두드러지게 일탈된 말 특성들과 특성군. 윌슨병 사례는 자료에 없으나 여기 제시된 대부분의 비정상적인 말에 대한 사례들이 있음.

자질	운동저하형	실조형	경직형
특성			
감소된 강세	×		×
느린 말 속도		×	×
과균등 강세		×	×
낮은 음도	×		×
불규칙적 조음 붕괴		×	
과다비성			×
부적절한 휴지	×		
연장된 음소		×	
연장된 간격		×	
쥐어짜는 음성			×
짧은 구			×
특성군(요인 분석에 기초함)			
불충분한 운율	×		×
협착 발성			×
운율 과다		×	
조음-공명 부족	×		×

출처: Berry 등(1974)의 윌슨병의 마비말장애에 대한 연구.[11] 이러한 특성들이 세 가지 마비말장애 유형에서 일반적으로 나타나는 것은 아님(두드러지게 일탈된 말 특성이 모두 제시된 원래의 연구를 참조하기 바람).

(69%), 강직(66%)[107]보다 더욱 흔하다. 구강 기제에서 관찰되는 결과는 운동저하형, 실조형, 또는 경직형 마비말장애를 지닌 사람들에게서 나타나는 소견들과 유사하다. 근긴장이상은 윌슨병 환자의 경직되고(fixed), 공허하며(vacuous), 냉소적인 미소(sardonic smile)를 설명한다. 삼킴장애는 약 50%에서 발생한다.[107]

윌슨병 환자의 마비말장애에 대한 가장 종합적인 연구는 Berry 등[11]이 운동실조, 강직, 경직의 다양한 조합을 가진 20명의 환자들을 지각적으로 확인한 것이다. 표 10-7에는 가장 두드러지게 일탈된 말 특성들과 말 특성들의 집합(요인분석에 기초한)이 요약되어 있다. 이 자료들은 윌슨병의 마비말장애가 혼합형일 수 있고, 운동저하형, 실조형, 그리고 경직형 마비말장애의 다양한 조합을 포함할 수 있다는 것을 보여 준다. 그러나 각 단일 유형들은 일부 환자에서 홀로 나타난다.

페니실라민(penicillamine)과 저농도 구리 식이 요법(low-copper dietary management)을 시행하는 환자들의 말을 관찰하는 것은 일탈된 말 특성들이 개선되는 것과 전반적인 신경 개선 사이에 연관이 있음을 확인하는 근간이 되었다.[12] 이는 의료적 치료 시에 말을 주의 깊게 관찰하는 것이 치료의 효율성을 측정하는 지표로서의 역할을 한다고 제안한다.

I. 외상성 뇌손상

의사소통 결함은 외상성 뇌손상(traumatic brain injury, TBI)에서 흔하다. 비실어적 인지-의사소통장애, 실어증, 그리고 말운동장애를 포함할 수도 있다. 마비말장애는 외상성 뇌손상 환자의 약 33%에서 발생하며,[141] 60%에서는 발병 직후에 영향을 미치고, 약 10%에서는 만성적으로 남는다.[185] 중증도는 상당히 다양하다. 언어적 · 인지적 장애가 동반될 수도 있고 아닐 수도 있다. 20세 이하의 젊은 사람들에서는 긍정적인 예후를 보인다. 비록 초기 몇 달 이내에 주요한 회복이 나타나지만, 여러 달 또는 몇 년에 걸쳐 중요한 변화가 발생할 수 있다.[182]

사실 마비말장애의 어떤 유형도 관찰될 수 있지만, 혼합형 마비말장애가 다른 단일 마비말장애 유형보다 더 흔하다. 이는 외상성 뇌손상의 광범위하고 다발적인 손상으로 인한 결과이며, 약증, 경직(spasticity), 실조, 운동완만(서동, bradykinesia), 강직(rigidity), 근긴장이상, 그리고 진전을 포함하여, 신체에서 발생할 수 있는 다양한 운동 결함과 일치한다. 외상성 뇌손상의 마비말장애와 관련 있는 주요 병소는 피질하 영역으로, 병소가 피질에 있는 경우에는 마비말장애가 덜 심각하다.[95] 손상이 항상 중추신경계에 국한된 것은 아니라는 점은 주목할 만하다. 심각한 외상성 뇌손상 환자들의 약 33%는 뇌신경 손상을 가지며,[70] 때때로 이완형 마비말장애와 연관된다. 말 체계의 모든 단계가 영향을 받을 수 있으나 항상 그 정도가 같지는 않다. 때때로 장애는 오직 한 단계에서만 나타난다.

외상성 뇌손상 아동 및 성인 환자의 마비말장애에 대한 보고[22]에서는 마비말장애 유형을 기술하지 않았지만,

[22] Cahill, Murdoch, Theodoros[26]가 5세부터 18세까지의 외상성 뇌손상 환자 24명에 대한 연구에서, 16명이 마비말장애를 보였음. 다양한 유형 및 경도에서 심도까지의 중증도 범위를 나타냄. 저자들은 아동의 말 특성이 성인과 같다고 결론지었음. Stierwalt 등[150]의 연구에서는 30%의 외상성 뇌손상 아동이 마비말장애를 보였으

표 10-8

외상성 뇌손상 마비말장애 환자의 연구에서 음향학적 · 생리학적 소견들의 요약*

말 구성요소	음향학적 · 생리학적 관찰	
호흡	• 감소된 폐활량과 강한 호기 용량	• 늑골과 복부 움직임 간에 협응의 어려움
후두	• 증가된 기본주파수 • 비정상적인 성문 폐쇄 시간과 발성 흐름 비율 • 외전/내전의 감소된 속도 • 증가되거나 감소된 성문하압 또는 후두의 기류 저항	• 증가된 주파수 변동률, 강도 변동률, 강도 변동, 음성 격변, 그리고 배음 대 소음 비율 • 연결 발화에서 지속적인 발성
연인두	• 증가된 비강 기류와 비음	
조음, 속도, 운율	• 감소된 힘, 지속력, 속도, 혀와 입술 움직임 조절 • 입술 움직임 동안 증가된 조음의 노력 • 턱과 혀의 시간 조절(timing)과 공간 협응의 장애 • 음절 연장 • 감소된 조음, 음절과 전반적 말 속도 • 전반적으로 또는 강세단어와 비강세단어 사이의 감소된 기본주파수 움직임과 감소된 기본주파수 곡선 • 연장된 음절 및 음절 사이 간격과 함께 느린 교대운동속도	• 성대진동 시작시간에서 비정상적인 변이 • 파열음에서 파열 기류의 중첩 혹은 소실 • 마찰음화 • 호흡의 감소된 길이와 변화 • 강세와 비강세 단어 길이 사이에 감소된 차이 • 발화당 증가된 전체 휴지 시간 • 부적절한 호흡의 휴지 위치 • 너무 길고 변화된 호흡 휴지 • 감소된 입술 힘의 지속력 • 최대 혀 압력의 감소된 반복과 빠른 반복

* 여기서 관찰된 많은 특징들은 소수의 화자에게서 관찰된 것을 기초로 하며, 모든 외상성 뇌손상 환자가 이러한 특징을 보이는 것은 아님. 또한 제시된 대부분의 특징이 외상성 뇌손상 환자의 마비말장애에서만 나타나는 것은 아님. 신경학적 질환이나 비신경학적 질환으로 인한 다른 말운동장애에서도 관찰될 수 있음.

이완형, 경직형, 실조형, 운동저하형, 그리고 운동과잉형 유형이라고 보고한 연구도 있었다.[23] 보고된 혼합형 마비말장애는 경직-실조, 실조-운동저하형(구개-후두 간대성 근경련), 그리고 경직-운동저하형(근긴장이상과 구개-후두 간대성 근경련)들이었다. 두 가지 이상의 혼합형도 때때로 존재한다. 외상성 뇌손상으로 발생할 수 있는 운동 장애의 복잡성 때문에, 마비말장애의 유형이 '판단 불가(undetermined)'로 기술되는 경우가 드물지 않다. (부록 웹사이트를 Part IV의 몇 사례들은 외상성 뇌손상이며, 혼합형과 단일 마비말장애 유형 모두를 보였음.)

생리학적 · 음향학적 연구는 장애의 기저에 관한 추론과 지각적으로 관찰된 것을 확인하거나 개선하거나 수정해 왔다. 적어도 부분적으로는, 마비말장애 유형, 하위체계의 손상, 그리고 중증도의 차이가 있기 때문에, 연구들 간 혹은 연구 내의 화자에 따라 상당히 다양한 결과를 보였다.[159] 이러한 결과들은 표 10-8에 요약되어 있다.

호흡 단계에서, 말하는 동안 낮은 폐활량, 낮은 노력 호흡량(forced respiratory volumes), 그리고 흉곽과 복부 움직임의 협응 문제들이 보고되었다.[126,156] 이 결함들은 일부 화자들이 비문법적인 위치에서 호흡하는 경향과 관련이 있는 것으로 보인다.[56] 음향학적 분석들은 외상성 뇌손상 환자 집단에서 호흡 휴지의 부적절한 위치와 비정상적으로 가변적인 호흡 휴지의 길이뿐만 아니라,[172] 감소된 길이와 호흡의 다양성을 보여 주었다. 이는 비정상적 운율로 지각된다.

외상성 뇌손상의 발성장애도 흔하지만[111,154] 동질적이지는 않다. 발성장애가 지각되는 환자의 전기후두 영상과 공기역학적 평가 결과는 비정상적 성대 폐쇄 시간과 발성 기류 속도, 감소된 내전/외전 비율, 그리고 증가되거나 감소된 성문하압 또는 후두의 기도 저항을 보여 주었다.[114,155,156] 비정상적인 발성의 음향학적 특징으로는 매우 자주 증가된 강도 변화, 목소리 난기류, 그리고 배음 대 소음 비율뿐만 아니라 비정상적인 주파수 변동률(jitter)과 강도 변동률(shimmer) 등이 있다.[67,111] 이러한

며 이는 성인과 유사한 비율이었음.

[23] 참고문헌 26, 27, 167, 171, 172, 182.

비정상적인 생리학적 · 음향학적 결과는 지속적인 경직을 동반한 후두의 과기능(예: 쥐어짜는 목소리 음질), 혹은 후두의 과소기능(예: 기식음), 그리고 아마도 약증을 의미한다.[24] 일부 대상자 간 차이들은 후두 경직에 대한 보상적 적응이나 체계의 다른 문제점들을 보상하려는 전략들을 반영하는 것이다.[155] 주의하여 자료를 해석하는 것은 근원적인 병리생리뿐만 아니라 병리생리에 대한 보상적인 반응을 반영하는, 공기역학적 · 운동학적으로 탐지되는 결과와 지각적으로 관찰되는 비정상성을 인지하기 위하여 중요하다.

연인두 단계에서의 문제들은 비강 기류의 공기역학적 측정을 통해 드러났다. 일반적으로, 과다비성이 지각되는 것과 상관이 있다.[112,113,157,159] 지각적인 평가에 매우 의존하는 임상가들에게, 때때로 느린 말 속도의 인위적인 결과가 과다비성으로 지각될 수 있다는 점은 매우 중요하다. 즉, 기기적으로는 증가된 비성이 측정되지 않지만 과다비성이 지각될 때는 말 속도가 느려지는 경향이 있다.[113]

조음 단계에서의 문제도 많은 연구에서 보고되었다. 외상성 뇌손상 환자들 간에 매우 다양하지만(정상적 수행도 포함됨), 말과 비구어 과제에서의 운동적 · 음향학적 수치들의 다양성은 혀 또는 입술 움직임의 감소된 힘, 지속력, 속도 또는 조절/협응, 턱과 혀의 시간 조절(timing)과 공간 협응 장애, 입술의 정상적인 압력을 위해 증가된 노력, 감소된 입술 힘 지속력, 최대 혀 압력의 감소된 반복과 빠른 반복, 음절 연장과 음절과 전반적인 말속도의 감소, 기본주파수의 가변적 범위와 곡선의 감소가 확인되었다.[25] 일반적으로, 입술과 혀 움직임은 턱의 움직임보다 더 심각하게 영향을 받았다.[25,68]

이와 같이, 외상성 뇌손상으로 유발된 마비말장애가 종종 움직임의 감소된 속도, 힘, 그리고 지속력과 연관이 있음을 시사하며, 일반적으로 느린 말 속도, 증가된 소리, 음절, 그리고 단어 길이, 부정확한 조음과 연관이 있다.[150] 운동학적 자료는 조음과 명료도의 지각적 점수와 항상 상관이 있는 것은 아니며,[53,115] 이는 장애를 보상하려는 화자들의 방법에서 차이가 있음을 반영한다.[53] 즉, 일부는 전혀 보상하지 않고, 일부는 가치가 없거나 역효과를 낳는 방식으로 보상하며, 나머지는 매우 효과적으로 보상한다.

음향학적으로 분석된 교대운동속도를 통해 정상인들로부터 마비말장애를 지닌 외상성 뇌손상 환자를 구별할 수 있다.[17] 외상성 뇌손상 환자들은 느린 음절 속도를 보이는데,[42,173] 이는 음절이 연장되고 음절 사이의 구간은 덜 연장됨을 의미한다.[173] 교대운동속도는 외상 후 기억 상실의 기간뿐만 아니라,[42] 대화상의 말 속도, 전반적인 마비말장애 중증도, 명료도, 그리고 운율과 상관이 있다.[173] 양적 · 질적으로 상세히 분석한 결과, 반복되는 음절연쇄에서 불규칙적인 시간 및 강도(활동) 수치,비정상적인 성대진동 시작시간의 변화, 폭발적인 말 음질, 기식성, 발성 불안정, 파열음에서 파열 기류의 중첩이나 부재,지속적인 유성음, 마찰음화가 관찰되었다.[173] 외상성 뇌손상의 인지적, 언어적 결함에 영향을 받는 다른 말 과제와 비교하여 교대운동속도는 덜 영향을 받으므로, 이 과제에서 관찰되는 많은 운동적 문제들은 특히 진단적 가치가 있다.

---

[24] 외상성 뇌손상 아동들은 성인환자에 비하여 후두의 비정상성이 덜 두드러지고 덜 빈번함. Cahill 등[27]은 16세 이하에 뇌외상이 있었던 16명의 환자는 성인과 비교하여 정상적이거나 최소한의 후두 기능저하를 보였다고 보고하였음. 이러한 결과의 이유로는 아동의 후두가 발달하므로 장애를 보완할 수 있는 능력이 더 좋고, 아동의 회복잠재력이 더 좋기 때문에 성인과는 다른 역학을 보인다고 설명하였음.

[25] 참고문헌 7, 25, 28, 51, 52, 54, 68, 90, 123, 150, 156, 172.

III. 사례

사례 10-1

68세 남환이 말하였다. "뭐가 문제인지 모르겠어요. 치료된다면 정말 좋겠습니다." 환자는 1년간에 걸쳐 허약해졌으며, 때로는 넘어지고 떨어지며, 액체 흡인의 삼킴장애를 보이고 후두 천명음이 들렸다. 또한 최근에는 요절박(urinary urgency)을 보이고 손의 둔함을 느꼈다.

신경학적 검사에서는 신체의 축(axial)의 경직, 기립성 저혈압, 감소된 상위 방향 응시, 그리고 마비말장애가 관찰되었다. 근전도에서는 경하지만, 운동 말초신경병증이 두드러졌다. 자율반사 검사는 일반적인 자율 신경병증을 나타냈다. 후두 검사에서는 좌측 성대마비를 보였다.

말 평가 시에, 환자는 지난 1년 동안 '높고 약한' 음성과 말의 '서투름'을 호소하였다. 액체를 먹을 때 숨이 막혔고, 수면 시 때때로 '후두 경련(laryngospasms)'이 있다고 하였다. 그는 호흡의 피로 때문에 더 이상 트럼펫과 플루트를 연주할 수 없었다. 환자는 "난데없이 호흡이 어렵다"고 하였다. 그리고 입술이 "빽빽하고 당겨지며 펴진다"고 불평하였다.

좌측 안면 하부의 처짐, 혀 강도에서 불분명한 양측 감소, 약증된 기침과 성문타격(glottal coup), 그리고 말할 때 구의 경계 및 급하게 숨을 들이쉴 때 흡기성 후두 천명음을 보였다. 가속된 말 속도, 단음도와 단음량, 부정확한 조음, 그리고 감소된 강세도 보였다. 음도는 약간 높았다. 모음연장은 쥐어짜는 듯 거칠고 불안정하였다. 때때로 음성 떨림(flutter)이 나타났다. 교대운동속도 과제에서는 불규칙적이고 때때로 가속되며 '모호(blurred)'하였다.

임상가는 다음과 같이 결론을 내렸다. "이 환자의 마비말장애는 운동저하형 요소가 가장 두드러지는 혼합형이며, 약간 불규칙적인 교대운동속도와 음성의 불안정은 실조형 요소이다. 음성에서 미묘하게 긴장된 요소들은 경직형 요소로 보인다. 경직의 다른 특성들이 없는데도 불구하고, 후두 천명음은 후윤상피열근의 약증을 암시하며, 음성 떨림은 후두 내전의 약증을 반영할 수 있다."

폐 기능 검사 결과는 정상이 아니었지만 특정적이지 않았다. 소뇌와 뇌실 주위에서 중도(moderately)의 위축이 머리 MRI에서 관찰되었다.

신경과 전문의는 샤이-드래거 증후군과 가장 가까운 다계통 위축증을 보인다고 결론을 내렸다. 도파민 수용체를 자극할 수 있는 몇 가지 약들이 처방되었다. 환자는 말 치료를 거절하였다. 환자에게는 필요할 경우에는 치료가 명료도를 유지하거나 의사소통의 보완적 수단을 발전시키는 데 도움이 된다고 조언하였다.

해설: (1) 혼합형 마비말장애는 일반적으로 퇴행성 신경질환에서 나타난다. (2) 혼합형 마비말장애에서 하위 유형의 수가 지각될 수 있다. 이 환자에게는 명백한 운동저하형과 이완형 마비말장애를 보였고, 아마 실조형 마비말장애와 경직형 마비말장애가 있을 수 있다. 이러한 유형들은 모두 다계통 위축증 또는 샤이-드래거 증후군에서 관찰될 수 있다. (3) 명료도와 말 효율이 상대적으로 잘 유지되는 환자들은 말 치료를 거절한다.

사례 10-2

10년간의 만성 진행성 다발성 경화증 병력을 가진 35세의 여환은 양측 상지의 심한 진전을 조절하기 위하여 시상절제술을 고려하였다. 신경학적 검사에서는 과잉 반사, 병적 반사, 양측 약증, 경직성, 협응 문제, 안구진탕(nystagmus), 시신경염(optic neuritis), 그리고 상하지의 휴지 시와 자세 및 움직임 시의 진전(tremor)이 심하게 관찰되었다. 신경심리학적 검사에서는 새로운 학습과 기억에서 심각한 저하를 보였고 인지적 능력의 전반적인 감소를 보였다.

말 평가 시, 환자는 1년 전부터 말하는 것이 점점 어려워짐을 호소하였다. 안면과 구강의 힘이 저하되었다. 느린 말 속도, 불규칙적인 조음 붕괴, 기식적이고 목쉰 음성, 그리고 비강누출을 동반한 과다비성이 관찰되었으며, 말명료도가 유의미하게 저하되었다.

임상가는 "중도의 경직-실조 혼합형 마비말장애"로 진단하였다.

진전을 감소시키기 위해 시상 내 병소의 위치를 확인하려고 하였으나 불행히도, 비정상적인 체감각 활동 전위로 확인이 어려웠다. 수술은 권고되지 않았고, 환자는 말 치료에 대한 동기가 없었다.

해설: (1) 다발성 경화증 환자에서 혼합형 마비말장애는 드물지 않다. 경직-실조 혼합형 마비말장애가 다발성 경화증의 가장 흔한 혼합형 마비말장애이다. (2) 인지장애가 관찰될 수 있고, 의사소통의 어려움을 가중시킨다. (3) 말명료도의 저하에도 불구하고, 모든 환자가 말 치료에 흥미나 동기가 있는 것은 아니다.

사례 10-3

가족에 대한 스트레스로 2개월 전부터 말에 어려움이 생긴 49세 여환이 내과의사에 의해 의뢰되었다. 말 평가 시에, 환자는 가족에 대한 스트레스가 상당하다고 인정하였으나 잘 통제하고 있다고 하였다. 감기로 인해 증상이 시작되었으며, 초기 특징은 '비음'이었다. 최근에 액체가 목에 걸리기 시작하였으며, 볼 안에 가끔씩 음식이 남아서 손으로 제거한다고 하였다. 환자는 이를 닦거나 침을 삼킬 때 구역질을 하였고, 슬프지 않으나 많이 울었으며, 눈 주변이나 좌측 윗입술 주변에 '뒤틀림(twitching)'이 있었다.

구강 기제 검사에서 양쪽 얼굴의 아랫부분과 혀의 약증, 교대운동속도에서 혀의 외측화가 감소되었다. 구토 반사가 과도하게 나타났으나 기침과 성문타격(glottal coup)은 약하였다. 빨기 반사(sucking reflex)도 나타났다.

문맥 발화에서는 신음소리(groaning), 쥐어짜는 음질, 과다비성, 부정확하거나 약한 압력 자음, 저하된 속도, 짧은 구, 단음도 및 단음량과 같은 말 특징을 보였다. 교대운동속도는 느렸지만 규칙적이었다. 모음연장에서 약간 쥐어짜면서 기식성을 보였다.

임상가는 "중도의 이완-경직 혼합형 마비말장애"라고 진단하였다. 환자는 주요한 문제에 대한 진단 때문에 말 치료를 위한 권고를 거절하였다. 신경학적 검사가 의뢰되었다.

신경학적 검사에서는 사지에서 과도하고 병적인 반사와 안면 약증을 보였다. 근전도는 사지의 하부운동신경질환에 대한 근거를 제시하지 못하였다. 머리의 컴퓨터단층촬영(computer tomography) 결과는 정상이었다.

환자의 말은 악화되었다. 두 달 후에는 의사소통을 하기 위해 대부분 글로 써야 하였다. 중도의 한 양측 안면 하부의 약증을 보였고, 턱의 모호한 약증, 두드러지게 저하된 혀의 강도, 혀의 위축(lingual atrophy)을 보였다. 구토 반사가 과도하였고 기침과 성문타격은 두드러지게 약해졌다. 가청 삼킴 반사와 흡기 천명음을 보였다. 긴장되고 쉰 음성(strained-hoarseness), 음량 감소, 과다비성, 부정확한 자음의 말 특징을 보였다. 말 속도는 상당히 느렸으며 단음도와 단음량, 짧은 구를 보였다. 구의 경계에서 천명음(stridor)이 나타났다. 모음연장에서 긴장되고 거칠며 젖은 음성(strained-harsh-wet)을 보였다. 교대운동속도가 눈에 띄게 느려졌다. 가성구 울음을 보였다.

말 치료가 권고되었다. 1개월 정도 말명료도가 향상되었다가 악화되었다. 1개월 후의 근전도 검사에서 사지의 비정상성이 관찰되었고, 근위축성 측삭 경화증과 일치하였다. 환자는 6개월 후 호흡 및 심장 정지로 사망할 때까지 글쓰기를 통해 꽤 효과적으로 의사소통을 하였다.

해설: (1) 마비말장애는 신경학적 질환의 초기 징후일 수 있으며, 근위축성 측삭 경화증에서 꽤 자주 관찰되는 징후이다. 진단이 확진되기 전에 증상이 진행되기도 한다. (2) 신경학적 질환의 초기 징후는 때로는 심리적 스트레스의 반응으로 오해될 수 있다. 말장애 소견을 면밀히 평가하는 것은, 심인성(psychogenic) 말장애와 말운동장애를 감별하는 데 도움을 준다. (3) 경직-이완 혼합형 마비말장애는 근위축성 측삭 경화증의 기본적인 혼합형 마비말장애이다. 말명료도에 미치는 효과가 크며, 종종 대체 보완적인 의사소통 방식을 필요로 한다. (4) 일부 근위축성 측삭 경화증 환자에서 감퇴의 속도는 꽤 빠르다.

사례 10-4

77세 여환이 말 및 삼킴 문제와 우측 다리 및 좌측 팔의 약증이 진행되는 소견을 보였다. 환자는 오래 지속된 중증근무력증(myasthenia gravis)의 악화로 입원하였다. 중증근무력증의 이전 증상은 주로 시력과 관련되어 있었으며, 메스티논(Mestinon)*으로 질환이 잘 통제되었다. 스테로이드(steroid)와 메스티논 복용량을 증가시키는 것은 현재 증상에 도움이 되지 않았다. 이러한 치료에 대해 효과가 없다는 것은 새로운 증상들의 원인이 중증근무력증만이 아니라는 가능성을 제시하였다.

말 평가에서, 환자는 3개월간 음식물이 코로 역류되거나 잦은 질식 증상(choking)과 말에서의 어려움이 있음을 호소하였다. 감정적으로 슬픔을 느끼지 않을 때에도 눈물이 난다고 하였다. 말을 길게 오래 할 때 말 증상이 급격히 나빠지는 소견은 없다고 하였다.

검사에서, 환자는 경도의 턱과 안면하부의 약증을 보였다. 혀는 양측 약증을 보였으나 속상수축(fasciculation)이나 위축은 나타나지 않았다. 모음연장 과제에서 구개의 운동은 최소한으로만 가능하였다. 그리고 명백히 소리가 들리는 반사적 삼킴을 보였다. 그녀의 말은 느린 속도, 구의 길이 감소, 긴장되고 거친(strained-harsh) 음질, 압력 자음에서 소음성 비강누출을 동반한 과다비성, 그리고 단음도와 단음량을 보였다. 전반적 약증의 정도에 비하여 더 눈에 띄게 느린 교대운동속도를 보였다. 모음연장 과제에서는 긴장되고 쉰(strained-hoarse) 음성과 때때로 떨림(flutter)이 나타났다.

임상가는 이 환자가 경직-이완 혼합형 마비말장애를 지니고 있는 것으로 결론 내렸다. 필자는 경직형의 특성이 더 많이 나타나고, 호흡의 약증이 이완형의 요소들을 반영한다고 생각하였다. 경직형의 요소들과 가성구감정(실금)(pseudobulbar affect)은 상부운동신경의 관련성을 암시하나, 중증근무력증에 동반되는 약증은 설명할 수 없었다. 이 검사 결과에 근거해서, 마비말장애의 하부운동신경적인 요소들이 하부운동신경의 기능에서의 장애나 신경근육 접합부의 질환으로 인한 것으로 내릴 수는 없었다. 그러나 말 강세 검사(speech stress testing)에서 악화되는 소견은 없었다.

말 진단에 기반해서 근전도 검사가 실시되었으나 근위축성 측삭 경화증의 근거를 보여 주지 못하였다. 뇌 CT 영상은 산재된 중도(moderate)의 대뇌 및 소뇌의 위축을 보여 주었다. 그리고 열공성 뇌경색이 좌측 기저핵에서 나타났다. 신경학자는 환자의 증상들이 중증근무력증과 원인 불명의 가성구마비 및 다발성 뇌경색으로 인한 부차적인 문제로 발생하였다고 결론 내렸다.

해설: (1) 경직-이완 혼합형 마비말장애는 상부와 하부 운동신경의 기능 부전을 보여야 한다. 본 사례에서는, 말 증상에 대한 진단으로 인해 중증근무력증이 환자의 증상에 대한 단일 원인이 아닐 수 있다는 점을 보여 준다. (2) 두 가지 이상의 질환이 결합되면서 혼합형 마비말장애가 발생할 수 있다. 이 사례는 중증근무력증에 대한 확인과 다발성 뇌졸중과 같은 혈관성 질환의 동반 가능성을 보여 준다.

*(역자 주) 중증근무력증 질환에 투여하는 약물.

사례 10-5

55세 여환이 자동차 사고로 인해 9개월간 쉰 목소리(hoarseness)와 경추 통증을 보였다. 후두 검사 소견은 정상이었다. 쉰 목소리 때문에 말 평가가 실시되었다.

말 평가 동안, 사고 직후 발성장애(dysphonia)가 나타났고 성대 용종(polyps)이 확인되어 4개월 후 레이저 제거수술을 받았다고 보고하였다. 몇 개월 후 점차 음성이 정상적으로 개선되었으나 쉰 목소리가 다시 나타났고, 가끔 탁한(slurry) 음질을 보였다. 삼킴의 어려움과 감정 표현의 문제는 없다고 하였다.

평가에서 양쪽 혀의 속상수축(fasciculation)이 있었으나 혀의 약증은 불분명하였다. 구개가 대칭적이고 움직임은 정상이었으나 문장 내의 압력 자음을 산출하는 동안 비강누출을 보였다. 과다비성, 부정확한 자음, 쉬고 거친(hoarse-rough) 음질과 함께 때때로 이

중음도를 보였다. 교대운동속도에서 '터'가 약간 느린 것을 제외하고는 나머지는 정상이었다. 모음연장을 하는 동안 경미한 '떨림(flutter)'이 나타났다.

임상가는 "환자는 뇌신경 10번과 12번 손상으로 인한 이완형 마비말장애이다. 발성장애(dysphonia)는 후두 주변의 과도한 근육 긴장으로 인한 것이고 후두 외상이나 후두의 약증을 보상하기 위한 노력 때문이다. 그러나 뇌신경 10번과 12번에 약증이 있는 것인지는 의심스럽다. 신경학적 검사가 필요하다."라고 결론 내렸다.

신경학적 검사에서, 말과 뇌신경 검사 결과에 더하여, 횡격막신경의 약증도 의심되었다. 그 이유는 환자가 누워 있을 때 숨쉬는 것이 짧아졌다고 호소하였기 때문이다. 근전도에서 횡격막신경은 정상이었다. 그러나 발증 기간과 원인이 불확실한 혀의 양측에서 경도의 신경학적 변화가 관찰되었다.

8개월 후 환자는 후속(follow-up) 평가를 받았다. 질식(choking)이 증가하였고 "단어를 말할 때 더 어려워졌다"고 호소하였다. 환자는 삼킬 때 소리가 들리고 느리며, "내가 울 때, 입은 웃었다."라고 보고하였다

평가에서 양쪽 턱에 근육 부분 수축이 나타났다. 안면 하부의 약증, 혀의 약증 및 근육 부분 수축과 위축, 압력 자음을 산출하는 동안 비강누출(nasal escape),약한 기침 및 성문타격(glottal coup)을 보였다. 약간 '우는 듯한' 얼굴 표정이 분명하였다. 느린 속도, 과균등 강세, 비강누출을 동반한 과다비성, 음성 '떨림', 긴장되고 거친(strained-harsh) 음질, 음도 감소와 같은 말 특징을 보였다. 모음연장에서 떨리고(flutter), 거칠며(rough), 긴장된(strained) 음질을 보였다. 교대운동속도는 느렸다. 말명료도는 정상이었다.

임상가는 "말의 어려움이 명백히 악화되고 마지막에 경직형의 특성도 관찰되는 이완-경직 혼합형 마비말장애로서 양측 상부/하부 운동신경의 기능 부전이 혼합된 것으로 의심된다."라고 결론지었다. 환자는 말 치료를 거절하였고, 임상가도 동의하였다. 만약 말이 더 악화된다면 재평가를 받으라고 권고되었다.

신경학적 평가에서는 상지와 하지에서 산발적인 반사 항진(과다 반사)(hyperreflexia)과 병리적 반사(pathologic reflexs) 및 약증이 확인되었다. 근전도에서는 근위축성 측삭 경화증과 같이, 혀뿐만 아니라 사지 세 부분에서 탈신경(denervation) 상태가 확인되었다.

해설: (1) 발성장애(dysphonia)는 신경학적 질환의 첫 징후가 될 수 있다. 동시적으로 발생할 수 있으며, 음성 남용이나 근골격의 긴장 관련 발성장애로 오해되기도 한다. (2) 근위축성 측삭 경화증의 초기 마비말장애가 항상 혼합형은 아니다. (3) 종국에는 이완-경직 혼합형 마비말장애의 특징을 보인다.

사례 10-6

13년간 파킨슨병을 앓아온 51세의 여환은 파킨슨병 치료 약물 투약기간 동안 신경학적 징후의 변동을 보였다. 신경학적인 검사에서 마비말장애, 우측 팔의 근긴장이상(dystonia)과 강직(rigidity), 운동완만(서동)(bradykinesia), 좌측 팔과 다리의 진전(tremor)이 관찰되었다.

환자는 약 복용 후, 1시간 30분 동안 말 평가를 받았다. 사지, 몸통, 및 머리의 이상운동증(dyskinesia)이 심하게 나타났다. 구강 기제 검사에서는 크기, 힘, 대칭성에서 모두 정상이었다. 턱, 얼굴, 혀의 운동이상적 움직임이 명백하였으나 말을 하는 동안에는 두드러지지 않았다. 말은 빠른 속도, 음량의 감소, 부정확한 조음, 단음도 및 단음량, 변동이 심한 말 속도, 그리고 부적절한 휴지의 특성을 보이고 있었다. 모음연장 과제에서는 불안정하였고, 간간히 경도의 긴장성을 보였다. 교대운동속도 과제는 불규칙적이었다. 말명료도는 약간 저하되었다.

임상가는 환자가 "운동저하적인 요소가 더 두드러지는, 중도에서 심도의 운동저하-운동과잉 혼합형 마비말장애"라고 결론을 내렸다. 아마도 시네메트(Sinemet)*의 효과로 인해 말에 변동을 보였을 것이고, 약효가 사라졌을 때는 말을 하는 것이 더 어려웠을 것

*(역자 주) 파킨슨병에 투여하는 약물.

이다. 말 치료가 실시되었고, 말 속도를 이전에 비해 느리게 하면서 말명료도와 질의 향상도 나타났다. 약 복용 시기와 양을 어느 정도 조절하면서 말 속도와 다른 신경학적인 변동이 더 적었다.

해설: (1) 운동저하-운동과잉 혼합형 마비말장애가 파킨슨병 환자에게 일어날 수 있다. 이는 파킨슨병의 말에 대한 직접적인 영향과 약효와 관련된 상호작용을 반영한다. (2) 때때로 "약 복용 전과 복용 후"의 결과로서 파킨슨병을 지닌 사람들의 마비말장애의 중증도와 특성의 변동이 나타날 수 있다. (3) 특정 질환에서는 말을 주의 깊게 관찰하는 것이 신경학적 질병에 대한 투약 효과를 확인하는 매우 유용한 방법이 될 수 있다.

사례 10-7

61세 여환은 6년 전부터 점진적으로 협응이 어렵고 18개월 전부터 마비말장애가 있었다. 신경학적 검사를 통해 보행실조, 상지의 불협응, 그리고 느리고 실조적인 눈의 움직임과 마비말장애가 확인되었다.

말 평가에서, 환자는 말을 하는 것이 "정말로 힘이 든다"고 말하였다. 환자는 말을 천천히 하는 것이 좋다고 생각하였지만, 실상, 더 빠르게 말할 수 없음을 인정하였다. 삼킴과 씹기에 문제가 없었고 침 흘림이 없으며, 감정 조절이 힘들지 않다고 하였다. 구강 기제 검사 결과 기침과 성문타격(glottal coup)에서 협응이 되지 않는 것을 제외하고는 모두 정상이었다. 느린 말속도, 불규칙적인 조음 붕괴, 과균등 강세, 비정상적인 음도, 음량, 음절과 단어 조음시간의 변화, 그리고 쥐어짜는 음성을 보였다. 모음연장 시 지속이 어렵고, 쉰 목소리(hoarse)를 보였다. 교대운동속도는 느리고 불규칙적이었다.

임상가는 환자가 "실조형이 두드러지며, 경직형 요소가 경미하게 동반된 혼합형 마비말장애"라고 결론을 내렸다. 명료도는 약간만 저하되었으며, 환자는 말 치료의 필요나 요구를 거절하였다. 말하기가 더 힘들어지면 재검사를 받을 것을 권고받았다.

뇌 CT에서는 소뇌와 뇌교에 위축이 있었다. 신경학자는 환자가 올리브뇌교소뇌 위축증이라고 결론 내렸다. 환자의 어머니는 비슷한 질병이 있었다.

해설: (1) 올리브뇌교소뇌 위축증(다계통 위축증-소뇌형)은 혼합형 마비말장애와 관련 있으며, 이 사례는 실조형 요소가 두드러지는 실조-경직 혼합형 마비말장애이다. 이는 다계통 위축증-소뇌형에서 퇴행이 두드러지는 부위를 반영하는 것이며, 신경학적 진단의 확진을 위한 근거가 된다. (2) 실조-경직 혼합형 마비말장애가 특정 신경학적 질환에서만 관찰되는 것은 아니다. 대부분의 사례에서 말장애에 대한 진단은 신경학적 진단을 지지하고 병소 부위 확인에 기여한다.

사례 10-8

폰 히펠-린다우 증후군(von Hippel-Lindau syndrome)(제6장 참조)을 보이는 64세의 여환은 유전학자에 의해 말 평가가 의뢰되었다. 말의 어려움은 2년 전 다중 소뇌 혈관모세포종 제거수술 후에 시작되었다. 신경외과적 수술의 합병증으로 성대에 마비가 왔다.

환자는 자신의 목소리가 "술이 취한" 것 같다고 설명하였다. 씹기와 삼킴 또는 침 조절에는 문제가 없다고 하였다. 검사 결과, 환자의 우측 혀와 턱에 간대성 근경련이 미묘하게 나타났다. 혀의 운동 범위와 강도는 정상이었고, 부분 근육 수축이나 위축은 없었다. 구개 간대성 근경련은 휴지 시와 발성하는 동안 눈에 띄게 나타났다. 목 외측에 간대성 근경련 움직임 또한 분명하였다. 병리적 구강 반사는 없었다. 느린 말 속도, 후두의 간대성 근경련과 같이 2~4Hz에서 주기적으로 거의 중단되거나 가볍게 중단되는 음성, 빈번하지 않은 경미한 과다비성과 과소비성, 불규칙한 조음 붕괴, 그리고 흡기 천명음을 보였다. 모음연장 시 2.5~3Hz 정도(음향학적으로 측정된)의 간대성 근경련을 보였다. 교대운동속도는 약간 불규칙하였다. 말명료도는 조용한 일대일 대화상황에서 정상이었다.

임상가는 실조형과 운동과잉형의 혼합형 마비말장애라고 진단하였다. 운동과잉형 요소는 구개와 후두의 간대성 근경련이었다. 이 운동과잉형의 문제는 환자에게 가장 성가신 문제이다. 환자는 후두의 간대성 근경련이나 성대마비로 인한 흡기 천명음을 보이나 이를 호소하지는 않았다.

구개-후두의 간대성 근경련에 대한 이해를 돕기 위해 환자의 말 문제의 본질에 대해 환자에게 자세하게 설명하였다. 또한 간대성 근경련이 행동적 치료의 대상이 아님을 이해시켰다. 보톡스를 맞는 것이 구개 후두 간대성 근경련에 도움을 주겠지만 추천되지 않았다. 그 이유는 유의한 삼킴장애의 위험보다 더 크게 느껴지는 마비말장애의 다른 요소 때문이었다. 말 이해도를 최대로 올릴 수 있는 많은 전략을 제시하였다. 그녀는 마비말장애를 잘 보상하였기 때문에 공식적인 치료는 추천되지 않았다.

해설: (1) 혼합형 마비말장애는 때때로 하나 이상의 원인을 가지고 있다. 이 사례의 마비말장애에는 아마도 기저의 질환뿐만 아니라 질환 치료를 위해 시행한 신경 수술로 인한 합병증도 반영되었다. (2) 어떤 비정상적인 말은 하나 이상의 원인을 가진다. 환자의 천명음은 성대의 약증나 성대의 간대성 근경련 또는 이 두 가지가 혼합된 결과이다. (3) 환자 교육은 치료에서 매우 중요한 요소인데, 할 수 없거나 하지 말아야 하는 것에는 어떤 것이 있는지와 할 수 있는 것에는 어떤 것이 있는지를 이해시켜야 한다.

사례 10-9

45세의 남환은 몇 달 전부터 말을 할 때 어려움이 있다고 가족 주치의에게 호소하였다. 일반적인 의학적 검사는 정상이었고, 그의 증상은 걱정 때문으로 생각되었다. 2주 후, 환자는 본인의 말이 더 나빠지고 있다고 전화로 보고하였다. 신경학적 검사가 의뢰되었고, 그 결과는 말을 포함하여 모두 정상이었다. 그러나 환자의 호소 때문에 말 병리 평가가 요청되었다. 중증근무력증 검사 결과는 음성이었다.

환자는 2주 후에 말 평가를 받았다. 대략 5개월 전부터 단어를 정확히 조음할 때 어렵다고 하였다. 그는 문제가 더 나빠지는 것을 느꼈다. 환자의 아내는 지난 몇 주간에만 환자의 말이 "둔했다"고 하였다.

구강 기제 검사 결과는 정상이었다. 환자의 말은 음성일탈을 동반한 불특정적 쉰 목소리(hoarseness), 불분명한 과다비성, 그리고 특히 파찰음에서의 부정확한 조음을 보였다. 교대운동속도는 느린 것이 확실치는 않았으나 규칙적이었다. 모음연장 과제 시 떨림이 동반된 거칠고 쉰 목소리(rough-hoarse)를 보였다. 압력 자음이 포함된 문장 산출 시 비식경에 비강 기류가 관찰되었다. 4분 30초 동안의 읽기 과제 시에, 음성 또는 말에서 급격한 악화는 없었다.

임상가는 환자가 약증과 경직을 보일지라도 유형 분류가 불가한 경미한 마비말장애를 보인다고 결론지었다. 환자는 오후에 말이 더 악화된다고 호소하였기 때문에, 저녁에 말 문제가 명백할 때 임상가에게 전화를 걸라고 하였다. 며칠 후 저녁 환자는 임상가에게 전화를 걸었다. 환자의 말은 공식 평가의 특성과 유사하였으나 정도가 더 악화되었으며 경직-이완 혼합형 마비말장애 소견을 강하게 시사하였다. 이러한 관찰 결과는 신경학자에게 보고되었고, 추가 검사가 시행되었다. 안타깝게도, 근전도 검사에서 좌측 상지, 좌측 혀, 양측 흉부척추 주변 근육 부분 수축과 섬유성 연축(fibrillations)이 관찰되었다. MRI 검사는 정상이었다. 잠정적으로 근위축성 측삭 경화증으로 진단되었다. 사후 평가에서는 말 어려움에 대한 다른 원인을 찾지 못하였으며, 결국 근위축성 측삭 경화증으로 진단되었다. 말 치료 시에는 그의 직업이 교사이므로 피로를 최소화하기 위해 증폭기를 사용하도록 권고받았다. 치료는 의사소통의 어려움을 돕기 위해 필요한 기본적인 것을 따르도록 계획되었다.

해설: (1) 말의 변화는 신경학적 질환의 전조 증상이다. (2) 다른 증상 없이 말에서만 경미한 변화를 보이

는 경우 스트레스나 불안에 따른 것으로 종종 오진된다. (3) 말의 변화가 숙련된 임상가에 의한 진단과 맞지 않을 수는 있으나 그럼에도 불구하고 마비말장애와 신경학적 질환의 진단을 정당화하기에는 충분하다. (4) 마비말장애 유형에 대한 정확한 인식은 신경학적 검사의 세부사항을 정하는 데 기여한다. (5) 신경학적 퇴행성 질환에서, 초기에 말의 문제를 확인하는 것은 명료도를 유지하고 효과적인 의사소통에 대한 전략을 수립할 수 있을 뿐만 아니라 앞으로 필요한 의사소통 수단을 예견하고 준비할 수 있게 한다.

사례 10-10

37세의 여자는 몇 달 전부터 사지마비와 함께 비정상적인 움직임, 행동 변화 그리고 항경련성 약물에 반응하지 않는 발작을 보였다. 환자는 병원에 왔을 때 대화를 할 수 없었다. 몇 주 이전에는 비정상적인 움직임이 진행되고, 불안해하며, 말장애를 보여 다른 병원에 입원하였다. 환자는 이후에 역변되는 저나트륨혈증이 있었다.

신경학적인 검사에서는 중심성 뇌교수초용해에 대한 가능성이 있었으며, 심리적 영향에 대한 관련성에 대해서는 불일치를 보였다. 환자는 학대와 복잡한 가정 문제와 관련한 여러 가지 심리적 스트레스가 있었다. 비록 실조의 소견을 배제할 수는 없으나 이러한 병력이 궁극적으로 전환장애를 설명한다고 결론지었다.

병원에서의 말 평가는 환자의 제한적인 반응으로 인해 간단히 실시되었다. 모든 움직임이 느렸고 구강 움직임을 보기 위한 단순한 명령을 따르지 못하였다. 환자는 두드러지게 약한 음량, 느린 속도, 기식적이고 쉰(hoarse) 음질로 몇 개의 단어를 따라 말하거나 읽었다. 조음 정확도는 구강 움직임 산출 시 느리고 움직임이 부족하였던 것에 비해 정확하였다. 임상가는 마비말장애를 배제할 수 없다는 결론을 내렸지만, 평가 시에 환자의 말과 의사소통 어려움이 심리적 문제로부터 기인할 수 있다는 가능성도 대두되었다. 환자는 재활병동에 있는 동안 치료를 받았고, 신체와 말의 결함이 크게 향상되었다.

10주 후 외래로 내원한 환자에게 재평가를 하는 동안 환자는 말이 개선된 것에 감사하였으나 여전히 어려움을 느낀다고 하였다. 구강 기제 검사 결과, 본질적으로 정상이었다. 말에서는 느린 속도, 쥐어짜는 음질, 단음도와 단음량, 과균등 강세, 불규칙적인 조음 붕괴, 그리고 부정확한 조음을 보였다. 말명료도는 약간 저하되었다.

임상가는 "환자는 연수의 말 근육에 영향을 주는 양측 상부운동신경과 소뇌 때문에 중도에서 심도의 실조-경직 혼합형 마비말장애를 보인다. 나는 환자의 현재 말장애가 기질적인 것이 아님을 시사하는 어떠한 말이나 구강 특성도 감지하지 못하였다."라고 평가하였다.

이후의 신경학적 검사 결과, 사지와 보행 실조가 관찰되었다. 지속적인 신경학적 어려움의 원인은 불확실하지만 더 이상 심리학적 문제라고 생각되지 않았다. 중심성 뇌교수초용해의 가능성이 남아 있지만, 정밀 검사가 진행되면서 증가하는 갑상선 과산화 효소 항체가 발견되어 그녀는 하시모토 갑상선염(Hashimoto's thyroiditis)을 진단받았다. 게다가, 구리 농도가 증가하여 윌슨병(Wilson's disease)의 가능성에 대한 조사도 시작되었다.

해설: (1) 심리적 장애는 신경학적 증상과 같은 증상을 발생시킨다. (2) 신경학적 · 심리적 장애는 함께 나타날 수 있다. (3) 심리적 장애는 기저에 있는 신경학적 결함을 가린다. 심리적 증상의 해결은 기저에 있는 마비말장애를 드러낸다. (4) 신경학적 관찰 결과가 전환장애를 시사하는 상황에서 말장애를 진단하고 해석할 때 주의할 필요가 있다. 이 사례에서, 불일치한 검사 결과가 해석을 어렵게 만들었지만, 임상가는 마비말장애가 배제될 수 없다는 언급을 할 때 신중하였다. 비록 병인은 불확실하지만 전환 증상의 해결과 함께, 환자의 혼합형 마비말장애가 드러났다.

IV. 요약

1. 혼합형 마비말장애는 개개의 마비말장애 유형이 다양하게 혼합된 것이다. 이는 단일 유형의 마비말장애보다 빈번하며, 말운동 체계와 관련된 하나 이상의 요소에 손상을 입은 것이다
2. 혼합형 마비말장애는 하나 이상의 신경계 손상으로 발생할 수 있지만, 퇴행성 장애가 가장 흔한 질환이다. 뇌졸중과 종양으로 인한 혼합형 마비말장애의 병소는 후두와(posterior fossa)이다. 독성-대사상태, 감염, 다발성 뇌졸중, 그리고 외상으로부터 오는 혼합형 마비말장애는 산재적이고 다발적인 부분의 손상으로 인한 것이다.
3. 많은 장애들이 신경계의 특정 부위 손상과 관련 있기 때문에, 혼합형 마비말장애의 유형은 예측 가능하다. 근위축성 측삭 경화증의 경직-이완 혼합형 마비말장애가 가장 좋은 예이다. 대부분은 원인이 되는 병소의 위치를 확인할 수 있지만, 특정 원인과 관련 없을 수도 있다.
4. 경직형 마비말장애는 혼합형 마비말장애에서 가장 빈번하다. 이완형과 실조형 마비말장애 또한 빈번하다. 운동저하형, 운동과잉형, 편측 상부운동신경세포형 마비말장애는 다른 마비말장애보다는 덜 빈번하다.
5. 혼합형 마비말장애에서는 말명료도 문제를 보인다. 근위축성 측삭 경화증을 제외한 혼합형 마비말장애에서는 인지 결함이 빈번히 동반된다.
6. 혼합형 마비말장애가 하나 이상의 운동체계 손상에 기인한 것일지라도 신경학적 질환의 초기 징후일 수 있다. 따라서 이를 정확히 인식하는 것은 신경학적 질환의 병소를 파악하고 진단하는 데 도움을 줄 수 있으며, 환자를 의료적 · 행동적으로 관리할 수 있다.

참고 문헌

1. Ackermann H, Hertrich I, Hehr T: Oral diadokokinesis in neurological dysarthrias, *Folia Phoniatr Logop* 47:15, 1995.
2. Adams RD, Victor M: *Principles of neurology*, New York, 1991, McGraw-Hill.
3. Alusi SH, et al: A study of tremor in multiple sclerosis, *Brain* 124:720, 2001.
4. Aronson AE, et al: Rapid voice tremor, or "flutter," in amyotrophic lateral sclerosis, *Ann Otol Rhinol Laryngol* 101:511, 1992.
5. Atsuta N, et al: Age at onset influences on wide-ranged clinical features of sporadic amyotrophic lateral sclerosis, *J Neurol Sci* 276:163, 2009.
6. Bannister R, et al: Laryngeal abductor paralysis in multiple system atrophy. A report on three necropsied cases, with observations on the laryngeal muscles and the nuclei ambigui, *Brain* 104:351, 1981.
7. Bartle CJ, et al: EMA assessment of tongue-jaw co-ordination during speech in dysarthria following traumatic brain injury, *Brain Inj* 20:529, 2006.
8. Benarroch EE, Schmeichel AM, Parisi JE: Preservation of branchimotor neurons of the nucleus ambiguus in multiple system atrophy, *Neurology* 60:115, 2003.
9. Berger JR: Immunodeficiency diseases. In Noseworthy JH, editor: *Neurological therapeutics: principles and practice*, vol 2, ed 2, New York, 2006, Martin Dunitz.
10. Bergeron C, et al: Unusual clinical presentations of cortical basal ganglionic degeneration, *Ann Neurol* 40:893, 1996.
11. Berry WR, et al: Dysarthria in Wilson's disease, *J Speech Hear Res* 17:169, 1974a.
12. Berry WR, et al: Effects of penicillamine therapy and low-copper diet on dysarthria in Wilson's disease (hepatolenticular degeneration), *Mayo Clin Proc* 49:405, 1974b.
13. Beukelman DR, Kraft GH, Freal J: Expressive communication disorders in persons with multiple sclerosis: a survey, *Arch Phys Med Rehabil* 66:675, 1985.
14. Blake ML, et al: Speech and language disorders associated with corticobasal degeneration, *J Med Speech Lang Pathol* 11:131, 2003.
15. Blaney B, Hewlett N: Dysarthria and Friedreich's ataxia: what can intelligibility assessment tell us? *Int J Lang Commun Disord* 42:19, 2007a.
16. Blaney B, Hewlett N: Voicing status of word final plosives in Friedreich's ataxia dysarthria, *Clin Linguist Phon* 21:759, 2007b.
17. Blumberger J, Sullivan SJ, Clement N: Diadokokinetic rate in persons with traumatic brain injury, *Brain Inj* 9:797, 1995.
18. Boesch SM, et al: Dystonia in multiple system atrophy, *J Neurol Neurosurg Psychiatry* 72:300, 2002.
19. Boeve B, et al: Progressive nonfluent aphasia and subsequent aphasic dementia associated with atypical progressive supranuclear palsy pathology, *Eur Neurol* 49:72, 2003.
20. Boeve BF: Corticobasal degeneration. In Adler CH, Ahlskog JE, editors: *Parkinson's disease and movement disorders: diagnosis and treatment guidelines for the practicing physician*, Totowa, NJ, 2000, Humana Press.
21. Boeve BF, et al: Dysarthria and apraxia of speech associated with FK-506 (tacrolimus), *Mayo Clin Proc* 71:969, 1996.
22. Bower JH: Multiple system atrophy. In Adler CH, Ahlskog JE, editors: *Parkinson's disease and movement disorders:*

diagnosis and treatment guidelines for the practicing physician, Totowa, NJ, 2000, Humana Press.
23. Bower JH, et al: Incidence of progressive supranuclear palsy and multiple system atrophy in Olmsted County, Minnesota, 1976 to 1990, *Neurology* 49:1284, 1997.
24. Bromberg M: Accelerating the diagnosis of amyotrophic lateral sclerosis, *Neurologist* 5:63, 1999.
25. Cahill LM, Murdoch BE, Theodoros DG: Articulatory function following traumatic brain injury in childhood: a perceptual and instrumental analysis, *Brain Inj* 19:41, 2005.
26. Cahill LM, Murdoch BE, Theodoros DG: Perceptual and instrumental analysis of laryngeal function after traumatic brain injury in childhood, *J Head Trauma Rehabil* 18:268, 2003.
27. Cahill LM, et al: Perceptual analysis of speech following traumatic brain injury in childhood, *Brain Inj* 16:415, 2002.
28. Campbell TF, Dollaghan CA: Speaking rate, articulatory speed, and linguistic processing in children and adolescents with severe traumatic brain injury, *J Speech Hear Res* 38:864, 1995.
29. Carrow E, et al: Deviant speech characteristics in motor neuron disease, *Arch Otolaryngol* 100:212, 1974.
30. Caruso AJ, Burton EK: Temporal acoustic measures of dysarthria associated with amyotrophic lateral sclerosis, *J Speech Hear Res* 30:80, 1987.
31. Commichau C: Hypoxic-ischemic encephalopathy. In Noseworthy JH, editor: *Neurological therapeutics: principles and practice*, vol. 1, New York, 2003, Martin Dunitz.
32. Darley FL, Aronson AE, Brown JR: Clusters of deviant speech dimensions in the dysarthrias, *J Speech Hear Res* 12:462, 1969a.
33. Darley FL, Aronson AE, Brown JR: Differential diagnostic patterns of dysarthria, *J Speech Hear Res* 12:246, 1969b.
34. Darley FL, Aronson AE, Goldstein NP: Dysarthria in multiple sclerosis, *J Speech Hear Res* 15:229, 1972.
35. Delorey R, Leeper HA, Hudson AJ: Measures of velopharyngeal functioning in subgroups of individuals with amyotrophic lateral sclerosis, *J Med Speech Lang Pathol* 7:19, 1999.
36. DePaul R, Brooks R: Multiple orofacial indices in amyotrophic lateral sclerosis, *J Speech Hear Res* 36:1158, 1993.
37. DePaul R, et al: A nine-year progression of speech and swallowing dysfunction in a case of ALS, *J Med Speech Lang Pathol* 7:161, 1999.
38. DePaul R, et al: Hypoglossal, trigeminal, and facial motoneuron involvement in amyotrophic lateral sclerosis, *Neurology* 38:281, 1988.
39. Duffy JR, Peach RK, Strand EA: Progressive apraxia of speech as a sign of motor neuron disease, *Am J Speech Lang Pathol* 16:198, 2007.
40. Duvoisin RC: The olivopontocerebellar atrophies. In Marsden CD, Fahn S, editors: *Movement disorders*, vol. 2, Boston, 1987, Butterworth-Heinemann.
41. Dworkin JP, Aronson AE, Mulder DW: Tongue force in normals and dysarthric patients with amyotrophic lateral sclerosis, *J Speech Hear Res* 23:828, 1980.
42. Ergun A: Oral diadokinesis and velocity of narrative speech: a prognostic parameter for the outcome of diffuse axonal injury in severe head trauma, *Brain Inj* 22:773, 2008.
43. Farmakides MN, Boone DR: Speech problems of patients with multiple sclerosis, *J Speech Hear Disord* 25:385, 1960.
44. Folker J, et al: Dysarthria in Friedreich's disease: a perceptual analysis, *Folia Phoniatr Logop* 62:97, 2010.
45. Frattali C, Duffy JR: Characterizing and assessing speech and language disturbances. In Litvan I, editor: *Atypical parkinsonian disorders: clinical and research aspects*, Totowa, NJ, 2005, Humana Press.
46. Frattali CM, Sonies BC: Speech and swallowing disturbances in corticobasal degeneration. In Litvan I, Goetz CG, Lang AE, editors: *Advances in neurology, corticobasal degeneration and related disorders*, vol 82, Philadelphia, 2000, Lippincott Williams & Wilkins.
47. Frattali CM, et al: Yes/no reversals as neurobehavioral sequelae: a disorder of language, praxis or inhibitory control? *Eur J Neurol* 103:2003, 2003.
48. Frattali CM, et al: Language disturbances in corticobasal degeneration, *Neurology* 54:990, 2000.
49. Gentil M: Dysarthria in Friedreich disease, *Brain Lang* 38:438, 1990.
50. Gilman S, Kluin D: Perceptual analysis of speech disorders in Friedreich disease and olivopontocerebellar atrophy. In Bloedel JR, et al, editors: *Cerebellar functions*, New York, 1984, Springer-Verlag.
51. Goozée JV, Murdoch BE, Theodoros DG: Electropalatographic assessment of tongue-to-palate contacts exhibited in dysarthria following traumatic brain injury: spatial characteristics, *J Med Speech Lang Pathol* 11:115, 2003.
52. Goozée JV, Murdoch BE, Theodoros DG: Interlabial contact pressures exhibited in dysarthria following traumatic brain injury during speech and nonspeech tasks, *Folia Phoniatr Logop* 54:177, 2002.
53. Goozée JV, Murdoch BE, Theodoros DG: Physiological assessment of tongue function in dysarthria following traumatic brain injury, *Logoped Phoniatr Vocol* 26:51, 2001.
54. Goozée JV, et al: Kinematic analysis of tongue movements in dysarthria following traumatic brain injury using electromagnetic articulography, *Brain Inj* 14:153, 2000.
55. Gwinn-Hardy K: Wilson's disease. In Adler CH, Ahlskog JE, editors: *Parkinson's disease and movement disorders: diagnosis and treatment guidelines for the practicing physician*, Totowa, NJ, 2000, Humana Press.
56. Hammen VL, Yorkston KM: Respiratory patterning and variability in dysarthric speech, *J Med Speech Lang Pathol* 2:253, 1994.
57. Hartelius L, Lillvik M: Lip and tongue function differently affected in individuals with multiple sclerosis, *Folia Phoniatr Logop* 55:1, 2003.
58. Hartelius L, Buder EH, Strand EA: Long-term phonatory instability in individuals with multiple sclerosis, *J Speech Lang Hear Res* 40:1056, 1997.
59. Hartelius L, Runmarker B, Andersen O: Prevalence and characteristics of dysarthria in a multiple-sclerosis incidence cohort: relation to neurological data, *Folia Phoniatr Logop* 52:160, 2000.

60. Hartelius L, et al: Perceptual analysis of speech in multisystem atrophy and progressive supranuclear palsy, *J Med Speech Lang Pathol* 14:241, 2006.
61. Hartelius L, et al: Temporal speech characteristics of individuals with multiple sclerosis and ataxic dysarthria: "scanning speech" revisited, *Folia Phoniatr Logop* 52:228, 2000.
62. Hartman DE, O'Neill BP: Progressive dysfluency, dysphagia, dysarthria: a case of olivopontocerebellar atrophy. In Yorkston KM, Beukelman DR, editors: *Recent advances in dysarthria*, Boston, 1989, College-Hill Press.
63. Hayashi M, et al: Loss of large myelinated nerve fibers of the recurrent laryngeal nerve in patients with multiple system atrophy and vocal cord palsy, *J Neurol Neurosurg Psychiatry* 62:234, 1997.
64. Hirose H, Kiritani S, Sawashima M: Patterns of dysarthric movement in patients with amyotrophic lateral sclerosis and pseudobulbar palsy, *Folia Phoniatr* 34:106, 1982.
65. Howard RS, et al: Respiratory involvement in multiple sclerosis, *Brain* 115:479, 1992.
66. Isono S, et al: Pathogenesis of laryngeal narrowing in patients with multiple system atrophy, *J Physiol* 536:237, 2001.
67. Jaeger M, et al: Dysphonia subsequent to severe traumatic brain injury: comparative perceptual, acoustic and electroglottographic analysis, *Folia Phoniatr Logop* 53:326, 2001.
68. Jaeger M, et al: Speech disorders following severe traumatic brain injury: kinematic analysis of syllable repetitions using electromagnetic articulography, *Folia Phoniatr Logop* 52:187, 2000.
69. Jankovic J: Progressive supranuclear palsy, clinical and pharmacological update, *Neurol Clin* 2:473, 1984.
70. Jennett B, Teasdale G: *Management of head injuries*, Philadelphia, 1981, FA Davis.
71. Joanette J, Dudley JG: Dysarthric symptomatology of Friedreich's ataxia, *Brain Lang* 10:39, 1980.
72. Josephs KA, et al: Clinicopathological and imaging correlates of progressive aphasia and apraxia of speech, *Brain* 129:1385, 2006.
73. Kent JF, et al: Quantitative description of the dysarthria in women with amyotrophic lateral sclerosis, *J Speech Hear Res* 35:723, 1992.
74. Kent RD: Laryngeal dysfunction in neurological disease: amyotrophic lateral sclerosis, Parkinson's disease, and stroke, *J Med Speech Lang Pathol* 2:157, 1994.
75. Kent RD, Reed C: *The acoustic analysis of speech*, San Diego, 1992, Singular.
76. Kent RD, et al: The dysarthrias: speech-voice profiles, related dysfunctions, and neuropathology, *J Med Speech Lang Pathol* 6:165, 1998.
77. Kent RD, et al: Speech deterioration in amyotrophic lateral sclerosis: a case study, *J Speech Hear Res* 34:1269, 1991.
78. Kent RD, et al: Impairment of speech intelligibility in men with amyotrophic lateral sclerosis, *J Speech Hear Disord* 55:721, 1990.
79. Kent RD, et al: Relationship between speech intelligibility and the slope of second-formant transitions in dysarthric subjects, *Clin Linguist Phon* 3:347, 1989.
80. Kim JK, et al: Perceptual and acoustic features of dysarthria in multiple system atrophy, *J Med Speech Lang Pathol* 18:66, 2010.
81. Kimmel DW, Schutt AJ: Multifocal leukoencephalopathy: occurrence during 5-fluorouracil and levamisole therapy and resolution after discontinuation of chemotherapy, *Mayo Clin Proc* 68:363, 1993.
82. Kis B, Rumberg B, Berlit P: Clinical characteristics of patients with late-onset multiple sclerosis, *J Neurol* 255:697, 2008.
83. Klasner ER, Yorkston KM: Dysarthria in ALS: a method for obtaining the everyday listener's perception, *J Med Speech Lang Pathol* 8:261, 2000.
84. Klasner ER, Yorkston KM, Strand EA: Patterns of perceptual features in speakers with ALS: a preliminary study of prominence and intelligibility consideration, *J Med Speech Lang Pathol* 7:117, 1999.
85. Kluin K, et al: Characteristics of the dysarthria of multiple system atrophy, *Arch Neurol* 53:545, 1996.
86. Kluin KJ, et al: Neuropathological correlates of dysarthria in progressive supranuclear palsy, *Arch Neurol* 58:265, 2001.
87. Kluin KJ, et al: Perceptual analysis of speech disorders in progressive supranuclear palsy, *Neurology* 43:563, 1993.
88. Konstantopoulos K, et al: The existence of phonatory instability in multiple sclerosis: an acoustic and electroglottographic study, *Neurol Sci* 31:259, 2010.
89. Kurtzke JF: Risk factors in amyotrophic lateral sclerosis. In Rowland LP, editor: *Advances in neurology*, vol 56, New York, 1991, Raven Press.
90. Kuruvilla MS, et al: Electropalatographic (EPG) assessment of tongue-to-palate contacts in dysarthric speakers following TBI, *Clin Linguist Phon* 22:703, 2008.
91. Langmore SE, Lehman ME: Physiologic deficits in the orofacial system underlying dysarthria in amyotrophic lateral sclerosis, *J Speech Hear Res* 37:28, 1994.
92. Lebrun Y, Devreux F, Rousseau J: Language and speech in a patient with a clinical diagnosis of progressive supranuclear palsy, *Brain Lang* 27:247, 1986.
93. Dorze Le, et al: A comparison of the prosodic characteristics of the speech of people with Parkinson's disease and Friedreich's ataxia with neurologically normal speakers, *Folia Phoniatr Logop* 50:1, 1998.
94. Lees AJ: The Steele-Richardson-Olszewski syndrome (progressive supranuclear palsy). In Marsden CD, Fahn S, editors: *Movement disorders*, vol 2, Boston, 1987, Butterworth-Heinemann.
95. Lefkowitz D, Netsell R: Correlation of clinical deficits with anatomical lesions: posttraumatic speech disorders and MRI, *J Med Speech Lang Pathol* 2:1, 1994.
96. Lehman Blake M, et al: Speech and language disorders associated with corticobasal degeneration, *J Med Speech Lang Pathol* 11:131, 2003.
97. Lethlean BJ, Murdoch BE: Language dysfunction in progressive multifocal leukoencephalopathy: a case study, *J Med Speech Lang Pathol* 1:27, 1993.
98. Lethlean JB, Murdoch BE: Language problems in multiple sclerosis, *J Med Speech Lang Pathol* 1:47, 1993.
99. Linebaugh C: The dysarthrias of Shy-Drager syndrome, *J Speech Hear Disord* 44:55, 1979.

100. Liss JM, LeGendre S, Lotto AJ: Discriminating dysarthria type from envelope modulation spectra, *J Speech Lang Hear Res* 53:1246, 2010.
101. Liss JM, et al: Quantifying speech rhythm abnormalities in the dysarthrias, *J Speech Lang Hear Res* 52:1334, 2009.
102. Litvan I: Progressive supranuclear palsy: staring into the past, moving into the future, *Neurologist* 4:13, 1998.
103. Litvan I, Sastry N, Sonies BC: Characterizing swallowing abnormalities in progressive supranuclear palsy, *Neurology* 48:1654, 1997.
104. Lu FL, Duffy JR, Maraganore D: Neuroclinical and speech characteristics in progressive supranuclear palsy and Parkinson's disease: a retrospective study. Paper presented at the Conference on Motor Speech, Boulder, Colo, 1992.
105. Lundy DS, et al: Spastic/spasmodic vs. tremulous vocal quality: motor speech profile analysis, *J Voice* 18:146, 2004.
106. Lyoo CH, et al: Effects of disease duration on the clinical features and brain glucose metabolism in patients with mixed type multiple system atrophy, *Brain* 131:438, 2008.
107. Machado A, et al: Neurological manifestations in Wilson's disease: report of 119 cases, *Mov Disord* 21:2192, 2006.
108. Mancall EL: Central pontine myelinolysis. In Rowland LP, editor: *Merritt's textbook of neurology*, Philadelphia, 1989, Lea & Febiger.
109. Matthews WB, et al: *McAlpine's multiple sclerosis*, New York, 1985, Churchill Livingstone.
110. McDonald WI, et al: Recommended diagnostic criteria for multiple sclerosis: guidelines from the international panel on the diagnosis of multiple sclerosis, *Ann Neurol* 50:121, 2001.
111. McHenry M: Acoustic characteristics of voice after severe traumatic brain injury, *Laryngoscope* 110:1157, 2000.
112. McHenry M: Velopharyngeal airway resistance disorders after traumatic brain injury, *Arch Phys Med Rehabil* 79:545, 1998.
113. McHenry MA: Aerodynamic, acoustic, and perceptual measures of nasality following traumatic brain injury, *Brain Inj* 13:281, 1999.
114. McHenry MA: Laryngeal airway resistance following traumatic brain injury. In Robin DA, Yorkston KM, Beukelman DR, editors: *Disorders of motor speech: assessment, treatment, and clinical characterization*, Baltimore, 1996, Paul H Brookes.
115. McHenry MA, et al: Intelligibility and nonspeech orofacial strength and force control following traumatic brain injury, *J Speech Hear Res* 37:1271, 1994.
116. McNeil MR, Duffy JR: Primary progressive aphasia. In Chapey R, editor: *Language intervention strategies in aphasia and related disorders*, ed 4, Philadelphia, 2001, Lippincott Williams & Wilkins.
117. Merson RM, Rolnick MI: Speech-language pathology and dysphagia in multiple sclerosis, *Phys Med Rehabil Clin N Am* 9:631, 1998.
118. Metter EJ, Hanson WR: Dysarthria in progressive supranuclear palsy. In Moore CA, Yorkston KM, Beukelman DR, editors: *Dysarthria and apraxia of speech: perspectives on management*, Baltimore, 1991, Paul H Brookes.
119. Mokri B, et al: Syndrome resembling PSP after surgical repair of ascending aorta dissection or aneurysm, *Neurology* 62:971, 2004.
120. Mulder DW: Clinical limits of amyotrophic lateral sclerosis. In Rowland LP, editor: *Advances in neurology, Human motor neuron diseases*, vol. 36, New York, 1982, Raven Press.
121. Müller J, et al: Progression of dysarthria and dysphagia in postmortem-confirmed parkinsonian disorders, *Arch Neurol* 58:259, 2001.
122. Mulligan M, et al: Intelligibility and the acoustic characteristics of speech in amyotrophic lateral sclerosis (ALS), *J Speech Hear Res* 37:496, 1994.
123. Murdoch BE, Goozée JV: EMA analysis of tongue function in children with dysarthria following traumatic brain injury, *Brain Inj* 17:79, 2003.
124. Murdoch BE, Gardiner F, Theodoros DG: Electropalatographic assessment of articulatory dysfunction in multiple sclerosis: a case study, *J Med Speech Lang Pathol* 8:359, 2000.
125. Murdoch BE, et al: Lip and tongue function in multiple sclerosis: a physiological analysis, *Motor Control* 2:148, 1998.
126. Murdoch BE, et al: Abnormal patterns of speech breathing in dysarthric speakers following severe closed head injury, *Brain Inj* 7:295, 1993.
127. Noseworthy JH, Hartung HP: Multiple sclerosis and related conditions. In Noseworthy JH, editor: *Neurological therapeutics: principles and practice*, ed 2, vol 1, New York, 2006, Martin Dunitz.
128. Oder W, et al: Neurologic and neuropsychiatric spectrum of Wilson's disease: a prospective study of 45 cases, *J Neurol* 238:281, 1991.
129. Ozsancak C, Auzou P, Hannequin D: Dysarthria and orofacial apraxia in corticobasal degeneration, *Mov Disord* 15:905, 2000.
130. Ozsancak C, et al: The place of perceptual analysis of dysarthria in the differential diagnosis of corticobasal degeneration and Parkinson's disease, *J Neurol* 253:92, 2006.
131. Pellecchia MT, et al: Clinical presentation and treatment of Wilson's disease: a single centre experience, *Eur Neurol* 50:48, 2003.
132. Petersen RC, Kokmen E: Cognitive and psychiatric abnormalities in multiple sclerosis, *Mayo Clin Proc* 64:657, 1989.
133. Podoll K, Schwarz M, Noth J: Language functions in progressive supranuclear palsy, *Brain* 114:1457, 1991.
134. Putnam AHB, Hixon TJ: Respiratory kinematics in speakers with motor neuron disease. In McNeil MR, Rosenbek JC, Aronson AE, editors: *The dysarthrias: physiology, acoustics, perception, management*, San Diego, 1984, College-Hill Press.
135. Ramig LO, et al: Acoustic analysis of voice in amyotrophic lateral sclerosis: a longitudinal case study, *J Speech Hear Res* 55:2, 1990.
136. Renout KA, et al: Vocal fold diadochokinetic function of individuals with amyotrophic lateral sclerosis, *Am J Speech Lang Pathol* 4:73, 1995.

137. Riddel J, et al: Intelligibility and phonetic contrast errors in highly intelligible speakers with amyotrophic lateral sclerosis, *J Speech Hear Res* 38:304, 1995.
138. Robert D, et al: Quantitative voice analysis in the assessment of bulbar involvement in amyotrophic lateral sclerosis, *Acta Otolaryngol* 119:724, 1999.
139. Ross MA, et al: Toward earlier diagnosis of amyotrophic lateral sclerosis: revised criteria, *Neurology* 50:768, 1998.
140. Sachin S, et al: Clinical speech impairment in Parkinson's disease, progressive supranuclear palsy, and multiple system atrophy, *Neurol India* 56:122, 2008.
141. Safaz I, et al: Medical complications, physical function and communication skills in patients with traumatic brain injury: a single centre 5-year experience, *Brain Inj* 22:733, 2008.
142. Samlan RA, Weismer G: The relationship of selected perceptual measures of diadochokinesis to speech intelligibility in dysarthric speakers with amyotrophic lateral sclerosis, *Am J Speech Lang Pathol* 4:9, 1995.
143. Saunders C, Walsh T, Smith M: Hospice care in the motor neuron diseases. In Saunders C, Teller JC, editors: *Hospice: the living idea*, Dunton Green, Sevenoaks, Kent, UK, 1981, Edward Arnold Publishers.
144. Seikel JA, Wilcox KA, Davis J: Dysarthria of motor neuron disease: longitudinal measures of segmental durations, *J Commun Disord* 24:393, 1991.
145. Sitver MS, Kratt A: Augmentative communication for the person with amyotrophic lateral sclerosis (ALS), *ASHA* 24:783, 1982.
146. Smith CR, Scheinberg LC: Clinical features of multiple sclerosis, *Semin Neurol* 5:85, 1985.
147. Sonies BS: Swallowing and speech disturbances. In Litvan I, Agid Y, editors: *Progressive supranuclear palsy: clinical and research approaches*, New York, 1992, Oxford University Press.
148. Sorenson EJ, Windebank AJ: Motor neuron diseases. In Noseworthy JH, editor: *Neurological therapeutics: principles and practice*, ed 2, vol 3, New York, 2006, Martin Dunitz.
149. Sterling LE, et al: Association between dysarthria and cognitive impairment in ALS: a prospective study, *Amyotroph Lateral Scler* 11:46, 2010.
150. Stierwalt JAG, et al: Tongue strength and endurance: relation to the speaking ability of children and adolescents following traumatic brain injury. In Robin DA, Yorkston KM, Beukelman DR, editors: *Disorders of motor speech: assessment, treatment, and clinical characterization*, Baltimore, 1996, Paul H Brookes.
151. Strand EA, et al: Differential phonatory characteristics of four women with amyotrophic lateral sclerosis, *J Voice* 8:327, 1994.
152. Taly AB, et al: Wilson disease: description of 282 patients evaluated over three decades, *Medicine* 86:112, 2007.
153. Testa D, et al: Comparison of natural histories of progressive supranuclear palsy and multiple system atrophy, *Neurol Sci* 22:247, 2001.
154. The Consensus Committee of the American Autonomic Society and the American Academy of Neurology: Consensus statement on the definition of orthostatic hypotension, pure autonomic failure, and multiple system atrophy, *Neurology* 46:1470, 1996.
155. Theodoros DG, Murdoch BE: Differential patterns of hyperfunctional laryngeal impairment in dysarthric speakers following severe closed head injury. In Robin DA, Yorkston KM, Beukelman DR, editors: *Disorders of motor speech: assessment, treatment, and clinical characterization*, Baltimore, 1996, Paul H Brookes.
156. Theodoros DG, Murdoch BE: Laryngeal dysfunction in dysarthric speakers following severe closed-head injury, *Brain Inj* 8:667, 1994.
157. Theodoros DG, Murdoch BE, Stokes PD: Variability in the perceptual and physiologic features of dysarthria following severe closed head injury: an examination of five cases, *Brain Inj* 9:671, 1995.
158. Theodoros DG, Shrapnel N, Murdoch BE: Motor speech impairment following traumatic brain injury in child-hood: a physiological and perceptual analysis of one case, *Pediatr Rehabil* 2:107, 1998.
159. Theodoros DG, et al: Hypernasality in dysarthric speakers following severe closed head injury: a perceptual and instrumental analysis, *Brain Inj* 7:59, 1993.
160. Thomas M, Jankovic J: Parkinsonism plus disorders. In Noseworthy JH, editor: *Neurological therapeutics: principles and practice*, ed 2, vol 3, New York, 2006, Martin Dunitz.
161. Tjaden K, Turner G: Segmental timing in amyotrophic lateral sclerosis, *J Speech Lang Hear Res* 43:683, 2000.
162. Tjaden K, Turner GS: Spectral properties of fricatives in amyotrophic lateral sclerosis, *J Speech Lang Hear Res* 40:1358, 1997.
163. Tomik B, Guiloff RJ: Dysarthria in amyotrophic lateral sclerosis, *Amyotroph Lateral Scler* 11:4, 2010.
164. Topaloglu H, et al: Tremor of tongue and dysarthria as the sole manifestation of Wilson's disease, *Clin Neurol Neurosurg* 92:295, 1990.
165. Traynor BJ, et al: Amyotrophic lateral sclerosis mimic syndromes: a population-based study, *Arch Neurol* 57:109, 2000a.
166. Traynor BJ, et al: Clinical features of amyotrophic lateral sclerosis according to the El Escorial and Arlie House diagnostic criteria: a population-based study, *Arch Neurol* 57:1171, 2000b.
167. Turner GS, Weismer G: Characteristics of speaking rate in the dysarthria associated with amyotrophic lateral sclerosis, *J Speech Hear Res* 36:1158, 1993.
168. Turner GS, Tjaden K, Weismer G: The influence of speaking rate on vowel space and speech intelligibility for individuals with amyotrophic lateral sclerosis, *J Speech Hear Res* 38:1001, 1995.
169. Van Damme P, Robberecht W: Recent advances in motor neuron disease, *Curr Opin Neurol* 22:486, 2009.
170. Wang YT, et al: Acoustic analysis of dysarthria following stroke, *Clin Linguist Phon* 23:335, 2009.
171. Wang YT, et al: Dysarthria associated with traumatic brain injury: speaking rate and emphatic stress, *J Commun Disord* 38:231, 2005a.

172. Wang YT, et al: Dysarthria in traumatic brain injury: a breath group and intonational analysis, *Folia Phoniatr Logop* 57:59, 2005b.
173. Wang YT, et al: Alternating motion rate as an index of speech motor disorder in traumatic brain injury, *Clin Linguist Phon* 17:1, 2003.
174. Weismer G, et al: Acoustic and intelligibility characteristics of sentence production in neurogenic speech disorders, *Folia Phoniatr Logop* 53:1, 2001.
175. Weismer G, et al: Effect of speaking rate manipulations on acoustic and perceptual aspects of the dysarthria in amyotrophic lateral sclerosis, *Folia Phoniatr Logop* 52:201, 2000.
176. Weismer G, et al: Formant trajectory characteristics of males with amyotrophic lateral sclerosis, *J Acoust Soc Am* 91:1085, 1992.
177. Wenning GK, et al: What clinical features are most useful to distinguish definite multiple system atrophy from Parkinson's disease? *J Neurol Neurosurg Psychiatry* 68:434, 2000.
178. Wenning GK, et al: Natural history and survival of 14 patients with corticobasal degeneration confirmed at postmortem examination, *J Neurol Neurosurg Psychiatry* 64:184, 1998.
179. Wicks P: Excessive yawning is common in the bulbar-onset form of ALS, *Acta Psychiatr Scand* 116:76, 2007.
180. Yorkston KM, Strand EA, Hume J: The relationship between motor function and speech function in amyotrophic lateral sclerosis. In Cannito MP, Yorkston KM, Beukelman DR, editors: *Neuromotor speech disorders: nature, assessment, and management*, Baltimore, 1998, Paul H Brookes.
181. Yorkston KM, Strand EA, Miller RM: Progression of respiratory symptoms in amyotrophic lateral sclerosis: implications for speech function. In Robin DA, Yorkston KM, Beukelman DR, editors: *Disorders of motor speech: assessment, treatment, and clinical characterization*, Baltimore, 1996, Brookes Publishing Company.
182. Yorkston KM, et al: *Management of motor speech disorders in children and adults*, ed 3, Austin, Texas, 2010, Pro-Ed.
183. Yorkston KM, et al: Characteristics of multiple sclerosis as a function of the severity of speech disorders, *J Med Speech Lang Pathol* 11:73, 2003.
184. Yorkston KM, et al: Speech deterioration in amyotrophic lateral sclerosis: implications for the timing of intervention, *J Med Speech Lang Pathol* 1:35, 1993.
185. Yorkston KM, et al: The relationship between speech and swallowing disorders in head-injured patients, *J Head Trauma Rehabil* 4:1, 1989.
186. Young MC: Communication disorders in systemic lupus erythematosus, *J Med Speech Lang Pathol* 4:141, 1996.
187. Yunosova Y, et al: Articulatory movements during vowels in speakers with dysarthria and healthy controls, *J Speech Lang Hear Res* 51:596, 2008.
188. Yunusova Y, et al: Breath-group intelligibility in dysarthria: characteristics and underlying correlates, *J Speech Lang Hear Res* 48:1294, 2005.

CHAPTER

11

말실행증

"나는 그들과 같은 목소리로 말하지만, 그들은 나를 장애인 취급한다. 나는 네다섯 명이 모이는 자리에서는 입을 다문다. 말장애를 드러내고 싶지 않아서 말하지 않는다."

(순수 말실행증을 보이는 51세의 남환)

"새로운 문단을 소리 내서 읽는 것이 힘겨워서 얼이 빠진 아침이었다. 대부분의 단어를 발음하기 어려웠다. 특히 '조절하다(manipulate)'와 '조절했다(manipulated)'라는 단어가 어려웠다. '나타났다(manifested)'라고 발음하는 것에서 벗어날 수 없었다. 반복적으로 시도하면서 가까스로 올바르게 말할 수 있었다. 물론, 발음은 거의 다 불분명했다."

(진행성 말실행증과 경도의 실어증을 보이는 72세의 여환의 일기에서 발췌함)

개 요

최근에 마비말장애와는 구별되는 말운동장애(motor speech disorders, MSDs)의 범주가 주목되고 있다. 말실행증(apraxia of speech, AOS)은 실어증(aphasia)의 언어적 문제에 기반한 말 오류와 다를 뿐만 아니라 마비말장애에서 관찰되는 제어(control)나 집행(execution)의 문제와도 구별된다. 말실행증의 임상적 징후는 말운동의 계획이나 프로그래밍이 이루어지는 높은 단계(즉, 마비말장애의 단계보다 더 상위의 단계)의 장애를 반영한다.

마비말장애와 달리,[1] 말실행증은 비구어 과제 수행 시 말 근육에서 임상적으로 명백한 문제를 보이지 않는다. 다양한 언어 양식에서의 손상을 보이는 실어증과 달리, 말실행증은 구어 이해, 읽기 이해, 쓰기의 문제뿐만 아니라 조음 및 운율과 관련 없는 말 오류로부터 독립적이다. 비록 말실행증이 종종 마비말장애나 실어증과 동시에 나타나지만 임상적 특성의 변별성, 말운동 계획과 프로그래밍 단계 문제로서의 본질, 간혹 유일한 의사소통 장애로서 관찰되는 경우 등으로 인해 말실행증이 말장애의 독특한 유형임이 증명된다. 게다가 말실행증의 병소적 특성(localizing value)은 다른 말운동장애들과 구별을 가능하게 한다. 말실행증은 대부분 좌측 대뇌반구의 병리에 기인한다. 제1장에서 언급한 정의를 복습해 보면, 말실행증은 음성적(phonetically), 운율적으로 정상적인 말

[1] 운동과잉형 마비말장애를 보이는 일부 근긴장이상과 같이 말장애를 유발하는 운동장애는 가능한 예외로 함.

산출에 기여하는 감각운동 명령(sensorimotor commands)을 계획하고 프로그래밍 하는 능력이 손상된 신경말장애(neurologic speech disorder)이다. 말실행증은 마비말장애와 관련된 생리학적 장애(physiologic disturbances)나 언어 문제 없이도 발생할 수 있다.

말실행증은 큰 규모의 임상에서 주요한 말장애의 하나로서, 몇몇 주요한 마비말장애 유형들과 비슷한 비율로 관찰된다. 메이요 클리닉 언어병리학 분과에서 의사소통장애로 진단된 자료에 근거하면, 전체 말운동장애의 6.9%에 해당한다. 또한 말실행증은 일차적 의사소통장애로 실어증을 보이는 좌측 대뇌반구 병소 환자에서 이차적으로 빈번히 발생하며, 일차적인 진단으로 마비말장애 혹은 다른 신경학적 의사소통장애를 보이는 환자들에서도 부가적으로 관찰된다. 말실행증은 좌측 대뇌반구 병리와 관련한 의사소통장애를 보이는 6.9%의 환자에서보다 훨씬 더 많이 관찰된다.

말실행증의 임상적 특징은 전달하려는 의미(메시지)의 구성은 정확하나 물리적으로 표현하는 것에서 비효율적 혹은 부적절하게 조직화되거나 통제되는 듯한 인상을 준다는 것이며, 이는 기본적인 운동 능력의 문제 때문이 아니다. 말실행증 연구는 말운동 계획/프로그래밍 단계와 말 신경근육의 집행 단계 사이의 차이, 말운동 계획/프로그래밍 단계와 표현되는 언어학적 단위의 구성이나 조직 단계 사이의 차이를 보여 준다. 그럼에도 불구하고, 임상에서 이러한 차이를 구별하는 것은 꽤 어렵다.

Darley[28,29]에 의해 1960년대에 말실행증이 소개된 이래로, 말실행증의 개념을 정립하는 과정은 파란만장하였으며, 말운동 프로그래밍 문제에 국한되어 있었다. 그 이후로, 말실행증의 존재 자체와 그 기저에 대해 중요한 논쟁이 지속되었다.[2] 근본적인 문제는 임상적 특성의 정의가 불확실하다는 것이었고, 그다음 문제로는 임상가와 연구자가 실제로 동일한 말실행증의 존재(entity)를 다루어 왔는지가 불확실하다는 것이다. 이는 말실행증을 더 잘 이해하기 위한 노력에 상당한 '방해(noise)'가 되었다. 그러나 최근 몇 년 사이에, 언어와 말운동 조절 모델의 개선과 면밀한 임상적 관찰에 대한 노력과 함께 말실행증의 임상적 경계가 다듬어졌다. 이 책에서는 역사적인 논의와 논쟁을 따지기보다는, 적어도 일부 임상가나 연구자가 제안한 말실행증의 주요 특성이 무엇인지와 어떻게 말운동 계획/프로그래밍에 대한 기준을 정립하였는지에 대하여 초점을 맞추고자 하였다.

이 장에서는, 말운동 계획/프로그래밍 네트워크의 위치와 기능을 포괄적이고 일반적인 용어들로 요약하였다. 말실행증에 관한 이론적·임상적 논의를 검토하겠지만, 이에 대해서는 자세히 다루지 않는다. 말실행증을 접하는 임상 환경, 청각적·시각적으로 지각되는 특성들, 연관된 음향학적·생리학적 자료, 일부 임상사례 연구에 초점을 두고자 한다. 말실행증과 마비말장애 및 실어증 사이의 차이점들은 감별진단을 다루는 제15장에서 자세히 설명하였다.

I. 말운동 프로그래머의 해부와 기본적 기능

말운동 조절은 개념(conceptualization), 언어(language), 그리고 말운동 계획/프로그래밍 단계와 관련된 더 높은 단계의 활동뿐만 아니라 감각운동 말 체계 내의 모든 요소들이 상호적·병렬적·순차적으로 이루어져야 한다. 이러한 활동의 말운동 계획/프로그래밍 요소를 여기서는 **말운동 프로그래머**(motor speech programmer, MSP)로 언급하고자 한다.

말운동 프로그래머는 하나의 해부학적 구조라기보다는 상호작용하는 요소들의 네트워크이다. 감각 피드백, 기저핵과 소뇌의 제어회로, 망상체(reticular formation), 시상, 변연계, 우뇌는 모두 말운동 프로그래머의 활동에 기여한다. 이러한 관점에서, 말운동 프로그래밍은 중추신경계(central nervous system, CNS)의 넓은 영역과 관련 있다. 그러나 말 계획과 프로그래밍의 가장 높은 단계를 이해하려는 목적에서, 말을 위한 움직임의 순서와 양상을 명시하는 통로와 구조는 **좌측 대뇌반구**이며, 특히 전두-두정엽과 관련된 피질하 회로는 말운동 프로그래머의 본부로서 말실행증을 유발하는 병소로 간주된다.

A. 말운동 프로그래머의 기능

말운동 프로그래머는 구어 메시지의 인지적·언어적 목표를 달성하기 위한 계획과 프로그램을 수립하는 중요한 역할을 한다. 또한 궁극적으로는 음절, 단어, 구의 특정한 속도, 강세, 리듬을 산출하는 데 필요한 운동 명령을

[2] 이에 대한 기록은 일부 논문, 단원, 책[33,35,81,97] 등에 다양하게 기술되어 있음. 말실행증의 본질과 임상적 특징들에 대해 최근 의견을 보여 주는 종합적이고 비판적인 종설은 논문, 논평, 학술지 특별호 등에 자세히 기술되어 있음.[6,75,79,81,123]

실시간으로 조직화한다.

좌뇌에 위치한 말운동 프로그래머의 기능은 말의 정서와 감정 요소(변연계와 우뇌에 더 강하게 영향을 받는 것처럼 보이는 요소들)보다 말의 언어학적 요소(음운론적, 의미론적, 문법론적/구문론적, 운율의 언어학적 요소)와 더 관계 있다. 말운동 프로그래머로의 언어적 입력은 측두두정 피질, 전두엽의 일부, 뇌섬(insula), 직접적이진 않지만 기저핵 및 시상을 포함하는 좌뇌의 실비안 영역으로부터 시작된다. 말운동 프로그래머와 언어 영역이 겹쳐지거나 근접해 있기 때문에 실비안 주위 영역에 손상이 있는 경우 언어 관련 결함(실어증)과 말실행증이 함께 발생하기 쉽다. 실제 임상에서, 이러한 사례는 매우 빈번하다.

말 산출을 할 때, 의미(메시지)의 음운적 표상(phonologic representation)이 구성되고 나면(또는 동시적으로), 말운동 프로그래머는 말 산출 집행의 계획을 위해 조직화되고 활성화되어야 한다. 이는 **추상적인 음소(phoneme)(혹은 음절, 단어, 구)를 운동체계의 실행과 연관되는 신경 코드로 변형하는 것이다.** 이 신경운동 코드는 아마도 특정 근육이나 여러 근육들의 운동에 대한 변수(parameter)를 구체화한다. 운동 지속시간과 전이(진폭), 가속/감속, 최대 속도까지 도달하는 시간, 근육 강도 그리고 말 산출 시 시간 조절을 구체화하는 것은 프로그래밍 되는 움직임의 운동적 변수의 예가 된다.[81]

성인 화자의 말운동 프로그래머는 **사전에 프로그래밍 된 운동 순서**[3]를 선택하고, 순서화하고, 활성화하거나 조절할 수 있으며, 이를 습득하고 연습하기 때문에 자동적으로 활성화된다. 운동 프로그램들이 운동이 시작되기 전에 선택될 수도 있지만, 말운동 프로그램들은 운동을 위한 프로그램이 준비되기 전이나 운동 집행하는 동안 말초적 피드백(peripheral feedback)에 의해 수정될 수 있다. 이러한 모든 과정은 빠르고 쉽게 말을 산출하도록 도와주며, 의도적인 형성(formulation), 인지, 언어, 정서적 의사소통의 목표를 점검하는 데 더 많은 역량을 쓸 수 있도록 해준다. 음성적 부호화(phonetic encoding)에 대한 빠르고 '직접적인 경로'는 주로 자주 쓰이는 음절, 단어, 구에서 사용된다. 자주 사용되지 않는 새로운 음절이나 음절연쇄(예: 예전에 사용된 적 없는 다음절 단어)를 산출할 때나, 불리한 조건하에서 말하는 경우, 혹은 강조해서 말을 하려는 경우에는, 음성적 부호화가 덜 직접적(덜 자동적)으로 이루어지는데, 그 이유는 운동이 새롭게 구성되거나 변수화되어야 하기 때문이다.[2,79,[4]] 적어도 일부 말실행증(그리고 실조형 마비말장애) 환자의 발화는 사전에 프로그래밍 된 변수로의 접근이나 사용에서의 어려움이 반영된 것이며, 적절한 제어를 위해 피드백에 더 의존하면서 발화할 각 음절에 대한 새 프로그램을 만들어야 한다고 하였다.[79,109,110,124,134] 일부 연구에서는 말실행증이 말의 개별 단위를 사전 프로그래밍 하는 시간이 지연되는 것과 관련이 있지만, 말운동을 개시하거나 말 단위를 순서적으로 배열하기 위해 시간을 증가시킬 필요는 없다고 지적하였다.[69]

B. 말운동 프로그래머 네트워크

말운동 프로그래머는 말 산출을 준비하고 학습된 프로그램의 습득과 집행을 담당하는 좌뇌의 특수한 능력과 관계가 있다.[18] 좌측 전두엽의 전운동(premotor)영역과 전전두피질영역 내에서 **브로카영역**과 **보충운동영역**(supplementary motor area)이 가장 중요하다. 브로카영역은 언어 네트워크와 감각 양식(sensory modalities)으로부터의 입력에 기초하는 말운동과 관련 있는 영역이다. 이곳은 이전에 습득하여 연습한 일상 발화에 대한 일련의 구성이나 지침에 대한 주요한 저장소(storehouse)이며, 통합적 처리장치(processor)이다.[18,86] 또한 전운동영역이 기저핵과 소뇌 제어회로와 연결되며 발화 행위를 실행하는 일차운동피질영역과 상호 연결된다는 것을 기억해야 한다. 브로카영역은 종종 말실행증 환자의 병소가 된다.

또한 **보충운동영역**(supplementary motor area, SMA)은 말운동 프로그래머의 역할을 한다. 보충운동영역의 앞쪽 부분(pre-SMA)은 비운동성 말 계획과 순서 학습에서 중요한 반면, 나머지 보충운동영역(SMA proper)은 말 산출의 실질적 시작과 조절과 관련이 있다.[3,18] 또한 욕구나 동기적 행위와 같은 인지적 · 정서적 처리와도 관련이 있다. 보충운동영역은 일차운동영역, 브로카영역, 기저핵, 변연계와 연결된다. 그러나 일반적으로는 뇌졸중의 기인한 경우, 말실행증과 관련 있는 병소 부위가 아니다.

---

[3] 적용할 수 있는 다른 용어들은 **일반화된 운동 프로그램**, **구어적 운동 기억**, **기억 표상**(engrams), **운동 형태**(movement gestalts), **잘 형성된 부분적 프로그램**(subroutines), 혹은 컴퓨터 용어에서 차용된 '매크로(macro)' 등이 있음.

[4] 말운동 계획/프로그램과 말실행증과의 관계에 관한 설득력 있고 종합적인 논의는 일부 자료에서 찾아볼 수 있음.[2,25,69,79,81,84,124]

두정엽의 체감각피질(somatosensory cortex)과 모서리위이랑(supramarginal gyrus)의 역할은 아마도 운동 시작 전이나 움직임이 순차적으로 일어나는 과정과 관련이 있다. 이러한 두정엽 영역은 숙련된 움직임(예: 음운적 표상)에 필수적인 감각정보와 긴 발화를 하는 동안 움직임의 순서들을 통합하고, 활동에 대한 계획이나 목표로의 변형을 위한 정보를 전달하거나(예: 말운동 표상), 발화의 내적 표상(internal representation)과 말에 대한 피드백을 대조하는 데 있어서 특히 중요하다.[18,84,93,106] 말실행증 사례에서와 같이, 좌측 측두엽의 청각피질은 말운동 습득이나 적절한 조절을 위해 피드백에 더 의존해야 하는 상황에서 필수적인 영역이다.[18]

좌측 뇌섬(insula)(그림 2-16 참조), 특히 상위 중심앞이랑은 말운동 조절에 특화되었다.[84] 일부 기능적 자기공명영상 결과에서는 이 영역이 말의 준비보다는 말의 실제 실행에서 더 중요한 역할을 담당하는 것이 관찰되었으나[1,18,93] 다른 결과들은 새로운 말 계획의 발달에 중요한 역할을 한다고 주장한다.[86] 말의 단위들이 습득되고 연습된 정도에 따라 이러한 역할들이 달라질 수 있다. 좌측 뇌섬은 뇌졸중으로 인해 말실행증을 보이는 환자에서 공통 병소로 관찰되었고,[35,90] 유일한 손상 부위가 되기도 하나,[87] 뇌섬에 병변이 없는 경우에도 발생하며, 일부 결과에서는 뇌섬의 병변보다 좌측 하전두이랑(inferior frontal gyrus)의 손상 또는 저하된 혈류량과 말실행증이 더 관련이 있었다.[54] 직접적인 임상 근거가 부족하지만, 좌측 뇌섬이 손상되지 않은 말실행증 환자의 예후가 좋은 이유가 이 영역이 새로운 말운동의 습득에 대한 역할을 하기 때문이라고 추측하기도 한다.[86]

마지막으로, 운동조절에서의 역할이 알려진 대로 기저핵과 소뇌는 말운동 프로그래머의 활동을 활성화한다. 기저핵 구조뿐만 아니라 다양한 피질영역의 손상에 기인한 일차적 운동장애에 더하여 실행증(일반적 의미에서)을 유발하는 질환에 대해 생각해 볼 수 있다.[131] 예외가 전혀 없는 것은 아니지만, 좌측 기저핵 병소는 말실행증과 관계가 있다.[91]

일반적으로, 정상적인 말을 위한 말운동 프로그래머의 해부와 기능은 임상적 결과에 의해 뒷받침된다. 즉, 뇌졸중으로 인한 말실행증에서 관찰되는 병소들은 대개 좌측 후전두엽, 두정엽, 뇌섬, 기저핵이다. 말실행증 환자의 말 특성은 마비말장애 환자들과 구별되며, 비구어 활동하는 동안에 정상적인 말 근육의 수행이 가능하고, 비구어 경로들(예: 쓰기)을 통해 언어 표현을 할 수 있다. 말에 대한 세밀한 관찰과 분석을 통해 무엇인가가 말운동 계획/프로그래밍을 방해한다는 것을 알 수 있다. 이러한 장애는 변별적인 특징, 말의 신경병리와 질환의 위치에 대한 병소적 가치, 그리고 이러한 장애가 의사소통에 미치는 영향을 최소화하기 위해 노력하는 임상가와 환자의 요구를 인식하는 임상가와 연구자들에 의해 말실행증으로 불리게 되었다.

II. 말실행증 환자들의 비구어적, 비구강 운동적, 비언어적 특성

우세반구(dominant hemisphere) 병리로 인한 신체적 말기제의 결과, 구강 운동 행동, 그리고 언어장애는 말실행증과 빈번하게 동반된다. 이러한 특성들은 이 장의 후반부에 있는 말 병리 부분에서 다루어진다. 일부 추가적인 임상 결과들에서도 말실행증이 동반되었다. 이들은 일반적으로 직접 활성화 경로나 간접 활성화 경로와 연관된 피질하 회로와 구조의 손상이나 좌전두 혹은 두정엽 손상에 기인한다.

많은 환자들이 다양한 정도의 오른편 약증(weakness)과 경직(spasticity)을 보이며, 일부는 감각 손상을 보인다. 바빈스키 반사와 과신전 반사가 몸의 오른편에서 흔히 나타난다. 양측 상부운동신경세포(bilateral upper motor neuron) 병변이 아니라면 과구역 반사와 병리적 구강 반사(예: 빨기, 인중을 가볍게 치면 입술을 오므리고 내미는 반응[snout], 턱의 갑작스러운 움직임[jaw jerk])는 흔하지 않다.

항상 그렇지는 않으나, 말실행증 환자들은 때때로 사지실행증(limb apraxia, LA)을 보이는데, 이는 좌뇌 병리로 인하여 목적이 분명한 사지 움직임을 수행하는 데 어려움을 보이는 것으로, 힘이나 움직임(mobility), 감각, 혹은 협응의 문제로 인한 것이 아니다. 불완전편마비(hemiparesis)나 편마비(hemiplegia)로 인하여 우측의 문제가 잘 드러나지 않지만 사지실행증은 대개 좌우 사지 모두의 움직임에 영향을 미친다. 임상적 진단에 대한 접근이 상당히 다양하고 주관적이기는 하나 신경학에서 사지실행증은 구별되는 임상적 증상으로서 말실행증보다 널리 받아들여진다. Liepman[67]이 역사적으로 두드러지고 널리 인정되는 실행증의 개념을 제시한 현 세기 초 이전부터 사지실행증의 심리적 · 생리학적 · 해부학적 기초는 신경학적 저술에서 광범위하게 다루어졌다.

사지실행증에 관한 종합적인 설명은 이 장의 범위를 벗어나는 것이다.[5] 그러나 말실행증과 사지실행증 개념 간의 중요한 역사적 · 개념적 유사점과 차이점에 대해서는 주목할 만하다. 말실행증 연구에 흥미가 있다면 사지실행증과 연관된 이론적 · 임상적 측면에 대해 익숙해져야 한다. 임상적으로, 좌뇌 병리를 가진 환자들이 공식검사나 일상생활의 움직임에서 좌우 사지의 움직임을 조직화하는 데 어려움을 보임을 인식하는 것은 중요하다. 사지실행증은 의사소통과 관련한 측면에서 쓰기뿐만 아니라 명제적인 비구어적 의사소통(팬터마임이나 수화와 같은) 또한 방해한다.[6] 이는 보완적이고 대체적인 의사소통이 필요한 심도 말실행증 환자들에게 중요하다.

III. 병인

우세반구의 말운동 계획이나 프로그래밍 기능을 방해하는 처리 과정은 말실행증을 야기한다. 염증성(imflammatory)이나 독성-대사성(toxic-metabolic) 질환은 대개 광범위한 영향을 주기 때문에 말실행증을 유발하는 경우는 드물다.[7] 다발성 경화증(multiple sclerosis, MS)과 같은 탈수초성 질환(demyelinating disorders)은 종종 말실행증과 관련이 있다.[8] 반대로 종양과 외상(특히 외과적 외상)이 좌뇌에 국소적으로 있을 때 말실행증이 초래된다.

뇌졸중은 대부분의 임상에서 말실행증을 야기하는 가장 큰 원인이다. 말운동을 계획하고 프로그래밍 하는 우세반구의 구조적 네트워크나 통로에 병소가 위치할 수 있다는 것 말고는 말실행증을 야기하는 혈관성 장애(혹은 다른 병인)의 본질은 특별할 것이 없다.

신경 퇴행성 질환이 말실행증과 연관되는 경우는 드물다. 심지어 마비말장애가 자주 발생하는 다계통 위축증(multiple system atrophy, MSA)과 같은 퇴행성 질환도 말실행증과 연관되는 경우가 드물다.[34,46] 그러나 말실행증이 신경학적 질환의 가장 두드러지는 징후이거나 초기의 유일한 징후임을 보여 주는 일련의 사례나 보고[9]들도 있다. 이러한 사례의 경우에는 **원발성 진행성 말실행증**(pirmary progressive apraxia of speech, PPAOS)이라는 명칭이 적합하다.[41] 신경학적으로 더욱 세밀히 진단해 보면, 이는 운동 징후가 두드러지는 질환인 피질기저핵 변성(corticobasal degeneration, CBD),[10] 진행성 핵상마비(progressive supranuclear palsy, PSP), 근위축성 축삭 경화증(amyotrophic lateral sclerosis, ALS)과 연관이 있다.[34] 진행성 말실행증은 세포체와 세포돌기 내의 타우 단백질(protein tau) 축적(**타우병**[tauopathy]으로 불리는 질환들)을 포함하는 여러 질환[16,42,60,61]들과 일치하는 병리적 결과를 보여 준다.[11] 그러므로 이러한 사례들에서 말실행증을 인식하는 것은 신경학적 진단에서 매우 중요하다.(부록 웹사이트의 사례 69와 Part IV의 일부 말실행증 사례는 원발성 진행성 말실행증과 관련이 있다.)

또한 비언어적 장애 없이 서서히 발병하여 점진적으로 실어증을 보이는 것이 특징인 **원발성 진행성 실어증**(primary progressive aphasia, PPA) 안에 원발성 진행성 말실행증이 포함될 수 있다. 적어도 원발성 진행성 실어증은 좌뇌의 실비안 영역과 관련되는 많은 퇴행성 질환들과 관련이 있다.[36,41] 원발성 진행성 실어증의 임상적 · 병리적 진단명에는 피질기저핵 변성, 진행성 핵상마비, 크로이츠펠트-야콥병(Creutzfeldt-Jakob disease, CJD), 피질흑질변성(corticonigral degeneration), 전두측두 치매(frontotemporal dementias), 알츠하이머병 등이 포함된다. 여기서 원발성 진행성 실어증을 언급하는 이유는, 물론 전혀 동반하지 않을 수도 있지만, 많은 비율의 원발성 진행성 실어증 환자가 말실행증을 보이기 때문이다.[41]

아급성 해면뇌증(subacute spongiform encephalopathy)인 **크로이츠펠트-야콥병**은 진행이 빠르고, 치료 불가한 전염성 프리온(prion) 질환이다. 발병의 평균 연령

---

[5] Duffy와 Duffy,[38] Ochipa와 Gonzalez Rothi,[88] Roy와 Square-Storer[99]의 연구에 자세히 요약되어 있음.

[6] 실어증 역시 수화나 팬터마임을 통한 상징적 의미나 명제적 의미를 표현하는 것을 어려워하는 것과 관련이 있음.[39,40]

[7] 간 이식 이후에 말실행증을 보이는 것이 보고됨. 일부 사례에서는 말실행증이 면역 억제 인자와 관련이 있었음.[17,20,44]

[8] 문헌에서는 실어증을 동반한 다발성 경화증 사례들과 일부 사례 요약을 통해 말실행증이 나타날 수 있다고 주장함.[31] 필자는 말실행증과 다발성 경화증, 말실행과 실어증까지 모두 동반한 다발성 경화증을 본 적이 있음.

[9] 이 문헌의 간략한 요약은 일부 논문에 나와 있음.[34,41,42,60,61]

[10] 말실행증은 피질기저핵 변성에서 자주 발생함. 말과 언어를 자세히 평가한 연구들에서는 거의 40%의 사례에서 이러한 결과를 보고함.[47,66]

[11] 마비말장애와 다른 의사소통장애를 포함한 피질기저핵 변성, 진행성 핵상마비, 근위축성 축삭 경화증에 대한 더 많은 정보는 제10장을 참조 바람.

은 60대이며, 보통 6개월에서 몇 년 내에 사망한다. 인지적 쇠퇴, 실조, 간대성 근경련이 가장 흔하게 관찰되는 징후이며 추체외로 혹은 추체로 징후도 보인다.[72] 다양한 마비말장애 유형을 보이지만 자세히 연구된 바가 없다. 징후나 증상들은 드물게 편측에서 나타나고, 일부 사례[64,70,130]에서는 실어증만을 보이기도 하였다. 또한 일부 환자에서는 말실행증도 나타났다.

요약해 보면, 말실행증은 대개 뇌졸중이나 종양 혹은 외상으로 인한 입원이나 재활 환자에서 관찰된다. 일반적이지는 않더라도 일부 퇴행성 중추신경계 질환에서 말실행증이 관찰되기도 하며, 가장 두드러지는 소견이 되기도 한다.

IV. 말 병리

A. 전문용어와 이론

말실행증의 본질과 임상적 특징들에 대한 여러 의견들, 언어와 말을 포괄하는 모델을 수립하기 위한 노력, 의학 및 학계의 의견들이 모여 말실행증을 설명하기 위한 용어를 풍부하게 만들었다. **글상자 11-1**에서 요약된 용어 중 일부는 현재의 임상에서 거의 사용되지 않는다. 이러한 용어들은 장애의 변천사를 설명하기 위한 수단으로만 언급된다. 많은 용어들은 여전히 말실행증 영역에서 사용된다. 가장 빈번히 사용되는 용어는 말실행증(speech apraxia), 구강 구어 실행증(oral verbal apraxia), 브로카 실어증, 실조음증(aphemia), 실어증적 음운장애이다. **말실행증, 구강 구어 실행증, 실조음증은 말실행증의 동의어로 간주된다.** 브로카 실어증이 포함되기도 하지만 이는 말실행증보다 더 넓은 범위를 포함한다. 실어증적 음운장애는 간혹 혼동을 주기도 하지만 말실행증과는 구별된다.

말실행증의 본질에 관한 논쟁은 전통적으로 실어증과의 관계나 말과 언어 사이의 경계에 대한 부분에 초점이 맞추어졌다. 실행증을 동반한 실어증이 자주 발생하고 언어와 말운동 계획/프로그래밍에 중요한 해부학적 병소의 중복은 이러한 불확실성의 근간이 된다. 그러나 일반적으로 동의되는 것에는 (1) 일부 실어증 환자들의 비정상적인 말소리는 언어적/음운적인 결함보다는 운동 계획/프로그래밍의 문제에 기인하고, (2) 좌뇌 병소로 인한 말운동 계획/프로그래밍 장애에는 언어 문제가 동반될 수도, 동반되지 않을 수도 있다. 이러한 결론은 세밀한 임상 지각적 관찰과 음향학적 · 생리학적 연구를 통해 비구어 양식(modalities)에서 정상적인 언어 능력을 보이는 말실행증 환자의 사례를 통해 지지된다. 말실행증과 실어증 사이의 임상적 차이를 감별하는 것이 어려운 만큼 말실행증과 마비말장애 사이의 임상적 차이를 감별

글상자 11-1

말실행증 혹은 구어 표현에서의 어려움을 보이는 증후군의 일부로서의 말실행증을 보이는 말장애를 설명하기 위해 문헌에서 사용된 용어들

구심 운동실어증(afferent motor aphasia)
실구어증(anarthria)
실조음증(aphemia)
실행증적 마비말장애(apraxic dysarthria)
조음적 실행증(articulatory dyspraxia)
실조성 실어증(ataxic aphasia)
브로카 실어증(Broca's aphasia)
피질성 실구어증(cortical anarthria)
피질성 마비말장애(cortical dysarthria)
원심성 운동실어증(efferent motor aphasia)
표현 실어증(expressive aphasia)
경미한 브로카 실어증(little Broca's aphasia)
구강 구어 실행증(oral verbal apraxia)
말초형 운동실어증(peripheral motor aphasia)
음소적 실어증(phonematic aphasia)
음성적 붕괴(phonetic disintergation)
원발성 구어 실행증(primary verbal apraxia)
순수 운동실어증(pure motor aphasia)
순수 단어 함구증(pure word mutism)
이차 구어 실행증(secondary verbal apraxia)
감각운동장애(sensorimotor impairment)
말실행증(speech apraxia)
말소리 함구증(speech sound muteness)
피질하 운동실어증(subcortical motor aphasia)
단어 함구증(word muteness)

하는 것 또한 중요하다. 이러한 차이를 더 명확하게 하기 위하여 말실행증과 마비말장애(특히 실조형과 편측 상부운동신경형 마비말장애) 간의 지각적 · 음향학적 · 생리학적인 비교가 이루어져야 한다.[78,82,127]

이 장에서는 말실행증의 본질에 대해서는 자세히 다루지 않는다. 그러나 이러한 부분은 임상에서 용어의 사용과 감별진단에 영향을 미치기 때문에 임상 현장에서 자주 대두되는 기초적인 의문점에 대해서는 다룰 필요가 있다.

말실행증은 브로카 실어증 또는 비유창성 실어증의 동의어가 될 수 있는가? 이 질문에 대한 대답은 '아니요'이다. 브로카와 비유창성 실어증에서는 말의 계획/프로그래밍의 결함이 명백히 드러나지 않는다. 그러나 말이 느리고, 힘이 들며, 노력을 하는 '마비말장애적인 소견'을 보이고, 구 길이가 감소되고, 비정상적인 운율, 조음의 민첩성이 저하되기도 한다. 이러한 특징은 말실행증의 말 특징과 일치한다. 만약 정말 브로카 실어증이라면 문법이나 구문의 오류와 단어 산출에서의 어려움 또한 관찰된다.

브로카 실어증 또는 비유창성 실어증 환자는 말실행증을 빈번히 보일 수 있다. 실제로, 말실행증이 브로카 실어증의 필수조건이며, 브로카 실어증으로 진단하기 위해서는 말실행증이 관찰되어야 한다는 논쟁이 있다.[77] 그러나 말실행증은 브로카 실어증과 동의어가 될 수 없는데, 그 이유는 이 증후군의 실어증적 요소를 말실행증이 보이는 결함으로 설명할 수 없기 때문이다. 또한 말실행증이 어떠한 실어증의 징후 없이도 발생할 수 있기 때문에 동의어가 될 수 없다.

실어증 환자에서 관찰되는 소리 단계(음소 수준)의 오류가 말실행증의 징후인가? 이에 대한 대답 역시 '아니요'이다. 이 질문은 베르니케 실어증과 전도 실어증 환자들에서 빈번히 관찰되는 소리 단계의 오류로부터 촉발되었다.[[12]] 정의에 따르면, 이들의 말은 조음적으로나 운율적으로 정상임을 쉽게 지각할 수 있다. 이들의 말소리 대치, 생략, 첨가(음소 착어[phonemic paraphasias])는 아마도 음운적 부호화(phonologic encoding) 단계에 관한 문제가 반영된 것임을 알 수 있다. 즉, 이들의 오류는 음운적 단위의 순서나 선택을 부적절하게 한 것에 가까우며 그 후의 말운동 프로그래머의 실행을 위한 계획/프로그래밍 단계는 적절한 것으로 보인다.

일부 베르니케 실어증과 전도 실어증 환자들이 음성적 단계의 오류(phonetic-level errors)를 보이더라도, 이들은 용이하게 말을 산출하고 정상적인 운율을 보인다. 이는 말실행증으로 인한 음성적 단계의 오류로부터 실어증적 음운 오류를 구별할 수 있는 주요한 단서가 된다.[77] 그러므로 음성 단계의 오류가 관찰되더라도, 말실행증(브로카 실어증 혹은 '비유창성' 실어증) 화자에서는 운동 단계의 결함이 두드러지고 베르니케, 전도 혹은 다른 '유창성' 실어증에서는 음운적 결함이 두드러진다.

말실행증의 하위 유형이 존재하는가?[[13]] 우리는 모른다. 이는 좌뇌 병변을 가진 환자들 사이에서 나타나는 말장애의 다양한 양상이 언어와 운동 계획/프로그래밍 장애 사이, 그리고 운동 계획/프로그래밍과 운동 집행 장애 사이의 희미한 경계를 반영하는 것일 수 있다. 즉, 말실행증의 어떤 '유형'은 실제로 베르니케 실어증과 전도 실어증(혹은 말실행증을 동반한 실어증적 음운장애)과 같은 언어적 음운장애(말실행증이 아닌)일 것이고, 또 다른 '유형'은 마비말장애(혹은 마비말장애를 동반한 말실행증)일 것이다. 만약 그런 경우가 있다면, 말실행증의 유형이 아니라, 말실행증에 실어증이나 마비말장애가 부가적으로 동반된 경우일 것이다. 동시에, 운동 계획/프로그래밍의 서로 다른 단계에서 붕괴가 있거나 계획/프로그래밍 네트워크의 다양한 부분에 병소가 있다면 실행증의 다른 유형을 초래할 수 있다는 의견도 있었다.[97] 모델에 기초해 볼 때, 정상적인 말의 부호화는 여러 다른 경로(구별되는 기제, 구조, 경로)를 통해서 이루어지며, 예를 들어, 다른 통로가 각각 독립적으로 손상된 경우에는 손상된 각 통로와 관련된 말 특징을 보이는 것과 같이 말실행증도 다양하게 보여질 수 있다.[25,123] 말 계획/프로그래밍의 모델이 더 정교해지고 음운 처리(phonologic processing) 모델로부터 말 계획/프로그래밍 모델이 구별되거나 통합되려면 말실행증 환자에서 이러한 특징이 확인되어야 한다. 만약 다른 붕괴 양상이 관찰되며, 특히 지각적으로 두드러질 때, 임상적으로 유용한 말실행증의 하위 유형이 확립될 것이다.

실제 임상진단에서 가장 어려운 점은 말실행증이 마비말장애나 실어증과 함께 발생하는 경우가 빈번하다는 것이다. 결과적으로, 임상가와 연구자는 마비말장애 또는 실어증과 구별되는 실행증의 비정상적인 행동을 밝혀내기 위하여 고심한다. 앞서 언급하였듯이, 말실행증과 실

---

[12] 이것은 중요한 쟁점이다. 왜냐하면 "음소 착어뿐만 아니라 말실행증에 대한 대다수의 문헌이 동작(praxis)과 음운적 기제 모두를 암시하는 행동의 관찰이나 정량화에 의해 혼란되기 쉽기 때문이다."[79]

[13] 이 문제에 대한 논의는 여러 문헌[21,97,125]에서 찾아 볼 수 있음.

글상자 11-2

1999~2008년 메이요 클리닉에서 말실행증으로 진단된 사례 중 유사임의적으로 추출한 92명의 병인들. 괄호 안의 비율은 광범위한 병인에 대한 비율임. 광범위한 병인의 범위에 속하는 특정 병인들은 빈번한 순서대로 나열되었음.

퇴행성(54%)
- 원발성 진행성 실어증, 원발성 진행성 말실행증, 피질기저핵 변성, 신경학적 퇴행성 질환
- 비특정적인 질환, 근위축성 축삭 경화증, 진행성 핵상마비, 피질기저핵 변성 혹은 진행성 핵상마비로 의심되는 경우

혈관성(28%)
- 뇌졸중, 정동맥 기형, 확인 불가능한 혈관 기제

신생물성(5%)
- 전두엽을 포함하는 좌뇌 종양

외상(3%)
- 신경외과적 외상(전두엽을 포함하는 좌뇌 종양)

그 외(10%)
- 미확인된 병인, 타우병 혹은 혈관성, 뇌전증, 탈수초성 질환, 간 이식, 발달 지연

어증, 말실행증과 마비말장애 사이의 임상적 변별법은 제15장에 제시되어 있다.

B. 임상 실무에서의 병인, 병소, 중증도, 및 관련 문제들의 분포

병인

글상자 11-2와 그림 11-1은 유사임의적으로 추출된 말실행증 92명의 병인들을 정리하였다. 모든 말 병리적 실제에 이러한 결과를 일반화하여 적용할 때의 주의점에

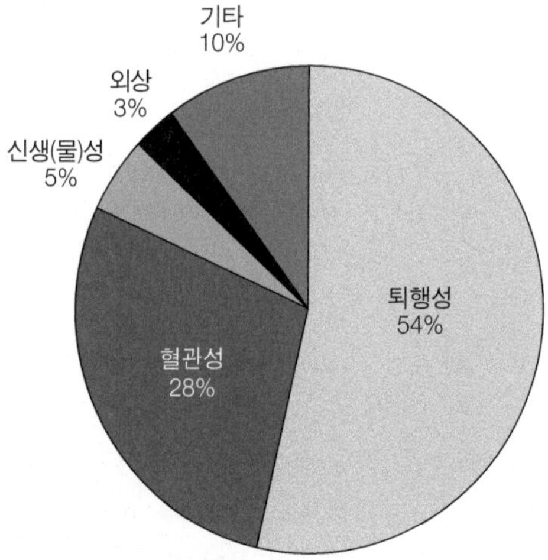

그림 11-1 1999~2008년 메이요 클리닉에서 말실행증으로 진단된 사례 중 유사임의적으로 추출한 92명의 병인에 대한 분포(자세한 사항은 글상자 11-2를 참조)

대한 제4장의 내용은 여기에서도 그대로 적용된다.

이 자료는 가장 주요한 병인들이 퇴행성 질환과 뇌졸중이라는 것을 보여 준다. 두 질환을 합산하면 전체 사례의 80% 이상을 차지한다. 퇴행성 질환을 가진 환자는 종종 말실행증을 보이거나 말실행증과 실어증을 함께 가지고 있고, 이것이 유일한 신경학적 징후일 수 있다. 결과적으로, 그들은 보통 원발성 진행성 실어증, 원발성 진행성 말실행증, 또는 둘 다로 진단받는다. 이는 신경학적 퇴행성 질환이 주요 문제의 한 예로 말실행증을 보이는 것과 같이 때때로 국소적인 장애로 보이기도 한다는 것을 의미한다. 더 구체적으로 진단하는 경우에는 종종 피질기저핵 변성, 진행성 핵상마비, 근위축성 축삭 경화증과 같이 운동 징후가 두드러지는 질환으로 진단된다. 대다수 사례가 퇴행성 질환이라는 것이 놀랍지만, 이는 92명의 사례 중 73%를 차지하는 외래환자의 사례에서 대부분 관찰되었다. 3차 외래 진료에는 일반적이지 않은 사례가 의뢰되므로 특정 사례가 편중되었을 가능성이 있다.

28%인 뇌졸중 환자의 대부분은 급성 병원 환경에서 관찰되었다. 좌뇌의 중대뇌동맥 손상에 의한 단일성 뇌졸중이 혈관성 장애의 주요 원인이었다. 나머지 혈관성 원인은 적어도 병소 중 일부가 좌뇌에 위치한 다발성 뇌졸중이었다. 일반 성인에서 관찰되는 말실행증의 가장 일반적인 원인이 뇌졸중이라고 가정해도 좋지만, 만약 말실행증보다 더 심한 정도의 실어증을 보이는 환자가 있다면 이 경우의 사례가 될 수 없다.

나머지 병인들 중 가장 빈번한 것은 좌뇌 종양 또는 좌뇌 종양을 수술한 경우이며, 후전두엽은 모든 사례들 간

에 공통된 병소 위치이다.

병소

신경 영상에서 이상 소견을 보인 신경 퇴행 병인을 가진 환자들(예: 위축, 대사저하)에서, 좌뇌는 항상 언급이 된다. 때로는 이상 소견이 양측성으로 나타나지만 대부분은 우뇌보다 좌뇌에서 더 많이 관찰된다. 컴퓨터단층촬영(CT)이나 자기공명영상(MRI)에서 확인된 좌뇌 뇌졸중의 위치는 말실행증 병소의 위치와 일치하였다. 두정엽보다 훨씬 더 많이 연관되는 것은 아니지만, 전두엽이 가장 빈번하게 연관이 있다. 단지 한 엽에만 영향을 받는 경우는 보통 전두엽이다. 간혹 측두엽이 수반되지만 결코 단일로 발생하지는 않는다.

중증도 및 관련 결함들[14]

후향적 검토는 말실행증 중증도를 정확하게 설명하지는 않는다. 하지만 명료도에 대해 언급해 놓은 환자의 사례(사례의 85%)를 보면, 그중 64%가 명료도의 감소를 보였다. 이는 다양한 마비말장애 유형의 명료도 범위 내에 포함된다.

비구어 구강실행증(nonverbal oral apraxia, NVOA)이 얼마나 빈번할까? 비구어 구강 실행을 평가한(사례의 85%) 92명의 사례에서 77%가 비구어 구강실행증 소견을 보였다. 뇌졸중 또는 외상 환자들과 비교해서 신경 퇴행성 질환 환자에서도 같은 빈도로 발생한다. 즉, 문헌과 일치하여 빈번하게 나타나지만, 말실행증과 비구어 구강실행증의 동반 비율이 항상 같은 것은 아니다.

실어증 또는 비실어적 인지-의사소통장애는 얼마나 빈번히 나타날까? 92명 환자들의 65%는 실어증을 보였다. 그러므로 말실행증이 가장 두드러지는 말 또는 언어 문제인 환자들에서 실어증이 종종 발생하지만 항상 그런 것은 아님을 의미한다. 비록 이 비율이 말실행증은 언어장애와 관계없이 발생할 수 있음을 의미하더라도, 전체 말실행증 환자들의 35%는 실어증이 없다고 결론짓기에는 적절하지 않다. 초기의 말-언어장애 증상이 실어증이면서 말실행증을 동반한 환자의 사례를 포함하지 않았고, 실어증이 말실행증보다 더 빈번히 발생하기 때문에, 전체 말실행증 환자에서 실어증을 보이는 비율은 65%보다 훨씬 높을 것이다. 의사소통에 영향을 받는 비실어적 인지 손상은 단지 5%의 사례에서만 관찰되었다. 그들은 전형적으로 다발성 혹은 양측성 장애를 보였다.

마비말장애는 얼마나 빈번할까? 92명 환자 중에서 30%가 마비말장애를 보였다. 실어증의 경우에서처럼, 초기의 말-언어장애 증상이 마비말장애이면서 말실행증을 동반한 환자의 사례를 포함하지 않았으므로 마비말장애를 보이는 말실행증 환자의 비율이 과소평가되었다. 마비말장애 유형이 명시되었을 때는 대개 편측 상부운동신경세포형, 경직형, 혼합형 마비말장애였다. 말실행증과 마비말장애가 동반 발생하는 이유로는 말운동 계획/프로그래밍 구조와 직접/간접 활성화 경로인 피질과 피질하 구조로의 경로가 해부학적으로 근접하기 때문이다. 편측 상부운동신경세포(UUMN)형 마비말장애는 이러한 해부학적 기초에 근거한 것이며, 경직형이나 혼합형 마비말장애는 좌뇌에만 병소가 국한되기보다는 여러 병소가 있을 때 나타난다.

말실행증이 유일한 신경학적 의사소통장애(즉, 마비말장애, 실어증 또는 비실어적 인지-의사소통장애가 없이)인 경우는 얼마나 빈번할까? 92명의 사례 중에 말실행증만을 보이는 환자는 4%(4명의 환자)였다. 흥미롭게도, 네 명 중 세 명이 퇴행성 질환이었던 것은, '단독(isolated)' 말실행증이 뇌졸중 또는 외상보다 퇴행성 질환에서 더 많이 관찰될 수 있는 가능성을 보여 준다. 4%라는 수치는 단독으로 말실행증만을 보이는 전체 수치가 부풀려진 것임을 인식하는 것이 중요한데, 그 이유는 말실행증이 주요한 의사소통장애였던 환자들의 자료에서 나온 수치이기 때문이다. 말실행증을 보이는 모든 사례가 포함되었다면(즉, 실어증 또는 마비말장애가 더 두드러진 사람들을 포함해서), 이 수치는 아마도 현저히 낮아졌을 것이다.

C. 환자의 자각 및 주 호소

실어증 없이 말실행증을 보일 때, 환자는 종종 "내가 말하고 싶은 단어가 있지만, 똑바로 나오지 않아요."라고 호소한다. '예전만큼 유창하지 않은' 구문과 '틀린 발음'의 단어들은 흔히 호소되는 증상들이다. 조음과 속도의 문제를 주로 호소하며, 호흡, 발성 또는 공명에 대한 언급은 드물다. 말실행증이 경미할 때, 특히 긴 단어나 복잡

[14] 이 문헌의 종합적인 검토에 따르면, McNeil, Doyle, Wambaugh[82] 연구의 말실행증 환자들의 48~85%는 비구어 구강실행증을 보였고, 평균적으로 81%가 실어증을, 29~47%가 마비말장애를 보였음.

한 음절 구조를 가진 단어에서 환자는 오류를 예상하거나 오류를 막기 위해서 신중히 말한다. 많은 환자들은 오류를 인식하고 이를 수정하려고 한다. 경우에 따라 '더듬거림'이란 단어가 비유창, 조음 위치에 대한 모색행동, 그리고 오류 수정에 대한 시도를 묘사하기 위해서 사용된다. 많은 환자들이 스트레스를 받거나 피로한 상황에서 이러한 문제가 악화된다고 말한다.

말실행증을 단독으로 보이는 환자들은 씹기나 삼킴 문제를 호소하는 경우가 드물다. 만약 그런 문제들이 있다면, 신경근육 손상과 마비말장애의 동반 가능성에 대해 고려할 필요가 있다. 또한 구어 이해, 독해, 쓰기의 언어적인 측면에서는 문제가 없다. 그러나 말실행증이 실어증과 동반되는 경우가 빈번하므로, **말실행증이 의심되는 모든 환자들은 종합적인 언어 평가 결과에서 문제가 없다고 증명될 때까지는 실어증 동반 가능성을 고려해야 한다.**

D. 임상적 관찰점

구강 기제

마비말장애를 보이지 않는다면, 씹기와 삼킴 기능은 전반적으로 정상적일 것이다. 반드시 우측에서 중추성 혀의 약증이나 안면 약증이 관찰되는 것은 아니지만, 원인이 되는 병소가 피질뇌간(연수)로를 손상시킬 정도로 충분히 크면, 우측 중추 안면 약증과 때로는 혀의 약증도 나타날 수 있다. 편측 상부운동신경세포형 마비말장애가 나타날 수 있으며 이러한 약증과 관련된다. 하지만 편측 안면과 혀의 약증으로 인한 말장애는 마비말장애의 소견이지 말실행증은 아니다.

운동 계획/프로그래밍과 통제 단계가 감각운동 과정이기 때문에, 구강 감각(예: 구강 형태 확인, 구강 내의 위치 변별, 하악운동감각 능력[mandibular kinesthetic abilities])이 손상되었는지를 확인해야 한다. 소수의 연구에서 이러한 문제를 다루면서, 일부 연구는 이러한 손상의 근거와 말실행증 중증도와의 관계[98]를 증명하였으나 또 다른 연구들은 이러한 손상과의 관계를 증명하지 못하였다.[30] 즉, 일부 말실행증 환자들은 구강 감각 문제를 보이지만, 이것이 말실행증의 여부나 중증도와 직접적인 관계가 있을 수도 있고 없을 수도 있다.[128] 이러한 손상을 평가하는 것이 말실행증 진단에서 필수적인 것은 아니다.

비구어 구강실행증

말실행증을 가진 사람들의 다수는 비구어 구강실행증을 보인다.[15](**사례 69, 70**) 비구어 구강실행증은 과제 이해가 저하되거나 감각이나 신경근육의 문제가 없는데도 말구조(예: 기침, 불기, 혀 차기)의 수의적 움직임을 수행하거나 모방할 수 없다. 이를 초래하는 병소는 좌측 반구에 있거나, 전두 덮개나 중심(롤랜드) 판개, 전 뇌실 주변부 백질, 첫 번째 측두회의 연접 부분, 뇌섬의 앞쪽, 두정엽을 포함한다.[4,119]

비구어 구강실행증을 탐지하는 데 흔히 사용되는 과제는 기침, 혀 차기, 입술을 짭짭거리기(smack the lips), 불기나 휘파람 불기에 대한 명령을 수행하거나 모방하는 것이다(제3장, **표 3-1**에 비구어 구강실행증 평가를 위한 과제가 제시되어 있다). 비구어 구강실행증 환자들은 반응하려고 시도하지만 매우 어설프거나 정확하지 않은 반응, 정확한 움직임을 위해 노력하는 모색행동, 비일관적인 시도와 오류를 보인다. 때로는 그 행동을 수행하려고 시도할 때, 동시에 명령을 말하기도 한다. 예를 들어, 기침을 하도록 요청하면, 환자는 '기침'이라고 말하고 동시에 기침하기를 시도한다. 환자는 이런 어려움들에 의해 종종 당황하고, 좌절하거나 웃기도 하며, 스스로 수정하려고 노력하고, 간혹 성공하기도 한다. 많은 환자들은 모방 또는 명령에 관한 같은 행동을 수행하는 것을 실패한 후에 한숨을 쉬며 공기를 내뱉거나 입술을 핥거나 기침을 하기도 한다.[16]

말실행증은 좌뇌 병리의 징후이기 때문에 말실행증으로 의심되는 사람은 비구어 구강실행증 평가를 받아야 한다. 이는 말실행증과의 인과관계를 밝히기 위함은 아니다. 비록 말실행증과 비구어 구강실행증이 함께 발생하는 경우가 빈번하지만, 통상적인 임상 평가로 구분할 수 있다. 이는 말실행증이 비구어 구강 운동에서의 더 근본적인 장애를 반영하는 것이라는 개념에 대해 반대하는

---

[15] 비구어 구강실행증과 같은 뜻으로 빈번하게 사용되는 용어들에는 **구강 비구어 실행증**(oral nonverbal apraxia), **안면실행증**(buccofacial apraxia), **혀 실행증**(lingual apraxia), **구강실행증**(oral apraxia), **얼굴 실행증**(facial apraxia)이 포함됨.

[16] 수의적 기침과 불기 혹은 휘파람 불기는 간단한 과제 중 가장 어려운 데, 그 이유는 호흡 기류, 후두의 움직임, 구강의 움직임의 협응이 필요하기 때문임. 일련의 비구어 구강 운동 움직임(예: 이를 부딪친 후 입술을 오므리기)은 하나의 별개의 운동보다 더 어렵지만, 과제의 명령에 대한 구어 이해 결함이나 모방에서 단기 기억 유지의 어려움으로 인해 수행능력이 방해받을 수도 있음.

표 11-1

사지, 비구어 구강, 기타 말-언어 문제 및 말실행증과 관련된 환자의 호소*

항목	결과
사지	우측 불완전편마비, 감각장애 혹은 둘 다 바빈스키 반사 과신전 반사 사지실행증, 보통 양측
비구어 구강	우측 안면 하부 약증 우측 혀의 약증 비구어 구강실행증(**사례 69, 70**) 구강 감각 손상
기타 말-언어 문제	실어증, 대개 브로카 실어증 편측 상부운동신경세포형 마비말장애
환자의 주 호소	"말이 제대로 나오지 않아요." 오조음 말더듬 오류를 예방하기 위해 천천히 말해야 함

*이러한 결함과 호소가 말실행증 환자들에게서 항상 동일하게 관찰되는 것은 아님.

것이다. 또한 두 임상 장애가 동일한 해부학적 기저를 공유하지 않으며, 신경학적으로 정상인 대상자를 통해 말 운동은 좌측 하전두이랑 앞쪽의 강한 활성화와 연관이 있으나 비구어 구강 운동은 뇌섬의 강한 활성화와 관련이 있다는 것을 보여 주는 fMRI 연구 결과도 있다.[20,[17]]

말실행증과 동반될 수 있는 사지, 비구어 구강, 다른 말-언어 문제와 환자의 주 호소는 표 11-1에 요약되어 있다.

청각 처리 능력

순수 말실행증의 환자에서는 청각적 결함이 없지만 말실행증과 실어증을 동시에 보이는 환자에서 청각적 결함이 있을 때는 그들이 보이는 말의 오류를 실행증에 기인한 것으로만 설명할 수 없다. 이는 산출되는 자극을 적절히 지각하는 것과 최소한의 청각적 능력이 말 산출 능력에 선행하는 능력임을 증명한 여러 연구들에 근거한다. Square-Store, Darley, Sommers[112]는 말실행증 환자의 청각적 처리능력이 정상일 수 있고, 말실행증과 실어증을 보이는 환자는 말운동과 청각적 처리 측면 모두에서 결함을 보일 수 있다고 주장하였다.

그러나 실행증 화자는 청각 피드백의 방해에 영향을 받을 수 있다. 예를 들어, 지연청각피드백(delayed auditory feedback, DAF)은 다른 실어증 유형 화자에서보다 브로카 실어증 화자의 말에 훨씬 더 많은 지장을 준다.[23] 하지만 이것으로 말실행증 환자의 청각 피드백이 손상되었다고 결론 내릴 수는 없다. 말실행증 화자의 말운동 통제는 "너무 취약해서 어떠한 방해가 있다면. … 결과물의 질에 심각한 영향을 줄 수 있다."고 생각된다.[23] 저장된 운동 프로그램이 손상되거나 접근의 어려움으로 인해, 실행증 화자는 말할 때 특히 적절한 청각 피드백(혹은 다른 피드백)에 의지한다고 볼 수도 있다.

말실행증이 청각 처리 장애 없이도 존재한다고 결론을 내리는 것은 타당하지만, 말실행증은 주로 실어증과 함께 나타나기 때문에, 청각 처리 장애가 종종 수반된다. 그러나 일반적으로는 청각 처리 장애가 말실행증과 항상 연관되지는 않는다.

말

운동적으로 매우 복잡한 발화의 생산을 요구하는 과제는 핵심적인 말실행증의 특징들을 이끌어 내는 데 있어서 가장 좋다. 특히 언어와 읽기 능력이 비교적 좋고 간단한 반응 이상을 할 수 있는 수준이라면 대화나 설명하기 혹은 읽기도 사용될 수 있다.

모방 과제는 말실행증을 임상적으로 판단하는 데 도움을 주는데, 그 이유는 이 과제는 말 계획/프로그래밍 능력을 확인하는 자극을 포함하고, 단어 인출과 언어 표현의 다른 부분에 대한 요구가 없기 때문이다. 특히 일부 실어증적 오류가 말실행증과의 구별을 어렵게 만들기도 하므로 후자는 중요한 사항이다. 일련운동속도(sequential motion rates, SMR)[[18]]와 복잡성을 증가시킨 음절, 단

[17] 그러나 예측할 수 있거나 예측하지 못하는 방법으로 움직이는 시각적으로 제시된 화살표를 추적하기 위해 턱을 움직여야 하는 시각운동 추적 과제(pursuit visuomotor tracking task)를 수행하는 동안 말실행증과 비구어 구강실행증을 가진 환자들은 정상인들보다 덜 정확하고 더 가변적인 반응을 보였음. 예측할 수 있는 움직임에 대한 추적은 지속적인 시각 피드백이나 아무 피드백 없이도 행해짐. 이러한 결과는 그들이 새로운 운동 프로그램의 발달과 운동 통제에 대한 효율적인 피드백의 통합 모두에서 어려움을 보인다는 것을 가리키며, 이러한 어려움이 구어 혹은 비구어 구강 운동 통제에도 적용됨을 제안함.[5]

[18] 하나의 음절을 정확하게 산출할 수 있는 실행증 화자의 교대운동속도는 비교적 유지됨. 실행증 화자 집단의 교대운동속도는 정

어, 다음절 단어와 문장을 모방하는 과제는 말실행증을 가장 잘 관찰할 수 있게 하는 과제이다. 검사자는 대화나 단순한 언어 과제를 실시하면서 말실행증을 의심하게 되며, 환자의 일련속도운동의 시도와 'catastrophe', 'statistical analysis', 'the municipal judge sentenced the criminal'과 같은 단어 또는 문장 따라 하기의 수행을 통해 확실한 진단을 내리는 것이 일반적이다. 이는 말실행증 화자가 따라말하기에서 불균형적인 어려움을 가지기 때문에 확인해야 한다는 뜻이 아니다(실제로, 모방은 많은 상황에서 정확성을 높일 수 있고, 대부분의 치료 접근법에서 중요한 촉진요소이다). 이것은 모방 과제가 자발화보다 말실행증의 특징을 좀 더 효율적으로 보여 줄 수 있다는 의미이다. 말실행증 수행에 영향을 주는 특정 요소들은 간략히 다룰 것이다.

이전에 설명한 것처럼, 난이도가 어려운 과제는 심도 말실행증 환자들에게 항상 유용하지는 않다. 이러한 환자에게는, 그들이 할 수 있는 것을 발견하고 수행이 저하되는 과제와 이를 대조해 보는 것이 더 가치 있다. 즉, 명료하게 대화하지 못하고 다음절 단어 모방을 하지 못하는 환자가 숫자 세기를 적절하게 하고(비록 정확하지는 않지만), 간단한 자음-모음-자음(CVC) 음절을 모방하고, 익숙하게 노래를 부르고, 교대운동속도를 수행하는 것을 볼 수 있다. 이것이 가능한 이유로는 더 숙달되고 '자동적으로' 산출되며, 말운동 계획/프로그래밍 능력을 최소한으로 요구하는 과제이기 때문이다. 이러한 관점에서, 평가는 말운동 계획/프로그래밍 요구의 연속선상에 놓인 과제에서 실패하거나 성공하는 환자의 능력(역치)을 반영할 수 있어야 한다. 일부 환자는 역치가 높으므로 과제의 난이도를 높여야 하고, 다른 일부에서는 역치가 낮으므로 과제 난이도를 낮추어야 한다. 소수에서는 반응을 유도하는 특정 자극이 적절하다면 말실행증이 심하게 관찰될 수 있다.(**글상자 3-3**은 말실행증 과제의 목록과 유용하게 사용되는 점수 표기법이다.) 말실행증에서 반응의 정확도에 영향을 미치는 요인을 이해하게 되면서 관례적으로 사용되던 비공식적 측정이 향후에는 좀 더 구조화된 평가로 발전할 수 있겠다.

말실행증의 지각적 특징에 대한 설명은 1960년대 후반[29,30]에 Darley의 임상 관찰과 이후의 John과 Darley[59]에 의한 연구에서 등장하였다.[19] 그 이후로, 자세한 연구, 말실행증의 정의에 대한 개선, 그리고 말운동 계획/프로그래밍과 음운론(phonology)에 대한 최신 모델의 등장을 통해 말실행증을 임상적으로 진단할 때 고려해야 하는 특징들이 제시되었다. **글상자 11-3**에 묘사된 핵심적인 특징에는 이러한 발전 과정, 저자의 임상적 경험, 실어증 환자의 음소 착어(phonemic paraphasias)로부터 말실행증을 구별하는 데 도움을 주는 특징을 제안한 McNeil 등[79,81]에 의한 최근 연구 결과가 반영되어 있다. 음향학적 · 생리학적 · 지각적 연구의 결과에 의해 위에서 열거된 특징에 대한 타당성이 증명되었다. 정밀 음성전사(narrow phonetic transcription)는 모음 오류의 존재와 왜곡을 보여 주므로, 대치[20]로 간주되는 것이 음성적 왜곡의 결과이거나 적어도 음성적 왜곡이 동반되었을 가능성을 보여 준다. 예를 들어, 실행증 화자들이 대치보다 자음 왜곡을 더 많이 보였고, 대치로 인식된 오류의 절반은 왜곡으로도 지각되었다.[89] 이것이 **글상자 11-3**의 대치, 첨가, 연장의 많은 특징 앞에 '왜곡된'이라고 명시한 이유이다.

글상자 11-3에 열거된 특징들 사이에서 왜곡의 존재는 실어증에서 발생할 수 있는 음운 오류(음소 착어)로부터 말실행증과 관련된 대치, 첨가, 연장을 구별하는 데 도움을 준다. 즉, 실어증의 음운 대치, 첨가, 그리고 연장은 왜곡으로 지각되지 않는다. 반대로, 조음 왜곡은 마비말장애로부터 말실행증을 구별하는 데 도움을 줄 수 없지만, 다른 특징들, 예를 들면 마비말장애에서는 첨가나 대치가 거의 관찰되지 않는 것으로 구별할 수 있다.

글상자 11-3에 열거된 속도와 운율 문제는 경도 이상의 말실행증에서 널리 관찰되는 문제이며,[21] 음소 착어와 말실행증을 구별하는 데 있어서 조음 오류보다 더 중

상인보다는 다소 느리고, 파킨슨병으로 인한 마비말장애 집단 이외의 다른 마비말장애 화자 집단보다는 빠름.[135]

[19] 말실행증의 역사적 · 이론적 · 임상적인 개요는 지난 수십 년 동안의 연구를 통해 소개되었음.[21,33,69,79,81,97,128]

[20] 이것은 의미 있는 단위들을 지각하고 '소음' 신호(왜곡)를 무시하고자 하는 청자들의 '바람'이며, 간략 전사(broad transcription)로 왜곡을 고려하지 않고 음운적으로 분석한 말실행증의 지각적 연구에서 관찰된 음운(phonologic) 오류만이 반영된 것임. 또 다른 가능성으로는 일부 연구에서 실제로 왜곡이 없는 대상자를 포함하였거나, 오늘날의 말실행증 정의에 의해 말실행증이 아닌 실어증적 음운 오류를 보이는 대상자가 포함되었을 수도 있음.

[21] 비정상적인 운율은 기능적으로 중요하다. 예를 들어, 청자는 기본주파수, 지속시간, 강도의 변화로 다양한 감정을 표현하는 실행증 화자의 말을 구별하는 데 어려움을 보였음.[122]

글상자 11-3

지각적으로 관찰되는 말실행증의 특징*(사례 30, 31, 38, 39, 77, 89뿐만 아니라 부록 웹사이트의 Part IV의 일부 사례는 다음과 같은 특징을 보여 줌)

조음
- 자음과 모음 왜곡(부정확한 조음), 주로 자음 왜곡이 두드러짐
- 왜곡된 대치
- 왜곡되고 보속적인 대치(예: '나나나'/바나나)
- 왜곡되고 예상적인 대치(예: '파파도'/포테이토)
- 왜곡된 첨가
- 왜곡된 소리 연장
- 왜곡된 유성성 구별(유성음과 무성음 사이의 경계선이 흐려짐)
- 비교적 일관된 조음 **오류 위치**(여러 번의 시도에서)†
- 비교적 일관된 **오류 유형**(여러 번의 시도에서)†

속도와 운율 체계
- 음소 정확도(phonemic accuracy)와 상관없이 전반적으로 느린 속도, 특히 한 음절보다는 발화 수준에서
- 다음절 단어나 문장 내의 단어들에서 모음연장이 변이적으로 나타남
- 음소 정확도(phonemic accuracy)와 상관없이 단어 사이 간격의 연장이 변이적으로 나타남
- 음절 분리
- 음절/단어 전체의 강세가 동등한 경향을 보이는 강세 배열 오류
- 속도가 증가함에 따라 음성 정확도(phonetic accuracy)가 저하됨, 때로는 음소 경계(phonemic boundaries)를 넘기도 함
- 강세 변화로 인해 외국어 같은 말투처럼 인식됨‡

유창성
- 음소 경계(phonemic boundaries)를 넘나드는 조음 오류를 자가수정하려는 시도의 성공 혹은 실패
- 잘못된 조음 시작과 재시작
- 청각적 · 시각적으로 관찰할 수 있는 조음 모색행동
- 소리 및 음절 반복

유용한 과제
- 음절 효과: 저빈도 음절, 더 많은 음소(phoneme)를 가진 음절, 음절 내 자음군이 있는 경우 오류율이 증가함
- 복잡한 단어에서 오류 증가(음절 수가 많거나 음절당 음소 수가 많은 경우)
- 자동적/반응적 발화에 비해 수의적/명제적 발화에서 오류율이 증가함(그러나 자동적/반응적 발화도 간혹 정상이 아닐 수 있음)
- 교대운동속도보다 일련운동속도의 음성 정확도(phonetic accuracy)나 속도가 저하됨
- 덜 빈번하며 복잡한 음절에서 오류율 증가, 혹은 길이와 복잡성이 비슷한 수준일 때 의미 단어보다 무의미 음절/단어에서 오류율 증가
- 자음군 오류가 단일 음소 오류보다 빈번함
- 발화 개시의 어려움
- 모방 발화 과제와 자발화 과제 모두에서 오류를 보임
- 비슷한 수준에서 모방 오류는 일반적으로 자발화 오류를 초과하지 않음

*이러한 특징들은 일부 마비말장애 유형(예:부정확한 조음, 느린 말 속도, 왜곡된 유성성 구별)과 실어증(예:오류에 대한 자가 수정 시도, 조음 모색행동)에서 관찰됨. 다른 문제가 없거나 일부 특징들이 한꺼번에 관찰되는 것으로 마비말장애나 실어증과 말실행증을 구별할 수 있음. 이러한 구별은 제15장에서 다룸.

†'비교적', '일관적인'에 대한 정의는 연구마다 다양하며, 말실행증 환자의 일관성/변이성의 정도 또한 상당히 다양함. 일반적으로, 말실행증의 조음 변이성(음소 경계[phonemic boundaries]를 넘는 오류와 관련한)은 마비말장애보다 더 변이적이나 실어증보다는 덜 변이적임.

‡외국어 같은 말투(pseudoforeign accent)에 대한 논의와 설명은 제13장을 참조하기 바람.

요하다. 즉, 운율 문제는 말실행증에서 거의 항상 나타나며 대치, 첨가 또는 생략을 보이지 않는 발화에서도 관찰된다. 반면에, 음운(phonologic) 오류를 보이는 실어증 환자가 음소적으로(phonemically) 적합한 발화를 보일 때는 운율과 속도가 정상이다.[81] 그러나 말실행증의 말 속도와 운율의 이상은 실조형, 경직형, 편측 상부운동신경세포형 마비말장애 같은 특정 마비말장애와 유사하다.

말실행증의 말 속도와 운율 문제는 다음과 같이 설명할 수 있다. (1) 말실행증의 기본적인 특징이다. (2) 조음 문제의 부산물일 수 있다(예: 조음장애를 보이는 상황에서 과연 속도와 운율이 정상일 수 있을까?). (3) 조음의 근본적인 결함에 대한 보상이다. 세 가지 설명 모두 안면 타당도를 가지지만, 근거를 총괄해 보면, 말 속도와 운율장애는 말실행증의 특징이며[81] 단순히 부차적(이차적) 조음 오류나 보상적 노력의 부산물이 아니다. 이는 정확도를 유지하기 위해 말 속도를 느리게 한다고 보고하는 일부 말실행증 화자들이 오류와 상관없이 말해 보도록 요청되는 경우에도 말 속도를 증가시킬 수 없었다는 연구에 의

해 지지된다. 그러나 말 속도가 빨라지는 경우에는 분명히 정확도에 문제가 생긴다.

많은 환자에서 말실행증과 관련된 비정상적 유창성[22] 특징들이 명백히 나타나지만 비정상적 유창성은 음운(phonologic) 오류를 보이는 실어증 환자에서도 나타나므로,[23] 이것으로 말실행증을 실어증으로부터 구별할 수 없다. 그럼에도 불구하고, 운동저하형 마비말장애에서는 예외적인데, 말실행증에서 빈번히 관찰되는 유창성 문제가 마비말장애 환자에서는 드문 편이라서 마비말장애와의 구별을 가능케 한다. 신경학적 유창성 장애는 제13장에서 더 자세히 다룬다.

말실행증은 많은 요인에 의해 영향을 받을 수 있고(**글상자 11-3** 참조), 실어증 환자 또한 유사하게 영향을 받는다. 이러한 요인들은 일반적으로 마비말장애 환자에게서는 관찰되지 않는다. 예를 들어, 실행증 환자가 일반적으로 교대운동속도보다 일련운동속도의 수행에서 더 어려움을 보이나 마비말장애 환자들은 두 과제(또는 때때로 교대운동속도보다 일련운동속도에서 더 잘함!) 모두 동일하게 어려움을 보인다. 수의적/명제적 발화(volitional/propositional utterances)는 자동적/반응적 발화(automatic/reactive utterances)보다 더 비정상적이다(종종 후자가 완전히 정상적이지 않을지라도). 마비말장애 환자는 이러한 차이를 보이지 않는다.

평가 및 치료 자극과 관련하여, 말실행증 환자의 오류 비율에 대한 자료를 보면, 강한 **음절 빈도 효과**(syllable frequency effects)(출현 빈도가 낮은 음절이 더 어려움), **음절 길이 효과**(syllable length effects)(더 많은 음소로 구성된 음절이 더 어려움), **음절 경계 효과**(syllable boundary effects)(음절 내의 자음군이 음절 경계에 걸쳐 있는 군집보다 어려움), 그리고 **단어 복잡성 효과**(word complexity effects)(더 많은 음절/분절로 이루어진 단어와 음절당 더 많은 음소를 포함하고 있는 음절에서 더 어려움)를 보였다.[2,65,110,133] 이러한 **음절 효과들**(syllabicity effects)은 단어 빈도 효과보다 말실행증 오류에 더 많은 영향을 준다.[2] 또한 자발화에서 수행한 것을 보면,[111] 실행증 환자가 정상보다 단어 당 음절수가 적고, (간단한) 모음이나 자음-모음 음절 형식의 비율이 높은 것과도 관련이 있다.[43]

마지막으로, 음절 효과에서 예측되는 것 이외에, **음성적 부호화**(phonetic encoding)의 **성도**(vocal tract) **움직임**(gesture) **수준에서의 복잡성도 말실행증 오류 가능성을 예측한다.**[132] 예를 들어, 이 수준에서의 복잡성은 발화 내에서 인접한 음소(phoneme) 사이에 전이 요구를 나타낸다. 즉, 매우 간단한 수준에서, 자음군 /sn/은 /st/군보다 더 복잡한데, 그 이유는 /s/에서 /n/으로 전이될 때는 무성에서 유성, 구강에서 비강으로의 움직임을 요구하나, /st/는 그렇지 않기 때문이다.[24]

모든 말실행증 환자들이 **글상자 11-3**에 요약된 모든 특징을 보이지 않는 것은, 특정 마비말장애 환자들이 해당 유형에서 보고된 모든 특징을 보이지 않는 것과 같다. 이러한 이유는 명확하지 않다. 아마도 장애 내에 자연적인 변이성, 중증도와 관련된 변이성, 말실행증 하위 유형의 존재 가능성, 실어증 동반으로 인한 여러 가지 악영향, 또는 변이적 보상 전략 때문일 것이다.(부록 웹사이트의 Part IV의 일부 사례와 **사례 30, 31, 38, 39, 77, 89**는 말실행증과 관련된 많은 특징을 보여 준다.)

심도의 말실행증

임상적 관찰 자료에서는 경도 또는 중등도의 말실행증 환자에 대한 사례가 많다. 유감스럽게도, 심도의 말실행증 환자에 대한 체계적 연구는 부족한데, 이는 아마도 결과에 영향을 미치는 심도의 실어증을 동반하는 경향 때문이다. 심도의 말실행증이 일반적으로 경도의 순수 말실행증보다 더 빈번하게 발생한다. 또한 심도의 말실행증 특징은 단순히 경도에서 관찰되는 특징의 더 큰 규모가 아닐 수 있다.

글상자 11-4는 덜 심한 형태로 설명된 것에서 벗어난 심도 말실행증 환자의 말 특징을 요약하였다. 이 요약은 심도 말실행증의 말이 따라말하기, 읽기, 자발화 과제에서 의미를 약간 담고 있거나 무의미한 발화로 제한될 수

[22] 이 장에서 사용된 유창성이라는 용어는 들리거나 들리지 않는 소리-음절 반복과 연장(비유창성), 혹은 조음 모색행동과 같은 말의 정상적인 흐름에 방해를 보이는 것을 지칭함. 이 장에서의 비유창성은 소위 비유창 실어증에서 보이는 감소된 구의 길이나 비문법성과 같은 언어적 손상을 지칭하는 것이 아님.

[23] 예를 들어, 모색행동의 시도와 오류가 말실행증(실어증과 비교하여)의 구별되는 특색이라는 개념은 명확하지 않음.[81]

[24] Ziegler[132]는 단어 조음에 대한 움직임의 복잡성을 추정하는 '음성 계획의 구성 모델링' 방법을 설명하였음. 음성 단위의 선형 순서로 음성을 다루기보다는, 음절 내와 음절 간에 존재하는 움직임의 관계뿐만 아니라 단순한(소분절) 조음 움직임을 포함한 '음성 계획의 복잡하고 비선형적인 위계적 조직'으로 보았음. 단어 말뭉치를 통해 계산된 복잡성 추정치는 말실행증 환자 40명의 정확도 점수를 강하게 예측하였음.

글상자 11-4

심도 말실행증의 특징

- 제한된 말소리 목록
- 의미를 약간 담고 있거나 이해할 수 없는 발화만을 산출함
- 단독 말소리 모방에 오류가 있음
- 오류의 다양성이 제한되고 높게 예측됨
- 자동 발화가 명제 발화보다 더 좋지 않을 수 있음
- 자극이 신중하게 선택되는 경우, 오류 반응이 목표에 근접할 수 있음
- 함묵(muteness)이 존재할 수 있지만 다른 구어, 언어, 인지적 결함이 존재하지 않으면 1주에서 2주 이상으로 지속되지는 않음
- 일반적으로 실어증이 수반되지만 실어증이 없을 수도 있음
- 일반적으로 비구어 구강실행증이 수반될 수 있음

있다고 언급한 Rosenbek[96]의 관찰로부터 영향을 받았다. 단독 말소리 모방에서 오류를 보이고, 오류 유형이 제한될 수 있다. 음성 목록(phonetic repetoire)에 제약이 있을 때, 목표음이 목록의 말소리나 음절과 유사하지 않다면, 오류는 목표음에서 멀어진다. 자동 발화는 수의적인 발화보다 좋지 않을 수 있다(예: 심하게 손상된 환자는 1부터 5까지 숫자 세기 시도를 할 때 느리고 왜곡되게 'dun, doo, dee, daw, digh'를 산출함). 친숙한 곡의 노래 부르기는 상당히 유사한 곡조로 정확한 음절 수를 산출하고, 약간의 왜곡된 자음과 모음을 포함할 수도 있다(예: 'apee turdee too doo'/'Happy birthday to you'). 단지 약간의 다른 말소리가 산출될 때, 오류는 상당히 예측 가능하고, 때로는 환자가 실제로 일부 말소리를 생성하는 움직임에 대한 표상을 '잃어버린' 듯한 인상을 준다.

말실행증은 함구증(muteness) 수준의 중증도를 보이기도 한다. 대부분의 임상가들은 적어도 뇌졸중의 병소가 브로카영역일 때, 순수한 말실행증에서 일반적으로 며칠 이내에 개선되는 초기의 일시적인 발성 불능(발성 실행증[apraxia of phonation])이 관찰될 수 있음을 인정한다.[85] 말실행증 단독의 영향으로 함구증이 2주 이상 지속되는 것은 드물다. 사실, 임상에서 단서를 제시하거나 함께 숫자 세기 또는 친숙한 곡 부르기를 통해 뇌졸중 이후 함구성 실행증(mute apraxia)을 보이는 환자의 첫 발화를 이끌어 내는 것은 행복한 일이다. 말실행증을 기반으로 하는 함구증이 몇 주 이상 지속되는 경우에는 심도의 실어증, 실구어증(anarthria), 무동성 함구증(akinetic mutism), 또는 심인성 함구증(psychogenic mutism)과 같이 다른 진단명이나 추가적인 문제를 의심해야 한다. 말실행증과 다른 함구증의 형태 간의 감별은 제12장에서 다루어진다.

조음을 위해 턱, 입술, 혀를 움직이는 모색행동(groping)을 시도하는 특징과 비구어적으로 관찰되는 좌절을 보이면서 함구성 실행증 환자는 항상 말을 하려는 시도를 한다. 일반적으로 심도의 비구어 구강실행증이 나타난다. 조음 능력이 환자의 발성 불능을 심하게 넘어서는 일은 드물다. 즉, 발성 실행증은 항상 심도의 조음 문제와 함께 나타난다.[25]

> 마비말장애로부터 말실행증을 감별할 수 있게 하는 특성은 무엇일까? 왜곡된 말소리 대치, 첨가, 다음절 발화에서 음절 분절, **속도와 복잡성**이 증가될수록 저하되는 정확도, 음소 경계(phonemic boundaries)를 넘어서는 조음 오류를 수정하고자 하는 시도, 조음 움직임을 위한 모색행동, 자동 발화 과제에 비해 수의적인 발화 과제에서의 어려움, 교대운동속도와 단음절 과제에 비해 일련운동속도와 다음절 단어 과제에서 더 어려움을 보이는 것 등은 말실행증을 확인할 수 있는 가장 명백한 감별 단서가 된다. 이러한 특징들이 무리 지어 나타나는 것은 마비말장애로부터 말실행증을 감별하는 데 도움을 준다.

> 실어증과 관련된 음소 착어(phonemic paraphasias)로부터 말실행증을 감별할 수 있게 하는 특성은 무엇일까? **조음 왜곡, 여러 번의 시도에서 비교적 일관된 말소리 오류의 위치와 유형, 느린 속도, 단어 내 간격의 연장과 음절 분절, 강세 과제에서 동등한 강세와 오류**는 말실행증을 확인할 수 있는 가장 명백한 감별 단서가 된다. 다시 말하지만, 이러한 특징들이 무리 지어 나타나는 것은 실어증의 음운(phonologic) 오류로부터 말실행증을 감별하는 데 도움을 준다.

말실행증, 마비말장애, 실어증의 음운(phonologic) 오류 간의 감별은 제15장에서 더 논의된다.

---

[25] Marshall, Gandour, Windsor[71]에 의한 사례 연구는 극단적인 예외를 보여 줌. 그들의 환자는 오랫동안 발성장애(후두 실행증)를 보였고, 전기후두를 사용할 때 정상적으로 말할 수 있었음.

글상자 11-5

말실행증의 연구에서 드러난 음향학적 · 생리학적 문제점들. 선행 연구들은 대부분 한 명 또는 소수의 사례 연구에 기초를 두고 있으므로, 모든 실행증 환자가 이러한 특징을 보이는 것은 아님. 또한, 이 특징들은 말실행증에서만 나타나는 것이 아님. 이 중 일부는 다른 신경학적 장애나 비신경학적 상태에서 관찰됨.

성대진동 시작시간
- 유성 파열음, 무성 파열음과 마찰음 간의 성대진동 시작시간의 분포가 겹침
- 음소적으로(phonemically) 정확하게 지각되는 경우에도 성대진동 시작시간의 분포가 비정상적이며 변이성이 증가함

속도
- 전반적으로 느린 말 속도, 움직임 지속시간이 길어짐, 운동 속도의 감소
- 음절, 다음절, 단어, 여러 단어, 문장 내의 자음과 모음의 과도한 연장
- 증가된 단어 내 간격과 구두 반응 시간
- 특히 속도를 증가시키는 상황에서 말 속도를 조절하는 능력이 감소함
- 말 관련 구조들 간에 지연되고 결함이 있는 비일관적인 동시조음
- 이중모음에서 포먼트 궤적(전이구간)이 느려지고 고정된 구간이 길어짐
- 말하는 동안 아랫입술과 턱 움직임의 운동 시간이 더 길고 변이적임
- 조음 움직임이 이루어지는 동안 속도의 변화가 빈번하고 속도의 변이성이 증가함

운율 및 강세
- 구와 문장에서 과도하게 규칙적인 시간적 측면을 보이고 강도의 범위(음절과 음절 간의 강도 변이성)가 평이함
- 문장 내에 감소된 기본주파수 궤적
- 긴 문장 수준을 넘어서 기본주파수가 저하됨
- 문장 내의 중간에 위치하는 단어에 비해 마지막 단어의 길이가 짧아짐
- 발화 내에서 음절 내 휴지와 휴지 지속시간(즉, 음절 분절)이 길어짐
- 문장 내 강세 또는 위치에 상관없이 발화 내에 음절 길이가 균등함
- 발화 내에 강세와 비강세 음절에서의 동등한 강세

조음 및 유창성
- 파열음에서 성도의 완전한 폐쇄가 어려움(즉, 마찰음화)
- 교합저지기(bite block)를 물고 산출한 경우에 모음의 제1포먼트와 제2포먼트가 비정상적임
- 잘못된 방향의, 과장된, 또는 '보속적인' 포먼트 궤적
- 잘못된 방향의, 과장된, 연장된, 또는 비정상적으로 변이적인 혀의 조음 움직임
- 혀와 턱 움직임을 독립적으로 조절하는 능력의 저하(단순화?)
- 반복적인, 실패한, '말더듬의', 또는 들리거나 들리지 않는 조음 모색행동의 시도

변이성
- 동시 조음의 시작, 포먼트 궤적(즉, 움직임 전이), 목표 모음의 달성, 모음 길이에서의 변이성이 증가함
- 휴지 길이, 성대진동 시작시간, 음절 길이에서의 변이성이 증가함
- 턱, 입술, 혀, 연구개 움직임의 방향, 길이, 속도, 최대 속도, 강도와 조음 구조들 간의 시간적이고 공간적인 연관성(동시 조음 양상)에서 변이성이 증가함

비구어 구강 운동 조절
- 비구어에서 같은 강도의 힘을 주는 것이 어렵고, 입술, 혀, 턱의 위치를 고정시키는 것에서의 불안정
- 아랫입술과 턱 움직임, 기본주파수의 조절에서 움직임의 양상을 예측하기 어려움

E. 음향학적 · 생리학적 관찰점

음향학적 · 생리학적 관찰점들은 장애의 지각적 특성에 대한 확진 근거를 제공하고, 지각적인 서술을 개선하는 데 도움을 주는 추가적인 특징들을 확인하였다. 기기적 결과의 상당 부분은 말실행증이 운동 계획/프로그래밍의 음성적 장애(phonetic disorder)임을 보여 주었다. 다음의 다소 임의적인 세부 단락들은 장애의 임상적 특징과 근본적인 본질을 명확히 하는 데 도움을 주는 음향학적 · 생리학적 연구 결과를 요약한 것이다. 이러한 결과들은 **글상자 11-5**에 요약되어 있다.

성대진동 시작시간

성대진동 시작시간(voice onset time, VOT)은 자음의 산출 시점과 뒤따르는 모음의 성대진동 시작시간 사이의

구간이다. 파열 자음에서 성대진동 시작시간은, 파열음 방출을 나타내는 소음성 폭발의 시점에서부터 성대진동의 시작을 나타내는 파형 주기의 시작 시점까지를 음향학적으로 측정하는 것이다. 유성 파열음은 성대진동 선행(voicing lead)(파열음 방출 전 성대진동의 시작), 동시에 일어나는 성대진동 시작과 폐쇄의 방출, 또는 성대진동 지연(voice lag)(파열의 방출 이후에 약 20ms[1000분의 1초] 내에 성대진동이 시작됨)의 특징을 보인다. 40ms 또는 그 이상의 성대진동 지연(voice lag)은 무성파열음의 특징이다. 성대진동 시작시간은 상후두 조음기관(예: 입술과 혀)과 성대진동의 구별 신호에 필수적인 호흡-후두의 움직임 간의 상대적 시간차를 반영하므로 말실행증의 협응을 음향학적으로 측정할 때 사용되었다. 이 시간을 측정하는 것은 말실행증 환자의 음운적(phonologic) 결함보다는 운동 프로그래밍에 대한 중요한 정보를 제공한다.

일부 연구에서는 무성과 유성 파열음의 성대진동 시작시간의 분포가 겹치는 부분이 있었다. 정확한 파열음 산출에서 성대진동 시작시간은 정상적인 유성음과 무성음의 범위(예: 25~40ms) 내에서 정상보다 더 큰 변이성을 보일 수 있다. 이러한 문제들은 초성 유성 및 무성 마찰음에서도 보고된다.[13] 실행증 환자가 때때로 음운(phonologic) 오류를 암시하는 성대진동 시작시간(예: /b/의 성대진동 시작시간이 정상정인 /p/ 성대진동 시작시간 범위까지 길어짐)을 보일지라도, 이것이 음운적(phonologic) 장애라기보다는 전반적인 음성적(phonetic) 장애임을 근거하는 경우가 많다. 사실, 대치로 지각되는 음소(phoneme)의 성대진동 시작시간은 실제 대치로 산출되는 음소의 성대진동 시작시간과 일치하지 않는 경향을 보인다.

일반적으로 성대진동 시작시간이 겹쳐지는 것과 비정상적인 변이성은 정확한 음소(유성음 또는 무성음)가 선택되었음을 보여 주지만, 조음기관과 후두 활동의 시점에 대한 조절이 저하된 것이다.[26] 비정상적인 성대진동 시작시간은 특히 말실행증이 여러 말 구조들 사이에 일어나는 활동들의 통합을 필요로 하는 것에 취약함을 보여 준다.[13]

속도

음향학적 · 생리학적인 연구를 통해서 말실행증의 느린 속도는 비정상으로 인식되는 임상적 소견이며, 느린 속도가 조음 통제를 유지하기 위한 보상적 전략인지 아니면 장애의 주요 특성인지를 밝히려는 노력을 해왔다. 느린 속도나 감소된 움직임 속도를 수량화하려는 노력도 계속되었다.[27] 또한 과도하게 연장된 자음 길이[59,75,121]와 음절, 다음절 단어, 여러 단어의 연속체, 구에서의 모음 길이 증가도 보고되었다.[28]

모음 길이는 많은 문맥 내에서 특정한 언어적 의미를 가지지 않고, 특히 실행증 환자는 모음연장에 있어서 특정 언어 규칙을 따르기 때문에, 모음 길이의 증가가 기저의 언어장애를 반영한다고 볼 수는 없다. 예를 들어, 정상 화자와 같이, 말실행증 환자도 발화가 길어지면 분절의 수만큼 분절 내의 모음 길이를 감소시킨다.[29] 예를 들어, 'catapult'이라는 단어에서 'cat'이라는 음절의 모음은 'cat'이라는 단어의 모음 길이보다 짧다.[24,52,116,117] 게다가 실행증 환자들은 음절 종성 자음과 함께 있는 유성음에서 '모음 축약 규칙'을 따른다(즉, 무성 종성 자음에 선행하는 모음은 유성 자음에 선행하는 모음보다 짧다).[13,22,37] 따라서 실행증 환자의 모음 길이가 정상인보다 더 길어지는 경향을 보일지라도 언어적인 차이가 나타나도록 모음 길이를 변화시킨다.

또한 음향학적으로 단어 간 간격이 증가되는 것은 음절 분절에 대한 인식을 보여 준다. 실행증 환자는 정상 화자보다 음절의 독립적인(음절마다) 프로그래밍을 더 많이 한다.[30] 비록 덜 일관적이기는 하지만 정상 화자와 유사하게, 문장 내의 단어 간 간격을 감소시킨다. 이는 운동계획 활성화와 시행을 위한 기제가 손상되었음을 보여 준다.[114,115] 비정상적으로 증가된 구어 반응 시간은 이러한 결론을 지지한다.[69,83,120,124]

말실행증의 느린 속도가 보상적인 것인지(즉, '의도적으로' 속도를 느리게 하면 조음 정확도가 올라갈 수 있음) 아니면 장애의 주요 특성인지를 확고히 말하기는 어렵다. 그러나 말실행증 환자가 정상적으로 빠른 속도로 산출할 수 있을 때에도 말 속도 조절에서의 효율성이 저하되는 것[82,94,108]은 운동 조절의 문제임을 반영하는 것으로

[26] 참고문헌 6, 7, 14, 15, 44, 48, 51~55, 57, 74, 100, 103, 115, 121.

[27] 참고문헌 48, 63, 74, 92, 103, 107, 113, 124, 135.

[28] 참고문헌 22, 24, 52, 63, 77, 102, 113, 114, 116, 117.

[29] 항상 그런 것은 아니다. 일부 실행증 환자들은 실제적으로 단어 길이가 증가됨에 따라 분절에서 모음의 길이가 증가하고,[52] 이러한 현상은 운동 계획/프로그래밍의 제약을 반영함.

[30] 참고문헌 50, 63, 77, 83, 114, 136.

느림이 보상에 기인한다는 개념에 반대하는 것이다. 또한 정상 화자도 평균 혹은 빠른 속도와 비교하여 느린 속도에서 시간 조절(timing) 양상의 변이성이 증가되거나 문제를 보일 수 있기 때문에 말실행증에서 관찰되는 일부 시간적 수치들은 느린 속도의 부작용일 수 있음을 인식할 필요가 있다.[77]

다음에 올 조음 움직임의 예측을 어렵게 하는 후두, 연구개, 혀, 입술의 움직임 사이의 지연된, 결함이 있는, 비일관적인 동시 조음의 근거도 음향학적으로 증명되었다.[80,129,136,137] 이중모음 내에서 비정상적으로 느린 포먼트 궤적(전이)과 긴 안정(고정) 구간 또한 확인되었다.[127]

전자기 조음기록계(electromagnetic articulography, EMA)는 자음, 자음군, 마지막 음절에서의 조음 시간이 길어지거나 혀의 움직임이 증가하는 것을 측정한다.[9,10] 말하는 동안 아랫입술과 턱 움직임의 운동성을 측정한 결과, 최고 속도(최대 속도로 이루어짐)는 정상이지만 더 길고 변이적인 움직임 시간, 더 빈번한 속도 변화, 그리고 더 큰 속도 변이성을 보였다.[78] 이는 입술을 움직이는 시간은 더 걸릴지라도 그 속도는 정상보다 느리지 않음을 보여 준다.[31] 움직임이 더 크거나(더 큰 이동을 포함) 혹은 움직임 경로를 넘어선 더 많은 일탈의 양(운동조절이상[dysmetrias]) 때문에 움직이는 시간이 더 걸리는 것이다. 일부 정상 화자도 느린 속도로 말을 할 때 운동조절이상을 보일 수 있기 때문에 이러한 운동조절이상은 느린 말 속도로 인한 부작용이며, 실조형 마비말장애에서 관찰되는 것과 유사하다.[78]

요약하면, 말실행증에서 말 속도는 일반적으로 느리고 정상인보다 더 변이적이다. 실행증 환자가 언어적 차이를 통해 속도를 수정할 수 있는 능력이 있기 때문에, 이들의 속도 문제는 언어적 결함보다는 운동(motor) 또는 음성(phonetic) 단계의 결함을 반영한다는 결론이 음향학적 · 생리학적인 연구를 통해 증명되었다. 이러한 연구 결과는 속도 결함에 대한 언어적 해석에는 반대하는 입장일지라도 실조형 마비말장애와 같은 특정 유형의 마비말장애와 말실행증 사이에서 관찰되는 비정상성의 차이에는 의문을 제기한다.

[31] 마찬가지로, 실행증 화자는 말을 빠르게 하도록 요청받을 때 입술을 빠르게 움직일 수 있었고, 교합저지기를 물고 지각적으로 정확하거나 부정확한 단어를 산출한 경우에도 최대 입술 움직임 속도는 다르지 않았음.[97] 그러나 일부 운동적 분석은 최대 속도에 도달하기 위해 증가된(충분한) 시간이 필요함을 보여 줌.[76]

운율

운율 문제는 말실행증의 주요하고 분명한 특성이다. 이는 조음 연장, 음절 분절, 느린 속도에 의해 나타난다. 속도, 강세, 기타 운율적 비정상을 측정한 음향학적 연구 결과는 대부분의 실행증 환자에서 운율적 비정상성이 관찰됨을 보여 준다.

실조형 환자들은 다음절 단어, 구, 또는 문장 발화 내의 음절 간의 강도 변이가 저하되고, 시간적으로 동일한 음절 길이를 보인다.[50,63,113,135] 이는 비강세(unstressed) 음절의 길이와 강세가 커지면서 강세 음절과 구분하기 어려워짐을 의미한다. 이렇게 시간적, 강도적으로 획일화되는 경향은 강세와 운율의 중립화(neutralization)로 인식된다.[77]

문장의 감소된 기본주파수(fundamental frequency, f_0) 곡선[101]은 빈번히 음도 변화가 저하되는 것을 의미한다. 기본주파수의 다른 측면의 문제도 있을 수 있다. 정상적으로 서술 문장을 말할 때 기본주파수는 발화 전체에 걸쳐 선형적으로 감소하면서 발화의 끝에서 가장 크고 빠르게 감소한다. 그리고 발화의 종결을 보여 주기 위해서 서술 문장의 마지막 단어는 연장되는 경향이 있다. 브로카 실어증 환자(그리고 말실행증으로 추정되는 환자)는 간단한 문장의 끝에서는 기본주파수의 감소를 보이나 더 긴 발화에서는 그렇지 않을 수 있다. 게다가, 발화에서 마지막 단어의 길이는 처음이나 중간 단어보다 명백히 길어지지 않는다(때때로 더 짧기도 함). 이러한 길이적 구별의 어려움이 마지막 단어를 짧게 하는 것보다는 마지막 단어가 아닌 단어의 길이를 길어지게 하기도 한다. 즉, 이것은 언어적 또는 운동 계획, 또는 두 가지 모두에서의 능력 저하를 의미하는 구문 문제나 힘들게 조음하는 형태로 나타난다.[26]

음향학적 연구는 발화 내 음절 간의 쉼이 길어짐을 보여 주었는데,[135] 이는 각각의 음절이 독립적으로 프로그래밍 되는 것임을 의미한다. 긴 휴지 시간, 발화 내 휴지 구간의 증가, 비강세 음절을 포함하여 모든 음절의 강세, 전반적으로 느린 속도, 짧은 구, 강세 또는 문장 내 위치와 상관없는 균일한 음절 길이에 대한 음향학적 연구들은,[50,63] 비정상적 운율과 강세가 빈번하게 관찰될 수 있음을 보여 준다. 이러한 결과들은 운동 계획/프로그래밍을 위해 덜 효율적인 경로를 사용하거나 단순화하는 것으로 해석할 수 있다.[125] 다음절 발화에서 음절들이 독립된 단일 단위(음절 분할)로 산출된다는 것은 적어도 일부

실행증 환자들이 음절마다 계획/프로그래밍을 하여야 한다는 것을 의미하고, 이러한 과정에서 정상적인 강세 및 운율이 사라지는 것이다.

조음 및 유창성

위치, 방법, 유성성 측면에서 문제가 있다면 조음이 부정확해진다. 소수의 추가적 결과들은 이에 대한 근거를 보여 주며, 비유창성에 대해서도 언급하였다.

브로카 실어증이나 말실행증 환자들은 **파열음을 위해 성도를 완전하게 폐쇄하는 것이 어렵다.**[110,132] 폐쇄를 나타내는 묵음 대신 나타나는 소음(마찰음화)은 파열음을 마찰음으로 대치하였다기보다는 왜곡한 것에 가깝다.

모음에서도 부정확성이 관찰된다. 예를 들어, 정상 화자들은 교합저지기(bite block)를 문 상태로 첫 시도 만에 목표 모음의 올바른 포먼트 위치를 잡는다. 반대로, 브로카 실어증 환자(그리고 말실행증으로 추정되는 환자)들이 교합저지기를 물고 /i/를 산출할 때는 혀의 상승과 전방화로 인해 비정상적으로 높은 제1포먼트와 낮은 제2포먼트 수치를 보였다.[118] 적어도, 이는 말실행증 환자가 모음을 포함하여 보상 조음을 위해 실시간으로 조율을 하는 데 어려움이 있음을 보여 준다.

음향학적 연구에서는 연결 발화 시 **부적절한 포먼트 궤적**(misdirected formant trajectories)이 나타났다. 예를 들어, 정상적 단음 과정을 따르는 포먼트보다는, 처음에 올라갔다 떨어지기도 하였다. 또한 포먼트 궤적은 포먼트 전이(formant transition)에서의 주파수 변화가 정상과 비교하여 더 커지면서 크게 과장되기도 한다(과장된 움직임을 가리킴). 마지막으로, 선행하는 음절과 비슷한 포먼트 전이(formant transition)를 보이는 보속적인 궤적들이 나타나기도 한다.[127] 이는 모두 조음 움직임에서의 부정확성을 나타낸다. 흥미롭게도, 일부 특징들은 실조형에서의 특징과 유사한 반면에, 일부는 보상적인 노력이 반영된 것이기도 하다.[127]

전자기 조음기록계를 사용한 운동적 연구들 또한 단어 길이가 증가됨에 따라 비정상적인 혀의 움직임이 증가되고 조음 변화가 비정상적으로 일어남을 증명하였다. 잘못된 혀의 움직임, 잘못된 지점에 위치하는 혀, 설치경 마찰음(lingualalveolar fricatives)에서 왜곡되고 비정상적인 공간 배치의 변화, 자음과 자음군을 산출할 때 더 길거나 더 넓은 혀의 움직임, 말하기 전 혀를 조용히 움직이는 것(조음의 모색행동), 그리고 정상 혹은 빠른 속도에서 치조와 연구개 목표음 산출을 위한 혀와 턱의 움직임 간의 더 강한 조음적 연결 등은 혀와 턱을 개별적으로 움직이는 능력이 저하되거나 조음 조절을 단순화하는 시도임을 암시한다.[7,10-12]

일부 연구에서는 비유창성, 실패한 조음 시도와 오류 수정 시도에 대해서 언급하였다. 예를 들어, 근전도 검사계(electromyographic, EMG), 운동적 · 음향학적 · 지각적 연구는 **단어의 첫 분절에서의 반복 시도, 실패한 조음 시도, 오류 수정 시도, 첫 자음 분절의 '말더듬', 그리고 추가적인 움직임과 모색행동** 등이었다.[32]

변이성

Ziegler[137]는 "**말실행증에서 움직임의 통합 실패는 무질서하게 일어나는 것이 아니라** 오히려 모국어에서의 움직임 조합 규칙을 따르게 된다."고 하였다. 이에 대한 근거는 없을지라도, 말실행증이 불변하는 것을 의미하지는 않는다. 사실, 변이성(variability)은 심도보다 덜한 수준의 말실행증에서 주요하게 관찰되는 특징이다. 말실행증에서 정상 범위 이상의 큰 변이성이 음향학적 · 운동적 연구를 통해서 증명되었다. 음운적으로(phonologically) 정확해서 언어적 측면의 장애로 보기 어려운 말 산출에서 이러한 비정상적 변이성이 관찰되었기 때문에, 상기 연구들은 이론적으로 중요하다.

변이성에 관한 결과는 변이성을 어떻게 확인하고 측정하는지에 따라 영향을 받는다.[107,33] 많은 실행증 환자에서 변이성과 일관성이 관찰된다. 일관성은 이미 언급하였다(예: 속도와 운율에 대한 논의를 볼 것). 여기에서는 변이성 증가에 대해 다루겠다.

모음 포먼트 궤적에 대한 일부 연구에서 **동시 조음, 속도의 변화, 적절한 목표 모음의 달성에서 정상보다 더 큰 수준의 변이성이 관찰되었다.**[34] 유사하게, 단음절, 다음절, 그리고 구 산출에 대한 연구에서는 일반적으로 모음 길

[32] 참고문헌 8, 49, 62, 68, 113, 120, 127, 134.

[33] 예를 들어, 실행증 환자들은 검사가 거듭됨에 따라 특정 음절 위치에서 더 많은 자음 오류를 보이지만, 특정 위치에서의 오류율은 평가가 반복되면서 감소함.[73] 그리고 자극이 무작위로 제시되거나, 통제되어(유사하거나 동일한 자극이 혼합됨) 제시되는 상황 중에서, 오류는 후자의 상황에서 더 잘 예측됨. 변이성을 측정할 때는 자극을 어떻게 구성해야 하는지를 고려해야 함.[126]

[34] 참고문헌 100, 102, 103, 127, 136.

이에서 정상보다 더 큰 변이성이 관찰되었다.[35] 폐쇄 구간(stop-gap), 성대진동 시작시간, 자음-모음 음절의 길이, 단어 사이의 길이에서도 변이성이 증가하였다.[100,108]

조음 구조 내와 조음 구조 간에서의 **시간적 · 공간적인 불협응뿐만 아니라** 비정상적 변이성 또한 음향학적 · 운동적 연구와 근전도 측정을 통해 밝혀졌다.[49,62,74,116] 예를 들어, 몇몇 연구들은 연구개가 움직이는 양상이 상당히 정상적인데도 같은 자극을 반복할 때 연구개 움직임의 높이와 분절 길이는 상당히 변이적이었음을 보여 준다. 연구개가 움직이는 상황에서의 이러한 변이성은 비음 대치 오류로 인식된다.[55,56,58] 특히, 말하는 동안에 입술과 연구개 움직임의 공간적 이동 측정을 할 때, **크고 변이적인 동시 조음 양상**을 보였다.[62] 유사하게, 입술과 턱 움직임의 **최대 속도, 속도 변화, 그리고 움직임 강도와 속도 간의 관계에서 정상보다 더 큰 변이성을 보였다**.[45,78]

또한 비구어 구강 운동도 정상적이지 않다. 비록, 모든 구조의 평가와 모든 말실행증 환자에서 일관적으로 불안정성의 양상이 나타난 것은 아니지만, 일부 실행증 환자(그리고 일부 실조형 마비말장애 환자)는 비구어 운동 시에 입술, 혀, 턱의 위치를 고정시키거나 일정하게 유지하는 힘을 측정할 때 **정상보다 힘과 위치의 변이성이 더 컸다**.[76] 또한 시각적으로 표시되는 신호를 아랫입술, 턱, 기본주파수로 따라가는 **비구어 시각운동 추적 과제**(nonspeech visuomotor tracking tasks)에서 어려움을 보였다. 이는 의도된 움직임을 위한 내적 계획이나 프로그램을 산출하거나 발전시키는 데(학습하는 데) 결함이 있음을 보여 준다.[51,95]

비록 여기서는 다루지 않았더라도, 일부 전도 실어증과 베르니케 실어증 환자 또한 말실행증 환자와 같이 음향학적 · 생리학적 측면에서 문제를 보일 수 있다. 말실행증에서 관찰되는 정도만큼 심하지는 않고, 말실행증의 언어적 문제로 인한 것이 아니다. 그러나 어느 정도의 운동 계획/프로그래밍 문제는 말실행증을 보이지 않는 실어증 환자에서도 관찰될 수 있다.

[35] 참고문헌 22, 37, 52, 103, 104, 127.

V. 사례

사례 11-1

68세 여환은 어느 날 아침 말이 나오지 않고 우측의 약증을 보여 병원에 내원하였다.

다음 날 시행된 말 평가에서 환자는 혀를 우측으로 올리는 데 제약이 있는 것을 제외하고는 정상적인 구강 움직임을 보였다. 환자는 목 가다듬기, 혀 차는 소리 내기, 바람 불기, 휘파람 불기 시도 시에 턱과 입술의 부정확한 모색 행동만을 보였다. 기침 반사는 정상이었다. 숫자 세기, 익숙한 곡의 노래 부르기, 또는 단순한 소리나 음절 모방하기에서 턱과 입술의 어색하고 부정확한 모색 행동만을 보였다. 모방할 때는 왜곡된 /a/, /ou/, /u/를 산출하였다. /m/을 단독으로 따라 할 수 있었으나 다른 음들은 모방할 수 없었다. /f/의 정확한 조음 위치를 찾을 수 있었지만 마찰음을 산출하기 위하여 공기를 내보낼 수는 없었다.

환자는 구어 이해와 읽기 이해는 어려운 과제에서도 정상 수준을 보였다. 약증으로 인하여 오른손으로 쓰는 것이 어려웠지만, 철자, 단어 선택, 문법은 정상이었다.

발병 5일 후의 CT 검사에서, 좌뇌 후전두엽(posterior frontal lobes)과 전두정엽(anterior parietal lobes)의 접합부에서 병소를 확인하였다. 신경학적 진단명은 좌뇌 뇌졸중이었다.

환자는 말 치료를 받았다. 6주 후 퇴원할 때, 환자는 음절들을 함께 이어서 말하려고 할 때 속도가 느려지고 음절 분절이 일어났지만, 단음절 내의 거의 모든 소리들을 산출할 수 있었다. 2개월 뒤 재평가를 실시하였을 때, 환자는 중등도 수준의 속도와 분리된 음절, 신중한 조음, 그리고 전반적으로 경도의 조음 왜곡을 보이면서 문장을 힘들게 산출하였다. 2년 뒤 재평가를 실시하였을 때, 기능적 수준에서 말을 구사하는 것이 가능하였으나, 중도 수준의 속도와 특히 다음절 단어를 말할 때 가끔 조음 대치를 나타내는 특성을 보였다. 지속적으로 /s/, /z/, /l/, 그리고 모든 자음군을 산출하는 데 지속적인 어려움을 보였다.

해설: (1) 뇌졸중은 말실행증의 가장 흔한 원인이고,

말실행증은 뇌졸중의 유일하거나 가장 두드러진 징후일 수 있다. (2) 말실행증으로 인하여 말을 못 하게 된 사람들이 말을 하려고 노력하는데도 발병 시기에 말을 할 수 없다. (3) 보통 실어증과 함께 나타나지만, 심도의 말실행증도 언어학적 손상 없이 나타난다. (4) 비구어 구강실행증을 빈번히 동반한다. (5) 뇌졸중으로 인한 말실행증은 시간이 지남에 따라 나아지는 경향을 보이는데, 때로는 극적으로 개선되기도 한다. 언어적 손상이 전혀 없거나 거의 없을 때 예후가 가장 좋다.

사례 11-2

63세의 남환은 타 기관에서 좌측 경동맥 내막절제술을 받은 후 6주 후 내원하였다. 수술 후 말 문제와 우측 편마비를 보였다. 신경학적 검사 결과에서는 우측 편마비와 "안면 약증으로 인한 마비말장애와 비유창성 실어증"이 관찰되었다.

말-언어 평가 결과, 환자는 약간의 이해력 저하와 우측 편마비로 인하여 글자를 정확하게 쓰는 것을 어려워하였다. 전보식 발화를 산출하였으며, 감소된 음량, 경도의 쉰(hoarseness) 음성, 일관적인 경도의 조음 왜곡뿐만 아니라 많은 조음 수정, 주저, 반복을 보였다. 우측의 중추 안면 약증 소견을 보였다.

임상가는 "환자의 의사소통장애에 가장 큰 영향을 미치는 것이 말실행증이며, 비유창성(브로카 실어증 같은) 실어증, 그리고 편측 상부운동신경세포 마비말장애"를 보인다고 진단하였다. 말-언어 치료가 권고되었다.

다음 날 행해진 신경 영상 촬영과 대뇌 조영술을 통하여 좌뇌 전두두정엽에 위치한 덩어리를 확인하였다. 환자는 수막종을 완전히 제거하는 수술을 받았다. 수술 2일 후 이루어진 재평가에서 실어증은 관찰되지 않았다. 경도의 말실행증과 편측 상부운동신경세포형 마비말장애가 남아 있었으나 호전된 양상을 보였다. 그는 병원에 입원해 있는 1주일 동안 말 치료를 받았고, 큰 문제 없이 대화할 수 있게 되었다. 그의 말실행증은 그가 불안하거나 정상 속도로 말하려고 할 때 가장 잘 나타났다. 몇 달 후 이루어진 신경학적 재평가에서는 개선이 있기는 하지만 말 문제가 잔존하는 것으로 나타났다.

해설: (1) 말실행증은 종종 실어증과 편측 상부운동신경세포형 마비말장애와 동시에 나타난다. 이 사례에서, 세 장애는 모두 초기에 관찰되었으며, 말실행증이 가장 두드러지는 징후였다. (2) 급성기 혹은 아급성기(subacute)의 말실행증 병인은 종양뿐만 아니라 뇌졸중일 수도 있다. 이 사례에서, 처음에는 뇌졸중이 병인처럼 보였으나, 정밀 검사 결과 종양이었다. (3) 말실행증은 질환의 중증도와 관련이 있다. 여기서는 상대적으로 경도의 말실행증이었으며, 수술 후에 증상이 상당히 호전되었다.

사례 11-3

51세의 여환은 말과 쓰기의 어려움, 잔돈 세기의 어려움이 커지고 차 시동 거는 방법을 모르는 상태가 점점 더 나빠져서 몇 시간 후 병원에 내원하였다. 응급실 평가 결과, 환자는 우측 중추 안면 약증, 방향 감각 상실, 사지실행증, 그리고 언어 표현의 어려움을 보였다. 이해력은 정상이었다. CT 결과에서는 문제가 관찰되지 않았으나, 대뇌 조영술에서 좌측 중대뇌동맥의 전두두정가지 폐색이 확인되었다. 이로써 좌뇌 전두두정 뇌졸중으로 진단되었다.

며칠 뒤 시행된 말-언어 검사에서, 실어증이 관찰되었으나, 가장 중요한 의사소통 결함은 말실행증이었다. 왜곡된 조음 대치, 생략, 조음 움직임을 위한 모색 행동, 느린 말 속도, 운율 변화의 특성을 보였다. 단어나 발화 길이가 증가할 때 조음의 어려움이 증가하였다. 교대운동속도는 느렸으며, 일련운동속도에서 어려움을 보였다. 환자는 오른쪽 중추 안면 약증과 우측 혀의 경미한 약증을 보였다. 임상가는 편측 상부운동신경세포형 마비말장애도 있다고 생각하였다.

환자는 간단한 명령은 이해할 수 있었으나 좀 더 어려운 수준의 이해 과제에서는 수행력이 낮았다. 언어적으로, 구두 표현에서 전보식 발화를 약간 보였으나, 임상가는 이것이 말실행증의 보상적 측면을 반영하는 것인지에 대해 생각하였다. 그림 이름대기 과제의 수행에서 어려움이 없었으나, 빠른 단어 인출 능력은 정상범위 내에 포함되지 않았다. 문장과 짧은 문단 읽기 이해에서는 문제가 없었다. 쓰기는 언어학적으로 적절하였으나, 사지실행증 소견으로 인해 글자 형성에서 어려움을 보였다. 비구어 구강실행증은 없었다.

임상가는 중등에서 심도 수준의 말실행증과 경도의 실어증으로 진단하였다. 치료가 권고되었고, 며칠 후 퇴원할 때 증상이 눈에 띄게 호전되었다. 예를 들어, 환자는 10분 동안의 대화에서, 세 번의 대치와 한 번의 조음 모색행동만을 보였다. 말 속도를 느리게 하여 조음을 정확히 하는 것이 가능하였다. 환자는 자신의 말이 어려움으로 인한 좌절감 없이 더 나아질 것이라는 자신감을 갖게 되었다. 환자는 퇴원 후에 말 치료를 계속 받지는 않았다.

해설: (1) 말실행증과 실어증은 좌뇌 뇌졸중의 초기 징후로 자주 나타난다. (2) 말실행증과 실어증을 보이는 환자들에게 말실행증은 두드러진 의사소통 결함이다. 발병 시점에 경미한 중증도를 보이면, 예후가 좋다. (3) 비구어 구강실행증 없이도 말실행증을 보인다.

사례 11-4

81세의 남환은 좌뇌 뇌졸중으로 의심되는 소견으로 인해 2년 동안 말과 사지 조절의 어려움을 보여 재활치료 기관에 의뢰되었다. 머리 CT 촬영 결과, 경미한 대뇌 위축증이 나타났으나 그 외에는 정상이었다. 말-언어 평가가 의뢰되었다.

초기 평가에서, 환자는 자신의 말이 천천히 나빠지고 있다고 호소하였다. 구강 기제 검사 결과, 경미한 우측의 중추 안면 약증과 함께 수의적으로 혀 차는 소리를 내거나 기침하기에서 모색행동이나 부적절한 움직임을 보이는 비구어 구강실행증을 보였다.

그는 복잡한 구어 문장이나 쓰여진 문장을 이해하는 데 경도에서 중등도의 어려움을 보였다. 그림 이름대기 과제에서는 여러 번 자가 수정하는 의미 오류를 보였다. 대화를 할 때 말이 느리고, 간혹 전보체의 짧은 구문과, 의미 오류를 드물게 수정하였다. 받아쓰기에서 철자 오류를 많이 보였다. 스스로 문장 쓰기에서도 문법적 오류를 자가 수정하거나 수정되지 않은 철자 오류를 포함한 전보식 문장을 보였다.

말운동 평가에서 조음 위치를 찾기 위한 모색행동과 함께 속도 감소, 불규칙적인 조음 붕괴, 왜곡된 대치와 운율장애(dysprodosy)가 나타났다. 교대운동속도는 조금 느렸고, 일련운동속도는 차례대로 조음하는 것이 매우 어려웠다. 다음절 단어 반복에서도 상당한 어려움을 보였다. 말명료도는 경미하게 저하되었다.

임상가는 환자가 "좌뇌 후전두엽 기능 장애를 암시하는 편측 상부운동신경세포형 마비말장애와 중등도에서 심도 수준의 말실행증을 가진다. 표현 기능이 수용 기능보다 더 저하되기는 하지만, 모든 언어 양식의 측면에서 경도에서 중등도 실어증을 보인다. 이는 좌측 실비안 열구 주변(perisylvian)과 롤랜드 고랑 앞부분(prerolandic)의 기능 장애를 암시한다."라고 결론 내렸다. 환자의 증상이 진행하는 것을 보았을 때, 뇌졸중보다는 천천히 진행하는 퇴행성 질환의 가능성에 무게를 두었다. 이후의 행동신경과 의사도 임상가의 원발성 진행성 실어증 소견에 동의하였다.

환자는 병원에 있는 동안 약간의 진전을 보였으나, 6개월 후의 사후 평가에서, 말이 더 안 좋아졌다고 보고하였고, "잘 읽을 수가 없어요. 단어들이 한꺼번에 나와요."라고 호소하였다. 그는 쓸 수가 없었고 오른팔 움직임의 협응에 심한 어려움을 보였다. 병원 퇴원 후 짧은 기간 동안 말 치료를 받았으나 도움이 되지 않았다. 다시 실시한 검사에서 비구어 구강실행증을 보였다. 말실행증 특성은 이전과 유사하나 초기평가에서보다 더 악화되었다. 실어증이 심해진 소견은 없었다.

임상가는 "환자가 6개월 전보다 악화된 말실행증을 보인다. 비구어 구강실행증(그리고 상지 실행증)도 보인다. 말실행증과 경도에서 중등도 수준의 실어증을 가지고 있다. 전반적인 인지장애를 보이는 전형적인 환자의 행동들은 관찰되지 않았다."라고 결론 내렸다.

과거의 말 치료에서 거의 도움을 받지 못하였기 때문에 말 치료가 도움이 되지 않는다고 환자가 느끼고 있어서 치료는 권고되지 않았다. 그러나 구어 의사소통이 어려울 정도로 말이 악화된다면 치료가 도움이 될 수 있음을 조언하였다. 의사소통의 보완적인 수단을 알려 주었다.

신경심리학적 평가에서 말과 언어 영역 이외의 어려움은 거의 없었다. 단일광자방출단층촬영(single photon emission computed tomography, SPECT) 결과, 좌측 두정엽 부위에서는 광범위한 대사저하가 관찰되었고, 좌측 전두엽 부위에서도 대사저하가 약간 관찰되었다. 이는 좌측 두정엽과 전두엽이 두드러지게 영향을 받아서 비대칭적으로 퇴행함을 의미한다. 추적 관찰을 위한 환자의 내원은 이루어지지 않았으나, 2년 후 환자 아내와의 전화통화에서 환자가 말을 전혀 하지 못하고 오른손을 기능적으로 사용하지 못한다고 들었다. 아내는 환자의 구어 이해와 왼손의 사용은 괜찮다고 여겼다.

해설: (1) 말실행증과 실어증은 비대칭적인 피질 퇴행 과정의 가장 초기 징후이며, 시간이 지나면서 가장 두드러지는 징후 중 하나이다. (2) 때때로 말실행증은 사지실행증과 함께 나타나는데, 사지실행증은 쓰기의 언어학적 측면과 비구어적 지적 능력의 평가를 어렵게 만든다. (3) 퇴행성 질환 환자의 말실행증에 대한 중재는 비퇴행성 병인의 말실행증 중재와 다르다. 이는 치료를 다루는 장에서 논의할 것이다.

사례 11-5

68세의 왼손잡이 남환은 좌뇌 뇌졸중을 보인 6주 후에 언어 평가를 받았다. MRI 결과, 환자는 좌측 두정엽에 뇌졸중 소견을 보였다.

환자는 발병 시점에 이해 불가한 약간의 소리만을 산출할 수 있었다고 보고하였다. 그는 자신의 생각과 머릿속에 있는 단어는 이상이 없었고, 구어 이해에서 어려움이 없다고 하였다. 환자는 말이 개선되기 시작하였을 때, 독일어와 유사한 억양을 보인다고 느꼈다. 계속해서 호전을 보이면서는 노르웨이어와 같은 특성을 보였다. 이러한 억양은 사라졌다. 환자는 자신이 매우 잘 읽거나 쓰던 사람은 아니었지만, 예전에 비해 읽는 속도가 느려졌다고 생각하였다. 그는 검사 시점에서는 정상의 80% 정도까지 회복되었다고 생각하였으며, 말 문제로 인한 좌절이 없다고 하였다. 저작이나 삼킴 문제도 없다고 하였다.

구강 기제 검사 결과는 정상이었다. 비구어 구강실행증도 없었다. 음성과 공명도 정상이었다. 조음에서는 간혹 모음 왜곡이 더욱 두드러지는 모음과 자음 왜곡이 관찰되었다. 왜곡된 대치나 첨가를 드물게 보였다. 전반적인 말 속도는 약간 느렸고, 특히 다음절 단어일 경우 더욱 두드러졌다. 교대운동속도는 정상이었지만, 일련운동속도를 빠르게 수행하는 것에서는 어려움을 보였다.

언어 검사에서는 구어 이해능력이 정상이었다. 대화에서 문법과 구문은 정상적이었고, 음소 착어나 의미 착어가 없었다. 대면 이름대기와 단어 유창성 과제에서 빠르게 어휘를 산출하는 능력은 저하되었다. 그의 읽기 속도는 약간 느렸으며 의미 오류가 나타났으며 가끔 어휘를 바꾸어 말하였다. 받아쓰기에서는 철자 오류가 자주 관찰되었으나, 스스로 문장 쓰기는 적절하였다. 읽기나 쓰기에서 관찰된 어려움의 일부는 적어도 오래된 언어학습 문제를 반영하는 것으로 생각된다. 임상가는 경도의 말실행증과 함께 아마도 경도의 실어증이 있다고 진단하였다.

회복되면서 환자는 기뻐하였고 잔존하는 말 문제로 좌절하지 않는다고 말하였다. 추후 회복에 대한 예후가 좋으므로 치료는 권고되지 않았다. 그러나 만약 어려움이 지속되고 좌절감이 느껴진다면, 재평가나 치료가 필요하다고 조언하였다.

해설: (1) 말실행증은 좌뇌 후전두엽의 뇌졸중에 의해 흔히 발병하고, 심지어 왼손잡이에서도 나타난다. (2) 말실행증은 뇌졸중으로 인한 주요 의사소통장애

가 되며, 경미한 실어증이 동반될 수 있다. (3) 말실행증의 운율 문제는 외국어 말투와 같은 인상을 준다. (4) 일반적으로 병소가 작고 언어장애가 두드러지지 않을 때, 뇌졸중으로 인한 말실행증의 회복 예후는 좋다. (5) 모든 말실행증 환자가 말 치료를 필요로 하는 것은 아니다. 치료 권고에 대한 결정은 검사 결과나 예후뿐만 아니라 적어도 환자의 태도, 판단, 요구를 필요로 한다.

사례 11-6

59세의 오른손잡이 남성은 말 어려움이 시작된 몇 시간 후에 시각적 어려움과 두통으로 내원하였다. 신경학적 검사 결과, 구어 표현의 두드러진 어려움을 제외하고는 정상이었다. 간단하고 복잡한 명령 수행에서 어려움을 보이지 않았다. 내원 하루 후 시행된 자기공명영상(**그림 11-2**)에서 좌측 후전두 판개의 초기 아급성기 경색이 확인되었다.

3일 후 시행된 말 병리 확인 결과, 정상적인 구강 기제 능력을 보였고, 비구어 구강실행증도 관찰되지 않았다. 언어 평가에서는 정상적인 구어 이해와 유지를 보였다. 읽기 이해는 정상이었으나 소리 내어 읽기에서는 간혹 의미적 오류, 약간의 주저, 첫소리 연장이 나타났다. 대화의 문법과 구문은 정상이었고, 의미(semantic) 혹은 음운적(phonologic) 오류는 없었다. 쓰기에서는 몇 개의 의미와 철자 오류를 보였다.

환자는 긴장된 음질과 가끔 짧은 주저와 첫소리 연장, 조음의 정확한 위치를 위한 시도나 오류 등의 모색 행동을 보였다. 이러한 어려움은 일련운동속도 수행과 다음절 단어 반복에서 가장 두드러졌다. 말명료도는 정상이었다.

임상가는 환자가 경도에서 중등도의 말실행증을 보이며, 쓰기 언어에서의 문제는 경도의 실어증 때문이라 결론 내렸다. 치료가 권고되었으나 환자가 2일 후에 경동맥 내막절제술을 받았기 때문에 시작되지 않았다. 얼마 후 퇴원하는 시점에 외과 의사는 환자의 말이 정상이라고 보고하였다. 그러나 수술 후에 공식적인 말-언어 재평가나 치료를 받은 것으로 보이지는 않는다.

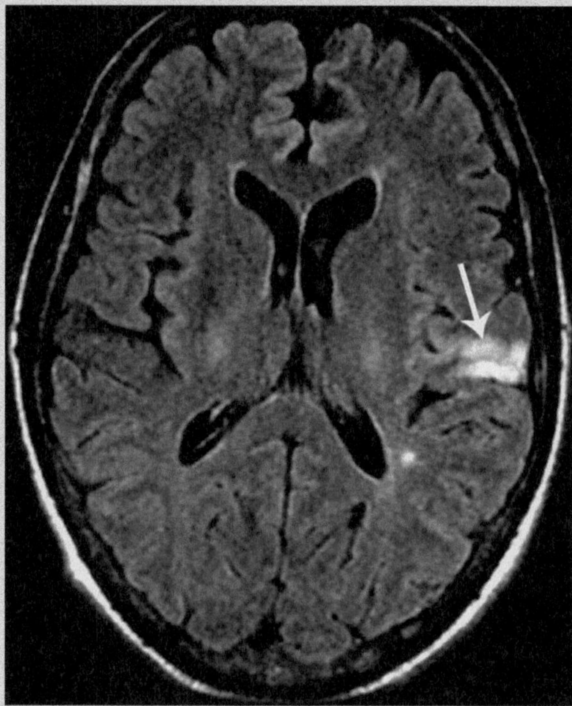

그림 11-2 사례 11-6의 자기공명영상. 화살표는 좌뇌 후전두 덮개의 작은 병소를 가리킴.

해설: (1) 말실행증은 좌측 후전두엽의 병소와 관련이 있다. 병소가 작을 때는 말실행증을 단독으로 보이거나, 언어장애가 표현 측면에만 국한되며 덜 두드러진다. (2) 말실행증의 구강 기제 기능은 전반적으로 정상이다. (3) 뇌졸중으로 인한 초기의 경도 말실행증의 예후는 꽤 좋다(이 사례에서 회복의 실제 정도가 공식적으로 평가된 것은 아니다).

사례 11-7

타 기관에서 파킨슨증으로 진단받은 73세의 여환은 1~2년 사이에 관찰된 점진적인 신경학적 문제에 대한 평가의 일환으로 말-언어 평가를 받았다.

환자는 "내가 말하고자 하는 것을 말할 때 반대로 말하게 됩니다."라고 자신의 말 어려움을 설명하였는데, 이는 환자가 단어 선택 오류와 '예/아니요'를 말할 때 반대로 말하는 것을 의미한다. 환자는 구어 이해에서는 문제가 없지만 읽기에서 어려움이 있었다. 오른손을 움직이는 데 어려움이 있어서 쓰기가 불가하였다. 충분한 시간이 주어지면 기본적인 요구를 적절히 표현하여 의사소통을 할 수 있다고 환자와 환자의 아들은 보고하였다.

구강 기제 검사에서 정상적인 크기, 힘, 균형이 나타났다. 비구어 구강실행증이 두드러졌고, 구강안면의 움직임을 모방하거나 명령을 수행하라고 요청받았을 때 이를 말로 표현하거나 발성으로 하는 것이 나타났다. 또한 정확한 위치를 위한 모색행동을 보였다.

말에서는 긴장되고 거칠고 쉰 음질, 부정확한 조음, 조음 움직임을 위한 모색행동, 가끔 다양한 왜곡, 왜곡된 대치, 다음절 모방에서 어려움이 증가하는 소견이 나타났다. 말을 처음 시작할 때 잘못 산출하는 경우가 있었고, 간혹 첫소리/음절을 반복하였다. 교대운동속도는 경미하게 느렸다. 일련운동속도 수행에서는 일련의 소리를 순서에 맞춰 산출할 수 없었다.

언어 검사의 구어 이해에서 약간의 장애가 관찰되었다. 환자는 단어 인출 노력의 지연과 대화하는 동안 의미적 오류를 보이며, 간혹 기능적인 어휘를 생략하였다. 단어 정의하기와 속담 설명하기는 구체적으로 수행할 수 있었다. 구두 철자 말하기에서는 어려움을 보였다. 크게 인쇄된 단어는 읽을 수 있었으나, 문장 수준의 자료를 소리 내어 읽을 때는 의미나 구문 오류를 보였다. 심한 사지실행증과 진전을 보여 쓰기는 확인하지 않았다.

임상가는 환자가 말실행증, 비구어 구강실행증, 경도의 경직형 마비말장애, 경도에서 중등도의 실어증, 실어증에 영향을 주지 않는 약간의 인지적 어려움을 가졌다고 결론을 내렸다. 또한 "파킨슨병에서는 말실행증, 비구어 구강실행증, 불분명한 경직형 마비말장애, 실어증이 매우 드물지만, 피질기저핵 변성에서는 특이한 경우가 아니다."라고 말하였다.

환자와 환자의 아들은 환자가 일상의 기능적인 의사소통에서는 문제가 없다고 생각하였다. 환자는 치료에 대한 열망이 없었다. 환자에게는 이후 의사소통의 어려움이 증가하면 말-언어 치료가 기능적인 의사소통을 촉진하기 위한 보상적인 전략을 개발하는 데 도움을 줄 수 있다고 조언하였다.

이후의 자기공명영상에서는 전두엽과 두정엽 양측에서 위축이 두드러졌다. 단일광자방출단층촬영(single photon emission computed tomography, SPECT) 촬영 결과, 전두엽, 두정엽, 측두엽 양측에서 관류저하를 보였으며, 상대적으로 좌측 두정엽에서 관류저하가 두드러졌다. 신경심리학적 검사에서는 피질과 피질하 특징을 보이는 중등도의 치매가 확인되었다. 최종적인 임상 신경학적 진단은 피질기저핵 변성이었다.

해설: (1) 이 사례에서 피질기저핵 변성으로 진단된 것과 같이 말실행증은 신경학적 퇴행성 질환과 관련될 수 있다. (2) 비록 말실행증이 가장 두드러지는 의사소통장애일 수 있으나, 실어증, 마비말장애, 비실어적 인지 결함이 동반될 수 있다. 이러한 결함들은 퇴행성 신경학적 진단을 위한 단서가 된다. 이 사례에서 관찰된 여러 징후는 파킨슨병 환자에서는 드물게 나타나지만, 피질기저핵 변성과 같은 신경학적 퇴행성 질환에서는 흔하다. (3) 신경학적 의사소통장애를 보이는 모든 환자들이 말-언어 치료를 원하는 것은 아닌데, 이는 환자가 자신의 요구를 표현하기 위하여 적절한 기능적 의사소통을 사용할 수 있다고 믿기 때문이다. 이러한 경우에 임상가는 촉진할 수 있는 치료가 무엇인지에 관한 정보를 제공할 책임이 있다.

VI. 요약

1. 말실행증은 음성적 · 운율적으로 정상적인 말 산출에 기여하는 감각운동 명령의 계획이나 프로그래밍 능력 결함에 기인한 말운동장애이다. 말실행증의 임상적 특징은 생리학적인 결함으로 인한 마비말장애나 언어 처리 과정의 장애로 인한 실어증과 다르다.
2. 말실행증은 대부분 좌(우성)반구의 비정상적인 문제로 초래된다. 초기에 말실행증으로 진단되는 비율은 주요한 단일 유형의 마비말장애의 비율과 유사하다. 또한 실어증이 주요한 의사소통장애일 경우 이차적인 진단으로 나타난다.
3. 종종 좌뇌반구 손상의 다른 운동 및 감각 징후와 동반되어 나타나며, 유일한 신경병리학적 근거이기도 하다. 일부 말실행증 환자는 비구어 구강실행증과 사지실행증을 동반하나, 이러한 세 가지 징후는 각각 독립적으로도 나타난다.
4. 말실행증은 보통 뇌졸중과 때때로 종양이나 외상에 의해서 나타난다. 간혹 퇴행성 중추신경계 질환에서 관찰되기도 한다.
5. 마비말장애와 동반되어 나타나며, 편측 상부운동신경세포형 마비말장애나 경직형 마비말장애와 동반되는 경우가 가장 흔하다. 구강 감각이 손상될 수 있지만, 말실행증과 명백한 관련성이 없다. 실어증 소견이 없는 말실행증 환자들은 대부분 정상적인 청각 처리 능력을 보인다.
6. 말실행증과 관련된 말 특성에는 조음, 속도, 운율, 유창성의 문제가 포함된다. 기타 말운동장애(마비말장애)와 구별되는 가장 큰 특징은 왜곡된 말소리 대치와 첨가, 속도 증가에 따른 음소 정확도(phonemic accuracy)의 저하, 음소 경계(phonemic boundaries)를 넘는 조음 오류를 수정하려는 시도, 조음 움직임에서의 모색행동, 자동 구어 과제보다 수의적 과제에서 더 어려움, 교대운동속도와 단음절 과제에서보다 일련운동속도와 다음절 단어 과제에서 더 어려움을 보이는 것이다. 심도의 말실행증 환자는 제한된 음성 목록(phonetic repetoire)을 보이고, 수의적 발화와 자동적 발화 간의 차이가 없고, 지각되는 말 오류 양상이 상당히 일관적이다. 조음 왜곡, 속도 저하, 다양한 운율 문제는 실어증의 음운(phonologic) 오류로부터 말실행증을 감별하는 데 도움을 준다.
7. 임상에서 지각되는 말실행증 특성이 음향학적 · 생리학적 연구를 통해 확인되었고, 말실행증의 추가적인 음향학적 · 운동적 특성도 제시되었다. 대부분의 연구는 말실행증이 말운동 계획/프로그래밍의 문제라는 개념을 지지한다.

참고 문헌

1. Ackermann H, Riecker A: The contribution of the insula to motor aspects of speech production: a review and a hypothesis, *Brain Lang* 89:320, 2004.
2. Aichert I, Ziegler W: Syllable frequency and syllable structure in apraxia of speech, *Brain Lang* 88:148, 2004.
3. Alario FX, et al: The role of the supplementary motor area (SMA) in word production, *Brain Research* 1076:129, 2006.
4. Alexander MP, et al: Neuropsychological and neuroanatomical dimensions of ideomotor apraxia, *Brain* 115:87, 1992.
5. Ballard KJ, Robin DA: Influence of continual feedback biofeedback on jaw pursuit tracking in healthy adults and in adults with apraxia plus aphasia, *J Mot Behav* 39:19, 2007.
6. Ballard KJ, Granier JP, Robin DA: Understanding the nature of apraxia of speech: theory, analysis, and treatment, *Neuropsychol Trends* 4:7, 2008.
7. Bartle CJ, Goozée JV, Murdoch BE: An EMA analysis of the effect of increasing word length on consonant production in apraxia of speech: a case study, *Clin Linguist Phon* 21:189, 2007.
8. Bartle CJ, et al: Preliminary evidence of silent articulatory attempts and starters in acquired apraxia of speech: a case study, *J Med Speech Lang Pathol* 15:207, 2007.
9. Bartle-Meyer CJ, Murdoch BE: A kinematic investigation of anticipatory lingual movement in acquired apraxia of speech, *Aphasiology* 24:623, 2010.
10. Bartle-Meyer CJ, Goozée JV, Murdoch BE: Kinematic investigation of lingual movement in words of increasing length in acquired apraxia of speech, *Clin Linguist Phon* 23:93, 2009.
11. Bartle-Meyer CJ, Murdoch BE, Goozée JV: An electropalatographic investigation of lingual-palatal contact in participants with acquired apraxia of speech: a quantitative and qualitative analysis, *Clin Linguist Phon* 23:688, 2009.
12. Bartle-Meyer CJ, et al: Kinematic analysis of articulatory coupling in acquired apraxia of speech post-stroke, *Brain Inj* 23:133, 2009.
13. Baum SR, et al: Temporal dimensions of consonant and vowel production: an acoustic and CT scan analysis of aphasic speech, *Brain Lang* 39:33, 1990.
14. Blumstein SE, et al: Production deficits in aphasia: a voice-onset time analysis, *Brain Lang* 9:153, 1980.

15. Blumstein SE, et al: The perception and production of voice onset time in aphasia,, *Neuropsychologia* 15:371, 1977.
16. Boeve B, et al: Progressive nonfluent aphasia and subsequent aphasic dementia associated with atypical progressive supranuclear palsy pathology, *Eur Neurol* 49:72, 2003.
17. Boeve BF, et al: Dysarthria and apraxia of speech associated with FK-506 (tacrolimus), *Mayo Clin Proc* 71:969, 1996.
18. Bohland JW, Guenther FH: An fMRI investigation of syllable sequence production, *Neuroimage* 15:821, 2006.
19. Bonihla L, et al: Speech apraxia without oral apraxia: can normal brain function explain the pathophysiology? *Brain Imaging* 17:1027, 2006.
20. Bronster DJ, et al: Loss of speech after orthotopic liver transplantation, *Transpl Int* 8:234, 1995.
21. Buckingham HW: Explanation in apraxia with consequences for the concept of apraxia of speech, *Brain Lang* 8:202, 1979.
22. Caligiuri MP, Till JA: Acoustical analysis of vowel duration in apraxia of speech: a case study, *Folia Phoniatr* 35:226, 1983.
23. Chapin C, Blumstein SE, Meissner B: Speech production mechanisms in aphasia: a delayed auditory feedback study, *Brain Lang* 14:106, 1981.
24. Collins M, Rosenbek JC, Wertz RT: Spectrographic analysis of vowel and word duration in apraxia of speech, *J Speech Hear Res* 26:224, 1983.
25. Croot K: Diagnosis of AOS: definition and criteria, *Semin Speech Lang* 23:267, 2002.
26. Danly M, Shapiro B: Speech prosody in Broca's aphasia, *Brain Lang* 16:171, 1982.
27. Darley FL: *Aphasia: input and output disturbances in speech and language processing*, Chicago, November 1969, Paper presented at the meeting of the American Speech and Hearing Association.
28. Darley FL: *Apraxia of speech: 107 years of terminological confusion*, Denver, Colo, 1968, Presented at the meeting of the American Speech and Hearing Association.
29. Darley FL: Lacunae and research approaches to them. In Milliken C, Darley FL, editors: *Brain mechanisms underlying speech and language*, New York, 1967, Grune & Stratton.
30. Deutsch SE: Oral form identification as a measure of cortical sensory dysfunction in apraxia of speech and aphasia, *J Commun Disord* 14:65, 1981.
31. Devere TR, Trotter JL, Cross AH: Acute aphasia in multiple sclerosis, *Arch Neurol* 57:1207, 2000.
32. Dronkers NF: A new brain region for coordinating speech articulation, *Nature* 384:159, 1996.
33. Duffy JR: History, current practice, and future trends and goals. In Weismer G, editor: *Motor speech disorders*, San Diego, 2007, Plural Publishing.
34. Duffy JR: Apraxia of speech in degenerative neurologic disease, *Aphasiology* 20:511, 2006.
35. Duffy JR: Apraxia of speech: historical overview and clinical manifestations of the acquired and developmental forms. In Shriberg LD, Campbell TF, editors: *Proceedings of the 2002 Childhood Apraxia of Speech Symposium*, Carlsbad, Calif, 2003, The Hendrix Foundation.
36. Duffy JR: Slowly progressive aphasia. In Brookshire RH, editor: *Clinical aphasiology*, Minneapolis, 1987, BRK Publishers.
37. Duffy JR, Gawle CA: Apraxic speakers' vowel duration in consonant-vowel-consonant syllables. In Rosenbek C, McNeil MR, Aronson AE, editors: *Apraxia of speech: physiology, acoustics, linguistics, management*, San Diego, 1984, College-Hill Press.
38. Duffy JR, Duffy RJ: The assessment of limb apraxia: the limb apraxia test. In Hammond GE, editor: *Cerebral control of speech and limb movements*, New York, 1990, Elsevier Science.
39. Duffy RJ, Duffy JR: The relationship between pantomime expression and recognition in aphasia: the search for causes. In Hammond GE, editor: *Cerebral control of speech and limb movements*, New York, 1990, Elsevier Science.
40. Duffy RJ, Duffy JR: Three studies of deficits in pantomime expression and pantomime recognition in aphasia, *J Speech Hear Res* 24:70, 1981.
41. Duffy JR, McNeil MR: Primary progressive aphasia and apraxia of speech. In Chapey R, editor: *Language intervention strategies in aphasia and related neurogenic communication disorders*, ed 5, Philadelphia, 2008, Lippincott Williams & Wilkins.
42. Duffy JR, Peach RK, Strand EA: Progressive apraxia of speech as a sign of motor neuron disease, *Am J Speech Lang Pathol* 16:198, 2007.
43. Edmonds LA, Marquardt TP: Syllable use in apraxia of speech: preliminary findings, *Aphasiology* 18:1121, 2004.
44. Eidelman BH, et al: Abnormal cerebral blood flow findings in transplant patients with posttransplant apraxia of speech, *Transplant Proc* 33:2563, 2001.
45. Forrest K, et al: Kinematic, electromyographic, and perceptual evaluation of speech apraxia, conduction aphasia, ataxic dysarthria, and normal speech production. In Moore CA,
Yorkston KM, Beukelman DR, editors: *Dysarthria and apraxia of speech: perspectives on management*, Baltimore, 1991, Paul H Brookes.
46. Frattali C, Duffy JR: Characterizing and assessing speech and language disturbances. In Litvan I, editor: *Atypical parkinsonian disorders: clinical and research aspects,* Totowa, N.J., Humana Press, 2005.
47. Frattali CM, Sonies BC: Speech and swallowing disturbances in corticobasal degeneration. In Litvan I, Goetz CG, Lang AE, editors: *Advances in neurology, corticobasal degeneration and related disorders*, vol 82, Philadelphia, 2000, Lippincott Williams & Wilkins.
48. Freeman FJ, Sands ES, Harris KS: Temporal coordination of phonation and articulation in a case of verbal apraxia: a voice onset time study, *Brain Lang* 6:106, 1978.
49. Fromm D, et al: Simultaneous perceptual-physiological method for studying apraxia of speech. In Brookshire RH, editor: *Clinical aphasiology: conference proceedings*, Minneapolis, 1982, BRK Publishers.
50. Gandour J, Petty SH: Dysprosody in Broca's aphasia: a case study, *Brain Lang* 37:232, 1989.

51. Hageman CF, et al: Oral motor tracking in normal and apraxic speakers, *Clin Aphasiol* 22:219, 1994.
52. Haley KL, Overton HB: Word length and vowel duration in apraxia of speech: the use of relative measures, *Brain Lang* 79:397, 2001.
53. Hardcastle WJ, Morgan Barry RA: Clark CJ: Articulatory and voicing characteristics of adult dysarthric and verbal dyspraxic speakers: an instrumental study, *Br J Disord Commun* 20:249, 1985.
54. Hillis AE, et al: Re-examining the brain regions crucial for orchestrating speech articulation, *Brain* 127:1479, 2004.
55. Itoh M, Sasanuma S: Articulatory movements in apraxia of speech. In Rosenbek C, McNeil MR, Aronson AE, editors: *Apraxia of speech: physiology, acoustics, linguistics, management*, San Diego, 1984, College-Hill Press.
56. Itoh M, Sasanuma S, Ushijima T: Velar movements during speech in a patient with apraxia of speech, *Brain Lang* 7:227, 1979.
57. Itoh M, et al: Voice onset time characteristics in apraxia of speech, *Brain Lang* 17:193, 1982.
58. Itoh M, et al: Abnormal articulatory dynamics in a patient with apraxia of speech: x-ray microbeam observations, *Brain Lang* 11:66, 1980.
59. Johns DF, Darley FL: Phonemic variability in apraxia of speech, *J Speech Hear Res* 13:556, 1970.
60. Josephs KA, Duffy JR: Apraxia of speech and nonfluent aphasia: a new clinical marker for corticobasal degeneration and progressive supranuclear palsy, *Curr Opin Neurol* 21:688, 2008.
61. Josephs KA, et al: Clinicopathological and imaging correlates of progressive aphasia and apraxia of speech, *Brain* 129:1385, 2006.
62. Katz W, et al: A kinematic analysis of anticipatory coarticulation in the speech of anterior aphasic subjects using electromagnetic articulography, *Brain Lang* 38:555, 1990.
63. Kent RD, Rosenbek JC: Acoustic patterns of apraxia of speech, *J Speech Hear Res* 26:231, 1983.
64. Kirk A, Ang LC: Unilateral Creutzfeldt-Jakob disease presenting as rapidly progressive aphasia, *Can J Neurol Sci* 21:350, 1994.
65. Laganaro M: Is there a syllable frequency effect in aphasia or in apraxia of speech or both? *Aphasiology* 22:1191, 2008.
66. Lehman Blake M, et al: Speech and language disorders associated with corticobasal degeneration, *J Med Speech Lang Pathol* 11:131, 2003.
67. Liepman H: Das Krankheitsbild der apraxie (moterischen asymbolie) auf grund eines falles von einseitiger apraxie, *Monatsshrift fur Psychiatrie und Neurologie* 8:15, 1900.
68. Liss JM: Error-revision in the spontaneous speech of apraxic speakers, *Brain Lang* 62:342, 1998.
69. Maas E, et al: Motor programming in apraxia of speech, *Brain Lang* 106:107, 2008.
70. Mandell AM, Alexander MP, Carpenter S: Creutzfeldt-Jakob disease presenting as isolated aphasia, *Neurology* 39:55, 1989.
71. Marshall RC, Gandour J, Windsor J: Selective impairment of phonation: a case study, *Brain Lang* 35:313, 1988.
72. Mastrianni JA: Prion diseases: transmissible spongiform encephalopathies. In Noseworthy JH, editor: *Neurological therapeutics: principles and practice*, vol 1, New York, 2003, Martin Dunitz.
73. Mauszyck SC, Wambaugh JL: Perceptual analysis of consonant production in multisyllabic words in apraxia of speech: a comparison across repeated sampling times, *J Med Speech Lang Pathol* 14:263, 2006.
74. Mauszycki SC, Dromey C, Wambaugh JL: Variability in apraxia of speech: a perceptual, acoustic, and kinematic analysis of stop consonants, *J Med Speech Lang Pathol* 15:223, 2007.
75. McNeil MR, editor: *Apraxia of speech: from concept to clinic, Semin Speech Lang*, 23:4 2002.
76. McNeil MR, Adams S: A comparison of speech kinematics among apraxic, conduction aphasic, ataxic dysarthric and normal geriatric speakers, *Clin Aphasiol* 18:279, 1990.
77. McNeil MR, Kent RD: Motoric characteristics of adult apraxic and aphasic speakers. In Hammond GR, editor: *Cerebral control of speech and limb movements*, New York, 1990, North-Holland.
78. McNeil MR, Calguiri M, Rosenbek JC: A comparison of labiomandibular kinematic durations, displacements, velocities, and dysmetrias in apraxic and normal adults. In Prescott TE, editor: *Clinical aphasiology*, vol 18, Boston, 1989, College-Hill Press.
79. McNeil MR, Doyle PJ, Wambaugh J: Apraxia of speech: a treatable disorder of motor planning and programming. In Nadeau SE, Gonzalez Rothi LJ, Crosson B, editors: *Aphasia and language: theory to practice*, New York, 2000, Guilford Press.
80. McNeil MR, Hashi M, Southwood H: Acoustically derived perceptual evidence for coarticulatory errors in apraxic and conduction aphasic speech production, *Clin Aphasiol* 22:203, 1994.
81. McNeil MR, Robin DA, Schmidt RA: Apraxia of speech: definition and differential diagnosis. In McNeil MR, editor: *Clinical management of sensorimotor speech disorders*, ed 2, New York, 2009, Thieme.
82. McNeil MR, et al: Effects of speech rate on the absolute and relative timing of apraxic and conduction aphasic sentence production, *Brain Lang* 38:135, 1990.
83. Mercaitis PA: *Some temporal characteristics of imitative speech in non–brain-injured, aphasic, and apraxic adults. Unpublished doctoral dissertation*, Amherst, Mass, 1983, University of Massachusetts.
84. Miller N: The neurological basis of apraxia of speech, *Semin Speech Lang* 23:223, 2002.
85. Mohr JP: Revision of Broca's aphasia and the syndrome of Broca's area infarction and its implications for aphasia therapy. In Brookshire RH, editor: *Proceedings of the Conference on Clinical Aphasiology*, Minneapolis, 1980, BRK Publishers.
86. Moser D, et al: Neural recruitment for the production of native and novel speech sounds, *Neuroimage* 46:549, 2009.
87. Nagao M, et al: Apraxia of speech associated with an infarct in the precentral gyrus of the insula, *Neuroradiology* 41:356, 1999.
88. Ochipa C: Gonzalez Rothi LJ: Limb apraxia. In Nadeau SE, Gonzalez Rothi LJ, Crosson B, editors: *Aphasia and*

language: theory to practice, New York, 2000, Guilford Press.
89. Odell K, et al: Perceptual characteristics of consonant production by apraxic speakers, *J Speech Hear Disord* 55:345, 1990.
90. Ogar J, et al: Clinical and anatomical correlates of apraxia of speech, *Brain Lang* 97:343, 2006.
91. Peach RK, Tonkovich JD: Phonemic characteristics of apraxia of speech resulting from subcortical hemorrhage, *J Commun Disord* 37:77, 2004.
92. Pellat J, et al: Aphemia after a penetrating brain wound: a case study, *Brain Lang* 40:459, 1991.
93. Peschke C, et al: Auditory-motor integration during fast repetition: the neuronal correlates of shadowing, *Neuroimage* 47:392, 2009.
94. Robin DA, Bean C, Folkins JW: Lip movement in apraxia of speech, *J Speech Hear Res* 32:512, 1989.
95. Robin DA, et al: Visuomotor tracking abilities of speakers with apraxia of speech, *Brain Lang* 106:98, 2008.
96. Rosenbek JC: Treating apraxia of speech. In Johns DF, editor: *Clinical management of neurogenic communicative disorders*, Boston, 1985, Little, Brown & Company.
97. Rosenbek JC, Kent RD, LaPointe LL: Apraxia of speech: an overview and some perspectives (1984). In Rosenbek JC, McNeil MR, Aronson AE, editors: *Apraxia of speech: physiology, acoustics, linguistics, management*, San Diego, 1984, College-Hill Press.
98. Rosenbek JC, Wertz RT, Darley FL: Oral sensation and perception in apraxia of speech and aphasia, *J Speech Hear Disord* 16:22, 1973.
99. Roy EA, Square-Storer PA: Evidence for common expressions of apraxia. In Hammond GE, editor: *Cerebral control of speech and limb movements*, New York, 1990, Elsevier Science.
100. Ryalls JH: An acoustic study of vowel production in aphasia, *Brain Lang* 29:48, 1986.
101. Ryalls JH: Intonation in Broca's aphasia, *Neuropsychologia* 20:355, 1982.
102. Ryalls JH: Motor aphasia: acoustic correlates of phonetic disintegration in vowels, *Neuropsychologia* 19:365, 1981.
103. Seddoh SAK, et al: Speech timing in apraxia of speech versus conduction aphasia, *J Speech Hear Res* 39:590, 1996.
104. Shankweiler D, Harris KS, Taylor ML: Electromyographic studies of articulation in aphasia, *Arch Phys Med Rehabil* 49:1, 1968.
105. Shinn P, Blumstein SE: Phonetic disintegration in aphasia: acoustic analysis of spectral characteristics for place of articulation, *Brain Lang* 20:90, 1983.
106. Shuster LI, Lemieux SK: An fMRI investigation of covertly and overtly produced mono- and multisyllabic words, *Brain Lang* 95:20, 2005.
107. Shuster LI, Wambaugh JL: Token-to-token variability in adult apraxia of speech: a perceptual analysis, *Aphasiology* 22:655, 2008.
108. Skenes LL: Durational changes of apraxic speakers, *J Commun Disord* 20:61, 1987.
109. Spencer KA, Rogers MA: Speech motor programming in hypokinetic and ataxic dysarthria, *Brain Lang* 94:347, 2005.
110. Spencer KA, Slocomb DL: The neural basis of ataxic dysarthria,, *Cerebellum* 6:58, 2007.
111. Staiger A, Ziegler W: Syllable frequency and syllable structure in the spontaneous speech production of patients with apraxia of speech, *Aphasiology* 22:1201, 2008.
112. Square-Storer P, Darley FL, Sommers RK: Nonspeech and speech processing skills in patients with aphasia and apraxia of speech, *Brain Lang* 33:65, 1988.
113. Square-Storer PA, Apeldoorn S: An acoustic study of apraxia of speech in patients with different lesion loci. In Moore CA, Yorkston KM, Beukelman DR, editors: *Dysarthria and apraxia of speech: perspectives on management*, Baltimore, 1991, Paul H Brookes.
114. Strand EA, McNeil MR: Effects of length and linguistic complexity on temporal acoustic measures in apraxia of speech, *J Speech Hear Res* 39:1018, 1996.
115. Strand EA, McNeil MR: Evidence for a motor performance deficit versus a misapplied rule system in the temporal organization of utterances in apraxia of speech. In Brookshire RH, editor: *Clinical aphasiology*, vol 17, Minneapolis, 1987, BRK Publishers.
116. Strauss Hough M, Klich RJ: Lip EMG activity during vowel production in apraxia of speech: phrase context and word length effects, *J Speech Hear Res* 41:786, 1998.
117. Strauss M, Klich RJ: Word length effects on EMG/vowel duration relationships in apraxic speakers, *Folia Phoniatr Logop* 53:58, 2001.
118. Sussman H, et al: Compensatory articulation in Broca's aphasia, *Brain Lang* 27:56, 1986.
119. Tognola G, Vignolo LA: Brain lesions associated with oral apraxia in stroke patients: a clinico-neuroradiological investigation with the CT scan, *Neuropsychologia* 18:257, 1980.
120. Towne RL, Crary MA: Verbal reaction time patterns in aphasic adults: consideration for apraxia of speech, *Brain Lang* 35:138, 1988.
121. Tuller B: On categorizing aphasic speech errors, *Neuropsychologia* 22:547, 1984.
122. Van Putten SM, Walker JP: The production of emotional prosody in varying degrees of severity of apraxia of speech, *J Commun Dis* 36:77, 2003.
123. Varley R, Whiteside SP: What is the underlying impairment in acquired apraxia of speech? *Aphasiology* 15:39, 2001.
124. Varley R, Whiteside S, Luff H: Apraxia of speech as a disruption of word-level schemata: some durational evidence, *J Med Speech Lang Pathol* 7:127, 1999.
125. Varley R, et al: Moving up from the segment: a comment on Aichert and Ziegler's syllable frequency and syllable structure in apraxia of speech, *Brain Lang* 96:235, 2006.
126. Wambaugh JL, et al: Variability in apraxia of speech: a perceptual and VOT analysis of stop consonants, *J Med Speech Lang Pathol* 12:221, 2004.
127. Weismer G, Liss JM: Acoustic/perceptual taxonomies of speech production deficits in motor speech disorders. In Moore CA, Yorkston KM, Beukelman DR, editors: *Dysarthria and apraxia of speech: perspectives on management*, Baltimore, 1991, Paul H Brookes.

128. Wertz RT, LaPointe LL, Rosenbek JC: *Apraxia of speech in adults: the disorder and its management*, New York, 1984, Grune & Stratton.
129. Whiteside SP, et al: An acoustic study of vowels and coarticulation as a function of utterance type: a case of acquired apraxia of speech, *J Neurolinguist* 23:145, 2010.
130. Yamanouchi H, Budka H, Bass K: Unilateral Creutzfeld-Jakob disease, *Neurology* 36:1517, 1986.
131. Zadikoff C, Lang AE: Apraxia in movement disorders, *Brain* 128:1480, 2005.
132. Ziegler W: Modelling the architecture of phonetic plans: evidence from apraxia of speech, *Lang Cog Processes* 24:661, 2009.
133. Ziegler W: A nonlinear model of word length effects in apraxia of speech, *Cogn Neuropsychol* 22:603, 2005.
134. Ziegler W: Psycholinguistic and motor theories of apraxia of speech, *Semin Speech Lang* 23:231, 2002.
135. Ziegler W: Task-related factors in oral motor control: speech and oral diadochokinesis in dysarthria and apraxia of speech, *Brain Lang* 80:556, 2002.
136. Ziegler W, von Cramon D: Disturbed coarticulation in apraxia of speech: acoustic evidence, *Brain Lang* 29:34, 1986.
137. Ziegler W, von Cramon D: Anticipatory coarticulation in a patient with apraxia of speech, *Brain Lang* 26:117, 1985.

CHAPTER

12

신경학적 함구증

"함구증은 스핑크스와 같다. 궁금증을 유발하면서도 동시에 해결하기 어려운 증상이다. 함구증을 직면할 때, 그 침묵의 수수께끼를 푸는 것은 어렵다."[42]

Y. LEBRUN

개 요

질환으로 인해 의식은 명료하지만 말을 하지 못할 수 있다. 인지적 결함은 정확히 말을 할 수 없게 만든다. 때로는 운동신경이 매우 손상되어 정상적인 말이 산출되지 못하기도 한다. 가장 잔인한 상황은 인지적으로 온전한 환자가 마치 '감금(locked in)'된 것처럼 기존의 어떠한 방식으로도 기본적인 생각을 전달할 수 없는 것이다.

함구증(mutism)은 말이 없는 증세이다. 감각운동신경 문제로 인한 말운동장애(motor speech disorder, MSDs)와 다르게, 함구증의 원인은 다양하다. 함구증은 고의적으로 혹은 정신장애로 인해 나타날 수 있다. 심각한 선천성 난청 또는 후두 적출처럼 말초신경의 구조적 손상을 가진 일부 사람들의 경우와 같이 기질적이나 비신경학적이기도 하다. 또한 뇌간과 피질 사이의 중추신경계(central nervous system, CNS)나 말초신경계에 영향을 미치는 선천성 · 후천성 신경학적 질환에 기인할 수 있다.

이번 장에서는 후천성 신경학적 함구증(acquired neurogenic mutism)을 다룬다. 선천성 신경학적 함구증은 난청 또는 근골격계 질환과 연관된 침묵과 마찬가지로 여기서 다루지 않는다. 심인성 함구증은 제14장에서 다룬다. 심인성 함구증은 때때로 신경학적 함구증과 구별하기 어렵거나 밀접하게 관련되므로 주목할 필요가 있다.

신경학적 함구증에는 여러 유형이 있다. 심도의 마비말장애, 말실행증(apraxia of speech, AOS), 실어증 또는 비실어적 인지 및 정동 질환에서 관찰된다. 또한 발작 또는 뇌량의 외과적 절제 후와 같은 의료적 상황에서도 발생한다. 이 유형들을 구별하는 것은 감별진단, 병소 그리고 관리에 있어서 매우 중요하다. 신경학적 함구증의 각 유형에 대한 정의, 임상 징후, 신경학적 기질, 일반적인 병인들이 이번 장에서 다루어진다. 표 12-1은 신경학적 함구증의 유형들과 신경학적 기질, 그리고 임상 특성들을 요약하였다.

표 12-1

신경학적 함구증의 유형, 신경학적 기질, 특징적인 임상 소견

유형	위치	주된 임상 징후
말운동장애		
실구어증		
경직형 마비말장애 (감금증후군 포함)	양측 상부운동신경	구강 운동 경직과 약증, 심도의 삼킴장애, 병적 반사, 감금증후군일 경우에는 사지마비지만 안구 운동은 보존됨
이완형 마비말장애	하부운동신경	구강 운동 및 호흡의 약증 또는 마비, 삼킴장애, 반사 없음, 위축, 속상수축
운동저하형 또는 운동과잉형 마비말장애	기저핵 제어회로	구강 운동과 호흡의 경직과 운동저하증 또는 불수의적 운동장애
양측판개 증후군	하부 중심앞이랑과 중심뒤이랑	최소의 수의적 구강안면 움직임, 긴장저하와 약한 구강안면 근육, 삼킴장애, 구토 반사 없음, 상대적으로 보존된 기침, 하품, 정동적인 구강안면 반응, 원인 불명의 말실행증, 원인 불명의 비구어 구강실행증
소뇌성 함구증	소뇌 제어회로	마비말장애에 이은 일시적 함구증(아마도 대부분 사례에서 실조형), 뇌신경 이상 없음, 복잡한 비구어적 구강 운동 움직임에서의 어려움, 말실행증 있을 수 있음
말실행증	좌뇌	말을 하기 위해 모색하는 노력, 실성증, 정상적인 삼킴과 자동적인 구강 움직임, 비구어 구강실행증 빈번
실어증	좌뇌	심각한 복합적 언어장애, 말실행증을 동반한 비구어 구강실행증 빈번
각성, 의식, 확산성 피질 기능의 장애		
혼수상태	활성망상계	혼수상태, 수의적 행동 없음, 무반응 또는 극심한 자극에서만 반사 반응, 손상된 수면 각성 주기
식물인간상태	대뇌피질, 확산성	수면 각성 주기 보존, 시각 추적 또는 자극 반응 없음, 목적이 있는 행동 또는 의미 있는 상호작용 없음
최소의식상태	대뇌피질, 확산성	수면 각성 주기 보존, 자극 추적, 정동적 자극에 웃기/울기, 사물로 손을 뻗고 잡기, 간단한 명령 따르기가 가능할 수도 있음
무동성 함구증	전두엽, 중뇌-간뇌	운동과 감각 능력 보존, 외관상 명료해 보이나 의지 상실, 무반응, 무관심, 지연된 반응, 움켜잡기 반사와 입 내밀기 반사, 나른한 상태
특정 병인의 신경학적 함구증		
교련절제술	뇌량(전두엽, 보충운동영역?)	불특정 기제(말실행증, 실어증, 무동성 함구증 가능)
말 정지	우측 또는 좌측 보충운동영역, 우세 언어 피질	변동이 심한 설명들(말실행증, 실어증, 무동성 함구증, 기타)
약물성 함구증	불특정/다양함	불특정/가변적(실구어증, 말실행증, 무동성 함구증 가능)

(역자 주) 여기서 ?는 영역이 확실하지 않은 현상을 뜻함.

I. 말운동장애와 함구증

말실행증뿐만 아니라 단일 마비말장애 또는 혼합형 마비말장애는 함구증을 야기할 만큼 심각할 수 있다. 여기서는 함구증과 관련된 여러 마비말장애의 하위 범주들에 대해 논의할 것이다. 마비말장애 함구증의 양상이 포함된 포괄적인 측면에서의 실구어증과 감금증후군, 양측판개 증후군(biopercular syndrome), 소뇌성 함구증을 다룰 것이다. 후자의 세 하위 범주들은 드물며, 본질이 정확히 알려지지 않아서 감별진단과 관리에 있어 특별한 관심이 요구된다. 말실행증과 관련된 함구증도 논의할 것이다.

A. 실구어증

정의와 임상적 특성

실구어증(anarthria)은 말을 통제하는 신경근의 심각한 손실로 인해 말을 하지 못하는 것이다. 이 용어는 때때로 말실행증과 관련된 함구증을 가리킬 때 사용되었으나, 오늘날에는 말-언어병리학자들과 신경학자들이 가장 심각한 형태의 마비말장애를 지칭하기 위해 사용한다.

실구어증 환자의 언어와 인지 능력은 온전하고, 의사소통에 대한 감정적 욕구나 갈망이 있으나 신경운동체계가 말을 하도록 허락하지 않는다. 즉, 이들은 말을 안 하는 것이 아니라 못 하는 것이다.

실구어증의 기저에 있는 마비말장애의 유형을 밝히는 것은 어렵다. 마비말장애 진단 과정이 비정상적인 말 특징의 차이를 확인하는 것이므로 마비말장애의 유형을 밝히는 것은 기술적으로 불가능하다. 그러나 만약 말을 완전히 잃기 전에 환자를 평가한다면, 그전에 보였던 마비말장애 유형이 진행될 것으로 예상할 수 있다. 병인과 병소에 대한 확실한 특징과 정보에 기초할 때만 마비말장애 유형에 대한 추론이 가능하다. 많은 환자들이 완전하게 실구어증을 보이는 것은 아니다. 이 명칭은 '임상 실무에서' 환자가 침묵하는 것을 의미할 때 사용된다. 많은 실구어증 환자들은 말을 하기 위해 눈에 띄는 시도들을 하며, 일부는 구별되지 않는 소리나 음성을 내고, 심지어 음절 비슷한 소리도 산출한다. 이러한 노력은 구강 기제 검사에서 관찰된 운동 및 반사와 신체검사 결과들(예: 사지의 힘, 긴장도, 반사)과 함께 이미 알고 있는 병인 및 병소로부터 도출된 마비말장애 유형이 적합한지에 대한 추론을 가능케 한다. 만약 병인과 병소를 모른다면 임상적 관찰이 마비말장애 유형을 밝히는 데 도움을 준다.

일반적으로, 이완형 마비말장애 단독으로는 실구어증을 야기하지 않는데, 그 이유는 말 산출 근육들을 통제하는 많은 뇌신경들이 양측 모두 손상되는 경우가 드물기 때문이다(하부운동신경세포[lower motor neuron, LMN]의 약증만으로 실구어증이 유발되려면 양측이 손상되어야 함). 그러나 양측 뇌신경에 영향을 주는 중증근무력증(myasthenia gravis), 길랑-바레 증후군(Guillain-Barré syndrome), 뇌간종양으로 인한 이완형 마비말장애는 함구증을 유발한다. 또한 실조형 마비말장애가 실구어증을 초래할 정도로 심각한 경우는 드물지만 소뇌성 함구증으로 알려진 질환(이 장의 뒷부분에서 논의됨)은 예외이다. 운동과잉형 마비말장애 또한 말명료도에 심각한 영향을 미칠 수 있음에도 불구하고 실구어증을 야기하는 경우는 드물다.

혈관성 질환 중에서 가장 빈번한 원인에 의해 나타나는 경직형 마비말장애와 함께, 경직형과 운동저하형 마비말장애는 실구어증을 야기하는 단일 마비말장애 유형으로서 가장 유력하다. 예상대로, 체계적이진 않으나, 혼합형 마비말장애는 단일 마비말장애 유형보다 더 많은 실구어증 사례들을 설명하고 있다. 제10장(표 10-3)에서 논의되었던 혼합형 마비말장애 유형들의 분포에 근거하여, 경직-이완 혼합형, 경직-실조 혼합형, 그리고 경직-운동저하 혼합형 마비말장애가 실구어증의 많은 사례들을 대변한다.

신경학적 기질과 병인

양측(bilateral)이라는 것이 실구어증의 기질에 대한 핵심이다. 말 산출 뇌신경과 호흡신경의 양측 최종공통경로(하부운동신경세포) 관여, 양측의 직접/간접 활성화 경로 관여, 그리고 양측 제어회로의 병리는 개별적으로 혹은 결합되면서 실구어증을 야기한다.

표 12-2는 감금증후군을 포함하여 실구어증을 가진 35명의 대상자에 대한 병인과 주된 말 진단들을 요약하였다. 완벽하지는 않으나, 관련 병인을 언급한 자료이다. 뇌졸중이 가장 빈번한 병인이었다. 뇌졸중의 대부분은 뇌간에 발생하였으며, 많은 사례에서 단일 뇌간 뇌졸중이 실구어증을 초래하기 충분하였다. 실구어증을 야기한 다발성 뇌졸중은 더욱 넓게 분포하였고, 종종 피질 또는 피질하 구조에 발생하였으며, 항상 양측이었다. 또한 다발성 뇌졸중은 뇌간의 병소를 포함하였다. 폐쇄성 뇌손상(closed head injury, CHI) 또한 빈번한 원인으로, 보통 광범위하거나 여러 부위의 손상과 관련이 있었고, 뇌간에만 국한되기도 하였다. 구체적으로 명시되지는 않았지만 근위축성 측삭 경화증(amyotrophic lateral sclerosis, ALS), 진행성 핵상마비(progressive supranuclear palsy, PSP), 다발성 경화증(multiple sclerosis, MS)을 포함한 퇴행성 중추신경계 질환의 일부 사례들에서 실구어증이 관찰되었다.[1] 기타 원인으로는 신경외과적 수술, 뇌간종양과 연관된 다수의 뇌신경 손상, 무산소성 뇌증이 있었다.

---

[1] 많은 신경학적 퇴행성 질환(예: 근위축성 측삭 경화증, 다계통 위축증, 진행성 핵상마비, 피질기저핵 변성)에서의 마비말장애(혹은 말실행증)의 말기에 관찰되는 실구어증은 제10장에서 논의됨.

표 12-2

메이요 클리닉에서 감금증후군을 포함하여 실구어증으로 일차 말장애 진단을 받은 환자 중 유사임의적으로 선발된 35명의 병인과 말운동장애 유형

병인	말 진단
뇌간 뇌졸중(9)	• 감금증후군, 원인 불명의 마비말장애 유형(6) • 실구어증, 원인 불명의 마비말장애 유형(2) • 감금증후군, 경직형(1)
다발성, 양측 뇌졸중(9)	• 실구어증, 원인 불명의 마비말장애 유형(6) • 실구어증, 경직형(2) • 실구어증, 경직형+말실행증(1)
폐쇄성 뇌손상(5)	• 실구어증, 원인 불명의 마비말장애 유형(3) • 실구어증, 경직형(2)
분명하지 않은 중추신경계 퇴행성 질환(4)	• 실구어증, 원인 불명의 마비말장애 유형(2) • 실구어증, 원인 불명의 마비말장애 유형 + 말실행증(1) • 실구어증, 경직형(1)
근위축성 측삭 경화증(2)	• 실구어증, 경직-이완형
진행성 핵상마비(1)	• 실구어증, 경직-운동저하형
뇌간종양, 수술 후(2)	• 감금증후군, 이완형(1), 원인 불명의 마비말장애 유형(1)
무산소성 뇌증(1)	• 실구어증, 경직형
다발성 경화증(1), 다발성 경화증+다발성 뇌졸중 (1)	• 실구어증, 원인 불명의 마비말장애 유형(2)

한 환자에서는 다발성 경화증과 더불어 다발성 뇌졸중이 있었다.

심각한 추체외로 질환(예: 파킨슨병) 또한 실구어증을 야기할 수 있다. 많은 기타 질환들도 마비말장애 함구증과 관련이 있지만, 일반적으로 질환이 진행되면서 발생하는 심각한 인지장애 때문에 환자의 침묵이 감각운동상의 문제인지, 인지적인 문제인지, 아니면 두 가지 모두의 문제 때문에 발생한 것인지 결론 내리기 어렵다(예: 알츠하이머병, 크로이츠펠트-야콥병, 헌팅턴 무도병).

외상성 중뇌 손상으로 인한 함구증과 마비말장애에 대한 연구에서는, 환자가 의식을 되찾은 이후 며칠에서 몇 개월 동안 침묵을 보이며, 턱, 입술, 혀의 움직임이 심각하게 제한되었다고 보고하였다. 말은 천천히 회복되며, 초기에는 저하된 조음과 호흡 조절 능력, 기식성의 속삭이는 소리, 높은 음도의 발성을 보였다. 이는 경직-운동저하 혼합형 마비말장애로 설명되었다.[79-81]

B. 감금증후군[2]

정의와 임상적 특성

수직 방향의 안구 움직임과 눈 깜박임을 제외하고 전신을 움직일 수 없는 사지마비와 실구어증이 동반될 때, 혹은 환자가 의식이 있고 안구 움직임을 통하여 인지적으로 의사소통이 가능한 상태를 **감금증후군**(locked-in syndrome, LiS)이라 한다.[71] 혼수상태와의 차이점은 감금증후군 환자는 눈 깜박임을 사용하여 의사소통할 수 있고, 드물게는 뇌파 검사(electroencephalogram, EEG)에서 정상적인 피질의 전기적 활성화가 관찰되었다.[4,58] 즉, 특별하고 급격한 **실구어증**의 징후로서 세심한 진단과 관리를 필요로 한다.

'전형적인' 감금증후군 환자들은 의식적 · 수직적 안구

[2] 감금증후군은 비원심적 상태(de-efferented state),[67] 배측뇌교증후군(ventral pontine syndrome), 혹은 양측 뇌 추체계 증후군(bilateral brain pyramidal system syndrome)으로 언급되기도 함.[18]

움직임의 유지와 함께 침묵과 사지마비를 보인다. 때때로 수평적인 응시나 안면 움직임과 같은 수의적 움직임이 추가적으로 가능하여 '불완전한' 감금증후군을 보이기도 한다.[58,71] 드물게, '완전한' 감금증후군에서는 의식이 온전하지만 안구 움직임이 불가하다. 139명의 사례에서, 환자의 64%는 전형적, 33%는 불완전한 징후를 보였고 오직 2%만이 완전한 감금증후군이었다.[58] 많은 환자들은 기계적인 환기와 분비물 관리가 필요하고, 일부는 기관절개술(tracheostomy)과 삽관(intubation)을 요한다. 가장 흔한 사망 원인은 폐 합병증이다.[58]

최근에는 감금증후군 환자의 장기 생존 비율이 증가하고 있다. 생존과 회복은 발병시기가 어리고 비혈관성 원인인 경우에 더 유리하다.[71] 기저동맥 혈전증 이후 동맥내 혈전용해술을 받은 두 명의 환자는 최상의 회복력을 보였지만,[75] 혈관성 환자들의 기능적 회복은 대부분 초기 4개월 내에 한정된다.[58] 5년 동안 생존하는 비율이 80% 이상이라는 것은 개선된 간호와 조기 재활의 긍정적인 효과를 의미한다.[71] 5개월 이상 생존한 환자(그들의 일부 또는 다수가 집중적 치료를 받았음)에 대한 개별 연구에서 약 20%의 환자는 운동 기능의 상당한 회복, 42%에서 50% 이상은 입을 통해 식사 가능, 77%는 읽기 가능, 28%에서 66%는 구두로 의사소통 가능, 약 40%는 보완적 의사소통 장치로 의사소통이 가능하였다.[14,33,43]

몇 년에 걸쳐 이루어진 극적인 개선에 대한 보고에서는 말이 사지 움직임보다 후에 향상되는 경향을 보였다.[48,67] 눈을 깜박여서 컴퓨터 의사소통 장치[49]를 사용할 수 있게 된 의욕적인 두 환자에 대한 연구에서는 환자들의 인지가 전반적으로 온전하지 않음을 강조하였는데, 이는 거의 알려진 바가 없는 감금증후군 환자들의 인지 상태와 일치한다. 이는 인지 및 언어 평가가 중요하다는 것을 의미하고,[3] 활발한 신체활동, 삼킴장애, 말-의사소통 치료의 중요성을 강조한다.

감금증후군의 실구어증은 대부분 심도의 경직형 또는 경직-이완 혼합형 마비말장애 소견을 보인다. 일반적으로는 턱, 얼굴, 혀, 연인두, 또는 성대를 수의적으로 움직일 수 없다. 삼킴장애를 심하게 보인다. 입 주위를 자극하거나 유해 자극으로 상동적인(stereotyped) 씹기, 빨기, 또는 얼굴 찡그리기와 같은 움직임을 유도할 수 있다. 불완전한 감금증후군 환자들은 일부 얼굴, 혀, 턱, 그리고 머리나 이마를 움직인다.

신경학적 기질과 병인

의식, 안구 움직임, 의사소통 능력이 유지되는 것은 피질 기능과의 연결뿐만 아니라, 뇌교와 중뇌의 망상체와 핵상 동안신경로가 보존됨을 의미한다.[4,18]

감금증후군은 보통 뇌교의 배쪽(ventral)에 영향을 주고, 하부 뇌신경과 척수신경으로 가는 내림 운동신경로를 단절시키는 뇌저동맥 폐색으로 발생한다.[42] 일반적이지 않지만, 경색이 양측 내포(internal capsule) 또는 배쪽 중뇌에 있는 경우에도 발생한다.[18,19] 다른 허혈성 원인으로는 뇌교 출혈, 저혈압, 저산소증이 있다.[71] 외상(예: 뇌간 좌상, 척추-뇌저 절제), 중심성 뇌교수초용해, 종양, 감염(예: 뇌간 뇌염, 배쪽 뇌교 침윤성 농양), 다발성 경화증, 약물 독성과 남용 등도 원인이 된다.[43,58,60,71,[4]]

C. 양측판개 증후군

정의와 임상적 특성

양측판개 증후군(biopercular syndrome)은 함구증을 포함한 다양한 정도의 마비말장애와 연관이 있는 희귀한 장애이다. 이완형 **양측 안면마비**(flaccid facial diplegia), **푸아-샤비니-마리 증후군**(Foix-Chavany-Marie syndrome), **판개 증후군**(opercular syndrome)으로도 불린다.[42] 대뇌의 중심앞 · 중심뒤 이랑(convolutions)의 하부 영역(롤랜드 판개[rolandic operculum])의 양측 손상이 원인이다.

양측판개 증후군에서 나타나는 임상적 특성들[13,42,45,85]은 다음과 같다.

1. 수의적인 구강안면 움직임의 심한 감소. 입술, 혀, 턱, 구개 움직임의 저긴장(hypotonic), 약증, 제한. 안면의 상부도 영향을 받으며, 수의적으로 눈을 감거나 눈살을 찌푸리는 데 어려움을 보임. 얼굴에 표정이 없는 경향을 보임.
2. 반사적 기침과 하품의 보존, 자동적이고 감정적인 안면과 턱 움직임, 웃기/울기 가능.

---

[3] 인지 과제 수행 시, 뇌의 전기적 활동을 측정하는 P300 사건관련 전위(event-related potential, ERPs)가 일부 감금증후군 환자에게서 관찰됨.[56] 사건관련전위는 눈이나 수의적인 움직임으로 의사소통이 불가한 환자의 인지기능 상태를 확인하는 데 유용함.

[4] 생존한 환자에서 외상은 감금증후군을 야기하는 두 번째로 빈번한 원인임. 예를 들면, 프랑스의 감금증후군 단체 회원 44명 중에서, 86%는 뇌졸중, 14%는 외상성 뇌손상이 원인이었음.[43]

3. 침묵을 보이거나 최소한의, 힘이 들어간, 왜곡되고 작은 음량의 말만을 산출함
4. 심도의 삼킴장애. 씹기 능력이 심각하게 제한되고 삼킴을 유도하기 위하여 음식을 종종 구강의 뒤쪽으로 밀어 주어야 하지만, 삼킴의 인두 단계는 정상임. 일반적으로 구토 반사는 보이지 않음. 흡인성 폐렴의 위험이 높음.
5. 사지 움직임은 보존됨. 쓰기를 통한 의사소통은 정상임. 병인이 혈관성일 경우에 안면 움직임과 씹기는 어느 정도 개선을 보이나 심각한 마비말장애와 삼킴장애가 지속됨.

양측판개 증후군의 많은 특성들은 경직형 마비말장애의 실구어증으로 인한 침묵과 유사하다. 실제로, 양측판개 증후군은 가성구마비의 극단적인 형태로 불린다.[13,85] 그러나 말 산출 근육의 특징은 경직형이기보다는 저긴장형에 가깝다. 가성구 웃음과 울음은 드물다. 삼킴의 인두 단계는 정상이다.[42] 수의적 움직임과 자동적 움직임이 명백히 다른 점이 흥미롭다. 예를 들어, 변별 불가능한 신음소리에 지나지 않는 말소리와 심각한 삼킴장애에도 불구하고, 적절한 상황에서 '정상적이면서' 상동적(stereotypic) 웃음이나 울음을 보인다.[13]

신경학적 기질과 병인

양측 롤랜드 판개(Rolandic operculum)의 손상은 양측판개 증후군의 명백한 원인이다.[42,45] 일반적으로 어느 정도 회복된 편측 판개의 뇌졸중 이후에, 반대쪽 반구의 유사한 위치에서 뇌졸중이 또다시 발생할 경우 나타난다. 외상성·종양성·감염성 병인 및 원발성 측삭 경화증 또는 다른 국소 퇴행성 중추신경계 질환들의 변종으로도 발생한다.[11,57,85] 여러 가능한 병인(예: 태아의 자궁 내 환경들, 수막뇌염, 뇌전증)들로 인하여 선천적으로 혹은 아동기부터 발생할 수 있다.[20]

이 증후군을 말운동장애의 범주에 넣기는 어렵다. 경직형 마비말장애와 거의 유사한 심도의 마비말장애를 보이지만, 감정적 웃음과 울음은 '보존'되면서, 가성구감정(실금)(pseudobulbar affect), 구토 반사, 병리적 구강 반사를 보이지 않는 것은 경직형 마비말장애의 특성이 아니다. 이러한 해리현상(dissociation)은 구강안면 구조를 수의적이고 자동적으로 조절하는 피질뇌간(연수)로의 해부학적 분리를 의미하며, 불수의적 안면 움직임에 있어 하부 중심앞이랑의 역할이 필수적이지 않음을 시사한다.[85] 또한 이는 비구어 구강실행증(nonverbal oral apraxia, NVOA)과 말실행증의 가능성을 제기하여 상황을 복잡하거나 완전하게 만든다. 저자는 퇴행성 질환의 결과로 이 증후군을 가졌을 것이라 생각되는 몇 환자를 관찰하였다. 초기에 말실행증과 비구어 구강실행증이 관찰되었고, 더불어 특징짓기는 어렵지만, 느린 말 속도, 힘이 드는 음질 , 쥐어짜는 음질, 운율 과다로 인해 경직형 마비말장애와 유사한 마비말장애를 보였다.[5]

양측판개 증후군이 보이는 함구의 기저에 있는 마비말장애 유형은 불확실하나, 아마도 경직형에 가까우며, 말실행증이나 비구어 구강실행증을 보일 것이라는 결론은 타당하다. 병인이 혈관성 또는 퇴행성일 때는 병소의 위치가 중요하며, 실구어증의 전형적인 징후들과는 다른 소견을 보이거나 기능적인 말의 회복에 대한 예후가 좋지 않기 때문에 이 증후군에 대해서 잘 이해할 필요가 있다.

D. 소뇌성 함구증

정의와 임상적 특성

1985년 Rekate에 의해 독특하면서 혼동되는 함구증 유형이 처음 알려졌다(보통 **소뇌성 함구증**[cerebellar mutism], **소뇌에서 기원한 함구증**[mutism of cerebellar origin], **후두와 증후군**[posterior fossa syndrome]으로 불림).[65] 이 함구증이 독특한 이유는 주로 아동기에, 후두와 수술 후에 발생하고, 수술 후 시간이 경과한 뒤에 발병하며, 대부분 일시적으로 나타나기 때문이다. 혼동을 주는 이유로는 정확한 해부생리학적 기반이 거의 밝혀지지 않았기 때문이다.

다수의 증례 보고, 종단적 증례 보고 및 문헌조사[6]에서는 소뇌성 함구증의 특징을 다음과 같이 요약하였다.

1. 대다수의 환자들이 종종 제4뇌실, 소뇌벌레 또는 곁소뇌벌레, 소뇌반구, 뇌교를 포함한 광범위한 정중면의 후두와 종양 제거 수술[7]을 받았다. 대상자

[5] 유사하게 보고된 사례의 환자는 '후기에 앞쪽 판개 증후군(late anterior opercular syndromes)과 천천히 진행하는 실구어증'으로 묘사됨.[11]

[6] 참고문헌 16, 21~23, 26, 27, 29, 35, 36, 51, 62, 77, 78, 82, 83.

[7] 일시적인 소뇌성 함구증의 다른 원인은 드물고, 단일 사례 보고에서 주로 보고됨. 원인은 동정맥 기형, 뇌출혈, 뇌졸중, 외상성 뇌

의 약 90%에서 종양이 정중면에 위치하였고, 소뇌 벌레를 외과적으로 절제하였다. 수술을 받은 아동들 중에서 약 2~9%가 함구증으로 발전하였으므로(최근에는 29%까지 보고됨[40]), 함구증은 드물지 않다. 일시적인 함구증은 소뇌 종양 치료에 대한 대가이며,[24] 과감한 수술일수록 발병률(incidence)이 높다.[40]

2. 후두와 종양은 성인보다 아동에게 훨씬 더 흔하기 때문에 성인에서는 소뇌성 함구증이 드물다. 발병 평균 연령 범위는 6~9세이다.
3. 수술 전에, 함구증이 아닌 마비말장애가 일부 대상자들에게 나타났다.[53]
4. 보통 수술 후 1~7일까지는 이전과 같이 말을 하며, 함구증이 나타나지 않는다. 함구증은 며칠에서 12개월 동안 지속될 수 있으며, 평균 약 4~8주 정도 관찰된다.
5. 일반적으로 뇌신경 손상은 없다. 침묵을 보이는 동안에도 실어증 없이 의식이 명료하다. 저하된 구강 섭취, 정동적 불안정, 감소된 수의적 움직임의 개시, 그리고 복잡한 비구어적 구강 운동 움직임에서의 어려움을 보인다. 일부에서는 고급 언어 능력 및 인지의 결함이 지속된다. 다시 말을 하게 될 때 마비말장애를 보인다.[23] 마비말장애 유형은 보통 실조형이다. 장기간 추적 관찰한 자료들은 제한적이다. 완전한 회복을 보일지라도, 약 67%에서는 발병 후 1~10년간 경도의 마비말장애가 지속된다.[53]

신경학적 기질과 병인

소뇌성 함구증에서 보편적으로 받아들여지는 단일 원인은 없다. 이는 많은 대상자들에게서 다양한 원인들이 작용하였거나 대상자들 간에 다른 원인들이 작용하였기 때문이다. 함구증에 대한 해부생리학적 설명은 다음과 같다.

1. 수술의 직접적인 결과로 인한 광범위한 소뇌의 손상, 특히 소뇌벌레와 치아핵이 손상될 경우.[8]
2. 수술 후 상당히 높은 뇌수막염이나 수두증의 발병률(incidence). 두 질환 모두 함구증 발병이 지연되는 것을 설명할 수 있으나, 이러한 질환들은 보통 함구증보다 빠르게 소멸된다. 소뇌의 수축 또는 조작으로 인한 허혈이 원인일 수 있다. 수술 후 허혈과 부종으로 이어지는 소뇌 동맥의 혈관경련(vasospasm)이 함구증의 원인일 수 있고, 발병이 지연되는 것을 설명할 수 있다.
3. 소뇌/후두와 손상이 기능에 영향을 미친다. 치아핵 손상은 치아시상피질로를 방해하며, 천막상 언어 통제에 간접적인 영향을 초래하고, 뒤이어 함구증이 잇따른다. 단일광자방출단층촬영(single photon emission computed tomography, SPECT)을 통해 침묵 기간 동안에는 전두엽, 측두엽, 그리고 두정엽에서 관류가 감소되고 함구증이 해결된 후에는 피질 관류가 정상화되는 것을 확인하였다.[30] 그러나 함구증일 때, 항상 피질의 관류가 저하되는 것은 아니다.[51,[9]]

아동기의 소뇌, 교핵, 시상, 보충운동영역, 그리고 피질운동/감각영역을 포함하는 복잡한 감각운동신경망의 불완전한 성숙은 소뇌 손상으로 인한 영향에 취약하다.[36] 이것은 좌뇌손상 후에 나타나는 함구증이 성인보다 아동에게서 더욱 흔하다는 사실로부터 간접적인 지지를 받는다(다음 절의 실어증과 함구증 부분 참고).

소뇌성 함구증의 본질은 무엇일까? 말이 다시 나오게 될 때 마비말장애를 보이며, 그 유형이 실조형으로 묘사된다는 것은 심도의 실조형 마비말장애의 결과로 실구어증을 보인다는 추론을 지지한다. 실조형 마비말장애에서 침 흘림과 삼킴, 그리고 정동적인 불안정 문제가 반드시 실구어증에 대한 설명을 간접적으로 지지한다.

일부 사례에서는 함구증이 심도의 실조형 마비말장애보다 더 많이 나타나기도 하고 실조형 마비말장애의 특징을 보이지 않을 수도 있다. 예를 들면 Rekate 등[65]의 연구에서, 6명 중 한 명의 대상자는 침묵 기간 동안 사지와 혀 움직임을 따라할 수 없었고, 울기나 웃기에서는 발성이 가능하였다. 또 다른 대상자는 말을 하려고 시도할 때 오직 '칭얼거리는' 소리만 낼 수 있었다(Rekate 등은 여러 대상자들에게서 이러한 특징을 관찰하였다). 이러한 행동들은 실행증과 유사하며, 운동 프로그래밍 장애가

손상, 소뇌의 바이러스성 감염 등임.

[8] 양측 시상절제술(소뇌에서 대뇌로 투사되는 신경에 손상을 주는)처럼 운동장애를 치료하기 위해 양측 치아핵을 제거하는 것은 함구증을 야기함.[55]

[9] 비수술적 원인으로 인한 소뇌성 함구증 환자 2명(한 명은 소뇌염[cerebellitis], 나머지 한 명은 용혈요독증후군[hemolyticuremic syndrome])의 단일광자방출단층촬영(SPECT) 연구에서 천막상 구조에는 이상이 없으나 소뇌에 광범위한 관류저하가 관찰됨.[51]

함구증에 기여함을 시사한다(**사례 12-4** 참고). 실제로 복잡하고 수의적인 구강안면 움직임에서 어려움을 보이며, 이러한 능력의 회복이 함구증의 회복보다 선행되는 것은[78] 함구증이 학습된 행동의 상실 또는 실행증이 반영된 것임을 시사한다.[22] 함구증에서 관찰되는 행동적 특성, 피질의 기능에 미치는 후두와의 간접적인 영향에 대한 가능성, 아동기의 말운동을 계획/프로그래밍 하는 연결망의 미성숙, 성인의 후천적 말실행증과 실조형 마비말장애의 많은 비정상적인 말 특성들이 서로 유사하다는 것은 타당한 가설들이다. 후두와(posterior fossa) 병변 수술 후에 말과 구어 기제 특성에 대해 각별히 주의를 기울이는 것과 더불어 수술 전후에 세심히 검사하고 추적 관찰하는 것은 이러한 가설들을 검증하는 데 중요하다.

마지막으로, 이 문제에 대한 심리적 원인이 가끔 언급된다[26](**사례 12-4** 참고). 그러나 심리적인 원인은 보통 함구증 이후의 마비말장애 또는 발증의 지연이나 함구증이 나타나는 기간과 같이 상대적으로 예측 가능한 패턴들을 설명할 수 없다. 심리적인 요소들이 생명을 위협하는 질병과 수술을 받는 아동의 행동에 영향을 준다는 것은 의심할 여지가 없으나 최근의 근거들은 대부분의 사례들에서 심리적인 원인이 함구증과 인과적 관련이 없음을 보여 준다.

E. 말실행증과 함구증

말실행증이 함구증과 동반되는 것은 드물지 않으나, 뇌졸중이 원인일 때는 며칠 이상 오래 지속되지 않는다. 그러나 때때로 실어증 또는 두드러진 마비말장애가 없는데도 급성기를 지나서도 함구증이 지속된다. 말실행증, 특히 순수 말실행증에서 침묵 연장과 관련된 병소와 빠른 회복과 관련된 병소가 서로 다르다는 것에 대한 근거는 없다.

좌뇌 수술 또는 뇌졸중 발병 후 3~10주 사이에 발생하는 지속되는 함구증이 여러 증례를 통해 보고되었다.[39,47,66] 환자들은 비구어 구강실행증을 동반하였다. 일부는 어떠한 상황에서도 발성, 속삭임, 흥얼거림, 또는 조음을 할 수 없었고, 일부는 침묵을 보이는 동안에도 발성 없이 흥얼거림 또는 조음을 할 수 있었다. 이는 말실행증에서의 장기적인 침묵이 적어도 발성에 영향을 미치는 실행증의 불균형 정도와 관련이 있음을 나타낸다.

외상성 뇌손상 환자는 지속적 식물인간상태, 감금증후군 또는 무동성 함구증이 아니더라도 약 3%에서 침묵을 보인다.[44] 국소적인 좌측 기저핵 병소를 가진 환자들은 극심한 확산성 손상을 가진 환자들보다 빠른 의식 회복과 전반적으로 더 좋은 언어 및 의사소통을 보이는 경향이 있다. 국소적인 기저핵 병변을 가진 환자들에게서 나타나는 함구증은 주로 말실행증으로 인한 것이다. 외상성 뇌손상과 관련된 함구증은 훨씬 더 심각한 인지적·정동적 장애와 신경근육의 장애와 연관되기 때문에, 이를 아는 것은 중요하다.

말실행증이 갑자기 발현된 환자에서 관찰되는 장기적 함구증은 동반된 마비말장애, 실어증, 또는 심리적인 요소들이 함구증에 영향을 미칠지도 모른다는 의심을 하게 한다. 예를 들어, '구강안면실행증(buccofacial apraxia)'으로 장기적 함구증을 보이는 환자들에서 삼킴장애가 두드러지고 양측 전두엽 병소가 확인되는 것은[32] 마비말장애도 동반될 수 있음을 시사한다. 이 사례에서 보이는 함구증은 말실행증보다는 마비말장애로 인한 것이거나 두 장애의 조합으로 인한 것이다. 신경학적 질환의 단일 징후일지라도, 때로는 함구증이 말실행증의 급성기를 지나 지속될 수 있다는 생각을 가져야 한다.

마지막으로 신경학적 퇴행성 질환과 관련된 말실행증은 단독으로 혹은 말실행증, 마비말장애, 언어 또는 다른 인지적 장애들의 혼합된 영향으로 함구증을 초래한다(진행성 말실행증의 논의에 대한 제11장 참고). 이러한 사례에서 함구증이 상대적으로 일찍 나타날 때, 브로카영역 뒤쪽 부분의 위축이 기저핵까지 확장되는 경향이 두드러지는데,[31] 이는 실행증(아마 마비말장애와 더불어)이 실어증보다 함구증에 더 강력히 기여함을 보여준다.

II. 실어증과 함구증

성인에서 실어증을 유발하는 뇌졸중 또는 외상 후 즉각적으로 함구증이 나타나는 것은 흔하나 함구증이 지속되는 경우는 전반 실어증(global aphasia) 환자에서도 흔치 않다. 대조적으로, 아동에게서 뇌졸중 또는 외상으로 인해 후천적으로 나타난 실어증(그리고 아마도 말실행증)은 함구증의 기간과 연관이 있다.[1,34] 피질하 병소로 인해 추후 실어증으로 이어지는 함구증은 피질 병변의 실어증보다 더 흔하나, 이러한 사례에서 보이는 함구증은 말실행증과 마비말장애로 인해 더 악화되거나 이것이 원인으로 작용할 수도 있다.

좌뇌 상부 전운동영역의 급성 병변은 수일간의 완전한 침묵으로 이어지며, 이른바 **연결피질 운동실어증**(transcortical motor aphasia)로 발전하는데, 이는 자발적인 발화의 양과 다양성이 제한되는 반면, 따라말하기, 이름대기, 그리고 소리 내어 읽기는 어느 정도 보존된다. 여기서의 함구증 특징은 느린 발화 시작과 짧고 엉성하며 때때로 보속적인 구어 반응이다. 정상적인 발성이 나오기 전에 단어를 입 모양으로만 말하거나 속삭이고 단조로운 운율을 보이며, 이는 전반적인 정동(affect)과 일치한다. 전두엽 활성 기제의 손상으로 인하여 발화의 시작에 어려움을 보인다.[2] 이러한 사례의 함구증이 언어 결함(실어증)으로부터 기인하는 것인지는 의문이다. 후에 논의될 무동성 함구증과 같이 전두엽 병변으로 인한 비실어적 인지 결함은 실어증보다 이러한 장애를 더 잘 설명한다. 일부는 실어증과 비실어적 인지-의사소통장애를 동시에 보인다.

일반적으로, 실어증에서 지속되는 함구증은 말운동장애 또는 비실어적 인지 결함과 같은 부수적인 문제들의 존재나 실어증 진단의 정확성에 대해 의구심을 갖게 한다.

III. 각성, 반응성, 확산성 피질 기능의 장애

이 절에서는 각성, 정동(affect)과 욕구, 인지, 운동 개시의 장애로 나타나는 함구증을 다룬다. 이러한 장애들은 임상적으로 겹쳐지는 부분들이 많다. 중증도의 순서대로 살펴보겠다.

A. 혼수상태

혼수상태(coma)는 '각성할 수 없는 무반응(unarousable unresponsiveness)'의 상태이며, 의식을 유지하는 신경망의 억제 및 손상에 대한 반응으로 뇌파 검사(EEG)에서 수면/각성 주기가 존재하지 않는다.[86] 수의적인 행동이 없고 눈은 감겨 있으며 목적이 있는 움직임이나 국소적인 반응들을 보이지 않는다. 관찰 가능한 반응들은 반사적으로 나타난다.

혼수상태는 전형적으로 확산성 양측 대뇌반구의 손상, 뇌간 손상, 또는 두 가지 모두에서 기인한다. 뇌간에 손상이 있으면 각성과 의식에 중요한 역할을 하는 활성망상계(reticular activating system, RAS)의 장애를 보인다. 즉, 혼수상태의 무반응은 활성망상계와 피질의 문제와 뇌간 윗부분 기능이 활성화되지 못함을 반영한다. 어떤 의미에서는, 사람이 의식이 없거나 각성이 안 될 때는 말을 못 하기 때문에, 혼수상태의 함구증은 함구증의 한 유형으로 볼 수 없다.

활성망상계의 문제와 각성 감소에 기인한 함구증은 다양한 원인으로부터 기인할 수 있으나 외상성 뇌손상과 혈관성 문제가 말 병리에서 가장 흔한 병인이다.

B. 식물인간상태[10]

식물인간상태(vegetative state)는 깨어 있는 무의식(wakeful unawareness)의 상태이다.[86] 식물인간상태의 환자들은 목적 있는 행동들을 보이지 않고, 주변 환경과 의미 있는 상호작용은 불가하나, 비인지적 기능은 가능하다. 즉, 함구증은 심각하게 감소된 각성과 인지의 수준과 일치한다.

외상성 뇌손상이 원인일 때, 일반적으로 혼수상태의 초기 기간 이후에 식물인간상태가 나타난다. 그러나 대사장애와 심각한 치매에서는 이전에 혼수상태가 없어도 발생한다. 이는 양측 대뇌반구의 병변이 심각한 것에 비해 상대적으로 뇌간의 기능이 보존될 때 나타난다. 뇌파검사(EEG), **구조적 뇌영상**, 그리고 대뇌 대사 활동 측정에서 피질 기능의 저하 또는 전체적인 이상 소견을 보인다. 심각한 외상성 뇌손상, 무산소증, 약물 독성, 베르니케 뇌증, 알츠하이머병, 무뇌증은 식물인간상태와 관련한 광범위한 피질 기능 장애를 야기하는 전형적인 병인들이다. 비외상성 손상 이후 3개월 이상, 그리고 외상 이후 12개월 이상 이러한 상태가 지속될 경우 회복이 어렵다. **지속적** 또는 **영구적 식물인간상태**라는 용어는 식물인간상태가 예상보다 길어질 경우(예: 1개월 또는 1년 이

[10] **무창백핵 상태**(피질의 회백질이나 창백핵이 없는 것[apallic state])는 식물인간상태와 의미가 유사함. 무산소증, 일산화탄소중독, 퇴행성 질환(예: 크로이츠펠트-야콥병), 수막혈관 매독(meningovascular syphilis), 만성 바이러스성 뇌염, 심한 외상성 뇌손상과 같이 피질의 회백질이 광범위하게 망가진 환자들을 지칭하는 데 사용됨.[69] 이 용어(그리고 **각성혼수**[coma vigil]라는 용어)는 의식장애에 대한 최근 논의에서는 사용되지 않음.[86]

상) 사용된다. 그러나 일반적으로는 손상된 의식상태(혼수상태와 식물인간상태)가 장기적으로 지속되는 경우는 드문데, 그 이유는 대부분 환자들이 3~6개월 내에 개선되거나 사망하기 때문이다.[86]

혼수상태와 다르게 식물인간상태는 수면/각성 주기가 상대적으로 보존된다. 깨어 있을 때, 환자들은 시각적으로 추적하거나 정상적인 외부 자극에 반응하지 못한다. 회피성의 굴곡 반응(flexion withdrawal),[11] 비특이적인 움직임, 또는 신음소리와 같은 운동 반응들은 유해 자극에 의해 유발될 수도 있다. 울기와 웃기가 간혹 관찰되는데, 아마 이러한 반사들의 표출로 보인다. 드물게는 어떠한 단어를 무작위로 말하기도 한다.[86]

C. 최소의식상태

최소의식상태(minimally conscious state)는 식물인간상태보다 훨씬 더 흔하다.[86] 이 환자들은 약간의 의식과 반응을 보인다. 그들은 움직이는 자극을 시각적으로 추적하기, 사물을 향해 손을 뻗고 잡기, 간단한 명령 따르기, 예-아니요 질문에 반응하기(그러나 반드시 정확하진 않음), 그리고 정동적인 화제에 반응하여 웃거나 울기(그러나 중립적인 화제나 자극에서는 반응하지 않음)를 보인다. 일반적으로 침상에 누워 있는 상태이며, 대소변을 가리기 어렵고, 관(튜브)을 통한 영양공급이 필요하다. 완전히 침묵하는 것은 아니며, 때때로 알아들을 수 있는 단어를 산출한다.[86]

D. 무동성 함구증

정의와 임상적 특성

전두엽의 앞쪽 또는 안쪽의 병변은 **무의지증**(abulia) 또는 **동기**(motivation) **저하**[12]를 야기하며, 생각, 말, 신체적 행동, 정동적인 표현의 개시나 자발성 부족이 관찰된다. 경도 무의지증은 비정상적인 무관심을 나타낸다.[46] 중도일 때는 함구증을 보인다. **무동성 함구증**(akinetic mutism, AM)이란 용어는 극단적인 무의지증의 상태를 기술할 때 사용한다. 말을 하려는 욕구나 동기의 부족, 말 산출에 필요한 인지와 운동을 시작하고 유지하는 것의 어려움, 또는 의사소통하고자 하는 생각의 명백한 결핍을 나타낸다.[13]

무동성 함구증은 각성, 명료함, 기본 운동 감각 능력, 최소한 일부 기본적인 인지 능력이 보존되어 있는데도 불구하고 단순한 운동 활동조차 수행하기를 원치 않는다. 환자들은 전형적으로 눈을 뜬 상태로 앉아 있고, 외견상으로 명료하며 금방이라도 간단한 질문이나 요구에 반응을 할 것처럼 보이나 기본적으로 반응이 없고 무관심하다. 움직임을 따라 하는 것이 실제로 반응하는 것은 아니다. 식물인간상태의 턱과 안면 움직임을 나타내며 음식물을 입에 넣어 줘야 삼키고, 종종 오랜 지연 후에 삼킴이 나타난다.[42]

중증도의 단계적 차이가 있다. 뇌졸중 또는 외상 후의 회복으로 침묵상태에서 벗어났을 때, 강한 자극이 지속된다면 움직임 또는 말에 반응할 수도 있다. 이러한 반응들은 보통 단순하고 간단하며, 때때로 몇 분 정도 지연된다. 말은 **간단하고**(brief), **소리가 없으며**(aphonic), **속삭이는 소리**(whispered) 또는 **감소된 음량**(reduced in loudness), **단조로우며**(monotonic), 발성에 비해 온전해 보이는 조음과 명료도를 보인다. 운율은 무관심 또는 무기력한 인상을 반영한다. 내용은 완전한 전보식(telegraphic)은 아니나 **정교하지 않고**(unelaborated), **실제적**(concrete)이며 **문자 의존적**(literal)이다.[42] 예를 들어 "지금 몇 시죠?(Can you tell me the time?)"라고 물어보면, 환자는 요청에 응답하지 않고, 단순하게 "예"라고 반응한다. 또한 환자들은 비협조적으로 보인다. 예를 들어, 그들은 입을 벌리려는 검사자의 시도에 저항한다.[14]

신경학적 기질과 병인

일반적으로 두 병소 위치가 무동성 함구증과 관련이 있다. 첫 번째는 보충운동영역(supplementary motor area, SMA)과 앞쪽띠이랑(anterior cingulate gyrus)을 포함하는 편측 혹은 양측 반구 전두엽의 안쪽(내측)면이다. 무동성 함구증의 지속은 광범위한 양반구 전두엽 손상과

[11] (역자 주) 통증에 대해 움츠리는 반응.

[12] 외상성 뇌손상 환자의 5~67%는 동기 저하를 보임.[46]

[13] 무동성 함구증에서 회복된 환자들은 그들의 침묵이 사고의 깊이와 범위가 저하되고 말하고자 하는 의자가 저하되는 것에 기인한다고 보고함.[50]

[14] **저항증**(gegenhalten) 혹은 **긴장성 운동장애**(paratonia)로 알려진 현상임. 환자에게 턱에 힘을 빼도록 요청한 후 검사자가 환자의 턱을 자유롭게 움직이려 할 때, 양측 전두엽의 위쪽과 안쪽에 기능부전을 보이는 환자는 움직임에 반대하는 것처럼 턱을 긴장시킴.[9]

가장 관련이 많지만,[73] 변연계의 전두면인 앞쪽띠이랑 영역은 증상의 출현에 중요하다.[69] 무동성 함구증과 연관된 결함에 대한 해부학적 명칭에는 **전전두엽 증후군**(prefrontal syndrome), **전대뇌동맥 증후군**(anterior cerebral artery syndrome), **보충운동영역 증후군**(SMA syndrome)이 있다.[76]

이러한 위치의 병변이 어떻게 무동성 함구증을 야기하며, 증상은 어떠할까? 보충운동영역, 보충운동영역에서 띠이랑으로의 연결, 보충운동영역에서 등쪽 외측 전두엽 피질(브로카영역 포함), 운동피질, 선조체로의 투사는 운동의 준비, 특히 내적 동기의 움직임, 운동 반응의 활동에 중요하다.[41] 좌측 보충운동영역 손상은 말에 대한 욕구를 감소시키며, 때때로 함구증을 유발하기에 충분하다. 일반적으로 우측 보충운동영역의 손상 또한 말 산출을 감소시키나 함구증으로 이어지진 않는다.[2] 보충운동영역에서의 작은 병변은 일시적인 침묵을 유발하고, 조음은 정상이나 구어 산출은 드물며, 개시의 지연을 보일 수 있다. 문장 길이로 표현하는 것은 몇 주 이내에 나타난다. 더 광범위한 병소는 뚜렷한 무관심과 반응의 느린 개시뿐만 아니라 장기적인 함구증과 관련이 있다. 이러한 사례에서는 조직화 및 집행 조절과 관련된 보다 앞쪽 전두영역에서의 장애뿐만 아니라 반응 활성화의 역할을 하는 띠이랑과 보충운동영역 활동에서의 장애가 관찰된다.[2]

무동성 함구증과 관련된 두 번째 병소 위치는 중뇌-간뇌의 영역으로, 상행(ascending) 활성망상계 자극으로부터 시상핵이 단절되는 것에 기인한다. 뇌간 활성망상계가 명료한 상태에 영향을 주기 때문에, 심각한 뇌간 병리는 혼수상태 또는 무동성 '수면 함구증(somnolent mutism)'으로 이어진다.[73] 전두엽 병리에서는 활성망상계가 온전하기 때문에 수면상태(somnolence)가 발생하지는 않지만, 무의지증과 욕구의 결핍으로 인해 반응과 개시가 제한된다.

무동성 함구증의 원인은 다양하다. 후대뇌동맥의 관통가지 또는 전대뇌동맥을 포함하는 뇌졸중은 각각 무동성 함구증의 전두엽과 중뇌의 변이(variants)를 야기한다.[54,69] 양측 시상 뇌졸중뿐만 아니라, 동맥류 이후 양측 전두엽 거미막하 출혈도 무동성 함구증을 유발한다. 종양, 외상성 뇌손상, 뇌염, 심각한 수두증, 무산소증, 그리고 시상절제술 또한 원인이 될 수 있다.[9,86]

IV. 특정 병인의 신경학적 함구증

비록 함구증의 근간이 되는 기제가 항상 분명하진 않지만, 신경학적 함구증은 때때로 특정한 사건 또는 특징과 관련이 있다. 교련절제술 이후의 함구증, 말 정지, 그리고 약물중독성 함구증은 이러한 문제들의 예이다.

A. 뇌량절제술 후 함구증

단일 원인이 아니며, 약물 관리가 힘든 뇌전증(epilepsy) 환자들의 발작 빈도를 줄이기 위해 뇌량의 부분 또는 전체의 외과적 횡절단(transection)이 시행된다.[15] 전체 뇌량절제술(corpus callosotomy) 또는 뇌량의 앞쪽 부분의 절제는 며칠에서 몇 개월, 때때로 그 이상 동안 함구증 또는 자발적인 말의 감소를 초래한다.[28,63,68] 이해와 쓰기를 통한 의사소통 능력은 남아 있다. 회복 기간 동안 속삭이는 듯한 소리 또는 목쉰(hoarseness) 소리를 보이는 기간이 있으며, 비구어성 실행증도 나타난다.[7,74]

침묵에 대한 기제는 불확실하지만, 횡절단의 결과 자체만의 이유로는 생각되지는 않는다. 보충운동영역을 포함하여 시상 옆면 피질에 영향을 미치는 허혈, 해리 또는 수술적 수축으로 인한 외상이 영향을 준다.[63,64,74] 뇌전증 환자의 뇌는 정상이 아니기 때문에, 수술 전 말에 대한 우세가 일부 사람들에게는 양측에 있다고 추측된다. 그 결과로, 수술 후 말을 할 수 없는데, 이는 두 반구들이 분리되어 있고, 한 반구가 다른 반구의 도움 없이 말을 즉각적으로 조절할 수 없기 때문이다.

함구증에 대한 행동적 기반 또한 불분명하다. 일부에서는 '실조음증(aphemia)'(즉, 말실행증)으로 함구증을 설명 가능하다고 주장한다.[74] 실어증과 심리적 설명도 제시되었다.[5] 만약 보충운동영역의 이상이 장애의 근원이라면, 운동 또는 인지 욕구 기제의 기능 장애가 원인일 수 있다.

뇌량절제술은 제3뇌실과 송과체 종양의 외과적 제거 수술을 받는 환자에서 실시된다. 종양으로 접근하기 위해 선택된 경로에 따라 뇌량의 앞쪽, 중간, 뒤쪽 세 부분의 절제가 이루어진다. 비록 함구증이 몇 주 이상 지속되는 일은 매우 드물지만, 가장 심각한 부작용 중 하나이

[15] 이러한 시술은 대부분 이완성, 긴장-간대성, 긴장성 발작으로 인해 넘어지면서 반복적인 손상을 입는 사람들을 위해 고려됨.[12]

다. 10세 이하의 아동들은 나이가 많은 환자에 비하여 수술 후 함구증을 포함하여 결함을 가지는 경우가 거의 없다.[5] 발작을 통제하기 위한 뇌량절제술과 유사하게, 함구증에 대한 기제는 불확실하다.

B. 말 정지

부분 발작과 관련된 가장 흔한 사건들 중 하나는 흔히 **발작적 말 순간정지**(ictal speech arrest)라 불리는 **말 정지**(speech arrest)로, 의식이 유지됨에도 불구하고 발작의 시작에서 말의 진행이 정지된다. 이러한 경우에 말을 하려는 노력은 불분명한 소리만을 낳는다.[42] 말 정지는 전두엽 발작에서 가장 흔하며, 특히 우세한 보충운동영역, 상전두이랑 또는 하부 롤랜드 영역들이 연루될 때 흔하게 발생한다.[15,17,84] 말 정지 또는 실어증은 일부 사례에서 발작 활동의 유일한 행동적 근거이다.[15]

말 정지에 종종 '실어증'의 꼬리표가 붙기는 하지만, 실제로 이는 실어증이 아니다. 정지는 우뇌 또는 좌뇌의 보충운동영역에서 기시하기(originate) 때문에, 운동 활동의 개시 또는 계획/프로그래밍(말실행증)과 연관된 기제의 방해와 더 관련이 있다.

종양을 포함하여, 보충운동영역에서의 병소는 갑작스런 말 정지 또는 통제 불가한 발성을 야기한다.[38] 편두통이 있는 동안에 쓰기와 이해는 보존되나 우측 다리 약증이 동반되는 말 정지가 관찰되기도 하였다.[37]

발작을 보이는 환자의 피질에 직접적인 전기 자극을 줄 때 말 정지가 발생하며, 그 영역이 한 반구의 측두-두정영역, 보충운동영역, 브로카영역일 때 가장 일관성 있게 관찰된다.[59] 또한 우세반구에 종양 절제술을 받는 환자들의 피질 지도화(cortical mapping) 시에 관찰될 수도 있다.[52] 운동장애를 조절하기 위한 정위적(stereotactic) 절차[16] 시에 배쪽외측 시상에 자극을 주었을 때 말 정지가 발생하기도 하였다.[8]

말 정지 또는 함구증은 말-언어 기능을 담당하는 위치를 살펴보고 우세반구를 확인하기 위한 신경학적 검사에서도 일시적으로 유발된다. **와다 검사**(Wada testing)에서 침습적으로 경동맥 내 아모바르비탈(amobarbital)을 주입할 때 일시적으로 한쪽 반구가 마비되며, 그것이 언어-우세반구일 때, 종종 일시적으로 말을 할 수 없게 된다. **비침습적인 반복적 경두개자기자극**(repetitive transcranial magnetic stimulation, rTMS) 또한 말 정지를 유발하며, 좌뇌의 하전두영역을 자극할 때 가장 흔히 관찰된다.[25]

C. 약물성 함구증

함구증은 간과 심장 이식 이후에 사용되는 특정 면역억제제들(예: 타크롤리무스[tacrolimus][FK506], 사이클로스포린[cyclosporine])에 대한 신경독성 반응으로 나타났다.[61,72] 이러한 상태를 실구어증(심도의 경직형 마비말장애) 또는 무동성 함구증으로 설명하지만,[6,70] 함구증의 본질이 항상 분명하지는 않다. 전두운동피질과 피질척수로의 이상 또는 띠이랑의 대사저하가 일부 사례들에서 관찰되었다.[6,10] 문제가 되는 약을 중지하거나 복용량을 감소하면 문제를 향상시키거나 악화시키기 때문에, 함구증의 신속한 식별이 중요하다.[6,70,72]

[16] (역자 주) 정위적 절차란 뇌심부의 특정 부위에 전극 등을 3차원 좌표에 따라 삽입하는 절차를 말함.

V. 사례

사례 12-1

65세 여환이 불안정한 걸음걸이, 안면 약증, 그리고 말을 하는 것에서의 어려움에 대한 평가를 위해 입원하였다. 입원 후 일과성 허혈성 발작(transient ischemic attacks)이 있었고, 2주 후 뇌졸중 소견을 보였다. 컴퓨터단층촬영(computed tomography, CT)을 통해 측두엽, 후두엽, 기저핵, 소뇌에서 경색이 관찰되었다.

환자는 2주 후 말 평가를 받았다. 침묵을 보였으나 말을 하려고 시도하였고, 조음기관을 최소한으로 움직였으며 앓는 소리만을 냈다. 얼굴과 혀에서 약증이 관찰되었다. 혀 내밀기가 느렸고, 요구에 제한된 운동범위를 보였다. 발성을 시도하거나 구토를 보일 때 구개가 최소한으로 움직였다. 언어 과제에 대한 반응은 지연되었고 종속적이었고, 구어 이해 및 읽기 이해 능력은 현저하게 저하되었다. 이러한 문제들은 실어증보다 전반적인 인지장애와 더욱 관련이 있어 보였다.

보완적 의사소통 수단을 사용하려는 시도가 있었으나, 인지장애로 인해 실패하였다. 요양원에 갔다가 두 달 후 재활을 위해 재입원하였다. 여전히 침묵하였으나 예전에 비하여 비구어적으로 반응을 하는 양상을 보였고, 보속증 없이 고개 끄덕임이나 눈 깜박임으로 예-아니요 질문에 응답하였다. 가리키기나 기타 몸짓을 위한 사지 움직임이 힘들고, 두드러진 시각적 결함으로 인해 고개 끄덕이기와 단순한 눈 깜박임만이 실행 가능한 의사소통 수단이었다.

임상가는 일차적으로 환자의 침묵이 양측 상부운동신경세포 손상으로 인한 실구어증이라고 결론 내렸다.

해설: (1) 다발성 뇌졸중은 실구어증에 기인한 함구증을 유발시킨다. (2) 인지적 결함들은 실구어성 함구증과 빈번하게 동반된다. 시각적 결함과 사지 운동 장애가 결합될 때, 사용 가능한 보완적 의사소통 수단의 정교함이 제한된다.

사례 12-2

71세 여환이 2년간 걸음걸이, 말, 그리고 소장과 방광 조절 능력에서 감퇴를 보였다. 검사 결과, 비정상적으로 과민한 반사와 입술 내밀기 반사, 빨기 반사, 그리고 하악 반사와 함께, 사지에서 약증과 경직이 관찰되었다. 말을 할 수 없었고 씹기와 삼킴에서 상당한 어려움이 있었다.

신경 영상 결과, 전반적인 뇌 위축을 보였으나 뇌졸중 또는 종양의 근거는 없었다. 신경학적 진단명은 더 이상 구체적으로 명시 불가능한 퇴행성 중추신경계 질환이었다.

공식 말 평가에서는 환자가 거의 2년간의 점진적인 말 능력 쇠퇴를 보인 후, 3개월 동안 말을 할 수 없었음이 확인되었다. 한두 개의 손가락을 들어 올림으로써 예-아니요 질문에 대답하였다. 양측 상지 약증으로 쓰기도 불가능하였다. 단순하고 복잡한 명령 또는 예-아니요 질문에 대한 구어 이해력은 문장 수준의 읽기 이해력과 마찬가지로 상당히 좋았다.

턱, 얼굴, 혀 움직임은 두드러지게 느렸으며 범위가 제한되었다. 뚜렷하게 목 가다듬기 또는 기침을 할 수 없었다. 짧고 반사적으로 발성된 한숨과 하품을 산출하였다. 그 외에는 침묵을 보였다. 말을 시도할 때, 실행증과 같은 모색행동 또는 비구어 구강실행증을 보이지 않았다.

환자의 침묵은 심도의 경직형 마비말장애로 인한 실구어증에 기인한 것으로 결론 내려졌다. 퇴원 후, 대체의사소통도구 사용의 고려를 위해 환자의 집 근처 언어병리학자에게 의뢰되었다.

해설: (1) 실구어증은 퇴행성 중추신경계 질환에 의해 나타난다. (2) 실구어증은 두드러진 인지 또는 감각장애 없이 존재한다.

사례 12-3

22세 남환이 2년 6개월 전의 교통사고로 인해 발생한 결함들의 관리를 위해 재활센터에 입원하였다. 재활 기간에는 최소한의 개선만이 가능하였다.

CT 영상에서는 양측 반란원 중심(centrum semiovale)에 저음영 변화뿐만 아니라 전반적인 뇌 위축을 보였다. EEG에서는 뚜렷한 확산성 비특이성 이상을 보였다. 간헐적으로 발작을 보였다.

환자는 말 평가 동안, 청각적 · 시각적 자극에 대해 거의 완전한 무시를 보였고, 어떠한 구어도 이해하지 못하였다. 소리를 내려는 시도가 없었고, 자발적으로나 반사적으로 어떠한 소리도 산출하지 않았다. 명백한 이유 없이 때때로 얼굴을 찡그렸고, 입으로 약간의 빨기 동작을 보였으며, 이를 악물고 머리를 좌측으로 떨구었다. 여러 회의 관찰 기간 동안 지속적으로 강하게 제시되는 청각적 · 시각적 · 촉각적 자극에 반응하지 않았으며, 이는 다른 검사자들에게서도 마찬가지였다.

임상가는 침묵의 추가적 원인으로는 신경운동장애가 배제될 수 없지만, 심각하게 감소된 각성과 인지 수준에 기인한다고 결론 내렸다.

신경학적 평가 시, 의식이 명료하였으나 어떠한 자극에 대해 의미 있는 반응을 보이지 않았다. 팔과 다리에서 일부 근긴장이상으로 보이는 자세가 나타났다. 시각적 위협에 대한 반응으로 눈을 깜박이지 않았다. 이따금씩 명백한 이유 없이 신음소리를 냈다. 신경학자는 이 환자가 심도의 뇌증이 있고, 지속적 식물인간 상태라고 결론 내렸다.

여러 주에 걸쳐 반응성을 증가시키려는 노력은 실패로 끝났다. 이 환자는 요양원으로 보내졌다.

해설: (1) 함구증은 지속적 식물인간상태로 이어질 수 있는, 피질 기능의 확산성 장애와 연관이 있다. (2) 폐쇄성 뇌손상은 함구증 양상의 흔한 원인이다.

사례 12-4

5세의 오른손잡이 소년은 광범위한 제4뇌실 수모세포종(medulloblastoma)의 제거를 위해 신경외과 수술을 받았다. 수술 전에 그는 두통과 실조성 보행을 보였으나 말 또는 언어장애는 없었다. 수술 후 첫째 날에, 소년은 정상 소리의 발화를 약간 보였다. 수술 후 둘째 날에는 함구증을 보였다.

지속되는 함구증으로 인해 수술 후 열째 날에 말 평가를 받았다. 환자는 깨어 있었고 다소 불안해하고 가만히 있지 못하였지만 저항하지는 않았다. 1~3초 동안의 울음이 분당 여러 차례 나타났고, 눈물을 보이지 않았고 명백한 이유도 없었다. 이러한 울음은 그에게 직접적인 구어적 요구나 언급이 있은 후 매우 빈번하게 나타났다. 구어 또는 몸짓으로 의사소통하려는 어떠한 시도도 하지 않았으며, 오른손으로 자신의 코나 눈을 긁는 것을 제외하고 목적 있는 상지의 움직임을 보이지 않았다. 가리키기에 대한 구어적 요구, 예-아니요 질문에 대답하기, 또는 사물 보기에 대한 반응을 하지 않았다. 몇 시간 후의 관찰도 비슷하였으며, 눈을 감아 달라는 요청에도 그는 눈을 감지 않고 위쪽 얼굴과 이마 움직임만 보였다. 그의 눈은 검사자에 의해 감겨졌고 스스로 유지하였다. 그러나 눈을 뜨라는 명령에 시도는 하였으나 눈을 뜨지 않았다. 입을 벌리고 닫는 것에 대한 요구에도 유사한 반응을 보였고, 이러한 활동들은 울음을 유발하였다. 턱과 하부 안면에서 명백한 약증이 관찰되지는 않았다. 울음은 정상이었다. 어떤 상황에서도 혀를 내밀지 않았으나 섭식과 울기 동안에는 혀를 오므렸다. 빨기는 적절하였다. 삼킴의 인두 단계에서 어려움이 없었지만 구강 조작에 불협응을 보이는 듯 간혹 입 밖으로 액체나 고체가 나왔다. 한 번은 임상가의 농담에 짧게 웃었다.

5일이 지난 후, 소년은 막대 사탕을 핥기 위해 혀를 내밀 수 있었다. 여러 시도에서 혀 내밀기를 보였으나, 혀를 내밀기 전에 분명한 모색행동이 관찰되었다. 간헐적인 울음도 여전히 보였다. 보다 일관적으로 눈 맞춤을 유지하는 것이 가능하였고, 두 가지 상황에서 적절하게 웃었다.

신경학자는 선택적(심인성) 함구증을 의심하였지만, 언어병리학자는 다음과 같이 결론을 내렸다. "원인 불명의 함구증. 여러 가지 가능성들이 있다. 선택적 함구증은 개연성이 낮다. 이는 비언어적 요구에 대한 반응이 부족한 것을 설명할 수 없고, 선택적으로 침묵하는 환자들은 종종 비구어적으로 적절하게 의사소통한다. 또한 선택적 함구증은 목적이 있는 사지 움직임이 부족한 것을 설명할 수 없다. 전환 함구증(conversion mutism) 또한 가능성이 있지만, 같은 이유에서 기각되었다. 만약 심인성이라면, 추가적인 신경적 요인들이 있는지를 의심해야 한다. 정상적인 씹기와 삼킴, 그리고 울기는 심도의 경직형 또는 이완형 마비말장애의 특성과 대치된다. 그러면, 이것을 무동성 함구증의 다른 형태라고 할 수 있을까? 그렇다면, 울기, 불안/동요, 상대적으로 빠른 섭식은 드물 것이다. 아마도 이것은 말실행증 또는 말운동을 위한 소뇌 통제의 심각한 손실에 더 가깝다. 후두와 수술 이후 아동에게 나타나는 함구증의 사례는 문헌에 나와 있다."

그 후 얼마 지나지 않아 이 환자는 퇴원하였다. 추후 전화를 통해 환자의 어머니는 그가 수술 후 23일이 지나서 말을 하기 시작하였다고 보고하였다. 그때, 조음은 상당히 정확하였으나 '강세'가 적절하지 않고, 간혹 과도하게 큰 소리를 낸다고 언급하였다. 과도하게 큰 목소리는 해결되었지만, 그의 어머니는 말의 억양(melody)에 여전히 문제가 있다고 느꼈다.

4년 후, 환자는 학습장애 평가의 일환으로 내원하였다. 수용 및 표현 언어 능력은 평균 범위 이하로 떨어졌다. 말 속도는 중도 수준으로 느렸다. 과균등 강세, 음성 진전, 그리고 미묘한 불규칙적 조음 붕괴를 보였다. 교대운동속도는 불규칙적이었다. 임상가는 환자가 말명료도에 저하가 없는 경도에서 중도의 실조형 마비말장애라고 결론 내렸다.

해설: (1) 함구증은 때때로 어린 아동에서 후두와 종양의 신경외과적 수술 후 발생한다. 이는 종종 소뇌성 함구증(cerebellar mutism)으로 불린다. (2) 소뇌성 함구증의 기제가 항상 분명하지는 않으나 실구어증과 운동 프로그래밍(말실행증) 장애를 고려할 수 있다. 심인성은 드물다. 이 사례에서 함구증 후 실조형 마비말장애를 보이는 것을 통해, 적어도 부분적으로는 실구어증이 함구증의 주요한 원인이 됨을 알 수 있다.

사례 12-5

45세 남환이 2개월 정도의 양측 전두골 두통의 병력과, 최근에 나타난 좌측 편마비와 확산성 신경학적 결함들로 인해 병원에 내원하였다. CT 영상에서는 양측 기저핵 경색을 보였다.

말-언어 평가에서, 환자는 혀를 내밀라는 명령에 시간이 현저하게 지연된 후 느리게 내밀었으며, 이를 제외하고는 구강의 수의적인 움직임에 대한 어떠한 명령에도 무반응을 보였다. 한 단계(one-step)의 명령을 수행하였고, 크게 인쇄된 글자를 정확하게 식별할 수 있었지만 현저히 지연된 반응을 보였다. 자발적인 발화는 없었고, 숫자 세기 또는 노래 부르기를 시켰을 때 반응하지 않았다. 단음절 단어들을 따라 말하도록 유도하였을 때 몇 가지 불명료한 소리를 산출하였다. 상당한 지연 후에 이름을 썼다. 받아쓰기에서 현저한 철자 오류가 포함된 단어를 몇 개 쓸 수 있었다(교육 햇수는 7년이었다).

임상가는 다음과 같이 진술하였다. "검사에서 가장 두드러지는 특성들: 일관적이고, 두드러지게 지연된 반응들, 빈번한 무반응, 거의 모든 '오류'는 첨가(commission)가 아닌 생략(omission), 감소된 반응의 강도, 모색행동이 없거나 목표에서 벗어난 말의 시도, 그리고 몇 가지 소리 내기를 제외한 말의 결핍, 기면/둔감 상태, 눈 맞춤 달성에서 빈번한 실패. 그의 전반적인 행동은 무의지증 또는 무동성 함구증과 유사하나 기면/둔감 상태로 인해 더 어려움을 보임. 다른 결함들에 의해 가려졌을 수도 있지만, 실어증 또는 말실행증에 대한 확실한 근거는 없다." 그 당시에 치료는 권고되지 않았다.

1개월 후의 검사 결과도 유사하였다. 환자는 침묵을 보였으나 하품하는 동안에는 발성을 하였다. 비구어 구강 움직임에 대한 어떠한 요구에도 반응하지 않았다. 반응 시간이 지연된 후, 요구에 따라 몇 가지 신체 부위, 그림, 글자를 식별하였다. 임상가는 환자가 무동성 함구증을 보인다고 다시 한 번 결론 내렸다. 마비말장애나 말실행증은 배제되지 않았다. 비록 지연된 반응이었지만, 퇴원할 때까지는 몇 가지 명령에 따를 수 있었고 보다 명료하였다. 그 후, 환자는 더 이상 후속 조치를 받지 않았다.

해설: (1) 함구증의 근본 기제에 진단은 어렵다. (2) 간단하고 구체적인 과제들에 대한 뚜렷한 반응 지연, 빈번한 반응 실패는 무동성 함구증을 시사한다. 특히 환자가 양측 기저핵 경색으로 말이 없거나 적은 것은 마비말장애 및 말실행증 동반 가능성을 제시한다.

사례 12-6

51세 남환은 뇌교 뇌졸중으로 인한 침묵과 사지마비로 2개월간 재활센터에 입원하였다. 그는 기관절개술을 받았고 비위관(nasogastric tube)을 통해 섭식하였다.

말 평가 동안, 명료하고 반응성이 좋았다. 실어증 또는 혼돈을 보이지 않았다. 턱은 양측에서 약증을 보였지만 부분적으로 열고, 닫고, 편측으로 움직였다. 중도의 안면 약증을 보였으나 입술을 근접시키고 천천히 수축하고 오므릴 수 있었다. 혀를 내밀고 오므리고 편측으로 움직이고 올릴 수 있는 최소한의 능력을 가지고 있었다. 구개는 움직이지 못하였다. 구토 반사도 유발되지 않았다. 환자는 침묵을 보였지만 몇 단어들을 입모양으로 말하려는 시도를 하였고, 말을 시도하는 동안 턱과 하부 안면 및 입술 움직임은 상당히 양호하였다.

환자는 고개 끄덕임 또는 눈 깜박임으로 예/아니요 질문에 정확하게 대답하였다. 검사자가 보여 주는 선택지를 눈감기를 통해 멈춤으로써 크게 인쇄된 단어, 글자, 그리고 숫자를 정확하게 인식하였다. 알파벳 보드판이 제시되는 동안에 고개 움직임과 눈 깜박임의 조합을 이용하여 단어의 철자를 맞힐 수 있었다.

임상가는 "환자는 불완전한 감금증후군, 조음기관 움직임의 부분적 제약과 함께 실구어증을 보였다. 기관절개를 하지 않았더라도 말의 기능을 다하지 못하였을 것이다."라고 결론 내렸다. 환자는 대체 의사소통 체계에 적합한 대상자로 고려되었다.

다음 달에, 환자는 제시되는 글자 또는 그림을 눈동자의 움직임을 통해 의사소통하는 체계(eye gaze communication system)로 의사소통을 하였다. 느리긴 했지만, 특히 아내와의 소통에서 효과적이었다. 그리고 오른손 집게손가락을 이용하여 흔한 구문 몇 개가 포함된 넓은 알파벳 보드판에 있는 전자 스캐너의 스위치를 작동시켰다. 점진적으로 입술과 혀를 약간 움직였고, 약한 파열음을 산출하였다.

2주 후 그는 말 산출이 가능하도록 기관절개술을 받았고, 빠르게 지치긴 하였지만 꽤 잘 발성하였다. 이후 몇 주간, 날숨과 조음을 동시에 발생시키는 데 상당한 어려움을 보였지만 몇몇 소리와 음절을 산출하였다. 이 후 기관절개튜브(trach tube)가 제거되었다. 기식 음성의 음질과 과다비성 공명을 보였다. 후두 검사에서 양측 성대 약증이 관찰되었다.

그 후 2개월 동안에, 환자는 조용한 상황에서 100%의 명료도를 보일 만큼 향상되었다. 얼마 후, 퇴원하였고, 5개월 후 재평가를 위하여 내원하였다. 그때는 기식-쥐어짜는 음질, 과다비성, 느린 말 속도를 보였다. 좌측 구개 및 성대 약증을 보였다. 말명료도는 전반적으로 양호하였으나 나쁜 조건에서는 감소되었다.

환자는 후속 검사를 위해 2년 후 내원하였다. 그의 말은 변하지 않았다. 그는 후두, 연인두, 조음 문제에 기인하는 말 특성과 이완-경직 혼합형 마비말장애를 보였다. 또한 호흡 또한 말하기를 어렵게 만들었다. 환자는 쇄골로 호흡하는 양상을 보였다.

해설: (1) 불완전한 감금증후군은 연수의 근육을 조절하는 뇌신경의 경직과 사지마비를 초래하는 뇌간 뇌졸중, 그리고 하위운동신경인 뇌신경 장애가 원인이다. (2) 이완-경직 혼합형 마비말장애는 종종 감금증후군에서 실구어증의 근본 원인이다. (3) 드물긴 하지만, 감금증후군은 회복이 가능하다. (4) 감금증후군에서 회복된 환자는 점점 더 수준이 높아지는 대체 의사소통 수단을 사용하는 수준에서(이 사례는 요즘의 복잡한 전자 장치 이전에 관찰된 사례이다) 기능적인 말을 하게 되거나, 말이 명료해지면서 대체 의사소통 수단을 사용하지 않게 되는 수준으로 개선된다. (5) 상당한 회복을 보이는 경우에는 관리를 위한 특별한 노력과 많은 치료 접근법이 요구된다.

VI. 요약

1. 함구증은 신경학적 질환을 포함한 다양한 원인으로 발생한다. 후천성 신경학적 질환에서는 심도의 마비말장애(실구어증), 말실행증, 실어증, 다양한 비실어적 인지 및 정동(affect) 문제로 함구증이 발생할 수 있다.
2. 실구어성 함구증은 다양한 마비말장애 유형, 병소 위치, 그리고 신경학적 질환으로 야기된다. 양측 또

는 확산성 신경학적 손상으로 인하여 가장 흔하게 발생한다. 단일 혈관성 문제로 인한 경우의 병소는 일반적으로 뇌간에 있다.

3. 감금증후군은 의사소통을 가능케 하는 수직적 안구 운동과 눈 깜박임을 제외하고는 신체를 움직일 수 없으며, 실구어증을 보인다. 뇌교의 배쪽에 영향을 미치는 뇌저동맥 폐색이 원인이다.
4. 실구어증은 간혹 양측의 중심앞 · 중심뒤이랑(convolution) 하부영역 손상이 원인이며(양측판개 증후군), 상대적으로 사지 움직임, 언어, 인지 능력은 온전하다. 소뇌성 함구증은 광범위한 정중면의 후두와 종양에 대한 신경외과 수술을 받은 아동에서 가장 빈번하다. 함구증에 대한 기제는 불분명하나, 마비말장애는 보통 함구증이 사라질 때 드러난다.
5. 말실행증과 관련된 함구증은 좌뇌 뇌졸중 이후 초기 며칠 내에 빈번하다. 수개월 동안 지속되는 경우는 드물며, 이러한 경우에는 불균형적인 심도의 발성 실행증을 보인다.
6. 실어증 발병 후의 급성기에서 함구증이 나타나는 것은 흔하지만 지속되지는 않는다. 지속되는 경우에는, 말실행증, 마비말장애, 비실어적 인지 결함의 동반을 의심해야 한다.
7. 함구증은 말운동장애와 실어증이 아닌 다른 인지 · 정동 결함이 원인이 될 수 있다. 활성망상계나 확산성 피질 기능의 장애에 기인한 심각한 각성장애는 함구증과 관련이 있다. 전두엽-변연계 구조에 손상이 있으면, 의식이 명료하고 기본적인 운동감각 능력을 가지고 있는데도 간단한 운동 활동을 수행하지 않거나 전반적인 무반응과 관련이 있는 무동성 함구증으로 이어진다. 무동성 함구증은 동기나 개시의 결핍과 관련이 있을 뿐만 아니라 정동, 성격, 감정에서의 장애와도 관련이 있다.
8. 신경학적 함구증 또한 특정 신경학적 질환으로 발생한다. 예를 들어, 뇌전증의 통제 또는 정중앙 깊은 구조에 위치한 종양의 제거를 위해 뇌량을 횡절단(transection) 하는 경우에 흔히 관찰된다. 발작을 하는 동안에 말 정지가 관찰되며, 이는 보충운동영역 또는 우세반구 언어영역과 관련이 있다.
9. 신경학적 함구증의 하위 유형을 구별하는 것은 신경학적 질환의 병소 위치 확인, 함구증의 특성에 대한 이해, 그리고 치료에 있어 반드시 고려되어야 하는 요소들에 대한 접근에 도움을 준다.

참고 문헌

1. Alajouanine TH, Lhermitte F: Acquired aphasia in children, *Brain* 88:653, 1965.
2. Alexander MP, Benson DF, Stuss DT: Frontal lobes and language, *Brain Lang* 37:656, 1989.
3. Bauby JD: *The diving bell and the butterfly*, New York, 1997, Alfred A Knopf.
4. Bauer G, Gerstenbrand F, Rumpl E: Varieties of the locked-in syndrome, *J Neurol* 221:77, 1979.
5. Benes V: Advantages and disadvantages of the transcallosal approach to the III ventricle, *Childs Nerv Syst* 6:437, 1990.
6. Bianco F, et al: Reversible diffusion MRI abnormalities and transient mutism after liver transplantation, *Neurology* 62:981, 2004.
7. Bogen J, Vogel P: Neurological status in the longterm following complete cerebral commissurotomy. In Michel F, Schott B, editors: *Les syndromes de disconnexion calleuse chez l'homme*, Lyon, France, 1975, Colloque International de Lyon: Hopital Neurologique.
8. Botez MI, Barbeau A: Role of subcortical structures, and particularly of the thalamus, in the mechanisms of speech and language, *Int J Neurol* 8:300, 1971.
9. Brazis P, Masdeu JC, Biller J: *Localization in clinical neurology*, ed 4, Philadelphia, 2001, Lippincott Williams & Wilkins.
10. Bronster DJ, et al: Tacrolimus-associated mutism after orthotopic liver transplantation, *Transplantation* 70:979, 2000.
11. Broussolle E, et al: Slowly progressive anarthria with late anterior opercular syndrome: a variant form of frontal cortical atrophy syndromes, *J Neurol Sci* 144:44, 1996.
12. Buchalter JR, Jarrar RG: Therapeutics in pediatric epilepsy. Part 2. Epilepsy surgery and vagus nerve stimulation, *Mayo Clin Proc* 78:371, 2003.
13. Cappa SF, et al: Speechlessness with occasional vocalizations after bilateral opercular lesions: a case study, *Aphasiology* 1:35, 1987.
14. Casanova E, et al: Locked-in syndrome: improvement in the prognosis after an early intensive multidisciplinary rehabilitation, *Arch Phys Med Rehabil* 84:862, 2003.
15. Cascino GD, et al: Seizure-associated speech arrest in elderly patients, *Mayo Clin Proc* 66:254, 1991.
16. Catsman-Berrevoets CE, et al: Tumor type and size are high risk factors for the syndrome of "cerebellar" mutism and subsequent dysarthria, *J Neurol Neurosurg Psychiatry* 67:755, 1999.
17. Chee MW, So NK, Dinner DS: Speech and the dominant superior frontal gyrus: correlation of ictal symptoms, EEG, and results of surgical resection, *J Clin Neurophysiol* 14:226, 1997.
18. Chia LG: Locked-in syndrome with bilateral ventral mid-brain infarcts, *Neurology* 41:445, 1991.
19. Chia LG: Locked-in state with bilateral internal capsule infarcts, *Neurology* 34:1365, 1984.
20. Christen HJ, et al: Foix-Chavany-Marie (anterior operculum) syndrome in childhood: a reappraisal of Worster-Drought syndrome, *Dev Med Child Neurol* 42:122, 2000.

21. Coplin WM, et al: Mutism in an adult following hypertensive cerebellar hemorrhage: nosological discussion and illustrative case, *Brain Lang* 59:473, 1997.
22. Dailey AT, McKhann GM, Berger MS: The pathophysiology of oral pharyngeal apraxia and mutism following posterior fossa tumor resection in children, *J Neurosurg* 83:467, 1995.
23. De Smet HJ, et al: Postoperative motor speech production in children with the syndrome of "cerebellar" mutism and subsequent dysarthria: a critical review of the literature, *Eur J Paediatr Neurol* 11:193, 2007.
24. DiCataldo A, et al: Mutism after surgical removal of a cerebellar tumor: two case reports, *Pediatr Hematol Oncol* 18:117, 2001.
25. Epstein CM: Transcranial magnetic stimulation: language function, *J Clin Neurophysiol* 15:325, 1998.
26. Ferrante L, et al: Mutism after posterior fossa surgery in children, report of three cases, *J Neurosurg* 72:959, 1990.
27. Fredericks GV, Duffy JR: Cerebellar mutism. In McNeil MR, editor: *Clinical management of sensorimotor speech disorders*, ed 2, New York, 2009, Thieme.
28. Gazzaniga MS, et al: Neurologic perspectives on right hemisphere language following surgical section of the corpus callosum, *Semin Neurol* 4:126, 1984.
29. Gelabert-González M, Fernández-Villa J: Mutism after posterior fossa surgery: review of the literature, *Clin Neurol Neurosurg* 103:111, 2001.
30. Germano A, et al: Reversible cerebral perfusion alterations in children with transient mutism after posterior fossa surgery, *Childs Nerv Syst* 14:114, 1998.
31. Gorno-Tempini ML, et al: Anatomical correlates of early mutism in progressive nonfluent aphasia, *Neurology* 67:1849, 2006.
32. Groswasser Z, et al: Mutism associated with buccofacial apraxia and bihemispheric lesions, *Brain Lang* 34:157, 1988.
33. Haig AJ, Katz RT, Sahgal V: Mortality and complications of the locked-in syndrome, *Arch Phys Med Rehabil* 68:24, 1987.
34. Hecaen H: Acquired aphasia in children and the ontogenesis of hemispheric functional specialization, *Brain Lang* 13:114, 1976.
35. Hudson LJ, Murdoch BE, Ozanne AE: Posterior fossa tumors in childhood: associated speech and language disorders post-surgery, *Aphasiology* 3:1, 1989.
36. Ildan F, et al: The evaluation and comparison of cerebellar mutism in children and adults after posterior fossa surgery: report of two adult cases and review of the literature, *Acta Neurochir* 144:463, 2002.
37. Jenkyn L, Reeves A: Aphemia with hemiplegic migraine, *Neurology* 29:1317, 1979.
38. Jonas S: The supplementary motor region and speech emission, *J Commun Disord* 14:349, 1981.
39. Jürgens U, Kirzinger A, von Cramon D: The effects of deep-reaching lesions in the cortical face area on phonation, a combined case report and experimental monkey study, *Cortex* 18:125, 1982.
40. Korah MP, et al: Incidence, risks, and sequelae of posterior fossa syndrome in pediatric medulloblastoma, *Int J Radiat Oncol Biol Phys* 77:106, 2010.
41. Krainik A, et al: Role of the supplementary motor area in motor deficit following medial frontal lobe surgery, *Neurology* 57:871, 2001.
42. Lebrun Y: *Mutism*, London, 1990, Whurr Publishers.
43. Leon-Carrion J, et al: The locked-in syndrome: a syndrome looking for a therapy, *Brain Inj* 16:571, 2002.
44. Levin HS, et al: Mutism after closed head injury, *Arch Neurol* 40:601, 1983.
45. Mariani C, et al: Bilateral perisylvian softenings: bilateral anterior opercular syndrome (Foix-Chavany-Marie syndrome), *J Neurol* 223:269, 1980.
46. Marin RS, Wilkosz PA: Disorders of diminished motivation, *J Head Trauma Rehabil* 20:377, 2005.
47. Marshall RC, Gandour J, Windsor J: Selective impairment of phonation: a case study, *Brain Lang* 35:313, 1988.
48. McCusker EA, et al: Recovery from the "locked-in" syndrome, *Arch Neurol* 39:145, 1982.
49. McGann WM, Paslawski TM: Incomplete locked-in syndrome: two cases with successful communication outcomes, *Am J Speech Lang Pathol* 1:32, 1991.
50. Mesulam M-M: *Principles of behavioral and cognitive neurology*, ed 2, New York, 2000, Oxford University Press.
51. Mewasingh LD, et al: Nonsurgical cerebellar mutism (anarthria) in two children, *Pediatr Neurol* 28:59, 2003.
52. Meyer FB, et al: Awake craniotomy for aggressive resection of primary gliomas located in eloquent brain, *Mayo Clin Proc* 76:677, 2001.
53. Morgan AT, et al: Role of cerebellum in fine speech control in childhood: persistent dysarthria after surgical treatment for posterior fossa tumour, *Brain Lang* 117:69, 2011.
54. Nagaratnam N, et al: Akinetic mutism following stroke, *J Clin Neurosci* 11:25, 2004.
55. Nagatani K: Mutism after removal of a vermian medullobastoma: cerebellar mutism, *Surg Neurol* 36:307, 1991.
56. Onofrj M, et al: Event related potentials in patients with locked-in syndrome, *J Neurol Neurosurg Psychiatry* 63:759, 1997.
57. Otsuki M, et al: Progressive anterior operculum syndrome due to FTLD-TDP: a clinico-pathological investigation, *J Neurol* 257:1148, 2010.
58. Patterson JR, Grabois M: Locked-in syndrome: a review of 139 cases, *Stroke* 17:758, 1986.
59. Penfield W, Roberts L: *Speech and brain-mechanisms*, Princeton, NJ, 1959, Princeton University Press.
60. Pirzada NA, Ali II: Central pontine myelinolysis, *Mayo Clin Proc* 76:559, 2001.
61. Pittock SJ, et al: OKT3 neurotoxicity presenting as akinetic mutism, *Transplantation* 75:1058, 2003.
62. Pollack IF, et al: Mutism and pseudobulbar symptoms after resection of posterior fossa tumors in children: incidence and pathophysiology, *Neurosurgery* 37:885, 1995.
63. Quattrini A, et al: Mutism in 36 patients who underwent callosotomy for drug-resistant epilepsy, *J Neurosurg Sci* 41:93, 1997.
64. Reeves AG: Corpus callosotomy. In Resor SR, Kutt H, editors: *The medical treatment of epilepsy*, New York, 1992, Marcel Dekker.
65. Rekate HL, et al: Muteness of cerebellar origin, *Arch Neurol* 42:697, 1985.

66. Ruff RL, Arbit E: Aphemia resulting from a left frontal hematoma, *Neurology* 31:353, 1981.
67. Ruff RL, et al: Long-term survivors of the "locked-in" syndrome: patterns of recovery and potential for rehabilitation, *J Neuro Rehabil* 1:31, 1987.
68. Sauerwein HC, Lassonde M: Neuropsychological alterations after split-brain surgery, *J Neurosurg Sci* 41:59, 1997.
69. Segarra JM, Angelo JN: Anatomical determinants of behavioral change. In Benton AL, editor: *Behavioral change in cerebrovascular disease*, New York, 1970, Harper & Row.
70. Sierra-Hidalgo F, et al: Akinetic mutism induced by tacrolimus, *Clin Neuropharmacol* 32:292, 2009.
71. Smith E, Delargy M: Locked-in syndrome, *BMJ* 330:406, 2005.
72. Sokol DK, et al: Tacrolimus (FK506)-induced mutism after liver transplant, *Pediatr Neurol* 28:156, 2003.
73. Stuss DT, Benson DF: Neuropsychological studies of the frontal lobes, *Psychol Bull* 95:3, 1984.
74. Sussman NM, et al: Mutism as a consequence of callosotomy, *J Neurosurg* 59:514, 1983.
75. Tomycz ND, et al: Extensive brainstem ischemia on neuroimaging does not preclude meaningful recovery from locked-in syndrome: two cases of endovascularly managed basilar thrombosis, *J Neuroimaging* 18:15, 2008.
76. Turkstra LS, Bayles KA: Acquired mutism: physiopathy and assessment, *Arch Phys Med Rehabil* 73:138, 1992.
77. Van Dongen HR, Catsman-Berrevoets CE, Van Mourik M: The syndrome of "cerebellar" mutism and subsequent dysarthria, *Neurology* 44:2040, 1994.
78. Van Mourik M, van Dongen HR: Catsman-Berrevoets: The many faces of acquired mutism in childhood, *Pediatr Neurol* 15:352, 1996.
79. Vogel M, von Cramon D: Articulatory recovery after traumatic mutism, *Folia Phoniatr Logop* 35:294, 1983.
80. Vogel M, von Cramon D: Dysphonia after traumatic mid-brain damage: a follow-up study, *Folia Phoniatr Logop* 34:150, 1982.
81. von Cramon D: Traumatic mutism and the subsequent reorganization of speech functions, *Neuropsychologia* 19:801, 1981.
82. Wang MC, Winston KR, Breeze RE: Cerebellar mutism associated with a midbrain cavernous malformation: case report and review of the literature, *J Neurosurg* 96:607, 2002.
83. Wang YT, et al: Dysarthria following cerebellar mutism secondary to resection of a fourth ventricle medulloblastoma: a case study, *J Med Speech Lang Pathol* 14:109, 2006.
84. Weishmann UC, Niehaus L, Meierkord H: Ictal speech arrest and parasagittal lesions, *Eur Neurol* 38:123, 1997.
85. Weller M: Anterior opercular cortex lesions cause dissociated lower cranial nerve palsies and anarthria but no aphasia: Foix-Chavany-Marie syndrome and "automatic voluntary dissociation" revisited, *J Neurol* 240:199, 1993.
86. Wijdicks EFM, Cranford RE: Clinical diagnosis of prolonged states of impaired consciousness in adults, *Mayo Clin Proc* 80:1037, 2005.

CHAPTER

13

기타 신경학적 말장애

**"ㄷㄷㄷ 도 도 움이 ㅍ ㅍ 피 필요한 [2초간 멈춤] …
사 사 람들을 [2초간 멈춤] … ㄷ대하는 것"**

(운동저하형 마비말장애 남환의 직업적 의무에 대한 묘사)

**"내 목소리에는 강약이 부족하고, 음도 변화가 없고 ….
뇌졸중 이전처럼 역동적이지도 않고, 사람들과 대화할 때
내 목소리에 더 관심을 가지게 하거나 흥미를 느끼게 할 수 없어요."**

(우뇌손상으로 인한 실율증 남환의 말 문제에 대한 묘사)

개 요

모든 신경학적 말장애가 말운동장애(motor speech disorders, MSDs) 안에 속하는 것은 아니다. 이전 장에서, 신경학적 함구증(neurogenic mutism)은 특정 말운동장애뿐만 아니라, 각성, 욕구, 동기, 그리고 정동(affect)의 장애를 반영한다고 하였다. 마찬가지로, 마비말장애와 말실행증(apraxia of speech, AOS) 이외의 다른 원인으로 구어 산출 문제를 보일 수 있다. 말운동장애로부터 '기타' 문제를 구별하는 것은 말, 언어, 의사소통에 대한 신경학적인 개념을 이해하는 데 중요하며, 병소 위치를 찾거나 확인하거나 관리한다는 의미가 된다.

여기서 논의되는 말장애는 말운동장애와 멀고도 가까운 관련이 있는 문제들의 이질적 집단이다. 일부는 마비말장애나 말실행증과 다르며, 인지 · 정동 · 언어 장애의 영역과도 거리가 있다. 기타 말장애는 말운동장애에 속하나 과거에는 관습적으로 혹은 장애의 특성에 대한 이해 부족으로 관심을 받지 못하였다. 기타 말장애는 명백히 말운동장애의 분야로서 독특한 특성이 두드러지는 집단이다.

다양한 말장애를 범주화하는 방법에 대해 합의된 것은 없다. 조직적 구성을 위해, 이 장에서는 기타 장애들을 세 가지의 광범위한 해부학적 측면으로 나누었다. (1) 다양한 중추신경계(central nervous system, CNS) 병변과 연관된 장애, (2) 좌뇌(left hemisphere, LH) 이상과 연관된 장애, (3) 우뇌(right hemisphere, RH) 이상과 연관된 장애. 각 주제에 따른 결합은 표 13-1에 요약하였다.

표 13-1

명칭, 병소 위치, 마비말장애 또는 말실행증으로 설명이 가능하거나 불가한 신경성 말장애와 관련된 결함들의 본질

명칭	해부학적 위치	가능성이 있는 결함의 본질
양측, 다병소적 또는 확산적		
신경말더듬증	• 좌뇌 • 기저핵 • 다양한 병소(우뇌, 보충운동영역, 시상, 중뇌, 뇌교, 소뇌)	• 실어증 • 말실행증 • 운동저하형 마비말장애 • 다양한 마비말장애 유형들 • 양측 신경계의 평형이상
동어반복증	• 기저핵,전두엽	• 손상된 억제 운동회로
반향어증	• 좌뇌, 확산적, 다병소적(multifocal), ?기저핵 중추회로	• 외부자극의 반응에 대해 낮아진 역치와 보존된 입력/출력, 저하된 명제언어
약화된 말/발성부전	• 전두엽, 변연계, 시상, 기저핵	• 인지-정동적 • 운동저하형 마비말장애
탈억제된 발성	• 확산적, 다병소적, 기저핵	• 인지-정동적 • 운동과잉증(예: 투렛 증후군)
좌뇌		
실어증		• 비유창성 • 단어 인출 결함 • 음운 오류
외국어 같은 말투 (pseudoforeign accent)		• ?운동 계획/프로그래밍(말실행증) • ?구문 결함(실어증)
우뇌		
실율증(aprosodia)		• ?마비말장애 • ?운동 계획/프로그래밍 • ?인지-정동적 • ?기타

(역자 주) 여기서 ?는 확실하지 않은 현상을 뜻함.

I. 편측, 양측, 다병소적, 또는 확산적 중추신경계 이상과 관련된 기타 말장애

A. 후천성 신경말더듬증

정의와 임상적 특성

중추신경계 질환은 때때로 소리 또는 음절의 반복, 연장, 막힘의 특성을 보이는 말장애를 초래한다. 이러한 비유창성이 유일한 말 문제일 수도 있다. 비유창성은 마비말장애, 말실행증, 또는 실어증으로 나타나는 장애군에 빈번히 포함된다. 신경학적 질환에 대한 심리적 반응으로 비유창성을 보일 수 있는데, 이에 대한 내용은 심인성과 연관 비기질적 말장애에 대해 다루는 다음 장에서 논의하겠다. 신경학적 질환의 직접적인 결과인 비유창한 말은 **후천성 말더듬증**(acquired stuttering), **피질말더듬증**(cortical stuttering), 그리고 **신경말더듬증**(neurogenic stuttering) 등의 다양한 이름으로 불린다.

이 단락의 제목과 관련해서는 다음에 해당되는 논쟁을 피하고자 한다. (1) 연관된 행동, 병인, 그리고 이론적

글상자 13-1

신경말더듬증—특성과 흔히 연관되는 결함과 병인

특성

- 말소리/음절 반복, 연장, 그리고 막힘/주저
- 첫 음절에 한정되지 않을 수 있음
- 내용어와 기능어 내에서 발생할 수 있음
- 비유창성을 인지하지만 두드러지는 긴장이나 이차적 투쟁행동이 없음
- 함께 읽거나 합창할 때, 향상이나 적응 효과가 나타나지 않을 수 있음

발생 가능한 관련 결함

- 실어증
- 말실행증
- 마비말장애(기타 유형들보다 운동저하형이 많음)

흔한 병인

- 다양하지만, 뇌졸중과 폐쇄성 뇌손상이 가장 흔함
- 또한 파킨슨병, 진행성 핵상마비, 다발성 경화증, 치매, 발작장애, 투석으로 인한 치매(dialysis dementia), 종양, 무산소증, 양측 시상절제술 또는 시상 자극, 약물 중독 또는 남용이 있음

쟁점에서 후천성 말더듬과 발달성 말더듬의 혼동, (2) 후천적 신경성 비유창성이 발달성 말더듬의 신경성 기초에 대한 명백한 근거를 제시할 것이라는 생각, (3) 후천적 중추신경계 손상과 연관된 모든 비유창성이 동일한 근본적인 문제를 가질 것이라는 생각, (4) 모든 후천성 말더듬과 같은 행동이 신경성일 것이라는 생각, 신경학적 질환이 있는 경우라도 심인적 원인일 수 있다.

위에서 제시된 조건과 더불어, 신경학적 병인을 추측하게 하면서, 문헌에서 빈번히 사용되는 용어와의 일관성을 유지하기 위해 여기서는 **신경말더듬증**(neurogenic stuttering, NS)이라는 용어가 선택되었다. '말더듬'이라는 명칭은 '말더듬과 유사한 행동'에 대한 약칭을 나타내며, 이는 전통적으로 '말더듬'이라 지칭하는 아동기 말더듬의 표면적인 특성과 부분적으로 유사하다.

실어증, 말실행증, 또는 마비말장애 환자들의 신경말더듬증이 단순히 이러한 장애들의 또 다른 징후인지 독립된 말장애 외에 수반되는 장애를 나타내는 것인지는 판단하기 어렵다. 그러나 신경말더듬증이 임상적으로 독립된 말장애인지를 밝히기 위해 실어증, 말실행증, 또는 두드러진 마비말장애가 없는 사례들도 보고되었다. 신경말더듬증의 특성과 흔히 연관되는 결함 및 병인을 **글상자 13-1**에 요약하였다.

신경말더듬증은 말의 정상적인 리듬과 흐름을 방해하는 말소리 또는 음절의 반복, 연장, 또는 막힘이 특징이다. 반복은 비유창성에서 가장 흔한 유형이나, 특성들은 이질적이다. 예를 들어, 개방성 뇌손상 환자의 비유창성은 "빠르고 불명료한 말, 억제되지 않는 반복 또는 연장, 그리고 투쟁 없이 긴 침묵이 간헐적이고 예측할 수 없이 나타나 '발사되는 총알(shot from a gun)'과 같다."라고 묘사되었다.[91]

신경말더듬증은 발달성 말더듬의 설명에 근거하여 기술된다. 그 설명에는 적응 효과(반복된 읽기에서 비유창성이 감소되는 것)의 여부와 비유창성에 대한 긴장, 회피, 또는 이차적 투쟁의 여부와 상관없이 비유창성을 증가시키거나 감소시키는 과제의 종류, 단어와 구 안에서 비유창성의 위치 등에 대한 언급이 포함된다. 신경말더듬증은 특징은 다음과 같다. (1) 반복된 읽기에서나 지연청각피드백, 함께 읽는 상황, 합창, 또는 발달성 말더듬을 종종 감소시키는 기타 조건에서 반드시 개선되거나 적응 효과를 보이지 않는다. (2) 비유창성이 첫 음절에 국한되지 않는다. (3) 비록 내용어의 비유창성이 두드러지긴 하지만, 내용어뿐만 아니라 기능어에서도 비유창하다. (4) 서로 다른 말 과제들 간에 유창성의 차이가 일관적이지 않다. (5) 비유창성을 인지하고 짜증을 보이지만 가벼운 얼굴 찡그림 이상의 두드러진 긴장 또는 이차적 투쟁행동을 보이지는 않는다.[1] 이 같은 발달성 말더듬과의 차이점에도 불구하고, 오직 말 특성에만 근거하여 신경말더듬증으로부터 발달성 말더듬을 구별하는 것은 어렵다.[42,148]

다양한 신경말더듬증

신경말더듬증은 일시적이거나 지속적이다. 이는 말에 영향을 미치는 유의한 결함 또는 유일한 결함일 수 있으며 실어증, 말실행증, 또는 마비말장애와 함께 발생하기

[1] 참고문헌 7, 12, 34, 59, 101, 117, 121, 120, 11, 66, 92.

도 한다. 81명의 후천성 말더듬 환자들을 대상으로 한 설문연구에서 Market 등[96]은 대상자의 32%가 실어증을 보였고, 12%는 마비말장애, 11%는 실어증과 마비말장애가 있었다고 보고하였다(말실행증에 대해서는 분명하게 조사하지 않았다). 말이나 언어의 장애가 동반되었는지 동반되지 않은 신경말더듬증인지를 확인하는 것은 신경학적 비유창성의 '유형'을 알 수 있는 가장 좋은 방법이다.

비유창성이 실어증과 동반될 때는 종종 단어 인출상의 어려움이나 구어 표현을 체계화하는 노력 또는 언어 오류를 수정하는 것처럼 보인다. 말더듬과 같은 반복들은 베르니케 실어증, 전도 실어증, 브로카 실어증, 그리고 명칭 실어증 환자들에게서도 관찰되며, 이는 신경말더듬증이 특정 실어증 유형과 항상 연관되는 것이 아님을 시사한다. 즉, 좌뇌손상으로 인한 언어의 비효율성은 시간적 혼란의 형태인 반복하는 말더듬을 야기한다.[45]

Rosenbek[121]은 신경말더듬증에서 실어증이 항상 필수적인 것은 아니므로 실어증의 다양한 징후 중 하나로서 비유창성이 관찰될 때는 신경말더듬증이라는 이름을 붙여서는 안 된다고 주장하였다. 대조적으로, Lebrun 등[84]은 신경말더듬증 사례의 67%에서 신경말더듬증이 실어증의 일환으로 발생하긴 하지만, 비유창성과 실어증은 인과관계가 없다고 결론 내렸다. 때때로 비유창성의 방식이나 빈도가 두드러질 수 있으며, 실어증에서 두드러지는 독특한 결함으로써 특별히 언급될 만하다. 한 실어증 환자가 단어 회상을 돕기 위한 주변의 노력을 묘사하는 33초 동안의 발화에서 관찰된 반복과 삽입어의 예를 보자.

"그리고 어, 그리고 어, 그리고, 그리고 어, 저, 첫, 그 어 간호사, 어 음, 그 간호사, 어 아마 … 기다리는 동안 그리고 그때 그리고 어 때로 그녀 그녀, 그녀는 적고 어, 단어를, 그리고 어 그리고 어 그리고 어 그리고 어 그리고 어, 그 그것은 하고 더 그리고 더 그리고 더 어 더, 누군가를 돕고, 옳은 단어를 떠올리는."("And uh, and uh, and, and uh, the, the first, the uh nurse, uh um, the nurse, uh would just … wait awhile and then and uh sometimes she she would, she would fill in uh, for the the word, and uh and uh and uh and uh and uh, it it got to be uh, to be more and more and more uh more, helpful to get somebody to, to come up with the right word.")

말실행증 환자도 비유창성을 보인다.[34,65,119] 이는 말소리나 음절 산출을 위해 조음기관의 움직임이나 자세를 만들거나 수정하려는 노력이 반영된 것이다. Rosenbek[121]은 일부 실행증 화자들이 말소리와 음절의 정확한 산출에서 비유창함을 보이긴 하지만, 조음이나 말 움직임 오류를 수정하기 위한 시도에서 나타나는 말소리와 음절 반복이 신경말더듬증으로 간주되는 것은 부적절하다고 하였다. 말하기와 읽기의 어려움을 호소하는 환자의 30초간의 표본이 있다. 이 표본은 말실행증과 실어증의 결합을 반영한다.

"Well, I thing gits uh, hit the … the words to come, together, the right uhhh, in a sen sen … ss … ss … I yuh … wellll … I juh juh, hard hard hard time uh make makin' a sen, sens, sentence … greading, puh poor uh hard, I have a hard time, rea reading." (전사된 몇몇 대치는 실제로는 왜곡이었고, 왜곡은 정확하게 전사된 일부 단어들에서 관찰되었다.)

비유창성은 마비말장애서도(특히 운동저하형 마비말장애)관찰되며, 파킨슨증 또는 진행성 핵상마비(progressive supranuclear palsy, PSP)에서 운동저하형 마비말장애의 초기 징후이다.[59,60] 자신의 업무에 대해 기술하고 있는 운동저하형 마비말장애 환자의 비교적 빠르지만 휴지로 인해 끊어지는 8초간의 말 표본을 살펴보자.

"i i i it's dea dealing wi wi with a lo lot of people [2초의 휴지] … who who [2초의 휴지] … ha have a lot of needs."

병인

뇌졸중과 외상성 뇌손상(traumatic brain injury, TBI)은 신경말더듬증의 가장 빈번한 원인이다.[96,142] 말더듬은 뇌졸중이나 외상성 뇌손상 이후, 수주에서 수개월 후에 발생한다.[47,66,100] 다른 원인들로는 파킨슨병(Parkinson's disease, PD), 진행성 핵상마비, 치매, 피질기저핵 변성(corticobasal degeneration, CBD), 올리브뇌교소뇌 위축증, 그리고 심지어 운동신경질환과 같은 퇴행성 질환과 발작장애, 투석으로 발생하는 치매(dialysis dementia), 전이성 뇌종양, 무산소증, 양측 시상절제술, 그리고 창백핵과 시상의 뇌심부자극술 등을 포함한다.[2] 일부 사례에서는 말더듬이 질환의 초기 혹은 주된 징후였다.

또한 신경말더듬증은 우울증, 긴장, 조현병(schizophrenia), 발작, 파킨슨병, 천식과 같은 여러 장애의 치

[2] 참고문헌 3, 56, 58, 60, 75, 83, 92, 94, 112, 115, 120, 136.

료에 사용되는 다양한 약물들과 관련이 있다. 문제가 되는 약물 중 일부가 발달성 말더듬의 개선에 도움이 된다는 점이 흥미롭다.[29] 약물에는 삼환계 항우울제(예: 세르트랄린[sertraline], 항정신병제(예: 클로자핀[clozapine], 리스페리돈[risperidone]), 벤조다이아젠핀 유도체(예: 트랑센[Tranxene], 리브륨[Librium]), 페노티아진[phenothiazines], 항경련제(예: 딜란틴[Dilantin], 가바펜틴[gabapentin]), 레보도파(levodopa), 그리고 테오필린(theophylline) 등이 포함된다.[3] 이는 여러 가지 신경전달물질 체계(콜린성, 도파민성, 노르아드레날린성, 세로토닌성)와 관련이 있고, 아마도 상호작용하는 방식일 수 있다. 다행스럽게도, 약물로 인한 후천성 말더듬에서는 약물을 중단하면 대체로 정상으로 돌아온다.[29]

또 한 가지 흥미로운 점은, 신경학적 질환의 발병 또는 진행과 함께 발달성 말더듬이 정상으로 돌아오거나 다시 나타난 것이다. 예를 들어, 발달성 말더듬의 소멸은 소뇌 병변의 다발성 경화증,[101] 양측 시상 뇌졸중,[106] 폐쇄성 뇌손상(closed head injury, CHI),[61] 발작,[94] 그리고 아미탈 검사(Amytal test)로 양측 반구에 언어중추가 있는 것으로 확인된 좌/우뇌에 종양이나 혈관성 장애로 수술을 받은 환자에서 보고되었다.[69] 좌뇌 뇌졸중 이후,[53,61,105,120] 파킨슨병과 관련되는 경우,[134] 그리고 알츠하이머병[107,115]과 올리브뇌교소뇌 위축증의 초기 증상으로 발달성 말더듬이 재출현하였다.[56] 그러나 후자의 사례들을 다루는 데 있어서 주의해야 하는데, 그 이유는 발달성 말더듬(developmental stuttering)과 성인 말더듬(adult onset of stuttering)이 우연히 함께 발병하였을 수 있기 때문이다.

해부학적 연관성

설문 자료[96]에 따르면, 신경말더듬증 환자의 38%는 좌뇌손상(LH damage, LHD), 9%는 우뇌손상(RH damage, RHD), 11%는 피질하 병소, 그리고 10%는 양측 병소를 가졌으며, 32%는 병소가 확인되지 않았다. 신경말더듬증에서 좌뇌손상 환자들의 수적인 우위는 뇌손상이 없는 통제군과 우뇌손상 환자보다 브로카 실어증과 좌뇌손상 환자의 자발화에서 비유창성이 3배 많이 관찰된 것과 일치한다.[155] 그러나 신경말더듬증이 실어증 또는 말실행증을 보이지 않는 우뇌 병소 환자에서 보고되었다는 것은 주목할 만하다.[4]

[3] 참고문헌 4, 85, 90, 93, 97, 98, 114.

[4] 참고문헌 7, 47, 63, 66, 81, 82, 120, 138.

전두엽, 측두엽, 두정엽 손상은 신경말더듬증과 관련이 있다. 이는 후두엽을 제외한 나머지 피질영역을 자극하였을 때 말소리와 단어 반복이 관찰된 것과 일치한다.[113] 신경말더듬증에서 기저핵의 역할은 때때로 기저핵 뇌졸중과의 관련성, 파킨슨 증후군에서 비유창성의 빈번한 발생, 그리고 파킨슨병을 위한 시상밑부핵의 양측 뇌심부자극술 이후 말더듬이 악화되는 것으로 설명 가능하다.[32,35,37,59,60] 또한 비유창성은 보충운동영역(supplementary motor area, SMA), 시상, 중뇌, 뇌교의 병소와 관련이 있고, 수술하는 동안 시상의 기계적인 변화에 대한 반응으로 나타난다. 이는 피질시상 피드백 회로의 방해가 비유창성을 야기함을 시사한다.[5,37,149] 관통형 뇌손상이 있는 참전 군인의 평가에서, Ludlow 등[91]은 신경말더듬증을 보이지 않는 사람에 비해 신경말더듬증을 보이는 사람에서 내포와 외포, 전두 백질, 줄무늬핵의 병소를 더 빈번히 관찰하였다. 신경말더듬증 환자들의 80%에서 브로카영역, 일차운동영역과 같은 말 관련 피질영역의 병소가 있었으나 말을 더듬지 않는 사람에서의 비율보다 유의하게 높지는 않았다.

편측 병소에 의해 신경말더듬증이 지속될 수는 있지만, 일반적으로 단일 편측 병소는 양측, 다병소적, 또는 확산적 병소들보다는 신경말더듬증을 덜 지속시킨다.[22,84]

일부 신경학적 이상 소견은 비유창성을 경감시킨다. 예를 들어, 통증이나 이상운동증으로 인해 시상 자극을 받거나 파킨슨병[4,20,21,152]의 증상을 치료하기 위해 좌측 시상밑부핵에 뇌심부자극을 받는 일부 환자들에서 비유창성의 경감이나 상당한 개선이 보고되었다(병인에 대한 논의 부분에서 차도를 보인 사례에 대한 추가적인 참고문헌들을 보라). 이러한 사례들은, 말더듬을 유발하는 병소와 더불어, 효과적으로 위치한 병소나 전기생리학적 이상이 비유창성을 유발하는 피질-피질하 회로의 비정상적인 신경 점화 양상을 발생시키며(특정 운동장애에서 발생하는 것과 유사하게), 역으로, 유사한 병소나 자극이 비정상적인 점화를 방해하여 유창하게 만듦을 보여 준다.

요약하자면, 신경말더듬증은 후두와, 피질하 구조들, 좌뇌 또는 우뇌, 그리고 두 대뇌반구의 전두 백질에서의 병변으로 발생한다. 후두엽과 뇌신경은 직접적인 관련이 없다.[121] 신경말더듬증은 다병소적 또는 양측 병변에서 보다 지속되지만, 단일이나 편측 병변에서도 발생한다. 특정 퇴행성 질환, 폐쇄성 뇌손상, 약물 독성과 같이 확인 가능한 병소가 없는 경우에도 드물지 않게 발생한다.

글상자 13-2

동어반복증 – 특성과 흔히 연관되는 결함과 병인

특성
- 단어와 구의 반복
- 연속적인 반복과 함께 증가된 속도와 감소된 음량(가변적일 수 있음)
- 자발화나 유발된 발화 동안 가장 두드러지며, 읽기, 반복 또는 자동 발화 과제에서 감소하는 경향
- 발화의 시작과 끝에서 가장 흔하지만 어느 위치에서나 발생할 수 있음
- 적응 효과는 드묾
- 결함에 대한 인식은 가능하나 긴장이나 투쟁행동이 없음

발생 가능한 관련 결함
- 운동저하형 마비말장애가 빈번하나 항상 나타나지는 않음
- 양측 기저핵 병리로 발생하는 여러 가지 결함들

흔한 병인
- 파킨슨병/파킨슨증, 알츠하이머병과 기타 치매, 진행성 핵상마비, 폐쇄성 뇌손상, 뇌졸중, 종양, 다발성 경화증, 투렛 증후군, 뒤쪽 시상절제술

문제의 본질

신경말더듬증이 왜 생길까? 이에 대한 다양한 설명이 가능하다. 이미 논의하였던 것처럼 실어증과 연관될 때, 비유창성은 단순히 단어 인출, 구어 형성에서의 노력, 그리고 언어적 오류들을 변경하거나 수정하려는 시도에서 부차적으로 발생한 것이다. 말실행증과 연관될 때는 조음기관의 움직임이나 지각적인 목표를 달성하거나 수정하기 위한 시도들을 반영하는 것이다. 운동저하형 마비말장애의 일환일 때, 비유창성은 강직(rigidity), 운동완만(서동)(bradykinesia), 운동불능(akinesia)과 관련된 문제, 움직임의 시작 또는 가속에서의 어려움이 반영된 것이다.

비유창성이 실어증, 말실행증, 또는 마비말장애의 정도와 균형이 맞지 않거나 비유창성이 이러한 결함 없이 나타나면 해석이 어려워진다. 이러한 사례는 다양한 병인과 병소로 인하여 비유창성과 말언어장애에 함께 영향을 주는 체계의 균형이 방해된 것으로 설명할 수 있다.[120] 신경말더듬증과 관련된 많은 병소와 좌측 실비안 주위 언어와 말운동 프로그래밍 회로가 보존될 때 신경말더듬증이 나타날 수 있다는 사실은 "말 리듬과 속도의 조절기능이 말 및 언어와 관련되는 좌측 피질영역에 의존하지 않음"을 의미한다.[91]

추가적인 설명은 신경학적 원인에 대한 것이 아니다. 즉, 일부 환자들은 기타 말, 언어 결함 또는 기타 신경학적 결함들에 의해 유발된 심리적 외상이나 뇌손상에 대한 전반적인 심리적 충격에 의해 비유창성을 보인다. 이러한 경우, 말더듬은 심인성에 기인한 것으로 간주되며, 뇌손상의 직접적인 결과로 인한 의사소통 결함과는 구별하여 진단되어야 한다. 또한 이러한 환자들은 매우 다르게 관리된다. 후천적 심인성 말더듬은 다음 장에서 논의된다.

B. 동어반복증

정의와 임상적 특성

자동반향어(autoecholalia) 또는 **병리적 반복 발화**(pathologic reiterative utterances)라 불리는 동어반복증(palilalia)은 **발화의 강박적인 반복**이다. 반복은 일반적으로 단어와 구 수준에서 이루어진다. 소리와 음절 반복이 나타날 수는 있지만, 일반적으로 소리와 음절의 반복은 동어반복증의 정의에서 제외된다. 동어반복증의 특성과 흔히 연관되는 결함과 병인을 **글상자 13-2**에 요약하였다.

동어반복증의 임상적 특성들은 다음과 같이 요약된다:

- **정형화된 운율**과 함께 **단어와 구의 반복**을 보이며, 운동저하형 마비말장애에서 관찰되는 가속이나 저하된 음량과 유사하게 **점진적으로 저하된 음량**과 **증가된 속도**를 보임. 동어반복증은 마비말장애 없이도 나타나며,[26] 반복이 계속되면서 속도 증가와 음량 저하가 항상 나타나지는 않는다.[17,72,150] 반복은 매우 빈번하며, 어떤 사례 연구에서는 한 번에 52회까지 반복이 관찰되기도 하였다![78]
- 과제마다 반복(reiterations)이 나타나는 비율(prevalence)이 다른데, 대화, 이야기, 그리고 유도된 발화에서 가장 빈번하며, 읽기, 따라말하기, 그리고 숫자 세기와 같은 자동어구에서는 가장 최소화된다.[26,78]

- 발화 내 어떠한 위치에서도 반복이 발생할 수 있지만,[63] 일반적으로 발화의 끝에서 가장 빈번하게 발생한다. 그러나 문장의 중간이나 마지막 부분보다 시작에서 더 많은 반복을 보일 수도 있다.[78]
- 여러 번 읽는 도중에 반복이 다양한 위치에서 나타난다. 동일한 자료를 반복적으로 읽는 동안에 적응효과(반복의 감소)가 없을 수도 있다.[78]
- 반향어, 소리 및 음절 반복과 같은 기타 구어적 반복 행동이 있는 상태에서 동어반복증이 발생할 수 있다.[17]
- 동어반복증을 보이는 화자는 본인의 반복을 인지하고 그것에 의해 동요되는 경향이 있다.[95] 반복이 지속되는 동안 명백한 투쟁행동이나 그것을 억제하려는 노력은 없지만, 때때로 노력이나 격려로 인해 반복이 일시적으로 억제되기도 한다.[153]

병인

동어반복증은 뇌염 후 파킨슨증, 파킨슨병, 진행성 핵상마비,[5] 알츠하이머병, 픽병, 외상 후 뇌증, 다발성 경화증, 투렛 증후군, 외상성 기저핵 병변, 양측 대뇌 석회증, 다발성 뇌졸중, 중뇌 뇌졸중, 정위 시상 절제술 후, 그리고 발작이 일어나는 도중이나 후와 관련이 있다.[6] 또한 동어반복증적 반복은 이차운동영역의 시상면 주변(parasagittal) 수막종과 관련이 있다.[77]

해부학적 연관성

동어반복증의 병인 중 많은 수는 **양측 기저핵 병리**를 가진다. 이는 운동저하형 마비말장애와 동어반복증의 관련성과 일치한다. 양측 전두엽 또한 원인이 되기도 하지만,[147] 이러한 관련이 타당한지에 대해서는 의문이 제기된다.[30] 드물게 보고되는 편측 병리와 관련된 동어반복증은 피질하 구조들의 퇴행으로 발생한다.[63]

문제의 본질

일반적으로 동어반복증은 언어 문제가 아닌 말 산출의 문제로 간주되며, 행동을 끝내도록 하는 억제성 운동회로가 손상되었음을 보여 준다.[17,26] 파킨슨병에서 움직임을 끝내는 것을 어려워하는 것이나 점진적으로 작아지는 보폭으로 걸음걸이가 가속화되는 것과 유사하며, 기저핵의 도파민 수용체들의 비정상적인 특성과 분포에 의해 유발된 것일 수 있다.

속도와 음량의 변화가 없는 동어반복증에 비해 속도가 서서히 증가하고 음량이 감소하는 동어반복증은 아마도 말에 대한 운동조절에서의 추가적인 붕괴를 반영한다.[17,7] 두 '유형' 모두 단어 또는 구를 산출하는 행위를 마치는 것에서 어려움을 보이지만, 속도와 음량의 변화를 보이는 동어반복증은 음량, 속도, 그리고 음도의 변인들을 유지하는 기능의 장애도 암시한다. 기본적인 임상 진단을 위해 **운동저하형 마비말장애가 있는 동어반복증**(즉, 음량, 속도, 음도 조절을 유지하는 것의 문제가 있음)으로부터 **운동저하형 마비말장애가 없는 동어반복증**(즉, 음량, 속도, 음도를 유지하는 것에는 문제가 없음)을 구별하는 것이 유용하다.

C. 반향어증

정의와 임상적 특성

반향어증(echolalia)은 **상대방의 발화를 대해 원치 않게 따라 하는 것이다**. 완전한 반향어증은 의미의 이해 없이 자동적이고, 노력 없이 강박적이며, 앵무새 같은 특징을 보인다. 덜 완전한 반향어증에서는 명백하게 이해한 부분이나 전체를 따라 하는 양상을 보인다. 이들의 대답은, 마치 반복이 이해나 산출을 돕는 듯이, 질문이나 진술을 문법적으로 적절히 변화시키면서 몇 단어만을 따라 하기도 한다.[30,153] 예를 들어, 환자는 "당신이 어떤 것을 하기 좋아하는지 말해 주세요.(Tell me something you like to do.)"라는 말에 대해 "내가 하기 좋아하는 것은 골프예요.(Something I like to do is golf.)"라고 반응한다. 유사하게, 대명사를 적절히 변환하거나 구문 오류를 자발적으로 수정할 수도 있다. 어떤 환자는 "Where am you going?"이라는 질문에 대해 "Where am I going?"이라 반응한다. 이러한 현상은 **변조된 반향어증**(mitigated echolalia)이다. 이는 반향어증이 항상 언어 처리 과정 없이 발생하는 것은 아님을 보여 준다.

---

[5] PSP의 초기 임상 특징인 동어반복증은 다계통 위축증과의 구별을 가능하게 한다.[141] 또한 진행성 핵상마비를 가진 선천적 농인의 수화에서도 보고되었음.[146]

[6] 참고문헌 1, 17, 26, 63, 89, 140, 153, 156.

[7] Benke와 Butterworth[17]는 다양한 신경성 반복 말 행동을 설명하는 말 산출 모델에 대하여 검토하였음.

글상자 13-3

반향어증 — 특성과 흔히 연관되는 결함과 병인

특성
- 상대방 발화에 대한 원치 않는 반복
- 강박적, 앵무새 같은 음질
- 반복은 완전하거나 부분적일 수 있으며, 때때로 구문의 자발적인 수정을 보임

발생 가능한 관련 결함
- 실어증
- 확산적 인지 결함

흔한 병인
- 뇌졸중, 일산화탄소 중독, 알츠하이머병, 픽병, 기타 치매들, 진행성 핵상마비, 피질기저핵 변성, 뇌전증 지속증(status epilepticus), 조현병, 지적장애, 자폐증/전반적 발달장애, 투렛 증후군

환자에게 직접 전달되는 진술 이외의 것을 따라 하기도 한다. 예를 들어, 치매 환자들은 환자 주변을 맴도는 텔레비전 프로그램의 소리나 대화의 일부분을 반향하는 주변(환경) 반향어증(ambient echolalia)을 보인다.[46]

일반적인 반향어증은 상대적으로 보존된 따라말하기 능력과 노력 없이 정상 조음과 운율을 보이지만, 변형된 형태는 마비말장애 혹은 말실행증 환자, 실문법증 혹은 간소화된 문법 구조를 보이는 환자에게서 관찰된다. 이러한 노력성 반향어증(effortful echolalia)은 자발적인 반응(변조된 반향어증)에 앞서 발화의 부분을 힘들게 따라 말한다; 이들은 행동을 인식하지만 지속적 억제는 불가하다.[54]

마지막으로, 일부 환자들은 마치 화자가 말하고 있는 것처럼, 화자가 그들에게 말하는 것을 조용히 되풀이한다. 이러한 침묵성 반향어증(silent echolalia)이나 동시적 반향어증(simultaneous echolalia)은 탈억제된 발성의 변형처럼 보이며(다음 장에서 논의), 보통 전두엽 손상과 관련이 있다.

병인

반향어증은 뇌졸중, 픽병, 알츠하이머병, 피질기저핵 변성, 진행성 핵상마비, 투렛 증후군, 일산화탄소 중독, 뇌전증 지속상태, 그리고 혼수상태 이후 나타나는 의식과 관련이 있다.[8] 또한 반향어증은 특정 발달성 환자와 정신장애(예: 자폐증, 전반적 발달장애, 지적장애, 조현병) 환자들에서 두드러질 수 있다.

글상자 13-3에 반향어증의 특성과 흔히 연관되는 결함과 병인을 요약하였다.

해부학적 연관성

반향어증은 종종 확산적 또는 다병소적 피질 병리와 관련이 있지만 좌뇌 질환의 신호로서도 나타난다. 이른바 연결피질감각실어증, 연결피질운동실어증, 또는 보다 극적인 혼합연결피질 실어증('말 영역의 고립') 환자들에게서 두드러진다. 후자에서는, 좌측 실비안 주위 언어영역이 상대적으로 보존되나, 경계영역(borderzone)의 뇌졸중, 전대뇌동맥의 영역에서 중앙 전두두정 경색, 일산화탄소 중독, 또는 치매가 발생한 것과 같이 광범위한 영역의 경색 또는 앞쪽과 뒤쪽 연합피질의 퇴행을 보인다.[2,30,36,50,54] 전두엽 내측의 병변은 노력성 반향어증과 관련 있다.[54] 반향어증은 이른바 모방 행위(관찰된 행동의 자동적인 모방)의 변형일 수 있고, 양측 전전두엽 병변의 환자의 억제성 결핍을 반영하는 것처럼 보인다.[88]

문제의 본질

반향어증과 관련된 병변에서는 구어에 대한 기본적인 입력 및 산출 회로가 보존되기 때문에 따라말하기는 가능하지만, 언어 이해와 표현을 위한 필수적 인지 처리 과정으로 입력되거나 그 과정으로부터 산출되는 통로가 고립된다. 이는 외부 자극에 대한 역치(탈억제)가 낮아지는 것과 더불어, 명제 발화를 산출하는 것이 불가함을 의미한다.[153] 낮은 단계의 운동 기제가 탈억제 되는 동어반복증과 대조적으로, 반향어증은 더 높은 수준의 인지적 결함으로 인한 것이다.

[8] 참고문헌 49, 54, 89, 102, 129, 137, 153.

글상자 13-4

약화되거나 탈억제된 말과 관련된 인지적 · 정동적 장애–특성과 흔히 연관되는 결함과 병인

말의 약화

특성

- 감소된 음량/발성 부전
- 완만한 운율
- 감소된 반응 속도
- 감소된 내용 복잡성으로 간략하고 정교하지 않은 반응

관련 결함

- 인지 및 정동장애
- 삽관 후, 심인성, 그리고 '관성(inertial)'의 요소와 관련된 발성 장애/실성증

흔한 병인

- 폐쇄성 뇌손상이 흔하나 전두엽, 변연계, 기저핵, 또는 시상에 손상을 미치는 모든 병인이 포함될 수 있음

탈억제된 발성

특성

- 불수의적인 말 또는 발성
- 부적절한 소리 지르기 또는 웃기
- 그렁거리는 소음
- 구어와 음성틱
- ?동어반복증, 반향어증

관련 결함

- 확산적 인지장애

흔한 병인

- 알츠하이머병과 기타 치매 질환, 투렛 증후군

(역자 주) 여기서 ?는 확실하지 않은 현상을 뜻함.

D. 기타 인지-정동 장애

일부 말 특성들은 이번 장에서 채택한 기타 제목들 안에서 다루기 어렵다. 비언어적 인지 및 정동 기능의 장애는 관찰되는 임상 징후들에 대한 기저가 된다. 행동적으로, 이러한 장애는 말을 약화시키는 장애와 발성의 탈억제를 나타내는 장애로 크게 나뉜다. 글상자 13-4에 이러한 장애들의 특성과 흔히 연관되는 결함과 병인을 요약하였다.

말의 약화

신경학적 함구증(neurogenic mutism)(제12장에서 논의됨)은 극단적으로 말이 약화(attenuation)되는 것이다. 실구어증, 말실행증, 또는 실어증을 반영할 수 있지만, 말이나 언어에 국한되지 않은 장애로부터 초래되기도 한다. 함구증과 관련된 인지 및 정동 결함들 중에, **무의지증**(abulia)과 **무동성 함구증**(akinetic mutism)을 유발하는 전두엽-변연계 병리가 가장 주목할 만하다.

무의지증과 무동성 함구증 환자들은 광범위한 전두엽 손상을 보이지만, 보충운동영역을 포함하는 전두엽의 앞쪽 혹은 내측 손상이 가장 흔하다. 의지, 결단력, 동기, 그리고 인지 및 운동 노력을 지속하는 능력의 감소를 보인다. 이러한 결함들은 구어 산출, 얼굴 표정, 몸짓(gesture)의 감소와 함께 무관심, 무기력, 느린 반응으로 이어진다.

전두 활성화 기제의 손상이 함구증을 야기할 정도로 심각하지 않을 때, 종종 독특한 말 · 음성 · 언어 특징들을 보이는데, 이는 정상적인 말 산출의 변화라기보다 약화를 반영하는 것이다. 여기서 사용된 **약화**라는 용어는 **감소된 구어 반응 속도, 감소된 언어적 · 인지적 내용의 복잡성, 감소된 음량과 발성의 완성도, 단조로운 운율**을 뜻한다. 구어 반응을 시작하는 것이 지연되고, 지연이 되는 동안 눈에 띄는 노력이 적거나 없을 수 있다. 반응이 나타날 때, **간략하고 정교하지 않으며 문자 의존적인(literal) 양상**을 보인다. 이는 언어 자체의 부적절성이나 오류라기보다는, 이들의 제한된 사고능력(thought)과 더불어 청자에 대한 영향력이나 세부사항이 결여되는 것에 무관심한 것으로 설명할 수 있다.

저하된 음량(종종 **발성부전**[hypophonia]으로 불리는)과 단조로운 운율은 피질의 전두엽과 변연계 사이의 중요한 연결로인 피질하 구조들의 손상과 관련이 있다는 것을 상기해 보자. 즉, 기저핵 병리로 인한 운동저하형 마비말장애는 두드러진 말 특성으로서 음량과 운율이 약화된다. 추가적인 말 이상들과 이러한 약화가 발생하는 일반적인 임상 환경은 이를 인지적 결함이라기보다 운동 결함으로 보이게 한다. 그러나 단독 증상으로서의 이러

한 증상들은 전두-변연계 병리로 인한 인지적 손상이나 무의지증과 연관된 음량 및 운율 저하와 비슷하게 보인다. 유사하게도, 발성부전이나 단조로운 운율(뿐만 아니라 각성 및 주의력 변화, 감소된 통찰력, 둔감화된 정동, 자주성 부족)은 시상 병변으로 발생한다.[51,52,67,104,[9]] 피질 병리로부터 시상 병리를 구별하는 다른 증상들을 무시한다면, 이러한 증상들은 예전에 보고된 피질의 전두-변연계 손상과 유사하다.

다른 변수도 말의 약화에 기여할 수 있다. 예를 들어, 무의지증인 외상성 뇌손상 환자는 삽관(intubation)이나 발관(extubation)으로 인해 생긴 성대 부종 때문에 실성증 또는 발성장애를 보인다.[87,133] 상해 후 얼마 동안은 삽관을 한 환자에서 명백히 관찰되며, 뇌손상 없는 환자에서도 발관 후 발성장애가 발생한다.[14,40,157] 그러므로 특히 인지적 능력과 전반적 정동이 발성보다 덜 영향을 받았을 때는 비정상적 발성의 원인으로 삽관이나 발관을 간주해야 한다. 동시에, 외상성 뇌손상 후의 실성증/발성부전은 성대 약증, 마비말장애 또는 말실행증 없이 발생하고 증상치료(symptomatic therapy, 대증요법)로 쉽게 개선된다. 비록 추가적인 두 가지 가능성이 논의되고 있지만, 정동 및 인지 손상에 대한 사례로 비정상적 발성을 설명할 수 있다.[132] 첫째, 증상치료에 특히 더 빨리 반응할 때는, 외상이나 외상으로 인한 신체적 · 심인적 결과에 대한 갑작스런 감정반응으로서 실성증이 나타난 것이다. 두 번째 가능성은 초기의 성대마비(삽관으로 인한 부종 혹은 약증) 혹은 발성 실행증이 해소된 후에 실성증이 지속되는 경우이다. 갑상연골절제술 후 음성을 사용하지 않는 환자에서 발생하는 '**관성 실성증**(inertial aphonia)'은 증상치료에 대해 빠른 효과를 보인다. 후 빠른 증상치료를 한 뒤 침묵을 보이는 환자에게서 발생할 수 있다. 이와 유사한 기제는 외상성 뇌손상에서도 관찰된다.

탈억제적 발성(Disinhibited Vocalization)

신경학적 질환은 **불수의적 발성**을 야기하며, 이는 성대 기제의 탈억제를 반영한다. 구어와 음성 틱(tics)을 보이는 투렛 증후군(제8장)이 전형적인 예이다. 보충운동영역 병소는 불수의적 자동 발화와 발작성 불수의적 발성을 야기하며 우뇌 병변보다는 좌뇌에서 더 흔하다.[68] 소리 지르기, 비명, 중얼거림, 부적절한 웃음은 알츠하이머 병과 관련이 있고,[6,110] 불수의적 · 반복적 그르렁거림, 신음소리, 흥얼거림, 입을 쩝쩝거리는 소리(lip smacking sound)는 진행성 핵상마비, 전두측두 치매, 양측 시상 종양 환자에서 관찰되었다.[111,137,143] 확산적 또는 다병소적 병변의 환자는 스스로는 인지하지 못하는 약간 그르렁거리는 소리를 낸다. 이러한 소리는 지연성 호흡 이상운동증(tardive respiratory dyskinesia)과 관련 있다.[57] 적어도 이러한 발성 중 일부는 전두측두 치매, 혈관성 치매, 알츠하이머 병에서 보이는 **상동행동**(stereotypies)의 아형(예: 뚜렷한 목적 없는 불수의적, 정형적, 반복적 움직임)이다.[13,70]

마지막으로, 잘못된 억제성 기제는 신경말더듬증의 일부 형태에서 나타나는 비유창성의 일부뿐만 아니라 반향어나 동어반복증과도 연관이 있다. 이러한 결함은 앞에서 논의되었다.

II. 좌뇌 병소와 관련된 기타 말장애

A. 실어증—언어 관련 장애

실어증은 의사소통을 위해 기호를 해석하거나 표현하는 능력의 문제를 보이는 중추신경계의 장애이다. 일반적으로 모든 언어 양식들(구어 표현, 구어 이해, 읽기, 쓰기 그리고 비구어 명제적 의사소통)에 영향을 미치나, 이러한 손상은 전반적 인지장애, 혼동 또는 감각 및 운동 결함으로 인한 것이 아니다. 비록 실어증이 구어 표현에 주요한 영향을 미치나, 말운동장애나 말장애가 아니다. 이는 언어의 장애이다.

실어증은 거의 항상 뒤쪽 전두 · 측두 · 두정 피질을 포함하는 좌뇌 실비안 주위 언어영역의 손상으로 나타난다. 좌측 기저핵과 시상의 손상도 때때로 실어증을 야기한다. 오른손잡이의 98% 그리고 왼손잡이의 60~70%의 언어중추는 좌뇌에 있다. 왼손잡이 중에서 언어중추가 좌뇌에 없는 경우에는 우뇌에 언어중추가 있거나 좌우뇌 모두에 언어중추가 있다. 좌뇌 뇌졸중은 실어증의 가장 흔한 원인이다.

실어증은 일반적으로 구어에서 가장 명백히 드러난다. 많은 경우, 의미(message)를 구성하는 능력이 잘못되는 것은 말의 운동적 측면에서의 결함이라고 하지 않는다. 그러나 흔치 않게 말실행증이 동반되는 경우에는

[9] 특정 시상핵은 보충운동영역을 포함한 전두엽으로 연결된다는 점을 상기할 것.

글상자 13-5

실어증—말 특성과 흔히 연관되는 결함과 병인*

특성	관련 결함
• 문법적/구문적 특성: 느린 속도, 동일한 강세와 운율 변화, 문법의 단순화 및 전보식 문장 구조 • 단어 인출 결함: 전체적으로 느린 속도, 운율 흐름의 중단 • 음운적 오류: 보통 정상적인 운율 문맥에서의 음소 착어와 신조어	• 말실행증 • 양측 상부운동신경세포형 마비말장애 **흔한 병인** • 뇌졸중이 가장 흔하며, 우세반구의 언어영역에 손상을 일으킬 수 있는 모든 과정이 해당됨

*여기서 요약된 특징은 말의 흐름을 바꾸는 실어증의 결함만을 포함하였음.

말운동 결함으로부터 언어 문제를 분리하는 것이 어렵다. 그러므로 음소 정확성과 운율에 영향을 미치는 실어증의 구어 산출 특징을 요약할 필요가 있다. **글상자 13-5**는 구어의 흐름에 영향을 미치는 실어증의 특징과 흔히 연관되는 결함과 병인에 대해 요약하였다.

문법과 구문

실어증은 문법과 구문에 영향을 준다. 예를 들어 포크로 무엇을 하는지 설명하기 위해 "포크 … 먹다 … 고기, 감자."라고 말하는, **브로카 실어증** 또는 **비유창성**[10] 실어증 환자들의 비문법적인 혹은 전보식 발화에서 가장 두드러진다. 종종 단순화된 문법과 상대적으로 기능어가 생략되면서 발화의 길이가 감소된다. 종종 **느린 산출**과 함께 정상적 구조의 문장 선율보다는 단어를 나열하는 것같이 들리는 **비정상적 운율 패턴**을 보인다. 언어적 결함이 반영된 발화 내용과 이러한 발화의 구조상 당연히 나타나는 비정상적 운율을 보인다. 즉, 운율 흐름은 다양한 강세를 가지는 말의 일부가 생략되는 것으로 인해 손상된다(예: 단지 명사와 동사만을 포함한 문장은 자연적으로 균등한 강세의 패턴을 보인다). 게다가, 많은 브로카 실어증 환자들이 말실행증을 동반하므로 때로는 말 계획/프로그래밍 단계를 줄이려는 시도가 반영된 발화 길이 감소와 전보식 내용을 보인다.

[10] **비유창성**(nonfluent)이라는 용어는 전통적으로 실어증 환자의 구어 산출 특징인 비문법적이고 짧은 구 또는 말실행증 환자들이 보이는 종종 보이는 운율 및 조음 특징을 언급하기 위해 사용됨. 이 책의 맥락에서는, 적어도, 이 용어가 신경학적 비유창성 또는 말더듬 같은 행동을 다룰 때 논의되는 용어인 **비유창성**(dysfluency)과 혼동되지 않아야 함.

단어 인출 결함

실어증 환자들은 단어 인출에 어려움이 있다. 단어 인출의 어려움은 종종 주저나 지연으로 나타나며 침묵을 한다거나 '음'이나 '어'와 같은 삽입어(fillers)가 포함되기도 하고 단어에 대해 돌려 말하는 것("그것은 … 그래, 그게 뭔지 알아 … 그것은 어, 어, 포크야.")으로 나타난다. 환자들은 의미적 오류를 보이며 이를 인지할 수도 있고 못할 수도 있다("그건 칼, 아냐 그건 칼이 아니야, 그건 어, 아, 그건 포크야."). 단어 인출 시의 지연은 표현의 **전반적인 속도를 느리게** 하고 자주 **끊기거나 주저하게 되면서 운율의 흐름을 방해한다**. 말실행증이 동반되지 않았을 때 발화의 속도나 흐름이 저하되는 것은 언어 손상의 기저를 반영하는 것이므로 이는 말운동장애가 아니다. 일부 환자들의 경우에는, 단어를 인출하고 언어를 산출하거나 표현하는 것에서의 어려움이 말더듬과 같은(stuttering-like) 특징을 보이는 비유창성(dysfluency)(앞서 논의됨)과 관련이 있기도 하다.

음운적 오류

일부 실어증 환자들은 대치, 생략, 첨가, 또는 정확히 인출된 어휘적 단위 안에서 음소를 도치(예: refrigerator를 religerator로)하는 것과 같이 **음소 착어**(phonemic paraphasia) 또는 **문자 착어**(literal paraphasia)라 불리는 음운적 오류를 보인다. 이러한 오류는 비교적 정상적인 운동과 운율을 보이면서 문법적으로 말하는 환자에서 관찰된다. 이를 종종 유창성 실어증, 베르니케 실어증 혹은 전도 실어증으로 부른다.

운율적으로 정상 발화를 보이는 실어증 환자들은 가

끔 신조어나 부정확한 단어를 산출한다(예: 'cigarette'을 'grundel'로, 'pencil'을 'taidillion'으로). 이렇게 노력하지 않고 산출되거나 자가수정에 대한 인식이나 노력 없이 산출된 비정상적 음운 오류는 실행증적 오류와 혼동되어서는 안 된다. 의미적으로 해석 가능한 단어에서 특히 환자가 오류를 인식하거나 자가수정 시도를 보일 때 실행증적 오류와 음운적 오류를 구별하는 것은 더 어려울 것이다(이는 제11장과 제15장에서 다룬다).

요약하자면 실어증은 단지 의사소통장애이며, 발화의 많은 부분이나 알고 있는 단어에서의 발성, 공명, 속도는 보통 정상이다. 그러나 단어 인출 시의 느린 속도나 주저, 의미적 오류 수정, 의미적 의도 전달에 실패한 발화를 수정하는 양상들과 함께 언어 구성 문제의 산물로서 비정상적인 운율 흐름이 나타난다. 비강세 단어(예: the, a, of)를 생략하고 운율 흐름을 방해하는 구문적·문법적 결함으로 운율이 바뀐다. 음운적 오류는 조음적 결함을 반영하나, 소리의 왜곡은 명확하지 않다. 또한 화자가 오류를 인식하지 못하거나, 노력 없이 산출된 발화 내에서 발생한다.

B. 외국어 말투 증후군

신경학적 질환은 외국어의 조음이나 운율적 특징이 말투에서 느껴지는 특이한 말장애를 야기한다. 이러한 문제는 대부분 **외국어 말투 증후군**(foreign accent syndrome, FAS)이라 불린다. 왜냐하면 비모국어 화자가 보이는 강세와 전반적으로 일치하지는 것은 아니기 때문이다. 이는 또한 **외국어 같은 말투**(pseudoforeign accent)라 불린다. 외국어 말투 증후군이 단일의 근본적인 기제와 관련 뇌 영역을 가진 특정한 증후군(예: 말실행증과 같이 다른 장애로부터 구별되는)인지는 불확실하다.[24]

외국어 말투 증후군이 처음 보고된 것은 100년도 더 되었으나, 이 증후군은 드물다. Aronson[9]은 1907년부터 1978년까지 12사례를 보고하였고, 1990년에는 메이요 클리닉에서 13사례가 더 보고되었다. 현재까지 60사례 이상이 보고되었다.

임상적 특징

외국어 말투 증후군의 임상적 특징은 다음과 같이 요약된다.

- **외국어 말투 증후군은 개별 언어적 특색(language specific)이 반영되지 않는다.** 영국식 영어, 미국식 영어, 체코어, 프랑스어, 노르웨이어, 스페인어와 같이 다양한 언어의 모국어 화자에서 외국어 말투 증후군이 보고되었다. 이들의 말투는 알자스어, 미국식 영어, 중국어, 네덜란드어, 프랑스어, 캐나다에서 사용되는 프랑스어, 독일어, 헝가리어, 아일랜드어, 이탈리아어, 노르웨이어, 폴란드어, 스칸디나비아어, 스코틀랜드어, 슬라브어, 스페인어, 스웨덴어, 웨일스어처럼 다양하게 지각되었다. 이러한 말투의 유형은 청자에 따라 다르게 지각되기도 하였고, 구분이 불가하였으며, 해당 언어를 모국어로 사용하는 화자는 이들의 말투가 모국어의 말투와 확연히 다르다고 하였다.[9]
- **특정한 말 특징들은 상당히 이질적이지만,** 공통적으로 외국어 말투 증후군은 병전과 비교하여 모음 산출과 말투(억양)에서 비정상적인 소견이 두드러진다. 지각적·음향학적 분석으로 관찰된 이러한 비정상성은 다음과 같다.[11]
  - **모음 변화.** 모음 변화는 이중모음화를 포함한다. 모음의 왜곡 또는 연장, 비강세 모음의 생략, 자음-모음-자음(consonant-vowel-consonant, CVC)으로 이루어진 음절의 끝이나 단어에서 삽입(epenthetic) 모음을 끼워 넣음(예: 'this boy'를 'dis uh boy', 'nice'를 'niceuh'로), 균등한 모음 길이, 모음 변동(예: 'fit'를 'feet'으로, 'some'을 'soam'으로, 'back'을 'bock'으로), 증가된 모음 포먼트 변이.
  - **자음 변화.** 대치로 인식되는 발성, 위치, 방법적 자질에서의 변화를 보인다. 초성 파열음의 산출 전의 발성시간(prevoicing)이 길거나 유성자음과 무성자음의 성대진동 시작시간(voice onset time, VOT)이 중첩되는 것과 같은 성대진동 시작시간 조절의 어려움, 치경음의 전방화와 같이 목표에서 약간 벗어난 자음 산출(변이나 왜곡), 유성 동화("Yez I know")와 같은 이례적인(anomalous) 자음 산출, 'butter'를 'budder'로 산출하는 것과 같이 중앙의 탄설음(flapping) 대신에 완전한 치조 파열음으로 산출하는 것.
  - **운율 변화.** 변화되는 운율을 포함하여 강세, 리

[11] 이 요약은 Aronson[9]; Ardilla, Rosselli, Ardila[8]; Blumstein 등[25]; Coelho, Robb[38]; Graff-Radford 등[52]; Kuroski, Blumstein, Alexander[76]의 보고에 기초함.

글상자 13-6

외국어 같은 말투—특성과 흔히 연관되는 결함과 병인

특성

- 청자들 사이에서 특정 말투에 대한 일치가 이루어지지 않음
- 모음: 이중모음화, 왜곡, 연장, 첨가, 강세가 없을 때 생략
- 자음: 음성 · 위치 · 방법적 왜곡, 대치, 변이음적 변화(allophonic variations)
- 운율: 균등하거나 바뀐 강세, 연장된 간격, 부적절한 음도 곡선, 느린 속도, 감소된 유창성, 막힘, 단어 경계에서 전이의 어려움
- 다른 지각적 특성: 모국어에 없는 음소(nonnative phoneme), 음소 경계의 확장, 주저와 단어 찾기, 문법 및 구문적 오류
- 음향학적 특성: 성대진동 시작시간을 통제하는 데 어려움, 비정상적 다양성, 제한된 모음 공간, 동시 조음의 어려움

관련 결함

- 실어증
- 말실행증
- 비구어 구강실행증

흔한 병인

- 뇌졸중과 폐쇄성 뇌손상이 가장 흔함

듬, 말투(억양)과 같은 몇몇 문제를 보인다. 단어들 내에서 비강세 음절을 약화하는 것에서의 어려움, 동일한 음절 강세, 연장된 간격(intervals), 부적절한 음도 양상, 제한되거나 큰 기본주파수(fundamental frequency, f_0)의 상승 움직임(excursions), 평서문에서 끝이 올라가는 경우처럼 비정상적인 멜로디, 속도 저하, 유창성 감소, 초성 자음의 막힘, 단어 경계에서의 전이(transition)의 어려움. 이러한 특징 중 몇 개는 말의 조음적 또는 분절적 측면에서의 독립적인 차이나 비정상성이다. 나머지는 부차적으로 나타나는 비정상성 혹은 차이이다.

- **비특이적 변화.** 소리 대치, 단어 경계의 발음을 생략하지 않음, 모국어에 없는 음소, 확장된 음소 경계, 주저, 단어 찾기, 비일관적 일탈 특징과 같은 변화가 모음, 자음, 운율적 측면에 걸쳐 나타난다.

말운동 및 언어장애는 신경학적 외국어 말투 증후군을 동반할 수 있다. 많은 환자들에서 우측 불완전편마비(hemiparesis)와 중추 안면 약증이 관찰된다. 더 적절하게는, 브로카 실어증에서 관찰되는 구어 산출 특징이 더 경하게 관찰되는 실어증적 소견을 보였다. Aronson[9]은 외국어 말투 증후군 환자의 68%에서 마비말장애, 실어증 또는 말실행증 이후에 이러한 말투를 관찰하였다. 메이요 클리닉의 13명의 환자들 중 62%는 이러한 말투가 지각되기에 앞서 말실행증을 보였다.

병인과 해부학적 연관성

뇌졸중은 보고된 사례 중 약 70%에 해당하는 병인으로 추정되며, 폐쇄성 뇌손상이 약 20%를 차지한다. 또한 다발성 경화증과도 관련이 있다.[10] 나머지 사례의 병인은 불분명하였다. 즉, 신경학적 검사에서 문제가 관찰되지 않았고 신경학적 질환의 명백한 근거도 없었다.[9,38] 이는 병소가 아주 작거나 병인이 신경학적 질환이 아닐 수도 있음을 의미한다. 따라서 신경학적 질환이 확인되더라도 외국어 말투 증후군의 병인이 심인성일 수도 있음을 명심해야 한다.[55,151] 이는 제14장에서 논의된다.

뇌졸중 사례 중 다수는 좌뇌에 병소가 있었다. 좌뇌 병소는 종종 운동피질, 전운동영역(브로카영역) 또는 기저핵이었다.[38,48,76] 대다수는 피질하 영역에 병소가 있었고, 피질에만 있는 경우는 약 25%였다.[38] 제한적인 자료를 통해서, 일차운동피질이 손상되지 않으면 예후가 좋고, 일차운동피질과 인접한 감각피질이 손상된다면 예후가 좋지 않음이 보고되었다.[19]

글상자 13-6은 외국어 같은 말투의 특징과 흔히 연관되는 결함 및 병인을 요약하였다.

문제의 본질

외국어 말투 증후군의 본질은 분명하지 않으나, 환자가 외국어의 '실제' 말투를 습득하지 않는다는 것은 명백하다. 모음 왜곡, 변이적 자음 변화, 소리 대치, 초성 자음의 막힘, 동일한 강세, 연장된 간격, 부적절한 음도 변화, 말 특징의 비일관성, 모음 산출 동안의 비정상적인 혀 수축,

비정상적인 음향학적 변화, 제한된 모음 공간, 그리고 동시 조음의 어려움에 관한 지각적 · 음향학적인 묘사를 통해 외국어 말투 증후군이 조음에서의 시간 조절(timing) 혹은 복잡한 운동 수행의 조절,[48,76,79] 말 행동의 조절이나 구성에서의 어려움을 보이는[103] 말실행증의 한 아형임을 제안한다.[9,38,71] 이 증후군이 말실행증의 독특한 변형(variant)이라는 가설은 합당해 보인다. 언어적 운율[24]의 결함만 두드러지거나 조음 모색행동이나 자음 대치 없이 자음과 모음의 왜곡만을 보이는 경우에는 별개의 실체로 간주할 수 있다. 상대적으로 경한 브로카 실어증의 구문적 · 형태적 오류는 화자가 외국어('엉터리 영어[broken English]')를 말하는 것처럼 보이게 한다.[8] 전형적인 순수 말실행증이 드물지만 외국어 말투 증후군이 드문 이유도 명확하지 않다

어떠한 점이 외국어 말투로 느껴지게 할까? 아마도 말을 할 때, 구어 유창성의 부재, 음소 경계의 확장, 불분명한 초분절 특성, 그리고 실문법증이 동반되면 외국어 말투로 느껴질 수 있다.[8] 또한 비정상적인 특징 대부분이 세계 언어의 보편적인 특성 내에 포함되기 때문에 외국어 말투처럼 느낀다.[25,76] 그러므로 말운동장애 환자들이 보이는 조음 및 운율의 일탈과는 다르게, 병 전의 모국어와는 다르지만 정상 말 산출의 보편적인 범위에서 벗어나지 않는다. 예를 들어, 영어에서는 병리적으로 간주되는 성조가 다른 언어에서는 정상적인 특징일 수 있다. 이는 말투(억양)를 확인하는 것이 항상 신뢰로운 것은 아님을 보여 준다. 말투(억양)는 특정 언어에 묶여 있는 것이 아닌 포괄적인 것이다.[25,76] 임상가들이 외국어 말투 증후군을 특정한 외국어의 말투(억양)로 인식하는 범주적 지각(categorical perception)은 말실행증에서 자음 왜곡을 대치로서 인식하는 것과 유사하다.

III. 우뇌 병소와 관련된 기타 말장애 — 실율증

변연계는 감정적 경험과 감정 측면에서 중요한 역할을 하지만, 우뇌는 정보의 감정적인 측면을 인식하고 행동의 정동적인 요소를 만들어 내는 데 지배적인 역할을 한다. 태도, 감정, 강조의 표현에 대한 말의 운율적 요소의 지각, 이해, 산출 또한 우뇌에 편재화되어 있다.[64,108,116,125] 이런 운율적 기능을 외적 운율(extrinsic prosody)[28]이라 부르며, 실용적/사회적 목적을 위한 말의 계획, 프로그래밍, 그리고 관찰을 조율하는 능력이 요구된다. 이는 말의 계획과 프로그래밍에 대한 우뇌의 중요성을 보여 주며, 좌뇌가 말의 계획/프로그래밍을 위한 우세반구라고 생각해 온 전통적 견해를 다소 완화시켰다.

뇌손상 환자의 운율 처리와 산출에 대한 연구는 우뇌가 구어의 이해와 산출에 기여한다는 것을 이해하게끔 하였다. 일부는 좌뇌가 언어 처리를 위해 특화된 것처럼 우뇌는 운율 처리를 위해 특화되었다고 결론 내렸다.[99,122,125] 우뇌손상과 관련된 운율 손상을 '실율증(aprosodia)'이라는 용어로 정의한 Ross[122]는 전형적인 실어증 유형에 상응하는 운율장애의 모델을 제안하였다. 이 모델에는 운동 실율증(motor aprosodia), 감각 실율증(sensory aprosodia), 전반 실율증(global aprosodia) 등이 포함되었다. 그러나 실율증 평가 방법에 대한 신뢰도와 타당도가 부족하고, 실율증 모델이 기초하고 있는 실어증 유형의 전통적인 개념에 대한 타당성이 의심스럽고, 체계적으로 연구한 대상자의 수가 적다는 이유에서 이 모델은 비판을 받았다.[33,64] 그럼에도 불구하고, 임상적 관찰과 공식적 연구를 통해 구어의 운율적 측면에서의 어려움을 보이는 우뇌손상 환자들의 하위집단을 확인하였다.

A. 운율 산출 평가

우뇌손상 환자의 운율적 결함을 확인하기 위한 과제의 유형을 검토할 필요가 있다. 많은 과제는 말운동장애 평가에서 흔히 사용 되는 것이 아니다.

실율증 진단을 위해서는 대화상황이나 이야기하기, 특히 환자들이 정동적 감정(예: 좋거나 싫거나, 개인적 관계, 본인의 병에 대한)의 범위를 보여 줄 수 있는 주제를 말할 때 관찰하는 것이 가장 효과적이다. 이러한 반응에서 실율증의 특징이 가장 분명하게 두드러진다. 만약 정동적인 내용으로 이루어진 대화상에서 비정상적인 운율이 나타나지 않는다면 실율증으로 진단을 내릴 수 없다고 주장된다.

대화 이외에 단어, 구, 문장 수준에서의 정동적 및 언어적 운율을 검사한다.[12] 모방, 읽기, 반응한 내용 안에서

[12] 운율 산출을 평가하기 위한 절차의 예는 Robin, Klouda, Hug[118] 그리고 Ross, Thompson, Yenkosky[125]에 의해 설명되었음. 이들은 과제와 자극의 예시, 운율적 적절성의 지각적 평가를 위한 절차, 그

질문에 답하기와 같은 과제가 그림 자극 또는 질문의 형태로 제시되었다.

언어적 또는 **어휘적 강세**(lexical stress)는 음성적으로 동일한 명사구(예: green house, white caps)와 합성어(예: greenhouse, whitecaps)를 대조하여 산출하는 것으로 평가한다. **강조 강세**(emphatic stress)는 미리 짜여진 답이 있는 질문에 대한 반응에서 목표 강세 패턴을 유도함으로써 검사된다(예: "누가 메리를 사랑합니까?"라는 질문에 대한 답으로 "존은 메리를 사랑한다."라고 대답할 때 '존'이라는 단어를 강조해야 함). 다양한 문장 형식(예: 서술문, 의문문, 명령문)의 산출을 유도하는 것은 문장 수준의 언어적 강세를 평가하는 방법이다. **감정적 운율**(emotional prosody)의 평가는 모방, 읽기, 자발화에서 기쁨, 슬픔, 화남과 같은 감정이 포함된 문장을 언어적으로 중립적(neutral)이거나 감정적으로 산출하게 함으로써 평가한다.

운율 산출에 대한 연구에서는 지각적 평가나 다양한 음향학적 측정이 사용되었다. 음향학적 연구는 기본주파수와 강도(amplitude), 그리고 운율이 나타나는 음절, 단어, 구, 문장의 지속시간(durational)을 확인하였다. 기본주파수 측정이 중요한 이유는 기본주파수가 우뇌손상 환자와 신경학적으로 정상인 화자 사이의 가장 큰 차이를 반영하기 때문이다.[13]

B. 정의와 임상적 특성

실율증(aprosodia)은 감정적인 어조(tone)와 강조(empahsis), 특정한 언어적 정보를 전달하는 말의 기본주파수, 지속시간, 혹은 강도 변화에서의 차이점을 이해하거나 산출하는 것에서의 결함을 말한다. 이 장에서는 **실율증**이라는 용어가 우뇌손상과 특히 연관되어 사용되지만, 운율 산출은 복잡하며, 뇌의 어느 한 영역으로 국한할 수 있는 것이 아님을 알아야 한다. 운율적 변화의 감소는 다양한 말운동장애에서 관찰된다(예: 운동저하형 마비말장애). 운율의 결함(운율장애[dysprosody])은 사실상 모든 종류의 마비말장애와 말실행증에서 발생한다. 신경학적 인지-정동 장애(예: 무의지증)와 정신적 상태(예: 우울증) 또한 운율적 특징의 감소와 관련이 있다. 운율 결함은 많은 종류의 말운동장애에서 부정확한 조음이 관찰되는 것만큼 자주 관찰되는 예상 가능한 결함이다. 이는 "생각이 움직임으로 끊임없이 전환되는 말언어 산출 과정에서 신경학적 말언어장애들이 별개의 문제로 나타나기보다는 누진되는 것"이라는 개념과 맥락을 같이 한다.[28]

운율장애(dysprosody)는 때때로 우뇌손상 환자들의 운율장애를 언급할 때, 실율증보다 더 선호되는 용어인데,[31,130] 그 이유는 우뇌손상에서 운율이 완전히 사라지는 것은 아니기 때문이다. 그러나 여기서는 우뇌손상의 독특한 문제를 설명할 뿐만 아니라 많은 말운동장애 환자에서 명백히 관찰되는 운율 결함(운율장애)과의 혼동을 피하기 위해서 실율증이라는 용어를 사용하였다.

이 책에서는 우뇌손상과 관련된 운율적 **산출**에 초점을 맞추었다. 그러나 우뇌손상 환자들이 운율적 이해에서도 장애를 보일 수 있음을 명심해야 한다. 이는 운율에 의해서 전달되는 감정을 확인하고 변별하는 것을 어려워할 뿐만 아니라 의미 변화, 강조 강세 사용, 문장 단위의 정보전달과 같은 언어적 운율의 문제 또한 포함한다.[144,145] 이해에서 어려움을 보이는 본질에 대해서는 명확히 알려진 바가 없고, 이해와 산출의 어려움 간의 관계 또한 명확하게 확인되지 않았다.

우뇌손상 환자들은 의사소통에 영향을 미치는 다양한 인지적 · 지각적 결함을 보인다. 이 결함은 운율 산출의 어려움보다 더 많이 나타나며, 더 큰 장애로 느껴진다. Myers[107]는 이를 비언어적 특징과 언어외적인 특징으로 구분하였다.[14] 비언어적 손상에는, 예를 들어, 좌측무시증, 시지각의 문제, 주의장애 등이 포함된다. 언어외적인 손상은, 많은 우뇌손상 환자들이 보이는 의사소통 문제의 핵심으로써,[107,108] 발화의 의미를 분명하게 하는 것

리고 운율 산출의 특징을 확인하고 수량화하기 위해 음향학적으로 분석하는 방법을 포함하였음.

[13] 기본주파수와 지속시간의 측정은 다음과 같이 빈번히 사용됨. 강세 단어 대 비강세 단어(기본주파수와 지속시간은 강세 단어에서 증가), 문장 수준 이상에서의 기본주파수 양상(중립적 서술문에서 하향하는 경향), 질문 형식에서의 기본주파수와 지속시간(중립적 서술문과 비교하여 마지막 낱말에서 기본주파수는 상대적으로 올라가며 지속시간은 증가함), 그리고 '즐거움' 대 '슬픔' 표현 시의 기본주파수(즐거움을 표현하는 문장은 중립적 문장보다 높은 평균 기본주파수와 더 큰 변화를 보이는 반면에 슬픔은 낮은 기본주파수와 단조로운 곡조를 나타냄, 슬픔에서는 문장 지속시간의 증가를 보이고, 즐거움에서는 문장 지속시간이 감소되나 지속시간의 변이성이 증가함).[118]

[14] 좌뇌손상 실어증 환자는 비언어적 손상과 언어외적 손상으로부터 완전히 자유롭지 못함. 예를 들어, 실어증 환자들은 운율의 이해 및 산출의 어려움을 가짐.[33,64]

글상자 13-7

우뇌손상 실율증 환자의 공통적인 호소, 지각적 · 음향학적 특징, 그리고 동반되는 임상적 특징. 실율증이 있더라도 모든 우뇌손상 환자들에게서 이러한 특징들이 모두 나타나는 것은 아님.

환자 호소
- 느끼는 감정을 음성으로 전달하지 못함
- 낮거나 높은 음도 변이
- 음도 범위 감소
- 음량 감소

지각적 특성
- 단조로운, 로봇 같은 자발적 운율
- 음도와 음량의 변이 감소
- 감소되거나 비정상적인 억양의 범위
- 감소된 정동, 표현, 감정, 무관심
- 균등한 강세의 경향
- 반어나 풍자를 표현하는 데 어려움
- 부적절한 음성 산출
- 강세의 부족
- 감정적인 울음과 웃음에서의 비정상성

음향학적 특성
- 이야기할 때 언어학적 강세의 음향학적 단서가 적고 덜 두드러짐
- 강조되거나 비강조된 문장의 마지막 명사에서 비정상적인 강도 변화
- 평서문에서 직선적인 특징(linearity)이 감소되고 기본주파수가 내려가는 것이 더 단조로움
- 다른 문장 형식과 예-아니요 문장을 구별하도록 하는 기본주파수의 조절이 어려움
- 문장에서 비정상적으로 높은 평균기본주파수
- 읽기에서 감정 표현을 위한 기본주파수 변조가 제한됨
- 일부 분절음에서의 빠른 속도
- 중간과 높은 주파수 범위에서 음향학적 에너지 감소
- 비음화
- 문장에서 음향학적 대조의 감소
- 파열음에서 폐쇄의 실패
- '융합된(fused)'(단조롭고, 흐릿한 음절 연쇄) 운율 양상, 운동저하형 마비말장애와 유사

동반되는 결함
- 자발적인 감정적 · 명제적 몸짓(gesture)의 부족
- 좌측무시증
- 시지각장애
- 인지-의사소통장애
- 좌측 중추 안면 약증
- 마비말장애(편측 상부운동신경세포형)
- 좌측 불완전편마비

을 넘어 의사소통적 의도에 접근하고 전달하는 데 사용되는 구어 및 비구어적 단서 상황에서의 의도, 함축된 의미, 그리고 감정적인 어조를 이해하고 전달하는 것을 방해한다. 결과적으로, 우뇌손상을 가진 사람들은 무관심하거나 단조로운 정동을 보이며, 얼굴 표정이나 말을 통해 전달된 감정을 해석하는 데 어려움을 보인다. 그러므로 운율의 해석과 산출에서 어려움을 보이는 것은 아마도 언어외적인 장애 중 하나가 될 수 있다. 불행하게도, 운율 산출 문제와 비언어적 장애와 언어외적인 장애 사이의 관계는 불분명하다. 그러나 운율 산출 장애는 비언어적, 언어외적 장애와 분리될 수 있다. 즉, 비언어적, 언어외적 장애를 가진 환자가 운율적 표현(마비말장애로 설명될 수 없는)에서는 임상적으로 눈에 띄는 결함을 보이지 않고, 실율증을 가진 환자가 다른 비언어적, 언어외적 결함이 없을 수 있다.

실율증의 주요한 지각적 특징은 무엇일까? 경험적 자료에 기초하여 이 질문에 답하기는 어려운데, 그 이유는 각 연구의 방법과 대상자 선정기준이 상당히 다양하기 때문이다. 그러나 일반적인 임상적 특성을 설명할 수는 있다. 글상자 13-7에서는 비정상적 운율을 보이는 우뇌손상 환자들이 흔히 호소하는 문제, 지각적 · 음향학적인 특징, 그리고 동반되는 결함을 요약하였다.

모든 우뇌손상 환자가 실율증을 보이지 않는다는 것을 아는 것은 중요하다. 예를 들어, 54명의 우뇌 뇌졸중 환자에서 26%는 실율증을 보였다(30%는 대인관계와 관련된 상호작용 시 장애를 보임). 이는 대인관계 상호작용장애, 시지각장애, 그리고 무시증과 함께 나타나는 경향이 있다.[86]

우뇌손상 환자의 실율증은 다음과 같이 묘사된다. 단조롭고, 무관심하며, 컴퓨터 또는 로봇 같고, 표현과 감정이 결여되고, 단조로운 음도, 음량, 지속성을 보이며, 강세가 부족하다. 질문 형식을 어려워하고, 반어(irony)

나 풍자(sarcasm)의 미묘함을 표현하거나 감정을 전달하기 위해 음성을 조절하는 것이 불가하다.

일부 우뇌손상 환자는 장애를 부정하지만, 어떤 환자들은 흥미롭게도 그들의 목소리가 느끼고 표현하고자 하는 감정을 전달하지 못하는 것에 스스로 불평한다. 일부는 바뀐 음도, 저하된 음도 범위, 음량 감소, 쉰 목소리(hoarseness), 또는 억제되는 느낌이라고 불평하였다.[131,[15]] 그들은 이러한 어려움 때문에 직업적 · 사회적 · 감정적인 문제가 발생하였다고 할 것이다.[123] 이러한 불만은 우뇌 뇌졸중으로 실율증을 보이는 한 남자가 본인을 스스로 묘사한 아래의 글에 나타나 있다.

"나의 목소리에는 강약이 부족하고, 음도 변화가 없고 … 뇌졸중 이전처럼 역동적이지도 않고, 사람들과 대화할 때 내 목소리에 더 관심을 가지게 하거나 흥미를 느끼게 할 수 없다 … 그리고 일할 때 내 목소리로 그들을 설득할 수가 없다."

우뇌손상의 운율 특성에 대한 전형적인 연구 결과 및 논의점들은 다음과 같다.

- 우뇌손상 집단은 상대적으로 운율에서 더 손상을 보이고(감소된 정동적 억양, 단조롭고 동등한 강세를 보이는 경향, 그리고 강조[emphasis]와 노력의 부족), 반면에 좌뇌손상 집단은 상대적으로 조음 결함 및 저하된 말 속도를 더 많이 보인다.[18,[16]] 우뇌손상 환자가 좌뇌손상에 비해 운율에서 더 큰 어려움을 보이는 것이 마비말장애나 독특한 운율장애를 반영하는 것인지는 확실치 않다. 비록 우뇌손상 환자의 운율 산출에 대한 일부 연구에서는 마비말장애를 배제하였지만, 다른 연구에서는 마비말장애를 포함시켰거나 마비말장애가 있는지 없는지에 대해서는 확인하지 못하였다. 마비말장애가 운율적 비정상성 인지에 주요한 기여를 하기도 한다.[[17]] 우뇌(혹은 좌뇌) 병소를 가진 환자의 운율적 결함에 대한 연구를 할 때는 마비말장애가 비정상적 운율에 기여하는지에 대해 설명해야 한다.
- 우뇌손상 환자들은 강조 그리고 어휘적 강세, 강한 강세의 모방 그리고 적절한 음조곡선으로 의문문이나 설명문을 모방하거나 읽는 데 어려움을 보인다. 이야기 담화에서 운율도 비정상적이다.[31,135,154] 또한 특정한 감정을 표현하는 문장을 읽거나 모방할 때 음도 변이가 적고, 억양의 범위도 제한된다.[135,145,[18]] 이러한 결함은 좌뇌손상 환자에게서도 관찰되나, 일반적으로는 실어증에 기인한 것으로 간주된다.[31]
- 이러한 결과는 실율증이 정동적/감정적 운율뿐만 아니라 언어학적/명제적 운율에도 영향을 줌을 보여 준다. 그리고 일부 우뇌손상 환자의 단조로운 정동적 운율이 우울함과 무관심을 반영하는 필수지표가 아님을 뜻한다.[122] 실율증 환자들은 정동적 불안과는 상관없이 운율 조절에서 특정한 결함을 가진다.[31,135,154]
- 뇌졸중으로 인한 운율장애는 보통 발병시작일 후 초기 며칠 동안 나타나며[64] 시간이 지날수록 해결되나 항상 그러한 것은 아니라는 임상적 소견이 있다.[99,123] 그러나 실율증의 회복에 관해서는 체계적으로 연구된 바가 없다.

음향학적 관찰점

음향학적 연구에서 제시된 논의점 및 결과는 다음과 같다.

- 우뇌손상 환자들은 정상 화자와 유사한 방식으로 음향학적 · 언어적 운율 단서를 산출하나 일반적으로 더 적고 덜 두드러지는 단서를 사용한다. 구 수준(예: 복합 명사 대 명사 구)의 강세와 문장 수준의 강한 강세를 전달하기 위한 능력이 보존되는 것은,[16,44,62] 단어나 명사구 수준에서 언어적 운율의 산

---

[15] 이러한 호소 중 일부는 종종 마비말장애 환자들에게서도 관찰됨.

[16] 그러나 Canelliere와 Kertesz[33]는 우뇌손상 집단과 좌뇌손상 집단 간 운율 결함(수용 또는 표현)의 빈도에서 두드러진 차이를 발견하지 못하였음.

[17] 예컨대, Ross 등[128]은 우뇌의 내포앞쪽다리(anterior limb)의 뒤쪽 2/3 지점, 무릎(중간 부분) 전체, 부리의 앞쪽 1/3 지점에 병소가 있는 사례에서 '운동 실율증(motor aprosodia)'을 보고하였음. 좌뇌에도 유사한 위치에 작은 병변이 있었으나 이는 '드러나지 않는 것(silent)'으로 간주되었음. 왜냐하면 우측의 결함에 대한 이전의 병력 보고가 없었기 때문임. 중등도의 좌측 중추 안면 약증이 관찰되었음. 내포의 병소는 종종 편측 상부운동신경세포(unilateral upper motor neuron, UUMN)형 마비말장애를 야기하므로 환자는 '경한 마비말장애'를 보였고, 편측 상부운동신경세포형 마비말장애나 심지어 좌뇌의 병소로 인한 경직형 마비말장애로 나타나는 모든 일탈적인 운율 특징은 우뇌 병변으로 인하여 드러남.

[18] 따라말하기 과제에서, 자극을 적절히 지각하는 것은 수행의 기초가 됨. 그러므로 운율 따라말하기 과제에서의 저하 수행력은 운율 산출 자체의 문제라기보다는 무관심, 무시증, 또는 문제를 이해하고 변별하는 것에서의 어려움[64]을 반영하는 것일 수 있음.

출이 유지됨을 시사한다.

- 문장 억양과제에서 산출되는 기본주파수 곡선(contours)을 살펴보았을 때, 평서문의 기본주파수 감퇴가 덜 선형적이고 단조로운 양상을 보인다. 그리고 다른 문장 형식으로부터 예-아니요 문장을 구별하기 위한 기본주파수 사용에서 어려움을 보인다. 문장 수준에서의 기본주파수 조절 문제가 있으면 감정이 전혀 없는 발화라는 인상을 준다.[15]
- 일부 우뇌손상 환자들은 정상 화자에게서 관찰된 것과는 반대의 패턴으로, 강조된 문장의 마지막 명사보다 강조되지 않은 문장의 마지막 명사에서 더 큰 음량을 보인다.[16]
- 우뇌에서 와다(Wada) 검사를 할 때, 환자가 의미적으로 중립적인 문장을 따라 말하는 동안 기쁨, 지루함, 화남, 놀람을 표현하는 능력이 상실된다. 와다 검사 전의 자발화와 비교하여 단조로운 운율을 보인다. 통계분석에 따르면, 단조로운 운율은 음량이나 길이가 아닌 기본주파수에 의해 나타난다.[127]
- 우뇌손상 환자는 비정상적인 평균 음도를 보인다. 기쁨, 슬픔, 화남, 의문을 표현하는 문장 읽기의 평균 기본주파수와 변이에 대한 음향학적 분석에서, 두 명의 우뇌손상 환자는 통제 집단과 비교하여 평균 기본주파수와 기본주파수 변이가 높았으나, 평균 기본주파수의 차이를 보정(통제)하였을 때는 대부분의 발화에서 통제 집단이 더 큰 변이를 보였다.[41]
- 일부는 특정 발화에서 빠른 속도를 보였다. 예를 들어, 복합명사로부터 명사구를 구별하기 위해 길이를 조절할 수 있었음에도 불구하고, 명사구와 복합 명사 산출의 정상적인 길이보다 더 짧은 양상을 보였다.[62]
- 전체적인 운율 패턴은 음절 연쇄가 사라지는 것이 단조롭거나 뚜렷하지 않은 '융합된' 것으로 묘사되었으며, 연속적인 음절들은 음절의 축소와 함께 연이은 발성으로 뭉개진다.[73] 이러한 운율양상은 운율적 차이의 감소가 특징인 운동저하형 마비말장애 환자가 산출하는 양상과 유사하다. 이는 우뇌의 운율장애에서 마비말장애의 영향을 강조하며, 때로는 실율증과 운동저하형 마비말장애 사이의 구별이 어렵다는 임상적 소견을 지지한다.
- 우뇌손상 집단과 신경학적으로 정상인 집단[16] 내에서도 음향학적 지표 간에는 변이성이 크며, 두 집단 간에는 상당히 중첩되는 부분이 있다. 예를 들어, 우뇌손상 집단과 통제 집단의 문장 반복 시 평균 기본주파수, 주파수 범위, 곡선(contour) 모양, 문장 길이에서 차이가 없었을 뿐만 아니라 앞쪽 또는 뒤쪽 병변을 가진 환자들 간에도 차이가 없었다.[131]

C. 관련 임상 특성 및 관련 자료

실율증과 연관된 비구어적 임상 특징과 뇌손상 환자의 운율 산출 장애와 관련한 우뇌의 역할을 지지하는 결과는 다음과 같이 요약된다.

- 실율증 환자는 단조로운 비구어적 정동과 감정적, 언어외적 몸짓(gesturing)의 결핍을 보인다.[23,122] 그럼에도 불구하고, 실운율적 발화를 보이는 우뇌손상 환자들은 항상 울거나 혹은 전혀 울지 않는데, 이는 운율과 연관된 우뇌의 영향이 아니라 운동체계에 의존한 감정 표현이 극대화된 것이다. 그러나 실율증 환자[123]의 감정적 울기, 미소, 웃음이 과장되거나 거짓인 것처럼 보이는 것은 이러한 기제들이 서로 겹쳐짐을 시사한다.
- 뇌량 절제 환자는 서로 다른 문장 유형(평서문이나 의문문)이나 각기 다른 감정을 표현하는 문장을 따라 말하는 것을 어려워한다. 일부에서는 문장 길이를 조절하는 것보다 기본주파수를 조절하는 것에서 더 어려움을 보이는 것이 관찰되었다.[74] 게다가, 좌뇌손상과 혼합 피질실어증에서는 명제 발화를 따라 말하는 것이 가능하지만 정동적 운율을 모방하는 것은 어려웠다.[139] 이러한 사례에서는, 정동적 운율을 조절하는 우뇌의 영역으로부터 좌측 실비안 주위 영역이 단절되었을 가능성이 있다.
- 실율증 환자에서 마비말장애와 안면 약증이 발생하는 것은 이미 보고되었다. 우뇌손상 환자의 실율증 연구에서 마비말장애는 잠재적인 혼란 변수이다.

D. 해부학적 연관성

실율증을 야기하는 우뇌 병소는 아직 잘 알려지지 않았다. 전두엽의 판개(opercula) 영역(좌뇌의 브로카영역과 비슷한)에만 국한되는 것은 아니지만, 이곳을 포함하여 전두엽에 있는 병소들이 운율 산출의 결함을 야기한다.[99,122,123,126,135] 우뇌 피질하 병소도 운율 결함을 야기한다.[18,33,39,127]

E. 문제의 본질

실율증의 기저에 대해서는 충분하게 설명되어 있지 않다. 일반적으로 정동적·인지적 결함, 운동 프로그래밍 또는 집행의 장애에 초점이 맞추어져 있다. 예를 들어, 실율증은 기본적으로 각성이나 반응의 감소 혹은 언어외적 단서에 대한 부주의가 반영된 것이다.[107,108] 실율증은 정동장애처럼 우울증으로 인하여 나타나기도 한다. 물론 우울증이 효과적으로 치료된 후에도 실율증이 지속될 수는 있다.[124,[19]]

일부 환자의 운율 결함을 마비말장애로 설명하기도 하지만,[27,73,131] 우뇌손상 환자들 중 일부는 마비말장애를 보이지 않는다. 편측 상부운동신경세포형 마비말장애 환자가 보이는 비정상적 운율을 약증, 경직 또는 불협응으로 설명할 수 없는 경우도 있다. 일부의 연구에서 제안한 대로, 실율증의 주요한 음향학적 특성이 기본주파수의 조절 문제에서 기인한 것이라면, 이는 그간 설명된 중추신경계의 마비말장애와는 다른, 특별하고 '국한적인(focal)' 마비말장애의 한 형태일 수도 있다.

언어적 운율이 손상되는 것은 실율증이 정동장애와는 독립적으로 발생할 수 있음을 시사하지만, 이러한 독립성에 대한 본질은 명확하지 않다. 예를 들어, 정동적인 운율 표현을 가능케 하는 변연계 기능이 말 프로그래밍과 운동 통제로부터 단절되면, '감정이 없는'[130] 발화를 보이게 된다. 또는, 우뇌가 우세한 역할을 하는 언어적 운율의 특정 측면이나 정동에 대한 운동 프로그래밍[28,107,108] 문제 때문일 수도 있다.

우뇌손상의 운율 산출 결함에 대한 연구 결과는 일관성이 없고, 손상된 운율에 대한 임상적 소견을 수량화하기는 어렵다. 몇몇 연구에서는 지각적으로는 비정상적인 운율이 판단되나 장애에 대한 음향학적 근거를 찾지 못하였다.[131] 언어학적 운율에서는 결함이 없으나 정동적 결함의 근거를 발견하기도 하였고, 두 운율 모두에서의 결함을 밝히기도 하였다. 일치하지 않는 이유로는 발화를 유도하는 방법이나 지각적·음향학적 측정[[20]]에서의 차이, 발병 후 경과 시기의 다양성 때문이었다.[130] 또한 지각적 측면에서, 연구에 포함된 많은 환자에서 실율증이 없었을 가능성도 있다. 즉, 집단 연구는 일반적으로 실율증의 존재를 확인하지 않은 우뇌손상 환자들을 대상으로 한다. 우뇌손상 환자에서 실운율적 발화가 보편적으로 나타나는 것은 아니며,[86] 뇌졸중 후 급성기를 넘어가면 흔히 나타나지 않는다고 가정해 볼 때, 운율 결함이 없거나 편측 상부운동신경세포형 마비말장애에 기인한 운율 결함을 보이는 다수의 환자가 집단연구에 포함되었을 것이다. 이것이 만약 사실이라면, 통계적으로 집단을 비교할 때, 그러한 환자들의 효과가 '실제로' 실율증이 있는 환자의 영향력을 감쇄시킬 것이다. 만약 장애에 대한 진단에 있어서 미리 정의된 조작적 임상 기준에 부합하는 환자를 연구한다면, 실율증의 특성 및 기초에 대한 이해와 충분한 설명을 위한 노력이 빛을 발할 것이다.

[19] 뇌 병변[109] 없이도 심각한 우울증이 있는 사람들은 운율감소를 보이기 때문에, 운율장애는 우뇌손상 환자들의 우울증 진단에서 혼란 변수가 됨.

[20] 지각적·음향학적 측정은 대부분 단어, 구 그리고 문장 수준의 운율에 초점을 맞춤. 문장 수준 이상으로 확장된 담화에서 관찰되는 단조롭고 특색 없는 운율장애의 소견은 의사소통 상호작용 시에 관찰되는 (감정 및 강세의 성쇠[ebb and flow]가 반영된) 휴지(pause), 리듬, 억양변이가 부족한 운율 형태와 반복적이고 정형화된 운율 형태의 근거일까?

IV. 사례

사례 13-1

63세 여환은 7개월 전부터 말과 보행의 어려움이 진행되는 소견을 보였으며, 신경학적 검사 결과, 문제가 확인되었다. 자기공명영상(MRI)검사에서는 피질하의 탈수초화가 관찰되었다.

말 평가에서, 환자는 자신의 말이 빠르며, 단어들이 뭉치고, 때로는 단어를 반복한다고 호소하였다. 나머지의 구강 기제 검사 결과는 정상이었으나 혀 내밀기를 유지하기가 어려웠으며, 이는 운동 지속불능증(motor impersistence) 혹은 이상운동증(dyskinesia) 때문으로 생각되었다. 가속을 보이는 빠른 말 속도의 특징을 보였다. 조음은 부정확하였고, 단음도와 단음량을 보였다. 또한 말 속도가 빨라지고 음량이 저하되면서 단어나 짧은 구를 반복하는 소견이 빈번하였다. 반복 횟수는 3회를 넘지 않았다. 실어증 소견이 없었다. 억제가 되지 않았고, 간혹 충동적으로 검사자를 방해하거나 별다른 이유 없이 자주 웃었다.

임상가는 "동어반복증을 동반한 운동저하형 마비말장애"라 결론지었다. 언어치료가 권고되었으며 그녀의 집과 가까운 곳에서 치료를 받게 되었다. 신경학자는 환자가 보행실행증(apraxia of gait), 실조증, 추체외로의 말장애와 관련된 피질하 뇌증(encephalopathy)이라 결론지었다. 원인은 불확실하였다.

해설: (1) 동어반복증은 기저핵 제어회로에 영향을 미치는 양측 피질하 질환으로 발생한다. 종종 운동저하형 마비말장애와 관련이 있다. (2) 운동저하형 마비말장애와의 관련성에도 불구하고 동어반복증의 병인은 파킨슨병에 국한되지 않는다. 이 사례에서는, 원인 불명의 피질하 퇴행 과정과 관련이 있다.

사례 13-2

72세의 오른손잡이 남환은 불균형, 불명료한 말, 그리고 청력 손실을 6주간 겪었다. 신경학적 검사 결과 정신 상태는 정상이었으나, 청력 손실, 느린 발화, 보행 시 불균형을 보였다. 힘(strength)은 양호하였다. 신경학자는 환자가 뇌졸중이 있었기 때문에 혈액순환이 원활하지 못하여 약을 복용한 것과 청력 손실이 관련이 있다고 하였다. CT 결과는 정상이었다. 초기 신경학적 검사 전에 간단한 청력계 평가를 한 결과, 중등도의 양측 감각신경성 난청을 보였다.

환자는 3주 후 식욕의 감소, 현기증, 혼동(confusion), 불균형을 호소하며 내원하였다. 검사에서, 걸음걸이가 악화되었고 사지의 갑작스런 움직임(jerking)이 관찰되었다. 바빈스키 반사의 징후가 양측에 있었다. 듣지 못하였지만 소리 내어 읽기는 가능하였다.

4일 후에 시행된 말 검사에서 환자는 농(deaf)인 것처럼 어떠한 구어도 이해하지 못하였다. 검사는 쓰여진 지시사항을 통해 이루어졌다. 말의 속도는 눈에 띄게 느렸으며, 주로 모음연장에서 외국어 같은 말투(pseudoforeign accent)의 운율을 보였다. 불규칙적 조음붕괴와 다음절 단어 내에서 연결되는 소리(sound sequences)를 조음할 때 어려움을 보였다. 또한 눈에 띄는 명백한 어려움 없이 소리, 음절, 단어, 구를 반복하는 것이 빈번히 관찰되었다. 교대운동속도(alternating motion rate, AMRs)는 미묘하게 느리기는 하였으나 규칙적이었다. 실어증 소견은 없었다.

임상가는 다음과 같이 지적하였다. "다병소적 또는 확산적 장애를 반영하는 아주 드문 말 문제이다. 말속도, 외국어 같은 말투(pseudoforeign accent), 그리고 연쇄음에서의 조음 문제는 우세반구와 관련이 있는 말실행증을 반영한다. 또한 말실행증에 더하여 부가적으로 말더듬 같은 행동도 많이 관찰되고, 비록 운동저하적 요소는 없지만 나머지 행동들은 동어반복적인 특징을 보인다. 마지막으로, 불규칙적인 조음 붕괴는 말실행증에 기인한 것일 수도 있으나 실조형 마비말장애를 시사한다. 실어증 소견은 없으며, 객관적으로 혼동이나 치매의 소견도 없다. 빠른 속도로 악화되는 청력 손실은 매우 특이한 경우이다. 그러나 말의 문제가 청력 손실 때문이라 믿지 않는다. 환자가 때로 반항적이거나 불안해지는 것에 주의할 필요가 있다." 환자의 문제가 급격히 악화되는 특성을 보이며, 진단이 명확하지 않아서 치료는 권고되지 않았다.

환자의 상태는 지속적으로 악화되었다. 뇌파 검사 1주일 후 크로이츠펠트-야콥병을 시사하는 비정상적 소견을 보였다. MRI 결과에서는 근거가 관찰되지 않았다.

환자는 지속적으로 악화되어 6주 후 사망하였다. 부검 결과, 대뇌피질의 뚜렷한 손상을 동반한 크로이츠펠트-야콥병으로 확인되었다.

해설: (1) 외국어 같은 말투는 말실행증 환자에서 관찰된다. (2) 말더듬 같은 행동은 말운동장애와 연관될 수 있으나 그 관련성에 대한 본질은 알려지지 않았다. (3) 동어반복증은 말더듬 같은 행동을 가지는 환자와 운동저하형 마비말장애가 없는 환자에서 관찰될 수 있다. (4) 말실행증이 있을 때, 실조형 마비말장애를 확인하는 것은 어렵다. (5) 외국어 말투 증후군, 신경말더듬증, 동어반복증, 말실행증은 함께 발생할 수

있고 신경학적 퇴행성 질환과 연관될 수 있다. 이렇게 동시에 발생하는 것은 확산적이고 다병소적인 병리를 반영한다. (6) 신경학적 퇴행성 질환은 다발적이며, 말 운동장애와 관련된 말장애의 동시 발생을 유발한다. (7) 말의 변화는 크로이츠펠트-야콥병과 같은 신경학적 퇴행성 질환의 첫 증상이거나 초기 증상들 중 하나이다.

사례 13-3

59세의 오른손잡이 여환은 외부에서 보고된 실어증의 아급성기(subscute) 발증 2개월 후 평가를 위해 내원하였다. 신경학적 검사에서 말을 제외하고는 모두 정상이었다. CT 결과도 정상이었다. 언어 검사가 의뢰되었다.

환자는 처음에 "단어가 나오지 않는다."라고 보고하였다. 많은 개선이 있었지만 소음이 있거나 많은 사람들과 대화할 때는 약간 어려움이 있다고 하였다. 읽기와 쓰기에서는 어려움을 호소하지 않았다.

구강 기제 검사 결과는 정상이었다. 대화와 소리 내어 읽기에서 짧은 소리의 연장과 반복이 많았으며, 주저를 보이고, 단어 시작 전에 약간의 지연이 있었다. 이러한 비유창성이 말장애의 유일한 근거였다. 난이도가 있는 수준의 구어 이해와 표현, 읽기 그리고 쓰기 검사의 수행력은 정상이었다.

임상가는 환자가 "중추신경계 질환과 연관된 말더듬과 같은 행동을 보인다. 환자의 병력과 호소는 실어증이 있었음을 시사하고, 잠재적으로는 실어증이 존재할 수는 있겠지만, 현재는 특정한 실어증의 객관적인 소견이 없다. 병력과 현재의 말 양상을 볼 때, 환자의 비유창성은 아마도 좌뇌 병리를 반영하는 것일 수 있다. 그러나 뇌손상에 따른 비유창성은 우뇌나 좌뇌의 병소, 양측성 병소, 피질하 병소로 나타남을 명심해야 한다." 환자는 비유창성에 대한 말-언어 치료를 받았으며, 치료를 지속하도록 권고되었다.

해설: (1) 신경말더듬증은 뇌졸중과 같은 급성의 신경학적 문제와 연관되어 발생한다. 비록 신경학적 검사 결과와 CT 소견이 정상일지라도 실어증이 있을 수 있다. (2) 말더듬과 같은 행동은 실어증과 연관되어 나타난다. 일부 사례에서는 임상적으로 언어 문제가 사라진 후에도 비유창성이 지속된다.

사례 13-4

55세 남환은 재발한 양측 전두두정 시상동 수막종(bifrontoparietal parasagittal meningioma) 제거 수술 후 말-언어 평가를 받았다. 수술 전에 발작, '정신적 느림(mental slowing)'의 진행, 가벼운 좌우 하지 약증을 보였다.

평가에서, 환자는 자발화를 전혀 산출하지 않았고 사회적 상호작용을 하는 동안 극히 적은 반응을 보였다. 환자의 아내는 질문과 명령에 대한 반응성을 설명하면서, 만약 반응을 보인 경우에는 정확하다고 하였다. 공식 검사에서 단순한 지시에는 거의 정반응 하였으나 두 단계(two-step) 수준의 지시에는 오반응 하였다. 단어를 읽고 그림의 이름을 정확히 명명하며, 소수의 단어를 정의하였고, 일부 질문에 대답하였다. 모든 반응은 긴 지연 후에 나타났으며 일부는 즉각적으로 반응하였다. 예를 들어, 그는 30초 이내에 '섬(island)'이라는 단어를 정의하는 과제에서 실패하였다. "이것은 빌딩의 한 종류인가요?"라는 질문에는 10초가 지난 뒤 "그것은 땅 덩어리예요."라고 대답하였다. 구어 반응은 음량이 작고, 운율이 단조로웠다. 내용은 간략하며 상세하지 않았다. 연필을 적절히 쥘 수 있는데도 요청에 대해 혹은 자발적으로 어떠한 글도 쓰지 않았다.

임상가는 환자의 행동이 무동성 함구증 환자와 비슷하고, 환자의 말 문제는 실어증, 말실행증 또는 마비말장애로 인한 것이 아닌 인지-정동 장애의 징후라고 하였다. 3주 후 퇴원할 때, 구어가 더 많아지고 반응속도도 빨라지긴 하였으나 비정상적인 반응 지연은 지속되었다.

해설: (1) 말의 약화는 양측 전두엽의 손상으로 발생한다. (2) 이 환자의 말 특징은 충동, 동기, 개시, 그리고 정동의 감소에 의한 것이다. (3) 인지-정동 장애로 부차적으로 발생하는 감소된 반응성과 실어증 사이의 감별을 위한 실마리는 다음과 같은데, 환자가 수행을 하지 않는 양상을 보이며, 만약 충분한 시간이 주어지면 종종 정확히 반응하기도 한다.

사례 13-5

24세 남환은 오토바이 사고 12일 후에 말-언어 평가를 받았다. MRI 결과, 우뇌 전두엽의 출혈과 그 주위의 부종이 관찰되었다. 신경심리학적 평가에서는 중등도의 전반적 인지적 장애를 보였다.

언어 평가에서는 실어증 소견이 없었으나 모든 과제에 천천히 응답하였고 구어로 상호작용하려는 어떠한 시도도 보이지 않았다. 추상적인 과제(단어 정의하기와 속담 설명하기)에서는 언어학적으로는 적절하나 느린 수행을 보였다. 단조로운 정동을 보였다.

말에서는 중등도로 감소된 음량, 중등도로 감소된 음도 및 음량의 변이성, 그리고 경도에서 중등도의 기식성이 관찰되었다. 교대운동속도 과제와 일련운동속도 과제는 정상이었고, 조음도 정확하였다. 조용한 곳에서의 명료도는 정상이지만 시끄러운 곳에서는 저하된 음량 때문에 명료도가 감소되었다. 의사소통의 주요한 문제는 말을 시작할 때 느리고 감소된 음량과 단조로운 운율이었다.

임상가는 음량 감소와 단조로운 운율이 폐쇄성 뇌손상(CHI)과 관련된 전두엽 또는 피질하 손상과 일치하므로 환자가 명백히 마비말장애를 가진 것은 아니라고 결론 내렸다. 구어로 제시된 자료에서 관찰되는 단기 기억력의 저하와 복잡한 언어를 사용하거나 처리하는 것에서의 지연은 비실어적인 인지적 의사소통장애와 관련이 있다. 실어증의 소견은 없었다. 그의 말은 한 달 내에 정상화되었으나 인지적 결함은 여전히 남아 있었으며, 대부분 느린 처리 과정을 보였다. 그는 지속적인 재활을 위해 다른 기관으로 전원되었다.

해설: (1) 감소된 음량과 운율 그리고 말의 시작이 지연되는 것은 폐쇄성 뇌손상 환자에서 흔히 관찰된다. 이러한 어려움은 충동, 동기, 정동, 전반적인 인지 기능의 감소와 연관이 있으며, 전두엽-변연계의 기능부전을 반영한다. (2) 편측화된 운동이나 인지장애가 없더라도 우측 전두엽 출혈 시에 관찰되는 운율저하는 우뇌손상으로 인한 실율증에 기인하였을 가능성이 있다. 우뇌손상에 기인한 실율증과 광범위한 신경학적 손상으로 인해 관찰되는 단조로운 운율을 구별하는 것은 어렵다.

사례 13-6

81세 여환은 2년 전부터 언어와 정신 상태의 변화를 보여 신경과에서 검사를 받았다. 환자는 5년 전의 뇌졸중 병력 이후에 "불분명하고 반복적이며, 말더듬과 빠른 속도"의 말을 보였다. 말의 중증도에는 변화가 없었으나 2년 전부터 기억력 저하 및 혼동의 증가를 보였다. 검사에서는 지남력장애, 명령이행에서의 어려움, 저하된 정신 상태, 양측의 바빈스키 증후, 과다반사가 관찰되었다. CT 스캔에서는 광범위한 대뇌피질의 위축과 양측 반란원 중심(centrum semiovale)에서의 낮은 신호 감쇠(attenuation)를 보여 다발성 뇌졸중이나 탈수초화의 가능성을 시사하였다.

말 검사에서, 환자의 남편은 2년 전부터 환자의 말이 악화되고 있으며, 얘기할 때 더 어려움을 느낀다고 보고하였다. 언어 검사에서는 실어증 소견이 관찰되지 않았다. 환자는 충동적으로 말하였고, 적절한 범위에서부터 적절하지 않은 범위까지 말을 많이 하였다. 첫 음소, 낱말, 짧은 구를 빠르게 반복하는 것이 빈번히 관찰되었다. 조음과 운율은 정상이었다. 비유창성(dysfluencies)와 빠른 말 속도로 인해 명료도는 저하되었다.

환자의 말은 "(1) 빠른 단어-구 반복을 보이는 동어반복증, 빠른 음소 반복을 포함한 말더듬 같은 행동, (2) 동어반복증으로 인해 부차적으로 나타났기 때문에 완벽히 운동저하형 마비말장애라고 할 수는 없지만, 운동저하형과 유사한 마비말장애, (3) 인지장애와 명백히 혼동 상태를 보이지만, 실어증적 언어장애는 없음. 동어반복증은 거의 항상 양측성 또는 광범위한 기능 장애와 관련이 있다는 것을 명심해야 한다."라고 진단되었다. 임상가는 환자의 인지장애 때문에 언어치료를 통한 개선이 없을 것이라고 생각하였다. 만약 인지장애가 개선된다면 언어치료가 재고되어야 한다.

해설: (1) 동어반복증 및 말더듬과 같은 비유창성(dysfluencies)은 운동저하형 마비말장애가 있는 상태에서 동시에 발생할 수 있다. 동어반복증(그리고 말더듬과 같은 비유창성을 가진 운동저하형 마비말장애)의 병변은 대부분 양측이며 피질하이다. (2) 과거력상, 뇌졸중으로 '말더듬과 같은' 행동이 나타났지만, 최근 몇 년간 상당히 악화되었다. 악화의 원인이 분명하지 않기는 하지만 단일 편측성 뇌졸중으로 동어반복증을 설명하는 것은 불가하다. 결국 신경학자는 불분명한 원인의 퇴행성 중추신경계 질환으로 결론을 내렸다.

사례 13-7

48세의 여환은 우측 전두측두 뇌동정맥 기형 수술과 수술에 따른 대뇌내혈종이 배출되면서 3주 후 재활을 위한 말-언어 평가가 의뢰되었다. 그 후에, 환자는 뚜렷한 좌측 불완전편마비(hemiparesis)와 좌측무시증을 보였다.

검사에서 실어증 소견은 관찰되지 않았다. 환자는 읽기에서 상당히 어려움을 보였다. 인쇄된 쪽의 우측 부분만 읽을 수 있었으며, 읽기 자료가 이상하다고 언급하였다. 그림을 제시하였을 때, 좌측에 있는 정보를 무시하고, 정보를 해석할 때 오류를 빈번히 보였다. 그림에 대해 장황하게 이야기하고, 그림에 있는 활동을 해석하거나 결론을 말하기보다는 사물의 이름을 빈번히 말하였다.

환자의 말에서 가장 두드러지는 것은 운율이었다. 마비말장애나 말실행증의 소견이 없었고, 음질, 공명, 속도 그리고 조음 정확도는 정상이었다. 비록 음도나 음량 변화가 관찰되었지만, 전반적인 정동을 전달하는 것에서는 감정이 부족하였으며, 심지어 감정을 담은 정보에 대해 논할 때에도 그러하였다. 예를 들어, 담화를 하는 동안, 많은 문장의 억양이 고정적이었으며, 감정적인 내용이나 정보를 강조하는 기능으로서의 억양 변화가 거의 없었다. 질문에 답하거나 문장을 따라 할 때 문장 내의 적절한 단어에 강한 강세를 줄 수 있었지만, 다소 의도되고 '자각하는' 것처럼 보였으며, 거의 로봇과 같았다. 서술문의 끝에서 음도와 음량을 줄이지 않았고, 종종 문장의 끝에서 억양이 상승되었으며, 이러한 양상은 담화가 연장되면서 빈번히 관찰되었다. 결과적으로, 그녀를 기쁘게 하거나 화나게 하는 것에 대해 감정을 담아 이야기할 때, 언어적 내용은 쉽게 구별이 되었으나 운율적으로는 감별이 불가하였다.

해설: (1) 우뇌 병소가 있거나 마비말장애 또는 말실행증이 없는 상황에서도 운율에서의 변화가 발생할 수 있다. (2) 우뇌 병리와 관련된 실율증은 종종 인지적 장애와 무시증을 동반한다. (3) 실율증은 말의 운율적 특징이 완전히 '단조롭다'는 의미가 아니며, 운동저하형 마비말장애나 전두엽-변연계의 손상 환자에서 관찰되는 운율과 같은 것이다. 오히려, 많은 발화 안에서 되풀이되는 운율 특성과 로봇 같은 리듬 및 강세를 보인다. (4) 우뇌손상과 관련된 실율증이 우울증과 연관이 있는지는 명백하지 않다. 이러한 환자들은 언어적 내용을 전달하는 것보다 운율적으로 감정을 표현하는 것에서 더 어려움을 보인다.

V. 요약

1. 신경학적 질환은 흔히 관찰되는 마비말장애나 말실행증이 아닌 방식으로 말을 변화시킬 수 있다. 이러한 장애의 일부는 고유한 특징을 가진 말운동장애이거나 그동안 알려진 말운동장애의 희귀한 특징일 가능성이 있다. 인지적 · 정동적 · 언어적 장애로 말의 변화가 발생한다. 좌뇌, 우뇌 병소와 연관되고, 양측성이거나 광범위한 다병소적 중추신경계의 병소와도 관련이 있다.
2. 신경말더듬증은 비유창성의 다양한 양상을 보이며, 마비말장애나 말실행증 또는 실어증을 동반하거나 혹은 동반 없이 발생한다. 실어증, 말실행증, 마비말장애와 연관이 있을 때, 비유창성은 언어장애 혹은 말운동장애의 한 부분일 수 있고, 언어장애 혹은 말운동장애에 대한 반응일 수 있으며, 언어장애 혹은 말운동장애로부터 독립되어 나타날 수도 있다. 신경말더듬증과 관련된 병소는 약이나 신진대사 장애 또는 폐쇄성 뇌손상으로 인해 나타난 경우 다발적이고 명백하지 않다.
3. 동어반복증은 단어나 구를 충동적으로 반복하는 것으로, 말 속도의 증가나 음량의 감소를 보인다. 일반적으로 양측 기저핵의 병리적 문제로 발생하며, 흔하게 나타나지만 항상 운동저하형 마비말장애와 관련되는 것은 아니다.
4. 반향어증은 운동학적으로 정상이지만, 다른 사람의 말을 자발적으로 반복하는 것이다. 기계적인 반복을 보이지만 언어학적 처리 과정을 어느 정도 입증하면서 수정된다. 실비안 주위 영역이 상대적으로 보존되고, 광범위하고 다병소적인 피질 병리로 인해 말의 적절한 입력과 산출은 가능하나 제한된 의미적 처리를 보인다.
5. 인지 및 정동장애는 말을 변화시킨다. 전두엽-변연계 병리는 구어 반응의 속도, 문맥의 언어적 · 인지적 복잡성, 음량과 완전한 발성과 운율을 감소시킨다. 말의 이러한 변화는 충동, 개시, 동기, 인지 및 운동에 대한 지속적 노력의 감소를 반영한다. 이 외의 인지 및 정동장애는 탈억제적 발성이나 불수의적 음성, 부적절한 고함, 웃음, 다른 소음, 구어 및 음성 틱을 야기한다.
6. 실어증은 말을 변화시킨다. 문법 및 구문적 결함, 단어 인출 결함, 음운적 오류는 실어증의 초기 징후이며 구어 표현 시 속도, 유창성 그리고 운율의 흐름을 변화시킨다.
7. 신경학적 질환을 가진 환자에서 간혹 외국어 같은 말투(pseudoforeign accent)가 나타난다. 말투는 좌뇌 병리나 실어증 혹은 말실행증에서 나타나는 조음 및 운율 결함처럼 인식된다. 외국어 말투 증후군은 말실행증의 아형일 수 있다.
8. 실율증은 우뇌의 기능 부전과 관련이 있다. 비록 운율 결함이 다양한 병소와 말운동장애, 인지 및 정동적 결함으로부터 발생할 수 있지만, 뚜렷한 운율 결함은 우뇌 병소로 발생한다. 실운율적 말 양상은 단조롭고, 무관심하며, 표현과 감정이 전혀 없고, 컴퓨터나 로봇 같다. 실율증의 본질과 정의된 특성은 알려져 있지 않다.

참고 문헌

1. Ackerman H, Ziegler W, Oertel W: Palilalia as a symptom of L-DOPA induced hyperkinesia, *J Neurol Neurosurg Psychiatry* 52:805, 1989.
2. Alexander MP, Benson DF, Stuss DT: Frontal lobes and language, *Brain Lang* 37:656, 1989.
3. Allert N, et al: Stuttering induced by thalamic deep brain stimulation, *J Neural Transm* 117:617, 2010.
4. Andy OJ, Bhatnagar SC: Stuttering acquired from sub-cortical pathologies and its alleviation from thalamic stimulation, *Brain Lang* 42:385, 1992.
5. Andy OJ, Bhatnagar SC: Thalamic-induced stuttering (surgical observations), *J Speech Hear Res* 34:796, 1991.
6. Appell J, Kertesz A, Fisman M: A study of language functioning in Alzheimer patients, *Brain Lang* 17:73, 1982.
7. Ardila A, Lopez MV: Severe stuttering associated with right hemisphere lesion, *Brain Lang* 27:239, 1986.
8. Ardila A, Rosselli M, Ardila O: Foreign accent: an aphasic epiphenomenon? *Aphasiology* 2:493, 1988.
9. Aronson AE: *Clinical voice disorders*, ed 3, New York, 1990, Thieme.
10. Bakker JI, Apeldoorn S, Metz LM: Foreign accent syndrome in a patient with multiple sclerosis, *Can J Neurol Sci* 31:271, 2004.
11. Balasubramanian V, Cronin KL, Max L: Dysfluency levels during repeated readings, choral readings, and readings with altered auditory feedback in two cases of acquired neurogenic stuttering, *J Neurolinguistics* 23:488, 2010.
12. Balasubramanian V, et al: Acquired stuttering following right frontal and bilateral pontine lesion: a case study, *Brain Cogn* 53:185, 2003.

13. Bathgate D, et al: Behavior in frontotemporal dementia, Alzheimer's disease and vascular dementia, *Acta Neurol Scand* 103:367, 2001.
14. Beckford NS, et al: Effects of short-term intubation on vocal function, *Laryngoscope* 100:331, 1990.
15. Behrens SJ: Characterizing sentence intonation in a right hemisphere-damaged population, *Brain Lang* 37:181, 1989.
16. Behrens SJ: The role of the right hemisphere in the production of linguistic stress, *Brain Lang* 33:104, 1988.
17. Benke T, Butterworth B: Palilalia and repetitive speech: two case studies, *Brain Lang* 78:62, 2001.
18. Benke T, Kertesz A: Hemispheric mechanisms of motor speech, *Aphasiology* 3:627, 1989.
19. Berthier ML, et al: Foreign accent syndrome: behavioral and anatomic findings in recovered and non-recovered patients, *Aphasiology* 5:129, 1991.
20. Bhatnagar S, Andy OJ: Alleviation of acquired stuttering with human centromedian thalamic stimulation, *J Neurol Neurosurg Psychiatry* 52:1182, 1989.
21. Bhatnagar S, Buckingham H: Neurogenic stuttering: its reticular modulation, *Curr Neurol Neurosci Rep* 10:491, 2010.
22. Bijleveld H, Lebrun Y, van Dongen H: A case of acquired stuttering, *Folia Phoniatr Logop* 46:250, 1994.
23. Blonder L, et al: Right hemisphere facial expressivity during natural conversation, *Brain Cogn* 21:44, 1993.
24. Blumstein SE, Kurowski K: The foreign accent syndrome: a perspective, *J Neurolinguistics* 19:346, 2006.
25. Blumstein SE, et al: On the nature of the foreign accent syndrome: a case study, *Brain Lang* 31:215, 1987.
26. Boller F, et al: Familial palilalia, *Neurology* 23:1117, 1973.
27. Boutsen F: Aprosody: a right hemisphere dysarthria? *J Med Speech Lang Pathol* 12:67, 2004.
28. Boutsen FR, Christman SS: Prosody in apraxia of speech, *Semin Speech Lang* 23:245, 2002.
29. Brady JP: Drug-induced stuttering: a review of the literature, *J Clin Neuropharmacol* 18:50, 1998.
30. Brown JW: *Aphasia, apraxia, and agnosia*, Springfield, Ill, 1972, Charles C Thomas.
31. Bryan KL: Language prosody and the right hemisphere, *Aphasiology* 3:285, 1989.
32. Burghaus L, et al: Deep brain stimulation of the subthalamic nucleus reversibly deteriorates stuttering in advanced Parkinson's disease, *J Neural Trans* 113:625, 2006.
33. Cancelliere AEB, Kertesz A: Lesion localization in acquired deficits of emotional expression and comprehension, *Brain Cogn* 13:133, 1990.
34. Canter GJ: Observations on neurogenic stuttering: a contribution to differential diagnosis, *Br J Disord Commun* 6:139, 1971.
35. Carluer L, et al: Acquired and persistent stuttering as the main symptom of striatal infarction, *Mov Disord* 15:343, 2000.
36. Christman SS, Boutsen FR, Buckingham HW: Perseveration and other repetitive verbal behaviors: functional dissociations, *Semin Speech Lang* 25:295, 2004.
37. Ciabarra AM, et al: Subcortical infarction resulting in acquired stuttering, *J Neurol Neurosurg Psychiatry* 69:546, 2000.
38. Coelho CA, Robb MP: Acoustic analysis of foreign accent syndrome: an examination of three explanatory models, *J Med Speech Lang Pathol* 9:227, 2001.
39. Cohen MJ, et al: Expressive aprosodia following stroke to the right basal ganglia, *Neuropsychology* 8:242, 1994.
40. Colice GL, Stukel TA, Dain B: Laryngeal complications of prolonged intubation, *Chest* 96:877, 1989.
41. Colsher PL, Cooper WE, Graff-Radford N: Intonational variability in the speech of right-hemisphere damaged patients, *Brain Lang* 32:379, 1987.
42. Curlee RF: Comments on neurogenic stuttering: an analysis and critique, *J Med Speech Lang Pathol* 3:123, 1995.
43. Duggal HS, et al: Clozapine-induced stuttering and seizures, *Am J Psychiatry* 159:315, 2002.
44. Emmory KD: The neurological substrates for prosodic aspects of speech, *Brain Lang* 30:305, 1987.
45. Farmer A: Stuttering repetitions in aphasic and nonaphasic brain-damaged adults, *Cortex* 11:391, 1975.
46. Fisher CM: Neurologic fragments. I. Clinical observations in demented patients, *Neurology* 38:1988, 1868.
47. Fleet WS, Heilman KM: Acquired stuttering from a right hemisphere lesion in a right-hander, *Neurology* 35:1343, 1985.
48. Fridriksson FJ, et al: Brain damage and cortical compensation in foreign accent syndrome, *Neurocase* 11:319, 2005.
49. Ghika J, et al: Environment-driven responses in progressive supranuclear palsy, *J Neurol Sci* 130:104, 1995.
50. Gonzalez Rothi LJ: Transcortical aphasias. In LaPointe LL, editor: *Aphasia and related neurogenic language disorders*, New York, 1990, Thieme.
51. Graff-Radford NR, Damasio AR: Disturbances of speech and language associated with thalamic dysfunction, *Semin Neurol* 4:162, 1984.
52. Graff-Radford NR, et al: Nonhemorrhagic infarction of the thalamus: behavioral, anatomic, and physiologic correlates, *Neurology* 34:14, 1984.
53. Grant AC, et al: Stroke-associated stuttering, *Arch Neurol* 56:624, 1999.
54. Hadano K, Nakamura H, Hamananka T: Effortful echolalia, *Cortex* 34:67, 1998.
55. Haley KL, Roth HL, Helm-Estabrooks N, Thiessen A: Foreign accent syndrome due to conversion disorder: phonetic analyses and clinical course, *J Neurolingistics* 23:28, 2010.
56. Hartman DE, O'Neill BP: Progressive dysfluency, dysphagia, dysarthria: a case of olivopontocerebellar atrophy. In Yorkston KM, Beukelman DR, editors: *Recent advances in clinical dysarthria*, Boston, 1989, College-Hill Press.
57. Hayashi T, et al: Prevalence of and risk factors for respiratory dyskinesia, *Clin Neuropharmacol* 19:390, 1996.
58. Helm NA, Butler RB, Canter GJ: Neurogenic acquired stuttering, *J Fluency Disord* 5:267, 1980.

59. Helm-Estabrooks N: Stuttering associated with acquired neurological disorders. In Curlee RF, editor: *Stuttering and related disorders of fluency*, New York, 1993, Thieme.
60. Helm-Estabrooks N: Diagnosis and management of neurogenic stuttering in adults. In St. Louis KO, editor: *The atypical stutterer: principles and practices of rehabilitation*, St Louis, 1986, Academic Press.
61. Helm-Estabrooks N, et al: Stuttering: disappearance and reappearance with acquired brain lesions, *Neurology* 36:1109, 1986.
62. Hird K, Kirsner K: Dysprosody following acquired neurogenic impairment, *Brain Lang* 45:46, 1993.
63. Horner J, Massey EW: Progressive dysfluency associated with right hemisphere disease, *Brain Lang* 18:71, 1983.
64. Joanette Y, Goulet P, Hannequin D: *Right hemisphere and verbal communication*, New York, 1990, Springer-Verlag.
65. Johns DF, Darley FL: Phonemic variability in apraxia of speech, *J Speech Hear Res* 13:556, 1970.
66. Jokel R, De Nil L, Sharpe K: Speech dysfluencies in adults with neurogenic stuttering associated with stroke and traumatic brain injury, *J Med Speech Lang Pathol* 15:243, 2007.
67. Jonas S: The thalamus and aphasia, including transcortical aphasia: a review, *J Commun Disord* 15:31, 1982.
68. Jonas S: The supplementary motor region and speech emission, *J Commun Disord* 14:349, 1981.
69. Jones RK: Observations on stammering after localized cerebral injury, *J Neurol Neurosurg Psychiatry* 29:192, 1966.
70. Josephs KA, Whitwell JL, Jack CR: Anatomic correlates of stereotypies in frontotemporal lobar degeneration, *Neurobiol Aging* 29:1859, 2008.
71. Kanjee R, et al: A case of foreign accent syndrome: Acoustic analysis and an empirical test of accent perception, *J Neurolinguistics* 23:580, 2010.
72. Kent RD, LaPointe LL: Acoustic properties of pathologic reiterative utterances: a case study of palilalia, *J Speech Hear Res* 25:95, 1982.
73. Kent RD, Rosenbek JC: Prosodic disturbance and neurologic lesion, *Brain Lang* 15:259, 1982.
74. Klouda GV, et al: The role of callosal connections in speech prosody, *Brain Lang* 35:154, 1988.
75. Kluin KJ, et al: Perceptual analysis of speech disorders in progressive supranuclear palsy, *Neurology* 43:563, 1993.
76. Kurowski KM, Blumstein SE, Alexander M: The foreign accent syndrome: a reconsideration, *Brain Lang* 54:1, 1996.
77. Kwon H, et al: Hypokinetic dysarthria and palilalia in midbrain infarction, *J Neurol Neurosurg Pyschiatry* 79:1411, 2008.
78. LaPointe LL, Horner J: Palilalia: a descriptive study of pathological reiterative utterances, *J Speech Hear Res* 46:34, 1981.
79. Laures-Gore J, et al: Two cases of foreign accent syndrome: An acoustic-phonetic description, *Clin Linguist Phon* 20:781, 2006.
80. Lebrun Y, Leloux C: Acquired stuttering following right brain damage in dextrals, *J Fluency Disord* 10:137, 1985.
81. Lebrun Y, Bijleveld H, Rousseau JJ: A case of persistent neurogenic stuttering following a missile wound, *J Fluency Disord* 15:251, 1990.
82. Lebrun Y, Leleux C, Retif J: Neurogenic stuttering, *Acta Neurochir* 85:103, 1987.
83. Lebrun Y, Retif J, Kaiser G: Acquired stuttering as a forerunner of motor-neuron disease, *J Fluency Disord* 8:161, 1983.
84. Lebrun Y, et al: Acquired stuttering, *J Fluency Disord* 8:323, 1983.
85. Lee HJ, et al: A case of risperidone-induced stuttering, *J Clin Psychopharmacol* 21:115, 2001.
86. Blake Lehman B, et al: Right hemisphere syndrome is in the eye of the beholder, *Aphasiology* 17:423, 2003.
87. Lesser THJ, Williams RG, Hoddinott C: Laryngographic changes following endotracheal intubation in adults, *Br J Disord Commun* 21:239, 1986.
88. Lhermitte F, Pillon B, Seradou M: Human autonomy and the frontal lobes. Part 1. Imitation and utilization behavior: a neuropsychological study of 75 patients, *Ann Neurol* 19:326, 1986.
89. Linetsky E, et al: Echolalia-palilalia as the sole manifestation of nonconvulsive status epilepticus, *Neurology* 55:733, 2000.
90. Louis ED, et al: Speech dysfluency exacerbated by levodopa in Parkinson's disease, *Mov Disord* 16:562, 2001.
91. Ludlow CL, et al: Site of penetrating brain lesions causing chronic acquired stuttering, *Ann Neurol* 22:60, 1987.
92. Lundgren K, Helm-Estabrooks N, Klein R: Stuttering following acquired brain damage: a review, *J Neurolinguistics* 23:447, 2010.
93. Lyall M, Pryor A, Murray K: Clozapine and speech dysfluency: two case reports, *Psychiatr Bull* 31:16, 2007.
94. Manders E, Bastijns P: Sudden recovery from stuttering after an epileptic attack: a case report, *J Fluency Disord* 13:421, 1989.
95. Marie P, Levy G: A singular trouble with speech: palilalia (dissociation of voluntary speech and of automatic speech), *Le Monde Medical* 64:329, 1925.
96. Market KE, et al: Acquired stuttering: descriptive data and treatment outcome, *J Fluency Disord* 15:21, 1990.
97. McCarthy MM: Speech affect of theophylline, *Pediatrics* 68:5, 1981. letter to the editors.
98. McClean MD, McLean A: Case report of stuttering acquired in association with phenytoin use for post-head-injury seizures, *J Fluency Disord* 10:241, 1985.
99. Mesulam M-M: *Principles of behavioral and cognitive neurology*, ed 2, New York, 2000, Oxford University Press.
100. Meyers SC, Hall NE, Aram DM: Fluency and language recovery in a child with a left hemisphere lesion, *J Fluency Disord* 15:159, 1990.
101. Miller AE: Cessation of stuttering with progressive multiple sclerosis, *Neurology* 35:1341, 1985.
102. Mimura M, et al: Corticobasal degeneration presenting with nonfluent primary progressive aphasia: a clinicopathological study, *J Neurol Sci* 183:19, 2001.
103. Moen I: Analysis of a case of the foreign accent syndrome in terms of the framework of gestural phonology, *J Neurolinguistics* 19:410, 2006.

104. Mohr JP, Watters WC, Duncan GW: Thalamic hemorrhage and aphasia, *Brain Lang* 2:3, 1975.
105. Mouradian MS, Paslawski T, Shuaib A: Return of stuttering after stroke, *Brain Lang* 73:120, 2000.
106. Muroi A, et al: Cessation of stuttering after bilateral thalamic infarction, *Neurology* 53:890, 1999.
107. Myers PS: Communication disorders associated with right hemisphere brain damage. In Chapey R, editor: *Language intervention strategies in aphasia and related neurogenic communication disorders*, ed 4, Philadelphia, 2001, Lippincott Williams & Wilkins.
108. Myers PS: *Right hemisphere damage*, San Diego, 1999, Singular Publishing Group.
109. Naarding P, et al: Aprosodia in major depression, *J Neurolinguistics* 16:37, 2003.
110. Nagaratnam N, Patel I, Whelan C: Screaming, shrieking and muttering: the noise makers among dementia patients, *Arch Gerontol Geriatr* 36:247, 2003.
111. Nagaratnam N, Ting A, Jolley D: Thalamic tumour presenting as frontal lobe dysfunction, *Int J Clin Pract* 55:492, 2001.
112. Nebel A, et al: Acquired stuttering after pallidal deep brain stimulation for dystonia, *J Neur Transm* 116:167, 2009.
113. Penfield W, Roberts L: *Speech and brain mechanisms*, Princeton, NJ, 1959, Princeton University Press.
114. Quader S: Dysarthria: an unusual side effect of tricyclic antidepressants, *Br Med J* 2:97, 1977.
115. Quinn PT, Andrews G: Neurological stuttering: a clinical entity? *J Neurol Neurosurg Psychiatry* 40:699, 1977.
116. Riecker A, et al: Hemispheric lateralization effects of rhythm implementation during syllable repetitions: an fMRI study, *Neuroimage* 16:169, 2002.
117. Ringo CC: Neurogenic stuttering: an analysis and critique, *J Med Speech Lang Pathol* 3:111, 1995.
118. Robin DA, Klouda GV, Hug LN: Neurogenic disorders of prosody. In Vogel D, Cannito MP, editors: *Treating disordered speech motor control*, Austin, Texas, 1991, Pro-Ed.
119. Rosenbek J: Apraxia of speech: relationship to stuttering, *J Fluency Disord* 5:233, 1980.
120. Rosenbek J, et al: Stuttering following brain damage, *Brain Lang* 6:82, 1978.
121. Rosenbek JC: Stuttering secondary to nervous system damage. In Curlee RF, Perkins WH, editors: *Nature and treatment of stuttering: new directions*, San Diego, 1984, College-Hill Press.
122. Ross ED: The aprosodias: functional-anatomic organization of the affective components of language in the right hemisphere, *Arch Neurol* 38:561, 1981.
123. Ross ED, Mesulam M- M: Dominant language functions of the right hemisphere? prosody and emotional gesturing, *Arch Neurol* 36:144, 1979.
124. Ross ED, Rush AJ: Diagnosis and neuroanatomical correlates of depression in brain-damaged patients: implications for a neurology of depression, *Arch Gen Neurol* 38:1344, 1981.
125. Ross ED, Thompson RD, Yenkosky J: Lateralization of affective prosody in brain and the callosal integration of hemispheric language functions, *Brain Lang* 56:27, 1997.
126. Ross ED, et al: Functional-anatomic correlates of aprosodic deficits in patients with right brain damage, *Neurology* 50(Suppl 4):A363, 1998.
127. Ross ED, et al: Acoustic analysis of affective prosody during right-sided Wada test: a within-subjects verification of the right hemisphere's role in language, *Brain Lang* 33:128, 1988.
128. Ross ED, et al: How the brain integrates affective and propositional language into a unified behavioral function: hypothesis based on clinicoanatomic evidence, *Arch Neurol* 38:745, 1981.
129. Rubens AB, Kertesz A: The localization of lesions in transcortical aphasias. In Kertesz A, editor: *Localization in neuropsychology*, New York, 1983, Academic Press.
130. Ryalls JH, Behrens SJ: Review: an overview of changes in fundamental frequency associated with cortical insult, *Aphasiology* 2:107, 1988.
131. Ryalls J, Joanette Y, Feldman L: An acoustic comparison of normal and right-hemisphere-damaged speech prosody, *Cortex* 23:685, 1987.
132. Sapir S, Aronson AE: Aphonia after closed head injury: aetiologic considerations, *Br J Disord Commun* 20:289, 1985.
133. Scholefield JA: Aetiologies of aphonia following closed head injury, *Br J Disord Commun* 22:167, 1987.
134. Shahed J, Jankovic J: Re-emergence of childhood stuttering in Parkinson's disease; a hypothesis, *Mov Disord* 16:114, 2001.
135. Shapiro BE, Danley M: The role of the right hemisphere in the control of speech prosody in propositional and affective contexts, *Brain Lang* 25:19, 1985.
136. Silbergleit AK, Silbergleit R: Neurogenic stuttering in corticobasal ganglionic degeneration: a case report, *J Neurolinguistics* 22:83, 2009.
137. Snowden JS, et al: Distinct behavioural profiles in frontotemporal dementia and semantic dementia, *J Neurol Neurosurg Psychiatry* 70:323, 2001.
138. Soroker N, et al: Stuttering as a manifestation of right-hemisphere subcortical stroke, *Eur Neurol* 30:268, 1990.
139. Speedie LJ, Coslett HB, Heilman KM: Repetition of affective prosody in mixed transcortical aphasia, *Arch Neurol* 41:268, 1984.
140. Stracciari A, et al: Development of palilalia after stereotactic thalamotomy in Parkinson's disease, *Eur Neurol* 33:275, 1993.
141. Testa D, et al: Comparison of natural histories of progressive supranuclear palsy and multiple system atrophy, *Neurol Sci* 22:247, 2001.
142. Theys C, van Wieringen A, De Nil LF: A clinician survey of speech and non-speech characteristics of neurogenic stuttering, *J Fluency Disord* 33:1, 2008.
143. Thomas M, Jankovic J: Parkinsonism plus disorders. In Noseworthy JH, editor: *Neurological therapeutics: principles and practice*, vol 1, New York, 2003, Martin Dunitz.
144. Tompkins CA, Flowers CR: Perception of emotional intonation by brain-damaged adults: the influence of task processing levels, *J Speech Hear Res* 28:527, 1985.

145. Tucker DM, Watson RT, Heilman KM: Discrimination and evocation of affectively intoned speech in patients with right parietal disease, *Neurology* 27:947, 1977.
146. Tyrone ME, Woll B: Palilalia in sign language, *Neurology* 70:155, 2008.
147. Valenstein E: Nonlanguage disorders of speech reflect complex neurologic apparatus, *Geriatrics* 30:117, 1975.
148. Van Borsel J, Tallieu C: Neurogenic stuttering versus developmental stuttering: an observer judgment study, *J Commun Disord* 34:385, 2001.
149. Van Borsel J, Van Der Made S, Santens P: Thalamic stuttering: a distinct clinical entity, *Brain Lang* 85:185, 2003.
150. Van Borsel J, et al: Acoustic features of palilalia, *Brain Lang* 101:90, 2007.
151. Verhoven J, et al: A foreign speech accent in a case of conversion disorder, *Behav Neurol* 16:225, 2005.
152. Walker HC, et al: Relief of acquired stuttering associated with Parkinson's disease by unilateral left subthalamic brain stimulation, *J Speech Lang Hear Res* 52:1652, 2009.
153. Wallesch C-W: Repetitive verbal behaviour: functional and neurological considerations, *Aphasiology* 4:133, 1990.
154. Weintraub S, Mesulam M-M, Kramer L: Disturbances in prosody: a right-hemisphere contribution to language, *Arch Neurol* 38:742, 1981.
155. Yairi E, Gintautas J, Avent JR: Disfluent speech associated with brain damage, *Brain Lang* 14:49, 1981.
156. Yankovsky AE, Treves TA: Postictal mixed transcortical aphasia, *Seizure* 11:278, 2002.
157. Yonick TA, et al: Acoustical effects of endotracheal intubation, *J Speech Hear Disord* 55:427, 1990.

CHAPTER

14

후천적 심인성 및 연관 비기질적 말장애

"정신질환도 병이다."

(William James,[37] 히스테리에 대한 언급)

"급성 히스테리가 의료적 문제를 가장한 사회적 호소임을 강력히 입증하는 사례가 있다."

J.R. KEANE[40]

"심리적 문제는 의사소통장애의 원인이 되거나, 의사소통장애를 지속시키거나, 혹은 결과가 될 수 있다."[44]

G. MAHR

개요

말은 건강한 사람과 아픈 사람 모두에서 성격(personality)과 감정 상태를 반영하는 거울과 같다. 이는 특히 내부의 심리적 변화나 우리의 삶과 밀접한 비극적이고 비참한 혹은 일상에서 반복되는 신체적 · 감정적 상해 등에 민감하다. 심리적 상태나 사건으로 인한 말의 변화나 이상 소견은 신경학적 말운동장애(neurological motor speech disorders)와 구분하기 어려울 수 있다.[1] 이 장에서는 이러한 손상에 초점을 두었다.

Aronson[3]의 심인성 음성장애에 대한 설명을 각색한 아래의 정의는 여기서 논의되는 장애들의 경계선을 확립하는 데 도움을 준다. 후천적 심인성 말장애는 말 산출의 어떤 요소에서 수의적인 통제(volitional control)를 방해하는 불안, 우울증, 전환장애, 혹은 성격장애와 같은 한 가지 혹

[1] 의학적으로 설명하기 어려운 증상들은 흔함. 예를 들어, 종합 병원 방문자의 약 45%는 기질적 · 신체적 병리 없이, 사회심리적인 고민을 지니며 설명하기 어려운 신체적 증상들을 보임.[74] 모든 신경학적 진단의 1~9%는 심인성 원인으로 판단됨.[22] 이러한 문제는 의료비의 상당 부분을 차지하며, 신체질환 여부와 상관없이 장애를 유발함.[11,39] 우리의 의료 체계는 감정적 문제보다 신체적 통증에 효과적으로 대응하는 편인데, 그 이유로는 기질적 원인에 주안점을 두어 진단을 하는 경향이 있으나, 이와 동시에 심리적 · 사회적 원인을 제대로 확인하려 하지는 않기 때문임.[74]

은 하나 이상의 심리적 평형 이상이 원인이 되는 다양한 말장애를 대표한다.

여기서 논의되는 모든 장애가 정신질환(psychiatric disturbances)과 관련이 있는 것은 아니다. 이것은 심인성 운동장애 환자들의 심리 혹은 정신의학 평가에서 종종 이상 소견을 찾지 못한다는 사실과도 일치한다.[69] 이러한 이유로, **심인성**(psychogenic)이라는 명칭보다 **기능적**(functional), **비기질적**(nonorganic)과 같은 용어들이 더 선호된다. 비정상적인 말의 원인이 기질적, 신경학적, 정신의학적이 아닌 경우에는 **의학적으로 이유가 밝혀지지 않은 증상들**로 분류된다.[29] 간혹 비정상적인 말이 스트레스나 불안에 대한 반응으로 나타나지만, 어떠한 만성 정신질환(예: 우울증, 신체화 장애[somatization disorder])과도 확실하게 연결되지는 않는다. 다른 측면에서, 이는 속이려는 의도(꾀병[malingering])가 반영된 것일 수 있다. 또 다른 측면으로는, 기질적 원인으로 인한 말장애가 기질적 질환이 없어진 후에도 지속되거나 때로는 심리적 이유로, 혹은 설명되지 않는 이유나 잘못된 보상이나 학습의 고착으로 인한 관성(inertia)의 문제가 반영된 것일 수 있다. 후자의 상황을 보면, '심인성(psychogenic)'이라는 명칭이 다소 부적절한 것으로 보인다. 이러한 예들은 이 장의 제목에 **연관 비기질적 말장애**라는 명칭이 포함되어 있는 이유를 분명히 보여 준다. 여기서는 간결성을 위하여, 적절한 경우에 **심인성/비기질적 말장애**(psychogenic/nonorganic speech disorders) 혹은 **PNSD**라는 명칭을 심인성 및 연관 비기질적 말장애를 표현하는 명칭으로 사용하였다.

PNSD(심인성/연관 비기질적 말장애)를 보이는 환자들은 다학제적 의료 실무에서 흔히 관찰된다. 2007년부터 2009년까지 메이요 클리닉 언어병리학 분과(Mayo Clinic Speech Pathology practice)에서 관찰된 PNSD 환자 128명은 그 기간에 검사한 모든 후천성 의사소통장애 환자의 3%를 차지하였다. 많은 PNSD 환자들은 증상의 원인을 결정하기 위한 의학적 정밀검사의 한 부분으로서 말 평가를 받았다. 많은 사례에서 신경학적 질환은 병인적으로 고려해야 할 대상이다.

이 장은 신경학적 질환이 직접적인 원인이 되는 환자들로부터 구별하기 어려운 심리적 원인이나 비기질적 연관 말 문제를 다룬다. 이와 관련해서, 다음의 원칙을 기억할 필요가 있다.

1. 신경학적 · 심인성/비기질적 말장애는 동시에 발생할 수 있다. 신경학적 질환을 가진 환자들이 PNSD를 보일 수 있고, 반대의 경우도 가능하다.
2. 신경학적인 말장애와 PNSD를 구별하는 것이 어려울 수 있다.
3. PNSD는 말의 어떠한 요소에도 영향을 줄 수 있다.

I. 병인

심인성/비기질적 말장애의 가장 일반적인 병인 중 일부를 이 단락에서 논의하였다. 일반적으로 우울증, 조울증, 조현병(정신분열증)은 예측 가능한 말장애를 유발한다. 실제로, 말의 특성은 정신병을 규정하는 데 도움이 된다. 반면에, 전환장애(conversion disorder), 신체화 장애(somatization disorder), 생활 스트레스 반응, 허위성 장애(factitious disorders), 꾀병(malingering)이 말에 미치는 효과는 예측하기 어렵고, 말-언어병리학자의 진단과 중재를 더 어렵게 만든다.

A. 우울증

우울증(depression)은 정동(affective)장애이다. 일차적인(주요한) 우울증은 어떠한 비정동적 정신장애나 심각한 기질적 장애 없이도 존재할 수 있는 반면, 이차적인 우울증은 기존의 기질적 혹은 정신 문제와 관련된다. 신체적 증상의 동반도 빈번하다.[74] 미국의 일차적 우울장애에 대한 유병률(prevalence)은 약 13%이다.[31]

우울증은 일부 환자에서 **조울증**(manic-depression)으로 알려진 증상인 조증(mania)을 동반한다. 조증은 우울증이 감정적으로 투영된 것으로, 특징으로는 흥분된 기분, 행복감(euphoria), 낮은 좌절감 내성, 높은 자존감, 부족한 판단력, 혼란, 편집증(paranoia), 잠을 자지 않음, 높은 에너지를 보인다.[73]

슬프고 절망적이고 우울한 감정이 특징인 우울한 기분은 우울증의 가장 보편적인 특징이다. 미국 정신의학회의 『정신장애진단 통계 편람(*Diagnostic and Statistical Manual of Mental Disorders, DSM-IV*)』에 따라 우울증으로 진단하기 위해서는 우울함 혹은 흥미로움이나 즐거움의 상실이 있어야 한다.[2,[2]] 때때로 생각, 기억, 집중과 의

[2] *DSM-IV*[2]는 정신장애 범주의 진단을 위한 기준을 제시하며, 정

사결정을 어려워하는 증상을 보이기도 한다. 우울한 사람들은 말과 얼굴 표정의 감소, 고정된 시선과 눈으로 훑기(eye scanning)의 감소, 웅크린 자세(stooped posture), 느린 움직임과 같이 **정신운동 지체**(psychomotor retardation)를 보인다.

신경학적 질환과 우울증

많은 신경학적 질환들은 우울증이나 불안과 관련되어 있다. 우울증은 보통 외상성 뇌손상 이후에 나타난다.[76] 뇌졸중 환자의 절반 정도에서도 우울증이 관찰된다. 우뇌손상보다 좌뇌손상인 경우에 빈번히 나타나고, 좌전두엽이나 기저핵에 병변이 있을 때 더 심한 우울증을 보인다.[51,52,53,67] 이는 실어증과 말실행증 환자에게 영향을 미친다. 사실, 우울증은 전반 실어증이나 유창성 실어증 환자들보다 비유창성 실어증 환자에서 더욱 흔하다.[50] 실어증에 대한 반응으로 우울증이 반드시 나타나는 것은 아니다. 우울증과 실어증은 분리할 수 있고, 뇌손상으로 인해 함께 나타난다.

우울증은 파킨슨병(Parkinson's disease, PD), 뇌전증(epilepsy), 알츠하이머병(Alzheimer's disease), 다발성 경화증(multiple sclerosis, MS), 헌팅턴병(Huntington's disease) 등과 같이 다양한 신경학적 질환에서 관찰된다. 파킨슨병의 40~50%는 우울증을 보일 가능성이 있고, 신경생리학적 기저에 따라, 우울증이 운동 결함보다 먼저 나타날 수 있다.[65]

B. 조현병

조현병(schizophrenia)은 대개 청소년기나 초기 성인기에 시작된다. 증상이 활성화되는 시기(active phase)에는 망상(delusions), 환상(hallucinations), 혼란스러운 행동, 긴장성 행동(catatonic behavior), 정동성 둔감(affective flattening), 체계적이지 못한 언어를 보인다. 환자들은 사회적 고립, 위축, 특별한 행동(사람들이 있는 곳에서 혼잣말하기), 감소되고 부적절한 정동, 지엽적이고 모호하며 지나치게 공들이거나 비유적인 발화, 이상하고 기이한 생각이나 지각 경험을 보일 수 있다.[2]

조현병과 같은 정신병은 광범위한 뇌손상이나 측두엽 병소와 관련이 있다. 이러한 증상을 초래할 수 있는 특정 질환에는 폐쇄성 뇌손상(closed head injury, CHI), 뇌염(encephalitis), 측두엽 뇌전증(temporal lobe epilepsy), 헌팅턴 무도병(Huntington's chorea), 윌슨병(Wilson's disease), 탈수초성 질환(demyelinating disease) 등이 포함된다. 조현병 환자와 약물남용에 의한 정신질환자의 구분은 어려울 수 있다.[47]

C. 전환장애

전환장애(conversion disorder)는 **신체형 장애**(somatoform disorders)의 하위 유형이다.[3] **이는 기질적 문제가 없는 신체적 증상들을 포함하고, 의료적·신경학적 원인을 암시하며, 적어도 이러한 증상들과 심리적 요인이나 갈등 사이의 관련을 보여 주는 정황적인 근거가 있다.**[2] 전환장애에서는 의식적으로 동기화되지 않는 감각이나 수의적 근육 조절의 실제적인 손상이나 변화가 관찰된다.[4] 전환 증상은 환자가 직접 직면하였을 때 견디기 힘든 감정 갈등이나 스트레스를 의식적으로 인식하지 못하게 한다. 일부 사례에서는 이러한 증상이 근원적인 사건이나 갈등과 상징적으로 관련이 있다. 예를 들면, 자신에게 감정적으로 상처를 준 누군가에게 구두로 화를 표현하는 것에 대한 갈등으로 실성증(aphonia)을 보일 수 있다. 증상을 '선택(choice)'하는 것 또한 병에 대한 개인의 경험이나 관념과 관련이 있다. 전환 반응은 정신적 갈등을 피하거나 대체하는 것에서 오는 주요한 이점과 더불어, 싫어하는 일을 휴직하거나 동정(공감)을 받는 등의 부차적인 이점과 관련이 있다. 환자들은 보통 이러한 이점들 혹은 그들의 신체적 증상과의 관계들에 대해 인식하지 못하며, 이것이 심리적 측면에서 기인하였다는 설명에 동의하지 않는다.[62]

히스테리(hysteria)가 전환 반응이라기보다는 성격의 한 유형으로 언급되지만, 전환장애는 때때로 **히스테리**나 **히스테리 신경증**, **전환성 유형**(conversion type)으로 불린다. 경박하고, 적대적이고, 교활하고, 극단적이고, 감정

신장애 범주는 주요한 진단 부류로 나누어짐(예: 섬망, 치매, 건망증과 기타 인지장애, 기분장애, 신체형 장애). 미국의 정신건강 전문가들은 임상 실험, 조사, 훈련의 목적으로 이를 사용함.

[3] 신체형 장애(somatoform disorders), 즉 일반적이거나 특정한 질환으로 설명할 수 없는 신체적 증상[2]은 신경과에서 흔히 관찰됨. 이러한 증상은 신경과 외래환자의 20%, 입원환자의 5% 정도로 추정됨.[1]

[4] 비록 신체적 증상이 관찰되지 않더라도, 어떤 경우에는 질병에 대한 망상을 유발하는 증상이 나타나기도 함.[35]

적으로 불안정한 행동으로 대변되는 미숙함이나 이기주의는 히스테리성 성격의 특징이다. 히스테리성 성격을 가지는 환자가 주관적으로 신체적 증상을 호소하는 경향은 있지만, 이들이 필연적으로 전환 반응을 보이는 것은 아니다. 전환 반응은 모든 성격 유형에서 발생할 수 있다.[3,9]

환자의 특징

전환장애는 일상적이지 않은 스트레스 상황에서 평균적인 혹은 그 이상의 심리적 안정을 추구하는 사람에게서 발생한다. 조현병, 다양한 성격장애들(예: 의존적인, 과장된, 반사회적인, 수동적인 공격성), 우울증 그리고 불안장애에서 특히 자주 관찰된다.[2,33] 전환장애는 흔히 약물남용이나 알코올 중독, 부모와의 좋지 않은 관계, 성적 학대, 강간, 근친상간 등에서 나타난다.[24,36,41] 지적 수준이나 사회경제적 수준이 낮은 경우와도 관련이 있다.[2] 가족, 최근 이민자들, 다양한 민족과 사회 공동체와 관련된 원인은 전환장애의 유전적 혹은 사회문화적 기제를 시사한다.[2,40]

전환장애는 보통 입원환자들에게서 흔히 나타나고, 일생동안 전환장애를 경험하는 비율은 종합병원에 내원한 환자의 20~25% 정도이다.[23,41] 신경과 환자의 2% 이상은 전환장애로 진단[1]을 받고, 신경운동장애센터의 2~20%의 환자는 심리적 원인을 가지고 있었다.[29,33] 전쟁 상황에서는 남성에게 더 자주 나타나지만, 일반적으로는 여성에서 더 빈번하다.[9,40]

진행 과정

전환 증상은 갑자기 나타났다가 순식간에 사라지기도 한다. 이 증상은 급성 스트레스나 외상 후에 나타난다. 전환 증상의 '명분(구실)이 될 만한 적절한 사건(face-saving event)'이 발생하기 전까지는 '본래의' 원인을 따라간다. 이러한 과정은 청소년기 혹은 성인 초기에 겪는 첫 사건과 같은 예전 전환 반응에 대한 느낌을 증가시킨다. 환자들은 평가에 협조적이다. 일부는 본인의 **증상**에 대해 **무관심하지만**(la belle indifference), 이것이 전환장애에서만 나타나는 것은 아니다.[2]

많은 전환 증상은 일시적이다. 3차 진료 기관에서는 증상이 지속되는 환자를 만날 수 있다.[24] 가장 예후가 좋은 경우는 증상이 최근에 갑자기 시작되었거나, 정신의학적 혹은 기질적 병이 없거나, 조기 치료 혹은 평균 이상의 지능을 가졌을 때이다.[2]

신경학적 질환과의 관계

전환 증상이 가성 신경학적(pseudoneurologic) 특성을 나타내는 경우는 흔하다. 비정상적인 움직임이 가장 일반적이며, 진전, 긴장 이상, 보행장애, 틱, 간대성 근경련, 파킨슨증, 양측 하지마비(대마비)(paraplegia), 편마비(hemiplegia)[22,27,33,69] 그리고 상당히 다양한 말장애를 보인다.

전환장애의 진단에서 배제하면 안 되는 것이 있다. 바로 확실한 진단결과를 위해 증상과 심리적 요인 사이의 연결이 분명해야 한다는 것이다. 특히 전환장애는 신경학적 질환[62](예: 외상성 뇌손상[54] 환자에서 전환장애 증상의 발병률[incidence]이 높았음)을 가진 환자들에게서 흔하다. 하지만 동시에 초기 정밀검사에서 신경학적 질환이 없었던 환자에서 전환 증상 이후 적어도 6개월 이내에 신경학적 질환이 발생하는 경우는 드물다.[10] 어떤 신경학적 질환은 전환장애에 취약하거나 신경학적 질환이 경미하거나 특징적이지 않거나 드문 경우에는 비기질적 질환으로 오인될 수 있다. 신경학적 질환들은 자주 전환장애로 잘못 진단되며, 역으로 전환장애가 뇌전증, 다발성 경화증, 전두엽 병소, 뇌진탕 후 증후군, 뇌염, 치매, 종양, 뇌졸중과 중증근무력증으로 잘못 진단되기도 한다.

마지막으로, 전환장애와 기질적 질환 사이의 차이를 더 복잡하게 만드는 요소는 **신체적 인자**(somatic compliance)이다. 이는 신경학적 발작(seizure)을 보이는 환자의 심인성 발작이나 성대 약증을 보이는 환자의 심인성 실성증과 같이 기질적 질환에 의해 영향을 받는 장기(organ)에 생기는 비기질적 증상을 말한다.[12,62,63]

일부 전환장애에서 구조상 손상이나 기타 뇌손상의 흔적 없이도 관련 뇌 영역의 비정상적인 신경생리를 보이는 것과 같이 전환장애가 생물학적 문제로 기인하는 것은 흥미롭다. 기능적 뇌영상 기법을 통하여 비기질적 약증을 보이는 환자의 뇌를 확인한 결과, 일차 운동 및 감각 경로 기능은 정상이었지만, 전두-피질하 운동 회로의 활성화가 저하되고, 변연계 영역의 활동이 증가하였다. 이러한 비정상적 활성화 양상은 약증을 가장한 통제 집단의 결과와 다른 것이다.[27,28] 예를 들면, 전환장애로 인해 편측 약증을 보이는 환자는 양전자방출단층촬영(PET)과 기능적 자기공명영상(fMRI)에서 피질과 피질하의 비정상적인 활성화와 비활성화 양상을 보인다.[25] 전환장애로 편측 감각운동 소실을 가진 환자는 단일광자방출 단층촬영(SPECT)에서 결함을 보이는 반대측의 시상과 기저핵에서 저활성화를 보였고, 증상이 해결된 후에는 저활성화 양상도 사라졌다.[79] 이러한 결과들은 감각운동 전환장애 증상들이 수의적 움직임을 담당하는 감각운동 기능과 현재와 과거의 경험에 대한 정동 반응을 조절하는 변연계 사이의 비정상적인 생리학적 상호작용과 관련이 있음을 시사한다.[78] 이러한 상호작용들은 몸과 마음, 그리고 환경 사이의 관계를 강조한다.[36,[5]]

D. 신체화 장애

신체화 장애(somatization disorder)는 신체형 장애의 또 다른 하위 유형이다. 이는 신체적 증상에 대한 반복적이고 다양한 호소와 자신이 병에 걸렸다고 믿는 만성질환이다.[2] 아픈 사람들은 신체의 다양한 부분에 많은 극단적인 호소를 보이는 경향이 있다. 이들은 많은 검사와 치료를 받고, 기질적 질환이 없다는 결과를 믿지 않는다. 약물에 의존할 가능성이 높고, 불필요한 약물과 침습적인 치료로 인한 합병증의 위험이 있다.

이 장애는 보통 25세 이전에 발생하고, 대인관계에 문제가 있는 지능과 사회경제적 지위가 낮은 여성에서 더 흔하게 나타난다. 가족력과 관계가 있고 충동성과 반사회적 성격을 동반한다. 증상은 문화권에 따라 다양하다.[2]

전환장애와 달리, 신체화 장애는 기질적 질환과 관련이 없다.[73] 다양한 호소를 보이고, 관찰되는 증상들이 극심한 갈등이나 스트레스, 불안을 유발하는 잠재적인 억압으로 인한 것이 아니라는 점에서 전환장애와 구별된다. 자신의 증상에 무관심한 경우는 드물며, 도움을 얻기 위하여 상당히 노력하고 호소하는 경향이 있다. 전환장애와 유사하게, 다발성 경화증, 중증근무력증 혹은 발작과 같은 신경학적 질환으로 의심되기도 한다.[12]

E. 스트레스와 스트레스에 대한 반응

스트레스는 평정을 변화시키는 요인들로 인한 신체와 정신의 긴장 상태이다. 이는 우리의 행복감과 성취감을 고무시키는 정상적인 삶의 부분이다. 스트레스는 작업조건, 가족과 사회적 관계, 사건과 같은 다양한 부분에서 발생한다.

스트레스에 대한 반응은 완벽주의나 강박과 같은 고유한 개인 특성뿐만 아니라 스트레스의 정도나 얼마나 만성적인지에 따라 결정된다. 성별에 따라 심리적 스트레스에의 신경 반응이 차이가 있다.[81] 심리적 스트레스로 인한 긴장이 적절히 해소되지 않으면, 비정상적인 기능을 보일 수 있다. 이는 심각한 정신질환과 관계없이 모든 사람에서 관찰될 수 있다.

공포가 원인인 스트레스의 특정한 하위 유형은 외상 후 스트레스 장애(post-traumatic stress disorder, PTSD)이다. 신체적 학대, 성적 학대, 소아 방치의 희생자들이 이 증상을 보이지만 이라크와 아프가니스탄 전쟁에 동원된 전투 부대 내에서의 높은 발병률(incidence)로 인하여 우리 사회의 관심이 증대되었다(**사례 14-9** 참조). 외상 후 스트레스 장애는 위협적인 사건 이후에 발생하고, 거슬리는 기억이나 외상에 대한 악몽, 외상을 상기시키는 것에 대한 회피, 감정적인 반응성의 감소, 기억력과 주의력의 이상, 예민함 혹은 과민성이 특징이다. 불안 정도가 높은 사람들은 외상 후 스트레스 장애에 더 취약하고[19] 경도의 외상성 뇌손상 환자가 외상성 뇌손상이 아닌 외상 환자보다 더 영향을 받기 쉽다. 외상 후 스트레스 장애와 신경인지 기능은 양방향적으로 관련이 있다.[77] 외상 후 스트레스 장애의 인지적 느림은 "심리적 고통이나 내적으로 불편한 경험을 처리하는 것에 역량을 분배시켜야 하므로 주의집중이 저하되는 것이다."라고 설명된다.[75]

스트레스에 지나치게 반응하는 성격이나 생리학적 구조로 인해 특정 신경근육이나 내장기관이 영향을 받을 수 있다. 특히, 후두근육은 감정적 스트레스에 민감한데, 그 이유는 목소리가 감정정보를 전달하며, 변연계의 영향을 받기 때문이다. 그러므로 공포, 화, 불안, 우울함과 관련된 스트레스로 인해 후두의 신경근육이 긴장한다.

스트레스나 다른 심리적 요소들은 일부 기질적 질환과 인과관계가 있다. 이러한 결과로 생긴 장애를 정신신체장애(psychosomatic disorder)라고 한다. 이것은 "소인, 증상 시작, 과정, 생리학적 변화와 생화학적인 장애의 치료에 대한 반응"에 대한 심리적이고 사회문화적인 스트레스의 반영이다.[65] 신체적인 상태에 영향을 줄 수 있는 심리적 요소들에 대한 개념은 다음 내용을 포함하는 요소들의 동시 발생에 따라 달라진다.

1. 특정한 기질적 장애에 대한 생물학적 소인

[5] 생리학적으로 육체와 정신이 연결되는 것은 결국 치료에 영향을 미칠 수 있음. 예를 들어, 우측 운동피질에 저주파의 자기자극을 주었을 때, 심인성 실성증이 해소되었음.[13]

2. 성격의 취약성이나 개인이 통제할 수 없는 스트레스 정도나 유형
3. 민감한 성격에서 중요한 만성 사회심리적 스트레스의 존재[70,73]

심리적 요인들은 많은 기질적 질환에서 중요한 역할을 한다. 다음의 증상 이외에도 많이 있지만, 심장 혈관성(관상동맥 질환, 고혈압), 호흡기관(기관지 천식), 위장기관(소화성 궤양, 궤양성 대장염), 근골격계(긴장성 두통, 요통) 증상을 포함한다. 성대 결절, 용종, 접촉성 궤양을 포함한 일부 후두 병리는 상기 요소들과 연결된다.[3,57,58] 그러므로 **스트레스와 기질적 질환 사이의 관계는 양방향성이다.** 기질적 병리(예: 신경학적 질환)가 스트레스와 기타 심리적 후유증을 유발할 뿐만 아니라, 스트레스나 기타 심리적 반응 또한 기질적 질환의 시작이나 진행의 원인이 된다.

F. 수의적 장애

일부 비기질적 장애들은 수의적으로 나타날 수도 있다. 이 장애들은 신경학적 질환이나 수의적이지 않은 정신질환들과 구분하기가 어렵다. 수의적 장애는 허위성 장애와 꾀병으로 나뉜다.

허위성 장애

허위성 장애(factitious disorders) 환자는 통제하기 어렵고, 무의식적인 심리적 원인 때문에 일부러 신체적 · 심리적 증상이 있는 척하며 아픈 척한다.[68,73] 이들은 보통 성격장애를 보이는 외톨이이며, 남용, 외상, 박탈과 관련한 병력이 있다. 신경학적 문제(예: 발작, 두통, 의식 소실)나 복부와 피부에 극심한 통증이나 증상을 호소한다. 의료적 검사나 시술을 무조건 따르며 약물중독과 여러 번의 수술로 인한 합병증의 위험이 있다.[68,73]

가장 잘 알려진 허위성 장애로는 마을을 돌아다니며 기이한 전쟁 이야기를 전하는 러시아 기병대 장교의 이름을 딴 **뮌하우젠 증후군**(Munchausen's syndrome)이 있다. 이 증후군은 병적으로 거짓말을 일삼고 도시와 병원을 돌아다니며 많은 허위의 병을 표출하는 것이 특징이다. 허위성 장애는 사회적으로 용인되는 행동을 하는 사람에게서도 관찰되며, 이들은 악영향을 주는 물질을 주입하거나, 스스로 타박상을 만들거나, 온도계를 조작하는 방법을 통하여 병을 가장하거나 유발하기도 한다.[68]

꾀병

꾀병(malingering)은 의도적이고 자발적인 목적으로 신체적 · 심리적 증상을 꾸미는 것이다(예: 일을 피하거나, 경제적 이득을 얻기 위해서나 고발을 피하기 위함). 이러한 목적을 달성하기 위해서 사건을 준비하고(예: 느린 속도의 차에 치이거나), 의료적 검사를 변경하고, 자연적인 사건에서 이득을 취하고(예: 보상을 최대화하기 위한 사고나 부상), 자해 행위(예: 전쟁을 피하기 위한 경미한 총상의 상처), 혹은 신경학적 문제로 생각되는 허위적 증상을 보인다.

꾀병은 정신장애가 아니지만, 기질적 질환과 구별하는 것이 쉽지는 않다. 감별에 유용한 임상적 지표들(clinical markers)에는 평가나 진단 결과와 맞지 않는 증상과 호소, 불분명하고 모호한 증상, 지나치게 극단적인 호소, 의료적 정밀검사에 비협조적 소견, 예후가 좋은 것을 인정하지 않음, 되풀이되는 사건이나 손상의 병력, 재정적 보상에 관한 잠재성이나 법적인 처리에 대한 회피, 중독성 있는 약물에 대한 요청, 반사회적 성격 특성 등이 있다.[68] 기질적 장애와 정신장애를 가진 환자들 또한 이러한 특성을 보일 수 있으므로, 검사 결과보다는 정황적 근거를 가지고 판단하는 것이 꾀병 진단에서 유용하다. 꾀병의 특성에 대해 알려진 것이 없지만, 세심하고 객관적인 평가를 시행하고 평가 결과를 문서로 기록하는 것이 중요하다.

II. 말 병리

A. 임상 실무에서 심인성/비기질적 말장애의 분포

사회나 의료 임상에서 심인성/비기질적 말장애(PNSD)의 발병률(incidence)과 유병률(prevalence)은 알려지지 않았다. 다학제적 의료 환경에 놓인 언어치료 실무에서 PNSD의 분포를 확인함으로써 어느 정도는 예측할 수 있지만, 특정한 유형 분포에 대해서는 거의 알려져 있지 않다. 표 14-1은 메이요 클리닉 언어병리학 분과에서 7년 동안 PNSD를 보였던 343명의 말장애 분포를 요약한 것이다.

사례의 54%는 음성장애의 일부 유형들을 보였다. 이

표 14-1

메이요 클리닉에서 1987~1990년과 2007~2009년에 말 병리적 평가를 통해 후천적 심인성/비기질적 말장애(PNSD)로 진단받은 343명의 말장애의 분포

진단	사례의 비율
음성장애 빈도순으로 나열됨. 실성증, 쉰 목소리, 내전근이나 외전근의 연축발성장애, 높은 음도나 가성(falsetto), 가성대 발성장애(ventricular dysphonia), 부적절한 음량, 기타	54
말더듬	18
조음 결함	6
비정상적 운율	5
유아스런 말	1
함구증	1
혼합형 (위의 장애에서 두 가지 이상의 다양한 조합)	9
기타 (예: 정신증적 언어[psychotic language], 비정상적 공명)	5

렇게 높은 비율은 의학 및 말 병리 문헌에서 언급된 것과 일치한다. 실성증이 가장 빈번한 음성장애이지만, 쉰(hoarseness) 목소리, 쥐어짜는 음성, 연축발성장애(spasmodic dysphonia)와 유사한 간헐적 기식음도 나타난다. 덜 흔하기는 하지만 기타 음성 증상도 관찰되었다. 소수의 환자들은 비전형적인 특성으로 인해 어떠한 범주에도 포함되지 않는 음성 이상을 보이기도 하였다.

18%는 말더듬과 유사한 비유창성을 보였는데, 이는 나머지 사례에서 가장 비율이 높은 것이었다. 비정상적인 조음과 운율은 더 적은 비율이었다. 9%의 사례에서는 비정상적인 문제가 결합되어 나타난 것이 주목할 만하다(예: 비정상적인 조음과 운율). 심인성 함구증, 유아스런(infantile) 말, 정신증적 언어(psychotic language)를 보이는 비율은 적었는데, 이는 아마도 신경학적 장애와 구분하기 어렵거나 말-언어 치료가 필요하지 않기 때문으로 생각된다. 원인이 분명할 때는 전환장애나 생활 스트레스에 대한 반응인 경우가 많았다.

B. 평가

심인성 비기질적 원인으로 인한 말장애의 평가는 기본적인 말운동 검사의 모든 요소를 포함해야 한다. 스트레스로 유발된 말장애, 전환장애, 신체화 장애, 허위성 장애 또는 꾀병이 의심되는 경우, 일부 평가 요소를 통해 비기질적 병인으로부터 기질적 병인을 구별할 수 있다. 이는 환자들의 병력과 검사하는 동안 말을 관찰하는 것이다.

병력

이러한 말 문제가 처음 발생하는 상황은 신경학적 질환으로 인한 상황과는 다르다. 예를 들면, 발병하기 전이나 발병 도중, 혹은 발병 후에 감기 또는 유사한 비신경학적 증상을 잠시 보일 수 있다. 신체적 또는 심리적 외상이 있을 때나 그 직후에 이러한 문제가 발생한다. 신체적 외상과 함께 머리, 얼굴, 목의 상해나 의식 소실이 있거나 없을 수도 있다.

기질적 또는 심리적으로 중요한 사건이 말 문제의 발생과 관련이 없는 경우에는, 더 이전의 병력이 재검토되어야 한다. 현재의 증상은 심리적 어려움이 진행 중에 있거나 일시적으로 멀어진 충격적인 사건에 대한 지연된 반응을 반영하는 것일 수 있다. 상사 및 가족 구성원들과의 감정적인 대립, 생명을 위협하는 질환에 대한 공포와 같이 병이나 어려움을 직면하거나 병을 예견할 때 문제가 발전하기 때문에 발병 이후 병력 또한 중요하다.

말장애의 원인이 되는 심리적 사건을 발견하고 검토할 때, 스트레스와 갈등을 현재도 겪고 있는지 해소되었는지를 확인하는 것이 중요하다. 스트레스와 갈등, 또는 일차적인 또는 부차적인 문제가 여전히 있는 경우보다는 이러한 상황이 없을 때의 말장애 예후가 좋다.

잠시 동안이라도 문제가 계속되거나 완화되는 기간이 있는가? 일시적으로 나타나는 문제는 신경학적 소견일 수 있으므로, 병의 악화와 차도가 발생하는 조건도 중요하다. 스트레스를 주는 사건이나 특정 개인과의 만남으로 인해 증상이 변화하는 것은 심인성 원인을 시사한다. 연기, 냄새 혹은 환경에 잠시 노출된 후에 갑자기 말이 퇴행하는 것 또한 심인성 원인의 가능성을 시사한다. 부차적으로 발생하는 문제도 고려해야 한다(예: 말장애와 관련된 소송 또는 의심스러운 원인, 특히 일에 만족하지 못하거나 스트레스를 받을 때는 말 문제로 인하여 일하는 것이 불가능함).

임상가들은 생활 스트레스에 대한 근거만으로 말장애가 심인성으로 발생한다고 할 수 없음을 명심해야 한다. 특히 환자가 자신의 어려움이 심리적인 것이라고 믿을 때, 이러한 근거에 지나치게 의존하는 행동은 신경학적 또는 기타 기질적 원인으로 인한 징후를 제대로 파악할 수 없게 만든다. 보통, 자신의 문제가 심리적이라고 스스로 믿는 환자는 기질적 병인에 대한 가능성(의심)을 고려해 보아야 하고, 기질적이라고 믿고 심리적 원인의 가능성을 부인하는 환자는 심리적 병인의 가능성(의심)을 고려할 필요가 있다. 비록 가능성이 없을 수도 있지만, 이러한 과정은 진단의 정확성을 유지하는 데 도움이 된다.

주요 질문들

검사는 다음과 같은 질문을 고려해야 한다.

1. 말장애가 신경학적인 것으로 분류되는가? 말운동장애 또는 기타 신경학적 말장애의 양상에 맞는 적합한 말 결함을 보이는가? 여기서 벗어나는 양상은 말장애를 유발하는 심인성 병인이나 심인성 비기질적 측면의 문제를 반영한다. 신경학적 질환을 보이는 환자에서 병소 위치, 특성, 병의 중증도와 일치하지 않는 말 증상이 나타나는 것은 심인성 병인의 가능성을 높인다.
2. 구강 기제 검사 결과가 신경학적 질환에 기인한 말장애나 비정상적인 특징과 일치하는가? 신경학적 질환에서, 말과 구강 기제 결과의 관계는 예측이 가능하다. 심인성/비기질적 말장애(PNSD)에서는 이것이 불일치하는 양상을 보인다. 예를 들어, 근력 검사는 말 결함의 불균형한 약화를 드러나게 한다. 환자의 약증이 악화되거나, 근력 테스트에서 움직임에 저항하는 힘이 없거나, 구강 구조를 극단적으로 움직이거나, 평가가 너무 어려워서 따를 수 없다는 불만을 나타낸다.
3. 말 결함이 일관성 있는가? 신경학적, 기타 기질적 말장애의 대부분은 평가하는 동안에 일관적으로 관찰된다. 신경학적 병인에서는 과제(예: 일상적인 대화 대 읽기 혹은 모방), 검사를 하는 시간, 혹은 감정적인 내용(읽기 대 인간 관계를 논의하는 것)에 따라 말 기능이 변화하는 경우(특히 정상적인 말에서 비정상적인 말로)는 드물다. 반대로 PNSD 환자들은 공식 평가 과제보다 대화하는 동안에 더 적절히 말하고, 일부는 민감한 사회심리적 문제를 다룰 때 현저하게 말장애를 보인다. 실조형, 운동과잉형 마비말장애, 혹은 특이한 신경학적 말장애를 가지지 않는 환자가 문맥 발화에서는 불규칙적인 조음 붕괴를 보이지 않지만 불규칙한 교대운동속도를 보인다.
4. 말 결함이 영향을 받는가? 임상가가 결함을 극적으로 개선시키거나 악화시킬 수 있는가? 예를 들어, 임상가가 환자에게 과제가 어렵다고 말하면, 환자는 악화를 보인다.
5. 주의가 산만해지는 것 때문에 말 결함이 영향을 받는가? 신경학적 질환은 일반적으로 영향을 받지 않는다. 병력을 확인하기 위하여 임상가가 형식적인 평가에서 벗어나 환자에게 편하게 말하면 PNSD가 개선되기도 한다.
6. 말의 피로(fatigue)가 적절한 형태로 나타나는가? 중증근무력증과 관련된 이완형 마비말장애를 제외한 말운동장애에서는 지속적으로 말하는 검사에서도 극적인 피로(fatigue)를 보이지 않는다. 하지만 중증근무력증의 가능성이 있다면, PNSD 환자도 말 스트레스 검사에서 저하를 보인다. 그러나 이런 '피로'는 점진적인 약증과는 다르며, 근골격의 긴장이 증가하게 된다. 예를 들어, 증가된 기식성, 짧은 구, 그리고 약증을 반영하는 과다비성(hypernasality) 대신에, 근육 활성화의 증가로 인한 구강안면의 투쟁행동(oro-facial struggle)이나 과장된 조음과 관련된 쥐어짜는 음질을 보인다.
7. 말 결함이 가역적인가? 유감스럽게도, 말운동장애와 기타 신경학적 말장애는 말 치료를 통해 완전히 회복되지는 않는다. 반대로, PNSD에서는 회복이 흔하며, 특히 생활 스트레스에 대한 반응, 전환장애를 보이는 발성장애, 실성증, 혹은 비유창성을 가지고 있는 환자들이 증상치료(symptomatic therapy, 대증요법)에 반응한다. 병력을 살펴보면서 심리적 문제에 기인하는 말장애를 확인하고, 여기서 느껴지는 카타르시스는 말을 극적으로 개선하거나 해결한다. 가역적 특성이 평가에서 관찰되면 신경학적 원인을 배제하고, 심인성이거나, 비기질적인 것으로 진단을 내린다.

앞의 질문들에 대한 대답은 진단에서의 의사결정, 치료에 대한 결정, 그리고 기타 의학 하위 분야 전문가들에게 의뢰하는 데 도움이 된다. 일반적으로, 신경학적 혹은 기타 기질적 말장애의 결과와 일치하지 않는 평가 결과를 보이거나 심리적 요소들에 대한 병력이 있다면 심인성 혹은 비기질적인 말장애일 가능성이 높다.

C. 특정 정신 상태와 관련된 말 특성

우울증과 조울증

우울한 사람의 말 특성은 우울증(depression)을 반영하며, 이는 기분과 말 사이의 긴밀한 연결을 보여 준다.

치료받지 않은 우울증 환자들은 강세 저하, 단음도 및 단음량을 보인다.[15] 음량의 감소와 단음량은 호흡기관의 의욕과 노력이 저하되어 있는 듯한 인상을 주며, 단조로운 운율(flat prosody)은 활력이 감소되는 것으로 보이게 한다.[15] 말 속도가 저하되지만[14] 항상 그런 것은 아니다.[15] 이들의 말은 우울증의 지표가 되며, 항우울제 약물(antidepressant medication)로 우울증과 말증상이 모두 개선된다.[14]

파킨슨병에서 우울증이 흔히 발생하듯이, 말 특성이 운동저하형과 비슷하고, 추체외로계 장애를 연상시킨다는 점이 흥미롭다. 이는 우울증의 말을 운동저하형 마비말장애와 구별하기 힘듦을 뜻한다. 이와 관련해서, 특히 좌뇌 병소를 가진 뇌졸중에서 일반적으로 우울증이 발생한다는 것은 비유창성 실어증, 말실행증, 그리고 편측 상부운동신경세포(unilateral upper motor neuron, UUMN)형 마비말장애의 비정상적 운율이 우울증과 관련될 수 있고, 주요한 말이나 언어장애도 우울증에 영향을 받을 수 있음을 의미한다.

조울증 환자는 조증이 발현될 때 말에서 극적인 변화를 보인다. 활기찬 조음, 힘찬 음성, 잦은 강조, 단어의 운을 맞추는(clanging[6]) 특징을 보이며, 시끄럽고 부담스럽다(말에 대한 의욕이 통제되지 않는 것처럼 빠름). 사고가 통제되지 않고, 비논리적일 수 있다.[3,73] 조증의 말은 마비말장애나 말실행증과는 혼동되지 않으나 베르니케 실어증과는 유사할 수 있다.

조현병

조현병(schizophrenia)의 말은 말운동장애와 혼동되지 않는다. 조현병이 개별적이고 특징적인 말 특성을 보이는 것은 아니지만, 표현 방식이나 내용의 다양성을 통하여 정상과 구분할 수 있다. 경험 많은 심리학자와 정신과 의사들은 책을 읽는 동안 조현병 환자와 조현병이 아닌 환자를 구분할 수 있는데, 이는 조현병 화자에서는 느린 속도, 의존, 비효율성과 변덕이 관찰되기 때문이다.[72]

조현병 환자들은 병의 여러 단계와 다양성을 반영하는 말 특성을 약화하거나 과장할 수 있다. 증상이 활성화되는 시기(active phase)에는 억양과 음도가 빠르게 변화하고, 원래의 내용과 맞지 않는 부적절한 강세 양상을 보인다.[3] 환자의 말은 언어반복증(verbigeration) 양상을 보이고, 상동적이고(stereotypic) 의미 없는 단어나 문장의 반복을 보인다. 내용 면에서는, 서로 관련이 없는 단어들을 섞어서 조합하는 양상인 단어 비빔(word salad)을 보이거나, 서로 관련이 없는 생각들 간의 엉성한 결합을 보인다. 일반적으로, 비일관적, 비논리적, 지엽적, 막연한, 또는 지나치게 상세한 내용으로 말한다. 일부에서는 단어에 빗대어 말하거나, 단어의 운을 맞추거나, 구어적 착어, 신조어, 보속증도 관찰된다. 말의 내용에 맞지 않게 킥킥거리며 웃는 부적절한 정동(affect)을 보일 수도 있다.[26,47]

'활성화된(active)' 많은 말 특성들은 베르니케 실어증에서 관찰되는 구어 행동과 비슷하다. 이러한 유사성 때문에, 조현병 환자의 언어를 묘사할 때는 조현병의 언어장애(schizophasia)라는 용어를 사용한다.[43] 그러나 이 두 장애는 구별 가능하다. 실어증[20,26]과 비교해 보면, 조현병 화자들은 다음과 같은 말 특징을 보인다. (1) 실어증 화자보다 덜 비유창하고, (2) 주제들을 반복하는 경향이 있고, 반면에 실어증 화자는 그렇지 않다. (3) 과제를 적절하게 이해하고, 읽고, 쓸 수 있는 반면에 실어증 화자는 그렇지 않다. (4) 실어증 화자보다 의미적 · 음소적 오류를 적게 보인다. (5) 실어증 화자보다 이름대기와 구문능력이 좋다. (6) 부적절한 반응을 보이나 실어증 환자는 보통 적절한 반응을 보인다. (7) 결함을 인식하는 경향이 낮으나, 실어증 화자(모든 베르니케 실어증 환자가 그렇지는 않지만)는 결함을 인식하고 좌절을 보인다. 이러한 구별은 실어증은 언어장애이고 조현병은 사고장애로 간주하는 개념과 일치하며, 감별진단(differential diagnosis)에 유용하다. 게다가, 국소 신경학적 병소 없이 비교적 젊은 나이에 전형적이고 점진적으로 발현하는 조현병과 나이가 많은 사람에서 좌뇌 병리로 갑자기 실어증이 발생하는 것 또한 두 가지 장애를 구분하는 데 도움을 준다.

---

[6] (역자 주) 개념보다 소리에 기초하여 단어의 연관성을 찾는 행위로, 특히 정신질환 환자에서 관찰되는 논리적인 연관성 없이 강박적으로 보이는 각운이나 두운 맞추기를 지칭함.

조현병의 더 만성적인 단계에서는 말과 언어 특성들이 '관찰되지 않거나' 전반적인 표현력과 반응성 감소에 따라 줄어들 수 있다. 단음도의 평평하며, 특색 없고, 침울한 말 특성을 보인다.[3] 빈구어(poverty of speech), 함구증, 반응 시간의 지연, 몸짓이나 자발적인 움직임의 감소, 눈을 맞추지 않는 경향을 보이기도 한다.[47] 이러한 특징들은 운동저하형 마비말장애나 전두엽-변연계의 인지적이고 정동적인 결함과 혼동할 수 있다. 즉, 진단을 하는 데 있어서 조현병과 다른 장애들 사이의 발병 시작, 진행 과정, 그리고 신경학적 결과와의 차이를 확인하는 것이 도움이 된다.

D. 심인성 음성장애

음성장애는 심인성/비기질적 말장애(PNSD) 증상들 중에 가장 큰 비율을 차지한다. 앞서 말한 바와 같이, 이러한 비율은 아마도 감정을 표현하는 데 있어서 음성의 중요성, 후두 조절 기제와 변연계 사이의 연결, 그리고 스트레스에 취약한 음성의 특성이 반영된 것이다.

후두반응자(laryngoresponder)[7]는 후두 영역의 경미한 기질적 변화나 공포, 불안, 화, 좌절, 우울함과 같은 감정적 스트레스에 대해 후두근을 과잉수축시키는 반응을 보이는 기질이나 성격을 가진 사람들이다.[3,57] 심인성 음성장애 환자들에서 급성 또는 만성 스트레스, 가족이나 직장 갈등, 분노, 신경과민적 일상 적응과 같이 감정적으로 촉진되는 상황들은 흔하다.[5] 구조적인 후두 병리 없이 기능적 음성장애를 보이는 환자들은 내향적이거나 행동적으로 억제되거나, 긴장하거나, 불안하거나 우울한 경향을 보인다.[58]

일부 사례에서 성대 과기능은 결절, 용종, 접촉성 궤양과 같은 기질적 후두 병리로 이어진다. 신경학적 질환과 혼동되지 않아야 하므로 이러한 구조적 병리들은 여기서 논의되지 않는다. 구조적인 후두 변화와 관련이 없는 음성장애가 심인성 음성장애와 더 관련이 있다.[8] 기질적 원인을 확인하기 위한 엉뚱한 노력은 결국 진단과 치료를 위해 환자를 순례하도록 만든다. 이러한 음성 문제들은 생활 스트레스에 대한 근골격의 지나친 긴장으로 인한 발성장애, 전환 실성증이나 발성장애, 의사의 진단으로 인한(iatrogenic) 혹은 관성(inertia) 음성장애, 다른 심리적 증상들에 대한 이차적인 반응으로 나타날 수 있는 음성장애를 포함한다.

근긴장성 발성장애

심리적 스트레스에 따른 후두근의 지속적인 과잉수축은 후두와 설골을 들어올리며, 근육이 아픈 것으로 인하여 이 부위를 손으로 촉진하면(만지면) 통증과 불편감을 느끼게 된다.[9] 후두 병변 없이도 쉰 목소리, 쥐어짜는 기식 음성, 쥐어짜는 거친 음성, 음도의 변화와 실성증을 보인다. 심각한 정신병리를 보이지 않더라도 부담이 크고 스트레스가 많은 상황에서 말을 해야 하는 심리적 스트레스 상태의 환자에서 이러한 증상이 발생한다. 많은 근긴장성 발성장애 환자들의 병력과 성격 특성은 심인성 실성증, 발성장애, 함구증 환자들과 비슷하다.

근긴장성 발성장애(muscle tension dysphonias)는 신경학적 질환의 징후로 오인되지 않는다. 구조적 병리[10]를 배제하고 근골격 긴장과 심리적 스트레스의 근원이 되는 것을 확인하는 것은 정확한 진단과 치료로 이어진다. 하지만 일부의 일탈적인 음성 특성들을 내전형이나 외전형의 (신경학적) 연축발성장애(spasmodic dysphonia, SD)와 구별하기가 매우 어렵다(제8장을 참조 바람). 최근 연구에서 제시된 유용한 감별적 특성은 음성 중단

[7] (역자 주) 모든 이들은 특정 자극에 대면하면 신경근육이나 장기 체계를 통해 반응하는 양식이 각자 다른데, 후두의 '저항력'이 가장 약하여 후두가 가장 먼저 반응하는 이를 '후두반응자'라고 지칭함(참고문헌: Aronson, A. E. (1990). *Clinical voice disorders: An interdisciplinary approach* (3rd ed.). New York: Thieme).

[8] 음성장애의 여러 유형에 기여하는 개인 특징과 심리적인 요인, 관련 자료, 이론적이고 실용적인 임상 논의를 위해 Roy와 Bless,[57] Roy, Bless, Heisey[58]의 연구를 참조 바람. 구조적인 병리와 관련이 없는 기능적인 발성장애에 대한 설명적 모델은 다른 심인성 말장애, 특히 심인성 말더듬에도 적용될 수 있음.

[9] 후두 근골격 긴장 검사에 대한 명확한 설명과 심인성 음성장애의 진단적 평가와 치료에서 이러한 긴장을 완화하는 방법은 Aronson[3]과 Roy, Ford, Bless[59]의 연구에 나와 있음.

[10] 비디오스트로보스코피가 기질적 후두 장애의 확인과 이해에 있어서 유용하지만, 일부에서는 이것이 비기질적이거나 기능적인 음성장애를 진단하는 데 있어서 신뢰롭고 유용한 지표가 될 수 없다고 주장함.[66] 이는 비기질적(그리고 기질적) 말장애의 진단에 있어서 기본적인 임상기술이 더 중요함을 보여 줌. 많은 전문가들이 기기적 평가의 전문성, '객관성', 유용성, 그리고 대체 가능성에 현혹되는 것은 당연함. 그러나 이것에 대한 이용 가능성이 임상가의 상호작용 능력이나 청지각적 능력, 치료를 위해 의미 있는 진단과 권고를 내리도록 정보를 통합하는 능력의 약화를 가져오는 것은 유감스러운 부분임.

(단어 내에서 발성 중단)의 빈도가 근긴장성 발성장애보다 연축발성장애에서 더 빈번하고,[60] 무성자음과 비교하여 유성자음으로 이루어진 말 자극 산출 시에 내전형 연축발성장애가 더 심하게 관찰되며(근긴장성 발성장애에서는 무성자음과 유성자음의 차이가 없음),[61] 연축발성장애에서는 모음연장보다 연결 발화에서 발성장애가 더 많이 관찰되나, 근긴장성 발성장애에서는 이러한 차이가 분명하지 않다는 것이다.[56]

근긴장성 발성장애와 연축발성장애 사이의 지각적 음성 특성을 구별하기 어려울 때, 일부 요소가 감별진단에 도움을 줄 수 있다. 비록 항상 드러나지 않고, 때로는 오해를 유발하지만, 병력을 상세히 청취하는 것은 개연성 있는 병인을 확인하는 데 도움을 준다. 연축발성장애에서는 양상이 지속(예: 1년 이상)되는 것을 예상할 수 있지만, 근육 긴장, 전환장애, 생활 스트레스에 대한 반응, 특히 심리적 문제가 유발되지 않는 경우에는, 양상이 지속되는 경우가 드물다. 원인들이 결합되지 않는다면, 근긴장성 발성장애 환자는 기저가 되는 음성 진전(tremor)이나 몸의 다른 곳에서의 근긴장이상 혹은 진전을 보이지 않는다. 최근의 음향학적 분석을 통하여 발성 중단의 빈도(연축발성장애에서 더 높음)나 평균 스펙트럼의 가변성이 길게 나타나는 등의 일부 특성이 감별진단적 민감도가 높음을 확인하였다.[34] 가장 설득력 있는 것으로는 증상/행동 치료를 통하여 발성장애가 해결되면 신경학적 연축발성장애가 아니다.

전환 실성증

많은 책에서 실성증(aphonia)은 일반적인 전환 증상으로 기재되어 있다. 전환 실성증(conversion aphonia)은 후두 병리 없이 발생하고, 대개 스트레스, 불안, 우울증이나 갈등과 관련 있으며, 심리적 갈등을 피하기 위한 수단이기도 하다. 또한 자신에게 상처를 주는 사람에게 맞서서 말하기가 불가한 것처럼 상징적 의의를 가지기도 한다.

전환 실성증 환자들은 불수의적으로 속삭인다. 이는 높은 음도, 끽 소리를 내는(squeaky traces) 발성, 정상 발성과 함께 나타나는 순수하거나, 거친 혹은 날카로운 소리이다. 이러한 날카롭게 속삭이고 쥐어짜는 듯한 높은 음도는 성대 약증과 관련된 약하고, 기식화되고, 쉰 음질과는 다르다. 성대 접근에 대한 또 다른 단서로는 기침을 심하게 하는 것이다. 손으로 만져 보면, 과도한 근골격의 긴장으로 갑상설골의 공간이 좁아진 것을 확인할 수 있고, 환자는 잦은 통증이나 불편감을 빈번히 호소한다.

실성증은 갑자기 발병하며, 병이 진정된 이후에 감기나 독감이 지속되기도 한다. 환자들은 목, 목구멍, 가슴의 고통을 호소한다. 급성이나 만성의 감정적인 스트레스와 이러한 증상 때문에 일차 혹은 이차적으로 병이 발생하였다는 근거를 보인다. 음성 상실 이전의 사건에 대한 병력이나 기타 전환 증상의 가능성도 관찰될 수 있다. 일부 환자들은 실성증에 무관심하거나 치료로 목소리가 신속히 회복되는 것에 대해 크게 개의치 않는다. 반면에, 일부는 관심을 갖고, 치료로 목소리가 회복되었을 때 기뻐하였다. 임상가와 함께 전환장애의 기저에 있는 심리적 원인을 발견하고 목소리가 회복된 경우에도, 일부는 여전히 개선된 자신의 음성에 관심을 두지 않는다.

전환 실성증은 일반적으로 신경학적 질환의 징후로서 나타날 수 있다. 신경학적 질환들 중에서 중증근무력증(MG)과 다발성 경화증(MS)은 전환 실성증 평가를 위해 말-언어 임상가들에게 가장 많이 의뢰되는 환자 집단이다.

전환 발성장애

전환장애는 쥐어짜는 요소의 여부에 관계없이 쉰 목소리를 특성으로 하는 음성장애이다. 높은 음도, 가성대 음도 일탈, 기식음, 간헐적인 속삭임, 비정상적인 소리 같은 다양한 특성을 보인다. 이들은 병력, 성격 혹은 전환장애 진단 측면에서 전환 실성증이나 함구증과 기본적으로 다르지 않다.[4]

의사의 진단으로 인한 음성장애

의사의 진단으로 인한 음성장애(iatrogenic voice disorders)는 임상가에 의해 유발되는 것으로, 환자의 기타 심리적 특성과 영향받기 쉬운 특성(suggestibility)에 의해 좌우된다. 예를 들면, 경동맥 내막절제술은 성대마비의 위험이 있으므로, 환자가 수술에 동의 할 것인지 결정할 때는 이러한 위험에 관해 알려야 한다. 영향받기 쉬운 특성을 가진 환자는 이러한 '의견(성대가 마비될 수도 있다는)' 때문에 수술 후 심인성 발성장애를 보일 수 있다. 좀 더 자세하게는, 심인성 음성장애는 수술 이후 의사에 대한 무의식적 적대감이 반영된 것일 수 있다. 마지막으로, 말하는 것이 해롭다는 의견 때문에 발성장애나 실성증 이후에 (음성 남용, 근골격 긴장 발성장애, 혹은 기타 심인성 비기질적 음성장애에 대한 치료로서 종종 불필요하거나 부적절하게) 음성을 쓰지 않는 환자들은 말하기에 대한 공포를 보인다.

관성 실성증 혹은 발성장애

신경학적 원인, 후두 병리로 인한 이차적 원인, 또는 심리적인 요인이나 음성 휴식(voice rest)을 권고 받는 음성장애 환자들은 때때로 **관성 실성증**(inertial aphonia)이나 **발성장애**[11]를 보이며, 그들은 자신의 비정상적인 음성에 익숙해지거나 혹은 정상적인 음성 산출을 위한 신경망을 활성화하는 방법을 '잊은 것'처럼 보인다.[3] 일부 뇌손상 환자에게서 실성증이 지속되는 것은 이러한 관성적 요소로 설명 가능하다.[64] 또한 계기가 되는(triggering) 심리적 사건들이 해결된 후에도 전환장애나 비전환장애, 비기질적 음성장애가 지속되는 것을 설명할 수 있다.

기타 심인성 증상에 대한 이차적인 반응으로서의 발성장애

심리적 어려움이 특히 기도(airway)와 관련되어 신체적으로 발현되면 음성에 간접적으로 영향을 준다. 예를 들면, 심리적 요소들과 관련된 만성 기침이나 목청 가다듬기는 이차적인 성대 외상으로서의 발성장애를 야기한다.

일부 사례에서 심인성 비기질적 음성장애를 유발하거나 악화시킬 수 있는 매우 중요한 문제는 **극도로 경계**(과다경계 혹은 과각성)(hypervigilance)하거나 혹은 **방관하는 것**(spectatoring)인데, 이는 주의력이 의식적으로 개입되어 반사적인 기능이 비정상적이게 되는 것이다.[41] 과다경계는 정상적인 신체적 자극에 과도하게 주의를 기울이는 것으로, 예를 들면, 인간은 경계적 주의를 필요로 하지 않는 기능에 대해 '방관'하기 때문에 생리학적 자극이나 근육 수축의 순간적인 감각이 과장되는 것이다. 만약 이러한 비정상적인 주의집중이 계속된다면, 정상적인 반사 조절을 방해하거나 비정상적인 감각을 방지하기 위한 부적절한 움직임을 유발한다. 다른 발성장애 환자들보다 PNSD 특히 심인성 말더듬을 가진 환자들이 이러한 현상을 더 많이 보인다. 과도경계/방관에 대한 개념은 치료 시 환자에게 말의 개선을 위해서 말에 덜 집중해야 함을 이해시키는 데 도움을 주므로 유용하다(PNSD의 치료를 다룬 제20장을 참조 바람).

발성장애는 모순적인 성대 움직임으로 나타나기도 하는데, 흡기 천명음(inhalatory stridor), 높은 음도의 쌕쌕거림(high-pitched wheezing), 기침, 숨가쁨, 가슴 통증(chest tightness)과 함께 흡기 동안 성대의 모순된 내전을 보이는 것이 전형적인 특징이다. 종종 천식으로 오인되거나 천식과 빈번히 동반된다. 10~30대의 여성에게서 잘 나타난다. 비기질적인 문제로 간주되나 감정적 갈등이나 정신장애는 아니다. 많은 사례에서 정확한 원인이 확인되지 않았다. 상부 기도(airway) 과민증과 관련이 있기도 하다.[46] 이 책에서 가장 관련이 있는 것으로는 후두 근긴장이상(dystonia)과 같은 신경학적 질환이 원인이 되기도 한다.[46]

E. 성인기 발병 심인성 말더듬증과 유사한 비유창성(심인성 말더듬증)

심리적 어려움의 징후로 인식되는 말더듬은 성인기에 출현한다. 예를 들어, 1922년 Henry Head[32]는 말더듬이 히스테리의 징후 중 하나라는 것을 관찰하였다. 최근의 말-언어병리학 연구에서 이 장애는 더 많은 관심을 받고 있다.[12]

후천성 신경말더듬증은 제13장에서 논의되었다. 성인의 후천성 비유창성을 언급하기 위해 여기서는 **말더듬**(stuttering)이라는 용어를 조건부로 사용하기로 한다. 더 많은 문헌과의 일관성을 유지하고, 후천성 말더듬증의 신경성 혹은 심인성 병인에 대한 확립을 위하여 이 용어를 선택하였다. **심인성 말더듬증**(psychogenic stuttering, PS)이라는 명칭은 성인기에 출현하거나 심인성 비기질적인 것이 원인이 되는 말더듬과 유사한 행동을 일컫는다.

심인성 음성장애만큼 일반적이지는 않지만, 심인성 말더듬증은 심인성 음성장애에서 보다 더 빈번하게 중추신경계(central nervous system, CNS) 질환의 징후로 종종 오인된다. 보고된 사례의 대부분은 신경학적 혹은 심인성 병인 확립의 필요성을 보여 주는데, 그 이유는 대부분 중추신경계 질환이나 중추신경계 질환의 가능성이 있는 상황에서 발생하였기 때문이다.

---

[11] 신체적 순응에 대한 영향력은 이러한 사례에서 중요함. 예를 들어, 심인성 요소로 편측 상부후두신경마비의 징후와 심인성 음성장애를 동시에 보이는 사례는 전환반응 혹은 근골격 긴장 장애 중에 하나를 반영함. 음성 치료는 이러한 문제에 대한 비기질적 구성요소를 소거시켰음.[30]

[12] 심인성 말더듬증에 흥미가 있는 독자들은 장애의 임상적 특징, 평가, 감별진단, 그리고 치료에 대한 Baumgartner[6]의 종합적인 내용을 참조하기 바람.

Baumgartner와 Duffy[7]는 신경학적 질환이 없는 49명의 심인성 말더듬증 환자의 특성과 신경학적 질환을 가진 20명의 심인성 말더듬증 환자의 특성을 요약하였다. 이들이 보고한 사례가 현재로서는 가장 많기 때문에 심인성 말더듬의 특징을 요약함에 있어서 중요하다. 두 집단의 특성은 표 14-2에 요약되어 있다. 두 집단 사이의 교육년수나 발병 시작 연령은 차이가 없었다. 남성의 수만큼 여성들도 심인성 말더듬증을 보인 것은, 심인성 실성증에서 여성이 수적으로 우세하였던 것과는 뚜렷한 차이이다. 교육 수준은 전국의 평균 수준과 비슷하였다. 증상이 발병하는 평균 연령은 성인 시기에 관찰되는 많은 신경학적 질환의 발병 시기보다 젊었다. 환자의 절반 정도는 평가 이후 3개월 이상 말 문제를 보였고, 25% 이상의 환자들은 1년 이상 문제를 보였다. 따라서 심인성 말더듬증은 일시적인 문제가 아니다.

공식 정신의학 평가를 받은 사람들에서, 가장 흔한 진단은 전환장애였고, 우울증, 불안 신경증과 히스테리성 신경증이 뒤를 이었다. 일부는 성격장애나 적응장애(adjustment disorders)를 보였고, 일부는 약물 의존, 외상 후 어려움을 보였다. 신경학적 질환이 있는 사람들과 없는 사람들 간의 정신병 진단의 분포에서는 분명한 차이가 없었다. 전쟁으로 인한 신경증(폭탄성 쇼크, combat neurosis)과 더불어, 이러한 진단들은 문헌에 기록된 것들과 일치한다.[13]

심인성 말더듬증 환자의 사례들에 등장하는 특정한 만성 혹은 급성 생활 스트레스는 부부간의 불화나 이혼, 가족의 비극·병·죽음에 대한 대처, 업무 관리에 대한 무능력, 실업으로 인한 화나 자존심의 소실, 신체적 장애, 심리적으로 충격적인 어린 시절 기억들의 축적, 일에 대한 불만족감과 변화에 관한 갈등, 나쁜 행위에 대한 부당한 고소, 자녀와의 종교적 차이, 사고에 대한 감정적 반응 등을 포함한다.[5,21,55]

심인성 말더듬증 환자들의 심리적 특성은 심인성 함구증, 실성증이나 발성장애를 가진 사람들과 비슷하다.[55] 그들은 감정적으로 미숙하고 전전긍긍하는 경향이 있고, 일부는 전환 증상의 병력을 가지고 있다. 화, 공포, 회한을 일반적으로 표현하는 데 어려움을 보이거나 중요한 사람들과의 의사소통이 단절되는 것은 공통적인 특성이다. 심인성 음성장애와 유사하게, 심인성 말더듬증 환자들은 증상치료(symptomatic therapy)를 통해서나 갈등을 드러내면서 증상이 개선된다.

Baumgartner와 Duffy의 사례에서 신경학적 질환이 없었던 환자의 80% 이상은 신경학적 문제의 가능성을 시사하는 비구어적 문제를 보였는데, 여기에는 약증과 협응장애, 피로, 감각 저하, 발작, 그리고 인지적 어려움이 포함되었다. 그러나 신경학적 질환으로 확인된 사람은 아무도 없었다. 확인 가능한 신경학적 질환을 가진 환자들은 대부분 퇴행성 질환, 경련성 질환, 외상성 뇌손상이나 뇌졸중을 보였다.[14] 병소 부위는 우뇌와 좌뇌, 뇌간, 소뇌였다. 신경학적 질환을 가진 환자의 약 75%에서는 마비말장애, 말실행증, 또는 실어증을 보이지 않았다. 20%는 마비말장애를 보였으며, 소수에서는 실어증(10%) 과 말실행증(5%)이 모호하게 관찰되었다.

두 집단의 60% 이상은 한두 차례 회기의 증상치료 후에 정상이거나 정상에 가까운 개선을 보였고,[15] 극적이고 지속적인 변화는 신경학적 원인을 배제하기에 충분하였다. 이러한 결과는 진단 상황에서 심인성 병인이 의심될 때, 비유창성(그리고 기타 말장애)을 수정하기 위한 시도가 중요함을 보여 준다.

글상자 14-1은 Baumgarther와 Duffy[7]의 사례에서 관찰된 비유창성과 기타 말과 관련된 행동의 특징을 요약하였다. 이는 문헌에서 설명된 것을 대표한다. 비유창성 자체는 **말소리와 음절 반복**과 같이 발달성 말더듬에서 흔히 나타나는 특징과 유사하다. 안면 찡그림, 얼굴, 목, 사지를 이상하게 흔들거나 떠는 움직임 등의 **투쟁행동**이 공통적이다. 유창한 기간 동안 비정상적인 말 속도를 보이기도 한다. 게다가, 사례의 10%에서는 신경학적 원인의 의혹을 불러일으키는 양상인 비유창한 브로카 실어증의 **전보식 구문/문법**과 표면적으로 유사한 특징을 보였다. 그러나 대부분 예시에서, 이러한 전보식 표현은 실어증이나 말실행증으로 오인하지 말아야 하는 유아적 구문 구조와 운율을 보였다. **심인성 말더듬증을 정의하는 말 특징은 하나가 아님을 명심해야 한다.**

[13] 참고문헌 8, 17, 21, 45, 55, 80.

[14] 일부 사례 연구는 심인성 말더듬증이 뇌전증,[5,18,71] 뇌졸중,[8] 그리고 무산소성 뇌증을 포함하는 신경학적 질환과 관련이 있음을 확인하는 데 도움을 줌.[71] 다른 연구에서는 신경성의 영향이 심인성보다 더 모호한데도 신경학적 증상(예: 편두통)이 직접적으로 말더듬을 야기한다고 결론을 내림.[48]

[15] 일부 환자들은 효과를 얻기 위해 더 긴 치료 기간이 필요함. 예를 들어, Brookshire[8]는 말, 언어 문제와 이상운동증을 초래한 뇌졸중으로 심인성 말더듬증을 보이는 환자를 21회기 치료한 후에 두드러진 향상을 보고함.

표 14-2

신경학적 질환과 동반되거나 동반되지 않은 심인성 말더듬증 환자의 특성들

	신경학적 질환이 동반된 환자(n=49)	신경학적 질환이 동반되지 않은 환자(n=20)
남성:여성	26:23	9:11
교육(평균년수와 표준편차)*	12.6(3.7)	12.6(2.7)
발병 시작 연령		
평균	46.3	45.2
표준편차	13.7	13.0
범위	19~79	26~67
평가 시 장애의 기간*		
1~90일	50%	53%
91~365일	24%	16%
1년 이상	26%	32%
정신병 진단[†]	전환 반응(40%) 우울증 혹은 반응성 우울증(35%) 불안 신경증(25%) 성격장애(15%) 외상 후 신경증(5%) 적응장애(5%) 약물 의존(5%) 원인 불명(5%)	전환 반응(60%) 히스테리성 신경증(60%) 우울증(40%) 성격장애(20%)
증상치료에 대한 반응[‡]		
정상	48%	45%
정상에 가까움	29%	18%
일부 개선	19%	18%
변화 없음	5%	18%

출처: Baumgartner J, Duffy JR: Psychogenic stuttering in adults with and without neurologic disease, *J Med Speech Lang Pathol* 5:75, 1997에서 수정 발췌.

* 모든 환자의 자료를 기록한 것이 아님

[†] 신경학적 질환이 없는 20명의 환자와 신경학적 질환이 있는 5명의 환자만이 정신질환 평가를 받았음. 일부 환자들은 하나 이상의 정신질환 진단을 받았음.

[‡] 초기 진단을 포함하여 한두 차례 회기의 치료를 받았음. 치료를 받았던 신경학적 질환이 없는 환자의 43%와 신경학적 질환이 있었던 환자의 55%의 응답으로부터 얻어진 결과임.

발달성 말더듬과 대조적으로 심인성 말더듬증의 비유창성은 동시에 읽기(choral reading), 차폐, 지연청각피드백, 또는 노래하기에 의해 감소되지 않는다.[16] 단순화된 말 과제에서 비유창성이 증가하는 것은 심인성의 근거를 강력히 시사한다.[6] 비록 심인성 말더듬증 환자는 종종 투쟁행동이나 말더듬에 대한 염려를 보이지 않지만,[16] Baumgartner와 Duffy[7]는 절반 이상의 환자가 문제에 대한 스트레스를 호소하는 것과 함께 투쟁의 형태를 보였다. 심인성 말더듬증의 존재와 중증도에 영향을 미치는 변수들은 환자에 따라 상당히 다양하게 영향을 미친다. 예를 들어, 일부는 적응효과(adaptation)를 포함하여 관찰된 모든 환경에서 말의 변화를 보이지 않은 반면에, 다른 일부는 과제, 환경, 또는 시간대에 따라 변화하였다. 일부 사례에서는, 비유창성의 변화가 거의 없는 것은 신경학적 병인과 공존할 수 없는 것으로 간주되었다(**사례 14-3 참조**). 다른 사례에서는, 상황적 특수성이나 겉으

글상자 14-1

신경학적 질환이 없는 심인성 말더듬증 환자들의 비유창성 특징, 관련 행동, 비유창성에 영향을 주는 요인을 높은 빈도에서 낮은 빈도의 순으로 나열함.

비유창성 특징

- 말소리 또는 음절 반복, 연장, 주저, 단어 반복, 막힘, 긴장된 쉼, 구 반복, 간투사

관련 행동

- 이차적 투쟁(예: 얼굴 찡그림), '기이한' 투쟁, 전보식 말, 느린 속도, 빠른 속도

비유창성에 영향을 주는 요인

- 불변함, 상황-특수성, 읽기보다 대화에서의 유창함, 비적응효과, 적응효과, 간헐적으로/예측할 수 없게 나타남, 시간에 따른 변동, 대화보다 읽기에서의 유창함

출처: Baumgartner J, Duffy JR: Psychogenic stuttering in adults with and without neurologic disease, *J Med Speech Lang Pathol* 5:75, 1997에서 수정 발췌.

로 보기에 비유창성이 임의적으로 존재하거나 부재하는 것이 신경학적 원인과 공존할 수 없는 것으로 여겨졌다. 현재로서는 적응효과(adaptation), 동시에 말하기(choral speaking), 노래하기, 차폐에 반응하기, 그리고 다른 관련 가능성의 변수에 대해서 한 가지 진단적 기준을 확립하기 어렵다. 이러한 변수는 심인성 말더듬증을 진단적으로 예측하지 못하고, 심인성 말더듬증과 관계가 없을 가능성이 있다.

F. 심인성/비기질적 말장애의 기타 징후

표 14-1의 자료는 심인성/비기질적 말장애(PNSD)에서 음성이나 유창성의 문제가 높은 비율로 나타남을 보여 준다. 문헌에서 드물게 보고되기는 하지만, 조음, 공명, 운율의 문제를 보이기도 한다. 동일한 환자가 음성, 유창성, 조음, 공명 문제를 모두 보일 수 있는 것과 같이 PNSD는 말의 여러 측면에 영향을 미칠 수 있음을 명심해야 한다.

일부 말장애에서 전형적이지 않은 양상이 관찰되는 이유는 명확하지 않다. PNSD의 증상이 다양하기 때문에 음성 이상과 말더듬과 공명, 조음 또는 운율장애 사이에서 관찰되는 증상들의 상징적인 차이에 대해 생각해 보게 된다. 신체적 외상의 경우에는 신체적 인자(somatic compliance)가 중요하다. 예를 들어, 목의 손상은 발성장애를 초래하는 반면에, 구강의 수술은 조음 문제를 야기한다(이런 사례를 꾀병 또는 기질적 문제로 해석할 때는 신중해야 함). 많은 사례에서, 증상에는 개인적 경험(예: 본보기의 여부)이나 말 문제에 병이 미치는 영향에 대한 생각이 반영된다.

심인성 조음, 공명, 운율 이상은 종종 생활 스트레스에 대한 '단순한' 반응이라기보다 말 구조에 대한 신체적 외상이나 전환장애 혹은 신체화 장애와 관련이 있다. 일부 사례, 특히 소송 중인 상황에서는 꾀병을 의심해 볼 수 있다.

조음장애

후천적 조음장애는 심인성 원인에 기인할 수 있다. 이는 구강 구조의 기형이나 이완형 또는 운동과다형 마비말장애와 구별해야 한다.

구강 수술 중에 발생하는 문제와 같이 구강 구조의 외상성 손상 후에 심인성 조음장애를 보일 수 있다. 이 경우에는 구강 감각에 대한 문제도 호소한다. 전환장애를 보일 때, 조음 문제는 일반적으로 경미하지 않다. 오류는 특정 말소리에서 매우 일관적이며, 특정 소리에서 독립적일 수 있고, 발달적 조음 오류가 빈번히 지속되거나, 부정확한 중간음(/r/, /l/, /s/)을 보인다. 특이한 오류도 관찰되며, 말할 때 혀가 지속적으로 올라가 있거나 수축하는 것과 같이 특이한 혀의 자세를 보이기도 한다. 오류의 일관성은 혀의 약증을 시사하고, 이완형 마비말장애에 대한 의심을 높인다. 그러나 결함이 갑자기 발생하고, 일부 말소리에서만 오류를 보이며, 저작, 삼킴, 또는 침 조절의 어려움이 관찰되지 않으면 약증을 배제해야

한다. 조음기관의 비정상적인 움직임으로 조음 문제가 유발되는 경우, 운동장애(근긴장이상)를 고려해야 한다. 문제가 경미할 때는 감별진단이 어려울 수 있다.[16]

공명장애

드물기는 하지만, 후천적 과다비성도 심인성 원인으로 발생한다. 구강 또는 부비강 수술로 전환 반응이 유발된 사례도 있다. 소송과 관련된 경우에는 꾀병의 가능성을 고려해야 한다. 구강과 비강의 구조적 결함 및 이완형 마비말장애와 심인성 과다비성을 감별하는 것은 어렵다. 극히 드물지만 비강 폐색의 징후가 없는 경우에도 심인성 과다비성을 고려해야 한다.[17]

운율장애

우울증, 조증, 조현병으로 인한 운율의 감소나 과장과는 매우 다른 심인성 운율 문제가 있을 수 있고, 단순한 이차적 심인성 음성장애 또는 말더듬이 아닌 운율 문제도 있다. 비정상적인 공명과 조음은 운율 이상을 동반한다. 대부분 전환장애, 신체화 장애, 정신장애와 연관되지만, 일부에서는 꾀병이 의심된다. 비정상적인 운율은 매우 변이적이다. 청각장애 같은 운율을 보이거나 신경학적 질환으로 인한 외국어 같은 말투(pseudoforeign accent)와 유사한 강세를 보인다.[28,29] 말초의 구조적 질환보다 신경학적 질환과 관련이 있다.

유아스런 말

간혹 아이와 같은 말의 양상으로 퇴행을 보인다. 유아스런 말은 음도 증가, 과장된 억양, 발달적 조음 오류의 산출(예: 혀 짧은 발음, r, l을 w로 대치)을 포함하는 운율, 음성, 공명, 조음의 변화가 종합적으로 관찰되는 것이다. 아이 같은 인상을 주는 비언어적 정동 행동을 수반한다(예: 조심스러운 몸짓[demure gestures]과 크게 뜬 눈[wide-eyed], 어린아이 같은 미소). 성인이 아이 같은 말 특성을 보이면서 자발적 운동 조절(예: 걷기, 옷입기)에서의 문제가 있다면 신경학적 질환을 의심해야 한다. 성인과의 상호작용을 피하기 위한 목적으로 이러한 특성을 보이는 경우도 있다.[3] 전환장애, 히스테리성 성격장애, 혹은 기타 정신병을 반영하기도 한다.

G. 심인성 함구증

심인성이거나 신경학적 원인으로 함구증이 나타난다(제12장 참조). 조현병, 심한 우울증, 기타 심한 정신질환 상태에서 발생한다. 전환장애의 징후나 신경학적 질환으로 오인되기도 한다. 전환 함구증 환자는 성격, 병력, 진단 기준의 측면에서 전환 실성증이나 전환 발성장애 환자와 유사하다.[4]

심인성 함구증 환자들은 말하려고 시도하지 않거나 음성 혹은 속삭임 없이 입모양으로만 말한다. 일반적으로 삼킴장애를 보이지 않는다. 성대내전 능력을 반영하는 기침하기도 정상이다. 자신의 생각을 전하고 질문에 답하기 위해 쓰는 것이 가능하고, 말하지 못하는 것을 걱정하지 않는다. 함구 상태에서 벗어나면서 기타 말 문제(예: 전보식 말 또는 말더듬 같은 막힘)를 보일 수 있다. 마지막으로, 폐쇄성 뇌손상과 같이 급성 신경학적 손상을 보인 후에 신경학적 문제가 해결되고 나서도 심인성 또는 비기질적 문제로 말에 대한 기질적 함구증이 지속될 수 있음을 명심해야 한다.[42]

---

[16] 전반적인 성문 파열음 대치를 보이는 비기질적 말 특성 때문에 초기에는 뮌하우젠 증후군(Munchausen's syndrome)의 가능성이 약간만 의심되었으나, 종국에는 이 증후군으로 진단되면서 '이례적인 마비말장애'로 보고됨.[38]

[17] 이관개방증(patulous Eustachian tube)으로 알려진 희귀한 문제는 과소비성을 보이므로 심인성으로 오진될 수 있음. 고함지르는 소리와 귀가 꽉 차는 느낌, 과소비성, 우울함 · 불안감 · 문제에 대한 집착, 누워 있으면 문제가 사라지는 특징을 보임. 구멍 주위 조직의 소실이나 연인두 근긴장 변화로 인하여 유스타키오관이 개방되는 것이 원인임. 액체의 무게나 조직의 소실, 비인두 방사, 그리고 에스트로겐 등도 원인이 됨. 이를 보호하기 위한 이유에서 과소비성이 발생함. 구개를 폐쇄함으로써 유스타키오관의 열림과 과도한 음량의 산출로부터 음성이나 기타 기도에서 발생하는 소음을 예방함. 비스듬히 기대면 관이 열리는 주위의 정맥이 확장되면서 관이 막히게 되어 증상이 사라짐.[3]

III. 사례

사례 14-1

31세의 여환은 음성 문제, 인두염(pharyngitis), 삼킴 시 통증이 4개월 동안 지속되어 내원하였다. 내과 전문의에 의한 검사에서 목소리가 "겨우 들리는 정도의 속삭임"을 보이는 것을 제외하고는 정상이었다. 신체 검사 및 갑상선 기능 검사에서도 정상이었다. 이비인후과 및 신경학적 평가에서도 정상 소견을 보였다. 이비인후과 검사에서는 연축발성장애가 의심되었다.

말 평가에서, 환자는 상기도감염 후에 음성이 소실되었다고 보고하였다. 문제를 치료하기 위하여 6명의 의사에게 진료를 받았고, 항생제와 독감예방주사를 맞았다. 갑상선 기능 검사에서는 실성증의 원인을 찾지 못하였다.

환자가 약 1년간 백화점에서 근무하였던 사회심리적 과거력이 드러났다. 환자는 음성 문제가 시작되기 3개월 전에, 인사과에서 자동차 부서로 이동하였을 때 약 1주일 동안 목소리가 나오지 않은 적이 있었다. 새로운 자리는 불만족스러웠고, 인사과로 돌아갈 것이라는 약속을 받았다. 그 약속은 지켜지지 않았지만 환자는 상사에게 직접 말하지 않았다. 얼마 안 되어 또다시 음성이 나오지 않았다. 말을 할 수 없었기 때문에 직장을 그만두었다. 음성이 다시 돌아왔을 때, 직장으로 복귀할 것을 계획하였다.

환자는 부모님, 남동생과 함께 살았다. 남자친구가 있었지만 그가 결혼 부담을 준다고 느꼈다. 부모님은 환자가 현재의 남자친구보다 더 좋은 사람을 만날 것이라 생각하였다. 환자는 남자친구와의 관계를 지속할지에 대한 여부가 불확실하다고 하였다.

환자는 실성증을 보였지만 속삭이는 능력은 좋았다. 말과 구강 기제 검사는 모두 정상이었다. 갑상설골을 만지는 손의 약한 압력에도 통증을 느꼈다. 증상적 음성 치료를 받았고, 40분 내에 음성은 정상으로 돌아왔다. 환자는 한 시간 동안 힘들이지 않고, 환자와 함께 병원에 온 어머니와 삼촌과 말할 수 있었다.

그 이후에 임상가는 환자에게 초기의 실성증이 기질적 질환에 의해 유발되었더라도 현재는 정상적으로 말하는 데 신체적 제약이 없다고 개인적으로 알려 주었다. 문제를 직시하는 것이 중요하므로 실성증을 지속시키는 스트레스, 갈등, 기타 감정적 요인에 대해 논의하였다. 환자는 자신의 직업을 좋아하지 않았음을 인정하였고, 그만두기를 원하며, 독립하고 싶어 하였다. 환자는 자신에게 맞는 부서로 다시 이동시켜 달라고 고용주에게 요청하지 못할 것을 알고 있었다. 환자는 정신 평가를 계속 진행하는 것을 거절하였다. 임상가는 환자에게 1개월 내에 환자의 목소리를 자신에게 들려줄 것을 요청하였고, 환자는 동의하였다.

임상가는 "심인성 실성증이 증상치료(symptomatic therapy)로 해결되었다. 실성증에 대한 정확한 기제는 명확하지 않으나, 일과 연관되고, 어쩌면 가족이나 인간관계에 대한 문제와 관련이 있을 것이다."라고 결론을 내렸다.

한 달 후에, 임상가는 환자의 목소리가 정상적으로 유지되고 있다고 쓰여진 편지를 받았다. 또한 "우리가 논의하였던 중요한 것에 신경을 쓰고 있습니다. 상사에게 말하기 위하여 직장으로 복귀하였고, 나에게 부서 이동 없이 그대로 있으라고 하였지만, 거절하였습니다. 지금은 다른 직업을 찾고 있는 중이고, 스트레스를 유발하는 관계를 정리하였습니다. 선생님의 관심 덕분에 스트레스를 조절할 수 있게 되었습니다. 선생님의 격려에 감사드립니다. 큰 도움이 되었고 내 눈을 뜨게 해주었습니다."라고 써 있었다.

해설: (1) 심인성 실성증은 흔히 상기도감염 후에 발생한다. (2) 사회심리적 과거력은 스트레스, 불안, 갈등을 드러나게 한다. 이는 말장애의 기제를 이해하는 데 필수적이다. (3) 기질적 원인을 찾기 위해 많은 의료적 검사와 권고를 받게 만든다. 이러한 과정은 원인이 기질적이라는 생각을 강화한다. (4) 사회심리적 문제에 대한 논의와 함께 증상치료를 병행하면 정상 음성으로 빠르게 회복된다. (5) 심인성 음성장애 환자는 정신 평가를 거절할 수도 있다. 이 평가가 필수적인 것은 아니다. 이 환자는 목소리가 회복된 후, 짧은 기간이긴 하지만 정신적 문제를 보이지 않았다. (6) 심인성 음성장애의 효과적인 관리를 위하여 다학제적 접근을 해야 한다. 말 평가와 중재가 중요하지만, 심각한 기질적 질환이 없다는 것을 의학적으로 확인되어야 한다.

사례 14-2

의과학 작가인 50세 여환은 10개월간의 피로와 8개월간의 우측 어깨와 오른손 손가락의 심한 통증으로 내원하였다. 타 기관에서는 원인 불명의 팔신경얼기신경병증(brachial plexus neuropathy)으로 진단받았다. 초기 증상이 관찰된 3개월 이후, 독감과 같은 병으로 인해 음성 문제가 나타났다. 신경학적 평가에서는 연축발성장애 또는 불확실한 병인의 '신경학적 근위축증'이 의심되었다. 면역학자는 바이러스성 감염을 의심하면서, 신경이 재생되는 데 오랜 시간이 걸릴 것이라고 예상하였다. 환자는 내원하기 1개월 전에 숨이 가쁜 증상(shortness of breath), 진전(tremor)과 같은 호흡장애, 불안정한 보행을 경험하였다.

환자를 처음 만난 내과의사는 두드러지는 발성장애와 "호흡근육에서 조직화된 근육 활동의 진전이 소실됨"을 관찰하였다. 기도 손상은 없었다. 원인은 퇴행이나 염증과 관련한 신경학적 장애로 생각되었다. 이후의 신경학적 검사에서 환자의 우측 팔과 어깨의 경미한 약증과 만성의 우측 신경근육 질환의 근거를 보였다. 신경근육 전달에 있어서 말초신경장애나 결함을 보이지 않았다. 머리와 경추의 MRI 검사와 추가적인 방사선 촬영, 기타 검사에서 문제가 관찰되지 않았다. 신경과 의사는 환자가 음성의 어려움과 호흡의 불규칙함을 보이는 것을 보고 불확실한 중추신경계 질병이라고 생각하였다. 환자를 평가한 두 번째 신경과 의사는 후두의 간대성 근경련(myoclonus)이나 근긴장이상을 의심하였고, 자가면역 질환이 원인인 호흡의 간대성 근경련일 수 있다고 하였다. 다양한 검사 결과에서는 자가면역 질환의 근거가 나오지 않았다. 음성 문제를 치료하기 위해 보툴리누스 독소(보톡스, Botox) 주입이 권고되었다.

보톡스 주입 전, 말 평가가 의뢰되었다. 환자는 음성 문제와 함께 숨가쁨, 돌진하는 소리, 목구멍이 가득 찬 느낌 때문에 삼킬 때 주의해야 하는 문제를 보고하였다. 스트레스나 피로를 느끼는 상황에서는 음성이 더 악화되었다.

말하거나 쉬는 동안, 다소 갑작스럽게 좌우로 떨리는 것과 같은 머리의 움직임을 보였고, 간혹 팔이 간대성 근경련처럼 갑자기 움직였다. 말하는 동안에 특히 호흡이 이상하고 갑작스러우며, 호흡 주기가 짧았다. 또한 말하면서 목을 상당히 긴장시켰다. 뺨 부풀리기에서는 노력이 필요하였고 모색행동이 나타났다. 갑상설골 공간이 현저하게 좁아져서, 이 부위를 살짝 누르는 경우에도 고통을 호소하였다. 약간의 음량 감소와 함께 지속적이고, 두드러지며, 긴장되고, 조이는, 경련성의 음질을 보였다. 발성장애와 비정상적인 호흡의 이차적 양상으로 인해 구의 길이에서 변이를 보였다. 모음을 4초 이상 연장발성할 수 없었다. 교대운동속도 수행에서는 구강안면의 투쟁행동을 보였다.

임상가는 심인성 요인으로 인한 음성장애로 추측하였다. 증상치료가 시행되고, 환자의 음성은 약 15분 내에 정상으로 돌아왔으며, 특별한 노력 없이 45분 동안 정상 음성을 유지하였다. 음성이 향상됨에 따라, 호흡양상이 정상화되고, 머리의 진전/불안정도 진정되었다. 간대성 근경련적인 팔과 몸체의 갑작스런 움직임은 지속되었지만 빈도가 감소되었다. 환자는 음성이 개선되어 매우 기뻐하였으며, 예정된 보톡스 주입은 취소되었다.

음성 문제가 극적으로 향상되는 것이 환자는 혼란스러웠다. 사회심리적 확인 결과, 환자는 법적 문제와 약물을 남용하는 사춘기 아들을 양육하는 어려움 때문에 상당히 스트레스를 받았다. 의료적 정밀검사를 끝낸 후, 며칠 내로 진행된 정도에 대해 평가를 받을 것을 권고받았다. 5일 후에도 음성은 정상이었다. "나는 환자의 운동장애가 '기질적 병인으로 인한 것이 아니라'고 결론 내리는 것을 보류한다. 음성 치료의 효과는 아주 만족스럽다."라고 말하였던 신경과 의사에게 재평가를 받았다. 최종 신경학적 진단명은 팔신경얼기 손상(brachial plexus injury)이었지만, 이외의 신경학적 질병은 없었다. 후속 평가가 권고되었다.

환자는 6개월 후에 재방문하였다. 음성 문제가 재발되지 않았으나 지속적인 어깨 통증은 여전하였다. 가족 스트레스는 지속되었지만, 환자, 환자의 남편과 아들은 상담을 받았다. 발성장애의 원인에 대하여 논의하였고, 문제의 비기질적 또는 심리적 원인의 의미를 확인하였다. 그녀는 음성 문제가 시작되었을 때 나타났던 목/어깨 통증과 바이러스성 질병에 대한 학습된 반응으로서 음성 문제가 나타난다고 하였다. 기질적 질병에 대한 신체적인 반응이 익숙해졌고, 말하는 물리적 방식이 더 정상적인 쪽으로 가는 것을 도왔기 때문에 치료가 효과적이었다는 가설이 세워졌다. 심리적 스트레스가 장애에 미치는 영향에 대해서도 논의하였다. 질문이나 문제가 생기면 임상가에게 연락할 것을 권고하였다. 9개월 후에 환자는 스트레스로 인하여 목이 가끔 조이는 느낌이 있기는 하지만, 정상 음성을 유지하고 있다고 임상가에게 보고하였다. 최근에는 환자의 모친이 돌아가셔서 슬프고, 부친을 부양하고 있다고 말하였다. 아들은 여전히 문제(약물남용 등)를 보였다. 환자는 몸과 팔에서 비정상적인 움직임이나 호흡 문제를 보이지 않았다.

해설: (1) 내전형 연축발성장애와 유사한 음성 문제는 심인성 원인일 수 있다. (2) 심인성 음성장애는 신경학적 질환(이 사례에서는 팔신경얼기 손상뿐만 아니라 호흡기 또는 상기도 문제와 동반될 수 있다. (3) 심인성 음성장애는 신경학적 원인으로 오인될 수 있다. 상기의 대상자에서 관찰된 비정상적인 호흡 양상이나 사지의 갑작스런 움직임(jerkiness)과 같은 기타 비기질적 운동장애와도 관련이 있다. (4) 증상치료는 심인성 음성장애를 신속히 해결한다. (5) 심인성 음성장애가 성공적으로 치료되면 기질적 질병을 의심하여 권고되었던 치료를 중단할 수 있다(이 사례에서는 보톡스 주입이 예정되었다). 이것은 침습적 절차와 관련된 위험이나 비용을 감소시킬 뿐만 아니라 문제가 기질적이라고 믿는 환자의 관념을 없애 준다. (6) 심인성 음성장애에 대한 정확한 기제가 항상 명확한 것은 아니다. 팔신경얼기 손상이 있었던 이 사례에서는 음성과 호흡 문제의 원인에 대한 예상과 가족 스트레스 문제에 대한 검토를 통하여 비기질적 운동장애로 결론이 내려졌다.

사례 14-3

38세 남환은 3일 동안 좌측 얼굴에 부기와 통증이 있어 응급실에 왔다. 또한 3개월 전에 통증, 두통과 우측 사지의 진전을 보여 지역 병원에 방문한 이후로 '말더듬'을 보였다. 전공의는 원발성(primary) 중추신경계 질환을 의심하였다. 신경학적 문진을 통해 말 문제, 우측 사지의 진전, 보행장애가 있었으나 환자의 문제가 비기질적 원인에 기인한다는 의혹이 제기되었다.

이어진 신경학적 검사에서, 경미한 우측 척골 신경병증(ulnar neuroparhy) 소견이 근전도 검사에서 관찰된 것 이외에는 모두 정상이었다. 말과 정신 능력에 대한 검사가 의뢰되었다.

말 평가에서, 환자는 발병 이후 말더듬 정도의 변화가 있긴 하였으나 정상으로는 돌아오지 않는다고 보고하였다. 지역 병원에서 받은 말 치료는 효과가 없었다. 구강 기제 검사 결과는 하부 안면의 힘이 약화된 것을 제외하고는 모두 정상이었다. 대화, 읽기, 따라말하기에서는 각 단어의 음소를 4~6회 반복하는 비유창성이 두드러졌다. 반복과 함께 경미한 안면 찡그림, 눈 감기, 목 긴장이 수반되었다. 같은 자료를 반복하여 읽을 때 적응효과가 없었다. 말 반복에서 관찰된 것처럼 모음연장에서도 스타카토적이고 반복적인 양상을 보였다. 말의 교대운동속도는 불규칙적이고 느렸으며 대화에서의 비유창성과 똑같은 양상을 보였다. 대화에서의 말은 종종 관사, 대명사, 전치사의 생략을 보이는 전보식이었다. 노력을 최소화하기 위해 의도적으로 그렇게 말한다고 하였다.

40분간의 증상적 말 치료 동안, 환자는 정상적으로 모음을 연장하고, 반복 없이 일부 단단어를 시작할 수 있었다. 이튿날 이루어진 한 시간의 치료 동안, 환자는 여러 말소리/음절 반복을 보이던 것에서 모든 음절을 과장되게 연장하는 것으로 비정상적인 양상이 변화되었다. 그러나 새로운 말에 집중을 하면서 멈출 때마다 예전의 양상으로 돌아왔다. 치료를 하는 동안 사회심리적 병력을 확인하지는 않았다. 이는 예정된 정신과 상담에서 검토될 것이라고 생각하였다.

임상가는 환자가 "원인이 분명한 성인기에 발병하는 심인성 말더듬 같은 행동을 보인다. 반복은 동어반복증으로 인한 것이 아니며, 신경말더듬증의 전형적인 징후와 일치하지 않는다. 반복이 두드러지게 일관적이다. 이는 발달성 말더듬에서조차도 상당히 드물고, 신경말더듬증에서도 매우 드물다."라고 결론 내렸다. 환자는 본인의 문제가 스스로 혹은 치료에 의해 향상될 수 있다고 확신하였다. 환자는 자신을 조롱하듯이 본인의 문제를 “내 머리 안의 모든 것”으로 지칭하였다. 그는 자신의 심한 말 문제에 무관심한 듯이 보였고, 노력으로 문제가 개선되었으며, 문제에 대한 비신경학적인 본질에 대해 설명을 들었다.

다음 날 이루어진 정신 평가에서는 이상한(bizarre) 말 특징이 주목되었다. 정신과 의사는 이전의 정신질환에 대한 근거를 찾지 못하였고, “유일하게 관찰된 것은 지금까지의 경험이나 두려움, 걱정, 분노나 슬픔과 같은 괴로운 감정을 일관적이게 부정하고, 세 가지 직업과 세 자녀를 양육하기 위한 노력을 끊임없이 최소화하려고 한다.”(환자는 이혼하였음)라고 보고하였다. 환자는 만성 피로를 인정하였지만 어떤 인식이나 자신의 양상을 변화시키는 것은 거부하였다. 그의 정동(정서)은 부적절하게 무관심한 것으로 나타났다. 정신과 의사는 전환장애에 합당하다고 생각하였다. 환자가 본인의 감정을 인식하는 것이 거의 불가능하였기 때문에 정신과 치료가 권고되지 않았다. 지속적인 말 치료와 신체적 치료가 권고되었다. 치료를 계속하기 위해 환자는 집으로 돌아가기로 하였다. 그 후로 소식을 들을 수 없었다.

해설: (1) 말더듬과 같은 비유창성은 성인기에 발생한다. 심인성 원인일 수 있지만 종종 신경학적 질환에서도 나타난다. (2) 환자의 비유창성 본질과 두드러지는 일관성은 신경말더듬증에서 나타나는 비유창성과 양립할 수 없다. 비록 증상치료로 말이 개선되지 않지만 변화할 수 있다. 이는 말더듬이 심인성이라는 결론을 지지한다. (3) 심인성/비기질적 말장애(PNSD)는 종종 기질적 질환을 나타내는 것과 같은 기타 신체적 결함과 거의 동시에 발생한다. (4) 증상이 빠르게 개선되지 않는 상태에서는 정황에 근거하여 전환장애 진단이 내려진다. 그러나 여러 전문분야의 검사가 진단의 확실성을 높일 수 있다.

사례 14-4

44세 남환은 지역병원에서 원인을 찾지 못한 15개월간의 증상으로 내원하였다.

환자의 증상은 갑자기 시작되었고, 처음에는 좌측 몸의 무감각(numbness)과 약증, 좌측 귀의 청각 장애, ‘말더듬과 불분명한 발음’을 보였다. 발병 시기에 시행한 혈관조영술과 자기공명영상 결과는 정상이었다. 왼손과 왼팔의 경미한 무감각이 지속되는 것을 제외하고는 나머지 증상들은 며칠 내에 사라졌다. 1주일 후 좌측 상지에서 진전(tremor)이 나타났고, 직장인 보험회사에 복귀할 수 없었다. 1년 동안 휴직을 하였다. 몇 개월 동안 시각적 발작(spells), 두통, ‘말의 중단’이 있었다.

환자를 검사한 신경과 의사는 진전을 관찰하였고, ‘어렵지 않은 진단’이라 하면서, 비기질적 원인에 대한 의혹을 제기하였다. 그러나 이후 이루어진 자기공명영상에서는 초기에 관찰된 문제의 원인일 수 있는 우측 뇌간의 오래된 작은 출혈이 발견되었다.

말 평가를 시행하는 동안 느린 속도와 불명료한 발음의 ‘말더듬’을 보였다. 환자는 언어에서는 어려움이 없다고 말하였다. 어렸을 때 말을 더듬었던 형제가 있었지만, 자신은 어린 시절에 말이나 언어 문제가 없었다고 하였다.

혀, 입술, 턱의 교대운동속도 산출에서는 주저와 투쟁행동을 보였다. 다음절 단어의 첫 음소와 간혹 두 번째 음절의 첫 음소에서 반복과 연장이 빈번하였다. 구강안면 긴장과 눈 감기도 관찰되었다. 말을 개시하는 것이 느렸고, 전체적인 말 속도는 상당히 감소되었다. 갑자기 미소나 웃는 것을 제외하고는 전반적인 운율은 단조로웠다. 예-아니요 질문에 반응하는 머리 끄덕이기는 주저하는 듯하고 갑자기 움직였다. 말의 교대운동속도는 상당히 불규칙적이고 주저하는 듯하였으나 실조형이나 운동과잉형 마비말장애 같지는 않았다. 일상 언어는 전보 형식을 보였으나 전형적인 브로카 실어증의 양상은 아니었다.

연장하기와 노래하는 듯한 운율에 초점을 맞춘 30분의 증상치료 후에 유창성이 상당히 개선되었다. 회기가 끝나갈 때쯤에는 주저하거나 반복하는 경향이 드물게 관찰된 것을 제외하고는 90% 정도로 회복된 정상적인 말을 보였다. 유창성이 향상됨에 따라 얼굴 표정 또한 개선되었다. 다음 날 다시 내원하였을 때도 향상된 말을 유지하였고 "정상의 97% 정도로 회복되었다"고 언급하였다. 임상가도 동의하였다.

임상가는 "그의 말 문제는 심인성 원인의 말더듬으로 인한 것이다. 말에서 관찰된 특성이 신경말더듬증과 다르며, 신경말더듬증에서는 짧은 시간의 행동 수정으로 증상이 개선될 수 없다. 이 문제의 원인에 대하여 조사하지는 않았지만, 말 문제를 유발한 어떠한 사건이 사라졌다고 설명하였다. 또한 말의 향상이 유지될 수 있고, 짧은 시간 안에 더 개선될 수 있을 것이다."라고 결론 내렸다. 환자는 이러한 결론을 듣고 자신의 말이 유지될 것이라고 자신하였다.

4일 후에 환자가 정신과 상담을 위해 내원하였을 때, 그의 말은 정상이었다. 정신과 의사는 환자가 보인 많은 증상이 대부분 그가 일하는 보험 회사에서 고객과의 대립으로 매우 화가 난 직후에 발생하였다는 것을 발견하였다. 환자는 어려운 어린 시절을 보냈다. 아내의 반복적인 외도로 인한 결혼생활이 실패하였고, 목사가 되려고 하였으나 교회에서 거절당하였고, 지원과 보살핌이 필요한, 시각과 청각 결함을 가진 사람과의 재혼하였으며, 장애아동을 입양하기 위한 그와 아내의 시도가 좌절되었다. 정신과 의사는 환자에게 강함, 긴장, 강직, 피상적인 통찰력만이 있다고 하였다. 정동(정서)이 전반적으로 단조로웠다. 의사는 환자의 문제가 전환장애를 보인다고 말하는 것을 주저하였으나, 환자가 본인의 증상을 증폭시킨다고 생각하였다. 의사는 환자에게 입원하여 신체 및 말 치료를 받도록 권고하였고, 필요하다면 정신과적 치료를 받도록 하였다. 그러나 환자는 이를 거절하고 집으로 돌아갔다.

해설: (1) 심인성/비기질적 말장애(PNSD)는 신경학적 질환 환자에서도 나타난다. 이 환자의 뇌간 출혈이 초기의 증상을 설명할 수는 있지만 그의 말 문제를 설명하지는 못한다. (2) 심인성 말더듬증을 위한 증상치료는 말을 빠르게 개선시킨다. 이는 심인성으로 진단하는 것에 확신을 주고, 정신과 검사를 의뢰할 수 있게 한다. (3) PNSD는 특정한 어떤 계기로 발생할 수 있지만, 실은 많은 생활 스트레스가 축적된 것이다. (4) 심인성 말더듬증은 간혹 브로카 실어증과 표면적으로 유사한 비유창한 말 패턴을 보인다. 그러나 비유창성이 해소되면 전보식 말도 사라지는 것이 흥미로운 점이다.

사례 14-5

45세 여환이 2년 동안의 다리 약증과 말의 어려움을 보여 내원하였다. 처음에는 휠체어를 사용하였으나 점차 워커(walker)와 지팡이를 사용하게 되었다. 머리와 척추의 MRI는 정상 소견이었다.

신경학적 검사에서는 특이한 움직임과 휘청거리는 보행이 관찰되었다. 혼자 서 있을 수 없었고, 양손에 무언가 손을 대지 않고 일어설 수 없었다. 무게중심 조절 능력이 손상되었다는 근거가 없고, 이상한 움직임에도 불구하고 똑바른 자세를 유지하는 능력은 우수한 균형 능력을 시사하였다. 근육 검사에서는 근육 능력 감퇴를 보였지만, 근육 손실의 근거는 없었다. 신경과 의사는 환자의 보행 장애가 '히스테리성'에 기인한 것이라 생각하였다. 나머지 신경학적 검사 결과는 모두 정상이었다.

말 평가 동안, 환자는 말의 변화나 어려움을 부인하였다. 환자가 전화로 이야기할 때는 사람들이 환자의 엄마인 줄 안다고 말하였다. 구강의 수의적 운동 수행에서는 특이한 투쟁행동이 관찰되었고, 턱, 얼굴, 혀의 강도 검사(strength testing)에서는 쇠진되는(힘이 빠지는)(give-way) 약증을 보였다. 신체 검사에서는 약증, 경직(spasticity), 불협응이나 운동 장애가 없었다.

말의 음도가 높았다. 유아스런 운율 · 문법 · 내용, 얼굴 찡그림과 눈 감기가 동반된 주저와 일부 구와 단어 반복을 포함한 비유창성이 빈번히 관찰되었다. 눈 맞춤이 거의 없었고, 비구어적 행동은 어린아이 같았다. 음성과 말 양상을 수정하기 위한 간단한 시도가 있었지만 변화는 없었다.

임상가는 환자가 "높은 음도, 미숙한 운율, 일부 문법적 변이를 보이는 심인성의 유아스런 말 특성을 보인다. 마비말장애나 말실행증 또는 기타 신경학적 말운동장애를 시사하는 근거가 없다."고 결론을 내렸다. 임상가는 환자가 본인의 말 변화나 어려움을 부정하는 것이 말 치료의 개선 가능성을 저하시킨다고 생각하였다.

정신과적 검사에서는 우울증, 정신병 또는 약물 의존 장애의 근거가 관찰되지 않았다. 환자의 부친은 환자가 3개월일 때 돌아가셨고, 환자는 항상 아팠다. 환자는 출산 중에 2명의 아기를 잃었다. 환자의 모친은 신경과민적으로 환자를 과잉보호하였고, 남편도 그러하였다. 환자는 '완전히 퇴행'하여 보행이 불가하고, 어린아이같이 말하는 양상을 보였다. 전환장애 진단의 가능성이 고려되었고, 입원한 상태에서 정신과 치료가 권고되었다. 그러나 환자는 이를 거부하고 집으로 돌아갔고, 후속 평가는 이루어지지 않았다.

해설: (1) 유아스런 말이 전환장애의 증상일 수 있다. (2) 전환장애는 신경학적 질환을 암시하는 상황에서 발생하기도 한다. (3) 심인성 말장애를 위한 증상치료가 항상 권고되는 것은 아니다. 적어도 환자는 자신의 말에 대하여 인식하고 우려해야 하지만, 이 환자는 그렇지 않았다. (4) 구강 기제 검사는 심인성/비기질적 말장애(PNSD)의 진단에 도움을 준다. 이 사례에서 보인 결함은 환자의 말 양상과 맞아떨어지지 않았다.

사례 14-6

26세 남환은 허리의 통증, 다리의 무감각(numbness), 마비말장애의 평가를 위해 내원하였다. 이는 2개월 전 식당을 나오면서 넘어진 후부터 시작되었다. 의식 소실은 없었으나 몇 주 동안 입원이 필요한 심한 허리 통증이 있었다. 통증은 개선되었지만, 퇴원 1주일 후 다리의 경련(cramps) 때문에 걸을 수 없었다. 또한 이해가 어려운 '불명료한(slurred)' 말을 보였다. 그는 "혀가 입안에서 동그랗게 말리고 통제할 수 없다."라고 말하였다. 이는 지속되었지만 개선되었다.

신경학적 검사와 실험(labatory) 검사 후에 신경과 의사는 "과거병력이나 검사 결과는 신경근병증(radiculopathy), 말초신경병변, 척수병변을 시사하지는 않는다. 통증의 분포는 알려진 기질적 신경학적 상태와 맞지 않는다."라고 결론 내렸다. 신경과 의사는 말 평가를 의뢰하였다.

말 평가에서, 환자는 그가 일찍 결혼하여 두 아이가 있고, 2년 전에 이혼하였으며, 1년 전에 재혼하였고, 말 문제가 발생한 1개월 후에 다른 아이를 가졌다고 말하였다. 그는 약 6개월 동안 자동차 대리점을 소유하였지만 병 때문에 가게 문을 닫았다. 그의 아버지도 한때 자동차 대리점을 운영하였지만 자동차 사고로 '척추가 부러져' 가게 문을 닫았다고 보고하였다. 그의 아버지는 완전히 회복되었고, 다른 사업을 시작하였다.

구강 기제 검사에서, 혀는 휴식 시에 일부 자발적인 변이적 움직임과 들어 올려지는 양상을 보였고, 더 수축하거나 편측화된 양상을 보였다. 막대로 누르는 것에 대항하여 혀를 앞으로 내밀 수 있었다. 혀를 옆쪽, 위쪽, 턱 쪽으로 움직일 수 있었고 혀의 길이는 정상이었다. 어려움 없이 물을 마실 수 있었다.

수축되고 상승된 혀의 자세로 인하여 환자는 많은 조음 왜곡을 보였다. 앞쪽 설측 마찰음과 파찰음은 상당히 일관적으로 생략되고, 설측 치경 파열음과 비음은 경구개음화되었다. 비정상적인 혀의 자세는 구강 공명을 변화시켰다. 말의 교대운동속도는 정상이었다. 대화하는 동안 이차적 투쟁행동인 눈 감기, 경미한 얼굴 찡그림, 목 늘이기가 관찰되었다.

혀의 자세를 수정하기 위한 시도가 있었다. 큰 노력을 통하여 일부 앞쪽 설측 파열음과 비음을 산출하였고, 일부의 이차 투쟁행동이 감소하였다. 그는 이러한 행동 변화에 대하여 감명받지는 않았으나 개선된 것은 인정하였다. 환자는 말이 개선되었으므로 말 치료가 필요하지 않다고 느꼈다.

임상가는 환자가 "현 시점에서 증상치료에 내성을 보이는 심인성 조음장애의 가능성이 있다. 비정상적인 혀 자세가 운동과잉형(hyperkietic) 같은 마비말장애(혀의 이상운동증[lingual dyskinesia])를 나타낼 가능성이 있지만, 이러한 형태를 본 적이 없다. 혀의 수축과 올림 문제를 보이면서 저작이나 삼킴 문제가 없는 것은 기질적 장애에서 매우 드물다."라고 결론 내렸다. 임상가는 환자에게 그의 말 문제가 최근에 있었던 의학적인 문제나 기타 정의되지 않은 문제에 대한 심리적 반응으로 인한 것임을 알려 주었다. 그리고 그의 말 문제는 일반적인 신경학적 말 문제와 들어맞지 않으며, 느리지만 지속적으로 향상되는 것은 회복에 대한 낙관적 가능성을 보여 줌을 알려 주었다. 호전이 중단되거나 퇴행이 발생하면 증상적 말 치료로 개선될 수 있다고 하였다.

말 병리학자와 환자의 신경과 의사는 정신과 상담을 권고하였지만 환자는 거절하였다. 추적 검사가 이루어지지 않았지만, 2년 후에 환자가 넘어졌던 식당의 주인을 고소하는 것과 관련된 증언을 요청하기 위해 신경과 의사와 말 병리학자에게 전화하였다.

해설: (1) 심인성/비기질적 말장애(PNSD)는 조음에 영향을 준다. (2) 이는 신체적 손상 이후에도 나타난다. (3) 사회심리적 병력은 비기질적인 신체 결함에 대한 '근거'를 보여 준다. 환자의 부친과 환자 병력의 유사성은 우연한 일치일 수도 있으나 진단적으로 중요하다. (4) PNSD는 신체적 또는 말 어려움과 관련된 소송을 고려하거나 소송 상황에 있는 사람들에게 발생하기도 한다. 어떤 경우에는, 이것이 전환장애의 부차적인 이익을 위한 수단이거나 꾀병일 수 있음에 주의해야 한다.

사례 14-7

31세 여환이 우측 약증과 함구증으로 응급실에 내원하였다. 뇌졸중이 원인인 것으로 간주되었다. 그러나 다음 날 이루어진 신경학적 검사에서, 우측 사지의 쇠진되는(힘이 빠지는, give-way) 약증을 보여 비기질적 원인의 가능성이 제기되었다. 이후의 신경 촬영 검사는 정상이었다. 말 평가가 의뢰되었다.

평가의 초반에, 환자는 가끔 고음도의 그르렁거림(grunting)을 산출하였지만, 거의 말이 없었다. 농담을 좋아하였고, 오류 없이 복잡한 지시 따르기가 가능하였다. 서면(쓰기)을 통해 의사 전달이 가능하였다. 말하도록 압박을 받을 때는 얼굴 찡그림을 수반한 깨어진 음절을 산출하였다. 증상치료가 시행되었고, 45분 만에 환자의 말은 정상으로 돌아왔다. 임상가는 심인성 말 문제로 결론을 내렸다.

가족의 도움으로 수행된 정신과적 평가에서는, 환자가 충동 조절 문제와 오랫동안 낮은 자존감으로 인한 문제, 그녀의 어머니와의 갈등이 드러났다. 그녀는 18세에 자살을 시도하였다. 그녀는 전환장애와 경계선의 성격장애로 진단받았다.

입원하여 정신과 치료를 받으면서 우측 약증은 개선되었고, 기분도 향상되었다. 퇴원을 상의하는 시점에, 환자는 적대적이고 우울해졌으며 자살에 대한 생각을 하였다. 소리 지르고 주먹을 휘두르는 양상으로 정신과 폐쇄병동으로 옮겨졌다. 결국 그녀는 집에서 외래로 치료를 받았다.

해설: (1) 전환장애에서는 국소적 신경학적 장애에 기인한 신체적 결함이 수반된 침묵이 관찰될 수 있다. 이 사례에서는, 좌뇌 뇌졸중으로 우측 약증과 실어증이나 말실행증을 보였을 수 있고, 이로 인해 침묵이 관찰되었다. (2) 증상치료는 말을 빠르게 개선하며, 함구증에 대한 일차적인 원인에서 기질적 병리를 배제하는 데 도움을 준다. (3) 일부에서는 전환장애가 비교적 고립된 사건으로 발생하기도 한다. 다른 환자에서는, 더 심각하고 오래된 정신병리 증상을 보인다.

사례 14-8

56세 여환이 7개월 동안 신체 여러 부분에서의 갑작스러운 움직임(jerks)뿐만 아니라 흐린 시야와 쉰 목소리(hoarseness)를 보여 내원하였다. 명백한 사건은 없었다. 신경학적 검사에서는 머리, 몸통, 때때로 양측 하지의 간헐적인 경련(jerks)이 관찰되었고, 그중 일부는 기질적 간대성 근경련(myoclonus)의 가능성을 보였다. 생리학적 평가에서는 신경계의 관련성을 확인하지 못하였으나 기질적 간대성 근경련에서 전형적으로 관찰되는 간헐적인 경련을 확인하였다. 데파코트(Depakote)가 처방되었다.

6개월 후 내원하였을 때, 환자는 척추지압사에게 '귀 뒤의 나쁜 신경'을 지압받은 후에 간대성 근경련이 없어졌다고 말하였다. 그러나 지난 한 달 동안 말의 앞뒤가 맞지 않고 '횡설수설(gibberish)'하는 말 문제가 있었다. 그 문제가 계속되어 일을 그만두고 원인을 찾게 되었다. 또한 머리를 흔드는 양상이 지속적으로 나타났고, 지난 3주 동안 하루에 5~6번 '기절'하였다.

말 문제로 인하여 신경학적 검사가 어려웠다. 긴장저하, 무반응이 나타났고, 주변 환경에 대한 인식이 없는 것처럼 보였다. 비기질적 장애가 의심되었고, 말 평가와 정신과적 평가가 의뢰되었다.

말 문제로 인하여 정신과 검사 결과의 타당성이 저하되었다. 그녀는 예의 바르고 표면적으로 협력하였으며, 그녀의 남편이 질문에 대답하는 것을 허락하였고, 스스로 쓰기로 답변하고, 예/아니요의 고개 끄덕이거나 젓기, 숫자를 나타내기 위해 손가락 펴기를 시도하였다. 정신과 의사는 환자가 '4번 결혼한 남편과 4번 결혼한 아내에게서 관찰되는 단념의 두려움과 같은' 문제를 가지고 있다고 결론을 내렸다. 그녀와 남편은 많은 의사들이 병이 '그들 머리 안에' 있다고 말한 것에 화가 났다고 하였다. 또한 장애의 거부에 대해 화가 났다. 정신과 의사는 그녀가 더 구체적으로 진단될 수 없는 신체화 장애를 가졌다고 결론을 내렸다.

이튿날 말-언어 평가가 시행되었다. 그녀의 남편은 저하된 말명료도 때문에 오랫동안 단지 제스처, 몸짓, 쓰기만으로 그녀와 의사소통하였다고 보고하였다. 저작과 삼킴 문제는 없었다. 구어와 읽기 이해는 정상이었다. 쓰기는 힘들었지만, 가독성(legibility)은 양호하였다. 많은 질문에 쓰기를 통하여 빠르고 정확하게 응답하였다.

정상 음질, 공명, 속도로 말하였다. 운율은 동양인 또는 때때로 라코타(Lakota) 부족의 강세처럼 들렸다. 대부분의 음절은 자음-모음 형식이었고, 마찰음과 파찰음은 거의 없었다. 단모음과 자음을 모방하려는 시도는 정확하지 않았고, 대부분 투쟁과 노력이 수반되었다. 그녀 말의 교대운동속도는 약간 느렸지만 규칙적이었다. 구강 기제 검사 결과는 정상이었다. 복잡한 구어적 지시나 쓰기를 수행할 때와 그녀가 '기절하거나' 눈을 감고 가슴 쪽으로 턱을 내릴 때, 말이 중단되었으며, 남편이나 임상가가 뺨을 가볍게 두드렸을 때 다시 말하는 것이 가능하였다.

부드러운 후두 마사지와 손가락 마사지를 포함한 증상치료가 약 20분 동안 시행되었고, 초기에는 단지 모방만 하였으나 읽기와 대화에서 환자는 명료한 말을 산출하였다. 말이 약간 느리고 끊어지는 것은 여전하였지만, 회기의 나머지 시간 동안 지속적으로 개선되었다. 외국어 같은 말투(pseudoforeign accent)가 사라졌다. 짧은 시간 안에 말이 극적으로 개선되었기 때문에 말장애 원인이 무엇이든지 간에 더 이상 문제가 되지 않는다고 확신하였다. 퇴행을 보인다면 증상적 말 치료가 필요하지만, 임상가는 환자가 자발적으로 회복될 수 있다고 생각하였다. 환자는 후에 스트레스가 증가할 경우 일어날 일에 대해 걱정하였다. 임상가는 이것이 중요한 문제임에는 동의하였지만, 회기 중 관찰된 개선을 통해 정상적으로 말하는 능력이 확립되었다고 생각하였다.

이후의 뇌파(EEG) 검사 결과에서는 반응이 없는 상황을 포함하여 모두 정상이었다. 자기공명영상 결과도 정상이었다. 신경과 의사는 일주일 전의 말과 현재의 말이 상당히 다르고, 지금은 완전히 정상적인 것은 아니지만 명료하다고 평가하였다. 환자는 기질적인 신경학적 장애의 소견이 없다는 검사 결과에 안심하였다. 의사는 환자가 재활 접근법으로 향상될 수 있다고 전망하였다. 환자는 집에서 가까운 신체적 재활 프로그램 시설에 의뢰되었다. 환자와 남편은 정신과 치료를 거절하였다. 신경과 의사는 환자가 말장애와 보행장애, 비기질적 원인의 발작을 보인다는 결론을 내렸다.

해설: (1) 심인성/비기질적 말장애(PNSD)는 신경학적 질환을 암시하는 다른 증상과 동반될 수 있다. 이 환자의 초기 증상은 기질적 간대성 근경련이었다. (2) 외국어 같은 말투와 기타 운율적 문제뿐만 아니라 불명료한 말은 심인성/신경학적 말장애의 특징이다. (3) 증상적 말 치료는 비교적 짧은 기간에 상당한 개선을 이끌어 낼 수 있다. 비록 말이 완전히 정상으로 회복되지 않을지라도 증상치료를 통해 변화될 수 있고, 이러한 변화는 비기질적이라고 진단 내리는 것을 돕는다. (4) 증상적 말 치료는 극적인 향상을 이끌지

만, 때때로 이차적 문제(이 사례에서는 장애)가 남거나 기타 신체적인 증상이 지속될 수 있다. (5) 중요한 말 결함은 정신과적 평가를 어렵게 만든다. 물론 환자가 거부할 수도 있지만, 환자의 말이 향상되면 더 적절한 정신과적 평가가 가능하다.

사례 14-9

4년 전에 이라크에서 머리와 척추 손상을 입은 54세의 오른손잡이인 참전용사가 내원하였다. 그가 있었던 건물이 박격포탄으로 붕괴되었고, 무거운 자재가 하반신에 떨어졌다. 부상 이후에 뇌전증(seizure)과 같은 발작(spells), 심한 전두엽 두통, 거의 매일 몇 분에서 몇 시간 동안 지속되는 진전(tremor)이 있었고, 걷거나 팔을 사용하는 것이 어려웠다. 기억, 사고, 말의 문제와 오른편 얼굴, 팔, 다리의 무감각을 호소하였다.

신경학적 검사에서는 신경병리학적 진전의 원인(과장된 생리학적 진전을 보임)을 찾지 못하였고, 기능적 장애 혹은 외상 후 스트레스 장애에 대한 가능성이 제기되었다. 뇌파 검사(EEG)에서는 발작하는 동안에도 전기생리학적인 발작의 신호가 관찰되지 않았다. 정신과적 정밀검사에서는 환자가 외상 후 스트레스 장애와 전환장애를 보이며, 둘 다 환자의 전쟁 관련 부상과 관련이 있다는 결론을 내렸다.

말 평가에서, 환자는 외상 이후에 말더듬이 나타났다고 보고하였다. 가끔 호전되기도 하였으나 말 문제는 차도가 없었다. 그는 불안하고 곤혹스러울 때나 피곤할 때 말더듬이 더 악화된다고 생각하였다. 발달단계에서 말, 언어, 유창성 장애는 없었다고 하였다.

구강 기제 검사 결과는 정상이었다. 일상 대화에서는 잦은 말소리 반복, 연장, 간헐적인 조용한 막힘으로 조심스럽게 말하는 소견을 보였다. 기타 말과 언어의 측면은 정상이었다. 임상가가 그의 말을 수정하는 동안, 비유창성이 거의 사라졌다. 진단 검사 회기가 끝나갈 무렵 환자는 자신의 말이 80% 또는 그 이상의 정상 수준으로 회복되었다고 평가하였다. 그는 매우 기뻐하였다.

임상가는 환자가 "말더듬의 비유창성을 보이나 신경학적 말운동장애(마비말장애 또는 말실행증)는 아니다. 이는 불안과 우울증으로 나타날 수 있고, 말할 때의 인지와 감정적 요구에 의해 영향을 받거나 악화된다."고 결론을 내렸다. 또한 환자가 정상적으로 말을 할 수 있는 능력이 있다고 하였다. 환자는 이에 동의하였고, 추가적 치료에 대한 동기가 생겼으나, 이후 예정된 치료를 받지 못하였다. 정신과 의사는 정신과적 치료를 권고하였지만 환자는 최근에 귀환한 참전용사 명단에서 빠지는 것에 대한 두려움으로 치료를 받는 것에 대하여 갈등하였다.

해설: (1) 심인성 말더듬증은 외상 후 스트레스 장애와 뇌손상과 관련이 있다. (2) 심인성/비기질적 말장애(PNSD)는 종종 기타 가성 신경학적(pseudoneurologic) 증상(예를 들면, 발작, 진전), 기질적 원인이 있거나 없는 인지적 문제를 수반할 수 있다. (3) 심인성 말더듬증은 스트레스, 외상 후 스트레스 장애, 전환장애, 기타 인지적인 어려움이 지속되는 경우에도 말 치료를 통하여 호전된다.

IV. 요약

1. 말은 심리적 장애와 비기질적 장애로 인해 다양하게 변화한다. 이러한 장애는 다학제적인 의료 상황에서 드물지 않다. 중요한 것은, 이 장애들은 서로 유사하며, 신경학적 질환과 연관된 말운동장애를 포함한 기질적 질환으로부터 구별하기 어렵다는 것이다. 심인성/비기질적 말장애(PNSD)와 신경학적 말장애는 동시에 발생한다.
2. 우울증, 조울증, 조현병은 예측할 수 있는 말 특징을 보이며, 이러한 특징은 실제적으로 정신병리의 확인을 돕는다. 신경학적 질환에서 우울증이 흔히 발

생하며, 조현병 환자의 언어를 일부 실어증의 특징과 구별하는 것이 어려울 수 있다는 것을 명심해야 한다.

3. 생활 스트레스, 전환장애, 신체화 장애, 허위성 장애 또는 꾀병에서 보이는 말장애는 종종 음성, 유창성, 또는 운율의 변화로 나타난다. 음성장애는 아마도 심인성 비기질적 말장애의 가장 큰 범주로서, 대부분 실성증, 쉰 목소리, 긴장된 발성장애를 보인다. 말더듬 같은 비유창성은 두 번째로 나타나는 범주이다. 조음과 운율 결함, 유아스런 말, 함구증도 관찰된다.

4. PNSD는 흔히 신경학적 질환에 대한 의혹이 제기되는 상황에서 나타난다. 두 원인 사이의 구별은 어려울 수 있다. 병력의 세부사항뿐만 아니라 임상 평가 중의 관찰도 진단에 중요하다. 신경학적으로 분류된 말장애 정도, 구강 기제와 말 평가 결과의 일관성, 말 결함의 암시 또는 혼란의 정도, 말 피로 양상, 말 결함의 가역성 등이 PNSD 진단에 특히 중요하다.

5. PNSD를 위한 증상치료는 단기간 내에 말을 극적으로 향상시킨다. 이러한 증상의 가역성은 신경학적 원인을 배제할 수 있도록 하며, 심인성이나 비기질적으로 확진하는 것을 돕는다. 진단 평가 동안에 증상치료를 시행하는 것이 중요하다. 그러나 치료에 대한 즉각적인 반응이 없다고 해서 심인성 비기질적 원인을 배제하는 것은 아니다.

6. 신경학적 질환의 환자에서 PNSD가 발생할 수 있기 때문에, 신경학적 말운동장애의 징후와 신경학적 질환의 말 특징이 아닌 것을 감별하는 것은 중요하다. 이러한 감별 능력은 심리적 또는 비기질적 장애로 이차적으로 발생할 수 있는 다양한 말장애에 대한 임상적 경험에 바탕을 두고 있다. 신경학적 말장애와 PNSD 사이의 구별은 말장애 자체의 진단과 중재를 위해 중요할 뿐만 아니라, 신경학적 장애와 비신경학적 장애의 진단을 위해서도 중요하다.

참고 문헌

1. Allet JL, Allet RE: Somatoform disorders in neurological practice, *Curr Opin Psychiatry* 19:413, 2006.
2. American Psychiatric Association: *Diagnostic and statistical manual of mental disorders*, ed 4, Washington, DC, 1994, American Psychiatric Association.
3. Aronson AE, Bless DM: *Clinical voice disorders*, ed 4, New York, 2009, Thieme.
4. Aronson AE, Peterson HW, Litin EM: Psychiatric symptomatology in functional dysphonia and aphonia, *J Speech Hear Disord* 31:115, 1966.
5. Attanasio JS: A case of late-onset or acquired stuttering in adult life,, *J Fluency Disord* 12:287, 1987.
6. Baumgartner J: Acquired psychogenic stuttering. In Curlee RF, editor: *Stuttering and related disorders of fluency*, New York, 1999, Thieme.
7. Baumgartner J, Duffy JR: Psychogenic stuttering in adults with and without neurologic disease, *J Med Speech Lang Pathol* 5:75, 1997.
8. Brookshire RH: A dramatic response to behavior modification by a patient with rapid onset of dysfluent speech. In Helm-Estabrooks N, Aten JL, editors: *Difficult diagnoses in communication disorders*, Boston, 1989, College-Hill Press.
9. Carden NL, Schramel DJ: Observations of conversion reactions seen in troops involved in the Viet Nam conflict, *Am J Psychiatry* 123:21, 1966.
10. Carson AJ, et al: Do medically unexplained symptoms matter? A prospective cohort study of 300 new referrals to neurology outpatient clinics, *J Neurol Neurosurg Psychiatry* 69:207, 2000a.
11. Carson AJ, et al: Neurological disease, emotional disorder, and disability—they are related: a study of 300 consecutive new referrals to a neurology outpatient department, *J Neurol Neurosurg Psychiatry* 68:202, 2000b.
12. Chabolla DR, et al: Psychogenic nonepileptic seizures, *Mayo Clin Proc* 71:493, 1996.
13. Chastan N, et al: Psychogenic aphonia: spectacular recovery after motor cortex transcranial magnetic stimulation, *J Neurol Neurosurg Psychiatry* 80:94, 2009.
14. Darby J, Hollien H: Vocal and speech patterns of depressive patients, *Folia Phoniatr* 29:279, 1977.
15. Darby JK, Simmons N, Berger PA: Speech and voice parameters of depression: a pilot study, *J Commun Disord* 17:75, 1984.
16. Deal J, Cannito MP: Acquired neurogenic dysfluency. In Vogel D, Cannito MP, editors: *Treating disordered speech motor control*, Austin, Texas, 1991, Pro-Ed.
17. Deal JL: Sudden onset of stuttering: a case report, *J Speech Hear Disord* 47:301, 1982.
18. Deal JL, Doro JM: Episodic hysterical stuttering, *J Speech Hear Disord* 52:299, 1987.
19. Declercq F, Willemsen J: Distress and post-traumatic stress disorders in high risk professionals: adult attachment style and the dimensions of anxiety and avoidance, *Clin Psychol Psychother* 13:256, 2006.
20. DiSimoni FG, Darley FL, Aronson AE: Patterns of dysfunction in schizophrenic patients on an aphasia battery, *J Speech Hear Disord* 42:498, 1977.
21. Duffy JR: A puzzling case of adult onset stuttering. In Helm-Estabrooks N, Aten JL, editors: *Difficult diagnoses in communication disorders*, Boston, 1989, College-Hill Press.
22. Fahn S, Williams DT, Ford B: Psychogenic movement disorders. In Noseworthy JH, editor: *Neurological therapeutics: principles and practice*, ed 2, vol 2, Andover UK, 2006, Informa Healthcare.

23. Folks DG, Ford CV, Regan WM: Conversion symptoms in a general hospital, *Psychosomatics* 25:285, 1984.
24. Ford CV, Folks DG: Conversion disorders: an overview, *Psychosomatics* 26:371, 1985.
25. Garcia-Campayo J, et al: Brain dysfunction behind functional symptoms: neuroimaging and somatoform, conversion, and dissociative disorders, *Curr Opin Psychiatry* 22:224, 2009.
26. Gerson SN, Benson DF, Frazier SH: Diagnosis: schizophrenia versus posterior aphasia, *Am J Psychiatry* 134:9, 1977.
27. Gupta A, Lang AE: Psychogenic movement disorders, *Curr Opin Neurol* 22:430, 2009.
28. Haley KL, Roth HL, Helm-Estabrooks N, Thiessen A: Foreign accent syndrome due to conversion disorder: phonetic analyses and clinical course, *J Neurolinguistics* 23:28, 2010.
29. Hallet M: Psychogenic movement disorders: a crisis for neurology, *Curr Neurol Neurosci Reports* 6:269, 2006.
30. Hartman DE, Daily WW, Morin KN: A case of superior laryngeal nerve paresis and psychogenic dysphonia, *J Speech Hear Disord* 54:526, 1990.
31. Hasin DS, et al: Epidemiology of major depressive disorder, *Arch Gen Psychiatry* 62:1097, 2005.
32. Head H: An address on the diagnosis of hysteria, *BMJ* 1:827, 1922.
33. Hinson VK, Haren WB: Psychogenic movement disorders, *Lancet Neurol* 5:695, 2006.
34. Houtz DR, et al: Differential diagnosis of muscle tension dysphonia and adductor spasmodic dysphonia using spectral moments of the long-term average spectrum, *Laryngoscope* 120:749, 2010.
35. Hurwitz TA: Ideogenic neurological deficits: conscious mechanisms in conversion symptoms, *Neuropsychiatry Neuropsychol Behav Neurol* 1:301, 1989.
36. Isaac M, Chand PK: Dissociative and conversion disorders: defining boundaries, *Curr Opin Psychiatry* 19:61, 2006.
37. James W: *On exceptional mental states: the 1896 Lowell lectures*, New York, 1896, Scribner's Sons.
38. Kallen D, Marshall RC, Casey DE: Atypical dysarthria in Munchausen syndrome, *Br J Disord Commun* 21:377, 1986.
39. Katon WJ, Walker EA: Medically unexplained symptoms in primary care, *J Clin Psychiatry* 59(Suppl 20):15, 1998.
40. Keane JR: Functional diseases affecting the cranial nerves,. In Noseworthy JH, editor: *Neurological therapeutics: principles and practice*, ed 2, vol 2, Andover UK, 2006, Informa Healthcare.
41. Lazare A: Current concepts in psychiatry: conversion symptoms, *N Engl J Med* 305:745, 1981.
42. Lebrun Y: *Mutism*, London, 1990, Whurr.
43. Lecours AR, Vanier-Clement M: Schizophasia and jargonaphasia, *Brain Lang* 3:516, 1976.
44. Mahr G: Psychogenic communication disorders. In Johnson AF, Jacobson BH, editors: *Medical speech-language pathology: a practitioner's guide*, New York, 1998, Thieme.
45. Mahr G, Leith W: Psychogenic stuttering of adult onset, *J Speech Hear Res* 35:283, 1992.
46. Mathers-Schmidt BA: Paradoxical vocal fold motion: a tutorial on a complex disorder and the speech-language pathologist's role, *Am J Speech Lang Pathol* 10:111, 2001.
47. Nicholi AM: *Jr: The new Harvard guide to psychiatry*, Cambridge, England, 1988, Belknap Press.
48. Perino M, Famularo G, Tarroni P: Acquired transient stuttering during a migraine attack, *Headache* 40:170, 2000.
49. Reeves RR, Burke RS, Parker JD: Characteristics of psychotic patients with foreign accent syndrome, *J Neuropsychiatry Clin Neurosci* 19:70, 2007.
50. Robinson RG, Benson DF: Depression in aphasic patients: frequency, severity, and clinical-pathological correlations, *Brain Lang* 14:282, 1981.
51. Robinson RG, Lipsey JR, Price TR: Diagnosis and clinical management of post-stroke depression, *Psychosomatics* 26:769, 1985.
52. Robinson RG, et al: Mood disorders in stroke patients: importance of location of lesion, *Brain* 107:81, 1984a.
53. Robinson RG, et al: A two-year longitudinal study of poststroke mood disorders: dynamic changes in associated variables over the first six months of follow-up, *Stroke* 15:510, 1984b.
54. Ron MA: Somatization and conversion disorders. In Fogel BS, Schiffer RB, editors: *Neuropsychiatry*, Philadelphia, 1996, Williams & Wilkins.
55. Roth CR, Aronson AE, Davis LJ: Clinical studies in psychogenic stuttering of adult onset, *J Speech Hear Disord* 54:634, 1989.
56. Roy N: Task specificity in adductor spasmodic dysphonia versus muscle tension dysphonia, *Laryngoscope* 115:311, 2005.
57. Roy N, Bless DM: Personality traits and psychological factors in voice pathology: a foundation for future research, *J Speech Lang Hear Res* 43:737, 2000.
58. Roy N, Bless DM, Heisey D: Personality and voice disorders: a superfactor trait analysis, *J Speech Lang Hear Res* 43:749, 2000.
59. Roy N, Ford CN, Bless DM: Muscle tension dysphonia and spasmodic dysphonia: the role of manual laryngeal tension reduction in diagnosis and management, *Ann Otol Rhinol Laryngol* 105:851, 1996.
60. Roy N, et al: Differential diagnosis of adductor spasmodic dysphonia and muscle tension dysphonia using phonatory break analysis, *Laryngoscope* 118:2245, 2008.
61. Roy N, et al: Toward improved differential diagnosis of adductor spasmodic dysphonia and muscle tension dysphonia, *Folia Phoniatr Logop* 59:83, 2007.
62. Sapir S, Aronson AE: The relationship between psychopathology and speech and language disorders in neurologic patients, *J Speech Hear Disord* 55:503, 1990.
63. Sapir S, Aronson AE: Coexisting psychogenic and neurogenic dysphonia: a source of diagnostic confusion, *Br J Disord Commun* 22:73, 1987.
64. Sapir S, Aronson AE: Aphonia after closed head injury: aetiologic considerations, *Br J Disord Commun* 20:289, 1985.
65. Schiffer RB: Depressive syndromes associated with diseases of the central nervous system, *Semin Neurol* 10:239, 1990.
66. Schneider B, Wendler J, Seidner W: The relevance of stroboscopy in functional dysphonias, *Folia Phoniatr Logop* 54:44, 2002.
67. Stewart JT: Behavioral and emotional complications of neurological disorders. In Noseworthy JH, editor:,

Neurological therapeutics: principles and practice, ed 2, vol 2, Andover UK, 2006, Informa Healthcare.
68. Stoudemire GA: Somatoform disorders, factitious disorders, and malingering. In Talbott JA, Hales RE, Yudofsky SC, editors: *Textbook of psychiatry*, Washington, DC, 1988, American Psychiatric Press.
69. Thomas M, Jankovic J: Psychogenic movement disorders: diagnosis and management, *CNS Drugs* 18:437, 2004.
70. Thompson TL: Psychosomatic disorders. In Talbott JA, Hales RE, Yudofsky SC, editors: *Textbook of psychiatry*, Washington, DC, 1988, American Psychiatric Press.
71. Tippett DC, Siebens AA: Distinguishing psychogenic from neurogenic dysfluency when neurologic and psychologic factors coexist, *J Fluency Disord* 16:3, 1991.
72. Todt EH, Howell RJ: Vocal cues as indices of schizophrenia, *J Speech Hear Res* 23:517, 1980.
73. Tomb DA: *Psychiatry for the house officer*, Baltimore, 1981, Williams & Wilkins.
74. Tucker GJ, et al: Psychological impact of neurological diseases, *Continuum* 3:95, 1997.
75. Twamley EW, et al: Cognitive impairment and functioning in PTSD related to intimate partner violence, *J Int Neuropsych Soc* 15:879, 2009.
76. Uomoto JM: Evaluation of neuropsychological status after traumatic brain injury. In Beukelman DR, Yorkston KM, editors: *Communication disorders following traumatic brain injury: management of cognitive, language, and motor impairments*, Austin, Texas, 1991, Pro-Ed.
77. Vasterling JJ, Verfallie M: Postraumatic stress disorder: a neurocognitive perspective, *J Int Neuropsych Soc* 15:826, 2009.
78. Vuileumier P: Hysterical conversion and brain function, *Prog Brain Res* 150:309, 2005.
79. Vuileumier P, et al: Functional neuroanatomical correlates of hysterical sensorimotor loss, *Brain* 124:1077, 2001.
80. Wallen V: Primary stuttering in a 28-year-old adult, *J Speech Hear Disord* 26:393, 1961.
81. Wang J, et al: Gender differences in neural response to psychological stress, *Soc Cogn Affect Neurosci* 2:227, 2007.

CHAPTER

15

감별진단

"과학자의 업무에서 가장 중요한 것 중의 하나는 환자 자료에서 특정 패턴을 찾아내는 일이다."[2]

C.E. BRODLEY, T. LANE, AND T.M. STROUGH

"임상 증후군을 감별해 내는 일은 여러 증상(symptoms)이나 징후(signs)가 조합되어 형성되는 특정 패턴을 인식하는 과정이다. 그러므로 개개인에서 관찰되는 운동장애의 유형을 정확하게 분류하는 일이 중요하다."

W.F. ABDO ET AL.[1]

"임상적 진단은 목적을 갖고 행하는 유형 분류 작업이다. 즉, 환자가 보이는 질환이 어디에 속하는지를 인식하고자 하는 노력이며, 이는 선행 경험에 근거하여 임상 활동을 계속하고, 환자는 의료인의 활동에 기꺼이 동참함으로써 자신의 건강을 극대화할 수 있다."[10]

D.L. SACKETT ET AL.

개 요

말장애가 관찰되는가? 신경학적인가? 어떤 유형인가? 신경학적 말장애의 특정 유형이 관찰된다면 그 유형이 병소 위치에 대해 무엇을 의미하는가? 이에 답하기 위해서는 말장애의 징후(signs)와 증상(symptoms)을 이해해야만 한다. 기본적 지식과 임상적 기술을 임상적 문제에 적용해야 할 것이다.

검사 결과가 명백하다면 오직 한 가지 해석만이 가능할 것이다. 그러나 만일 해석이 다양하게 이루어졌다면 여러 가능성들을 우선 순서화한 다음, 그에 따라 진단을 내린다. 감별진단(differential diagnosis)은 이처럼 가능성들을 좁혀 가면서 결함의 본질에 대한 결론에 다다르는 과정이다.

이 장에서는 이전 장들에서 언급되었던 주요 말장애의 임상적 특성들을 요약함으로써 감별진단에 대해 다루어 보기로 한다. 또한, 임상적으로 서로 변별하기 어려운 말장애들 간의 유사점들과 차이점들을 강조할 것이다.

I. 감별진단을 위한 일반적 지침

진단 과정에서는 다음의 지침을 명심해야 한다. 이 지침을 통하여 생각의 초점을 어디에 맞추면 좋을지 도움을 받게 되며, 진단에 참여하는 이들과 의사소통을 하는 데 활용한다.

- **말 검사(speech examination)는 진단(diagnosis)을 목표로 이루어져야 한다.** 검사의 주목적이 진단일 경우에는 임상적 관찰점에 대한 정확한 개념을 파악하는 것이 필수적이다. 임상가 자신의 역할이 단지 치료사 입장이라고만 여긴다면 이러한 중요성이 간과된다. 비록 검사의 주목적이 중재/치료(management)라 할지라도, 장애의 본질을 먼저 명확하게 확인하는 것이 바람직하다. 치료는 임상가 본인이 제대로 이해하지 못한 것보다는 이해한 것을 대상으로 더 적절히 이루어질 수 있기 때문이다.
- **검사 결과를 (진단이 아닌) 서술(description)로 기술할 수밖에 없다면 그 이유를 명확히 밝혀야 한다.** 진단은 때때로 내려지기 힘든데, 이상 증상이 경미하거나, 비전형적이거나, 신경학적 질환에서 보이는 결함이라고는 볼 수 없게끔 특이한 패턴으로 그 증상들이 조합되는 경우에는 특히 그렇다. 또한 환자가 가장 간단한 검사에 협조하지 않거나, 협조하지 못할 때에도 그럴 수 있다. 이런 경우, 진단을 내릴 수 없는 이유를 명시해야 한다.

  그러나 평가 상황이 어렵거나, 모호하고 비전형적 결과가 관찰되는 상황에서조차 가치 있는 해석이 가능하다. 예컨대, 검사의 목적이 환자가 마비말장애 유무 혹은 심인성 말장애 유무를 확인하는 데 있다면, 마비말장애 유형을 구체화할 수는 없다 하더라도 마비말장애가 있다고 결론을 내릴 만한 충분한 정보를 얻을 수는 있다. 반대로, 공식적인 검사가 가능하지는 않을지라도 마비말장애는 없다고 확인할 만한 충분한 양의 말 자료를 수집할 수 있다. 또한, 특정 문제는 없다고 기술할 수도 있다. 예를 들어, 확실하지 않은 유형의 말운동장애를 보이긴 하나, 운동과잉형 또는 운동저하형 마비말장애만은 아니라고 결론 내릴 수 있다. 이처럼 진단명으로 내려질 가능의 수를 좁혀 간다면 환자가 보이는 말장애는 기저핵 제어회로상의 문제 때문은 아니라는 것을 알 수도 있다.
- **확실하지 않다면 진단을 내려서는 안 된다.** 근거가 부족한데도 진단이 내려진다면 판단을 그르치게 할 뿐만 아니라 위험하기까지 하다. 많은 경우에 진단되지 않은 채로 유보하는 것이 최상의 진단(best diagnosis)이기도 하다. 사실, 차라리 확실한 진단을 내리지는 못한다고 결론 내는 것이 도움이 될 때가 있다. 예컨대, '진단 미결(undetermined diagnosis)'이란 진단은 환자가 말운동장애의 유무나 특성을 확실히 판단할 수 있는 특정 질환을 갖고 있지는 않거나, 신경질환은 없다는 것을 뜻한다. 또한, '모호하지 않은(unambiguous)', '가능성이 있는(probable, possible)', '불분명한, 모호한, 확실하지 않은(equivocal)'과 같은 수식어를 사용하여 진단에 대한 확실 정도를 표현하는 것도 적절하다.
- **말 진단은 의심되거나 이미 밝혀진 신경학적 진단 또는 병소 부위와 관련되어야 한다.** 신경과 의사들은 의뢰 시 적어도 병소 부위와 원인에 대한 어느 정도의 판단을 갖고 있다. 말장애에 대한 진단이 그 판단에 부합하는지 여부를 확인하는 것이 필요하다. 부합하지 않는다면 과연 신경학적 진단이 옳았는지, 혹은 추가적 병소나 질병의 가능성을 생각해 봐야 한다.
- **서로 다른 말장애가 동시에 나타날 수 있다.** 한 가지 진단명이 내려진다 해도, 그것이 틀릴 수도 있다. 질환은 신경계에 맞추어 정확히 구분되지는 않는다.

그 결과, 신경질환들이 여러 유형의 마비말장애, 말 실행증, 기타 다른 신경말장애들의 조합을 야기한다. 게다가, 한 가지의 신경질환이 있다고 해서 다른 질환을 배제할 수는 없으며, 따라서 다른 신경말장애가 동시에 발생할 수 있다. 또한, 신경학적 말장애는 비신경학적인 기질성 말장애, 또는 심인성 말장애와 동시에 나타날 수 있다. 그러므로 어떤 장애가 확인되었다고 해서, 그것으로 진단이 끝난 것은 아닐 수 있다는 점을 인지해야 한다. 장애가 확인되었다면 현재 관찰되고 있는 말 문제상의 특징 전부를 설명하여 입증해야 한다. 입증할 수 없다면, 장애가 추가적으로 더 있는지 여부를 확인해야 한다.

- 검사를 통해 말이 정상이라는 결론에 이를 수도 있다. 말이 정상이라는 결론은 다음의 경우에 기초선을 잡기 위한 말-언어 평가를 통해 종종 내려진다. (1) 통상적 선별검사의 일부인 경우(예: 재활병동에 입원한 모든 환자를 선별하고자 할 때), (2) 말장애를 흔히 유발하게 하는 신경질환을 갖고 있는 환자의 경우(예: 근위축성 측삭 경화증[amyotrophic lateral sclerosis, ALS]), (3) 의료적 치료로 인해 말장애가 생길 위험을 수반하는 경우(예: 운동장애를 치료하기 위한 뇌심부자극술[deep brain stimulation, DBS]).

  말이 정상이라는 진단을 내리려면 설명이 필요하다. 말이 비정상인 것 같다고 호소하거나 의심되는 경우, 말 평가가 의뢰되고, 이에 대해 검사가 필요하다. 가능한 설명들은 다음과 같다.

  - 말이 변화하였더라도 여전히 정상 범위 내에 있다. 이러한 현상은 특정 질병의 초기 단계에서 흔히 관찰된다. 환자 스스로가 말의 변화를 듣거나 느끼기는 하나, 변화 정도가 미세하여 타인에 의해 알아채거나 검사에 의해 탐지되기는 불충분하다. 만일, 환자에 대한 병력 보고나 변화에 대한 설명이 충분하다면 진단 목록을 작성할 수 있는 가능성은 있다.
  - 변화가 운동계(motor system) 밖에서 일어났다. 예컨대, 우울 증상이 있으면 말하는 데 노력이 들고 비정상적일 수 있다. 이는 말하는 데 필요한 활력 단계에 기분(mood)이 영향을 끼친다는 것을 의미한다. 혹은 우울 증상을 보이는 환자들은 자신의 문제에 대한 심인성 요인을 상관하지 않고, 신체적으로 발현되는 말 문제에만 주안점을 두는 것일 수도 있다. 또한, 말운동과는 직접적인 관련이 없는 다른 요인들의 영향이 있음을 뜻한다.
  - 말은 정상이지만, 심리적 요인들로 인해 환자 스스로가 자신이 비정상일지 모른다는 지각을 한다. 예를 들어, 질환이 있거나, 가족이 말장애를 갖고 있거나, 혹은 전염병 질환자에게 노출된 적이 있다면, 말장애와 관련된 질환에 대한 두려움이 생길 수 있다.
  - 말은 정상이지만, 신체적(또는 심리적) 외상성 사건(traumatic event)으로 인하여 말이 변화되었다고 호소한다. 이는 소송에 관여된 이들이 말 문제가 있는 경우에 무엇인가 이득이 될 수 있다고 믿을 때 발생하기도 한다(꾀병[malingering]이나 전환장애[conversion disorder]).
  - 오래전부터 갖고 있었던 '발달성' 말장애(예: 종성 'ㄹ'의 탈락)를 신경질환의 징후로 오인한다.
- 진단명을 붙이는 일은 정보 교환 시 편리하고 간단한 기술법이다. 진단명을 붙이는 일이 오해를 낳거나 전혀 가치가 없을 수도 있는데, 이 경우는 진단명에 대한 함축적 의미가 무엇인지 충분히 고려하지 않거나, 정확하게 무엇을 뜻하는지에 대한 설명이 부족하거나, 지식이 부족한 채 전달될 때이다. 그러나 임상적 근거가 충분하여 뜻과 그것이 함축하는 바가 명확하다면, 진단을 통해 간결하고도 정확하게 정보를 전달하게 된다. 숙련된 임상가들에게 진단명은 말 특징들에 대한 형태(게슈탈트, gestalt)를 의미한다. 말장애와 연관되는 신경학적 정보에 능통한 신경과 의사들은 진단명이 갖는 병소에 대한 함축적 의미를 잘 알고 있다. 또한, 진단명을 통해 어떠한 치료적 접근이 적절한지도 안다. 예컨대, 운동저하형 마비말장애라는 진단은 음량을 키우거나 말 속도를 낮추는 치료에 주안점을 두어야 한다는 것을 의미한다. 진단명에 대한 임상가들 간의 이해가 서로 일치한다면, 그들 간의 효과적이고도 효율적인 의사소통이 가능할 것이다.

II. 마비말장애 유형 간의 변별

마비말장애 유형들 간에는 말 특징이 서로 중복되어 나타난다. 예컨대, 부정확한 조음은 마비말장애의 여러 유형들에서 관찰된다. 이는 부정확한 조음이 마비말장애

표 15-1

신경계의 해부학적 단계 및 혈관 공급에 따른 말운동장애의 변별*

해부학적 단계	혈관 공급	마비말장애						말실행증
		이완형	경직형	실조형	운동저하형	운동과잉형	편측 상부운동 신경세포형	
천막상 (대뇌반구, 기저핵, 시상)	경동맥계 (주요 대뇌동맥과 분지)	−	+	−	+	+	+	+†
후두와 (뇌교, 연수, 중뇌, 소뇌)	추골-뇌저동맥계 (추골동맥과 기저동맥과 분지)	+	+	+	−	+	+	−
척추 말초	추골동맥 주요 말초혈관 분지	+ +	− −	− −	− −	− −	− −	− −

+: 손상 시에 말장애를 유발할 수 있음. −: 손상되어도 말장애를 유발하지 않음.
*말운동장애 유형과 신경계의 해부학적 단계, 골격과 뇌막, 뇌실 및 혈관 간의 관련성에 대한 상세한 요약은 표 2-1, 표 2-2, 표 2-3을 참조 바람.
†좌뇌에 국한됨.

의 유무를 확인하는 데 도움을 줄 수는 있지만, 그 유형을 변별하는 데는 유용하지 않다는 것을 의미한다. 수많은 말 특징들, 구강기관 검사의 결과, 병인(etiologies), 병소(lesion loci)에 관한 한, 마비말장애 간에 중첩의 정도가 다르다. 또한 일부 말 특징들과 패턴들(patterns)은 상대적으로 특이하기 때문에 유형들 간 변별이 가능하다. 이 책에서는 마비말장애를 중점적으로 다루고 있기 때문에, 여기서 유형들 간 유사점과 차이점을 요약하는 것은 적절하다.

A. 해부와 혈관 분포

장애의 원인이 되는 해부학적 위치나 혈관에 대한 정보가 있다면, 말운동장애에 대한 판단이 가능하다. 이러한 정보는 감별진단에 도움이 되며, 병소 부위와 관련된 말장애를 진단 내리는 데 길잡이가 될 수 있다.

표 15-1은 마비말장애의 각 유형과 신경계의 전반적인 해부학적 위치 및 주요 혈관 공급 간의 연관성이 요약되어 있다. 마비말장애 유형들은 주요한 해부학적 위치나 혈관이 중첩되기도 하나, 확실하게 변별이 가능하다. 이는 다음과 같이 요약될 수 있다.

- 이완형과 실조형 마비말장애는 천막상(supratentorial) 손상 혹은 전·중·후 대뇌동맥 손상과는 관련이 없다.
- 운동저하형 마비말장애는 오직 천막상(피질하) 손상과 관련된다.
- 후두와(posterior fossa) 손상과 추골-뇌저동맥계(vertebrobasilar system) 손상은 실조형을 제외한 다른 마비말장애 유형의 원인이 된다.
- 이완형 마비말장애만이 신경계의 척수 및 말초 부위, 그리고 이와 연관된 혈관 손상과 관련된다.

B. 병인

병인(etiology)을 알고 있다면, 나타날 수 있는 말운동장애 유형에 대한 예상이 가능하다. 이는 감별진단에 도움이 되며, 이미 알고 있거나 의심되는 병인에 따른 말 진단의 길잡이가 될 수 있다.

표 15-2는 말운동장애의 유형과 관련된 다양한 신경학적 문제가 요약되어 있다. 병인에 따른 마비말장애 유형이 뚜렷하게 중첩되기도 하나, 명백하게 변별이 가능하기도 하다. 유사점 및 차이점은 다음과 같이 요약될 수 있다.

- 혈관성 질환(vascular disease)은 거의 모든 유형의

표 15-2

병인에 따른 말운동장애 분류*

병인	마비말장애						말실행증
	이완형	경직형	실조형	운동저하형	운동과잉형	편측 상부운동신경세포형	
혈관성	+	++	+	+	+	++	++
동맥류 파열	−	+	+	+	−	+	+
무산소증, 심장마비	−	+	+	+	−	−	−
카다실(CADASIL)	−	+	+	−	−	+	+
저산소성 뇌증	−	+	+	+	+	−	−
뇌내 동맥염	−	+	+	−	−	+	+
뇌졸중, 출혈성	+	+	+	+	+	+	+
뇌졸중, 비출혈성	+	++	+	+	+	++	++
퇴행성	++	++	++	++	+	+	+
근위축성 측삭 경화증/운동신경세포질환	++	++	−	−	−	−	−
알츠하이머병	−	−	−	+	−	−	+
모세혈관 확장성 실조증	+	−	+	−	+	−	−
소뇌, 뇌간 변성	−	+	+	−	−	−	−
피질기저핵 변성	−	+	+	+	+	−	+
유전적 대뇌 기저핵 석회화	−	−	−	+	+	−	−
프리드리히 운동실조	−	+	+	−	−	−	−
유전성 실조증	−	+	+	−	−	−	−
유전성 뇌 석회증	−	−	+	−	−	−	−
유전성 중추신경 퇴행 질환	−	+	+	+	+	+	+
헌팅턴병	−	−	−	+	+	−	−
케네디병	+	−	−	−	−	−	−
백질뇌증	−	+	+	−	−	−	+
노인성 치매(루이소체)	−	−	−	+	−	−	−
다계통 위축증	+	+	+	+	+	−	−
올리브교소뇌 위축증	+	+	+	+	−	−	−
파킨슨병	−	−	−	++	+	−	−
파킨슨 증후군	−	−	−	++	−	−	−
픽병	−	−	−	+	−	−	−
원발성 전신 근긴장이상	−	−	−	−	+	−	−
원발성 측삭 경화증	−	+	−	−	−	−	−
원발성 진행성 실어증	−	−	−	−	−	+	+
진행성 구마비	+	−	−	−	−	−	−
진행성 가성구마비	−	+	−	−	−	−	−
진행성 핵상마비	−	+	+	+	−	−	−
샤이-드래거 증후군	+	+	+	+	−	−	−
척추 근위축	+	−	−	−	−	−	−
척수소뇌 실조증	−	+	+	+	−	−	−
선조체흑질변성	−	+	+	+	+	−	−
타우증	−	+	+	+	−	−	+

(다음 쪽에 계속)

표 15-2(계속)

병인	마비말장애						말실행증
	이완형	경직형	실조형	운동저하형	운동과잉형	편측 상부운동 신경세포형	
외상성	+	+	+	+	+	+	+
폐쇄성 뇌손상(CHI)	+	+	+	+	+	+	+
경부 외상	+	−	−	−	−	−	−
관통성 뇌손상(PHI)	−	+	+	+	+	+	+
두개골 골절	+	−	−	−	−	−	−
수술적 외상	++	+	+	−	+	+	+
흉부/심장(병)	+	−	−	−	−	−	−
이비인후(ENT)	++	−	−	−	−	−	−
신경외과술	+	+	+	−	+	+	+
신생물성	+	+	+	+	+	+	+
신경섬유종증	+	+	+	−	−	−	−
신생물딸림 증후군	−	+	+	−	−	−	−
일차 혹은 전이	+	+	+	+	+	+	+
독성-대사성	+	+	+	+	++	−	+
보툴리누스 식중독	+	−	−	−	−	−	−
일산화탄소 중독	−	+	+	+	−	−	−
중심성 뇌교수초용해	−	+	+	+	+	−	−
투석 뇌증	−	+	+	−	+	−	−
약물 독성/남용	+	+	+	+	+	−	+
중금속 혹은 화학독성	−	−	−	+	+	−	−
간성 뇌증	−	+	+	−	+	−	−
간뇌변성	−	+	+	+	+	−	−
부갑상선 기능 저하증	+	+	−	+	+	−	−
갑상선 기능 저하증	−	−	+	−	−	−	−
저산소성 뇌증	−	−	−	+	+	−	−
선천성 대사장애	−	−	−	+	+	−	−
간 부전	−	−	−	+	−	−	−
윌슨병	−	+	+	+	+	−	−
감염성	+	+	+	+	+	+	+
후천성 면역결핍 증후군(AIDS)	+	+	+	−	−	−	−
중추신경계(CNS) 폐결핵	−	−	+	+	−	−	−
크로이츠펠트-야콥병	+	+	+	+	+	+	+
대상포진	+	−	−	−	−	−	−
감염성 뇌증	−	+	+	+	+	−	−
회색질척수염	+	−	−	−	−	−	−
염증성	+	+	+	+	−	−	+
뇌염	−	+	+	+	−	−	+
백질뇌염	−	+	−	−	−	−	−
뇌막염	+	+	+	−	−	−	−
다병소성 백질뇌증	−	+	+	+	−	−	−

(다음 쪽에 계속)

표 15-2(계속)

병인	마비말장애						말실행증
	이완형	경직형	실조형	운동저하형	운동과잉형	편측 상부운동 신경세포형	
탈수초성 질환	+	+	+	+	+	+	+
급성 염증성 탈수초성 다발성 신경병증(AIDP)/만성 염증성 탈수초성 다발성 신경병증(CIDP)	+	−	−	−	−	−	−
샤르코-마리-투스병	+	−	−	−	−	−	−
만성 탈수초 다발성 신경염	+	−	−	−	−	−	−
길랑-바레 증후군	+	−	−	−	−	−	−
밀러-피셔 증후군	+	−	+	−	−	−	−
다발성 경화증	+	+	+	+	+	+	+
해부학적 기형	+	+	+	−	−	−	−
아놀드-키아리 기형	+	+	+	−	−	−	−
연수공동증	+	+	+	−	−	−	−
척수구멍증	+	−	−	−	−	−	−
신경근육 접합부 질환	+	−	−	−	−	−	−
보툴리누스 식중독	+	−	−	−	−	−	−
람베르트 이튼 증후군	+	−	−	−	−	−	−
중증근무력증	+	−	−	−	−	−	−
근육질환	+	−	−	−	−	−	−
근육퇴행위축증	+	−	−	−	−	−	−
근병증	+	−	−	−	−	−	−
근긴장 퇴행위축	+	−	−	−	−	−	−
다발근육염	+	−	−	−	−	−	−
기타	+	+	+	+	+	+	+
뇌성마비	−	+	+	+	+	+	+
임신무도병	−	−	−	−	+	−	−
선천성 상연수마비(워스터-드라우트 증후군)	−	+	−	−	−	−	−
수두증	−	−	+	+	−	−	−
메이지 증후군	−	−	−	−	+	−	−
근간대성 뇌전증	−	−	−	−	+	−	−
유극적혈구신경증	−	−	−	+	+	−	−
방사선괴사	+	−	+	+	−	+	−
사르코이드증	+	−	−	−	−	−	−
발작장애	−	−	−	−	−	−	+
투렛 증후군	−	−	−	−	+	−	−
특발성(idiopathic)	+	+	+	+	++	+	+

++: 상당히 흔한 원인임. +: 원인 가능성 있음. −: 거의 절대적으로 원인이 될 가능성 없음.

*이 표는 제4장부터 제12장에 걸쳐서 다룬 메이요 클리닉의 환자 사례에 근거를 두었으나 필요한 경우 출판된 자료로 보충하였음. 혼합형 마비말장애는 이 표에 포함되지 않았으나 여러 가지의 개별적 마비말장애 유형과 관련된 병인이 있는 경우에는 그 유형들과 연관되는 혼합형 마비말장애를 유발할 수 있음.

마비말장애를 일으킬 수 있다. 경직형과 편측 상부운동신경세포(unilateral upper motor neuron, UUMN)형 마비말장애를 빈번히 발생시키고, 실조형도 꽤나 자주 관찰되는 편이다. 이완형과 운동과잉형을 보이기도 하나, 빈번하지는 않다. 비출혈성 뇌졸중은 마비말장애의 가장 흔한 혈관성 원인이다.

- 퇴행성 질환(degenerative disease)은 모든 유형의 마비말장애를 일으킨다. 흔히 경직형, 실조형, 운동저하형의 원인이 되며, 이완형도 자주 유발한다. 운동과잉형과 UUMN형을 일으킬 수는 있으나 흔하지는 않다. 퇴행성 질환 중, 근위축성 측삭 경화증(amyotrophic lateral sclerosis, ALS)은 이완형과 경직형 마비말장애의 빈번한 원인[1]이 되나 대체적으로 다른 마비말장애 유형들을 야기하지는 않는다. 그러므로 ALS 진단을 받는 환자에게서 다른 마비말장애 유형이 관찰된다면 추가적 질환이 있는지 혹은 ALS 진단 자체가 제대로 이루어진 것인지 여부를 확인하는 것이 좋다. 이와 유사하게, 파킨슨병은 주로 운동저하형 마비말장애만을 일으키고, 퇴행성 소뇌 질환들은 실조형과 관련된다. 그러므로 이러한 질환의 환자가 다른 마비말장애 유형을 보인다면 병인에 대해 의심해 봐야 할 것이다.
- 외상성 뇌손상(traumatic brain injury, TBI)은 모든 마비말장애 유형의 원인이 될 수 있다. 폐쇄성 뇌손상(closed head injury, CHI)의 경우, 경직형 마비말장애가 다른 마비말장애 유형보다 빈번하게 발생한다. 관통성 뇌손상(penetrating head injury, PHI)은 대체적으로 이완형의 원인이 되지는 않으나, 중추신경계 마비말장애의 원인은 될 수 있다. 이와 반대로, 두개골 골절(skull fracture)과 경부 외상(neck trauma)은 이완형 마비말장애의 원인이 될 수 있지만 통상적으로 다른 유형들을 유발하지는 않는다.
- 수술적 외상(surgical trauma)은 운동저하형을 제외한 다른 유형들을 유발한다. 귀, 코, 목구멍, 심장/흉곽 수술은 오직 이완형과 관련된다. 신경외과술(neurosurgery)은 중추신경계 마비말장애의 원인이 될 수 있고 이완형을 일으키기도 한다.
- 독성(toxic) 및 대사성(metabolic) 질환으로 인해 이완형이나 UUMN형이 유발되기는 어려우나, 다른 유형이 생길 수 있다. 독성/대사성 영향, 특히 약물남용이나 조제약물의 독성은 주로 운동과잉형이나 실조형의 원인이 된다.
- 감염성(infectious) 및 염증성(inflammatory) 질환은 마비말장애들의 원인이 될 수는 있지만 흔한 원인은 아니다. 이러한 질환은 산발적(diffuse)이거나 다병소적(multiple loci)이므로 마비말장애가 생긴다 하더라도 유형별 분류가 쉽지는 않다. 예외적인 것들로는 보툴리누스 식중독(botulism), 대상포진(herpes zoster), 폴리오(polio)(이완형), 갑상선 기능 저하증(hypothyroidism)(실조형), 시드넘 무도병(Sydenham's chorea)(운동과잉형)이 있다.
- 탈수초성 질환(demyelinating disease)은 모든 유형의 마비말장애를 초래할 수 있으나, 운동저하형 마비말장애를 유발하기는 어렵다. 길랑-바레 증후군(Guillain-Barré syndrome)은 이완형, 그리고 드물게는 실조형을 일으키며, 다른 마비말장애 유형과는 상관이 없다. 다발성 경화증(multiple sclerosis)은 실조형을 가장 빈번히 유발한다.
- 해부학적 기형(anatomic malformations), 즉 아놀드-키아리(Arnold-Chiari) 기형, 연수공동증(syringobulbia), 척수구멍증(syringomyelia) 등은 이완형을 가장 많이 일으킨다. 그러나 아놀드-키아리 기형과 연수공동증은 후두와(posterior fossa)에 영향을 미치면서 경직형 또는 실조형을 일으키기도 한다.
- 신경근육 접합부 질환(neuromuscular junction disorders), 근병증(muscle disease), 신경병증(neuropathies)은 말초신경장애이므로, 오로지 이완형만 유발한다.
- 표 15-2에 있는 '기타' 조건들은 마비말장애를 일으키는 일반적 원인은 아니다. 그러나 일부는 특정 유형의 마비말장애와 관련된다.
- 어떤 유형의 마비말장애라도 신경학적 진단이 내려지지 않은 상태에서 관찰될 수 있다. 운동과잉형, 경직형, 실조형이 관찰될 때, 그 병인이 분명치 않은 경우가 빈번하다.

C. 구강 기제의 관찰점

표 15-3에는 다양한 말운동장애와 관련된 구강 기제(oral mechanism)에 대한 관찰점들을 요약해 놓았다. 중첩되

[1] (역자 주) 주로 이완-경직 혼합형 마비말장애를 유발함.

표 15-3

구강 기제의 관찰점에 따른 말운동장애 분류

신체적 관찰점	마비말장애						말실행증
	이완형	경직형	실조형	운동저하형	운동과잉형	편측 상부운동 신경세포형	
위축	++	−	−	−	−	−	−
속상수축	++	−	−	−	−	−	−
구토 반사 저하	+	−	−	−	−	−	−
근긴장저하	+	−	+	−	−	−	−
근육 잔떨림(myokymia)	++	−	−	−	−	−	−
급진적 퇴화 및 회복	++	−	−	−	−	−	−
(반사적) 연합운동(눈 깜빡임/하안부)	++	−	−	−	−	−	−
비강역류	++	−	−	−	−	−	−
편측 구개 약증	++	−	−	−	−	−	−
삼킴장애	+	+	−	+	+	+	−
침 흘림	+	+	−	+	−	+	−
과잉 구토 반사	−	+	−	−	−	−	−
빨기 반사(sucking reflex)	−	++	−	−	−	−	−
입술 반사(snout reflex)	−	++	−	−	−	−	−
하악 반사	−	++	−	−	−	−	−
가성구감정(실금)(pseudobulbar affect)	−	++	−	−	−	−	−
운동조절이상의 턱, 얼굴, 혀 교대운동 속도	−	−	++	−	−	−	−
가면 얼굴	−	−	−	++	−	−	−
떨리는 턱, 입술, 혀	−	−	−	++	−	−	−
교대운동속도 감소	+	+	−	++	−	−	−
머리 떨림	−	−	+	+	+	−	−
부동 자세나 동작 시 머리, 턱, 얼굴, 혀, 구개, 호흡기관의 불수의적 움직임	−	−	−	−	++	−	−
감각적 '요령(tricks)'	−	−	−	−	++	−	−
상대적으로 유지된 머리 편향(사경)	−	−	−	−	++	−	−
구개, 인두, 후두, 입술, 콧구멍, 혀, 호흡기관 근육의 간대성 근경련	−	−	−	−	++	−	−
다발성 운동 틱	−	−	−	−	++	−	−
턱, 입술, 혀, 인두, 구개의 떨림	−	−	−	−	++	−	−
발화 중 얼굴 찡그림	−	−	−	−	++	−	−
편측 하안부 약증	−	−	−	−	−	++	+
편측 혀 약증(위축/속상수축 없이)	+	−	−	−	−	+	+
비구어 구강실행증	−	−	−	−	−	+	++

+: 관찰될 수는 있으나, 확실하지는 않음. ++: 관찰됨. −: 관찰되지 않는 편임.

는 점이 상당히 있기는 하나, 어떤 관찰점들은 다른 말운동장애보다 특정 말운동장애에서 더 흔하게 나타난다. 일부 관찰점들은 다른 말운동장애에서는 드물게 나타나는 편이거나 혹은 절대로 나타나서는 안 되기도 하다.

구강 기제에 대한 특정한 관찰점들이 있거나 혹은 없는 것이 말운동장애 진단에 있어서 필요조건은 아니다. 단지, 확인을 위한 징후(signs)일 뿐이다. 즉, 말운동장애를 진단하는 데에 확신을 더하는 보조적 역할을 할 뿐, 그 자체로는 진단이 되지 못한다. 구강 기제 관찰점에 대한 주요한 변별적 자질들은 다음 단락들에서 요약된다.

이완형 마비말장애

말 근육의 위축(atrophy)과 속상수축(fasciculation)은 이완형(flaccid) 마비말장애에서 빈번하게 관찰되긴 하나, 항상 보이는 것은 아니며, 다른 유형의 말운동장애에서는 나타나지 않는다. 근긴장저하(hypotonia)나 구토 반사 저하(hypoactive gag reflex)는 이완형에서 일반적으로 자주 나타난다. 비구어 과제에서 말 근육의 힘이 빠르게 저하되는 것은 중증근무력증(myasthenia gravis)만의 특징으로서, 다른 이완형 마비말장애나 기타 다른 말운동장애에서는 나타날 수 없다. 비강역류(nasal reflux)는 이완형 마비말장애에서 나타날 가능성이 있지만, 다른 말운동장애에서는 드물다.

경직형 마비말장애

병적인 구강 반사, 과잉 구토 반사, 그리고 가성구감정(실금)(pseudobulbar affect)은 다른 말운동장애보다는 경직형(spastic) 마비말장애에서 더욱 일반적이며 빈번하다. 삼킴장애와 침 흘림은 다른 말운동장애에 비해 경직형 마비말장애 환자에게서 더 흔하게 나타나지만, 그것이 경직형 마비말장애를 구별 짓는 특성은 아니다.

실조형 마비말장애

실조형(ataxic) 마비말장애는 구강 기제 검사 결과가 대부분 정상이다. 그러나 턱, 안면, 혀의 비구어적 움직임은 다른 말운동장애에서는 일반적으로 관찰되지 않는 운동조절이상(dysmetria)이 보인다.

운동저하형 마비말장애

운동저하형(hypokinetic) 마비말장애에서는 가면 얼굴(face masking, masked face, 굳은 표정), 구강안면의 떨림, 비구어의 교대운동속도(alternate motion rate, AMR) 과제 시 동작 범위 감소 등이 일반적인 증상이다. 이 같은 이상 현상은 다른 말운동장애에서는 흔하지 않다.

운동과잉형 마비말장애

운동과잉형(hyperkinetic) 마비말장애에서는 휴식 시, 비구어적 부동 자세(sustained posture)나 움직임 시, 그리고 발화 시에 많은 구강 기제 이상이 드러난다. 빠르거나 느리거나, 특정 패턴(patterns)이 있거나 없는 우발적인 움직임은 운동과잉형(hyperkinetic)임을 알려 주는 확실한 징후가 된다. 그러나 운동과잉 증세가 휴식 시 또는 비구어 과제 시에는 나타나지 않고 오직 발화 시에만 나타나는 것도 운동과잉형으로 진단할 수 있다는 것을 유념해야 한다. 구강안면 근육의 비정상적 · 불수의적 움직임[이완형의 일부 환자에게서 나타나는 속상수축(fasciculations), 반사적 연합운동(synkinesis), 근육 잔떨림(myokymia)을 제외하고]은 다른 말운동장애에서는 흔히 나타나지 않는다.

편측 상부운동신경세포형 마비말장애

편측 상부운동신경세포(unilateral upper motor neuron, UUMN)형의 흔한 관찰점으로는 위축 또는 속상수축이 없이 우측 또는 좌측 중 한쪽에서 관찰되는 중추 안면 약증(cental facial weakness)[2] 또는 혀의 약증이다. 이러한 편측 증상은 이완형 마비말장애를 제외하고 다른 마비말장애 유형에서는 흔하지 않다.

D. 말 특징

마비말장애의 유형 분류는 주로 지각적으로 판단되는 비정상적인 말 특장을 근거로 이루어진다. 숙련된 임상가는 비정상적 특성에 대한 단순 목록을 가지고 진단을 내리기보다는, 말장애의 형태를 지각(즉, 패턴 인식)(pattern recognition)하여 진단을 내린다. 형태는 개별적인 특징들이 동시에 나타남으로써 만들어지는데, 이 개별적 특징은 진단을 위해서 기록되어야 한다. 표 15-4는 마비말장애(그리고 말운동장애)를 변별하는 데 가장 도움이 되는 말의 특징들을 열거한 것이다. 이 목록은 마비말장애를 변별하는 데 도움이 되는 특징들만이 포함되어 있기 때문에, 이전 장에서 제공된 것과 같은 마비말장애에 대한 자세한 정보는 아니다. 각각의 마비말장애 유형의 변별적 특성과 다른 마비말장애 유형과의 관계는 다음과 같이 요약된다.

---

[2] (역자 주) 중추안면마비(central facial palsy), 즉 약자로는 CFP로도 많이 쓰임.

표 15-4

말운동장애의 말 특징

병인	마비말장애						말실행증
	이완형	경직형	실조형	운동저하형	운동과잉형	편측 상부운동 신경세포형	
과다비성	++	+	−	+	+	−	−
기식음성(계속적)	++	−	−	+	−	−	−
이중음도	++	−	−	−	−	−	−
비강누출(가청)	++	−	−	−	−	−	−
가청 흡기(천명음)	++	−	−	−	+	−	−
짧은 구	++	+	−	−	+	−	−
급진적 퇴화 및 휴식 시 빠른 회복	++	−	−	−	−	−	−
흡기 시 말하기	++	−	−	−	−	−	−
거친 음성	−	++	−	−	+	−	−
낮은 음도	−	++	−	−	+	−	−
느린 말 속도	−	++	+	−	+	+	+
쥐어짜는 음성	−	++	−	−	+	−	−
음도 일탈	+	++	−	−	+	−	−
느리고 규칙적인 교대운동속도	−	++	−	+	−	−	−
과균등 강세	−	+	++	−	−	−	+
불규칙적 조음 붕괴	−	−	++	−	+	+	+
불규칙적 교대운동속도	−	−	++	−	++	+	−
모음 왜곡	−	−	++	−	++	−	+
과다 음량 변이	−	−	++	−	++	−	−
음소 연장	−	−	+	−	+	−	+
말 겹침	−	−	++	−	−	−	+
단음도	+	+	−	++	+	−	+
강세 저하	−	−	−	++	−	−	−
단음량	+	+	−	++	−	−	+
음량 저하	+	−	−	++	−	+	−
부적절한 쉼	−	−	−	++	+	−	−
짧은 말뭉침	−	−	−	++	−	−	−
속도 변이	−	−	−	++	+	−	−
분절 내 속도 증가	−	−	−	++	−	−	−
전반적 속도 증가	−	−	−	++	−	−	−
빠르고 불분명한 교대운동속도	−	−	−	++	−	−	−
음소 반복	−	−	−	++	−	−	+
동어반복증	−	−	−	++	−	−	−
늘어진 간격	−	−	−	−	++	−	+
갑작스런 노력성 호흡	−	−	−	−	++	−	−
음성 끊김	−	−	−	−	++	−	−
일시적 기식음성	−	−	−	−	++	−	−
음성 떨림[진전]	−	−	−	−	++	−	−
간대성 근경련 모음연장	−	−	−	−	++	−	−
간헐적 과다비성	−	−	−	−	++	−	−
느리고 불규칙적 교대운동속도	−	−	+	−	++	−	−

(다음 쪽에 계속)

표 15-4(계속)

병인	마비말장애						말실행증
	이완형	경직형	실조형	운동저하형	운동과잉형	편측 상부운동신경세포형	
속도 증가에 따른 두드러진 퇴화	−	−	−	−	++	−	+
부적절한 발성 소음	−	−	−	−	++	−	−
반향어증(echolalia)	−	−	−	+	+	−	−
외언증(corprolalia)	−	−	−	−	++	−	−
간헐적 쥐어짜는 음성/끊김	−	−	−	−	++	−	−
간헐적 기식/무성 분절	−	+	−	−	++	−	−
저조한 일련운동속도	−	−	−	−	−	−	++
조음 모색	−	−	−	−	−	−	++
왜곡된 대치	−	−	−	−	−	−	++
자기수정 시도	−	−	−	−	−	−	++
조음 첨가/복잡화	−	−	−	−	−	−	++
자동적 말 > 수의적 말	−	−	−	−	−	−	++
비일관적 조음 오류	−	−	+	−	+	−	++
길이 증가에 따른 오류 증가	−	−	−	−	−	−	++

+: 관찰될 수 있거나 없거나 하고 특색적이지 않음. ++, 두드러지거나/두드러지고 특색적임(늘 관찰되지는 않을 수 있음). −: 관찰되지 않거나 흔치 않고 특색적이지 않음.

이완형 마비말장애

이완형 마비말장애를 다른 유형과 변별해 주는 가장 일반적인 특징은 발성과 공명 문제이다. 미주신경(vagus nerve)에 문제가 생기면, 지속적 기식성(continuous breathiness), 이중음도(diplophonia), 가청 흡기(audible inspiration), 짧은 구(short phrases) 등이 두드러지는데, 이는 성대 또는 후두-호흡이 약하다는 것을 의미한다. 이러한 특징들은 다른 유형의 마비말장애에서는 드물게 나타나거나 두드러지지 않는다. 후두 천명음(laryngeal stridor)은 운동과잉형에서 나타날 수 있지만, 대개 다른 명확한 운동과잉증(hyperkinesias)을 동반한다. 짧은 구는 경직형 및 운동과잉형에서도 관찰될 수 있으나, 이완형과는 달리 지속적 기식성 또는 성대 약증 등이 관찰되지는 않는다. 기식성은 운동저하형에서도 나타날 수 있으므로, 이완형의 기식성과 변별하기 어렵긴 하나, 이완형에서 나타나는 이중음도와 목쉰 소리가 두 유형을 변별하는 데 도움을 준다. 과다비성(hypernasality)은 다른 마비말장애 유형(특히 경직형과 운동저하형)에서도 나타나긴 하나, 이완형에서 가장 두드러진다. 가청 비강누출(nasal emission)과 코 킁킁거리는 소리(snorting)는 다른 마비말장애 유형에서는 거의 나타나지 않는다. 마지막으로, 이완형은 중증근무력증에서 보이는 것처럼, 끊임없이 말을 하는 동안에 말이 급속도로 악화되는 (쉬게 되면 회복되는) 증상을 나타낼 수 있는 유일한 말운동장애이다.

경직형 마비말장애

느린 말 속도, 느리고 규칙적인 교대운동속도(AMR), 쥐어짜는 음질(strained voice quality)은 경직형 마비말장애의 '전형적인' 말 패턴이다. 다른 마비말장애 유형에서는 이러한 세 가지 특성이 동시에 나타나는 것을 기대할 수 없다. 쥐어짜는 소리는 운동과잉형 마비말장애(예를 들어, 내전형 연축발성장애[adductory spasmodic dysphonia])에서도 관찰되긴 하나, 대체적으로 운동과잉형에서는 AMR 혹은 말 속도가 현저히 느리지는 않다. 느린 말 속도는 다른 마비말장애 유형에서도 흔하게 나타나지만, 쥐어짜는 음질과 동반되어 나타나지는 않는다. 느린 말 속도 및 과균등 강세(excess and equal stress)는 경직형과 실조형 마비말장애에서 모두 나타나지만, 실조형에서는 쥐어짜는 음질이 관찰되지 않는다는 점이 다르다.

실조형 마비말장애

연결 발화 동안의 불규칙한 조음 붕괴, 불규칙한 교대운동속도, 운율 저하는 실조형 마비말장애를 변별해 주는 주요한 특징이다. 이러한 특징은 운동과잉형과 UUMN형 마비말장애에서도 역시 나타날 수 있다. 그러나 턱, 안면, 혀의 우발적 움직임과 같은 비정상성은 실조형이 아닌, 운동과잉형 마비말장애에서 흔히 관찰된다. UUMN형 마비말장애는 때때로 실조형과 유사한 불규칙한 조음의 붕괴를 보인다. 이 경우에는 편측 하부 안면의 약증이나 혀의 약증이 있는지 여부를 확인하여 마비말장애 유형을 결정한다. 왜냐하면 실조형 마비말장애 자체는 일반적으로 비대칭적 안면 또는 혀의 약증과 관련이 없기 때문이다.

운동저하형 마비말장애

운동저하형 마비말장애와 관련된 전형적인 말의 특징에는 단음도(monopitch)와 단음량(monoloudness), 약화된 음량과 강세, 빠르거나 가속화된(accelerated) 말 속도, 빠르고 불분명한 교대운동속도 등이 있다. 운동저하형은 마비말장애 중 유일하게 빠르거나 가속화된 속도를 보이는데, 이러한 빠른 속도는 감별진단에 있어서 가장 유용하다. 그러나 빠르거나 가속화된 속도가 운동저하형에서 항상 관찰되는 것은 아니라는 점에 주목해야 한다. 또한, 음소 반복과 동어반복증(palilalia)이 운동저하형에서 반드시 나타나지는 않지만, 다른 유형들에서는 거의 관찰되지 않는다.

운동과잉형 마비말장애

운동과잉형은 다양한 측면에서 관찰된다. 모든 마비말장애 유형들 중에서, 운동과잉형은 말하는 동안에 보이는 시각적 관찰점들을 통해 그 장애를 정의하게 되는 유일한 유형일 것이다. 왜냐하면 말하는 동안에 턱, 안면, 혀가 불수의적으로 움직임으로써 운동과잉형의 수많은 비정상적인 청지각적 특성을 너무나 명백하게 드러내기 때문이다.

진전(tremor, 떨림)이나 구개인후두 간대성 근경련(palatopharyngolaryngeal myoclonus)과 같은 말장애를 통해 운동과잉형이 다른 유형의 마비말장애와 구분될 수 있다. 무도병(chorea)과 근긴장이상(dystonia)처럼 예측할 수 없고 변이적인 비정상적 말은 비전형적인 방식으로 예기치 않게 말소리의 흐름을 방해하기 때문에, 이러한 운동과잉형이 다른 유형의 마비말장애과 쉽게 변별된다. 운동과잉형은 말을 할 때나 말을 하지 않을 때에도 이상한 소음(abnormal noises)을 내는 유일한 마비말장애이다.

운동과잉형은 아마도 경직형이나 실조형과 변별하기가 가장 어려울 것이다. 경직형의 쥐어짜는 음질은 운동과잉형에서도 나타날 수 있다. 그러나 운동과잉형은 주로 한 군데의 말소리 밸브(speech valves)에만 영향을 끼치나, 경직형에서는 그렇지 않다. 변이적으로 나타나는 붕괴(breakdowns)는 운동과잉형과 실조형 말소리에서 유사하게 나타나지만, 눈으로 관찰 가능한 불수의적 움직임이 운동과잉형에서만 나타나므로 실조형과는 변별이 가능하다.

편측 상부운동신경세포형 마비말장애

편측 상부운동신경세포(UUMN)형은 그 장애 자체의 어떠한 변별적 특징보다도 장애의 경미함과 다소 불분명하거나 혼합된 말소리 특징에 의해 다른 유형의 마비말장애와 구분된다. 조음의 명백한 부정확함과 때때로 나타나는 긴장성 음질, 불규칙적 조음 붕괴(articulatory breakdowns) 등으로 인해 대개 이완형, 경직형, 실조형과 쉽게 혼동된다. 그런데 이완형과 변별하려면 UUMN형이 좀처럼 공명장애나 음성장애를 동반하지는 않으며, 위축(atrophy)이나 속상수축(fasciculation)과도 관련이 없다는 점을 알면 된다. UUMN형은 문맥적 발화 상황에서 불규칙적 조음 붕괴를 보이는데도 불구하고, 교대운동속도(AMR)에서는 규칙적인 경향성을 보인다. 이로써 일반적으로 AMR에서 불규칙성을 보이는 실조형과는 변별된다.

III. 마비말장애와 말실행증 간의 변별

마비말장애와 말실행증을 변별하는 것은 일반적으로 마비말장애 유형들 간의 변별만큼 어렵지는 않다. 대신, 말실행증을 실조형 마비말장애와 변별하고자 할 때, 또는 말실행증과 마비말장애가 동시에 나타나는지 여부를 확인하는 것은 어렵다. 후자의 경우에, 편측 상부운동신경세포(UUMN)형 마비말장애의 특성과 말실행증적 특성을 변별하는 것이 반드시 필요하다. 다음 단락에는 말실행증과 마비말장애를 가장 잘 변별해 주는 병소 부위, 병인, 구강 기제, 말소리의 특성들에 대해 요약하였다.

A. 해부와 혈관 분포

해부학적으로 말실행증은 천막상(supratentorial) 장애이다. 환자의 언어 지배(language dominance)가 우뇌 또는 양측 뇌에서 우세한 경우를 제외하고는, 말실행증은 거의 항상 좌반구의 병인과 관련된다. 이와는 달리, 마비말장애는 천막상, 후두와(posterior fossa), 척수 또는 말초의 손상 때문에 생긴다. 혈관성 병인을 가진 말실행증은 일반적으로 경동맥(carotid) 체계, 주로 좌측 중대뇌동맥(middle cerebral artery, MCA) 손상에 의해 발생한다. 이에 반해, 마비말장애는 훨씬 광범위하게 분포된 혈관 손상으로 생긴다(표 15-1 참조).

그러므로 전반적인 병소 확인의 측면에서, 말실행증은 경직형, 운동저하형, 운동과잉형, UUMN형 마비말장애와 상당히 유사한 면이 있다. 마비말장애의 천막상 병소는 피질(cortical)보다는 피질하(subcortical)에서 흔히 관찰되는 반면, 말실행증을 유발하는 병소는 피질하보다 피질 쪽이다. 천막상 마비말장애에 속하는 UUMN형 마비말장애는 말실행증과의 변별이 가장 어렵다.

B. 병인

표 15-2는 말실행증과 마비말장애 간의 병인적 유사점과 차이점을 확인하는 방식으로 두 장애의 관련 병인을 요약해 놓은 것이다. 비출혈성 뇌졸중(nonhemorrhagic stroke)은 말실행증을 일으키는 가장 흔한 원인이며, 거의 모든 유형의 마비말장애를 일으킨다. 또한 많은 퇴행성 질환들이 말실행증을 일으킬 수는 있으나, 말실행증과 전혀 관련이 없고 오히려 마비말장애만을 일으키는 퇴행성 질환들도 많다. 예를 들어, 신경학적 질환인 파킨슨병, 다계통 위축증(multiple system atrophy), 또는 척수소뇌 변성(spinocerebellar degeneration)이 유일한 질환이라면, 말실행증이 생기지는 않는다.

말실행증은 외상성 뇌손상, 신경외과술(neurosurgery), 종양 등에 의해 생길 수 있으며, 지배 반구인 좌뇌 병소가 있을 때만 나타난다. 일부 마비말장애 유형들과는 대조적으로, 말실행증은 독성/대사성, 감염성 질환에서 드물게 나타난다. 말실행증은 일반적으로 염증성 질환이나 탈수초 질환이 지배 반구에 영향을 줄 때 유발된다. 말실행증은 신경근육 접합부 질환이나 근병증과 같이 말초신경계에만 영향을 끼치는 질환에서는 관찰되지 않는다.

C. 구강 기제의 관찰점

표 15-3에서는 마비말장애 여러 유형들 간, 그리고 말실행증의 구강 기제에 대한 변별적 관찰점을 요약해 놓았다. 말실행증은 비정상적 구강 기제 없이도 나타날 수 있으며, 마비말장애가 동반되는 경우는 거의 없다(실조형과 운동과잉형 마비말장애는 예외임). 말실행증은 흔히 우측 중추 안면 약증을 동반하거나, 덜 흔하기는 하나 우측 혀의 약증과도 관련된다. 이 두 가지의 약증 모두 편측 상부운동신경세포(UUMN)형 마비말장애에서 흔히 발생하며, 이 약증 현상들과 말실행증 간에 인과적 관계는 없다. 여러 구강 기제 중에 말실행증의 감별진단에 도움이 되는 것은 바로 비구어 구강실행증(nonverbal oral apraxia, NVOA)이다. 왜냐하면 비구어 구강실행증은 마비말장애에서는 흔하게 관찰되지 않고, 두 증세가 동시 발생 시에, 어떠한 마비말장애와도 명백한 인과적 관계도 보이지 않기 때문이다. 따라서 비구어 구강실행증을 제외하고, 표 15-3에서 제시된 다른 어떠한 특징들이라도 말실행증 환자에게서 관찰된다면, 특이한 환자 사례이거나, 부수적인 다른 말장애 동반 가능성이 제기될 수 있다.

D. 말 특징

말실행증과 마비말장애를 변별하기 위해서는 말 특징이 무엇인지 확인하고 해석하는 일이 필요하다. 표 15-4를 보면 말실행증과 여러 마비말장애 유형들이 몇 가지 일탈적 말 특징을 명백히 공유한다. 둘 간의 감별진단 여부는 말실행증에서만 관찰되고, 마비말장애에서는 없는 일탈적 말 특징을 인식할 수 있는가에 달려 있다.

일반적 변별점

마비말장애와 말실행증 간의 일반적 변별점은 다음과 같다.

- 말과 구어 기제의 경우, 보편적으로 마비말장애의

일탈적 말 특징은 움직임 자체의 힘, 긴장도(tone), 범위, 안정성(steadiness) 문제에 기인한다. 이러한 변화가 말실행증 환자에서 나타날 때에는 그것으로 말실행증의 일탈적 말 특징을 설명해 내지는 못한다.

- 대부분의 마비말장애에서는 말의 모든 구성요소(즉, 호흡, 발성, 공명, 조음, 운율)에 영향을 받는다. 말실행증은 주로 조음과 운율에서 장애를 보인다.
- 마비말장애는 드물게 실어증을 동반한다. 말실행증은 흔히 실어증을 동반한다.
- 마비말장애에서 일탈적 말 특징은 일반적으로 여러 발화들에 걸쳐 일관적으로 나타나며, 발화 자동성(automaticity) 정도, 자극 양식(예: 자발성, 읽기, 모방), 언어적 변수 등에 의해서 영향을 받지는 않는다. 말실행증에서는 동일한 발화를 따라 말하도록 시켰을 때에 특정 오류는 변이적이며, 자동 발화(automatic speech)는 명제 발화(propositional speech)보다 어느 정도 수행력이 좋으며, 그 오류율은 단어의 길이, 출현 빈도, 음절 효과(syllabicity effects), 의미성 등과 같은 요소에 영향을 받는다.
- 마비말장애에서 현저한 조음 이상은 대개 말 동작(speech gesture)의 왜곡이나 단순화(simplification)와 관련된다. 왜곡은 말실행증에서 또한 흔하게 일어나며, 대치, 첨가, 모방, 목표음의 복잡화(complications) 등을 보인다. 비유창성(dysfluency)은 대개 마비말장애보다 말실행증에서 더 변이적이다.
- 마비말장애 환자는 올바른 조음점을 찾기 위한 모색 현상(grope)을 거의 보이지 않으며, 오류를 수정하려고 시도하지 않는다. 시행착오적(trial and error) 모색과 자기수정(self-correction)을 하려는 것은 대개 말실행증 환자들이 보이는 특징이다.

특이적 변별점

표 15-4에서 제시되었듯이, 말실행증은 경직형, 운동과잉형, 실조형 마비말장애에게 관찰되는 일탈적 말 특징들을 유사하게 보이기 때문에, 이러한 유형의 마비말장애들과 말실행증 간의 변별에 주목할 필요가 있다.

- 다수의 특징을 공유하기는 하나, 말실행증을 경직형 마비말장애와 구분하는 것은 대체적으로 어렵지 않다. 경직형 마비말장애의 일탈적 특징은 자극이나 발화 조건과는 상관없이 대체적으로 상당히 일관적인 편이다. 말실행증 오류는 예측하기 어렵다. 경직형 마비말장애에서 흔히 나타나는 쥐어짜는 듯한(strained) 거친(harsh) 발성장애(dysphonia)와 과다비성은 말실행증에서는 관찰되지 않는다. 구어 기제상의 관찰점에서 역시 변별이 가능하다. 경직형 마비말장애 환자들은 흔히 발성장애, 침 흘림(drooling), 가성구감정(실금)(pseudobulbar affect), 병리적 또는 과잉 구강 운동 반사(hyperactive oromotor reflexes)를 보인다. 말실행증에서 구어 기제 검사결과는 전적으로 정상이다. 실어증은 마비말장애보다는 말실행증을 더 흔히 동반한다.
- 운동과잉형 마비말장애는 말실행증과 유사하게도 주로 조음이나 운율 문제를 보이지만, 그 두 장애는 대체적으로 어렵지 않게 변별된다. 운동과잉형 마비말장애에서는 가시적인(visible) 불수의적(involuntary) 운동이 자주 나타나지만, 말실행증에서는 거의 관찰되지 않는다. 운동과잉형 마비말장애는 말실행증과는 달리 자극 또는 반응의 변수들에 영향을 거의 받지 않는다.
- 실조형 마비말장애와 말실행증은 서로 변별하기 어렵다. 이는 소뇌의 역할이 운동 조절과 협응에 있으며, 조음 붕괴의 불규칙성과 조음 및 운율 문제가 실조형 마비말장애의 주요 특징이라는 점이기 때문이다. 말실행증 또한 이러한 말 특징을 보인다. 덧붙여서, 실조형 마비말장애와 말실행증 둘 다 구어 기제 검사 결과가 정상이다. 두 장애를 구분해 줄 수 있는 가장 유용한 특징은 다음과 같다. (1) 말의 교대운동속도(AMR)는 실조형 마비말장애에서 대개 불규칙적이지만, 말실행증에서는 규칙적이다. (2) 말의 연속운동속도(sequential motion rate, SMR) 과제상, 연속성(sequencing)은 실조형 마비말장애에서는 대개 정상적이나, 말실행증에서는 종종 이상을 보인다. (3) 불규칙한 조음 붕괴와 변이적 운율 문제는 실조형 마비말장애보다 말실행증에서 더 자주 나타난다. (4) 자동 발화와 명제 발화 간의 수행력 차이는 실조형 마비말장애에서는 보이지 않으나, 말실행증에서는 관찰된다. (5) 조음 자세를 잡기 위하여 모색하는 행동은 실조형 마비말장애에서는 보이지 않으나, 말실행증에서는 관찰된다. (6) 대치는 말실행증에서 훨씬 더 많이 나타난다.
- 편측 상부운동신경세포(UUMN)형 마비말장애와 말실행증은 일탈적 특징들을 많이 공유하지는 않으나,

둘 다 주로 좌뇌손상에 기인한다. 만일 UUMN형 마비말장애가 실조성(ataxic-like) 특색을 보이게 되면 그 둘 간을 변별하기가 어렵게 된다. 이 경우에는 둘 다 좌반구 손상 때문이므로 병소 확인(localization)은 그다지 중요하지 않다. 두 장애가 함께 관찰되는 경우에, 중재는 주로 말실행증에 집중된다.

IV. 말운동장애와 실어증 간의 변별

A. 마비말장애 대 실어증

마비말장애와 실어증을 변별해 내는 일은 그다지 어렵지 않다. 왜냐하면 해부적, 혈관적, 병인적 측면에서 볼 때, 이 두 장애 간의 변별은 말실행증을 마비말장애로부터 변별하는 것과 유사하기 때문이다. 우측 중추안면마비(central facial palsy, CFP)와 우측 혀 약증, 비구어 구강실행증을 제외하고는 실어증 환자의 구강 기제 검사 결과는 모두 정상이다. 실어증 환자의 언어적 어려움은 발화적 표현, 청각적 이해력, 독해력, 쓰기 등에서 확연히 드러난다. 이와는 대조적으로, 마비말장애 화자들은 말을 제외하고는 그 어떠한 입력 또는 산출 양식에서 문제를 보이지 않으며, 언어적으로는(linguistically) 정상이다. 그들이 호소하는 의사소통 문제는 말 산출(speech production)에 있는 것이지, 단어 인출, 언어 형성이나 해석 등에 있지는 않다. 심지어 마비말장애와 실어증이 동시에 발생할 때에, 신경운동적 결손에 기인한 말 왜곡을 언어 형성이나 표현 문제로 인한 비효율성과 오류와 변별하는 것은 그다지 어렵지 않다. 그러나 마비말장애로 인하여 명료도가 저하되면, 불명료해진 발화 내용(contents) 때문에 환자가 마비말장애만을 보이고 있는지, 아니면 실어증도 함께 동반되는지를 확인하기 어렵게 된다. 그러나 말하는 동안 지연(delay) 현상을 보이거나 발화를 수정하려고 시도한다면 언어적 어려움이 보이는 신호일 것이다. 그런데 이러한 특성이 명백하지 않다면, 청각적 이해력과 독해력, 쓰기에 대한 평가를 면밀하게 진행함으로써 실어증 여부를 확인하는 것이 좋다. 실어증적 문제가 다른 양식(modalities)에서도 관찰된다면, 언어 문제가 표현 언어 측면에서도 있는 것으로 판단한다.

B. 말실행증 대 실어증

실어증과 말실행증 간을 변별하는 것은 어려운데, 이는 다음의 몇 가지 이유 때문이다. 첫째, 두 장애 간에는 해부적, 혈관적, 병인적 차이점이 크게 없다. 둘째, 실어증이 말실행증 없이 발생할 수 있다고는 해도, 말실행증이 실어증 없이 일어나는 일은 흔치 않다. 두 장애가 동시에 발생하면 그 둘을 변별하기가 어렵다. 셋째, 실어증 환자들은 본질적으로 언어적(음운론적) 소리(sound) 오류를 산출하는 반면, 말실행증 환자들은 운동 계획/프로그래밍 문제들을 반영한 소리 오류를 보인다. 이 두 가지 형태의 오류들은 서로 변별하기가 어렵기 때문에 감별진단을 어렵게 만든다. 넷째, 말실행증이 주가 되고 경미한 실어증을 보이는 환자들이라 할지라도 일부 말소리 오류는 본질적으로 실어증과 유사하며, 실어증이 주가 되고 말실행증이 경미한 환자들은 본질적으로 말실행증과 비슷한 말소리 오류를 보인다.

McNeil, Robin, Schmidt[8]는 "말실행증의 감별진단을 위하여 작성된 특징 '체크리스트'는 도움이 되지 않으며, 중증도에 따라 특징들이 다르게 발현되는 특정 '군(clusters)'으로 살펴보는 것이 감별진단에 오히려 중요하다."라고 지적하였다. 이 주장은 어떤 말운동장애를 진단하는 데에도 적용될 수 있겠으나, 차별화 가능한 증상군(clusters)이 각각 어떤 요소들로 구성되어 있는지를 해석하기 위해서는 증상들을 군 간에 대조적으로 목록화하는 것이 도움이 된다. 표 15-5에서는 말실행증과 실어증의 특성들을 요약해 놓았다. 이 두 장애를 변별하기 위해서는 다음의 주안점들을 명확히 살펴보아야 한다.

- 대체적으로 말실행증이 실어증과 동반되어 나타나지만, 말실행증은 실어증과는 독립적으로 나타나기도 한다. 말실행증이 '순수 말실행증(pure apraxia of speech)'인 경우에는, 청각적 이해력이나 독해력에는 문제가 없으며, 쓰기의 언어적 측면 역시 정상이다. 대조적으로, 실어증은 언어의 다양식적(multimodality) 문제이다.
- 실어증의 구어적 문제들이 심각하면 말실행증을 확인할 수 없기도 하며, 말실행증 진단을 위한 충분하고도 유효한 발화 채집이 힘들게 된다. 그러나 말실행증 때문에 실어증 진단이 어려워서는 안 된다. 말실행증이 함구증을 일으킬 만큼 심각할지라도, 다른 언어 패턴들을 주의 깊게 평가한다면 언어 문제가

표 15-5

말실행증과 실어증 간의 유사점 및 차이점

	말실행증	실어증
병소	좌뇌, 중대뇌동맥 전두엽 > 측두두정엽	좌뇌, 중대뇌동맥 측두두정엽 > 전두엽
병인	주로 뇌졸중	주로 뇌졸중
동반문제	실어증, 주로 브로카 실어증 비구어 구강실행증 보임 > 안 보임 보통 우측 편마비	말실행증이 동반될 수도, 안 될 수도 있음 비구어 구강실행증이 상대적으로 드물게 보임 우측 편마비가 상대적으로 덜함
말/언어	보통 편측 상부운동신경세포형 마비말장애 비구어적 언어 양식은 손상 없음 실어증 동반 여부를 확인하기 쉬움 실어증이 있다면 대개 비유창성 비정상적 운율 빈번한 왜곡 조음 시의 머뭇거림과 모색 조음 오류를 수정하려는 시도 목표음과 근접한 오류 조음 복잡성의 영향을 받는 오류	편측 상부운동신경세포형 마비말장애가 흔하지 않음 비구어적 언어 양식 손상 말실행증 동반 여부를 확인하기 어려움 유창성 혹은 비유창성 정상적 운율 왜곡은 빈번하지 않음 애쓰지 않고 조음 조음 오류를 제대로 인식하지 못함 목표에서 벗어난 오류 조음 복잡성의 영향을 덜 받는 오류

과연 존재하는지 여부를 확인할 수 있다. 말실행증만 있다면, 다른 언어 패턴들의 수행력은 정상이어야 한다.

- 말실행증과 실어증이 동시에 발생하고, 말실행증이 중도(moderate)이거나 실어증보다 더 심하면 여러 언어 패턴에 걸쳐 관찰되는 문제는 구어 출력 패턴 부분에서 특히 더 두드러진다. 이러한 현상은 일상적 관찰에서 뚜렷하며, 여러 언어 패턴들 전반을 평가하는 표준 실어증 검사에서도 명백하게 드러난다. 예컨대, 말실행증 또는 말실행증과 실어증을 동반한 환자들은 「포치의사소통장애검사(Porch Index of Communicative Ability, PICA)」[9]의 구어 하위검사 점수가 다른 영역보다 낮다. 게다가, 다양식적 점수 척도를 통해 구어 하위검사들에서 '4점-7점-14점'과 같은 일정하지 않은 점수들이 관찰됨으로써, 명료하지 않고 근접되기는 하나 왜곡된 말을 구사한다는 것을 입증해 준다.
- 말실행증만을 보이거나, 말실행증과 실어증을 함께 보이는 환자들은 '비유창' 실어증 범주에 속하게 됨으로써, 다른 표준 실어증 검사에서도 차별적 특성을 보인다. 「보스턴실어증검사(Boston Diagnostic Aphasia Examination, BDAE)」[6]나 「웨스턴실어증검사(Western Aphasia Battery, WAB)」[7]에서 대부분 브로카 실어증으로 분류되며, 연결피질 실어증이나 유창성 실어증(베르니케 실어증, 명칭실어증 등)으로 분류되지는 않는다. 말실행증을 동반한 실어증 환자들은 「미네소타실어증감별진단검사(MTDDA, Minnesota Test for the Differential Diagnosis of Aphasia)」[11]에서는 **감각운동장애 실어증**으로 분류된다.
- 실어증을 동반한 말실행증 혹은 동반하지 않은 말실행증은 말실행증 없는 실어증에 비해 UUMN형 마비말장애와의 관련성이 크다. 이는 신경운동 집행(neuromotor execution)이 언어 기제보다는 말운동 계획/프로그래밍 기제와 좀 더 밀접하게 연관된다는 것을 의미한다. 이와 유사하게, 말실행증과 실어증 모두 우측 사지 운동 장애와 관련되지만, 말실행증에서 우측 편마비가 더 많이 관찰된다.
- 일반적으로, 말실행증의 병변은 측두엽이나 두정엽보다는 주로 후(posterior) 전두엽 혹은 뇌섬(insula)이다. 반면에, 말실행증을 동반하지 않은 실어증의 병변은 주로 측두엽 혹은 측두두정엽이다.
- 실어증, 특히 베르니케 실어증과 전도 실어증에서

음운적 오류가 잦기 때문에, 이 두 실어증 유형과 말실행증을 변별하는 것은 꽤나 어렵다. McNeil, Robin, Schmidt[8,[3]]와 많은 연구자들[3-5,12-13]은 다음과 같이 변별에 도움이 되는 유용한 단서들을 제공하였다.

- 말실행증 환자들은 조음과 운율 문제를 보이는데, 느린 말 속도, 말 속도 증가의 어려움, 분리된 음절(segregated syllables), 단어들 간 간격 증가 등이 특징이다. 베르니케 실어증과 기타 다른 유창성 실어증 환자들은 음소적으로 정상 발화에서는 속도와 운율 역시 정상이다. 말실행증에서는 대치 현상이 일어난다고 해도, 동시에 왜곡되고, 느린 속도와 조음 시 머뭇거림(hesitancy)이나 노력(effort) 등이 관찰된다. 왜곡이 되면 마치 외국어 음소가 산출되는 것처럼 인식된다. 이와는 대조적으로, 실어증의 음소 오류는 머뭇거림 등이 동반된다고는 해도, 통상적으로 조음이 왜곡되지 않고 정상적이다.
- 말실행증 환자들은 보통 자신의 조음 오류를 인식하여 자기수정을 시도한다. 말실행증을 동반하지 않은 실어증 환자들은 조음 오류를 제대로 인식하지 못하는 편이다.
- 실행증적 오류(apraxic errors)는 실어증의 음운적 오류(phonologic errors)에 비하여 오류 위치 및 유형이 비교적 일관적이며, 조음 목표점에 좀 더 가깝게 구현한다. 예컨대, 실행증 환자는 'banana'라는 단어를 'bamama'라고 느리게 왜곡하여 산출하는 데 비해, 실어증 환자는 엉뚱하게도 'streeble'이라고 말한다. 반복하여 시도하면 실행증이 실어증보다 덜 변이적이다.
- 실어증에서 활용되는 언어 산출 촉진을 위한 치료는 말실행증에는 유효하지 않으며, 이와 유사하게 말실행증에서 발화 산출을 촉진하는 치료는 실어증에 효과적이지 않다(말실행증 치료는 제18장에서 다루도록 함).

[3] McNeil, Robin, Schmidt[8]는 말실행증과 음소 착어 간의 운율적 · 음운적 · 운동역학적, 기타 연관 자질에 대한 대조적인 상세 정보를 제공하였음. 이 정보들은 말실행증과 관련하여 언급된 바 있었던 감별진단적 말 특징들에 대해 문제가 있음을 제기함. 이 책에서 다루는 특징들은 McNeil, Robin, Schmidt의 견해와 유사함.

V. 신경학적 함구증의 유형 간의 변별

신경학적 함구증(neurogenic mutism)의 서로 다른 유형들을 변별하는 것은 어려울 수 있으나, 여러 가지 비구어 의사소통 행동들이나 관찰점들을 통하여 변별이 가능하다. 표 15-6에는 함구증을 유발하는 실구어증(anarthria), 말실행증, 실어증, 인지-정동(cognitive-affective) 유형들을 서로 변별할 수 있는 특징들을 요약하였다. 병인은 감별진단에 그다지 도움이 되지 않는다. 물론 병변이 산발적(diffuse)이고 다병소적(multifocal)이라면 실구어증, 말실행증, 실어증 등보다는 인지-정동 함구증으로 진단 내릴 수는 있다. 반대로, 뇌졸중과 같은 국소적 질환은 말운동장애 혹은 언어장애와 관련된 함구증을 유발한다.

A. 실구어증

실구어증(anarthria) 환자들은 통상적으로 구(연수)근육(bulbar muscles)에 심하고 명백한 신경운동적 장애를 보이기 때문에 함구증의 기저를 확인하는 데 도움이 된다. 실구어증과 관련된 삼킴장애(dysphagia), 침 흘림(drooling), 가성구감정(실금)(pseudobulbar affect), 병리학적 구강 운동 반사 등은 모든 실행증적 혹은 실어증적 함구증에서 관찰되는 것은 아니며, 인지-정동 함구증에서는 전혀 관찰되지 않거나 거의 없다. 이와 유사하게, 실구어증에서는 사지마비나 사지 및 구근육에서 관찰되는 약증, 경직, 강직, 운동장애 등이 두드러지며, 다른 함구증 유형에서는 거의 찾아보기 힘들다.

실구어증은 때로는 심한 사지 운동장애 없이 나타난다. 이렇게 때문에 실어증, 말실증, 또는 심인성 함구증으로 잘못 진단되기도 한다. 그러나 실구어증에서는 심한 삼킴장애나 기타 구강 운동장애 등이 동반되어 나타나므로 감별진단이 가능하게 되는데, 이러한 비구어성 구강 운동장애 없이 실구어증이 진단되기는 힘들기 때문이다.

실구어증 환자들은 각성도(alertness)가 정상이며 반응도 잘 하는 편인데, 이러한 점은 눈 움직임만 가능한 감금증후군(locked-in syndrome)에서도 확연히 드러난다. 다른 유형의 함구증에 비하여 반응이 빨리 시작되는(rapid response initiation) 편이다. 실구어증 환자들이 조음이 느리고 조음 운동 범위가 제한적이며, 음량이 저하되고, 음질은 긴장되고 신음하는 듯하며 애써 노력하는 듯이 들리는데, 이러한 현상들로 인하여 실구어증은 신

표 15-6

함구증의 주요 유형들의 변별

	말운동		언어	인지-정동	
	실구어증	말실행증	실어증	감소된 각성/산발적 피질 장애	무동성 함구증
병인(가장 흔한)	• 뇌졸중, 폐쇄성 뇌손상	• 뇌졸중	• 뇌졸중	• 폐쇄성 두부 손상, 무산소증, 감염, 염증	• 뇌졸중, 종양, 폐쇄성 뇌손상
위치	• 양측 상부운동신경세포 • 양측 하부운동신경세포 • 기저핵 • 소뇌	• 좌뇌	• 우뇌	• 망상활성체	• 전두엽/변연계
기제	• 신경근육(마비말장애)	• 운동 프로그래밍	• 언어	• 각성 • 인지적	• 발동(drive), 자주적(initiative), 인지적
동반 장애	• 삼킴장애 • 사지불완전마비 • 약증 • 경직 • 강직 • 운동과잉성 • 병리학적 반사	• 실어증 • 비구어 구강실행증 • 편마비	• 다양식 언어장애 • 말실행증 • 비구어 구강실행증 • 편마비	• 혼수 • 무반응 • 변화된 근긴장도/자세 • 병리학적 반사	• 의지상실 • 지연 반응 • 무반응 • 무관심 • 병리학적 반사
잔존 능력	• 각성 • 다른 양식(modality)에 반응	• 각성 • 다른 언어 양식에 정확하게 반응	• 각성 • 다른 언어 양식에 부정확하게 반응 • 정상적인 씹기/삼킴	• 거의 없음	• 각성 • 정상적이나 느리게 씹고 삼킴
말과 발성 특징들	• 심하게 감소된 말명료도를 보이는 심도의 마비말장애	• 낼 수 있는 소리가 제한적임, 의미적 · 무의미적 발화가 거의 없음	• 자동적이고 사회성 발화 • 판에 박힌 듯한 반복성 발화	• 소리 냄(울음, 으르렁거림, 소리 지름)	• 지연되고 구체적 반응 • 무성적이며, 속삭이고, 음량이 감소되며, 단조로움

경근육 문제 때문에 생기는 것으로 설명된다.

B. 말실행증

실구어증과는 대조적으로 실행성 함구증(apraxic mutism)은 구강 기제 검사가 정상이거나 기껏해야 우측 혀 혹은 안면의 약증 정도만 보인다. 하품, 웃음, 울음과 같은 반사적 안면 동작이 정상이며, 심각한 침 흘림이나 삼킴장애는 찾아보기 힘들다. 반사적 기침도 정상이며 음성도 정상처럼 들린다. 이 모두가 실구어증과는 대조적인 특징들이다.

비구어 구강 과제가 주어지면, 함구성 실행증(mute apraxia)[4] 환자들은 그 과제를 수행하려고 시도한다. 만일 비구어 구강실행증(nonverbal oral apraxia, NVOA)이

[4] (역자 주) 이 단락에서 저자는 실행성 함구증(apraxic mutism)과 함구성 실행증(mute apraxic)을 혼용하여 사용하였음. 이와 유사하게, 실어증성 함구증(aphasic mutism)과 함구성 실어증(mute aphasic)을 혼용하였음.

있다면 반응이 목표에서 벗어나며, 모색 현상이나 자기 수정 시에 애써 노력하는 기색이 역력할 것이다. 그러나 움직임의 횟수나 범위는 정상적이다. 우측 편마비는 나타날 수도 있고 안 나타날 수도 있다. 양쪽 상지에서 사지실행증(limb apraxia)도 관찰될 수 있다. NVOA와 사지 실행증은 인지-정동 함구증에서는 잘 관찰되지 않는데, 함구성 실어증(mute aphasia) 환자들에게서는 나타난다. 인지-정동 함구성 환자 혹은 함구성 실어증 환자와는 대조적으로, 함구성 실행증 환자는 기타 다른 언어 양식에서는 과제에 대해 시작이 가능하며, 신속하고 정확하게 끝낼 수도 있다. 일반적으로 실행증에 기인한 함구증은 미미하게라도 실어증을 동반하므로 기타 언어적 양식에서의 문제가 관찰되기도 한다.

함구성 실행증 환자들은 말을 하려고 시도는 하나, 제대로 되지 않기 때문에 좌절하기도 하는데, 이는 인지-정동 장애에서 흔히 관찰되는 무관심(indifference)과는 대조적이라 할 수 있다. 마지막으로, 함구성 실행증 환자들은 보통 때에는 전혀 아무런 발화를 하지 못하다가도, 좌절될 때 간혹 욕을 내뱉기도 하고, 합창을 해야 하는 상황에서 '안녕'이나 '잘 가'라는 말을 툭 던지거나, 혹은 노래 가사의 일부를 반사적으로 발화하기도 한다.

C. 실어증

함구성 실어증(mute aphasia) 환자는 청각적 이해력이 떨어져서 지시사항을 제대로 이해하지 못하는 경우를 제외하고, 구강 기제 검사나 반응적 구강 운동 반응들에서 함구성 말실행증 환자들과 매우 유사한 양상을 보인다. 함구증이 관찰되면, 실어증은 대부분 상당히 심한 편이기 때문에 청각적 이해력이나 독해력, 쓰기 등의 수행력이 상당히 저하된다. 실행증 환자들과 유사하게, 비실어성 인지-정동 장애(예: 무동성 함구증) 환자들과는 대조적으로, 자신들이 겪는 장애와 문제에 감정적으로 반응한다.

D. 인지-정동 장애

인지-정동(cognitive-affective) 문제로 생기는 함구증은 심한 인지장애뿐만 아니라 각성(arousal), 각성도(alertness), 발동(drive), 자주성(initiative)이 감소하는 데 기인한다. 망상활성계(reticular activating system)가 손상되면, 함구증 환자들은 혼수나 각성 저하(hypoarousal) 상태에서, 각성도, 눈 맞춤, 반응 등이 완전히 소실된다. 이러한 현상은 실구어증 환자나 말을 하지 않는 실행증 환자 또는 실어증 환자에서는 관찰되지 않는다.

함구증이 무동성 함구증(akinetic mutism)과 같이 전두-변연계 손상 때문에 생겼다면, 환자는 깨어 있고 외면적으로는 또렷해 보이고, 눈 맞춤이 가능할 수 있다. 음식을 느리게 먹기도 하고, 구강 내의 음식을 씹지도 않고 삼키지도 않은 채 그대로 남겨 두기도 하나, 일단 인두단계(pharyngeal phase)가 시작되면 삼킴은 적절히 이루어진다.

비록 무동성 함구증 환자가 반응을 보일지라도 그 반응이 지연되어 나타나는데, 이는 무감동적 침묵(apathetic silence) 혹은 부족한 노력 때문이다. 이러한 현상은 말을 하고자 시도하는 실구어증, 함구성 실어증, 또는 함구성 실행증 환자들과는 대조적이다. 무반응 혹은 지연 반응은 비구어적으로 혹은 다른 언어 양식에서 명백히 드러나는데, 이러한 현상은 다른 신경학적 함구증에서는 찾아보기 힘들다. 이런 환자들이 결국에 가서 말이 튀어나오더라도 지연 시간이 길게 경과된 후에나 가능하며, 그조차 짧고 간단하고, 속삭이는 소리가 들리거나 실성적(aphonic)이며, 음량이 심하게 저하되고 운율은 평편하다. 이와는 대조적으로, 조음 범위가 저하되기는 하나, 조음은 정상인 편이다. 조음이 정상이면서 위와 같은 음성 특징을 보이는 현상은 실구어증, 말실행증, 실어증에서는 드물다.

VI. 말운동장애와 기타 신경말장애 간의 변별

제13장에서는 말운동장애와 관련되는 여러 신경말장애를 소개하였다. 실어증이 다루어졌고, 신경말장애와의 변별에 대하여 설명하였다. 지금부터는 기타 신경말장애와 말운동장애 간에 어떻게 변별이 이루어지는지에 대해 기술하고자 한다. 표 15-7과 표 15-8에서는 이들에 대해 요약해 놓았다.

A. 신경말더듬증

신경말더듬증(neurogenic stuttering)과 마비말장애 및 말실행증 간의 변별선은 여러 곳에서 그어질 수 있는데,

표 15-7

신경말더듬증, 동어반복증, 말운동장애(마비말장애, 말실행증), 실어증과 관련된 비유창성의 차이

	신경말더듬증	동어반복증	마비말장애	말실행증	실어증
병소	• 중추신경계의 운동 체계(여러 병소), • 지속적인 경우 양측 손상	• 양측 기저핵	• 중추운동신경계(여러 병소)	• 좌뇌	• 좌뇌
기제	• 알려진 바 없음(? 평형장애)	• ? 운동 탈억제	• 신경운동	• 운동 프로그래밍	• 언어
말 특징	• 소리/음절/단어 비유창이 유일함, 또는 동반하는 말운동장애 또는 실어증으로는 설명될 수 없거나, 중증도가 다름	• 단어나 구 반복만 있음 • 종종 운동저하형 마비말장애와 연관됨	• 소리/음절/단어 비유창이 마비말장애 혹은 마비말장애 플러스(plus dysarthria)의 특징을 반영함	• 소리/음절/단어 비유창이 말실행증 혹은 말실행증 플러스(plus AOS)의 특징을 반영함	• 소리/음절/단어 비유창이 실어증 혹은 실어증 플러스(plus aphasia)의 특징을 반영함

(역자 주) 여기서 ?는 확실하지 않은 현상을 뜻함.

이는 신경학적 비유창성(neurologic dysfluencies)이 행동이나 신경해부학적 측면에서 상당히 이질적이기 때문이다. 심한 비유창성이 관찰될 때 진단상의 가장 큰 어려움은 이러한 비유창성이 마비말장애, 말실행증, 실어증 중 어떤 장애의 요소인지, 혹은 별개의 독립적인 장애인지를 확인해야 한다는 점이다. 일단 진단이 내려진다면 병소에 대한 해석이 가능하며, 행동적 중재가 이루어질 수 있다. 비유창성과 관련된 다양한 신경학적 말장애의 변별점은 표 15-7에 요약되어 있다.

마비말장애와 신경말더듬증

비유창성은 마비말장애에서 빈번히 발생하는데, 그 어떤 유형보다도 운동저하형에서 더욱 흔하다. 비유창성은 이완형 마비말장애에서는 나타나지 않으나, 혹여 관찰된다고 할지라도, 이는 하부운동신경세포 손상이나 이완형 마비말장애를 일으키는 손상에다가 중추신경계 손상이 더해져서 발생되었거나, 보상적 부적응(maladaptive compensation)을 반영하거나 심인성일 것이다.

운동저하형 마비말장애와 관련된 비유창성은 구(phrase)가 시작되면서 발생하는 경향이 있으며, 빠르지만 때때로 정확하지 않은 초성 및 첫 음절의 반복이 특징적이다. 빠르거나, 가속적 속도, 조음 운동 범위가 감소되는 특징이 있는 운동저하형 마비말장애와 별반 다르지 않으며, 별개의 장애라기보다는 운동저하형 마비말장애를 규명하는 한 가지 특징으로 보는 편이 낫다. 비유창성이 운동저하형 마비말장애의 주요 특징인 경우에는 말장애를 "두드러진 비유창성을 보이는 운동저하형 마비말장애"로 진단 내리는 것이 좋다. 이로써, 두 가지 장애가 아니라 한 가지 장애이며 기저핵과 연관된 병소나 질환에 기인하는 것으로 본다. 마비말장애 진단에서 비유창성을 중요시하는 것은 중재 시에 이를 특별히 취급해야 하기 때문이다.

말실행증과 신경말더듬증

소리와 음절의 머뭇거림, 반복, 연장은 말실행증에서 관찰된다. 이러한 비유창성은 조음 목표나 운동을 수립하거나 수정하기 위한 노력에서 나올 수 있으며, 찾기(searching), 모색(groping), 목표 밖의 노력(off-target effort) 등이 관찰된다. 말소리 오류나 움직임 오류를 수정하고자 하는 보상적 노력인 경우에는 개별적 장애가 아닌 말실행증의 특징으로 간주된다. 이 현상이 말실행증의 주요 특징인 경우, "두드러진 비유창성을 보이는 말실행증"으로 진단된다. 이는 두 가지 말장애가 아닌 한 가지 말장애이며, 좌뇌의 손상이나 질환에 기인한다는 것을 의미한다. 진단에서 비유창성을 중요시하는 이유는 중재 시 특별하게 다루어야 하기 때문이다.

실어증과 신경말더듬증

실어증에서 비유창성은 단어 인출 장애 혹은 언어학적 오류를 수정하거나 구어 표현을 조직화하기 위한 노력 도중에 발생할 수 있다. 삽입어(예: '어,' '그게…'), 머뭇거림이나 연장, 소리, 음절, 단어, 심지어는 짧은 구 반복 등이 특징이다. 비유창성이 실어증적 구어 문제 중 한 가지일 때에는 이를 단독적, 개별적 장애로 취급하지 않는다. 비유창성이 명확하다면 "두드러진 비유창성을 포함한 구어 산출 특징을 지닌 실어증"으로 진단하게 되는데, 이로써 실어증과 비유창성이 동일한 병인에서 출발하고, 둘 다 좌뇌 병소에 기인함을 의미한다. 비유창성을 치료할 필요도 있다.

개별적 진단으로서의 신경말더듬증

비유창성이 유일한 말 문제이며, 동반된 마비말장애, 말실행증 또는 실어증과는 모순된 특징을 보인다면, 그리고 심인성으로는 설명되지 않는 경우에는, 신경말더듬증으로 진단 내리는 것이 타당하다. 신경말더듬증이라 진단 내리는 것은 단지 학구적 연습(academic exercise)에만 머무는 것만은 아닌데, 또 다른 근거가 전혀 없는 가운데서도 신경질환이 있음을 의미하기 때문이다. 비유창성이 말실행증, 실어증, 또는 마비말장애 유형과 연관된 비유창성이 아니라면 병인에 대해, 그리고 신경계의 손상 부위에 대해 여러 가능성을 열어 두게 된다. 이 역시 중재가 필요한 장애이다.

B. 동어반복증

동어반복증(palilalia)의 감별진단이 어렵지 않은 이유는 동어반복증을 설명하는 특징(예: 단어와 구의 강박적 반복)이 말운동장애나 기타 신경학적 말장애와 약간만 겹치기 때문이다(표 15-7 참조). 판에 박힌 듯한(stereotypic) 운율, 점진적으로 증가하는 속도, 음량 저하, 수많은 반복, 동어반복증에 대한 정의적 특징인 단어와 구 반복 등이 말실행증, 실어증, 신경말더듬증과는 변별되게 해준다. 게다가, 실행증 또는 실어증 화자가 단어나 구를 반복할 때에는, 조음을 하거나 특정 의미를 표현하기 위해 애쓰는 모습이 역력하며, 느린 말 속도나 자기수정이 관찰된다. 반면에, 동어반복증 화자는 애쓰지 않고 빨리 말하고, 반복을 억제해 보려는 시도를 전혀 하지 않는다.

반드시 그렇진 않지만 동어반복증은 운동저하형 마비말장애에서 종종 발생한다. 두 장애 모두 양측 기저핵 병변으로 나타난다. 운동저하형 마비말장애과 관련된 전형적인 비유창성은 소리와 음절의 반복인데, 반복은 발화나 구의 시작에서 발생하는 경향이 있다. 반면에, 동어반복증의 반복은 주로 발화의 끝에서 나타난다. 따라서 단어나 구의 반복이 운동저하형 마비말장애에서 자주 관찰된다면, 운동저하형 마비말장애와 동어반복증 모두를 진단 내려야 한다.

C. 반향어증

반향어증(echolalia)이 말운동장애나 기타 신경학적 말장애와 일치하는 부분은 최소한이다. 반향어적 발화는 운동적으로는 정상이기 때문에 마비말장애나 말실행증과 혼동되지 말아야 한다. 동어반복증과는 대조적으로, 반향어증은 자기 발화가 아닌 다른 사람의 발화를 반복하며, 여러 차례, 끊임없이 반복하지는 않는다.[5] 반향어증은 운동적으로는 명확하며, 소리나 음절의 비유창성을 보이지는 않으므로, 신경말더듬증과 혼동되지 않아야 한다. 실어증(그리고 산발적 인지장애)이 동반되기는 하나, 반향어증은 주로 실비안 주위(perisylvian) 언어영역을 벗어난 산발적, 다병소적(multifocal) 손상에 기인하므로 실어증으로 판단되지는 않는다.

D. 인지-정동 장애(무의지증)

인지적 · 정동적 장애(cognitive · affective disturbance)는 이미 기술된 바와 같이 함구증을 일으킬 수 있다. 중증도가 심하지 않다면, 말운동장애 특히 운동저하형 마비말장애와 비슷하게 들린다. 전두엽 기제가 손상되어 함구증이 발생하면, 말 시작(speech initiation)이 지연될 수 있고 음량이 줄어들고, 운율이 단조로워진다. 이러한 현상은 운동저하형 마비말장애에서도 관찰되는 특징들이다. 다음의 두 가지 관찰점으로 무의지증(abulia)과 운동저하형 마비말장애를 변별할 수 있다. 첫째, 무의지증 환자의 발화 내용은 일반적으로 짧고, 간단하며, 구체적이고, 발화 개시 시에 노력을 필요로 하는 행동을 보이지 않는다. 이와는 대조적으로, 운동저하형 마비말장애 환

[5] 그러나 동어반복증과 반향어증은 함께 발생할 수 있음.

표 15-8

무의지증, 실율증, 편측 상부운동신경세포형 · 운동저하형 마비말장애, 우울증 간의 차이

	무의지증	실율증	편측 상부운동신경세포형 마비말장애	운동저하형 마비말장애	우울증
병소	전두/변연계 (양측)	우뇌	상부운동신경세포	기저핵 제어회로	구조적 손상 없음
기제	인지-정동	불확실함	약증/? 불협응	강직, 운동완만(서동), 운동저하성	감정장애
말/언어					
운율	저하됨(단조로움, 감정 없고, 무감동)	저하됨(단조로움, 무관심, 로봇 같고, 판에 박은 듯함)	정상 또는 운율장애	저하됨(단조로움, 단음도, 단음량)	저하됨(단조로움, 단음도, 단음량)
음량	저하됨	정상	정상 또는 약간 저하됨	저하됨/발성부전	저하됨
조음	정상	정상	손상	손상	정상
속도	정상 또는 느림	정상	정상 또는 약간 느림	정상, 느림, 또는 빠름	느림 또는 정상
비유창성	없음	없음	없음	가끔	없음
반응 시간	느림	정상	정상	느림 또는 정상	느림 또는 정상
내용	짧고 간단하고 구체적임	정상적 언어 구조 및 복잡성	정상적 언어 구조 및 복잡성	정상적 언어 구조 및 복잡	간단하나 언어학적으로는 정상
호소사항	없음	말에 감정이 실리지 않음	부정확한 조음	부정확한 조음 및 음량 저하	없음

(역자 주) 여기서 ?는 확실하지 않은 현상을 뜻함.

자는 발화 길이나 언어적 · 인지적 복잡성에 있어서 정상일 수 있으며, 발화 개시 시점이 지연됨으로써 말을 시작하려면 신체적으로 노력해야 한다는 것을 보여 준다. 둘째, 무의지증 환자의 말 속도는 느리거나 정상적이고, 조음은 정확하며 비유창성이 나타나지 않는다. 운동저하형 마비말장애는 빠르거나 빨라지는 말 속도를 보이며, 교대운동속도는 빠르거나 불분명하고, 조음은 부정확하며 때로 비유창하다(표 15-8 참조).

E. 실율증

우뇌손상과 관련된 실율증(aprosodia)을 마비말장애이나, 무의지증 혹은 전두엽/변연계 이상으로 인해 약해진 (attenuated) 말 특징과 변별하는 것은 어려울 수 있다. 실율증이 제대로 이해되거나 기술된 바가 없기 때문에, 감별진단을 위한 몇 가지 지침만을 제공하고자 한다(표 15-8 참조).

실율증 대 마비말장애

편측 상부운동신경세포(UUMN)형 마비말장애는 우뇌손상으로 나타날 수 있는데, 실율증은 UUMN형의 말 특징에는 포함되지 않는다(제13장의 논의 참조). 또한, 운동저하형 마비말장애 환자의 운율 결함은 우뇌손상 환자들과 비슷한 양상으로 나타난다. 그런데 이러한 마비말장애는 다음의 두드러진 말 특징들에 근거하여 실율증과 변별된다.

- 실율증은 단조롭고 틀에 박힌 운율 패턴의 특징을 보이며, 명백한 왜곡, 불규칙적 조음 붕괴, 음량이나 속도상의 저하는 보이지 않는다. UUMN형 마비말장애는 주로 부정확한 자음과 때때로 불규칙적인 조음 붕괴로 특징지어지는 조음장애이다. 운율 결함이 있다 하더라도 실율증(aprosodia)보다는 오히려 비운율증(dysprosodia)에 가까우며, 이 운율 결함은 조음의 부정확성이나 붕괴와 관련된다. 운동저하형 마비말장애에서는 운율과 조음 모두 손상되고, 음량 감소가 관찰되나, 때때로 말 속도는 증가된다.
- 실율증 화자는 모방을 시켰을 때나 대화 및 정동적(affective) 운율 과제에서 제대로 된 억양 패턴을 산출하는 능력에 눈에 띄는 결함이 보인다. 반면에, UUMN형 마비말장애 화자는 억양 패턴을 꽤나 근접하게 산출할 수 있다.
- 실율증 화자는 언어적 강세를 적절하게 낼 수 있으나 감정적 운율을 표현하는 것은 서툴다. UUMN형이나 운동저하형 마비말장애의 운율 패턴은 일반적으로 언어적 · 감정적 자극이나 반응 요소 등에 따라 변하지 않는다.
- 실율증 화자는 본인이 느낀 감정을 전달하는 능력이 부족하다고 호소하기는 해도, 조음이 부정확하다고 불평하지는 않는다. UUMN형 마비말장애와 운동저하형 마비말장애 화자는 호소하는 관점이 서로 상반된다.

실율증 대 무의지증

실율증(aprosodia)에서 보이는 단조로운 운율은 전두엽/변연계 손상의 무의지증(abulia) 환자의 운율과 비슷하다. 두 장애 간의 변별은 비록 말에 대한 차이도 있겠지만, 각 장애의 말 특징보다는 말 내용이나 일반적 행동에 근거하여 이루어진다. 변별점은 다음과 같다.

- 실율증 환자는 일반적으로 정상적인 반응 시간과 정상적으로 긴(때로는 지나치게 긴) 내러티브를 구사하는데, 이는 무의지증 환자의 지연되고, 간단하며, 구체적 반응과는 대조적이다.
- 실율증 환자는 비구어적으로 꽤 반응적인(responsive) 편인데(무시증으로 인하여 지장이 초래되는 경우를 제외하고), 이는 구어 행동과 동일하게 비구어 행동에서도 느리고 약한 무의지증 환자와는 대조적이다.
- 실율증 환자는 그들이 감정을 느끼며, 언어가 감정을 반영할 수 있다고 말한다. 이와는 대조적으로, 무의지증 환자들은 무감정, 무관심, 약해진 사고가 말뿐만 아니라 음정(tone)에서도 확연히 드러난다.
- 실율증 환자는 정상적인 음량을 가진다. 운율적 패턴은 판에 박힌 듯(stereotypic)하나, 음량, 길이, 음도 등이 변이적인 편으로 무감동(apathy)을 나타내지는 않는다. 이와는 대조적으로 무의지증 환자의 말은 음량이 저하되고, 운율은 무감동적으로 들린다.

VII. 신경학적 말장애와 심인성 말장애 간의 변별

심인성(psychogenic) 말장애와 신경학적 말장애를 변별하는 일은 중요한데, 의학적 진단이나 중재 노력을 정신의학적이 아닌 신경학적인 경로로 기울여야 하기 때문이다. 이 둘 간의 변별이 어렵기도 한데, 이는 신경학적 장애와 심인성 장애와 관련된 말장애가 꽤나 비슷할 뿐만 아니라 동시에 발생할 수 있기 때문이다.

심인성 말장애는 제14장에서 다루어졌다. 감별진단에 도움이 되는 여러 단서들이 언급되었고, 상세한 것은 여기서 다시 다루지는 않을 것이므로, 필요하면 그 장을 다시 참조하길 바란다. 이 단락에서는 좀 더 흔한 정신의학적 문제와 그와 혼동될 수 있는 말운동장애 간을 변별시켜 주는 특징들을 요약하고자 한다. 전환장애나 생활 스트레스와 연관되는 심인성 말장애가 중요시 다루어져야 하는데, 이는 언어병리 실무(practices)에서 가장 흔하게 마주치게 되는 감별진단상의 문제이기 때문이다.

A. 우울증

단음도(monopitch), 단음량(monoloudness), 저하된 강세 및 음량은 우울증(depression) 환자들의 말 특징이므로, 운동저하형 마비말장애로 의심되기도 한다. 우울증은 파킨슨병에서도 흔히 나타날 수 있기 때문에 이를 구분 짓는 것이 더욱 어렵다.

신경학적 검사상의 비구어 신체적 소견(예: 안정 떨림[resting tremor])에 비추어 파킨슨병과 우울증을 변별하는 데 도움이 되며, 다음과 같이 말에 있어서 우울증과 운동저하형 마비말장애를 구분하는 몇 가지 단서들이 있다. 그중 몇몇은 무의지증(abulia), 실율증(aprosodia), 마비말장애 간을 변별해 주는 단서들과 유사하다.

- 우울증 환자들은 문맥 발화와 교대운동속도가 느리거나 정상이다. 운동저하형 마비말장애 환자는 빠르거나, 혹은 가속적 말이나 교대운동속도를 보인다.
- 우울증 환자들의 말은 음량과 운율이 저하되는 반면, 일반적으로 우울증이 조음 정확성에 영향을 주지 않는다. 운동저하형 마비말장애는 조음 정확도가 상당히 떨어지는 특징이 있다. 게다가, 우울증 환자의 음질은 일반적으로 정상인 반면, 운동저하형 마비말장애 환자에게는 발성장애(dysphonia), 기식음(breathy), 무성(aphonic) 등이 자주 나타난다.
- 우울증 환자의 얼굴은 슬픈 표정인 반면에, 운동저하형 마비말장애 환자들은 표정이 없거나 감정이 결여되어 나타난다. 운동저하형 마비말장애 환자의 경우에 입안에 침이 고이는 증상이나, 침 흘림, 삼킴장애, 턱 · 입술 · 혀의 떨림 등은 흔히 나타나는 현상이나, 우울증 환자에게서는 일반적으로 보이지 않는다.

B. 조현병

조현병(정신분열증, schizophrenia)의 말 특징을 말운동장애와 변별하는 일은 어렵지 않다. 그러나 베르니케 실어증과는 변별하기 어려운 편이다(제14장 참조).

C. 전환장애 및 생활 스트레스에 대한 반응

전환 반응(conversion reactions, 또는 신체형 장애[somatoform disorders], 전환장애[conversion disorders]) 또는 생활 스트레스에 대한 반응을 보이는 심인성 말장애(psychogenic speech disorder)가 관찰되는 경우, 신경과 의사 또는 이비인후과 의사들이 근무하는 병원(medical) 언어치료사에게 소개된다. 많은 환자들은 말장애에 대한 기질적 설명을 알아내기 위해 오랫동안 여러 곳의 병원을 전전하였을 것이다. 의사가 환자에게 “아무런 문제가 없어요.” 또는 “생각을 좀 고쳐 보세요.(It's all in your head.)”라고 얘기할 수도 있다. 물론 일부 환자들은 아직 찾아내지 못한 신경학적 질환이 있을 수 있지만, 그렇지 않을 수도 있다. 말장애와 사회심리적 문제에 대한 병력을 주의 깊게 검토하거나, 말 특징에 대해 면밀히 살펴보고, 또는 환자가 말장애를 수정하려는 행동적인 노력을 보인다면 종종 진단이 가능하기도 하다.

병력

제14장에서 병력(history)이 심인성과 신경학적 장애를 구분하는 데 가치가 있다고 언급한 바 있다. 심인성 환자의 병력과 신경성 말장애 환자의 병력에 대한 대조점을 표 15-9에 요약하였다. 자신의 말장애에 대한 무관심(indifference)을 보인다면 심인성일 가능성이 높긴 하나, 무관심은 극기(stoism)나 부인(denial)과는 구분되어야 한다. 기질적 질환을 겪는 많은 이들은 이에 엄격히 반응하며, 말 문제가 경미하거나 신경학적 진단이 내려지기 전까지는 신경학적 질환에 의해 발생한 말 문제를 흔히 부인한다.

검사 및 관찰

제14장에서는 심인성 말장애가 의심되는 환자에게 검사 동안 이루어져야 하는 중요한 질문들에 대해 기술한 바 있다. 이 질문에 대한 답을 통해, 장애가 말 문제의 적합한 패턴대로 발현되는지, 그리고 장애가 말운동 및 기타 신경말장애에 부합하는 구강 기제 검사 관찰점들과 제대로 들어맞는지를 확인할 수 있다. 표 15-9에는 감별진단과 관련하여 이 질문들에 대한 답들이 정리되어 있다. 이들은 심인성 음성장애, 심인성 말더듬증 및 함구증, 그리고 조음, 공명, 운율에 영향을 주는 기타 심인성 말장애 간의 감별진단에 적용된다. 제14장에는 이 심인성 문제들과 이를 신경학적 말장애와 변별하는 데 도움이 될 만한 단서들이 수록되어 있다. 심인성 말장애와 신경학적 말장애는 함께 발생할 수도 있으며, 이 둘을 변별하는 것이 어렵다는 점은 특히 주목할 만하다. 흔히 환자가 신경학적 말장애와 심인성 말장애를 동시에 가지고 있다고 진단 내리고, 심인성 장애가 신경학적 질환이나 다른 외현적 징후에 대한 반응으로 나타난다고 결론 내린다. 또한, 심인성과 신경학적 말장애가 독립적으로 서로 관련 없는 개체로 존재하는 것 역시 가능하다. 이 장애들이 함께 나타날 수 있다는 점을 간과한다면, 의학적 진단 차원에서뿐만 아니라 의료적 · 행동적 중재 측면에서도 심각한 결과를 초래할 수 있다.

표 15-9

심인성(전환, 스트레스성) 말장애와 신경학적 말장애 간의 차이

	신경학적 말장애에 비교하여, 전환성, 스트레스성 관련 말장애는 …
병력	• 발병 시, 비신경학적 질환 혹은 비신경학적 신체적 외상(trauma) • 이유가 밝혀지지 않은, 말 또는 신체적 결함에 대한 병력 • 말이나 신체적 증상과는 관련 없는 지속적 · 심리적 스트레스 • 일차적 혹은 이차적 이득(gain)에 대한 근거 • 심리적 요인 때문이라는 가능성 부인 • 증상 여부와 중증도가 설명 안 될 정도로 변동되며, 감정적 상황에 따라서도 변동 • 말장애에 대한 무관심
검사	• 신경학적 말장애의 패턴과는 다른 말 특징을 보임 • 말과 구강 기제 관찰점과는 불일치함 • 중증도가 변이적이며 특정 말 특징이 과제나 감정적 내용에 따라 달라짐 • 임상가 자극(clinician suggestion)에 따라 증상이 호전되거나 나빠짐 • 산만할 때(distracted)에는 말이 호전됨 • 피로 효과로 생기는 말 패턴(speech fatigue)이 신체적 피로에 따른 말 변화의 주요 패턴과는 불일치함 • 증상치료(symptomatic therapy) 후에 상당한 호전을 보이며, 때로는 신속히 호전됨

VIII. 사례

사례 15-1

제4장부터 제14장에 걸쳐 총 78명의 환자 사례가 다루어졌다. 개별적 사례에서 말운동장애, 연관 말장애, 혹은 심인성 말장애를 보인 사람들로부터 확인된 병력, 임상적 관찰점, 결론 등을 제시하였다. 대부분의 경우 진단이 꽤 명확하였는데, 이는 각 장에서 다루어진 장애에 대해 모호하지 않은 사례를 보여 주기 위함이다. 그러나 말 평가 전의 의료적 평가 과정(medical workups) 동안이나, 혹은 말 평가가 이루어지는 동안에 감별진단을 내리기가 난해한 경우도 많았다. 이제 환자 사례들을 다시 읽어 보는 것이 바람직한데, 이 사례들을 통하여 진단이라는 것이 간단하기도 하고, 잠정적이기도 하며, 명확하지 않을 수도 있다는 것을 알 수 있기 때문이다. 다음의 목록은 제4장부터 제14장에 걸쳐 진단적으로 중요하거나 어려울 수 있는 사례들을 정리해 놓은 것이다.

마비말장애 유형의 변별: 사례 4-2, 4-4, 4-9, 5-1부터 5-4, 6-1, 6-6, 6-7, 7-3, 8-3, 8-5, 8-6, 8-7, 10-1, 10-4, 10-5, 10-7, 10-8, 10-9.

말운동장애와 기타 신경말장애들의 변별: 사례 5-2, 7-1, 11-7, 12-1부터 12-5, 13-3부터 13-7.

하나 이상의 신경말장애 여부 확인: 사례 9-6, 11-2부터 11-7, 12-1, 13-1, 13-2, 13-6.

신경학적, 비신경학적, 심인성 말장애 간의 변별: 사례 4-1, 4-3, 4-5, 5-2, 6-3, 6-6, 6-7, 8-5, 8-6, 9-5, 10-3, 10-5, 10-10, 14-1부터 14-9까지.

지금부터는 부록으로 제시된 웹사이트의 Part IV의 39개 사례를 다루어 보도록 한다. 이 사례들은 마비말장애 유형 간, 그리고 말실행증의 감별진단에 초점이 맞춰져 있다. 각 사례에서 언급된 질문들을 통하여 진단적으로 중요한 말 특징들과 확진적 징후(confirmative signs)를 식별해 내야 하며, 말운동장애 유형에 대해 결론을 내본다. 일부 사례에서는 해설 및 질문이 추가적으로 주어졌다.

IX. 요약

1. 감별진단은 가능한 진단명의 수를 줄이고 장애의 본질에 접근하기 위해 필요하다. 이를 위하여 특정한 임상 문제에 대한 지식 및 임상적 기술을 잘 적용해야 한다.
2. 말 검사는 진단을 내리기 위하여 이루어진다. 만일 진단 자체가 가능하지 않다면 그 이유가 설명되어야 한다. 진단이 불가능한 상태에서 특정 진단명이 부여되어서는 안 된다.
3. 신경학적 말장애라는 진단은 의심되는 혹은 확인된 신경학적 진단이나 병소에 근거해야 한다. 이러한 진단은 질환명이나 병소를 확진하거나 변경하는 데 도움이 된다.
4. 여러 말장애가 동시에 발생하기 때문에, 이에 따라 다중 진단(multiple diagnosis)이 내려지기도 한다. 그런데 말 검사가 의뢰되었다고 해서 반드시 검사 결과가 비정상적일 필요는 없다. 왜냐하면 말이 정상이라는 점이 진단에 도움이 되는 경우가 많기 때문이다.
5. 한 가지 진단명을 내리는 것 자체가 위험성이 없지는 않으나, 간결하고 정확한 정보의 소통을 위해서는 편리한 방법이다.
6. 각 마비말장애 유형들을 변별하기는 어려운데, 이는 유형들 간에 특징들이 많이 중첩되고, 환자 개인 내에서도 특징들이 여러 조합(combinations)으로 나타날 수 있기 때문이다. 한편, 마비말장애는 해부적·혈관적 위치나, 병인적 분포, 구강 기제 검사의 결과, 말 특성 등이 서로 다르다. 비록 많은 말 특성들이 여러 마비말장애 유형과 연관되기는 하나, 특정 마비말장애 유형에만 특이하게 보이는 일부 특성들의 패턴(patterns)을 관찰하게 되면 진단이 가능할 수 있다.
7. 마비말장애와 말실행증 간을 변별해야 하는 상황에서는, 말실행증을 실조형 혹은 편측 상부운동신경세포(UUMN)형과 변별하는 것이 가장 어렵다. 이때에는 마비말장애에서가 아닌, 말실행증에서만 주로 보이는 말 특징을 확인해야만 진단이 가능하다.
8. 마비말장애와 실어증 간의 변별은 그다지 어렵지 않으나, 말실행증과 실어증 간의 변별은 어려운 편이다. 비록 말실행증과 실어증 간에 말소리 단계의 오류 특징에서 차이점을 보이기는 하나, 이 두 장애 간의 특징 차이는 구강 기제, 언어 검사, 말의 운율적 측면, 조음 문제에 대한 환자 본인의 반응 등을 통해 확인한다.
9. 여러 신경학적 함구증 유형들은 비구어적 의사소통 행동 및 기타 비구어 관찰점들을 통해 변별된다. 진단상에 가장 유용한 정보는 함구증과 함께 보이는 많은 결함들(constellation of deficits)이 무엇인지, 그리고 남아 있는 잔존 능력이 무엇인지에 대한 것이다.
10. 신경말더듬증에 대한 진단은 비유창성, 그리고 동반 마비말장애, 말실행증, 실어증 등과의 관련성을 인지해야 가능한데, 이는 비유창성이 언급된 모든 장애에서도 관찰될 수 있기 때문이다. 이와는 대조적으로, 동어반복증과 반향어증은 독특하기 때문에 이 두 가지를 마비말장애, 말실행증, 실어증상의 반복 증세와 변별하는 일은 그다지 어렵지 않다.
11. 인지-정동 장애와 연관된 운율 문제를, 우뇌손상이나 특정 마비말장애 유형과 관련된 실율증으로부터 변별하는 일은 어려운 편이다. 그러나 특정한 말 특징이 생기는 임상적 환경(milieu)을 고려하면 변별이 가능하기도 한다.
12. 신경학적 말장애를 심인성 말장애와 변별하는 것은 중요한데, 이는 전반적인 의학적 진단이나 의료적·행동적 중재에 지대한 영향을 미치기 때문이다. 면밀한 사회심리적 과거력 조사와 말 검사를 통하여 감별진단의 단서를 제공할 수 있다. 검사 도중에 말이 신속하고도 극적으로 호전된다면, 비록 특정 신경질환으로 의심되거나 확진이 되었다 할지라도 심인성 말장애로 진단 내릴 수도 있다.

참고 문헌

1. Abdo WF, et al: The clinical approach to movement disorders, *Nat Rev Neurosci* 6:29, 2010.
2. Brodley CE, Lane T, Stough TM: Knowledge discovery and data mining, *Am Sci* 87:54, 1999.
3. Burns MS, Canter GJ: Phonemic behavior of aphasic patients with posterior cerebral lesions, *Brain Lang* 4:492, 1977.
4. Canter GJ, Trost JE, Burns MS: Contrasting speech patterns in apraxia of speech and phonemic paraphasia, *Brain Lang* 24:204, 1985.

5. Darley FL: *Aphasia*, Philadelphia, 1982, WB Saunders.
6. Goodglass H, Kaplan E, Barresi B: *The Boston Diagnostic Aphasia Examination*, ed 3 (BDAE-3), Philadelphia, 2001, Lippincott Williams & Wilkins.
7. Kertesz A: *Western Aphasia Battery*, New York, 1982, Grune & Stratton.
8. McNeil MR, Robin DA, Schmidt RA: Apraxia of speech: definition and differential diagnosis. In McNeil MR, editor: *Clinical management of sensorimotor speech disorders*, ed 2, New York, 2009, Thieme.
9. Porch BE: *Porch Index of Communicative Ability*, Palo Alto, Calif, 1981, Consulting Psychologists Press.
10. Sackett DL, et al: *Clinical epidemiology: a basic science for clinical medicine*, Boston, 1991, Little, Brown.
11. Schuell HM: *Minnesota Test for Differential Diagnosis of Aphasia*, Minneapolis, 1972, University of Minnesota Press.
12. Trost JE, Canter GJ: Apraxia of speech in patients with Broca's aphasia: a study of phoneme production accuracy and error patterns, *Brain Lang* 1:63, 1974.
13. Wertz RT, LaPointe LL, Rosenbek JC: *Apraxia of speech in adults: the disorder and its management*, Orlando, Fla, 1984, Grune & Stratton.

제3부

중 재
(MANAGEMENT)

CHAPTER

16

말운동장애의 중재: 일반적 원칙

"1960년대에는 뇌의 신경망이 어떻게 이루어져 있는지에 대한 견해가 너무나도 단순했다. 일단 만들어져서 형성된 것은 절대로 변화될 수 없다고 믿었다. 우리가 틀렸다."[63]

G.M. McKHANN

"진정한 회복(recovery)과 보완(compensation)을 위해서는 학습이 필수적이다."[51]

J.W. KRAKAUER

"재활 맥락에서 운동 학습을 위해 '연습'의 필요성은 절대로 과소평가되어서는 안 된다."[103]

S. WINSTEIN, A. WING, J. WHITALL

개 요

지금까지 말운동장애의 '본질'을 이해하고 설명하기 위한 많은 노력을 기울여 왔으나, '중재' 방안에 대해서는 많은 연구가 이루어지지 않았다. 역사적으로 비추어 보더라도 임상적 문제를 해결하기 위한 노력은 본질에 대한 연구가 항상 주를 이루어 왔다. 장애를 규명하는 임상적 특징이 신뢰롭게 인지될 수 있도록 확인하는 작업이 선행되어야 한다. 그런 다음, 여러 가지 방법을 통하여 장애에 대한 본질을 이해하도록 해야 한다. 방법들이 점차로 진화하게 되면, 중재를 위한 전략도 발전하게 되는데, 처음에는 천천히 진행되고 엉성하겠지만 상승 탄력이 붙게 되면서 제대로 되어 간다. 따라서 효과적 치료법이 발전하기 위해서는 문제점을 기술하고 이해하는 것이 선행되어야 한다. 치료의 목적이 행동을 변화시키는 데 있다면, 치료 효과를 검증할 수 있는 근거(evidence)를 확보하는 데 상당한 어려움이 따르기도 한다. 도움이 되는 방법을 찾아내는 일은 상대적으로 수월하겠으나, 치료법에 대한 과학적 동의를 얻는 일은 또 다른 작업이다.

현재, 여러 기법들과 전략들이 말운동장애 중재에 사용된다. 일부는 과학적 근거를 지니고 있다. 일부는 표면적으로 타당해 보이나(face validity), 검증 없이 단지 환자에 대한 일화적 사례에 지나지 않는다. 또 다른 일부는 검증이 필요한 그럴듯한 아이디어에 불과하다. 전통적 방법이거나 지금까지 옹호해 온 방법이기 때문에 대중성 있게 쓰이는 것일 수도 있다. 그럼에도 불구하고, 말운동장애로 인한 의사소통장애는 긍정적인 중재가 가능하다고들 한다. 그런데 한 가지 방법으로 모든 말운동장애 환자들을 치료할 수는 없다.

이 책의 나머지 장에서는 말운동장애와 연관된 신경학적, 심인성 말장애에 대한 중재가 다루어질 것이다. 이 장에서는 말운동장애를 중재하는 데 관련된 폭넓은 사안, 주된 치료법, 행동적 중재에 대한 원칙들을 중심으로 기술한다. 제17장과 제18장은 각각 마비말장애와 말실행증의 중재에 대한 상세한 접근법을 다룬다. 제19장과 제20장에서는 각각 기타 신경학적 말장애와 심인성 및 연관 비기질적 말장애에 대해 다루기로 한다.

I. 중재 사안 및 결정

A. 영역

말운동장애에 대한 중재를 고려할 때, '말(speech)' 자체보다는 의사소통(communication)에 대해 생각해야 하는데, 그 이유는 다음의 세 가지 때문이다.

1. 중재의 궁극적인 목표는 생각과 감정을 전달하는 능력을 증진시키는 데 있다. 대면하여 의사소통할 때에 말이나 각종 언어외적(extralinguistic), 비구어적 단서를 활용하게 된다. 그러나 쓰기나 제스처와 같이 다양한 부가적인 방법들이 쓰이기도 한다. 심도(severe) 말장애 환자들은 정보를 전달하기 위해 말 이외의 다른 의사소통 방법들을 사용하는 정도를 달리하기도 한다. 예컨대, 말을 하면서 알파벳보드에서 단어의 첫 음소를 가리키거나, 첨단 기술 혹은 비교적 차원이 낮은 기술을 활용하여 말을 하지 않고서 그들의 생각을 전달하기도 한다.
2. '의사소통'에 중점을 두는 것이 중재의 목적을 확장하는 길이다. 말에만 중점을 두는 것보다는 말 대신에 다른 방법을 활용하여도 의사소통의 정확성(accuracy)과 효율성(efficiency)을 높일 수 있다.
3. 말장애의 정도는 사회적 활동에 참여하는 데 장애를 받거나 제한되는 정도와 일대일로 대응되지는 않는다. 이러한 점이 치료의 효과를 검증하기 위한 기준을 넓혀 준다. 의사소통에 중점을 둠으로써 중재 계획, 예후, 환경에 대한 환자 상담을 하는 일, 직접 치료가 적합한지에 대한 의사결정, 중재 활동의 수행, 공식적인 치료의 종결 시점 등에 영향을 미친다.

B. 목적

중재의 주된 목적은 의사소통의 효과성(effectiveness), 효율성(efficiency), 자연스러움(naturalness)을 극대화하는 것이다.[77,109] 이를 달성하기 위해서는 한 방향 이상으로 노력을 기울여야 한다.[101] 예컨대, 경도(mild) 말운동장애 환자에게는 치료의 효율성과 발화의 자연스러움이 강조될 것이다. 중등도(moderate) 환자에게는 말명료도와 효율성에 중점을 두게 될 것이다. 심도(severe) 환자에게는 의사소통의 효과적이고 효율적인 보완책을 강조하게 될 것이다. 이러한 개념을 나타내는 키워드로는 '회복시키다(restore)', '보완하다(보상하다, compensate)', '조정하다(adjust)'가 있다.

손상된 기능을 회복시키기

손상된 기능을 회복시키는 노력은 장애를 줄이고 원래 기능을 회복시키는 데 그 목적을 둔다. 그 성공 여부는 병인과 원인질환의 진행 과정, 말운동장애의 중증도와 유형에 따라 달라진다. 예컨대, 평가 이틀 전에 촉발된 편측 뇌졸중의 결과로 생긴 경도의 편측 상부운동신경세포(unilateral upper motor neuron, UUMN)형 마비말장애의 경우, 신체적 회복만으로도 정상에 가까운 말 상태로 돌아갈 수 있다. 특발성(idiopathic), 일측성 성대마비 환자의 경우, 자연적 신경 회복/재생이나 갑상연골성형술로 정상 수준의 음성을 회복할 수 있다. 호흡, 후두, 혀의 약화로 인하여 말의 생리학적 지지가 감소된 사람들은 말을 하기 위해 생리학적으로 요구되는 근력, 힘, 지구력을 키우기 위해 노력한다면 회복에 유리할 것이다.

말 치료를 통해 정상적인 말로 회복되는 것은 많은 환자들에게 있어서 현실적인 목표가 아니다. 그러나 어느 정도의 회복은 가능하며, 특히 병인이 급성 혈관성이거나 외상성, 완전한 혹은 부분적인 회복을 예상되는 병인일 때에 치료를 통해 더 도움을 받을 수 있다.

잔존 기능의 사용을 촉진시키기

뇌졸중 후, 운동 기능 회복에 대한 동물실험 연구에 따르면, 운동 목적을 성취할 수 있는 능력을 되찾는 일은 정상 운동 패턴을 회복함으로써 가능한 것이 아니라 보완적 전략을 활용함으로써 얻는 산물이다.[64] 말이 완전히 정상화되기는 힘들며, 짧은 시일 내에 이루어지지 못할 때에는, 소실된 능력을 보완하기 위한 노력을 통해 적절한 의사소통을 추구해야 한다. 많은 경우, 기능 회복(restoration)과 보완(compensation)을 동시에 목표로 삼는다. 보완은 여러 형태를 취할 수 있다. 속도와 운율을 수정하거나, 보조기기를 사용하여 음성을 크게 하고 비강기류를 감소시키거나 말 속도를 조절하고, 구어적인 노력을 기울이면서 말을 보완하고(예: 제스처, 화제 전환을 나타내기 위해 단어 목록을 내보이기), 대체 방법을 사용하며(예: 알파벳보드, 전자기기), 말명료도와 이해 가능도(comprehensibility)와 효율성을 증진시키기 위해 물리적인 환경이나 그 환경에 있는 사람의 행동을 변화시키기도 한다.

손상된 기능에 대한 필요성을 감소시키기(조정)

말을 통해 생계를 이어 가는 사람들(예: 교사, 변호사, 방송인)에게 말운동장애는 직업을 그만두어야 한다는 것을 의미한다. 어떤 이들은 상호작용을 개인끼리나 혹은 소집단으로 제한해야 하는 등 직장 환경이나 직장 내에서의 책임감에 대해 재조직하거나 생활양식을 변화시켜야 할지도 모른다. 기저질환의 진행경과, 말 회복의 예후, 말장애의 중증도에 따라, 이 변화들은 일시적 또는 영구적이어야 할지 모른다. 퇴행성 환자들에게 있어서는 점진적으로 상실되는 말에 대한 대비가 필요하다. 중재를 함으로써 말과 의사소통 기능을 극대화해서 다른 일상생활에 미치는 영향을 최소화해야 한다.

C. 의사결정의 요인

안타깝게도 말운동장애에 대한 도움의 손길이 미치지 않는 경우가 많기 때문에, 중재에 대한 의뢰가 이루어지지 않기도 한다. 또한 필요하지도 않는데 치료를 받거나, 필요 이상으로 장기간 치료를 받기도 한다. 치료가 어떠한 방침을 따라야 되는지에 대한 원칙은 없으며, 평가나 치료에 대한 의뢰가 이루어졌다는 사실 이외에도 여러 요인들을 감안하여 치료에 대한 의사결정이 이루어져야 한다. 중요한 것은 **모든 말운동장애 환자가 치료 대상자가 되는 것은 아니라는** 점이다. 치료 여부에 대한 의사결정은 다음 요소들을 고려하여 이루어진다.

의료적 예후

기저 신경학적 질환이 급성 혹은 아급성인가, 또는 현재로는 만성적인가? 진행경과 측면에서, 완전히 회복될지 혹은 어느 지점까지만 회복되고 정체될지(plateauing) 여부가 예측 가능한가? 만성적으로 안정될지, 혹은 점차로 악화되거나 진행될 것인가? 말을 상당히 호전시키고 치료를 신속히 받을 수 있으며 효과를 볼 수 있는가? 이러한 의료적 예후(medical prognosis) 관련 질문에 대한 답변은 치료를 시작할지 혹은 중단된다면 언제 치료를 재개할 수 있는지를 결정하는 데 도움이 된다. 다음에서는 치료에 대한 의사결정이 신경학적 진단과 예후에 따라 어떻게 달라지는지를 기술해 놓았다.

- 뇌졸중 발병 직후 평가를 위해 내원하는 환자들은 아직 신경학적으로 안정되지 않고, 힘(stamina)과 각성도(alertness)가 유동적이다. 그러나 경도 말장애와 적절한 말명료도를 보이는 환자는 아마도 치료 대상자가 아닐 것이다. 그들의 힘과 각성도가 향상된다고 가정한다면 말의 자연 회복에 대한 예후는 상당히 좋은 편이다. 만약 신경학적으로 점차로 나빠진다면 말 중재를 받더라도 주어질 혜택에 대해 그다지 관심을 갖지 않을 것이다. 일반적으로 (영향을 미치는 다른 요소들을 차치하고라도) 가장 최선의 결정은 치료를 추천하지 않거나, 환자의 신체적 상태와 각성상태가 안정된 후에 재평가를 추천하는 것이다.
- 계획된 수술적 중재가 실시되기 전에 치료를 시작할 수는 없다. 예를 들어, 말운동장애와 관련된 신경외과술(예: 종양 제거술, 경동맥 내막절제술[carotid endarterectomy])을 앞두었다면 말 중재에 대한 의사결정을 수술 이후로 미루어야 한다. 이때, 만일 보완대체의사소통(alternative augmentative communication, AAC)이 필요하다면 수술 전에 제공되어야 마땅하나, 수술 전에 의사소통 필요에 따라 말이 기

능적이라 판단되면 수술 후로 평가와 중재를 연기해야 한다.

- 신경학적 퇴행성 질환으로 인해 점차로 나빠질 말운동장애를 가진 환자들도 말명료도를 유지하고 AAC를 준비하는 데 도움을 받을 수 있다. 뇌졸중으로 아직 자연 회복 기간에 놓인 심도(severe) 말운동장애 환자들 역시 좋은 치료 대상자이다. 뇌졸중으로 신체적 자연 회복 과정에 있거나, 외상성 뇌손상으로 회복이 어느 시점에서 멈춘 환자들 역시 중재를 통해 좋아질 수 있다.

장애, 제한, 제약

말운동장애에 대한 진단은 장애(impairment)나 기능 손실을 감지하면서 내려진다. 비록 장애의 본질과 정도가 치료를 어떻게 진행할지에 영향을 주긴 하나, 장애가 있다고 해서 반드시 행동학적 치료를 필요로 하지는 않다. 이에 대한 의사결정은 세계보건기구(WHO)의 세계기능장애건강분류(International Classification of Functioning, Disability and Health, ICF)[104]에서 기술한 개념에 의거할 수 있다. 이 개념에는 과제나 행동을 수행하는 데 문제를 보이는 활동 제한(activity limitations), 실생활에 참여하는 데 문제를 보이는 참여 제약(participation restrictions), 활동이나 참여를 촉진하거나 방해하는 신체적 · 사회적 · 태도적 영향과 같은 환경요소(environmental factors)를 포함한다.[109] 활동 제한은 불능(disability)으로, 참여 제약은 불리(handicap, 핸디캡, 불리한 조건)로 일컫기도 하나, 여기서 이 두 용어는 서로 혼용되어 쓰여진다. 불능은 말장애(speech impairment)로 인하여 정상적으로 말을 하거나 의사소통할 수 있는 능력이 저하된 정도를 의미한다. 장애는 말명료도, 이해 가능도, 말 속도, 음량, 조음 정확도 등을 측정하여 평가된다. 불리는 사회적 맥락에서, 예전 같으면 아무런 문제가 없었을 역할을 완수하는 데 어렵다는 것을 의미한다. 불리를 결정하는 요소는 장애, 불능, 환자의 의사소통 요구, 사회적 태도, 장벽(barriers), 정책 등이다.[109]

말운동장애 유형을 진단하는 데 필수적인 것은 장애를 인지하는 일이며, 불능, 불리, 환경요소와는 상관이 없다. 불능, 불리, 환경요소는 치료 결정에 필수적이다. 장애, 불능, 불리, 환경요소는 특정 치료 접근법에 영향을 주기 때문에 이 모두를 고려해야 한다.

장애, 활동 제한, 참여 제약은 항상 서로 상관관계에 있는 것은 아니다. 예컨대, 연인두 장애로 인한 경도의 과다비성은 말명료도 저하(불능, disability)를 가져오지 않을 수 있다. 그러나 방송인에게는 크게 불리하게 작용할 수 있다. 사회적 · 구어적 상호작용에 많은 가치를 두지 않고 홀로 사는 은퇴자에게는 중도(moderate) 경직형 마비말장애(장애)로 인해 저하된 말명료도(불능)를 보인다 하더라도 사회적 참여(social participation)가 심하게 제한되지는 않을 것이다.

불능이나 불리의 정도는 환자들, 가족들, 임상가에 따라 차이가 있을 것이다. 말과 인지장애가 있는 일부 환자들은 가족들이 자신을 이해하지 못하는 정도를 축소화하거나 잘 인지하지 못한다. 환자 가족들은 환자를 이해하기 위해 요구되는 상황에서 끊임없이 좌절한다. 일부 환자들은 비록 자신의 말명료도가 좋고 청자들이 역할을 제대로 수행하지 못할 이유가 전혀 없는 상태에서조차 자신들이 이전의 역할(예: 회의를 주재하기)로 돌아갈 수 없다고 생각한다.

임상가는 환자와 가족들과 함께 중재 사안이나 목적에 대해 논의할 때에, 장애, 불능, 불리에 대한 차이를 분명하게 이해시키는 것이 중요하다. 물론 예외가 있긴 하나, 만일 말운동장애가 활동 제한이나 참여 제약을 초래하지 않는다면 중재는 권장되지 않는다. 원인질환이 퇴행성일 때에는 제한과 제약이 예견되며, 이때는 중재가 필요하다.

환경과 의사소통 대상자

중재에 대한 의사결정은 말하는 환경, 그리고 의사소통하는 사람들을 고려하여 이루어져야 한다. 청자가 환자를 잘 알지 못하거나 청자 자신이 불능(disability)을 보인다면, 주위가 소란하고 어두우며 번잡한 장소에서는 의사소통이 어려울 것이다. 이런 상황은 청자가 인지적이나 감각적으로 아무런 문제가 없으며, 환자와 친숙하고, 인간을 배려하며, 불능에 대해 민감하며, 환경이 조용하고, 익숙한 상태일 때와는 근본적으로 다르다. 환경이나 의사소통 상대에 따라 예후, 그리고 구체적인 치료 목표와 접근법이 달라진다. 이것이 치료 계획을 세울 때에 임상가, 환자, 가족 간의 협력(partnership)을 필요로 하는 중요한 이유이다.

동기의식 및 필요성

치료는 환자와 '함께' 수행하는 것이지 환자들'에게', 혹은 환자를 '위해' 제공되는 것이 아니다.[25] 중재 계획을 세우고 진행할 때에 환자는 물론 가족들을 포함해야만 한다. 이러한 맥락에서 환자에게 동기의식(motivation)과 구어적인 의사소통의 필요성(needs)을 심어 주는 것이 필수적인데, 동기와 필요성을 인지하는 것이 치료를 할지 의사결정을 하는 데 가장 중요한 결정요인이다. 또한, 환자로 하여금 동기의식 및 필요성을 느끼는 것이 공식적 치료회기가 아닌 상황에서도 연습을 하고 전략을 사용하는 데 최대한으로 순응(compliance)하게끔 만드는 선행조건이다.[1] 치료 필요성은 많은 요인에 의해 결정되며, 개인적 목적, 발병 전 성격, 지능, 생활양식, 운동적, 감각적, 인지 결함 동반, 일반적인 건강 사안, 생활환경, 연령, 교육 정도 등을 들 수 있다.

임상가가 초반에 환자로부터 관찰한 불능이나 불리의 정도는 환자가 생각하는 것과는 흔히 괴리가 있을 수 있다. 예컨대, 노년층 환자들은 자신의 장애와 불능을 받아들이기는 하나, 중재의 필요성이나 욕구를 부정한다. 그렇다고 해서 그들이 동기의식이 없다고 하는 것은 환자에 대한 비난이나 잘못된 인식일 것이다. 그들의 판단은 단순히 임상가와 다른 기준일 뿐이며, 가족들조차도 환자와 동의한다. 이런 경우에 임상가의 책임은 치료 중이라면 치료가 행해지는 이유를 설명해 주는 것이며, 치료가 거부되었다면 환자가 바라는 바를 존중해야 한다.

실제적으로 우울, 인지 결함, 개인적인 부담감 등으로 치료를 받을 동기가 부족하다면, 직접적 중재는 안 하는 편이 낫다. 대신 환자와 가족들에 대한 상담으로 진행하여, 동기의식이 생겼을 때 직접적인 중재를 재시도하는 것이 좋다.

연관 문제

대부분의 말운동장애 환자들은 또 다른 신경학적 결함을 보인다. **사지 운동 결함**(limb motor deficits)은 무척 흔한데, 만약 말이 보완대체의사소통 방법이 요구될 정도로까지 심하게 손상되지 않았다면, 사지 운동 결함의 영향은 크지 않을 것이다. 그런데 이런 사지 운동 결함은 환자가 우선시하는 것에 영향을 준다. 구어 능력이 기능적인 편이라면, 말보다는 기동성(mobility)과 기본적 신체 요구에 더 관심을 기울인다.

인지 결함(cognitive deficits)이 중재에 상당한 영향을 줄 것이며, 말실행증과 중추신경계와 연관된 마비말장애도 흔히 동반된다. 이런 결함은 다양한 중증도를 보인다. 집중력, 기억력, 학습, 통찰력, 계획, 동기의식의 문제도 동반된다. 또한 일부 말운동장애 환자들은 실어증을 보이며, 모든 언어적인 양상에서 상당한 어려움을 보인다.

실어증 및 비실어성(nonaphasic) 환자에게 관찰되는 인지 결함은 의사소통과 호전하려는 노력에 다양한 영향을 주게 된다. 만일, 문제가 심각하다면 말의 불능과 불리 문제가 좀 더 확대되어 보일 것이고, 의사소통의 필요와 말하고자 하는 동기에 많은 영향을 줄 것이며, 말운동장애의 치료 혜택에 상당히 부정적인 영향을 미칠 것이다. 재활을 하면서 말운동장애 치료를 우선시하지 않거나 전혀 상관하지 않기도 한다. 대체적으로, **동반되는 인지 결함으로 인하여 집중력, 추진력, 의사소통을 위한 동기의식이 결여되거나, 전혀 기능적이지 않은 말을 유발한다면, 말운동장애에 대한 직접적 치료는 아무런 가치가 없다.**

의료보장체계

의료보장체계(health care system)와 보장 방법(methods of coverage)은 건강관리 패턴에 지대한 영향을 끼친다. 말운동장애의 중재에 비용이 들 수 있고, 비용은 중재 결정에 부담이 된다. 임상가, 환자, 보호자들은 의료보장제도의 지침, 규정, 제한사항 등에 맞도록 중재를 계획한다. 그럼으로써, 비용을 최소화하는 상태에서 의료보장 혜택을 최대한 받고자 한다. 이를 위하여, 말운동장애를 중재함에 있어서 임상 실무상 탁월함(excellence)을 나타내는 잣대인 효능성(efficacy), 효과성(effectiveness), 효율성(efficiency)을 정립하기 위한 근거(evidence)를 마련하는 노력을 한층 더 기울이게 된다. 이 사안은 이 장의 끝에 소개될 치료 효능성 단락에서 좀 더 다루기로 한다.

D. 치료 초점

일반적으로 가장 먼저 치료되어야 하는 말의 요소를 택할 때에는 치료를 통해 가장 빠르게 기능적으로 혜택을 받을 수 있거나, 다른 말의 영역이 좋아지도록 지지적 역할을 하는 것을 선택해야 한다. 예를 들면, 호흡 지지력

[1] '순응(compliance)'은 대체적으로 의료 측면에서 주요한 사안으로 다룸. 많은 환자들이 처방대로 약을 받지 않거나 복용하지 않고, 건강에 도움이 되는데도 불구하고 자신의 생활방식을 바꾸려 하지 않음. 의료체계상에 비순응(noncompliance)에 따른 재정적 손실은 막대함. 비순응에 대한 다수의 결정요인이 있겠지만, 많은 경우 환자에게 필요성이나 동기의식이 없기 때문이라 할 수 있음.

(respiratory support)이나 성량(vocal loudness)이 호전되면 말명료도가 급격히 향상되고, 조음을 명확하게 해줌으로써 명료도 향상에 부가적으로 분명한 영향을 준다.

E. 치료 기간

치료는 목표를 성취하기 위해 필요한 기간만큼 길게 해야 한다. 그럼에도 불구하고 가능한 한 짧게 이루어지는 것이 좋으며, 짧다는 것은 그만큼 치료가 집중적으로 행해진다는 것을 의미하기도 한다. 일반적으로 임상가나 환자는 목표를 성취하기 위해 얼마나 오랜 기간이 걸릴지 염두에 두어야 하며, 진행 중에 치료 기간의 수정이 가능하다는 것도 이해해야 한다. 시간적 계획은 환자가 치료 자체를 시작할지 여부를 결정하는 데 도움을 준다. 예컨대, 몇 차례의 치료 회기만으로 목표를 달성할 수 있다면 치료를 시작할 것이다. 또한, 어느 정도의 치료를 받아야 스스로 의사소통이 가능할지를 알아야 치료 결정을 내리는 데 도움이 될 수 있다.

치료 기간은 많은 요인들에 의해 영향을 받는다. 원인 질환의 예상되는 진행 과정, 결함의 심각도, 중재의 구체적 목표, 비슷한 특성을 가진, 혹은 치료법을 적용한 환자에 대한 결과 및 효능성 자료, 환자의 동기와 의사소통 요구, 입원 기간, 통원치료의 가능성, 의료보험 등 모든 요소가 치료 기간에 영향을 미친다.

중재 목표에 도달하고 정체기(plateauing)에 접어들었거나, 환자가 다른 이유로 치료를 더 이상 받지 않겠다고 결정하면, 치료가 종결되어야 한다. 그런데 치료가 종결된 후라 할지라도 새로운 문제가 생기지는 않았는지, 의사소통 필요성이 바뀌지는 않았는지, 새로운 전략을 활용할 때가 되었는지를 판단하기 위하여 정기적으로 재평가가 이루어지는 것이 바람직하다.[69]

현재는 기능적이라 할지라도 말 문제가 점진적으로 악화될 퇴행성 질환 환자의 경우, 재평가를 미리 계획하거나 변화가 있을 때에 재평가를 실시할 수 있도록 선택권을 준다. 예컨대, 중재를 단계화하는 것은 근위축성 측삭경화증(ALS) 환자에게는 흔한데, 다학제적 팀을 꾸려 몇 달 간격으로 검진하게 된다. 재평가가 이루어질 때마다, 임상가와 환자는 현재의 당면 문제(current challenges), 중재 방안, 예상되는 성취 등에 대해 논의해야 한다. 일부 환자들에게 중재는 질환의 특정 단계에 적절하게 적용할 전략의 연속일 것이다.[106]

'정체기'에 접어들었을 때 유의점

치료에 더 이상 진전을 보이지 않는다면 호전을 기대할 수 있는 가능성이 줄어든 시기, 즉 정체기(plateau)에 도달하였다고 볼 수 있다. 많은 경우 이 시점에서 치료를 중단하게 된다. 때때로 병인만 갖고도 언제 정체기에 도달할 것이라는 예상이 가능하다. 뇌졸중의 경우 발병 후 대략 6~12개월이다. 그러나 뇌졸중이나 외상성 뇌손상과 같은 비진행성 질환자에게 더 이상의 진전을 보이지 않는다고 결론 내리는 것은 조심스럽다.

Page, Gater, Bach-y-Rita[69]에 따르면, 진전이 보이지 않는다고 해서 향상될 여지가 없는 것은 아니며, 단지 지금까지의 치료법에 적응된 것일 수 있기 때문에, 다른 방법의 치료를 통해 향상될 생물학적 가능성이 충분히 있다. 이 연구자들은 만성기에 접어든 뇌졸중 환자들이 반복연습을 요구하는 새로운 과제에 참여한 후 운동 기능에 많은 진전을 보았다고 보고하였다. 이러한 현상은 반복연습에 참여한, 신경학적으로 정상인 사람들에게서도 관찰된다. 만일 치료법을 바꾸지 않은 채 근육을 계속적으로 과부하시키면 결국 수행력이 그대로 유지될 수밖에 없으며, 심지어는 퇴화되기까지 한다. 연습 강도를 변형하고, 회기 시간과 휴식 시간을 변화시키며, 서로 다른 기능에 중점을 두고 치료가 이루어진다면 추가적 진전을 기대할 수 있다.

이 같은 중요한 관찰점이 시사하는 바는 신경학적으로 안정된 환자들에게 더 이상의 진전이 없을 것이라고 결론을 내리려면 환자에게서 한 가지 이상의 치료 접근법을 적용하여 이에 대한 반응이 더 이상 관찰되지 않을 경우라는 것이다.

II. 중재 접근법

말운동장애를 중재하는 데에는 한 가지 접근법만 있지는 않다. 그 이유는 말운동장애가 생리병리학, 중증도, 말장애 특색, 중재 결정에 영향을 주는 여러 요인들(예: 병인, 예후, 불능, 사회적 제한, 환경, 의사소통 필요성) 측면에서 상당히 다르기 때문이다.

중재 접근법은 몇 가지 방법들로 개념화할 수 있다. 보통 다섯 가지 방법으로 나뉘는데, 서로 중복될 수도 있다. 의료적 중재, 보조기적 중재, 행동적 중재, 보완대체의사소통, 상담 및 지원이다. 이들 각 영역의 목표는 우선적으로는 말의 명료도, 효율성, 자연스러움을 직접적으로 향상시키면서, 의사소통을 향상시키는 것이다. 각 영역의 구체적 치료법에 대해서는 제17장과 제18장에서 다루기로 한다.

A. 의료적 중재

의료적 중재(medical intervention)는 약물적 · 수술적 중재를 포함하는데, 이는 직접적 혹은 간접적으로 말에 영향을 준다. 일반적으로 의료적 중재는 신체적 기능을 극대화함으로써 말을 빠르고 급격하게 호전시키기 때문에, 우선적으로 실시되거나 다른 접근법들과 동시에 사용된다.

말을 향상시키기 위해 시행되는 의료적 중재는 병원 언어재활사와 다른 전문가들(예: 이비인후과, 성형외과, 신경과 전문의) 간의 협진이 요구된다. 이때, 언어재활사의 주된 업무는 말을 면밀히 평가하여, (1) 의료적 · 수술적 중재의 필요성과 중재로부터 효과를 보게 될지의 여부, (2) 중재로 인한 구체적 효과, (3) 중재에도 불구하고 성취되지 못할 사안, (4) 의료적 중재 후 행동적 중재의 필요성과 준비 사항, (5) 환자와 세부 영역 전문가들에게 이러한 모든 정보를 분명히 알리는 것 등을 확인하고 책임지는 일이다. 의료적 위험성과 치료비용에 대해 이해시키는 것이 중요한데, 위험성과 비용의 부담에도 불구하고 예상되는 결과를 감안하여 의사결정을 내릴 수 있기 때문이다.

약물적 중재

말운동장애 관련 질환(예: 염증)에 대한 약물적 중재(pharmacologic intervention)를 통해 기저 질환이 가끔 효과적으로 '치료'됨으로써, 말에 간접적으로 도움을 준다. 어떤 신경계 질환은 약을 통해 효과적으로 중재되지만, 치료가 되지는 않는다. 이를 통해 말이 좋아질 수 있지만, 늘 그렇지는 않다. 파킨슨병을 위한 도파민제, 중증근무력증을 위한 메스티논(Mestinon), 윌슨병(Wilson's disease)을 위한 식이 조절 및 킬레이트제(chelating agent), 운동장애를 조절하는[2] 여러 가지 약제들이 있다. 연축발성장애(spasmodic dysphonia, SD)의 치료를 위해 후두 근육에 보톡스를 주사하며, 구강안면 근긴장이상이나 연축 사경(spasmodic torticollis)을 치료하기 위하여 턱, 얼굴, 목 근육에 보톡스를 주사하는데, 이는 특정한 근육의 기능들을 바꾸기 위한 목적으로, 특히 말 향상을 위한 단독 목적으로 실시된다.

행동적 중재를 시작하기 전에, 임상가는 환자가 신경학적 문제로 약물을 복용하고 있는지, 약물 치료를 시행할 예정인지, 예전에 복용하다가 현재는 그만두었는지를 확인해야 한다. 행동적 중재는 말을 향상시키는 데 도움이 될 수 있는 약물 치료가 시작될 때까지 연기되어야 하는데, 약물 치료가 행동 치료를 불필요하게 만들거나 치료 초점을 바꾸게 할 수 있기 때문이다. 이에 대한 예외는, 보완대체의사소통(AAC)이 필수적인 말장애 환자들이다. AAC 전략과 장치(보통 '차원 낮은 기술')는 약물 치료가 말에 효과를 발휘할 때까지 기능적 의사소통을 위해 늘 사용되어야 한다. 예컨대, 파킨슨병 환자들은 약물 치료 과정에서 말의 변동이 심하다. 이들에 대한 행동적 중재는 약물 치료 주기 동안 특정한 시기에 나타나는 문제를 해결하기 위해 실시되어야 한다.

치유력이 없는 특정 약제는 운동 기능 회복에 긍정적 혹은 부정적으로 작용한다. 예컨대, 일부 실험에 따르면 덱스트로암페타민(dextroamphetamine)은 회복을 증진시키지만, 페니토인(phenytoin), 클로니딘(clonidine), 뉴로렙틱(neuroleptics, 신경이완제), 벤조디아제핀(benzodiazepine)과 같은 약제는 그다지 효능성이 없다.[25,73] 운동 회복을 위한 약물 치료는 행동적 중재와 함께 이루어져야 가장 효과적이다. 이러한 이유로, 의사와 언어재활사를 포함한 재활 전문가들[27] 간의 협진이 필요하다.

수술적 중재

신경계 질환을 대상으로 실시되는 수술적 중재(medical intervention)는 말 산출에 직접적 혹은 간접적으로 영향을 미친다. 종양, 동맥류, 뇌전증, 동맥 폐색증에 따른 신경외과술은 결함 그 자체보다는 신경학적 결함의 '원인'을 직접적으로 제거하는 방법이다. 어떤 경우에는 수술을 통해 징후와 증상이 치유된다. 수술을 통해 호전은 되지만 치유, 안정이 되지 않는 경우가 있으며, 또 호전되지 않으며, 악화되거나, 새로운 결함이 나타나기도 한다. 종양 제거술로 얻는 이득은 일시적일 수 있다.

뇌심부자극술(deep brain stimulation, DBS)은 뇌의 목

---

[2] 일부 약물은 마비말장애를 악화시키거나 말 특색을 변화시키기도 함. 파킨슨병과 운동저하형 마비말장애를 보이는 많은 환자들이 레보도파(levodopa) 치료를 장기간 받게 되면 어느 시점에서 이상운동증(dyskinesias)(운동과잉형 마비말장애를 포함)을 보이게 됨.[78]

표 영역(예: 기저핵, 시상)에 수술적으로 전극을 심고, 프로그램 가능한 펄스 발생기(pulse generator)를 쇄골 근처에 이식하여 전선으로 연결하는 방법이다. 뇌심부자극술은 신경계 질환을 증상적으로 치료하는 데 쓰여지는데, 말운동장애와 관련된 질환으로는 본태성 진전(essential tremor), 근긴장이상(dystonia), 파킨슨증(parkinsonism) 등이다. 뇌심부자극술을 통해 말 향상을 계획하지는 않지만, 수술 전에 보인 말 결함(예: 음성 진전, 운동저하형 마비말장애)이 가끔 좋아지기도 한다. 마비말장애가 나타나거나 더 심해지는 것이 수술 후 가장 흔한 후유증일 수 있다. 뇌심부자극술은 운동저하형과 운동과잉형 마비말장애과 관련하여 제17장에서 다루도록 한다.

실험적으로 뇌졸중을 발생시킨 동물실험에서, 운동 학습활동을 하는 동안, 운동피질에 낮은 단계의 전기 자극이 적용되었을 때에 운동 회복이 관찰되었다.[49] **반복적 경두개자기자극**(repetitive transcranial magnetic stimulation, rTMS)와 **경두개직류자극**(transcranial direct current stimulation)은 뇌의 국소 부위에 약한 전류를 흐르게 하는 비침습적(non-invasive) 방법으로서, 실어증이나 파킨슨병, 근긴장이상, 뇌졸중을 포함한 신경운동장애에 대한 가능한 치료법으로 관심을 받기 시작하였다.[3,42,81] 이 기법들이 말운동장애에 도움이 된다면 말 치료와 함께 쓰여지는 것이 혜택을 극대화하는 방법이 될 것이다.

일부 수술법은 말을 향상시키기 위한 유일한 방법으로 행해진다. 예로는, **인두피판술**(pharyngeal flap)이나 **괄약근 인두변형술**(sphincter pharyngoplasty)을 통해 연인두 기능을 향상시키거나, **갑상연골성형술**(thyroplasty)로써 성대마비와 약증을 호전시킬 수 있다.

B. 보조기적 중재

보조기(prosthesis)나 보조기구(assistive devices)는 말 향상에 도움을 줄 수 있다. 일부는 생리학적으로 회복이 될 때까지만, 혹은 행동적 중재의 효과로 더 이상 필요로 하지 않을 때까지 임시로 사용된다. 또한, 장치 없이는 장애나 불리(핸디캡) 정도가 심해진다면 영구적으로 사용하게 된다.

일부 보조기는 말을 하는 동안 성도에서 일어나는 일을 직접적으로 수정하여 청지각적 문제를 줄여 준다. 예컨대, **구개거상기**(palatal lift prosthesis)나 **비강인두 밀폐장치**(nasopharyngeal obturator)는 말을 하는 동안 연인두 폐쇄에 도움을 줌으로써 과다비성을 줄이고, 자음 발음 시 구강 압력을 증가시킨다. 양 치아 사이에 교합저지기(bite block)를 위치시키면 하악개구성(jaw-opening) 근긴장이상을 감소시켜 준다.

다른 보조기는 말을 일단 산출된 후에 변화시키는 역할을 한다. 예를 들어, **음성증폭기**(voice amplifiers)는 말소리 크기가 감소되었거나, 크기를 증가시킬 능력이 없는 화자에게 소음, 화자-청자 간 거리, 청자의 청각 소실을 극복하기 위하여 사용된다.

어떤 보조기는 음향 신호를 변화시킨다기보다는 말 산출의 방법을 수정해 주도록 고안되었다. 어떤 기기들은 명료도를 높이기 위해 비정상적으로 속도와 운율을 변화시킨다. 예컨대, **속도조절판**(pacing boards), **메트로놈**, **지연청각피드백**(delayed auditory feedback, DAF) 등은 말 속도를 느리게 하고 음절 강세를 증가시킨다. 특정 생체피드백 기기는 말 산출 시 미리 설정해 놓은 좌표에 닿지 못하였음을 표시해 주기도 한다. 예를 들어, **음량 모니터링 기기**는 말명료도 유지를 위해 필요한 좌표보다 목소리 크기가 작아졌을 때 듣고, 보고, 진동하는 신호를 통해 알 수 있게 한다. **이동성 음성 모니터링 기기**와 같은 **이동성 기기**들은 전형적인 일상 활동 동안 산출되는 음성과 말에 대한 평가와 피드백에 사용될 수 있다.

마지막으로, 보조기는 말을 증진시키거나 대체수단으로 사용된다. 행동적 중재의 도구로서 사용되기는 하나, 다른 보조기나 행동적 접근법들과는 다르므로 별개적인 접근법으로 쓰여진다. 보완대체의사소통(AAC)을 위해서는 **그림**, **글자**, **낱말보드** 등과 같이 차원 낮은 기술 및 비전자적 도구, 그리고 좀 더 정교한 **전자기기**, 특히 일부는 다양한 조절 및 출력 장비가 갖춰진 기기들, 예컨대 **음성 합성 인식 소프트웨어** 등을 활용한다.[70] 사지 동작으로 AAC 기기를 작동시킬 수 없다면, 다양한 기구들을 통해 도움을 받을 수 있는데, 예를 들어 스위치를 수의적 움직임이 가능한 몸에 위치시킨다든지, 컴퓨터 인터페이스를 활용한 **눈 응시 시스템**(eye gaze system)을 활용할 수도 있다. 향후에는 근육 독립적인 뇌-컴퓨터 인터페이스를 사용하여 인지 능력이 충분히 정상인데도 불구하고 감금증후군(locked-in syndrome)이나 중증 운동 기능 손상을 보이는 환자들에게 의사소통의 가능성을 열어 줄 것이다.[10]

보조기적 중재(prosthetic intervention)를 활용하는 필요성이나 이점은 의료적/수술적 중재와 유사하다고 보면 된다. 보조기를 활용하기 위해서는 치과 보철전문가,

작업치료사, 물리치료사, 재활공학자, 교육자 등을 포함한 다학제적 접근을 필요로 한다. AAC를 상당히 필요로 하는 경우에는 언어재활사 및 특정 필요 영역의 전문가가 함께 공조해야 한다. 환자 역시 의사결정에 참여해야 한다. 보조기적 중재가 의사소통 능력에 공헌할 수 있는 바가 과소평가되어야 한다는 것은 아니지만, Kent[47]는 "생명공학의 혁신은 혜택을 받을 수 있는 이들에게 환영을 받지 못하며 … 일부 환자들은 그런 중재법 자체를 거부하기도 한다."라고 하였다.

C. 행동적 중재

행동적 중재(behavioral management)는 의료적 접근과 보조기적 접근을 제외한 모든 중재 노력을 포함한다. 의료적 · 보조기적 · 행동적 중재는 서로 배타적이 아니며 일부 환자들은 모든 접근법을 필요로 하기도 한다. 또한 행동적 중재는 의료적이나 보조기적 중재보다 더 많은 말운동장애 환자들에게 적용된다.

행동적 중재는 다양한 목표를 갖고, 갖가지 형식을 취할 수 있다. 주요 목표는 어떤 전략을 활용하든지, 가장 효과적이고 자연스러운 결과를 보이도록 **의사소통을 극대화하는** 것이다. 대부분의 환자에게는 직접적인 말 치료를 의미한다. 어떤 이들에게는 말과 말을 제외한 AAC 전략의 조합을 의미한다.

행동적 중재는 다양한 형식을 취할 수 있는데, 일반적으로 **말 중심적 접근법**과 **의사소통적 중심 접근법**으로 나뉜다. 경미한 장애에 대한 치료는 말 중심으로, 중증 장애에 대한 치료는 의사소통 중심으로 접근하나, 둘 다 모든 중증도 단계에서 활용될 수 있다.

말 중심적 접근법

말 중심적(speech-oriented) 치료는 주로 **말명료도를 향상시키고**, 이차적으로는 **의사소통의 효율성 및 자연스러움 증진**에 초점을 맞추고 있다. 목표는 의사소통 중심적 접근법과 유사하나, 말운동장애 자체는 이 방법에 더 초점을 두고 있다. 목표로는, (1) 생리학적 지지력(physiological support)을 증가시킴으로써 **장애를 줄이기**, (2) 남아 있는 생리학적 지지력을 최대한 사용하여 **보완하기** 등이다. 이 두 가지 접근법 모두 운동 학습과 노력을 필요로 한다.

비록 장애를 줄이거나 보완하려는 노력 모두가 적절하나, 임상가의 노력은 '보완(compensation)' 쪽으로 좀 더 기운다. 그 이유는 부분적으로는 신경학적 진단, 장애의 심각성, 발병 후 경과 시간, 예후, 동기 등의 요인들 때문이다. 다른 이유는 보완을 하는 편이 장애를 줄이는 일보다 더 성취되기 쉽고, 급성기 병원과 입원 재활 환경에서는 입원 시간의 단축에 초점을 두어, 기능적 목표를 신속히 달성하고자 초점을 맞추기 때문이다. 많은 경우, 보완 방법은 전적으로 정당화된다. 실험적으로 뇌졸중을 일으킨 동물실험에 따르면, 기능적 운동 결과를 위해서는 정상 패턴과는 질적으로 다른 운동 패턴의 발달이 필요하다.[64] 한편, **장애를 감소시킬 여지가 있는 경우에서조차 보완 방법을 사용한다면 근시안적인 접근이 될 것이다.**[25] 보완에 초점을 맞추면, 특정 장애를 줄이는 데 필요한 활동 의존적(activity-dependent) 신경의 재조직을 제한하게 된다. 장애를 줄이기 위한 행동적 중재의 잠재성은 행동적 중재의 원칙 및 지침을 다루는 단락에서 설명될 예정이다.

생리학적 지지력을 증진시킴으로써 장애를 줄이려는 치료법에서는 마비말장애의 기저에 깔려 있는 자세, 힘, 조절의 문제를 다룬다. 각 접근법은 말하는 활동을 포함하거나, 간접적 활동일 수도 있으며,[11] 말과는 별개일 수 있다. 간접적 활동의 예로는 강화 훈련, 자세 및 위치 수정, 호흡의 양과 효율성 증진 등을 포함한다. 일부 환자들에게 이러한 간접적 활동이 치료의 첫째 목표들 중 하나이기도 하다.

잔존하는 생리학적 지지력을 최대한 사용하는 것은 **행동적 보완 방법**(behavioral compensation method)이라 할 수 있는데, 잔존 장애를 보완하기 위하여 직접적으로 호흡, 발성, 공명, 조음, 운율에 초점을 두기 때문이다. 이 보완 방법들에는 의료적, 보조기적 접근법도 포함된다. 이 접근법에서 가정하는 바는 일부 환자들이 자신의 말장애 때문에 필요 이상으로 더 불능(disabled)해지는데, 이는 자신의 잔존하는 생리학적 능력을 최대한 사용하지 못하기 때문이라는 것이다. 일부 환자는 자발적으로 보완 방법을 사용하지 못한다. 이는 지식이 부족하며, 과거의 말을 하던 방식으로 계속 말하고 싶어 하고, 예전에는 잠재의식적 과정이던 것을 의식적으로 사용하는 데 어려워하며, 인지적인 결함으로 인하여 새로운 전략을 습득하는 것이 어렵고, 불안증이나 우울증이 있으며, 동기 등이 부족하기 때문이다.[77] 이로 인하여 호전되기가 힘들며 치료 자체를 방해하기도 하나, 일부는 치료를 받는 동안 이러한 어려움을 극복하기도 한다.

보완적 접근은 효율성 및 자연스러움의 향상에 초점을

두기도 한다. '효율성(efficiency)'이란 말명료도(speech intelligibiligy)나 이해 가능도(comprehensibility)를 줄이지 않은 채 의사소통의 비율을 증가시키는 것을 뜻한다.[3] 이는 말을 직접적으로 변화시킴으로써 가능한데, 이를 위해 언어 내용이나 형식을 변경하고, 환경을 변화시키고, 명료도나 이해 가능도를 저해시키는 문제를 효율적으로 해결하는 전략을 개발한다.

자연스러움(naturalness)을 증가시키려면 운율(prosody)에 중점을 두는 것이 좋다. 이는 모든 중증도 단계에서 중요한데, 말 분절을 명확히 하고 의미의 단서를 제공하는 데 도움이 되기 때문이다. 속도, 리듬, 억양, 강세는 중요한 구문론적 정보를 지니므로, 음성신호를 중복하여 제공하는 셈이 된다. 따라서 자연스러움을 증진하는 노력을 통해 명료도를 향상시킬 수 있다.

말을 더 적절하게 하려는 노력에서, 또는 생리학적 한계나 비정상의 상황에서, 일부 환자들은 **부적응적 행동**(maladaptive behaviors)을 발전시키거나, 적응적 전략을 필요 이상으로 장기간 지속적으로 사용한다. 예를 들면, 성대마비 환자나, 호흡이 약한 환자는 구의 길이를 정상화하기 위하여 들숨에서 말을 한다. 또한 어떤 이들은 필요 이상으로 길거나 짧은 구를 사용한다. 이러한 행동들은 말의 명료도, 효율성, 자연스러움에 영향을 미친다. 이를 없앤다면 극적으로 말을 향상시킬 수 있다.

의사소통 중심적 접근법

의사소통 중심적(communication-oriented) 치료는 말 자체가 더 이상 호전되지 않을 때에 의사소통을 향상시킬 수 있다. 청자의 숫자, 소음의 양, 청자-화자 간의 거리, 눈 맞춤 등을 변화시키는 방법부터 새로운 청자에게 말 문제, 원인, 화자가 선호하는 의사소통 방법 등을 알려 주는 것까지 다양하다. 또한 의사소통에서 문제시되는 부분을 보완하기 위한 가장 효과적인 전략을 찾을 수도 있다. 그 예로는 발화를 반복하기, 다시 말하기(rephrasing), 철자 대기(spelling), 쓰기, 확인질문에 대답하기 등이 있다.

의사소통 전략은 말하는 환경마다, 대화하는 청자마다 다르게 사용될 수 있다. 특정한 전략이 다른 전략보다 더 효과적인지 여부는 협상, 연습, 근거(근거) 등을 통해 확인해야 한다. 환자들이 주로 이러한 환경적 변화 및 말 전략을 중재해야 하나, 어떤 경우에는 청자가 책임지는 경우도 있다.

[3] 제3장에서 다룬 명료도, 이해 가능도, 효율성을 상기하면 좋음.

D. 보완대체의사소통

말운동장애 환자들은 의사전달을 명료하고 효과적으로 하는 데 필요한 말 산출 및 제스처 사용함에 있어 심각한 제한을 받을 수 있다. 이때, 환자는 말 대신 일시적이거나 영구적인 보완대체 수단이 필요하게 된다. 이런 필요성에 중점을 두는 임상 실무 영역이 보완대체의사소통(augmentative and alternative communication, AAC)이다. AAC와 관련된 활동은 행동적 중재 전략들의 일환이며, 의사전달을 하는 데 기기(예: 사물이나 장치)를 사용하기도 하므로 보조기적 접근법이기도 하다. 이 활동들을 통해 의사소통을 극대화시키기 위한 전략, 기법, 지원 등을 포함한 AAC 체계가 개발된다.

최근 AAC의 발달과 개선은 매우 빠른 속도로 이루어져서, 중증의 말운동장애 환자들에게 상당한 도움이 되고 있다. AAC는 언어병리학계에서 한 영역을 차지하며, 미국언어청각협회(ASHA) 내에서 Special Interest Group(Division 12, AAC) 활동이 이루어지고 있다.

AAC의 도구는 여러 가지인데, (1) 눈 응시, 얼굴, 머리, 손 움직임, 몸 자세 등과 같은 제츠처 의사소통, (2) 그림, 사진, 아이콘, 인쇄된 단어 및 글자, 사물, 사인/팬터마임, 점자 등의 다양한 심볼, (3) 의사소통 책, 보드, 합성 음성을 생성하는 전자 기기, 컴퓨터 기기(스마트폰과 같은 모바일 기기) 등 메시지 전달을 촉진하기 위한 다양한 도움 등을 포함한다. **음성인식기기**(speech recognition devices) 역시 AAC에 활용될 수 있다.[31]

말운동장애 환자에 있어서 AAC는 개인 별, 개인 간에 상당히 다양하게 사용된다. 질병이나 말장애가 호전될 것으로 기대되는 경우에는 장애가 호전되기 전에만 집중적으로 사용되다가 일단 호전되면 사용을 줄인다.[4] 퇴행성 질환을 앓고 있는 환자의 경우, 초반에는 AAC가 필요하지 않다가, 후반에 가서는 전적으로 필요할 경우도 있다. 그러므로 중재를 단계화하기(즉, 적시에 적절하게 하기)[107]가 중요하다. 퇴행성 질환을 위한 단계화 지침이 개

[4] 일부 사례 연구에서는 중증환자의 경우에 효과적인 보완대체의사소통 방법을 사용하고 있더라도 기능적 말 산출을 이끌 수 있는 잠재력을 일깨우는 것이 필요하다고 함.[1,45] 이는 특히 뇌졸중이나 외상성 뇌손상처럼 발병이 급성이고 회복이 정체되어 있는 경우에 더욱 중요함.

발되고 있다. 예컨대, 근위축성 측삭 경화증(ALS) 환자에 있어서 말 속도는 명료도와 상관관계가 있으며 향후 수행력의 중요한 예측요인이 된다.[5,111] 한 연구에 따르면, 말 속도가 분당 100단어 이하로 떨어지면 중대한 명료도 저하가 관찰된다.[4] 따라서 말 속도가 분당 90~125단어로 떨어지거나, 불리한 청취 상황에서 명료도가 비일관적이 되면,[4,111] AAC 평가가 이루어져야 한다.[5]

만성적이고 안정된 질환의 경우에는, 기술발달에 따른 개선의 여지는 있으나, AAC 전략 자체를 바꿀 필요는 없다. 예컨대, 음성인식기는 명료도가 저하되었으나 말소리 간, 음절 간의 구별이 일관적으로 가능한 만성질환 환자들에게 점차로 중요하게 된다.

AAC 전략을 사용할 것인지 여부는 말과 의사소통 능력 및 필요성에 대한 면밀한 평가 결과와 도움을 받을 만한 잠재력을 판단하여 결정한다. 일부 환자들에게는 AAC의 사용은 제한적이거나 단기간이 될 것이다. 예를 들어, 말명료도를 높이기 위한 목적으로 말하는 단어의 첫 글자를 명확하게 하기 위해 알파벳보드를 사용하는 환자는 이것 없이도 적절한 말명료도에 도달하게 되면 더 이상 사용하지 않는다. 이와는 대조적으로, 잠금증후군(locked-in syndrome) 환자들은 말 대신 눈 응시, 이마나 다른 수의적 움직임을 활용하여 의사소통을 전달하기 위한 대체수단에 전적으로 의존한다.

이 책에서는 AAC 체계 및 기법에 대해 포괄적으로 다루지는 않을 것이며, 임상적으로 활용도가 높은 AAC 방법들에 대한 개관이나 자세한 논의는 여러 문헌에서 찾아볼 수 있다.[8,9,109] 제17장에서는 말운동장애 환자들에게 유용한 보완전략에 대해서 알아볼 것이다.

E. 상담 및 지원

행동적 중재는 상담(counseling)과 지원(support) 역할을 포함하며, 이들은 중요하고 필수적이기까지 하다. 이때, 특정 말 영역이 왜 정상적이지 않은지, 향후 정상화되지는 않을지, 장애를 치료하거나 보완하기 위해서는 무엇이 행해져야 할지, 어떤 노력을 기울여야 할지, 그러한 노력들의 결과는 어떠할지 등에 대하여 정보를 제공하여야 한다. 퇴행성 질환 환자의 경우, 말이 어떻게 달라졌는지, 퇴행되면서 명료도와 의사소통 효과를 유지하기 위해서는 무엇을 해야 하는지 등에 대해 상담한다. 상담을 하면서 예후가 중요한 요인이 되는데, 향상될 것이라는 낙관이나 희망을 가질 것인지, 영구적 장애를 수용할 필요가 있는지, 또는 쉽고 자연스럽게 의사소통할 수 있는 능력의 손실에 대한 준비가 필요한지 등을 결정짓기 때문이다.

이러한 결정을 하려면 지식, 자신감, 경험, 민감성, 자비심 등을 필요로 한다. 민감성과 자비심은 특히 수량화하기 어려운 측면이다. 많은 임상가들에게는 내재적일 것이며, 효율성과 수량적 결과를 중시하는 의료 환경에서 그것을 유지하기란 쉽지 않다. 이런 치료(즉, 의사소통의 유지 및 향상)를 해야 하는 임상가들은, 환자들이 예전에는 이런 문제를 가진 사람들을 본 적이 없으며, 이들이 이 문제를 극복하려 한다기보다는 단지 문제와 더불어 살아가고 있다는 사실을 명심해야 한다. 환자들은 성공할 가능성이 있는 치료가 아니라, 반드시 성공할 치료를 열망하는 것이다. 환자들 자신이 당면한 역경에 대해 내비치는 당혹감, 슬픔, 분노 등에 대해 민감하게 대응해 줌으로써 치료의 협조가 잘 되게끔 만든다. 이러한 특징을 유지하고, 발달시킬 수 있는 공식은 없으나,[6] 의료 체계에서는 환자의 입장에서 치료가 제공되는 태도나 방법이, 말이나 의사소통을 증진시키기 위한 노력의 실질적 결과만큼이나 중요하다.

부록 A에서는 임상가와 환자를 위한 여러 가지 정보를 수록해 놓았다. 말운동장애를 야기하는 특정 질환 환자들에게 정보와 도움이 될 것이다. 일부는 의사소통장애와 관련된 것이고, 다른 일부는 신경계 질환 및 연구와 관련된 일반적 정보에 대한 것이다.

III. 행동적 중재를 위한 토대

A. 정당성

신경계의 가소성(plasticity)과 운동 기술 학습에 관한 갖가지 정보에 따르면, 행동적 중재를 통해 말장애를 감소

[5] 일부 환자들이 보완대체의사소통(AAC) 사용을 거부하긴 하나, 많은 근위축성 측삭 경화증(ALS) 환자들은 계속하여 사용함.[4]

[6] Kent[46]의 자료는 의사소통장애를 겪는 이들을 이해할 수 있게끔 하는 통찰력과 참고자료를 제공함. 환자와 의사 간의 관계에 대한 자료로는 The Healer's Art[17]를 보라. 이 자료들에서 다루어지는 사안은 환자와 상호작용하는 모든 의료인들에게 해당될 것임. LaPointe[53] 역시 이 사안들에 대해 잘 언급함.

표 16-1

행동적 중재를 위한 토대-요약

정당성	• 뇌는 정체된 기관이 아니다. • 어미 동물의 대뇌 조직은 고정되지 않았다. • 신경 적응은 근육 사용에 따른다. • 신경계는 손상 후 회복과 재조직이 이루어진다.

원칙	• 손상 후 운동 재조직이 되려면 사용할 필요가 있다.
	• 말 산출이 의식적이 되도록 하려면 보완책을 사용해야 한다.
	• 초반에 생리학적 지지력을 강화시켜야 한다.
	• 운동 학습의 원칙은 말 중심적 치료와 의사소통 중심적 치료의 구성에 영향을 주어야 한다.
	  • 말을 잘 하려면 말하기 연습을 통해야만 가능함.
	  • 반복 훈련이 필요함.
	  • 지도나 자기주도학습 모두 중요함.
	  • 피드백이 중요함.
	  • 훈련의 구체성 및 돌출성이 중요함.
	  • 일관적 연습과 변이적 연습은 다른 효과를 가짐.
	  • 힘을 증진시키기 위한 노력은 근력 훈련의 원칙을 따라야 함.
	  • 속도와 정확성 간에는 트레이드 오프가 있음.

기타 고려할 점	• 의학적 진단과 말 특징은 중재와 관련된다. • 일반적으로 중재는 '일찍' 시작해야 한다. • 기초선 자료는 목표를 확립하고 변화를 측정하는 데 중요하다. • 회기 구성이 중요하다(빈도, 과제 순서, 오류율, 피로, 개별 대 집단 치료).

시킬 수 있으며, 말을 산출하기 위한 생리학적 능력을 향상시키고, 다양한 접근을 통해 말을 향상시킬 수 있다.[7] 이에 대한 상세 사항은 다음 영역과 표 16-1에서 다루도록 한다.

뇌는 정체된 기관이 아니다

뇌의 구조와 기능은 세포 내 변화, 세포 간 및 신경연접 간 연결의 변화, 생화학적 · 유전적 변형, 이와 관련된 많은 것들과 행동 훈련에 따라 바뀔 수 있다.[25,27,47,58]

어미 동물의 대뇌 조직은 고정되지 않았다

신경계 내의 적응적 변화는 신경 적응(neural adaptation) 또는 신경 가소성(neuroplasticity)이라 하며, 근육을 사용하고 행동 양식을 변화시키면서 일어나는 학습에 기인한다.[27,38,57,58] '가소성'이란 손상된 뇌가 자연적으로 또는 재활을 통하여 잃어버렸거나 손상된 능력을 다시 학습하거나 보완하기 위하여 스스로 재조직하는 것을 말한다.[47]

비록 가소성이 젊은이들에게 더 확실히 보이지만, 건강한 어미 동물도 사회적 환경 내에서 운동 기술 훈련이나 참여를 통해 혜택을 볼 수 있다.[49] 성인 대뇌는 아마도 가소성 덕분에 경험, 학습, 신체 활동 등에 의해 재조직될 수 있다. 특정 환경에서 어느 정도까지는 대뇌에 국한된 것이 아닌, 신경계의 모든 단계에서 이 같은 가소성이 발휘된다.[16,25]

신경 적응은 근육 사용에 따른다

운동 활동은 신경 손상 후에 정상적 기술 습득 단계에서 대뇌 재조직(가소성)을 위한 강력한 원동력이 된다.[27] 운동을 통해 신경 적응이 되면, 예전에는 충분히 사용되지 않던 운동계를 사용하게 하고, 발화율(firing rate)을 높여 줌으로써, 근육의 힘이 강해지게 하고 협응 운동이 향상되게끔 한다. 운동 가소성은 양방향 상호작용(two-way interaction)임이 강조되어야 하는데, 반복적 운동 수행이 대뇌 재조직에 영향을 주고, 그 결과로서 운동 수행이 향

[7] 가소성 및 재활의 신경생리학적 기반에 관련된 상세한 논의 및 요약은 다수의 논문에서 찾아볼 수 있음.[27,38,47,48,51,58]

상되기 때문이다. 최근, 다양한 연구를 통해 운동계 재조직에 운동 연습의 효과가 증명되고 있다. 예컨대, 브라유 점자(Braille)를 숙련되게 읽는 이들이 사용하는 특정 손가락이 다른 손가락에 비하여 대뇌피질 대응부(cortical representation)가 더 넓으며, 피아노 건반에서 손가락 연습을 많이 할수록 손의 대뇌피질 대응부의 크기가 커진다.[40] 일차운동영역의 안면부는 치아가 상실되고 교합이 변하거나, 새로운 구강 운동 행동을 배우게 되면 달라진다.[86] 그러므로 운동 활동이 뇌의 운동영역의 조직에 영향을 준다고 볼 수 있다.

신경계는 손상 후 회복과 재조직이 이루어진다

성인은 신경계 손상 후 회복되는 정도에 한계가 있다. 예컨대, 실험적 손상을 입은 쥐들은 비록 운동 목적은 달성한다손 치더라도 운동의 질적인 측면에는 손상이 여전히 남아 있다.[72] 안타깝게도 임상가들은 일상적 임상 실무에서 이러한 한계점을 염두에 두고 있다. 그럼에도 불구하고 손상 후에도 어느 정도의 기능회복은 종종 일어난다.

회복기 동안에는 부종 완화, 신경연접 변화, 특정 기능을 수행하기 위한 다른 뇌 영역의 참여 등과 같이, 의지적 행동과는 상관없는 자연적 · 생리학적 반응들이 손상 후 몇 시간 내에 일어날 수 있다. 유전적 요소 또한 가소성에 영향을 미친다.[25,27] 감각운동 및 인지 활동과 관련된 변화들도 있다. 예를 들어, 기능적 자기공명영상(functional magnetic resonance imaging, fMRI) 결과에 따르면, 대뇌 뇌졸중에 의한 편마비로부터 회복된 환자들에서 중추신경계의 재조직(reorganization)이 관찰되었는데, 운동피질의 활성화 정도가 정상보다 더 넓은 영역에서 이루어지며, 손상되지 않은 대뇌피질 쪽의 신경피질, 동측(ipsilateral) 전운동피질, 그리고 대측(contralateral) 소뇌에서 역시 증가된 활성화를 보였다.[22,74]

근거에 따르면 일차운동경로가 제 기능을 하지 못할 때 기능적으로 연관된 운동영역이 보상을 통해 기능을 최적화할 수 있도록 돕는다는 것을 알 수 있다. 예컨대, 근위축성 측삭 경화증(ALS) 환자에 있어 손가락 굴절 운동 학습 과제에서 정상과는 다른 활성화 패턴을 보여 준다는 기능적 자기공명영상 연구가 있다.[50] 일차운동피질 신경세포가 퇴행되면 활성화가 전두엽 내에서 좀 더 앞쪽(예: 전운동엽, 보충운동영역)으로 옮겨 가는데, 즉 운동의 시작과 계획에 주로 사용되는 운동영역에서 증가된 활성화가 관찰된다.[50] 마지막으로, 말초신경계가 손상되면, 손상된 몸 구조로부터 감각정보를 받는, 또는 그 몸 구조의 운동 활동에 영향을 주는 대뇌피질영역을 대신하여, 손상된 몸 구조의 대뇌피질 대응부에 인접한 몸 대응부가 그 역할을 한다. 이에 따라 말초적으로 구심로 차단(deafferentiation)이 생기면 감각 및 운동피질은 스스로 재조직을 한다.[40] 이로써, 피질의 재조직은 운동 기능에 영향을 주는 말초신경계와 중추신경계의 장애에 대한 반응으로 일어난다는 것을 알 수 있다. 또한, 말운동장애 환자들의 말 감각 · 운동체계상에도 이와 유사한 재조직을 예상할 수 있다.

B. 원칙

말 중심적 접근법에 있어 행동적 중재는 다음 영역(표 16-1)에서 다룰 여러 가지 원칙에 기반한다.

손상 후 운동 재조직이 되려면 사용할 필요가 있다

운동피질은 손상 후에 재조직이 가능하나, 손상된 신체 부위의 사용, 특히 수의적 사용을 필요로 한다. 예를 들면, 수의적 움직임으로 구성된 사지 운동 훈련은 수동적이거나 외부적으로 조작된 운동에 비해 더 많은 수행력 향상과 운동피질의 활성화 및 재조직을 일으킨다. 이로써, 신경운동 손상에 대한 운동 학습과 재활에서는 수의적 추진력(volitional drive)의 역할이 중요하다.[57] 이에 대한 추가적 근거로는 **강제-유도 운동치료법**(constraint-induced movement therapy)에 대한 연구에서, 만성 뇌졸중 환자의 편마비 사지를 억지로 사용하게 한 후 긍정적 결과가 관찰되었다는 것이다.[25,27,38,40] 동물실험에서도 상당한 근거를 찾을 수 있는데, 장기적으로 수의적 운동 활동을 하게 되면 운동 수행력이 향상되고 신경 변화를 최적화하며, '**사용하면 호전된다**'라는 신경재활 및 운동 학습 원칙을 지지하기에 충분하다.[47,58] '**사용 안 하면 잃게 된다**'라는 원칙 역시 특정 기능을 위한 신경 및 근육 체계가 제대로 활동적이지 못하면 결국에는 기능이 쇠퇴한다는 뜻이다.[47,58]

운동 사용에 대한 이 원칙들이 말과 말운동장애 재활에 적용될 수 있는 정도는 완전히 이해되지 못하나,[58] 말이 그 원칙에 적용되기는 할 것이다. 말운동장애 환자가 회복되기 위해서는, 퇴행성 질환을 갖고 있지 않은 이상, 상당한 양의 말 연습을 필요로 할 것이라는 정황적인 근거를 제공한다.

말 산출이 의식적이 되도록 하려면 보상책을 사용해야 한다

Darley, Aronson, Brown[24]은 치료의 기본적 원칙으로 목적의식이 있는 활동(purposeful activity)을 포함하였다. 이는 화자가 본인의 말을 청자가 알아들게 하려면 화행(speech act) 측면에서 많은 것을 확실히 변화시켜야 하며, 말을 최대한 의식적으로 만들어야 한다는 것을 강조한다. 의식적 조절을 하려면 적어도 치료 초기 단계 동안만이라도 끊임없는 모니터링과 자기비판을 필요로 한다.

초반에 생리학적 지지력을 강화시켜야 한다

치료는 대개 어떤 방식으로든 문제를 보이는 말을 지지할 수 있는 기능을 향상시키는 것부터 시작해야 한다.[77] 그러므로 말 문제와 관련될 수 있는 자세를 수정하고, 힘, 속도, 운동 범위를 증진시켜 말을 하기 위한 최대한의 생리학적 능력을 확보하는 것이 주요 관건이다. 이것이 성취되면, 보조기를 사용한다든지 다른 형식의 행동적 중재를 통하여 보완책을 마련할 수 있다.

운동 학습의 원칙은 말 중심적 치료 및 의사소통 중심적 치료의 구성에 영향을 주어야 한다

운동 학습은 꾸준한 연습을 통해 새롭고 상대적으로 영구적인 운동 패턴을 익히는 일이다.[6,103] 아마도 여러 날, 여러 주, 여러 해에 걸친 연습이 필요할 것이다. 재활에서 학습은 동작의 정상화뿐만 아니라 비정상적으로 형성된 동작을 바로잡는 데 필요하다.[52]

운동 학습과 적응에 대한 절차는 인지적·연관적·자율적 또는 자동적 단계로 세분화된다.[32,76] 인지적 단계(cognitive stage)는 문제의 근원을 이해하고, 목표를 성취하기 위하여 필요한 것이 무엇인지를 인지하고, 그에 따른 절차들을 학습하는 것을 포함한다. 행동적 중재 문맥에서는 말이 향상되려면 무엇을 해야 하는지를(예: 말 명료도를 증진하려면 말 속도를 줄여야 함), 그 목적을 달성하려면 그 절차가 필요하다는 것을 이해해야 한다. 이 단계에서는 단기적 인지 학습을 평가하기 위해서는 환자(그리고 가족이나 보호자)에게 이 개념들과 절차를 이해하였는지 여부를 확인해야 한다.

연관적 단계(associative stage)는 시행착오를 거쳐 의식적인 것에서 좀 더 자동적인 통제로 이행하게 되는 중간단계로서, 효과가 있거나 그렇지 않은 것이 무엇인지를 확인할 수 있게끔 피드백을 활용한다. 말운동장애 환자들이 학습에 있어서 이 연관적 단계를 넘어서는지는 확실치 않으나, 행동적 중재의 목표는 적어도 환자로 하여금 이 단계까지 이르게 하는 것이다.

자율적(autonomous) 혹은 자동적 단계(automatic stage)에서는 의식적 노력이 거의 필요 없이 기술이 쉽게 수행될 수 있다. 외부 피드백은 덜 중요하며, 특히 자동적인 경우에는 다른 과제에 몰두하고 있을 때라 하더라도 가능하다. 이 단계에서는 이전에 보였던 비정상적 행동은 관찰되지 않을 것이다.[6] 오래 유지될 수 있는 숙련된 운동 수행은 궁극적으로 장시간의 꾸준한 연습을 통해 천천히, 점진적으로 습득된다. 특정 치료 기법을 통해 좋은 초기 반응을 보였다고 해서 그 능력이 습득되었다고 생각해서는 안 된다. 그렇게 생긴 변화는 꾸준한 연습을 하지 않고서는 오래 유지되지 못한다.

재활 문헌 연구에 따르면, 치료의 구조와 구성은 정상 운동 학습의 원칙이 무엇인지를 아는 데부터 출발해야 하는데, 이 원칙들 중 일부는 말과 사지 운동 능력 모두의 습득 및 보유에 공통적으로 적용된다. 다음에 이어지는 단락들에서 재활에 관여하는 이런 원칙들을 제시하였다. 그런데 일부 원칙은 말운동장애에 대한 타당성이 아직 입증되지 않았다. 정상인에서 운동 학습에 적용되는 일부 원칙의 타당성이 명확하게 확립되지 않았으며, 일부는 완전하지 않거나 아마도 잘못된 것일 수도 있다.[82] 특히 이와 관련되어, 훈련 동안 수행력을 촉진시키기 위해 어떤 조작(manipulations)을 한다면 장기적으로는 해가 될 수 있으며, 반대로 훈련 동안 습득의 속도를 저하시키는 조작이 오히려 장기적으로는 전이 효과(carry-over)를 일으킨다.[82] 이로써, 특정 치료 기법의 효과 여부를 확인하기 위해서는, 효과가 장기간 유지되고 일반화가 가능한지에 대한 측정과 치료 과제 동안 능력이 습득되는 속도 및 정도에 미치는 즉각적 효과를 평가해야 한다. 치료 동안 수행력을 극대화한 치료 기법이 반드시 치료의 최종 목표, 즉 다양하고 자연적인 의사소통 맥락에서 향상된 수행력이 장기간 유지되도록 촉진하지는 않는다.

말을 잘 하려면 말하기 연습을 통해야만 가능함. 말운동장애 환자들은 자신의 말을 향상시키기 위해서는 반드시 말을 해야 한다. 그런데 장애로 인해 말하는 것이 힘들고, 자가 개념에 변화를 가져오게 되며, 청자로부터 부정적인 반응을 보게 된다면, 적게 말하게 되는 것은 당연하다. 말을 상당 기간 안 하게 되면 힘을 사용하지 않을 때의 영향을 감안해 볼 때 장애를 더 심하게 만들 것이다. 예컨대, 정상인들에게서는 운동을 그만두면 운동으로 얻은 것을 잃어버리게 되며, 침대에서만 누워 지내야 되는 환자는 근위축(atrophy)이나 약증이 생기고, 운동할 수 있는 능력이 저하된다.[21,66]

말 연습은 회복하는 동안이나 치료를 받는 동안에 가장 중요하며, 일단 목표에 도달하면 능력을 유지하기 위해 적게라도 활동이 필요하다.[80] 말 능력을 유지하기 위해서 말을 자꾸 해야 한다는 점은 정상인보다 말운동장애 환자에게 더 중요한 일이다.

운동 심상(motor imagery)(예: 과제를 수행하는 것을 이미지화하기)을 통해 운동 학습에 도움을 받을 수 있다. 운동 심상을 떠올리면 일차운동영역, 보충운동영역, 시상 등에 활성화를 일으키며, 이는 운동 준비 과정에서 뇌에서 일어나는 활동과 유사하다.[65] 시연(rehearsal)을 하기 위해서는 집중력과 계획을 필요로 하므로 이를 통해 과제 재학습을 강화시킬 수는 있으나,[56] 실제 훈련을 하지 않고서는 그 효과가 일시적이다.[103] 일반적으로 정신적 훈련은 신체 훈련보다는 덜 효과적이지만 전혀 훈련을 하지 않는 것보다는 훨씬 낫다.[76] 정신적 · 신체적 훈련의 적절한 혼합은 주어진 수행단계를 성취하는 데 필요한 신체 훈련의 양을 감소시킬 수도 있다.[103] 그러나 말운동장애를 호전시키기 위한 정신적 훈련이 어느 만큼 공헌할 수 있는지는 미지수이다. 말실행증이나 마비말장애의 중재에 잠재적인 관련성이 있을지 모른다.

반복 훈련이 필요함. 반복 훈련(drill)은 특별히 선택되고 정돈된 운동을 체계적으로 연습하는 일이다.[77] 연습량은 운동 학습을 반영하는 신경세포 변화를 가져오는 데 기본적이고,[47,51,103] 수백 번(혹은 그 이상)의 반복만이 능력 유지를 위해 필수적이다.[6] 훈련은 반복되어야 하므로 지루할 수 있으나, 향상만 된다면 그다지 문제시되지 않는다.

말운동 학습을 굳히는 데 필요한 반복의 횟수와 회기 수는 아직 정립되지 않았다.[58] 그러나 비구어 운동 학습에 대한 문헌이나 임상경험에 따르면, 여러 차례의 연습 기회가 중요하다. 말을 향상시키기 위한 치료는 적어도 치료 초반에는 공식 치료 회기 이외의 연습 기간을 포함하여 빈번하게(예: 하루 2회) 이루어져야 한다.

연습을 짧은 시기 동안 여러 차례 장기간에 걸쳐 분배하였을 때의 즉각적 효과는 장기간 집중된 연습보다 나을 수 있다.[58,102] 이는 장시간에 걸쳐 말을 하면 피로를 느끼는 말운동장애 환자들에게 특히 적용된다.[8] 이러한 맥락에서 피로는 강화 훈련의 필수 요소는 아니다. 등장운동적(isotonic) 강화 훈련 동안 정상인들을 대상으로 한 자료에서 높은 피로내구(fatigue) 운동이 낮은 피로내구 운동보다 더 빨리 근력을 얻게 하나, 최종 결과물은 유사하였다.[33] 또한 가벼운 저항 훈련은 상부운동신경질환이나 개별운동 단위에 관련된 질병을 앓고 있는 환자들에게 안전하게 효과적이다.[23,25]

연습을 짧게 해야 하는 이유가 피로 때문만은 아니다. 운동 학습 자료에 따르면 빈번한 휴식이나 반응 간의 짧은 지연(예: 4초간)조차도 아마도 기억의 흔적을 냄으로써 수행력과 학습을 향상시킨다.[6,51] 따라서 훈련은 짧은 기간 동안 자주 이루어져야 하며, 짧거나(몇 초부터 몇 분까지) 긴(여러 시간) 휴식시간이 주어져야 하고, 피로도를 낮추고 학습을 강화시키는 데 도움이 되는 활동을 실시하는 것이 좋다.[34]

지도나 자기주도학습 모두 중요함. 대다수의 환자들은 단순히 말만 한다고 호전되지는 않는다. 무엇을 해야 할지에 대한 지도(instruction)나 설명이 종종 필요한데, 그로 인해 근육의 활동을 자극할 수 있기 때문이다.[15] 지도로서 말을 변화시킬 수 있는 능력은 긍정적인 예후의 신호로 받아들여지나, 이러한 가정은 공식적으로 검증되지 않았으므로 정확하지 않을 수 있다. 즉, 연습하는 동안 반응의 순간적 접근 가능성은 일단 연습이 종료된 후에 반응을 유지할 수 있는 것과는 근본적으로 다르다.[82]

지도를 통해 학습에 도움이 될 수 있으나, 환자 스스로가 어떻게 해야 목적을 성취할 수 있는지를 확인해서 학습의 발견(즉, 자기주도학습)을 하게끔 하는 것이 지나치게 촉발된 학습보다는 유지 및 일반화 측면에서 유리하다.[90,104] 그러므로 임상가가 제공하는 지도와 환자 자기주도학습 간의 균형이 중요하다. 가장 좋은 전략은 일반적인 목표(예: 느린 말 속도)를 세우고 환자에게 목표를 성취하기 위한 가장 좋은 방법을 찾도록 하는 것이다. 반복된 노력에도 불구하고 성공하지 못하였을 때에만 지도를 한다. 치료 과제에서 진전 속도가 늦더라도 지도는 가능한 한 빨리 철회하는 것이 좋은데, 이는 지도 없이 천천히 호전되다면 그 효과가 장기적으로 일반화(long-

---

[8] 피로[36]는 연령과는 상관없이 신경계 질환 환자들에게는 흔히 관찰됨. 예컨대, 뇌졸중 후 2년이 경과한 후라도 40%의 생존자는 늘 피곤을 느낀다고 보고함.

term carryover)될 수 있기 때문이다.[82]

피드백이 중요함. 결과가 어떤지 아는 것(피드백)은 특히 운동 학습 초기 단계에서 특히 중요하다.[76,88] 피드백(feedback)은 임상가(혹은 다른 사람) 또는 기기(instrument)에 의해 제공될 수 있다.

임상가가 제공하는 피드백은 당면한 치료 목표가 명료도를 증진시키는 것이거나 혹은 다른 피드백이 여의치 않을 때에 가장 적절하다. 청자의 피드백이 더 구체적일수록, 다음 반응에 더욱 영향을 주기 쉽다. 예를 들어, 마비말장애 화자는 단순히 메시지가 이해되지 않았다는 것을 나타내는 피드백보다, 오류의 유형과 위치가 명기된 피드백과 같은 반응에서 성대진동 시작시간(voice onset time, VOT)을 수정하기 더 수월하다.[94] 그러나 치료하는 동안 피드백의 장기적 효과는 알려진 바 없다.

일부 환자들은 집단 치료를 하는 동안, 마비말장애를 가진 다른 환자들에 의해 주어진 피드백이 임상가가 제공하는 피드백보다 더 강력하고 가치 있다고 하였다.[92] 오디오나 비디오 녹음 파일을 재검토하여 환자가 의사소통 문제를 정정하기 위해 특정 전략들을 사용하였을 때 드러나는 효과를 입증해 보일 수도 있다. 이러한 파일의 재검토를 통하여 환자에게 시간에 따른 진전 상황에 대해 증명해 보인다. 피드백은 심리학적으로 자극에 따른 반응을 강화하고, 치료의 지속, 수정, 또는 종결을 논의할 때 또한 유용하다.

기기적 피드백(instrumental feedback)과 생체피드백(biofeedback)[9]은 특정 운동 행동이나 음향학적 결과가 치료의 초점일 때에 유용하게 쓰인다. 효과적 피드백 기기는 단순한 것에서부터 복잡한 것까지 다양하다. 거울은 턱의 운동 범위에 대한 정보를 제공하며, 복부에 손을 대는 것은 흡기나 호기력 범위에 대한 피드백을 제공하고, 소리 크기 측정기(sound level meter)는 음량을 알려주며, 음향 표시 장치는 속도, 강세, 강도를, 근전도는 과도하거나 불충분한 근육 수축을 나타낸다. 기기적 피드백의 정확성과 즉각성은 온라인으로 말을 조절하도록 촉진한다. 이러한 피드백은 이미 완료된 수행에 대한 '인지적' 성질의 피드백이라기보다는 운동행동과 더 직접적으로 연결된다. 일부 자료는 시각적 생체피드백이 운동행동을 수정하는 초기 시도에서 상대적으로 자극반응도가 낮은 사람들에게 가장 효과적이고, 높은 사람들에게는 도움이 되지 못한다고 한다.[98]

즉각적이면서 정확하고 빈번한 피드백(생체피드백을 포함하여)은 기술을 습득할 때 수행을 촉진한다. 그러나 운동과 구어 학습에 관한 자료에 따르면, 습득하는 동안 피드백이 너무 빈번히 주어지면 실제로 장기간 유지되고 일반화되는 정도가 줄어들 수도 있다.[82,83] 이는 빈번한 피드백이 과제의 일부가 되어 버리므로, 피드백이 제거되거나 바뀐 후에는 수행력이 낮아지기 때문이다. 또한, 외부(external) 피드백이 운동감각적(kinesthetic) 피드백 처리를 봉쇄하므로, 외부 피드백이 제거되었을 때 오류 탐지가 덜 효과적으로 된다.[82, 83] 이러한 현상은 말운동 학습에도 적용된다는 일부 근거가 있다. 즉, 평소 말 속도보다 느리게 학습된 말을 유지하려면 피드백이 매 시도마다 주어지는 것보다 5번의 시도 때마다 피드백 요약이 제공되는 것이 더 좋다.[2] 그러므로 덜 빈번하거나 간략한 형태로 주어진 피드백이 즉각적이고 잦은 피드백보다 장기적으로는 더 효과적이라 할 수 있다.

지금까지 언급된 피드백의 기본적인 원칙들 이외에도 나이, 인지 능력, 동기의식과 같은 변수는 치료하는 동안 피드백의 본질과 빈도에 대한 의사결정을 내리는 데 영향을 줄 수 있고, 주어야 한다.[109]

훈련의 구체성 및 돌출성이 중요함. 강화 훈련(strength training)의 일반 원칙은 강화시키는 것이 운동 훈련에서 가장 효과적이라는 것이다. 예컨대, 느린 속도로 하는 훈련은 느린 속도 운동을 강화시키지만, 빠른 속도 운동을 강화시키지는 않는다.[54] 이는 수의적 운동상에 빠른 운동과 느린 운동을 조절하는 데 서로 다른 중추신경계 운동체계의 구조(즉, 직접 대 간접 활성화 경로)를 갖고 있다는 점과 유사하다.

이러한 구체성(specificity) 원칙은 강화 훈련을 넘어서서 운동 학습에도 적용된다. 즉, 개별운동 단위(motor unit)의 동원, 신경계 구조 및 기능에서 관찰되는 긍정적 변화는 훈련 중인 구체적 행동과 밀접하게 관련된다.[19,51,58,90] 예컨대, 신경계 연결성(neural connectivity)이나 숙련된 운동의 향상을 반영하는 피질운동지도(cortical motor maps)는 동물실험에서, 숙달되지 않은 운동에 대한 훈련이 숙달된 운동 훈련에 비하여 지도를 변화시키는 영향력이 훨씬 덜하다.[47] 이는 목적을 가진 운동이 비목적 운동보다 돌출적이고 의미 있기 때문이다. '돌출성(salience)'은 학습을 촉진하는 집중력과 감정적 추

[9] 생체피드백은 특정 변인에 대한 생리학적 정보를 조절하는 과정을 촉진시키는 역할을 하게 함. 그러한 변인에 대한 즉각적이고도 정확한 정보는 운동 학습을 촉진시킴.[93]

진력을 불러일으킨다. 훈련의 구체성 원칙에 따르면, 훈련은 궁극적으로 목표로 하는 운동 패턴, 운동 범위, 속도, 근육 수축 유형, 힘의 세기 측면에 있어서 가능한 한 구체적이어야 한다.[18,37,54] 이러한 돌출성 개념은 말운동장애에 적용하기에도 표면적으로 타당하다(안면타당성, face validity). 즉, 치료 과제는 말과 관련 있어야 하며, 운동은 비록 비구어적이라 할지라도 말에 필요한 운동으로 연습되어야 한다. 비구어 운동 과제가 마비말장애 화자의 말을 향상시키지는 않는다는 일부 연구가 있다.[84] 말을 향상시키기 위한 목적으로 행하는 비구어 구강 운동 연습은 단지 '탐구적(exploratory)' 치료 차원에서만 이루어진다.[61] 일반적 원칙으로는, 비구어 과제가 아닌 구어 과제가 치료활동의 초점이 되어야 한다.

일관적 연습과 변이적 연습은 다른 효과를 가짐. 일관적(consistent)(또는 구획적[blocked]) 연습이란 반복 훈련을 할 때 다음 단계로 넘어가기 전까지 변화를 주지 않는 연습을 뜻한다. 변화를 주지 않는 과제로서 단음, 동일한 산출 방법(파열음)의 소리, 단음절 낱말, 첫 음절에 강세가 있는 세 낱말 문장 등을 반복 산출한다. 변이적(또는 무작위적[random]) 연습은 구획적 연습을 동일한 횟수로 시행하나, 과제의 순서를 무작위로 정함으로써 동일한 과제를 연속적으로 훈련되지 않도록 하는 활동이다. 예컨대, 속도를 늦추는 훈련을 할 때, 단음절, 다음절 낱말, 문장을 임의의 순서로 구성한다. 또한, 강세 훈련을 할 때에, 여러 길이의 문장들에 각기 다른 강세 위치를 두어 연습하도록 한다.

운동 학습(motor learning) 초기에는 대체로 반응이 변이적인 것은 바람직하지 않다.[76] 집중해야 하고, 조절해야 하는 것을 한정시킴으로써 '자유도(degree of freedom)'를 감소시켜야만 반응의 일관성을 향상할 수 있다. 반복할 때마다 반응목표가 동일하면 속도가 증가된다. 일관적 연습(consistent practice)이 반응 속도와 자동성(automaticity)을 촉진한다. 그러나 이러한 훈련은 자연스러운 발화 조건을 대변하지는 않을 수 있다.

훈련 시, 과제 변이성(task variability)을 증가시키는 것은 일관적 연습에 비하여 수행능력을 감소시키기는 하나, 유지(retention)하고 다양한 맥락으로 일반화하기에는 더 효과적이다.[51,82,83,[10]] 경험에 대한 일반적 표상(representation)은 변이적 연습을 통해 더 잘 형성되는데, 이는 각 시도 때마다 과제 요구를 변화시키면 그때마다 과제 요소들 간의 관계에 대한 정보를 처리하는 기회를 갖기 때문이다.[82,83] 또한, 각 반응을 그저 반복해야 하는 운동의 연속이 아닌, 각기 풀어야 될 문제로서 접근한다.[51] 효율성(efficiency)과 자연스러움은 자유도가 어느 정도 변이적일 때, 그리고 동일하거나 변이적 운동 목표를 성취하기 위해 한 가지 이상의 전형적 반응이 허용될 때 강화된다.[76]

무작위적 연습이 구획적 연습보다 편측 뇌졸중 환자의 학습된 기능적 사지 운동 기술을 유지시키는 데 더 효과적이다.[41] 말 학습 관련 자료에 따르면, 정상 화자가 보통의 말 속도보다 느리게 산출하는 것을 학습할 때, 무작위적 연습 또는 다양한 과제 연습이 구획적 연습보다 유지를 하는 데에는 더 효과적이다.[[11]] 또한, 정상 화자와 파킨슨병 화자가 운반구(carrier phrase) 안에서 새로운 무의미 낱말을 산출할 때, 구획적 연습을 통해서는 유지 효과가 별로 없다.[85]

이런 견해는 일관적 연습은 운동 학습의 초기 또는 손상이 심할 때 가장 효과적이라는 것을 뜻한다. 변이적 연습은 일반화와 자연스러움을 증진할 때, 그리고 이전의 반응과 구별되는 새로운 발화의 산출이 가능할 정도로 회복되었을 때에 효과적이다. 이러한 개념은 말이나 언어처럼 예전에는 전혀 연습되지 않은 새로운 발화를 생성해야 하는 경우에 적용될 수 있다.

힘을 증진시키기 위한 노력은 강화 훈련의 원칙을 따라야 함. 건강한 성인에 있어서 각종 혀 운동을 통해 혀 근력을 증진시킬 수 있다고 보고되지만, 구강 근육의 힘의 세기(force, 구조를 움직이게 하는 원인; 힘, 에너지)와 지구력을 증가시키는 최상의 전략은 잘 알려지지 않았다.[19] 말운동장애에 대한 중재 맥락에서 그 필요성과 효과는 더욱 알려지지 않았다.[[12]] 따라서, 말운동장애 중재

[10] 연습량이 적다면, 구획적 연습이 무작위적 연습보다 더 나은 유지력을 보임.[83] 이는 빈번하고, 장시간의 치료 Ehsms 가끔의 단기간의 치료를 받는 환자들의 치료 과제의 구조와 관련됨.

[11] 변이적 말 훈련은 훈련이 되어야 할 구체적 움직임에 대한 역동성만을 강조하지는 않음. 예컨대, 정상 아동 및 성인의 아래 입술의 움직임은 여섯 음절 구를 독립적으로 발화하는 것이, 높고 낮은 구문 복잡성을 가진 문장 내에서 발화할 때보다 좀 더 안정적임.[59]

[12] Clark[18]은 말장애와 삼킴장애에 적용 가능한 강화 훈련의 원칙과 신경근육 치료에 대한 중요한 개관을 발표하였음. 보고에 따르면, 말을 치료하기 위한 수많은 비구어 신경근육 기법은 견고한 이론적 바탕이 없기 때문에 훈련의 구체성이나 강화 훈련의 원칙을 제시하지 못하고, 사용하는 데 실증적 근거를 내보이지 못하며, 이를 환자에게 사용하려면 기저 신경근육 문제와 질병 경과 상황에

의 일환으로서의 강화 훈련은 논쟁의 여지가 있다. 일반적으로, 비구어 근력 강화 훈련은 말장애를 초래할 정도의 약증이 있는 사람,[13] 그리고 근력 강화 프로그램에 시간과 노력을 투자할 의지가 있고 근력 강화 훈련에 금기사항이 없는 사람에게만 적절하다. 고강도 훈련은 하부운동신경 문제로 인해 심각하고 급속하게 약증이 진행되는 퇴행성 신경질환(예: ALS) 환자에게는 금기시된다.[34] 이러한 사항들을 고려할 때, 말 근력에 대한 강화 훈련이 적절한 사람은 그렇게 많지 않을 수 있다.[109] 적절할지라도, 이러한 훈련은 직접적으로 말에 초점을 두는 치료를 대체(replace)한다기보다는 단지 보완(complement)하는 활동이 될 것이다.[18] 비록 말 근력의 강화 훈련이 적절할지라도 지나치게 강조되어서는 안 된다. 그러나 말을 위한 생리학적 지지력이 무척 저하된 일부 환자에게는 근력 강화 훈련이 긍정적 효과를 가져올 것이다. 정상인에 대한 근력 강화 훈련과 관련된 다음의 몇 가지 사항들이 마비말장애 화자의 근력 강화 훈련에 대한 임상적 결정에 도움을 줄 수 있다.

- 강화는 근육을 특정한 방법으로 과부하적(overloading)으로 사용해야만 가능하다. 강화는 근육량(근육섬유의 크기와 수)이나 신경 조절(개별운동 단위가 동원되는 수와 발화율)이 증가하면서 이루어진다. 이는 낮은 저항/많은 반복 운동이나 높은 저항(resistance)/적은 반복에 의해 달성된다. 근육 증가는 긴장(tension)에 의존하므로 적은 반복/높은 저항 운동이 더 효과적이다.[37,90] 효과적이 되려면 지치지 않을 정도까지만, 정상적 비치료 활동에서 요구되는 근육 활동보다 많기만 하면 된다.[77]
- 연습은 등척운동적(isometric)이나 등장운동적(isotonic)으로 행해진다. '등척운동'은 고정된 저항에 맞선 힘을 내는 것이고, '등장운동'을 통해서는 구조의 움직임을 강화하는 것이다. 말 연습에는 등장운동이 더 효과적인데, 이 운동이 훈련의 구체성 원칙을 만족하고, 말에 중요한 민첩성 및 운동 범위를 요구하기 때문이다. 등척운동의 경우, 역동적 운동이 가능하지 않은 치료 초기에 좀 더 적절하며, 간단한 일련의 움직임이 가능하게 되면 등척운동에서 등장운동으로 옮기는 것이 좋다.[11,90]
- 근력 강화는 반복을 필요로 한다. 각 근육 집단당 5~10번 반복으로 구성된 세트를, 세트 사이에 약 1~2분 휴식을 두고 연습할 것이 제안되었다.[19,77] 비록 최대 수준의 운동은 주당 2~3회를 넘지 말아야 하나, 최대 수준 밑의 훈련을 자주 하는 것은 괜찮다.[37] 평균 수준을 넘어선 준최대(submaximal) 수준에서의 훈련은 매일 실시하는 것이 좋다.
- 일단 강화되면, 유지를 위해서 약간의 연습만이 필요하다. 말하기에 충분히 강화되면, 강화 훈련을 중단하고 말을 위한 구체적 훈련에 돌입한다. 즉, 말하기 연습 정도면 말을 하기 위해 충분한 힘을 유지할 수 있다.
- 어떤 치료 과제에 최대의 힘을 요구하는 것은 환자에게 항상 최대의 근력이나 노력을 기울이도록 하는 목적은 아니다. 최대 수준의 노력은 장시간에 걸쳐 유지될 수 없으므로, 말하기는 최대 수준의 노력보다 적은 수준이 요구되어야 한다.[77,101]

속도와 정확성 간에는 트레이드 오프가 있음. 속도를 강조하면 정확성(accuracy)이 감소되고, 정확성을 강조하면 속도(speed)가 감소된다.[88,102] 이러한 트레이드 오프(trade-off) 현상은 파킨슨병 환자의 말 학습 과제에서도 나타난다.[85] 따라서 대부분의 말운동장애 환자 치료의 초기 단계에서는 둘 중 하나만을 강조한다. 초반에는 정확성을 강조하게 되는데, 정확성이 명료도에 영향을 주기 때문이다. 정확성은 초반에는 말 속도를 줄임으로써 성취된다. 명료도가 용인되는 지점에 이르러서야 비로소 속도를 증가시킨다. 속도 증가는 명료도와 균형이 유지되어야 한다.

C. 기타 고려할 점

행동적 중재에 필요한 정당성(rationale)과 원칙(principles)을 염두에 둔 채, 또 다른 요소를 고려해야 한다. 일부는 치료 여부와 치료 시점을 결정하는 데 관련이 있으며, 다른 일부는 치료 활동의 구성 및 변화 측정과 관련된다. 지금부터 고려할 점을 다루어 보도록 하자.

맞게 선택해야 한다고 하였음.

[13] 경직형 뇌성마비 아동에게 6주간의 강화 훈련을 통해 사지 힘과 걷는 속도를 증가시켰음.[23] 따라서 적어도 사지의 경우 중추신경에 기반한 약증은 경직성의 맥락에서는 훈련에 의해 좋아질 수 있음. (약증이 동반되는) 경직형 마비말장애 환자에게 적절하게 실시되는 강화 훈련은 말에 영향을 미칠 가능성이 있음. 물론 이러한 효과 역시 현재로는 근거가 불충분함.

의학적 진단과 말 특징은 중재와 관련된다

일반적으로 문제에 대해 제대로 이해하고 있을수록 중재를 잘할 수 있다. 그러므로 의학적 진단(medical diagnosis)과 말 진단(speech diagnosis)은 중재를 어떻게 하면 좋을지에 대한 의사결정에 중요한 역할을 한다.

의학적 진단. 많은 의학적 질병은 경과 과정이 비교적 잘 알려져 있으므로 말에 대한 예후를 짐작하게 한다. 일부 질병은 확인 가능한 병리생리학과 관련이 있으므로 이를 통해 말장애의 많은 특징들을 설명할 수 있다. 이때, 광범위한 치료 목표를 세울 수 있게 된다. 만일 질병이 운동체계의 한 부분(예: 후두)이나 한 가지 병리 과정(예: 약증)으로 한정된다면, 과연 어떤 목표와 과제가 말을 향상시키는 데 필요한지 여부를 알 수 있다. 환자가 빠른 진행성 퇴행성 질환을 앓고 있다면 중재 프로그램 안에 기능회복을 위한 훈련을 포함시키지 않는다. 말의 향상보다는 유지에 목표를 두는 것이 바람직하다. 이와 유사하게, 힘을 증진시키기 위한 치료는 중증근무력증을 앓고 있는 이완형 마비말장애 환자에게는 역효과적일 수 있는데, 힘을 강화시킨다기보다는 오히려 약화시킨다.

말 특징 및 진단. 최상의 치료는 비정상적인 말 패턴의 결정 요소를 이해하고 가능한 치료 방법을 짝짓는 일이다.[67] 특정 마비말장애 유형이나 말실행증으로 진단된다는 것은 한 개 이상의 특정한 기저 신경생리학적 결함을 의미한다. 이렇게 진단이 내려지면 치료는 말을 향상하는 데 집중된다. 예컨대, 이완형 마비말장애는 약증을 보이므로 힘을 증가시키는 데 치료의 중점을 두어야 한다. 실조형 마비말장애는 불협응을 나타내므로 협응을 촉진하거나 불협응을 보상하는 데 중점을 두고, 힘 증가를 위한 노력을 기울이지는 않는다. 제17장에서 각 마비말장애에 유형별 치료 접근법에 대해 소개할 예정이다. 말실행증은 다른 치료법이 적용되어야 하기 때문에 마비말장애와 변별되는 것이 중요하다. 제18장에서도 좀 더 다루도록 하자.

진단적 가치에도 불구하고 말운동장애의 유형을 확정한다고 해서 치료의 중점을 확립할 수 있는 것은 아니다. 구체적인 말 특징을 확인하고 말 산출의 각 하위 체계 간의 관계를 증명하는 것 또한 필수적이다. 말 특징과 다양한 근육들의 기능 장애를 연관 짓는 것은 치료가 필요한 말 체계의 구성요소를 결정하는 절차이다. 예컨대, 저하된 음량은 호흡이나 발성 단계의 결함을 의미하며, 과다비성은 연인두 단계의 결함과 관련된다.

말 문제들은 서로 관련되어 있어야 하는데, 증상의 위계적 구성은 치료 효율성을 강화시키기 때문이다. 이런 맥락에서 '위계(hierarchy)' 구조란 한 단계에서 문제가 되는 말 특색이 다른 여러 단계에서의 말 문제를 일으키는 정도를 의미한다. 예컨대, 부정확한 조음은 빠른 속도 때문이며, 후두 약증과 기인한 기식성으로 인하여 짧은 구를 산출하기도 한다.

위계를 확립하는 것은 치료의 중점을 어디에 둘지를 결정하는 데 도움이 된다.[77] 일반적으로 치료는 될 수 있는 대로 근원이나 원인에 가장 가까운 하위 계층부터 시작해야 하는데, 그 단계에서의 변화가 치료 결과에 가장 큰 영향을 미치기 때문이다. 예컨대, 부정확한 조음이 연인두 약증에 의해 초래되는 비강누출에 기인한다면, 연인두 기능에 대한 중재를 함으로써 과다비성, 비강누출, 부정확한 조음을 줄이는 것이 필요하다. 짧은 구와 감소된 강도가 후두 약증이 아닌 호흡 지지력과 관련된다면 호흡 지지력을 향상시켜 음량과 구의 길이를 증진시켜야 한다.

앞서 언급한 예들은 위계의 가장 하단이 말 체계의 수직 단계와 관련된다는 것을 의미한다. 즉, 수직적으로 아래 위치한 말 체계는 그 아래 단계보다는 위 단계에 더 많은 영향을 끼친다. 그러므로 호흡이 말장애와 관련이 있는 경우에는, 호흡에 초점을 맞춘 치료가 즉각적이고 극적인 변화를 가져온다. 그런데 수직적 접근이 늘 같은 방식으로 이루어지지는 않는다. 예를 들어, 말 체계상에 비정상적으로 근접되는 문제(예: 성대의 경직/과도내전)가 관찰된다면, 말 호흡을 치료하기 전에 이 부분에 초점을 맞추는 것이 좋은데, 이 근접 문제를 해결함으로써 말 호흡에 미치는 부하(load)를 줄일 수 있고[44] 어찌 보면 불필요한 치료를 하지 않게끔 하기 때문이다. 따라서 적절한 원칙은 치료란 다른 요소들에 가장 유익한 효과를 줄 수 있는 그런 요소에서 시작해야 한다는 것이다. 여기서 '효과성(effectiveness)'이란 말명료도에 대한 치료의 영향을 말한다.[101]

최소한의 지시로 손쉽게 수정된 특색들을 확인하는 것은 치료 초반에 치료 초점을 확립할 때 유용하다. 예컨대, 환자가 말 속도를 느리게 하거나, 말을 힘들여 하려 하거나, 말하기 전에 숨이 더 깊게 쉬거나 콧구멍을 막은 채 말을 한다면 어떻겠는가? 일부 환자에서는 단순한 지시에 즉각적으로 향상된 반응이 보일 것이다. 그러나 이러한 향상이 장기적이지는 않을 수 있지만, 최소한의 지시와 노력으로 생긴 변화는 습관적으로 변하기 가장 쉽다.

일반적으로 중재는 '일찍' 시작해야 한다

일반적으로 치료의 적기는 언제인가? 나중보다는 일찍 할수록 좋다. 예를 들어, 뇌졸중 후 빠른 회복을 보일수록, 발증 후 6개월 시점에 이르러서는 그 결과가 더 좋다.[51] 뇌졸중 재활의 성공 여부는 중재 기간보다는 조기 중재(early intervention) 및 중재의 강도와 가장 관련된다.[52,68]

급성 손상 후에 언제가 과연 '조기' 치료인지에 대한 보편적 개념은 없으나, **특정 상황에서는 조기 치료가 그다지 효과적인 것 같지는 않다.** 예컨대, 동물실험에서 손상 후 첫 1주 동안 강제적 운동 활동을 시켰더니 뇌졸중이나 외상에 기인한 손상 정도가 오히려 악화되어 더 좋지 않은 기능적 결과를 보였다.[47,48] 뇌졸중이나 외상 후에는 치료를 어느 정도는 늦춰야만 치료를 통해 생길 수 있는 긍정적 변화에 대한 준비로서의 구조적 · 생리학적 변화를 허용할 수 있다.[48]

다행스럽게도, 이러한 경고는 급성 신경계 질환의 임상적 상황에 잘 맞아떨어진다. 즉, 급성기(acute) 의료 현장(setting)에서는 환자들이 자신의 삶에 닥친 급격한 변화에 적응해야 하며, 짧은 기간 동안 머물게 되면서 여러 가지 의료 처치를 받아야 되는 일정을 소화해야 된다.[28] 이에 따라, 발병 후 초기 며칠간은 집중 재활치료를 받을 기회가 거의 없다.

일반적으로 행동적 중재는 환자가 의료적으로 안정될 때까지(즉, 의료적 위험, 신체적 통증, 집중 및 반응결여 등의 문제가 없는 이상) 시작하지 않는 것이 좋다. 급성기 의료 현장에서는 의료적 중재가 상당 기간 지연되는 상황이 아니라면, 의료적 중재가 완료되기 전이나, 진행 중일 때에는 행동적 중재를 시작하지 않는다. 말명료도가 좋은 일부 환자의 경우는 다른 신체장애에 대한 치료가 선행되어야 한다.

말운동장애에 대한 적절하고 안전한 치료는 아직 제대로 규명되지 않았다. 조기 중재를 함으로써 부적응적 발화 전략을 사용하는 것을 미연에 방지할 수 있으며, 퇴행성 질환에서 말의 퇴행을 늦출 수 있다는 견해는 표면적으로 타당하다(안면타당성, face validity).[24,77] 기능을 될 수 있는 대로 극대화시키는 것이 가장 바람직하다면, **조기 중재가 치료를 미루는 것보다는 나을 수도 있는데,** 급성 손상 후에는 대체적으로 초반기 치료가 몇 날, 몇 주 동안 기약 없이 미뤄질 수 있기 때문이다. 급성 손상 후 수일 내에 이루어지는 손상 중심 치료는 대부분의 환자들에게 너무 이르다. 일반적으로 구조적 행동 치료는 발병 후 1~4주 이내에 시작하는 것이 임상가들이나 연구자들이 흔히 간주하는 '조기' 치료에 해당된다. 동물실험 연구에 따르면, 운동재활에서의 안전한 접근법은 짧고 너무 집중적이지 않은 운동 활동을 시간이 경과함에 따라 강도를 점차로 높여 가면서 하는 것이다.[48]

조기 중재가 더 낫다는 견해는, 급성 손상(혹은 발달성 장애) 후 만성기(chronic) 동안 또는 퇴행성 질환 동안에는 중재 효과가 나타날 수 없다는 것을 의미하는가? 그렇지 않다.[89] 뇌손상 후 만성기에 이루어지는 연습은 뇌가소성(neuroplasticity) 기제를 '재활성화(reactivate)'시켜 기능적 이득을 이끌어 낼 수 있고, 퇴행성 질환의 초기 단계에서 훈련을 하면 세포 손실을 줄일 수 있다.[48]

기초선 자료는 목표를 확립하고 변화를 측정하는 데 중요하다

행동적 중재가 시작되기 전에는 치료의 궁극적인 목표와 초기 치료 초점이 될 수 있는 특정 과제와 관련된 기초선 자료(baseline data)를 구축해야 한다. 기초선 자료는 평가 척도(ratings), 또는 단어 및 문장 명료도, 의사소통의 효율성을 구체적으로 측정한 자료를 포함한다(제3장 참조). 이러한 측정 자료, 그리고 기능적 의사소통, 특정 정보를 소통하거나 특정한 맥락에서 소통할 수 있는 능력에 중점을 둔 자료는 변화를 측정하는 기준이 된다.[44] 이 기준을 통해 치료의 효과를 판단하고, 치료의 변경이나 종결에 대한 의사결정을 한다.[14]

환자의 의사소통 욕구 및 목표, 치료 동기, 일상적 말하기 환경, 환자 및 청자의 유용한 의사소통 전략, 청자의 특성에 대한 목록(inventory)을 마련하는 것이 중요하

[14] ASHA에서 개발한 중증도 측정 도구의 시리즈인 기능적 의사소통 측정도구(FCM)의 말운동 영역은 기능적 능력을 7점 척도로 평가하는데, 1점은 말하려고 해도 친숙하거나 친숙하지 않은 청자에 의해 언제라도 이해되지 않을 때이며, 7점은 아무런 제한점이 없이 다양한 상황에서도 독립적으로 참여가 가능한 능력을 보일 때 부여됨. FCM은 치료 동안 관찰되는 장애 정도 변화에 대한 측정이 아닌, 기능적 변화의 잣대로 이용될 수 있음. 또한 FCM은 ASHA의 National Outcome Measurement System(NOMS) 작성에 도움이 되었는데, NOMS는 질 개선, 결과 예측, 타사 지불인(third party payers) 등에 관련된 여러 목적에 사용될 수 있는 국가적 벤치마크를 형성하는 데이터베이스임(FCM과 NOMS에 대한 추가 정보는 www.asha.org/members/research/NOMS/에서 얻을 수 있음). 제3장(표 3-4)에서 제시된 말운동장애의 말명료도 측정척도는 치료 동안 말명료도 변화에 대한 잣대로 쓰일 수 있음.

나,[15] 이들을 수량화하는 것은 어려울 수도 있다. 예후와 치료 활동에 미칠 수 있는 인지적 · 감각적 · 운동적 결함의 잠재적 영향 역시 고려해야 한다.

마지막으로, 구체적 치료 과제에 대한 기초선 자료를 얻는 것이 중요하다. 예컨대, 치료 목표가 한 호흡군당 구 길이를 증가시키는 것이라면, 치료가 시작되기 전에 호흡군당 구 길이를 측정해야 한다. 이로서 특정 과제의 진전 정도를 알 수 있으며, 명료도, 효율성, 자연스러움을 증진시키고자 하는 전반적 치료 목표 과제와 관련된 진전(progress)을 확인할 수 있다. 그런데 **특정 과제에 대해 진전이 일어난다고 해서 늘 명료도나 효율성 측면에서도 변화가 일시적으로 동시 발생하지는 않으며, 그럴 필요도 없다.** 말 체계의 각기 다른 단계에서 서로 다른 과제에서 관찰된 작은 정도의 진전이 명료도나 효율성에서 변화가 명백하기 전에 통합되어야 한다. 사례 연구에서 이러한 가능성이 제기된 바 있다.[62,87]

회기 구성이 중요하다

빈도. 말운동장애 치료에서 최적의 빈도(frequency) 및 기간(duration)은 알려진 바가 없다. 일반적으로 횟수가 빈번할수록(즉, 더 많은 훈련), 지속적이면서 궁극적으로는 더욱 향상된 수행력을 보인다.[25,51] 따라서, 일반적 원칙으로서 치료 회기는, 특히 치료 초기에는, 빈번할수록 좋다. 일일 2회기가 흔히 제안되며, 대부분의 재활 의료 환경에서는 가능할 수 있다. 오직 1회기만 가능한 경우에는, 다른 곳에서라도 자주 연습을 하도록 한다. 공식 치료가 완료된 후라도 의사소통 능력을 유지하기 위하여 매일 짧은 시간의 연습을 하는 것이 좋다.[109] 멀리서 빈번하게 행하는 치료(원격재활, telerehabilitation)도 점차로 가능해지고 있다.[16]

과제 순서. 회기 내 치료 과제 순서(task ordering)는 어떻게 하는 것이 좋은가? 말운동장애의 경우, 이에 대해 거의 알려진 바가 없으나, 실어증 치료 문헌에 따르면, 쉬운 과제를 어려운 과제보다 선행해야 하고, 치료 회기는 쉽고 익숙한 과제로 시작하여 새롭고 좀 더 어려운 과제로 진행하며, 성공을 확실하게 보장하는 과제로 끝내는 것이 좋다.[12-14] 뿐만 아니라, 치료 회기 동안, 일부 시간은 의사소통 능력을 최대화하는 활동에 할애해야 하며, 대부분의 과제가 반복연습(drill work)을 해야 하는 것일지라도, 어느 정도 시간은 궁극적인 목표인 의사소통 능력의 향상에 부여해야 한다.

오류율. 실어증 치료에서 오류율(error rate)은 낮게끔 해야 하는데, 높은 오류율은 실패를 조장하고, 피로를 야기하며, 학습 능력을 감소시키기 때문이다. 주어진 과제에서 60~80%의 즉각적 정반응을 보일 수 있도록 훈련을 시작하는 것이 적당한데, 이는 자주 성공하되, 성공하기 위해서 노력을 해야 하는 상황을 만드는 것이 좋기 때문이다.[8] 90% 이상의 정반응을 보일 때는 과제 난이도를 높여야 한다. 그러나 때때로 90% 이상 기준으로 훈련하는 것이 좋은데, 숙달된 다음에도 과도 학습(overlearning)을 진행하는 것이 유지력(retention)을 향상시킬 수 있기 때문이다.[88,102]

말운동장애 치료에서 더 많은 오류를 허용하는 것(또는 과제를 좀 어렵게 만드는 것)에 대해서는 논쟁이 있을 수 있다. 운동 학습과 관련된 연구들에 따르면, 오류를 증폭시키면 신경계로 하여금 오류를 수정할 수 있도록 적응시키며,[6] **기술 습득 속도를 늦추는 것이 실제로 훈련 후 수행을 향상시킬지 모른다고** 하였다.[83] 아마도, 일반적인 법칙은 과제가 그다지 어렵지 않아서 성공률이 비교적 높은 과제로 구조화해야 하는 것이다. 그러나 충분히 더 어렵게 만들어서 평균보다는 더 많은 노력이 기울여야 과제에서 주어진 문제를 해결할 수 있도록 해야 한다.[103]

피로. **피로(fatigue)는 대뇌피질에서 주관하는 계획 및 추진부터 근육의 수축에 이르기까지 운동계 전 과정을 포함하는 지속적 활동에 대한 적응적 반응이다.** 예컨대, 운동 피로는 뇌활동, 특히 보충운동영역과 전두엽 운동영역뿐만 아니라 비운동 영역에까지 영향을 준다.[7,97] 피로의 중요한 요소는 노력에 대한 감지, 혹은 과제를 성취하기 위해 요구되는 노력의 양에 대한 지각이다. 피로는 동기, 힘의 정도, 강도, 기간, 수축 속도, 운동 전략 등의 영향을 받는다.[30]

언어치료 전의 신체 운동은 실어증 환자의 수행, 특히 말하기와 쓰기 과제에 부정적 영향을 미친다.[60] 말운동장애 환자에서도 마찬가지이다. 치료는 하루 중 일찍, 혹은

---

[15] Yorkston 등[109]은 환자의 입장에서 의사소통의 필요성과 어려움을 평가하는 방법에 대한 유용한 개관을 제공함.

[16] 예컨대, 일부 자료에 따르면, 파킨슨병 환자를 대상으로 실시한 온라인 언어치료의 결과가 받아들여질 만하고 시간과 돈을 절약할 수 있다고 함.[22,95,96] 발전 중인 기술에 대한 정보는 *International Journal of Telerehabilitation*과 *Journal of Telemedicine and Telecare*에서 찾아볼 수 있음.

물리치료나 작업치료, 다른 격렬한 운동 전, 적어도 바로 직전은 아닐 때 실시하는 것이 생산적이다. 연관적으로, 치료는 기저 질환을 중재하는 데 쓰이는 약물의 효과가 최대일 때 가장 효과적일 수 있다.

개별 치료 대 집단 치료. 말운동장애를 위한 개별 대 집단 치료의 장점을 확증하는 연구 자료는 없다. 임상가들은 일반적으로, 특히 치료 초반부에는 개별 치료를 선호한다. 개별 치료(individual therapy)의 장점은 수행의 구체적 측면에 집중하기 쉽고, 최대 반응 횟수를 얻을 수 있으며, 반응 적절성에 따라 치료 활동을 신속히 바꿀 수 있다는 점이다. 말운동장애의 치료 효능성에 대해 알려진 것은 거의 모두 개별 치료 연구에 근거한다. 말운동장애의 집단 치료(group therapy)에 대해서는 거의 연구가 되어 있지 않다. 마비말장애의 호흡/발성 기능 부전에 대한 체계적 문헌 연구에 따르면, 집단 치료의 효과를 검증할 만한 근거는 불충분하다.[108,[17]] 그럼에도 불구하고, 집단 치료는 생태학적으로 타당한 의사소통 상호작용 내에서, 개별 연구[92]에서 배운 기술 및 전략을 연습할 준비가 되어 있는 환자에게는 효과적이다. 그 이유는 가족 혹은 다른 보호자가 참여하게 되면, 상호작용하는 모든 일원이 각자의 본분을 책임질 기회를 갖는 의사소통 중심 활동에 참여할 수 있기 때문이다. 여러 명의 환자들이 참여하는 집단 치료는 다른 상황에도 효과를 가져갈 수 있는 전이(carry-over) 기회를 주고, 본인들도 반드시 사용해야만 하는 다른 이들의 전략을 관찰할 수 있으며, 동료들에게 피드백을 받을 기회를 제공받는다. 또한, 공통된 경험, 좌절, 성공을 공유하는 기회를 제공받는다.

IV. 치료 효능성

최근 들어 관련 근거가 많이 확보되고 있기는 하나, 치료 효과에 대해 알려진 바가 아직 많지 않다. 이러한 지식의 결여는 의료적 중재 분야에 전반적으로 해당된다.[29,57,99] 이와는 대조적으로, 광고, 기득적 관심, 잘못된 과학 지식에서 생겨나는 허위 정보는 허다하다.[55] 말운동장애 치료를 위한 원대하고 장기적인 목표는 효능성(efficacy)[[18]]에 대한 확고한 근거를 갖고 수립되어야 하며, 비효과적이고 비효율적 치료는 알아내어 폐기하여야 하며, 새로운 치료법은 효능성에 대한 꾸며 낸 정보가 아닌 사실적 정보에 의해 채택되어야 한다.[1,[19]]

임상가들 사이에 합의된 바에 따르면, 말운동장애 치료는 환자들이 좀 더 명료하게 말하거나 좀 더 효율적으로 의사소통하게 도와줄 수 있으며, 치료 효과는 만성[[20]] 또는 퇴행성 질환 환자들에게도 적용될 수 있다. 이러한 믿음은 여러 말운동장애 치료 접근법을 적용하여 혜택을 보았다는 임상적 경험과 일화적(anecdotal) 보고, 많은 수의 잘 통제된(그리고 통제되지 않은) 사례 연구 및 보고, 사례 모음, 집단 연구 등에서 찾아볼 수 있다.

일반적으로, 행동 수정보다는 수술적 · 약물적 · 보조기적 치료법에 대한 효과가 더 잘 알려져 있다. 여러 가지 요인이 그 이유를 설명한다. 효과적인 의료적 · 보조기적 접근법은 말에 즉각적이고도 극적인 효과를 발휘한다. 그러므로 결과가 바로 보이고 측정하기도 쉽다. 효과가 없다면 그 결과를 바로 알게 되고, 왜 효과가 없는지에 대한 이유가 명백하기 때문에 변형을 하거나 새로운 치료법을 도입하면 된다. 행동적 치료는 시간이 걸린다. 실험 통제가 종종 어렵고, 실패하기 쉬우며, 성공이나 실패의 정확한 원인을 파악하기 힘들다. 또한 효과가 언제나 즉각적이거나 안정적이지 않으며, 연구를 통해 동일한 실험 결과(replication)를 내기가 어렵다. 그럼에도 불구하고, 많은 수의 행동적 중재 연구들은 긍정적인 치료 효과를 보고한다.

말운동장애 행동 수정의 집단 치료에 대한 문헌은 거

[17] 한 연구에 따르면, 파킨슨병 환자와 배우자를 대상으로 한 집단 치료를 통해 일부 환자에 있어서 말 산출의 일부 영역에 도움이 되었으며, 의사소통을 증진하기 위한 전략을 사용하게끔 하였음. 그러나 이에 대한 일반화는 평가되지 않았음.[91]

[18] (역자 주) '효능성(efficacy)'이란 '어떤 치료(법)가 이상적인 상황(예: 실험 연구 상황)에 놓인 환자의 병 상태를 호전시키는지'를 묻는 것인 반면, '효과성(effectiveness, effect)'이란 '특정한 치료(법)가 실제 생활환경에 놓인 환자의 병 상태를 호전시키는지'를 묻는 것임.

[19] Ludlow 등[58]은 말운동장애를 위한 치료가 어떻게 기능적 뇌영상 기법으로 측정된 뇌활동을 변화시킬 수 있는지에 대한 이해를 도울 만한 중개 연구[1]를 통해 가치 있는 논의점을 제시하였음. 또한, 멀티센터에 걸친 신경과학자와 언어병리학자 간의 공동 연구와 임상 실험 컨소시엄은 신경가소성, 말운동조절, 말운동장애와 치료에 대한 연구를 촉진할 수 있음.

[20] 예컨대, 중도~심도 마비말장애를 보이는 12~18세의 뇌성마비 아동 16명을 대상으로 한 연구에서 6주간의 집중 언어치료 후에 대부분의 대상자가 단단어와 연속 발화의 말명료도가 10% 정도 향상되었다고 함.[71]

의 없다. 좀 더 심각한 점은 다양한 치료 접근법들 간의 장점을 비교한 자료가 부족하다는 것이다.[67] 효과적인 각종 치료법의 효율성을 확인하거나 일부 접근법이 어떠한 특정 환자들에게 더 적합한지를 결정하는 일 또는 필요하다.

발표된 치료 연구를 검토하다 보면, 임상가들, 연구자들, 편집장들은 부정적인 결과를 발표하려 들지 않는 경향이 있다. 치료 연구의 과학적 목적은 치료법이 효과적인지를 입증하기 위함이지, 치료법이 효과적이라는 것을 증명하기 위함이 아니다. **효과적인 치료 및 효과를 보는 대상을 입증하는 것이 중요한 것만큼, 효과적이지 않은 치료 및 치료 효과가 없는 대상을 입증하는 것 또한 중요하다.**

V. 근거기반실무 및 지침

최근에는 **근거기반실무**(evidence-based practice, EBP)와 **실무 지침**(practice guidelines)에 많은 관심이 집중되어 왔는데, 이는 효능성이나 효과성에 대한 근거를 강조한 임상적 판단을 내리는 데 도움을 주기 때문이다. 임상 실무 및 지침의 목적은 평가와 치료 방법의 선택이나 예후 및 비용 효율성에 대한 정보를 얻는 데 도움이 될 문헌을 이용하여, 가장 적절하고 효과적이며 비용 효과적인 치료 방법[112]을 결정하는 데 도움을 주는 것이다.[105]

근거기반실무에서는 개별 환자에 대한 임상적 의사결정의 근거로서 이용이 가능한 자료들을 중요하게 여긴다. 이때, 주관성 및 직관과 비체계적인 임상적 인상에 기반한 판단들을 의사결정을 위한 유일한 수단으로 사용하는 것을 배제하는데,[35] 이들은 치료 효과를 평가하는 데 타당한 접근법이 아니기 때문이다.[39,100,[21]] 그러나 **근거기반실무가 임상적 경험을 대체할 수는 없는데,** 왜냐하면 어떠한 최상의 근거도 개별 환자에 대한 임상적 결정에 영향을 주는 모든 변인을 설명할 수는 없기 때문이다. 따라서 훌륭한 임상가는 특정한 임상적 문제에 직면하였을 때, 자신의 전문적 지식과 경험을 적용하는 것과 더불어, 가능한 한 최상의 과학적 근거를 내세워야 한다.[26,79]

최신 지식으로 무장하기 위해서는 체계적인 문헌 연구를 하고, 임상 실무 지침을 숙지하고, Medline, PsycINFO, CINAHL와 같은 방대한 문헌 데이터베이스에 빠르게 접근하여 수천 종의 학술지를 통해 정기적으로 정보를 업데이트해야 한다. 근거기반실무를 함으로써 후속 연구를 필요로 하는 임상적 지식 내 차이를 메꿀 수 있는 이차적 장점이 있다.[81]

Dollaghan[26]에 따르면, 근거기반실무는 임상적 경험이나 환자의 원하는 바를 무시하지 않고, 찾아낼 수 있는 최고의 과학적 근거를 배경삼아, 좀 더 나은 임상가, 동료, 옹호가, 연구자 등이 되기 위해 체계적으로 우리의 노력을 향상시킬 수 있는 틀을 제공한다. 연구자의 책임은 근거들을 발전시키는 데에 있고, 임상가는 그것들을 적절히 사용할 책임이 있다.

임상 실무 지침은 특정 질병의 진료(care)에 있어 임상가와 환자의 의사결정을 돕는 명시적 자료이다. 전문가 집단이 연구 근거 및 합의에 이른 의견들을 검토하여 개발한다. 이상적으로, 지침은 이론적이고 구체적이며 명백하게 적혀 있어야 하고, 실용적이며, 궁극적으로는 서비스의 형평성(관리의 변이성을 줄임으로써)과 질을 향상시킬 수 있어야 한다. 지침은 **표준**(standards)(높은 수준의 확실성에 근거하여 용인되는 중재 접근법)이나 **선택**(options)(임상적 확실성이 거의 없는 접근법)과는 다르다. 지침은 단순한 임상적 견해를 벗어나 근거에 기반한 임상 실무를 위해, 그리고 특정한 임상적 전략의 가치가 혹시 있을지 모르는 위험성을 뛰어넘는 어느 정도의 확실성이 있다는 믿음하에 정교하게 개발된 개요이지, 융통성 없는 법칙은 아니다.[107,110]

근거기반실무와 지침은 언어치료[35,105]를 포함한 대부분 의료 체계 영역[[22]]에 영향을 미치는데, 말운동장애 환자들에게 제공되는 특정 서비스에 대한 보험 지급 결정에 중요한 역할을 한다.[110] 신경언어장애과학학회(Academy of Neurologic Communication Disorders and Sciences, ANCDS)[[23]]의 몇몇 분과위원회는 말운동장애와 다른 신경-의사소통장애에 대한 체계적 문헌 연구 자료와 임상 실무 지침을 꾸준히 개발하여 임상가와 학생에게 가치 있는 자료를 제공하고 있다. 말운동장애와 관

[21] Gruber 등[39]과 Wertz[100]는 치료법을 평가하는 데 있어서 실증적 근거의 중요성과 임상적 판단만으로는 치료 효과를 평가하는 데 적절하게 충분한 기초가 되지는 못하는 이유에 대한 논의를 제공하였음. 또한, 결과 중심의 연구의 타당성을 위협하는 잘못된 정보를 다루었음.

[22] 근거기반실무 및 치료 지침은 신경과학과 뇌졸중의 예방 및 관리에 있어서 임상적 활동에 영향을 주었음. Ringel과 Hughes[75]를 참조 바람.

[23] 이러한 노력은 ASHA와 미국 원호부(Department of Veterans Affairs)의 지지를 받기도 함.

련된 참고자료들은 근거기반실무 및 지침에 대한 일반적 정보와 더불어 부록 B에 소개되었다.

제17장과 제18장에서는 마비말장애와 말실행증에 대한 구체적 치료 접근법을 각각 소개할 것이다. 이와 관련된 근거기반실무와 구체적 임상 실무 지침 및 출판물에 대한 소개도 이루어질 것이다.

VI. 요약

1. 말운동장애 중재의 주요 목적은 의사소통을 향상시키는 것이다. 이를 위하여 말명료도, 이해 가능도, 효율성, 자연스러움에 초점을 맞추지만, 보완대체의사소통(AAC) 수단을 포함하기도 한다.
2. 중재의 초점은 손상된 말 기능의 회복, 보상, 말운동장애에 대한 적응 등에 둔다. 초점을 두는 정도는 여러 가지 요인에 달려 있으며, 이 목적들을 성취하고자 노력한다.
3. 말운동장애 환자 모두가 치료에 적합하지는 않다. 치료 여부 결정과 중재 전략의 선택은 다양한 요소에 영향을 받는데, 의학적 진단 및 예후, 불능과 사회적 한계, 의사소통 환경과 환자의 의사소통 상대방의 특색, 환자의 동기의식과 의사소통 필요성, 추가적인 문제의 유무와 특성, 기억장애와 학습장애, 다른 감각 및 신경 손상 등을 포함한다. 의료보장체계의 계속적인 변화 역시 중재에 영향을 미친다.
4. 치료는 치료 목표 달성을 위해 필요한 만큼 오래 제공되어야 하나, 가능한 한 짧은 기간 내에 가능한 한 비용-효과적인 방법으로 달성해야 한다. 중재는 목표에 도달하였을 때, 정체기에 도달하였을 때, 환자가 더 이상의 치료를 원치 않을 때에는 종결되어야 한다. 많은 경우, 추적 관찰(follow-up)은 적절하다.
5. 말운동장애의 중재는 의료적 · 보조기적 · 행동적일 수 있다. 의료적 중재는 약물 및 수술적 중재를 포함하는 일부는 말의 호전만을 목적으로, 다른 일부는 장애 원인에 대한 효과를 보고자 시행된다. 보조기적 중재는 기계 및 전자 기기를 활용하는데, 일부는 말과 명료도 향상을 위하여, 일부는 구어적 의사소통을 보완하거나 대체하기 위함이다.
6. 행동적 중재는 말 중심적이거나 의사소통 중심적으로 행한다. 말 중심 접근법은 기저 손상을 줄이거나 보상함으로써 구어 의사소통의 명료도, 효율성, 자연스러움 향상에 초점을 맞춘다. 의사소통 중심의 중재는 환경적 수정, 그리고 상호작용이나 의사소통 결렬 시 수정 전략을 강조한다. AAC는 의사소통을 향상시키기 위한 다양한 비구어적 상징, 보조기구, 전략, 기법을 대상으로 한다.
7. 중재는 임상가의 상담 및 지지 역할을 포함한다. 이 역할은 말과 의사소통 향상을 위한 노력만큼이나 중요하다.
8. 말운동장애 중재의 보편적인 처방은 불가능하지만, 몇몇의 일반 원칙들이 많은 환자에게 적용 가능하다. 이 원칙들로는 의료 진단과 말 진단의 관련성 인식, 조기 중재의 이점, 목표를 정하고 변화를 측정하기 위한 기초선 데이터의 필요성, 치료 초기 생리학적 지지 증가의 가치, 실제 치료 활동에 있어서 환자의 요구 인식, 치료 과제의 구성에 있어서 운동 학습 원칙의 중요성, 반복 훈련의 중요성, 지도 · 자기주도학습(self-learning) · 피드백의 중요성, 일관적이고 변화를 준 훈련의 가치, 근력 강화 훈련이 적절할 경우에 근력 강화 훈련의 원칙 적용 등을 들 수 있다.
9. 치료는 일반적으로 자주 시행하고, 회기는 쉬운 과제에서 더 어려운 과제로 진행하며, 수행을 성공하는 것으로 마친다. 치료 회기는 피로가 최소일 때에 효과적으로 진행된다. 개별 및 집단 치료가 적절할 수 있으나, 각각의 접근법에 대한 이점을 입증하는 연구 자료가 없다.
10. 말운동장애의 효능성 자료는 대부분 개인 환자 사례 보고, 집단 사례 보고, 적은 수의 집단 연구에서 찾아볼 수 있다. 일반적으로, 말운동장애 중재는 효과가 있다. 다양한 치료 접근법의 장점과 그것이 가장 효과적으로 적용되는 특정 장애 및 환자 특성에 대해서는 거의 알려진 바 없다. 이러한 점은 의료적 중재의 효과에 대한 우리의 이해 정도와 많이 다르지 않다. 말운동장애 중재 효과의 이해를 향상시키기 위한 노력은 필수적이다. 훈련 지침의 개발과 근거기반실무에 의해 제공되는 틀은 변이성을 줄이고, 치료(care)의 질을 향상시킬 것이다.

참고 문헌

1. Abkarian GG, Dworkin JP: Treating severe motor speech disorders: give speech a chance, *J Med Speech Lang Pathol* 1:285, 1993.
2. Adams SG, Page AD: Effects of selected practice and feedback variables on speech motor learning, *J Med Speech Lang Pathol* 8:215, 2000.
3. Baker JM, Rorden C, Fridriksson J: Using transcranial direct-current stimulation to treat stroke patients with aphasia, *Stroke* 41:1229, 2010.
4. Ball LJ, Beukelman DR, Pattee G: AAC clinical decision making for persons with ALS, *ASHA SID 12 (Augmentative and Alternative Communication) Newsletter* 11:7, April 2002.
5. Ball LJ, Beukelman DR, Pattee GL: Timing of speech deterioration in people with amyotrophic lateral sclerosis, *J Med Speech Lang Pathol* 10:231, 2002.
6. Bastian AJ: Understanding sensorimotor adaptation and learning for rehabilitation, *Curr Opin Neurol* 21:628, 2008.
7. Benwell NM, Mastaglia FL, Thickbroom GW: Reduced functional activation after fatiguing exercise is not confined to primary motor areas, *Exp Brain Res* 175:575, 2006.
8. Beukelman DR, Garrett KL, Yorkston KM: *Augmentative communication strategies for adults with acute or chronic medical conditions*, Baltimore, Md, 2007, Paul H Brookes.
9. Beukelman DR, Yorkston KM, Reichle J, editors: *Augmentative and alternative communication for adults with acquired communication disorders*, New York, 2000, Paul H Brookes Publishing.
10. Bribaumer N, Murguialday AR, Cohen L: Brain-computer interface in paralysis, *Curr Opin Neurol* 21:634, 2008.
11. Brookshire RH: *Introduction to neurogenic communication disorders*, ed 6, St Louis, 2003, Mosby.
12. Brookshire RH: Effects of task difficulty on sentence comprehension performance of aphasic subjects, *J Commun Disord* 9:167, 1976.
13. Brookshire RH: Effects of task difficulty on the naming performance of aphasic subjects, *J Speech Hear Res* 15:551, 1972.
14. Brookshire RH: Effects of trial time and inter-trial interval on naming by aphasic subjects, *J Commun Disord* 3:289, 1971.
15. Buccino G, et al: Listening to action-related sentences modulates the activity of the motor system: a combined TMS and behavioral study, *Cogn Brain Res* 24:355, 2005.
16. Buonomano D, Merzenich M: Cortical plasticity: from synapses to maps, *Annu Rev Neurosci* 21:385, 1998.
17. Cassell EJ: *The healer's art*, Cambridge, Mass, 1985, MIT Press.
18. Clark HM: Neuromuscular treatments for speech and swallowing: a tutorial, *Am J Speech Lang Pathol* 12:400, 2003.
19. Clark HM, et al: Effects of directional exercise on lingual strength, *J Speech Lang Hear Res* 52:1034, 2009.
20. Constantinescu G, et al: Treating disordered speech and voice in Parkinson's disease online: a randomized control non-inferiority trial, *Int J Lang Commun Disord* 46:1, 2011.
21. Convertino VA, Bloomfield SA, Greenleaf JE: An overview of the issues: physiological effect of bed rest and restricted physical activity, *Med Sci Sports Exerc* 29:187, 1997.
22. Cramer S, et al: A functional MRI study of subjects recovered from hemiparetic stroke, *Stroke* 28:2518, 1997.
23. Damiano D, Abel M: Functional outcomes of strength training in spastic cerebral palsy, *Arch Phys Med Rehabil* 79:119, 1998.
24. Darley FL, Aronson AE, Brown JR: *Motor speech disorders*, Philadelphia, 1975, WB Saunders.
25. Dobkin BH, Thompson AJ: Principles of neurological rehabilitation. In Bradley WG, et al: editors, *Neurology in clinical practice: principles of diagnosis and management*, ed 3, vol 1, Boston, 2000, Butterworth-Heinemann.
26. Dollaghan C: Evidence-based practice: myths and realities, *ASHA Leader* 9:5, 2004.
27. Drubach A, Makley M, Dodd ML: Manipulation of central nervous system plasticity: a new dimension in the care of neurologically impaired patients, *Mayo Clin Proc* 79:796, 2004.
28. Duffy JR, Fossett RD, Thomas JE: Clinical practice in acute care hospital settings. In LaPointe LL, editor: *Aphasia and related neurogenic language disorders*, ed 4, New York, 2011, Thieme.
29. Eddy DM: Medicine, money and mathematics, *Bull Am Coll Surg* 77:36, 1992.
30. Enoka RM, Stuart DG: Neurobiology of muscle fatigue, *J Appl Physiol* 72:1631, 1992.
31. Fager SK, et al: Evaluation of a speech recognition prototype for speakers with moderate to severe dysarthria, *AAC: Aug Alt Commun* 26:267, 2010.
32. Fitts PM: Perceptual motor skill learning. In Melton AW, editor: *Categories of human learning*, New York, 1964, Academic Press.
33. Folland JP, et al: Fatigue is not a necessary stimulus for strength during resistance training, *Br J Sports Med* 36:370, 2002.
34. Fowler WM: Consensus conference summary: role of physical activity and exercise training in neuromuscular diseases, *Am J Phys Med Rehabil* 81:S187, 2002.
35. Frattali C, Worrall LE: Evidence-based practice: applying science to the art of clinical care, *J Med Speech Lang Pathol* 9:ix, 2001.
36. Glader EL, Stegmayr B, Asplund K: Poststroke fatigue: a 2-year follow-up study of stroke patients in Sweden, *Stroke* 33:1327, 2002.
37. Gonyea WJ, Sale D: Physiology of weight-lifting exercise, *Arch Phys Med Rehabil* 63:235, 1982.
38. Gonzlez-Rothi LJ: Neurophysiologic basis of rehabilitation, *J Med Speech Lang Pathol* 9:117, 2001.
39. Gruber FA, et al: Approaches to speech-language intervention and the true believer, *J Med Speech Lang Pathol* 11:95, 2003.
40. Hallett M: Brain plasticity and recovery from hemiplegia, *J Med Speech Lang Pathol* 9:107, 2001.
41. Hanlon R: Motor learning following unilateral stroke, *Arch Phys Med Rehabil* 77:811, 1996.

42. Hartelius J, et al: Short-term effects of repetitive transcranial magnetic stimulation on speech and voice in individuals with Parkinson's disease, *Folia Phoniatr Logop* 62:104, 2010.
43. Hixon TJ, Hoit JD: *Evaluation and management of speech breathing disorders: principles and methods*, Tucson, Arizona, 2005, Reddington Brown.
44. Hustad KC, Beukelman DR, Yorkston KM: Functional outcome assessment in dysarthria, *Semin Speech Lang* 19:291, 1998.
45. Keatley A, Wirz S: Is 20 years too long? improving intelligibility in long-standing dysarthria—a single case treatment study, *Eur J Disord Commun* 29:183, 1994.
46. Kent RD: Insights from memoirs of illness and disability, *ASHA* 40:22, 1998.
47. Kleim JA, Jones TA: Principles of experience-dependent neural plasticity: implications for rehabilitation after brain damage, *J Speech Lang Hear Res* 51:S225, 2008.
48. Kleim JA, Jones TA, Schallert T: Motor enrichment and the induction of plasticity before or after brain injury, *Neurochem Res* 28:1757, 2003.
49. Kleim JA, et al: Motor cortex stimulation enhances motor recovery and reduces peri-infarct dysfunction following ischemic insult, *Neurol Res* 25:789, 2003.
50. Konrad C, et al: Pattern of cortical reorganization in amyotrophic lateral sclerosis: a functional magnetic resonance imaging study, *Exp Brain Res* 143:51, 2002.
51. Krakauer JW: Motor learning: its relevance to stroke recovery and neurorehabilitation, *Curr Opin Neurol* 19:84, 2006.
52. Kwakkel G, et al: Effects of intensity of rehabilitation after stroke, *Stroke* 28:1550, 1997.
53. LaPointe LL: Pathography of love, *J Med Speech Lang Pathol* 19:vii, 2011. editorial.
54. Liss JM, Kuehn DP, Hinkle KP: Direct training of velopharyngeal musculature, *J Med Speech Lang Pathol* 2:243, 1994.
55. Little JM: Communication and the humanities: the nature of the nexus, *Mayo Clin Proc* 68:921, 1993.
56. Liu KPY, et al: Mental imagery for relearning of people after brain injury, *Brain Inj* 18:1163, 2004.
57. Lotze M, et al: Motor learning elicited by voluntary drive, *Brain* 126:866, 2003.
58. Ludlow CL, et al: Translating principles of neural plasticity into research on speech motor control recovery and rehabilitation, *J Speech Lang Hear Res* 51:S240, 2008.
59. Maner KJ, Smith A, Grayson L: Influences of utterance length and complexity on speech motor performance in children and adults, *J Speech Lang Hear Res* 43:560, 2000.
60. Marshall RC, King PS: Effects of fatigue produced in isokinetic exercise on the communication ability of aphasic adults, *J Speech Hear Res* 16:222, 1973.
61. McCauley RJ, et al: Evidence-based systematic review: effects of nonspeech oral motor exercises on speech, *Am J Speech Lang Pathol* 18:343, 2009.
62. McHenry MA, Wilson RL, Minton JT: Management of multiple physiologic system deficits following traumatic brain injury, *J Med Speech Lang Pathol* 2:59, 1994.
63. McKhann GM: Neurology: then, now, and in the future, *Arch Neurol* 59:1369, 2002. editorial.
64. Metz GA, Antonow-Schlorke I, Witte OW: Motor improvements after cortical ischemia in adult rats are mediated by compensatory mechanisms, *Behav Brain Res* 162:71, 2005.
65. Michelon P, Vettel JM, Zachs JM: Lateral somatotopic organization during imagined and prepared movements, *J Neurophysiol* 95:811, 2006.
66. Murton AJ, Greenhaff PL: Muscle atrophy in immobilization and senescence in humans, *Curr Opin Neurol* 22:500, 2009.
67. Netsell R: A neurobiologic view of the dysarthrias. In McNeil MR, Rosenbek JC, Aronson AE, editors: *The dysarthrias: physiology, acoustics, perception, management*, San Diego, 1984, College-Hill Press.
68. Ottenbacher KJ, Jannell S: The results of clinical trials in stroke rehabilitation research, *Arch Neurol* 50:37, 1993.
69. Page SJ, Gater DR, Bach-y-Rita P: Reconsidering the motor recovery plateau in stroke rehabilitation, *Arch Phys Med Rehabil* 85:1377, 2004.
70. Parker M: Automatic speech recognition and training for severely dysarthric users of assistive technology: the STARDUST project, *Clin Linguist Phon* 20:149, 2006.
71. Pennington L, et al: Intensive speech and language therapy for older children with cerebral palsy: a systems approach, *Dev Med Child Neurol* 52:337, 2010.
72. Piecharka DM, Kleim JA, Whishaw IQ: Limits on recovery in the corticospinal tract of the rat: partial lesions impair skilled reaching and the topographic representation of the forelimb in motor cortex, *Brain Res Bull* 66:203, 2005.
73. Reding M, Solomon B, Borucki S: Effect of dextroamphetamine on motor recovery after stroke, *Neurology* 45(Suppl 4):A222, 1995.
74. Riecker A, et al: Reorganization of speech production at the motor cortex and cerebellum following capsular infarction: a follow-up functional magnetic resonance imaging study, *Neurocase* 8:417, 2002.
75. Ringel SP, Hughes RL: Evidence-based medicine, critical pathways, practice guidelines, and managed care: reflections on the prevention and care of stroke, *Arch Neurol* 53:867, 1996.
76. Rosenbaum DA: *Human motor control*, San Diego, 1991, Academic Press.
77. Rosenbek JC, LaPointe LL: The dysarthrias: description, diagnosis, and treatment. In Johns DF, editor: *Clinical management of neurogenic communication disorders*, Boston, 1985, Little, Brown.
78. Rosenfield DB: Pharmacologic approaches to speech motor disorders. In Vogel D, Cannito MP, editors: *Treating disordered speech motor control*, Austin, Texas, 1991, Pro-Ed.
79. Sackett DL, et al: *Evidence-based medicine*, New York, 1997, Churchill Livingstone.
80. Saxon K: *Exercise physiology and vocal rehabilitation*, Anaheim, Calif, November, 1993, Miniseminar presented at the Annual Convention of the American Speech Language-Hearing Association.
81. Schlaug G, Renga V, Nair D: Transcranial direct current stimulation in stroke recovery, *Arch Neurol* 65:1571, 2008.

82. Schmidt RA, Bjork RA: New conceptualizations in practice: common principles in three paradigms suggest new concepts for training, *Psychol Sci* 3:207, 1992.
83. Schmidt RA, Bjork RA: New conceptualizations of practice: common principles in three paradigms suggest new concepts for training. In Robin DA, Yorkston KM, Beukelman DR, editors: *Disorders of motor speech: assessment, treatment, and clinical*, Baltimore, 1996, Brookes Publishing.
84. Schulz GM, Dingwall O, Ludlow CL: Speech and oral motor learning in individuals with cerebellar atrophy, *J Speech Lang Hear Res* 42:1157, 1999.
85. Schulz GM, et al: Speech motor learning in Parkinson disease, *J Med Speech Lang Pathol* 8:243, 2000.
86. Sessle BJ, et al: Neuroplasticity of face primary motor cortex control of orofacial movements, *Arch Oral Biol* 52:334, 2007.
87. Simpson MB, Till JA, Goff AM: Long-term treatment of severe dysarthria: a case study, *J Speech Hear Disord* 43:433, 1988.
88. Singer RN: *Motor learning and human performance: an application to motor skills and movement behaviors*, New York, 1980, Macmillan.
89. Smith GV, et al: Task-oriented exercise improves hamstring strength and spastic reflexes in chronic stroke patients, *Stroke* 30:2112, 1999.
90. Stathopoulos E, Felson Duchan J: History and principles of exercise-based therapy: how they inform our current treatment, *Semin Speech Lang* 27:227, 2006.
91. Sullivan MD, Brune PJ, Beukelman DR: Maintenance of speech changes following group treatment for hypokinetic dysarthria of Parkinson's disease. In Robin DA, Yorkston KM, Beukelman DR, editors: *Disorders of motor speech: assessment, treatment, and clinical characterization*, Baltimore, 1996, Brookes Publishing.
92. Thomas JE, Keith RL: *Group therapy for dysarthric speakers*, St Louis, November 1989, Paper presented at the American Speech Language-Hearing Association Convention.
93. Thompson-Ward EC, Murdoch BE, Stokes PD: Biofeedback rehabilitation of speech breathing for an individual with dysarthria, *J Med Speech Lang Pathol* 5:277, 1997.
94. Till JA, Toye AR: Acoustic and phonetic effects of two types of verbal feedback in dysarthric subjects, *J Speech Hear Disord* 53:449, 1988.
95. Tindall LR, Huebner RA: The impact of an application of telerehabilitation technology on caregiver burden, *Int J Telerehab* 1:3, 2009.
96. Tindall LR, et al: Videophone-delivered voice therapy: a comparative analysis of outcomes to traditional delivery for adults with Parkinson's disease, *Telemed J E-Health* 14:1070, 2008.
97. Van Duinen H, et al: Effects of motor fatigue on human brain activity, *Neuroimage* 35:1438, 2007.
98. Volin RA: A relationship between stimulability and the efficacy of visual biofeedback in the training of a respiratory control task, *Am J Speech Lang Pathol* 7:81, 1998.
99. Ward NS: Getting lost in translation, *Curr Opin Neurol* 21:626, 2008. (editorial).
100. Wertz RT: Approaches to speech-language intervention and the true believer: a response, *J Med Speech Lang Pathol* 11:105, 2003.
101. Wertz RT: Neuropathologies of speech and language: an introduction to patient management. In Johns DF, editor: *Clinical management of neurogenic communicative disorders*, Boston, 1985, Little, Brown.
102. Wertz RT, LaPointe LL, Rosenbek JC: *Apraxia of speech in adults: the disorders and its management*, New York, 1984, Grune & Stratton.
103. Winstein S, Wing AM, Whitall J: Motor control and learning principles for rehabilitation of upper limb movements after brain injury. In Grafman J, Robertson IH, editors: *Handbook of neuropsychology*, ed 2, vol 9, London, 2003, Elsevier.
104. World Health Organization: *International classification of functioning, disability and health (ICF)*, Geneva, 2001, Author.
105. Worrall LE, Bennett S: Evidence-based practice: barriers and facilitators for speech-language pathologists, *J Med Speech Lang Pathol* 9:xi, 2001.
106. Yorkston KM: The degenerative dysarthrias: a window into critical clinical and research issues, *Folia Phoniatr Logop* 59:107, 2007.
107. Yorkston KM, Beukelman DR: Decision making in AAC intervention. In Beukelman DR, Yorkston KR, Reichle J, editors: *Augmentative and alternative communication for adults with acquired neurologic disorders*, Baltimore, 2000, Paul H Brookes.
108. Yorkston KM, Spencer KA, Duffy JR: Behavioral management of respiratory/phonatory dysfunction from dysarthria: a systematic review of the evidence, *J Med Speech Lang Pathol* 11:xiii, 2003.
109. Yorkston KM, et al: *Management of motor speech disorders in children and adults*, ed 3, Austin, Texas, 2010, Pro-Ed.
110. Yorkston KM, et al: Evidence-based practice guidelines: application to the field of speech-language pathology, *J Med Speech Lang Pathol* 9:243, 2001.
111. Yorkston KM, et al: Speech deterioration in amyotrophic lateral sclerosis: implications for the timing of intervention, *J Med Speech Lang Pathol* 1:35, 1993.

A 정보 자료

Academy of Neurologic Communication Disorders and Sciences
ancds.org
ALS Association
alsa.org
American Brain Tumor Association
abta.org
American Epilepsy Society
aesnet.org
American Heart Association
americanheart.org
American Parkinson Disease Association
Apdaparkinson.org
American Speech-Language-Hearing Association
asha.org
American Stroke Association
strokeassociation.org
Brain Injury Association of America
biausa.org
Brain Trauma Foundation
Braintrauma.org
Dystonia Foundation
Dystonia-foundation.org
Epilepsy Foundation
epilepsyfoundation.org
Huntington's Disease Society of America
hdsa.org
Multiple Sclerosis Association of America
msassociation.org
Muscular Dystrophy Association
mda.org
National Aphasia Association
aphasia.org
National Ataxia Foundation
ataxia.org.
National Center for the Dissemination of Disability Research
ncddr.org
National Council on Patient Information and Education
talkaboutrx.org
National Institute on Deafness and Other Communication Disorders
nidcd.nih.gov
National Multiple Sclerosis Society
nationalmssociety.org
National Parkinson Foundation
parkinson.org
National Spasmodic Dysphonia Association
Dysphonia.org
National Stroke Association
stroke.org
Office of Disability Employment Policy (U.S. Department of Labor)
dol.gov
Office of Rare Diseases (National Institutes of Health)
rarediseases.info.nih.gov
Office of Special Education and Rehabilitative Services (U.S. Department of Education)
ed.gov/about/contacts/gen
Parkinson's Disease Foundation
pdf.org
Rehabilitation Engineering & Assistive Technology Society of North America
resna.org
SDS (Shy-Drager Syndrome)/MSA (Multiple system atrophy) Support Group
shy-drager.org
Society for Neuroscience
web.sfn.org
Society for Progressive Supranuclear Palsy
curepsp.org
Tourette Syndrome Association, Inc.
tsa-usa.org
United Cerebral Palsy
ucp.org
United Leukodystrophy Foundation
ulf.org
WEMOVE (Worldwide Education and Awareness of Movement Disorders)
wemove.org
The Wilson's Disease Association International
wilsonsdisease.org

부 록

B

말운동장애를 중심으로 한 치료 지침, 체계적 문헌 연구, 근거기반실무 관련 문헌 및 체계적 문헌 연구 및 체계적 문헌 연구 지침과 관련된 정보

Duffy JR, Yorkston KM: Medical interventions for spasmodic dysphonia and some related conditions: a systematic review, *J Med Speech-Lang Pathol* 11:ix, 2003.

Frattali C, et al: Development of evidence-based practice guidelines: committee update, *J Med Speech Lang Pathol* 11:ix, 2003.

Hanson EK, Yorkston KM, Beukelman DR: Speech supplementation techniques for dysarthria: a systematic review, *J Med Speech Lang Pathol* 12:ix, 2004.

Hanson EK, Yorkston KM, Britton D: Dysarthria in amyotrophic lateral sclerosis: a systematic review of characteristics, speech treatment, and augmentative and alternative communication options, *J Med Speech Lang Pathol* 19:12, 2011.

McCauley RJ, et al: Evidence-based systematic review: effects of nonspeech oral motor exercises on speech, *Am J Speech Lang Pathol* 18:343, 2009.

Spencer KA, Yorkston KM, Duffy JR: Behavioral management of respiratory/phonatory dysfunction from dysarthria: a flowchart for guidance in clinical decision-making, *J Med Speech Lang Pathol* 11:xxxix, 2003.

Threats T: Evidence-based practice research using a WHO framework, *J Med Speech Lang Pathol* 10:17, 2002.

Wambaugh J: Treatment guidelines for apraxia of speech: lessons for future research, *J Med Speech Lang Pathol* 14:317, 2006.

Wambaugh J, et al: Treatment guidelines for acquired apraxia of speech: a synthesis and evaluation of the evidence, *J Med Speech Lang Pathol* 14:xv, 2006.

Wambaugh J, et al: Treatment guidelines for acquired apraxia of speech: treatment descriptions and recommendations, *J Med Speech Lang Pathol* 14:xxxv, 2006.

Yorkston KM, et al: Evidence for effectiveness of treatment of loudness, rate or prosody in dysarthria: a systematic review, *J Med Speech Lang Pathol* 15:xi, 2007.

Yorkston KM, et al: Evidence-based medicine and practice guidelines: application to the field of speech-language pathology, *J Med Speech Lang Pathol* 9:243, 2001.

Yorkston KM, Spencer KA, Duffy JR: Behavioral management of respiratory/phonatory dysfunction from dysarthria: a systematic review of the evidence, *J Med Speech Lang Pathol* 11:xiii, 2003.

Yorkston KM, et al: Evidence-based practice guidelines for dysarthria: management of velopharyngeal dysfunction, *J Med Speech Lang Pathol* 9:257, 2001.

다음의 웹사이트는 헬스케어에서 근거기반실무와 관련된 정보를 제공함(2004년 Dollaghan에 의한 자료 포함).

Agency for Healthcare Research and Quality
www.ahrq.gov

British Medical Journal
http://bmj.com/collections

The Centre for Evidence-Based Medicine, University of Toronto Health Network
www.ktclearinghouse.ca/cebm/

Cochrane Library
www.thecochranelibrary.com/view/0/index.html

National Guideline Clearinghouse
www.guideline.gov

Oxford Centre for Evidence-Based Medicine
www.cebm.net

PubMed
www.ncbi.nlm.nih.gov

다음은 임상가, 연구자, 소비자를 위한 웹 기반 자료들임.

- Net Connections for Communication Disorders and Sciences: www.mnsu.edu/comdis/kuster2/welcome. A regularly updated Internet guide developed by J.M. Kuster, Communication Disorders and Rehabilitation

Services, Mankato State University, Mankato, MN. It provides links to many resources for professionals, students, and people with a wide variety of communication disorders, including sources of information about treatment efficacy and therapy materials for people with MSDs.

- National Institutes of Health (NIH): *www.nih.gov*. A good resource for health information, including health resources, clinical trials and other studies, health hotlines, and drug information. Also provides information about NIH grants and funding opportunities.
- National Institute on Deafness and Other Communication Disorders (NIDCD): *www.nidcd.nih.gov*. One of the institutes that comprise the NIH. The NIDCD website provides health information and information about ongoing research and grant funding opportunities specific to various voice, speech, and language disorders. It is linked to health resources that include free publications and a combined health information database that includes books, articles, and patient education materials.
- Medline Plus: *www.nlm.nih.gov/medlineplus*. A service of the U.S. National Library of Medicine and the NIH. It is a consumer-oriented resource for a large number of health topics, drug information, and other resources, including health organizations.

CHAPTER

17

마비말장애의 중재

"마비말장애 환자들이 언어재활사의 활동으로부터 혜택을 받을 수 있다는 과학적 · 임상적 근거가 있다."[297]

K.M. YORKSTON

개 요

"마비말장애 환자를 위한 특별한 치료법은 없다."[176]라는 말이 있다. 이 말은 마비말장애 치료가 말장애의 구체적 본질이나 중증도에 대해 상관없이 행해지거나, 환자에게 도움이 되지 않거나, 혹은 오늘날의 치료 기준에 맞지 않을 수 있다는 뜻이다. 마비말장애 치료는 여러 방법으로 행해지는데, 유형이나 중증도에 따라 달라진다. 또한, 비록 효능성(efficacy) 관련 자료가 제한적이긴 하나, 몇 가지 접근법은 중증 마비말장애나 실구어증(anarthria)에도 효과가 있다고 보고된다.

이 장은 마비말장애 환자들의 중재에 대해 다루도록 한다.[1] 여러분은 이미 제16장에서 말운동장애의 행동적 중재에 대한 일반적 원칙 및 지침에 대해 공부하였고, 많은 것들은 마비말장애에도 해당된다.

화자 중심적 접근법을 먼저 다루도록 하자. 호흡, 발성, 공명, 조음, 말 속도, 운율, 자연스러움을 수정하기 위한 의학적 · 보조기적 · 행동적 치료가 이 장(章)의 초점이다. 다음 절에서는, 구체적인 화자 중심적 중재 전략이 각 마비말장애 유형에 적용하는 정도를 다룰 것이다. 치료는 단지 중증도에 따라 달라지는 것이 아니며, 유효한 모든 중재 접근법들이 모든 마비말장애 유형에 적합한 것은 아니고, 일부 접근법은 특정 마비말장애 유형에서 사용이 금기시되기까지 하다. 또한, 중재에 있어서 감별진단의 가치를 알려 주고자 한다. 즉, 진단을 내리려면 병리생리학을 이해해야 하기 때문에, 어느 정도까지는 치료와 가장 관련된 접근법을 확인하는 데 도움을 준다.

[1] 여기서 논의되는 많은 광범위한 사안, 개념, 기법 등은 20여 년에 걸쳐 Rosenbek과 LaPointe[220], Yorkston, Beukelman, Bell[301]이 이룬 중요한 학술적 공헌에 의한 것임.

이 장의 마지막 절에서는 마비말장애 유형과는 상대적으로 관련이 없는 의사소통 중심적 접근법들에 초점을 맞추고자 한다. 이들은 좀 더 개인의 의사소통 필요성과 욕구, 불능(disability)의 정도와 연결된다.

중재 접근법을 여러 제목별로 나눈다고 해서 각각의 접근법들이 상호배타적이란 뜻은 아니다. 여러 접근법들이 많은 마비말장애 환자들에게 적절하고 필요할 것이다.

이 접근법들의 효과성(effectiveness)에 대한 근거 및 참고문헌은 관련 자료가 사용 가능할 경우에만 제시될 것이다. 이 자료들이 사용 가능한지 혹시 부족한지 여부에 따라 접근법을 적극적으로 혹은 조심스럽게 활용할 것인지를 결정한다. 근거기반(evidence-based) 지지(즉, 적어도 한 마비말장애 환자에게 긍정적 결과를 보고한 적어도 한 개의 연구)와 전문가 의견(자료 중심으로 출판된 근거가 없이 전문가의 경험에만 기반한) 간의 구별은 이루어져야 한다.

I. 화자 중심적 치료

A. 호흡

Darley, Aronson, Brown(DAB)[47]에 따르면, 호흡(respiration)은 보통 크게 신경 쓸 필요가 없는데, 그 이유는 말을 하는 데 필요한 호흡량이 그다지 많지 않고 성대, 공명, 조음 밸브의 기능을 향상시킴으로써 기류를 효율적으로 사용할 수 있기 때문이다. 호흡 기능이 비정상적이라 할지라도, 말하는 데 부적합하다는 것을 의미하지는 않는다. 상당한 호흡 문제를 보이는 환자라도 말 호흡에는 문제가 없을 수 있으며, 물론 호흡장애가 심하지 않더라도 말하는 중에 비전형적이나 부적응적으로 숨을 쉴 수도 있다. 일반적으로, **환자가 적절한 음량을 가지고 있으며, 유연하고 적절한 호흡 패턴을 보인다면, 호흡은 그다지 신경 쓸 필요가 없다.**

일부 마비말장애 환자들은 중대한 호흡 문제가 없다 하더라도, 말 호흡에 신경 써야 되는 경우가 있다. 예컨대, 호흡당 단어 수가 저하되거나, 호흡군(breath group) 길이의 변이성이 정상보다 짧거나 길고, 간혹 통사 경계(syntactic boundary)가 아닌 곳에서 호흡을 하기도 한다. 이러한 특색은 말의 자연스러움[2]에 부정적 영향을 주며, 말명료도를 저하시키기도 한다. 말 호흡이 저하되면 다른 말 기능, 특히 발성에도 영향을 준다. 그러므로 말 호흡에 주의를 기울이는 것이 말 산출을 위한 일관적 호흡 지지력을 극대화하는 것이며, 적절한 호흡군 길이와 변이성을 확실시하는 방안이다. **호흡을 치료하기 위한 치료 계획은 명백해야 한다.**[3] 주로 행동적 · 보조기적 중재법을 사용하는 것이 바람직하다.[4]

호흡 지지력 증진하기

5~10cm의 지속적인 성문하압(subglottic air pressure)이 5초 동안 유지될 수 있다면 호흡 문제는 신경 쓰지 않아도 된다.[191] 그런데 만일 말이나 유사 말(speechlike) 과제 동안 5cm의 수압을 5초 동안 유지할 수 없거나, 호흡 압력이 발성을 지원할 수 없으며, 혹은 호흡군당 1단어 이상을 산출할 수 없다면, 말 호흡을 지지하기 위한 훈련이 이루어져야 한다.[305]

일반적 원칙으로, 호흡 연습은 말을 산출하는 동안 이루어져야 한다.[117] 말 연습이 말 치료 목표를 달성한 경우에는 비구어(nonspeech) 호흡 연습이 그다지 도움이 안 된다.[5] 그런데 발성을 지지하기에 충분한 성문하압을 생성할 수 없는 환자는 말 과제에 참여하기 전에 호흡만 독립적으로 연습할 필요가 있다.[256]

호흡 지지력과 성문하압을 향상시키는 비구어 과제의 예로는 물잔 압력계(water glass manometer)를 부는 과

[2] 호흡 패턴(혹은 호흡군당 단어 수)은 자연스러움의 중요한 측면인데, 운율이나 강세 패턴(운율)이 기초한 근간이기 때문임. 정상 화자들은 주요 통사 경계(예: 발화 끝)에서 70% 이상, 구나 절 내에서는 일부만 호흡함.[305] 마비말장애 환자들은 주요 통사 경계 전체 중 반 이하 지점에서 호흡함.[102]

[3] 임상적 의사결정에 도움이 될 평가 지침 및 흐름도(flowchart)를 확인하려면, 신경언어장애과학학회(ANCDS)에서 제시한 마비말장애 관련 호흡/발성 기능 장애의 행동적 중재를 다룬 출판물을 참조하기 바람.[256]

[4] 마비말장애의 호흡 기능 중재에 활용되는 특정 치료 기법에 대한 설명 및 논의는 Dworkin[63]과 Rosenbek과 LaPointe,[220] 그리고 Yorkson 등[305]의 자료를 참조 바람. 뇌성마비 아동의 말 호흡장애와 근육 약증, 불협응, 몸 자세 등에 대한 전반적 리뷰를 보려면 Solomon과 Charron[250]의 문헌을 참조 바람.

[5] 2003년도 신경언어장애과학학회(ANCDS)에서 제시한 임상 활동 지침서에 따르면, 마비말장애의 호흡 및 발성 기능 장애에 대한 중재에 있어서, 흔히 추천되는 불기 연습(예: 풍선, 물풍선), 호흡 구조(예: 횡격막, 늑골)에 압력이나 진동을 대기, 횡격막에 얼음 대기, 또는 전기 자극과 같은 비구어적 기법이 효과적이라는 근거는 없음.

제(그림 3-5 참조)로서, 5~10cm의 지속적인 성문하압을 5초 동안 유지('5 for 5' 과제)해야 한다.[118,190,[6]] 컴퓨터 화면에 목표 커서와 반응이 표시되는 공기압 변환기도 같은 목적으로 쓰일 수 있는데, 이를 통해 수행에 대한 피드백을 쉽게 볼 수 있다.

유사 말 과제인 **모음연장발성**은 길이와 음량에 목표를 둔다. 피드백은 임상가에 의해 제공되거나, 소리 크기 측정기(sound level meters), 또는 좀 더 정교한 음향학적 피드백 기기 등을 활용한다. 안정된 속도로 몇 초 동안, 간혹 성문 마찰(glottal frication)로 시작하여 유성음을 내면서 숨을 내쉬는 연습을 하면 호흡 조절에 도움이 된다.[182] 5초 동안의 지속적 발성은 이러한 활동의 목표가 되며, 그다음에는 한 흡기에 여러 음절을 산출할 수 있게 된다.

구어 혹은 비구어 산출 동안 **밀기**, **당기기**, **복부에 압력 가하기**(bearing down) 등은 호흡 증진에 도움을 준다. 일정한 양의 기류를 천천히 내쉬는 **흡기 조절 과제**는 폐활량을 증가시키거나 말하는 동안 호기 능력을 향상시킨다.

마비말장애의 호흡력을 증진시키기 위해 좀 더 체계적으로 연구된 방법으로는 **호흡근 강화 훈련**(inspiratory or expiratory muscle strength training)이 있다. **흡기근 강화 훈련**(inspiratory muscle strength training, IMST)의 목적은 흡기를 좀 더 많이, 더 빠르게, 더 잘 유지하고 반복할 수 있도록 흡기 근력을 증진시키는 데 있다. IMST는 흡기가 지속되게 하기 위해 최소한의 흡기압을 생성하는 데 필요한, 용수철이 든 기기를 손에 들고 사용한다. 흡기압의 역치는 훈련 동안 힘이 커지면서 조절된다. 이 훈련의 효과는 제대로 증명되지는 않았으나, 말할 때 숨차는 것을 줄이고, 호흡군 길이를 늘이며, 음량을 증진하여 잘 유지하고, 휴지 간격을 줄이게 되는 변화를 목적으로 실시된다.[117]

한편, **호기근 강화 훈련**(expiratory muscle strength training, EMST)은 IMST보다는 마비말장애를 보이는 신경계 질환 환자들에게 많이 쓰인다. EMST 역시 손에 드는 압력 역치 기기(pressure threshold device)를 사용하여, 생리학적으로 도전이 필요한 정도의 미리 정해 놓은 저항력(resistance)에 대항하는 충분한 힘으로 불어야 한다.[230] 저항력은 최대 호기력(최대한의 노력으로 대항할 수 있는 저항력) 이하(예: 75%)에서 정해진다. 엄격한 계획(예: 4주 동안, 하루에 15~20분 정도, 매주 5일 동안) 하에, 미리 정해 놓은 역치를 극복하기 충분한 힘을 기기 안으로 불어 넣기를 반복한다. 프로그램이 진행되면서 역치는 점차로 높아진다. 이 방법을 통해 음량, 호흡군당 음절 수, 말하는 지구력, 흡기 속도를 증진시킬 수 있다면 바람직할 것이다.[117]

한 연구에서는 20주간의 EMST 프로그램을 통하여 파킨슨병 환자의 호기력이 상당히 호전되었음을 관찰하였다.[227] 4주간의 무작위 맹검 가짜 대조군(randomized, blinded, and sham-controlled) EMST 임상실험에서 삼킴이 호전되었는데,[[7]] 이는 아마도 설골후두 근육의 움직임이 향상되었기 때문일 것이다.[273] 다발성 경화증 환자에게도 말이나 목소리에서 비록 객관적 · 주관적 측정에서는 명백하지는 않았으나,[36] 호흡의 강도와 기침 효과가 증가하였다.[94] 치료 전후의 단일 사례 연구에서 EMST를 시행한 후에, 혼합형 마비말장애 환자의 명료도 향상은 치료 후 3개월 시점에서 유지되지는 않았으나,[133] 최대 발성 시간, 명료도, 의사소통 효과가 증가하였다. 특정 질환의 신경계 질환 진단은 내려지지 않았으나 '작은 목소리'와 '낮은 근긴장'을 보이는 아동들에게 유사한 원칙에 기반한 치료가 적용된 후에, 편하게 말을 할 때(comfortable speech)의 호기력과 음압 레벨(sound pressure level)이 증가하였다.[34]

EMST가 신경계 질환 마비말장애 환자의 호흡의 힘과 삼킴 기능을 향상시킨다는 근거가 있다. 그러나 특정 마비말장애 환자들에게 의미 있는 이득을 주는지에 대해서는 추가 연구가 필요하다.

보조기적 도움

보조기(prosthesis)는 호흡을 하는 동안 자세를 지지하고, 말을 하는 동안 날숨(호기)을 조절하는 데 효과적이다. **복대**(abdominal trussing, binders)(또는 **코르셋**[corsets])는 자세를 강화하고, 약한 복부근을 지탱하며, 호흡과 공기 흐름을 개선시킬 수 있다. 특히 횡격막 기능은 정상이지만 약한 호기근을 갖고 있는 척수 손상 환자들에게 효과적이다. 복대를 사용하였을 때의 긍정적 효과

[6] Yorkston 등[305]은 물잔 압력계를 수정하여 안면 약증 때문에 빨대를 문 입을 잘 다물지 못하는 화자를 위하여 특별 맞춤된 입에 무는 기기(mouthpiece)나 얼굴 전체에 뒤집어 쓰는 가면(full face mask)을 소개함.

[7] (역자 주) 이 연구에서는 실제로 EMST 치료(active treatment)를 받은 30명의 파킨슨병 환자군은 EMST와 유사하게 생긴 가짜 기기로 치료(sham treatment)를 받은 또 다른 30명의 환자군에 비해 치료 효과를 나타내었음.

는 C5~C6 척수손상과 복부근의 마비나 약증을 보이는 환자들의 발화 길이, 발화당 음절 수, 적절한 휴지 등에서 관찰된다.[284] 경추 손상과 횡격막신경 조절판(pacers) 환자에게 복부를 조여 줌으로써 약간의 또는 많은 호전을 보이기도 한다.[121] 복대가 사용될 때에는 의학적 승인과 감독이 필요한데, 들숨(흡기)를 제한하고 폐렴의 위험을 증가시키기 때문이다.[220] 사용 때마다 사용 시간이 제한적이어야 한다.

날숨 동안 평편한 면에 기대거나, 또는 휠체어에 장착된 날숨 보드나 페달을 사용하여 복부 단계까지 위치를 내리면 호흡을 강화시킬 수 있다.[220] 그러나 이런 도움이 필요한 대부분의 사람들은 이것을 사용할 상체 힘이나 균형 감각이 없을 수 있다.[305] 팔 힘이 적절하게 있는 일부 환자들은 날숨 동안, 손으로 복부를 밀어서 비슷한 도움을 받기도 한다.

행동 보완 및 조절

일부 환자들은 숨을 좀 더 깊게 쉬는 연습을 하거나, 말을 하면서 날숨 시에 좀 더 힘을 가할 필요가 있다.[101,170] **더 깊게 숨을 들이쉬면**, 날숨 시에 **탄성 복원력**(elastic recoil force) 기능을 좀 더 활용할 수 있다. 들숨의 범위를 증가시키기 위해서는 음량과 음질을 똑같이 하여 5초 동안 하나의 소리를 유지하면 된다.[220]

그런데 의도적으로, 불수의적으로, 부적응적으로 숨을 너무 깊게 들이마시면, 이로 인해 생긴 높은 호기압(expiratory pressures) 때문에 음량 분출이 과도해지고(excessive loudness burst), 공기 소모가 빨라지며, 말이 기능적으로 향상되기 어려워진다. 따라서 흡기근을 사용하여 **흡기 점검**(inspiratory checking)을 하거나, 지속적인 성문하압을 유지하기 위해 호기 힘(exhalatory forces)을 조절한다.[187,192] 이때, 주요 지시사항은 "숨을 깊게 들이쉬시고, **말하면서 천천히 내쉬세요**."이다. '깊게 숨쉬기'란 들숨 용적의 약 50% 정도로 숨을 들이마시는 것을 의미한다. 이런 지시사항을 제대로 따랐을 때에 호흡군당 음절의 수와 명료도가 극적으로 증가하는 것이 관찰되었다.[187]

적정 호흡군(optimal breath group)이란 개념은 말 호흡 조절에 관련된다.[154] 예컨대, 말 호흡 주기에서 변이적으로 부적절하게 말을 시작하는 환자들은 좀 더 일관적으로 들숨을 조절할 필요가 있다.[8] 이와 유사하게, 적절한 음량과 음질을 유지하기 부족한 정도로 일관적으로 낮은 폐용적 단계에서 말을 하는 사람들(예: 파킨슨병과 흉곽 강직이 있을 때)은 호기(expiratory) 주기에서 일찍 말을 끝낼 필요가 있다.[251,305] 최상의 호흡군이란, **한 호흡당 편안하게 산출할 수 있는 음절의 수**이다. 최상의 호흡군 안에서 발화를 유지하고 호흡군 길이를 증가시키는 시도를 하기 위하여 기초선을 확립해야 한다. 문맥상의 말 과제는 말 속도를 빠르게 하지 않고, 음량을 줄이지 않은 채, 한 호흡으로 **구/문장의 길이를 점차로 증가시키는** 것이다.

때때로, 환자들은 부적응적 호흡 전략을 적용한다. 예컨대, 긴 호흡군에 대한 호흡 지지력이 있는데도 호흡당 한 단어만 산출하기도 한다. 이때, 음절 단계의 호흡군보다 훨씬 더 길게 모음을 연장하기도 한다. 이러한 잘못된 전략이 사용되면, 환자에게 이를 지적해 주어 적절한 호흡 패턴을 연습할 수 있는 기회를 준다. 호흡군 길이와 다양성을 증가시킬 수 있는 유용한 과제로는 호흡군이 표시되어 있는 문단을 읽게 하고, 그다음은 표시된 대화 스크립트로 연습하고, 나중에는 단서가 없는 대화나 내러티브 과제로 옮기는 것이다.[305]

흉곽, 횡격막, 복부에 이완성 마비가 있을 때, 말 호흡을 위한 두 가지 보완 기법이 있다.[119] 하나는 **목 호흡**(neck breathing)인데, 흉쇄유돌근, 목갈비근, 등세모근을 사용하여 들숨 시에 흉곽의 위치를 앞뒤로 움직이게 하는 것이다. 다른 하나는 **혀인두 호흡**(glossopharyngeal breathing)(일명 '개구리 호흡')인데, 자가발생적, 양압 전략을 활용하여 후두와 상부기도에 계단식으로 폐 내부로 작은 양의 공기를 펌프한다. 단일 사례 연구[119]에 따르면, 이러한 전략을 효과적으로 이용하여, 호흡 약화로 인해 상당 시간을 인공호흡기에 의존하던 환자의 명료도를 정상으로 만들었다. 그 환자의 음질은 경미하게 긴장되어 있었고, 마찰음 길이가 짧았으며, 폐쇄음은 때때로 마찰음으로 대치되었는데, 이는 아마도 기류 속도를 감소시키고 날숨의 효율성을 증가시키려는 보완적 노력이었을 것이다. 자발적으로 목 호흡을 하고 있었던 이 환자에게 혀인두 호흡을 가르쳤다. 구(연수)근육 기능 장애와 호흡 약화를 보이는 사람들은 호흡 보완책을 사용하기 위한 힘이나 협응력이 없으므로, 이 방법은 호흡장애만 단독으로 보이는 사람들에게 도움이 된다.

또한, 목 호흡과 혀인두 호흡을 하기 위해서는 흡기 단

---

[8] 정상 화자들은 일반적으로 폐용적의 약 60%까지 숨을 들이쉼. 마비말장애 화자들은 폐용적의 60% 이상의 들숨을 목표로 함.[305]

계를 연장해야 한다. 임상가는 이 호흡 보완책을 사용하는 데 폐기능과 관련된 의학적 문제가 있는지 여부를 확인하기 위해 의사와 상의하여야 한다.

두 명의 외상성 뇌손상에 기인한 운동저하형-경직형 마비말장애 환자들에게 말 호흡 치료와 리 실버만 음성치료(Lee Silverman Voice Therapy, LSVT)를 혼합하여 치료한 결과, 한 가지 치료 방법보다 월등하게 좋은 치료 결과를 보였다.[249,252] 말 호흡 치료는 구어 및 비구어 활동을 포함한다. 비구어 활동으로는 들숨 동안 복부와 흉곽을 늘리는 것, 누워 있거나 앉아 있거나 걸을 때에 과도한 근긴장 없이 편하게 숨을 내쉬기, 연장발성 및 연결발화 과제에서 빠른 들숨과 조정된 날숨을 강조한 말운동 과제 등이 있다. 훈련이 LSVT보다 먼저, 또는 후에 이루어졌으며, 말 호흡과 명료도가 향상되었다.

자세 교정(postural adjustments)은 말 호흡을 위한 적절한 생리학적 지지력을 유지하는 데 중요하다. 일부 환자들은 침대, 휠체어, 뒤판이 있는 의자를 조정하여 대화 명료도와 효율성을 극대화할 수 있다.[305] 때로는 환자에게 단순히 똑바로 앉도록 제안하는 것만으로도 말 호흡에 도움이 된다.

어떤 자세 교정이 필요한지는 장애의 본질에 따라 다르다. 일반적으로, 들숨 약화보다 더 심한 날숨 약화를 보이는 환자는 앉은 자세보다 누운 자세가 더 낫다. 이는 중력과 복부 기관이 횡격막을 흉곽으로 밀어서 날숨에 보조 역할을 하기 때문이다. 이러한 효과는 외상성 뇌손상, 다발성 경화증, 척수 손상 환자들에게서 관찰된다.[305] 이와는 대조적으로, 근위축성 측삭 경화증(ALS) 환자나 폐질환 환자는 누운 자세에서는 들숨 문제 때문에 더 기능이 좋지 않다. 이들은 서 있는 자세가 더 나은데, 들숨 시에 중력이 횡격막을 복부 쪽으로 밀어 내리기 때문이다.[205]

기기적 생체피드백

생체피드백(biofeedback)은 마비말장애 환자들에게 호흡 조절을 향상시키기 위해 사용된다. 어떤 단일 사례 다중기초선 설계연구에서,[268] 우뇌손상 환자가 말 호흡 지지력에 상당히 문제를 보였는데, 흉곽의 움직임, 상승, 협응에 대한 시각적 피드백이 구어 과제 및 비구어 과제 동안에 주어졌다. 이때, 발성이 시작되고, 조절되며, 끝이 나는 데에 대한 동시 피드백이 주어지기도 하고 안 주어지기도 하였다. 두 가지 피드백이 주어졌을 때에 복부 근육의 상승이 증가하였고, 폐용적이 향상되었다. 발성과 흉곽 움직임 간의 협응에 관한 생체피드백을 통해 협응과 발성 시간이 향상되었다. 중증의 외상성 뇌손상 후에 만성 마비말장애를 보인 아동에게 구어 및 비구어 과제 동안 흉곽 둘레에 대한 시각적 생체피드백을 주었을 때에도 유사한 긍정적 결과가 나왔으며,[181] 생체피드백이 전통적 행동 기법보다 더 효과적이었다. 다른 연구에서도 한 마비말장애 환자에서 폐활량에 대한 시각적 생체피드백이 말을 하는 동안 들숨 용적과 호흡 지지력을 향상시켰다.[242]

체계적 문헌 연구에서도 생체피드백이 마비말장애와 관련된 호흡/발성 문제의 생리학적 요인들을 변화시키는 데 효과적이라고 하였다. 그러나 말 산출과 의사소통 참여의 구체적 측면에서의 변화는 아직 명확하게 확립되지 않았다.[303] 또한, 운동학적 호흡 피드백으로부터 효과를 얻을 수 있는 잠재력을 예측하는 마비말장애 화자의 특색에 대한 자료는 아직 불충분하다. 그런데 호흡 속도 조절 과제를 배운 정상 화자에 대한 연구에서, 반응 후 구어 피드백 또는 온라인 시각적 생체피드백이 주어졌을 때, 시각적 생체피드백은 초기 훈련에서 좋지 않은 반응을 보인(즉, 생체피드백 없이는 자극 반응도가 낮은) 화자들에게 가장 적절하였으며, 생체피드백 없이 좋은 초기 반응을 보인 화자들에게는 가장 덜 적절함이 밝혀졌다.[280] 이러한 변인은 마비말장애 화자들에게도 고려되어야 한다.

B. 발성 – 의료적 치료

발성을 호전시키기 위한 여러 가지의 의료적 중재법이 있다. 일부는 특정 마비말장애 유형에만 해당되므로, 그 유형에 대한 치료법이 소개될 때에 다루도록 한다. 발성 문제를 해결하기 위한 신경외과적 절차는 운동저하형과 운동과잉형 마비말장애 치료에 대한 논의를 하는 이 장의 뒤에서 다루도록 한다.

후두 체제와 관련 수술

성대내전술(medialization laryngoplasty) 또는 **제1형 갑상연골성형술**(type I thyroplasty)은 성대마비 또는 약증, 성대 굽힘(vocal fold bowing)으로 인한 발성을 호전시키기 위한 **성대 음성 외과수술** 또는 **후두 체제 수술**의 유형이다. 갑상연골과 성대 단계에서의 내부 갑상연골막 사이에 물질을 이식하여 마비된 성대를 중간으로 위치시켜(medialization) 발성 동안 성대, 특히 전방을 근접시킨다.[239] 원상복구가 가능한 수술이기 때문에 성대가 정상화되면 수술 전으로 되돌려 놓을 수 있다. 성대의 일측성 마비 환자의 경우에는 음도, 음량, 운율에서 도움을 받을 수 있는데, 기식음, 거친 음, 성대 피로가 계속될 수는 있어도, 일반적으로 그 결과에 만족한다. 효능성이 검증된 다른 절차로는 **피열연골내전술**(arytenoid adduction surgery)이 있다.[77,95,135] 이는 피열의 성대돌기를 가운데로 돌려 놓음으로써 마비된 성대를 제자리에 위치시키는 방법이다.[77,239] 마지막으로, 목신경고리(ansa cervicalis nerve)를 되돌이후두신경(recurrent laryngeal nerve)과 수술적으로 접합하여, 마비된 성대에 신경을 복구시켜 음성과 성대 닫힘에 도움을 준다.[160,246]

수술적 절차는 연축발성장애(spasmodic dysphonia, SD) 중재에도 유용하다. **되돌이후두신경**이 절단되면 일측성 성대마비를 야기하므로 과도한 내전이 방지되어 내전형 연축발성장애(adductory spamodic dysphonia, ADSD)에서 후두 경련을 감소시켜 준다. 이 방법이 한때는 ADSD 치료에 선호되었다. 그러나 징후와 증상이 3년 이내에 다시 재발하며, 마비 안 된 쪽 성대, 가성대, 성문상 인두괄약근 등이 과도하게 내전되기 때문에, 보톡스(botulinum toxin, Botox) 주입으로 많이 대체된 상황이다.

ADSD 치료를 위해 좀 더 최근에 개발된 방법은 후두내전근 **신경 제거-신경 재생**(denervation-reinnervation)이다. 이 방법은 되돌이후두신경(recurrent laryngeal nerve)을 양측으로 자른 후, 목신경고리의 가지가 있는 말단 신경 부분을 재생하는 것이다. 음성과 환자 만족에 있어 긍정적이고 오래 지속되는(즉, 평균 4년의 추적[follow-up]) 효과를 보였다.[35] 성대의 제2형 갑상연골성형술은 과도내전을 줄이기 위하여 성대를 정중선에서 외측화시키는 것이며,[229] 갑상피열 및 윤상피열근 조직과 말단신경을 자르는 것(myectomy[외측근 부분절제])만큼 효과적이라고 알려져 있으나,[143,261] 결과 자료는 미비한 편이다. ADSD 치료를 위한 갑상연골성형술 또는 성대내전술은 증상을 완화시키는 잠재력이 있으나, 이 역시 결과 자료가 거의 없다. 신경언어장애과학학회(Academy of Neurologic Communication Disorders and Sciences, ANCDS)[9]에서 보고된 연축발성장애에 대한 의료적 중재를 다룬 2003년의 문헌 연구[61]에 따르면, 이 수술적 방법들은 SD 치료에 통상적으로 사용하기에는 자료가 불충분하다.

성대마비 치료를 위한 물질 주입

마비된 성대에 물질(substances)을 주입하는 것은 성대마비 치료, 특히 마비가 1년 이상 지속될 때에 빈번히 사용된다. 성대의 중간 1/3 지점에 주입하여, 크기가 확대되면, 성대를 좁히고, 발성 시에 성대의 근접성을 강화시킨다. 주입물질의 예로는 콜라겐(collagen), 동종의 콜라겐, 자가지방, 미세알로덤(사이메트라)(micronized Alloderm[Cymetra)]), 칼슘하이드록실아파타이트(calcium hydroxylapatite) 등의 필러이다.

콜라겐은 구조적으로 성대의 자연적 콜라겐과 비슷하며 적게 흡수한다. 흡인 및 공기 흐름을 감소시켜 성대 효율성을 증진시키고 성대마비와 관련된 발성장애를 호전시키며, 파킨슨병으로 생긴 발성부전(hypophonia)을 완화시킨다.[16,72,138,216] 동종의 콜라겐은 무세포성 이식물질로서, 이 역시 발성장애를 일으킨 성대마비 치료에 적합하다.[215]

복부의 지방 흡입으로 채취된 자가지방은 일측 성대마비 시 성대 기능을 정상화시키기 위해 사용된다. 성대 간격이 좁고, 흡인이 없으며, 상부후두신경이 건재하고, 다른 뇌신경의 신경병증(neuropathy)이 없으면, 상당한 단기간, 장기간 효과를 볼 수 있다.[113] 그런데 주입된 지방이 흡수되면 장기간의 치료 효과를 예측하기가 힘들다.[148,167] 그러므로 비록 한 연구에 따르면 대부분의 환자에서 2년 이상 향상된 성대 기능이 유지된다고는 하였으나, 일시적 성대 근접 효과를 바라본다면 적절한 방법이라 할 수 있다.[276] 긍정적인 효과는 사이메트라 및 칼슘하이드록실아파타이트 주입을 통해서도 보고된 바 있다.[122,174]

보톡스 주입술

일측 또는 양측 성대 갑상연골근에 보툴리누스 독소 A형(보톡스[Botox])을 주입하는 것은 신경학적 ADSD 치료에 선호되어 온 방법이다.[10] 본태성 진전(essential

[9] (역자 주) 신경언어장애과학학회(ANCDS)는 신경 의사소통장애에 대한 연구, 임상 활동, 교육 등에 대한 정보를 교환하고자 하는 목적으로 미국에서 결성된 교수 및 연구자들의 모임임. 자세한 정보는 학회 웹사이트 www.ancds.org를 참조 바람.

[10] 마이오블록(Myobloc)(보톡스 B형)은 보톡스 A형에 잘 반응하지 않는 환자들에게 효과적 대체물임.[22]

tremor) 환자들도 효과를 볼 수 있긴 하나[4,282] 근긴장이상(dystonia)이 있는 경우에는 그 효과가 덜하다. 독소가 신경연접전 신경 말단의 아세틸콜린의 분비를 막으면서 갑상피열근 조직이 제거되는 효과를 낸다. 양전자방출단층촬영(positron emission tomography, PET) 자료에 따르면, 이 치료로 대뇌피질의 감각 처리가 효율적이 되어 발성을 위한 운동영역 조절을 향상시킨다.[5] 이 환자들은 성대가 완전히 마비된 것이 아니기 때문에 주입 전의 과도내전 정도보다는 적은 정도까지 근접 효과를 볼 수 있다. 24~72시간 후에 효과를 볼 수 있으며, 3개월 정도 지속되는데, 그 후에는 새 신경이 발생하여 재생되기 때문에 증상이 재발된다. 일측 또는 양측 주입 둘 다 성공적일 수 있으나, 양측 주입이 선호된다.

많은 환자에게서 부작용이 보고되는데, 일시적 기식성, 유동식에 한하여 경미한 삼킴장애 등이 며칠에서 몇 주까지 지속될 수 있다. 호전과 다시 퇴화되는 과정은 환자마다 다른데, 주입 후 5~10주 정도면 최대 효과가 관찰되며, 평균적으로 3~4개월째부터 본래 상태로 돌아가기 시작한다.[7,291] 대부분의 환자들이 효과에 만족하는데, 실질적 음성의 향상보다는 말을 할 때 신체적 노력을 덜 기울여도 된다는 점에서이다.[7] 무작위 대조 연구(randomized controlled trial) 자료는 별로 없지만,[285] 전반적 문헌 연구와 종단 연구(longitudinal study) 결과에 따르면, 보톡스 주입은 ADSD에 대한 효과적 치료법이며, 장애, 명료도, 활동 제한, 참여, 초기 부작용이 지나 다시 원점으로 돌아가기 전의 삶의 질 등의 측면에서 상당히 긍정적인 효과를 보인다.[13,61,196,286]

후윤상피열근(때때로 갑상피열근)에 보톡스를 주입하면 외전형 연축발성장애(abductory spamodic dysphonia, ABSD) 환자에게 효과적이다. 그 효과는 ADSD보다는 적으며, 기도 문제가 부작용으로 생길 수 있다.[61,139,295]

약물적 중재

약물은 음성장애에 때때로 효과적이다. 특정한 마비말장애 유형에 따라 약물 효과가 다르기 때문에 약물적 중재는 유형에 따른 중재 단락에서 상세히 다루기로 한다.

C. 발성-보조기적 중재

적절한 조음 능력을 지니고 있기는 하나, 음량을 향상시키고자 하는 행동적 중재에서 목표에 미치게 않게 반응하는 환자들에게는 **휴대용 음성 증폭기**(그림 17-1)를 활용할 수 있다. 증폭기(amplifier)를 화자의 몸이나, 의자,

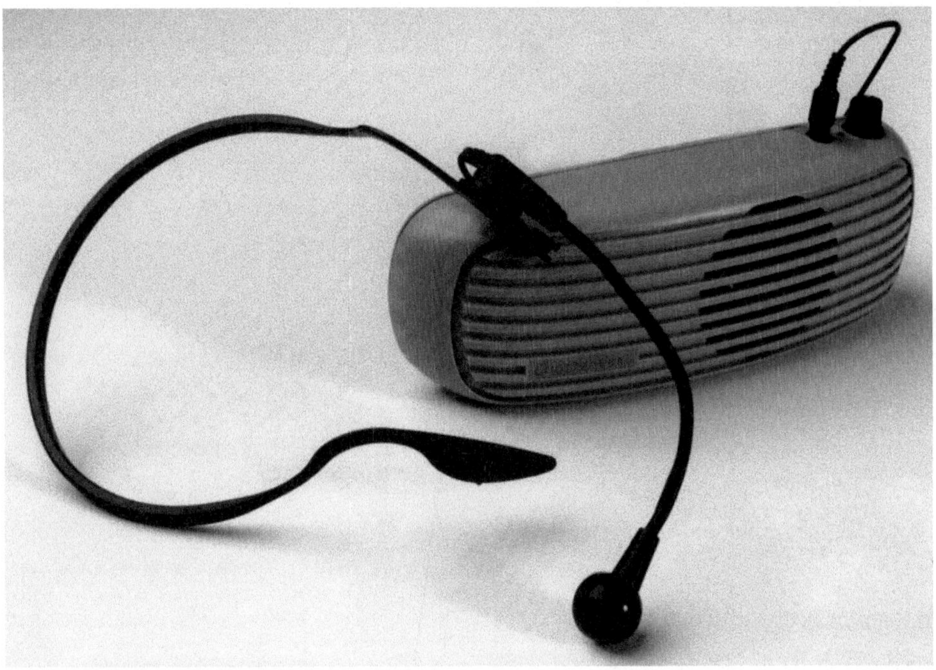

그림 17-1 스피커와 마이크가 장착된 휴대용 음성 증폭기.
출처: Ted Simons, Enhanced Listening Technology Systems, Nashville, Tennessee.

침대, 화자와 무선으로 의사소통해야 되는 지점에 비치한다. 상용화되고 있는 증폭기는 질과 가격 측면에서 다양하다. 상대적으로 저렴한 기기가 흔히 사용되나, 좀 더 비싸고 양질의 시스템이 필요하기도 하다.[11] 증폭기 사용에 적합한 환자들에게 증폭기는 일반적으로 긍정적 결과를 보이는데, 명료도와 활동 제한 측면에서 효과적이다.[303] 비록 증폭기가 여러모로 선호되기는 하나, 무발성, 심한 기식성, 불충분한 호흡 지지력과 좋은 조음 능력을 보이는 환자의 경우에는 오히려 **인공후두**(artificial larynx)를 사용하는 편이 낫다. 운동장애 또는 심각한 목 약증을 보이는 환자는 '목 보조기(neck braces, cervical collars)'를 사용하여 말을 하는 동안에 머리와 목을 고정시킨다.[220]

성량 조절기(vocal intensity controller)는 과도하거나 부적절한 음량에 대한 피드백을 제공한다. 목에 달린 마이크에서 음량을 채집하여 미리 정해 놓은 역치보다 강도가 너무 낮거나 높으면 피드백을 제공하는 음량 모니터링 기기이다. 파킨슨병 환자도 임상실 밖에서도 효과적으로 이 기기를 사용한다는 보고가 있다.[225] 정교한 휴대용 기기들(예: Ambulatory Phonation Monitor, KayPENTEX)이 시중에 많이 나와 있는데, 임상실 밖에서도 여러 발성 요인을 모니터링하고 피드백을 준다. 치료 동안 음량에 대한 간단한 피드백을 제공하는 기기로는 소리 크기 측정기(sound level meter)나 녹음기의 VU미터를 들 수 있는데, 임상가가 목표하는 음량을 조절하면 된다. 파킨슨병 환자의 경우에는 차폐소음(masking noise)이 있는 곳에서 음량이 커지므로, 에딘버그 차폐기(Edinburgh Masker)와 같은 휴대용 음성활성화(voice-activated) 차폐기가 효과적인 보조기가 될 수 있다.[3]

D. 발성 – 행동적 중재

일측성 또는 양측성 성대 약증이나 마비는 **노력성 닫힘 기법**(effort closure techniques)이 도움이 될 수 있다. 킁킁 소리 내기(grunting), 조절된 기침, 밀기, 들기, 당기기, 심한 성대 접촉(hard glottal attack) 등이 그 예이다.[173,301] 이러한 노력성 동작이 성대내전을 극대화하여 성대근력을 향상시킨다. 성대 약증을 보이는 경우에는 날숨 초기에 발성을 시작하면 도움이 되는데, 이 전략을 통해 기류 소비와 피로를 줄여서 음량과 구 길이를 늘릴 수 있다.

일부 일측성 성대마비 환자들은 고개를 왼쪽 또는 오른쪽으로 돌리거나, 갑상연골을 손가락으로 마사지하여 성대 닫힘을 이끌기도 한다.[168] 이런 기계적 조작은 미관상 보기 좋지 않아 신뢰롭게 호전되지 않는다.[197] 따라서 이러한 방법들은 상황적 요구가 있는 경우에만 쓰는 것이 좋다.

쥐어짜는(strained) 음질에 대한 행동적 중재는 치료하기 어렵고 명료도 향상에 그다지 도움이 되지 않으므로 잘 행해지지 않는다. 긴장성 음질은 음도를 올리거나, 목을 뒤로 제치거나, 높은 폐활량에서 말을 시작하면 호전될 수 있다.[248] 비신경학적, 과기능 음성장애에 적용되는 전통적 이완(긴장 완화, relaxation) 훈련이나 후두 마사지도 도움이 될 수 있다.[220] 그런데 일반적으로 그 효과가 일시적이거나 비일관적이다. 성대 과도내전은 성대 협착(stenosis)을 방지하기 위하여 기식음이나 한숨으로 시작하면 효과적이다.[47] 음도를 내리면 음성 진전 정도를 낮출 수 있다고 하나,[57] 음도를 낮추거나 변화시킨다고 해서 중대한 기질적 음성 진전 문제를 중재할 수 있다는 근거는 많지 않다.

리 실버만 음성 치료(Lee Silverman Voice Treatment, LSVT)는 파킨슨병 환자들에게 행하는 격렬한 음성 훈련법으로서, 음성 강화 프로그램이라고 볼 수 있다. 운동저하형 마비말장애를 위한 화자 중심적 치료법에서 다루도록 한다. 추가적인 행동적 중재 치료 과제는 억양 및 운율 중재 단락에서 논의될 것이다.

E. 공명

연인두 폐쇄 부전(velopharyngeal inadequacy)에 대한 중재는 일부 마비말장애 화자에게는 매우 중요하다.[12] 과도한 비강 기류(nasal airflow)로 인하여 말을 하는 동안 기류 낭비가 많으며, 호흡 및 발성 기능에 추가적 부담을 지우게 된다. 호흡군(breath group)이 줄어들고 들

[11] 파킨슨병 및 운동저하형 마비말장애를 보인 두 명의 화자들이 밀착형 마이크와 자동 음성처리 시스템이 장착된 정교한 기기를 사용하여, 말 음량을 증폭하고 명확하게 함으로써 여러 환경에서 명료도 향상을 가져왔음. 이는 증폭기를 전혀 쓰지 않거나, 단순한 증폭기에 비교할 때 훨씬 좋은 성능을 지님.[32]

[12] 마비말장애 연관 연인두 문제에 대한 수술적 · 보조기적 · 행동적 중재를 정리한 2001년 근거기반실무 지침서[306]는 연인두 문제 중재에 필요한 임상적 의사결정에 유용한 정보를 제공함.

숨을 쉬기 위해 자주 멈춘다.[192] 비강의 감쇄 효과(damping effects)로 인해 음량이 줄어들고, 비강누출(nasal emission)로 인해 구강내압이 필요한 자음들을 청지각적으로 명확하게 구별하기 어렵다.

연인두 폐쇄 부전으로 인한 명료도 문제를 확인할 수 있는 방법으로는 음량, 구 길이, 조음 정확도 측면에서, 콧구멍을 막을 때(노즈클립[nose clip]이나 손가락으로)와 막지 않을 때의 수행력, 또는 똑바로 앉을 때와 누울 때의 수행력을 서로 비교하는 일이다. 구개 약증이 명백한 경우, 누운 자세에서 중력이 연구개 위치에 영향을 주도록 하면 효과적이다. 이런 방법이 효과를 본다면, 중재에서는 연인두 기능에 초점을 맞추어야 한다.

수술적 중재

인두피판술(pharyngeal flap surgery)이나 괄약근 인두변형술(sphincter pharyngoplasty surgery)은 구개열 환자에게 인두 기능 장애를 중재하는 데 선호되는 방법이다. 때때로 연인두 폐쇄 부전은 수술로서 효과를 볼 수 있는데, 그 결과는 보조기적 중재보다는 덜 효과적이긴 하다.[89,110,114,175] 주입 물질(예: 히알루론산[hyaluronic acid])(레스틸렌[Restylane])을 후방 및 측면 인두벽에 넣기도 하나, 이 방법이 마비말장애 환자들에게는 체계적 효과가 검증되지 않았다.[13] 근거기반실무 지침서에 따르면, 연인두 폐쇄 부전 중재에 수술적 중재(인두피판술, 인두임플란트, 테플론 주입 등)를 추천하기에는 충분한 근거가 마련되어 있지 않다.[306]

보조기적 중재

구개거상기(palatal lift prosthesis)는 마비말장애의 연인두 기능 부전 중재에 자주 연구된다. 2001년 근거기반실무 지침서에 따르면, 구개거상기가 도움이 될 일부 마비말장애 환자들에게 착용시켰을 때에 효과적 치료법으로 확인되었다.[306]

구개거상기는 치아에 고정하는 구개 부분(palatal portion)과 연인두 폐쇄를 위해 구개 뒤편으로 연장되는 거상 부분(lift portion)으로 구성된다(**그림 17-2**). 이 기기를 제대로 장착하려면 치아 상태가 좋아야 한다.[14] 일부 환자들은 구개 부분만 장착하여 적응이 되면 거상 부분을 추가하기도 한다.

구개거상기가 적합한 환자는 다음의 경우이다. (1) 대개 이완형 마비말장애의 경우로서, 심한 연인두 약증이 관찰되고 다른 말 산출 단계에는 문제가 거의 없어서, 적절한 연인두 폐쇄만 이루어진다면 그 문제가 최소화되는 경우, (2) 말 산출 시, 외측 인두벽 움직임이 있는 경우, (3) 결함이 안정적이거나 빠르게 악화되지 않는 경우, (4) 충분한 치아 지지가 있는 경우, (5) 심각한 경직이나 과도한 구토 반사가 없는 경우, (6) 말을 호전하고자 하는 동기의식이 충분하고, 기기에 적응할 시간 동안 참을 수 있는 경우, (7) 다른 사람의 도움 없이 기기를 장착하고 탈착할 수 있는 경우 등이다. 임상가가 기본적으로 확인해야 되는 것은, 기기로서 연인두 폐쇄가 가능하다면 명료도와 효율성이 많이 향상되는지 여부이다. 호흡, 발성, 조음이 심각하게 손상되어 있다면 기능적 혜택은 그다지 많지 않을 것이다. 이와는 대조적으로, 구개거상기를 사용하는 일부 환자들은 언젠가 기기 없이 원활한 구개 기능을 보일 수 있는데, 이는 기기로 인해 신경근육 반응이 자극되었기 때문이다. 구개거상기의 성공과 실패에 따른 요인들을 진행성 대 안정성/호전성 질환으로 나누어 **표 17-1**에 제시하였다. 구개거상기 장착과 사용 면에서의 문제점들로는 치아 때문에 생기는 부적절한 거상기 착용, 감도 상실(desensitization)이나 기기 조작으로도 해결되지 않는 과도한 구토 반사, 거상을 감내할 수 없는 경직된 구개, 협조 결여, 수용 결여, 현실성 없는 기대감 등이다.[220,306,[15]]

구개거상기의 효과성은 이완형(가장 흔함), 경직형, 이완-경직 혼합형 마비말장애에서 관찰되는 명료도 증진, 과다비성 감소, 조음 향상 등에서 확인된다. 이 성공 사례들의 병인은 뇌졸중, 외상성 뇌손상, 뇌성마비가 가장 대표적이다.[223,306]

어떤 이유에서 구개거상기를 사용할 수 없을 경우, 이보다는 덜 쓰이지만 노즈클립(또는 손가락으로 콧구멍을 막거나)을 사용하여 명료도를 향상시킬 수 있다. 시각

---

[13] 본 저자가 도움을 준 화자로서, 연인두 약증으로 인해 중도(moderate) 과다비성과 약한 구강압 자음을 보이는 두 명의 근육퇴행위축증(muscular dystrophy) 환자에게 레스틸렌(Restylane)을 주입한 후 급격한 향상을 보였음.

[14] 치아가 없는 환자들에게는 거상 부분을 일반적인 아크릴 제재가 아닌 상악 의치나 보철용 철사에 고정하는 것도 무방함.[8]

[15] 기기 장착에 따른 문제점들은 간혹 해결이 가능함. 예컨대, 거상기가 닿는 지점에 국소 마취(리도카인 젤[lidocaine gell])를 하면 됨. 몇 시간씩 견디면서 말이 향상되는 것을 경험하고 젤을 다시 발라 재장착하는 것을 반복함.[23]

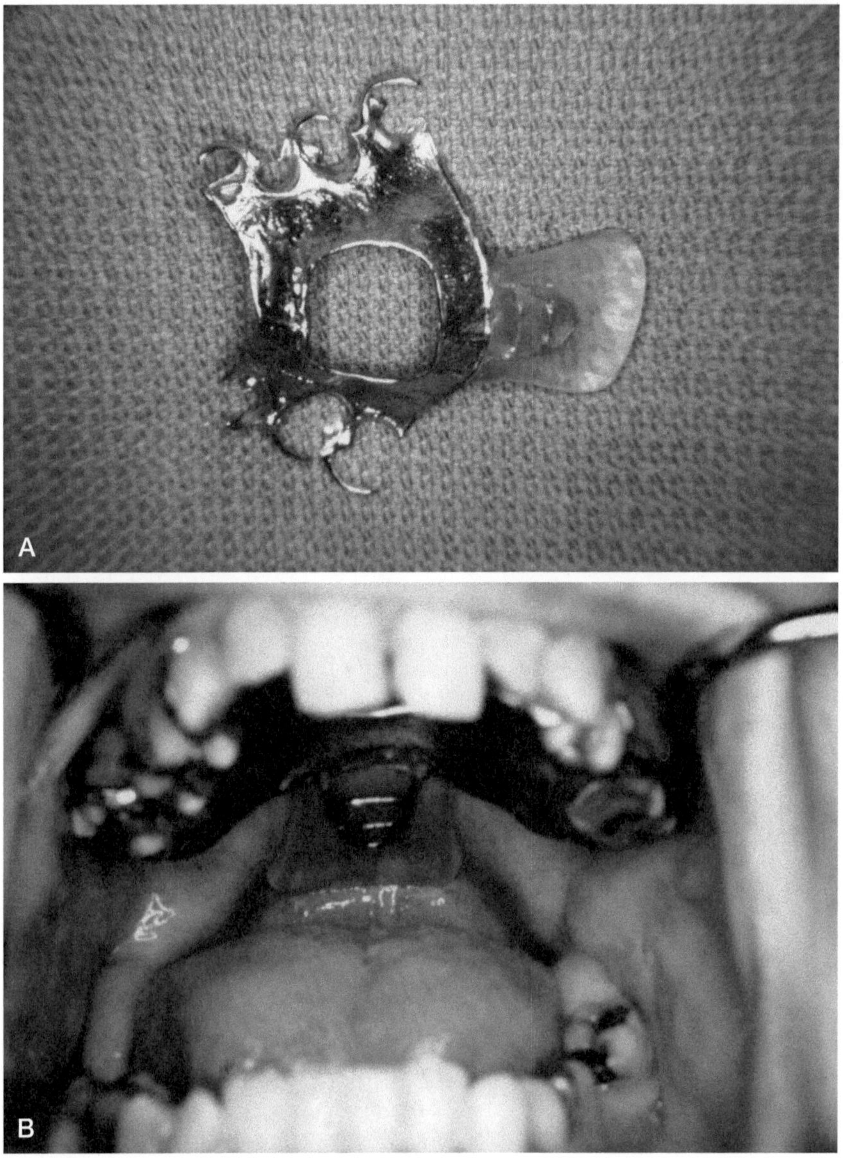

그림 17-2 구개거상기. 구개 부분과 거상 부분(A)과 기기가 장착된 상태(B).

적으로 덜 막혀 보이는 폐쇄 장치(obturator)나 한쪽 방향의 비강 스피킹 밸브(one-way nasal speaking valve)를 콧구멍에 넣어 기류를 막는 효과를 낸다면, 신경학적 또는 실험적으로 유발된 연인두 약증 환자에서 말명료도가 증가된다.[98,260,262]

행동적 중재

연인두 폐쇄 부전을 해결하기 위한 행동적 중재는 지금까지 상반된 의견을 보여 왔다. 근거가 아닌 전문가 의견에 따르면, 중증의 만성 연인두 폐쇄 부전 환자들은 행동적 중재가 그다지 도움이 안 되므로[305] 보조기적 또는 수술적 중재를 고려해야 한다.

2001년 근거기반실무 지침서에 따른 행동적 중재는 다음의 네 가지 개념으로 요약된다.[306]

1. 말하는 패턴을 수정하기. 이 기법은 연인두 기능에 직접적으로 초점을 맞추지 않고, 대신 환자로 하여금 노력을 증가시키고, 말 속도를 줄이며,[16] 과장조음(overarticulation)을 하도록 하는 것이다. 과장조음은 시연을 해 보인다. 말하는 동안, 입을 더 크

[16] 말 속도를 낮추면, 과다비음이 저하된다고 보고된 바 있음.[299]

표 17-1

구개거상기로 효과를 얻는 데 유리하거나 불리한 요인.

변수	진행성 질환		안정성 혹은 호전성 질환	
	유리함	불리함	유리함	불리함
병리생리학	이완형	심한 경직형	이완형	심한 경직형
변화 속도	느림	빠름	안정적 혹은 느린 호전	빠름
호흡/발성 기능	적절	저하	적절 혹은 호전 중	저하
조음	적절	저하	적절 혹은 호전 중	저하
비강 폐쇄 시 공명 변화	유	없거나 최소	유	없거나 최소
압력음 대 기타	압력음이 덜 적절함	최소이거나 차이점 없음	압력음이 덜 적절함	최소이거나 차이점 없음
구토 억제 능력	유	무	유	무
삼킴, 타액 관리	적절	저하	적절	저하
치아 상태	적절	저하	적절	저하
인지	정상	저하	정상	저하
손 숙련도	들어 올릴 수 있음	들어 올릴 수 없음	들어 올릴 수 있음	들어 올릴 수 없음
말 목표	기능적 말을 유지함	말 기능 감소가 허용됨	말을 향상시키는 것이 중요함	말 기능 감소가 허용됨

출처: Academy of Neurologic Communication Disorders and Sciences Guidelines; Yorkston KM, et al.: Evidence-based practice guidelines for dysarthria: management of velopharyngeal function, *J Med Speech Lang Pathol* 9:257, 2001에서 수정 발췌.

게 벌리도록 한다든지, '말을 좀 더 정확히' 하도록 지시한다. 이런 기법은 연인두 문제가 다른 말 체계 문제보다는 심각하지 않을 때에 적용한다. 공명을 향상시키고 비강 기류를 줄이기 위한 방법으로는 과장된 턱 동작을 하여 구강을 더 많이 벌리게 하기, 음량 늘리기, 구강압의 필요성을 낮추기 위해 폐쇄음 · 마찰음 · 파찰음의 길이를 줄이기 등이다. 누운 자세에서 말을 하면 연인두 기능을 향상시키기도 하나, 언젠가는 똑바로 앉은 자세에서 연인두 기능이 향상되게끔 만들어야 한다.

2. **말하는 동안 저항 훈련(resistance training)하기.** 지속 양압호흡(continuous positive airway pressure, CPAP)은 폐쇄성 수면 무호흡증(obstructive sleep apnea) 환자에게 주로 쓰이는데, 호스와 코 마스크를 통해 비강으로 압력을 가진 공기를 불어넣는다. CPAP는 구개 부전 및 약증을 보이는 마비말장애 환자에게 적용되어 왔다.[26,145,146,157] 연인두 폐쇄를 하기 위해 연인두근이 양기압을 극복하는 훈련을 한다. 외상성 뇌손상 환자가 이 방법을 이용하여 구개거상기를 더 이상 착용하지 않게 된 바 있다.[146] 이러한 연인두근의 강화 훈련(즉, 저항 훈련)을 통해 연인두 폐쇄의 정도와 기간을 향상시킨다. 성공을 위해서는 이 방법에 적합한 환자를 잘 선택해야 하며, 말 훈련을 목표로 실시되어야 한다.[157]
3. **피드백 제공하기.** 거울, 비강 기류 변환기(nasal-flow transducer), 코내시경, 또는 다른 단순하거나 정교한 기기들은 과다비성과 비강 기류를 감소시키기 위한 연습에 피드백을 제공한다.
4. **비구어 연인두 동작에 초점을 맞춘 기법 활용하기.** 말을 향상시키기 위한 비구어 활동은 연인두근을 직접적으로 공략하므로 어느 정도 설득력이 있다. 그런데 안타깝게도 연인두 구조에 초점을 둔 기법이나 연인두 기제의 비구어성 동작은 말을 향상시키는 데에는 일반적으로 효과가 없다. 호흡 기류를 조절하

거나 변화시키기 위한 밀기 연습, 비구어 강화 훈련(예: 불기, 빨기) 등의 과제(예: 풍선이나 솜사탕 불기, 휘파람 불기)와 억제 또는 촉진 기법(예: 얼음 대기, 톡톡 치기, 빗질하기, 근육에 압력 가하기) 등은 말을 위한 연인두 기능 향상에 효과적이지 않다.[306] 따라서 자료에 기반한 근거 없이는 연인두 장애 치료에 사용하는 것은 정당화되기 힘들다.

F. 조음

조음에 대한 행동적 초점은 전통적으로 마비말장애 치료의 가장 주요한 부분을 차지해 왔다. 요즘 들어서는 조음 활동이 아닌, 말 속도와 운율에 대한 치료를 통해 조음을 향상시키고자 하므로 조음 치료의 방법이 변화하고 있다고 할 수 있다. 많은 치료의 목표가 조음의 정확성을 증진시키는 것이지만, 다른 기능들에 초점을 맞추는 것도 가능하다. 예컨대, 호흡 지지력이나 음량이 최적화될 때, 조음이 향상된다.

수술적 중재

신경 봉합(neural anastomosis)은 때때로 말초신경 기능을 회복하기 위해 사용된다. 마비말장애 환자의 경우, 말보다는 미관상, 기능적 목적으로 안면신경 기능(예: 미소 짓기 등)을 회복시키고자 한다. 봉합은 주로 12번 뇌신경 가지와 손상된 7번 신경을 연결한다. 이는 설하 기능이 정상적이고, 마비말장애의 명백한 근거가 없는 환자에게 적용되게 되는데, 수술 후에 약간의 혀 기능 장애를 유발하기 때문이다.[296,298] 혀 약증이 생기면 일시적 마비말장애, 구강 단계의 삼킴 기능 장애, 침 조절 문제 등을 유발하므로, 이 중재를 통한 말 혹은 삼킴과 관련된 위험 부담에 대해 잘 인지해야 한다.[298]

보톡스 주입(Botox injection)은 연축발성장애(spasmodic dysphonia, SD) 환자에게 적용될 뿐만 아니라, 연축 사경(spasomodic torticollis), 구강하악 근긴장이상(oral mandibular dystonia), 혀돌출 근긴장이상(lingual protrusion dystonia), 턱 진전(jaw tremor) 등을 치료하는 데에도 효과적이다.[61,64,131,137] 운동 장애와 근수축 문제가 호전되는 정도만큼, 말 역시 좋아진다. 이설근(genioglossus muscles), 경돌설근(styloglossus muscles), 익상돌기(pterygoid muscles), 교근(masseter muscles), 측두근(temporalis muscles), 이복근(digastric muscles), 입꼬리당김근(risorius muscles) 등에 주입하면 구강하악 진전 또는 근긴장이 저하되는 효과를 보인다. 음향학적 분석을 통해 단어 및 문장 길이의 향상, 부적절한 휴지의 저하, 진전 진폭의 저하가 확인되었다.[137,236] 2003년의 체계적 근거 문헌 연구에 따르면, 보톡스 주입은 말에 영향을 미치는 혀돌출 근긴장이상과 구강안면 및 하악 근긴장이상에 대한 효과적 치료법이다.[61]

약물적 중재

중추신경계를 조절하는 약물이 뇌졸중이나 외상성 뇌손상 후 각성, 인지 및 운동 결함에 대한 재활을 가능하게 한다는 연구는 많지 않다.[152] 또한, 사지 운동을 향상시키는 약물이 구(연수) 관련 말 산출 근육(bulbar speech muscles)에까지 지대한 영향을 끼치지는 않는다. 지금까지, 조음과 다른 말 요소를 향상시키는 약물 제제는 주로 운동저하형, 운동과잉형, 경직형 마비말장애에 국한되어 왔다. 조음의 경우에는 거의 연구가 되어 있지 않다. 마비말장애 유형별 약물 효과는 화자 중심적 치료법 단락에서 다루도록 한다.

보조기적 중재

조음에 도움이 되는 보조기는 제한적이다.[17] **교합저지기**(bite block)는 외측 상하부 치아에 고정되도록 특별히 제작된 기기이다.[63,188] 교합저지기를 장착하면 다른 조음기(articulators)에 비해 턱 조절이 불균형적으로 더 손상된 환자들에게 도움이 된다. 교합저지기는 운동저하형, 운동과잉형, 경직형 마비말장애 환자들에게 유용하다고 한다.[188]

교합저지기는 말을 하면서 치아를 꼭 다물거나 물건을 물고 있을 수 있는, 턱 열림 근긴장이상(jaw opening dystonia) 환자에게 일시적으로 도움이 된다. 이것의 효과성은 잘 알려져 있다.[62] 이완형 마비말장애에는 금기시되는 방법인데, 이 턱 움직임을 통해 다른 약한 조음기를 보상하는 역할을 해야 하기 때문이다. 그런데 교합저지기를 장착하여 턱 움직임을 할 수 없게 만들어, 약해진 입술 및 혀 움직임을 보상받을 수 있는 기회를 없앰으로써, '강제적으로라도' 입술과 혀를 움직여야 하는 치료 상황을 만들기도 한다.[154,191]

[17] 여러 가지의 구강 및 구강인두 휴대용 보조기가 '구강 근육 운동'에 사용되도록 디자인 됨.[153] 마비말장애의 치료에서 이들의 적용 및 효과성에 대해서는 검증된 바 없음.

행동적 중재

행동적 중재는 강화 훈련(strength training), 스트레칭, 이완, 생체피드백, 전통적 조음 방법 등을 포함한다. 조음치료는 주로 전통적 치료를 받아 왔으며, 다른 기법은 덜 사용되어 왔다.

1. 강화 훈련(strengthening). 조음 강화 훈련은 효능성 자료가 제한적이므로 논란이 많다. 조음기 강화 훈련을 위한 여러 활동들이 있다. 턱을 열고, 닫고, 옆으로 보내고, 저항에 맞서 앞으로 보낸다. 입술은 동그랗게 하고, 옆으로 펴기도 하고, 불룩하게 만들거나, 저항(resistance)에 맞서거나 저항 없이 닫고 있는 상태를 유지한다. 혀를 앞으로 내밀거나, 저항에 맞서 옆으로 보내거나, 치조, 볼 등에 대고 민다. 심하게 약하거나 제한된 움직임이 있을 때에는 외부 보조 없이 비구어 운동을 하게 한다. 비구어 운동은 힘, 근력 측정 및 결과에 대한 생체피드백이 가능한 기기와 함께 이루어질 수 있다.[18]

조음기의 비구어 강화 훈련은 아마도 일부 마비말장애 환자들에게만 적절할지 모른다. 말을 산출하기 위해서는 혀와 입술은 최대 힘의 10~30%만 필요하며, 턱의 경우에는 2%만 필요하고, 전체 신경섬유다발의 3분의 1이 소실될 때까지도 기능적 장애가 생기지 않는다.[9,48] 근위축성 측삭 경화증(amyotrophic lateral sclerosis, ALS) 환자 자료에 따르면, 약증이 명료도와 직접적으로 관련되지는 않으며, 수많은 구강안면 근육이 약증을 보상할 수 있기 때문에 말 산출에는 낮은 강도의 힘만 필요하게 된다.[48] 또한 ALS와 같은 퇴행성 신경근육병 환자들에게는 높은 강도의 연습은 피해야 하는데, 이는 결과적으로 근력이 저하된다는 동물 연구에 근거한다.[75] 그러나 ALS에 있어서 적당한 정도의 신체 운동은 단기간의 효과를 가져온다.[59]

일부 마비말장애 환자에 있어서 강화 훈련의 역할을 지지하는 관련 자료들이 있다. 이는 근력 운동이 긴장(tension)이나 힘(force)이 아닌, 지구력(endurance)이나 운동 속도와 같은 변인들을 대상으로 행해질 수 있기 때문이다.[37] 예를 들어, 조음적 힘(force)을 기초선 단계보다는 일정 기간 이상 최대치 이하로 유지할 수 있는 능력을 향상시키기 위한 훈련은 발화 도중 피로를 호소하는 환자들에게 적합하다. 속도 훈련(speed training)은 조음적 힘을 산출할 수 있는 상태에서 속도를 증가시키는 데 초점을 맞추게 되는데, 급속한 퇴행성 질환이 아닌, 말이 느린 환자에게 적합한 훈련법이다.[37,97] 병의 진전 속도가 느리다면, 간접적인 지지적 기기를 이용한 중간 정도의 신체 운동을 통해 어느 정도의 근력 강화를 시킨다.[75] 상부운동신경세포와 하부운동신경세포, 추체외로 질환 환자들에게는 약한 저항 운동 또는 피트니스 훈련도 도움이 된다.[46,53]

일반적으로 비구어 강화 훈련은 약증이 말장애와 명백하게 연관될 때, 그리고 훈련에 금기시되는 문제(예: 급속한 퇴행성 질환과 중증근무력증에는 격렬한 비구어 운동이 금해짐)가 없을 때에만 실시되어야 한다. 비구어 과제에서 근력 향상을 목표로 하고 있다면 연습은 한꺼번에 이루어져야 한다. 예컨대, 세트당 10번씩, 3세트씩을 회기당 3~5차례, 하루에 여러 번 시행한다.

조음기 강화 훈련은 비진행성 이완형 마비말장애에 도움이 되는데, 이들은 약증이 조음 문제를 일으키는 주요한 기저 문제이기 때문이다. 그러나 상부운동신경세포 손상 환자에게서도 약증이 관찰되고, 운동완만(서동)(bradykinesia) 환자들과 기저핵 질환(예: 파킨슨병)에서는 근육이 활성화되는 속도가 감소한다는 사실을 명심해야 된다. 등척운동적(isometric) 혀 운동을 통해 뇌졸중으로 인한 삼킴장애 환자들이 삼킴 동안 혀 근력과 압력을 향상시킬 수 있다는 최근 연구가 있다.[218] 따라서 조음기의 강화 훈련은 상부운동신경세포(UUMN)형, 경직형, 운동저하형 마비말장애 환자들에게 적절하다. 실조형 혹은 운동과잉형 환자들에게는 이 장애들을 설명하는 생리학적 결함에 근거하여 이 운동이 권고되지 않는다.

2. 스트레칭(stretching). 느린 스트레칭 운동은 신장반사(stretch reflex)를 방지하고 운동에 민감한 사지의 경직 증상을 감소시키는 데 유용하다. 사지에서의 스트레칭은 느리고, 안정되고, 연속적이며, 지속적이고, 방향성 있게 이루어져야 한다. 힘이나 방향의 갑작스런 변화는 근육방추(muscle spindles) 활동을 촉진하여 경직을 조장하기 때문에 바람직하지 않다.

---

[18] 아이오와 구강내압 측정기(Iowa Oral Pressure Instrument, IOPI)(제3장에서 설명된 바 있음)는 혀 힘과 피로 없이 수량적 피드백을 제공하는 기계의 예임.

스트레칭은 관절 및 근육 수축을 방지하며 경직을 조절한다.[53,171] 예컨대, 손가락의 굴곡근(flexion muscles)에 가한 스트레칭의 수동적 운동 범위는 경직성 반신불수 환자에서 관절 운동을 향상시킴으로써 손가락 신장 운동(extension movement)을 일시적으로 조절하는 데 도움이 된다.[31] 스트레칭을 통해 허벅지 내전근의 수의적 운동 범위를 향상시킨다.[194] ALS 환자에게 격렬하지 않고 피로를 야기하지 않는 범위의 사지 운동을 권고함으로써, 손상되지 않은 근육을 스트레칭하고 관절 뻣뻣함과 근육 수축을 방지해 준다.[244] 이처럼 사지에서 관찰된 효과를 바탕으로, 조음기를 느리게 스트레칭하여 전형적인 운동 범위를 늘리도록 하고, 발화 시 경직 정도를 줄이는 것이 도움이 된다. 턱을 최대한 벌려서 유지하고, 혀를 내밀거나 당기거나 옆으로 보내고, 입술을 당기거나 오므리고, 부풀리는 활동을 할 수 있다. 조음기를 스트레칭하는 일은 수동적이 아니라 자발적 활동이므로 강화 훈련에 도움이 된다.

스트레칭은 경직과 강직을 보이는 환자에게 권고된다. 스트레칭을 통한 강화 효과는 약증에 효과적이다. **말 근육에 대한 스트레칭 훈련의 효과가 긍정적이거나 부정적이지는 않다.** 입술과 혀는 전형적인 신장 반사 패턴을 보이지 않기 때문에 경직을 줄이는 목적으로 스트레칭하는 일은 도움이 되지 않는다.[37]

3. **이완**(긴장 완화, relaxation). 이완 연습은 경직이나 강직을 보이는 환자에서 근긴장(muscle tone)을 향상시킨다. 편안하게, 음식 없이 씹는 운동을 통해 턱과 혀의 근육의 과긴장(hypertonicity) 상태를 줄여준다.[220] 이러한 운동의 문제점은 요구되는 운동 자체(예: 씹기)가 치료하려는 운동(말 산출 시 턱이나 혀 운동)에서만큼 장애를 보일 수 있다는 점이다. 말 기관의 이완보다는 말운동에 초점을 맞추는 것이 좀 더 적절해 보인다.[220]
4. **기기적 생체피드백**(instrumental biofeedback).[19] 과긴장(예: 근긴장이상[dytonia])과 경직이 있는 조음근은 생체피드백을 통해 치료한다. 예를 들어, 윗입술의 생체피드백을 통해 파킨슨증 환자들에서 입술 뻣뻣함과 오므리기를 변화시켜, 양순음 산출을 향상시킬 수 있다.[104,189] 비구어 활동 시 측정된 근전도(electromyography, EMG) 생체피드백을 통해 말하는 동안 입술과 성대까지 퍼진 반측 안면 경련(hemifacial spasm)을 줄어들게 하여 눈에 띄는 말 향상을 가져오게 하였다.[226] 또한 경직형 마비말장애 환자들에 있어서 긴장을 줄이고 수의적 턱 조절 회복을 도움으로써, 침 흘림 현상을 줄어들게 하고 말명료도를 향상시켰다.[186] 거울이나 EMG 생체피드백을 활용해서 벨마비(Bell's palsy) 치료를 시도한 연구들에 대한 체계적 문헌 연구에서는, 이 피드백 기법을 활용한 안면 운동은 무작위 대조 연구(randomized controlled trials)를 통해 검증될 필요가 있다고 결론 내렸다.[30]

   전자구개운동기록기(electropalatography, EPG)는 마비말장애 환자의 혀 운동 장애의 본질에 대한 새로운 이해의 길을 열어 주었는데,[85,90,91,180] 말하는 동안 혀의 움직임에 대한 피드백을 제공하기 때문이다. 명료도에 대한 긍정적 효과를 보고한 연구들이 몇 편 있다.[111,178]

   일반적으로 기기적 생체피드백은 제대로 선택된 마비말장애 환자들에서 조음 결함 중재에 효과적이다. 그러나 아직까지 자료가 많지 않고 일반적인 효능성도 검증된 바 없다.
5. **전통적 기법**. Rosenbek과 LaPointe[220]는 다음과 같은 전통적 조음 치료 방법을 강조하였다. 이들에는 (1) **통합적 자극**(integral stimulation)(보고 듣는 모방 과제[watch and listen imitation tasks][20]), (2) **조음지시법**(phonetic placement)(예: 목표와 동작을 성취하기 위해 손으로 보조, 조음 목표에 대한 그림 삽화), (3) **조음유도법**(phonetic derivation)(예: '우' 산출을 촉진시키기 위해 불기와 같은 비구어 동작을 활용). 이 기법들은 조음을 변화시키기 위한 기본이 된다.

조음 시에는 흔히 **과장 조음**을 하게 하는데, 조음 정확성과 느린 속도를 향상시키기 위해 조음의 운동 범위를 넓게 한다.[47,191] 이러한 방법을 지지하는 일부 연구가 있

[19] 증가된 근긴장(muscle tone)을 치료하기 위한 생체피드백의 사용은 스트레칭 프로그램을 보완하는 방법임. 이 방법의 효과성은 치료 동안 수행력을 향상시키는 효과가 있는 것으로 간주되나, 피드백이 중단되면 효과가 사라짐.[53]

[20] 이 '보고 듣는' 전략은 신경 영상 자료에 의해 지지를 얻음. 비구어 활동 시, 활동을 관찰하는 것만으로 같은 행동의 실질적 수행이 일어나는 동일한 운동영역이 활성화됨. 행동의 관찰과 더불어 신체 훈련은 뇌졸중 후 상지 결함으로부터 회복하는 데 긍정적 영향을 끼침.[67]

다.[55,86] 단순하게 "정확하게 말씀해 보세요."라고 지시하거나, 노력을 더 기울이고 속도를 늦춤으로써 과장된 조음을 가능하게 한다. 비록 일부 환자는 음절과 단어로 통합하기 전에 개별적 소리(sounds in isolation)를 먼저 연습해야겠지만, 많은 경우에 고정 위치가 아닌 조음의 동작과 음절을 강조해서 연습해야 한다.[220]

일부 환자들은 자발적으로 혹은 지시사항을 듣고 보상적인 조음 동작을 발달시킬 수 있다. 예를 들어, 혀가 심하게 약한 경우에는 혀끝 대신 혓몸(tongue blade)을 사용하거나, 입술이 약하거나 과긴장(hypertonicity) 시에는 양순 닫힘 대신 혀-치조 접촉을 시도한다. 후두 조절 문제로 인하여 유성음과 무성음을 구별하기 위한 성대진동 시작시간(voice onset time, VOT)을 조절하지 못하는 경우에는 무성자음임을 나타내기 위하여 종성자음을 터뜨리는 법을 배우거나, 종성자음에 선행하는 모음을 짧게 한다.

명료도 저하에 영향을 미치는 조음 오류 목록을 작성하여 치료 자극을 순서화하는 것도 중요하다. 일반적으로, 파열음과 비음이 마찰음이나 파찰음보다 쉬운데, 특히 호흡 지지력이 저하되어 있을 때는 더욱 그러하다. 구개가 약할 경우, 비음, 모음, 활음 등이 구강내압이 필수적인 자음보다는 쉽다.

조음 환경 역시 자극 선택 시에 고려되어야 한다. 예를 들어, 치조자음은 턱이 상대적으로 열리거나 혀가 당겨진 상태에 비하여 고모음(high vowel) 환경에서 더 잘 조음된다. 통사 복잡성 역시 조음 과제에 영향을 준다.[163]

최소대립(minimal contrasts)(예: 'pay-may', 'pie-bye', 'chew-show', 'stop-top', '밥-답', '모기-모시') 방법은 자음에서, 특히 한 음절에서 긴 음절 산출로 넘어갈 때에 도움이 된다. **대립 훈련**을 할 때에는 대조가 되는 것을 확실히 알도록 하는 것이 중요하다. 자음 간 또는 모음 간의 대조뿐만 아니라 난이도를 증가시키거나 감소시키기 위해서 단어, 구, 문장 자극이 될 수가 있다.[21] 일반적으로 의미 있는 자극을 무의미 음절보다 더 선호하나, 음절 단계에서 최소대립 훈련을 할 때에는 자극 선정이 어려울 수 있다.

명료도 훈련은 조음, 말 속도, 운율 연습 시에 유용하다.[305] **참조적 과제**(referential tasks)를 통해 이루어지는데, 이는 임상가-청자가 환자가 말하려는 목표가 무엇인지 모르는 상태에서 행해진다. 자극은 무작위 단어 목록, 문장, 그림으로 이루어지며, 청자는 화자가 말한 것을 그대로 말해야 한다. 이 방법은 다음의 네 가지 측면에서 유용하다. (1) 발견적 배움(discovery learning)을 촉진할 수 있다. 환자는 임상가에게 가르침을 받는 대신 말명료도를 향상시키기 위한 방법을 스스로 터득한다. (2) 치료의 초점이 명료도 향상에 있다. (3) 성공을 보장할 수 있도록 조절하는데, 완벽한 수준의 명료도는 아닐지라도 개인의 수준에 맞게 만족할 만한 결과를 얻을 수 있다. (4) 명료도에 대한 취약함을 개선시키기 위한 청자와 화자의 전략을 개발시키도록 촉진한다.

G. 말 속도

말 속도(rate)는 명료도를 증진시키기 위해 행동적으로 조절 가능한 가장 강력한 변인이다.[302]

속도 조절 방법으로 **속도 변경**(rate modification)이 가장 흔하게 사용되며, 충분한 범위의 움직임이 가능하도록 시간을 많이 할당하고(이를 통해 목표에 못 미치는 조음적 못 미침[articulatory undershooting, 조음적 언더슈팅]을 방지함), 협응을 위해 넉넉한 시간을 주고, 언어학적 구분이 가능하게 해줌으로써 조음 정확성과 명료도를 촉진시켜 준다. 말운동의 시공간적 변이성을 줄여 주며,[169] 너무 빠르게 조음하는 운동저하형 마비말장애 화자들을 정상 속도로 조음하게 도와준다.[100] 마비말장애 환자에게 속도 감속 전략은 신체적 제약을 고려할 때 다른 목표보다 성취하기 쉬우며, 청자로 하여금 저하된 음성 신호를 처리할 여유 시간을 제공한다.[99,305] 컴퓨터를 이용하여 문장 내 단어 간 짧은 쉼(160ms)을 삽입하면 약 5% 정도의 명료도를 향상할 수 있다.[96]

그러나 속도 감속이 만병통치약은 아니다. 속도 감속을 기능적으로 일반화하기 위해서는 집중적이고 정교한 훈련이 요구되며,[305] 반드시 명료도 향상을 동반하지는 않는다. 명료도가 향상되었다 하더라도 습관적 말 속도나 마비말장애 유형과는 관련이 없다.[275,[22]] 예컨대, 극도

[21] Thomas의 책 *Speech Practice Material: From Sound to Dialogues*[266]에는 최소대립 및 관련 조음 과제에 사용되는 각종 자극 자료가 수록되어 있음.

[22] 치료가 실패한 연구가 몇몇 있는데, 그중 Marshall과 Karow[164]의 연구 결과는 참고할 만함. 외상성 뇌손상 및 빠른 말 속도를 보인 환자는 말 속도 치료에 성공하지 못하였음. 동기의식이 있고, 장애 정도가 심하지는 않았으나, 실패 원인으로는 인지 결함과 제한된 치료 시간 때문으로 여겨짐. 실패의 원인을 조심스럽게 확인하여 향후 치료에 반영하는 것이 좋겠음.

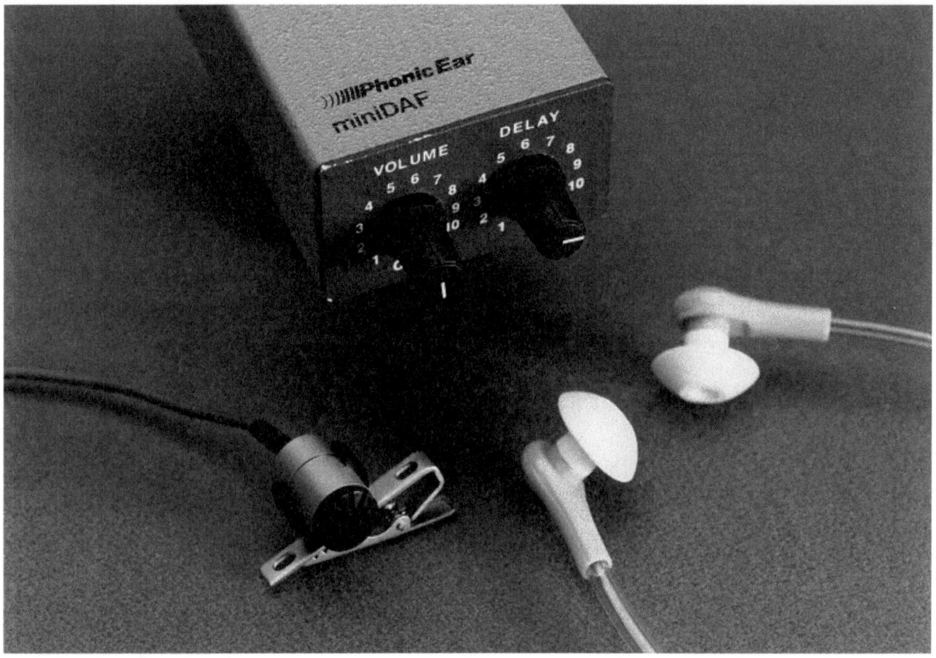

그림 17-3 지연청각피드백 장치.
출처: Phonic Ear, Smørum, Denmark.

로 느린 속도에서는 자음과 모음은 청지각적으로 제대로 감지되지 않는데,[274] 모든 마비말장애 환자들이 자신의 습관적 말 속도보다 느리게 말한다고 해서 명료도가 향상되지는 않는다.[278] 따라서 명료도에 문제가 없거나, 속도 감속이 명료도를 향상시키지 못할 경우, 속도 감속 전략이 오히려 효율성과 자연스러움을 저해할 수 있다.

속도 감속을 위해 여러 방법을 쓸 수 있다. 보조기를 사용하거나, 좀 더 자연스러운 방법을 택하기도 한다. 엄격한 속도 감속을 추구하면, 오히려 운율 및 자연스러움이 희생된다. 정상 성인의 경우에는 스스로 정한 속도 감속 방법이 외부적으로 적용된 전략 때보다 좀 더 자연스럽게 들린다.[159]

속도 감속 시, 흔히 조음속도가 중요한 만큼이나 쉼 시간(pause time)에도 초점을 맞춘다. 읽기나 자발화(spontaneous speech)에서 전체 시간의 35~50%의 시간을 쉼이 차지하므로,[88,116,305] 속도 조절에 중요한 요소이다. 쉼은 통사 경계 및 의미적 단위에 대한 중요한 정보를 제공하는데, 실질적 말 산출 길이보다 더 변화시키기 쉬울 수 있다.[220,305] 정상 화자들이 속도를 빠르게 할 때, 대부분 쉼 시간을 감소시킨다.[305] 마비말장애 환자는 자신의 말을 상대방이 잘 알아듣지 못하는 경우, 단어 간 간격을 늘여서 다시 한 번 반복해 말하는 수정 전략을 사용한다.[136] 자연스러운 (보조기적이 아닌) 방법을 활용한 속도 조절은 임상가가 상호작용적 연습 상황에서 임상가 자신의 말에 속도 전략을 적용함으로써 성공으로 이끌 수 있다.

보조기적 중재

지연청각피드백(delayed auditory feedback, DAF)은 주로 운동저하형 마비말장애에서 빠른 말 속도를 감소하기 위해 가장 많이 사용되는 보조기이다. DAF는 기계적 장치를 통해 본인의 발화에 미리 정해 놓은 시간적 간격을 주고, 이어폰을 통해 지연된 피드백을 듣게 된다(그림 17-3). 지연 효과로는 발화 속도 감소와 조음 시간 및 정확도의 증가를 유도하는 것이다.

DAF를 사용하기 위해서 별도의 훈련이 요구되지는 않는다. 화자는 피드백에 집중해야 하며, 다른 학습은 필요 없다. 다른 속도 조절 기법이 실패하였을 경우에 유용하게 적용할 수 있으며, 속도 감소가 가져오는 긍정적인 효과는 일시적일 수 있다.[220] 효과적인 지연 시간은 50~150ms 사이이다.

DAF와 같이 '엄격한 속도 조절' 기법은 운율 및 자연

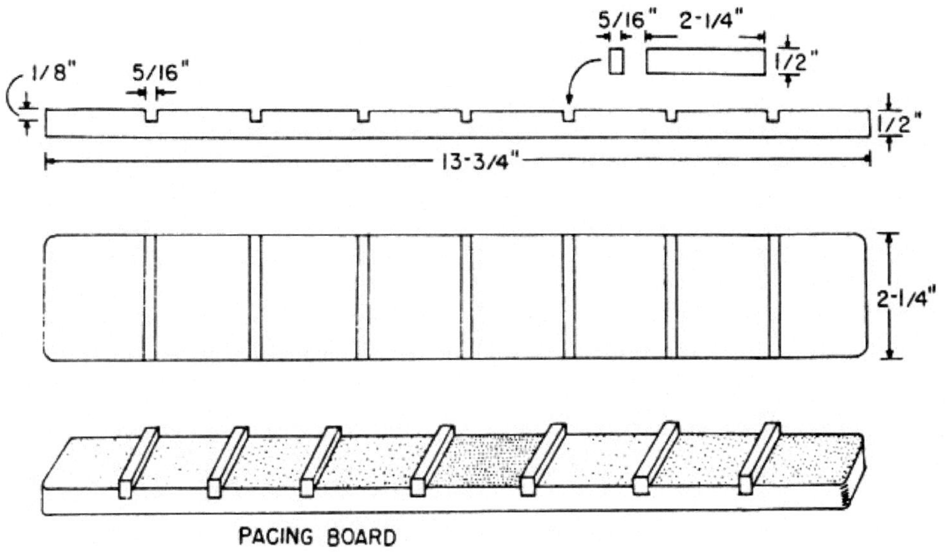

그림 17-4 속도 조절을 위해 특정 크기로 만들어진 속도조절판.
출처: Helm N: Management of palilalia with a pacing board, *J Speech Hear Disord* 44:350, 1979.

스러움을 좀 더 적절하게 유지할 수 있는 기법이 효과적이지 않을 때에 사용하는 것이 좋다.[305] DAF는 자연스러움에 지장을 주고, 일부 환자에게는 미관상으로 받아들이기 힘들며, 지연 반응에 적응이 되면서 더 이상 효과를 발휘하지 못하기도 한다. 또한 발화가 짧은 대화 상황에서는 효과적이지 않으므로 적절하지 않을 수 있다.

운동저하형 마비말장애 환자들에게 DAF가 성공적이라는 보고서나 문헌 연구가 있다.[23] 대체적으로 빠르게 향상되며, 효과는 몇 개월에서 몇 년까지 지속된다. DAF의 효과로는 말 속도의 현저한 감소, 음량의 증가, 음소 오류의 감소, 음향학적 변별성 증가, 입술 및 턱 움직임의 진폭 증가, 명료도 증가 등을 포함한다. 임상 현장(clinical setting) 밖에서도 기능적 · 사회적 효과가 지속된다는 사례 연구 결과가 있다. 그런데 DAF를 사용하는 모든 환자들이 말 속도를 느리게 할 수 있는 것은 아니며,[42] 느리게 하더라도 명료도가 개선되지 않을 수 있고, 유창성이 감소되기도 한다.[43] DAF를 더 이상 사용하지 않은 채 효과를 유지하는 것은 가능하지 않다.

속도조절기(pacing devices)는 속도를 조절하기 위해 사용된다. **속도조절판**(pacing board)(**그림 17-4**)은 Helm에 의해 처음 소개되었으며,[115] 환자가 단어나 음절을 산출할 때마다 보드의 각 칸을 연속적으로 가리키면 된다. 이로써 속도 감속과 음절별 발화가 가능하게 된다. 이 방법은 말이 빠르고 가속화되는 운동저하형 마비말장애 환자들과 명료도가 낮은 환자들에게 특히 적절하다.[201] 파킨슨병, 운동저하형 마비말장애, 동어반복증 환자뿐만 아니라 외상성 뇌손상에 기인한 경직-실조 혼합형 마비말장애 환자에게도 효과적이다.[115,201] 청각적 · 시각적 메트로놈과 같은 다른 속도조절기 역시 유사한 효과를 낸다.[201]

알파벳 보충법(alphabet supplementation)[17]은 보완적 의사소통에서 비보완적 의사소통으로, 이상적으로 전이되는 과정에서 사용되는 속도 조절 기법이다. **환자에게 말하려고 하는 매 단어의 첫 글자를 알파벳 보드에서 가리키도록 유도한다(그림 17-5)**. 이 보충법을 통해, 사용하지 않는 경우에 비해 명료도가 증가하였으며(5~80%), 전체 단어의 철자를 말할 때보다 4배 정도 의사소통 속도가 빨라졌으며, 청자가 이 방법을 받아들이는 태도가 긍정적이 되었다.[24] 속도 저하(사용하지 않을 때와 비교하여 45% 정도로 느려짐[193])와 각 단어의 첫 글자가 제공하는 정보가 합해진 결과로 긍정적 효과를 발휘한다고 볼 수 있다. 그러나 약점으로는 속도가 느려지고, 대화 상대방과의 눈 맞춤이 어려워지며, 자연스러움이 떨어지고(예: 호흡군이 방해됨), 결국에는 적응이 되어 버린다는 것을 들 수 있다.[305] 그럼에도 불구하고, 명료도와 효율성 증가로 얻어지는 이득이 이러한 약점을 훨씬 능가한다.

[23] 참고문헌 2, 42, 105, 109, 256, 301 참조.

[24] 참고문헌 107, 108, 125, 127, 130, 193, 300 참조.

A B C D E　REPEAT

F G H I J K　START AGAIN

END OF WORD

L M N O P　END OF SENTENCE

Q R S T U　1 2 3 4 5

V W X Y Z　6 7 8 9 0

그림 17-5 보완대체의사소통을 위한 알파벳 보드. 보드 배치는 환자의 구체적 필요에 따라 여러 가지 방법으로 구성될 수 있음.
출처: Yorkston KM, Beukelman D, Bell K: *Clinical management of dysarthric speakers*, San Diego, 1988, College-Hill Press.

말 보충 기법에 관한 2004년의 체계적 문헌 연구에 따르면, 마비말장애로 인하여 자연스런 상황에서 의사소통이 방해를 받을 때, 환자가 인지 및 화용론적, 그리고 운동 능력이 있어 단서를 제공할 수 있는 한, 이 기법이 긍정적 효과를 발휘할 수 있다.[106]

보조기적 말 속도 감소 전략

말 속도 감소를 위한 보조기적 전략은 다음과 같다.

1. 음절 산출에 맞추어 손바닥(손가락) 두드리기(tapping). 그러나 많은 파킨슨병 환자들은 말 속도뿐만 아니라 손바닥 두드리는 속도가 빨라지기도 하며, 실조형 환자들은 두드리기에서 불협응을 보이기도 한다. 손바닥을 두드리면서 음절별로 말을 할 수 있게 되긴 하나, 습관화가 되려면 충분한 연습이 필요하다.
2. 리듬적 단서(rhythmic cueing).[299] 임상가는 문구가 쓰여진 서면 자극에서 주요 단어와 통사 경계의 쉼 부분에 좀 더 많은 시간을 끌도록 리듬감 있게 그 부분들을 지적한다. 이러한 기법의 효과성은 프리드리히 운동실조(Friedreich's ataxia) 환자에게서 관찰된 바 있다.[299] 그런데 외부적 속도조절법(external pacing rate)으로는 좀 더 자연언어에 가깝도록 보이게 하는 '리듬적 방법'보다는 각 단어에 같은 시간이 주어지는 '측량적(metered)' 방법이 더 효과적일 수도 있다. 흥미롭게도, 측량적 속도는 리듬적 속도보다 자연스러움 정도가 더 떨어지는데도 불구하고, 자연스러움의 측정값은 조절 안 된 속도에서보다 조절된 속도에서 더 저하되지 않는다.[307] 말 속도가 조절될 때에는 명료도와 자연스러움 사이의 균형(trade off, 트레이드 오프)[25]이 필요하다. 리듬적 단서 기법은 목표 속도를 정하고 변화시킬 수 있도록 컴퓨터 프로그램화되기도 하였다.[18] 이로써 정확한 속도를 선택하고 독립적 연습이 가능하게 되었다. 컴퓨터 속도 조절 방법은 마비말장애 화자에서 말 속도를 감소하는 데 활용되었다.[99,103,267]
3. 시각적 피드백(visual feedback). 스크린을 통해 속도 조절이 가능하다. 예컨대, 실조형 화자가 읽기 과제 동안 '오실로스코프 화면을 채울 수 있는' 속도로 말을 하게 하여 말 속도를 감소시키고 명료도를 증진시킨다.[14] 화면은 속도를 조절할 수 있도록 정해놓는다. 화자가 자발적으로 사용하는 전략으로서 쉼 시간을 늘리면 도움이 된다. 그럼으로써, 속도를 느리게 하는 가장 좋은 전략이 무엇인지를 파악할 수 있게 된다.[305]

[25] (역자 주) 여기서 '트레이드 오프'란 명료도를 증가시키기 위해 말 속도를 너무 낮추면 자연스러움이 감소되고, 자연스러움을 유지하기 위하여 말 속도를 그대로 두면 명료도가 향상되기 어렵기 때문에 '명료도'와 '자연스러움' 간의 균형을 잘 유지하는 방안이 필요함을 지칭함.

4. 백도어 기법(backdoor approaches).[305] 명백하게 말 속도를 줄이고자 고안된 기법은 아니나 말 속도를 줄여 명료도를 증진시키는 데 기여하는 방법이 있다. 예로는 음량을 증가시키거나, 음도를 바꾸고, 단어와 문장 강세를 변화시키고, 호흡 패턴이나 구로 나누는 것을 바꾸는 것 등이 해당된다.

H. 운율 및 자연스러움

운율장애는 심한 경우에는 명료도에,[26] 경미하면 자연스러움에 영향을 주므로, 모든 중증도 단계에서 다루어져야 한다.[198,305] 일부 임상가들은 강세를 연습하는 것이 치료의 초반부에 중요하며, 이 치료는 호흡 및 조음이 연속 발화를 이어가기에 충분하게 되면 시작해야 한다고 한다.[220] 목표는 운율 패턴의 자연스러움(naturalness)을 극대화하는 것이다.

자연스러움은 운율의 전반적인 적절성을 의미한다.[305] 운율장애가 생기면 단조롭거나 예측하기 힘들게 변이적이 된다. 운율 자질이 통사 구조와 조화되지 않게 되는데, 들숨이 자연스러운 통사 경계에서 쉬어지지 않는다. 음도, 음량, 길이 특색이 자연적으로 강세를 나타내도록 동시에 표현되지 않을 때에 문제로 인식된다. Yorkston 등[305]은 명료도가 받아들여지는 범위 내(90% 이상)에 있다면 말명료도를 어느 정도 희생시키더라도 균형을 맞추어(trade-off) 자연스러움에 대한 중재가 이루어져야 한다고 제안한다.

음향학적 분석은 운율장애 중재에 도움이 된다. 단어 및 구의 기본주파수, 강도, 길이 윤곽선(contour)을 통해, 화자가 어떻게 강세를 나타내고, 왜 부자연스러움이 인지되는지에 대한 정보를 제공한다.[301] 음향학적 분석은 또한 중재 시 피드백 기기의 역할을 한다. 음량, 길이, 구강내압에 대한 오실로스코프(oscillosopic) 피드백이 제공된 세 명의 마비말장애 환자 연구에서 실험적 근거가 확인되었다. 피드백이 말 속도와 운율에 끼친 혜택은 청지각적 피드백보다 월등하였다.[29]

[26] 이를 뒷받침하는 간접적 근거가 있음. 예컨대, 마비말장애에서 기본주파수가 단조로우면 명료도에 영향을 줌.[25] 아동들의 자연언어 습득에서 운율의 역할이 강조됨. 성인들은 다른 성인들과 아동들에게 주로 운율적 측면에서 서로 다른 말투를 구사함. 강화된 운율을 통해 아동들이 '언어 코드를 이해(crack the language code)'하도록 도와줌.[10] 안타깝게도, 반대의 경우도 존재하는데, 말운동장애에서는 운율이 '깨지면' 청자가 이해하기 어려워함.

다음의 전략은 운율을 변화시키고 자연스러움을 증대시키는 데 유용하다.

1. 호흡군(breath group, 한 날숨 동안의 운율 패턴) 단계에서 훈련하기는 중요한데, 이는 호흡군이 운율의 기초 단위이기 때문이다. 정상 화자에서 호흡군은 호흡의 생리학적 과정보다는 통사에 의존한다. 호흡군의 길이는 통사에 따라 상당히 변이적인데, 짧게는 2초부터 길게는 8초까지이다.[71] 또한, 말 속도가 빨라지면 정상 화자들은 쉼을 짧게 하고 말 속도를 약간 증가시킨다. 이와는 대조적으로, 마비말장애 환자들의 경우는 생리학적 제한으로 인하여 쉼을 자주 쉰다. 이에 따라, 호흡군이 짧고 통사 경계와 맞지 않게 된다.[11] 그러므로 호흡군을 늘리기 위해 호흡 조절력(말 호흡과 발성 조절)을 증대시키고자 하는 목표로서, 생리학적 능력을 높이거나, 지니고 있는 능력을 적절하게 사용할 필요가 있다.

   생리학적 제한으로 인하여 호흡군의 길이가 감소하면, 생리학적 능력 내에서 발화를 자연적 통사 단위로 '묶는 것(chunk)'을 학습할 필요가 있다. 한 호흡군 당 4~5개 단어만 발화해야 할 경우, 그 호흡군 내 타당한 통사 경계(syntactic boundaries)에 쉼을 두는 것을 배워야 한다.
2. 대립적 강세 과제(contrastive stress tasks)는 강세 패턴을 증진시킨다.[220] 분절적(segmental) 정보는 그대로 둔 채, 강세 패턴만 변화시킨(강세 패턴이 문장 내 음절이나 단어에서 도드라지게 함) 대본을 통해 연습이 이루어진다. 예컨대, "민서가 진주를 사랑한다."라는 반응은 "민서는 진주를 사랑하니?", "민서는 진주를 미워하니?", "민서는 소희를 사랑하니?" 등의 여러 질문에 대한 답이 될 수 있다. 유사한 과제들로 평서문 대 질문("민서는 진주를 사랑한다." 대 "민서는 진주를 사랑하니?"), 다른 기분 표현("민서는 진주를 사랑한다."라고 하면서 기쁜 표정 대 놀란 표정)에서 운율을 연습할 수 있다. 어휘, 통사, 길이는 이들 예처럼 전형적이지 않아도 된다. 대조적 강세를 연습함으로써 자연스러움과 말 정확성을 증진시킬 수 있는데, 이는 다발성 경화증과 실조형이나 경직-실조 혼합형 마비말장애에 대한 행동적 중재의 일환이다.[112]
3. 참조적 과제(referential tasks)를 통해 환자는 청자에게 미리 정해 놓은 강세 목표가 표시된 무작위적

구나 문장을 읽어 주면서, 강세를 놓는 방법과 강세 전략의 효과성을 평가하는 방법을 배워 간다. 즉, 청자가 목표된 강세 단어를 찾아내면 성공하는 셈이 된다.

일부 환자들은 음도, 음량, 길이를 변화하면서 강세를 나타내나, 이 모두를 동시에 변화시키지는 못한다. 한 가지 파라미터를 다른 것보다 잘 사용한다. 특정 단어나 구에 강세를 주게끔 과제를 설정하여 강세를 나타내는 자질(features)을 자발적으로 사용하도록 도와준다. 이러한 자질들을 중심으로 강세 훈련이 이루어진다.

자연스러움은 마비말장애 유형 내, 유형 간 서로 다르게 손상되는데, 이를 치료하기 위한 유일한 방법은 존재하지 않는다.[155,308] 실조형 화자는 강세를 강조하기 위해 음절을 길게 늘이거나 적당한 곳에 쉼을 삽입하도록 교육받는다. 그러한 전략은 음도나 음량 변화보다 쉬워 보이며, '길이'를 늘이는 것이 음도나 음량을 과장하는 것보다 덜 어색하다.[301,308] 음도나 음량 변이는 길이 조절이 효과적으로 활용되면 때때로 자발적으로 자연스럽게 된다.

4. 어떤 환자들은 호흡군 간(across breath groups)' 훈련이 필요하다. 한 사례 연구[11]에 따르면, 단조로운 강세 패턴과 느린 말 속도로 호흡군 내 강세를 적절하게 표현하는 환자가 읽기 동안 쉼의 93%(정상 화자는 65%가량)에서 들숨을 쉬었다. 그의 평균 호흡군 길이는 약 5개 단어 정도였으므로 생리학적 능력은 더 있다고 판단되었고, 숫자 세기에서 한 호흡군에 25개 단어를 산출할 수 있었다. 치료 초점은 들숨을 쉬지 않은 채 쉼의 빈도를 늘이는 것과 호흡군당 단어 수를 늘이는 데 두었다. 자료로는 쉼과 들숨이 표시된 문장과 구 읽기이며, 점차로 그 표시 단서들을 줄여 나가도록 구성하였다. 그 결과, 치료 목표를 성취하였고 호흡군 내 단어의 변이성을 높일 수 있었다. 이로써, 호흡군의 길이가 동일한 까닭에 인식되었던 단음도(monopitch)도 줄어들었다. 이 환자 사례를 통해, 습관적 수행력과 최대 수행력에 대한 정보를 획득하는 것이 문제점과 치료 효과에 대한 잠재력을 파악할 수 있는 길이라는 것을 알 수 있다.

5. 운율(prosody)에 대한 연습은 말 속도 조절에 도움이 된다. 예컨대, 음량 및 음도 변이와 강세 패턴을 연습하면 말 속도가 치료의 명백한 목표가 아닐지라도 말 속도를 줄일 수 있게 된다.[243]

6. 치료 활동은 상당히 구조적인 과제로 시작하여, 짧은 대화나 대화 스크립트를 이용한 자발화로 점차로 전이되어야 한다. 환자에게 자신의 산출을 비평하도록 하는 것도 중요하다.[305] 이를 위해 녹음 자료를 되짚어 보게 한다.

II. 마비말장애 유형별 화자 중심적 치료

많은 치료 접근법들이 거의 모든 마비말장애 유형에 적용 가능하다. 일부의 적용 가능 여부는 마비말장애 유형에 따라 다르며, 어떤 병리생리학에 근거하는지 혹은 어떠한 특정 말 특색이 지배적이냐에 따라서도 달라진다. 그 결과, 일부 화자 중심적 치료는 특정 마비말장애 유형에만 적절하고 더 많이 쓰인다. 일부 치료법은 어떤 마비말장애 유형에서는 적절치 않다.

이 단락에서는 가장 지배적으로 사용되는, 혹은 특정 마비말장애 유형에서는 금기시되는 화자 중심적 접근법을 강조하고자 한다. 표 17-2에서는 특정한 마비말장애 유형과 관련되어 가장 많이, 흔하게, 논리적으로 쓰여지는, 혹은 금기시되거나 효과가 확실하지 않은 행동적 · 보조기적 · 의료적/수술적 · 약물적 기법에 대해 소개해 놓았다.

A. 이완형 마비말장애

이완형(flaccid) 마비말장애 유형은 전반적인 약증이 문제의 주 원인이기 때문에, 치료는 힘을 증진시켜 주거나 약증을 보완하는 데 있다. 치료는 호흡, 발성, 공명, 조음 등 말의 요소를 다룬다. 하부운동신경세포가 완전히 소실되었다면 이 근육들을 강화시키는 연습은 실패한다. 화자 중심적 치료는 회복(restorative)보다는 보완(compensatory)에 초점을 맞춘다. 호흡이 약한 환자는 발화에 필요한 호흡을 제공해 줄 수 있는 생리학적 지지력을 향상시켜 주어야 한다. 즉, 과제들로는 비구어 과제에서 성문하압 향상, 최대 모음연장 증대, 음량 증대, 호흡군당 호흡량 및 단어 증가를 위한 활동을 한다. 이완형에는 밀기/당기기 연습을 하여 호흡 지지력과 추진력을 증가시키고, 자세 교정, 보조기적 도움(예: 복부 조이기), 보완적 노력, 호기 및 흡기 조절, 힘 증대 등을 실시해야 한다.

표 17-2

화자 중심적 치료법 및 기법과 여러 마비말장애 유형과의 관련성

접근법	마비말장애 유형					
	이완형	경직형	실조형	운동저하형	운동과잉형	편측 상부운동신경세포형
행동적	+	+	+	+	+	+
호흡	+	+	+	+	+	−
'5 for 5' 호흡 과제	+	+	+	+	−	−
밀기/당기기 연습	++	−	−	−	−	−
조절된 날숨 과제	+	+	+	+	−	−
자세 조절	+	+	−	−	+	−
손으로 복부 밀기	+	−	−	+	−	−
목 호흡	++	−	−	−	−	−
혀인두 호흡	++	−	−	−	−	−
들숨근/날숨근 강도 훈련	++	+	−	+	−	−
들숨 검사	++	+	+	+	−	−
최대 모음연장	+	+	+	+	−	−
말하기 전 최대한 깊은 들숨	+	+	−	+	−	−
날숨 시작 시 말하기	+	+	+	+	−	−
날숨 시 일찍 말 끝내기	+	+	+	+	−	−
최적의 호흡군	+	+	+	+	−	−
발화 길이 증가	+	+	+	+	−	−
짧아진 마찰음 지속시간	+	−	−	−	−	−
짧아진 발화	+	+	+	+	−	−
생체피드백	+	+	+	+	+	+
발성	+	+	−	+	+	−
말하는 동안 고개 돌리기	++	−	−	−	−	−
갑상연골 옆으로 돌리기	++	−	−	−	−	−
노력성 닫힘 기법	++	−	−	+	−	−
갑작스런 성대 접촉	++	−	−	+	−	−
강도 높은, 높은 수준의 발성 노력	++	−	−	++	−	−
리 실버만 음성 치료(LSVT)	+	−	−	++	−	−
날숨 시작 시 말하기	+	+	+	+	−	−
고개 젖히기, 음도 높이기, 숨 깊게 쉬기	−	+	−	−	−	−
이완, 마사지	−	+	−	−	+	−
기식화된 음성 시작	−	++	−	−	++	−
지속적 자음 유성음화	−	−	−	−	++	−
최적의 호흡군	+	+	+	+	−	−
공명	+	+	−	+	−	−
지속양압호흡(CPAP)	++	−	−	−	−	−
양와위 위치 설정	++	−	−	−	−	−
콧구멍 막기	+	+	−	−	−	−
턱 움직임 과장하기	+	−	−	+	−	−
음량 높이기	+	+	−	+	−	−
압력 자음 길이 줄이기	−	−	−	−	−	−
속도 줄이기	+	+	+	+	+	+

(다음 쪽에 계속)

표 17-2(계속)

접근법	마비말장애 유형					
	이완형	경직형	실조형	운동저하형	운동과잉형	편측 상부운동 신경세포형
조음	+	+	+	+	+	+
강화 훈련	++	+	−	+	−	+
힘 보존	+	+	−	−	−	−
스트레칭	+	++	−	+	−	−
이완 연습	−	+	−	−	+	−
조음 위치/방법/발성 교대 전략	++	+	−	−	−	−
생체피드백	+	+	+	+	+	+
감각적 요령(tricks)	−	−	−	−	++	−
자음 과장하기	+	+	+	+	−	+
통합적 자극	+	+	+	+	−	+
조음지시법	+	+	+	+	−	+
조음유도법	+	+	+	+	−	+
최소대립	−	+	+	+	−	+
명료도 훈련	+	+	+	+	+	+
참조적 과제	+	+	+	+	+	+
속도	+	+	+	+	+	+
속도 변화	+	+	+	+	+	+
손/손가락 두드리기	+	+	+	+	−	+
리듬적 혹은 정량적 단서	−	−	+	+	−	+
시각적/청각적 피드백	+	+	+	+	+	+
쉼 수정하기	+	+	+	+	−	+
알파벳 보드에서 첫 글자 확인	+	+	+	+	+	+
운율과 자연스러움	+	+	+	+	+	+
호흡군 길이	+	+	+	+	+	+
음절 길이 수정 & 휴지 시간	+	+	+	+	+	−
호흡군 넘나드는 과제	+	+	+	+	−	−
통사 단위별 분리	+	+	+	+	−	−
대조적 강세 과제	+	+	+	+	+	+
참조적 강조 과제	+	+	+	+	+	+
보조기적	+	+	+	+	+	−
복대/코르셋	++	+	−	−	−	−
호기 보드/패들	++	+	−	+	−	−
성량 조절기	+	+	+	+	−	−
음성 증폭기	+	+	−	+	+	−
인공후두	++	−	−	−	−	−
구개거상기	++	+	−	−	−	−
지연청각피드백(DAF)	−	−	−	++	−	−
속도조절판	−	−	−	++	−	−
메트로놈	−	−	−	++	−	−
교합저지기	+	−	−	−	++	−
노즈클립	+	+	−	−	−	−
목 고정장치	+	−	−	−	+	−

(다음 쪽에 계속)

표 17-2(계속)

접근법	마비말장애 유형					
	이완형	경직형	실조형	운동저하형	운동과잉형	편측 상부운동 신경세포형
의료적/수술적	+	+	−	+	+	−
성대내전술	++	−	−	+	−	−
피열연골내전술	++	−	−	−	−	−
주입 가능한 지방, 콜라겐, 히알루론산	++	−	−	+	−	−
인두판	++	+	−	−	−	−
수술적 신경 융합	++	−	−	−	−	−
되돌이후두신경 절제술, 박리, 탈신경-신경분포	−	−	−	−	++	−
보톡스 주입	−	−	−	−	++	−
정중선 일측화 갑상연골성형술	−	−	−	−	++	−
뇌심부자극술(DBS)*	−	−	−	+	+	−
약물적[†]	+	+	+	+	+	−
아르탄(트리헥시페니딜)	−	−	−	−	+	−
클로니딘	−	−	−	−	+	−
클로자릴(클로자핀)	−	−	−	−	+	−
단트리움(단트롤렌)	−	+	−	−	−	−
데프레닐(셀레길린)	−	−	−	+	−	−
다이아막스(아세타졸아마이드)	−	−	+	−	−	−
엘라빌(아미트리프틸린)(항우울제)	−	+	−	−	−	−
플루페나진	−	−	−	−	+	−
구안파신	−	−	−	−	+	−
할돌(할로페리돌)	−	−	−	−	+	−
인데랄(프로프라놀롤)	−	−	−	−	+	−
클로노핀(클로나제팜)	−	−	−	+	+	−
엘도파(레보도파)	−	−	−	++	−	−
리오레살(바클로펜)	−	+	−	−	+	−
에스칼리스(리튬)	−	−	−	−	+	−
메스티논(브롬화 피리도스티그민)	++	−	−	−	−	−
마이솔린(프리미돈)	−	−	−	−	+	−
뉴론틴(가바펜틴)	−	+	−	−	−	−
올란자핀	−	−	−	−	+	−
피모자이드	−	−	−	−	+	−
레저핀	−	−	−	−	+	−
릴루텍(릴루졸)	+(ALS에서만)	+(ALS에서만)	+	−	−	−
리스페달(리스페리돈)	−	−	−	−	+	−
시네메트(카르비도파-레보도파)	−	−	−	++	+	−
테그레톨(카르바마제핀)	−	−	+	−	+	−
발륨(디아제팜)	−	+	−	−	−	−
자낙스(알프라졸람)	−	−	−	−	+	−

ALS=근위축성 측삭 경화증(amyotrophic lateral sclerosis)

+: 적절함. ++: 특이하게 적절하나 모든 환자에게 필요하진 않음. −: 거의 필요하지 않거나 확실하지 않고 금기시까지 됨.

*말 향상을 목적으로 사용되지는 않으며 효과가 없을 수 있음. 말 향상 또는 장애를 일으킬 수 있음.

[†]약물은 말 향상을 목표로 사용됨. 대부분의 약물은 비구(nonbulbar) 근육 상 신경계 운동결손을 경감할 수 있으나 말에는 효과가 없을 수 있음. 나열된 약물은 말운동장애에 대한 일관된 효과가 보고된 바 없으며, 부정적 결과를 보이기도 함.

상대적으로 심한 호흡 문제만을 보이는 경우는 유일하게 목이나 인두만으로 호흡하여 말을 하도록 한다.

내전형 성대의 약증이나 마비 환자는 성대내전을 도와주는 갑상연골성형술(thyroplasty), 피열연골내전술, 마비된 성대 재생술, 성대를 두껍게 만드는 주사물 주입 등의 도움을 받을 수 있다. 또한 성대를 강하게 내전시키는 운동을 통해 성대의 기능을 강화할 수 있다. 이 방법들은 그 어떤 유형보다 이완형 마비말장애 환자들에게 유용하다. 음량 감소를 보이는 환자가 의료적/수술적 중재, 행동적 중재로는 별로 도움을 받지 못한다면, 임시로 혹은 영구적으로 음성증폭기를 사용하면 된다. 성대 약증이나 마비가 있을 때, 수술 전에 내전 운동을 하면, 수술이 필요 없게 될 수도 있다.

이완형은 다른 유형보다도 공명과 연인두 기능에 초점을 맞춰야 한다.[306] 구개거상기와 인두피판술을 받기에 가장 적합하다. 자세 교정이나 콧구멍을 막음으로써 과도한 비강누출을 방지한다. 연인두 강화 운동, 특히 지속양압호흡(CPAP)는 이완형에 효과적이다.

안면신경 마비 환자들은 안면신경 융합술을 받거나 근전도(EMG) 생체피드백 훈련을 통해 안면의 움직임을 개선할 수 있다. 벨마비는 흔히 코르티코스테로이드(corticosteroids)로 치료된다. 입술의 움직임이 약한 환자들은 혀나 입술의 움직임을 강화시켜 주기 위해 교합저지기(bite block)를 사용하면 도움이 될 수 있으나, 영구적인 방법이 되지는 못한다. 조음 기능 향상을 위한 턱, 얼굴, 혀의 비구어적 기능 강화가 건강한 성인에게는 효과가 있지만,[166] 이완형 마비말장애 화자에게는 아직 그 효능성이 입증되지 않았다.[38,[27]]

근긴장 퇴행위축(myotonic dystrophy) 환자에서는 근육 활동이 근긴장을 감소시키기 때문에, 말로써 '준비운동(warning up)'을 하는 것이 피로를 유발하지 않고 말 속도나 안정에 긍정적 효과를 준다.[50]

행동적 중재는 중증근무력증으로 인한 이완형 환자에게는 금기시된다. 이 환자들은 수술적 요법(흉선 적출술[thymectomy])이나 약물적 요법{피리도스티그민 브로마이드(pyridostigmine bromide, 메스티논[Mestinon]), 혹은 부신피질 스테로이드(adrenal corticosteroids)}으로 치료한다. 의료적 치료가 아닌 최선의 방법으로는 환자에게 피로하지 않은 범위 내에서만 말을 하게끔 제한하여 힘을 아끼도록 하는 것이다. 이 환자들은 스스로 이 방법을 터득하게 된다.

B. 경직형 마비말장애

경직형(spastic) 치료는 이완형에 적용되는 기법과는 상반된다. 예컨대, 이 환자들에게는 과도내전이 이미 일반적인 문제이기 때문에 밀기, 당기기, 그 밖의 성대내전을 위한 기법들은 금기시된다. 성대를 가운데로 밀어 주기 위한 수술적 방법(예: 후두성형술, 테프론/콜라겐 주입술) 역시 같은 이유에서 실시하면 안 된다.

항경직 약물, 즉 벤조디아제핀(benzodiazepines){예: 디아제팜(diazepam, 발륨[Valium])}, 단트롤렌(dantrolene)(단트리움[Dantrium]), 바클로펜(baclofen)(리오레살[Lioresal]), 클로니딘(clonidine)(카타프레스[Catapres]), 가바펜틴(gabapentin)(뉴론틴[Neurontin]) 등은 때때로 사지 경직을 완화시킨다.[53,171] 그러나 말에 대한 효과는 확실하지 않고, 약증을 야기하거나, 혹은 약증 극복에 오히려 도움이 되는 강직 효과를 감소시킴으로써 말에 바람직하지 않은 후유증을 일으키기도 한다.[51] 바클로펜을 척수관에 주사(intrathecal baclofen)하여 뇌성마비와 관련된 경직형 마비말장애의 명료도를 향상시켰다는 연구가 있다.[151] 다른 연구에서는 뇌성마비 마비말장애 성인에게 후두 보톡스 주입술 후에 음질과 명료도가 좋아졌다.[149] 그러나 후두 보톡스 주입술이 경직형 마비말장애에 안전하고 효과적 치료법이라고 결론 내기까지는 아직 많은 연구가 필요하다.

경직형 화자들은 다른 유형보다 이완(긴장 완화) 연습이 도움이 될 수 있다. 그러나 이완 기법이 실질적으로 말을 증진할 수 있는지는 확실하지 않다. 조음기의 스트레칭 연습도 경직형 치료에 표면적으로 정당성(rationale)이 있어 보이나, 이 역시 연구된 바 없다. 경직형은 속도와 관련이 있으므로 말 속도를 느리게 하는 것이 경직성 효과를 줄이는 방법이 될 수 있다.

가성구감정(실금)(pseudobulbar affect)은 다른 유형보다 경직형 마비말장애 유형에서 많이 관찰되며, 말에 문제를 일으킨다. 이때, 적은 양의 아미트리프틸린(amitriptyline)(엘라빌[Elavil]) 약물로 비정상적 울음이나 웃음을 완화시킬 수 있다.[235] 행동적 중재 기법도 도움이 될 수 있다.[24] Brookshire[24]는 울음이 너무 빈번하여, 치료 도중에

---

[27] 말초 안면마비에 적용되는 '마임 치료(mime therapy)'(기능적 운동, 입술 연습, 안면 정서 표현의 자극, 자기 마사지 등을 합한 운동)는 입술 움직임, 안면 장애의 신체적 · 사회적 영향을 향상시키는 데 효과적이나,[19] 말에 대한 영향력은 검증된 바 없음.

좀 더 명확하게 반복하거나 말하도록 요청받을 때마다 울곤 하는 환자에 대해 보고한 바 있다. 이를 위하여 울음이 나오기 전에 고개를 돌리는 행동을 하게 하는 프로그램이 개발되었는데, 울음이 상당히 감소되었고, 말 치료를 통해 명료한 발화를 낼 수 있었다. 불수의적 행동을 수의적 조절로 완화시킬 수 있다. 약물이 효과적이지 않거나 적절하지 않고, 환자가 보이는 행동이 너무 만연하여 말이나 치료 활동을 일관적으로 방해할 때 그러한 치료법을 적용한다. 경직형 환자가 이 같은 감정 문제를 보이면 이에 대한 치료가 첫 번째 치료 목적이 된다.

C. 실조형 마비말장애

실조형(ataxic) 마비말장애 환자에게는 근육의 강화나 근긴장을 완화시켜 주는 치료가 적합하지 않고, 그 효과성을 입증하는 근거도 없다.[28] 이와 유사하게, 발성 강화나 공명을 위한 수술적 또는 보조기적 중재도 불필요한데, 이 특색들이 실조형의 운동 장애와는 관련이 없기 때문이다. 소뇌 운동실조증(cerebellar ataxia)을 치료하기 위한 약물은 보통은 성공적이지 않은데, 최근의 한 예비 연구에 따르면, 통상적으로 근위축성 측삭 경화증(ALS) 치료에 사용되는 릴루졸(riluzole)이 갖가지 병인으로 인한 만성 운동실조증 환자들에서 운동실조 중증도 점수(마비말장애 지수 포함)를 낮추었다.[217] 클로나제팜(clonazepam)(클로노핀[Klonopin]) 혹은 프로프라놀롤(propranolol)(인데랄[Inderal])은 소뇌 음성 진전을 완화시켜 준다. 아세타졸아마이드(acetazolamide)(다이아목스[Diamox]) 또는 카르바마제핀(carbamazepine)은 다발성 경화증과 관련된, 가끔씩 발생하는 발작성(paroxysmal) 마비말장애를 포함한 운동실조증을 감소[69]시키는 데 도움이 된다.[20]

일반적으로 실조형 마비말장애는 운동 조절 및 협응과 관련된 문제를 완화하고 보완하기 위한 행동적 치료에 초점을 맞춰야 한다. 보완이 아닌 향상시키고자 하는 목적으로 실조형 환자들에게 운동 능력 학습을 시키게 되면[237] 말과 구강 운동에서 느린 속도를 구현할 수 있다.[271] 물론 비구어 운동 학습에 대한 자료에 따르면, 이러한 향상이 자동적 단계까지는 이르지 못한다.[292]

호흡 조절, 특히 날숨에만 집중적으로 치료를 하여 도움을 받을 수는 있으나,[182,220] '명료도' 향상을 위해 **말 속도 및 운율 조절**에 초점을 맞춘 후에, 더 나아가 '자연스러움'을 성취하기 위하여 말 속도와 운율을 조절하는 것이 좋다.[305,308] 예컨대, 말 속도, 음량, 음도 조절을 강조한 기법을 사용하여 명료도나 자연스러움을 증진하였다는 연구들이 있다.[29,243,302,307]

[28] 한 사례 연구에 따르면,[232] 티아민 결핍(thiamine deficiency)으로 인한 실조형 마비말장애 환자에게 LSVT를 적용하여 음성 및 조음에 도움을 주었음. LSVT는 음량 향상에 목표를 둔 엄격하고 격렬한 음성 훈련 프로그램임. 환자가 통상적으로 실조형에서는 관찰되지 않는 약한 기식성 음성을 보였으므로, 이 프로그램이 효과를 봤을 것으로 여겨짐.

D. 운동저하형 마비말장애

운동저하형(hypokinetic) 마비말장애 치료는 (적어도 음성 특색의 경우) 이완형과 유사하지만 완전히 일치하지는 않는다. 운동저하형을 위해 특별히 고안된 행동적 치료 기법들이 있다.

후두 수술적 신경외과적 중재

일부 운동저하형 화자들은 성대의 휨이나 기능적 약화로 인한 발성장애가 두드러질 수 있다. 발성장애와 마비말장애가 심하면, 성대내전술(medialization laryngoplasty) 혹은 주입 물질을 성대에 주사하여 음성을 호전시킨다.

특정 신경외과적 중재는 파킨슨병과 관련된 운동 문제를 보이는, 혹은 약물로 효과적으로 치료되지 않는 본태성 사지마비와 음성장애와 같은 운동장애를 호전시킬 수 있다. 중재의 예로는 **시상파괴술**(thalamotomy), **담창구절개술**(pallidotomy), **뇌심부자극술**(deep brain stimulation, DBS) 등이 있다. 이들 모두 말의 향상을 위해 개발된 것은 아니며, 오히려 말장애의 위험성을 안고 있다.[238] **시상파괴술**은 시상의 배쪽 중간핵(ventralis intermedius nucleus, VIM)에, 담창구절개술은 담창구 내측(globus pallidus interna, GPi)에 각각 불가역한 손상을 입히는 방법으로서, 현재는 잘 시행되지 않는다. 15년 전에 DBS에 자리를 내주었는데, DBS는 같은 목적으로 행해지지만, 영구적 후유증이 적고 수술 후 조정이 가능하다. 시상파괴술과 담창구절개술에 대해서는 여기서 더 이상 논의되지 않을 것이다.

DBS가 발휘하는 효과에 대한 기제는 아직 제대로 이해되고 있지 않다. 그러나 신경세포의 발화(firing)를 억제하고 억제성 사이신경세포(interneuron)를 촉진함으로써 과도한 뇌의 활동을 감소시키는 것으로 생각된다. 자극기를 VIM, GPi, 시상하핵(subthalamic nucleus, STN)에 심고 흉곽에 위치한 펄스발생기(pulse generator)(심박조절기와 유사한)와 선과 연결하여, 외부 컴퓨터에서 자극 파라미터를 프로그램한 후, 소형 마그넷으로 작동하면 된다.[162] GPi와 VIM을 자극함으로써 시상 DBS보다 파킨슨병 관련 문제를 좀 더 광범위하게 통제할 수 있으며, VIM-DBS는 진전 조절에 좀 더 효과적이다.

GPi-DBS가 말이나 구강 운동 기능에 미치는 효과는 파킨슨병 환자에 따라 차이가 나는데, 효과적이기도(예: 음량 및 명료도 증진) 하고, 전혀 효과가 없기도 하며, 오히려 바람직하지 않은 결과(예: 심한 발성부전)를 보이기도 한다.[165,253] STN-DBS에 관련된 자료에 따르면, 일부 환자에 한하여, 구강 힘과 조절 능력, 호흡과 음성 기능, 강세, 전반적 중증도를 포함한 말이나 구강 운동 기능 과제에서 향상을 가져오나,[84,203,272] 조음, 운율, 명료도 측면에서는 변화가 많지 않다.[45,141,202,224,277] 호전이 관찰된다고 해도 말보다는 다른 운동 증상에 두드러진다.[12] 수술 후 발생하는 말 문제는 GPi와 STN 간의 차이는 크게 없어 보이는데, 한 연구에 따르면 GPi와 STN DBS에서 각각 28%와 35% 정도이다.[70] 환자군 내에서 말장애는 아마도 별로 심하지 않고 평균적인데, 이는 말 중증도의 기초선 측정이 전반적으로 세밀하지 않아 수술 후 변화가 감지되지 않았기 때문일 것이다.

파킨슨병 환자의 STN-DBS의 잘 알려진 후유증으로는 피질뇌간 섬유로 자극이 확산되면서 지장이 생기거나, 자극기가 목표에서 벗어나 위치됨에 따라 마비말장애가 생기거나 심해지는 것이다.[12,272] 연구방법론이 잘 계획된 최근 한 연구에 따르면, STN-DBS가 시행된 32명의 파킨슨병 환자에서 수술 후 1년 만에 평균 14~17%의 명료도 악화(각각 off와 on medication)를 가져왔는데, 이는 수술하지 않은 환자군의 4~5%와는 대조적 수치이다. 수술을 받은 환자 중 25명은 3~77%의 악화를 나타냈고, 나머지 7명은 2~17%의 호전을 보였다.[272]

현재로는 STN이나 GPi-DBS가 말의 호전 혹은 악화를 가져올 것이라 확신할 수는 없다. 그러나 평균적으로 수술 후에 말이 악화되는 경우가 있다. 호전되는 경우도 있으나 많은 환자들에게서 관찰되는 것은 아니다.

약물 치료

카르비도파-레보도파(시네메트)(carbidopa-levodopa [Sinemet]), 레보도파(levodopa), 세레길린(데프레닐)(selegiline[Deprenyl])과 같은 도파민제는 파킨슨병 및 운동저하형 마비말장애 환자의 말이나 음성 문제를 개선해 줄 수는 있으나, 그 효과가 일관적이지 못하고 비구어 운동 기능에서의 향상보다는 그 효과가 덜하다.[29] 레보도파 치료 후, 말과 비구어 과제 동안 입술 기능이 호전되기도 한다.[27] 도파민제 복용 후 여러 음성 및 말 특색, 명료도, 또는 자연스러움에 변화를 보이지 않는다는 연구도 있다.[204,255]

클로나제팜(클로노핀)(clonazepam[Klonopin)])은 운동저하형 마비말장애 치료에 효과적일 수 있다. 예컨대, 이중 맹검 연구(double-blind study)에서 11명 중 9명의 파킨슨병 환자가 이 약물 복용 후 말의 충분한 기능적 향상(주로 말 속도와 쉼 특색, 자음 정확성)을 보여, 연구 종료 후에도 계속해서 약물을 복용하기로 결정하였다.[21] 다른 약물들도 효과적일 수 있으나, 말에 대한 효과는 거의 연구되지 않았다.

파킨슨병 약물의 효과는 약물 주기(drug cycle)에 따라 변화한다는 것을 명심할 필요가 있다. 예를 들어, 시네메트 복용 후 2~3시간 동안 측정된 입술 움직임의 속도 및 진폭이 환자마다 변이적이다.[28] 따라서 긍정적 효과 또한 약물 주기에 따라 다를 것이고, 환자별로 이질적이며, 환자군 내에서조차 체계적으로 예상하기 힘들다.[150] 또한, 병이 진전됨에 따라 레보도파 치료 동안 많은 환자들이 이상운동증을 일으키며 약물 주기에 따라 변동한다. 운동저하형 환자가 운동과잉형 또는 운동저하-운동과잉 혼합형으로 바뀌었다가 일회 함량 기간 내에 다시 제자리로 돌아오기도 한다.

행동적 치료

말 속도가 빠르거나, 가속화되는 운동저하형 마비말장애 환자들은 말 속도 조절이 필요한데, 이는 속도가 느리면 조음 운동 범위가 증가할 수 있기 때문이다.[28] 이때 엄격한 말 속도 조절 접근법이 필요한데 지연청각피드백(DAF)이나 속도조절판(pacing board) 또는 두드리는(tapping) 전략 등이 사용된다.[2,105,109,115]

조절하는 속도가 중요한데, 메트로놈(metronome) 속도는 4Hz를 넘기면 서둘러 말하게 되고, 진전이 주요 특색인 파킨슨병 환자는 두드리는 속도가 2.5Hz를 초과하면 오히려 속도를 더 내게 된다.[254] 저하된 음량을 보이는

[29] 참고문헌 1, 87, 120, 245, 255, 259, 281, 294 참조.

운동저하형 마비말장애는 음량 강도 모니터나 다른 피드백 기기[225]를 활용하면 좋다. 만일 음량이 행동적 치료를 통해 호전되지 않으나 말 산출의 다른 측면이 상대적으로 유지되는 경우, 음성증폭기가 도움이 된다. 운동저하형 마비말장애 환자는 앞으로 구부려 앉는 경향이 있어서 호흡의 깊이가 얕다. 최적의 자세를 확보함으로써 음량이 증진될 수 있다.[305]

운동저하형 마비말장애를 보이는 파킨슨병 환자 치료에 있어서 고려할 몇 가지 요인이 있다.[254] 임상가가 제공하는 외부 시각, 청각, 자기 수용 단서는 반응을 강화할 수 있으며, 연속적 운동 길이를 짧게 하고, 멀티태스킹을 피하며,[58] 지시사항을 한 번에 하나씩 주는 것도 도움이 된다.

과거에는 파킨슨병에 대한 행동적 치료가 비관적이었는데,[234] 그 이유는 회기 내에서는 원하는 반응을 도출할 수는 있었지만 전이 효과(carry-over)가 거의 없었기 때문이다. 그런데 집중적 치료를 통해 지속적 효과를 얻을 수도 있다고 규명되었다. 이 치료법들은 말의 생리학적 기능을 향상시킨다. 집중적으로(예: 6주에 걸쳐 6~9시간, 2주에 걸쳐 10시간, 2주에 걸쳐 35~40시간) 실시되며, 운율 및 음량뿐만 아니라 말 속도 및 조음에 초점을 맞춘다.[132,177,219,240,241] 치료 종류 후에 잔존 효과가 3~6개월까지 어느 정도 지속되기도 하였으나, 효과 정도가 늘 그대로 유지되지는 않았다. 집중 치료 프로그램 후에는 추적 관찰(follow-up) 활동이 중요하다.

파킨슨병에서는 힘(strength)이 상당히 저하되고, 운동완만(서동)(bradykinesia) 역시 근육 활동 속도에 영향을 미치면서, 힘은 활성화되는 근육이나 운동 속도와 관련된다. 항파킨슨병 약물을 더 이상 복용하지 않게 되면 근육 약화를 가져오게 되는데, 이는 작용제 근육(agonist muscles)의 활성화와 힘 생산 정도가 줄어들기 때문이다.[39] 그러므로 근육 힘을 증진시키는 연습 프로그램이 효과적일 수 있다.[73,195] 파킨슨병 환자에서 신체 운동은 운동 수행력을 향상시킬 수 있다. 말 연습 역시 도움이 된다.

리 실버만 음성 치료[30]

리 실버만 음성 치료(Lee Silverman Voice Treatment, LSVT)는 파킨슨병과 관련된 운동저하형 마비말장애 환자를 위한 잘 연구된 프로그램이다. 음성에 초점을 맞추어 음량을 증가시키는 연습을 통해 후두 병리생리학을 변화시키도록 설계되었다. LSVT가 중요한 이유는 다음 두 가지 때문이다. 첫 번째는 극도의 노력(high effort)과 여러 번의 반복, 강도(intensity)를 강조하면서 운동 학습(motor learning)의 원칙이 적용되었다는 것이다.[76] LSVT는 말운동장애에 적용되는 장애 중심 행동적 치료의 구조를 반영한 일반적 모델이다. LSVT가 중요한 두 번째 이유는, LSVT 연구의 본질이 말운동장애를 위한 행동적 치료로서 모범적이고 드문 치료법이라는 것이다. 효과성에 대한 근거는 다른 장애 중심 치료와 비교해 볼 때 제대로 확보된 셈이다. 새로운 치료법을 고안하거나 현존하는 치료법을 살펴보고자 하는 임상가나 연구자는 LSVT의 효과성 연구를 면밀히 검토하면 도움이 될 것이다.

LSVT의 변별적 특색은 (1) **강도 높은 연습**(한 달 동안 1주일에 4번씩),[31] (2) 음량과 성대내전을 증가시키기 위한 **고수준의 신체적 노력**, (3) **호흡-발성에 치료 초점**을 맞추는 것(즉, 공명, 조음, 말 속도, 운율은 제외), (4) **음량에 대한 지각과 노력을 증진시키는** 것이다.

2003년의 체계적 문헌 연구에서 LSVT를 통한 치료 직후 효과와 장기간의 유지 효과에 대한 근거를 확인할 수 있다.[303] 장애에 대한 긍정적 효과는 음향학적 · 공기역학적(aerodynamic) · 운동역학적(kinematic) · 생리학적 측정을 통해서도 확인된 바 있다. 청지각적 측정과 가족 및 환자의 자기보고(self-reports)를 통해서도 치료 효과가 검증되었다.

좀 더 구체적으로, LSVT 관련 연구는 다음과 같이 요약된다.

1. 음량, 음질, 명료도의 청지각적 평가를 활용한 치료 결과에 의거하여, 치료 후 효과가 있다는 사실을 밝혀냈다.[185,211,265,283]
2. 음향학적 · 공기역학적 · 근전도 · 운동역학적 측정을 통해 밝혀진 치료 결과에 따르면, 최대 모음 발성 지속시간, 음압 레벨(SPL), 평균 기본주파수, 기본주파수의 최대 범위, 성문하압, 성대내전, 발성 안정도(phonatory stability), 갑상피열근 활동 변이성에서 향상된 것이 관찰되었다.[56,211,265,283] 일부에서는 치료 전에 관찰되었던 성문 상부의 보상적 과

[30] Fox 등[76]은 LSVT의 정당성(rationale)과 여러 편의 관련 치료 연구의 결과에 대한 요약을 제시함.

[31] 8주에 걸친 회기 또는 가정 연습(home practice)을 추가한 4주 동안 적은 수의 회기를 통해서도 효과적인 결과를 얻을 수 있다는 근거가 있음.[257,293]

도내전이 감소되었다.[40] 호흡의 운동역학성 측면에서는 달라진 것이 없었다.[123]

3. 다양한 측정 결과에서 얻어진 결과가 6, 12, 24개월까지 유지되는 것이 확인되었다.[210,283]
4. 후두경 검사와 각종 음향학적 · 공기역학적 · 청지각적 측정 결과에 따르면, 호흡 기능에만 초점을 둔 음량 및 길이의 다른 치료법에 비해 LSVT의 월등함이 입증되었다.[209,210,212,214,247]
5. 음성-호흡 기능 이외의 변화 역시 확인되었다. 예컨대, 포먼트 전이 시간, 입술 운동역학성, 모음 공간, 공간 운동적 변이성, 혀 운동, 압력 및 지구력, 모음 산출의 청지각적 판단 등의 측정을 통해 진폭, 협응, 지구력, 안정도가 향상되었다는 것이 확인되었다.[32] 공명 및 삼킴 기능 역시 향상되었다고 보고되었다.[65,289] LSVT를 통해 말운동 체계상 운동 진폭을 증가시키는 과제는 여러 목표가 아닌 하나의 목표를 향한 비교적 명백한 치료로서 인지 결함 환자들에게 도움이 된다.[76] 파킨슨병 환자가 큰 소리로 말함으로써 정상과 유사한 공간 및 시간적 구성을 실행할 수 있는데, 이것이 성공적 치료를 위한 요인이다.[140]
6. LSVT 실시 전후의 양전자방출단층촬영(PET) 자료에 따르면, 치료 후 활성화 패턴은 우뇌, 전전두엽 및 측두엽으로 이동된 것이 확인되었다.[156,184]
7. LSVT는 파킨슨병 이외에도, 뇌졸중, 외상성 뇌손상, 다발성 경화증, 운동저하형 이외의 마비말장애 유형에도 효과적일 수 있다.[33] 그러나 파킨슨병이 아닌 다른 질환,[76] 특히 운동저하형이 아닌 다른 유형에 대해 LSVT를 적용하는 것은 신중할 필요가 있다.

LSVT의 성공을 예측할 수 있는 변인은 아직 확실하게 규명되지 않았으며,[76] 성공 비율 또한 확인된 바 없다. 일부 환자에서는 동기 부족과 우울증 때문에 치료 효과를 내지 못하는 것 같다.[213] 지금까지의 자료에 따르면, 적어도 일부 파킨슨병 환자에게는 집중적인 음성 치료의 효과가 입증되었다. LSVT에 기반한 일반적인 운동 학습의 원칙 및 치료의 강도를 운동저하형 마비말장애가 아닌 다른 말운동장애 중재에 적용할 수도 있다.

[32] 참고문헌 55, 56, 92, 231, 265, 283 참조.

[33] 치료 방법과는 상관없이 집중 말 치료의 효과를 입증한 연구가 있음.[288] LSVT 대 '전통적 마비말장애 치료'(이 장에서 기술된 여러 행동 기법의 통합)의 효과를 뇌졸중 또는 외상성 뇌손상으로 인한 여러 유형의 만성 마비말장애 환자 26명을 상대로 연구하였음. 각 치료는 하루에 1시간, 일주일에 4일, 총 4주 동안 실시되었음. 치료 후, 모음 조음 및 명료도가 향상되었고, 두 가지 치료 간의 차이는 없었음. 참고문헌 67, 76, 187, 233, 288, 290 참조.

E. 운동과잉형 마비말장애

운동과잉형(hyperkinetic) 마비말장애 중재는 주로 수술적 · 약물적 기법을 활용한다. 운동과잉형의 기저 병리생리학을 감안한다면 이런 사실이 그다지 놀랍지 않은데, 말 문제를 야기하는 비정상 운동은 수의적 조절이 불가능하기 때문이다. 다행히도, 운동과잉형 말장애 치료에 활용되는 비행동적 치료법이 점차로 늘어나고 있는 추세이다.

뇌심부자극술(DBS)은 약물로는 다루기 힘든(운동저하형 마비말장애 단락에서 언급된 DBS를 참조) 여러 운동장애(예: 본태성 사지 진전, 근긴장이상, 이상운동증, 틱[34])를 치료하는 데 가장 효과적인 치료법이다.[207] DBS의 대상은 시상의 배쪽 중간핵(ventralis intermedius nucleus, VIM)으로서, 본태성 진전을 조절하기 위한 목적이지만, 음성 진전을 감소시키는 데도 가끔 활용된다.[263] 본태성 사지 진전 환자에게 양측 시상 DBS를 시행하면 음성 진전이 줄어들기도 한다. 말에 대한 부정적 효과를 보이기도 하는데, 그 출현 비율은 총 사례 중 많게는 27%까지도 관찰된다.[74,206] 본태성 음성 진전의 주요 치료 방법으로서 DBS를 추천하기에는 현 자료가 너무 부족하다.[310]

이미 언급되었듯이 보톡스 주입은 연축발성장애 치료에 선호되는 방법이다. 체계적 문헌 연구에 따르면, 보톡스 주입법은 턱 열기/다물기 하악 근긴장이상 중재에 효과적이고, 불수의적 혀 돌출을 야기하는 혀 근긴장이상 중재에도 잠재적 효과가 있다.[61] 구개올림근(levator), 구개긴장근(tensor veli palatini)에 보톡스를 주입하게 되면 구개 간대성 근경련(palatal myoclonus/tremor)을 치료할 수 있다.[200]

약물은 운동과잉형 마비말장애 치료에 가끔 도움을 주는데, 긍정적이라 해도 중간 정도 효과에 지나지 않는다. 사지의 본태성 진전 치료에 쓰이는 약제로는 프로프라놀롤(propranolol[인데랄정, inderal])과 프리미돈(primidone [mysoline])이 있는데, 머리 진전 또는 음성 진전에 가끔 도움이 된다.[122,142,222] 물론 신중하고 적절하게 제한적으

[34] 담창구 내측(GPi) 혹은 시상의 중심정중-다발 곁 복합체(centromedian-parafascicular complex)를 겨냥한 뇌심부자극술(DBS)은 잘 선택된 일부 투렛 증후군 환자들의 틱 중증도를 감소시킴.[287]

로 사용되어야겠지만, 적은 양의 알코올이 종종 본태성 음성 진전을 감소시킨다.[142] 2003년의 체계적 문헌 연구에서는 약물 중재는 주요 치료법으로 간주되지는 않는다.[61]

진전 이외의 운동장애의 경우, 아르탄(Artane)이 후두 및 호흡의 이상운동증을 보인 한 환자의 말에 효과를 주었다.[161] 리오레살(lioresal), 클로자핀(clozapine), 아르탄(artane)과 리튬(lithium)의 혼합 물질, 알프라졸람(alprazolam[자낙스, Xanax])은 가끔 구강하악 및 혀의 이상운동증과 연축발성장애를 감소시켜 준다.[208,222] 희석된 리도카인(lidocaine)과 알코올을 근육 내 주입하면 약에 잘 듣지 않는 일부 구강하악 이상운동증 환자들에서 중증도를 감소시킨다고 하나,[309] 말에 대한 효과는 보고된 바 없다. 리오레살, 레저핀(reserpine), 할로페리돌(haloperidol[할돌, Haldol])은 무도증에 기반한(chorea-induced) 마비말장애 치료에 약간의 효과가 있다. 무도병 운동장애는 레저핀, 할돌, 리오레살로 감소된다.[222] 투렛 증후군과 틱을 가라앉히기 위한 약물로는 클로니딘(clonidine)과 구안파신(guanfacine)과 같은 알파 길항제(alpha agonists)와 할로페리돌(haloperidol), 클로자핀(clozapine), 올란자핀(olanzapine), 리스페리돈(risperidone), 플루페나진(fluphenazine), 피모자이드(pimozide) 등과 같은 도파민 수용체 길항제(receptor antagonists)가 있다.[147] 구개 간대성 근경련 환자들은 클로나제팜(clonazepam), 카르바마제핀(carbamazepine), 트리헥시페니딜(trihexyphenidyl) 등이 도움이 될 수 있다. 가바페닌(gabapentin)은 멈추지 않는 딸꾹질에 효과가 있기도 하다.[264]

특정한 운동과잉형 마비말장애에 효과가 있는 행동적, 보조기적 접근법이 있는데, 많은 경우 일시적이고 원하는 만큼의 결과가 나오지 않는다.

1. 턱이나 혀에서 관찰되는 구강하악 이상운동증은 교합저지기(또는 껌 혹은 구강 내 장착 기기)를 사용하여 우발적인 턱이나 혀 운동을 막거나 제한하여, 조음과 말 속도에 도움을 준다. 이 기법들은 감각적 요령(tricks)에 해당한다.
2. 턱, 혀, 얼굴 등의 국소적 근긴장이상은 감각적 요령(자세 교정)으로 우발적인 움직임을 막고 말을 증진시킨다. 환자 스스로 해본 적이 없으며, 적어도 특정 환경에서 사회적으로 용인된다면 시도해 볼 만한 기법이다. 그러나 끝까지 지속되는 해결책은 아니다.
3. 작용 간대성 근경련(action myoclonus)으로 인한 운동과잉형 마비말장애는 말 속도를 줄이면 호전된다. 스스로 할 수 없다면, 말 속도 감소 전략을 가르쳐야 한다.
4. 내전형 연축발성장애(ADSD) 환자는 음도를 올리거나 기식성 발성 시작(onset of phonation)을 사용한다. 외전형 연축발성장애(ABSD)는 심한 성대 발성 시작 기법을 적용하여 외전 경련을 줄인다. 무성자음을 유성음화하면 외전 경련에서에서 관찰되는 성대외전을 줄일 수 있다. 이러한 전략은 장애가 경미하거나, 말을 절대적으로 정상적으로 해야 될 때가 아닌 경우에 가장 효과적이다. 그런데 이러한 전략을 유지하기가 어려우며 병이 진행되면서 더 이상 사용하기가 힘들어진다. 2003년에 발표된 연축발성장애 중재 관련 자료에 따르면,[61] 전문가 의견뿐만 아니라 실험 연구에서조차도 연축발성장애에 행동적 치료 한 가지만으로는 치료 효과를 보기는 힘들다. 적은 수의 대상자들이 무작위 할당되지 않은 한 연구 결과에서,[183] 보톡스 주입술과 음성 치료를 동시에 받은 ADSD 환자들이 발성에서 호전을 보였다. 기류 속도가 증가하였고, 음향학적 측정에서 변이성과 섭동(perturbation)이 줄었으며, 이러한 변화가 보톡스 주입술만 받은 이들에 비해 그 효과가 오래 지속되었다.

   몇몇 연구는 적은 수의 ADSD에 대한 생체피드백, 척추 교정(chiropractic manipulation), 미주신경 또는 되돌이후두신경(recurrent laryngeal nerve) 자극의 효과를 보고하였다. 이 어떤 기법도 효과적이지는 않았다.[61]
5. 입술 이상운동증과 반측 안면 경련(hemifacial spasm)에 대한 EMG 생체피드백의 효과를 보고한 사례 연구들이 있다. 그러나 비용이나 효율성 측면에서 말명료도나 효율성에 상당한 효과를 보이는 것으로 결론 내리기에는 무리가 있다. 운동장애 치료에 쓰이는 생체피드백이 자주 쓰인다고 해서 영구히 받아들일 방법은 아니며, 계속 연구될 필요가 있다.

F. 편측 상부운동신경세포형 마비말장애

편측 상부운동신경세포(unilateral upper motor neuron, UUMN)형 마비말장애 치료법에 대한 연구는 거의 없다. Duffy와 Folger[60]의 후향적 연구에 따르면, 많은 UUMN

형 마비말장애 환자들에게 말 치료가 권고되었으며, 치료 효과가 관찰되었다. 주로 말 속도, 운율, 조음 등에 대한 행동적 치료가 행해졌다. 적어도 급성 병원 현장(acute hospital settings)에서는 보완적 방법이 생리학적 지지력을 회복시키는 노력보다 더 많이 강조된다. 환자는 거울을 보면서 자신이 침을 흘리거나 약한 쪽 볼에 음식을 모으는 것(squirreling)을 모니터링할 수 있다.[35] 환자가 UUMN 손상으로 인한 약증, 경직, 또는 불협응을 지배적으로 보이는지 여부에 따라 말 특색이 다르고, 이에 따라 시행해야 하는 치료 또한 달라질 것이다. 손상 부위가 대뇌피질인 경우, 실어증이나 우뇌손상으로 인한 인지-의사소통장애에 초점을 맞추어야 할 수도 있다.

F. 혼합형 마비말장애

혼합형(mixed) 마비말장애 치료는 혼합된 구성 유형에 따라 적절하게 이루어진다. 그런데 특정 유형에 도움이 되는 한 가지 치료 기법이 다른 유형에는 금기시되는 치료법일 수 있다. 일반적으로 혼합형 마비말장애에는 보조기적 · 수술적 · 약물적 중재보다는 행동적 중재가 실시된다. 물론 예외적인 경우도 있다.

구개거상기로 근위축성 측삭 경화증(ALS)과 연관된 이완-경직 혼합형 마비말장애 환자에게 도움을 줄 수 있다. 한 후향적 연구(retrospective study)에 따르면, 25명 중 80%의 근위축성 측삭 경화증(ALS) 환자에서 보조기 장착 후, 과다비성과 말을 하는 데 필요한 노력이 한층 줄어들었으며, 그중 75%가 6개월 동안 그 효과가 어느 정도 지속되었다.[68]

적은 양의 아미트리프틸린(amitriptyline)은 진행성 핵상마비(progressive supranuclear palsy)나 근위축성 측삭 경화증(ALS)과 같은 마비말장애를 포함한 심한 운동 기능 장애를 감소시켜 준다.[66] 마비말장애 유형은 확인되지 않았으나 아마도 혼합형이었을 것이다.

두 명의 다발성 경화증 환자에게 잠깐 동안의 구개 외(extracranial) AC 간헐 전자기장(AC pulsed electromagnetic fields), 즉 약한 전자기장 자극(electomagnetic field stimulation)을 주었을 때에 마비말장애가 호전되었다는 보고가 있다.[228] 어떤 마비말장애 유형이었는지는 보고되지 않았으나, 소뇌 및 주변 신경로의 손상으로 인한 실조형이 의심된다.

[35] 동료인 Jack Thomas의 의견임.

III. 의사소통 중심적 치료

명료도와 효율성이 감소되고 의료적 · 보조기적 · 행동적 중재를 통해 말 문제를 회복시키거나 보완하는 데 실패했을 때에, 마비말장애 환자와 청자 간의 의사소통을 증진시키기 위해서는 무엇을 할 수 있는가? 해결책은 말의 명료도에 있는 것이 아니라, 말의 이해 가능도(comprehensibility)를 향상시킬 전략을 구사하는 데 있다. 이는 말의 음향학적 자질을 넘어선 차원에서 메시지가 잘 전달되는지 여부에 초점을 맞춘다. 이 전략들은 '마비말장애 유형과는 독립적'이다. 오히려 결함(deficits)을 동반한, 불능(disability)과 불리(handicap, 핸디캡) 차원에서 의사소통이 일어나는 환경, 의사소통 대상자 등과 관련된다.[36]

이 전략들은 환자 혼자, 청자 혼자, 또는 화자-청자 간 협동적으로 활용된다. 한 가지 전략이 강력한 영향을 주기도 하나, 여러 전략들에서 얻는 작은 이득들이 모여 향상에 도움이 된다. 이 전략들은 표 17-3에 요약되어 있다.[37]

A. 화자 전략

마비말장애 화자들의 예측성(predictability)과 이해 가능도(comprehensibility)를 높이는 다양한 방법이 있다. 이들 전략은 다른 언어 및 인지 문제가 동반되지 않아, 학습이나 일반화에 문제가 없을 중도(moderate)부터 심도(severe) 환자들에게 특히 유용하다.[304]

청자에게 신호를 보내 준비시키기

말을 시작하기 전에 명료도와 이해 가능도를 증진시키기 위해 청자의 관심을 유도한다. 발성 또는 구어(예: 청자의 이름 부르기, "여기요"), 또는 비구어적(예: 손 제스처, 눈 맞춤) 신호(alerting signals)를 활용한다.

[36] Yorkston 등[305]이 만든 Communicative Effectiveness Survey, 즉 여러 사회적 상황에서 의사소통 효과에 대한 화자 및 청자의 판단에 대한 통찰력을 제공하는, 임상적으로 유용한 척도를 참조할 것.

[37] Yorkston, Strand, Kenndy[304]는 마비말장애 화자 및 청자를 대상으로 실시된 임상적 평가 및 상담을 통해 확인된 이해 가능도를 향상시킬 수 있는 전략들을 요약한 체크리스트를 제공함.

표 17-3

의사소통 중심 중재 전략에 대한 요약

화자 전략	• 청자에게 신호를 보내 준비시키기(청자에게 주의 환기시키기) • 의사소통이 어떻게 이루어져야 하는지 알리기 • 문맥을 정하고 주제 확인하기 • 문장의 내용, 구조, 길이를 변화시키기 • 제스처로 도움받기 • 청자의 이해 정도를 모니터링하기 • 알파벳 보충법 활용하기
청자 전략	• 눈 맞춤 유지하기 • 주의를 기울여 적극적으로 듣고 이해하도록 노력하기 • 물리적 환경을 변화시키기 • 청력 및 시력을 극대화시키기
상호작용 전략	• 상호작용 시간 조정하기 • 말하기 및 듣기의 최적 환경 조성하기 • 화자-청자 간의 눈 맞춤 유지하기 • 의사소통이 원활하지 않을 때, 피드백 방법 정립하기 • 의사소통 문제해결하기 • 언제, 어떻게 의사소통이 이루어지면 좋은지 확립하기

의사소통이 어떻게 이루어져야 하는지 알리기

이 방법은 보완적 의사소통 방법을 쓰는 경우에 더욱 중요하다. 근본 원칙은 낯선 청자에게 상호작용의 첫머리에 알려야 한다는 것이다. 화자가 말장애를 갖고 있으며 화자가 말을 하면서 단어의 첫 글자를 가리키면 의사소통이 쉬워질 것이라 알려 준다. 화자는 청자에게 각 단어나 발화가 완료될 때마다 이해되었음을 확인하기 위하여 반복하여 말하도록 하고, 명확한지 확인하기 전에 문장이 완료되길 기다리도록 하며, 이해가 되지 않는다면 확인해야 하고, 환자를 똑바로 쳐다보도록 요구한다. 이 지시사항들은 글자로 써서 제시된다.

문맥을 정하고 주제 확인하기

문맥(context) 정보(예: 정치 등과 같은 주제 단서)는 심도의 환자에 있어서 단어와 문장 명료도를 증대시키게 해주며,[33,81,134] 화자를 향한 청자의 긍정적 태도를 이끈다.[126] 이러한 효과는 단단어 발화에서 더욱 부각되는데, 문맥 단서가 있으면 명료도가 거의 30%에서 5배 정도까지 증가한다고 보고된 바 있다.[54,302] 이러한 단서를 통해 문장 명료도도 증가되는데,[79,81] 특히 알파벳 보충 단서와 함께 결합될 때 더욱 그러하다.[125]

문맥은 말을 통해 혹은 비구어적(예: 단어 보드에 쓰여진 주제 목록)으로 나타나는 대화의 주제상의 의미적 문맥이다. 의미적 단서는 구체적 메시지가 시작되기 전에 내용에 대해 예상할 수 있게 해준다. 대화 도중 주제가 바뀐다는 신호를 보내는 것 역시 가치가 있으며, 주제가 바뀔 때 새로운 주제를 얘기해 주거나, 서로 약속된 제스처로 신호를 보내기도 한다. 쓰기를 이용하거나, 주제목록이 적힌 혹은 '주제 바뀜'이라 쓰여진 알파벳 보드를 보여 준다.[305] 이로 인해 얻어지는 혜택은 아주 미미한 정도부터 50% 정도까지 다양한데, 중간 범위의 중증도에 속하는 화자는 평균 약 11% 정도의 명료도를 향상하게 된다.[106] 2004년 체계적 문헌 연구[106]에 따르면, 이 기법이 효과적인 환자는 자연스런 환경에서 문제가 되는 마비말장애를 갖고 있되, 적절한 인지 및 화용 능력, 단서를 제공할 운동 능력이 겸비된 환자들이다.

문장의 내용, 구조, 길이를 변화시키기

발화 내 중복성(redundancy)이나 확장성(elaboration)을 증가시켜 명료도를 향상시킬 수도 있다. 혹은 좀 더 간단하고, 단순하며, 제한된 내용 및 길이로 메시지의 극히 중요한 부분만을 말하기도 한다.[279] 이러한 기법은 질문에 답할 때에 적용된다. 예컨대, 커피나 홍차 중 어떤 것을 원하는지 물으면 "오늘 이미 커피를 너무 많이 마셨으나, 한 잔 더 마셔도 괜찮겠어요."라고 하는 것보다는 "커피"라고 말하는 것이 훨씬 효율적이다. 정상 화자들은 간단한 것을 정교하게 말하거나 설명할 수 있는 반면, 대다수의 마비말장애 환자들은 불가능하다. 숙어적 표현이나 은유/비유 등의 사용을 조절하여, 좀 더 글자 그대로 뜻을 전달할 필요가 있는데,[279] 많은 이들은 이런 변화를 자동적으로 받아들이기도 한다. 그런데 인지장애가 있거나, 스타일에 중대한 변화를 가져와야 하고 성격이 그대로 표출되어야 할 때에는 이런 변화를 주는 것이 어려울 수 있다. 이에 대한 중재 방안은 스타일을 그대로 고수한 채, 의사소통장애가 생긴 상황을 변화시키는 것이다.

길이를 조절해도 명료도가 향상된다. 명료도 저하가 심한 환자들은 문장보다 단어에서 좀 더 명료하며, 명료도 저하가 덜 심한 이들은 단어보다 문장에서 좀 더 명료하다.[54,300] 단어 명료도가 위기적 한계점에 다다르게 되면 청자는 문장 내 중복성(redundancy)을 통해 도움을 받는다. 따라서 전보문적 구조는 가장 피해야 할 형태이며, 간단하고 예측이 가능한 문장 구조(예: 수동문보다는 능동문)가 이해하기 쉽다.[305]

제스처로 도움받기

제스처(gesture) 사용이 이해 가능도(comprehensibility)를 증진시킨다. 이때, 사물이나 위치를 지적하거나, 소품을 활용하거나, 자연스런 제스처나 팬터마임을 사용할 수 있다. 기본적인 단계에서는 단순한 제스처로써 대화상 순서 바꾸기(turn taking)에 대한 신호(예: 앞으로 기울이거나 손을 들어서 말하거나, 말을 계속하고자 하는 욕구를 표현하기)를 줄 수 있다.

중증의 마비말장애에서, 제스처 사용은 높은 메시지 예측성과 문맥 단서와 더불어 구어 메시지 이해력을 증진한다.[79,81,83,106] 자연스런 제스처와 상징적 제스처(iconic gestures)(예: 멈추라는 제스처를 통해 '멈추기'라는 내용을 전하기)는 마비말장애 환자에서 말의 시간적 패턴을 바꿀 수 있고, 말 속도를 증가시킬 수 있고, 단어 간 간격을 줄일 수 있다.[80,82,106] 이러한 제스처는 말 자연스러움을 향상시킬 수 있으나, 이해 가능도에 대한 효과는 미지수이다. "제스처의 증진적 효과는 제스처가 얼마나 자연스러운지(운동의 정상성를 포함한)에 달렸다." 자연스러움은 고개 조절 문제나 사지 운동 결함을 보이는 마비말장애 환자에서는 찾아볼 수 없다. 말하는 중에 자연스런 머리 동작이 왜곡되면 음절 확인이 어렵다.[179]

청자의 이해 정도를 모니터링하기

청자와의 눈 맞춤(eye contact)을 유지하고 메시지가 이해되었는지 여부를 확인하는 것이 바람직한데, 특히 자신이 이해하지 못하였다는 것을 받아들이기를 꺼리는 청자에게는 필요하다. 일반적으로 이해가 되지 않았음을 빨리 알아챌수록, 더 효과적으로 상황을 바로잡을 수 있다.

알파벳 보충법 활용하기

알파벳 보충법(alphabet supplementation)은 말 속도를 위한 화자 중심적 치료에서 다루었다. 이 기법은 이해 가능도를 상당히 증진시키고, 화자를 향한 청자의 태도를 강화시킨다.[126] 낯선 청자들에게 사용할 때에는 화자와 글자보드를 함께 지켜보도록 한다. 화자는 상호작용을 조정해야 한다. 글자보드에 조정 구(control phrases)(예: '단어의 끝', '문장의 끝', '다시 시작')를 사용하는 것이 도움이 된다(표 17-5 참조). 손 기능이 지적하기에 비효율적이거나 부적절하면, 이마 장착용(head-mounted) 광지시기(light pointer)와 같은 보완 기기를 사용하면 글자 확인이 이루어질 수 있다.[305]

B. 청자 전략

청자는 화자의 명료도, 이해 가능도, 효율성을 증진시키기 위해 많은 것을 할 수 있다.[128] 일부는 청자에 의해 이루어지나, 화자가 사용할 수도 있다. 마비말장애 환자들은 말장애 이외의 문제가 있을 수 있기 때문에, 의사소통을 촉진하기 위한 환경적 변화에 대한 책임은 청자에게 있을 수 있다. 다음 단락에서 소개되는 전략들이 도움을 될 것이다.

눈 맞춤 유지하기

청자들은 화자들과 눈 맞춤을 유지함으로써 중요한 정보를 이끌어 낸다. 예컨대, 자연스런 고개 제스처는 메시지 이해력을 강화시키는데, 아마도 이것이 기본주파수 및 음량과 상관관계가 있기 때문이다.[179] 화자의 얼굴을 쳐다보는 일도 소음 상황에서는 정상 말 인식을 강화시키며, 그러한 단서는 좀 더 효과적으로 만든다.[221] 일부 마비말장애 환자의 경우, 청각적 정보 한 가지에 비하여 시각적-청각적 정보가 함께 제공되면 이해 가능도가 향상된다.[82,129]

주의를 기울여 적극적으로 듣고 이해하도록 노력하기

청자의 듣기 기술은 천차만별이다. 일반적으로 청년층이 노년층보다 마비말장애 화자의 말을 더 잘 알아들으며,[172,199] 임상가가 일반인보다 더 잘 알아듣는다.[41,44] 중도(moderate) 마비말장애의 경우, 매우 친숙한 청자(예: 배우자)는 낯선 청자보다 훨씬 낫다.[49]

대부분의 청자는 정상인을 대할 때보다 환자에 대해 훨씬 더 집중할 필요가 있으며, 임상적 경험과 근거에 따르면 노년층 청자(청력 손실을 감안하더라도)가 좀 더 어려움을 겪는다.[93] 청자는 들으면서 공공연하게 혹은 조심스럽게 본인이 제대로 이해하고 있거나 혹은 그렇지 못한 것을 확인할 필요가 있는데, 이는 대화가 진행되면서 언젠가는 의미를 파악하게 될 것이라는 기대가 어긋날 수 있기 때문이다. 청자가 메시지를 잘 이해하지 못했다고 인식되면 재빨리 그 문제를 해결할 노력을 하는 것이 좋다.

가족들과의 상담 시에는 이런 내용을 짚어 주면서, 알아듣는 연습과 '노력'을 하면 이해력이 증진된다는 점을 알려 준다. 마비말장애 발화를 잠깐 동안이라도 들은 적이 있어 익숙하다면, 익숙하지 않은 청자들에 비하여 높은 명료도 점수를 얻게 할 것이다.[52,158,258,270] 이에 따라, 익숙화(familiarization) 절차가 유용한 중재 전략이 될 수 있으며, 이를 위해 적극적 훈련 및 연습이 필요하다.[49,270] 환자가 진행성 질환을 앓고 있고, 가족들의 인지가 정상이며, 청력이 웬만하며, 마비말장애 화자들과 의사소통하는 데 열성적인데도 임상가나 다른 청자들보다 이해력이 좋지 않다면 앞서 언급한 노력이 필요하다.

물리적 환경을 변화시키기

물리적 환경(physical environment)을 변화시킴으로써 명료도와 이해 가능도를 증진시킬 수 있다.[15] 소음의 원천을 줄이거나(예: 텔레비전이나 라디오를 끄거나 묵음으로 해놓기, 창문을 닫기, 소음을 줄이기 위해 양탄자를 깔거나 커튼을 치기, 선풍기나 에어컨으로부터 떨어져서 말하기), 신호 대 잡음비를 늘리면 좋다. 시끄럽거나 어두운 환경을 피하고(예: 복잡하거나 어두운 조명의 식당), 청자와의 거리를 좁힌다.

청력 및 시력을 극대화시키기

평소에 사용하고 있는 보청기와 돋보기를 착용하거나 다른 가능한 보조 기기를 사용한다.

C. 상호작용 전략

청자와 화자는 이해 가능도를 촉진하고 효율성을 증진하기 위하여 함께 할 수 있는 전략이 많다. 때로는 이러한 전략들이 필요성, 욕구, 갖고 있는 것(assets), 책임(liabilities) 등에 따라 조절될 필요가 있다. 전략은 흔히 훈련과 연습이 필요하다. 전략 자체가 초반 시도에서부터 이해 가능도나 효율성을 극대화하는 것과 관련되기도 한다. 의사소통이 잘 이루어지지 않았을 때에 이해 가능도를 확립시킬 해결 전략을 구축하기도 한다. 마비말장애 환자 또는 가족이 작성한 환경, 문맥, 발화 과제, 청자 등에 대한 의사소통 일지는 자연적 환경 내에서 명료도와 이해 가능도를 저하시키는 의사소통 방해요소를 확인하는 데 도움이 된다.[305] 이러한 전략은 의사소통이 붕괴되면 방해요소를 감소하기 위해 개발되었다.

상호작용 시간 조정하기

늘 그렇듯이 말의 적절성은 피로나 스트레스 정도에 영향을 받으므로, 시간을 조정하여 이런 방해 변인들을 최소화함으로써 명료도, 이해 가능도, 또는 효율성을 극대화시킨다.

말하기 및 듣기의 최적 환경 조성하기

소음, 산만함, 약한 조명 등을 조절하여 의사소통 효과를 극대화시킨다. 이 변인들을 조절하면 피로나 스트레스뿐만 아니라 그에 따른 말에 대한 부정적 영향을 줄이는 데 도움이 된다.

청자-화자 간 눈 맞춤 유지하기

이에 대한 예외는 특정 보완 전략을 사용해야 될 때이다. 예컨대, 화자가 글자나 단어 보드, 또는 다른 보완 기기를 사용하여 말을 보충하는 상황에서는, 청자는 기기를 보면서 말에 귀를 기울여야 한다.

의사소통이 원활하지 않을 때, 피드백 방법 정립하기

명료도나 이해 가능도가 붕괴된 상황을 확인하는 것이 무엇보다 중요하다. 일부 화자들은 중간에 발화를 끊임없이 계속 이어서 하는 것을 선호하나, 일부는 청자가 알아듣지 못하는 부분을 즉각적으로 알기를 원한다. 일반적으로, 피드백이 가장 효과적이려면 구체적이고 즉각적이어야 한다. 일반적 정보(예: "뭐라고요?")만을 알려 주는 피드백보다는 오류가 어디서 생겼으며, 어떤 유형의 오류인지를 구체적으로 확인시켜 주고, 화자가 그 오류를 수정할 능력이 있다면, 말이 가장 효과적으로 바뀔 수 있다.[269] 언제, 어디서 오류가 발생하였는지에 대한 구체적 피드백일수록 반복이나 수정이 효과적으로 될 것이다.

단어의 위치에 대한 피드백일 수도 있고, 다른 방식일 수도 있다. 전혀 이해가 되지 않는 상황이라면, 화자가 청자에게 주제(예: 누구에 대해 혹은 무엇에 대해 이야기되고 있는지)에 대해 물어볼 수도 있고, 누락된 정보만 요구(예: "네가 내일 어딘가 간다는 것은 알겠으나, 정확히 어딜 간다는 건지 잘 모르겠어.")할 수도 있다.

빈번하게 명료도가 붕괴된다면, 섀도잉(shadowing)[305]이라는 기법을 통해 문제를 확인한다. 화자가 말하자마자, 청자가 단어, 구, 문장 등을 즉각적으로 따라 한다. 알파벳 보충법이 이루어진다면, 각 단어를 따라 말해야 한다. 이 전략을 통해 화자는 정확하게 어디서 오류가 발생했는지를 알게 된다.

대부분의 화자들은 명료도가 붕괴되면 자발적인 수정 노력을 하나, 일부는 그렇지 못하다. 도움을 주면 호전이 가능하다는 것을 아는 청자는 화자에게 단서(예: 느리게 말하기, 한 단어씩 말하기, 첫 글자를 말해 주기)를 준다.[38] 그러한 명백한 피드백은 청자와 화자 간 상호작용의 일반적 원칙으로 삼는다. 의사소통 상대들끼리 친숙한 경우, 간단한 제스처가 보완적 전략을 이끌어 내는 데 충분하다. 초반 시도가 실패하면, 확실한 성공을 보장하는 전략(예: 철자 대기)이 사용되어야 한다.

참조적 의사소통 과제는 피드백 전략을 정립하는 데 가치가 있다. 환자와 청자들이 어떤 것이 가장 효과적인지, 피드백을 연습하고 전략을 수정할 기회를 준다. 의사소통 상호작용을 녹음한 것을 다시 리뷰하는 것도 의사소통 전략의 효과에 대한 가치 있는 피드백 정보가 될 것이다.

의사소통 문제해결하기

이해 가능도가 낮을 때 화자가 자발적으로 수정할 수 있는 방법으로서, 구를 전체 혹은 부분적으로 반복하거나, 일부를 혹은 전체를 다시 자세히 말할 수 있다.[6] 어떻게 수정할 것인지를 미리 계획해 놓는다면 효율성과 예측성을 증대시킬 수 있다. 예컨대, 화자와 청자 모두 일단 발화를 한 번 정도 반복할 것(가장 논리적인 첫 번째 절차)이고, 반복해도 못 알아들으면 다른 방법을 써야 한다.[304] 다른 방법으로는 고쳐 말하거나(rephrasing), 동의어 사용, 문제가 되는 단어에 철자 대기, 알파벳으로 보완하기, 쓰기 등을 들 수 있다. 이들을 어떻게 선택하고 순서화하는지는 마비말장애의 중증도와 예전에 성공적이었던 수정법을 감안해서 결정한다. 화자는 서로 다른 청자나 맥락에 따라 변이적으로 전략을 사용하는 것이 좋다.[305]

[38] 일부 환자들은 임상가가 대화 상호작용이나 수정하는 동안에 적용된 말하는 방식을 일관적으로 사용하는 것을 좋아함. 이로써 자연스런 모델을 제공하고 일관적인 환자 반응을 이끌어 내는 방식으로 상호작용할 수 있음. 예컨대, 임상가는 천천히 말하고, 쉼 시간을 늘리며, 각 음절마다 자신의 손을 툭툭 치기도 하고, 구의 끝마다 심호흡을 함. 대체 방안으로는 임상가나 청자가 붕괴될 때마다 화자가 이런 방법으로 수정하도록, 구어 피드백을 같은 방식으로 줌(동료 Jack Thomas가 제안한 사항임).

언제, 어떻게 의사소통이 이루어지면 좋은지 확립하기

경우에 따라서는 여러 가지 의사소통 전략을 결합시키는 것이 좋다. 예컨대, 말을 사용하는 것이 인사를 나누는데 상당히 적절하고, 가장 빠르고 효율적인 방법이다. 그런데 같은 환자라 할지라도 새로운 화제를 이야기할 때에는 철자를 말하거나 글자나 단어 보드를 사용해야 할 수도 있다.

의사소통 전략은 청자마다 상당히 다르게 사용된다. 익숙한 청자들에게는 보완 방법이 불필요할 수 있지만, 낯선 청자들이나 불리한 발화 상황에서는 보완 대체 전략을 활용하는 것이 좋다.

IV. 요약

1. 각종 화자 중심적 및 의사소통 중심적 기법들은 마비말장애 중재에 사용된다. 비록 효능성에 대한 연구가 많지 않으나, 이 중재 접근법이나 기법에 대한 효과를 검증한 연구들이 제법 많고, 점차로 늘어나는 추세이다.
2. 화자 중심적 접근법은 손상된 호흡, 발성, 공명, 조음, 속도, 운율 등을 원상 복구시키고 보완하는 데 그 목적을 둔다. 여러 의료적/수술적 · 보조기적 · 행동적 접근법을 통해 말의 호흡, 발성, 공명, 조음 기능을 향상시킬 수 있다. 보조기적 · 행동적 중재 접근법은 속도 및 운율 향상에 도움을 준다.
3. 화자 중심적 치료에 사용되는 많은 기법들은 여러 마비말장애 유형 환자에 활용된다. 그러나 일부 기법들은 다른 유형보다는 특정 유형의 마비말장애 유형 치료에, 가끔은 한 가지 유형에만 효과적이며, 어

떤 유형에는 쓰여져서는 안 된다.

4. 의사소통 중심적 접근법들은 화자 및 청자 중심적 치료법에서 변형된 것일 수 있다. 비록 말 자체를 호전시키지는 못한다 할지라도, 메시지의 이해 가능도, 전달의 효율성을 상당히 향상시킨다. 의사소통 중심적 접근법들은 마비말장애의 유형과는 상관없으나, 불능(disability) 및 불리(핸디캡)의 정도, 말운동장애와 동반된 결합 여부 및 중증도, 의사소통이 일어나는 환경, 의사소통 대상자의 특색 등과 상당히 관련된다.

참고 문헌

1. Adams SG: Hypokinetic dysarthria in Parkinson's disease. In McNeil MR, editor: *Clinical management of sensorimotor speech disorders*, New York, 1997, Thieme.
2. Adams SG: Accelerating speech in a case of hypokinetic dysarthria: descriptions and treatment. In Till JA, Yorkston KM, Beukelman DR, editors: *Motor speech disorders: advances in assessment and treatment*, Baltimore, 1994, Paul H Brookes.
3. Adams SG, Dykstra A: Hypokinetic dysarthria. In McNeil MR, editor: *Clinical management of sensorimotor speech disorders*, ed 2, New York, 2009, Thieme.
4. Adler CH, et al: Botulinum toxin type A for treating voice tremor, *Arch Neurol* 61:1416, 2004.
5. Ali SO, et al: Alterations in CNS activity induced by botulinum toxin treatment in spasmodic dysphonia: an H2150 PET study, *J Speech Lang Hear Res* 49:1127, 2006.
6. Ansel BM, et al: The frequency of verbal and acoustic adjustments used by cerebral palsied dysarthric adults when faced with communicative failure. In Berry W, editor: *Clinical dysarthria*, Boston, 1983, College-Hill Press.
7. Aronson AE, et al: Botulinum toxin injection for adductor spastic dysphonia: patient self-ratings of voice and phonatory effort after three successive injections, *Laryngoscope* 103:683, 1993.
8. Aten JL: Efficacy of modified palatal lifts for improved resonance. In McNeil MR, Rosenbek J, Aronson AE, editors: *The dysarthrias: physiology, acoustics, perception, management*, Austin, Texas, 1984, Pro-Ed.
9. Barlow SM, Abbs JH: Force transducers for the evaluation of labial, lingual, and mandibular function in dysarthria, *J Speech Hear Res* 26:616, 1983.
10. Bedore LM, Leonard LB: Prosodic and syntactic bootstrapping and their clinical applications, *Am J Speech Lang Pathol* 4:66, 1995.
11. Bellaire K, Yorkston KM, Beukelman DR: Modification of breath patterning to increase naturalness of a mildly dysarthric speaker, *J Commun Disord* 19:271, 1986.
12. Benabid AL, et al: Deep brain stimulation of the subthalamic nucleus for the treatment of Parkinson's disease, *Lancet Neurol* 8:76, 2009.
13. Bender BK, et al: Speech intelligibility in severe adductor spasmodic dysphonia, *J Speech Hear Res* 47:21, 2004.
14. Berry W, Goshorn E: Immediate visual feedback in the treatment of ataxic dysarthria: a case study. In Berry W, editor: *Clinical dysarthria*, Boston, 1983, College-Hill Press.
15. Berry WR, Sanders SB: Environmental education: the universal management approach for adults with dysarthria. In Berry WR, editor: *Clinical dysarthria*, Boston, 1983, College-Hill Press.
16. Berke GS, et al: Treatment of Parkinson hypophonia with percutaneous collagen augmentation, *Laryngoscope* 109:1295, 1999.
17. Beukelman DR, Yorkston K: A communication system for the severely dysarthric speaker with an intact language system, *J Speech Hear Disord* 42:265, 1977.
18. Beukelman DR, Yorkston KM, Tice RL: *Pacer/tally rate measurement software*, Lincoln, Neb, 1997, Tice Technology Services.
19. Buerskens CHG, Heymans PG: Positive effects of mime therapy on sequelae of facial paralysis: stiffness, lip mobility, and social and physical aspects of facial disability, *Otol Neurotol* 24:677, 2003.
20. Bianco Y, et al: Midbrain lesions and paroxysmal dysarthria in multiple sclerosis, *Mult Scler* 14:694, 2008.
21. Biary N, Pimental PA, Langenberg PW: A double-blind trial of clonazepam in the treatment of parkinsonian dysarthria, *Neurology* 38:255, 1988.
22. Blitzer A: Botulinum toxin A and B: a comparative dosing study for spasmodic dysphonia, *Otolaryngol Head Neck Surg* 133:836, 2005.
23. Brand HA, Matsko TA, Avart HN: Speech prosthesis retention problems in dysarthria: case report, *Arch Phys Med Rehabil* 69:213, 1988.
24. Brookshire RH: Control of "involuntary" crying behavior emitted by a multiple sclerosis patient, *J Commun Disord* 3:171, 1970.
25. Bunton K, et al: The effects of flattening fundamental frequency contours on sentence intelligibility in speakers with dysarthria, *Clin Linguist Phon* 15:181, 2001.
26. Cahill LM, et al: An evaluation of continuous positive airway pressure (CPAP) therapy in the treatment of hypernasality following traumatic brain injury: a report of 3 cases, *J Head Trauma Rehabil* 19:241, 2004.
27. Cahill LM, et al: Effect of oral levodopa treatment on articulatory function in Parkinson's disease: preliminary results, *Motor Control* 2:161, 1998.
28. Caligiuri MP: Short-term fluctuations in orofacial motor control in Parkinson's disease. In Yorkston KM, Beukelman DR, editors: *Recent advances in clinical dysarthria*, Boston, 1989, College-Hill Press.
29. Caligiuri MP, Murry T: The use of visual feedback to enhance prosodic control in dysarthria. In Berry W, editor: *Clinical dysarthria*, Boston, 1983, College-Hill Press.

30. Cardoso JR, et al: Effects of exercises on Bell's palsy: systematic review of randomized controlled trials, *Otol Neurotol* 29:557, 2008.
31. Carey J: Manual stretch: effect on finger movement control and force control in stroke subjects with spastic extrinsic finger flexion muscles, *Arch Phys Med Rehabil* 71:888, 1990.
32. Cariski D, Rosenbek J: Clinical note: the effectiveness of the speech enhancer, *J Med Speech Lang Pathol* 7:315, 1999.
33. Carter CR, et al: Effects of semantic and syntactic context on actual and estimated sentence intelligibility of dysarthric speakers. In Robin DA, Yorkston KM, Beukelman DR, editors: *Disorders of motor speech: assessment, treatment, and clinical characterization*, Baltimore, 1996, Brookes Publishing.
34. Cerny FJ, Panzarella KJ, Stathopoulis E: Expiratory muscle conditioning in hypotonic children with low vocal intensity levels, *J Med Speech Lang Pathol* 5:141, 1997.
35. Chhetri DK, et al: Long-term follow-up results of selective laryngeal adductor denervation-reinnervation surgery for adductor spasmodic dysphonia, *Laryngoscope* 116:635, 2006.
36. Chiara T, Martin D, Sapienza C: Expiratory muscle strength training: speech production outcomes in patients with multiple sclerosis, *Neurorehab Neural Repair* 21:239, 2007.
37. Clark HM: Neuromuscular treatments for speech and swallowing: a tutorial, *Am J Speech Lang Pathol* 12:400, 2003.
38. Clark HM, et al: Effects of directional exercise on lingual strength, *J Speech Lang Hear Res* 52:1034, 2009.
39. Corcos DM, et al: Strength in Parkinson's disease: relationship to rate of force generation and clinical status, *Ann Neurol* 39:79, 1996.
40. Countryman S, et al: Supraglottal hyperadduction in an individual with Parkinson disease: a clinical treatment note, *Am J Speech Lang Pathol* 6:74, 1997.
41. Dagenais PA, Garcia JM, Watts CR: Acceptability and intelligibility of mildly dysarthric speech by different listeners. In Cannito MP, Yorkston KM, Beukelman DR, editors: *Neuromotor speech disorders: nature, assessment, and management*, Baltimore, 1998, Brookes Publishing.
42. Dagenais PA, Southwood MH, Lee TL: Rate reduction methods for improving speech intelligibility of dysarthric speakers with Parkinson's disease, *J Med Speech Lang Pathol* 6:143, 1998.
43. Dagenais PA, Southwood MH, Mallonee KO: Assessing processing skills in speakers with Parkinson's disease using delayed auditory feedback, *J Med Speech Lang Pathol* 7:297, 1999.
44. Dagenais PA, et al: Intelligibility and acceptability of moderately dysarthric speech by three types of listeners, *J Med Speech Lang Pathol* 7:91, 1999.
45. D'Alatri L, et al: Effects of bilateral subthalamic nucleus stimulation and medication on parkinsonian speech, *J Voice* 22:365, 2008.
46. Damiano D, Abel M: Functional outcomes of strength training in spastic cerebral palsy, *Arch Phys Med Rehabil* 79:119, 1998.
47. Darley FL, Aronson AE, Brown JR: *Motor speech disorders*, Philadelphia, 1975, WB Saunders.
48. DePaul R, Brooks B: Multiple orofacial indices in amyotrophic lateral sclerosis, *J Speech Hear Res* 36:1158, 1993.
49. DePaul R, Kent RD: A longitudinal case study of ALS: effects of listener familiarity and proficiency on intelligibility judgments, *Am J Speech Lang Pathol* 9:230, 2000.
50. De Swart BJM, van Engelen BGM, Maassen BAM: Warming up improves speech production in patients with adult onset myotonic dystrophy, *J Commun Disord* 40:185, 2007.
51. Dietz V, Sinkjaer T: Spastic movement disorder: impaired reflex function and altered muscle mechanics, *Lancet Neurol* 6:725, 2007.
52. D'Onnocenzo J, Tjaden K, Greenman G: Intelligibility in dysarthria: effects of listener familiarity and speaking condition, *Clin Linguist Phon* 20:659, 2006.
53. Dobkin BH, Thompson AJ: Principles of neurological rehabilitation. In Bradley WG, et al, editors, *Neurology in clinical practice: principles of diagnosis and management*, vol 1, ed 3, Boston, 2000, Butterworth-Heinemann.
54. Dongilli PA: Semantic context and speech intelligibility. In Till JA, Yorkston KM, Beukelman DR, editors: *Motor speech disorders: advances in assessment and treatment*, Baltimore, 1994, Paul H Brookes.
55. Dromey C: Articulatory kinematics in patients with Parkinson disease using different speech treatment approaches, *J Med Speech Lang Pathol* 8:155, 2000.
56. Dromey C, Ramig LO, Johnson AB: Phonatory and articulatory changes associated with increased vocal intensity in Parkinson disease: a case study, *J Speech Hear Res* 38:751, 1995.
57. Dromey C, Warrick P, Irish J: The influence of pitch and loudness changes on the acoustics of vocal tremor, *J Speech Lang Hear Res* 45:879, 2002.
58. Dromey C, et al: Bidirectional interference between speech and postural stability in individuals with Parkinson's disease, *Int J Speech Lang Pathol* 12:446, 2010.
59. Drory VE, et al: The value of muscle exercise in patients with amyotrophic lateral sclerosis, *J Neurol Sci* 191:133, 2001.
60. Duffy JR, Folger WN: Dysarthria associated with unilateral central nervous system lesions: a retrospective study, *J Med Speech Lang Pathol* 4:57, 1996.
61. Duffy JR, Yorkston KM: Medical interventions for spasmodic dysphonia and some related conditions: a systematic review, *J Med Speech Lang Pathol* 11: ix, 2003.
62. Dworkin JP: Bite-block therapy for oromandibular dystonia, *J Med Speech Lang Pathol* 4:47, 1996.
63. Dworkin JP: *Motor speech disorders: a treatment guide*, St Louis, 1991, Mosby.
64. Dykstra AD, Adams SG, Jog M: The effect of botulinum toxin type A on speech intelligibility in lingual dystonia, *J Med Speech Lang Pathol* 15:173, 2007.
65. Sharkawi El, et al: Swallowing and voice effects of Lee Silverman voice treatment (LSVT): a pilot study, *J Neurol Neurosurg Psychiatry* 72:331, 2002.

66. Engel PA: Treatment of progressive supranuclear palsy with amitriptyline: therapeutic and toxic effects, *J Am Geriatr Soc* 44:1072, 1996.
67. Ertelt D, et al: Action observation has a positive impact on rehabilitation of motor deficits following stroke, *Neuroimage* 36(Suppl 2):T164, 2007.
68. Esposito SJ, Mitsumoto H, Shanks M: Use of palatal lift and palatal augmentation prostheses to improve dysarthria in patients with amyotrophic lateral sclerosis: a case series, *J Prosthetic Dent* 83:90, 2000.
69. Evidente VG, et al: Hereditary ataxias, *Mayo Clin Proc* 75:475, 2000.
70. Follett KA, et al: Pallidal versus subthalamic deep-brain stimulation for Parkinson's disease, *N Engl J Med* 362:2077, 2010.
71. Fonagy I, Magdics K: Speech of utterance in phrases of different lengths, *Lang Speech* 3:179, 1960.
72. Ford CN, Bless DM: A preliminary study of injectable collagen in human vocal fold augmentation, *Otolaryngol Head Neck Surg* 94:104, 1986.
73. Formisano R, et al: Rehabilitation and Parkinson's disease, *Scand J Rehabil Med* 24:157, 1992.
74. Fossett T, et al: *Motor speech outcomes in patients undergoing thalamic deep brain stimulation (DBS) for essential tremor*, Savannah, Ga, March 6, 2010, Paper presented at the International Conference on Motor Speech.
75. Fowler WM: Consensus conference summary: role of physical activity and exercise training in neuromuscular diseases, *Am J Phys Med Rehabil* 81:S187, 2002.
76. Fox CM, et al: Current perspectives on the Lee Silverman Voice Treatment (LSVT) for individuals with idiopathic Parkinson disease, *Am J Speech Lang Pathol* 11:111, 2002.
77. Franco RA, Andrus JG: Aerodynamic and acoustic characteristics of voice before and after adduction arytenopexy and medialization laryngoplasty with GORE-TEX in patients with unilateral vocal fold immobility, *J Voice* 23:261, 2009.
78. Frucht SJ: Myoclonus. In Noseworthy JH, editor: *Neurological therapeutics: principles and practice*, vol 1, New York, 2003, Martin Dunitz.
79. Garcia JM, Cannito MP: Influence of verbal and nonverbal contexts on the sentence intelligibility of a speaker with dysarthria, *J Speech Hear Res* 39:750, 1996.
80. Garcia JM, Cobb DS: The effects of gesturing on speech intelligibility and rate in ALS dysarthria: a case study, *J Med Speech Lang Pathol* 8:353, 2000.
81. Garcia JM, Dagenais PA: Dysarthric sentence intelligibility: contribution of iconic gestures and message predictiveness, *J Speech Lang Hear Res* 40:1282, 1998.
82. Garcia JM, Dagenais PA, Cannito MP: Intelligibility and acoustic differences in dysarthric speech related to use of natural gestures. In Cannito MP, Yorkston KM, Beukelman DR, editors: *Neuromotor speech disorders: nature, assessment, and management*, Baltimore, 1998, Brookes Publishing.
83. Garcia JM, et al: Effects of spontaneous gestures on comprehension and intelligibility of dysarthric speech: a case report, *J Med Speech Lang Pathol* 12:145, 2004.
84. Gentil M, et al: Effect of bilateral stimulation of the subthalamic nucleus on parkinsonian dysarthria, *Brain Lang* 85:190, 2003.
85. Gibbon F, et al: Q2: A procedure for profiling impaired speech motor control of the tongue using electropalatography, *J Med Speech Lang Pathol* 8:239, 2000.
86. Goberman AM, Elmer LW: Acoustic analysis of clear versus conversational speech in individuals with Parkinson disease, *J Commun Disord* 38:215, 2005.
87. Goberman A, Coelho C, Robb M: Phonatory characteristics of Parkinsonism speech before and after morning medication: the ON and OFF states, *J Commun Disord* 35:217, 2002.
88. Goldman-Eisler F: The significance of changes in the rate of articulation, *Lang Speech* 4:171, 1961.
89. Gonzalez JB, Aronson AE: Palatal lift prosthesis for treatment of anatomic and neurologic palatopharyngeal insufficiency, *Cleft Palate J* 7:91, 1970.
90. Goozée JV, Murdoch BE, Theodoros DG: Electropalatographic assessment of tongue-to-palate contacts exhibited in dysarthria following traumatic brain injury: spatial characteristics, *J Med Speech Lang Pathol* 11:115, 2003.
91. Goozée JV, Murdoch BE, Theodoros DG: Electropalatographic assessment of articulatory timing characteristics in dysarthria following traumatic brain injury, *J Med Speech Lang Pathol* 7:209, 1999.
92. Goozée JV, Shun AK, Murdoch BE: Effects of increased loudness on tongue movements during speech in nondysarthric speakers with Parkinson's disease, *J Med Speech Lang Pathol* 19:42, 2011.
93. Gosselin PA, Gagné JP: Older adults expend more listening effort than young adults recognizing speech in noise, *J Speech Lang Hear Res*, 2010. online doi:10.1044/1092–4388(2010/10-0069).
94. Gosselink R, et al: Respiratory muscle weakness and respiratory muscle training in severely disabled multiple sclerosis patients, *Arch Phys Med Rehabil* 81:747, 2000.
95. Gray S, et al: Vocal evaluation of thyroplasty surgery in the treatment of unilateral vocal cord paralysis, *NCVS Status and Progress Report* 1:87, 1991.
96. Gutek JM, Rochet AP: Effects of insertion of interword pauses on the intelligibility of dysarthric speech. In Robin DA, Yorkston KM, Beukelman DR, editors: *Disorders of motor speech: assessment, treatment, and clinical characterization*, Baltimore, 1996, Brookes Publishing.
97. Hageman C: Flaccid dysarthria. In McNeil MR, editor: *Clinical management of sensorimotor speech disorders*, ed 2, New York, 2009, Thieme.
98. Hakel M, et al: Nasal obturator for velopharyngeal dysfunction in dysarthria: technical report on a one-way valve, *J Med Speech Lang Pathol* 12:155, 2004.
99. Hammen VL, Torp JN: Effects of speaking rate reduction on segmental characteristics: a preliminary analysis, *J Med Speech Lang Pathol* 7:97, 1999.
100. Hammen VL, Yorkston KM: Speech and pause characteristics following speech rate reduction in hypokinetic dysarthria, *J Commun Disord* 29:429, 1996.
101. Hammen VL, Yorkston KM: Effect of instruction on selected aerodynamic parameters in subjects with dysarthria and control subjects. In Till JA, Yorkston KM,

Beukelman DR, editors: *Motor speech disorders: advances in assessment and treatment*, Baltimore, 1994a, Paul H Brookes.
102. Hammen VL, Yorkston KM: Respiratory patterning and variability in dysarthric speech, *J Med Speech Lang Pathol* 2:253, 1994b.
103. Hammen VL, Yorkston KM, Minifie FD: Effects of temporal alterations on speech intelligibility in parkinsonian dysarthria, *J Speech Hear Res* 37:244, 1994.
104. Hand CR, Burns M, Ireland E: Treatment of hypertonicity in muscles of lip retraction, *Biofeedback Self-Regul* 4:171, 1979.
105. Hansen WR, Metter EJ: DAF as instrumental treatment for dysarthria in progressive supranuclear palsy: a case report, *J Speech Hear Disord* 45:268, 1980.
106. Hanson EK, Yorkston KM, Beukelman DR: Speech supplementation techniques for dysarthria: a systematic review,
J Med Speech Lang Pathol 12: ix, 2004.
107. Hanson EK, et al: The impact of alphabet supplementation and word prediction on sentence intelligibility of electronically distorted speech, *Speech Commun* 52:99, 2010.
108. Hanson EK, et al: Listener attitudes toward speech supplementation strategies used by speakers with dysarthria, *J Med Speech Lang Pathol* 12:161, 2004.
109. Hanson W, Metter E: DAF speech rate modification in Parkinson's disease: a report of two cases. In Berry W, editor: *Clinical dysarthria*, Boston, 1983, College-Hill Press.
110. Hardy JC, et al: Surgical management of palatal paresis and speech problems in cerebral palsy: a preliminary report, *J Speech Hear Disord* 26:320, 1961.
111. Hartelius L, Theodoros D, Murdoch B: Use of electropalatography in the treatment of disordered speech following traumatic brain injury: a case study, *J Med Speech Lang Pathol* 13:189, 2005.
112. Hartelius L, Wising C, Nord L: Speech modification in dysarthria associated with multiple sclerosis: an intervention based on vocal efficiency, contrastive stress, and verbal repair strategies, *J Med Speech Lang Pathol* 5:113, 1997.
113. Havas TE, Priestley KJ: Autologous fat injection laryngoplasty for unilateral vocal fold paralysis, *ANZ J Surg* 73:938, 2003.
114. Heller JC, et al: Velopharyngeal insufficiency in patients with neurologic, emotional and mental disorders, *J Speech Hear Disord* 39:350, 1974.
115. Helm N: Management of palilalia with a pacing board, *J Speech Hear Disord* 44:350, 1979.
116. Henderson A, Goldman-Eisler F, Skarbek A: Sequential temporal patterns in spontaneous speech, *Lang Speech* 9:207, 1966.
117. Hixon TJ, Hoit JD: *Evaluation and management of speech breathing disorders: principles and methods*, Tucson, Arizona, 2005, Redington Brown.
118. Hixon TJ, Hawley JL, Wilson KJ: An around-the-house device for the clinical determination of respiratory driving pressure: a note on making the simple even simpler, *J Speech Hear Dis* 47:413, 1982.
119. Hixon TJ, Putnam A, Sharpe J: Speech production with flaccid paralysis of the rib cage, diaphragm, and abdomen, *J Speech Hear Disord* 48:315, 1983.
120. Ho AK, Bradshaw JL, Iansek R: For better or worse: the effect of levodopa on speech in Parkinson's disease, *Mov Disord* 23:574, 2008.
121. Hoit JD, Banzett RB, Brown R: Binding the abdomen can improve speech in men with phrenic nerve pacers, *Am J Speech Lang Pathol* 11:71, 2002.
122. Hubble JP: Essential tremor: diagnosis and treatment. In Adler CH, Ahlskog JE, editors: *Parkinson's disease and movement disorders: diagnosis and treatment guidelines for the practicing physician*, Totowa, NJ, 2000, Humana Press.
123. Huber JE, et al: Respiratory function and variability in individuals with Parkinson disease: pre- and post-Lee Silverman Voice Treatment, *J Med Speech Lang Pathol* 11:185, 2003.
124. Hughes RGM, Morrison MD: Vocal cord medialization by transcutaneous injection of calcium hydroxyapatite, *Otolaryngol Head Neck Surg* 131:264, 2004.
125. Hustad KC, Beukelman DR: Effects of linguistic cues and stimulus cohesion on intelligibility of severely dysarthric speech, *J Speech Lang Hear Res* 44:497, 2001.
126. Hustad KC, Gearhart KJ: Listener attitudes toward individuals with cerebral palsy who use speech supplementation strategies, *Am J Speech Lang Pathol* 13:168, 2004.
127. Hustad KC, Lee J: Changes in speech production associated with alphabet supplementation, *J Speech Lang Hear Res* 51:1438, 2008.
128. Hustad KC, Dardis CM, Kamper AJ: Use of listening strategies for the speech of individuals with dysarthria and cerebral palsy, *AAC: Aug Alt Commun* 27:5, 2011.
129. Hustad KC, Dardis CM, McCourt KA: Effects of visual information on intelligibility of open and closed class words in predictable sentences produced by speakers with dysarthria, *Clin Linguist Phon* 21:353, 2007.
130. Hustad KC, Jones T, Dailey S: Implementing speech supplementation strategies: effects on intelligibility and speech rate of individuals with chronic severe dysarthria, *J Speech Lang Hear Res* 46:462, 2003.
131. Jankovic J: Blepharospasm and oromandibular-laryngeal-cervical dystonia: a controlled trial of botulinum A toxin therapy. In Fahn S, editor: *Advances in neurology*, vol 50, New York, 1989, Raven Press.
132. Johnson JA, Pring TR: Speech therapy and Parkinson's disease: a review and further data, *Br J Disord Commun* 25:183, 1990.
133. Jones HN, et al: Expiratory muscle strength training in the treatment of mixed dysarthria in a patient with Lance-Adams syndrome, *J Med Speech Lang Pathol* 14:207, 2006.
134. Jones W, et al: The effect of aging and synthetic topic cues on the intelligibility of dysarthric speech, *Int Soc Augment Alt Commun Can* 20:22, 2004.
135. Kelchner LN, et al: Etiology, pathophysiology, treatment choices, and voice results for unilateral adductor vocal fold paralysis: a 3-year retrospective, *J Voice* 13:592, 1999.

136. Kennedy MRT, Strand EA, Yorkston KM: Selected acoustic changes in the verbal repairs of dysarthric speakers, *J Med Speech Lang Pathol* 2:263, 1994.
137. Kent RD, et al: Severe essential vocal and oromandibular tremor: a case report, *Phonoscope* 1:237, 1998.
138. Kimura M, et al: Collagen injection as a supplement to arytenoid adduction for vocal fold paralysis, *Ann Otol Rhinol Laryngol* 117:430, 2008.
139. Klein AM, et al: Vocal outcome measures after bilateral posterior cricoarytenoid muscle botulinum toxin injections for abductor spasmodic dysphonia, *Otolaryngol Head Neck Surg* 139:421, 2008.
140. Kleinow J, Smith A, Ramig LO: Speech motor stability in IPD: effects of rate and loudness manipulations, *J Speech Lang Hear Res* 44:1041, 2001.
141. Klostermann F, et al: Effects of subthalamic deep brain stimulation on dysarthrophonia in Parkinson's disease, *J Nerol Neurosurg Psychiatr* 79:522, 2008.
142. Koller W, Graner D, Mlcoch A: Essential voice tremor: treatment with propranolol, *Neurology* 35:106, 1985.
143. Koufman JA, et al: Treatment of adductor-type spasmodic dysphonia by surgical myectomy: a preliminary report, *Ann Otol Rhinol Laryngol* 115:97, 2006.
144. Krach LE: Pharmacotherapy of spasticity: oral medications and intrathecal baclofen, *J Child Neurol* 16:31, 2001.
145. Kuehn DP: The development of a new technique for treating hypernasality: CPAP, *Am J Speech Lang Pathol* 6:5, 1997.
146. Kuehn DP, Wachtel JM: CPAP therapy for treating hypernasality following closed head injury. In Till JA, Yorkston KM, Beukelman DR, editors: *Motor speech disorders: advances in assessment and treatment*, Baltimore, 1994, Paul H Brookes.
147. Kurlan R: Tourette's syndrome and tic disorders. In Noseworthy JH, editor: *Neurological therapeutics: principles and practice*, vol 2, New York, 2003, Martin Dunitz.
148. Laccourreye O, et al: Intracordal injection of autologous fat in patients with unilateral laryngeal nerve paralysis: long-term results from the patient's perspective, *Laryngoscope* 113:541, 2003.
149. Lapco PE, et al: Laryngeal botulinum toxin A for spastic dysarthria associated with cerebral palsy; a case study, *J Med Speech Lang Pathol* 7:63, 1999.
150. Larson KK, Ramig LO, Scherer RC: Acoustic and glottographic voice analysis during drug-related fluctuations in Parkinson disease, *J Med Speech Lang Pathol* 2:227, 1994.
151. Leary SM, et al: Intrathecal baclofen therapy improves functional intelligibility of speech in cerebral palsy, *Clin Rehabil* 20:228, 2006.
152. Liepert J: Pharmacotherapy in restorative neurology, *Curr Opin Neurol* 21:639, 2008.
153. Light J: A review of oral and oropharyngeal prostheses to facilitate speech and swallowing, *Am J Speech Lang Pathol* 4:15, 1995.
154. Linebaugh CW: Treatment of flaccid dysarthria. In Perkins WH, editor: *Current therapy of communication disorders: dysarthria and apraxia*, New York, 1983, Thieme-Stratton.
155. Linebaugh CW, Wolfe VE: Relationships between articulation rate, intelligibility, and naturalness in spastic and ataxic speakers. In McNeil MR, Rosenbek JC, Aronson AE, editors: *The dysarthrias: physiology, acoustics, perception, and management*, San Diego, 1984, College-Hill Press.
156. Liotti M, et al: Hypophonia in Parkinson disease: neural correlates of voice treatment revealed by PET, *Neurology* 60:432, 2003.
157. Liss JM, Kuehn DP, Hinkle KP: Direct training of velopharyngeal musculature, *J Med Speech Lang Pathol* 2:243, 1994.
158. Liss JM, et al: The effects of familiarization on intelligibility and lexical segmentation in hypokinetic and ataxic dysarthria, *J Acoust Soc Am* 112:3022, 2002.
159. Logan KJ, et al: Speaking slowly: effects of four self guided training approaches on adults' speech rate and naturalness, *Am J Speech Lang Pathol* 11:163, 2002.
160. Lorenz RR, et al: Ansa cervicalis-to-recurrent laryngeal nerve anastomosis for unilateral vocal fold paralysis: experience of a single institution, *Ann Otol Rhinol Laryngol* 117:40, 2008.
161. Ludlow CL, Sedora SE, Fujita M: Inspiratory speech with respiratory dystonia. In Helm-Estabrooks N, Aten JL, editors: *Difficult diagnoses in communication disorders*, Boston, 1989, College-Hill Press.
162. Lyons MK: Deep brain stimulation: current and future clinical applications, *Mayo Clin Proc* 86:662, 2011.
163. Maner KJ, Smith A, Grayson L: Influences of utterance length and complexity on speech motor performance in children and adults, *J Speech Lang Hear Res* 43:560, 2000.
164. Marshall RC, Karow CM: Retrospective examination of failed rate-control intervention, *Am J Speech Lang Pathol* 11:3, 2002.
165. Maruska KG, et al: Sentence production in Parkinson disease treated with deep brain stimulation and medication, *J Med Speech Lang Pathol* 8:265, 2000.
166. McCauley RJ, et al: Evidence-based systematic review: effects of nonspeech oral motor exercises on speech, *Am J Speech Lang Pathol* 18:343, 2009.
167. McCulloch TM, et al: Long-term follow-up of fat injection laryngoplasty for unilateral vocal cord paralysis, *Laryngoscope* 112(7 Part 1):1235, 2002.
168. McFarlane SC, et al: Unilateral vocal fold paralysis: perceived vocal quality following three methods of treatment, *Am J Speech Lang Pathol* 1:45, 1991.
169. McHenry MA: The effect of pacing strategies on the variability of speech movement sequences in dysarthria, *J Speech Lang Hear Res* 46:702, 2003.
170. McHenry MA, Wilson RL, Minton JT: Management of multiple physiologic system deficits following traumatic brain injury, *J Med Speech Lang Pathol* 2:59, 1994.
171. Merritt JL: Management of spasticity in spinal cord injury, *Mayo Clin Proc* 56:614, 1981.
172. Mertz-Garcia J, Hayden M: Young and older listener understanding of a person with severe dysarthria, *J Med Speech Lang Pathol* 7:109, 1999.
173. Miller S: Voice therapy for vocal fold paralysis, *Otolaryngol Clin N Am* 37:105, 2004.

174. Milstein CF, et al: Long-term effects of micronized Alloderm injection for unilateral vocal fold paralysis, *Laryngoscope* 115:1691, 2005.
175. Minami RT, et al: Velopharyngeal incompetency without overt cleft palate, *Plast Reconstr Surg* 55:573, 1975.
176. Mohr JP: Disorders of speech and language. In Wilson JD, et al: *Hanson's principles of internal medicine*, ed 12, New York, 1991, McGraw-Hill.
177. Moore CA, Scudder RR: Coordination of jaw muscle activity in parkinsonian movement: description and response to traditional treatment. In Yorkston KM, Beukelman DR, editors: *Recent advances in clinical dysarthria*, Boston, 1989, College-Hill Press.
178. MorganBarry RA: EPG treatment of a child with the Worster-Drought syndrome, *Eur J Disord Commun* 30:256, 1995.
179. Munhall KG, et al: Visual prosody and speech intelligibility, *Psychol Sci* 15:133, 2004.
180. Murdoch BE, Gardiner F, Theodoros DG: Electropalatographic assessment of articulatory dysfunction in multiple sclerosis: a case study, *J Med Speech Lang Pathol* 8:359, 2000.
181. Murdoch BE, et al: Real-time continuous visual biofeedback in the treatment of speech breathing disorders following childhood traumatic brain injury: report of one case, *Pediatr Rehabil* 3:5, 1999.
182. Murry T: The production of stress in three types of dysarthric speech. In Berry WR, editor: *Clinical dysarthria*, San Diego, 1983, College-Hill Press.
183. Murry T, Woodson G: Combined-modality treatment of adductor spasmodic dysphonia with botulinum toxin and voice therapy, *J Voice* 9:460, 1995.
184. Narayana S, et al: Neural correlates of efficacy of voice therapy in Parkinson's disease identified by performance-correlation analysis, *Hum Brain Mapp* 31:222, 2010.
185. Neel AT: Effects of loud and amplified speech on sentence and word intelligibility in Parkinson disease, *J Speech Lang Hear Res* 52:1021, 2009.
186. Nemec RE, Cohen K: EMG biofeedback in the modification of hypertonia in spastic dysarthria: a case report, *Arch Phys Med Rehabil* 65:103, 1984.
187. Netsell R: *Inspiratory checking in therapy for individuals with speech breathing dysfunction*, San Antonio, Texas, November 1992, Presentation at American Speech Language-Hearing Association Annual Convention.
188. Netsell R: Construction and use of a bite-block for use in evaluation and treatment of speech disorders, *J Speech Hear Disord* 50:103, 1985.
189. Netsell R, Cleeland CS: Modification of lip hypertonia in dysarthria using EMG feedback, *J Speech Hear Disord* 38:131, 1973.
190. Netsell R, Hixon JT: A noninvasive method of clinically estimating subglottal air pressure, *J Speech Hear Disord* 43:326, 1978.
191. Netsell R, Rosenbek J: *Treating the dysarthrias: speech and language evaluation in neurology: adult disorders*, New York, 1985, Grune & Stratton.
192. Netsell RW: Speech rehabilitation for individuals with unintelligible speech and dysarthria: the respiratory and velopharyngeal systems, *J Med Speech Lang Pathol* 6:107, 1998.
193. Nordness AS, Beukelman DR, Ullman C: Impact of alphabet supplementation on speech and pause durations of dysarthric speakers with traumatic brain injury: a research note, *J Med Speech Lang Pathol* 18:35, 2010.
194. Odéen IN: Reduction of muscular hypertonus by long-term muscle strength, *Scand J Rehab Med* 13:93, 1981.
195. Palmer S, et al: Exercise therapy for Parkinson's disease, *Arch Phys Med Rehabil* 67:741, 1986.
196. Paniello RC, Barlow J, Serna JS: Longitudinal follow-up of adductor spasmodic dysphonia patients after botulinum toxin injection: quality of life results, *Laryngoscope* 118:564, 2008.
197. Paseman A, et al: The effect of head position on glottic closure in patients with unilateral vocal fold paralysis, *J Voice* 18:241, 2004.
198. Patel R: Prosodic control in severe dysarthria: preserved ability to mark the questions-statement contrast, *J Speech Lang Hear Res* 45:858, 2002.
199. Penington L, Miller N: Influence of listening conditions and listener characteristics on intelligibility of dysarthric speech, *Clin Linguist Phon* 21:393, 2007.
200. Penney SE, Bruce IA, Saeed SR: Botulinum toxin is effective and safe for palatal tremor: a report of five cases and a review of the literature, *J Neurol* 253:857, 2006.
201. Pilon MA, McIntosh KW, Thaut MH: Auditory vs. visual speech timing cues as external rate control to enhance verbal intelligibility in mixed spastic-ataxic dysarthric speakers: a pilot study, *Brain Inj* 12:793, 1998.
202. Pinto S: Bilateral subthalamic stimulation effects on oral force control in Parkinson's disease, *J Neurol* 250:179, 2003.
203. Pinto S, et al: Subthalamic nucleus stimulation and dysarthria in Parkinson's disease: a PET study, *Brain* 127:602, 2004.
204. Plowman-Prine EK, et al: Perceptual characteristics of parkinsonian speech: a comparison of the pharmacological effects of levodopa across speech and nonspeech motor systems, *Neuro Rehabil* 24:131, 2009.
205. Putnam AHB, Hixon TJ: Respiratory kinematics in speakers with motor neuron disease. In McNeil M, Rosenbek J, Aronson AE, editors: *The dysarthrias*, San Diego, 1984, College-Hill Press.
206. Putzke JD, et al: Bilateral thalamic deep brain stimulation: midline tremor control, *J Neurol Neurosurg Psychiatr* 76:684, 2005.
207. Raethjen J, Deuschl G: Tremor, *Curr Opin Neurol* 22:400, 2009.
208. Raja M, Altavista MC, Albanese A: Tardive lingual dystonia treated with clozapine, *Mov Disord* 11:585, 1996.
209. Ramig L, et al: Changes in vocal loudness following intensive voice treatment (LSVT) in individuals with Parkinson disease: a comparison with untreated patients and normal age-matched controls, *Mov Disord* 16:79, 2001a.
210. Ramig L, et al: Intensive voice treatment (LSVT) for individuals with Parkinson's disease: a two year follow up, *J Neurol Neurosurg Psychiatry* 71:493, 2001b.

211. Ramig LO: Voice treatment for patients with Parkinson's disease: development of an approach and preliminary efficacy data, *J Med Speech Lang Pathol* 2:191, 1994.
212. Ramig LO, Dromey C: Aerodynamic mechanisms underlying treatment-related changes in vocal intensity in patients with Parkinson disease, *J Speech Hear Res* 39:798, 1996.
213. Ramig LO, Horii Y, Bonitati C: The efficacy of voice therapy for patients with Parkinson's disease, *NCVS Status and Progress Report* 1:61, 1991.
214. Ramig LO, et al: Comparison of two forms of intensive speech treatment for Parkinson disease, *J Speech Hear Res* 38:1232, 1995.
215. Remacle M, et al: Treatment of vocal fold immobility by injectable homologous collagen: short-term results, *Eur Arch Oto-Rhino-Laryngol* 263:205, 2006.
216. Remacle M, et al: Initial long-term results of collagen injection for vocal and laryngeal rehabilitation, *Arch Otorhinol* 246:403, 1989.
217. Ristori G, et al: Riluzole in cerebellar ataxia: a randomized, double-blind, placebo-controlled pilot trial, *Neurology* 74:839, 2010.
218. Robbins J, et al: The effects of lingual exercise in stroke patients with dysphagia, *Arch Phys Med Rehabil* 88:150, 2007.
219. Robertson SJ, Thompson F: Speech therapy in Parkinson's disease: a study of the efficacy and long-term effects of intensive treatment, *Br J Disord Commun* 19:213, 1984.
220. Rosenbek JC, LaPointe LL: The dysarthrias: description, diagnosis, and treatment. In Johns DF, editor: *Clinical management of neurogenic communication disorders*, Boston, 1985, Little, Brown.
221. Rosenblum LD, Johnson JA, Saldana HM: Point-light facial displays enhance comprehension of speech in noise, *J Speech Hear Res* 39:1159, 1996.
222. Rosenfield DB: Pharmacologic approaches to speech motor disorders. In Vogel D, Cannito MP, editors: *Treating disordered speech motor control*, Austin, Tex, 1991, Pro-Ed.
223. Roth CR, Poburka BJ, Workinger MS: The effect of a palatal lift prosthesis on speech intelligibility in amyotrophic lateral sclerosis: a case study, *J Med Speech Lang Pathol* 8:365, 2000.
224. Rousseaux M, et al: Effects of subthalamic nucleus stimulation on parkinsonian dysarthria and speech intelligibility, *J Neurol* 251:327, 2004.
225. Rubow R, Swift E: A microcomputer-based wearable biofeedback device to improve transfer of treatment in parkinsonian dysarthria, *J Speech Hear Disord* 50:178, 1985.
226. Rubow RT, et al: Reduction of hemifacial spasm and dysarthria following EMG biofeedback, *J Speech Hear Disord* 49:26, 1984.
227. Saleem AF, Sapienza CM, Okum MS: Respiratory muscle strength training: treatment and response duration in a patient with early idiopathic Parkinson's disease, *NeuroRehabilitation* 20:323, 2005.
228. Sandyk R: Resolution of dysarthria in multiple sclerosis by treatment with weak electromagnetic fields, *Int J Neurosci* 83:81, 1995.
229. Sanuki T, Isshiki N: Overall evaluation of effectiveness of type II thyroplasty for adductor spasmodic dysphonia, *Laryngoscope* 117:2255, 2007.
230. Sapienza CM, Wheeler K: Respiratory muscle strength training: functional outcomes versus plasticity, *Semin Speech Lang* 27:236, 2006.
231. Sapir S, et al: Effects of intensive voice treatment (the Lee Silverman Voice Treatment [LSVT]) on vowel articulation in dysarthric individuals with idiopathic Parkinson disease: acoustic and perceptual findings, *J Speech Lang Hear Res* 50:899, 2007.
232. Sapir S, et al: Effects of intensive voice treatment (the Lee Silverman Voice Treatment [LSVT]) on ataxic dysarthria: a case study, *Am J Speech Lang Pathol* 12:387, 2003.
233. Sapir S, et al: Effects of intensive phonatory-respiratory treatment (LSVT) on voice in two individuals with multiple sclerosis, *J Med Speech Lang Pathol* 9:141, 2001.
234. Sarno MT: Speech impairment in Parkinson's disease, *Arch Phys Med Rehabil* 49:269, 1968.
235. Schiffer RB, Herndon RM, Rudick RA: Treatment of pathologic laughing and weeping with amitriptyline, *N Engl J Med* 312:1480, 1985.
236. Schulz GM, Ludlow CL: Botulinum treatment for orolingual-mandibular dystonia: speech effects. In Moore CA, Yorkston KM, Beukelman DR, editors: *Dysarthria and apraxia of speech: perspectives on management*, Baltimore, 1991, Paul H Brookes.
237. Schulz GM, Dingwall WO, Ludlow CL: Speech and oral motor learning in individuals with cerebellar atrophy, *J Speech Lang Hear Res* 42:1157, 1999.
238. Schulz GM, et al: Voice and speech characteristics of persons with Parkinson's disease pre- and post-pallidotomy surgery: preliminary findings, *J Speech Lang Hear Res* 42:1176, 1999.
239. Schwartz SR, et al: Clinical practice guideline: hoarseness (dysphonia), *Otolaryngol Head Neck Surg* 141:S1, 2009.
240. Scott S, Caird FI: Speech therapy for Parkinson's disease, *J Neurol Neurosurg Psychiatry* 46:140, 1983.
241. Scott S, Caird FI: Speech therapy for patients with Parkinson's disease, *BMJ* 283:1088, 1981.
242. Simpson MB, Till JA, Goff AM: Long-term treatment of severe dysarthria: a case study, *J Speech Hear Disord* 53:433, 1988.
243. Simmons N: Acoustic analysis of ataxic dysarthria: an approach to monitoring treatment. In Berry W, editor: *Clinical dysarthria*, San Diego, 1983, College-Hill Press.
244. Sinaki M: Physical therapy and rehabilitation techniques for patients with amyotrophic lateral sclerosis. In Cosi V, et al, editors: *Amyotrophic lateral sclerosis*, New York, 1987, Plenum Publishing.
245. Skodda S, Visser W, Schlegel U: Short- and long-term dopaminergic effects on dysarthria in early Parkinson's disease, *J Neur Trans* 117:197, 2010.
246. Smith ME, Roy N, Stoddard K: Ansa-RLN reinnervation for unilateral vocal fold paralysis in adolescents and young adults, *Int J Pediatr Otorhinolaryngol* 72:1311, 2008.
247. Smith ME, et al: Intensive voice treatment in Parkinson disease: laryngostroboscopic findings, *J Voice* 9:453, 1995.

248. Smitheran J, Hixon T: A clinical method for estimating laryngeal airway resistance during vowel production, *J Speech Hear Disord* 46:138, 1981.
249. Soloman NP, McKee AS, Garcia-Barry S: Intensive voice treatment for hypokinetic-spastic dysarthria after traumatic brain injury, *Am J Speech Lang Pathol* 10:51, 2001.
250. Solomon NP, Charron S: Speech breathing in able-bodied children and children with cerebral palsy: a review of the literature and implications for clinical intervention, *Am J Speech Lang Pathol* 7:61, 1998.
251. Solomon NP, Hixon TJ: Speech breathing in Parkinson's disease, *J Speech Hear Res* 36:294, 1993.
252. Solomon NP, et al: Speech-breathing treatment and LSVT for a patient with hypokinetic-spastic dysarthria after TBI, *J Med Speech Lang Pathol* 12:213, 2004.
253. Solomon NP, et al: Effects of pallidal stimulation on speech in three men with severe Parkinson's disease, *Am J Speech Lang Pathol* 9:241, 2000.
254. Spencer KA: Aberrant response preparation in Parkinson's disease, *J Med Speech Lang Pathol* 15:83, 2007.
255. Spencer KA, Morgan KW, Blond E: Dopaminergic medication effects on the speech of individuals with Parkinson's disease, *J Med Speech Lang Pathol* 17:125, 2009.
256. Spencer KA, Yorkston KM, Duffy JR: Behavioral management of respiratory/phonatory dysfunction from dysarthria: a flowchart for guidance in clinical decision making, *J Med Speech Lang Pathol* 11: xxxix, 2003.
257. Spielman J, et al: Effects of an extended version of the Lee Silverman voice treatment on voice and speech in Parkinson's disease, *Am J Speech Lang Pathol* 16:95, 2007.
258. Spitzer SM, et al: Exploration of familiarization effects in the perception of hypokinetic and ataxic dysarthric speech, *J Med Speech Lang Pathol* 8:285, 2000.
259. Stewart C, et al: Speech dysfunction in early Parkinson's disease, *Mov Disord* 10:562, 1995.
260. Stewart DS, Rieger WJ: A device for the management of velopharyngeal incompetence, *J Med Speech Lang Pathol* 2:149, 1994.
261. Su CY, et al: Transoral approach to laser thyroarytenoid myoneurectomy for treatment of adductor spasmodic dysphonia: short term results, *Ann Otol Rhinol Laryngol* 116:11, 2007.
262. Suwaki M, et al: The effect of nasal speaking valve on the speech under experimental velopharyngeal incompetence condition, *J Oral Rehabil* 35:361, 2008.
263. Taha J, Janszen M, Favre J: Thalamic deep brain stimulation for the treatment of head, voice, and bilateral limb tremor, *J Neurosurg* 91:68, 1999.
264. Tegeler ML, Baumrucker SJ: Gabapentin for intractable hiccups in palliative care, *Am J Hospice Paliat Med* 25:52, 2008.
265. Theodoros DG, et al: The effects of the Lee Silverman Voice Treatment program on motor speech function in Parkinson disease following thalamotomy and pallidotomy surgery: a case study, *J Med Speech Lang Pathol* 7:157, 1999.
266. Thomas JE: *Speech practice material: from sounds to dialogues*, San Diego, 2009, Plural Publishing.
267. Thomas-Stonell N, Leeper HA, Young P: Evaluation of a computer-based program for training speech rate with children and adolescents with dysarthria, *J Med Speech Lang Pathol* 9:17, 2001.
268. Thompson-Ward EC, Murdoch BE, Stokes PD: Biofeedback rehabilitation of speech breathing for an individual with dysarthria, *J Med Speech Lang Pathol* 5:277, 1997.
269. Till JA, Toye AR: Acoustic phonetic effects of two types of verbal feedback in dysarthric speakers, *J Speech Hear Disord* 53:449, 1988.
270. Tjaden K, Liss JM: The influence of familiarity on judgments of treated speech, *Am J Speech Lang Pathol* 4:39, 1995.
271. Topka H, et al: Motor skill learning in patients with cerebellar degeneration, *J Neurol Sci* 158:164, 1998.
272. Tripoliti E, et al: Effects of subthalamic stimulation on speech of consecutive patients with Parkinson disease, *Neurology* 76:80, 2011.
273. Troche MS, et al: Aspiration and swallowing in Parkinson disease and rehabilitation with EMST: a randomized trial, *Neurology* 23:1912, 2010.
274. Turner GS, Weismer G: Characteristics of speaking rate in the dysarthria associated with amyotrophic lateral sclerosis, *J Speech Hear Res* 36:1134, 1993.
275. Turner GS, Tjaden K, Weismer G: The influence of speaking rate on vowel space and speech intelligibility for individuals with amyotrophic lateral sclerosis, *J Speech Hear Res* 38:1001, 1995.
276. Umeno H, et al: Analysis of voice function following autologous fat injection for vocal fold paralysis, *Otolaryngol Head Neck Surg* 132:103, 2005.
277. Van Lanker Sidtis D, et al: Voice and fluency changes as a function of speech task and deep brain stimulation, *J Speech Lang Hear Res* 53:1167, 2010.
278. Van Nuffelen G, et al: The effect of rate control on speech rate and intelligibility of dysarthric speech, *Folia Phoniatr Logop* 61:69, 2009.
279. Vogel D, Miller L: A top-down approach to treatment of dysarthric speech. In Vogel D, Cannito MP, editors: *Treating disordered speech motor control: for clinicians, by clinicians*, Austin, Texas, 1991, Pro-Ed.
280. Volin RA: A relationship between stimulability and the efficacy of visual biofeedback in the training of a respiratory control task, *Am J Speech Lang Pathol* 7:81, 1998.
281. Wang E, et al: An instrumental analysis of laryngeal responses to apomorphine stimulation in Parkinson disease, *J Med Speech Lang Pathol* 8:175, 2000.
282. Wang N, Lu C: Botulinum toxin management of adductor spasmodic dysphonia with vocal tremor, *J Med Speech Lang Pathol* 12:1, 2004.
283. Ward EC, et al: Changes in maximum capacity tongue function following the Lee Silverman Voice Treatment program, *J Med Speech Lang Pathol* 8:331, 2000.
284. Watson PJ, Hixon TJ: Effects of abdominal trussing on breathing and speech in men with cervical spinal cord injury, *J Speech Lang Hear Res* 44:751, 2001.

285. Watts C, Nye C, Whurr R: Botulinum toxin for treating spasmodic dysphonia (laryngeal dystonia): a systematic Cochrane review, *Clin Rehabil* 20:112, 2006.
286. Watts CR, Troung DD, Nye C: Evidence for the effectiveness of botulinum toxin for spasmodic dysphonia from high-quality research designs, *J Neural Transm* 115:625, 2008.
287. Welter ML, et al: Internal pallidal and thalamic stimulation in patients with Tourette syndrome, *Arch Neurol* 65:952, 2008.
288. Wenke RJ, Cornwell P, Theodoros DG: Changes in articulation following LSVT and traditional dysarthria therapy in non-progressive dysarthria, *Int J Speech Lang Pathol* 12:203, 2010.
289. Wenke RJ, Theodoros D, Cornwell P: Effectiveness of Lee Silverman Voice Treatment (LSVT) on hypernasality in non-progressive dysarthria; the need for further research, *Int J Lang Commun Disord* 45:31, 2010.
290. Wenke RJ, Theodoros D, Cornwell P: The short- and long-term effectiveness of the LSVT® for dysarthria following TBI and stroke, *Brain Inj* 22:339, 2008.
291. Whurr R, et al: The use of botulinum toxin in the treatment of adductor spasmodic dysphonia, *J Neurol Neurosurg Psychiatry* 56:526, 1993.
292. Winstein S, Wing AM, Whitall J: Motor control and learning principles for rehabilitation of upper limb movements after brain injury. In Grafman J, Robertson LH, editors: *Handbook of neuropsychology*, ed 2, vol. 9, London, 2003, Elsevier.
293. Wohlert AB: Service delivery variables and outcomes of treatment for hypokinetic dysarthria in Parkinson disease, *J Med Speech Pathol* 12:235, 2004.
294. Wolfe VI, et al: Speech changes in Parkinson's disease during treatment with L-Dopa, *J Commun Disord* 8:271, 1975.
295. Woodson G, Hochstetler H, Murry T: Botulinum toxin therapy for abductor spasmodic dysphonia, *J Voice* 20:137, 2006.
296. Yetiser S, Karapiner U: Hypoglossal-facial nerve anastomosis: a meta-analytic study, *Ann Otol Rhinol Laryngol* 116:542, 2007.
297. Yorkston KM: Treatment efficacy: dysarthria, *J Speech Hear Res* 39:S46, 1996.
298. Yorkston KM: Facial anastomosis in a dysarthric speaker. In Helm-Estabrooks N, Aten JL, editors: *Difficult diagnoses in adult communication disorders*, Boston, 1989, College-Hill Press.
299. Yorkston KM, Beukelman DR: Ataxic dysarthria: treatment sequences based on intelligibility and prosodic considerations, *J Speech Hear Disord* 46:398, 1981.
300. Yorkston KM, Beukelman DR: A comparison of techniques for measuring intelligibility of dysarthric speech, *J Commun Disord* 11:499, 1978.
301. Yorkston KM, Beukelman D, Bell K: *Clinical management of dysarthric speakers*, San Diego, 1988, College-Hill Press.
302. Yorkston KM, Dowden PA, Beukelman DR: Intelligibility measurement as a tool in the clinical management of dysarthric speakers. In Kent RD, editor: *Intelligibility in speech disorders*, Philadelphia, 1992, John Benjamins Publishing.
303. Yorkston KM, Spencer KA, Duffy JR: Behavioral management of respiratory/phonatory dysfunction from dysarthria: a systematic review of the evidence, *J Med Speech Lang Pathol* 11:xiii, 2003.
304. Yorkston KM, Strand EA, Kennedy MRT: Comprehensibility of dysarthric speech: implications for assessment and treatment planning, *Am J Speech Lang Pathol* 5:55, 1996.
305. Yorkston KM, et al: *Management of motor speech disorders in children and adults*, ed 3, Austin, Texas, 2010, Pro-Ed.
306. Yorkston KM, et al: Evidence-based practice guidelines for dysarthria: management of velopharyngeal function, *J Med Speech Lang Pathol* 9:257, 2001.
307. Yorkston KM, et al: The effect of rate control on the intelligibility and naturalness of dysarthric speech, *J Speech Hear Disord* 55:550, 1990.
308. Yorkston KM, et al: Assessment of stress patterning. In McNeil MR, Rosenbek JC, Aronson AE, editors: *The dysarthrias: physiology, acoustics, perception, management*, San Diego, 1984, College-Hill Press.
309. Yoshida K, et al: Muscle afferent block for the treatment of oromandibular dystonia, *Mov Disord* 13:699, 1998.
310. Zesiewicz TA, et al: Practice parameter: therapies for essential tremor, *Neurology* 64:2008, 2005.

CHAPTER

18

말실행증의 중재

"치료 효과는 상당히 긍정적이며, … 전반적으로 …
말실행증 환자는 치료를 받게 되면 수행력이 좋아진다."

(J.L. WAMBAUGH ET AL., 2006a)[88]

개 요

마비말장애와 마찬가지로, 말실행증(apraxia of speech) 중재에 대한 연구 역시 특색 및 본질에 대한 연구보다 덜 이루어졌다. 그 이유로는 특정한 말장애로서의 말실행증 실체에 대한 논란이 계속 이어져 왔고, 그 본질에 대한 이해가 아직까지도 턱없이 부족하기 때문이다. 그럼에도 불구하고, 말실행증을 치료하고자 하는 여러 접근법이 개발되었고, 최근에는 그 효능성(efficacy)에 대한 연구들이 많이 이루어졌다. 대부분의 치료법은 독특한 임상적 특색, 악화되거나 호전되는 행동적 상태, 그리고 말실행증이 말운동 계획이나 프로그램 장애라는 가정을 반영하여 만들어졌다.

이 장에서는 말실행증 환자들의 말과 의사소통을 증진하기 위한 방법을 기술하고자 한다. 중재 사안 및 의사결정, 중재 접근법, 말운동장애에 일반적으로 적용 가능한 치료의 원칙 및 지침 등이 간략하게 소개될 것이며, 말실행증과 연관된 요인에 초점을 맞추고자 한다. 그리고 구체적 치료 접근법에 대해 논의될 것이다.

I. 일반적 관점

무엇보다도 말실행증 중재가 마비말장애 중재와 부합되는 정도 혹은 다른 정도를 확인하는 것이 좋다. 이 두 유형의 말운동장애는 중재에 관해 공유하는 것이 많다. 중요한 차이점 대부분은 특정한 치료 기법과 그에 대한 타당성과 관련된다.

A. 중재 영역 및 목표

말실행증 중재의 주요 목표는 의사소통의 효과성, 효율성, 자연스러움을 극대화하는 데 둔다. 그 이유는 제16장에서 다루어진 말운동장애의 것과 일반적으로 동일하다. 중재는 손상된 기능을 회복하거나 보상하고, 정상 상태가 아닌 말에 적응하는 데 초점이 맞춰진다. 말실행증과 마비말장애 중재 간의 유일한 차이점은 기능을 회복하기 위한 화자 중심적 활동의 본질에 있다. 마비말장애에서는 적절하게 계획되고 프로그래밍된 말에 대한 생리학적 지지력을 향상시키는 데 목적을 둔다. 말실행증에서는 치료 목표를 (1) 계획(planning)이나 프로그래밍(programming)을 재확립하기, 또는 (2) 계획 혹은 프로그래밍을 선택하고 활성화하는, 또는 주어진 맥락에서 말운동의 파라미터(예: 길이, 힘)를 정하는 능력[37](차후에는 '온전한' 운동 수행 기능에 의해 수행될)을 향상시키는 데에 둔다.

B. 중재 결정 요인

마비말장애와 말실행증의 중재에 대한 의사결정에 영향을 미치는 일반적 요인은 서로 동일하다. 말운동장애를 보이는 모든 환자들이 치료 대상자는 아니라는 원칙은 두 장애 모두에 해당하며, 치료 결정 여부에 영향을 미치는 요인 역시 매우 유사하다.

말실행증 치료에 대한 의사결정에 미치는 실어증 영향을 언급할 필요성이 있다. 대부분의 말실행증 환자들에서 실어증이 관찰되는데, 이는 이 두 장애의 병소 위치가 서로 중복되기 때문이다. 이러한 두 장애 간의 밀접한 연관성은 말실행증 치료 연구에서도 명백하게 확인된다.

실어증이 말실행증 치료에 영향을 주는 이유는 적어도 다음의 세 가지 측면에서 살펴볼 수 있다. 첫째, 실어증은 모든 언어 양식(language modalities)에서 두드러지므로 치료가 진행되는 동안 구어(spoken) 및 문어(written) 자극을 이해하는 능력이 떨어진다. 둘째, 실어증이 구어 표현에 영향을 미치기 때문에 치료 과정에서 실어증 오류와 말실행증 오류를 분간하기가 힘들다. 셋째, 말실행증을 치료할 것인지를 결정짓는 가장 중요한 요인은 말운동 능력이 건재하다 할지라도 실어증이 너무 심하면 구어 의사소통이 기능적이지 않을 수 있다는 점이다. 실어증을 동반한 말실행증 환자에게 어느 부분의 치료를 해야 할 것인지를 결정지을 때, 임상가는 스스로에게 "이 환자가 말실행증이 없다면 얼마나 잘 의사소통을 할 수 있을 것인가?"를 물어야 한다. 만일 실어증 때문에 의사소통이 기능적이지 못할 것이라 판단된다면, 말실행증 치료는 실시되지 않거나 적어도 언어나 다른 인지 능력이 구어 메시지를 잘 전달할 수 있을 정도가 될 때까지 미루어야 한다. 이러한 판단을 내리기가 어려우므로, 구어 이해력 및 독해력, 쓰기 및 철자, 기타 비구어적 의사소통(예: 팬터마임, 수화) 등에 대한 면밀한 평가를 통한 결과에 따른다.

여기서 논의되는 특정한 치료 접근법은 말실행증에 대한 실어증 및 인지 결손의 영향을 배제한 채 다루도록 한다. 그렇게 하는 것은 말실행증 치료를 이해하고자 하는 목적과는 비록 어긋나긴 하나, 교과서적 정보로서 임상적 실제를 적절하게 포용하기란 힘들기 때문이다. 물론 사람들의 행동에는 변이성이 존재하며, 모든 문제점들이 글로서 간략하게 기술되기란 쉽지 않다(적어도 본 저자는 어떻게 해야 하는지 모르기도 하고). 일단 치료의 원칙이 이해된다면, 경험 있고 사려 깊으며 독창적인 임상가는 임상적 실제 상황에 맞추어 볼 수 있을 것이다.

C. 중재 초점 및 기간

치료는 가장 빨리 최상의 효과를 낼 수 있고, 성과가 유지될 수 있는 최상의 기초를 제공할 수 있는 과제에 초점을 맞추어야 한다. 치료 효과가 관찰되자마자 치료를 종료하는 것은 근시안적 행동이다. 호전이 관찰된다고 해서 치료를 중단하면 효과가 사라질 수 있는데, 이는 학습된 것이 아직 확고화되지 않았기 때문이다.[82] 제16장에서 논의된 치료 기간 및 종료에 대한 일반적 사안은 말실행증 치료에도 적용된다.

진행성 질환으로 인한 말실행증에 대한 중재는 적절하다. 진행성 말실행증 환자, 특히 언어 또는 기타 인지장애가 없는 이들에게는 빨리 치료를 시작하되, 적절한 중재 단계에 따라 행해져야 한다(예: 말을 호전시키고자 하는, 이해 가능도[comprehensibility]를 유지하고자 하는, 보완대체의사소통[AAC]을 확립하고자 하는 노력).[20] 치료의 주요 목표는 의사소통을 극대화시키는 데 있으며, 장애를 원상태로 회복시키고자 하는 것이 아니다. 치료 효능성(efficacy)에 대한 연구는 없으나 진행성 말실행증과 실어증 환자의 사례 연구를 통해 여러 말 산출 과제와 대화에서 일시적 호전을 보였고,[26] 전통적 양식으로 의사소통을 촉진시키는 것부터 AAC를 사용하는 것까지 치료 단계를 보여 주었다.[50]

II. 중재 접근법

중재 접근법을 의료적 · 보조기적 · 행동적 범주로 나눔으로써 마비말장애와 말실행증 중재 간의 구분을 가능하게 한다. 의료적·보조기적·행동적 치료를 적용하는 마비말장애와는 달리, 말실행증은 주로 행동적 치료를 한다.

A. 의료적 중재

말실행증 치료에 효능성이 입증된 의료적 중재법은 아직까지 알려진 바 없다. 약물적 중재(pharmaceutical intervention)는 말실행증의 기저 병인을 치료하기 위하여, 또는 더 이상의 손상을 방지하기 위하여 시행되는데(예: 염증을 막기 위한 항생제, 뇌졸중을 예방하기 위한 항응고제, 뇌전증을 막기 위한 항경련제), 간접적으로 말장애를 호전시키거나 퇴화를 막을 수 있다.

브로카 실어증 또는 비유창성 실어증의 치료에 쓰이는 덱스트로암페타민(dextroamphetamine)(브로모크립틴[bromocriptine](도파민 작용제[dopamine agonist]), 콜린성(cholinergic) 약물(예: 피소스티그민[physostigmine], 도네페질[donepezil]), 피라세탐(piracetam) 등을 살펴본 연구들이 있다. 그러나 실어증 치료에 통상적으로 사용되도록 권고되기에는 근거(evidence)가 부족하다.[54] 실행증에 사용하기 위하여 연구 결과들이 함축하는 바가 충분하지는 않으나, 말의 시작, 계획, 프로그래밍에 영향을 줄 수 있는 각종 약물에 대한 효과를 살펴볼 필요가 있다.

마비말장애와 유사하게, 말실행증은 기저 신경계 질환에 대한 수술(예: 파열된 동맥류의 치료, 종양 제거) 후 호전될 수는 있으나, 그러한 수술은 말실행증 자체를 위한 중재법은 아니다. 말실행증을 호전시키고자 고안된 신경외과적 절차는 없다. 마비말장애 중재에 사용되는 비신경학적 수술(예: 인두피판술, 갑상연골성형술)은 말실행증 중재에는 적절치 않다.

B. 보조기적 중재 및 보완대체의사소통

기계적·보조기적 기기는 일부 말실행증 환자에게 적절할 수 있으나 마비말장애보다는 덜 빈번하게 사용된다. 거의 늘 임시로 사용되며, 주로 보조기 없이 말을 호전시키기 위한 목적이다.

말을 하는 동안 성도 활동을 변화시키는(예: 구개거상기) 혹은 산출 후에 음향학적 신호를 변화시키는(예: 음성증폭기) 보조기는 거의 사용되지 않는데, 이는 말실행증은 대개 공명이나 음량 문제가 보조기를 사용해야 할 정도로 일관적이거나 만연하지는 않기 때문이다. 물론 때때로 예외가 있기는 하다. 예컨대, 사례 연구에 따르면, 발성실행증(apraxia of phonation)으로 인하여 발성이 불가능하거나 정상적으로 말을 못 하는 환자가 전동후두기를 사용하여 정상적으로 조음할 수 있게 되었다.[44] 전통적 치료 접근법에 반응하지 않는, 지속적으로 함구성(mute) 실행증 환자들, 또는 말실행증이 조음보다는 발성 부분에 더 많이 영향을 준 환자에게는 이러한 전동후두기가 유용할 수 있다.

일부 환자들은 단어 산출 속도를 조절하거나 느리게 하는 보조기를 사용하기도 한다. 예컨대, 치료 동안 말과 구강 운동 움직임을 조절하기 위하여 메트로놈을 사용하는 것이 성공적일 수 있다.[23,24,67,85] 메트로놈 사용[63]이 실패한 연구도 있었는데, 외부 단서가 손가락 두드리기(finger tapping)나 속도조절판(pacing board)과 같은 자기 발생(self-generated) 단서보다 덜 효과적일 수 있기 때문이다. 그러나 이 연구는 메트로놈의 즉각적 효과를 관찰한 것이지, 전체 치료 과정에 걸친 효과를 본 것은 아니라는 것을 명심해야 한다. 이처럼 대조적인 결과를 보이는 연구들에서 확인하였듯이, 한 번의 시도로 수행력에 영향을 미치는 변인들은 오랜 시간 동안 체계적 치료가 행해지는 경우에는 학습의 습득, 유지, 일반화에 어떻게 영향을 끼치는지를 확인할 필요가 있다.

지연청각피드백(delayed auditory feedback, DAF)은 일부 마비말장애 환자에게서 확인된 효과에도 불구하고 말실행증에 대한 기기적 피드백 역할을 제대로 하지 못하는 것 같다. 사실, DAF가 브로카 실어증 환자들의 말 산출을 방해한다는 연구가 있다.[13] 일부 환자들이 피드백이나 속도조절기 등의 도움을 받을 수는 있겠으나, 많은 경우 특히 DAF에서 생성되는 피드백의 왜곡 현상을 견디지 못한다.

속도조절판은 말실행증 화자들로 하여금 단어나 구를 음절별로 느리게 산출하게 해서 조음 정확성을 촉진시켜 준다. 속도조절판 사용 시에는 정형적인 운율이 조장되므로 강세와 리듬 측면에서 주의를 기울일 필요가 있다.[86]

보완대체의사소통(alternative & augmentative communication, AAC)으로서 각종 보조기(예: 그림, 글자 및 단어 보드, 전자 컴퓨터 기기)도 도움이 되는데, 동반된 실어증 중증도 정도에 따라 보조기를 통해 의사소통 되는 메시지의 복잡성 정도가 달라진다. 말실행증 환자에게 성공적으로 적용된 AAC 전략(아메린드 수화[Amerind sign language], 블리스심볼[Blissymbols], 핸디보이스[HandiVoice])이 일부 환자의 표현성 의사소통에서 전이효과(carryover)가 관찰되기도 하였다.[19,38,52,66] 일반적으로 마비말장애 환자와 마찬가지로, 말실행증 환자 역시 AAC의 사용이 성공하기도 하고, 사용을 거부하거나 거의 성공하지 못하기도 하는데,[40] 특히 실어증이 동반되는 경우에 더욱 그러하다.

C. 행동적 중재

행동적 중재는 말실행증 중재의 중심이 된다. 적절해 보이는 그 어떤 약물적 치료나 보조기적 기법도 행동적 중재를 함께 실시하지 않고서는 효과를 볼 수 없으므로, 오히려 흔히 행동적 중재만이 실시되기도 한다.

마비말장애 중재에 있어서는 행동적 접근은 화자 중심적 혹은 의사소통 중심적으로 이루어진다. 의사소통 중심적 접근법은 말을 변화시키지 않은 채, 의사소통을 호전시키는 것이며, 마비말장애에 적용된 것이 말실행증에도 그대로 적용될 수 있다. 비록 개인마다 다르고, 동반된 실어증의 영향을 받지만, 쓰이는 전략은 마비말장애의 것과 동일하다. 의사소통 중심적 접근법에 대해서는 제16장과 제17장을 참조하면 된다.

화자 중심적 접근법은 말 자체를 호전하기 위한 목적으로 의사소통의 명료도, 효율성, 자연스러움을 향상시키는 데 그 목적을 둔다. 목표는 말의 부적절한 계획이나 프로그래밍을 호전하거나 보상하는 데 있다. 많은 경우, 말 자체에 치료 초점을 맞추지만, 비구어 구강 운동의 계획이나 프로그래밍을 치료함으로써 말의 향상을 꾀하기도 한다.

말실행증은 조음 및 운율장애가 지배적이므로, 장애 단계에서의 행동적 치료는 조음 및 운율 중심으로 이루어진다. 공명 치료는 적절하지 않거나 필요가 없으며, 호흡 및 발성 치료 역시 아주 심한 환자를 제외하고는 거의 이루어지지 않는다.

말실행증의 화자 중심적 치료 접근법을 나누는 방법이 여러 가지인데, 최근의 원칙이나 문헌 연구에 따르면, 조음 운동역학적(kinematic) 치료와 말 속도 및 리듬 치료로 나뉜다. 이 책에서는 이 치료 범주를 사용하되, 명쾌하게 범주화되지 않는 추가적 접근법이나 기법은 따로 나누도록 한다.

지금부터는 대부분 화자 중심적 치료 접근법을 다루도록 한다. 말실행증 치료에 적절한 원칙 및 지침에 대해 살펴본 후, 이어서 구체적 치료 접근법을 제시하기로 한다.

III. 행동적 중재의 원칙 및 지침

제16장에서 다루어진 말운동장애 중재를 위한 대부분의 원칙 및 지침이 말실행증에도 적용된다. 일부는 약간의 수정이 필요하며, 상세히 들여다볼 필요가 있는 부분도 있다.

중재는 일찍 시작해야 하는데, 발병 후 시일이 많이 지났다고 해서 치료가 필요 없는 것은 아니다. 특히 아무런 치료가 이루어지지 않았거나 말실행증 중심의 치료가 행해진 적이 없다 하더라도 치료가 필요하다. 만성 단계에서도 치료 효과를 관찰할 수 있다는 연구가 있다. 진행성 질환의 경우, 치료 초점은 말을 유지하고, 명료도나 이해가능도를 향상시킬 보상적 전략을 개발하는 것, 현재 또는 향후의 보완대체의사소통 필요성에 맞춘다.

A. 기초선 자료와 자극 선택 및 순서

말실행증 치료를 계획하기 위해서는 의사소통의 명료도 및 효율성 정도를 확인하고, 동반 장애 여부 및 정도를 파악하며, 환자의 의사소통 필요성 및 목적, 동기, 발화 환경 및 의사소통 상대, 어렵거나 수월한 의사소통 상황, 환자 장애에 대한 다른 이들의 인식 등에 대한 자료를 마련해 놓는 것이 중요하다. 이 고려사항들 이외에도 조음 오류 및 적절한 조음 반응의 본질에 대한 자료를 준비하고, 말의 적절성에 영향을 주는 요인을 확인해야 한다. 후자가 중요한데, 이는 치료 동안 성공적 반응을 이끌어 내기 위하여 치료 자극의 선택과 순서가 중요하기 때문이다.[51,56] 말운동 계획/프로그래밍 능력을 평가하기 위한 과제(글상자 3-3 참조), 출판된 말실행증 검사도구, 단어명료도 검사(Word Intelligibility Test)[36]를 통해 유용한 데이터베이스를 구축할 수 있다. 그러나 그 환자의 특이점이 관찰된다면 개인별 맞춤 검사가 필요할 수도 있다. 일반적으로 환자의 오류가 말실행증의 '전형적인' 조음 및 운율 특색을 반영하는지, 영향을 주는 변인은 무엇인지를 확인하는 것이 중요하다. 글상자 18-1은 반응 정확성에 영향

글상자 18-1

말실행증 평가 및 치료 시 반응 정확성에 영향을 주는 자극 변인들. 일부 변인들은 다른 변인들에 비해 영향력이 더 강하며, 변인들끼리 상호작용할 수 있음: 예컨대, 의미 있는 고빈도, 다음소의 다음절 단어는 자음-모음-자음으로 구성된 무의미 단음절보다 어려울 수 있음

- 의미 단어가 무의미 단어보다 쉬움.
- 고빈도 단어는 저빈도 단어보다 쉬운데, 적어도 길이와 말소리/음절 복잡성이 동일할 때 그러함.
- 음절 효과[2]
  - 고빈도 음절은 저빈도 음절보다 쉬움.
  - 음소 음절 수가 적은 것이 많은 것보다 쉬움.
  - 음절 간 자음군(consonant clusters)은 음절 내 자음군보다 쉬움.
  - 음절/분절 수나 음절당 음소 수가 적은 것이 많은 것보다 쉬움.
- 강세 음절/분절은 비강세 음절/분절보다 산출하기 쉬움.
- 자동적/반응성(reactive) 발화가 수의적, 목적성(purposive) 발화보다 쉬움.
- 조음 변별은 구강/비강 간이 가장 쉬우며, 그다음은 유성성, 방법, 위치 순으로 쉬움.
- 양순음과 치경음은 다른 조음 위치 말소리보다 쉬움.
- 단자음(singletons)은 자음군보다 쉬움.
- 시각적 · 청각적 결합 자극(보고 듣기)은 개별적 자극보다는 정확한 반응을 유발함.

을 주는 변인들을 요약해 놓았다. 이를 통해 기초선 자극을 개발하고 과제 난이도를 순서화하는 데 도움이 될 것이다.

일부 자극이 다른 자극에 비해 좀 더 쉽게 산출 가능하다고 해서, 반드시 이를 치료의 초기 목표로 삼아야 하는 것은 아니다. 특히 중증 환자의 치료 시작 시점에 있어서, 자극반응도(stimulability)에 의해 초기 목표가 선정되기는 하나, 자극반응도가 낮은(더 어려운) 목표어가 초기 습득은 더 어려울지라도 일반화(generalization)에는 좀 더 용이할 수 있다. 따라서 일부라도 산출이 가능하다는 조건에서, 좀 더 어려운 대조 자극(예: 고빈도, 유의미 단어 대신 저빈도 단어 혹은 무의미 음절)이 훈련 안 된 자극으로의 일반화가 더 잘 될 수 있다.[51]

B. 생리학적 지지력

말실행증 치료는 보통은 생리학적 지지력(physiologic support)을 증가시키는 데에 목표를 두지는 않는다. 그럼에도 불구하고 비구어 구강 운동이 필요한지를 확인하는 것이 타당하다. 말실행증에서 구어와 비구어 간의 관계가 명확하지 않으므로 말 과제를 사용하는 것이 비구어 과제를 사용하는 것보다 항상 더 적절하다고 볼 수 있다. 그런데 말실행증이 너무 심해서 소리나 음절이 산출되지 못할 때는 비구어 자세나 연속된 동작을 연습하는 것이 적절해 보인다. 이때, 비구어 구강 운동 연습은 구어 제스처와 근접한 목표나 패턴(예: 입술 오므리기, 혀를 치조까지 올리기, 깊은 들숨 또는 연장 날숨 쉬기)으로 연습되어야 한다. 왜냐하면 이러한 비구어 과제 연습을 통해 향후 말운동의 계획이나 프로그래밍을 호전시킬 수 있는 길이 열릴 수 있기 때문이다.

C. 운동 학습의 원칙

운동 학습의 원칙은 말실행증 치료와 상당히 관련되는데, 이를 치료하는 데 적용되는 모든 구체적 기법들이 효능성이 있다는 근거를 보여 준다. 다음 절들은 말실행증과 가장 많이 관련된 원칙들을 제시한다.

반복연습

모든 말실행증 치료 접근법에서는 반복연습(drill)을 강조한다. 이러한 집중적, 체계적 반복연습은 운동 학습의 원칙과 일치하며, 말실행증이 단순히 말 계획이나 프로그램상 비효율성 문제라기보다는 그 이상일 가능성을 제기한다. 일부 말실행증 환자는 실제로 이미 프로그래밍된 일련의 운동을 '잃어버린' 것처럼 보인다. Wertz, LaPointe, Rosenbek[95]에 따르면, 말실행증 치료는 "숙련된 말 움직임의 구조화된 재학습"이며, Rosenbek 등[59]은 말실행증 치료의 중요 원칙은 체계적이면서 집중적이고 광범위한 반복연습을 통해 잃어버린 말 기술(speech skills)을 재획득하거나 배우는 데 있다고 하였다. 반복연습이 체계화되기 위해서는, 자극의 선택 및 순서화를 치밀하게 하여 치료 프로그램의 각 단계별로 성공을 이끌어 내야 한다.

지도와 자기주도학습

환자는 자신의 말을 모니터링하고, 올바른 목표어를 탐색하고, 오류를 자기수정하는 방법을 될 수 있는 대로 빨리 터득해야 한다.[59,95] 말실행증 환자들에게는 자기주도학습(self-learning)이 가능한데, 특히 장애가 경미할 때 더욱 그러하며, 스스로 터득하는 것은 임상가의 지도(instruction)에 의해 호전되는 부분은 아니다. 임상가들은 환자가 어떠한 생산적인 자기단서 전략을 사용하는지를 확인하여, 그들을 여러 맥락에서 의식적으로 사용하게끔 도와줘야 한다.[53]

치료는 말소리, 음절, 단어 수준에서 시작해야 하며, 말 움직임은 어떻게 이루어지는 것인지를 아는 것이 도움이 된다.[1] 때때로 단순하게 보고 듣고 따라 하기 과제를 시행한다. 간혹 좀 더 명백한 지도가 필요하다. 조음지시법(phonetic placement)이나 조음유도법(phonetic derivation)은 말소리 산출 지도에 필수적인데, 말 속도와 강세를 변화시키는 데 지도와 단서가 필요한 것과 같다. 또한, 지도는 매우 구조화된 치료 프로그램의 필수 요소이다. 지도는 학습이 이루어진 직후에는 가급적 더 이상 사용하지 않아야 한다.

피드백

일정한 형태의 피드백(feedback)은 모든 말실행증 치료의 요소가 된다.[86] 환자 자신이 산출한 말의 정확성을 신뢰롭고 정확하게 판단할 수 있어야 하고, 반응이 적절하지 않다고 판단되면 자기수정을 하도록 격려되어야 한다. 임상가가 제공하는 피드백 역시 강화적이고 격려적이어야 한다. 이는 비구어 과제나 비범주적 말 과제(예: 강세나 속도를 강조하는 과제)를 수행할 때, 또는 명료도가 직접적인 목표일 때 특히 중요하다.

[1] 신경학적으로 문제가 없는 사람들이 발 관련 또는 손 관련 문장(예: "그가 피아노를 쳤다.")을 들으면, 운동유발전위(motor evoked potentials)가 각각 발과 손에서 관찰되는데, 이는 구어 메시지 처리가 그 메시지와 연관된 운동체계 영역을 활성화하기 때문이라고 함.[11] 이러한 결과는 흥미 있는 가능성을 제기하는데, 어떻게 말운동을 수행해야 하는지에 대한 구어 단서(예: 두 입술을 붙이고 'pie'라고 말해 보세요.) 혹은 말을 따라 말하게 하는 자극(예: "'I will say talk'이라고 따라말하기")이 반응 시작 전에 말운동 영역을 활성화하여 계획/프로그래밍을 생리학적으로 촉진할 수 있음.

기기적 생체피드백(biofeedback), 그리고 다른 형태의 피드백 역시 유용하다. 거울을 사용하면 올바른 동작이나 목표에 대한 강한 시각적 이미지를 발달시킬 수 있어서 도움이 된다.[56,59] 근전도(electromyography, EMG), 자기전기조음기록기(electromagnetic articulography, EMA), 전자구개운동기록기(electropalatography, EPG)를 통한 생체피드백과 진동 촉각 자극[47,60]은 행동적 중재의 구체적 접근법에서 다루도록 한다.[2]

학습의 유지 및 일반화가 강화될 수 있는 경우는, 적어도 학습이 그다지 복잡하지 않은 상황에서, 피드백이 일정하게 주어지지 않을 때(예: 시도 중 60%에서만)이다. 또한 사지 운동 학습 연구에서는 반응이 이루어진 후 3~4초 후에, 또는 피드백과 다음 자극 간 간격을 3~4초 정도 지연시켜 피드백이 주어지는 것이 가장 효과적이라고 하였다.[37] 비록 지연으로 인해 주어진 회기 동안 전체 반응 수가 감소하긴 하나, 화자에게 동작의 감각적 요소를 보유하게 하고 반응의 적절성을 자기평가할 수 있는 시간을 끊기지 않게 주는 결과가 된다.[7,46] 조음지시법 전략을 강조한 연구에서는 피드백 횟수를 저하시키거나 지연 피드백을 제공함으로써 말실행증 환자 6명 중 3명에서 학습이 강화되었는데, 횟수가 적은 피드백 및 지연 피드백 둘 다로부터 효과를 본 환자는 없었다. 나머지 3명의 환자에서는 피드백 효과가 관찰되지 않았다.[3]

훈련의 구체성

단어 혹은 구 단계에서 말 산출이 잘 일어난다면, 굳이 비구어 동작 혹은 개별 말소리 산출에 초점을 맞출 필요가 없다. 음절은 말 프로그래밍의 기본 단위이고, 개별 말소리를 연습하여 음절과 단어로 일반화될 것이란 가능성은 거의 없다.[97] 또한 비구어 구강 운동 과제가 반드시 말 과제로 일반화되지는 않는다.[24] 단어와 구가 치료의 궁극적 목표를 달성하는 데 훨씬 의미 있고 구체적(specific; 구체성, specificity)이다. 그럼에도 불구하고, 말실행증이 심하여 초반의 시도가 실패한다면, 비구어 구강 운동 움직임이나 개별 말소리를 계획, 프로그래밍, 수행, 평가 및 자기수정하는 방법을 학습한 다음, 의미적 말 산출로 옮겨 가는 것이 바람직하다.

무성 말실행증 환자의 경우, 킁킁거리는 소리 내기(grunting sound), 기침하기, 소리 내어 웃기 등의 반사적

[2] 제16장에서 다룬 피드백 효과에 대한 관찰점은 말실행증 치료에도 적용됨.

행동을 반사적으로 유발시킨 다음, 수의적 또는 자동적 말 산출을 이끌어 내게끔 한다.[65] 이러한 비구어 과제의 목적은 말을 하기 위한 생리학적 지지력을 강화시키고자 하는 것이 아니라, 수의적 구강 운동을 계획하고 프로그래밍하는 것을 향상시키기 위함이다.

일관적 · 변이적 연습

일관적(consistent)(구획적[blocked]) 연습은 각종 치료 접근법에서 활용된다. 예를 들면, 치료 시 말소리, 단어, 구, 무의미 음절, 비구어 구강 운동 움직임을 여러 차례 반복하는 여러 번의 시도를 한다.[15,24,59,78] 이러한 구획적 연습은 여러 말소리를 목표로 하거나, 여러 요소를 반응화 프로그래밍시켜야 할 때 유용한데, 물론 음절별로, 반응별로 여러 형태로 이루어진다. 예컨대, 음절 반복을 하기 위하여 음소적 대립(phonetic contrast) 과제를 통해 가장 적은 대립(예: sue-zoo), 중간 대립(예: sue-moo), 많은 대립(예: tomato-tornado)로 반응들을 변이적으로 구성하여 산출하게 한다.

구획적(blocked) 및 무작위적(random) 연습 역시 대립적 강세(contrastive stress) 과제에서 동일한 길이와 구조를 가진 문장 내("민서는 진주를 좋아한다.", "진주는 민서를 좋아한다.") 정형화된 강세 패턴을 훈련한 후, 향후에는 다양한 길이와 구조를 가진 구("민서는 진주를 좋아한다.", "진주는 교회에서 노래하기를 좋아한다.")에 여러 강세를 주는 과제를 연습할 수 있다.

다중의 목표 말소리나 음절이 무작위로 주어지는 변이적(variable) 연습은 구획적 연습보다 반응의 습득(acquisition)과 보유(retention)를 더욱 촉진한다.[5,37,42] 이는 무작위적 연습이 구획적 연습보다 운동 능력을 보유하고 전이(transfer)하는 데 더 효과적이라는 원칙과 비슷하다. 왜냐하면 무작위적 연습에서는 각 시도 때마다 반응을 인출하고 구성해야 하나, 구획적 연습에서는 이런 상황이 나타나지 않거나 최소로 요구되기 때문이다. 구획적 연습이 중증 말실행증 환자의 초기 치료에서는 필요할지 모르나, 구획적 연습에 대한 진전이 관찰되자마자 변이적 연습이 이루어져야 한다. 일부 접근법에서는 구획적 연습으로 시작하여 기본 목표 반응이 일관적으로 산출되자마자 무작위적 연습으로 옮긴다.[42,96]

속도–정확성 균형

말 속도 감소는 치료 초기에 강조되며, 정확성(accuracy)이 증가되면서 속도(rate)를 빨리하게 한다. 말 속도 감속은 여러 형태로 이루어진다. 중증 장애 환자는 반응을 표출하기 전에 조용히 있어야 할지 모르는데, 이는 반응을 '속으로만(in mind)' 간직해야 하기 때문이다. 가장 자동적 발화를 산출하기 위해 일부러 느리게 말을 하여 정확성을 꾀하기도 한다.[95] 음절별 산출 접근법이나 모음핵의 연장을 활용할 수 있다.[67]

말실행증에 적용되는 속도 감속은 마비말장애와는 다르다. 예컨대, 정상 화자의 속도와 운동 속도 프로파일은 속도를 변화시키는 것이 운동 조절 전략의 변화와 관련이 있다.[1] 빠른 속도는 미리 프로그래밍된 '일체의(unitary)' 동작과 연관되고, 느린 속도는 피드백 기제의 영향을 받는 여러 하부 운동(submovements)으로 구성된다. 미리 프로그래밍된 하부운동이 소실되었거나 접근이 어려운 말실행증 환자의 경우, 속도 감속을 통해 피드백을, 그리고 정확한 말 산출에 필요한 하부 운동의 '재학습'을 촉진한다. 동시에, 일부 말실행증 환자들은 어떻게 말을 산출해야 하는지에 대한 의식적 노력을 기울이지 않고, 빨리 말할 때에 오히려 더 잘 말한다. 이는 미리 프로그래밍된 하부 운동에 효율적으로 접근하였다는 것을 의미한다.

치료 동안 일단 정확한 조음이 가능하면, 속도를 빠르게 해야 한다. 음절, 단어, 구 단계, 구 단계의 대조적 상세 과제, 문장 및 문단 읽기 과제 등에서 행한다.

비록 효능성은 입증되지 않았지만 분리주의(divided attention) 과제가 경도 환자에게 유용한데, 말 프로그래밍이 학습의 자동 단계로 도달할 수 있는 정도를 평가할 수 있기 때문이다. 예를 들어, 환자에게 산출 전, 혹은 산출 동안 제시된 그림, 글자 또는 색깔을 기억해 내도록 하였을 때에 얼마나 제대로 정상적인 구 속도를 유지할 수 있는가 하는 것이다. 이러한 과제는 치료 동안 다른 단계의 반응 난이도로 옮기기 전 마지막 과정이다. 예컨대, 환자가 다음절 단어를 정확하게 산출하면, 분리주의 과제의 맥락에서 그 동일한 과제를 수행하도록 한다. 그런 후, 분리주의 과제 동안 다음절 단어를 정확하게 수행하는 경우에만 구 단계의 산출로 넘어간다.

IV. 행동적 중재 접근법

말실행증 중재를 위한 상세한 화자 중심적 접근법들은 단일대상 연구, 사례 연구, 효과에 대한 일화적 보고서 등을 통해 소개되었다. 이러한 접근법들은 서로 유사하나, 말을 유발시키기 위해 사용되는 자극의 본질에 의해 구분된다. **유사한 점으로는 자극 선택, 치료 과제의 순차적 진행(orderly progression), 집중적이고 체계적 반복연습의 사용 등이다.** 거의 대부분의 치료 접근법에 대한 연구에는 운동 학습의 원칙을 고려한 방법론을 포함한다.

모방(imitation)은 특히 치료 초기 단계에 적용하는 필수 부분이다.[95] 그 이유로는 첫째, 모방은 적절한 어려움과 성공을 목표로 잘 선택된 파라미터를 지닌 자극에 대한 수의적 반응을 요구하게 한다는 점이다. 둘째, 모방해야 하는 자극(예: 청각적 · 시각적 단서)은 반응을 프로그래밍 하는 '지도(map)'를 제공해 준다는 점이다. 셋째, 모방은 효율적인데, 그 이유는 반복연습을 단순화하고, 최대수의 반응을 이끌어 내며, 인지 및 언어적 처리 요구를 줄이고, 실어증이 동반될 때 이해력에 영향을 미치는 언어장애를 우회할 수 있기 때문이다. 대부분의 프로그램은 모방에서 시작하여 자발화까지를 포함하는데, 이는 모방이 정상적인 상호 의사소통보다는 훈련 목표에는 덜 명확하며, 모방을 잘 한다고 해서 자발화로 자동적인 일반화가 이루어지지는 않기 때문이다.[57]

대부분의 화자 중심적 행동적 치료 접근법은 **체계 간** 또는 **체계 내 재조직**의 개념을 활용한다. 말을 향상시키려면 말의 계획이나 프로그래밍이 이루어지도록 재조직이 필요하다.

체계 내 재조직(intrasystemic reorganization)[56,95]은 원시적, 자동적 단계, 혹은 그보다는 좀 더 높은 단계의 조절 기능을 강조하여 수행력을 향상시키는 시도이다. 말을 좀 더 수의적이고 의식적(예: 모방을 통하여)으로 만드는 것은 높은 단계의 조절이다. 숫자 세기, 노래 부르기, 자동적인 사회적 구절과 같은 자동적 반응은 초기 체계 내 활동에 속한다. **조음지시법**(phonetic placement) 및 **조음유도법**(phonetic derivation)은 높은 수준과 낮은 수준의 기능을 모두 포함한다. 'th'를 산출하기 위하여 혀 내밀기를 사용하는 것은 정확한 음소를 산출하기 위한 낮은 수준의 움직임/높은 수준의 의도적 움직임이다. 조음지시법과 조음유도법은 (모방 과제에서 쉽게 사용되는) 높은 단계와 낮은 단계 기능을 합한 것이다. 예를 들어, 'th'를 발음하기 위하여 혀를 내미는 것은 말소리를 산출하기 위해 올바른 지시를 이끌어 내는 상당히 수의적인 방안에서, 단순하고 낮은 단계의 동작을 활용하는 것이다. 조음지시법과 조음유도법은 비구어 구강실행증 환자에게는 적합하지 않다.

체계 간 재조직(intersystemic reorganization)은 말을 촉진하기 위하여 비구어 과제를 사용하는 것을 말한다. 사지 운동 연구에서 그 효과가 어느 정도 검증되었다. '자석 효과(magnet effect)'는 한 가지 동작의 속도가 다른 동작의 속도에 영향을 주는 것을 일컫는다. 동시적 움직임(오른쪽과 왼쪽 팔, 또는 사지 운동과 말과 같은)은 둘 간의 조화로운 관계를 유지하는 한 정확하게 수행할 수 있다. 신경생리학적으로 특정 활동에 대한 프로그래밍은 뇌 안에서 '뻗어 나가서(spread out)' 다른 운동이 프로그램되는 것에 영향을 준다. 동시적 움직임이 제대로 안 되면 간섭(interference)이 일어난다.[79]

제스처 재조직(gestural reorganization)[56,58,95]은 말을 촉진시키기 위해 비구어 운동을 사용하는 주된 예이다. 손이나 손가락 두드리기(tapping), 발 두드리기, 고개 움직임, 또는 속도 감속, 리듬 및 상세 패턴을 촉진시키기 위한 속도조절판 사용 등이 그 예이다. 제스처 조절이 말보다 낫다면, 제스처를 주로 사용하여 말의 조절을 조직화한다. 제스처를 말과 짝지어서 말소리 습득과 말 모방 과제 내에서 훈련 안 된 자극으로의 일반화를 촉진한다.[55]

지금부터는 조음의 여러 운동역학적 접근, 속도 및 리듬 접근, 그리고 다른 연관 접근 및 기법들을 다루기로 한다. 각각의 치료 또는 기법에 관해 구체적으로 '어떻게' 실시하는지를 소개하며, 이들의 공통점과 차이점을 알아보기로 한다. 이러한 공통점과 차이점을 확인하면 적절히 변화된 환자 특이적 치료 프로그램을 개발할 수 있다.[3]

A. 조음 운동역학적 접근법

조음 운동역학적(kinematic) 접근은 말소리와 연속된 말소리의 조음적 정확성을 향상시키기 위하여 운동의 공간적 · 시간적 측면을 직접적으로 호전시키도록 실시된다.

말실행증 치료를 위한 여덟 단계(통합적 자극) 연속체 접근법

1973년의 논문, "성인 말실행증을 위한 치료(A Treatment for Apraxia of Speech in Adult)"에서 Rosenbek 등[59]은 세 명의 중증 환자에 적용한 단어, 구, 문장 산출에 효과적

[3] 일부 치료는 약자(acronym)로 명시되나, 그렇다고 해서 다른 접근법과 기법보다 효능성이 좋다는 근거는 아님.

인 여덟 단계 (과제) 연속체(Eight-Step Continuum) 접근법을 설명하였다. 그 방법을 활용한 결과에 대한 보고서는 말실행증 치료의 효과를 기술한 첫 연구였다.[46] 지난 수십 년 동안 말실행증 치료의 전형적 모델이었으며, 다양한 중증도에 걸쳐 활용 가능하고, 유연성 있게 실시될 수 있도록 고안되었다. 구체적 치료 단계를 순서화하지는 않기 때문에, 치료의 요소에 대해서만 이해하면 된다. 이 방법의 내용 및 일반적 원칙은 오늘날 여러 치료 접근법에 반영되었다.

여덟 단계 연속체 접근법에서는 높은 단계의 성공, **집중적이고도 광범위한 반복연습**, **의미 있는 의사소통**, **자기수정** 등을 위하여 과제의 연속성을 강조한다. 또한, 조음 붕괴(phonetic breakdowns)에 근거하여 치료 자극을 선택하고 순서화하는 것에 대한 중요성이 인식되어야 한다. 이 프로그램의 주축은 통합적 자극(integral stimulation)[4](“보고, 듣고, 저와 함께 말해 보세요.”)이 치료 초기 단계부터 강조되다가 청각적 · 시각적 단서가 점차로 사라진다. 이 프로그램에서는 자극 단서가 초기에는 최대로 주어지다가 점차로 없어지는 대신, 반응 요건(requirement)은 점차로 증가한다. 여덟 단계 연속체 접근법에 대한 간단한 요약은 다음과 같다. 각 단계에서는 음절, 단어, 구, 문장 단계의 자극을 사용한다.

제1단계—**통합적 자극** 제시 단계로서, 임상가가 제시하는 목표 자극을 환자가 보고 들으면서 동시에 모방함.

제2단계—1단계와 비슷하나, 환자의 반응을 지연시키며, 치료사는 환자가 반응하는 동안 소리 없이 입모양(mime)만 함께 냄(즉, 동시적 청각 단서는 주어지지 않음).

제3단계—임상가의 아무런 동시적 단서 없이, 통합적 자극 제시된 후에 환자가 모방함.

제4단계—개입된 자극이나 아무런 동시적 단서 없이, 통합적 자극을 연속적으로 제시함.

제5단계—청각적 · 시각적 자극 없이 제시된 문자 자극만을 보고 산출하게 함.

제6단계—문자 자극이 주어진 후, 시간 경과 후에 문자 자극 없이 지연된 반응을 산출함.

제7단계—적절한 질문에 대한 반응을 이끌어 냄. 예컨대, “커피를 마시고 싶어요.”라는 발화를 모방하게 하는 것이 아니라, “무엇을 줄까요?”라는 질문에 답하게 함으로써 반응을 이끌어 냄.

제8단계—적절한 역할 놀이(role-playing) 상황에서 반응을 이끌어 냄.

[4] 보고 듣는 전략이 늘 최선의 방법은 아님. 일부 환자들은 임상가의 모델링에 따라 보고 들을 때나 목표단어를 듣고 읽을 때보다, 듣기 자극에만 혹은 읽는 자극에만 적절히 반응함.

모든 환자가 여덟 단계 모두를 거칠 필요는 없으며 특별히 어렵다고 생각되면 일부 단계는 건너뛰어도 된다. 만일 여덟 단계 연속체 접근법이 실패하면, 조음지시법과 조음유도법을 실시한다. 자극 제시, 프로그래밍 단계, 단계별 전진에 대한 기준 등을 변화시켜 치료하는 것도 도움이 된다.[18]

말소리산출치료법

말소리산출치료법(sound production treatment, SPT)은 비교적 최근에 개발된 정교한 치료법으로서, 분절 및 음절 단계에서 조음의 공간적 그리고 시간 조절(timing)의 정확성을 향상시키는 데 초점을 맞춘다. Wambaugh 등에 의해 고안되었는데, 습득, 일반화, 치료 효과의 유지 등에 대한 연구 자료를 통해 프로그램으로 개발하였다.[83,86,90-92] 훈련된 말소리가 습득되고, 유지되며, 훈련되지 않은 말소리로 일반화되는 긍정적 효과가 관찰되었다. 훈련 안 된 말소리로의 일반화는 일부 연구에서만 확인되었다.[86] **SRT는 다른 어느 말실행증 치료법에 비해 효능성이 있다는 것이 자료를 통해 입증되었다.**

SPT는 많은 말실행증 치료에 공통적으로 적용되는 전략을 사용하는데, 반복, 통합적 자극, 모델링, 자음 산출을 촉진하기 위한 조음 지시 단서 및 피드백 등을 포함한다. 이 치료법의 가장 독특한(그러나 이 치료법만의 특색은 아닌) 특색은 **최소대립**(minimal contrasts)을 자주 사용하는 것이다. 따라서 SPT를 **최소대립치료법**으로 부르기도 한다.[92] SPT에서 사용되는 최소대립 과제는 단어에 있어서 목표 대조가 최소한으로 다르게 구성한다(예: shock-sock; conical-comical; 달-담; 소리-사리). 최소대립쌍을 활용하면 최소한으로만 다른 말소리를 분별하는 데 필요한 운동 패턴을 연습하고 개선할 수 있는 맥락을 제공한다. 운동 프로그래밍 장애 때문에 오류가 발생한다면 이 연습이 무엇보다도 중요하다.[91] 치료 자극은 환자의 독특한 오류 패턴에 맞추어 결정된다. 치료 목표는 말소리이지만, 치료 자극은 단어, 구, 또는 문장으로 한다. 초기 단계에서 임상가의 도움을 필요로 하는 여덟 단계 연속체 접근법과는 달리, SPT는 초기 단계에서는 임상가의 도움을 거의 필요로 하지 않으며, 후기 단계에서는 오류가 발생할 때만 도움을 받는다.

SPT의 체계는 연구 결과가 나올 때마다 조금씩 수정되어 왔는데, 현재 체계는 다음과 같다.[81]

제1단계—구어 모델링을 주고, 목표 말소리가 포함된 목표 문항('say sit')을 산출함. 올바르게 산출하면 5번 반복 후, 다음 목표 문항으로 넘어감. 만일 틀리면, 최소대립쌍 문항(예: 'kit')을 제시한 후, 맞으면 제2단계의 목표 단어로 넘어감. 만일 틀리면, 통합적 자극과 함께 3차례까지 산출한 뒤, 제2단계로 감.

제2단계—임상가는 목표 말소리가 인쇄된 글자 자극을 보여 주면서 목표 단어를 말하면, 환자는 목표 단어를 반복함. 올바르게 산출하면, 목표 단어를 5차례 반복한 후, 다음 문항으로 넘어감. 틀리면, 제3단계로 감.

제3단계—임상가가 통합적 자극(즉, 목표 단어를 보고-듣고-따라 하기)을 사용하여 3차례 목표 단어를 유발시킴. 맞으면 5차례 반복한 후, 다음 문항으로 감. 틀리면 제4단계로 감.

제4단계—임상가는 조음 지시 단서를 제공한 후, 통합적 자극 제시 후 산출하도록 함. 맞으면 5차례 반복하고, 다음 문항으로 넘어감. 틀리면, 다음 문항으로 넘어감.

각 단계마다 시각적 피드백이 주어진다. 최소대립은 문장 단계 자극에서는 적용되지 않는다. 단계마다 목표 자극의 성질이나 환자 특색에 따라 변형해서 사용하기도 한다.[81,86] 그러나 단계 순서, 최소대립, 통합적 자극, 모델링, 조음 지시 단서, 피드백 등을 변함없이 유지해야 한다.

SPT 치료법은 효능성과 효과에 대한 추가 연구가 필요하긴 하나, 말실행증 치료로는 어느 정도 적절하다고 본다.[81,84,88] 훈련된 말소리의 습득, 훈련되지 않은 말소리로의 일반화, 말소리 간 일반화, 자극 일반화(즉, 훈련 안 된 문맥[예: 문장]에서 훈련된 목표[예: 단어]의 사용) 등에서 긍정적 결과가 관찰되나, 대상자 내, 대상자 간 그 정도는 다르다.[83,86,90-92] 비록 완전하지는 않으나, 치료를 종료한 후에 치료 성과를 유지할 수 있다는 연구 결과도 있다.[90,91] 훈련된 말소리가 목표 말소리로 과일반화(overgeneralization)되면 그 특정 말소리의 치료 효과가 쉽게 감소된다.[90] 그러므로 여러 말소리들을 치료 목표로 동시에 초점을 맞추는 것이 중요하다(즉, 변이적 연습 대 일관적 연습). 여러 말소리들에 대한 동시 치료에서 습득 및 일반화에 대한 긍정적 효과가 나타난 바 있다.[86,87] 동시 치료가 아닌 연계적 말소리(sequencing of sounds) 치료는 이미 치료가 끝난 말소리 자질들(features)이 치료를 앞둔 말소리와 다른 경우에만 효과적이다.[90]

프롬프트 기법

프롬프트 기법(Prompts for restructuring oral muscular phonetic targets, PROMPT)은 Chumpelik[14]에 의해 처음에는 아동의 말실행증 치료를 위해 고안된 치료 프로그램인데, 지금은 성인에게도 적용된다.[8,25,71,72] 이 치료 기법의 특색은 말 산출을 촉진하기 위하여 촉각적, 운동감각적(kinesthetic), 고유수용적(proprioceptive) 단서를 제공하면서 촉각 단서를 활용하는 것이다. 임상가는 말 산출의 시공간적 측면에서 체계 간 단서를 제공함으로써 '외부 프로그래머'로서의 역할을 하는 셈이 된다.[76] 프롬프트 기법에서 사용되는 촉각-운동감각적 입력은 주로 청각적, 시각적 자극과 결합된다.[74]

프롬프트 기법은 조음 목표 지점에 대한 단서, 조음 방법, 턱 움직임 정도, 음절 및 분절 길이 등을 알려 주기 위해 환자의 얼굴과 목에 상당히 구조적으로 손가락들을 배치한다. 예컨대, 비음의 경우에는 엄지를 코 양편으로 놓고, 양순음의 경우에는 다른 손가락으로 조음 위치를 알려 준다. 일련의 프롬프트 단서를 묶어서 제공함으로써, 음소 간의 움직임이 촉진된다.[76] 프롬프트 기법을 환자에게 정확하고 효율적으로 실시하려면 상당한 양의 훈련이 필요하다. 이 때문에 임상 연구자들은 이 기법을 활용한 치료 효과를 충분히 관찰하지 못한다.

이 기법의 적합한 대상자는 자발적 구어 산출이 제한적이면서 만성의 중증 말실행증 환자나 전통적 치료 방법에서 치료 효과를 보지 못한 환자이다.[76] 프롬프트 기법을 통해 효과가 관찰된 환자들에 대한 연구 보고들이 있다.[8,25,71,72] 일부 잘 설계된 단일 대상자 연구들에 따르면, 목표 단어의 습득과 유지가 잘 이루어지나, 훈련되지 않은 단어로의 일반화는 관찰되지 않았다.[25] 또 다른 연구는 명령문 및 능동서술문에 대한 연습을 통해 훈련되지 않은 같은 유형의 문장으로 일반화가 나타났다고 보고하였다.[8] 이 연구들의 긍정적 결과들에 근거하여, 프롬프트 기법을 '어느 정도 검증된(partly established)' 치료법으로 간주해도 좋을 것이다.[84]

생체피드백

일부 기기적 피드백을 통해 말실행증 환자들이 도움을 받을 수 있다. 네 명의 환자에서 이마 전두근의 **근전도(EMG) 생체피드백**(biofeedback)이 긴장 완화를 촉진하였다.[47] 임상가가 구어적 모델링을 하는 동안 실행증 환자의 오른손 집게손가락에 **진동 촉각 자극**을 주면 단단어의 모방 산출이 향상되고, 청각적 단서만을 제공하였을 때보다 더 큰 효과를 보였다.[60] 이로써, 진동 촉각 자극은 말운동의 순서화를 위한 구조적 체계를 제공하며, 제스처나 체계 간 재조직의 한 예라고 볼 수 있다.

최근에는 말실행증 환자가 치료를 받는 동안 조음 운동에 대한 시각적 피드백을 제공하기 위해 자기전기조음기록기(EMA)가 활용되기 시작하였다. 운동역학적, 청지각적 연구 자료에 따르면, 일부 말실행증 환자들이 EMA를 통해 정확성 및 일반화 효과를 보았다.[31-33,49] 전자구개운동기록기(EPG) 또한 만성적 중증 말실행증 환자 치료에서 비구어 및 구어 운동 시 혀에 대한 시각적 피드백을 제공한다. EPG는 청지각적 방법만으로는 얻어 낼 수 없는 구강 운동의 역동성을 명확하게 하면서, 특정 오류들을 감소시키는 역할을 한다.[30]

그러나 말실행증 환자 치료에 있어서 기기적 생체피드백에 대한 근거자료가 부족하다. 일반적으로, 생체피드백은 말실행증 환자의 조음장애를 치료하는 데 주요 방법이 아닌 부차적 역할만을 할 뿐이다.

기타 조음 운동역학적 접근법 및 기법

체계 간 및 체계 내, 그리고 제스처 재조직의 개념; 모방, 조음지시법 및 조음유도법의 유용성; 여덟 단계 연속체 접근법, 말소리산출치료법(SPT), 프롬프트 기법(PROMPT) 등에서는 말실행증 치료에 대한 조음 운동역학적 접근법(articulatory kinematic approaches)의 범위 및 본질이 잘 다루어지고 있다.

기타 말소리, 음절, 단어 단계의 접근법. 자동 발화 과제로도 발성이 이루어지지 않으나 말을 하려고 입을 벌릴 수는 있다면, 날숨이 시작하는 시점에 복부를 빠르게 미는 방법을 통해 성대내전과 발성을 이끌어 내어 자발적 발성을 할 수 있다. 이와 유사하게, 반사적 하품 또는 기침을 유도해 낼 수 있다면, 발성을 함께 이끌어 낼 수도 있다. 임상가가 손을 후두에 대고 '아' 소리를 내게 하면 모음 발성이 가능할 수 있다. 갑상연골에 압력을 가하거나 아래로 밀면 가끔은 발성이 유도되기도 한다.

일부 환자들에게는 무의미 음소 혹은 무의미 음절 수준에서의 산출이 더 성공률이 높을 수 있다.[95] Darley, Aronson, Brown[16]은 개별 말소리 치료로 시작하여, 음절, 단어에 적용할 것을 권고한다. 예컨대, 허밍으로 'm'을 연습하면 모음만 붙여서 'ma'를 여러 차례 반복 산출한다. 그런 다음 다른 조합, 즉 자음-모음-조음(CVC) 음절('mom'), 두 단어 구('my mom') 등으로 옮겨 간다. 이처럼, 개별적 말소리에 집중하여 연습한 후, 무의미 음절을 빠르게 반복하면 의미 있는 말 산출의 기초가 될 수 있다.[15]

조음 구강 운동을 설명하고, 거울 피드백을 활용하며, 심상 연습(mental practice)을 시키면서 말소리 학습을 이끌어 내는 무척 체계적인 '음소운동(phonomotor)' 접근법을 통해 말소리 습득이 가능하며, 노력이 많이 안 들고, 자신 있는 말 산출에 도움이 된다. 그러나 단어 단계로의 일반화는 어려울 수 있다.[35] 단어나 음절 단계로의 일반화가 어려운 까닭은 개별 말소리에 초점을 맞추는 치료는 말 조절을 위한 운동 학습 모델과는 상반되기 때문이다. 그러므로 치료 초점은 단어나 구 산출을 위한 운동 계획을 세우는 데 좀 더 적절하게 맞춰져야 한다. 단어 산출 시 보고 듣는 '전체 단어 치료'를 통해, 단어를 산출하는 것을 상상한 뒤, 개별 말소리나 조음기 위치에 집중하지 않고 산출함으로써 훈련된 단어 내에서 말소리의 정확성을 향상시킬 수 있다.[6]

심상 연습 또는 **암묵적(implicit) 음소 연습**은 각종 음소대립을 통해 음소의 리드밍, 탈락, 두운(alliteration)을 소리 내지 않고(covert speech) 연습하는 것으로서, 실어증을 동반한 말실행증 환자에게 적용된 바 있다.[17] 이를 통해 소리 내서 하는 단어 반복이 향상되었으며, 훈련되지 않은 단어에서 일반화가 이루어졌다. 이로써, 심상 연습이 말실행증 치료에 긍정적 효과를 가져올 수 있다고 볼 수 있다.

단서 전략은 음소, 음절, 단어 단계 연습에서 음소지시법 및 조음유도법의 단서로서 유용하다. 단어 단계에서는 효과적인 단서들의 위계가 있는데, 개인에 적합하게 맞추어진다.[53] 단어 단계에서 정확한 반응을 촉진하는 단서로는 단어 모방(보고 듣기), 문장 완성, 목표 단어의 첫 말소리, 인쇄된 목표 단어, 기능 설명, 연관 단어 제시 등이 있다.[16,41,53,95] 개개인의 환자에게 적합한 단서 위계를 만드는 것이 중요하며, 적절한 반응을 이끌어 내기 위하여 최소한의 단서를 사용해야 하고, 임상가가 제공하는 단서보다는 환자 스스로 단서를 활용하는 방법을 배우도록 한다.[53]

반응 정확성을 촉진시키거나 낮추는 데 영향을 주는, 음절과 단어, 그 이상의 단계에서 사용되는 반응 파라미터로는 첫 자음의 연장, 모음 및 음절의 연장, 임상가 및 환자가 시도하는 반응 전 지연, 즉각 반응 등이 있다.[12,93] 단서 전략과 유사하게, 반응 파라미터들 역시 개인에 맞게 조절되어야 한다.

다중 음절 발화 단계의 기법. 음소대립, 속도 조절, 리듬, 강세, 운율은 환자가 단음절 반응 단계를 벗어나 치료를 하게 되면 중요해진다. 음소대립을 사용한 연습은 음절 간 조음 방법을 확립하는 데 중요하다.[62] 이러한 대립은 SPT 방법에서 사용되는 것과 비슷한데, 최소대립 차이를 반영하여, 유성성('bye-pie'), 위치('key-tea'), 방법('to-chew'), 모음('toe-to'), 단자음 대 겹자음('sing-sting') 등을 포함한다.[16,58,73] 속도 조절, 리듬, 강세, 운율은 다음 부문에서 다룬다.

B. 속도 및 리듬 접근법

어떤 접근법은 주로 속도와 리듬을 변화시키는 것을 강조하며, 다음절 단어, 구, 또는 문장 단계에서 주요한 역할을 한다. 리듬(운율)이 말 산출의 주요 요인이며, 말실행증이 말운동의 시간 조절(timing)에 문제가 있다는 점을 반영한다.[89]

강세 및 리듬은 조음에 강력한 촉진적 역할을 한다.[29,58,73,95] 제17장에 소개된 대립적 강세(contrastive stress) 과제들은 강세에 대한 제스처 단서를 동반하는지 여부와 상관없이 말실행증 환자에게 적용될 수 있다. 왜냐하면 이 과제들을 수행하면서 말을 느리게 하게 되며, 말에 가해지는 리듬의 촉진적 효과를 활용할 수 있다. 어떤 이들에게는 속도와 리듬의 효과가 매우 두드러짐에 따라 말소리, 음절, 단어 단계의 수행력이 나쁠지라도 다음절 단어나 구 단계에서는 성공적이 될 수 있다.[5] 모방 과제를 넘어서면, 문어 자극이 문장 단계에서는 유용하며, 이때 목표 단어는 텍스트상 강조해 놓는다. 자주 쓰이는 구, 예를 들면 "잘 시간이야", "안녕하세요?"는 강세, 휴지, 운율 기능을 안정화하는 데 유용하다.[29]

[5] Wertz, LaPointe, Rosenbek[95]은 대립적 강세 과제의 구성을 기술하였는데, 목표어에 강세를 둔 모방 및 질문-대답 대화, 그리고 목표 단어들이 서로 다른 곳에 위치하거나 다중 강세 목표어를 포함한 좀 더 복잡한 발화에 대한 것들임. Thomas[80]는 대립적 강세 과제에 사용될 수 있는 각종 자극 자료들을 제공하였음.

메트로놈 및 연관 속도조절기법

메트로놈, 속도조절판, 손/손가락 두드리기, 기타 체계간 제스처 속도 조절 전략은 도움이 될 수 있다. 이 기법은 말운동 순서를 조직화하는 데 시간적 기초를 마련해준다.[46]

말과 구강 운동 조절 과제의 속도를 조절하기 위하여 때때로 손 두드리기와 함께 메트로놈을 사용하는 것이 긍정적 효과가 있다는 연구 보고가 있다.[6] 예컨대, 메트로놈과 손 두드리기를 함께 사용하여 말 조절을 하였을 때에 경도 말실행증과 실어증 환자에 있어서 4음절 단어와 구의 산출 정확성이 증가하였다.[45] 말소리 산출 정확성 증진이 치료의 직접적 목표가 아니었기 때문에, 이 연구 결과에 비추어, 외부 속도조절 접근법을 활용한 속도 변화가 조음 정확성에 긍정적 영향을 미친다고 볼 수 있다.

실어증 및 중증 말실행증을 보인 한 환자는 많은 다양한 치료를 받은 후에 더 이상은 호전을 보이지 않던 상태에서, 단어가 발화될 때마다 손가락을 하나씩 펴는 '손가락 세기'법을 통해 추가적인 도움을 받았다.[64] 또한, 각 음절의 모음을 길게 연장하고, 각 구에서 단어를 늘어뜨려 산출하도록 연습한 두 명의 환자는 조음에서 향상을 보이기도 하였다.[67]

운율속도조절치료법

운율속도조절치료법(metrical pacing therapy, MPT)은 비교적 최근에 발표된 치료법으로서, 발화 산출을 위해 청각적 리듬 템플릿을 사용한다. 목표 발화의 각 음절 첫 부분에 리듬적 음조(tone)를 맞추어 목표 발화의 음절 수와 음조의 수가 일치하게끔 만든다. 결과적으로는, 말의 파형 포락선(speech wave envelope)이 리듬 단서와 함께 제시된다. MPT를 통해 10명이 말실행증 환자들이 속도, 유창성, 분절적 정확성이 향상되었고, 비리듬적 치료 기법에 비해 속도 및 유창성 측면에서 월등하였다.[10] 말의 리듬에 초점을 맞춘 치료가 말실행증에 효과적이며, 향후 추가적 연구가 이루어진다면 더욱 도움이 될 것이다.

노래하기

일부 환자들은 친숙한 노래("Happy Birthday", "Jingle Bells")를 부를 수는 있으나, 가사의 명료도가 떨어져 음

[6] 참고문헌 23, 24, 45, 67, 84, 85 참조.

정을 흥얼거리는 것만 가능하고, 목소리를 전혀 낼 수 없는 상황에서는 음정은 어느 정도 비슷하게 낼 수 있기도 한다. 친숙한 노래의 음정을 흥얼거릴 수 있는 능력은 단어나 구의 산출을 촉진시키는 치료에 이용할 수 있다.[34]

멜로디억양치료법

멜로디억양치료법(melodic intonation therapy, MIT)은 원래 중증 비유창성 실어증을 치료하기 위한 치료법이나, 말실행증에도 적절하다고 여긴 임상가들에 의해 사용되기 시작하였다.[68,69] MIT에서는 강세의 멜로디, 리듬, 패턴 등에 기초한 음정이 섞인 발화를 노래하듯이 하면서 환자에게 구어적 모델링을 한다.[70] 말소리의 정확성에 명백히 목표를 두고 치료하는 것이 아니며, 방법은 체계적이고 구조적이다.

반복이 주를 이루며, 프로그램상 진전이 될수록 반복은 서서히 줄여야(fading) 한다. MIT의 다른 원칙들로는 환자에게 의미적 가치를 지닌 각종 고확률(high-probability) 발화를 사용해야 하며, 높은 성공 확률을 이끌 단계에서 연습을 해야 하고, 구어 및 제스처 단서(그림 또는 문자 단서를 피함)를 사용하며, 치료 회기를 빈번하게 해야 한다는 것이다. 정상적 발화 양식을 사용하지 못하므로, 말 치료를 동시에 실시하지는 않는다.[70]

MIT 치료에 적합한 대상자로는 구어 이해력이 좋고, 자기평가가 가능하고, 자발적 구어 산출이 거의 안 되며, 왜곡되고 쉼이 많으나 오류에 대한 자기수정을 시도하는 비유창성 말 특색을 보이는 이들이다. 따라서 '전형적인' 브로카 실어증과 중증 비구어 구강실행증을 보이는 환자들이 이에 해당한다. 이들은 말실행증이 대개 실어증보다 심한 편일 것이다. 통합적 접근법으로부터 도움을 받지 못하는 이들에게도 적용할 만하다.[75]

MIT는 이미 골라 놓은(그러나 유동성 있게 바꿀 수 있는) 손 두드리기 리듬으로 시작하여, 임상가와 함께 동시적 허밍을 하고, 나중에는 모델링을 줄여 간다. 이처럼 기초가 다져지면, 의미 있는 언어가 추가된다. 그러다가, 단서와 손 두드리기가 서서히 없어지면서 모방 대신 질문에 답하기를 한다. 노래할 때에는 익숙한 음정(tunes)을 사용하는 것이 아니라 발화에서 과장된 음도, 템포, 리듬을 이용하여, 템포를 늘어뜨리고 음도를 변화시켜 멜로디 패턴을 만들며, 강조하기 위한 목적으로 리듬과 강세를 과장한다.[7] 이러한 노래 스타일이 구어 자료를 정확하게 반복할 수 있다면 '노래하기'와 '말' 사이의 운율 패턴인 '스프레히게장(sprechgesang)' 또는 '발화적 노래'로 옮겨 간다.[8] 필요하다면 일부 환자들에게는 MIT를 일부 변형하여 적용할 수도 있다.[21,43]

MIT 연구 결과는 상대적으로 많이 발표되지 않았으며, 연구 방법이 제대로 설계된 연구는 그리 많지 않다.[46] 적합한 대상자로는 중증 말실행증에 상대적으로 경도 실어증이 동반된 환자이므로, 실어증 및 말실행증 집단에서 적은 수의 환자만이 MIT 치료에 적절한 대상자로 간주된다.

C. 기타 접근법 및 기법

다음 부문에서는 치료에 유용한 기타 접근법 및 기법에 대해 살펴보기로 한다. 모든 치료법을 여기에 담을 수는 없으며, 말실행증 치료에 도움이 되는 일반적인 치료법을 소개하기로 한다.

키워드 기법

키워드 기법(key word techniques)은 정확히 자동적으로 산출 가능한 단어를 택하여 환자들로 하여금 수의적 조절을 할 수 있게끔 반복하게 하는 방법이다. 단어가 포함된 문장에 답하게 하거나 단어를 읽게 한다. 그런 다음, 단어의 첫 소리로 새로운 발화를 만들게 한다. "How are you?"라는 질문에 "Fine."이라 답하면 'fine'을 여러 차례 반복하게 한 다음, 'fire', 'five', 'fight'와 같은 단어를 산출하게 한다.

이러한 키워드 기법을 활용한 공식 치료법이 '다중입력음소치료법(multiple input phoneme therapy, MIPT)'이다. MIPT는 따라말하기가 심한 실어증과 실행증 환자를 위한 치료 접근법으로서, 상동적 구어(stereotypic utterances)를 반복적으로 발성하게 한다.[77,78] 이 목적은 상동적 구어를 궁극적으로는 수의적인 발화로 발전시키는 것이다. 첫 번째 단계는 가장 빈번히 나타나는 상동적 발화를 확인하고, 이를 치료의 초기 목표(키워드)로 삼는 것이다. 환자는 임상가가 목표어를 첫 음소를 강조하여

---

[7] 음조(tone)와 리듬을 강조한, 멜로디에 기반한 중재를 활용한 한 연구에 따르면, 두 명의 비유창성 실어증 환자들이 리듬을 강조한 치료로는 효과를 얻었으나, 음조를 강조한 연습에서는 효과가 없었음.[97] 멜로디억양치료법(MIT)의 리듬 측면이 더 중요하다는 것을 의미함.

[8] Sparks[70]는 MIT 프로그램에 대한 상세한 설명을 제공함.

8~10차례 산출하는 것을 지켜보는 동시에, 손상된 쪽(ipsilesional) 팔을 이용하여 두드린다. 그런 다음, 임상가와 함께 발화를 여러 차례 반복한다. 환자가 목표어를 반복하는 동안 임상가는 목소리를 점차 줄여 나가되, 무언으로 입모양을 보여 주며 계속해서 두드린다. 이러한 단계를 다른 상동적 구어에도 적용한다. 이 단계들이 완료되면, 동일한 첫 음소를 사용하여 새로운 단음절 단어(예: 'two'가 'tie', 'toe', 'tune', 'tulip'이 됨)를 생성한다. 목표어는 모든 음소, 그다음 자음군, 다음절 단어, 구, 짧은 문장으로 확대되어 간다. 궁극적으로는 따라말하기를 줄여 나가고, 문자 단어, 그림 이름대기, 구 산출을 통해 반응이 유발된다. MIPT의 효능성에 대한 자료는 제한적이며,[77,78] 새로운 연구 자료는 한동안 보고된 바 없다.

다른 키워드 접근법으로서 '불수의적 발화의 수의적 조절법(voluntary control of involuntary utterances, VCIU)'이 있다. 이 방법은 비교적 이해가 가능하고, 통합적 자극 접근법 혹은 MIT에 반응을 보이지 않는 '비유창한' 말을 구사하는 환자들을 위해 고안되었다.[27] VCIU는 초기 단계의 경우, 문어적-구어적으로 제시하여 환자가 어떠한 맥락에서도(예: 사회적으로, 모방적으로) 산출할 수 있는 단어를 먼저 확인한다. 그런 다음, 카드에 쓰여진 단어를 소리 내어 읽게 한다. 단어가 올바르게 읽혔으면 보유하게 한다. 만일 다른 단어로 대체되어 읽었다면(예: 'dog' 대신에 'cat'이라고 읽음), 원 자극을 무시하고 '수의적' 반응을 보유한다. 목적은 환자가 수의적으로 읽을 수 있는 문자 단어의 목록을 작성하는 것이다. 감정 단어(예: 'love', 'laugh', 'damn')[28]와 짧은 자음-모음으로 구성된 단어 또는 자음+모음+자음(CVC) 단어, 단순한 초성자음이 포함된 고빈도 단어(예: 'no', 'bye', 'good')들이 유용하다. 다음 단계에서는 환자로 하여금 대면 이름대기(confrontation naming)와 반응 이름대기(responsive naming)에서 단어를 산출하게 하는 것이다. 개 그림을 보고 이름을 말하게 한다. 'bad'와 같이 그림으로 묘사되기 어려운 단어들의 경우, "'bad'와 반대되는 단어는 무엇입니까?"라고 묻는다. 이 단계에서 성공하면, 목표어를 유발할 수 있는 대화 활동을 한다. 단계마다 새로운 단어가 발화 목록에 추가될 수 있다.

VCIU의 장점은 환자의 자발적인 발화에 의존하여 치료에 대한 자극을 결정함으로써 성공률을 높이도록 촉진하는 것이다. 그렇기 때문에 상당히 제한된 구어 산출을 보이는 말실행증 환자들에게도 어떻게해서든 말을 산출하게 시작하는 데 도움이 된다. 그럼에도 불구하고 효능성 자료들이 안타깝게도 일화적이고, 제한적이며, 오래되었다.[27,28]

스크립트 훈련(script training)을 통해 개인적으로 중요한 몇몇 단어와 구를 연습하고 습득할 수 있다. 경도 실어증을 동반한 중도(moderate) 말실행증 환자의 경우, 환자 개인에 적합하며 의사소통적으로 중요한 구 및 문장을 무작위적 연습과 지연 피드백을 통해 연습하여 성공적인 결과를 이끌었다.[96] 비록 스크립트 산출이 일부 오류를 보이기는 하였으나, 학습과 보유가 가능하였으며, 유의미한 맥락에서 성공적으로 활용할 수 있었다.

함구성 또는 중증 환자를 위한 기타 기법

말실행증으로 인해 거의 혹은 전혀 말을 하지 못하거나, 소리를 제대로 내지 못하는 경우, 실어증 여부와 상관없이 말을 산출하게 하는 특정 기법들이 있다. 다음은 발성을 이끌어 내고, 가끔은 명료한 단어 및 구 산출을 도와주는 방법들로서, 말을 전혀 하지 못하는 이들에게도 도움이 될 수 있다.

- 다른 모든 방법이 실패하였을 때, 숫자 세기, 요일 말하기 등과 같은 **자동 발화 과제**가 도움이 된다. 이것이 일단 가능해지면, 이미 잘 알고 있던 시 구절, 기도문 등도 가능하게 된다.
- 실어증이 심하지 않은 말실행증 환자에게는 예측이 가능한 **운반구**(예: "I'd like a cup of _____"; "The American flag is red, white, and _____")를 완성하게 한다.
- 말 산출이 전혀 불가능한 중증 환자의 경우, **많이 사용해 온 상징적 제스처와 그와 연관된 말소리나 단어를 서로 짝지어서** 발성이나 단어 모방의 정확성을 촉진시킨다.[55] 예컨대, (특히 적절한 맥락에서) 'hi' 또는 'bye'라고 하면서 손을 흔들거나, 나름대로의 제스처를 사용하게 하면 적절한 구어 반응이 유발될 수 있다. 자동 발화를 유도하는 질문들(예: "How are you?"에는 "Okay."나 "Fine."으로 반응함) 역시 도움이 된다. 집게손가락을 입술에 대고 'sh'라고 하면 그 말소리를 내게 되며, 성냥을 불어서 끄는 것도 모음 발성을 유도할 수 있다.
- 전혀 소리를 내지 못하거나, 명료한 음절을 산출하지 못하는 경우, 말 과제를 특징짓는 동일한 정도의 반복연습과 체계적 진전을 통해 턱, 입술, 혀 등의 비구어 운동(예: 교합저지기[bite block]를 물기, 메트

로놈 비트에 맞추어 혀를 반복적으로 올리거나 내리기)을 연습해야 한다.[22, 24]

인공후두기는 일부 무성 말실행증 환자들에 있어서 조음(또는 발성)을 촉진시킨다.[44]

D. 효능성

비록 말실행증 치료 효과에 대한 무작위 대조군 연구가 이루어지지 않았다고 해서[9] 말실행증 치료가 효능성(efficacy)[10]이 없다고 결론 내릴 수는 없다. 앞서 여러 연구, 특히 연구방법이 제대로 잘 설계된 연구들에서 밝혔듯이, 각종 치료 프로그램과 기법은 말실행증 치료에 도움이 된다. 거의 대부분의 연구에서는 적어도 연구에서 다뤄진 변인들에 한해서만은 긍정적 결과를 보고한다.

보고된 자료와 전문가 의견에 근거하면 일반적인 합의점이 있는데,[11] 실행증 환자, 특히 실어증이 없거나 두드러지지 않는 환자들에게 실행증 치료가 효과적이다. 체계적 문헌 연구를 바탕으로 한 2006년의 말실행증 치료 지침 보고서[89]에 의거하여, 다음과 같이 결론 내릴 수 있다. (1) 조음 운동역학적 접근법은 '아마도 효과적'일 것이며, 그 효과가 다른 치료 접근법에 비하여 월등하고, 말실행증이 만성적이고 심할지라도 말이 호전될 가능성이 있다. (2) 속도/리듬 접근법은 '아마도 효과적'이며, 조음, 유창성, 속도, 또는 전반적 말실행증 증상치료에 성과가 있을 것이다. (3) 체계 간 촉진 기법은 조음 및 제스처 능력에 도움이 된다. 이러한 결론들이 적절하다는 것을 입증하는 추가 연구들이 있다.

[9] 실어증 치료의 효능성을 살펴본 임상연구에서 19명의 말실행증 환자 중 14명이 호전되었는데, 호전되지 않은 5명 중 4명은 말실행증 치료를 목표로 하지 않은 집단 치료를 받았음.[94] 이로써 말실행증을 동반한 실어증 환자에 대한 치료는 효과적이며, 집단 치료 상황에서는 일반적인 언어 자극보다는 직접 치료가 말실행증에는 도움이 된다는 것을 확인할 수 있음.

[10] (역자 주) '효능성(efficacy)'이란 '어떤 치료(법)가 이상적인 상황(예: 실험 연구 상황)에 놓여진 환자의 병 상태를 호전시키는 정도'를 묻는 것인 반면, '효과성(effectiveness, effect)'란 '특정한 치료(법)가 실제적 생활환경에 놓여진 환자의 병 상태를 호전시키는 정도'를 묻는 것임.

[11] 전문가 의견에 관한 한, Rosenbek[58]은 "동반된 실어증의 중증도보다 더 심한 말실행증을 보이는 환자들 중 약 90% 정도는 어느 정도의 기능적 의사소통을 회복하였고", 기능적 의사소통의 회복에 대한 예후는 치료를 받게 되면 탁월함.

말실행증 치료의 효능성 및 효과에 대해 좀 더 많은 것이 알려져야 한다. 특히 치료가 좀 더 효율적이고 도움이 되는 방향으로 제공될 수 있도록 여러 기법들의 가치가 확립되어야 한다. 예컨대, 조음 운동역학적 기법은 속도나 리듬 접근법보다 더 효과적인가? 전자구개운동기록기(EPG)나 근전도(EMG) 피드백이 많은 환자들을 대상으로 했을 때에도 지금까지 알려진 것보다 효과적이라고 입증될 수 있다면, 이로써 얻어지는 성과는 기기적 피드백에 의존하지 않는 화자 중심적 치료보다 더 많을 것인가? 비구어 구강 운동 연습은 심한 말실행증 환자의 적절한 말 산출을 성취하기 위하여 반드시 미리 실시해야 하는가? 아니면, 직접적인 말 치료가 어느 정도라도 효과를 볼 수 있을 잠재력이 관찰될 때까지 치료 자체를 연기해야 하는가? 말실행증 치료에는 어떠한 운동 학습 원칙이 적용될 수 있으며, 또한 가장 강력한 영향을 미치겠는가? 이 질문들에 대한 답은 단기간에 쉽게 주어질 수는 없으나, 치료 기법이 진화되는 데 도움이 될 것이다.

V. 요약

1. 말실행증과 마비말장애 치료는 많은 측면에서 서로 유사하나 동일하지는 않다. 그 차이는 기저적 본질이 다르기 때문에 생긴다.
2. 말실행증은 흔히 실어증을 동반하는데, 이는 말실행증 치료에 영향을 준다. 치료 동안 이해력에 영향을 주며, 말 오류의 해석을 복잡하게 만들며, 기능적 말 능력의 치료 성과를 제한한다. 동반 실어증의 중증도 때문에 말실행증 치료를 하지 못할 수도 있다.
3. 말실행증 치료에 확실히 효과적인 수술적·약물적 중재는 없다. 구개거상기나 음성증폭기와 같이 성도를 변화시키는 보조기는 말실행증 환자들에게는 적합하지 않다. 말 속도 조절기, 생체피드백, 보완대체 의사소통 보조기 등은 말실행증 치료와 관련 있다.
4. 의사소통 중심 접근법은 말실행증에 적절하며 마비말장애 치료를 위한 접근법과 동일하다.
5. 화자 중심적 행동적 접근법은 주로 조음과 운율에 초점을 맞춘다. 조음 특색과 말의 정확성 및 적절성에 영향을 주는 요인에 대한 면밀한 목록을 작성하여 체계적인 치료 계획을 세우는 것이 필요하다. 때때로 치료 초반에 비구어 구강 운동 조절에 초점을

맞추는 치료 활동을 할 수도 있다.

6. 체계적, 집중적, 광범위한 반복연습은 말실행증 치료를 위한 모든 화자 중심적인 행동적 접근법의 필수 요소이다. 반복연습과 관련된 운동 학습의 원칙들인 자기주도학습, 지도, 피드백, 피드백 일정, 훈련의 구체성, 구획적 및 무작위적 연습, 속도-정확성 균형 등은 치료를 실시하는 데 중요하다.

7. 여러 구체적 화자 중심적 접근법은 말실행증을 위해 개발되었다. 이들의 유사한 점으로는 자극의 치밀한 선택, 치료 과제의 순차적 진행, 집중적이고 체계적 반복연습의 사용 등이다. 대부분은 체계 간(intersystemic) 또는 체계 내(intrasystemic) 재조직의 기법을 활용한다. 경험 있는 임상가들은 어떤 구체적 치료 프로그램과 연계되지 않은 덜 구조적이거나 덜 연구된 기법들을 사용하여 다양한 중증도상의 말실행증 말을 촉진하는 데 활용한다.

8. 효능성 자료와 전문가 의견에 따르면, 실어증이 없거나 두드러지지 않을 때에는 말실행증을 중재하는 데 효과적인 프로그램이나 기법들이 많다. 그러나 이들 접근법이나 기법들의 효과나 효율성에 대한 자료는 거의 없다.

참고 문헌

1. Adams SG, Weismer G, Kent RD: Speaking rate and speech movement velocity profiles, *J Speech Hear Res* 36:41, 1993.
2. Aichert I, Ziegler W: Syllable frequency and syllable structure in apraxia of speech, *Brain Lang* 88:148, 2004.
3. Austermann Hula, et al: Effects of feedback frequency and timing on acquisition, retention, and transfer of speech skills in acquired apraxia of speech, *J Speech Lang Hear Res* 51:1088, 2008.
4. Ballard KJ: Response generalization in apraxia of speech treatments: taking another look, *J Commun Disord* 34:3, 2001.
5. Ballard KJ, Maas E, Robin DA: Treating control of voicing in apraxia of speech with variable practice, *Aphasiology* 21:1195, 2007.
6. Ballard KJ, Varley R, Kendall D: Promising approaches to treatment of apraxia of speech: preliminary evidence and directions for the future, *Perspect Neurophysiol Neurogenic Speech Lang Disord* 20:87, 2010.
7. Bastian AJ: Understanding sensorimotor adaptation and learning for rehabilitation, *Curr Opin Neurol* 21:628, 2008.
8. Bose A, et al: Effects of PROMPT therapy on speech motor function in a person with aphasia, *Aphasiology* 15:767, 2001.
9. Boucher V, et al: Variable efficacy of rhythm and tone in melody-based interventions: implications for the assumption of a right-hemisphere facilitation in non-fluent aphasia, *Aphasiology* 15:131, 2001.
10. Brendel B, Ziegler W: Effectiveness of metrical pacing in the treatment of apraxia of speech, *Aphasiology* 22:77, 2008.
11. Buccino G, et al: Listening to action-related sentences modulates the activity of the motor system: a combined TMS and behavioral study, *Cogn Brain Res* 24:355, 2005.
12. Bugbee JK, Nichols AC: Rehearsal as a self-correction strategy for patients with apraxia of speech. In Brookshire RH, editor: *Clinical aphasiology: conference proceedings*, Minneapolis, 1980, BRK Publishers.
13. Chapin C, et al: Speech production mechanisms in aphasia: a delayed auditory feedback study, *Brain Lang* 14:106, 1981.
14. Chumpelik HD: The PROMPT system of therapy. In Aram D, editor: *Semin Speech Lang*, 5, 1984, p 139.
15. Dabul B, Bollier B: Therapeutic approaches to apraxia, *J Speech Hear Disord* 41:268, 1976.
16. Darley FL, Aronson AE, Brown JR: *Motor speech disorders*, Philadelphia, 1975, WB Saunders.
17. Davis C, Farias D, Baynes K: Implicit phoneme manipulation for the treatment of apraxia of speech and co-occurring aphasia, *Aphasiology* 23:503, 2009.
18. Deal J, Florance C: Modification of the eight-step continuum for treatment of apraxia of speech in adults, *J Speech Hear Disord* 43:89, 1978.
19. Dowden PA, Marshall RC, Tompkins CA: Amerind sign as a communicative facilitator for aphasic and apractic patients. In Brookshire RH, editor: *Clinical aphasiology: conference proceedings*, Minneapolis, 1981, BRK Publishers.
20. Duffy JR, McNeil MR: Primary progressive aphasia and apraxia of speech. In Chapey R, editor: *Language intervention strategies in aphasia and related neurogenic communication disorders*, ed 5, Philadelphia, 2008, Lippincott Williams & Wilkins.
21. Dunham MJ, Newhoff M: Melodic intonation therapy: rewriting the song. In Brookshire RH, editor: *Clinical aphasiology: conference proceedings*, Minneapolis, 1979, BRK Publishers.
22. Dworkin JP: *Motor speech disorders: a treatment guide*, St Louis, 1991, Mosby.
23. Dworkin JP, Abkarian GG: Treatment of phonation in a patient with apraxia and dysarthria secondary to severe closed head injury, *J Med Speech Lang Pathol* 4:105, 1996.
24. Dworkin JP, Abkarian CG, Johns DF: Apraxia of speech: the effectiveness of a treatment regimen, *J Speech Hear Disord* 53:280, 1988.
25. Freed DB, Marshall RC, Frazier KE: Long-term effectiveness of PROMPT treatment in a severely apractic-aphasic speaker, *Aphasiology* 11:365, 1997.
26. Hart RP, Beach WA, Taylor JR: A case of progressive apraxia of speech and nonfluent aphasia, *Aphasiology* 11:73, 1997.
27. Helm NA, Barresi B: Voluntary control of involuntary utterances: a treatment approach for severe aphasia. In Brookshire R, editor: *Clinical aphasiology: conference proceedings*, Minneapolis, 1980, BRK Publishers.

28. Helm-Estabrooks N: Treatment of subcortical aphasia. In Perkins W, editor: *Language handicaps in adults*, New York, 1983, Thieme-Stratton.
29. Horner J: Treatment of Broca's aphasia. In Perkins WH, editor: *Language handicaps in adults*, New York, 1983, Thieme-Stratton.
30. Howard S, Varley R: Using electropalatography to treat severe acquired apraxia of speech, *Eur J Disord Commun* 30:246, 1995.
31. Katz WF, Bharawaj SV, Carstens B: Electromagnetic articulography treatment for an adult with Broca's aphasia and apraxia of speech, *J Speech Lang Hear Res* 42:1355, 1999.
32. Katz WF, McNeil MR, Garst DM: Treating apraxia of speech (AOS) with EMA-supplied visual augmented feedback, *Aphasiology* 24:826, 2010.
33. Katz WF, et al: Treatment of an individual with aphasia and apraxia of speech using EMA visually augmented feedback, *Brain Lang* 103:213, 2007.
34. Keith RL, Aronson AE: Singing as therapy for apraxia of speech and aphasia: report of a case, *Brain Lang* 2:483, 1975.
35. Kendall DL, et al: Influence of intensive phonomotor rehabilitation on apraxia of speech, *J Rehabil Res Develop* 43:409, 2006.
36. Kent RD, et al: Toward phonetic intelligibility testing in dysarthria, *J Speech Hear Disord* 54:482, 1989.
37. Knock TR, et al: Influence of order of stimulus presentation on speech motor learning: a principled approach to treatment for apraxia of speech, *Aphasiology* 14:653, 2000.
38. Lane VW, Samples JM: Facilitating communication skills in adult apraxics: application of Blissymbols in a group setting, *J Commun Disord* 14:157, 1981.
39. LaPointe LL, Horner L: Repeated trials of words by patients with neurogenic phonological selection-sequencing impairment (apraxia of speech). In Brookshire RH, editor: *Clinical aphasiology: conference proceedings*, Portland, Ore, 1976, BRK Publishers.
40. Lasker JP, Bedrosian JL: Acceptance of AAC by adults with acquired disorders. In Beukelman DR, Yorkston KM, Reichle J, editors: *Augmentative and alternative communication for adults with acquired neurologic communication disorders*, Baltimore, 2000, Paul H Brooke.
41. Love R, Webb WG: The efficacy of cueing techniques in Broca's aphasia, *J Speech Hear Disord* 42:170, 1977.
42. Maas E: Conditions of practiced and feedback and treatment for apraxia of speech, *Perspect Neurophysiol Neurogenic Speech Lang Disord* 20:80, 2010.
43. Marshall N, Holtzapple P: Melodic intonation therapy: variations on a theme. In Brookshire RH, editor: *Clinical aphasiology: conference proceedings*, Minneapolis, 1976, BRK Publishers.
44. Marshall RC, Gandour J, Windsor J: Selective impairment of phonation: a case study, *Brain Lang* 35:313, 1988.
45. Mauszycki SC, Wambaugh JL: The effects of rate control treatment on consonant production accuracy in mild apraxia of speech,, *Aphasiology* 22:906, 2008.
46. McNeil MR, Doyle PJ, Wambaugh J: Apraxia of speech: a treatable disorder of motor planning and programming. In Nadeau SE, Gonzalez Rothi LJ, Crosson B, editors: *Aphasia and language: theory to practice*, New York, 2000, Guilford Press.
47. McNeil MR, Prescott TE, Lemme ML: An application of electromyographic feedback to aphasia/apraxia treatment. In Brookshire RH, editor: *Clinical aphasiology: conference proceedings*, Minneapolis, 1976, BRK Publishers.
48. McNeil MR, Robin DA, Schmidt RA: Apraxia of speech: definition, differentiation, and treatment. In McNeil MR, editor: *Clinical management of sensorimotor speech disorders*, ed 2, New York, 2009, Thieme.
49. McNeil MR, et al: Effects of online augmented kinematic and perceptual feedback on treatment of speech movement in apraxia of speech, *Folia Phoniatr Logop* 62:127, 2010.
50. Murray LL: Longitudinal treatment of primary progressive aphasia: a case study, *Aphasiology* 12:651, 1998.
51. Odell KH: Considerations in target selection in apraxia of speech treatment, *Semin Speech Lang* 23:309, 2002.
52. Rabidoux PC, Florence CL, McCauslin LS: The use of the HandiVoice in the treatment of a severely apractic patient. In Brookshire R, editor: *Clinical aphasiology: conference proceedings*, Minneapolis, 1980, BRK Publishers.
53. Rau MT, Golper LA: Cueing strategies. In Square-Storer P, editor: *Acquired apraxia of speech in aphasic adults*, Philadelphia, 1989, Taylor & Francis.
54. Raymer AM, Maher LM: Treatment of aphasia. In Noseworthy JH, editor: *Neurological therapeutics: principles and practice*, ed 2, vol. 2, New York, 2006, Martin Dunitz.
55. Raymer AM, Thompson CK: Effects of verbal plus gestural treatment in a patient with aphasia and severe apraxia of speech. In Prescott TE, editor: *Clinical aphasiology*, Austin, Texas, 1991, Pro-Ed.
56. Rosenbek JC: Treating apraxia of speech. In Johns DF, editor: *Clinical management of neurogenic communicative disorders*, Boston, 1985, Little, Brown.
57. Rosenbek JC: Advances in the evaluation and treatment of speech apraxia. In Rose FC, editor *Advances in neurology*, vol. 42, New York, 1984, Raven Press. .
58. Rosenbek JC: Treatment for apraxia of speech in adults. In Perkins WH, editor: *Dysarthria and apraxia*, New York, 1983, Thieme-Stratton.
59. Rosenbek JC, et al: A treatment for apraxia of speech in adults, *J Speech Hear Disord* 38:462, 1973.
60. Rubow RT, et al: Vibrotactile stimulation for intersystemic reorganization in the treatment of apraxia of speech, *Arch Phys Med Rehabil* 63:150, 1982.
61. Sabe L, Leiguarda R, Starkstein S: An open-label trial of bromocriptine in nonfluent aphasia, *Neurology* 42:1637, 1992.
62. Schneider SL, Frens RA: Treating four-syllable CV patterns in individuals with acquired apraxia of speech: theoretical implications, *Aphasiology* 19:451, 2005.
63. Shane H, Darley FL: The effect of auditory rhythmic stimulation on articulatory accuracy in apraxia of speech, *Cortex* 14:444, 1978.
64. Simmons NN: Finger counting as an intersystemic reorganizer in apraxia of speech. In Brookshire RH, editor: *Clinical aphasiology: conference proceedings*, Minneapolis, 1978, BRK Publishers.

65. Simpson MB, Clark AR: Clinical management of apractic mutism. In Square-Storer P, editor: *Acquired apraxia of speech in aphasic adults*, London, 1989, Taylor & Francis.
66. Skelly M, et al: American Indian sign (Amerind) as a facilitation of verbalization for the oral verbal apraxia, *J Speech Hear Disord* 39:445, 1974.
67. Southwood H: The use of prolonged speech in the treatment of apraxia of speech. In Brookshire R, editor: *Clinical aphasiology: conference proceedings*, Minneapolis, 1987, BRK Publishers.
68. Sparks R, Holland A: Method: melodic intonation therapy, *J Speech Hear Disord* 41:287, 1976.
69. Sparks R, Helm N, Albert M: Aphasia rehabilitation resulting from melodic intonation therapy, *Cortex* 10:303, 1974.
70. Sparks RW: Melodic intonation therapy. In Chapey R, editor: *Language intervention strategies in aphasia and related neurogenic communication disorders*, ed 5, Philadelphia, 2008, Lippincott Williams & Wilkins.
71. Square P, Chumpelik HD, Adams S: Efficacy of the PROMPT system of therapy for the treatment of acquired apraxia of speech. In Brookshire R, editor: *Clinical aphasiology: conference proceedings*, Minneapolis, 1985, BRK Publishers.
72. Square P, et al: Efficacy of the PROMPT system of therapy for the treatment for the apraxia of speech: a follow-up investigation. In Brookshire R, editor: *Clinical aphasiology: conference proceedings*, Minneapolis, 1986, BRK Publishers.
73. Square PA, Martin RE: The nature and treatment of neuromotor speech disorders in aphasia. In Chapey R, editor: *Language intervention strategies in adult aphasia*, Baltimore, 1994, Williams & Wilkins.
74. Square PA, Martin RE, Bose A: Nature and treatment of neuromotor speech disorders in aphasia. In Chapey R, editor: *Language intervention strategies in aphasia and related neurogenic communication disorders*, Philadelphia, 2001, Lippincott Williams & Wilkins.
75. Square-Storer PA: Traditional therapies for apraxia of speech: reviewed and rationalized. In Square-Storer P, editor: *Acquired apraxia of speech in aphasic adults*, London, 1989, Lawrence Erlbaum.
76. Square-Storer PA, Chumpelik HD: PROMPT treatment. In Square-Storer P, editor: *Acquired apraxia of speech in aphasic adults*, London, 1989, Lawrence Erlbaum.
77. Stevens E, Glaser L: Multiple input phoneme therapy in the treatment of severe expressive aphasia. In Brookshire RH, editor: *Clinical aphasiology: conference proceedings*, Minneapolis, 1983, BRK Publishers.
78. Stevens ER: Multiple input phoneme therapy. In Square-Storer P, editor: *Acquired apraxia of speech in aphasic adults*, Philadelphia, 1989, Taylor & Francis.
79. Swinnen S, Walter CB, Shapiro DC: The coordination of limb movements with different kinematic patterns, *Brain Cogn* 8:326, 1988.
80. Thomas JE: *Speech practice material: from sounds to dialogues*, San Diego, 2009, Plural Publishing.
81. Wambaugh J: Sound production treatment for acquired apraxia of speech, *Perspect Neurophysiol Neurogenic Speech Lang Disord* 20:67, 2010.
82. Wambaugh JL: Treatment guidelines for apraxia of speech: lessons for future research, *J Med Speech Lang Pathol* 14:317, 2006.
83. Wambaugh JL: Stimulus generalization effects of sound production treatment for apraxia of speech, *J Med Speech Lang Pathol* 12:77, 2004.
84. Wambaugh JL: A summary of treatments for apraxia of speech and review of replicated approaches, *Semin Speech Lang* 23:293, 2002.
85. Wambaugh JL, Martinez AL: Effects of rate and rhythm control treatment on consonant production accuracy in apraxia of speech, *Aphasiology* 14:851, 2000.
86. Wambaugh J, Nessler C: Modification of sound production treatment for apraxia of speech: acquisition and generalization effects, *Aphasiology* 18:407, 2004.
87. Wambaugh JL, West JE, Doyle PJ: Treatment for apraxia of speech: effects of targeting sound groups, *Aphasiology* 12:731, 1998.
88. Wambaugh JL, et al: Treatment guidelines for acquired apraxia of speech: a synthesis and evaluation of the evidence, *J Med Speech Lang Pathol* 14, 2006a. xv.
89. Wambaugh JL, et al: Treatment guidelines for acquired apraxia of speech: treatment descriptions and recommendations, *J Med Speech Lang Pathol* 14, 2006b. xxxv.
90. Wambaugh JL, et al: Sound production treatment for apraxia of speech: overgeneralization and maintenance effects, *Aphasiology* 13:821, 1999.
91. Wambaugh JL, et al: Effects of treatment for sound errors in apraxia of speech and aphasia, *J Speech Lang Hear Res* 41:725, 1998.
92. Wambaugh JL, et al: A minimal contrast treatment for apraxia of speech, *Clin Aphasiol* 24:97, 1996.
93. Warren RL: Rehearsal for naming in apraxia of speech. In Brookshire RH, editor: *Clinical aphasiology: conference proceedings*, Minneapolis, 1977, BRK Publishers.
94. Wertz RT: Response to treatment in patients with apraxia of speech. In Rosenbek J, McNeil M, Aronson A, editors: *Apraxia of speech: physiology, acoustics, linguistics, management*, San Diego, 1984, College-Hill Press.
95. Wertz RT, LaPointe LL, Rosenbek JC: *Apraxia of speech in adults: the disorder and its management*, New York, 1984, Grune & Stratton.
96. Youmans G, Youmans SR, Hancock AB: Script training for adults with apraxia of speech, *Am J Speech Lang Pathol* 20:23, 2011.
97. Ziegler W, Aichert I, Staiger A: Syllable- and rhythm-based approaches in the treatment of apraxia of speech, *Perspect Neurophysiol Neurogenic Speech Lang Disord* 20:59, 2010.

CHAPTER

19

기타 신경학적 말장애의 중재

"신경학적 질환으로 인한 말더듬증은 단일 장애 또는 일차원적인 장애가 아니다. 그러므로 특정 환자가 치료 기법에 얼마나 잘 반응할지는 미지수이다."[24]

N. HELM-ESTABROOKS

"뇌손상에 기인한 표현성 실율증은 치료에 의해 좋아질 수는 있으나 완전히 회복하려면 갈 길이 멀다."

(Rosenbek et al.,[39] 우뇌손상에 따른 실율증에 대한 두 가지 치료법의 효과에 대해 논하면서)

개 요

전통적으로 말운동장애로 범주화될 수 없는 신경학적 말장애들은 치료의 적절한 대상이 될 수도 있고 그렇지 않을 수도 있다. 특히 신경학적 말장애가 넓은 의미에서 정서적 · 인지적 · 언어적 손상에 해당한다면 말장애에 대한 직접적인 치료는 부적절하거나 불필요할지도 모른다. 그러나 말장애가 유일한 장애이거나 주요 장애인 경우, 또는 불능(disability)이나 활동 제한(activity limitation)을 야기하는 주된 원인이라면 직접 치료가 적절하고 필요할 것이다.

제13장에서 다루었던 '기타 신경학적 말장애'에 대한 중재가 이 장의 주된 주제이다. 이 장의 핵심은 말 산출 장애에 관한 것이나, 이러한 여러 말장애 문제의 기반에 깔려 있을 수 있는 정서적 · 인지적 · 언어적 장애들을 다루지는 않을 것이다. 이를 상세히 다루는 것은 이 장의 범위를 확실히 넘기 때문이다. 예를 들어, 실어증 환자들에게서 나타나는 단어 인출, 그리고 음운론적 오류에 대한 치료는 실어증의 언어적 문제를 반영하는 것이지, 말장애 자체를 대상으로 하는 것은 아니다.

신경학적 말장애의 행동적 치료법의 효능성(efficacy)에 대해서는 알려진 바가 거의 없다. 우리의 지식이 부족하다는 것은 자료(data) 자체가 부족하다는 의미를 넘어서, 유용한 치료에 대한 경험적 제안이나 전문가적 의견 또한 상대적으로 부족하다는 것을 뜻한다. 이에 대한 이유는 아마 기타 말장애의 발생 빈도가 낮고, 장애 본질에 대한 이해가 부족하기 때문일 것이다. 또 다른 이유로는 치료들이 일반적으로 말장애 기저에 깔린 인지적 장애에 그 목표를 두며, 말장애 자체에 초점을 두지 않기 때문일 수도 있다.

I. 신경말더듬증

제13장에서 언급된 것처럼, 신경말더듬증(neurogenic stuttering)은 독립적으로 발생하거나, 마비말장애, 말실행증, 또는 실어증과 관련된 이상 소견과 함께 발생하는 이질적인(heterogeneous) 장애에 해당된다. 비유창성(dysfluencies)이 마비말장애 또는 말실행증의 한 증상으로 발현되거나, 혹은 말운동장애의 다른 증상에 비하여 두드러지지 않는 한, 치료는 아마도 마비말장애나 말실행증에 쓰이는 일반적인 치료법이나 치료 원칙과 동일할 것이다. 이에 관련해서는 이미 제16장, 제17장 및 제18장에서 다루었으므로 이 장에서는 반복하지 않기로 한다. 비유창성이 두드러지거나 불능(disabling)의 상태를 야기하는 경우, 신경말더듬증 치료에 효과적인 치료 전략이 도움이 된다.

많은 뇌졸중 환자들에게 신경말더듬증은 경도이며(mild) 일시적이고(transient) 자연 회복(natural recovery)이 가능하다.[25,34,37,38] 그러므로 유창성이 자연적으로 회복될 것이라고 안심시켜 주는 것(reassure)이 발병 초기에 적용할 수 있는 가장 좋은 치료 전략일 수 있다. 또한, 이렇게 안심시켜 주면 증상의 호전을 방해하는 불안감(anxiety)이 줄어든다. 여기서 문제되는 것은 특정 사례에서는 예후가 불확실하다는 점이다. 신경말더듬증이 발병 후 며칠 이상 1주일 정도까지 지속될 때, 특히 이것이 유일한 증상이거나 가장 장애를 초래하는 의사소통 문제에 해당될 때는 직접 치료가 적절하다.

신경말더듬증의 치료 전략은 의료적 중재와 행동적 치료에 중심을 둔다. 행동적 치료에는 속도 줄이기 전략(rate reduction strategies), 자기모니터링(self-monitoring), 그리고 발달성 말더듬(developmental stuttering) 치료에서 사용하는 다른 기법들이 포함된다.

A. 의료적 중재

제13장에서 언급하였듯이, 신경말더듬증의 발증은 특히 우울증, 불안증, 조현병(schizophrenia), 뇌전증(seizures), 파킨슨병, 천식 등의 치료에 사용되는 약물 사용과 관련된다. 이러한 약물에는 삼환계 항우울제(tricyclic antidepressants), 항우울제(antidepressants), 항정신병 약물(antipsychotic agents), 벤조디아제핀 유도체(benzodiazepine derivatives), 페노티아진(phenothiazines), 항경련제(anticonvulsants), 레보도파(levodopa), 테오필린(theophylline) 등이 있다. 다행히도 약물에 기인한 말더듬증 사례 보고에 따르면, 증상을 야기하는 약물 사용을 중단하면 비유창성이 상당히 호전된다.[11] 예를 들어, 한 사례 보고에 따르면 외상성 뇌손상(traumatic brain injury, TBI) 이후 발작(seizure)을 보인 여성이 딜란틴(dilantin)과 페노바르비탈(phenobarbital)을 복용하기 시작한 후에 말더듬 증상이 감소하였고, 그 후 발작과 말더듬증이 다시 발생하였을 때에는 약물을 딜란틴과 테그레톨(tegretol)로 바꾸면서 증상이 다시 감소하였다.[7] 다른 사례에서는 외상 후 발작을 조절하기 위해 딜란틴을 주었을 때 말더듬이 시작되었으나, 딜란틴 사용을 중단하고 테그레톨로 대체하였을 때 비유창성이 감소하였다.[30]

약물에 기인한 비유창성의 경우에는 약물 복용 시작 후 몇 주 내에 발생하고, 약물 중단 후 며칠 내에 해소된다. 기존에 있던 뇌질환(예: 뇌전증)이 이러한 약물에 취약하게 만드는 요인일지 모른다.[6,18,49] 클로자핀(항정신제)(clozapine[antipsychotic])을 복용하는 환자들에게서 말더듬 증상이 발현되는 것은 뇌전증 장애에 대한 연구를 촉진하는 역할을 한다.[49]

어떤 사례에서는 약물로써 효과적으로 신경말더듬증을 치료한다. 예컨대, 파록세틴(paroxetine)(항우울제, antidepressant)을 통해 3명의 뇌손상 환자의 신경말더듬증이 호전되었고,[45] 뇌졸중으로 인한 말더듬 증상을 보인 1명을 호전시켰다.[51] 레베티라세탐(항경련제)(Levetiracetam[anticonvulsant])은 두정엽 뇌전증 환자 5명에게서 비유창성을 감소시켰다.[46] 올란자핀(비정형 항정신병 약물)(Olanzapine[atypical antipsychotic agent])은 뇌진탕 후 증후군(post concussion syndrome) 남성 1명에서 말더듬 증상을 상당히 감소시켰고,[14] 편두통 치료에 사용되는 수마트립탄(Sumatriptan)을 이용하여 편두통과 관련된 말더듬 증상을 없애기도 하였다.[35]

파킨슨병 환자(그리고 운동저하형 마비말장애)에서 발생하는 비유창성의 정도는 도파민 약물 정도에 따라 다양하다. 한 연구에 따르면, 발달성 말더듬증이 있는 파킨슨병 남환에서 레보도파(levodopa) '작용' 상태('on'-state)가 되면 비유창성이 증가하였다.[3] 그러나 또 다른 연구에서는 9명의 환자에게 약 복용 전(도파민 정도가 아마도 낮은 상태였을 것임)과 약 복용 후(도파민 정도가 아마도 높았을 것임) 각각 말 평가를 실시하여 비교하였는데, 비유창성 비율(percentage)에서 차이를 보이지 않았다.[21]

이렇게 많지 않은 연구 결과를 통해서도 약물이 신경말더듬증을 유발하거나 감소시키는 데 기여한다고 볼 수 있다. 따라서 신경말더듬증 환자들에게서 관련 약물 요법(drug regimens)을 조절하여 비유창성을 조절하거나 감소시키는 것이 근거가 있다고 본다. 이러한 측면의 사실은 언급되어야 하며, 대부분의 경우 행동적 치료를 시작하기 전에 약물에 변화를 주는 요법이 정착되어야 한다.

기저핵에 전기자극(electrical stimulation)을 주는 기술의 발달이 신경말더듬증의 비약물적 치료에 시사해 주는 바가 있다.[12] 근거 자료는 희박하고 대부분의 보고된 사례에서는 말을 변화시키고자 하는 명백한 의도가 반영되지 않았다. 그럼에도 불구하고 파킨슨병과 동반된 말더듬증이 좌측 시상하핵(subthalamic nucleus)에 뇌심부자극술(deep brain stimulation, DBS)을 받은 후 두드러지게 호전되었다.[52] 또한 통증과 이상운동증(dyskinesia) 치료 목적으로 시상에 전기 자극을 주는 치료를 받았을 때, 후천적으로 발생한 비유창성이 호전되었다.[5,9] 더 나아가 파킨슨병이 있는 환자는 경두개 교차펄스 전류전자장(transcranial alternating current-pulsed electromagnetic fields, EMFs) 치료를 정기적으로 받은 후 말더듬증이 감소하였고, EMFs 치료가 일시적으로 중단되었을 때 말장애가 재발하였다.[43]

신경외과적인 수술을 앞두고 있다면 신경말더듬증을 위한 행동적 치료는 미루는 것이 좋다. 예를 들어, 혈관 문제로 인해 말더듬증과 우측 운동 및 감각 문제가 발생하였는데, 좌측 경동맥내막절제술을 받고 호전되었다는 사례 보고가 있다.[16] 이는 아마도 수술로 인하여 뇌혈류를 증가시키고 운동체계의 평형(equilibrium)을 회복시키면서 말더듬증에 일시적인 영향을 주었을 가능성이 있는 것으로 보인다.[38]

B. 행동적 중재

일부 치료 전문가들은 신경말더듬증 치료가 성공적인 경향이 있다고 말하지만,[13] 다른 이들은 그렇게 긍정적으로만 보고 있지 않다.[38] 실어증이나 말운동장애의 한 증상으로서가 아닌 후천적 말더듬증 환자들을 접해 온 임상가들을 대상으로 한 설문조사에서는 치료가 시행된 환자들 중 82%에서 말더듬 호전을 보고하였다.[28] 그러나 이러한 일화적 보고는 자발적 치유와 호전에 대한 다른 영향력을 통제할 수 없는 상태에서 이루어진 것이므로 치료 효과성(treatment effectiveness)이 신뢰롭게 검증되지 못한다.

일반적으로, 행동학적 치료 전략들은 말 속도 감소, 자기모니터링하기, 그리고 다른 발달성 말더듬증의 치료와 연관된 기법과 관련되어 있다.[15]

말 속도 감소 전략

속도를 감소시킴으로써 비유창성을 줄이고자 하는 치료 기법들이 흔히 사용되는데, 신경말더듬증의 치료가 성공적이었던 연구 대부분에서 이 기법들이 사용되었다. 이 기법들은 말운동장애 치료법으로 이미 기술된 기법들과 큰 차이를 보이지 않는다. 예를 들어, 분당 50개 단어의 속도로 말을 느리게 하는 음절 화법 프로그램(program of syllable timed speech)을 우뇌의 뇌졸중 이후 신경말더듬증이 생긴 환자에게 여섯 차례 시행한 후에 유창한 발화를 할 수 있었다.[36] 그러나 자연 회복(spontaneous recovery)만으로도 같은 결과로 이어질 수 있었으므로 호전된 것이 온전히 치료 때문만이라고는 확실히 말하기 어렵다.

일부 신경말더듬증 환자들 혹은 아마도 많은 이들이 도움 없이는 느린 속도로 말하기가 힘들지 모른다. 그러나 속도조절판(pacing board)이나 손가락 세기(finger counting) 또는 두드리기(tapping)와 같은 자기속도조절(self-pacing) 전략을 이용하여 혜택을 받을 수 있다.[25,[1]] 운동과잉형 마비말장애와 같이 말 속도가 빨라지거나 혹은 빠른 경우에 지연청각피드백(delayed auditory feedback, DAF)이 효과적일 수 있다.[17,29] 하지만 실어증이나 마비말장애 환자들에게는 지연청각피드백이 역효과를 내거나 방해가 될 수 있다. 제17장에서 논의되었던 다른 속도 감소 치료 기법들도 신경말더듬증의 행동적 치료 기법으로 적용 가능할 것이다.

자기모니터링

Whitney와 Goldstein[53]은 경도의 실어증 환자 세 명에게 본인의 비유창성에 대해 자기모니터링(self-monitoring) 훈련을 실시하였더니 비유창성이 극적으로 감소하였다고 보고하였다. 이들의 비유창성은 가청 쉼(audible pauses)('어', '그러니까'); 단어 또는 구 분리(break-off)

[1] 다발성 뇌졸중(multiple stroke)으로 인한 중증 신경말더듬증을 보인 환자는 속도조절판 접근법에 아무런 반응을 보이지 않았으나, 말하는 동안 왼손에 경피전기신경자극(transcutaneous nerve stimulation)을 시행하였을 때 말더듬 증상이 호전되었음.[23]

또는 수정("Water is being thrown/comin' off")과, 단어 일부("Di-dishes"), 단어, 구의 반복 등을 포함한다. 훈련은 다음과 같이 요약된다. (1) 임상가가 전사(transcribe)한 환자의 비유창성을 환자에게 읽어 주고, 임상가가 각각의 비유창성을 찾아낸다(목표 행동). (2) 환자가 듣고 각 비유창성(목표행동)을 확인하고, 임상가로부터 정확성에 대한 피드백을 받는다. (3) 환자는 비유창성에 대하여(계수장치[counter]를 누르면서) 자기모니터링을 실시한다. (4) 임상가의 피드백 없이 독립적으로 자기모니터링을 한다. 이러한 방법을 시행함으로써 비유창성이 극적으로 감소되었고, 치료를 받지 않은 과제까지도 일반화가 되었다. 흥미로운 것은 치료를 진행하는 동안에 자기모니터링의 정확성이 낮았다는 것으로, 이로써 정확하게 모니터링하는 것이 이 프로그램을 성공으로 이끄는 핵심적 역할인 것 같지는 않다. 이 기법에 의해 속도는 줄었지만 의사소통은 더 효율적이었고, 환자와 환자를 모르는 청자들에게 긍정적인 평가를 받았는데, 환자의 말이 더 이상 비유창성 때문에 방해를 받지 않았기 때문이었다. 지연 전략(delayed strategy)을 적극적으로 가르쳐 준 것은 아니었지만, 자기모니터링 자체가 단어 인출 시 '지연 전략'으로서의 효과를 낸 것으로 보았다. 저자들에 따르면, 말실행증으로 인해 비유창성을 보였을 것으로 생각되는 한 환자는, 지연 전략으로 말 프로그래밍에 도움을 받았다고 하였다. 이 접근법의 단순성(simplicity), 효율성(efficiency) 및 효과성(effectiveness)이 경도 실어증 환자나 말실행증 환자에게 실행될 수 있는 가능성을 높여 주었으며, 아마도 다른 유형의 신경말더듬증에도 그 효과성을 확인해 볼 필요가 있을 것이다.

기타 접근법

한 사례 보고에 따르면, 생체피드백(biofeedback)과 이완치료(relaxation therapy)가 다발성 뇌졸중으로 인한 중도 신경말더듬증을 보이는 환자에게 성공적이었다고 한다.[25] 치료 시 전극은 교근(masseter muscle)에 놓였고, 교근의 긴장을 줄이기 위해 시각 및 청각적 피드백이 제공되었다. 4개월 동안 주 2회씩 실시한 생체피드백 프로그램, 말 치료, 가정 연습(home practice)을 통하여 치료 종료 시점에는 비유창성을 '경도'까지 줄일 수 있었다.

발달성 말더듬증 치료 접근법의 일부는 신경말더듬증에도 적용된 바 있으며, 성공적이었다는 일화적 보고도 있다.[28] 예를 들어, 몸짓으로 표현하기(miming), 노래하기 및 읽기가 일부 환자들에게 유창성을 촉진시킬 수 있었다.[19] 어떤 7세 아동은 부드럽게 발성 시작하기(easy-onset phonation)와 불안감을 줄이기 위한 탈감각화(desensitization)를 통해 좌뇌 뇌졸중으로 인한 실어증으로부터 회복되는 과정에서 발생한 비유창성을 줄이는 데 성공하였다.[31] 여러 가지 전통적 방법을 포함하여 1주일 동안 진행된 집중(하루 8시간씩) 치료 프로그램이 외상성 뇌손상(TBI)에 기인한 말더듬증 환자에게 도움이 되기도 하였다.[42][2]

II. 동어반복증

동어반복증(palilalia)을 특징짓는 단어 및 구 반복은 동어반복증 환자들이 겪는 의사소통 어려움 중에 가장 두드러진 것이 아닐 수도 있다. 예를 들어, 운동저하형 마비말장애 환자들이 간헐적인 단어와 구 반복을 보이지만, 그들에게 훨씬 더 만연하고, 확연하며, 불능(disabling)을 유발하고, 말명료도에 지장을 주는 요소는 저하된 음량, 가속화된 속도, 부정확한 발음이다. 이러한 경우에는 마비말장애를 먼저 치료함으로써, 마비말장애의 다른 측면을 치료하기 위해 사용되었던 접근법을 통해 동어반복증 감소 효과를 볼 가능성도 있다. 만약, 문제가 될 정도의 인지장애가 있는 사람에게 동어반복증이 발생하면, 주의력, 동기부여, 기억력 등의 결손으로 인하여 학습을 통한 동어반복증 치료 노력이 성공을 거두기는 어렵다.

환자가 협조하고 학습하는 것이 가능할 정도의 인지능력이 유지될 경우에는, 비록 동어반복증이 두드러지고 만연하거나 불능(disabling) 소견에 해당하지만 이를 줄이려는 시도가 필요하고 정당하다. 안타깝게도, 이를 치료하기 위해 어떤 방법이 가장 좋을지에 대해서는 알려진 바가 거의 없다. 일반적으로 운동저하형 마비말장애나 신경말더듬증 치료에 적절한 치료 원칙과 기법을 활용하고, 동어반복증 증상을 증가시키거나 감소시키는 조건에 대한 자세한 분석을 하는 것이 가장 적절할 것으로 보인다. 이 점을 염두에 둔다면, 아래 제시된 원칙과 기법이 유용할 것이다.

1. 일부 약물은 동어반복증을 악화시키거나 호전시킬

---

[2] 이 사례에 대한 기술은 환자의 말더듬이 심인성이었을 가능성을 제시함.

수 있다. 파킨슨병 약을 복용하고 있는 환자들은 약물 복용 주기(drug cycle) 동안에 동어반복증이 변동을 거듭하는지를 확인해야 한다. 약물 치료를 시작함으로써 동어반복증을 감소시키고 행동적 치료의 필요성을 없앨 수도 있다. 항파킨슨증(antiparkinsonism) 약물 복용 효과가 최대치(peak dose)에 이르렀을 때에 동어반복증이 발생하면, 약 복용량을 조절함으로써 감소[3]시킬 수 있다.[1] 어떤 경우에는 다른 약물이 동어반복증을 감소시키는 데 도움이 될 수도 있다. 무도병(chorea)과 양측 기저핵, 피질, 소뇌병변 소견이 있는 한 환자에게 클로르프로마진(소라진 및 항정신병제)(chlorpromazine[thorazine 및 antipsychotic])을 투여한 후, 동어반복증이 감소하였고, 약을 주지 않았을 때는 심해지는 양상이 보고된 바 있다.[10] 혈관성 치매 환자에게 트라조돈(항우울제)(trazodone[antidepressant])을 주었을 때 호전을 보였다는 보고도 있다.[47]

2. 동어반복증이 종종 운동저하형 마비말장애와 동시에 발생하기 때문에 마비말장애에 대한 치료 접근법이 동어반복증 자체를 치료하고자 의도한 것이 아닐지라도 동어반복증을 감소시키기도 하고, 직접적 효과를 내기도 한다. 특히, 속도 감속 기법들을 사용하는 것이 적절하다.[26] Helm[22]은 파킨슨증 환자에게 속도조절판(pacing board)을 사용하여 동어반복증을 억제시키고자 하였다. 이 환자는 속도 감속을 위한 구어 지시, 손 두드리기(hand tapping), 메트로놈 사용하기 등에는 별 반응을 보이지 않았으나, 속도조절판을 사용하자 동어반복증 없이 '음절별로 말하는(syllable-by-syllable) 패턴'이 형성되었고, 이를 상기시켜 주면 대화 중에도 이 방법을 사용할 수 있었다. 지연청각피드백, 손/손가락 두드리기, 리듬 단서(rhythmic cueing), 알파벳 보드 보충법 등은 속도를 감소시켜 주고 운동저하형 마비말장애 환자에게 효과가 있다고 보고되기 때문에, 동어반복증에 적용 가능한 또 다른 치료 기법이다. 실어증에 기인한 비유창성 치료를 위해 Whitney와 Goldstein[53]이 설명한 것과 유사한 자기모니터링 치료 기법(이전 단락에서 설명되었음)도 연구해 볼 가치가 있다.
3. 동어반복증 빈도가 높을 때와 가장 빈도가 낮을 때의 말하는 양식(speaking modes)에 대해 자세히 분석하는 것이 치료 과제의 순서를 정하는 데 도움이 된다. 예컨대, 읽기나 따라말하기를 수행할 때가 대화, 이야기 설명, 발화 유발 과제보다 적은 수의 반복을 보인다면, 이러한 양상을 보이는 환자를 치료할 때는 치료 과제를 읽기나 따라말하기로 시작하고, 그다음에 발화 유발 또는 이야기 말하기 등의 과제로 진행하는 것이 유익할 것이다.

III. 반향어증

다른 사람들 발화에 대한 의도치 않은 반복이나 부분적 반복은 반향어증(echolalia)의 특성에 해당하는데, 운동적 측면에서는 정상적이지만, 광범위한 또는 다병소(multifocal)의 피질 질환, 중증의 실어증, 혹은 기타 인지장애와 관련된다. 실어증과 기타 인지장애는 구어 형성과 표현을 가로막는 장벽이 된다. 반향어증은 대부분의 상황에서 부적절한 반응 양상으로 간주되지만, 상대적으로 온전한 잔여 능력을 어느 정도 반영해 준다. 행동적 중재가 적절하고, 반향어증이 만연한 상태라면, 기저의 언어장애와 기타의 인지장애를 치료하기에 앞서 반향어증을 억제 혹은 감소시켜야 한다. 안타깝게도, 후천적 신경질환에 따른 반향어증을 치료할 수 있는 행동적 치료의 방법과 결과에 대해서는 보고된 바가 없다.[4]

IV. 인지-정동 장애

인지-정동 장애로 인한 말장애에 대한 치료는 여기서 자세하게 다루지 않기로 하는데, 이는 장애의 근본적인 문제가 말 자체의 손상에 기인하는 것이 아니기 때문이다. 기저에 깔린 인지와 정동적 장애에 대한 행동적 치료는 일반적으로 말 산출의 운동 측면에 초점을 두지 않는다. 말

[3] (역자 주) 약 복용 후 일정 시간이 흐르면 '약기운'이 최대치에 이르고, 그로부터 일정 시간이 지나면 '약기운'이 떨어지게 되는데, 최대치 동안 동어반복증이 심하다가, 약기운이 떨어지면서 동어반복증이 감소될 수도 있음.

[4] 로라제팜(lorazepam)이 뇌졸중이나 외상성 뇌손상(TBI)에 기인한 반향어증에는 적용 가능한지가 확실치 않으나, 만성 조현병과 긴장증(catatonia)을 보인 여성을 치료하였을 때 반향어증, 구어보속증, 기타 다른 구어 행동상의 이상 소견이 감소되었다고 보고된 바 있음.[27]

속도와 음량이 증가하고 정상적인 음질과 운율을 보이는 것은 기저의 인지와 정서 장애가 호전되었음을 반영한다.

일부 무동성 함구증(akinetic mutism)이 도파민 전달이 손상되었기 때문에 생긴다고 가정해 본다면, 도파민 약물 치료와 더불어 적절한 자극을 주는 것이 환자에게 도움이 될 수 있다.[20,32,41] 예를 들어, 브로모크립틴(bromocriptine) 또는 카르비도파/리보도파(carbidopa/levodopa)와 페르골리드(pergolide)를 혼합하여 투여하는 것이 소수의 사례에서 무동성 함구증 징후를 호전시킨다.[2,41]

제13장에서는 전두엽-변연계 질환으로 인해 발생하는 발성부전(hypophonia) 및 음량 감소와 기저핵 질환에 기인한 운동저하형 마비말장애 간의 유사점에 대하여 논하였다. 이러한 연관성이 제17장에서 기술된 운동저하형 마비말장애 환자를 위한 발성 훈련 프로그램 (vocal exercise program)이 무의지증(abulia)에 기인한 발성부전에 도움이 되며, 이것이 환자의 전반적인 노력(effort)과 욕구(drive)를 증진시킬 수 있는 치료의 일부가 될 수 있다는 것을 의미한다. Sapir와 Aronson[44]의 연구에서는, 외상 후 실성증(post-traumatic aphonia)을 보였다가 전환 실성증(conversion aphonia)에 적용하는 증상치료(symptomatic therapy, 대증요법)를 시행한 후 정상적 발성(정상 운율은 아님)으로 회복된 두 명의 환자를 보고하였다. 따라서 이 연구를 통해 발성 훈련 프로그램의 정당성을 어느 정도 부여한 셈이 되었다. 그 환자들에서 실성증이 지속되었던 것은 외상에 대한 감정적 반응에 의한 결과였거나 또는 실성증을 야기한 초기 기질적 원인(예: 성대 약증 또는 마비, 기관 삽관의 영향, 발성 실행증)의 영향을 넘어서 지속된 '관성 실성증(inertial aphonia)'에 기인한 것으로 보았다. 최소한, 이러한 관찰에 근거하여, 음량과 발성을 향상시키기 위한 행동적 치료를 시도하는 것이 전두엽 질환과 발성부전 또는 실성증 치료에 도움이 될 만한 근거가 되며, 특히 발병이 급성이고 말소리가 작아진 것 외에는 다른 인지장애나 정동장애가 심하지 않을 때에 시도해 볼 만하다.

V. 실어증

문법과 통사 오류, 지연, 머뭇거림, 비유창성, 단어 인출 오류, 명사의 사용 부족, 음운적 오류 등은 실어증이 구어 표현에 미치는 여러 가지 영향들 중 일부에 지나지 않는다. 이 문제들은 말의 형태, 내용, 속도, 운율, 유창성 등에 영향을 끼치기는 하나 이들은 기저의 언어장애에 기인하는 것이지 말운동 계획, 프로그래밍, 혹은 집행(execution) 문제 때문에 발생하는 것은 아니다. 이에 대한 치료는 언어적인 측면에서의 비효율성에 초점을 맞추어야 하며, 말의 물리적 산출이 치료 대상이 되는 것은 아니다.

실어증에 말실행증이 동반되면, 말실행증을 중재하는 것이 실어증 중재 자체를 복잡하게 만들 수 있다. 말실행증을 먼저 치료해야 하거나, 실어증과 동시에 치료해야 하거나, 혹은 말실행증 때문에 실어증 치료를 뒤로 미루어져야 하는 경우가 있다. 실어증 치료와 말실행증 치료는 상당히 다르고, 한 질환을 치료한다고 다른 장애가 개선되기를 기대할 수는 없다.

실어증 중재에 대한 문헌은 상당히 많다. 말운동장애에 대한 것보다도 훨씬 방대하다. 실어증 치료에 대한 논의는 이 책의 주제를 벗어나며, 실어증과 관련된 비유창성에 대한 중재는 신경말더듬증 단락에서 이미 다루었다. 주목할 만한 사실은 실어증과 그것을 치료하고자 하는 노력은 동반되는 말운동장애의 치료에 지대한 영향을 끼친다는 것이다.

VII. 외국어 말투

신경학적 질환에 의한 외국어 (같은) 말투(pseudoforeign accent)는 드물면서 특이한 장애로, 몇몇의 사례 보고에서 기술된 바 있다. 이에 대한 행동적 치료에 대해서는 게재된 연구 보고가 없다. 일부 환자들에게서는 이 장애가 비교적 빠르게 호전되기 때문에[8] 행동적 중재가 요구되지 않는 경우가 있다. 그러나 누가 호전을 보일 것이고 누구는 보이지 않을지에 대한 예상을 할 수 있도록 도움을 줄 만한 알려진 정보는 거의 없다. 어떤 이들에게서는 이 문제가 말명료도에는 영향을 주지 않더라도 사회적인 불리(핸디캡)로 작용하는 경우도 있다.

실어증과 연관된 외국어 말투와 말실행증이 빈번하게 함께 발생하며, 외국어 말투는 실어증적 문법 및 통사 결함과 말실행증과 연관된 조음적 · 운율적 오류가 섞임으로써 인지되기 때문에 그 '말투'는 적어도 부분적으로는 실어증과 말실행증에 대한 전통적 치료를 통해 호전될 가능성이 있다. 자음 산출에서의 유성성, 조음 위치, 방법의 왜곡, 대치, 그리고 변이음 변형(allophonic variation) 등이 외국어 말투를 지각하게끔 만들므로, 이를 치료 목표로 삼아 말실행증 치료의 원칙과 기법을 적용하는 것이 꽤 적절할 수 있다. 이와 유사하게, 어쩌면 평균 이상으로 더 중요하게, 말투를 전하는 모음 '오류'에 주의를 기울여서, 모음 조음의 반복 훈련(drill)을 해야 할 필요가 있다.

말투를 결정하는 데에는 운율이 핵심적인 역할을 하기 때문에 제17장과 제18장의 마비말장애와 말실행증 중재에서 다루어진 운율, 강세, 리듬, 자연스러움을 호전시킬 수 있는 기법에 특별한 주의를 기울일 필요가 있다. 이러한 기법이 고갈되었다면 신경학적으로 정상인 화자나 비원어민 화자들의 외국어 억양을 줄이는 데 활용되는 자료를 활용하거나, 이들을 함께 병행하여 사용할 수 있다.

VII. 실율증

제13장에서 논의하였듯이 우뇌손상(right hemisphere damage, RHD)과 관련된 실율증(aprosodia)에 대해서는 잘 알려져 있지 않고, 실율증과 우뇌손상 환자들의 의사소통에 영향을 주는 다른 지각 및 인지장애와의 관계도 명확하게 정립되지 않았다. 더 나아가 실율증에 대한 행동적 중재가 언제, 누구에게 가장 유익할지도 거의 알려진 바가 없다.[33] 그럼에도 불구하고, 최근 치료에 대한 자료는 유용한 정보를 제공하며 고무적이기까지 하다.

우뇌손상 환자의 음율 산출 장애가 단독적으로 또는 다른 의사소통장애에 비하여 심하거나, 이를 유발한 원인질환의 급성기가 지난 다음까지도 지속되거나, 환자 또는 가족이 운율 문제를 인식하고 걱정을 할 정도로 운율 산출 장애가 있을 때에는 직접치료(direct treatment)를 고려해야 한다. 적어도 환자와 가족에게 우뇌손상으로 인해 이러한 문제가 발생할 수 있다고 상담을 해주는 것만으로도 이들에게 도움이 될 수 있다.[33] 예컨대, 운율을 통해 전달되는 감정 저하가 실제로 감정이 없음을 의미하는 것이 아니고, 환자가 감정을 전할 때 '목소리의 음정(tone)'에만 의지할 수 없다는 사실을 알게끔 해야 한다. 이로써, 환자의 정서 상태에 대한 오해를 줄일 수 있으며, 환자와 가족으로 하여금 감정을 전하는 지표(index)로서 억양(intonation) 대신 언어적 내용에 더 의존하게 할 수 있을 것이다.

이러한 맥락에서 감정 상태를 분명하게 확인해 주는 구어 언어적 전략에 집중하는 것이 도움이 될 수 있다(예: "내 팔이 전혀 나아지지 않아요."라고 간단히 말하기보다는, "내 팔이 나아지지 않고 있기 때문에 속상하고 기분이 우울해요."라고 실제적인 표현의 의도를 전달하는 것이 유리함). 이와 유사하게, 환자의 말 또는 대화 주제가 강한 감정적 상태와 연관되는 상황에서는 가족들이 "그것에 대하여 어떤 기분인데요?" 또는 "그래서 슬퍼요/기뻐요?" 등의 질문을 하는 법을 배울 수 있다. 이는 실율증 화자들이 감정 상태가 본인의 말 운율 패턴에 의해서 충분하게 전달되고 있지 않다는 사실에 대하여 인식하지 못하고 있을 때 특히 더 도움이 될 수 있다.

몇몇 연구를 통해 실율증에 대한 장애 중심적 치료(impairment-focused treatment)의 결과를 보고하였다. 한 단일 사례 보고는 외상성 뇌손상에 기인한 실율증을 보이는 여성의 운율 산출 호전에 대하여 보고하였다.[48] 총 24회기의 치료를 두 달에 걸쳐 시행하였고, 치료 방법으로는 음도(pitch) 측정 장치를 이용하여 시각적 온라인 피드백이 제공되는 상태에서 목표 음도를 모방하는 과제와 정동 어조(affective tone of voice) 또는 얼굴 표정을 어떻게 하면 모방을 더 잘할 수 있는지에 대한 설명과 함께 모델링을 해주었다. 이를 통해 운율 모방 및 산출 모두에서 호전을 보였다. 다른 보고[4]에는 우뇌 뇌졸중으로 실율증이 발생한 남성에 대하여 기술하였는데, 치료법에는 다음 세 가지가 포함되었다. 운율 따라 하기, 인지-언어적 자기단서 전략(self-cueing strategy)과 얼굴 표정 교차단서 전략(cross-cueing strategy)이다. 가장 영향력이 있는 전략은 운율 모방이었다.

Rosenbek과 동료들[39,30]에 의해 실시된 연구는 단일 사례 실험 연구(single subject experimental design)를 통해 여러 명의 환자를 치료하였으므로 가장 설득력이 있는 연구로 간주된다. 이들은 두 차례의 연구에 걸쳐 두 가지의 6단계 방법을 사용하여 우뇌 뇌졸중 후에 표현적 실율증을 보이는 10명을 대상으로 치료를 시행하였다. 한 치료법은 모방이었고 다른 치료법은 인지-언어적(두 연구 모두 기술이 잘된 보고로서 자세한 정보는 연구 참조 바람) 방법을 활용하였다. 두 방법 모두 첫 단계에서는 최대로 단서를 제공하였고 단계가 진행되면서 체계적으로 단서를 줄여 나갔다. 모방 치료 위계(hierarchy)의 제1단계에서는 임상가가 목표 감정을 담은 어조(tone)를 사용하여 문장을 모델링해 주었다. 그 뒤로는 임상가와 환자가 함께 산출하는 단계가 이어지고, 마지막 제6단계에서는 임상가가 환자에게 가족과 이야기를 한다고 상상을 하며 목표가 되었던 감정적 어조(emotional tone)의 반응을 요구하는 질문을 하는 것으로 마친다. 인지-언어적 치료의 위계는 제1단계에서 임상가가 특정한 감정적 어조의 특성에 대하여 글로 기술한 지시문(예: '크게', '거친 소리로', '빠른 소리로')을 제공하면 환자는 이를 큰 소리로 읽고, 이해를 확인하기 위해 자신의 표현으로 다시 말하게 된다. 제2단계에서는 글로 작성된 표현(예: 기쁜, 슬픈)을, 그다음에는 얼굴 표정 그림을 감정적 어조로 말하여 짝을 짓는 과제를 시행한다. 제6단계에서는 어조에 대한 글로 표현된 설명이나 글로 표현된 감정 및 감정에 대한 단서를 제공하는 그림이 없이 목표 감정적 어조가 담긴 문장을 환자 스스로 산출하는 것이다. 결과적으로 두 치료 모두, 적정한 수준에서 상당한 수준에 이르는 정도까지의 호전을 보였고, 한 치료가 명백하게 다른 치료보다 낫지도 않는 양상을 보였다. 거의 모든 환자가 최소한 둘 중 한 가지 치료 방법에 반응을 보였다. 이 연구들은 고무적이고 두 치료법에 대한 추가적 연구가 필요하다고 할 수 있다.

비록 뒷받침해 주는 자료는 없지만, 제17장과 제18장에서 마비말장애나 말실행증 치료법 중 운율을 강조하는 방법이 유용하게 활용될 수 있다. 예를 들어, 감정(예: 기쁨 대 슬픔)을 이용한 대조적 강세 과제(contrastive stress tasks)를 사용할 수 있고, 또는 대조를 위한 기반으로 언어적 강세를 사용할 수 있다. 언어적 강세는 감정적 운율보다 덜 손상되었을 가능성이 있기 때문에 처음에는 언어적 강세에 초점을 맞추는 것도 바람직하다.[36] 치료 프로그램의 초기 단계에서는 임상가를 모방하는 방법(방금 설명된 것과 유사함)을 쓰거나, 이와 더불어 음도, 지속 길이 및 음량에 대해 기계적 피드백을 제공할 수 있다.[33,36] 기계를 이용한 분석을 통해 문제가 음도, 음량, 또는 지속시간으로 인한 것인지를 확인할 수 있으며, 이들 중 어느 것을 치료해야 조금 더 운율의 정확성을 촉진시킬 수 있는지를 알 수 있다.

운율 과제를 이용할 때, 맥락적인 정보를 같이 제공해 주면 이 과제들이 덜 인위적으로 느껴지게 된다.[30] 예를 들어, 단호하거나 감정적인 마지막 멘트를 포함하는 짧은 이야기 스크립트를 이용하면 운율을 이용하여 적절한 감정 또는 단호함을 충분히 전해야 하는 목표에 이를 수 있는 자연스러운 분위기와 구어적 내용을 제공해 줄 수 있다.[5] 이러한 과제는 임상가의 시범 후 모방하는 방법으로 할 수 있고, 오로지 글로 제시되는 스크립트에만 의존할 수도 있다. 과제의 난이도를 다양하게 하기 위해서 목표 단어나 구에 강조 표시를 하거나 또는 안 하는 방법으로 스크립트 내에 강조 또는 감정적 운율을 내포하도록 할 수 있다.

VIII. 요약

1. 마비말장애와 말실행증 이외에 신경학적 말장애가 의사소통의 유일한 또는 주요 장애일 때, 또는 이것이 장애의 주요 근원이 될 때 이에 대한 치료가 적절하고 필요하게 된다. 그러나 일반적으로 치료 효과에 대하여서는 알려진 바가 많지 않다.
2. 신경말더듬증(neurogenic stuttering)이 약물, 특히 항경련제(anticonvulsants)와 항정신병 약물(psychotropic drugs)과 관련될 수 있기 때문에 약물 요법을 조절하는 것이 비유창성을 감소시키는 데 도움이 될 수 있다. 문헌에 따르면, 신경말더듬증은 마비말장애와 말실행증 환자들에게서 효과가 있었던 속도 감소 전략에 의해서 조절될 수 있다. 일부 실어증 환자들에게서 비유창성을 자기모니터링하는 방법을 훈련하여 비유창성을 감소시킬 수 있었다. 발달성 말더듬 치료를 위한 전통적인 접근법과 더불어 생체피드백과 이완 치료 또한 신경말더듬증을 위한 치료의 가능성을 제시한다.
3. 동어반복증의 치료에 대하여는 알려진 바가 거의 없다. 그러나 운동저하형 마비말장애나 신경말더듬증에 적절한 치료법을 동어반복증의 몇 가지 사례에 적용해 볼 수 있을 것이다. 동어반복증을 보이는 파킨슨병 환자들의 경우에 약물 치료가 증세를 호전시킬 수도 있다.
4. 반향어증과 주요 인지 및 정동장애로 인해 발생하는 이상 말 소견은 일반적으로 말 산출의 운동 측면을 조절하는 시도로 치료되지 않는다. 어떤 경우에는 전두-변연계 질환으로 발생하는 발성부전은 운동저하형 마비말장애 환자들에게 사용되는 방법과 유사

[5] Thomas[50]는 이러한 목적을 달성하기 위해 적용할 수 있는 상호작용 대화(interaction dialogues)와 대립강세 반복 훈련(contrastive stress drills)을 위한 여러 가지 자극을 제공함.

한, 음량 증진을 위한 발성 훈련 프로그램이 유익할 수 있다. 다른 인지-정동 장애의 정도가 말소리가 약해지는 정도만큼 심하지 않을 때, 발성을 증진시키는 행동적 치료가 적절할 수 있다.

5. 실어증을 동반되는 구어 표현 장애는 기저의 언어 손상을 반영한다. 일반적으로는 말 산출의 운동 측면에 초점을 두는 방식으로 치료하는 것은 적절하지 않다. 실어증과 연관되는 비유창성은 일부 경우에 직접 치료가 필요하다.

6. 외국어 말투의 치료에 대해서는 거의 알려진 바가 없다. 그러나 실어증 및 말실행증과의 연관성으로 인하여 이 증세들에 대한 치료를 통해 말투를 호전시킬 수 있다. 마비말장애와 말실행증 치료에 적절한 운율, 강세, 리듬과 자연스러움 호전을 위한 기법과 신경학적으로 정상인 화자나 비원어민 화자들의 외국어 억양을 감소시키는 기법이 시도해 볼 만한 가치가 있다.

7. 우뇌손상으로 인한 실율증 환자들의 치료에 관한 자료는 많지 않다. 결함의 본질에 대하여 상담해 주는 것이 환자와 가족에게 도움이 되며, 환자들이 운율적으로 부적절하게 감정적인 기분을 전달하고 있다면 이를 표현하거나 명료하게 할 수 있는 전략을 적극적으로 교육하는 것 또한 도움이 될 수 있다. 마비말장애나 말실행증 환자들의 운율 감소 특성을 치료하는 기법들도 가치가 있다. 적은 수의 통제된 연구를 통해 운율 모방이나 인지-언어적 전략을 포함한 위계적 치료는 운율 표현을 증진시키는 데 효과가 있다.

참고 문헌

1. Ackerman H, Ziegler W, Oertel W: Palilalia as a symptom of L-DOPA induced hyperkinesia, *J Neurol Neurosurg Psychiatry* 52:805, 1989.
2. Alexander MP: Chronic akinetic mutism after mesencephalic-diencephalic infarction: remediated with dopaminergic medications, *Neurorehabil Neural Repair* 15:151, 2001.
3. Anderson JM, et al: Developmental stuttering and Parkinson's disease: the effects of levodopa treatment, *J Neurol Neurosurg Psychiatry* 66:776, 1999.
4. Anderson JM, et al: Treatment of expressive aprosodia associated with right hemisphere injury, *J Int Neuropsychol Soc* 5:157, 1999.
5. Andy OJ, Bhatnagar SC: Stuttering acquired from subcortical pathologies and its alleviation from thalamic stimulation, *Brain Lang* 42:385, 1992.
6. Bar KJ, Hager F, Sauer H: Olanzapine- and clozapine-induced stuttering: a case series, *Pharmacopsychiatry* 37:131, 2004.
7. Baratz R, Mesulam M: Adult onset stuttering treated with anticonvulsants, *Arch Neurol* 38:132, 1981.
8. Berthier ML, et al: Foreign accent syndrome: behavioral and anatomic findings in recovered and non-recovered patients, *Aphasiology* 5:129, 1991.
9. Bhatnagar S, Andy OJ: Alleviation of acquired stuttering with human centromedian thalamic stimulation, *J Neurol Neurosurg Psychiatry* 52:1182, 1989.
10. Boller F, Albert M, Denes F: Palilalia, *Br J Disord Commun* 10:92, 1975.
11. Brady JP: Drug-induced stuttering: a review of the literature, *J Clin Psychopharmacol* 18:50, 1998.
12. Burghaus L, et al: Deep brain stimulation of the subthalamic nucleus reversibly deteriorates stuttering in advanced Parkinson's disease, *J Neural Trans* 113:625, 2006.
13. Canter G: Observations on neurogenic stuttering: a contribution to differential diagnosis, *Br J Disord Commun* 6:139, 1971.
14. Catalano G, et al: Olanzapine for the treatment of acquired neurogenic stuttering, *J Psychiatr Pract* 15:484, 2009.
15. De Nil LF, Rochon E, Jokel R: Adult-onset neurogenic stuttering. In McNeil MR, editor: *Clinical management of sensorimotor speech disorders*, ed 2, New York, 2009, Thieme.
16. Donnan GA: Stuttering as a manifestation of stroke, *Med J Aust* 1:44, 1979.
17. Downie AW, Low JM, Lindsay DD: Speech disorders in parkinsonism: use of delayed auditory feedback in selected cases, *J Neurol Neurosurg Psychiatry* 44:852, 1981.
18. Duggal HS, et al: Clozapine-induced stuttering and seizures, *Am J Psychiatry* 159:315, 2002.
19. Fleet WS, Heilman KM: Acquired stuttering from a right hemisphere lesion in a right-hander, *Neurology* 35:1343, 1985.
20. Giacino JT: Disorders of consciousness: differential diagnosis and neuropathologic features, *Semin Neurol* 17:105, 1997.
21. Goberman AM, Blomgren M: Parkinsonian speech dysfluencies: effects of L-dopa–related fluctuations, *J Fluency Disord* 28:55, 2003.
22. Helm NA: Management of palilalia with a pacing board, *J Speech Hear Disord* 44:350, 1979.
23. Helm NA, Butler RB: Transcutaneous nerve stimulation in acquired speech disorder, *Lancet* 3:1177, 1977.
24. Helm-Estabrooks N: Stuttering associated with acquired neurological disorders. In Curlee RF, editor: *Stuttering and related disorders of fluency*, New York, 1993, Thieme.
25. Helm-Estabrooks N: Diagnosis and management of neurogenic stuttering in adults. In St Louis KO, editor: *The atypical stutterer: principles and practices of rehabilitation*, New York, 1986, Academic Press.
26. LaPointe LL: Progressive echolalia and echopraxic: what could it be? what could it be? In Helm-Estabrooks N, Aten

JL, editors: *Difficult diagnoses in adult communication disorders*, Boston, 1989, College-Hill Press.
27. Lee JW: Chronic "speech catatonia" with constant logorrhea, verbigeration and echolalia successfully treated with lorazepam: a case report, *Psychiatr Clin Neurosci* 58:666, 2004.
28. Market KE, et al: Acquired stuttering: descriptive data and treatment outcome, *J Fluency Disord* 15:21, 1990.
29. Marshall RC, Starch SA: Behavioral treatment of acquired stuttering, *Aust J Commun Disord* 12:245, 1969.
30. McClean MD, McLean A: Case report of stuttering acquired in association with phenytoin use for post-head-injury seizures, *J Fluency Disord* 10:241, 1985.
31. Meyers SC, Hall NE, Aram DM: Fluency and language recovery in a child with a left hemisphere lesion, *J Fluency Disord* 15:159, 1990.
32. Mueller U, Von Cramon DY: The therapeutic potential of bromocriptine in neuropsychological rehabilitation of patients with acquired brain damage, *Prog Neuropsychopharmacol Biol Psychiatry* 18:1103, 1994.
33. Myers PS: *Right hemisphere damage: disorders of communication and cognition*, San Diego, 1999, Singular Publishing Group.
34. Peach RK: Acquired neurogenic stuttering, *Grand Rounds Commun Disord* 9:177, 1984.
35. Perino M, Famularo G, Tarroni P: Acquired transient stuttering during a migraine attack, *Headache* 40:170, 2000.
36. Robin DA, Klouda GV, Hug LN: Neurogenic disorders of prosody. In Vogel D, Cannito MP, editors: *Treating disordered speech motor control*, Austin, Texas, 1991, Pro-Ed.
37. Rosenbek J, et al: Stuttering following brain damage, *Brain Lang* 6:82, 1978.
38. Rosenbek JC: Stuttering secondary to nervous system damage. In Curlee RF, Perkins WH, editors: *Nature and treatment of stuttering: new directions*, San Diego, 1984, College-Hill Press.
39. Rosenbek JC, et al: Effects of two treatments for aprosodia secondary to acquired brain injury, *J Rehabil Res Dev* 43:379, 2006.
40. Rosenbek JC, et al: Novel treatments for expressive aprosodia: a phase I investigation of cognitive linguistic and imitative interventions, *J Int Neuropsychol Soc* 10:786, 2004.
41. Ross ED, Stewart RM: Akinetic mutism from hypothalamic damage: successful treatment with dopamine agonists, *Neurology* 31:1435, 1981.
42. Rousey CG, Arjunan KN, Rousey CL: Successful treatment of stuttering following closed head injury, *J Fluency Disord* 11:257, 1986.
43. Sandyk R: Speech impairment in Parkinson's disease is improved by transcranial application of electromagnetic fields, *Int J Neurosci* 92:63, 1997.
44. Sapir S, Aronson AE: Aphonia after closed head injury: aetiologic considerations, *Br J Disord Commun* 20:289, 1985.
45. Schreiber S, Pick CG: Paroxetine for secondary stuttering: further interaction of serotonin and dopamine, *J Nerv Ment Dis* 185:465, 1997.
46. Sechi G, et al: Disfluent speech in patients with partial epilepsy: beneficial effect of levetiracetam, *Epilepsy Behav* 9:521, 2006.
47. Serra-Mestres J, Shapleske J, Tym E: Treatment of palilalia with trazodone, *Am J Psychiatry* 153:580, 1996.
48. Stringer AY: Treatment of motor aprosodia with pitch biofeedback and expression modeling, *Brain Inj* 10:583, 1996.
49. Supprian T, Retz W, Deckert J: Clozapine-induced stuttering: epileptic brain activity? *Am J Psychiatry* 156:1663, 1999.
50. Thomas JE: *Speech practice material: from sounds to dialogues*, San Diego, 2009, Plural Publishing.
51. Turgut N, Utku U, Balci K: A case of acquired stuttering resulting from left parietal infarction, *Acta Neurol Scand* 105:408, 2002.
52. Walker HC, et al: Relief of acquired stuttering associated with Parkinson's disease by unilateral left subthalamic brain stimulation, *J Speech Lang Hear Res* 52:1652, 2009.
53. Whitney JL, Goldstein H: Using self-monitoring to reduce dysfluencies in speakers with mild aphasia, *J Speech Hear Disord* 54:576, 1989.

CHAPTER 20

심인성 및 연관 비기질적 말장애의 중재

"치료사는 치료에 있어서
환자의 협조를 이끌어 내고 신뢰성을 확보하기 위해
환자에 대한 신경학적 · 정신의학적 지식을 지니고 있어야 한다."

(Ron,[24] 신체화 장애와 전환장애에 대한 치료를 논함에 있어)

개 요

심인성 및 연관 비기질적 말장애(psychogenic and related nonorganic speech disorders)(지금부터는 PNSD라 칭함)는 의사소통을 방해하고, 많은 경우에 심리적 문제를 유발하기 때문에 장애가 된다. 제14장 및 제15장에서는 이에 대한 진단을 다루었는데, 진단은 치료의 방향을 정립하는 데 필수적이고, 의학적 · 사회심리적 과거력과 말에 대한 면밀한 평가가 이루어야만 가능하다.

우울증, 조현병(정신분열증), 기타 정신의학적 문제로 인한 말장애는 대개 평가나 치료가 이루어지지 않는데, 그 이유는 환자가 말 문제를 호소하지 않거나 말이 전반적 중재에서 직접적인 초점이 되지는 않기 때문이다. 이와는 대조적으로, 전환장애(conversion disorder)나 생활 스트레스로 인한 전환 반응에 기인한 말장애는 의학적 진단을 내리는 데 중심이 된다. 후자에 해당하는 말장애는 대체적으로 치료에 잘 반응하는 편이다. 긍정적인 결과로 인해 환자들이 혜택을 받는다는 측면에서, 환자는 치료를 제공해 온 치료사들에게 만족하게 된다.

이 장에서는 PNSD를 중재하는 데 필요한 원칙(principles), 지침(guidelines), 기법(techniques) 등에 주안점을 둘 것이다. 이에 대한 다수의 관점들은 음성장애에 대한 연구들에 기반한다. 왜냐하면 심인성 음성장애(psychogenic voice disorders)에 대한 치료법이 기타 PNSD에 대한 것들보다 훨씬 잘 발달되고 정교하며, 심인성 음성장애가 PNSD 중 가장 큰 부분을 차지하는 하위 범주이기 때문이다. 예컨대, 심인성 음성장애는 제14장에서 다루어진 메이요 클리닉(Mayo Clinic)의 심인성 말장애 환자 사례들 중 54%를 차지한다. 일반적 원칙이나 기법들은 모든 PNSD를 치료하기 위한 기초로서 소개될 예정이다. 왜냐하면, 다양한 PNSD를 겪는 사람들 간에 과거력이나 사회심리적 역동성에서 분명한 차이점이 드러나지 않고, 여러 말 증상이 유사한 기법에도 동일하게 제대로 치료되기 때문이다.

I. 일반적 원칙 및 지침

단지 처방적 치료법(prescriptive treatment)을 제시하기는 어려운데, 이는 PNSD를 겪고 있는 사람들 간에는 여러 요인들, 즉 성격, 장애를 촉진하였거나 지속시키는 계기, 비정상적 말에 대한 구체적 특성, 추가적으로 영향을 미치는 기질적 · 심리적 변수 등이 너무도 이질적이기 때문이다. 지금부터는 일반적 원칙과 지침에 대해 다루도록 한다. 이로써 임상가가 중재에 대한 어떠한 태도를 확립해야 하는지에 도움을 주며, 치료가 진행되는 동안 다루어야 할 주요 사안에 대해 강조하게 된다.

여기서 다룰 원칙과 지침은 일반적으로 비기질적(non-organic) 운동장애에 대한 중재로서 추천되는 것들과 유사하다. 즉, 우선적으로는 기질적 원인이 없는지 확인되어야 하며, 질환 유무가 검사되어야 하고, 치료가 지연되어서는 안 되며, 증상에 대한 설명 또한 치료의 일환으로서 중요하며, 예후는 비교적 좋은 편이고, 만일, 증상이 오래 지속되면서 환자가 심인성 원인은 아닐 것이라 부인하고 치료에 협조적이지 않다면 예후가 나쁘며, 물리치료나 작업치료가 운동 기능을 정상화하는 데 도움을 주며, 가족이 한결같이 도움을 주는 것이 중요하고, 체면을 유지할 수 있도록(face saving) 유의해서 치료해야 한다.[16,18,22]

A. 심인성 비기질적 말장애는 언어재활사에 의해 효과적으로 중재 가능함

일부 언어재활사들은 심인성 말장애가 언어치료의 영역이 아니며, 그들의 역할은 단지 사회심리적(psychosocial) 과거력이나 장애와의 관련성은 상관하지 않은 채, 증상에 대한 치료만을 해야 하는 것이라 믿는다. 사회심리적 사안이나 증상에 대한 중재도 '정신적' 문제에 대한 전문가인 정신의학 전문의(psychiatrist)나 심리학자(psychologist)의 몫이라 여긴다. 그런데 이러한 주장은 말운동장애 역시 언어재활사가 아닌, '뇌'를 다루는 신경의학 전문의(neurologist)에 의해 다루어져야 한다는 논리와 무엇이 다른가? 이러한 의견은 언어재활사의 능력을 무시하는 것이라고밖에 볼 수 없는데, 이들이 신경학적 혹은 심인성 말장애를 평가하고 중재하며, 최적의 환자 치료를 위해 언어치료 대신 혹은 언어치료와 더불어 다른 의료 전문가의 자문이 필요한지를 결정하는 역할을 할 수 있음에도 불구하고 말이다.

정신의학적 치료 없이 말장애에 대한 치료만 이루어지는 경우에 우려되는 한 가지는, 치료를 받아 말증상이 호전된 후에 기존의 심리장애로 인하여 또 다른 증상이 발현될 수도 있다고 여기는 것이다. 이러한 관점에 동의하는 정신의학 전문의는 그다지 많지 않으며, 선행 연구 결과들에 비추어 보더라도 말 증상이 호전된 다음에 부작용(adverse effects)을 보인다든지 다른 전환 증세를 나타낸다고 확인된 바는 없다. 환자를 정신의학 전문의에게 서둘러 의뢰하는 일은 말 증상을 호전시키는 데 오히려 방해가 될 수도 있다. 왜냐하면 말장애는 감정적 문제와는 분리되어 자각되고 있고, 환자가 의뢰 자체를 받아들이지 않을 수 있기 때문이다.[5,25] 또한, 증상을 개선시키려면 말 증상을 변화시키려는 노력을 확실하게 기울일 필요가 있는데, 대부분의 정신의학 전문의들은 이러한 것에 훈련되어 있지는 않다. 환자들은 말이 개선된 이후에 정신의학적 치료를 받으려고 하는데, 왜냐하면 그 시점에서야 비로소 병인이 비기질적인 것이 되었고, 말 문제와 심리적 문제 사이의 관련성이 언어치료를 통하여 이미 다루었기 때문이다.

PNSD는 심리적으로는 비교적 건강한 사람들이 급성의 감정적 스트레스에 대처하는 한 가지 방안으로 표출되기도 한다. 숙련된 언어재활사나 환자는 말이 정상화된 다음에 추가적 중재는 필요하지 않다고 결론 내리기도 한다.[1] 정신의학 전문의들에 따르면, 심리치료(psychotherapy)가 대부분의 전환장애 환자에게는 적합하지 않으며,[34] 전환 증상에 대한 치료와 증상 완화는 행동

[1] Aronson, Peterson, Litin[6]에 따르면 그들이 연구한 27명의 전환 실성증, 발성장애 환자들 중 그 누구도 신속한 정신의학적 도움을 필요로 하는 정신병리 현상을 보이지 않았음.

적 중재나 '간단한 지지적 치료(supportive therapy)'와 같은 다양한 방법으로 이루어질 수 있다고 한다. 따라서 말에 대한 치료가 종료된 후, 혹은 치료 도중에 정신의학과에 의뢰하는 것이 반드시 필요하지는 않다.[15,31,[2]] 언어재활사는 진단 및 치료에서 중요한 역할을 하게 되며, 가장 중심적 역할을 하는 경우가 많다.

B. 회복에 대한 예후는 일반적으로 좋은 편임

일반적으로 신경학적 질환이 있다 할지라도, 특히 치료가 행해진다면, 회복에 대한 예후(prognosis)는 좋은 편이다. 예를 들어, 전환장애(conversion disorders) 환자들은 몇 주나 몇 달이 경과하면 호전되며, 저절로 좋아지는 경우가 오히려 더 많고 예외적 상황은 아니다.[30,33] 전환장애에 대한 예후가 좋은 경우는 다음과 같다. 환자가 젊고, 증상이 최근에 발발하였으며, 간헐적으로 나타나는 것이 아니며, 전환장애 전에 있었던 스트레스 상황이 확연히 드러나며 예상 가능한 것이었거나, 발증 전 건강상태가 양호하고, 심각한 정신병리적 문제가 없으며, 부정적 계기와 자신의 문제와의 연관성에 대한 통찰력이 있는 경우 등이다.[[3]] 그런데 이러한 조건들에 전혀 부합되지 않고, 정신병리적 문제가 심각할 때에는 그다지 예후가 좋지 못하다.

전환 실성증(conversion aphonia) 및 전환 발성장애(conversion dysphonia), 그리고 기타 PNSD는 많은 환자들에서 몇 분 이내에 혹은 몇 번의 치료를 거치면 정상으로 좋아질 수도 있다.[2,5,20,30] 그런데 재발률(relapse rate)이 특정 연구들에서는 낮게 보고되긴 하나,[2] 증세가 심하면 치료 도움을 제대로 못 받을 수도 있다.[20] 환자가 스트레스에 대처하기 위하여 근골격 긴장(musculoskeletal tension)을 줄곧 유지하거나, 불안증과 우울증을 보인다면 회복된 상태를 유지하는 일이 더 중요할 수도 있다. 증상에 대한 치료 동안 정상 음성으로 돌아올 수도 있지만, 불안증이나 우울증을 떨쳐 버리고, 스트레스에 대처하는 습관을 변화시키지 않는 한, 호전 상태가 지속될 수는 없을 것이다.[26] 전환장애 환자들도 마찬가지로, 장애를 일으킨 원인이 해결되지 않았고, 혹은 그 원인을 인지하고 직면하여 해결하려 하지 않거나 할 수 없다면, 호전 상태의 지속은 힘들 것이다. 그런 경우에는 증상치료(symptomatic therapy, 대증요법)에 앞서, 혹은 증상치료를 대신하여, 심리치료나 회복될 시간이 필요할 수도 있다. 종합한다면, 말 치료의 예후는 전환장애의 경우 상당히 좋은 편이며, 불안증(anxiety)으로 인한 말장애에도 효과적이나, 우울증(depression)과 관련된 말장애는 신중하게 접근할 필요가 있다.[27]

신경학적 질환이 있다고 해서 반드시 예후가 나쁜 것은 아니다. 예컨대, 신경학적 질환이나 동반되는 신경학적 말/언어장애가 있음에도 불구하고, 후천적 심인성 말더듬증(acquired psychogenic stuttering)이나 심인성 음성장애가 빨리 호전되었다고 보고된 바 있다.[8,10,28,29,33,[4]]

요약하자면, 전환장애나 PNSD에 대한 치료가 이루어진다면 그 예후는 좋은 편이다. 임상가는 치료에 대해 긍정적이고 낙관적인 태도로 치료에 임해야 한다.

C. 증세에 대해 설명되어야 함

효과적인 중재가 이루어지려면, 임상가는 환자에게 증상에 대해 언급해야 하고 심리학적 설명을 제시해야 하는데, 물론 후자가 반드시 필요하지는 않으며 가능하지 않을 수도 있다. 일부 환자는 이러한 설명 없이도 증상에 대한 치료에 잘 반응하기도 한다. 그러나 어떤 환자들은 사회심리적 과거력을 면밀히 살펴보는 동안에 심리적 요인으로 인해 증상이 생겼음이 드러나면서 말이 호전될 수도 있다. 평가나 치료가 이루어질 때에 임상가는 말장애 자체를 유발한 원인과 치료에 대해 유념해야 한다.

기저에 대한 설명은 여러 단계에서 이루어질 수 있다. 가장 기본적인 것은 사회심리적 과거력을 조사함으로써 잠재적인 원인 기제(causal mechanisms)가 무엇인지 확인하는 일이다. 이는 진단과 치료 모두에서 중요하다. 말

[2] Baker와 Silver[7]는 신체적 외상 때문에 생겼다고 믿어진 '히스테리성 하반신마비(hysterical paraplegia)' 환자들이 치료 후 급속히 호전되었고 보고하였음. 가장 효과적 중재 방법은 '확실한 진단, 호전될 것이라는 확고한 예측, 동조(sympathy), 관심, 상식'이었음.

[3] 참고문헌 9, 15, 19, 24, 31, 32.

[4] 말 치료를 통해 PNSD로부터 회복된 '진짜' 비율은 문헌에서 과장되어 보고되었을지도 모름. 이것은 진단이 정확하게 내려졌음을 입증하는 가장 좋은 외적 준거(external criterion)는 증상치료를 통해 긍정적 결과가 도출되었다는 것을 밝히는 데 있으므로, 부정적 치료 결과가 누락된 채, 긍정적 결과만이 보고되었기 때문일 것임. 다시 말해, 증상치료가 효과적이지 않은 경우를 치료에 실패한 경우로 간주하여 보고하지 않았는데, 이는 치료가 성공적이지 못하였다면 PNSD가 심리적인 원인이 아닐지 모른다는 의심을 받게 되기 때문이며, 특히 신경학적 질환을 동반한 경우에 더 그러함.

장애가 발발한 시점에 어떤 심리적 · 신체적 계기가 있었는지를 조사해야 한다. 환자가 그 시점에서 어떻게 대처하였는지를 알아보는 것도 중요한데, 증상을 극복하기 위해 도움을 구하였는지 혹은 사회심리적 사안을 캐보았는지도 알아봐야 한다.

증상에 대한 치료 후에는, 특히 치료가 성공적이었다면, 말 증상과 감정적 원인 간의 관계를 살펴봐야 한다. 다음 단락에서는 이에 대한 기법을 소개하기로 한다. 사회심리적 과거력과 말 문제 간의 관계는 진단과 치료 모두에 중요하다는 것을 반드시 기억해야 한다.[4]

D. 기질적 문제라는 믿음에 대해 접근해야 함

PNSD 환자들은 흔히 자신들의 문제가 기질적(organic)이라 믿는다. 이러한 믿음은 환자들이 말 문제가 야기된 심리적 역동성(psychological dynamics)을 제대로 이해하지 못하기 때문일 뿐만 아니라, 신경학적 혹은 기타 기질적 원인에만 집중된 여러 가지의 의학적 검사나 치료를 받는 과정에서 형성되기도 한다. 의학적 평가에 대한 부정적 측면으로 인하여, 기질적 질환일지 모른다는 두려움을 떨쳐 버리지도 못하고, 자신의 상태가 심각할 수 있다는 불안감과 불확실성만을 갖게 될 뿐이다. 이러한 상황은 특히 예전에 자신이나 주변 사람이 이러한 질환을 겪은 적이 있기 때문에 이를 두려워하고 있는 환자들에게 생길 수 있다. 불행하게도, 전문가들조차 이러한 증상들이 비기질적일 것이라는 사실을 받아들이지 않고, 사회심리적 과거력을 확인하지도 않으며, 자세한 설명도 없이 "생각을 좀 고쳐 보세요."라고만 하고 환자를 돌려보내기도 한다. 이러한 접근 방식은 환자와의 적대적 관계를 형성할 뿐만 아니라 환자를 잃게 될 수도 있다.[12,19,24,31]

구체적 원인을 파악하지 못한다 할지라도 비기질적(non-organic) 원인 때문이라고는 알려 줘야 한다. 이 사실을 직접적으로 말할지 혹은 간접적으로 내비칠지 여부는, 원인 기제가 구체적인지, 환자가 기꺼이 심리적 사안에 대해 의논하려 하는지, 임상가가 비기질적 병인에 대해 얼마나 확실성이 있는지에 따라 달라질 수 있다. 어떤 때에는 증상치료(symptomatic therapy)에 앞서 이러한 사안에 대해 의논되는 것이 바람직하다. 또 다른 경우에는 말이 호전될 때까지 미루기도 한다. 흔히, 비기질적 원인에 대해 치료 전에 간단히 언급하고, 호전되면 구체적으로 다루기도 한다. 환자에게 본인의 증상이 비기질적이라고 갑작스럽게 알려 주기보다는 점차적으로 알게 하는 것이 항상 더 효과적이다. 또한, 증상이 신체적인 데에 그 원인이 있다고 굳게 믿는 환자들을 직접적으로 거슬리게 하는 것은 치료에 오히려 해롭거나 역효과를 내기도 한다.[24,35]

문제가 비기질적인 것이라고 받아들이는 것이, 문제를 심인성으로 확인하고 그것의 정확한 심리역학을 발견하는 것과는 늘 동일하지는 않다. 주요 목표는 환자로 하여금 자신의 말이 호전되지 않는 이유가 기질적 원인 때문이 아니라는 것을 받아들이게 하는 일이다. 많은 환자의 경우, 장애를 일으킨 계기가 더 이상 존재하지 않고, 오히려 잊어버렸을지도 모르며, 이 환자들의 경우에는 이미 좋아질 '준비'가 되어 있을지 모른다. 즉 장애에 대한 원인이 불분명하며, 기질적으로 설명 가능한 원인이 아직까지도 '영향력'을 발휘하고 있지는 않다는 설명을 쉽게 이해할 것이다. 이러한 설명을 신체적 손상이나 기질적 질환이 일어난 시점에 말 문제가 발생하였던 환자들에게 해준다면 특히 효과적이다. 정상적 말 산출을 방해하는 기질적 요소가 더 이상은 없음을 받아들임으로써 증상치료, 호전, 정상적 말의 유지가 가능하게 된다.

E. 치료는 진단 회기 내에서 이루어져야 함

임상가가 병인이 비기질적이며 말장애 증상을 대상으로 치료되어야 한다는 것을 확신한다면 치료는 즉각적으로 이루어져야 한다. 왜냐하면, 대부분의 사람들은 진단 회기 내에서, 또는 이어지는 한두 차례의 치료 회기 동안 상당히 또는 완전히 좋아질 수 있기 때문이다. 이러한 확신적 접근법(assertive approach)을 통해 다음의 몇 가지가 가능하다. (1) 치료로 인해 상당히 호전된다면, 장애가 비기질적 장애라는 진단을 확진할 수 있다. (2) 확진(confirmed diagnosis)이 된다면, 이전에 계획되었던 의학적 평가나 심리 평가를 수정해야 할지도 모른다. (3) 환자는 문제가 기질적이 아니라는 것을 받아들이고, 장애에 대한 심리적 원인을 규명하는 데에 수용적이 될 수 있다. (4) 많은 환자들은 말이 빠르게 회복되는 것에 당황하겠지만 만족할 것이며, 기저에 있는 심리적 원인이 더 이상 영향을 끼치지 않는다면, 정상적 생활로 복귀할 수 있다. (5) 환자와 의료인의 시간, 자원, 비용이 절약된다.

F. 임상가의 태도와 행동이 중요함

1922년, Henry Head는 "히스테리 환자들이 모두 사살되기를 바라는 의료행정관은 더할 나위 없는 실패자이다. (No one is a greater failure than the medical officer who wishes all hysterics could be shot at dawn.)"라고 하였다.[17] 이 말은 비기질적 문제를 보인 환자들이 의료진으로부터 "아무 문제가 없으며, 생각을 고쳐먹으면 된다."라는 이야기만 듣고 그 이상의 도움을 받지 못한 채 병원을 나설 때에 어떤 느낌을 받을지를 반영한다. 그런데 환자들은 그런 말을 하는 의료진을 믿지 못하며, 특히 사회심리적 과거력에 대해 평가해 주지 않거나 혹은 다른 전문가에게 의뢰를 해주지 않을 때에, 자신의 문제가 기질적일 것이라는 가능성을 버리지 않는다. 그러한 자신의 태도 때문에 자신의 심리적 상황을 무시하거나, 불편해하고 조바심을 느끼게 되는데, 이러한 증세들은 정당한 문제가 아니라고 생각한다. 또한, 스트레스, 불안증, 갈등 등이 일상생활에 영향을 미칠 수 있다는 생각을 하지 못하며, 이에 민감하지도 않다. 이처럼 비기질적 신체적 결함을 보이는 환자를 대하는 기본적 태도는, 그들의 문제가 비록 탐지 가능한 기질적 문제는 아니지만, 실제로 존재하고 있을 뿐만 아니라 장애를 일으키고 있음을 인식시켜 주는 일이다.

임상가의 태도는 중재에 중요하며, 환자에게 확실하게 보여야 한다. 태도가 표출되는 방식은 지극히 개인적 특성에 따르므로, 이에 대한 한 가지 처방이 존재하지는 않는다. 그러나 다음과 같은 태도와 믿음이 전달되는 것이 중요하다.

1. **환자가 자신의 문제와 관련된 기질적 원인에 대해 걱정을 하며, 이 때문에 증상과 좌절감을 느끼는 것이 너무나 당연하다는 존중.** 예컨대, 환자가 "모든 의사들이 저에게 아무런 문제가 없다고 해요."라고 말할 때에, "그건 말도 안 되는 얘기예요. 이렇게 말씀하시는 게 힘든데 문제가 없다고 하다니요."라고 맞장구 쳐줌으로써 동지의식을 느끼게끔 해준다.
2. **의학적 검사상 정상적 소견들에 대해 안심시키기와 낙관론.** 검사 결과에 기질적 문제가 없다고 나왔다고 걱정할 것이 아니라 오히려 증상치료(symptomatic therapy)가 필요한지, 어떠한 비기질적 문제가 있는지 등에 대해 의논한다.
3. **진전에 대한 환자의 열망과 능력에 대한 지지와 성원.** 일부 환자들은 말을 잘할 수 있도록 연습을 하는 것에 대해 무관심하고, 왜 잘 못하는지에 대해 핑계를 대기도 한다. 이 경우, 증상치료나 심리적 사안에 대한 논의가 그다지 도움이 되지 못할 수 있다. 그런데 많은 이들은 호전되기를 바라며, 치료를 받을 의향이 있다고 말한다. 치료에 임할 때에 적극적인 역할을 하게 함으로써 말을 향상하게끔 도와주어, 스스로의 노력이 도움이 된다는 점을 상기시키고, 향후에도 잘할 수 있는 능력이 있다는 믿음을 갖게 한다.
4. **환자가 지니는 일반적이고 특별한 심리적 부담에 대한 공감과 동정.** 환자가 치료를 받을 준비가 되어 있을 때에, 심리적 사안을 다루는 태도가 중요하다. 친절해야 되며, 문제의 현실성과 심각성을 공유하고, 기저에 깔린 심리적 문제에 대해 강요하지 말고 함께 다루어야 한다.
5. **증상치료가 효과적일 수 있다는 확신과 자신감.** '제의(suggestion)'란 단어는 전환장애를 성공적으로 치료하는 데에 자주 등장하는데, 이는 증상이 완화될 수 있음을 뜻한다.[7,20,31,32] 또한, 말 문제는 급속도로 좋아질 수 있다. 각 치료 기법이 효과적이라는 자신감을 갖고 치료에 임해야 한다. 치료가 진전됨에 따라 말이 변화하며, 이러한 변화를 환자가 즉각적으로 느끼게 끔 할 필요가 있다.
6. **정직.** 임상가는 말 문제가 생긴 원인에 대해 잘 이해하지 못하거나, 왜 말이 좋아지지 않는지에 대해 직접적으로 이야기해 주어야 한다. 이때, "저희가 늘 이 문제들에 대해 정확하게 알 수는 없어요."라고 하거나 또는 "왜 이러한 문제가 생겼는지 파악이 잘 안 되지만, 다른 신체적 문제가 있어 보이지는 않아요."라고 말한다. 흔히, 증상치료 후에 말이 급속도로 정상이 될 때에, 환자가 도대체 무슨 문제였는지를 물어 오기도 한다. 이때, "저도 정확하게 잘 모르겠어요, 좀 더 확인을 해봐야겠습니다."라고 한다. 그러면서, 사회심리적 사안에 대해 논의할 좋은 기회가 생기는 것이다.
7. **치료 중의 환자의 노력과 진전에 대하여 기뻐하고 존중하기.** 필요한 경우, 증세와 관련된 심리적 문제에 대해 환자 스스로 직면하는 용기가 대단하다고 칭찬한다. 그럼으로써, 향후 계획에 대해 이야기할 수 있는 길이 열린다.

G. 치료가 성공적일 경우에 환자에게 설명해 주어야 함

호전되었다면, 증상의 원인에 대한 설명은 아닐지라도 회복이 이루어진 데 대한 설명이 필요하다. 설명은 여러 측면에서 이루어질 수 있으며, 호전된 상태를 유지하기 위해서 환자가 자신의 증상에 대해 인식을 하고 있는지 여부는 그다지 중요하지 않다. 설명은 원인 기제에 대해 얼마나 밝혀졌는지, 환자가 원인 기제에 대해 알고 있는지 여부, 환자의 사회적 문화적 신념 등에 따라 달라진다. 일부 환자들에게는 뇌와 마음이 서로 연관되어 있다는 신경생물학적 설명을 해주는 것이 도움이 되기도 한다.

가족들이나 직장 동료들이 이 문제에 대해 어떻게 생각하는지를 확인하는 것도 중요하다. 가끔 환자들이 주변 사람들에게 자신이 좋아지게 된 상황을 어떻게 설명하면 좋은지를 묻고는 하는데, 환자 본인들 역시 잘 이해할 수 없는 부분도 있고, '체면을 세우기 위한(face-saving)' 전략이 필요할 수도 있기 때문이다.

우리 사회에는 흔치 않은 신체적 증상(예: 실성증, 말더듬증)을 야기하는 심리적 문제들은 개인적 나약함(personal weakness) 때문이라는 생각이 상당히 만연해 있다. 증상이 급속도로 호전되는 상황에서는 이를 더 믿게 된다. 그 결과, 체면을 세우는 일이 향후에 사회적 환경에서 어떻게 대처해 나갈지에 중요한 요인이 된다. 적절한 설명이 없이는 사회심리적 불이익 때문에 정상적 말을 유지하기 힘들 수도 있다. 설명이 필요한 경우를 대비하여 어떠한 설명을 해줄 수 있는지를 생각해야 한다. 증상이 정당하게 생겼고, 증상이 호전될 수 있도록 적극적인 노력을 기울였다는 것을 진실 되게 설명할 수 있어야 한다. 이때 임상가와 환자 간에 이런 사안들이 잘 해결될 수 있도록 의사소통이 이루어지는 것이 중요하다.[35,[5]]

H. 향후 계획에 대해 다루기로 함

치료가 성공적이었다면, 향후 계획에 대해 의논해야 한다. 만약 말 문제의 원인이 되는 정서적 문제가 더 이상 진행되지 않거나 해결되었다면, 정신과 의뢰나 추가적인 증상치료가 필요하지는 않다. 경험 있는 임상가는 정신과 의뢰가 필요한지에 대한 감이 발달되어 있다. 그러나 결정은 반드시 환자가 참여해서 함께 이루어져야 하며, 미래에 생길지 모를 유사한 심리적 문제를 어떻게 다룰지에 대해서도 서로 의논해야 한다. 말 문제가 재발하지 않을 것이라고 안심시켜 주어야 하나, 만일의 경우 재발한다면 임상가에게 연락을 취하도록 한다. 정기적 상담 약속을 통해 도움을 받을 수 있다고도 알려줘야 한다.

말의 향상 여부와 상관없이 심리적, 정신과적 문제가 있다면, 정신과 의뢰 여부가 논의되어야 한다. 신체화 장애(somatization disorder)를 가진 환자는 정신적 요인과 신체적 증상 간의 관련성을 부정하기 때문에 의뢰를 거부하기도 한다.[20] 문제를 보이고 중요성에 직면해 본 환자는 의뢰를 기꺼이 받아들인다.[6]

I. 모든 사람이 도움을 받기 원하지는 않으며, 받을 준비가 되어 있지도 않고, 받을 수도 없음

재활이나 다학제적 임상 현장에서 말 평가가 의뢰된 환자들을 대상으로 증상치료가 이루어지지 않아야 되는 경우는 거의 없다. 그러나 간혹 증상치료가 바람직하지 않거나, 치료의 성공을 장담하지 못하는 상황들이 있긴 하다.

일부 환자들은 도움을 받고자 하는 희망이 없다. 또 다른 환자들은 자신의 문제가 기질적 질환에 기인한 것이기 때문에 평가가 무의미하다고 단정하거나 화를 내기도 한다. 증상치료가 도움이 된다는 확신을 가지고 접근하더라도, 환자는 사회심리적 과거력에 대해 이야기를 나누거나, 말 증세를 변화시키기 위한 어떠한 시도까지도 거부할 수 있다. 이러한 환자는 대체적으로 말 치료를 받을 후보자가 아니다. 경험 있는 임상가는 이런 상황이 확실하다고 결정하면, 증상치료에 대한 노력을 일찌감치 포기해야 한다. 다만 말장애가 비기질적이며, 향후 치료가 추천되지 않음을 잘 기록하기만 하면 된다.

어떤 환자들은 초기에는 검사 자체를 거부하지는 않으나, 임상가로부터 심리적 사안이 있을 수 있으며 치료가

[5] 증상을 유발하는 요인으로서의 스트레스는 우울증이나 불안증보다는 덜함.[35] 우울증이 있다는 것을 받아들이지 못하는 환자들도 상당량의 스트레스를 받아들이고 줄일 수 있는 방법을 고민함.

[6] 심인성 운동장애가 전환장애의 일환으로 나타나고, 우울증이나 불안증을 동반한다면, 항우울증 약물이 중재에 도움이 될 수 있음.[1]

도움이 될 것이라는 말을 듣는 순간, 화를 내거나 위협감을 느끼기도 한다. 따라서 시간이 없으며, 다른 의학적 검사로 인해 치료를 받을 수 없다는 등의 변명을 하거나 임상가가 말 산출 구조를 만지거나 처치할 때 심한 통증을 호소하기도 한다. 이 경우에는 증상치료를 할 준비가 되어 있지 않은 것이다.

일부 환자들은 증상이 일시적이고 예측할 수 없거나 특정 상황(예: 이혼한 배우자를 우연히 만나게 된 상황이나 그 직후에만 나타남)에서만 보인다. 이러한 환자에게도 증상치료는 성공적이지 못한데, 특히 평가 시 말이 정상으로 관찰될 때는 더욱 그러하다. 말 문제를 보이는 동안에 평가가 이루어진다면, 그 자체가 비기질적 문제라는 것을 밝히는 좋은 계기가 되는데, 심리적 사안이 다루어지지 않는 한, 그 이상의 혜택은 없다. 이 환자들은 정신과 의뢰가 필요하다.[11]

가끔은 언어 문제가 명백한데도 환자 스스로 인식하지 못하고 부정하는 경우가 있다. 이전에 받은 심리적 충격에 대한 여파가 계속 진행되거나 현재도 계속되어, 증상치료를 받을 때마다 그 상황을 상기해야 된다면, 치료 자체가 그 사건을 부인하게끔 하는 상황을 만들어 주는 역할을 하는 셈이 되므로 위험할 수도 있다. 이 경우에는 정신과 상담을 통해 말 치료가 적절할 것이라는 결론에 다다를 때까지 치료를 미룬다.

II. 일반적 치료 기법

앞서 여러 가지 치료 기법을 소개하였다. 이제부터는 어떻게 치료를 행할 수 있는지를 설명하고자 한다. 진단 회기 동안 치료가 행해지는 것이 중요하나, 여기서 소개하는 치료 기법들은 여러 회기에 걸쳐 활용된다. 초기 회기 동안에 치료를 하는 것이 중요하다고 해서, 비기질적 말장애가 반드시 한두 회기 내에 좋아진다는 것을 의미하지는 않는다. 왜 어떤 환자들은 증상치료에 빨리 반응하고, 어떤 이들은 시간을 두고 호전되는지에 대한 이유는 명백하지 않다. 물론 좀 더 심각한 정신과적 문제를 지니고 있다면 서서히 호전되는 경우가 많으며, 일부는 정신과적 입원 치료가 필요하기도 하다. 일부 환자들에게는 자신의 문제가 기질적이라는 믿음과 체면을 살려야 한다는 필요성 때문에 그들에게는 치료를 받을 때 기질적 질환으로부터 회복되는 것과 유사한 양상을 보이는 것이 중요하다.

A. 평가 및 중재 순서

말 평가와 후속 치료는 기질적 질환이 없음을 확인하고자 하는 의학적 평가가 모두 이루어진 다음에 행해져야 한다. 대부분의 환자에게는 이비인후과적, 신경과적 검사가 선행되어야 한다. 임상가는 그 결과를 미리 살펴보고, 환자에게 말 문제에 명백한 기질적 원인은 없으며, 말을 호전시킬 수 있는 신체적 장애가 없다는 것을 주지시킨다.

흔히 환자로 하여금 의사들에게 들은 결과들을 다시 살펴보게 함으로써 결과들이 의미하는 바를 제대로 이해시키는 것이 바람직하다. 예컨대, 환자가 "모두 정상이라고 들었어요."라고 한다면, "잘 되었네요."라고 대꾸해 준다. 만일 환자가 "다른 데와 마찬가지로 거기서도 말장애에 대한 원인을 찾을 수가 없었어요. 아무 문제도 없다고 하네요."라고 한다면 "문제점이 있긴 하지요, 그렇기 때문에 말을 제대로 못 하시는 거니까요. 신체적으로는 아무 문제가 없다고 하니 그나마 다행이지 않나요?"라고 말해 준다.

의학적 검사가 이루어지기 전에는 환자 자신의 문제는 기질적 원인 때문이라고 믿는 경향을 보이며, 기질적 원인 때문은 아니라는 임상가의 설명을 잘 받아들이지 못한다. 이때, 문제가 비기질적이라는 확실한 정보를 주는 것이 필요하다. 비록 환자가 증상치료에 잘 반응한다 할지라도, 의학적 평가가 이루어질 때까지는 치료를 미루어야 한다. 말 증상이 정상으로 돌아왔다 해도, 기질적 질환에 대한 두려움을 갖고 있을 수 있으므로 의학적 평가 절차를 완료하는 것이 중요하다.

신경학적 또는 다른 기질적 질환이 있으나, 말장애는 전체적으로 혹은 부분적으로 비기질적이라는 사실이 명백하다면, 의학적 평가 결과를 기질적 질환과 말장애 간의 관계를 확인하는 데 활용한다. 기질적 요소에도 불구하고, 기질적 질환만으로는 설명되지 않는 말장애는 호전의 가능성이 충분히 있다고 설명한다. 예컨대, 환자에게 "지금 앓고 계신 다발성 경화증(multiple sclerosis)은 지금 보이시는 말장애와는 직접적인 연관성은 없어 보입니다. 치료를 한다면 좋아질 가능성이 충분히 있습니다."라고 말한다.

B. 사회심리적 과거력

현재 질환에 대한 병력을 조사하면서 사회심리적(psychosocial) 과거력에 대한 정보를 얻을 수 있으며, 질문의 방향을 결정할 수 있다. 문진(interview)은 말 문제가 시작된 상황에 대한 조사부터 시작한다. 발증 시점이 질환(명백한), 신체적 외상, 수술, 신경학적 문제와 동시적이었는가? 말 문제가 신체적 문제 직후에 바로 나타났는가 혹은 어느 정도 경과 후에 나타났는가? 말장애가 시작된 시점이나 바로 직전에는 어떤 문제가 있었는가? 말이 어떻게 변화되어 왔고, 상태는 더 좋아졌거나 나빠졌는가? 잠시라도 호전된 적이 있는가? 이 모든 질문에 답함으로써 말 문제와 기질적 질환과의 관련성이 어느 정도인지를 파악할 수 있으며, 환자 스스로가 자신의 문제가 기질적이라고 믿는 정도를 확인할 수 있다.

일단 신체적 상황이 확인되고, 특히 기질적 원인이 없다고 밝혀지면, 환자의 직업, 가족 상황, 사회생활 등에 대해 묻는다. 그다음, 이 모든 상황들이 어떤지, 말 문제가 시작될 때 그에 대한 어려움은 없었는지를 확인한다. 이러한 조사는 아마도 이전 의학적 면담에서는 이루어지지 않았을 것이다. 이러한 질문들이 일부 환자에게는 환영받지만, 어떤 이들에게는 적절하지 않으며, 환자가 부담스럽게 생각한다. 그런데 이렇게 묻지 않고서는 환자들 스스로가 특히 비기질적 요인과 신체적 증상 간의 연관성이 없다고 믿을 때에는 자신의 사생활에 대한 정보를 노출하려 들지 않는다.

일부 환자들은 자신의 심각한 사회심리적 문제를 드러내기도 하나, 대부분 어떠한 어려움도 부정한 채, 자신의 생활이 그저 즐겁고 안정적이라고 주장한다. 그럼에도 불구하고 이러한 질문들에 거부감이 없어 보이면, 환자에게 직접적으로 말장애가 시작될 무렵에 어떤 스트레스, 갈등, 부담감 등을 느껴 왔는지 혹은 느끼고 있는 상황이었는지를 묻는다. 때때로, "말장애가 시작될 즈음에 스트레스를 받게 된 주변 문제들이 있었나요?"라든지 혹은 "가정이나 직장에서 어떤 어려움이 있었는지요?"라고 묻기만 해도 원인이 될 만한 중요한 사회심리적 문제를 파악할 수도 있다. 이에 따라 말 문제와 심리적 요인 간의 연관성을 곧바로 확인할 수 있으며, 말 문제가 즉각적으로 해결되기도 한다. 흔히, 이런 연관성 정보는 나중에 논하기도 한다.

환자는 본인의 사회심리적 과거력에 대한 질문에 화를 내기도 한다. 환자가 만일 "선생님도 제가 미쳤다고 생각하시지요?"라고 한다면, "절대 그렇지 않습니다. 저는 단지 이런 문제들에 영향을 줄 수 있는 상황들이 무엇인지를 이해하고자 할 뿐입니다. 스트레스가 중요한 사안이니까요."라고 하거나, "아니에요. 다른 사람들이 뭐라고 얘기했나요?" "OO님은 어떻게 생각하고 계시나요?"라고 묻는다. 심리적으로 설명될 수 있다고 환자가 확신하는 정도에 따라 힘든 문제에 대해 의논할 수 있는 범위가 결정될 것이다. 거부 반응을 보인다면 곧바로 말 평가와 증상치료로 접근하는 것이 바람직하다. 그런데 비록 자신의 문제가 사회적 · 심리적 원인에 의한 것이라는 점을 받아들이지 못하는 환자라 할지라도 사회적 · 심리적 결과에 대해 의논하려고는 한다.[21] 그럼으로써 추후에 심리적 원인에 대해 논하는 것이 수월해진다.

환자가 심리적으로 중요한 계기에 대해 근거를 밝힐 때에, 그 계기와 말장애 간의 관련성 여부를 환자에게 물어본다. 이때, 환자에게 어떻게 생각하는지를 직접적으로 묻는 것이 좋다. 환자의 답이 둘 간의 관련성을 인지하고 있다고 생각되면, 환자에게 심리적 사안이 신체적 증상에 영향을 미칠 수 있으며, 심각한 정신과적 문제 없이도 극심한 스트레스나 갈등이 있게 되면 말 문제가 생길 수 있다고 설명한다. 또한, 그런 문제는 흔히 복잡하고 이해하기 어려울 수 있다는 점을 인정시키는 것이 중요하다.

임상가가 병력을 알아보는 동안, 사회심리적 과거력과 말장애 간의 관계를 명확하게 조사하는 것이 필수적이지는 않다. 자연스럽게 알아지기도 하나, 그렇지 않은 경우가 더 많다. 중요한 것은 인과관계 기제에 대한 가설을 세울 수 있게끔, 그리고 환자 스스로 문제가 있다고 받아들이고 심리적 사안에 대해 기꺼이 이야기하고자 하는 노력을 할 수 있고, 상황을 제대로 판단할 수 있는 능력에 대한 믿음을 갖게끔 하는 정보를 수집하는 일이다. 흔히 사회심리적 자료와 말 증상을 합쳐 보는 일은 증상치료 때 혹은 그 후까지 미룰 수 있다.

C. 기질성에 대한 믿음

의학적 · 사회심리적 과거력은 환자가 기질적 문제임을 믿는 정도를 반영한다. 흔히, 문제의 원인이 명백하지 않을 때, 혹은 임상가가 그 사안을 다룰 준비가 되어 있지 않을 때에는 "문제의 원인이 무엇이라고 생각하세요?"라고 직접적으로 묻는 것도 도움이 된다. 신체적인 원인 설명이 명백하지 않으면, 환자에게 "무엇 때문에 문제가 생겼는지 지금 당장 알기는 어렵습니다."라고 말한 다음, 기초적인 말 평가가 완료된 후에 "현재로는 향후 OO님의 말장애가 호전되지 못할 이유는 없다고 생각합니다. 말 문제가 시작될 즈음에 정상적으로 말하는 것을 방해하는 어떤 요소(예컨대 감기, 수술, 신체적 외상, 뇌졸중)가 있었으리라 짐작됩니다만. 그러나 아직까지도 그런 요소가 있다는 생각은 들지 않으며, 말이 좋아질 수 없다고 생각하지는 않습니다."라고 말해 준다. 이 시점에서 증상치료가 필요하다. 말 문제가 기질성이라는 점에 대한 논의는 증상치료가 완료된 후까지 보류한다.

D. 증상치료

증상치료(대증요법, symptomatic therapy)가 시행될 때에는 말을 호전시키기 위해서 여러 측면의 노력을 기울여야 의미 있고 빠른 회복이 가능하다는 점을 상기해야 한다. "일단 해보는 것이 어떨까요?"라고 제안하여, 환자가 이를 받아들이면 자신감 있고 만족스러운 듯한 반응을 내보인다.

증상치료의 방향은 환자가 보이는 비정상적 말 특성에 따라 결정된다. 몇 가지 일반적 치료 기법이 다음과 적용될 수 있다.

1. 장애를 대표할 수 있는 양상(예: 꽉 조이는 노력성 음성, 속삭임, 얼굴 찡그림, 목 뻗침, 눈 깜박임, 호흡군당 단음절 발화, 전반적 근긴장, 음소 반복 혹은 연장, 느린 말 속도, 일관적 조음 대치)을 확인하라. 이러한 양상들은 과도한 또는 잘못 조절된 근노력(muscular efforts)을 나타낸다.
2. 행동 양상이 확인된 후에는, 말할 때 기울이는 과도한 노력이 신체적으로 더 피곤하게 만들고, 정상적 발화를 방해한다는 점을 상기시킨다("말을 하고자 과도하게 노력하면 오히려 자연스럽게 말하는 것을 방해하게 됩니다."). 그러므로 말하는 데 필요한 노력의 양을 재조절하거나 감소시키기 위한 시도를 하도록 한다.
3. 정상적 반응에 근접해지도록 하라. 절차로는 킁킁 소리 내기(grunt)로 시작하여 한숨 쉬기, 음소 연장, 단음절까지 진행한다. 산출이 적절하면 강화를 해주고, 과도한 노력 또는 비정상적 음질이 동반되면 수정해 준다. 비정상적 또는 습관적으로 해왔던 것과는 다른 시도를 하는 것이 도움이 되기도 한다, 예컨대, 만일 찡그림(grimacing)을 보이면 지적해 주고 다른 행동(예: 눈을 크게 뜨기)으로 대체하도록 한다. 조금이라도 변화가 관찰된다면 강화를 주어야 한다. 습관적 비정상적 반응과의 차이점을 느끼게끔 독려하고, 새로운 반응을 반복하도록 촉진해야 한다. 일관적이 되면, 좀 더 긴 정상 반응(예: 모음에서 음절이나 단어)을 산출하도록 한다. 환자가 이러한 노력 중에 피로, 불편함을 표현할 것이다. 노력한 것에 강화를 주고 발화가 더 쉬워질 것이라고 말해 준다. 처음이 가장 어렵고 초기의 어려운 시도 기간이 지나면 추진력이 생겨 빨리 호전될 것이라 말해 주는 것이 도움이 된다.
4. 환자가 노력을 기울이고 있는 동안 어떤 일이 일어나고 있는지 말해 준다. "말을 잘하기 위해 열심히 노력하고 계시기는 하나, 그 노력이 올바른 방향으로 가고 있지는 않네요. 마치 기차가 선로를 벗어난 것처럼요. 스스로 선로로 되돌아오려고 시도하고 있기는 하나, 어떻게 해야 할지 잘 모르시는 것 같아요. 제가 좀 더 수월하게 하실 수 있도록 도와드리겠습니다."라고 말한다. 이렇게 얘기함으로써 노력을 지속적으로 할 수 있도록 동기를 부여해 주고, 동시에 원인이 되는 기제를 다룰 수 있도록 해준다.
5. **증상치료를 하는 동안에 신체적 접촉(physical contact)이 중요할 수도 있다.** 후두 조작(laryngeal manipulation)과 마사지는 근골격 긴장을 감소시키고 심인성 음성장애의 음성을 수정하는 데 효과적이다. 근골격 긴장을 완화시키는 것이 환자들에게 상당한 신체적 혜택을 주는데, 환자와 임상가 사이의 신체적 접촉을 통해 치료적 노력에 있어서 둘 간의 '유대감'을 다지게 함으로써 상당한 심리적 가치를 지닌다. 신체적 접촉은 과도한 근긴장(예: 얼굴, 턱, 눈, 손)이 유발되는 부위를 확인할 수 있다는 점과 심리적 가치가 있다는 관점에서 심인성 비기질적 말장애의 중재에도 중요하다. 따라서 접촉은 **신체적 · 심리적** 도구로서 가치가 있으며, 자연스럽고 확신 있게 사용하는 것이 중요하다.
6. 말장애가 호전됨에 따라 임상가는 증상치료가 성공적이라는 것을 느끼게 되며, 환자의 진전에 대해 좀 더 열망적으로 바라게 된다.
7. 발화가 상당히 정상화되거나 호전되었을 때, 환자에게 문단을 읽히고, 환자 스스로 향상된 상태를 느

껴 보도록 한다. 몇 가지 일반적 질문을 하면서 환자가 호전된 말 상태를 확인하고 지나가도록 한다. 어떤 환자는 이 변화 단계가 빠르게 지나갈 것이고, 어떤 이들에게는 느릴 것이다. 임상가는 현재 좋아진 만큼 향후 더 개선될 여지가 많다고 반복적으로 언급하며, 치료 결과가 어떻게 나올지는 환자의 노력에 달려 있다고 말해 준다.

일단 정상화가 된다면, 환자가 "어떻게 하면 지금 상태의 말을 유지할 수 있고, 문제 시에 다시 원상태로 호전될 수 있는 방법이 무엇일까요?"라고 물을 수 있다. 이때는, 정상적으로 말을 하는 느낌이 무엇인지를 이미 다시금 터득하였기 때문에 특별한 도움 없이도 지금의 상태가 유지될 것이라고 답해 준다.

E. 문제의 본질과 호전에 대해 다루기

혹시라도 환자가 말장애의 원인일 것 같은 스트레스가 어떤 것인지를 알고 있다면, 그런 스트레스, 불안, 갈등 등의 본질이 무엇인지, 그리고 받아들이고 이해될 수 있는 사안인지를 서로 의논한다. 그런데 만일 말 문제가 기질적이라면 설명되기가 힘들 수도 있다. 신체적 계기로 인하여 말장애가 생겼고, 이제 그 신체적 문제가 사라졌는데도 말장애가 계속되는 경우라면, 환자가 극복할 수 없는 습관이 형성되었거나 혹은 직장에서 빚어진 심리적 원인으로 말 문제가 발현되는 것일 수 있다.

이 시점에서는 지속되고 있는 스트레스와 불안에 대해 이야기해 보는 것이 바람직한데, 이는 향후 말이 계속 정상적으로 유지될 수 있을지 혹은 심리적 사안에 좀 더 직접적으로 다루어져야 할지를 판단하는 데 영향을 미치기 때문이다. 또한, 배우자나 가족을 합류시키는 것이 중요하다.[7] 왜냐하면 친밀한 이들이 있는 데서 호전된 말을 유지할 수 있는 기회가 되기 때문이다. 그리고 많은 경우에, 환자와 주변 사람들이 함께 문제점과 해결책을 들여다보는 것이 좋다. 특히 환자 스스로 자신의 문제를 설명하는 데 어려움이 있다면 더욱 중요하다.

[7] 이 논점은 대부분의 임상가들에게는 받아들여지지 않는 필자만의 편견일지도 모르나, 신경학적 질환이나 비기질적 말장애를 보이는 환자에 대한 초기 과거력, 검사, 사전 치료(preliminary treatment)는 결함의 중증도와는 상관없이 임상가와 환자 사이에서만 이루어져야 한다고 생각됨. 이것이 환자의 독립성, 사생활, 자신감을 존중해 주는 방법이며, 타인에 의한 지원, 방해, 억압이 없이 환자만의 능력과 장애 간의 상호작용과 평가를 가능하게 해줌.

F. 향후 계획에 대해 다루기

평가 및 이어지는 치료가 성공적으로 완료되었을 때에는 향후 계획에 대해 논의되어야 하는데, (1) 말이 정상으로 유지될지의 가능성, (2) 말 문제와 연관된 심리적 사안을 다룰 필요성, (3) 문제와 해결책을 다른 사람들에게 설명할 수 있는 방안 등을 다루어야 한다. 이를 위하여 예를 몇 가지 제시해 놓았다.

1. 치료 후 발화가 정상으로 돌아오고 잘 유지된다면, 말에 관하여 향후에 어떻게 대처할 것인가에 대한 방안을 환자에게 확립해 주어야 한다. 많은 환자들이 향후 치료 없이도 발화가 정상을 유지할 것이라 믿는다. 대부분의 경우는 그렇다. 만일 환자 스스로 심리적 요인을 확인하였고, 이것이 말장애를 야기시켰지만 더 이상 문제 되지는 않는다는 것을 이해한다면, 증세가 시작된 시점부터 해결책이 제시되었을 때까지 그 요인이 어떻게 작용하였는지, 향후에 유사한 요인이 생길 때에 어떻게 대응하면 좋을지를 의논하는 것이 도움이 된다. 환자가 자신의 말 문제를 유발시킨 구체적 계기, 스트레스, 갈등에 대처하는 방법에 대해 전문가의 상담이 필요한지 여부를 논의하는 일이 중요하다. 이는 정신과적 도움을 필요로 할지에 대해 당장의 결정을 내려야 하기 때문이 아니라 그런 상담이 향후에 도움이 될지를 고민해 보고자 하는 것이다.

   환자의 문제와 그에 대한 해결책을 다른 이들에게 어떻게 설명하고, 다른 이들의 반응이 과연 어떨지에 대해 논의해 보는 것도 가치 있는 일이다. 만일 가족들에게 설명해야 한다면 임상가가 도움이 될 수 있다. 환자는 문제와 해결책에 대해 다른 이들과 어떻게 이야기할 수 있으며, 향후 대처해야 될지 모르는 유사한 사회심리적 스트레스와 갈등을 어떻게 해소할 수 있는지에 대해 계획을 세워야 한다.
2. 치료를 받은 후에 말이 정상으로 돌아오고 어려움 없이 유지된다 할지라도, 사회심리적 요인이 확인되지 않았다면 향후에는 어떻게 될지 모른다. 이런 상황은 자주 일어난다. 과거력 조사에서 알게 된 사실이 과연 중요한 것인지 확실치 않고, 문제에 대한

이유가 불분명한데도 불구하고, 말 문제를 야기하는 신체적 문제점이 없는 것이 확실하다고 결론 내려야 할지도 모른다. 스트레스와 갈등이 말 문제를 야기시키는 데 어떤 역할을 하는지를 제대로 인지한다면, 환자가 향후에 대면하게 될지도 모르는 사회심리적 영향에 잘 대처할 것이다. 그러나 자신의 감정에 대한 통찰력이 피상적인 것에 지나지 않는다면 힘들 것이다.

3. 증상치료로 호전되지는 않으나, 환자의 동기의식이 높아서 여전히 치료를 계속하는 것이 도움이 될 것이라는 임상가의 확신이 있다면, 회기가 계속 진행되어야 한다. 기저에 깔린 심리적 문제가 확인되지 않았다면, 환자에게 말 문제가 시작될 즈음에 겪고 있었던, 혹은 현재 겪고 있는 스트레스나 갈등의 소지를 생각해 보게 한다. 그런 다음, 다음 회기에서 논의해 본다.
4. 치료에는 실패하였지만 사회심리적 사인이 확인되었다면, 심리 평가와 상담이 뒤따르는 것이 필요하다. 때로는 그 사안들이 변동적이며, 서서히 잠식적이고, 심오하여 환자에게 인식이 되지 않을 수도 있다. 또한, 자신의 신체적 안녕에 영향을 미치게 될 정도까지 이르러서야 중요성을 깨닫기도 한다. 이런 경우 흔히 상담 의뢰를 받아들인다. 말 증상치료는 정신과적 상담과 함께 진행되어야 하나, 상담이 진행 중이고 말이 호전되지 않는 경우에는 미뤄 두는 것이 좋다. 일부 환자에게는 중재를 위한 다학제적 접근(예: 정신과, 통증의학, 언어치료, 물리치료)이 적절하고 효과적이다.[20]
5. 치료가 성공적이지 못하다면, 그리고 심리적 어려움을 부정하거나 자신의 문제가 기질적 원인에 기인한다고 주장한다면, 환자는 정신과적 의뢰를 받아들이지 않을 것이다. 그럼에도 불구하고 임상가가 기질적 문제가 없음을 확신하는 경우에는, 환자에게 비기질적 요인이 작용하고 있고 심리적인 요인에 대해 전문가와 상담하는 것이 좋을 것이라고 설명해 준다. 이런 환자들의 경우에는 환자 스스로 원인이 되는 기질적(혹은 비기질적) 요인이 더 이상 작용하지 않으며, 증상을 치료해야 한다는 가능성을 받아들지 않는다면, 더 이상의 증상치료에는 반응하지 않을 것이다.

III. 특정 심인성 비기질적 말장애에 대한 치료

앞서 다루어진 일반적 원칙, 지침, 기법 등은 심인성 비기질적 말장애(PNSD)를 특징짓는 광범위한 증상들 모두에 공통적으로 잘 적용된다. 중재를 다르게 하는 이유는 비정상적 말 특징이 서로 다르기 때문이 아니다. 그보다는 환자의 과거나 현재의 사회심리적 · 의학적 상태가 어떠한지, 그리고 평가나 치료 동안에 환자에게서 보여지는 통찰력, 준비 정도, 태도 등에 따라 치료가 달라지기 때문이다. 이러한 차이는 치료 기법을 적용하는 데에서 생긴다. 지금부터는 서로 다른 유형의 PNSD에 대한 성공적 치료 기법들에 대해 살펴볼 것이다. 여기서 모든 기법들을 모두 소개할 수는 없으며, 처방적(prescriptive)일 수도 없으며, 바라건대 증상에 대한 치료법으로 중심되는 내용(theme)을 전달하고자 하고자 한다.

A. 심인성 혹은 비기질적 음성장애

심인성 음성장애(psychogenic voice disorders)는 실성증, 쉰 소리(hoarseness), 쥐어짜는 듯한 발성장애(dysphonia)로 특징지어진다. 이 특징들의 공통된 내용은 과도한 **근골격 긴장** 또는 **성대의 과기능**(hyperfunction)이다.[5] 이때 치료 목표는 성대의 과기능을 줄이는 것이다. 긴장이 심리적으로 표출되지 않고, 심리적 긴장이 더 이상 관찰되지 않으면 근골격 긴장은 효과적으로 줄어든다. 다음은 치료 목표를 달성하기 위한 취할 일반적 치료 단계를 소개한 것이다.[8]

1. 심인성 음성장애가 의심된다면 후두의 근골격 긴장을 검사해야 한다. 엄지와 검지/중지를 갑상설골 부위에 놓고, 공간이 정상보다 좁은지를, 혹은 손가락을 갖다 대거나 가볍게 마사지를 하였을 때에 환자가 불편해하는지를 탐지해 본다(**그림 20-1**). 근골격 긴장이 없는 정상 화자라면 이때 약간의 압력을 느끼기는 해도, 불편함이나 통증을 호소하지는 않는다. 대다수의 심인성 음성장애 환자들은 불편함이나 통증을 호소한다. 그렇지 않더라도 이런 단계를 밟는 것이 도움이 된다.

[8] 심인성 음성장애 치료법은 Aroson과 Bless,[5] Case,[11] 그리고 Stemple[30]에 구체적으로 설명되어 있음.

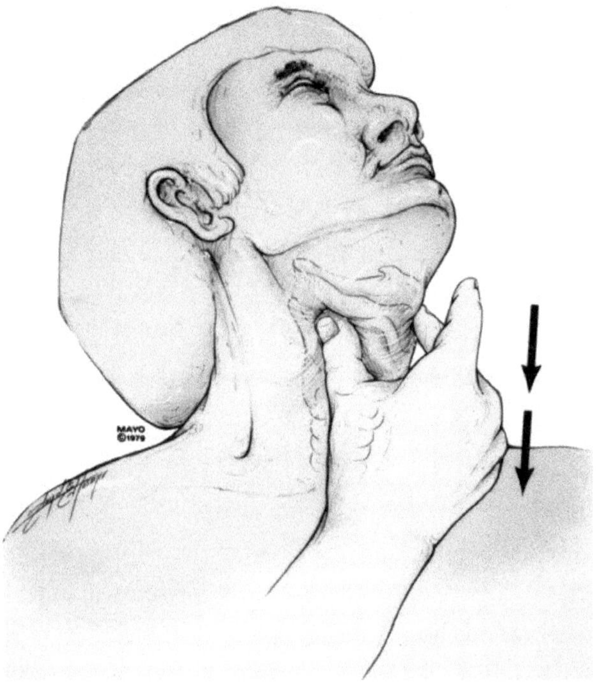

그림 20-1 근골격 긴장을 검사하기 위한, 혹은 증상치료 시에 후두의 위치를 낮추기 위한 갑상설골의 손가락 위치.

출처: Copyright 1979 Mayo. Aronson AE: *Clinical voice disorders*, 4판, New York, 2009, Thieme.[3]

2. 불편함은 과도한 근긴장 때문이며, 근긴장으로 인하여 음성이 비정상적이라고 말해 준다. 이미 심리적인 설명이 이루어졌다면, 근긴장 역시 그러한 요인들에 대한 신체 반응이라고 설명하는 것이 도움이 된다. 근긴장을 고칠 수 없는 것은 아니며, 음성을 정상적으로 내기 위한 잘못된 노력의 산물이라고 알려 준다.
3. 후두근을 부드럽게 마사지하여 후두의 높이를 낮추고(갑상설골의 공간이 좁아져야 함), 후두연골들을 느슨하게 한다. 간혹 불편하다고 거부할 수 있으나 이러한 불편함은 일시적이며 근긴장을 완화시키는 데 필요하다고 말해 준다.
4. 근골격 긴장을 감소시키는 노력을 하는 동안, 환자에게 몇 가지 이완 모음(lax vowels), 비강음 /ㅁ/, 혹은 가볍게 '어 허'라고 산출해 보도록 한다. 이때 손으로 갑상연골을 낮추면서 시행하게 된다. 실성증 환자의 경우에는 목청 가다듬기, 킁킁 소리 내기(grunt), 가볍게 기침하기, 짧게 허밍하기 등을 한 후에, 모음을 짧게 산출하도록 한다. 긍정적인 변화가 보이면 즉각적 피드백을 주는 것이 바람직한데, 이는 환자가 늘 본인이 어떻게 하였는지를 잘 인식하지 못하기 때문이다. 여러 차례 정상 음성이 나오면 정상 발성이 가능하게 되며, 앞으로도 계속 호전되는 데 아무런 문제가 없다고 확신시켜 준다. 음성이 제대로 나왔다면, 신체적 보조 없이도 정상 음성을 산출하도록 한다.

   이처럼 짧지만 정상 목소리를 내도록 시도시키는 것은 일단 정상 목소리를 내도록 조성하면서 향후 좀 더 긴 발화를 산출할 수 있게 하기 위해서이다. 이러한 노력으로 빠른 시일 내에 효과를 보기도 하나, 환자나 임상가 모두에게 부담이 될 정도로 긴 시간이 소요되기도 한다. 이런 노력이 시행착오가 될 수도 있고, 임상가가 예상치 못하게 음성이 호전되는 성공을 거두기도 한다. 임상가는 이 단계에서 성공하든 실패하든 무엇이든지 시도해 봐야 한다.[5]
5. 일단 정상 음성이 짧지만 신뢰롭게 산출되면 모음이나 /ㅁ/을 길게 산출하도록 하거나, 예-아니요 질문에 '어 허' 또는 '어'라고 답하게 한다. 그런 다음, 'One Monday morning', '우리 엄마 맘마'와 같이 연속적 유성음 구를 시도해 보게 한다. 이때 다시금 손가락으로 후두를 낮춰 보기도 하나, 가능한 한 이러한 방법을 계속적으로 쓰지는 않도록 한다. 환자 본인의 목소리를 느끼고 듣게 함으로써 예전에 비해 긴장 없는 상황에서 목소리를 산출하는 것이 훨씬 수월함을 깨닫게 한다.
6. 향상된 음성으로 짧은 구나 숫자 세기가 산출 가능하다면 문단 읽기를 시도하도록 한다. 이때 만일 음성 상태가 예전으로 돌아갔다면 구어적 지시사항을 주거나 손가락 보조를 통해 도움을 준다. 즐기고자 읽는 것처럼 목소리를 갖고 놀아 보도록 한다. 이것이 성공하면, 기본적인 자전적 · 사실적 정보를 포함한 일상적 대화 시작하여 내러티브, 그리고 호전된 음성에 대해 본인의 느낌에 대해 논의해 보고, 호전이 된 것에 대한 설명, 문제의 원인, 예후, 미래 등에 대하여 사회심리적 사안 등에 비추어 이야기해 본다. 일반적으로 호전된 음성은 큰 노력 없이도 잘 유지되며, 대화 동안에 더욱 향상된다. 또한, 환자 스스로 목소리를 조절할 수 있다는 인식을 갖게 된다. 일부는 이젠 쉽게 말을 하게 되었다고 언급하기도 하나, 일부 환자들은 어색해하거나 손가락 조작 치료로 인해 목이 따갑다고도 한다. 이때, 따끔

거리는 것이 오래가지는 않을 것이라고 이야기해 준다.

이러한 치료법이 행해질 때에 호전의 속도는 일정하지 않다. 근골격 긴장이 유일한 원인이고 문제가 오래 지속된 것이 아니라면, 혹은 기저에 깔린 심리적 문제가 더 이상 영향을 끼치지 못한다면, 몇 분 이내에 정상 음성으로 돌아온다. 정상 음성으로 회복될 때까지 소요되는 평균 시간은 30~45분이나, 일부 환자들의 경우에는 몇 회기를 진행할 필요가 있다.[5,30] 정상 음성을 찾게 되는 동안에는 정상 음성을 갑자기 되찾기보다는 여러 단계를 거친다.

신경학적 질환이 있다고 해서 치료 효과가 없는 것은 아니다. Sapir와 Aronson[29]은 외상성 뇌손상에 기인한 후두 근골격 긴장을 동반한 두 명의 실성증 환자들이 두 회기의 치료를 거쳐 정상 음성을 되찾게 되었다고 보고하였다. 이와 유사하게 Sapir와 Aronson[28]은 심인성 긴장 음성과 뇌졸중에 기인한 편측 상부운동신경세포형 마비말장애를 동반한 환자와 수술 후 성대마비로 극도의 기식성 음성을 나타내는 또 한명의 환자가 치료로 급속도로 호전되었음을 보고하였다. 두 명의 또 다른 예를 들면서, 한 명은 기질적 음성 진전(tremor)과 쉰 소리(hoarseness), 다른 한 명은 중증근무력증(myasthenia gravis)과 긴장성 음성장애를 보였다가 신체적 문제로 인해 그들이 겪는 사회심리적 사안과 두려움에 대해 의견을 나누면서 음성이 급속도로 좋아졌다고 하였다. 이 같은 환자 사례를 통하여 기질적 · 심리적 기제의 역할을 중요시해야 하며, 기질적 질환 없이 심인성 음성장애를 보이는 특정 환자들에게 유용한 치료 방법이 있음을 강조하고자 한다.

씹기 치료, 점진적 이완(progressive relaxation), 생체피드백 접근법 또한 활용 가능한 기법이다.[5,11,27] 일부 환자들은 전환장애나 불안증에 효과적인 정신의학적 치료법, 즉 상담, 안정제, 최면술, 소듐 아모바비탈(아미탈) 약제 등에 잘 반응한다. 일부 환자는 저절로 좋아지기도 한다.[26,30,33]

효능성(efficacy)에 관련해서는, 실험 및 임상자료에 근거하여 다양한 치료 접근법이 심인성 음성장애에 효과적이라 알려져 있다.[23] Aronson[3]은 "대부분의 환자들은 완전히 회복되지는 못할지라도 한 회기 내에 치료효과를 보게 된다. 음성 문제가 해결되지 않은 환자들은 전환 반응에 의한 근골격 긴장으로 인하여 좋아지려면 좀 더 두고 봐야 할지도 모른다."라고 지적하였다.

B. 심인성 혹은 비기질적 말더듬증

심인성 말더듬증(psychogenic stuttering)의 말 특징은 극도로 변이적이며, 소리/음절/단어 반복, 연장, 머뭇거림, 막힘 나타나며, 얼굴 찡그림과 같은 이차적인 부수행동이 동반된다. 제14장에서 이미 이들에 대하여 다루었다.

심인성 말더듬증의 중재 방법에 대해서는 상대적으로 덜 알려져 있다. 그러나 앞서 다룬 일반적 원칙, 지침, 기법 등을 적용할 수 있다. 심인성 말더듬증의 치료는 심인성 음성장애만큼이나 꽤나 효과가 흔하고 신속하게 관찰된다.

심인성 말더듬증의 비유창성은 말의 근육, 혹은 때때로 구강근육 상의 과도한 근골격 긴장때문에 발생한다. 따라서 치료 동안 근골격 긴장을 완화시키는 일이 중요한 치료 목표가 되는데, 그래야만 유창성이 수월하게 정상화되기 때문이다. 근긴장을 감소시키기 위하여 심인성 음성장애에 적용되는 방법을 심인성 말더듬증에 쓸 수 있다. 일부 심인성 말더듬증 환자에 있어서는 같은 방법을 사용하여 긴장 완화를 후두에 초점을 맞추기도 한다. 다음에서는 효과적인 치료 기법의 절차를 소개하였다.

1. 심인성 말더듬증이 의심되면, 말과 비구어에 사용되는 근육에 과도한 근골격 긴장이 관찰되는지를 확인한다. 발성에 힘이 들어간 듯 보이면, 심인성 음성장애에서 적용된 동일한 방법으로 후두를 검사한다. 턱, 안면, 눈 등에도 과도한 움직임이나 수축이 일어나지 않는지를 살펴본다. 발화 중, 과도한 목 굽힘과 뻗힘 현상이 일어나는데, 마치 어깨, 몸통, 팔, 다리 등에서 관찰되는 이차적 움직임이나 근긴장과 비슷하다. 여러 부위에서 긴장이 증가한 것이 두드러지면 조절이 가능한지를 확인한 후에 증상 완화가 초기 치료의 초점이 될 수 있다.
2. 비유창이 적어도 과도한 근긴장을 반영하는 것이라 말해 준다. 또한 이러한 근긴장이 정상 발화를 방해하나, 통제가 가능하다고 알려 준다.
3. 가장 자주 일어나고 심한 정도로 관찰되는 근긴장을 선택하여 치료하되, 직접 만져서 조작할 수 있는 근육이면 더욱 좋다.
4. 말을 하는 동안, 근긴장이 어디에서 일어나는지(예: 목 뻗침, 안면 하부 수축, 눈 감김)를 지적해 준다. 그리고 언제 그것이 발생하는지를 묻고, 정확하게 말하는 경우에 강화가 주어진다. 만일 후두근 긴장

이 선택되면, 심인성 음성장애를 치료하는 절차를 행한다.

5. 선택된 구조 내에서 관찰되는 비정상적 움직임이나 과도한 긴장(예: 과도한 안면 하부 수축, 눈 감김, 목 뻗힘) 없이 말을 해보라고 한다. 모음연장과 같은 하나의 소리를 산출하는 것으로 시작한다. 집중하게 하기 위하여 첫 시도에서는 구조를 만지면서 피드백을 제공하는 것도 도움이 된다. 정상적 운동기능은 아직 아닐지라도, 치료 전에 하던 행동보다는 도움이 될 것이라 말한다. 발화를 하면서 비정상적으로 혀를 굽힌다면 그 대신 눈을 크게 뜨는 행동을 하도록 한다. 이러한 대체적 행동은 (방해자극이 되며) 유창성이 호전되면서 점차로 없어진다.

과도한 근긴장 없이 소리를 연장할 수 있게 되면, 목표 되는 구조에 긴장이나 비유창 없이 단단어를 산출해야 한다. 느리고 길게 늘이는 말 속도는 특히 반복이나 머뭇거림을 보이는 환자의 비유창성 완화에 도움이 된다. 환자가 제대로 근긴장을 줄이고 비유창성을 조절할 때마다 성공하였다고 알려줘야 한다. 유사한 전략을 사용하여 문장 반복과 읽기를 도입한다. 비유창성을 완화시키는 데 어려움을 보인다면 다른 방법을 시도한다. 예컨대, 반복이 특징이라면, 반복 대신 모든 음절을 연장하도록 요구한다. 만일 각 단어나 구를 시작하는 데 머뭇거린다면, 지속적 유성음화(continuous voicing)와 절 경계(phrase boundaries) 간의 쉼을 넣지 말며 '절대로 끊지 말고' 산출할 것을 당부한다. 일단 비유창성의 기초선이 변화하면, 이러한 비정상적 대체 방법(alternative abnormalities)은 빨리 사라지도록 한다.

6. 한 구조에서 관찰된 과도한 긴장, 비정상적 움직임, 비유창성이 고쳐진다면, 다른 모든 근골격 긴장과 비유창 역시 감소하기 시작한다. 그렇게 되지 않는다면, 동일한 전략을 활용하여 남아 있는 문제를 해결한다. 근골격 긴장이나 비유창이 다시 생긴다면 곧바로 지적하여 고쳐야 한다.

7. 비유창성이 줄어듦에 따라, 단조로운 운율로 느리게 발화하게 된다. 이럴 때에는 읽기를 하면서 말을 즐기듯이 '가지고 놀도록' 한다. 이것이 성공한다면, 대화에 참여하게 한다. 여기까지 도달한다면 계속해서 호전될 것이다.

심인성 음성장애와 유사하게, 호전의 속도는 각각 다른데, 일부 환자들은 30분 이내에 호전되나, 다른 환자들은 여러 회기를 해야 한다. 대부분은 유창성이 갑자기 호전되는 것이 아니라 점차적으로 좋아진다.

다수의 임상 보고서에 따르면, 신경학적 질환이 있든 없든 상관없이, 심인성 말더듬증 환자에게는 행동중재가 효과 있다고 한다. 제14장에서 소개되었듯이, Baumgarter and Duffy[8]의 후향적 연구에서는 신경학적 질환이 없는 49명의 심인성 말더듬증 환자들을 대상으로 앞서 언급된 절차대로 치료하였을 때에 그들 중 48%가 한두 회기 내에, 흔히 진단 회기 중에 정상으로 돌아왔다. 그중 29%는 거의 정상 가깝게 호전되었으며, 19%에게는 어느 정도의 호전이 관찰되었다. 이와 유사하게, 20명의 신경학적 질환을 지닌 심인성 말더듬증 환자들 중 55%에게 치료를 실시하였는데, 그들 중 45%는 한두 회기 내에 정상으로 돌아왔고, 18%는 거의 정상 가깝게 호전되었으며, 18%는 어느 정도의 호전을 보였다. 이처럼, 치료가 제법 성공적이며, 때로는 상당히 효과적이고, 신경학적 질환이 있다손 치더라도 꽤나 빠르게 회복된다.[9]

몇몇의 사례 연구 역시 치료 기간, 구체적 치료 기법, 효능성에 대해 소개하였다. Mahr와 Leith[21]는 전환장애와 관련된 성인기 발증의 심인성 말더듬증 네 사례를 보고하였다. 한 사람은 9개월간, 주당 2회기 치료로 정상을 회복하였는데, 세심한 조음과 느린 조음 산출에 집중한 치료였다. 다른 환자는 속도를 느리게 하고 조음을 명확히 하도록 지시한 후, 몇 분 이내에 좋아졌다. 또 다른 한 명은 이혼 과정에서 심인성 말더듬증이 시작되었는데, 느리게 말할 것을 요구한 후 호전되었으며, 이혼이 완료된 시점에서 완전히 정상이 되었다. 네 번째 환자는 2년 반, 주당 3회기 치료 후에도 호전되지 않았다.

Duffy[14]는 신경학적 질환이 없는 심인성 말더듬증 사례를 보고하였는데, 그 환자는 진단 회기 동안 사회심리적 사안과 증상치료를 받으면서 정상으로 돌아왔다. 그

[9] 성공률이 전체 신경학적 말더듬증 환자를 대상으로 집계된 것이 아님. 3차 의료기관에서 치료를 받은 환자들만을 대상으로 한 통계이므로, 그 환자들이 보이는 특징들로 인해 전체 환자들보다 높거나 혹은 낮은 치료 결과를 반영한 것일 수 있음. 더욱 중요한 것은 Baumgarter와 Duffy의 연구에서 보고된 환자의 50% 정도만 치료되었다는 점임. 치료가 이루어지지 않은 이유는 여러 가지이고 명확하지 않은데, 환자가 치료를 거부하였거나 그 당시 치료가 적합하지 않으며 효과적이지 않다고 생각한 임상가의 판단 때문임. 그럼에도 불구하고, 치료 성공률은 놀랄 만하다고 사료됨.

보고서에는 중재에는 학제 간의 협력이 필요하다고 명시되었다. 즉, 환자의 심리적 어려움을 전반적으로 중재하기 위해서는 후속적인 정신의학적 평가와 포괄적인 신경학적, 의학적 평가가 반드시 필요하다.

Roth, Aronson, Davis[25]는 신경학적 질환이 없는 12명의 심인성 말더듬증 환자 사례들(대부분은 Baumgarter과 Duffy[8]의 후향적 연구에 포함됨)을 상세히 보고하였다. 12명 중 11명은 호전되었는데, 그중 5명은 말 치료를 받으면서, 1명은 집단 심리 치료를 하면서, 1명은 장애가 발증할 즈음에 일어났던 계기에 대해 이야기를 나누면서 좋아졌고, 4명은 자연적으로 치유되었다. 증상치료는 용이한 발성 시작(easy onset of phonation), 가벼운 접촉 조음, 막힘 또는 갈등할 때에 발 구르기(bouncing) 등과 같은 '전통적 기법'을 포함하였다.

Brookshire[10]는 뇌졸중을 겪고 몇 달 후 시작된 말더듬증 환자를 보고하면서, 증상의 일부는 적어도 심인성이라고 지적하였다. 그 환자는 구매 가능한 긴장 완화 프로그램을 활용한 21회기의 치료 동안 호전되지 않다가, 비유창 전에 나타나는 근긴장을 저하시키는 데 집중한 단한 번의 행동수정 프로그램을 통해 놀랍도록 좋아졌다. 결론적으로 비유창성에 선행되는 행동을 치료함으로써 상당하고 지속적인 효과를 산출할 수 있다. 그 후 8년간, 환자는 유창성을 유지하였다.

두 환자 사례에 비춰 볼 때, 심인성 말더듬증은 발달성 말더듬증에 활용되는 치료 기법에 잘 반응한다. Tippett과 Siebens[33]는 무산소성 뇌증(anoxic encephalopathy), 약증과 경직, 우울증, 심인성 뇌전증 등을 겪고 있는 남자 사례를 보고하였는데, 리드미컬한 발화 기법을 강조한 첫 회기 동안 호전을 보이기 시작하였다. 2주간의 치료 동안 리드미컬한 말투 없이 유창해졌으며, 3개월 후 추적 관찰(follow-up) 시에도 유창성이 유지되었다. Deal[13]은 자살 시도 후에 비유창성을 보이게 된 환자가 7주간의 지연청각피드백을 사용한 치료 프로그램을 거치는 동안 유창해졌다고 보고하였다. 그는 2개월 후에도 정상 유창성을 보였다.

C. 기타 비기질적 말장애

제14장에서 언급된 바와 같이, PNSD는 음성이나 유창성 문제보다는 덜 관습적이다. 만일 메이요 클리닉에서 조사된 자료가 실제로 언어치료 임상에서 관찰되는 빈도에 부합한다면, 비기질적 말장애는 PNSD의 10% 미만으로 흔치 않을 것이다. 이 장애는 조음, 공명, 운율에서 문제를 보인다. 언어재활사에 의해 활용되는 치료법에 대한 자료는 거의 없다고 보면 된다. 중재를 위한 다음과 같은 지침들은 합리적이며 일부 환자들에게 효과적이다.

1. 조음, 공명, 운율의 문제로 특징지어진 PNSD는 좀 더 흔한 PNSD와 유사한 심리역동적 기제를 반영한다. 이 흔치 않은 증상은 아마도 체성 순응도(somatic compliance), 이차적 이득(secondary gain), 말장애와 관련된 주의점(notions) 및 경험, 다양한 증상에 대한 상징적 의미에서 오는 차이 등과 같은 요소에 의해 결정된다. 만일 이것이 사실이라면, 지금까지 기술된, 중재를 위한 일반적 원칙, 지침, 기법 등을 이런 증상을 지닌 사람들에게 적용해야 한다. 중재에 있어서의 차이점은 증상별 구체적 기법이 다르다는 점이다.
2. 심인성 조음, 공명, 운율의 문제에 과도한 근긴장이 수반된다면, 심인성 말더듬증 환자들에게 적용되는 근긴장 감소 전략을 사용한다. 그러나 심인성 조음, 공명, 운율의 문제를 가진 환자들에게 이러한 근긴장은 주요한 특징이 아닐 수 있다.
3. 심인성 조음장애에서는 특정 음소의 대치 또는 왜곡(예: 혀를 뒤로 꺾기)이 나타난다. 이럴 때에는 '전통적인' 조음 치료를 행한다.
4. 심인성 과다비성이 나타나면, 특히 체성 순응도나 전환 반응 기제가 관찰되는 경우에, 기질적 연인두 폐쇄 부전 환자들에게 전통적인 공명과 조음 치료가 효과적일 수 있다.
5. 심인성 운율장애는 상당히 변이적이다. 운율장애가 유창성, 조음, 공명장애와 동반되므로, 유창성, 조음 또는 공명장애에 집중하여 치료하는 것이 바람직하다. 이렇게 함으로써 특정 근육이나 구조를 중심으로 손쉽게 치료가 이루어지기 때문이다. 만일 운율장애가 외국어 말투(foreign accent)와 유사하다면, 이를 수정하기 위한 기법(제19장 참조)하는 것이 좋다.[10] 혹여 운율장애로 인해 유아스런(infantile) 말이 들리거나 비정상적으로 음도가 높

[10] 비기질적 외국어 말투를 보이는 일부 환자들은 다른 언어의 말투를 잘 흉내 내기도 함. 이것이 가능하다면 비기질적 장애로 진단 내린 후, 다른 언어의 말투를 활용하여 문제가 되는 말투를 고칠 수 있음.

다면, 운율 패턴보다는 오히려 동반된 '발달성' 조음 오류에 초점을 맞추어 치료해도 좋다. 심인성 말더듬증 역시 유아스런 말 특징을 보이는데, 비유창성을 치료하게 되면 유아스런 조음 및 운율 패턴이 저절로 좋아지기도 한다.

유아스런 말 패턴을 보일 때에 유아스런 정동 행동(affective behavior)이 두드러지기도 하는데, 환자 본인은 말 문제가 없다고 부인하며 성인처럼 행동하기가 어렵다. 이 경우에는, 정신의학적 치료를 병행하지 않고는 이러한 말 패턴을 수정하기는 쉽지 않다.

6. 심인성(전환) 함구증 환자는 성격이나 과거력 측면에서 전환 실성증, 전환 발성장애[5]와 상당히 비슷하다. 함구 상태에서 벗어나면서 다른 심인성 음성 또는 유창성 장애를 보일 수도 있다. 일반적으로 심인성 실성증, 발성장애에 효과적인 증상치료 기법에 잘 반응하는데, 이 기법들은 근골격 긴장을 완화하는 데 효과적인 신체적 기법을 포함한다.

IV. 요약

1. 전환장애나 생활 스트레스에 대한 반응과 관련된 PNSD를 겪고 있는 사람은 말 치료가 효과적이다. 정신의학적 치료에 앞서 말 치료를 통해 상태가 호전되면 정신의학적 의뢰가 필요하지 않게 된다. PNSD의 예후는 일반적으로 좋은 편이다.
2. 중재를 할 때에는 환자들에게 증상이 무엇이며, 왜 그러한 증상이 나타났는지에 대한 설명을 해주는 것이 필요하다. 많은 경우, 진단 회기 중에 치료가 이루어지기도 한다.
3. 임상가가 환자를 대하는 태도와 방법이 중재에 중요하다. 말운동장애를 중재할 때에 마찬가지로, PNSD를 치료하는 데에도 공감, 연민, 존경, 정직, 확신, 주장 등의 태도를 갖고, 확실하고 효과적이며 배려하는 치료를 행하는 것이 필수적이다.
4. 증상에 대한 치료가 성공적일 때에는 왜 치료가 이루어질 수 있었는지에 대한 기제를 설명해 주는 것이 중요하며, 필요 시 정신의학적 의뢰가 이루어질 수도 있다.
5. PNSD를 보이는 모든 이들이 말 치료를 통해 도움을 얻기 원하는 것은 아니며, 도움을 받을 준비가 되어 있지 않을 수 있고, 도움이 되지 않을 수 있다.
6. 가능한 관련된 모든 의학적 평가를 거친 후에만 치료가 가장 잘 진행될 수 있다.
7. 사회심리적 과거력은 진단이나 중재에 중요하다. 말 치료는 비정상적 행동을 확인하고, 변화가 왜 일어나는지 계속적으로 설명해 주며 강화(reinforcement)를 제공하면서, 정상적 말 수행을 점차적으로 행동적으로 조성(behavioral shaping)해 나가는 데에 그 목적을 둔다.
8. (함구증을 포함하여) PNSD 증상에 대한 치료는 과도한 근골격 긴장을 완화하는 데 두기도 하며, 점차적으로 정상 발성과 유창성을 낼 수 있도록 지도하게 된다. 대다수의 신경학적 음성장애나 말더듬증 환자들은 진단 회기나 이어진 한두 차례의 치료 회기 동안에 효과적인 말 치료가 이루어질 수 있다.
9. 흔치 않게 발생하는 심인성 조음, 공명, 운율장애에 대한 치료법에 대해서는 알려진 것이 거의 없다. 그러나 심인성 음성장애, 말더듬증 치료법에 해당하는 원칙, 지침, 기법 등을 적용할 수 있다. 그러나 이들에게 근골격 긴장을 완화시켜야 하는 필요성은 그다지 많지 않다. 증세에 대한 치료는 조음, 공명, 운율을 치료하는 데 사용되는 전통적 기법을 활용하면 된다.

참고 문헌

1. Allet JL, Allet RE: Somatoform disorders in neurological practice, *Curr Opin Psychiatry* 19:413, 2006.
2. Andersson K, Schaléen L: Etiology and treatment of psychogenic voice disorder: results of a follow-up study of thirty patients, *J Voice* 12:96, 1998.
3. Aronson AE: *Clinical voice disorders*, New York, 1990, Thieme.
4. Aronson AE: Importance of the psychosocial interview in the diagnosis and treatment of "functional" voice disorders, *J Voice* 4:287, 1990.
5. Aronson AE, Bless DM: *Clinical voice disorders*, ed 4, New York, 2009, Thieme.
6. Aronson AE, Peterson HW, Litin EM: Psychiatric symptomatology in functional dysphonia and aphonia, *J Speech Hear Disord* 31:115, 1966.
7. Baker JHE, Silver JR: Hysterical paraplegia, *J Neurol Neurosurg Psychiatry* 50:375, 1987.

8. Baumgartner J, Duffy JR: Psychogenic stuttering in adults with and without neurologic disease, *J Med Speech Lang Pathol* 5:75, 1997.
9. Binzer M, Andersen PM, Kullgren G: Clinical characteristics of patients with motor disability due to conversion disorder: a prospective control group study, *J Neurol Neurosurg Psychiatry* 63:83, 1997.
10. Brookshire RH: A dramatic response to behavior modification by a patient with rapid onset of dysfluent speech. In Helm-Estabrooks N, Aten JL, editors: *Difficult diagnoses in communication disorders*, Boston, 1989, College-Hill Press.
11. Case JL: *Clinical management of voice disorders*, ed 2, Austin, Texas, 1991, Pro-Ed.
12. Chabolla DR, et al: Psychogenic nonepileptic seizures, *Mayo Clin Proc* 71:493, 1996.
13. Deal JL: Sudden onset of stuttering: a case report, *J Speech Hear Disord* 47:301, 1982.
14. Duffy JR: A puzzling case of adult onset stuttering. In Helm-Estabrooks N, Aten JL, editors: *Difficult diagnoses in communication disorders*, Boston, 1989, College-Hill Press.
15. Ford CV, Folks DG: Conversion disorders: an overview, *Psychosomatics* 26:371, 1985.
16. Gupta A, Lang AE: Psychogenic movement disorders, *Curr Opin Neurol* 22:430, 2009.
17. Head H: An address on the diagnosis of hysteria, *BMJ* 1:827, 1922.
18. Hinson VK, Haren WB: Psychogenic movement disorders, *Lancet Neurol* 5:695, 2006.
19. Lazare A: Current concepts in psychiatry: conversion symptoms, *N Engl J Med* 305:745, 1981.
20. Mahr G: Psychogenic communication disorders. In Johnson AF, Jacobson BH, editors: *Medical speech-language pathology: a practitioner's guide*, New York, 1998, Thieme.
21. Mahr G, Leith W: Psychogenic stuttering of adult onset, *J Speech Hear Res* 35:283, 1992.
22. Ness D: Physical therapy management for conversion disorder: case series, *JNPT* 31:30, 2007.
23. Ramig LO, Verdolini K: Treatment efficacy: voice disorders, *J Speech Lang Hear Res* 41:S101, 1998.
24. Ron MA: Somatization and conversion disorders. In Fogel BS, Schiffer RB, editors: *Neuropsychiatry*, Philadelphia, 1996, Williams & Wilkins.
25. Roth CR, Aronson AE, Davis LJ: Clinical studies in psychogenic stuttering of adult onset, *J Speech Hear Disord* 54:634, 1989.
26. Roy N, Bless DM, Heisey D: Personality and voice disorders: a superfactor trait analysis, *J Speech Lang Hear Res* 43:749, 2000.
27. Sapir S, Aronson AE: The relationship between psychopathology and speech and language disorders in neurologic patients, *J Speech Hear Disord* 55:503, 1990.
28. Sapir S, Aronson AE: Coexisting psychogenic and neurogenic dysphonia: a source of diagnostic confusion, *Br J Disord Commun* 22:73, 1987.
29. Sapir S, Aronson AE: Aphonia after closed head injury: aetiologic considerations, *Br J Disord Commun* 20:289, 1985.
30. Stemple JC: *Voice therapy: clinical studies*, St Louis, 1993, Mosby.
31. Stoudemire GA: Somatoform disorders, factitious disorders, and malingering. In Talbott JA, Hales RE, Yudofsky SC, editors: *Textbook of psychiatry*, Washington, DC, 1988, American Psychiatric Press.
32. Teitelbaum ML, McHugh PR: Psychiatric conditions presenting as neurologic disease. In Johnson RT, editor: *Current therapy in neurologic disease*, ed 3, Philadelphia, 1990, BC Decker.
33. Tippett DC, Siebens AA: Distinguishing psychogenic from neurogenic dysfluency when neurologic and psychologic factors coexist, *J Fluency Disord* 16:3, 1991.
34. Tomb DA: *Psychiatry for the house officer*, Baltimore, 1981, Williams & Wilkins.
35. Tucker GJ: Dealing with patients who have medically unexplained symptoms, *Continuum* 3:25, 1997.

찾아보기

[ㄱ]

[ㅅ]

[ㅇ]

[ㅈ]

[ㅊ]

[ㅋ]

[ㅌ]

[ㅍ]

[ㅎ]

역자 소개

▣ 김향희

위스콘신대학교 의사소통장애학과 언어병리학 박사
한국언어재활사협회 1급 언어재활사, ASHA CCC-SLP, BC-ANCDS
현, 연세대학교 대학원 언어병리학협동과정 교수

♣ 저 · 역서 및 논문

신경언어장애(2012, 시그마프레스)
언어병리학의 신경해부(2009, 시그마프레스)
실어증-신경언어장애 선별검사(2009, 학지사)
Efficacy of language-appropriate cueing on micrographia in Korean patients with Parkinson's disease(2015, *Geriatr Gerontol Int*)
Response time measurements in the iOS app-based Token Test, the Brief Token Test in the elderly(2014, *Geriatr Gerontol Int*)

▣ 서미경

연세대학교 언어병리학협동과정 언어병리학 박사
한국언어재활사협회 1급 언어재활사
현, 삼성서울병원 신경과 책임언어치료사

♣ 저 · 역서 및 논문

Hanja(Ideogram) alexia and agraphia in patients with semantic dementia(2010, *Neurocase*)
Glucose metabolism in progressive nonfluent aphasia with and without parkinsonism(2010, *Neurology*)
Dysphagia in patients with dementia: Alzheimer versus vascular(2009, *ADAD*)

▣ 김윤정

위스콘신대학교 의사소통장애학과 언어병리학 박사
현, 미국 루이지애나대학교 의사소통장애학과 부교수

♣ 저 · 역서 및 논문

A psychometric investigation of "macroscopic" speech measures for clinical and psychological science(2015, *Behav Res Methods*)
Effect of level of presentation to listeners on scaled speech intelligibility of speakers with Dysarthria(2012, *FPL*)
An acoustic study of the relationship among neurologic disease, dysarthria type, and severity of dysarthria(2011, *JSLHR*)

▣ 윤지혜

연세대학교 언어병리학협동과정 언어병리학 박사
한국언어재활사협회 1급 언어재활사
현, 한림대학교 언어청각학부 조교수

♣ 저 · 역서 및 논문

Size variability of handwriting in healthy Korean older adults(2014, *Geriatr Gerontol Int*)
Dysgraphia in Korean patients with Alzheimer's disease as a manifestation of bilateral hemispheric dysfunction(2012, *J Neurol Sci*)
Agraphia in Korean patient with early onset Alzheimer's disease(2011, *Int psychogeriatrics*)

말운동장애, 3판

**Motor Speech Disorders:
Substrates, Differential Diagnosis, and Management**

발 행 일 | 2016년 2월 10일 초판 1쇄 발행
저 자 | Joseph R. Duffy
역 자 | 김향희 · 서미경 · 김윤정 · 윤지혜
발 행 인 | 구본하
발 행 처 | 도서출판 **박학사**
주 소 | 서울시 마포구 월드컵북로5길 33 동아빌딩 2층
전 화 | (02)3142-3764~5
팩 스 | (02)3142-3766
웹 사 이 트 | www.pakhaksa.co.kr
등 록 번 호 | 제10-2230호

정가 33,000원 ISBN 978-89-98521-41-7